민사소송법

제15판

호 문 혁

法 文 社

ZIVILPROZESSRECHT

Fünfzehnte Auflage

von

Ho Moon-hyuck

em. o. Professor
National Universität Seoul

2024
Bobmun Sa
Paju Bookcity, Korea

제15판 머리말

제14판을 낸 지 4년 만에 개정판을 낸다. 그 사이에 내 신상에 특별한 변화는 없었다. 2019년 가을에 시작한 룩셈부르크 막스플랑크 절차법연구소에서 추진한 비교소송법 프로젝트에 자문위원으로 참여하였는데, 한 번의 자문위원 회의와 여러 차례의 줌을 통한 발표회, 한 번의 중간 발표회가 열렸고 지난 7월에 마지막 발표회의로 프로젝트는 막을 내렸다. 전 세계에서 백여 명의 학자들이 참가한 대규모 프로젝트였다. 연구가 진행 중에 애초에 자금을 지원해서 막스플랑크 절차법연구소를 유치했던 룩셈부르크에서 그동안 비약적으로 발전한 연구소를 룩셈부르크 대학으로 편입시켜버리는 사건이 생겼다. 많은 학자들이 반대 서명도 했지만 소용이 없었다. 안타까운 일이다.

지난 4년 사이에 주요 법개정이 있었고, 새로운 판례도 많이 나왔다. 국제사법의 전부 개정으로 국제재판관할에 관하여 상세한 규정이 생겼다. 종래 막연히 이론으로만 해결해 오던 국제재판관할 문제가 입법으로 기준이 명확해졌다는 점은 긍정적으로 평가할 일이나, 이러한 내용들이 국제사법에서 규정할 것인지에 관하여는 의문이 없지 않다.

이른바 소권남용으로 법원과 타인을 괴롭히는 사례가 많아 이를 막으려는 법개정이 있었다. 필요성에는 공감하나, 꼭 민사소송법을 개정하였어야 하는지는 의문이다. 애초에 민사소송법 제정 시에 독일법대로 소장이 송달되어야 소가 제기된 것으로 했더라면 이런 문제에 쉽게 대응할 수 있었겠다는 아쉬움이 있다.

사물관할 규칙도 다시 개정되어 그에 따른 심급관할이 또 달라졌다. 본래 관할이란 조직법상의 법원이 심판할 사건을 정하는 기준인데, 우리 법에서는 한 법원 안의 사무분장에 불과한 단독판사와 합의부의 사건 배분 기준을 사물관할로 정하여, 그것이 전속관할인 심급관할에도 영향을 미쳐왔다. 법체계상으로 문제가 있다.

지난 4년간 쏟아져 나온 숱한 판례들은 평소에 미리 정리해 두지 않았으면 개정판 작업이 훨씬 오래 걸릴 뻔했다. 대법원 판결이 이렇게 많이 나온다는 것은 한편으로는 연구하고 검토할 자료와 우리 실무에서 참고할 자료가 많이 축적된다는 의미에서 좋은 일이다. 그러나 다른 한편으로는 대법원에서 이렇게 많은 판결이 쏟아져 나오고, 거의 똑같은 취지의 판례가 계속 반복되어 나오는 것이 과연 사법제도의 정상적인 모습인가 하는 의문이 들어 씁쓸하기도 하다.

이번 개정판에서는 그동안의 개정법과 판례를 세심하게 반영하였음은 물론, 당사자의 소송행위 장에서 자세히 다루지 않았던 변론절차와 변론조서, 소송기록 등을 법원의 소송진행의 장으로 옮겨서 상세히 기술하였고, 소송행위의 장에 남겨둔 당사자의 공격과 방어 등도 설명을 많이 보강하였으며, 항소심과 상고심의 심리절차에 관한 설명도 대폭 보강하였다. 독촉절차와 소액사건심판절차를 제12편에서 자세히 설명하였다. 그리고 변론주의에 연결하여 설명하였던 진실의무는 자리를 옮겨 신의칙과 연계시키고, 석명권과 법적사항 지적의무는 별도로 실체적 소송지휘의 장으로 옮겨서 설명하였다. 증거방법의 조사 부분에서는 물적 증거와 인적 증거로 나누어 설명하는 것으로 바꾸었다. 재심소송의 소송물에 관하여는 본안소송설로 개설하였다.

그러다 보니 책이 거의 100쪽이 늘어났다. 조금이라도 두께를 줄이려고 부득이 그동안 모두 수록했던 각 개정판의 머리말을 초판을 제외하고는 삭제하였다. 그동안 나를 도와주었던 정승연 판사, 곽희경 교수, 권기덕 변호사, 박성은 교수, 오정후 교수, 정종원 검사, 김재남 판사, 김성진 변호사, 손지홍 사무관 등 삭제된 머리말에서 언급한 많은 제자들에게 다시 고마움을 표한다.

종전에는 이 책의 표지를 한때 장선백 화백의 작품 '여명'으로 장식하였는데, 이제 직접 찍은 마터호른 사진 '일출'로 바꾸기로 하였다. 우리 소송법학이 여명에서 일출로 나아갔다는 의미도 있다. 디자인은 이번에도 고맙게도 딸아이 유나가 육아와 회사 일로 무척 바쁜 와중에도 수고해 주었다.

이 책을 출간하는 데에 법문사 편집부의 김용석 차장님과 기획영업부의 유진걸 과장님의 노고가 매우 컸다. 특히 김용석 차장님은 새로운 내용을 대폭 추가시키고 장과 절을 이리저리 옮기는 복잡한 작업이었음에도 꼼꼼히 잘 챙겨주셨다. 두 분께 감사드린다.

2024년 8월 입추를 앞두고

지 은 이

머 리 말

민사소송법은 매우 어려운 과목이다. 實體私法을 잘 이해하지 못하면 민사소송법을 이해하는 것은 불가능하다. 그리고 대부분의 일반인들은 직접 경험하지 못하는 영역이다. 직접 체험하지 못한 것을 이해하는 것은 지극히 어렵다. 이러한 어려움을 덜어주기 위하여 이 책에서는 되도록 학생들의 눈높이에서 친절하게 설명하려고 노력하였다. 기초적인 사례를 섞어 넣은 것도 그 때문이다. 理解할 수 있는 民事訴訟法, 이 책에서는 바로 이 점을 추구하였다.

흔히 民事訴訟은 분쟁을 해결하기 위한 절차라고 한다. 그러나 이는 정확하지 않다. 민사소송은 權利를 保護하기 위한 절차이다. 분쟁해결을 위해서는 調停 등 다른 절차들도 마련되어 있다. 분쟁해결은 그 내용이 어떤 것이든 분쟁이 종결되기만 하면 성공했다고 할 수 있을 것이나, 이를 위한 것이 민사소송은 아니다. 실체법 질서가 엄연히 존재하는 법체계에서 민사소송의 임무는 당사자들의 권리를 實體法에 따라 보호하는 데에 있다. 그렇기 때문에 민사소송법의 해석과 적용은 정확하고 엄격해야 한다. 이 책이 추구한 또 하나의 가치이다.

법학에서 외국의 이론을 도입하는 것은 거의 필수적이라 할 수 있다. 그러나 무분별한 도입은 삼갈 일이다. 특히 학생들을 위한 책인 교과서에서 우리 법의 해석에 도움이 되기는커녕 혼란만 가져오는 외국의 이론을 상세히 설명하는 것은 학생들에게 부담만 주는 일이다. 그렇기 때문에 이 책에서는 꼭 소개할 필요가 있는 외국의 이론이나 제도를 제외하고는 과감히 생략하였다.

민사소송법은 권리실현절차에서 최후의 지점에 위치한다. 법에 대한 이해 또한 같은 순서로 될 것이다. 그러므로 민사소송법을 공부하는 것은 법학 공부에서 畵龍點睛의 의미를 가진다. 어려운 민사소송법이지만 끝까지 노력하여 법학 공부를 훌륭히 완성하기를 바란다. 그리고 하늘을 우러러 한 점 부끄럼 없는 법률가가 되어야 할 것이다.

이 책을 쓰는데 매우 오랜 시일이 걸렸다. 대학에서 보직을 끝내고 이제 '교수다운 생활'을 하겠다 싶으면 다른 보직이 떨어져 내려 동분서주하곤 했다. 그 동안 학생들에게 空約도 여러 번 남발했다. 이 책의 발간이 늦어지는 바람에 나의 강의를 필기한 것이 책으로 만들어져 여러 해 전부터 고시촌에서 팔리기도 했다.

오랫동안 참고 격려해 준 우리 학생들에게 미안함과 동시에 고마움을 표한다. 처음 만든 책이어서 여러 가지 부족한 점이 많을 것이다. 앞으로 독자들의 가르침을 받아 고쳐 나갈 것을 다짐한다.

이 책을 만드는데 法務法人 律村의 文一鋒 변호사의 도움이 컸다. 판사로 재직할 때 격무에 시달리면서도 내용을 검토하고 각주를 보충하며 색인에 넣을 낱말들을 선정하는 작업을 훌륭하게 해 주었다. 대학원에서 민사소송법을 전공하는 李完根, 金憓成 두 제자도 문변호사가 하던 일을 계속 맡아 주어 큰 도움이 되었다. 같은 대학원 제자인 趙宜然은 공부에 쫓기면서도 연구실을 지키며 헌신적으로 뒷받침을 해 주었다. 이들에게 깊은 감사의 마음을 전한다.

그 동안 여러 분들의 가르침과 지원을 받았다. 특히 대학원 학생 시절부터 오늘날까지 많은 가르침을 주신 宋相現 선생님과 박사학위 지도교수로 민사소송법학을 보는 눈을 갖게 해 주신 Arens 선생님께 그 동안의 學恩에 깊은 감사를 드린다. 그리고 정성을 다하여 이 책을 만들어 준 法文社의 여러분께도 감사를 드린다. 아내와 아이들도 오랫동안 참고 기다리며 성원해 주었다. 특히 딸아이 侑那는 표지 디자인의 초안을 만들어 주었다. 이 자리를 빌어 고마움을 표한다.

2000. 8. 12.

관악산 기슭 연구실에서

지 은 이

차   례

제2편 訴의 提起

제1장 事前節次   75

제2장 訴提起節次   79

제 3 편　訴訟의 主體

제 1 장　法　　院　　　　　　　　　　　　　　　　173

제 4 편   訴訟要件

제 5 편　訴訟主體의　役割과　節次의　進行

제 3 장 當事者處分權主義   431

제 4 장 辯論主義   444

제6편 證據法

제1장 總 說   521

제1절 證據의 意義 ···521

제2절 證據의 種類 ···522

제2장 證 明   527

제1절 序 說 ··527

제2절 證明의 對象 ···529

제3절 不要證事實 ···533

제3장 自由心證主義   553

제1절 序 說 ··553

제 7 편　裁　　判

제 8 편　上訴審 節次

제 9 편 訴訟의 終了

제10편 複數의 訴訟

제11편　判決의 欠缺과 再審節次

제 1 장　判決의 欠缺

제 2 장　再審節次

제12편 簡易한 審判節次

《법령 약어표》

가소	가사소송법
광	광업법
국사	국제사법
국소	국가를당사자로하는소송에관한법률
규	민사소송규칙
근기	근로기준법
디보	디자인보호법
민	민법
민사공	국제민사사법공조법
민조	민사조정법
민집	민사집행법
배예	법관 등의 사무분담 및 사건배당에 관한 예규
법설	각급법원의설치와관할구역에관한법률
법조	법원조직법
변	변호사법
변리	변리사법
비송	비송사건절차법
사규	민사및가사소송의사물관할에관한규칙
사보규	사법보좌관규칙
상	상법
상특	상고심절차에관한특례법
상표	상표법
소구예	소송구조제도의 운영에 관한 예규
소기	소비자기본법
소단규	소비자단체소송규칙
소촉	소송촉진등에관한특례법
소심	소액사건심판법
수	수표법
신	신탁법
실용	실용신안법
안	민사소송법개정안
약	약관의규제에관한법률
어	어음법
언피	언론중재및피해구제등에관한법률
인	민사소송등인지법

인규	민사소송등인지규칙
자배	자동차손해배상보장법
전문	민사소송 등에서의 전자문서 이용에 관한 법률
정보	개인정보 보호법
제책	제조물책임법
중	중재법
증집	증권관련집단소송법
지자	지방자치법
집건	집합건물의 소유 및 관리에 관한 법률
채회	채무자 회생 및 파산에 관한 법률
특	특허법
해심	해양사고의 조사 및 심판에 관한 법률
행소	행정소송법
헌	헌법
헌재	헌법재판소법
환기	환경정책기본법

《주요 참고문헌 및 약어》

〈國內 文獻〉

강현중, 제8판 민사소송법, 博英社, 2023   [강현중]

김용진, 제3판 民事訴訟法, 新英社, 2005   [김용진]

金洪奎・姜泰源, 民事訴訟法, 제4판, 三英社, 2017   [金・姜]

김홍엽, 제8판 민사소송법, 博英社, 2019   [김홍엽]

方順元, 全訂改版 民事訴訟法(上), 韓國司法行政學會, 1987   [方順元]

宋相現・朴益煥, 新訂7版 民事訴訟法, 博英社, 2014   [宋・朴]

이시윤, 제17판 新民事訴訟法, 博英社, 2024   [이시윤]

李英燮, 第七改訂版 新民事訴訟法(上), 博英社, 1972   [李英燮]

田炳西, 民事訴訟法講義 제4판, 法文社, 2002   [田炳西]

전병서, 강의 민사소송법, 법문사, 2018   [전병서, 강의]

전원열, 제4판 민사소송법강의, 박영사, 2024   [전원열]

鄭東潤, 第四全訂版 民事訴訟法, 法文社, 1995   [鄭東潤]

鄭東潤・庚炳賢・金慶旭, 民事訴訟法, 제10판, 法文社, 2023 [鄭・庚・金]

韓宗烈, 改訂增補版 民事訴訟法(上), 大學出版社, 1995   [韓宗烈]

한충수, 민사소송법, 박영사, 2016   [한충수]

胡文赫, 民事訴訟法研究(Ⅰ), 法文社, 1998   [胡文赫, 研究(Ⅰ)]

〈獨逸 文獻〉

Anders-Gehle, Zivilprozessordnung, 80. Aufl., München 2022

[Anders-Gehle/Bearbeiter[80]]

Blomeyer, Zivilprozeßrecht, Erkenntnisverfahren, 2. Aufl., Berlin 1985   [Blomeyer[2]]

Jauernig/Berger, Zwangsvollstreckungs- und Insolvenzrecht, 22. Aufl., München 2007

[Jauernig/Berger[22]]

Jauernig/Hess, Zivilprozessrecht, 30. Aufl., München 2011   [Jauernig/Hess[30]]

Linke/Hau, Internationales Zivilverfahrensrecht, 8. Aufl., Köln 2021   [Linke/Hau[8]]

Lüke, Zivilprozessrecht I, 11. Aufl., München 2020   [Lüke[11]]

Münchner Kommentar zur Zivilprozessordnung, 6. Aufl., München 2020

[MüKoZPO/Bearbeiter[6]]

Rosenberg/Gaul/Schilken, Zwangsvollstreckungsrecht, 11. Aufl., München 1997

[Rosenberg/Gaul/Schilken[11]]

Rosenberg-Schwab, Zivilprozeßrecht, 14. Aufl., München 1986   [Rosenberg-Schwab[14]]

Rosenberg-Schwab/Gottwald, Zivilprozessrecht, 18. Aufl., München 2018

[Rosenberg-Schwab/Gottwald[18]]

Schack, Internationales Zivilverfahrensrecht, 3. Aufl., München 2002   [Schack[3]]

Schönke-Kuchinke, Zivilprozeßrecht, 9. Aufl., Karlsruhe 1969   [Schönke-Kuchinke[9]]

Schilken, Zivilprozessrecht, 6. Aufl., München 2010   [Schilken[6]]

Stein-Jonas, Kommentar zur Zivilprozessordnung, 23. Aufl., Tübingen

[Stein-Jonas/Bearbeiter[23]]

Stein-Jonas, Kommentar zur Zivilprozessordnung, 22. Aufl., Tübingen

[Stein-Jonas/Bearbeiter[22]]

Stein-Jonas, Kommentar zur Zivilprozeßordnung, 21. Aufl., Tübingen

[Stein-Jonas/Bearbeiter[21]]

Stein-Jonas, Kommentar zur Zivilprozeßordnung, 20. Aufl., Tübingen

[Stein-Jonas/Bearbeiter[20]]

Thomas-Putzo, Zivilprozessordnung, 24. Aufl., München 2002

[Thomas-Putzo/Bearbeiter[24]]

제 1 편

民事訴訟法 緒論

제 1 장 民事訴訟과 民事訴訟法

제 1 절 私法上의 權利義務와 紛爭

민법, 상법과 같은 실체사법에는 누가 어떠한 권리를 가지고, 또 누가 어떠한 의무를 부담하는지에 관한 상세한 규정이 있다.

《사례 1》　甲은 자기가 몰고 다니던 승용차를 乙에게 600만원에 팔기로 乙과 계약을 체결하였다. 이때 甲과 乙은 각각 어떠한 권리와 의무를 가지는가?

이러한 문제에 관하여는 민법 제568조 제1항이 규율한다. 그에 따르면 매도인 甲은 매수인 乙에 대하여 승용차의 소유권을 이전할 의무를 부담하며, 乙은 甲에게 그 대금 600만원을 지급할 의무를 부담한다. 바꾸어 말하면 甲은 매매대금을 청구할 권리를 가지고, 乙은 승용차의 소유권 이전을 청구할 권리를 가진다. 우리 사회에서 발생하는 대부분의 법률관계는 실체사법의 규정대로 그 주체들이 권리를 행사하고 의무를 이행하므로 별다른 마찰이 없이 사회의 평화가 유지된다. 그러나 모든 법률관계의 주체가 다 실체사법이 규정한 권리의무의 내용대로 움직이는 것이 아니므로 우리 사회에는 종종 분쟁이 발생한다.

《사례 1a》　乙은 이미 甲으로부터 승용차를 인도받아 몰고 다니면서 약속한 날짜에 대금 600만원을 지급하지 않고 있다. 이때 甲이 乙로부터 대금을 지급받기 위한 방법으로 어떠한 것이 있는가?

이처럼 의무자가 의무를 이행하지 않거나 권리 없는 자가 권리를 행사하겠다고 주장하면 분쟁이 발생한다. 이 경우에 甲과 乙이 어떠한 권리의무를 가지는가도 대부분 실체사법에 규정되어 있다. 甲은 乙에 대하여 계약의 내용대로 이행할 것을 청구할 수 있음은 물론이고, 계약불이행을 이유로 계약을 해제할 수 있고(민 제544조), 손해가 생겼을 경우에는 손해배상도 청구할 수 있다(민 제390조). 그러나 이런 모든 규정에도 불구하고 乙이 채무를 이행하지 않으면 甲의 권리를 실현시키기 위한 별도의 절차가 필요하다.

제2절　여러 가지 紛爭解決 방법

Ⅰ. 자력구제와 소송제도

《사례 1b》　　甲은 수차 독촉하였음에도 불구하고 乙이 매매대금을 지급하지 않자 乙의 집으로 가서 주차장에 세워 놓은 그 승용차를 몰고 오려고 한다. 이것이 허용되는가?

〔비 교〕　　甲이 중요 서류가 든 가방을 들고 길을 가는데, 乙이 갑자기 가방을 빼앗아 들고 도망을 갔다. 甲은 가방을 되찾으러 급히 乙을 쫓아 가다가 문득 이것이 법적으로 허용되는지 의문이 들었다. 甲이 가방을 찾을 수 있는 가장 손쉬운 방법은?

이 사례에서처럼 다른 사람이나 기관의 힘을 빌릴 것 없이 스스로 권리를 실현시키는 방법을 자력구제라고 한다. 이 방법은 가장 신속하고 간단한 권리 실현 방법이라는 장점은 있다. 甲은 승용차를 무사히 가져 오고 乙이 그에 대하여 아무런 이의를 갖지 않으면 甲이 가장 쉽게 권리를 실현시킨 셈이 된다. 그러나 乙이 조금이라도 저항을 하면 평화롭고 법에 맞는 권리보호는 불가능해진다. 분쟁이 집단화되고 폭력이 난무하여 사회의 평화가 깨질 뿐만 아니라, 권리자가 승리하리라는 보장이 전혀 없이 약육강식의 사회가 되고 말 것이다. 그리하여 국가의 기틀이 잡힌 이후에는 이러한 **자력구제는 원칙적으로 금지**되었다(다만 [비교]에서처럼 급박한 경우에도 자력구제를 허용하지 않으면 권리자에게 현저한 불이익이 생기므로 민법 제209조는 예외적으로 이를 허용한다). 권리자의 권리를 보호하고 분쟁을 정당하게 해결하고 법질서를 유지하기 위하여 국가가 사법권을 독점하고 원칙적인 사적 분쟁의 해결 방법으로 민사소송제도를 마련하여 놓았다.

Ⅱ. 민사소송제도와 다른 분쟁해결 방법

《사례 1c》　　甲은 乙의 간청에 못이겨 자동차 대금의 지급을 6개월 연기하여 주었다. 乙이 6개월이 지나도 계속 대금 지급을 미루자 甲은 법원에 소를 제기하였다. 법원은 이 사건을 조정으로 넘겨 甲과 乙이 합의를 하도록 유도하였다. 결국 甲은 乙로부터 450만원을 받기로 합의를 하고 사건을 종결지었다. 이 경우에 생각할 수 있는 문제점은?

비록 민사소송제도가 사적 법률관계에서 발생하는 분쟁을 해결하여 권리를 보호하는 가장 전형적인 수단이기는 하지만, 모든 분쟁 당사자가 바로 민사소송에 뛰어드는 것은 아니다. 법원의 판결로 분쟁을 종결짓는 민사소송보다 더 신속하고 적은 비용으로 분쟁을 해결하는 방법이 여러 가지 마련되어 있기 때문에 민사소송을 이용하는 것이 비효율적인 경우가 많다. 그러한 방법으로 민사소송법 자체에서 규정한 것으로는 독촉절차(제462조 이하),1) 재판상화해(제225조 이하, 제220조, 제385조 이하) 등이 있고, 다른 법률에서 규정한 것으로는 중재(중재법), 민사조정(민사조정법), 가사조정(가소 제48조 이하) 등이 있다.

이들 중 화해, 중재 및 조정 등을 **재판외 분쟁해결절차**(Alternative Dispute Resolution=ADR)라고 한다. **재판상화해**는 분쟁 당사자 쌍방이 서로 양보하여 일정한 선에서 합의를 하고 그 결과를 법원에서 진술하여 조서를 작성함으로써 분쟁을 궁극적으로 종결짓는 방법으로, 소제기 전에 법원에서 하는 제소전화해(제385조 이하)와 소송 진행중에 하는 소송상화해가 있다. **중재**는 당사자간의 합의로 사법상의 분쟁을 법원의 판결이 아닌, 당사자들이 선임한 중재인의 판정에 의하여 해결하는 절차이다. 중재인의 중재판정은 당사자 사이에서는 법원의 확정판결과 같은 효력을 가진다. 그리고 **조정**은 민사에 관한 분쟁을 간이한 절차에 따라 당사자 사이의 상호 양해를 통하여 조리를 바탕으로 실정에 맞게 해결하는 절차이다. 중재와는 달리 법원이 이를 관할하나, 조정담당판사나 조정위원회가 조정을 담당한다.

이 제도들은 오늘날 정규 민사소송이 복잡하고 오래 걸리며 비용이 많이 든다고 하여 그에 대한 대체수단으로 인식되어 특히 외국에서는 많은 연구가 이루어지고 있고, 실무에서도 이 제도들을 이용하라고 권장하고 있다.

재판외 분쟁해결절차는 복잡하고 엄격한 민사소송에 비하면 더 융통성 있고 신속하게 분쟁을 해결할 수 있고, 판결에 의한 일도양단식의 해결이 아닌 당사자들의 합의를 전제로 한 것이기 때문에 **진정한 의미의 분쟁해결**이 된다는 큰 장점을 갖고 있다. 그러나 이 절차에 의한 분쟁해결은 당사자들의 합의 내지 양보를 전제로 하기 때문에 권리자는 그 권리를 완전히 실현시키지 못하고, 의무자는 그의 의무를 완전히 이행하지 않아도 되는 결과를 초래할 수 있다. 그러므로 이러한 절차는 법

---

1) 독촉절차는 금전 기타 대체물이나 유가증권의 일정 수량의 지급을 목적으로 하는 청구의 채권자가 법원에 지급명령을 신청하면 법원이 채무자를 심문하지 않고 바로 채무자에게 지급명령을 발하는 절차이다. 이는 채무자가 채무를 이행할 의사도 있고 능력도 있을 때에 간편하게 권리를 실현시킬 수 있는 제도이다.

의 내용이 제대로 관철되지 않는다는, 즉 **법치주의**가 제대로 실현되지 않는다는 큰 단점을 지니고 있다. 위 사례에서 乙은 분명히 600만원을 지급할 의무가 있음에도 불구하고 오랫동안 버틴 덕에 150만원을 덜 지급하는 이익을 보았다. 물론 甲이 이에 동의한 것이므로 큰 문제는 없다고 할 수 있으나, 재판외 분쟁해결절차가 지나치게 남용되어 이러한 일이 자주 일어나면 법의식이 희박한 사회에서는 채무자 어느 누구도 이행기에 채무를 이행하려고 하지 않을 것이다. 그러므로 재판외 분쟁해결절차를 적극적으로 권장하는 것은 법의식과 도덕관념이 확고한 사회에서 가능한 일이지, 그렇지 못한 곳에서는 별로 바람직하지 않다.

《사례 1d》 甲은 자동차 대금을 지급하지 않는 乙이 구청 공무원임을 알고 구청장에게 乙의 그러한 행태를 설명하고 乙에게 대금 지급을 명해 달라는 민원을 넣었다. 구청장이 乙을 불러 자초지종을 듣고 즉시 대금을 지급하라고 명하자 乙은 급히 친척에게서 돈을 꾸어 甲에게 대금을 지급하였다. 甲과 구청장의 행위는 어떻게 평가할 수 있겠는가?

특히 우리나라에서는 전통적으로 덕, 인, 예 등을 더 중시하여 법을 가볍게 여기는 경향이 있었던 데다가, 일본의 식민통치가 법치주의를 내세워 우리 민족을 억압하여 법에 대한 불신이 확산되었고, 해방 후 혼란과 격동을 겪으면서 가치관이 혼란스러워져서 법보다 주먹과 돈이 더 가까운 사회가 되고 말았다. 그리하여 법이 예정하지도 않은 사적 재판외 분쟁해결절차가 성행하고 '법대로 해야 한다'는 관념이나 권력분립의 원칙은 일반 국민의 의식에서 제대로 자리잡지 못하고 있다. 위의 사례는 그 결과야 어떻게 되었건 甲과 구청장은 법적으로는 전혀 무의미한 터무니없는 행위를 한 것으로, 우리 주변에서 흔히 볼 수 있는 모습이다. 이러한 상황에서 외국에서 재판외 분쟁해결절차가 각광을 받는다고 해서 우리나라에서도 그대로 따르면 우리의 법치주의는 자리 잡을 기회를 잃을지도 모를 일이다. 그러므로 지금 단계에는 정확하게 법에 따라 분쟁을 해결하는 것을 목표로 하는 민사소송을 가볍게 여겨서는 안 된다.

부득이하게 수소법원에서 화해나 조정을 할 때에는 다음 사항에 유의해야 한다[2]: ① 법원이 합의를 이룰 목적으로 어느 한 쪽으로 몰아가서는 당사자 등이 만족하지 못한다. ② 판결이나 판결서 작성을 하지 않으려고 화해나 조정을 권한다는

---

2) Anders-Gehle/Anders[80] § 278 Rn. 7.

의심을 사서는 안 된다. ③ 화해나 조정에 응하지 않는 당사자에게 일정 내용의 판결을 할 것이라고 위협해서는 안 된다. ④ 오히려 법원이 철저하게 준비하여 당사자들에게 소송의 상황에 대한 자신의 평가를 알려주고 불이익을 지적하는 것이 바람직하다. 이 불이익에는 화해나 조정을 하지 않을 때에 부담할 비용이나 입증, 입증책임 등이 해당할 것이다. ⑤ 법원이 적절한 화해권고의 권고안을 제시하면 당사자들의 신뢰를 얻고 동시에 법원이 자신의 일 부담을 덜려는 것이 아니라는 명확한 인식을 줄 수 있을 것이다.

제 3 절　民事訴訟制度의　意義와　目的

Ⅰ. 민사소송제도의 의의

1. 사적 분쟁의 해결방법

민사소송은 사적 법률관계에서 발생하는 분쟁을 실체사법에 따라 해결하여 개인의 권리를 보호하고 실현시키려는 제도이다. 사적 분쟁해결 방법으로는 민사소송 외에도 앞에서 언급한 다른 절차가 있으나, 그로써 분쟁해결이 되지 않을 때에는 결국 민사소송에 의하여 해결할 수밖에 없다. 즉, 독촉절차에서 채무자가 적법한 이의를 제기하면 지급명령은 효력을 잃고 정규 민사소송이 개시된다(제470조, 제472조). 제소전화해절차에서도 화해가 성립되지 않으면 당사자가 소제기신청을 하여 민사소송으로 옮겨갈 수 있다(제388조). 조정절차에서도 조정이 성립되지 아니하거나 조정이 효력을 상실한 경우에는 민사소송으로 옮겨진다(민조 제36조). 중재절차의 경우도 중재판정에 일정한 하자가 있을 경우에 중재판정취소의 소를 제기함으로써 민사소송으로 옮겨 갈 수 있고, 중재판정 자체도 집행을 하려면 법원의 집행판결이 있어야 한다. 그러한 의미에서 민사소송은 사적 분쟁해결의 가장 **기본적이고 궁극적인 방법**이라고 할 수 있다.

2. 절차법의 기본법으로서의 민사소송법

민사소송이 가지는 의미는 사법관계에서 발생한 분쟁을 해결하는 절차라는 데에 그치는 것이 아니다. 민사소송법에는 모든 종류의 분쟁해결절차에 공통되는 **기**

본 **원리**가 규정되어 있다. 그러므로 행정소송법과 가사소송법에는 민사소송과 달리 규율할 특별한 규정들만을 두고 이 법들에 규정이 없는 사항은 민사소송법에 의한다고 규정하고 있다(행소 제8조 2항, 가소 제12조). 뿐만 아니라 특허심판절차와 특허소송은 기본적으로 민사소송법과 대단히 유사한 구조를 취하고 있다. 그러므로 이러한 절차들을 이해하기 위하여는 민사소송법에 대한 철저한 이해가 필수적이다.

과거에 민사소송법전에 포함되어 있다가 2002년의 개정으로 별개의 법률로 분리되어 규율되는 **민사집행법** 분야도 그 입법 형식에 불구하고 민사소송법의 영역에 속하는 점에는 변함이 없다. 그리고 파산과 회생을 규율하는 이른바 **도산절차법** 분야도 넓은 의미로는 민사소송법 분야에 속한다. 민사집행법은 개별 채권자의 채권을 강제적으로 실현하기 위하여 채무자의 개별 재산에 대하여 집행을 하는 것(개별집행)이고, 도산절차법은 채무자의 전체 재산을 처분하여 모든 채권자를 부분적으로나마 만족시키려는 일반집행에 해당하는 것이다.

Ⅱ. 민사소송제도의 목적

민사소송제도는 무엇 때문에 존재하는가? 이러한 질문에 대하여는 어떠한 관점에 입각하느냐에 따라 여러 가지 대답이 나올 수 있다. 개인의 권리를 중시하는 개인주의・자유주의의 입장에서는 민사소송이 개인의 사법상의 권리를 보호하기 위하여 존재한다고 주장한다(**사권보호설**).[1] 그러나 국가는 개인의 주관적 목적과는 다른 그 자체의 목적이 따로 있다고 하는 전체주의 내지는 국가지상주의의 입장에서는 민사소송이 국가의 사법질서를 유지하기 위하여 존재한다고 주장한다(**법질서유지설**). 그리고 민사소송의 목적을 개인의 주관적 목적을 떠나 객관적으로 파악하여, 분쟁을 해결하기 위하여 민사소송이 존재한다는 주장도 있다(**분쟁해결설**).[2] 그리하여 개인주의・자유주의가 강하게 대두되는 시기에는 사권보호설이, 개인주의가 퇴색하는 시기에는 분쟁해결설이, 전체주의가 풍미하는 시기에는 법질서유지설이 많이 주장되곤 하였다. 오늘날은 사권보호설과 법질서유지설을 종합하여 양자가 모두 민사소송의 목적이라고 하는 견해도 주장된다(**사권보호 및 법질서유지설**).[3] 그리

---

1) 강현중, 27; 鄭・庚・金, 27.
2) 金・姜, 34-35에서는 다원적으로 파악하되 분쟁해결설을 근간으로 하는 것이 타당하다고 한다.
3) 이시윤, 4. 독일의 다수설이다. 김홍엽, 2에서는 사권보호가 우선적 목적이라 하고, 이것이 사법질서 유지에도 기여한다고 한다.

고 민사소송 제도의 주된 목적을 권리의 확정과 권리의 실현이라고 보고 법질서유
지나 분쟁해결을 부수적 효과라고 보는 입장도 있고,4) 가장 넓게는 사권보호, 사법
질서유지, 분쟁해결, 절차보장, 공평, 적정, 신속, 경제 등이 모두 포함된다고 보는
입장도 있다.5) 그 밖에 일본에서는 절차보장설이 주장되기도 하나, 이는 개별적인
제도의 목적이나 해석 기준으로는 의미가 있을지 몰라도 민사소송 제도 전체의 목
적으로는 어울리지 않는다.

　민사소송제도는 위 학설들이 보는 것처럼 일방적이거나 평면적인 것이 아니다.
민사소송을 둘러싸고 이와 관계되어 있는 여러 주체들은 각기 다른 목적을 갖고
민사소송에 임하고 있음을 직시해야 한다. 민사소송제도를 만든 국가는 사법질서를
유지하려는 목적이 있고, 민사소송에서 사건을 심리하고 재판하는 법원은 당사자들
사이의 분쟁을 해결할 임무를 갖고 소송에 임한다. 그리고 민사소송을 이용하는 개
인은 자신의 권리를 보호받고자 하는 목적이 있다. 이들의 서로 다른 목적들은 어
느 것도 무시되어서는 안 될 것이므로 결국 민사소송제도의 목적은 이 세 가지 모
두라고 하여야 할 것이다. 이렇게 보아야만 생동하는 민사소송의 모습과 본질을 제
대로 파악할 수 있을 것이다. 그러나 앞에서 지적한 바와 같이 법질서 유지나 분쟁
해결은 민사소송의 목적으로 강조할 필요는 없다. 법질서 유지는 모든 법제도의 목
적이지 민사소송제도 특유의 목적은 아니고, 이를 지나치게 강조하는 것은 전체주
의적 소송관으로 흐를 염려가 있다. 분쟁해결은 이른바 ADR을 포함한 모든 분쟁
해결 제도의 목적이고 민사소송제도에 특유한 목적은 아니다. 이를 강조하는 것은
어떤 내용이든 분쟁이 종식되기만 하면 된다는 것을 전제로 하기 때문에 '법에 따
른' 분쟁해결이라는 민사소송의 특색을 흐려서 법치주의를 흐릴 염려가 있다. 이런
점에서 민사소송제도의 목적은 **사권보호가 그 핵심**이라고 보는 것이 타당하다.

---

　4) 김용진, 7-8. 이 입장이 권리의 확정과 권리의 실현을 주된 목적으로 파악하는 것도 권리보호를
중시하는 것으로 보인다. 그러나 권리의 확정과 실현은 민사소송법의 목표로 삼는 결과이고, 이러한 목표
가 무엇을 위한 것인가를 논의하는 것이 민사소송제도의 목적론이라는 점에서 차원이 다른 논의이다.
　5) 田炳西, 17; 전병서, 강의, 655-656. 그러나 이들 중에서 민사소송의 이상에 해당하는 부분을 제
도의 목적에 포함시키는 것은 적절하지 않다.

제 4 절 民事訴訟法의 沿革

우리 민사소송법은 다른 법분야와 마찬가지로 우리나라의 전통적인 법체계를 계승, 발전시킨 것이 아니라 주로 독일을 중심으로 한 서양의 법체계를 일본을 통하여 계수한 것이다. 독일 민사소송법은 그 연원을 로마 민사소송법과 게르만 민사소송법에서 찾을 수 있다.[1]

I. 로마 민사소송법

고대부터 사법상 권리의 실현은 기본적으로 권리자 스스로의 힘에 의지했다. 로마에서 국가는 절차가 엄격한 형식에 의하도록 요구하고, 권리를 주장하는 자의 권리가 확정되어 있는지를 검토하는 데에만 개입하였다. 전자는 권리실현이 엉뚱한 제3자를 해치지 않도록 하려는 목적에서 요구되었다고 하며, 후자는 오늘날의 판결절차로 발전한 권리확정절차였다. 권리자의 권리가 이미 확정되어 있어서 이러한 절차를 밟을 필요가 없으면 바로 강제집행을 시작할 수 있었다. 소송이 제도화된 이후의 로마의 민사소송제도는 크게 법률소송, 방식서소송, 특별소송의 세 시기로 나눌 수 있다.

제1기가 **법률소송**(legis actio)의 시대로, 이때는 소송의 개시가 원고가 계쟁물이나 상대방을 손으로 잡는다든가 지팡이로 건드린다든가 하는 고대식의 형식적 행위로 이루어졌다. 절차는 두 단계로 구분되어 있었는데, 첫째 단계가 국가의 관리인 법무관(praetor) 앞에서의 절차이다. 여기서는 소송요건을 조사하고, 원고의 주장에 법적 보호가 허용되어 있는지를 심사하여 이것이 인정될 경우에는 소권(actio)을 부여한다. 피고가 응소를 할 준비가 되었으면 법무관은 원고, 피고와 함께 소송계획을 작성하여 쟁점을 결정한다(litis contestatio). 두 번째 단계는 여러 명의 사인으로 구성된 심판인(iudex) 앞에서 이루어진다. 여기서는 심판인이 당사자들의 주장을 듣고 증거조사를 하는 사실심리를 하여, 이로써 확정된 사실관계에 법무관

---

[1] 이 부분은 주로 Fasching, Lehrbuch, Rz. 25 ff.; Blomeyer[2] §2 I ; Kaser-Knütel, Römisches Privatrecht, 19. Aufl., München 2008, §80 참조.

이 지시한 바를 적용하여 판결을 한다.

제2기가 **방식서소송**의 시대로, 절차가 법무관 앞에서의 절차와 심판인 앞에서의 절차로 나누어지는 점은 법률소송과 같다. 그러나 소송을 개시하는 형태가 엄격한 형식주의에서 융통성 있는 절차로 바뀌었으며, 법무관이 소송계획을 짤 때에 일정한 양식의 방식서(formula)를 작성하는 것으로 바뀌었다. 방식서에서 중요한 것은 법무관이 원고에게 일정한 소권(actio)을 부여하고, 경우에 따라서는 피고에게 항변권(exceptio)을 부여한다는 점이다. 법무관은 이 방식서로써 심판인에게 소송의 대상과 내용을 지시하였다. Augustus 황제에 이르러 법률소송을 폐지하고 방식서소송을 모든 종류의 소송에 적용하였다. 로마의 법학이 고도로 발달되었던 고전시대가 이 방식서소송 시대와 일치한다.

제3기가 황제의 법률에 기한 **특별소송**(extraordinaria cognitio)의 시대로, 여기서는 절차의 두 단계가 없어지고 국가의 관리인 법관에 의한 재판으로 일원화된다. Augustus 시대에 특별소송이 시작되는데, 통상절차인 방식서소송과는 달리 특별한 경우에만, 주로 행정적 임무 수행과 관련된 사건에 인정되는 절차였다. 그러나 로마의 원수정 시대가 지남에 따라 점차 특별소송이 확대적용되고 마침내 Diokletianus 황제 시대에는 방식서소송이 자취를 감춘다. Justinianus 황제에 이르러서 특별소송은 법관이 강력한 직권으로 소송을 지배하는 내용으로 변모되어 로마법대전에 나타난다. 이 소송에서 법관은 완전한 법률교육을 받은 사람으로 임명되고, 판결절차를 처음부터 끝까지 직권으로 지휘하고, 절차 진행과 증거조사의 결과를 조서에 기록하고 끝에는 본안판결을 한다. 제정시대의 로마의 관료조직과 연결되어 있기 때문에 계급적 구조를 취하였고, 이런 배경에서 심급제도가 발생하였다.

II. 게르만 민사소송

게르만법에서는 처음에 민사소송과 형사소송이 구별되지 않았고, '불법'이 자행되면 그에 대하여 속죄시키는 것이 주된 관심사였다. 개인의 권리라는 개념은 없었고 위법은 **권리공동체**에 대한 침해라고 생각되었을 뿐이었다. 소송도 공개적인 민중재판으로, 영주의 지휘로 진행되었는데, 재판은 그가 속한 공동체가 하였다. 소에는 사실주장은 없고 극히 형식적으로 정해진 방법에 의한 권리주장만이 있었다. 양 당사자의 권리주장과 그에 대한 다툼만을 보고 바로 재판을 하였는데, 이는 궁극적인 판단이 아니라 원고의 권리가 인정될 경우와 피고의 다툼이 인정될 경우를 나누어서 경우에 따른 결론을 내는 형식이었다. '입증'의 대상은 사실이 아니라 권리주장이었고 입증방법은 **선서, 결투, 신판**(神判) 등이었다. 절차는 공개된 상태에서 구술로 진행되었다. 말하자면 오늘날의 재판과는 거의 연관성이 없는 원시적인 제도였다.

뒤에 프랑크왕국 시대에 이르면 국가의 권력이 강력해지면서 소송도 왕이 임명한 영주가 맡게 되고, 재판은 상임 참심원의 임무가 된다. 국왕도 재판권을 행사하는데, 국왕법원에서는 형식에 매이지 않은 절차가 이루어졌고, 소송의 기초가 되는 사실관계의 구명에도 가치를 부여하게 되었다. 근대적인 증거방법이 인정되기 시작되었으나 게르만의 형식화된 증거법칙은 완화되지 않았다.

Ⅲ. 중세의 소송제도

중세에 북부 이탈리아, 특히 볼로니아(Bologna)를 중심으로 로마법 연구가 부활하여 유럽의 각국에 계수되어 **보통법**(ius commune)을 이루었다. 계수된 로마법은 로마법대전에 집성된 로마법을 학자들이 연구하여 주석, 또는 주해한 것에 교회법의 요소가 섞인 것으로, 기본적으로는 로마의 특별소송이 근간이 되어 변화된 것이다. 1495년에 설립된 **제실(帝室)법원**의 소송법이 이 로마·교회소송을 받아들였고, 그 특색은 여러 단계로 나뉘어서 진행되는 **서면절차**라는 점이었다. 이에 따른 절차가 장기간이 소요되었기 때문에 이를 단축시키기 위하여 나중에는 모든 소송자료를 소송 초기 단계에 제출해야 한다는 이른바 동시제출주의를 취하게 되었다.

그러나 다른 한편으로 **작센**(Sachsen)에서는 1622년의 입법으로 소송에서 당사자들이 과거의 경험을 **구술로 진술**하는 방법을 채택하여 현저히 신속화된 소송제도를 가지게 되었다. 이 제도의 특징은 절차를 둘로 나누어 첫째 단계에서는 요증사실과 그 입증에 필요한 증거방법을 지시하는 절차를 밟아 이른바 증거판결(Beweisinterlokut)로 절차를 마감한다. 모든 사실주장은 이때까지 해야 하기 때문에 동시제출주의를 취한 것이다. 둘째 단계에서는 다른 법관이 증거조사만을 실시하고, 그 뒤에 첫 단계의 법관이 그 결과를 기재한 서면을 보고 종국판결을 하였다. 이렇게 하여 법관의 공정성과 객관성을 보장하려고 하였다. 증거의 평가에 관하여서는 법정증거주의에 의하였다.

Ⅳ. 근대의 소송제도

이 시기의 소송제도는 각국의 사정에 따라 현저한 차이를 보인다. **프로이센**(Preußen)에서는 절대군주제가 확립되면서 1781년, 1793년에 소송의 신속화를 위하여 급진적인 개혁을 시도하였다. 그리하여 소송의 진행을 완전히 법관의 직권에 맡기고 법관이 스스로 진실을 발견하도록 하는 **직권탐지주의**를 채택하였다. 민사소송에서의 당사자의 주도권은 사라졌다. 이 시도는 법원에 과중한 부담을 주어 결국 실패하고, 1833년부터는 이러한 직권주의적인 요소들을 삭제하였다.

프랑스에서는 일찍부터 중앙집권적인 통일국가를 이루고 있었기 때문에 이미 루이 14세 때에 보통법의 영향을 벗어나 구술주의, 공개주의를 채택하고 동시제출주의나 증거판결을 배제한 소송절차를 마련하였다. 그 뒤 시민혁명의 성공으로 개인주의, 자유주의가 팽배하고, **나폴레옹의 입법작업**으로 자유주의를 배경으로 하는 최초의 근대적 민사소송법이 제정되었다. 여기서는 소송의 진행을 당사자에게 맡기고, 구술주의, 자유심증주의가 채택되었다.

Ⅴ. 독일과 오스트리아, 스위스 민사소송법전의 편찬

독일은 19세기에 보통법의 소송제도를 따르는 지역과 프로이센의 제도를 따르는 지역, 프랑스 소송법을 따르는 지역으로 나뉘어 있어 각 소국(Land)마다 민사소송법전을 제정하였다. 그 뒤 독일의 통일 이후인 1877년에 이러한 요소들을 혼합한 통일 민사소송법이 제정되어 1879년부터 시행되었다. 이 법은 당시의 시대사조인 개인주의, 자유주의를 배경으로 하여 구술주의, 공개주의, 변론주의, 자유심증주의 등을 원칙으로 채택하였다. 뒤에 민법을 제정함에 따라 민사소송법에서 보류하였던 부동산 경매 부분을 별개의 법률로 입법하고 민사소송법도 많이 개정하여 민법과 같이 1900. 1. 1.부터 시행하였다.

독일의 법전 편찬 이후에 **오스트리아**에서는 기본적으로는 독일의 민사소송법을 본받으면서도 사회주의적 요소가 가미되어 법관의 직권을 강화한 민사소송법전을 편찬하였다. 오스트리아는 입법 당시에는 독일의 영향을 받았지만, 그 뒤에는 거꾸로 독일이 오스트리아의 영향을 받아 법관의 직권을 강화하는 방향으로 법을 개정해 나아갔다.

스위스는 연방제 국가이지만 민법과 채무법 등 민사실체법은 일찍이 통일하였으나 민사소송법은 각 주별로 입법하여 통일되지 못하였다. 2008년에 들어와서 비로소 통일법전이 만들어져 2011. 1. 1.부터 시행되기에 이르렀다.

Ⅵ. 우리나라 개화기의 민사소송법

우리나라에서는 본래 **조선시대** 말기까지만 해도 제도상 민사소송과 형사소송이 엄밀하게 구별되지 않았지만, 사건의 내용으로 구별하는 것은 가능하였다. **재판기관**은 왕이 임명한 행정관료였고, 왕이 최고의 재판기관이었다. 민사소송의 능동적 당사자를 원고(元告), 수동적 당사자를 척등(隻等)이라 하고 이들을 합하여 원척(元隻)이라고 했다. 제소를 하려면 오늘날 소장에 해당하는 소지(所志)를 작성하여 제출하여야 했다. 심리는 원척이 모두 참여하여 변론하는 당사자심리주의에 의하였다. 그리고 춘분부터 추분 사이의 농번기에는 소송을 심리하지 않았다. 기판력이라는 개념은 없었고, 세 번까지 제소가 가능한데 그중 두 번을 승소하면 그 내용대로 확정지었다(三度得伸).[2]

우리나라에 근대적 의미의 입법이 이루어지고, 사법권의 독립이라는 관념이 구체화된 것은, 갑오경장 이후 1895년 3월 25일에 법률 제1호로 **재판소구성법**이 제정·반포됨으로써 시작된다. 그러나 법원의 조직은 당시의 상황으로서는 상당한 시일이 소요되어 초기에는 이 법률이 장식적인 것이었다. 최초로 제정된 근대적 의미의 절차법규가 1895년 4월 29일 법부령 제3호로 제정된 민·형소송규정(民·刑訴訟規程)이다. 이에 의하면 각 절차를 별개로 규정하여 민사소송과 형사소송을 제도적으로 분리한 최초의 법령이라는 점에서도 그 의미가 크다. 그러나 민사소송에 관하여 25개, 형사소송에 관하여는 19개 조문만을 둔 소략한 법률이었다. 그 뒤 1908년 7월 13일에 법률 제13호로 민·형소송규칙이 제정되었는데, 이는 통칙 62개조, 민사소송에 관하여는 79개조, 형사소송에 관하여 29개조를 둔 비교적 구색을 갖춘 법률이었다. 그러나 이때는 이미 일본이 우리나라에 통감부를 설치하여 내정에 본격적으로 간섭하기 시작한 다음이었다.

---

2) 조선전기의 민사소송에 관하여는 任相爀, 朝鮮前期 民事訴訟과 訴訟理論의 展開, 서울대학교 박사학위논문, 2000.

Ⅶ. 의용 민사소송법

일제가 1906년에 통감부를 설치하고, 1909년에 대한제국의 사법권을 빼앗았다. 1910년 우리나라를 강점한 뒤 1912년에 조선민사령을 제정, 공포하였다. 그에 의하면 민사재판절차는 원칙적으로 일본 민사소송법에 의거하나, 조선의 특수한 현상을 고려하여 절차를 간이하게 하는 다수의 예외를 규정하였다. 그리하여 **조선민사령**에 따라 민사령규정과 일본의 민사소송법이 우리에게 의용되었던 것이다.

우리나라가 독립한 뒤 고유의 민사소송법을 제정하기까지는 이 의용민사소송법이 계속 법률로서의 효력을 갖고 있었다. 이를 흔히 구민사소송법이라고 한다.

Ⅷ. 우리 민사소송법전의 편찬

우리나라 정부가 수립된 직후인 1948년 9월에 법전편찬위원회 직제를 공포하고, 그 해 12월에 민사소송법 분과위원회에서 민사소송법요강을 작성하였다. 초안의 기초는 1951년 11월에 완성되었고, 이를 1953년 1월에 정부가 국회에 법안으로 제출하였다. 그러나 이 법안은 여러 차례의 폐안과 재제안의 온갖 우여곡절 끝에 1959년 12월에 국회에서 통과되었다. 그리하여 1960년 4월 4일에 공포되고, 그 해 7월 1일부터 시행되었다.

우리 민사소송법은 형식상은 새로 제정한 법률이나 그 실질은 구민사소송법의 개정에 불과하였다. 이는 일제가 물러간 뒤에 학자와 실무가가 극소수에 불과한 당시의 사정으로는 부득이한 일이었다.[3] 그러므로 우리 민사소송법은 그 계통이 일본의 민사소송법을 받아들여 수정한 것이고, 이는 일본의 구민사소송법을 개정한 것이며, 이 법은 다시 독일의 1877년의 민사소송법(CPO)을 그대로 본받은 것이다. 그러므로 우리 민사소송법은 독일 민사소송법을 간접적으로 계수하였다고 할 수 있다.

---

3) 당시 법전편찬위원회가 "교지(巧遲)보다는 졸속, 정 부득이하다면 번역 정도의 입법이라도!"를 기본 방침으로 하였고, "말이 민사소송법요강이지 실질에 있어서는 현행 민사소송법의 개정요강에 불과하다"고 요강을 해설한 것(金甲洙, 民事訴訟法要綱解說, 法政 3권 11호, 20면)을 보아도 당시의 빈약한 사정을 알 수 있다.

Ⅸ. 민사소송법의 개정

민사소송법의 제정 이후 1961년과 1963년에 미국식 교호신문 제도의 도입, 화해등의 조서에 대한 준재심 인정 등의 개정이 있었고, 그 뒤는 특별법을 제정하여 실질적으로 민사소송법을 개정한 것과 같은 효과를 낳기도 하였다. 1961년의 민사소송에관한임시조치법으로 기일변경을 제한하고 가집행선고를 원칙화하였다. 1966년의 중재법으로 중재제도가 부활되었고, 1970년의 간이절차에의한민사분쟁사건처리특례법에 의하여 집행에서의 평등주의에 대하여 제한을 가하게 되었다. 1973년의 소액사건심판법으로 소액사건에 관한 간이, 신속한 절차가 신설되었고, 1981년의 소송촉진등에관한특례법으로 지연손해금에 대한 고율의 법정이자, 변호사 보수의 소송비용 산입, 허가상고제도 등이 규정되었다. 그리고 1983년에는 대법원규칙으로 민사소송규칙을 제정하여 시행함으로써 구체적인 제도 개선을 이루기도 하였다.

1990년 1월에 법 제정 이후 처음으로 대규모의 개정이 있었다. 1984년 법무부에 설치된 민사소송법개정특별위원회가 개정안을 마련하여 1988년 12월에 국회에 제출하였고, 다음해 말에 이 개정안이 부분적 수정을 거쳐 국회를 통과하여 1990년 1월에 공포, 같은 해 9월 1일부터 시행되었다. 이 개정은 단지 민사소송법만이 아니라 경매법의 폐지, 민사조정법의 제정, 소액사건심판법과 사법서사법의 개정 등 다른 부속법률도 함께 개폐 내지 제정하여 우리나라의 민사사법에 큰 영향을 주었다. 그 뒤에 1994년에 대법원이 사법개혁을 위하여 법원조직법을 개정하여 예비판사제도의 신설, 시·군법원의 설치 등의 조치를 취하였고, 상고심절차에관한특례법을 제정하여 심리불속행제도를 창안하였다. 상세한 것은 관계되는 곳에서 설명한다.

민사소송법은 2002년에 또 한 번 대규모로 개정되었다. 민사소송을 적정하고 신속하게 처리하기 위하여 변론준비의 철저화를 통한 집중심리를 실시하자는 것이 학계와 실무계의 오랜 동안의 숙원이었다. 이 목표를 이루고자 1990년대 후반에 대법원에서 민사소송법 개정을 위한 위원회를 설치하여 개정안을 만들어 법무부에 제출하였다. 이를 받은 법무부가 일부 수정하여 정부안으로 2000년 12월에 국회에 제출하였고, 이 개정안이 1년 뒤인 2001년 12월에 국회에서 일부 수정을 거쳐 통과되어 2002년 1월에 공포되었다. 이 개정법은 2002년 7월부터 시행되었다. 종래 민사소송법 안에 포함되어 있던 강제집행편을 분리하여 민사집행법을 제정하였고,

변론준비절차의 도입을 통한 변론준비의 강화, 무변론판결의 신설, 공격·방어방법 제출시기의 제한, 문서제출의무의 강화, 화해의 활성화, 변경의 소 및 예비적 공동소송의 인정, 편면적 독립당사자참가의 인정, 개인이나 사업자의 비밀보호 강화 등이 그 골자이다. 이번 개정의 다른 특징은 법률문장과 법률용어를 획기적으로 순화한 것이다. 불충분한 점이 있기는 하지만 앞으로 개선해 가야 하고 다른 입법에도 모범이 되기를 기대한다.4)

2005년 3월 31일에는 파산법과 화의법, 회사정리법을 통합하여 "채무자 회생 및 파산에 관한 법률"을 제정하여 2006년 4월 1일부터 시행하였다. 2007년 5월 17일에는 소송기록을 열람할 수 있는 사람의 범위를 확대하고(제162조), 문서 송부에 협력할 의무를 규정하는 개정을 하여 2008년 1월 1일부터 시행하였고(제352조의2), 2007년 7월 13일에는 민사소송에 전문심리위원의 참여를 규정한 법개정이 있었다 (제164조의2~제164조의8). 2008년 12월 26일에는 변론준비절차를 필요한 경우에만 실시하고(제258조), 그 절차에서는 소송관계를 뚜렷이 하는 데에까지는 나아가지 않도록 하는(제279조 1항) 법개정이 있었다.

2010년 3월 24일에 "민사소송 등에서의 전자문서 이용 등에 관한 법률"이 제정되어 민사소송의 모습이 많이 바뀌게 되었다. 전자문서가 이용되고, 전자서명, 전자적 송달과 통지, 전자문서에 대한 증거조사에 관한 특례 등이 규정되었다.

제 5 절 民事訴訟法의 適用範圍

민사소송법이 언제 발생한 소송사건에 대하여 적용되는가, 그리고 지역적으로 어디까지 적용되는가 하는 것이 문제되는 수가 있다. 여기서 민사소송법의 시간적 적용범위와 장소적 적용범위를 간략히 설명한다.

---

4) 개정법의 순화내용과 그 평가에 관하여는 호문혁, "민사소송법 분야의 법령용어 및 문장구조의 문제점과 개선방향", 한국법제연구원, 법령용어 및 문장구조의 문제점과 개선방안, 2002, 135면 이하; 호문혁, "개정 민사소송법의 순화에 대한 평가와 과제", 한국법제연구원, 개정 민사소송법의 법령용어 및 법률문장의 순화와 향후 과제, 2003, 49면 이하.

I. 시간적 적용범위

시간적 적용범위란 민사소송법이 제정되거나 개폐된 경우에 신·구법 중 어느 것을 적용하는가 하는 문제이다. 본래 법률은 제정시부터 개정 내지 폐지시까지 효력이 있는 것이 원칙인데, 신법의 제정이나, 법규정의 개정 및 폐지 전후에 걸쳐 소송이 계속할 때에는 그 소송에 어느 법률을 적용할 것인지가 문제된다. 실체법의 경우에는 법적 생활의 안정을 위하여 법률불소급의 원칙이 인정되는데, 기술적 성격이 강한 소송법에서는 절차의 안정을 위하여 획일적으로 **신법을 적용**하는 것이 원칙이다. 그리하여 구법 내지 구규정이 개정되기 전부터 계속한 소송사건에 대하여도 신법 내지 신규정이 적용되고, 나아가 신법이나 신규정이 시행되기 전에 생긴 사항에도 적용하여 **소급효**를 인정한다. 다만, 이미 발생한 소송행위의 효력에는 영향을 미치지 않는 것으로 하였다(2002년 시행 부칙 제2조, 제3조).

II. 장소적 적용범위

우리나라의 법원에서 소송을 하면서 외국의 실체법을 적용하는 것은 당사자가 누구인가에 따라 국제사법에 의하여 가능한 일이지만, 외국의 소송법을 적용하여 절차를 진행시키는 것은 타당하지 않다. 그러므로 어느 나라를 막론하고 소송에는 법원 소재지법, 즉 **법정지법**(lex fori)을 적용하는 것을 원칙으로 삼고 있다. 예를 들면 우리나라의 법원에 계속 중인 민사소송사건에는 당사자들이 어느 나라 사람이건, 적용되는 실체법이 어느 나라 법이건 묻지 않고 우리나라의 민사소송법이 적용되고, 일본의 법원에 계속 중인 민사소송사건에는 일본의 민사소송법이 적용되는 것이다.

다만 소송법이 그 규정 내용을 실체법규에 맡긴 경우에는 외국법이 간접적으로 적용될 경우가 있다.[1] 예를 들면 소송능력에 관하여는 민법의 행위능력에 관한 규정이 적용되는데(제51조), 외국인이 당사자인 경우에 행위능력에 관하여는 국제사법에 의하여 외국인의 본국법이 준거법이 된다(국사 제28조 1항). 따라서 우리나라에서 소송무능력자인지 여부를 가릴 때에는 외국인의 본국법에 의하여 정하게 된다.[2]

---

1) 宋·朴, 42.

다만 여기에는 약간의 제한이 가해지는데, 외국인이 그 본국법에 의하여 소송능력이 없는 때라도 우리나라의 법률에 의하여 소송능력이 있는 때에는 소송능력자로 본다(제57조).

외국법원에서 한 소송행위나 그 결과가 우리나라에서 효력이 있는지 여부는 우리나라의 민사소송법에 의하여 판단한다. 그리하여 외국법원이 한 판결은 제217조의 요건을 갖추어야 우리나라에서 승인되고, 이로써 집행을 하려면 우리 법원에서 승인 요건 등을 심리하여 집행판결을 해야 가능하다(민집 제26조). 외국에서의 증거조사가 필요한 때에는 그 나라에 주재하는 우리나라의 대사, 공사, 영사 또는 그 나라의 관할 공무소에 촉탁한다(제296조 1항). 이때 우리나라의 대사 등이 조사하는 경우에는 당연히 우리 소송법에 따라서 한다. 외국법원이 증거조사를 할 때에는 그 외국의 소송법에 따라서 하지만, 그 효력은 우리 소송법에 의하여 판단한다(제296조 2항).

---

2) 그러나 외국인이 우리나라에 일상거소를 갖고 있거나 재산이 우리나라에 있고 우리나라에서 보호할 필요가 있으면 우리나라 법에 의하여 한정후견 또는 성년후견 개시심판을 할 수 있다(국사 제61조 1항 1호, 3호).

제 2 장 民事訴訟節次

제 1 절 節次進行 槪觀

민사소송은 대단히 복잡한 절차이기 때문에 처음부터 개별적인 개념이나 제도를 상세히 공부하기 시작하면 온갖 제도의 숲에 빠져서 제대로 갈피를 잡기 어려운 경우가 많다. 그러므로 우선 민사소송이 어떻게 진행되는지, 어떠한 제도들이 마련되어 있는지를 개괄적으로 파악하여야 개별적인 제도나 개념을 체계적으로 이해할 수 있다.

Ⅰ. 소 제 기

1. 소송의 준비

(1) 법률상담

소송은 원고와 피고가 대립하여 법원에서 법적 쟁송을 하는 절차이다. 원고는 소를 제기하기 위하여 사전에 준비를 하게 되는데, 누구를 피고로 하여 어느 법원에서 소송을 할지를 정하게 된다. 이것은 별로 어려운 일이 아니다. 그러나 어떤 내용의 청구를 할 것인가, 그리고 어떠한 사실을 주장하고 어떤 증거를 마련할지를 정하는 것은 법률지식이 없는 일반 당사자들에게 쉽지 않다. 그리하여 변호사와 법률상담을 하고 소송위임을 하거나 법무사에게 소송서류의 작성·제출을 대행하게 하는 수가 많다.

(2) 독촉절차(제462조 이하)

채권자가 금전 기타 대체물이나 유가증권의 지급을 구하려는 경우에는 채무자에게 자력이 있고 지급할 의사도 있으면 굳이 정규 민사소송을 거치지 않고 독촉절차로 간단히 권리를 실현할 수 있다. 채권자가 법원에 지급명령을 신청하면 법원은 실체적 심리를 하지 않고 채무자에게 지급명령을 한다. 채무자가 그에 대하여 이의신청을 하면 소송절차로 넘어간다. 채무자가 이의신청을 하지 않으면 지급명령은 확정되고, 그로써 채권자는 강제집행을 할 수 있다.

(3) 채권목적의 확보

채권자가 소송을 하여 권리를 확정받더라도 그 절차를 밟는 데는 상당한 시간이 걸리므로 그 사이에 채무자가 재산을 도피시켜서 집행을 할 재산이 없어지거나, 채권자에게 회복할 수 없는 손해가 생길 수가 있다. 그래서 민사소송법은 압류제도를 두고 있으나 이것도 채권이 확정된 뒤에 하는 것이어서 사전에 재산을 도피시키는 것은 막지 못한다. 그러므로 채권자는 소를 제기하기 전에 미리 채무자의 재산이나 채권의 목적물을 일단 현상대로 묶어 둘 필요가 있다. 이를 위한 절차가 가압류·가처분절차로, 흔히 보전소송이라고도 한다(민집 제276조 이하).

2. 소(訴)

(1) 개념과 종류

소라 함은 원고가 법원에 대하여 일정한 내용의 판결을 할 것을 신청하는 행위이다. 소는 그 구체적인 내용에 따라 세 종류로 나뉜다.

이행의 소는 피고에 대한 실체법상의 청구권을 주장하여 이를 실현시키기 위하여 피고를 상대로 채무를 이행하라는, 즉 이행명령을 하는 판결(이행판결)을 해달라고 신청하는 소이다.

확인의 소는 주로 원고와 피고 사이의 권리·법률관계의 존부에 관하여 법적인 불안상태가 존재할 때 그 불안을 제거하기 위하여 법원에 그 권리·법률관계의 존부를 확정하는 판결을 해달라고 신청하는 소이다.

형성의 소는 법률관계의 변동, 즉 발생·변경·소멸이 법원의 판결로써 이루어지도록 한 경우에 이 변동을 구하기 위하여 판결을 신청하는 소이다.

(2) 처분권주의

소송은 원고가 소를 제기함으로써 시작된다. 아무리 법원이 사회 한 구석에서 사법상의 권리침해가 있음을 알았어도 피해자가 소를 제기하지 않는 한 법원이나 다른 국가기관이 스스로 이 사건을 조사하여 재판하는 일은 없다. 즉, "소 없으면 재판 없다." 이러한 원칙을 처분권주의라고 한다.[1] 처분권주의는 실체법상의 사적 자치의 원칙이 소송법에 반영된 것으로, 개인의 사적 법률관계에 관한 분쟁은 기본적으로 그 개인의 처분에 맡긴다는 원칙이다.

(3) 청구의 병합과 공동소송

소를 제기할 때 하나의 소로써 반드시 하나의 청구만 하라는 법은 없다. 같은 원고가 같은 피고를 상대로 하여 여러 개의 청구를 한꺼번에 할 수 있는데, 이 경우에는 청구병합이 있게 된다. 청구가 병합되는 형태는 세 가지가 있는데, 몇 개의 청구를 하면서 그 모두에 대하여 재판하기를 신청하는 경우는 각 청구 사이에 아무런 관련이 없이 병합된다고 하여 이를 단순병합이라고 한다. 서로 양립할 수 없는 몇 개의 청구를 한꺼번에 하면서 각 청구에 심판의 순서를 정하는 경우를 예비적병합이라고 하는데, 제1순위의 청구를 주위적 청구, 후순위의 청구를 예비적 청구라고 한다. 그리고 병합된 청구들 사이에 순서가 없이 아무 청구나 하나만 인용되면 족하다고 하는 경우를 선택적병합이라고 한다.

소송에서 청구만이 병합되는 것이 아니라 당사자도 병합되는 수가 있다. 수인의 권리자가 함께 권리를 실현시키고자 하는 경우에는 원고가 수인이 될 것이고, 수인의 의무자를 상대로 소송을 할 경우는 피고가 수인이 될 것이다. 이러한 형태를 공동소송이라고 한다. 각 공동소송인 사이의 관계에 따라 통상공동소송과 필수적공동소송으로 나뉘는데, 전자는 공동소송인들이 승패를 같이 할 필요가 없는 경우이고, 후자는 승패를 같이 해야 하는 경우이다. 후자는 다시 실체법상 반드시 공동소송인이 될 것이 요구되는 경우(고유필수적공동소송)와 반드시 공동소송인이 될 필요는 없으나 기왕에 공동소송이 되었으면 승패를 같이 해야 하는 경우(유사필수적공동소송)로 나누어진다.

3. 소장의 작성·제출

원고가 소를 제기하려면 원칙적으로 소장을 작성하여 제출하여야 한다(제248조). 소장에는 당사자와 청구취지 및 청구원인을 반드시 기재하여야 하며, 당사자가 소송무능력자인 경우에는 법정대리인도 기재하여야 한다(제249조). 여기서 청구취지는 원고의 청구 내용을 간단명료하게 표시한, 소장의 결론부분이다. 청구원인은 청구취지의 근거 내지 이유를 제시하는 부분으로, 원고의 청구를 이유있게 하는 사실들

---

1) 이는 소제기 단계의 처분권주의의 내용이다. 처분권주의는 그 밖에 소송진행단계, 소송종료단계에서 각기 다른 내용으로 나타난다.

이 그 핵심을 이룬다. 청구취지와 청구원인으로 원고의 청구가 특정된다.

소장은 관할권 있는 법원에 제출하여야 한다. 법에 정하여져 있는 법원의 관할(법정관할)에는 관할구역에 따라 정해지는 토지관할, 사건의 크기에 따라 정해지는 사물관할, 특별한 직무를 특정 법원의 담당으로 하는 직무관할이 있다. 그리고 법정관할 외에 당사자들이 합의로써 정하는 합의관할, 원고가 관할권 없는 법원에 소를 제기했어도 피고가 항변하지 않고 본안에 관하여 변론하거나 진술하면 그 흠결이 치유되어 생기는 변론관할이 있다. 또 관할은 당사자들이 합의나 응소로 정할 수 있는 임의관할과 공익적 요청 때문에 당사자들이 임의로 정할 수 없는 전속관할로 나뉘기도 한다.

소장은 전자문서로도 작성하여 제출할 수 있다. 소장뿐만 아니라 당사자나 대리인이 법원에 제출할 서류는 전자문서로 제출할 수 있다(전문 제5조).

4. 소장심사

원고가 소장을 법원에 제출하면 법원 안에서 사건을 배당한다. 사건을 배당받은 재판부(좁은 의미의 법원)에서는 우선 재판장이 소장을 심사한다. 심사할 사항은 소장이 적식(適式)인가, 즉 소장의 기재사항이 제대로 적혔는가, 인지가 제대로 첨부(貼付)되었는지 등이다. 만일 소장이 부적식이면 재판장은 원고에게 보정을 명하고 그래도 보정하지 않으면 명령의 형식으로 소장을 각하한다.

5. 소장의 송달과 답변서

소장이 적식이면 법원은 이를 피고에게 송달하고, 이에 대하여 피고는 답변서를 제출하여야 한다. 만일 피고가 답변서를 제출하지 않거나 원고의 주장사실을 모두 자백하는 내용의 답변서를 제출한 때에는 법원은 변론 없이 판결할 수 있다(무변론판결).

6. 소제기의 효과

(1) 소송법상의 효과

소장이 피고에게 송달되면 소송계속이 생기는데, 이는 어느 소송사건을 특정 법원이 심리하게 된 상태를 말한다. 소송이 계속하면 그동안 동일한 소를 다시 제기할 수가 없게 된다(중복소제기의 금지)(제259조).

(2) 실체법상의 효과

소제기는 실체법상의 권리행사의 한 방법이므로 그로써 실체법상의 권리를 행사한 효과가 생긴다. 그리하여 소장을 제출하면 소멸시효가 중단되고, 제척기간을 준수한 것으로 된다(제265조).

Ⅱ. 소송심리

1. 소송요건 조사

소송요건은 소를 적법하게 하는 요건이다. 소송요건이 불비되면 소는 부적법하다. 부적법한 소에 대하여 법원이 본안재판을 할 수는 없으므로, 결국 소송요건은 법원이 본안, 즉 본래의 심판 대상(주로 실체법상의 법률관계)에 관하여 재판을 하기 위한 요건이다.

소송요건에는 관할권, 당사자능력, 당사자적격, 소송능력, 권리보호의 자격·이익(특히 중요한 것은 중복소제기가 아니어야 하고, 기판력 있는 확정판결이 없어야 한다는 것) 등이 있다. 그중 법원이 가장 먼저 조사하여야 할 것이 관할권이다. 본래소송요건의 조사도 관할법원에서 해야 하기 때문이다.

원고의 소제기가 관할위반임이 확정되면 소를 제기받은 법원(수소법원)은 관할권 있는 법원으로 사건을 이송한다. 그 밖의 소송요건이 불비된 경우에는 법원이 당사자에게 보정을 명하고, 보정에 불응할 경우에는 소송요건 불비가 확정되어 법원은 더 이상 심리할 필요 없이 그 소는 부적법하다 하여 소각하판결을 한다. 소송요건이 구비되면 법원은 본안심리를 계속한다.

2. 변론의 준비

소장과 답변서가 제출되면 재판장은 바로 변론기일을 정한다. 따로 변론준비가 필요한 사건의 경우에는 재판장은 변론준비절차를 열어 당사자의 주장과 증거를 정리한다. 그 방법으로는, 당사자가 준비서면 등의 서류를 제출하거나 당사자 사이에 이를 교환하게 하고 증거를 신청하도록 한다. 경우에 따라서는 증인과 당사자신문을 제외한 증거조사도 할 수 있다. 그 과정에서 필요하면 변론준비기일을 열어 당사자를 출석시킬 수도 있다. 변론준비절차가 끝나면 재판장은 변론기일을 지정하여 당사자들에게 통지한다.

3. 변   론

변론에서 당사자들은 공격과 방어를 하고, 법원은 소송을 지휘한다.

(1) 당사자의 공격과 방어

변론에서 원고는 공격을, 피고는 방어를 한다. 한 당사자가 사실을 진술·주장하면 상대방은 그것을 부인하거나, 모르겠다고 하거나(부지), 대답을 않거나(침묵), 시인을 할 것이다(자백). 이 중 자백한 사실과 침묵한 사실은 증명할 필요 없이 그대로 인정되고(제288조, 제150조), 부인하거나 부지라고 한 사실은 다툰 것으로 되어 증거조사가 필요하다.

증거조사로써도 사실이 밝혀지지 않으면(입증불능) 결국 법원은 입증책임의 분배에 따라 사실을 확정한다. 입증책임이란 이처럼 어느 주장사실이 입증불능(진위불명)이 되었을 때 사실이 불리하게 확정될 불이익 내지 부담을 말한다.

(2) 법원의 소송지휘

법원은 절차를 직권으로 진행시키면서 변론을 청취하고, 경우에 따라서 당사자의 신청에 의하여, 또는 직권으로 증거를 조사한다(제292조). 그 과정에서 법원은 당사자들의 진술에 불명료나, 모순이 있을 경우에는 이를 밝히기 위하여 석명을 해야 한다(제136조). 결국 법원은 증거조사의 결과와 변론 전체의 취지를 바탕으로 자유심증주의에 의하여 사실관계를 확정한다(제202조).

4. 심리의 원칙들

이처럼 심리를 하는 과정에서 심리와 재판은 공개되어야 하고(공개주의), 변론은 구술로 해야 하며(구술주의), 법원은 원고·피고 쌍방의 주장을 공평하게 심리해야 한다(쌍방심리주의). 그리고 심리에 관여하지 않은 법관은 재판에 참여하지 못하고(직접주의), 심리는 산만하게 분산되지 않고 집중되어야 하며(집중심리주의), 소송에 필요한 자료는 소송의 정도에 따라 적절한 시기에 제출하여야 한다(적시제출주의). 소송심리에서 법원은 당사자의 청구에 대하여서만, 당사자의 청구의 범위 내에서만 심리·재판할 수 있고(처분권주의), 소송자료(사실자료와 증거자료)는 당사자가 수집·제출하여야 하며 법원은 당사자가 수집, 제출한 소송자료만을 기초로 하여 사실을 확정할 수 있다(변론주의).

5. 소송 중의 소

소송을 하다가 경우에 따라서는 당사자들 사이에서 새로운 청구가 나오는 수가 있다. 원고가 본래 했던 청구를 다른 것으로 변경하거나(청구변경: 제262조) 피고가 원고를 상대로 원고의 청구와 관련성이 있는 청구를 하거나(반소: 제269조), 원고가 본래의 청구의 전제문제에 관하여 기판력을 얻기 위하여 확인의 소를 제기할 수 있다(중간확인의 소: 제264조). 이들을 소송 중의 소라고 한다. 청구변경에서 새 청구 는 변경 전 청구와 기초가 동일해야 하고, 그로 인하여 소송절차가 현저히 지연되 지 않아야 허용된다. 그리고 반소도 소송절차를 현저히 지연시키지 않을 경우에만 허용된다.

6. 참가와 당사자변경

앞에서 본 소송 중의 소는 소송 중에 청구, 즉 소송물에 변화가 일어나는 것인 데, 이러한 변화는 당사자에도 일어날 수 있다. 즉 제3자가 소송에 개입하거나(참 가) 당사자가 다른 사람으로 바뀌는 경우(당사자변경)가 있다.

(1) 참 가

제3자의 소송참가에는 제3자가 당사자로서 참가하는 당사자참가와 당사자가 되 지는 않고 단지 한 당사자의 승소를 돕기 위하여 참가하는 보조참가(제71조)가 있 다. 당사자참가에는 다시 소송의 목적이 참가인과 기존 당사자의 어느 일방과 합일 적으로만 확정되는 경우에 공동소송인으로 참가하는 형태(공동소송참가: 제83조)와 기존의 양 당사자 모두, 또는 일방을 상대로 자기 청구를 하여 세 당사자가 서로 대립하는 형태(독립당사자참가: 제79조)가 있다. 참가할 제3자에게 참가할 기회를 주 고 참가하지 않더라도 참가한 것과 같은 효과를 받도록 하는 방법으로 소송고지가 있다(제84조 이하).

(2) 당사자변경

소송 진행 중에 실체법상의 권리관계가 타인에게 승계되는 일이 생길 수 있다. 이런 경우에는 그 승계인을 당사자로 하여야 할 것이다. 이렇게 당사자가 바뀌는 것을 소송승계라고 한다. 여기에는 당사자의 사망과 같이 권리관계가 법률의 규정에 의하여 통째로 승계되는 포괄승계와, 당사자의 법률행위로 승계되는 특정승계가 있다.

당사자변경에는 권리관계의 승계 없이 소송 중에 임의로 당사자를 바꾸는 임의 적 당사자변경도 있으나 이는 원칙적으로 허용되지 않는다. 단 필수적공동소송인의 추가(제68조)나 피고의 경정(제260조 이하)은 일정한 요건 하에서 허용된다.

7. 절차의 정지

소송이 진행중에 당사자가 사망하거나 소송능력 또는 자격을 상실하거나 파산선고를 받는 일 등이 생길 수 있다. 그러면 당해 당사자나 그 승계인은 당분간 스스로 소송을 수행할 수가 없게 된다. 그러한 경우에 법원이 절차를 계속 진행시키면 불공평하게 되기 때문에 그 당사자나 승계인이 소송을 다시 수행할 수 있을 때까지 절차가 중단된다(제233조 이하). 그리고 법원이 사고로 직무를 수행하지 못하거나 당사자가 부정기간의 장애로 소송절차를 속행할 수 없는 때에는 절차는 중지된다(제245조 이하). 이러한 중단과 중지를 절차의 정지라고 한다.

8. 조정으로의 회부

민사분쟁의 당사자는 법원에 조정을 신청할 수 있고(민조 제2조), 소송의 진행중이라도 법원은 필요하면 사건을 조정에 회부할 수 있다(민조 제6조). 민사조정은 조정담당판사가 이를 처리하는데, 판사는 스스로 조정을 할 수도 있고, 조정위원회에 넘길 수도 있다(민조 제7조 1항, 2항). 그리하여 조정이 성립하면 이는 재판상화해와 같은 효력이 있다(민조 제29조).

Ⅲ. 판결의 선고

소송에서 심리가 성숙되면 사실관계가 확정된다. 법원은 이 확정된 사실관계에 실체법을 적용하여 판결의 내용을 결정하고, 판결서를 작성하여 판결을 선고하게 된다. 판결은 법원이 하는 판단인 재판의 하나로, 재판에는 판결 외에 절차상의 문제에 관한 판단인 결정과 명령이 있다.

1. 판결의 종류

판결은 여러 기준으로 나눌 수 있다. 일반적으로 판결이라 하면, 소송사건의 심리가 다 끝난 뒤에 선고하여 그 심급을 종결시키는 종국판결을 가리킨다. 그러나 법원은 심리중이라도 중간의 다툼이나 선결문제에 관하여 미리 판단해 둘 필요가 있을 때에는 중간판결을 할 수 있다.

종국판결에는 소송판결과 본안판결이 있다. 전자는 원고의 소가 소송요건 불비임을 이유로 부적법하다고 하여 각하하는 판결을 말하고, 후자는 원고의 청구 자체에 대하여(주로 실체법적 내용에 관한) 심리 끝에 그 법률관계에 관하여 하는 판결을 말한다.

본안판결 중 원고의 청구를 이유 있다고 받아들이는 판결을 (청구)인용판결이라 하고, 반대로 원고의 청구를 이유 없다고 배척하는 판결을 (청구)기각판결이라고 한다.

본안판결에는 이행판결, 형성판결, 확인판결이 있다. 이행판결은 원고의 청구권을 인정하고 피고에게 의무이행을 명하는 것을 내용으로 하는 판결이다. 형성판결은 원고의 형성권이 존재한다거나 형성요건이 구비되었음을 확정하고 그에 따라 법률관계를 변동시키는 것을 내용으로 하는 판결이다. 확인판결은 권리·법률관계의 존재나 부존재를 확정하는 것을 내용으로 하는 판결이다.

2. 판 결 서

판결서에는 당사자, 주문, 청구취지, 이유, 변론종결(무변론판결의 경우는 판결선고) 날짜, 법원을 기재하여야 한다. 그리고 당사자가 소송무능력자인 경우에는 법정대리인도 기재하고, 상소심 판결의 경우에는 상소취지도 기재한다(제208조 1항).

판결의 주문은 그 판결의 결론부분으로, 소장의 결론부분인 청구취지에 대한 대답이라고 할 수 있다. 판결의 이유는 주문에 나타난 결론에 이르게 된 근거를 적는 부분으로, 법원이 확정한 사실관계, 그를 뒷받침하는 증거원인, 법률의 적용 등을 설시한다. 주문과 이유로 판결 효력의 범위를 정할 수 있다. 변론종결 등의 날짜는 판결 효력의 기준 시점이 되기 때문에 판결에 명시하도록 하였다.

3. 가집행선고

판결은 원칙적으로 확정되어야 집행할 수 있지만, 패소 당사자의 남상소를 통한 지연을 봉쇄하고 승소 당사자의 신속한 권리실현을 위하여 확정되지 않았더라도 일단 선고된 판결은 집행을 할 수 있도록 한 제도가 가집행선고이다(제213조 이하). 재산권상의 청구에 관한 판결에는 원칙적으로 직권으로 가집행선고를 붙인다.

Ⅳ. 상 소

법원이 종국판결을 선고하면 그 심급은 종결된다. 법원은 판결을 선고한 후에 당사자에게 판결정본을 송달한다. 그때부터 상소제기기간이 진행되고, 불복이 있는 당사자는 그 기간 안에 상소하여야 한다. 제1심 판결에 대한 상소를 항소라 하고, 항소심 판결에 대한 상소를 상고라고 한다. 그리고 결정과 명령에 대하여 독립한 불복방법이 인정되면 제1심에서 제2심으로 항고를, 제2심에서 제3심으로는 재항고를 한다.

당사자가 상소를 하면 그 재판은 확정되지 않고 상소심으로 이심되고, 상급심에서는 상소로써 불복한 범위 안에서 재판한다.

Ⅴ. 소송의 종료

소송은 종국판결이 확정되면 종료하고, 그 밖에 당사자의 행동으로 종료하는 수도 있다.

1. 확정판결에 의한 종료

종국판결은 그에 대하여 더 이상 다툴 방법이 남아 있지 않은 상태가 되면 확정되고 소송은 종료된다. 즉 하급심 판결에 대하여 상소기간이 지나도록 아무도 상소하지 않았다든가, 상고심판결이 선고되었다든가 하면 불복방법이 없어 그 판결은 확정되고 소송계속이 소멸한다. 이처럼 판결이 취소나 변경될 가능성이 없어졌다는 효과를 형식적 확정력이라 한다. 이 형식적 확정력으로부터 판결의 내용에 따른 효력인 기판력, 집행력, 형성력 등이 생긴다. 이들 중 특히 기판력을 실체적 확정력이라고도 한다.

기판력은 일단 판결이 확정되면 그 효력은 안정적이어야 한다는 요청에서 인정된 것으로, 동일한 소송이 되풀이되어 판결의 모순과 저촉이 생기는 것을 금지하는 효력이다. 판결 확정 후에 다시 동일한 소를 제기하면 기판력은 그 소송의 당사자에게만 미치는 것이 원칙이고, 사실심 변론종결 이전에 발생한 사항으로서 판결 주문에서 판단된 것에만 생긴다.

집행력은 이행판결에 생기는데, 그 판결의 내용대로 원고가 권리를 강제로 실현시킬 수 있는 효력이다. 형성력은 형성판결에 생기는데, 판결의 내용대로 권리·법률관계를 변동시키는 효력이다.

2. 당사자에 의한 종료

소송종료 단계에도 처분권주의가 적용되어, 당사자가 더 이상 소송을 하기를 원치 않으면 소송은 종료된다. 이러한 경우로는 소취하, 청구의 포기·인낙, 재판상화해가 있다.

(1) 소의 취하(제266조 이하)

이는 원고가 더 이상 소송수행을 원하지 않아 소송물에 대하여 아무런 처분을 함이 없이 소급적으로 소송계속을 소멸시키는 행위를 말한다. 소송계속이 소급적으로 소멸하므로 처음부터 소가 제기되지 않았던 것으로 된다. 소송계속에 대하여 피고도 이해관계를 가지므로 일단 피고가 응소한 뒤에는 피고의 동의를 얻어야 소취하가 유효하다. 소송물에 대하여 아무런 처분을 하지 않았으므로 원고는 원칙적으로 다시 같은 소를 제기(재소)할 수 있다. 그러나 소취하 후의 재소가 남용되는 것을 방지하기 위하여 본안판결을 받고 소를 취하한 자는 재소하지 못하도록 하였다.

(2) 청구의 포기와 인낙(제220조)

청구포기는 원고가 스스로 자기의 청구가 이유 없음을 진술하는 것을 말하고, 청구인낙은 피고가 스스로 원고의 청구가 이유 있다고 진술하는 것을 말하는데, 이러한 진술을 조서에 기재하여 포기조서나 인낙조서를 작성하면 소송은 종료되고 그 조서는 확정판결과 같은 효력이 있다.

(3) 재판상화해(제220조, 제385조 이하)

이는 포기와 인낙의 중간형태로, 양 당사자가 일부씩 양보하여 합의에 도달한 내용을 법원에 진술하여 조서를 작성하고 분쟁을 종료시키는 것을 말한다. 여기에는 소송 중에 하는 소송상화해와 소제기 전에 하는 제소전화해가 있다. 화해조서도 확정판결과 같은 효력이 있다. 법원은 소송계속 중에 화해권고결정을 할 수 있고 당사자의 이의가 없으면 이 결정이 재판상화해와 같은 효력을 가진다(제225조 이하).

3. 종료한 소송의 부활

판결이 확정되어 소송계속이 소멸하였더라도 예외적으로 다시 소송을 부활시키는 것이 타당한 경우가 있다.

(1) 추후보완상소

당사자가 자신에게 책임 없는 사유로 상소기간에 상소하지 못하여 판결이 확정된 경우에 그 당사자는 그 사유를 밝혀 사유가 없어진 뒤 2주일 안에 상소를 제기하는 것이 가능하다(제173조 1항). 그러면 소송계속이 부활한다.

(2) 확정판결의 번복

확정판결은 원칙적으로 번복이 불가능하지만, 그 판결에 중대한 잘못이 있어 그 효력을 유지시키는 것이 매우 부당한 일정한 사유가 있으면 당사자는 다시 심판해 줄 것을 신청할 수 있다. 이 절차를 재심이라 한다. 재심사유는 극히 제한되어 있다(제451조).

Ⅵ. 강제집행

확정판결이나 인낙·화해조서 등에서 확정된 원고의 권리실현을 확보하기 위하여 강제집행제도가 마련되어 있다. 채무자가 판결이나 조서 등의 내용대로 채무를 이행하면 다행이나, 그렇지 않으면 강제로 이행을 시키는 수밖에 없을 것이다.

1. 강제집행의 주체

(1) 집행기관

강제집행을 실시하는 기관에는 집행관, 집행법원, 수소법원의 세 가지가 있다. 집행은 원칙적으로 집행관이 실시한다(민집 제2조). 그러나 실제로는 주로 동산집행과 같이 사실행위가 필요한 집행에서만 집행관이 집행기관이 된다. 집행법원은 집행이 실시되는 지역을 관할하는 지방법원이나 그 지원의 단독판사를 말하는데, 주로 부동산집행이나 추심명령, 전부명령과 같이 법원의 판단이 필요한 집행조치를 할 때에 집행기관이 된다. 수소법원이 집행기관이 되는 것은 판결절차와 밀접한 관계가 있는 집행의 경우이다. 그리고 부동산에 대한 가압류의 집행은 가압류의 재판을 등기부에 기입하는 것이므로(민집 제293조 1항) 등기관도 집행기관이 된다.

(2) 집행당사자

강제집행에서는 집행을 신청하는 적극적 당사자를 채권자, 집행을 당하는 소극적 당사자를 채무자라 한다. 그 외의 이해관계인을 제3자라 하는데, 특히 채무자의 채무자는 이른바 제3채무자라 하여 채권에 대한 집행을 할 때에 직접 관련이 있다.

2. 강제집행의 요건

강제집행도 민사소송의 일부이므로 집행을 실시하려면 우선 당사자능력 등의 일반적인 소송요건이 구비되어야 한다. 그 다음으로 집행요건도 구비되어야 하는데, 집행권원과 집행문, 송달이 그것이다. 이들이 갖추어지면 강제집행을 개시할 수 있다. 여기서는 집행권원과 집행문에 관하여 간단히 설명한다.

(1) 집행권원

집행권원이란 일정한 실체법상의 청구권의 존재와 범위를 표시하고 그 청구권에 집행력을 인정한 공증의 문서이다.[2] 이 집행권원의 대표적인 것이 확정판결인데, 그 밖에도 가집행선고 있는 종국판결, 확정판결과 동일한 효력이 있는 조서, 외국판결에 대한 집행판결,[3] 확정된 지급명령 및 집행증서[4] 등이 집행권원이 된다.

---

2) 2002년 7월 이전에는 채무명의라고 하였다.
3) 이것은 외국법원의 판결이 우리나라에서 승인될 수 있는 것으로 인정하여 집행할 수 있음을 선언하는 판결을 말한다.
4) 이는 공증인이 일정한 금액의 지급이나 대체물 또는 유가증권의 일정한 수량의 급여를 목적으로 하

(2) 집행문

집행문은 법원사무관과 공증인 등이 집행권원 정본 말미에 부기하는 공증문언으로서, 집행권원의 존재 및 그것이 강제집행에 적당하다는 것을 공증하는 것이다. 이는 재판기관과 집행기관이 분리되어 있기 때문에 집행기관이 집행권원을 믿을 수 있도록 하기 위하여 필요한 제도이다.

3. 강제집행의 방법

강제집행은 집행할 채권이 무엇인가, 그리고 집행 대상이 되는 재산이 무엇인가에 따라 각기 그 방법을 달리한다.

(1) 금전채권의 강제집행

금전채권을 실현시키기 위한 집행은 대부분 채무자 소유의 물건(유체동산, 부동산, 선박 등)이나 권리(채권이나 기타 재산권)를 압류하고 현금화하여 채권자에게 배당하는 절차를 밟게 된다.

(가) 부동산에 대한 강제집행

부동산에 대한 강제집행은 집행법원이 한다. 집행의 방법으로는 강제경매와 강제관리의 두 가지가 인정된다. 그중 채권자가 하나를 선택하거나 두 개의 방법을 취할 수 있다(민집 제78조).

a) **강제경매**(민집 제80조 이하):   강제경매는 집행채권자가 신청하고 집행법원인 부동산소재지의 지방법원 판사가 경매개시결정을 하면 절차가 시작되는데, 법원은 이 결정과 동시에 그 부동산을 압류한다. 그리고 등기관에게 강제경매개시결정의 기입등기를 하도록 한다. 그 뒤에 경매개시결정을 채무자에게 송달한다. 그리고 법원은 집행관에게 부동산의 현황에 관하여 심사하도록 하고, 공과(公課)주관 공무소에 조세 기타 공과금의 유무 등을 통지할 것을 최고하며, 감정인에게 부동산을 평가하게 하여 그 평가액을 참작하여 스스로 최저매각가격을 정하는 등 매각을 위한 준비를 한다. 그리고 매각기일과 매각결정기일을 지정하여 일정 기간 공고를 한다.

매각기일에는 집행관이 기일을 주재하여 호가경매, 기일입찰 또는 기간입찰을 실시하고, 최고가매수신고인 등이 정하여지면 집행법원은 매각결정기일에 출석한

는 청구에 관하여 작성한 공정증서로서 채무자가 강제집행을 승낙한 취지의 기재가 있는 것을 말한다.

이해관계인의 의견을 들은 후 매각의 허가를 결정한다. 매각허가결정이 확정되면 매수인은 법원이 정한 대금지급기일에 대금을 납부함으로써 목적부동산의 소유권을 취득한다. 매각허가결정이 내려진 후에 매각목적물을 매수인에게 인도한다. 또한 대금 완납 후에는 법원은 매수인을 위하여 소유권등기와 부담등기의 말소를 촉탁하고, 배당기일을 정하여 이해관계인과 배당요구권자를 소환하여 각 채권자에 대하여 그 순위와 채권액에 따라서 매각대금을 교부하거나 배당절차를 실시한다.

　　b) 강제관리(민집 제163조):　　부동산의 강제관리는 부동산을 종국적으로 처분하지는 않고, 집행법원이 압류하여 관리인을 두어 수익한 것으로 채권자의 채권을 변제하려는 집행방법이다.

　　강제관리도 채권자의 신청에 의하여 강제관리개시결정을 하고 그 취지를 등기부에 기입하도록 한 다음, 채무자와 목적 부동산의 수익을 지급할 제3자에 대하여 개시결정의 정본을 송달한다. 부동산의 현황의 조사를 집행관에게 시키고, 개시결정에서 적당한 자를 관리인으로 임명하여 그로 하여금 그 부동산을 관리하게 하고 배당절차를 시행하도록 한다. 그 경우 배당할 금액이 총 채권자를 만족시켜 주지 못하고 관리인의 배당에 관하여 각 채권자 사이에 협의가 성립되지 않으면 법원이 배당표를 작성하여 그 확정절차를 밟는다. 강제관리는 법원이 취소결정을 하고 이미 한 강제관리개시결정 기입등기의 말소를 촉탁하면 종결된다.

　(나) 유체동산에 대한 강제집행

　　이 경우에는 채권자의 집행위임에 의하여 집행관이 대상물을 선택하여 압류하고(민집 제189조 이하), 입찰 또는 호가경매의 방법으로(민집 제199조) 현금화하여 집행채권자에게 교부하거나 배당한다. 그리고 일정한 경우에는 압류물을 현금화한 매각대금을 공탁하여 집행법원이 배당을 실시한다(민집 제201조, 제222조).

　(다) 채권과 다른 재산권에 대한 강제집행

　　a) 금전채권에 대한 집행:　　이 경우에는 채권자가 집행법원에 압류명령을 신청하고, 법원은 신청이 상당하다고 인정되면 압류명령을 발한다(민집 제223조). 그러면 채무자는 압류된 채권의 처분과 영수를 하여서는 안 되며, 제3채무자는 채무자에게 지급할 수가 없게 된다. 금전채권을 압류한 뒤에는 현금화절차가 따른다. 현금화 방법으로는 집행법원이 압류한 채권에 대하여 추심명령을 하여 채권자가 제3채무자에게 청구하여 자기채권의 변제에 충당하도록 하는 방법이 있고, 집행법원이 전부명

령을 하여 압류한 금전채권을 권면액으로 집행채권의 변제에 갈음하여 압류채권자에게 이전시키는 방법이 있다(민집 제229조). 이 중에서 어느 방법을 취할 것인가는 채권자가 선택한다. 추심명령을 이용할 경우에는 제3채무자가 금전을 지급하면 배당에 참가할 다른 채권자가 있으면 배당절차가 실시되지만, 그렇지 않으면 채권자가 만족을 얻고 집행은 종료된다. 전부명령을 이용할 경우에는 채권자에게 전부채권이 이전되고 집행은 종료된다. 이들은 원칙적인 방법이고 그 외에 특별한 현금화방법도 있다(민집 제241조).

b) 유체물의 인도청구권에 대한 집행: 채무자의 책임재산이 되어야 할 유체물을 제3자가 채무자에게 인도할 의무를 지는 때에는 채권자는 그 물건으로써 만족을 얻으려면 먼저 금전채권에 대한 집행에 준하여 채무자의 인도청구권을 압류하고 추심하여 인도된 물건을 다시 압류물로서 정해진 방법으로 현금화한다(민집 제242조).

(2) 금전채권 이외의 채권의 강제집행

(가) 유체물의 인도를 청구하는 채권의 집행

이 집행은 집행기관인 집행관이 실력으로 직접 목적물에 대한 채무자의 지배를 배제하고 채권자에게 인도시키는 방법에 의한다.

동산을 인도할 경우에는 목적물을 채무자가 소지하고 있으면 집행관이 이것을 채무자로부터 빼앗아 채권자나 수령할 제3자에게 인도한다(민집 제257조). 목적물이 제3자의 점유하에 있어도 채권자의 신청에 의하여 금전채권의 압류에 관한 규정에 의하여 채무자의 인도청구권을 채권자에게 넘긴다(민집 제259조). 이에 따라 채권자는 목적물을 직접 자기에게 인도할 것을 청구한다.

부동산의 인도를 목적으로 하는 채권의 집행은 채권자의 위임에 의하여 집행관이 채무자로부터 점유를 빼앗아 채권자에게 인도한다(민집 제258조). 이를 위하여 채무자에게 퇴거를 명하고 불복시에는 실력으로 강제할 수 있다. 목적 부동산을 제3자가 점유한 때에는 동산의 경우와 같은 절차를 밟는다.

(나) 대체적 작위를 목적으로 하는 채권의 집행

이 경우에는 채권자가 채무자의 비용으로 제3자에게 그 작위를 하게 할 것을 법원에 청구할 수 있다(민집 제260조 1항, 민 제389조).

(다) 부대체적 작위를 목적으로 하는 채권의 집행

이 경우에는 간접강제, 즉 늦어진 기간에 따른 손해배상을 명하거나 즉시의 손해배상을 명하는 방법으로 집행을 한다(민집 제261조). 채무자가 법원이 정한 기간 내에 본래의 채무를 이행하지 않는 때에는 채권자는 위 결정에 의하여 배상금액을 추심할 수 있다.

(라) 법률행위(의사표시)를 목적으로 하는 채권의 집행

법률행위나 의사표시를 하기로 한 채무는 관념적인 법률효과의 발생을 목적으로 하는 것이므로 간접강제라는 우회적인 방법을 취하지 않고 간단하고 철저한 방법, 즉 재판으로 법률행위나 의사표시를 갈음하도록 한다(민 제389조 2항 전단). 그러므로 의사표시를 명하는 이행판결이 확정되면 동시에 채무자가 적식의 의사표시를 한 효과가 발생한다. 즉, 그 행위가 요식행위일 때에는 그 방식을 갖춘 것으로 되고, 채무자가 무능력자인 경우에는 능력을 보충한 뒤에 의사표시를 한 것으로 된다. 그러므로 채권자는 그 판결에 의하여 의사표시가 있는 법률효과를 주장할 수 있고, 따라서 호적이나 등기의 기재의 변경을 신청할 수 있다. 여기서 집행권원이 되는 것은 반드시 확정된 이행판결에 한하지 않고 그와 같은 효력을 가진 인낙조서, 화해조서, 민사조정조서 등도 포함된다(민집 제263조). 이러한 판결에 의한 집행 의제는 의사통지, 관념의 통지 등의 준법률행위에 관하여도 적용된다.

(마) 부작위채권의 집행

부작위채무는 어느 행위를 하지 않을 채무인데, 그 내용상 두 가지가 포함된다. 특정 행위를 하지 않을 의무와 채권자의 행위를 수인할 의무이다. 부작위채무의 집행은 집행권원의 성립 후에 의무위반이 있음으로 해서 비로소 문제가 된다. 그것은 일정 시기의 부작위는 그 시기까지는 이행기가 도래하지 않으며, 계속적 부작위는 위반이 없는 동안은 의무가 이행되고 있어서 집행개시의 요건이 불비되어 있기 때문이다.

이러한 특성 때문에 의무위반의 사전 예방은 부작위채무의 집행방법이라고 할 수 없다. 어떻든 미리 위반이 없도록 예방하는 수단으로는, 작위의 청구가 인정되어 있는 경우(예를 들면 점유물방해예방청구)나 위약벌의 특약이 있는 경우에는 실체법적으로 그것을 청구하거나, 계쟁물에 대한 가처분으로서의 집행보전, 현존의 위험을 방지하기 위한 임시의 지위를 정하는 가처분에 의하는 수밖에 없다.

부작위채무 위반의 결과로 생긴 물적 상태를 없애는 방법으로, 채무자의 비용으로 그 위반한 것을 제각(除却)하도록 한다. 이것도 엄밀히 말하면 부작위채무의 집행이 아니라 사후적인 대응책으로, 대체집행에 해당한다. 의무위반이 아무런 물적 상태를 만들지 않았을 때에는 채권자는 의무위반으로 인한 손해배상을 청구할 수 있을 뿐이다.

현재의 위반에 대한 집행방법은, 그 위반이 수인의무 위반인 경우에 그것이 만일 채무자나 그의 지시를 받은 다른 사람의 인력에 의한 저항이면 채권자는 집행관에게 위임하여 직접 그 배제와 진압을 시킬 수 있다고 본다(민집 제5조 2항의 유추적용). 그리고 그 위반이 물적 설비를 사용하여 방해한 경우에는 민법 제389조 제3항에 의하여 배제할 수 있다. 그 위반이 단순한 부작위채무의 위반인 경우에는 기간을 정하여 그 금지를 명하고 이에 위반하면 배상을 명할 수 있다(민집 제261조). 법원은 의무위반이 반복되지 않도록 적당한 처분을 명할 수 있다(민 제389조 3항).

4. 집행에서의 채권확보

집행을 하더라도 채권자가 만족을 얻는 경우란 그리 흔하지 않다. 이는 대부분 채무자에게 집행할 재산이 별로 남아 있지 않기 때문이다. 그러므로 강제집행이 효과가 있으려면 집행할 재산이 확보되어야 한다. 이러한 목적으로 사전에 확보하는 절차가 보전소송이고, 집행에 당하여 확보하는 절차가 압류이다. 이러한 직접적 확보수단 밖에도 채무자의 재산 은닉이나 도피를 막는 방법으로 재산명시제도(민집 제61조 이하)가 있다. 이는 채무자가 채무를 이행하지 않을 경우에 그로 하여금 재산목록을 제출하게 하고 그 목록이 진실함을 선서시킨다(명시선서). 그리고 채무이행을 간접적으로 강제하는 방법으로 채무불이행자명부제도(민집 제70조 이하)가 있다. 이는 채무가 확정된 후 6개월 내에 이행을 하지 않는 채무자를 채무불이행자명부에 등재하여 법원에 비치하고 그 부본을 주소지에 송부하여 누구나 열람하게 하거나 또는 금융기관에 보내어 신용정보로 활용하게 하는 제도이다.

5. 집행에서의 채무자 보호

강제집행에서 최대한 채무자의 재산을 남김없이 파악하여 가급적 채권자가 완전한 만족을 얻도록 할 필요가 있지만, 그렇다고 하여 집행을 하여 채무자를 완전히 벌거숭이로 만들어서도 안 된다. 그리고 강제집행은 채무자에 대한 강제력의 행사이므로 그와 그의 가족의 인권을 침해할 가능성이 매우 많다. 또한 집행할 채권액보다 훨씬 많은 재산에 대하여 집행할 우려도 있다. 그러므로 집행에서 채무자의 보호도 무시할 수 없는 중요한 과제이다. 강제집행으로 채무자의 생존의 기반을 위협해서는 안 되므로 민사집행법은 의복 등 생활에 필수적인 일정한 물건은 압류할 수 없도록 하고(압류금지물: 민집 제195조), 봉급의 반, 부양료 등 생계 유지에 필수적인 일정한 채권도 압류를 못한다고 정하였다(압류금지채권: 민집 제246조). 그리고 집행과정에서 생길 수 있는 인권침해를 방지하기 위하여 증인의 참여(민집 제6조), 야간, 휴일의 집행 제한(민집 제8조) 등의 규정을 두고 있다. 부동산 집행에서 과잉매각이 되면 매각을 불허한다든가(민집 제124조), 동산집행에서는 초과압류와 무잉여압류를 금지하여(민집 제188조 2항, 3항) 채무자의 재산권이 과도하게 침해되는 것을 방지하였다.

6. 잘못된 집행에 대한 구제방법

강제집행은 집행의 요건만 갖추면 집행기관이 실질심사를 하지 않고 채무자가 점유하는 물건에 대하여 실시하므로 잘못된 집행이 있을 수 있다. 이런 경우에 채무자나 제3자를 보호하는 제도가 필요하다. 그리하여 집행의 절차에 관한 집행법원의 재판 중에서 즉시항고를 할 수 없는 것과 집행관의 집행행위에 대하여 법원에 이의를 신청할 수 있도록 하고(집행에 관한 이의: 민집 제16조), 변론종결 이후에 생긴 사유를 이유로 채권자의 채권 자체를 다투는 채무자는 청구이의의 소를 제기할 수 있도록 하였다(민집 제44조). 그리고 집행문 부여에 불복하는 채무자는 집행문 부여에 대하여 이의를 신청할 수 있고(민집 제34조), 조건부 집행권원을 근거로 하여 집행문(조건성취집행문)이 부여되거나 승계집행문이 부여된 경우에 조건의 성취나 승계를 다투는 채무자는 집행문 부여에 대한 이의의 소를 제기할 수 있다(민집 제45조). 또한 집행의 목적물에 대하여 제3자가 소유권 기타 목적물의 양도나 인도를 저지하는 권리를 가지고 있을 경우에 그 제3자는 채권자를 상대로 집행에 대한 이의의 소를 제기할 수 있다(제3자이의의 소: 민집 제48조).

제 2 절 民事訴訟의 理想과 信義則

민사소송이 어떻게 이루어지고 진행되는 것이 가장 바람직한가에 관하여는 일반적으로 적정, 공평, 신속과 경제를 든다. 우리 민사소송법도 제1조 제1항에서 "공정(적정과 공평), 신속, 경제"를 이상으로 삼고 있음을 명언하고 있다. 한편 우리 민사소송법은 같은 조문에 이들 이상이 제대로 실현될 수 있도록 하는 수단적 원칙으로 신의칙도 규정한다(제1조 2항).[1] 여기서는 제1조의 내용을 살펴보기로 한다.

I. 적 정

적정이라 함은 법원이 사실을 인정할 때 정확성을 기하여 실체적 진실을 발견하고, 법률적용을 타당하게 함으로써, 권리 있는 자는 반드시 승소하게 하고 권리 없는 자나 의무 있는 자는 반드시 패소하게끔 하는 것, 즉 **올바른 재판**을 하는 것을 말한다.

이러한 이상을 실현하기 위하여 민사소송법은 여러 가지 제도를 두고 있다. 우선 심리를 충실히 하도록 대리인제도, 구술주의(제134조), 직접주의(제204조), 석명권 행사(제136조), 직권증거조사(제292조), 교호신문제도(제327조) 등을 인정하고, 잘못된 재판이 내려져도 이를 고칠 수 있도록 3심제도, 재심제도 등의 불복신청제도를 두었다.

민사소송에서의 적정의 전제가 되는 **실체적 진실**은 반드시 객관적 진실을 말하는 것은 아니다. 객관적 진실의 발견이 무엇보다도 중요한 형사소송과는 달리 사적자치가 지배하는 사법상의 법률관계에 관한 권리구제절차인 민사소송에서는 실체적 진실은 **상대적 개념**이 될 수밖에 없다. 사적자치의 원칙이 반영되어 처분권주의와 변론주의가 민사소송법의 대원칙이 되었기 때문에 청구의 포기·인낙, 자백 등으로 인하여 객관적 진실과는 다른 사실관계나 법률관계가 확정되는 수도 있는데, 이러한 경우에 이를 적정하지 않다고 할 수는 없는 것이다.

II. 공 평

공평은 소송의 심리에서 양 당사자에게 **균등한 기회**를 주어 그들을 동등하게 취급하는 것을 말한다. 이를 무기대등의 원칙이라고도 한다. 여기에는 '**법관에 의한**

---

1) 신의칙을 지나치게 높이 평가하여 민사소송의 이상에 포함시키려는 견해가 있었다. 그러나 신의칙은 민사소송의 이상을 달성하기 위한 수단이지 그 자체가 이상은 아니다. 민사소송의 여러 제도가 적정, 공평, 신속, 경제의 이상을 달성하기 위하여 마련되었다고는 할 수 있어도 당사자들로 하여금 신의칙을 지키도록 하기 위하여 마련되었다고 말할 수는 없는 것이다. 이제는 신의칙을 이상이라고 표현하는 견해는 사라졌다.

공평한 재판'과 '평등의 제도적 보장'이라는 두 가지 측면이 있다. 법관이 양 당사자에게 대등한 기회를 주지 않고 일방 당사자의 주장, 입증만으로 일방적 재판을 한다면 그 재판은 적정하지 않은 것일 가능성이 매우 높고, 설사 그 재판이 결과적으로 적정한 것이라 하더라도 당사자들, 더 나아가 국민의 신뢰를 얻을 수가 없다. 법관의 중립성이 강조되는 이유가 여기에 있다.

공평의 이상은 반드시 그 사건을 담당한 법관의 중립만을 의미하지는 않는다. 소송법의 **제도**도 양 당사자의 **공평을 보장**하도록 만들어져야 하는 것이다. 법원조직법과 민사소송법은 법관에 의한 공평한 재판을 이루기 위하여 쌍방심문주의를 전제로 하여 공개주의(법조 제57조), 법관의 제척·기피·회피(제41조 이하) 등을 규정하였다. 그리고 평등의 제도적 보장을 위하여 절차의 중단·중지(제233조 이하), 법정대리인(제55조 이하), 준비서면에 예고하지 않은 사실의 진술 금지(제276조) 등을 규정하고, 나아가 제3자에게도 소송에 관여할 기회를 주기 위하여 참가제도(제71조 이하)를 두고 있다.

Ⅲ. 신 속

재판이 신속하게 이루어져야 한다는 것은 단지 형사소송에만 국한되는 명제는 아니다. 민사소송에서도 신속한 재판이 이루어져야 **권리보호가 실효성**이 있을 것이다.[2] 그렇기 때문에 우리 헌법도 '신속한 재판을 받을 권리'를 국민의 기본권으로 선언하였다(제27조 3항 1문).

신속한 권리보호를 이루기 위하여 민사소송법과 특별법에서 독촉절차, 제소전화해절차, 소액사건심판절차, 민사조정 등의 **특수절차**를 규정하고, 소송절차 내에서는 변론준비절차를 마련하고, **적시제출주의**를 절차의 원칙으로 선언하였다(제146조). 뿐만 아니라 기일의 연장을 제한하고 당사자가 기일에 결석했을 때는 자백간주(제150조), 진술간주(제148조), 쌍불취하(제268조) 등의 불이익을 입힌다. 판결선고기간(제199조), 선고기일(제207조), 기록송부기간(제400조, 제438조) 등 각종 기간을 법으로 정하였다. 그리고 절차는 법원이 직권으로 진행하며(제136조 이하), 소송자료 제출을 위한 재정기간을 정할 수 있도록 하고(제147조), 실기한 공격·방어방법을 각하하도록 규정한다(제149조).

---

2) 영미법의 격언에 "Justice delayed is justice denied"라는 말이 바로 이를 뜻한다.

Ⅳ. 경   제

소송에서의 경제이상은 당사자와 법원의 비용과 노력을 최소한으로 줄이면서 최대한의 효과를 얻자는 이상이다. 흔히 **소송경제**라고도 한다. 당사자가 소송에 드는 비용과 노력을 권리보호를 받는 이익과 비교하여 소송을 하는 것이 별로 의미가 없다고 판단하면 소송을 포기할 것이다. 따라서 소송제도가 의미 있는 것이 되려면 소송경제가 이룩되어야 한다.

소송경제를 이룰 수 있도록 하기 위하여는 소송이 합리적으로 진행되도록 제도적 장치가 마련되어야 하고, 경제적 약자도 소송을 할 수 있도록 경제적 원조가 있어야 한다. **합리적 소송진행**을 위하여 청구병합(제253조), 공동소송(제65조 이하), 사물관할(법조 제32조, 제7조 4항), 소송이송(제34조 이하), 소액사건심판제도(소심 제1조 이하) 등을 마련하고, **경제적 원조**를 위하여 소송구조제도(제128조 이하)를 마련하였다.

Ⅴ. 민사소송의 이상과 현실

일반적으로 위의 4대 이상을 적정·공평과 신속·경제의 두 부류로 나누어서 양자는 서로 모순, 상치된다고 설명한다. 실체적 진실을 발견하고 양 당사자를 동등하게 다루려면 아무래도 시간과 비용, 노력이 많이 들게 마련이다. 그리고 소송을 빨리 진행시키고, 비용과 노력을 절약하여 심리하면 그 재판은 오판이 되거나 한 당사자를 소홀하게 취급할 가능성이 커진다. 그러므로 이 서로 모순, 상치되는 이상들을 어떻게 조화시키느냐 하는 것이 민사소송의 큰 과제가 된다. 잊어서는 안 되는 것이 두 부류 중에서 핵심은 적정과 공평이라는 점이다. 가장 바람직한 것은 적정, 공평의 이상을 전제로 하여 이를 훼손하지 않는 범위에서 신속과 경제의 이상을 달성하는 것이다.3)

우리 민사소송의 현실을 볼 때 소송이 적정, 공평하게 이루어진다고 자신있게 말하는 사람은 별로 없다. 위에서 본 논리대로 한다면 그 이유는 민사소송이 신속, 경제적으로 이루어지는 데에 있다고 할 것이다. 그러나 우리 민사소송이 신속, 경제적으로 이루어진다고 자신 있게 말하는 사람도 별로 없다. 앞서 본 논리에 따르

---

3) 憲決 2015. 7. 30, 2013헌바120.

면 그 이유는 우리 민사소송이 적정, 공평하게 이루어지는 데에 있다고 할 것이다. 이러한 이율배반적인 현상이 나타나는 것은 우리 민사소송 현실의 문제가 단순히 이러한 이상들의 모순, 상치에 있는 것이 아니라 다른 곳에 있다는 것을 말하는 것이다. 다시 말하면 적정·공평과 신속·경제를 모두 해치는 요인이 있기 때문이다. 그 요인이 무엇인가? 크게 세 가지로 볼 수 있을 것이다.

첫째가 우리 사회의 도덕의 타락이다. 윤리의식이 마비되었기 때문에 법원에서 아무런 거리낌 없이 위증을 하고, 당사자는 불리한 사실의 은폐와 유리한 사실의 과장을 일삼으며, 중립증인은 법원에 출석하지 않는다. 이러한 현상으로 말미암아 적정하고 공평한 재판을 하는 것이 대단히 어려워진다. 또한 윤리의식의 마비로 불리한 당사자가 이유 없는 법관기피신청, 기일변경신청, 변론재개신청, 불필요한 증거신청 등을 감행하여 소송을 지연시키고 필요 없는 비용과 노력을 들이게 만든다.

둘째가 법조인의 부족이다. 근래에 들어 사법시험 합격자 증원과 법학전문대학원 졸업생으로 인하여 법조인 수가 상당히 증가하였다고는 하나, 날로 증대하는 국민의 법률수요를 충족시키고 법률전문가가 국민의 일상생활에 관여하여 법적 분쟁을 사전에 방지하기에는 아직 부족하다. 가장 심각한 문제는 법관의 부족이다. 법관이 부족하여 개개 법관의 업무 부담이 과중하므로 각 사건마다 신중하게 심리하기가 어려워 적정, 공평을 기할 수가 없고, 매 사건마다 처리가 지연되어 신속한 재판을 할 수가 없다. 근래에는 법관들의 사명감과 희생정신이 무디어져서 소송지연의 현상이 더욱 심각해졌다. 그동안 변호사가 대폭 증원되어 변호사 과잉이라는 주장도 나오고 있으나 여전히 변호사의 문턱이 높고 그에 따라 본인소송률이 높다. 그 때문에 당사자들은 주장, 입증을 제대로 못하여 적정한 결과를 얻기가 어렵고, 그 소송에서 법적으로 무엇이 중요한지를 몰라 초점 없는 소송수행으로 소송이 지연되고 필요 없는 노력을 하게 된다. 뿐만 아니라 우리 사회가 법률가를 활용하는 데에 익숙하지 않아 사법뿐만 아니라 행정과 입법, 기업 경영에서도 법률가의 활용이 미미한 실정이어서 분쟁의 사전 예방 기능을 하지 못한다.

셋째가 법조인의 무성의이다. 우리 사회에 아무리 법조인이 많아도 이들이 소송지휘나 소송수행에서 성의가 없다면 적정·공평과 신속·경제 어느 것도 이루어질 수 없다. 이 현상은 법조인 중 일부에 해당하지만, 법관이 차라리 변호사가 없으면 사실발견이 더 쉽고 소송이 신속히 진행될 것이라고 한탄하는 것을 자주 본다. 법관 중에도 사전에 소장심사도 하지 않고 당사자를 소환한 뒤에야 비로소 소장보정을 명하여 쓸데없이 기일을 공전시키는 이들이 있다. 법관이 성의있게 소송을 준비하면 당사자들도 그에 따라 사전에 철저한 준비를 하게 될 것이고, 그러면 소송이 공정, 신속하게 이루어질 것이다. 2002년 개정법에서 변론준비절차를 대폭 강화하여 이러한 문제를 해결하는 데에 기여할 수 있으리라고 기대하였으나, 현재는 준비절차를 임의적인 것으로 되돌려 놓아서 변론준비절차의 의미가 퇴색하였다.

VI. 민사소송에서의 신의성실의 원칙

1. 서   론

우리 민사소송법은 제1조 제2항에서 당사자와 관계인이 신의성실에 따라 소송을 수행할 것을 규정한다. 신의칙은 처음에 채권법에서 인정되기 시작하여 점차 민법 전반에 확대된 원칙으로, 이를 민사소송에도 적용할 것인지에 관하여 논쟁이 있었다.

과거 19세기에는 소송법에 신의칙을 적용할 수 없다는 것이 일반적 견해였다. 소송은 당사자들의 투쟁이기 때문에 법이 허용하는 모든 공격·방어방법을 동원하는 것이 허용되어야 하며, 소송법은 **절차를 규정한 기술법**이어서 고도의 형식주의, 외관주의가 지배하는 영역으로 윤리적 요소가 없기 때문에 민사소송에 신의칙은 적용될 여지가 없다고 보았던 것이다.

그러나 오늘날은 소송이란 **올바른 투쟁을 통한 공정한 결과**를 얻고자 하는 제도라는 인식이 확산되어, 부당하게 간계를 부리는 자가 승소해도 무방하다고 할 수는 없으며, 소송법상 인정된 여러 가지 권능, 가능성이 악용되어서는 안 되므로 민사소송에도 신의칙이 적용되어야 한다는 견해가 통설이다. 이러한 배경에서 우리 민사소송법이 1990년의 개정시에 제1조에서 신의칙을 선언하게 되었다.[4]

다만, 소송법에서 윤리성이 강조된다고 하더라도 역시 소송법이 **투쟁법**이라는 성격을 가진다는 점을 부인할 수는 없으므로 민사소송에서는 실체법에서보다 신의칙을 더 **신중하게 적용**해야 할 것이다.[5]

---

4) 2002년 개정 전의 제1조는 내용과 형식에서 문제점이 많았다. 내용상으로는 소송의 주체인 당사자가 소송절차에 협력하는 존재로 부각되어 있었다. 형식상의 문제로는 제1조에서 신의성실의 원칙을 표제로 달아 놓았는데 실은 그 조문의 중심개념은 신의칙이 아니라 민사소송의 이상이다. 제1조에 대한 구체적인 비판은 胡文赫, "民事訴訟에 있어서의 信義誠實의 原則", 인권과 정의 제166호(1990. 6.) 참조. 이러한 비판을 받아들여 2002년 개정시에 표현을 정비하였다.

5) 본래 신의칙, 권리남용 금지 등은 권리자의 권리 행사와 의무자의 의무 이행을 제한하는 것이고,

2. 신의칙 위배의 모습

민사소송에서 신의칙에 위배되는 행위는 매우 다양한 모습으로 나타나기 때문에 이들 전체를 유형화하는 것은 불가능하다. 그러나 대체로 다음과 같이 네 가지의 유형으로 나누면 대부분의 행위가 포함될 수가 있다.

(1) 소송상의 법률상태를 악의로 부당하게 만들어내는 행위

당사자의 일방이 간계를 부려 소송법규의 **요건에 맞지 않는 자신의 행위**를 그 요건에 맞는 상태로 만들거나, 그 **요건에 맞는 상대방의 행위**를 요건에 맞지 않는 상태로 만들어 자신에게 유리하게 이끄는 행위를 말한다.

《사례 1》   丙은 乙에게 5천만원의 채권이 있다고 주장하지만 乙은 이를 부인하고 있다. 丙으로서는 아무런 증거방법이 없어서 소송을 해도 이길 자신이 없었다. 생각다 못해 자기의 乙에 대한 채권을 甲에게 양도한 것으로 하고 甲으로 하여금 乙을 상대로 제소하도록 한 뒤에 자신을 증인으로 신청하도록 하였다. 이를 법원이 받아들일 것인가?

이 경우는 증거가 없는 상황에서 억지로 증거를 만들기 위하여 **채권을 양도하는 외관**을 갖추고 실질적인 채권자인 丙을 증인으로 신청하는 행위로, 이러한 증거신청은 신의칙 위배로 허용할 수 없을 것이다.[6] 다만, 여기서 주의할 것은 진정한 채권양도의 경우와 혼동해서는 안 된다는 점이다. 丙이 甲에게 진정으로 채권을 양도한 경우에는 丙을 증인으로 신청하는 것을 허용하여야 할 것이다.

《사례 2》   乙주식회사를 경영하던 甲은 회사의 경영권을 丙에게 양도하면서 이에 관하여는 앞으로 일절 법적 분쟁을 하지 않겠다고 약정하였다. 그 뒤 경영권 양도를 후회한 甲이 경영권 양도를 결의한 주주총회 및 이사회 결의 부존재확인을 청구하는 소를 제기하였다. 그러나 법적 분쟁을 않기로 하는 약정 때문에 甲의 소는 각하되었고, 이에 대하여 甲은 항소하였다. 甲은 항소심에서도 앞의 약정 때문에 이길 수가 없다고 생각하여 자기의 동생인 이사 丁과 처남인 감사 戊로 하여금 그 소송에 당사자로 참가하도록 시켰다. 항소법원이 참가를 허용할 것인가?

이 사례는 **부제소특약** 때문에 부적법한 제소를 이 특약의 당사자 아닌 다른 이사, 감사 등을 그 소송에 참가시켜서 적법한 제소로 만드는 것으로, 이런 경우도

자칫 잘못하면 사적자치의 원칙이나 법적 안정성에 대한 중대한 위협이 될 수 있으므로 실체법에서도 신중을 기하여 극히 예외적으로 적용해야 하는 것이다(大判 2004. 1. 27, 2003다45410; 大判 2007. 1. 25, 2006다25257). 한충수, 34도 신의칙 적용의 신중을 강조한다.

6) 大判 1983. 5. 24, 82다카1919.

신의칙 위반이 된다.[7] 따라서 법원은 참가신청을 각하하여야 한다.

그 밖에 판례는, 국가배상심의회가 배상금 지급신청을 접수하지 않고 **서류를 반송**하여 신청자가 국가를 상대로 손해배상청구의 소를 제기한 사건에서 국가가 국가배상법 제9조의 전심절차인 국가배상심의회의 절차가 미비되었다고 탓하는 것은 신의칙 위반이라고 하였다.[8] 이러한 경우도 국가가 스스로 신청자의 제소를 부적법한 상태로 만들어 놓고 이를 이용하려는 것이어서 이 유형에 해당한다.

제때에 매입대금을 지급하지 못한 경락인이 제648조 4항(개정 전)에 의한 대금납부를 허용받기 위하여 재경매명령 후에 시행된 첫 번째 재경매기일에서 **의도적으로 소란행위**를 하여 경매를 못하게 만들고, 그 때문에 경매법원이 부득이 두 번째 재경매기일을 지정하였는데, 그 경락인이 그 3일 전에 매입대금을 납부하겠다고 한 사안에 관하여 판례는 이는 권리의 정당한 행사라 할 수 없고, 따라서 그 대금납부를 허용하거나 재경매를 취소하여서는 안 될 것이라고 하였다.[9] 이 경우는 경락인이 재경매 전에 대금납부가 가능한 상태를 위법한 수단으로 만들어낸 것이어서 대금납부의 신청은 신의칙에 위반된다.

공동소송의 관련재판적(제25조 2항)을 만들어내기 위하여 억지로 타인을 공동피고로 하여 원고가 편한 법원에 소를 제기한 사안에서 이러한 행위는 신의칙에 위반되어 관련재판적 규정을 적용하여서는 안 된다고 판시하였다.[10] 이 경우도 관할법원을 부당하게 만들어 내는 행위이므로 여기에 해당한다.

(2) 선행행위와 모순되는 거동

본래 민사소송에는 **구술변론 일체의 원칙**이 적용되기 때문에 당사자는 변론종결시까지 소송상의 태도를 변경할 수 있고, 소송 중에 특히 증거조사의 결과에 맞추어 진술·주장을 변경할 필요성이 생기기도 한다. 따라서 당사자는 전의 주장과 모순·반대되는 새로운 주장을 하는 것이 가능하다.[11] 그리고 당사자가 스스로 한

---

7) 우리 판례는 이런 경우를 소권의 남용이라고 하나(大判 1988. 10. 11, 87다카113), 정확히 말하면 소송상태의 부당형성에 해당할 것이다.

8) 大判 1975. 1. 14, 74다1683. 이 사안은 국가배상법이 개정되기 이전의 것으로, 현행 국가배상법 제9조에서는 전심절차를 거칠 필요가 없다고 한다.

9) 大決 1992. 6. 9, 91마500.

10) 大決 2011. 9. 29, 2011마62(사찰과 변호사가 소송위임계약으로 인한 일체의 소송에 관하여 관할합의를 하였는데, 변호사가 이를 위반하여 사찰 관련 다른 재단을 피고로 포함시켜 그 재단 소재지의 법원에 소를 제기한 사안에서 본래 관할법원으로 이송해야 한다고 판시).

11) 大判 2010. 6. 24, 2010다2107. 원고가 제1심에서 공격방법으로 이사회 소집절차가 적법함을 전제로 어떤 주장을 하고 항소심에서 그 소집절차에 흠이 있었다고 주장한 경우, 이는 어떤 사실에 대한

소송행위도 뒤에 이를 취소·변경하는 것이 허용되는 수가 많다.

그러나 이러한 모순되는 행위에는 한계가 있다. 첫째, 소송행위 중에 **변경 불가능한 행위**는 뒤에 상충되는 소송행위로 고칠 수가 없다. 예를 들어, 소취하나 재판상자백을 하고 이를 취소하겠다고 하는 것은 원칙적으로 허용되지 않는다. 이것이 허용되지 않는 것은 선행행위와 모순되기 때문, 즉 소송상의 신의칙 때문이 아니고, 그 행위의 불가취소·변경성으로 소송상황이 확정되었기 때문이다.[12)

또 하나의 한계가 여기서 말하는 **선행행위와 모순되는 거동**이다. 당사자가 스스로 어떤 소송상태를 만들거나 법원으로 하여금 만들도록 하여서 그 상태에 대한 믿음을 형성하였는데, 뒤에 이 상태는 소송법상 허용되지 않는다고 주장하는 것이 이러한 행동인데, 이는 신의칙 위반이어서 법원이 받아들이지 않게 된다.

《사례 3》 乙이 대여금을 변제하지 않아 甲이 소를 제기하였다. 그러나 乙은 다른 곳으로 이사를 가서 소장이 송달되지 않아 乙에 대한 송달은 공시송달로 처리하였다. 1심 법원은 甲의 청구를 인용하는 판결을 선고하였다. 그로부터 석달 뒤에 乙이 추후보완항소를 제기하면서 판결이 선고된 것은커녕 소송이 있었던 것도 몰랐기 때문에 제 때에 항소할 수가 없었고, 그것을 모른 것은 자기에게 아무런 잘못이 없다고 주장하여 항소심이 이를 받아들였다. 그러나 본안심리 결과 甲의 청구가 이유 있다고 판단하여 항소를 기각하였다. 乙은 상고를 제기하면서 자기는 소송계속 사실도 알고 있었고, 판결이 선고된 것도 처음부터 알고 있었기 때문에 보완항소는 부적법하였는데, 항소심이 이를 받아들인 것은 잘못이라고 주장하였다. 상고법원은 이러한 주장이 사실임을 이유로 항소심 판결을 파기할 수 있는가?

이러한 경우에 乙이 뒤에 상고하면서 **추후보완항소**가 부적법한 것이었다고 주장하는 것은, 처음에 추후보완항소를 제기하면서 자기에게 책임 없는 사유로 항소를 제기하지 못하였음을 주장한 것과는 모순되는 거동이다. 이러한 주장은 그것이 사실이라고 하더라도 신의칙 위반이 되어[13) 법원이 배척하게 된다. 이와 같은 유형으로, 중재절차에서 피고가 본건이 통상법원의 관할이라고 주장해서 원고의 중재신청이 각하되었고, 원고가 통상의 민사소송절차를 이용해서 제소하자 피고가 이번에는 이 사건은 **중재계약**이 있으므로 부적법하다고 항변하는 것과[14) 송달 받을 자가 의도적으로 **송달을 방해**하여 공시송달을 하게 만들고 뒤에 그 송달이 무효라고 주

법률적 평가를 달리하여 주장하는 것으로 금반언 위반이 아니다.

12) Blomeyer² § 30 IX 2, S. 179.
13) 大判 1995. 1. 24, 93다25875.
14) BGH JZ 1968, 569.

장하는 것을15) 들 수 있다.

소송절차에서 본안의 항변을 제출하고 5차나 변론기일이 지난 뒤 중재계약의 항변을 하는 것은 허용되지 않는다는 판례가 있다.16) 그 근거에 관하여 금반언과 절차이의권의 상실을 생각할 수 있겠으나 지체없이 이의하지 않았으므로 제140조의 문언상 절차이의권의 상실로 보는 것이 적절하였을 것이다. 그러나 현행 중재법은 이러한 항변은 본안 최초의 변론기일에 해야 한다고 규정하므로(중 제9조 2항) 더 이상 논의할 필요가 없어 졌다.

원고의 소송행위를 법원이 그 부적법함을 간과하여 받아들이고 피고도 그에 동의하여 소송을 수행하여 본안판결까지 선고되었는데, 나중에 그 행위의 부적법함을 문제 삼는 것을 신의칙 위반이라고 보는 판례가 있다. 부적법한 당사자의 추가와17) 부적법한 당사자 표시 정정이18) 그 예이다. 그러나 이러한 경우는 부적법함을 문제 삼는 피고가 스스로 적극적으로 한 행위를 문제 삼는 것이 아니기 때문에 선행행위와 모순되어 신의칙 위반이라고 볼 것은 아니다.19) 오히려 **절차이의권**의 상실로 보는 것이 적절하다.

(3) 소송상 권능의 남용

겉으로 보기에는 법률상 인정된 소송상 권능을 행사하는 것이지만, 실제로는 그 권능을 남용하여 타인을 해치는 소송행위, 단지 법원의 부담만을 가중시키는 행위, 소송목적에 위반되는 소송행위, 오로지 소송지연이 목적인 소송행위 등을 하는 것은 허용될 수 없다.

《사례 4》 甲, 丙, 丁 삼형제는 아버지로부터 임야를 상속하였다. 그러나 그 임야는 乙이 오래전부터 점유하여 경작하여 왔기 때문에 이들 형제는 乙을 쫓아내고 그 임야를 사용, 수익하기 위하여 소송을 하기로 하였다. 비싼 소송비용 때문에 서로 상의 끝에 丙과 丁은 그 소송에 관여하지 않기로 하고 무자력인 甲만이 원고가 되어 제소하였고, 甲이 소송구조신청을 하였다. 법원이 이 신청을 받아들일 것인가?

민법상 공동상속재산은 공유라는 것을 전제로 하면, 공유물의 보존은 단독으로 할 수 있으므로 甲의 단독 소제기에 아무런 잘못이 없고, 또 甲이 무자력자이므로 **소송구조**를 신청하는 것이 당연하다고 볼 수도 있겠지만, 이러한 행위는 소송목적

---

15) BGH NJW-RR 2013, 307.

16) 大判 1991. 4. 23, 91다4812; 大判 1996. 2. 23, 95다17083.

17) 大判 1998. 1. 23, 96다41496. 대표이사 개인이 소를 제기했다가 회사를 원고로 추가하고 개인의 소는 취하한 사안이다.

18) 大判 2008. 6. 12, 2008다11276. 원고를 대표이사 개인으로 했다가 회사로 표시를 정정한 사안이다.

19) 이 점에서 앞서 본 자기가 제기한 추후보완항소를 뒤에 부적법한 항소였다고 주장하는 경우와 다르다.

에 위반되는 소송행위로 소송상 권능을 남용하는 것이다.[20]

우리 판례 중에 대법원에서 재심청구를 기각하면 그 기각판결에 대하여 종전 대법원의 판례를 변경한 내용인데도 불구하고 부(部)에서 재판한 것이므로 재심사유가 있다고 다시 **재심청구** 행위를 반복한 것에 대하여 이러한 재심청구는 소권의 남용이고, 신의칙에 위반된다고 한 것이 있다.[21] 이는 재심제도의 목적에 반하여 재심청구권을 남용하는 것에 해당할 것이다.

불필요한 증거신청이나 반복적인 증인신문 신청, 별 이유 없는 변론기일지정 신청 등은 배척해야 하지만, 이는 신의칙 위반 때문이 아니라 그 본안심리의 내용상 증거조사나 변론기일 지정의 필요성이 없기 때문이라고 할 것이다.[22]

(4) 장기간 행사하지 않은 소송상 권능의 행사

당사자의 일방이 소송행위를 할 수 있음에도 불구하고 장기간에 걸쳐 방치하여 이제는 그 행위를 하지 않으리라는 정당한 기대가 상대방과 법원에게 생기고, 그 기대에 입각해 절차가 진행되었는데, 그 당사자가 뒤늦게 그 소송행위를 하는 것은 신의칙 위배라고 인정된다. 이러한 효과를 **소송상 권능의 실효**라고 한다.

본래 실효이론은 독일에서 BGB 제정 이후 판례에 의하여 새로이 개발되고 Siebert가[23] 정리·수립한 이론이다. 이것이 주로 적용되는 분야는 기간이 정해져 있지 않은 각종 권리행사나 주장이며, 소멸시효가 적용되는 부분에는 원칙적으로 적용되지 않는다. 소송행위에 관하여서는 소송법에 대부분 기간이 규정되어 있어, 이러한 경우에는 당사자는 그 기간을 최후까지 활용할 권리가 있기 때문에 실효의 원칙은 적용될 수가 없다. 그러나 **기간이 정해지지 않은 소송행위**에는 실효의 원칙을 적용하여 그 행위를 하지 않는다고 믿은 상대방을 보호할 필요가 있다.

《사례 3》 甲은 乙이 모르게 乙의 부동산을 사취하겠다고 마음먹고, 乙을 피고로 하여 그 부동산의 소유권이전등기를 청구하는 소를 제기하였다. 소장에 甲의 여동생 丙의 주소를 피고의 주소라고 기재하여 소장과 변론기일 출석통지서가 丙에게로 송달되었다. 자기를 상대로 소가 제기되었다는 사실을 전혀 모른 乙이 변론기일에 결석하자 법원은 甲의 주장을 乙이 자백한 것으로 간주하여 청구인용 판결을 선고하였다. 3년 뒤에 우연히 이 사실을 안 乙이 甲에게 가서 격렬하게 항의하고는 더 이상 아무런 행

---

20) 이시윤, 37. 그러나 한충수, 35는 남용이 아니라고 한다.
21) 大判 1997. 12. 23, 96재다226.
22) Stein-Jonas/Brehm[23] vor §1 Rn. 233.
23) Siebert, Verwirkung und Unzulässigkeit der Rechtsausübung, 1934.

동을 하지 않았다. 그로부터 7년이 지난 뒤에 乙이 위 판결에 대하여 항소를 제기하였다. 이 항소는 정당한가?

이 사례처럼 **상대방의 주소를 허위로 기재**하여 자백간주로 판결을 편취하였으면, 판결정본의 송달이 없었으므로 항소기간 진행이 시작되지 않은 상태이다. 따라서 판결을 편취당한 상대방 당사자는 어느 때라도 항소할 수가 있다.[24] 그러나 상대방이 뒤에 이를 알고도 장기간 항소하지 않고 있으면 여기에 실효의 원칙이 적용될 여지가 있다.[25]

또 다른 예는 **보통항고**의 경우이다. 보통항고에는 기간이 정해져 있지 않다. 당사자가 대단히 늦게 항고하여 소송진행의 정도나 여러 가지 사정으로 보아 상대방에게 이미 항고하지 않으리라는 신뢰가 생겼으면 항고권은 실효하였다고 보게 된다.

3. 적용할 때에 주의할 점들

민사소송에서의 신의칙은 다른 여러 제도나 다른 법분야에서의 신의칙과 혼동되는 수가 많다. 뿐만 아니라 실정법의 배경이 되는 법의 일반원칙으로서의 신의칙과 실정법상 보충적으로만 적용되는 구체적 규정으로서의 신의칙을 혼동하는 수도 많다.[26] 당사자의 어떤 소송행위가 신의칙에 위배된다는 것은 그 행위에 제1조 제2항을 적용한 결과라는 점을 잊어서는 안 된다. 여기서는 학설과 판례에서 흔히 나타나는 잘못된 해석을 지적한다.

(1) 소송법상 신의칙과 실체법상 신의칙

소송상 신의칙 위배와 소송 중에 생기는 실체법상 신의칙 위배를 혼동하지 않도록 주의하여야 한다.[27]

흔히들 **소제기**가 신의칙 위반이라고 인정되는 경우에 이를 **소권의 남용**이라고

---

24) 판례는 허위주소를 기재하여 공시송달을 한 경우는 일단 송달은 적법하다고 보아 보완항소(제173조)를 인정하기도 하고 재심(제451조 1항 11호)을 인정하기도 한다. 그러나 같은 허위주소를 이용했어도 공시송달이 아닌 허위송달로 인한 자백간주의 경우에는 그 어느 것도 허용치 않고 단순한 항소의 방법을 택하도록 한다(大判 1972. 12. 12, 72다1700; 大判 1973. 6. 12, 72다1323; 大判(全) 1978. 5. 9, 75다634 등).

25) 大判 1996. 7. 30, 94다51840은 이러한 경우 항소권도 실효할 수 있음을 인정하였다. 그러나 당해 사건에서는 피고가 4년간 항소하지 않았지만 그 사이에 당사자 사이에 다툼이 있었다는 사정을 들어 상대방에게 권리불행사의 신뢰가 생기지 않았다고 하여 실효를 부정하였다.

26) 이 점에 관한 상세한 논의는 胡文赫, "民事訴訟法上의 信義誠實 原則의 制度構築과 司法運用", 민사소송 제16권 2호(2012), 9면 이하 참조.

27) Stein-Jonas/Schumann[20] Einl. Rn. 244; Stein-Jonas/Brehm[23] vor § 1 Rn. 223.

하여 소송법상의 신의칙 문제로 다루는 경향이 있다. 소제기가 소송행위이므로 그
것이 신의칙 위반이면 소송법상의 신의칙 위반이 되고 따라서 민사소송법 제1조가
적용된다고 생각하기가 쉽다. 그러나 소제기가 형식적으로는 소송행위라 하더라도
이는 어디까지나 **실체법상 권리행사**의 한 방법이므로 그것이 신의칙 위반이면 권
리행사가 실체법상 신의칙 위반이 되는 것이다.28) 권리행사는 신의칙에 맞는데 소
제기만이 신의칙 위반이 되는 것은 특수한 경우를 제외하고는 있을 수 없다.

그러므로 일부청구임을 명시하지 않고는 뒤에 잔부를 청구하는 소를 제기하는
것,29) **공동불법행위자**의 1인이 피해자로부터 손해배상청구권을 양수하여 다른 공동
불법행위자에게 손해배상을 청구하는 소제기, 어차피 원고회사가 피고회사에게 반
환하게 될 것을 원고가 청구하는 것(이른바 순환소송)30) 등은 모두 실체법상의 신
의칙 위반 문제, 즉 민법 제2조가 적용될 수 있는 문제이지 민사소송법 제1조가 적
용될 사항이 아니다. 그리고 소송에서 상계하고 뒤에 그 소멸한 채권을 주장하여
제소하는 것은 실체법상 청구가 이유 없다고 판결할 사항이다.

소송상 권능의 실효와 관련하여, 판례 중에는 주권 발행 전에 자금난으로 주식
양도를 하고 나서 무려 7, 8년이 지난 뒤에 그 무효를 주장하여(상 제335조 2항[개정
전]) 주식을 되찾기 위하여 주주총회결의 부존재 또는 무효확인 및 원고가 주주임
을 확인하라고 제소한 사건에서 이는 "신의성실의 원칙에 위배한 소권의 행사이어
서 부적법하여 각하할 것"31)이라 한 것이 있다. 판례가 이와 비슷한 다른 사건에서
는 상법 제335조 제2항[개정 전]을 적용하여 원고의 청구를 들어주면서32) 이 경우
에 신의칙을 문제삼은 것은 '무려 7, 8년이 지난' 것을 고려한 것이므로 실효의 원
칙을 인정한 것이다.33) 그러나 판례는 각하하여야 한다고 하여 소권의 실효를 인정

---

28) 실체법상의 신의칙 위반과 소송법상의 신의칙 위반이 병행해서 존재할 수 있다는 견해가 있다(한
   충수, 38). 그러나 이를 인정하면 원고의 신의칙 위반행위가 있으면 원고의 청구가 실체법상 이유가 없기
   도 하고 소송법상 부적법하기도 하며, 따라서 법원이 청구를 기각해도 되고 소를 각하해도 된다는 결과
   가 되며, 결국 이 행위를 심리할 때 처분권주의와 변론주의를 적용해도 되고, 직권조사사항으로 조사해도
   된다는 말이 된다. 그러나 심리가 이런 식으로 이루어져서는 안 된다. 소제기는 권리행사의 방법임을 간
   과해서는 안 된다. 실체법과 소송법의 관계에 관하여 근대 독일 민사법의 기본 틀을 잡은 Windscheid가
   다음과 같이 설파하였다: "오늘날의 법의식으로는 권리가 앞에 있고 소는 그 뒤를 따르는 것이며, 권리는
   생성하는 것이고 소는 생성된 것이다. …… 법질서는 권리의 질서이다." Windsheid, Die actio des
   römischen Zivilrechts vom Standpunkte des heutigen Rechts, 1856(Neudruck 1984), S. 3.
29) 이시윤, 35.
30) 大判 2017. 2. 15, 2014다19776·19783. 이시윤, 37은 이를 소권남용에 포함시킨다.
31) 大判 1983. 4. 26, 80다580.
32) 이 점에서 금반언 등을 함부로 적용하지 않고 실정법에 충실한 것으로 매우 타당하다.
33) 현행법에서는 회사성립 후 또는 신주의 납입기일 후 6월이 경과하면 유효가 되므로(상 제335조 3

한 것으로 보이나, 이는 어디까지나 소를 제기할 **실체법상의 지위가 실효**된 것이다.[34] 그것은 소를 제기할 권리(소권)가 실체법상 지위와 독립하여 별도로 실효하는 것이 아니기 때문이다.[35] 따라서 각하가 아닌 기각판결을 했어야 할 사안이다. 사용자의 지시에 따른 진의 아닌 사직 의사표시가 무효라도 그 근로자가 바로 퇴직금을 청구하여 수령하고, 9년 후 해직공무원의보상등에관한특별조치법 상의 보상금까지 수령하였음에도 불구하고 그 후에 면직처분무효확인의 소를 제기하는 것은 실효의 원칙상 허용되지 않는다는 판례를[36] 소송상 권능의 실효의 예로 드는 경우도 있으나,[37] 이 경우도 실체법상의 권리의 실효이다. 소권은 공권 내지 기본권이므로 실효하지 않는다는 견해도[38] 있으나 거기까지 갈 필요도 없이 실체법상 권리의 실효로 보면 된다.

여기서 소송법상 신의칙에 위반되는 행위는 소송행위이고 신의칙 위반 여부의 기준은 소송법임을 잊지 말아야 한다.

(2) 일반조항으로의 도피

신의칙은 **일반조항**이므로 적용에서 다른 구체적 법규정이나 제도보다 **후순위**에 놓인다(특별법 우선의 원칙). 따라서 신의칙에 위반되는 것으로 보이는 내용의 소송행위가 있더라도 먼저 그 행위를 규율할 구체적인 법규정이나 제도가 있는지를 검토하고, 그러한 것이 없을 경우에 신의칙이 비로소 적용되어야 한다. 그럼에도 불구하고 흔히 실체법·소송법상의 개별적 법리적 근거를 자세히 살피지 않고 **경솔히 일반조항에 의지**하는 경향이 있다. 이를 '일반조항으로의 도피'라고 한다. 민사소송법의 해석에서도 이러한 경향이 있어서 굳이 신의칙을 동원하지 않고도 해결되는데도 막연히 신의칙 위배라고 하는 오류를 범하는 경우가 많다.[39]

항) 문제되지 않는다.

34) 이시윤, 36에서 실효이론을 적용한 판례라고 소개한 大判 2015. 3. 20, 2013다88829는 실체법상의 실효를 인정한 것이다.

35) Stein-Jonas/Schumann[20] Einl. Rn. 259; Stein-Jonas/Brehm[23] vor §1 Rn. 235; Rosenberg-Schwab/Gottwald[18] §65 Rn. 55, §90 Rn. 25.

36) 大判 1992. 5. 26, 92다3670. 실제로 이 판결에서 권리의 실효라고 하였고, 소송상의 실효라는 언급은 없다.

37) 전원열, 29.

38) 鄭·庚·金, 38. 강현중, 95는 소권의 실효는 국민의 기본권의 실효를 인정하는 것과 같으므로 소권의 남용을 이유로 소송을 배척하는 것에는 신중하여야 한다고 하여 유사한 입장이다.

39) Stein-Jonas/Schumann[20] Einl. Rn. 245; Stein-Jonas/Brehm[23] vor §1 Rn. 224; Zeiss, Rn. 75.

법의 기본정신이 신의성실이라고 할 수는 있으나 그렇다고 해서 일반조항으로의 도피가 허용되는 것은 아니다. 체계적인 법전편찬이 이루어지기 전에는 신의성실이 모든 행위에 적용된다고 할 수 있었지만, 근대 이후 성문법 시대에는 각각의 법제도가 신의칙이 구체화된 것이라고 할 수 있다. 그렇기 때문에 법의 배경에 깔려있는 기본정신으로서의 신의성실과 민법 제2조와 민사소송법 제1조 제2항의 신의성실은 그 의미가 다른 것임을 유의해야 한다.[40]

(가) 구체적 법규정이 있는 경우

구체적 법규정이 있는데도 신의칙 위반이라고 하는 예로, 일부청구로써 소액사건으로 만드는 것이 소송상태의 부당형성으로 신의칙 위배라고 보는 이가 있다.[41] 그러나 이는 민사소송법 제1조의 위반이기에 앞서 소액사건심판법 제5조의2 위반이다. 소송지연을 목적으로 함이 명백한 기피신청은 소권의 남용으로 신의칙 위배라고 하는 수도 있으나,[42] 이것도 역시 제45조 제1항으로 해결되므로 굳이 신의칙을 동원할 필요가 없다.

입증방해 등 상대방의 소송행위를 방해하는 행위도 신의칙 위반이 된다고 하나,[43] 이는 불법행위로 규율하거나 자유심증으로 행위자에게 불이익하게 사실을 인정할 일이지 신의칙 위반으로 처리할 일이 아니다.

국가나 공직자, 법관 등을 상대로 청구가 이유 없음이 명백한 소를 반복적으로 제기하는 것은 피고와 법원에 큰 부담을 지우는 행위로, 이러한 행위를 규제하기 위하여 2023. 4.의 법개정으로 법원이 변론 없이 소각하나 항소각하 판결을 할 수 있도록 하였다. 그와 함께 재판장은 그 판결을 피고에게는 공시송달을 하도록 명할 수 있으며(제194조 4항), 법원이 결정으로 500만 원 이하의 과태료에 처한다고(제219조의2) 규정하였다. 이러한 경우는 권리남용을 넘어서 소권남용도 된다고 할 수 있으나, 신설 법규정으로 규율하므로 제1조 제2항을 적용할 경우는 아니다.

(나) 소송요건이 불비된 경우

소송요건 불비인 경우에 이를 신의칙 위반이라고 하는 예가 많다. 소나 상소의

---

40) 신의칙의 역사전 변천과 오늘날의 의미에 관하여는 胡文赫, "民事訴訟法上의 信義誠實原則의 制度構築과 司法運用", 民事訴訟 16권 2호(2012), 9면 이하 참조.

41) 鄭·庚·金, 35. 그러나 鄭·庚·金, 33에서는 소액사건심판법 제5조의2가 신의칙 반영의 입법이라고 하는데 이는 타당한 설명이다.

42) 이시윤, 37; 鄭·庚·金, 38.

43) 大判 1995. 3. 10, 94다39567(피고 병원이 진료기록을 변조한 사안); 이시윤, 38.

이익이 없는데도 이를 제기하는 것도 소권의 남용이라고 보는 수가 있는데,[44] 이는 소(상소)의 이익이라는 소송요건으로 규율되기 때문에 신의칙을 동원할 필요가 없다.[45] 더 간단한 권리실현수단이 있음에도 불구하고 하는 제소를 소권의 남용이라 하여 신의칙 위반이라고 보는 수도 있으나,[46] 이는 권리보호의 자격이라는 소송요건이 불비된 경우이다. 이러한 경우에 혹시 '소송상' 신의칙 위반이라고 하려면 소송요건은 구비되었으나 신의칙에 위반되는 다른 특별한 사정이 인정되어야 할 것이다.[47] 심지어는 소송상 합의에 반하는 거동, 즉 부제소특약을 하였으면서 소를 제기하거나, 소취하계약이 있음에도 소송을 유지하는 것이 금반언 위반이라고 하는 수도 있다.[48] 그러나 이런 거동을 금지하는 것은 그것이 신의칙 위반이기 때문이 아니라 계약의 구속력에 위반되기 때문이다.[49] 소송상 이러한 경우에는 계약상 제소금지사유에 해당하고, 이는 결국 권리보호의 자격이 불비된 것으로 소송요건의 문제로 귀착한다.[50]

(3) 신의칙과 소송요건

우리나라의 다수설은 신의칙을 소송요건의 문제로 다루어서 "소제기가 신의칙에 위반되지 않을 것"을 하나의 소송요건으로 인정한다.[51] 그러므로 신의칙 위배의

---

44) 이시윤, 37은 완승한 당사자가 판결이유에 불만이 있어 제기하는 상소를 예로 든다.

45) 한충수, 35. 소권의 남용을 6가지 형태로 설명하고 Zeiss의 교과서를 인용하는 이가 있다(이시윤, 36). Zeiss가 권리보호의 이익이 인정되지 않는 경우로 열거한 것을 따오면서 소권의 남용이 있으면 권리보호이익이 없다고 설명한다. 소권의 남용이 있으면 권리보호의 이익이 없다고 하면서 Rosenberg-Schwab/Gottwald의 교과서를 인용하기도 하나(이시윤, 36, 주6), 이 책에서 남용하면 권리보호이익이 없다고 설명한 것은 소를 제기할 권리인 소권(Klagerecht)이 아니라 소송 중에 당사자가 행사하는 개별적인 소송상 권능(prozessuale Befugnis)이다(Rosenberg-Schwab/Gottwald[18] § 65 Rn. 56). 더구나 독일 학자들이 말하는 권리보호이익은 우리나라에서 말하는 권리보호이익보다 더 넓은 개념이라는 점을 주의할 필요가 있다.

46) 이시윤, 37.

47) Stein-Jonas/Schumann[20] Einl. Rn. 246.

48) 金・姜, 44, 이시윤, 35; 전원열, 28; 鄭・庚・金, 36. 大判 1993. 5. 14, 92다카21760과 大判 2013. 11. 28, 2011다80449는 권리보호이익이 없다고 하면서도 신의칙도 언급하였는데, 이러한 장식적 설시는 필요 없는 사족에 불과하다. 강현중, 93에서는 이때의 신의칙 위반은 실효의 원칙에 위반된다는 의미라고 하나, 실효와는 관계가 없다.

49) Rosenberg-Schwab/Gottwald[18] § 65 Rn. 54; Zeiss, Rn. 74. 만일 이러한 것을 금반언(신의칙) 위배라고 한다면 모든 채무불이행에 민법 제2조가 적용되고 채무불이행에 관한 조문은 필요가 없게 될 것이다.

50) 한충수, 36.

51) 宋・朴, 214; 이시윤, 227; 鄭・庚・金, 434. 김홍엽 20 이하와 강현중, 89 이하는 신의칙을 소송요건과 분리하여 별도의 목차로 다루고 있으나 김홍엽, 30과 강현중, 97에서 "신의칙에 위반되는지 여부는 소송요건으로서 직권조사사항이다"라고 하여 같은 입장을 취하고 있다.

소제기에 대하여는 소각하판결을 하게 될 것이다. 그러나 **소제기** 그 자체는 통상 실체법상의 권리행사의 한 방법이므로 소제기가 신의칙에 위반되면 그것은 **실체법상의 신의칙** 위배이지 소송법상 신의칙 위배가 되는 것이 아니다. 따라서 이런 경우는 소송요건과는 아무런 관계가 없고, 청구가 실체법상 이유가 없는 것이 되어 청구기각판결을 할 사유가 되는 것이다.

또 신의칙은 일반조항이므로 다른 규정이나 제도에 대하여 **보충적인 지위**에 있다. 그리고 일반적으로 구체적인 법규정이나 법제도에 맞는 것이면 신의칙에도 맞는 것이 정상이고, 별도로 신의칙이 적용되어야 하는 경우란 예외적으로만 있을 수 있다.52) 그러므로 신의칙은 **특별한 사유**가 있는 경우에만 그 위반 여부를 검토하게 되는 것이다. 신의칙의 이러한 특성은 본안판결 전에 소의 적법성을 확정짓기 위하여 항상 심리해야 하는 소송요건과는 어울릴 수가 없다.53)

4. 신의칙 위배의 효과

신의칙에 반하는 **소송행위는 부적법**한 것으로, 그 행위의 종류에 따라 무효가 되거나 무시되며, 법원의 판단이 필요한 행위의 경우에는 각하될 것이다. 소송행위가 신의칙에 위반되는지 여부는 법적 판단이므로 법원이 **직권으로 판단**한다.54) 이를 직권조사사항이라고 하는 견해는55) 신의칙이 소송요건임을 전제로 한 것으로 보이는데, 앞서도 본 바와 같이 신의칙은 소송요건과는 관계가 없으므로 타당하지 않다. 그리고 신의칙 위반을 당사자 간에서는 상대방의 원용을 기다려 참작할 것이라는 견해56)도 있는데, 이는 타당하지 않다. 이 경우는 실체법상의 신의칙 위반이나 부제소특약 위반과 같이 다른 제도나 법규정으로 해결될 수 있는 경우이어서 소송상의 신의칙과는 무관하기 때문이다.

---

52) Stein-Jonas/Brehm[23] vor § 1 Rn. 226.

53) 만일 소송법상 신의칙이 소송요건이라면 실체법에서도 모든 법률요건에 신의칙이 포함되어야 할 것이며, 법률요건의 구비 여부를 따질 때에 매번 신의칙 위반 여부를 당연히 따져야 한다는 말이 될 것이다.

54) 大判 1989. 9. 29, 88다카17181; 大判 1995. 12. 22, 94다42129. 여기서 '직권으로 판단'하는 것과 '직권조사사항'이라는 것의 차이에 유의할 필요가 있다. 예를 들면 소송에서 확정된 사실관계에 어떤 법규를 적용할 것인가는 직권으로 판단할 사항이지 직권으로 조사할 사항은 아닌 것이다.

55) 강현중, 97; 김홍엽, 30; 이시윤, 38; 전원열, 29.

56) 金·姜, 45; 鄭·庚·金, 39-40.

Ⅶ. 당사자의 진실의무

1. 진실의무 인정 여부

앞에서 본 신의칙과 관련하여 당사자에게 소송에서 진실을 말할 의무까지 부과할 수 있는지가 문제될 수 있다.

본래 소송에서 당사자는 소송을 수행하는 주체이므로 주장책임, 입증책임과 같은 책임은 부담하지만 증인처럼 진실만을 말할 법적인 의무를 부담하지 않는 것이 원칙이다. 소송에서 법관이 사실을 인정하기 위하여 증거를 조사하는 것도 양 당사자 중 어느 일방이 거짓을 주장하였기 때문이다. 소송이란 이런 상황을 당연한 전제로 삼고 만든 제도이기 때문에 소송당사자에게 법적 의무로서의 진실의무를 부과하는 것은 어울리지 않는다. 그럼에도 불구하고 진실의무가 논의되는 것은 당사자나 대리인이 **간계를 부려서 사실을 왜곡**하여 소송에서의 승패를 바꾸는 것은 용납할 수 없다는 인식이 널리 인정되었기 때문이다. 그리하여 독일에서는 1933년부터 이 의무를 인정하기 시작하였고(§ 138 ZPO), 우리나라에서는 입법적으로 인정하지는 않지만 통설이 이를 인정한다. 이것은 당사자에 의하여 사실이 왜곡될 가능성이 있는 변론주의의 약점을 보충하는 역할도 한다.[57)]

2. 진실의무의 내용

진실의무란 당사자와 그의 대리인이 어떤 사실이 진실이 아님을 알면 이를 주장하지 않아야 하고, 상대방의 주장이 진실임을 알면 이를 다투지 말아야 한다는 의무를 말한다. 이 의무는 당사자가 객관적인 진실을 말해야 한다는 것이 아니라 주관적으로 진실이라고 알고 있는 대로 주장하거나 다투어야 한다는 것, 즉 양심에 반하는 내용의 진술을 하면 안 된다는 것이 그 내용이다(주관적 정직의무).

이 의무를 어떤 사실이 진실임을 확신할 때에만 주장할 수 있고, 상대방의 주장이 거짓임을 확신할 때에만 다툴 수 있다는 의미로 새기면 안 된다. 당사자는 확실히 알기가 어려운 남의 주관적 사정(고의, 과실 등)을 주장해야 하는 경우가 많은데, 이럴 때는 고의, 과실 등이 있었는지를 잘 모르더라도 주장을 해야 한다(주장책

---

57) 진실의무에 관하여 상세한 것은 胡文赫, "民事訴訟에 있어서의 眞實義務", 考試研究 15권 5호, 148면 이하 참조.

임). 또 상대방이 아무런 주장이나 되는 대로 남발할 경우에는 그것이 진실이 아니라고 확신하지 않더라도 다투어야 한다(자백간주의 위험). 이처럼 잘 모르는 상황에서는 주장하거나 다투는 것이 오히려 성실한 소송수행이 된다.

진실의무는 주관적 정직의무이므로 과실에 의한 의무 위반은 인정될 수 없다. 그리고 진실을 말했을 때 형사소추 등 법적 불이익을 받을 염려가 있을 때에도 이 의무는 부과되지 않는다. 그리고 상대방에게 추가청구나 항변의 원인을 제공할 사실을 진술하지 않았다고 해서 진실의무 위반이 되는 것도 아니다. 이런 경우에는 상대방이 그러한 주장 내지 신청을 하는지를 기다리는 것이 정상적인 소송수행이다.

3. 진실의무 위반의 효과

진실의무는 책임이나 부담이 아니라 진정한 법적 의무이므로 이에 위반하여 주장을 하거나 다투는 행위는 위법하다. 이러한 주장이나 다툼은 법원이 고려하지 않게 되고 법원의 판단이 필요한 경우에는 각하된다. 진실의무 위반 행위로 상대방 당사자에게 손해가 생기면 이는 소송사기가 되고 손해배상책임을 부담한다.

그러나 이러한 효과는 엄밀히 말하면 진실의무 위반이기 때문에 비로소 생기는 것은 아니다. 진실하지 않은 주장을 법원이 무시하는 것은 그 주장을 믿지 않기 때문이지 의무 위반이기 때문이 아니다. 손해배상책임도 진실의무를 인정해서 그 위반의 효과로 생기는 것이 아니라 소송사기가 성립되면 그 자체로 손해배상책임이 생긴다. 이처럼 진실의무는 이를 위반했을 때의 제재가 마땅치 않고, 그 효과도 미미하다. 그럼에도 불구하고 독일 등에서 이 의무를 인정한 것은 법조인의 윤리를 특히 강조하는 분위기에서 대리인인 변호사들에게 효과가 있기 때문이다. 독일 등 선진국에서는 변호사가 이 의무를 위반했다고 낙인찍히면 큰 불명예로 여겨지고 그 사회에서 매장될 가능성이 크다. 이 점에서 변호사들이 법관에게 밉보일까봐 신경을 쓰게 되는 우리의 문화와 큰 차이가 있다.

제 3 절   訴訟法律關係

소송에서는 참여자들, 즉 원고와 피고, 법원 사이에 여러 가지의 법률적 관계가 성립한다. 소송에서의 이러한 관계도 일종의 법률관계이므로 이들을 통틀어 소송법

률관계라고 표현할 수 있다.[1]

I. 법률관계의 모습

소송법률관계가 어떠한 주체 사이에서 성립하는가에 따라 과거에 학설이 나뉘었다. 법원은 제외하고 당사자 사이에서만 법률관계가 성립한다는 견해와[2] 원고와 법원, 피고와 법원 사이에서만 법률관계가 성립한다는 견해도 주장되었으나,[3] 오늘날은 **원고와 피고, 법원** 사이에 3각으로 법률관계가 성립한다고 보는 것이 통설이다.[4] 원고가 소장을 제출하면 우선 원고와 법원 사이에 법률관계가 성립한다. 다음으로 법원이 소장을 피고에게 송달하면 법원과 피고 사이에 법률관계가 성립하고, 동시에 원고와 피고 사이에도 서로 소송행위를 할 관계가 생기므로 이들 사이에도 법률관계가 성립한다. 당사자 이외에도 제3자가 소송에 참가하면 참가인에 대하여도 같은 법률관계가 성립하게 됨은 물론이다.

대부분의 중요한 소송행위는 상대방 당사자에 대하여 행하는 것이 아니라 법원을 상대로 행하게 되고, 상대방에 대한 행위도 법원을 매개로 하는 경우도 많다. 전형적인 예가 실체법상의 청구권의 행사이다. 소송 밖에서의 청구권의 행사는 직접 청구의 상대방에 대하여 하지만, 소송에서는 법원에 재판을 신청함으로써 청구를 하므로 간접적인 권리행사의 모습을 나타낸다. 피고도 원고의 소송상 청구에 대하여 이를 거절할 경우에 법원에 대하여 원고의 청구를 기각할 것을 신청하는 방법으로 한다.

소송법률관계는 소제기로 시작되어 판결의 확정이나 기타 소송종료 사유로(소취하, 화해, 포기, 인낙 등) 소멸한다. 소송 중에는 법원이 변경되거나 당사자가 변경되거나 소송물이 변경되어도 그 법률관계의 동일성이 바뀌지 않는다.[5]

법률관계의 동일성은 유지되더라도 그 내용은 소송의 진행에 따라 당사자와 법원의 소송행위로 말미암아 단계적으로 계속 발전하고 변화된다. 이처럼 변화되는

---

1) 이하 상세한 것은 胡文赫, "民事訴訟法上 訴訟法律關係에 관한 고찰," 서울대학교 법학, 제54권 제2호[통권 167호](2013. 6.), 135면 이하 참조.

2) Kohler, Der Prozeß als Rechtsverhältnis, 1888, S. 6.

3) Hellwig, System des deutschen Zivilprozessrechts, 1. Teil, § 138 II.

4) Bülow, Die Lehre von den Prozesseinreden und Prozessvoraussetzungen, S. 1 ff.; Wach, Handbuch des Deutschen Zivilprozessrechts, Bd. 1, § 4 V; Rosenberg-Schwab/Gottwald[18] § 2 Rn. 6; Stein-Jonas/Brehm[23] vor § 1 Rn. 204.

5) Rosenberg-Schwab/Gottwald[18] § 2 Rn. 8 f.; Stein-Jonas/Brehm[23] vor § 1 Rn. 204.

각 단계를 '소송법률상태'라고 한다. 한 단계의 법률상태에서 다음 단계의 법률상태로 넘어가면서 소송은 판결의 확정을 종점으로 하여 진행되고, 소송법은 이 과정이 신속하고 무리 없이 진행되도록 하는 방향으로 규율하는 것을 목표로 삼는다.[6]

Ⅱ. 법적 성격

앞에서 언급하였듯이 소송법률관계의 대부분은 당사자와 법원의 관계로 이루어지는데, 이 경우 법원은 국가의 공권력인 재판권의 행사자이므로 이들의 법률관계는 **공법관계**이다. 당사자 사이의 소송법률관계도 공법관계라고 보는 견해도 있으나,[7] 이는 경우를 나누어 보아야 할 것이다. 법원을 매개로 이루어지거나 법원의 판단을 받을 것이 전제가 되는 법률관계는 공법관계라고 할 수 있지만 당사자들 사이에서 이루어지는 법률관계의 경우에는 굳이 공법관계라고 볼 필요가 없을 것이다. 예를 들면 소송상화해의 경우, 당사자 사이의 합의는 사법적 성격을 가지는 것이지만 그 화해의 결과를 법원에 진술하여 조서를 작성하도록 하는 단계에서는 공법적 성격을 가진다고 보는 것이 타당할 것이다.

소송법률관계는 **실체법상의 법률관계와는 관련이 없다.** 실체법상의 법률관계는 소송에서 심판의 대상이 되는 것이고 소송법률관계의 성립에 필요한 요건도 아니고 그 내용을 이루는 것도 아니다. 그러므로 사법상의 법률관계가 이전되었다고 해서 당연히 소송법률관계도 이전한다고 볼 것은 아니다.[8]

Ⅲ. 당사자와 법원의 법적 지위

실체사법에서는 법률관계라고 하면 당사자 사이의 권리와 의무의 관계라고 파악하지만, 민사소송법은 그와 달리 소송법률관계에 관하여 당사자 사이에 원칙적으로 소송상의 권리와 의무를 상정하지 않는다.[9] 당사자에게는 소송상의 책임(부담)

---

6) Stein-Jonas/Brehm[23] vor § 1 Rn. 208.
7) Stein-Jonas/Brehm[23] vor § 1 Rn. 206. Rosenberg-Schwab/Gottwald[18] § 2 Rn. 7에서는 소송법률관계 전체를 공법관계라고 한다.
8) Rosenberg-Schwab/Gottwald[18] § 2 Rn. 7.
9) 근래에 일본의 영향을 받아 이른바 당사자권을 인정하는 견해가 등장하였다(金 · 姜, 128 이하; 김홍엽, 105; 이시윤, 138 이하; 전원열, 162; 鄭 · 庚 · 金, 195 이하). 이 이론은 절차보장론과 연결되어 기판력의 근거를 법적 근거도 없는 절차보장에서 찾고, 나아가 판례가 그에 따라 채권자대위소송에서 기판력의 주관적 범위에 관하여 실정법에 명백히 위배되는 기준을 창안해 내는 등의 영향을 미쳤다. 이에

을 지울 뿐이다.10) 소송법은 오히려 법원에 직무상의 의무를 부과한다.

1. 당사자의 책임

소송법은 당사자들에게 **책임을 부담**시키고 그 책임을 수행할 것인지 여부를 스스로 정할 수 있도록 허용한다. 만일 한 당사자가 소송행위를 행하지 않으면 일정한 **불이익**을 받게 된다. 즉, 당사자는 책임을 완수할 것인지, 일정한 불이익을 감수하고 책임을 수행하지 않을지를 정할 수가 있다. 그 책임을 완수하지 않았다고 해서 위법한 행위라고 평가받거나 불법이라고 비난 받는 것이 아니다. 이 점에서 의무와 본질적으로 다르다.

원고가 소를 제기할 의무를 부담하지 않는 것과 같이 피고는 **응소**를 할 의무를 부담하지 않는다. 피고가 응소를 하지 않으면 무변론판결(제257조)을 받는다는 **불이익**을 입게 되고, 당사자들이 기일에 출석하지 않으면 자백간주(제150조), 진술간주(제148조 1항) 등 기일을 게을리한 것에 대한 불이익을 받는다. 어떤 당사자도 자기에게 유리한 사실을 주장하거나 이를 증명할 것을 강제당하지 않는다. 다만 유리한 사실을 주장하지 않거나 증명하지 않으면 불리한 사실이 확정될 수가 있고 그에 따라 패소할 **위험을 부담**하게 될 뿐이다(주장책임, 입증책임).

민사소송법에서 '의무'라는 표현을 쓴 경우에도 법적인 의무를 뜻하는 것이 아니라 책임을 뜻하는 경우가 대부분이다. 답변서 제출의무(제256조), 문서제출의무(제344조), 수기의무(제361조), 당사자신문에서의 출석·선서·진술의무(제369조), 공시최고 신청인의 진술의무(제486조), 송달받을 장소변경의 신고의무(제185조)가 그러한데, 이러한 행위를 하지 않은 것이 위법하다는 비난을 받는 것이 아니라 일정한 불이익을 입을 뿐이므로 이들은 엄밀한 의미에서 의무가 아니라 책임이다.11)

민사소송에서 당사자가 부담하는 의무 중에는 실체법상의 의무도 포함되어 있다. 예를 들면 소송비용 지급의무(제98조 이하)와 소송비용에 대한 담보제공의무(제117조) 등은 실체법상의 의무이지 소송상의 의무가 아니다.

대한 상세한 검토는 胡文赫, "民事訴訟法上 訴訟法律關係에 관한 고찰", 서울대학교 法學, 제54권 제2호(통권 167호), 150 이하 참조.
10) Rosenberg-Schwab/Gottwald[18] § 2 Rn. 11.
11) Stein-Jonas/Brehm[23] vor § 1 Rn. 209.

2. 소송상의 의무

그렇다고 민사소송에서 의무가 전적으로 부정되는 것은 아니다. 우선 누구나 부담할 수가 있는 일반적 의무가 있고, 소송당사자가 부담하는 의무, 법원이 부담하는 의무가 있다.

(1) 일반적 의무

이는 법원의 재판권에 복종하는 일반 국민이면 누구나 다 부담할 수 있는 의무를 말한다. 증언의무(제303조), 감정의무(제334조), 제3자의 문서제출의무(제344조), 재판장의 질서유지권에 복종할 의무(법조 제58조) 등이 그 예인데, 이러한 의무는 소송법률관계의 형성이나 내용에 관계되기 때문에 인정되는 것이 아니라, 법원의 **재판권에 복종**하는 데에 따라 발생한다.[12]

(2) 당사자의 의무

당사자에게 소송상 의무가 부과되는지 여부는 법문의 표현을 기준으로 판단하는 것이 아니다. 실제로 기준으로 삼을 것은 법규범이 명하는 행위를 하도록 하여 그 결과를 반드시 달성하려고 추구하는지 여부이다. 그 방법에는 두 가지가 있다. 첫째는 **이행을 강제**하는 방법이다. 법이 요구하는 행위를 하지 않았을 때 과태료 부과 등 일정한 강제수단을 동원하는 것이 여기에 해당한다. 둘째는 소송법이 당사자의 불이행이 있더라도 마치 **이행한 것과 같은 결과**가 되도록 규정한 것, 예컨대 법규범이 당사자에게 부작위를 요구함에도 불구하고 당사자가 이를 위반하여 일정 행위를 했을 때, 그 행위를 무시하여 행위가 없었던 것으로 취급하는 것이다. 이러한 두 방법 중 어느 하나를 사용하여 법규범이 추구하는 결과를 달성하려는 경우에는 단순한 책임이 아니고 의무라고 볼 것이다.[13]

소송법률관계의 당사자의 지위에서 부담하는 의무로 우리 민사소송법에서 규정한 것으로는 **신의성실의무**(제1조 2항)를 들 수 있다. 예를 들어 신의칙에 위반된 소송행위는 무시하거나 각하하여 그러한 행위가 없었던 것과 같은 결과를 만든다. 이는 법규범이 신의칙 위반 행위의 효력을 인정하지 않음으로써 신의칙을 지킨 것과 같은 결과를 유지하려는 것이다.

---

12) Stein-Jonas/Brehm[23] vor § 1 Rn. 212.
13) Stein-Jonas/Brehm[23] vor § 1 Rn. 214.

해석론으로 인정할지 여부가 문제되는 것으로 진실의무와 소송촉진의무가 있다. **진실의무**는 당사자와 대리인이 악의로 진실하지 않은 주장을 하지 않거나 악의로 상대방의 진실한 주장을 다투지 말아야 할 의무를 말한다. 다만 이 의무를 위반했을 때에 그에 대한 마땅한 강제 수단이 없다는 점에서 전형적인 소송상 의무라고 보기는 어려운 측면이 있다.

소송촉진의무는 당사자가 적시에 소송자료를 제출하여 원활하게 소송이 진행되도록 해야 한다는 의무를 말하는데, 인정하는 견해가 다수이다. 그러나 당사자가 적시에 소송자료를 제출하는 것을 법적 의무로 볼 것은 아니다. 적시에 제출하지 않은 소송자료는 각하되어 그 당사자가 패소의 불이익을 받을 위험에 놓이는 것이지, 실기한 제출이 위법한 것이 아니다. 이러한 당위는 주장책임, 입증책임과 같은 책임에 속한다고 보는 것이 타당하다.

(3) 법원의 의무

당사자에게 원칙적으로 의무가 인정되지 않는 것과 달리, 법원은 당사자에 대한 법률관계에서 공법상의 의무를 부담한다.[14] 법원의 민사소송법 준수는 일정한 불이익을 감수하고 거부할 수 있는 임의적인 것이 아니라, 반드시 이행해야 하는 **직무상 의무**인 것이다. 여기에는 송달의무, 기일지정의무, 석명의무, 판결선고의무 등 소송법상 수많은 강행규정을 준수할 의무가 포함된다. 그 밖에도 법원은 당사자를 배려할 의무도 부담한다고 새긴다.[15]

제 4 절　民事訴訟節次와 다른 訴訟節次

앞에서 설명한 바와 같이 민사소송은 각종의 소송절차의 기본형태이고 민사소송법은 **절차법의 기본법**이다. 여기서는 민사소송과 관련되어 있는 각종 절차와 민사소송의 관계와 차이점 등을 개략적으로 살펴본다.

---

14) Stein-Jonas/Brehm[23] vor § 1 Rn. 219.
15) BVerfG NJW 1991, 418; Stein-Jonas/Brehm[23] vor § 1 Rn. 219.

Ⅰ. 민사소송과 행정소송

1. 행정소송의 특색

행정소송은 민사소송을 바탕으로 하는 절차이지만, 행정소송의 특수성 때문에 여러 가지의 특별규정을 행정소송법에 두고, 이 법에 규정되지 않은 사항에는 **민사소송법 및 민사집행법을 준용**한다(행소 제8조 2항). 민사소송에 비하여 절차 자체의 특색이라고 할 수 있는 것은, 제1심 법원이 지방법원급의 행정법원이라는 점(행소 제9조),[1] 피고가 나라가 아닌 처분행정청이라는 점(행소 제13조 1항), 제소기간의 제한(행소 제20조), 법원의 직권증거조사 및 당사자가 주장하지 아니한 사실에 대한 판단을 허용한 점(행소 제26조),[2] 원고의 청구가 이유 있어도 행정처분 등의 취소가 현저히 공공복리에 반할 때 청구를 기각할 수 있도록 한 점(사정판결: 행소 제28조) 및 처분을 취소하는 확정판결의 기판력이나 집행력과는 다른 내용의 기속력(행소 제30조), 제3자가 제기하는 재심의 소(행소 제31조) 등이다. 이러한 특례를 둔 것은 공법상의 권리, 법률관계에 관한 소송이므로 제3자에게 끼치는 영향이 크고 개인의 처분에만 맡길 수가 없는 사항이기 때문이다.

2. 민사소송 사항과 행정소송 사항

민사소송은 사법상의 권리, 법률관계를 대상으로 하고, 행정소송은 **공법상의 권리, 법률관계**를 대상으로 한다는 점(행소 제1조)이 가장 기본적인 차이점이다. 그러나 사법과 공법의 구별조차 분명하지 않은 터에 사법·공법상의 권리, 법률관계를 구별하는 것은 쉬운 일이 아니다. 이는 구체적인 법률의 규정에 따라서 판단할 사항이라고 생각된다.

판례는 국가배상법에 의한 **손해배상청구**가 민사소송임을 당연한 전제로 하고 있으며,[3] 국유재산 처분의 경우는 민사사건이라고 하면서[4] 귀속재산 처분은 행정사건이라고

---

1) 그러나 행정법원이 설치된 곳은 서울 한 곳뿐이고, 다른 지방에서는 행정법원의 권한에 속하는 사건을 행정법원이 설치될 때까지 해당 지방법원본원이 관할한다(행소 부칙 참조).

2) 이 점에 관하여 민사소송법학계에서는 직권탐지주의를 인정한 것이라고 보고(宋·朴, 27; 이시윤, 10 등), 행정법학계에서는 변론주의를 보충한 것이라는 견해와 직권탐지주의를 인정한 것이라는 견해가 대립하고 있다(金東熙, 行政法 Ⅰ, 제17판, 2011, 757 참조). 판례는 행정소송은 직권주의가 가미되어 있더라도 여전히 변론주의를 기본 구조로 한다고 본다(大判 2000. 3. 23, 98두2768).

3) 예를 들면, 大判 1998. 5. 8, 97다36613 등.

하고,5) 농지개혁법이 적용되는 사안은 민사사건이라고 한다.6)

그리고 판례는 **토지와 관련된 각종 보상금청구**에 관하여, 공법상의 행정행위인 토지수용으로 인한 보상금의 결정을 포함한 재결에 대한 불복은 행정소송에 의한다고 하였는가 하면,7) 토지를 수용하여 도로를 개설하여 사용한 행위에 대한 보상을 거부할 때에는 그 보상금을 민사소송으로써 청구할 수 있다고 한 것도 있다.8) 토지수용으로 인한 손실보상청구가 행정소송 사항임을 전제로 소송촉진등에관한특례법 제2조와 제3조가 여기에도 적용된다고 한 판결도 있다.9) 피징발자는 민사상으로 보상금청구를 할 수 있다고 하였다.10) 하천법 부칙(1984. 12. 31.) 제2조 제1항에 근거한 손실보상청구소송은 민사소송으로서 그 청구에 관하여는 관리청이 속하는 권리주체인 국가나 지방자치단체를 피고로 삼아야 한다고 하였고,11) 하천구역에 편입되어 국유로 된 토지에 대한 손실보상청구는 민사소송의 대상이 아니라고 하였다.12) 토지가 준용하천의 하천구역으로 편입됨으로써 손실을 받은 토지의 소유자는 관할 토지수용위원회를 상대로 재결 자체에 대한 행정소송을 하여 그 결과에 따라 손실보상을 받을 수 있을 뿐이라고 하였다.13) 공유수면매립의 경우 그 법 제16조에 의한 손실보상은 토지수용위원회를 상대로 재정에 대한 행정소송을 하는 방법으로 청구할 것이라고 하였다.14) 댐의 건설로 수몰된 지역의 광업권자가 하는 손실보상청구는 민사소송에 의하여야 하며,15) 어업면허에 대한 처분으로 인한 손실보상금지급청구는 민사소송이라고 하였다.16) 수용 목적물의 소유자 또는 관계인은 관계 법령에 손실보상에 관하여 관할 토지수용위원회에 재결신청 등의 불복절차에 관한 규정이 있으면 그 규정에 따라서, 이에 관한 아무런 규정이 없으면 사업시행자를 상대로 민사소송으로 그 손실보상금을 청구할 수 있다고 하였다.17) 공익사업의 폐지로 인한 손실보상청

---

4) 국유재산법에 의한 대부계약에 관한 다툼(大判 1967. 5. 2, 67누37)과 국유개간토지의 매각행위(大判 1991. 11. 8, 90누9391)는 민사사건이라고 한다.

5) 大判 1991. 6. 25, 91다10435는 "행정관청이 국유재산을 매각하는 것은 사법상의 매매계약일 수도 있으나 귀속재산처리법에 의하여 귀속재산을 매각하는 것은 행정처분이지 사법상의 매매가 아니다"라고 하였다.

6) 大判 1962. 5. 10, 4294행상51; 大判 1977. 4. 26, 76누111. 그리고 大判 1960. 8. 8, 4290행상227은 "분배농지로 확정되었다고 인정되는 농지에 대하여 구청장이 사무착오를 이유로 하여 자의로 그 분배를 취소함은 법령상 근거 없는 무권한자의 위법한 처분으로서 농지개혁법(폐) 실시에 관한 사항이라 할 수 없으므로 행정소송의 대상이 될 수 있다"고 판시하여, 농지개혁법 실시에 관한 사항이 민사사건임을 전제로 하면서도 '분배의 취소'는 행정사건임을 인정한다.

7) 大判 1998. 1. 20, 96누12597 등 다수의 판례가 이를 인정하고 있다.

8) 大判 1969. 5. 19, 67다2038.

9) 大判 1992. 9. 14, 91누11254.

10) 大判 1969. 1. 21, 68다2192.

11) 大判 1992. 10. 9, 92다25533; 大判 1991. 4. 26, 90다8978.

12) 大判 1979. 3. 27, 76다2941.

13) 大判 1995. 12. 8, 95다39441; 大判 1994. 6. 28, 93다46827.

14) 大判 1997. 10. 10, 96다3838; 大判 1993. 1. 12, 91다8142.

15) 大判 1991. 9. 5, 96누1597.

16) 大判 1998. 2. 27, 97누46450.

17) 大判 1998. 1. 20, 95다29161.

구권은 공법상의 권리이므로 행정소송에 의해야 한다고도 하였다.[18] 이처럼 손실보상에 관하여 판례가 일관되지 않은 것은 대체로 그 보상을 규정한 법규에서 행정소송을 전제로 한 절차를 규정하였는지 여부에 따라 달리 보는 것으로 생각된다.

공무원연금법상의 유족부조금청구권의 존부에 관한 다툼은 행정소송을 통하여 해결해야 하며,[19] 국가나 지방자치단체에 근무하는 청원경찰은 다른 청원경찰과는 달리 그에 대한 징계처분에 대한 불복은 행정소송에 의할 것이라고 하였다.[20]

국세환급금결정이나 이 결정을 구하는 신청에 대한 환급거부결정 등은 항고소송의 대상이 되는 처분이라고 볼 수 없다고 하여[21] 민사소송 사항이라고 판시하였다.

그러나 중앙관서의 장이 이미 지급된 보조금의 교부결정을 취소하고 보조금의 반환을 구하는 경우는 반환할 보조금에 대한 징수권은 공법상의 권리로, 민사소송의 방법으로는 반환청구를 할 수 없다고 하였다.[22]

도시정비법상 **주택재건축조합**은 공법인이므로 이 조합을 상대로 관리처분계획안에 대한 조합총회 결의의 효력 등을 다투는 소송은 행정소송법상의 당사자소송에 해당하므로 이 사건은 행정법원의 전속관할에 속한다고 한다.[23] 다만, 재개발조합이 공법상의 법인이라도 그 조합장 또는 조합임원의 지위를 다투는 소송은 민사소송에 의하여야 할 것이라고 한다.[24]

공법상 효과의 발생을 목적으로 하여 대등한 당사자 사이의 의사표시의 합치로 성립하는 공법행위인 공법상 계약의 한쪽 당사자가 다른 당사자를 상대로 효력을 다투거나 이행을 청구하는 소송은 공법상의 법률관계에 관한 다툼이므로 이는 공법상 당사자소송이라고 한다.[25]

따라서 한국토지주택공사가 보금자리주택지구 개발사업 시행이라는 공행정활동을 수행하는 과정에서 학교시설 무상공급 의무의 이행과 관련하여 교육감과 구체적인 이행의 방법과 시기, 비용분담 등을 약정한 것은 공법상 계약이고 그에 따른 계약상 의무의 존부나 범위에 관한 다툼은 공법상 당사소송의 대상이라고 한다.[26] 그리고 국가 산하 중앙행정기관인 방위사업청과 물품개발협약을 체결한 회사가 국가를 상대로 초과비용의 지급을 구하는 관계도 공법관계이므로 행정소송이며[27] 고용보험과 산재보험에서 보험료 납부의무 부존재확인의 소는 공법상의 법률관계 그 자체를 다투는 소로서 그 소송은 공

---

18) 大判 2012. 10. 11, 2010다23210.
19) 大判 1970. 10. 30, 70다833; 大判 1987. 12. 8, 87다카2000.
20) 大判 1993. 7. 13, 92다47564.
21) 大判(全) 1989. 6. 15, 88누6436.
22) 大判 2012. 3. 15, 2011다17328.
23) 大判(全) 2009. 9. 17, 2007다2428.
24) 大決 2009. 9. 24, 2009마168·169.
25) 大判 2021. 2. 4, 2019다277133.
26) 위 2019다277133 판결.
27) 大判 2017. 11. 9, 2015다215526: 행정법원의 전속관할이므로 협약에서 관할법원을 서울중앙지방법원으로 정하였다고 하여 그 소송이 민사소송이 되는 것은 아니다.

법상 당사자소송이라고 한다.28)

3. 행정처분이 민사소송의 선결문제인 경우

민사소송에서 행정처분의 **존부나 효력**이 선결문제가 된 경우에 수소법원이 이에 관하여 판단할 수 있다(행소 제11조). 그리하여 판례도 조세부과처분이 당연무효임을 전제로 하여 이미 납부한 세금의 반환을 청구하는 것은 민사상의 부당이득반환청구로서 민사소송절차에 따라야 한다고 보았다.29) 이 민사소송에서는 행정청의 소송참가(행소 제17조), 행정청에 대한 기록제출명령(행소 제25조), 직권심리(행소 제26조), 소송비용재판의 국가, 공공단체에 대한 효력(행소 제33조)에 관한 규정들이 준용된다(행소 제11조 1항). 이러한 경우에 수소법원이 행정행위의 존부와 효력뿐만 아니라 **위법 여부**까지도 판단할 수 있는지에 관하여는 견해가 대립하고 있다.30) 생각건대 행정행위가 단순히 위법임을 이유로 손해배상청구를 하는 경우에 수소법원이 위법성 판단을 하지 못한다면 행소 제11조의 의미가 반감될 것이다. 따라서 이를 긍정하는 것이 타당할 것이다.31)

4. 잘못된 소제기에 대한 처리

민사소송 사항을 행정소송으로, 또는 거꾸로 소를 잘못 제기한 경우에 판례는 과거에 재판권 흠결이라고 하면서 이송도 부정하고,32) 각하로 일관하였다. 학설은 이에 대하여 행소 제7조의 '심급을 달리하는 법원'을 '관할권 없는 법원'으로 새겨서 **관할법원에 이송**을 허용하는 것이 타당하다는 입장이었다.33) 판례도 뒤에 태도를 바꾸어 행정소송으로 할 사건이 민사소송으로 되었더라도 그 소를 각하할 것이 아니라 수소법원이 그 행정소송에 대한 관할도 동시에 가지고 있으면 이를 행정소송으로 심리·판단할 것이라고 한다.34) 행정소송법에서는 공법상 당사자소송을 항고소송으로 변경하거나, 처분의 변경으로 청구를 변경하는 경우에 관하여만 규정하

---

28) 大判 2016. 10. 13, 2016다221658(이미 납부한 보험료를 부당이득으로 반환을 구하는 청구를 병합하였는데, 원심이 민사소송으로 처리하면서 부존재확인청구 부분 판단을 누락한 사안).

29) 大判 1995. 4. 28, 94다55019.

30) 宋·朴, 27; 金東熙, 行政法 Ⅰ, 318 등 참조.

31) 大判 1972. 4. 28, 72다337; 大判 1974. 3. 12, 73누228. 大判 1999. 8. 20, 99다20179는 반대.

32) 大判 1969. 3. 18, 64누51.

33) 宋·朴, 28. 이시윤, 11은 大判 2018. 7. 26, 2015다221569을 인용하면서 관할법원에의 이송이 원칙이라고 한다.

34) 大判(全) 1996. 2. 15, 94다31235; 大判 1997. 5. 30, 95다28960; 大判 2017. 11. 9, 2015다215526; 大判 2018. 7. 26, 2015다221569; 大判 2020. 4. 9, 2015다34444.

고(행소 제42조, 제21조, 제44조 1항, 제22조), 민사소송과 행정소송 사이의 청구변경에는 아무런 규정이 없다. 그러므로 이 경우에 청구의 변경을 할 수 있는지가 문제될 것이나, 판례는 원고로 하여금 민사소송상의 청구를 항고소송상의 청구로 변경하도록 석명권을 행사하여야 한다고 한다.35) 그리고 수소법원이 그 행정소송에 대한 관할을 갖고 있지 않은 경우에는 관할법원으로 이송해야 한다고36) 판시하였다.

판례는 거꾸로 민사소송으로 소를 제기해야 할 사건을 공법상 당사자소송으로 소를 제기한 경우에도 민사상 청구로의 청구의 변경이 가능하다고 본다. 그 논거로는 ① 이미 판례가 반대의 경우 청구변경을 허용하여 왔고, ② 청구변경을 불허하는 것이 당사자의 권리 구제나 소송경제의 측면에서 바람직하지 않다는 점을 들었다.37) 물론 이 때에 수소법원에 민사소송에 대한 관할권이 없으면 관할법원에 이송해야 할 것이다.

이러한 새로운 판례의 원칙적 입장은 타당하다. 그러나 이 판례들은 그 소송이 이미 행정소송으로서의 전심절차나 제소기간을 도과하였거나 행정소송의 대상이 되는 처분 등이 존재하지도 않은 상태에 있는 등 행정소송으로서의 소송요건을 결하고 있음이 명백하여 행정소송으로 개시되었더라도 어차피 부적법하게 되는 경우에는 이송 없이 각하할 수 있다는 태도를 보인다. 이는 소송요건도 관할법원에서 조사해야 한다는 원칙을 무시한 태도로 타당하지 않다.

5. 민사사건의 행정사건화

근래에 행정부가 복지의 증진을 이유로 각종 위원회를 만들어 성질상 사적인 분쟁의 해결에 행정심판이나 그에 준하는 절차를 이용하도록 하여 개입하는 예가 늘어가고 있다.

예를 들면, 노동부장관이 관장하는 **산업재해보상보험의 급여**에 불복이 있는 자는 근로복지공단에 심판 청구를 하고 그에 불복이 있으면 재심사청구를 할 수 있다. 이 재심

---

35) 大判 1999. 11. 26, 97다42250; 大判 2020. 1. 16, 2019다264700. 이러한 경우에 만일 원고가 소를 변경하지 않으면 어떻게 할 것인지가 문제될 것이다.

36) 위 95다28960 판결; 大判 2008. 7. 24, 2007다25261; 大判 2016. 10. 13, 2016다221658; 위 2015다215526 판결; 위 2015다221569 판결. 大判 2012. 10. 11, 2010다23210과 大判 2021. 2. 4, 2019다277133은 민사소송으로 심리한 대전고등법원 판결을 파기하면서 역시 민사소송으로 심리한 제1심 판결까지 취소하고 사건을 관할 지방법원으로 이송하였다. 상고심법원이 제1심 판결까지 취소하고 사건을 직접 제1심 관할법원으로 이송하는 것이 가능한지는 검토해볼 여지가 있다.

37) 大判 2023. 6. 29, 2022두44262.

사청구에 대한 재결은 노동부 산하의 산업재해보상보험재심사위원회가 담당하는데, 행정소송법 제18조를 적용할 경우 이 재결을 행정심판에 대한 재결로 본다(산업재해보상보험법 제111조 2항). 노동부장관이 관장하는 고용보험의 급여에 불복이 있는 경우에도 고용보험심사관에게 심사를 청구할 수 있고, 심사관의 결정에 불복이 있으면 고용보험심사위원회에 재심사를 청구할 수 있다. 이때 재심사의 청구에 대한 재결은 행정소송법 제18조를 적용할 때에 이를 행정심판에 대한 재결로 본다(고용보험법 제104조 1항). 이러한 규율은 이 위원회가 한 재결에 대하여 불복이 있으면 행정소송을 할 것을 전제로 한 것이다. 또한 **노동관계**에서 분쟁이 발생하면 관계 당사자는 중앙노동위원회의 중재재정이나 재심결정을 거쳐, 이것이 위법이거나 월권에 의한 것이라고 인정하는 경우에는 행정소송으로 다툴 수 있다(노동조합및노동관계조정법 제69조 2항). 또한 중앙노동위원회의 구제명령이나 기각결정 또는 재심판정에 대하여 불복이 있는 관계 당사자는 행정소송법이 정하는 바에 따라서 소를 제기할 수 있다(노동조합및노동관계조정법 제85조 2항).

　　국민연금공단의 징수금과 급여에 관한 처분에 이의가 있는 자는 각 공단에 이의신청을 할 수 있고, 그에 대한 결정에 불복이 있는 자는 국민연금재심사위원회에 심사청구를 할 수 있다. 이에 대한 심사위원회의 심사는 행정소송법 제18조의 적용에서는 이를 행정심판법에 의한 행정심판으로 본다(국민연금법 제112조 2항). 그러므로 이 경우에도 심사에 불복이 있으면 행정소송을 하게 된다.

　　교원이 징계처분 기타 그 의사에 반하는 **불리한 처분**에 대하여 불복이 있을 때에는 교원소청심사위원회에 소청심사를 청구할 수 있고, 이 위원회의 결정에 대하여 불복이 있으면 행정소송을 할 수 있다(교원지위향상을위한특별법 제10조 3항). 그러므로 사립학교 교원도 불이익한 처분을 받았을 때에 행정소송으로 구제를 받게 한 것이다.

　이처럼 사법상 분쟁의 해결에 복지증진 차원에서 행정부가 관여하는 것은 탓할 일이 아닐지 모른다. 그러나 절차상 각종 위원회를 거치게 하여 그 위원회의 결정이나 재결에 대하여 불복하도록 함으로써 결국 분쟁이 행정소송이 되도록 하는 것은 **민사사건을 행정사건으로** 만들어 사건의 성질을 왜곡시키는 일이어서 타당하지 않다. 입법과정에서 체계적인 충분한 검토가 있었는지가 의심스럽다. 입법적 재고가 필요하다.

Ⅱ. 민사소송과 가사소송

　종전에 가사사건이 가사심판법과 인사소송법으로 나뉘어 규율되던 것을 1991년부터 가사소송법으로 통합하여 규율하게 되었다. 이 법에 의하면 가사사건을 가사소송사건과 가사비송사건으로 나누어, 전자에는 민사소송법이, 후자에는 비송사건절차법이 각기 준용된다(가소 제12조, 제34조). 그러므로 좁은 의미의 가사소송절차는 일종의 특별민사소송절차인 것이다.

1. 가사사건의 범위

소송사건 중에서 가사소송법 제2조 1항에서 가사소송사건으로 열거한 사항만이 가정법원의 전속관할 사건이라고 규정하였으므로(가소 제2조 1항)38) 사법상의 법률 관계에 관한 소송사건 중 여기서 열거하지 않은 것들은 일반 민사소송이 된다고 보는 것이(**열거주의**) 일반적이다.39) 그러나 판례는 가족관계에 관한 사건 중에서 가사소송법에 열거되지 않은 사건이라 하더라도 일반 소송법의 법리에 따라 제소 할 수가 있다고 인정하면서 양친자관계존부확인소송을 가사사건으로 취급하였다.40) 입법이 완전할 수는 없고, 성질상 유사한 사건은 같은 법리에 따라 취급하는 것이 합당하므로 판례의 태도가 타당하다고 생각된다. 다만 종래 가족법에 속한다고 보 았던 **재산상속사건**은 가사사건이라기보다는 재산법상의 사건으로서의 성격이 더 강하므로 이를 민사소송으로 다루는 것에는 아무런 무리가 없다고 본다.

2. 가사소송의 특색

가사소송의 특색으로 중요한 것은, 조정전치(나류 및 다류: 가소 제50조), 본인출 석의 원칙(가소 제7조), 직권조사(가류 및 나류: 가소 제17조), 항소기각의 사정판결(가 소 제19조 3항), 가사소송 사건과 가사비송 사건의 병합 인정(가소 제14조) 등이다. 그중 제17조의 **직권조사**에 관하여는 일반적으로 직권탐지주의를 인정한 것이라고 설명하지만,41) 판례는 이와 동일한 내용의 과거의 인사소송법 제9조에 관하여, 이 는 변론주의원칙 자체를 배제하려는 것은 아니므로 당사자가 주장하지도 아니한 공격·방어방법의 제출을 촉구하는 따위의 석명은 인사소송에서도 허용될 수 없다 고 하였고,42) 민사소송법상 직권으로 증거를 조사하도록 규정되어 있다고 하여 이 혼소송의 당사자가 주장하지도 않고 심리과정에서 나타나지도 아니한 독립한 공

---

38) 가사소송법 제2조 2항에서 "가정법원은 다른 법률 또는 대법원규칙에서 가정법원의 권한에 속하 게 한 사항에 대하여도 이를 심리, 재판한다"고 하였으나, 이러한 사건들이 비송사건일 것임을 전제로 하 고 있으므로(제3항) 소송사건과는 관계가 없다고 생각된다.
39) 宋·朴, 29; 이시윤, 13. 그 예로 재산상속 사건과 유언분쟁 사건을 든다.
40) 大判 1993. 7. 16, 92므372는 비록 양친자관계존부확인소송이 민법이나 가사소송법 등에 규정된 바가 없다고 하더라도, 스스로 원고가 되어 양친자관계존재확인의 소를 제기할 수 있고, 이 경우에는 친 생자관계존부확인소송에 준하여 규율할 것이라고 판시하였다.
41) 宋·朴, 370; 이시윤, 13.
42) 大判 1987. 12. 12, 86므90.

격·방어방법에 대한 사실까지 법원이 조사하여야 하는 것은 아니라고 판시하였다.[43] 또한 근래의 판례는 이혼사건에서 법원은 그 판단의 기초자료인 사실과 증거를 직권으로 탐지할 의무까지는 없다 하더라도, 이미 제출된 자료들에 의하여 부부 중 어느 일방의 유책성에 의심이 갈 만한 사정이 나타나 있다면 이에 관하여 심리·조사할 의무가 있다고 판시하여,[44] 적어도 순수한 직권탐지주의는 아니라고 새기고 있음을 알 수 있다.

Ⅲ. 민사소송과 비송사건

1. 비송사건의 성질

비송사건은 민사소송과 함께 법원의 관할에 속하는 민사사건의 하나이다. 민사소송은 이해관계가 대립하는 당사자 사이에서 사권의 침해가 발생하였거나 장래에 침해가 발생할 염려가 있을 때에 법원의 재판으로 시비를 가려 사권을 보호하려는 절차임에 반하여, 비송절차는 분쟁을 전제로 하여 법원이 재판으로 시비를 가리는 것이 아니라, **법률관계를 둘러싼 행정절차**라고 할 수 있다. 그러므로 소송절차에는 양 당사자가 대립하여 승소한 당사자와 패소한 당사자가 확연히 구별되나, 비송사건에서는 당사자의 대립 양상보다는 양 당사자가 '함께' 법원에 일정한 내용의 재판을 신청하는 모습을 띠는 것이 보통이다(**편면적 구조**). 그러므로 대부분 비송사건에서는 법원이 합법성을 중시하기보다는 **합목적성에 의하여 재량으로 판단**하는 모습으로 나타난다. 그러나 민사소송과 비송절차를 개념상, 이론상 명확하게 구별하는 것은 거의 불가능하다. 그것은 주로 비송사건에 속하는 것들이 제각각 다른 특성을 가지고 있어 법적 성격이 다양하게 나타나기 때문이다. 그러므로 민사소송과 비송사건을 구별하는 것은 당사자의 대립 여부, 법규에 의한 법률관계의 확정 여부, 합목적적 재량에 의한 내용 결정 여부, 신속·간이성의 중시 여부 등, 다양한 기준으로 판단하여야 할 것이다.[45]

---

43) 大判 1990. 12. 21, 90므897.

44) 大判 2017. 6. 19, 2017므10730. 다만, 이 판결은 직권조사사항인 소송요건에 관하여 설시한 人判 1991. 10. 11, 91다21039의 판시를 그대로 따다 씀으로써 본안심리와 소송요건 조사를 혼동하고 있음을 보여주었다.

45) 이시윤, 15는 판단의 구체적 기준을 명시한 법률을 단순히 적용하는 데에 그치는 것이 소송사건이고, 법원이 합목적적이라고 생각하는 바에 따라 처리하도록 맡긴 재량사항이면 비송사건이라고 하는 대상설이 합당하다고 한다. 鄭·庾·金, 15는 실정법이 비송사건이라고 규정한 것이 비송사건이고 그 밖

구체적으로 어떤 사건이 비송사건인가를 보면, 비송사건절차법에 정해진 사건과 그 총칙규정의 적용이나 준용을 받는 사건이 비송사건이다. 그 구체적인 범위로는, 민사비송으로 법인, 신탁, 재판상대위, 공탁, 감정, 법인등기, 부부재산약정등기 등이 있고(비송 제32조 이하), 상사비송으로는 회사의 경매, 사채, 회사의 청산, 상업등기 등이 있다(비송 제72조 이하). 그리고 과태료사건과 앞에서 언급한 가사비송사건도 비송사건에 속한다(비송 제247조 이하).

그 밖에 성질상 비송사건에 속한다고 볼 것으로 어떤 것이 있는가에 관하여는 비송사건의 법적 성질을 어떻게 파악하느냐에 따라 달리 보게 될 것이나, 다음의 절차들이 비송사건의 성질을 가진다는 점은 일반적으로 인정된다.[46] ① 소송적 요소와 비송적 요소를 함께 가진 절차로 **독촉절차와 보전절차**가 있다. ② 형식적으로는 소송이나 내용상으로는 비송인 것으로 이른바 **형식적 형성소송**, 즉 공유물분할청구소송과 경계확정소송도 비송사건에 속한다. 성질상으로는 비송사건이지만 민사소송법에 포함되어 규율된 것으로 **공시최고절차**가 있다. ③ 성질상 비송사건으로 볼 것에는 민사조정, 가사조정 등 각종 **조정사건**이 있다. ④ 채무자의 **파산이나 회생**을 위한 절차도 크게 민사소송절차에 포함된다고 보지만, 법원의 합목적적 재량 판단이 요청된다는 점에서 비송절차로서의 성질을 가진다고 본다.[47] ⑤ 강제집행절차도 성질상 비송사건에 속하다는 견해도 있다.[48]

2. 비송절차의 특색

민사소송에 대한 비송절차의 특색으로는 다음과 같은 것을 들 수 있다. 첫째, 절차가 엄격하지 않고 **탄력적**이다. 그리하여 신청 없이 절차가 개시되는 경우도 많고, 입증도 자유로운 증명으로 충분하고, 임의적 변론에 의한다(비송 제13조). 대리인 자격에도 제한이 없고 조서의 작성도 재량이다(비송 제14조). 법원의 재판은 기판력이 없어서 취소, 변경이 가능하다(비송 제19조). 둘째, 절차의 기본 원칙에서 차이가 있다. 민사소송과는 달리 **직권탐지주의**(비송 제11조),[49] **비공개주의**(비송 제13

의 사건은 소송사건이라는 실정법설을 따른다.

46) 宋 · 朴, 30.

47) 大決 1984. 10. 5, 84마카42는 회사정리절차의 개시결정절차는 비송사건이라고 하였다.

48) 宋 · 朴, 30.

49) 판례는 비송사건절차에서는 민사소송의 경우와 달리 당사자의 변론에만 의존하는 것이 아니고, 법원이 자기의 권능과 책임으로 재판의 기초가 되는 자료를 수집하는, 이른바 직권탐지주의에 의하고 있으므로 법원은 원고의 주장에 구애되지 아니하고 재산분할의 대상이 무엇인지 직권으로 사실조사를

조)를 취하고 있으며, 불이익변경금지의 원칙도 적용되지 않는다. 절차에 **검사의 참여**가 가능한 것(비송 제15조)도 중요한 특색이다. 셋째, 재판의 형식에서도 차이가 있다. 법원의 **재판은 결정**으로 하고(비송 제17조), 그에 대한 **불복은 항고**로써 한다(비송 제20조).

3. 비송절차에 의할 것을 민사소송으로 한 경우의 조치

비송절차에 의할 사건을 통상의 민사소송을 이용하여 제소하거나 반대로 한 경우에 법원이 어떻게 처리할 것인지가 문제된다. 이에 대하여 비송사건도 민사재판권의 일부를 이루는 것이므로 단순히 부적법하다고 하여 각하할 것이 아니라 **관할위반으로 이송**하는 것이 타당하다는 것이 통설이다.[50]

판례는 비송사건절차법에 규정된 비송사건을 민사소송의 방법으로 청구하는 것은 허용되지 않는다고 하면서도,[51] 수소법원은 당사자에게 석명을 구하여 당사자의 소제기에 사건을 비송사건으로 처리해 주기를 바라는 의사도 포함되어 있음이 확인된다면, 소제기를 비송사건 신청으로 보아 재배당 등을 거쳐 비송사건으로 심리·판단하여야 하고 그 비송사건에 대한 토지관할을 가지고 있지 않을 때에는 관할법원에 이송할 것이라고 한다.[52]

하여 포함시킬 수 있다고 한다(大判 1995. 3. 28, 94므1584; 大判 1996. 12. 23, 95므1192·1208; 大判 1997. 12. 26, 96므1076·1083).

50) 金·姜, 176; 宋·朴, 31; 이시윤, 15; 鄭·庚·金, 18. 강현중, 186은 비송사건절차법 제4조를 유추하여 관할의 지정 또는 이송을 허용해야 한다고 하여 이와 유사한 입장이다.

51) 大判 1956. 1. 12, 4288민상126; 大判 1963. 12. 12, 63다449; 大判 2013. 11. 28, 2013다50367.

52) 大判 2023. 9. 14, 2020다238622.

訴의 提起

소송은 소제기로 시작된다. 원고는 소장을 법원에 제출한다. 법원에서는 재판장이 소장을 심사하고 제대로 되었으면 이를 피고에게 송달하면서 변론의 준비를 시작한다.

소송은 상대방이 있어야 하고 일정한 법원에서 이루어진다. 그러므로 소송을 준비하는 사람은 누구를 상대로 어느 법원에서 소송을 할 것인지를 정해야 하고, 또 어떤 내용의 소송을 할 것인가도 정해야 한다. 여기서 민사소송에 관여하는 사람으로 먼저 소송을 시작하는 사람과 소송을 당하는 그 상대방을 당사자라 하고, 이 당사자와 법원을 합쳐서 소송의 주체라고 한다. 그리고 소송의 중심 내용, 즉 당사자의 다툼의 대상이 되고 법원의 심리의 대상이 되는 것을 소송의 객체, 또는 소송물이라고 한다.

소송을 먼저 시작하려는 당사자는 바로 민사소송으로 들어갈 수도 있고 다른 절차를 먼저 밟을 수도 있다. 앞에서 본 독촉절차와 가압류·가처분절차(보전절차)가 그것이다.

제1장 事前節次

정식으로 민사소송을 하기 전에 사전에 거칠 수 있는 다른 절차들이 있다. 경우에 따라서는 굳이 복잡한 민사소송을 할 필요 없이 간단히 권리를 실현할 가능성을 열어두기 위한 제도와, 민사소송을 다 끝내고 승소판결을 받아 비로소 집행을 하면 아무런 효과가 없는 경우가 많아서 이를 방지하기 위하여 마련한 제도이다.

제1절 督促節次

I. 의 의

《사례 1》 대학 정문 앞에서 실험기구와 서적을 판매하는 甲은 그 대학의 교수 乙에게 학술서적과 실험기구를 판매하고 그 대금 800만원은 3개월 뒤에 받기로 하였다. 그러나 돈에 관한 한 자기 것과 남의 것을 잘 구별할 줄 모르는 乙은 5개월이 지나도록 대금을 지급하지 않았다. 甲은 여러 차례 독촉하였음에도 불구하고 乙이 계속 대금을 지급하지 않아서 마침내 법적 절차를 밟기로 하였다. 甲이 취할 수 있는 가장 적절한 방법은 무엇인가?

채무자가 지급능력도 있고 지급할 의사도 있으면서 채무를 이행하지 않을 경우에는 굳이 정식으로 민사소송을 할 필요가 없다. 이런 경우를 위하여 마련한 것이 독촉절차이다. 이 절차를 이용할 수 있는 것은 **금전 기타 대체물이나 유가증권**의 일정 수량의 지급을 목적으로 하는 경우이다(제462조).

II. 절 차

채권자가 법원에 지급명령을 신청하면 법원은 채무자를 심문하지 않고(제467조) 바로 **지급명령**을 한다. 이는 채무자에게는 나중에 충분히 방어할 기회가 주어지기 때문이다. 이 지급명령은 채무자에게 송달해야 하는데(제469조 1항), 외국에 송달해야 하는 경우나 공시송달에 의할 경우에는 이 절차를 이용할 수 없다(제462조 단서).

채무자는 그 명령에 이의가 있으면 지급명령이 송달된 날부터 2주일 안에 **이의신청**을 할 수 있다(제469조 2항, 제470조). 법원은 그 이의신청이 적법하지 않으면 이를 결정으로 각하하고 채무자는 이에 대하여 즉시항고를 할 수 있다(제471조). 적법한 이의신청이 없으면 지급명령은 확정되고(제474조), 이를 **집행권원**으로 하여 채권자는 강제집행을 할 수 있다(민집 제56조 3호). 그러나 채무자가 이의를 신청하면 지급명령은 이의한 범위에서 효력을 상실하고(제470조), 지급명령 신청시에 소를 제기한 것으로 되어 민사소송으로 넘어가게 된다(제472조 2항).

Ⅲ. 유 용 성

이 제도는 채무자가 이의신청을 하지 않으면 복잡한 민사소송을 거치지 않고 신속하고 간단히 권리를 확정받을 수 있다는 장점이 있다. 그러나 채무자가 이의를 하여 소송으로 넘어가는 경우에는 이 절차가 민사소송의 사전절차라는 의미가 있지만 오히려 시간과 노력만 낭비하여 처음부터 제소한 것보다 못한 결과가 된다. 그러므로 이 절차가 민사소송을 대신한다는 의미는 있어도 민사소송을 준비하기 위한 절차라는 의미는 거의 없다. 채권자는 소송준비과정에서 이 제도를 이용할 것인지 아닌지를 채무자의 태도, 자력 등을 참작하여 신중히 결정할 일이다.

제 2 절 保全訴訟

채권자는 보통 강제집행을 통하여 채권을 실현하면서 그 책임재산을 확보하기 위하여 일단 집행기관으로 하여금 채무자의 재산을 압류하도록 한다. 그러나 이 압류도 집행권원이 있어야 하므로 소송절차를 거친다든가 하여 그 집행권원을 얻기 전에는 압류할 수가 없다. 그렇다고 집행권원을 얻기까지 책임재산을 방치하는 것은 위험천만이다. 채무자가 그 책임재산을 양도하거나 소멸시킬 수 있기 때문이다. 뿐만 아니라 현재의 상태를 그대로 둔다 하더라도 채권자에게 현저한 손해나 불이익이 올 수도 있다. 이러한 경우에 대비해서 소송을 하기 전이나 소송 중이라도 **미리 책임재산을 확보하거나 손해를 막는 방법**으로 인정되는 것이 보전소송으로, 여기에는 가압류절차와 가처분절차가 있다.

《사례 2》　　甲은 乙에게 3천만원을 꾸어 주면서, 乙이 비록 부동산은 없어도 고려청자와 조선백자를 여러 점 갖고 있으니까 혹시 乙이 이행을 않더라도 나중에 집행을 하는 데에는 아무 문제가 없겠다고 생각했다. 그러나 정작 乙이 이행을 하지 않아 소송을 해서 승소하여 그 골동품들을 압류하려고 보니 乙은 이미 골동품들을 丙에게 모두 팔아버려서 집행할 만한 재산이 하나도 남아있지 않았다. 甲은 무엇을 잘못하였는가?

《사례 3》　　동대문 시장에서 포목상을 하는 甲은 영업자금이 모자라 자신의 가옥에 양도담보를 설정하고 乙에게서 5천만원을 꾸어 썼다. 甲이 이행기에 원금과 이자를 모두 지급하였으나 乙은 자기 명의로 경료된 소유권이전등기를 말소하여 주지 않았다. 그러자 甲은 乙을 상대로 이전등기의 말소를 구하는 소를 제기하여 승소하였다. 그런데 그 사이에 이미 乙은 그 가옥의 소유권을 丙에게 이전하여 丙 명의로 소유권이전등기까지 마쳤기 때문에 乙로의 이전등기 말소는 불가능해졌다. 甲이 무엇을 잘못하였는가?

《사례 4》　　반도체회사인 乙의 주주총회에서 丙이 이사로 선임되었다. 그러나 丙에 대하여 일부 주주들은 乙의 경쟁회사인 丁에서 산업스파이로 파견한 사람이 아닌가 하는 의심을 하고 있었다. 뿐만 아니라 丙이 이사로 선임되는 과정에 그가 다른 이사와 대주주들을 매수하여 주주총회의 소집과 결의 절차를 제대로 밟지 않았다. 그리하여 乙의 주주 甲은 乙을 상대로 丙의 이사선임결의 취소의 소를 제기하였다. 甲이 1년 반 만에 승소하여 결국 丙을 배척하는 데 성공하였다. 그러나 그 사이에 丙은 이사의 직위를 이용하여 乙이 가지고 있는 산업정보를 丁에게 빼어돌려 乙은 회복하기 어려운 손해를 보았다. 그 손해를 방지하기 위하여 甲은 어떤 절차를 밟았어야 하는가?

I. 가 압 류

〈사례 2〉에서 甲은 제소 전이나 소송 중이라도 미리 乙이 골동품 등 동산을 처분하지 못하도록 조치를 취하였어야 한다. 그 방법으로 이용할 수 있는 절차가 가압류이다. 가압류는 **금전채권이나 금전으로 환산할 수 있는 채권의 집행을 확보(보전)**하기 위하여 미리 채무자가 그의 재산, 즉 동산이나 부동산을 처분하지 못하도록 하는 조치를 말한다(민집 제276조 1항). 여기서 '금전으로 환산할 수 있는 채권'이란 채무불이행에 의하여 금전채권인 손해배상청구권(민 제394조)으로 변할 수 있는 채권을 말한다. 즉 가압류는 그 가압류의 목적물에 대하여 집행을 하여(현금화하여) 금전채권을 만족시킬 수 있는 경우에 가능하다.

Ⅱ. 가 처 분

〈사례 3〉에서 乙이 양도담보권자로서 소유자이고, 제3자에의 소유권 이전은 유효하므로 甲은 丙으로의 이전등기를 말소하라고 청구하는 것이 불가능하다. 甲은 미리 乙이 다른 사람에게 소유권을 이전하지 못하도록 조치를 취하였어야 한다. 그러나 이 경우에는 앞서 언급한 가압류를 이용할 수는 없다. 여기서 보전되는 것은 금전채권이 아니라 등기말소청구권이고, 집행의 목적도 그 가옥을 환가하려는 것이 아니라 乙로의 소유권이전등기를 말소하려는 것이기 때문이다. 이런 때에 이용할 수 있는 것이 가처분이다. 가처분은 다시 다툼의 대상에 관한 가처분과 임시의 지위를 정하는 가처분으로 나뉘는데, 〈사례 3〉처럼 장래의 집행을 보전하기 위하여 특정물의 현상을 유지시킬 것을 목적으로 채무자의 처분을 금하고 그 보관에 필요한 조치를 취할 필요가 있는 경우의 가처분이 **다툼의 대상에 관한 가처분**이다(민집 제300조 1항). 가압류와 다툼의 대상에 관한 가처분은 그 절차로 보전되는 채권이 다르지만 장래의 집행을 보전하기 위한 절차라는 점에서는 공통점이 있다.

〈사례 4〉에서 회사 乙이 손해를 입은 것은 소송 중에도 丙이 이사로서 계속 직무를 집행했기 때문이다. 이를 막기 위하여는 잠정적으로 丙이 직무를 집행하지 못하도록 甲이 조치를 취했어야 한다. 이런 경우에 甲이 취할 수 있는 조치가 제소 전이나 소송 중이라도 丙이 이사로서의 직무집행을 못하도록 하는 가처분을 신청하는 것이다(상 제407조). 이 가처분을 이사직무집행정지가처분이라고 한다. 이처럼 계속적 권리관계에 관한 분쟁이 해결될 때까지 현저한 손해를 피하거나 급박한 위험을 막기 위하여 잠정적으로 그 현상을 유지시키려는 보전방법을 **임시의 지위를 정하는 가처분**이라고 한다(민집 제300조 2항). 앞에서 본 가압류나 다툼의 대상에 관한 가처분이 장래의 집행을 보전하기 위한 절차임에 반하여, 임시의 지위를 정하는 가처분은 현재 발생할 위험을 방지 또는 제거하기 위한 절차이고, 장래의 집행과는 관계가 없다.

제 2 장   訴提起節次

제 1 절   訴와 訴權

《사례 1》   계룡산 기슭에 주택 한 채를 소유하고 있는 甲은 중년이 좀 넘은 점잖아 보이는 乙에게 그 가옥을 임대하였다. 그러나 乙은 사이비 종교의 자칭 교주여서 그 주택에 많은 신도들이 드나들고 심지어는 집단거주까지 하였다. 이것을 안 甲이 임대차계약을 해지하였다.

Ⅰ. 소의 개념과 종류

1. 소의 개념

소는 판결절차의 개시를 요구하는 당사자의 **신청**, 즉 원고가 피고를 상대로 하는 특정 청구의 당부에 관해 일정한 법원에 **심판을 요구하는 소송행위**를 말한다. 이를 나누어 설명하면 다음과 같다.

《사례 1a》   甲은 乙에게 그 가옥을 인도하라고 요구하였다. 그러나 乙은 퇴거를 하지 않았다. 이에 甲은 乙을 상대로 소를 제기하면서 乙은 그 가옥을 인도하라는 판결을 구한다고 하였다. 이 소의 상대방과 내용은?

소는 **소송절차를 개시**하는 행위이다. 민사소송에서는 소가 제기되어야 비로소 절차가 시작된다. 판결절차는 소로 시작되어 판결의 확정으로 종료한다.

소는 그 자체가 판결을 신청하는 행위, 즉 **소송행위**이지 사법상의 법률행위가 아니다. 소의 제기가 사법상의 권리행사의 한 방법이기도 하고, 소송 중에 사법상의 권리행사 내지 법률행위를 하는 수도 많지만, 소 자체는 소송상의 행위이다.

소는 피고에 대한 청구가 아니라 **법원에 대한 신청**이다. 법원에 대하여 판결을 신청하는 행위 속에는 피고에 대한 청구가 내용상 포함되어 있기는 하지만 소 그 자체는 법원을 상대로 일정한 내용의 판결을 해달라고 신청하는 행위이다.

〈사례 1a〉에서 甲은 이미 개인적으로 乙에게 가옥 인도를 청구하였다. 이는 사법상의 청구권을 행사한 것이다. 그러나 이 청구에 乙이 응하지 않으므로 甲은 소를 제기하기에 이르렀다. 甲은 소로써 乙은 그 가옥을 甲에게 인도해야 한다고 주장하였다. 그러나 소제기의 상대방은 乙이 아니고 법원이다. 즉 甲은 법원에 대하여 乙은 그 가옥을 인도하라고 명하는 판결을 해 달라고 신청한 것이지, 단순히 乙에게 인도하라고 청구한 것이 아니다. 그러므로 소의 상대방은 법원이고 그 내용은 乙에 대한 사법상의 청구가 아니라 법원에 대한 판결의 청구 내지 신청이다.

여기서 소와 소송상청구의 관계를 정확히 살펴 볼 필요가 있다. 소에는 주관적 요소와 객관적 요소가 있다. 주관적 요소가 바로 소송의 주체, 특히 당사자이다. 그리하여 흔히 당사자가 여러 사람인 소송, 즉 공동소송을 당사자들이 병합되었다고 하여 소의 주관적 병합이라고도 한다. 반면에 소의 객관적 요소가 소송상청구이다. 그리하여 청구병합을 소의 객관적 병합이라고도 한다. 즉 소송상청구는 소에 의하여 특정되는 심판의 대상 내지 객체이다.

소와 소송의 관계도 정확히 파악할 필요가 있다. 앞서 본 바와 같이 소는 원고가 재판을 신청하는 소송행위이다. 그러나 소송은 소제기로 시작되어 판결의 확정이나 소취하, 청구의 포기·인낙, 소송상화해 등으로 끝나는 절차이다. 원고가 소를 제기하면 소송이 개시되어 소송계속이 생긴다. 소는 원고의 행위이고 소송은 소로써 개시된 객관적인 현상으로서의 절차이다. 소와 소송을 혼동하는 일이 많은데 주의할 일이다.[1]

2. 소의 종류

(1) 이행의 소

(가) 의 의

〈사례 1a〉에서 甲은 乙에 대하여 임대차계약을 해지하였으므로 그 가옥을 반환하라는 청구권을 가진다고 주장하고, 乙이 이에 응하지 않으므로 소로써 그 청구권을 행사하려는 것이다. 즉 乙에게 의무를 이행하라고 명하는 판결을 해 달라고 법원에 소송상청구를 하는 것이다. 이처럼 원고가 실체법상의 청구권의 존재에 기인하여 피고에게 **일정한 의무의 이행을 명하는 판결을 구하는** 소를 이행의 소라고

---

1) 이 둘을 혼동하여 "소제기", "소를 제기하여"라고 할 것을 흔히 "소송제기", "소송을 제기하여"라 하는데, 이는 잘못된 표현이다. 소(訴)는 본래 관청에 호소하여 곡직의 판결을 받기를 청한다는 뜻 외에도 아뢰다, 하소연하다, 헐뜯다, 호소하다 등의 뜻을 가진 말이다. 소를 뜻하는 독일어인 Klage도 본래 고통, 슬픔, 괴로움, 탄식, 호소 등을 표현 내지 하소연한다는 뜻의 낱말로 우리 말의 소와 같다. 그러나 소송은 독일어로는 Prozess라고 하는데, 이는 본래 변화과정을 뜻하는 말로 여기서도 소송은 절차를 뜻함이 분명해진다. 문제점이나 하소연할 것을 제기하는 것이고, 어느 경우에도 '절차를 제기'하는 일은 없다. 그럼에도 불구하고 소와 소송이 말이 비슷하다고 하여 이를 섞어서 "소송을 제기한다"는 표현을 쓰는 것은 어불성설이다. 그리고 예를 들면 이행의 소의 개념을 설명하면서 "이행의 소라 함은 ……한 소송이다"라고 하는 수가 많은데, 이도 잘못된 것임은 말할 나위도 없다.

한다.2)

(나) 내 용

이행의 소는 원고에게 **이행청구권**이 있음을 확정하고 피고에 대하여 **이행명령**을 해달라고 구하는 것이다. 그 청구권의 내용에는 매매대금, 손해배상금, 대여금과 같은 금전의 지급, 물건의 인도, 등기의 이전, 의사의 표시 등 각종의 작위와, 소음금지채무, 가옥출입금지채무, 일조방해금지채무, 이사의 유지의무, 상법상의 각종 경업금지채무 등의 각종 부작위의 이행이 모두 포함된다.

(다) 종 류

이행의 소는 이행기의 도래 전후에 따라 현재의 이행의 소와 장래의 이행의 소로 나뉜다. 변론을 종결할 때 이미 이행기가 도래하였으면 **현재의 이행의 소**이고, 아직 이행기가 도래하지 않았으면 **장래의 이행의 소**이다. 본래 이행의 소는 청구권이 현실화된 뒤에, 즉 이행기가 도래한 뒤에 제기하는 것이 원칙이므로 아직 이행기가 도래하지 않은 장래의 청구권을 주장하는 이행의 소는 허용되지 않을 것이다. 그러나 경우에 따라서는 아직 이행기가 도래하지 않았지만 미리 청구를 하여 확정판결을 받아 둘 필요가 있을 수도 있다. 그러므로 장래의 이행의 소는 '**미리 청구할 필요**'가 있는 경우에 한하여 제기할 수 있다(제251조). 여기서 양자를 구별하는 시점을 변론종결시로 잡은 것은 법원이 그 소가 장래의 이행의 소로서 적법한가를 판단하는 시점이 그때이기 때문이다. 그러나 원고로서는 제소할 때에 이행기가 도래하지 않았으면 이를 장래의 이행의 소라고 생각하고 그에 맞추어서 제소해야 할 것이다.3)

(라) 본안판결

이행의 소에 대한 본안판결은 그것이 인용판결이면 원고의 청구권의 존재를 확정하고 이를 전제로 피고에게 이행명령을 하는 것이 그 내용이다. 〈사례 1a〉에서 법원은 "乙은 甲에게 그 가옥을 인도하라"는 판결을 할 것이다. 그 판결로써 이행명령을 내리므로 이런 판결을 **이행판결**이라고 한다. 이행판결이 확정되거나 가집행선고가 붙으면 이것이 집행권원이 되어 이로써 강제집행을 할 수 있다. 이러한 효

---

2) 이행의 소를 사법상 청구권의 존재 및 이에 의한 피고의 현재 또는 장래의 이행의무의 존재를 주장하는 것이라고 보는 학설이 있다. 이 견해에 의하면 이행의 소로써 이행명령을 따로 구할 필요는 없다고 한다. 그리고 이행판결로써 이행의무가 공권적으로 확정되면 거기서 당연히 집행력이 생긴다고 한다 (李英燮, 223).

3) 이에 관하여는 뒤에 소송요건에서 상세히 다룬다.

력을 이행판결의 **집행력**이라고 한다. 이행의 소에 대한 청구기각판결은 원고에게는 그러한 청구권이 없음을 확정한 것에 불과하므로 이행판결이 아니고, 권리의 부존재를 확정한 **확인판결**이다. 인용판결과 기각판결 모두 확정되면 기판력이 생긴다.

(2) 확인의 소

《사례 1b》 〈사례 1〉에서 甲은 굳이 乙에게 퇴거하라고 요구할 생각은 없다. 그러나 乙은 산신령의 계시에 따라 이 집을 자기가 소유하게 되었다고 주장하였다. 이에 甲은 자신의 소유권을 확실히 해 둘 필요성을 절실히 느꼈다. 甲은 어떠한 방법을 취할 수 있는가?

(가) 의 의

이 사례에서 甲은 乙의 소유권 주장으로 말미암아 그 가옥의 소유자로서의 지위가 불안해졌다. 그러나 아직 乙을 퇴거시킬 생각은 없기 때문에 특별히 乙에게 무엇을 이행하라는 판결을 구할 필요는 없다. 다만 甲이 법원에서 그 가옥의 소유자라는 것만 확정받아 두면 그의 법적 지위는 확고하게 된다. 이런 경우에 이용할 수 있는 소가 확인의 소이다. 즉 확인의 소는 당사자 사이에서 권리나 법률관계의 존재 또는 부존재에 관하여 다툼이 있어서 법적 불안이 존재할 때, 이를 제거하기 위하여 법원에 그 **권리·법률관계의 존재·부존재를 확정**해 줄 것을 구하는 소이다. 그러므로 이 사례에서 甲은 그 가옥의 소유자가 甲 자신임을 확인한다는 판결을 구하는 소, 즉 소유권확인의 소를 제기하면 된다.

(나) 연 혁

확인의 소는 로마법이나 보통법이 알지 못하던 소의 형태로,[4] 19세기 초에 독일에서 아직 이행기가 도래하거나 권리침해가 현실화되지 않은 상태에서 권리, 법률관계를 확인받고자 하는 내용의 제소가 잇따라 판례가 그 현실적 필요성을 이유로 인정하기 시작하였고, 뒤이어 학설과 입법이 확인의 이익을 전제로 인정하게 된 제도이다.[5]

---

4) 로마법과 보통법에서는 오늘날의 확인의 소 중에서 절대권 확인의 소와 같은 기능을 한 제도는 있었으나 채권과 같은 상대권의 확인을 구하는 제도는 없었다. 그것은 로마법상 상대권에서는 권리가 현실화되어야, 즉 이행기가 도래하여야 제소가 가능했기 때문이다.

5) 상세한 것은 胡文赫, "19世紀 獨逸에 있어서의 確認訴訟의 生成", 민사재판의 제문제 제7권 (1993) 참조.

(다) 확인의 대상

a) 권리·법률관계: 확인의 소의 대상이 되는 것, 즉 존부확정의 대상이 되는 것은 권리 또는 법률관계이다. 소송이 권리보호를 위한 제도이기 때문에 단순히 사실관계의 확인을 구하는 소는 허용되지 않는다.

《사례 1c》   〈사례 1b〉에서 계룡산 산신령의 존재에 대하여 약간의 두려움을 갖고 있는 甲은 소유권확인보다는 산신령의 계시의 존재에 더 신경이 쓰였다. 그래서 소를 제기하여 乙에게 산신령이 계시를 내린 적이 없음을 확인해 달라고 법원에 청구하였다. 이 청구가 받아들여질 수 있는가?

이 사례에서 산신령의 계시가 있었는지 여부는 권리·법률관계와는 아무런 상관이 없고 단순한 사실관계에 불과하다. 그러므로 이러한 내용의 소는 부적법하여 허용되지 않는다. 판례는 제사주재자 지위의 확인을 구하는 소는 확인의 이익이 없다고 한다.[6]

다만 사실관계 확정을 구하는 소가 허용되는 경우가 하나 있다. 권리·법률관계를 증명하는 서면인 증서가 정말로 작성 명의인에 의하여 작성되었는지 여부를 확정하는 **증서진부확인의 소**가 그것이다(제250조). 어떤 증서가 명의인에 의하여 작성되었는지 여부는 사실의 문제에 불과하다. 그러나 그 증서의 진부가 확정되면 당사자가 그 서면의 진부에 관하여 더 이상 다툴 수 없게 되는 결과 법률관계에 관한 분쟁 그 자체가 해결되거나 적어도 분쟁 자체의 해결에 크게 도움이 되기 때문에 이러한 소를 인정한 것이다. 여기서 법률관계를 증명하는 서면(증서)이란 그 기재 내용으로부터 직접 일정한 **현재의 법률관계의 존부가 증명될 수 있는 문서**를 가리키고 단지 과거의 사실관계를 증명하는 서면은 여기에 해당하지 아니한다.[7]

그러므로 예를 들어, 임대차 계약금 영수증은 임대차 계약금으로 일정한 금액을 받았다는 사실을 증명하기 위하여 작성된 서면이지, 임대차 계약서와 같이 임대차계약관계의 성립 내지 존부를 직접 증명하는 것이 아니다.[8] 그리고 소비대차계약서는 소비대차계약관계가 성립하였음을 직접 증명하는 서면이므로 여기서 말하는 증서이지만, 대차대조표나 회계결산보고서, 조합원입금일람표 등은 직접 어떤 법률관계를 증명하는 것이 아니라 과거의 사실관계를 증명하는 서면에 불과하여 여기서 말하는 증서에 해당하지 않는다.[9]

---

6) 大判 2012. 9. 13, 2010다88699. 제사용 재산의 소유권에 관한 다툼을 해결하려면 제사주재자 지위의 확인을 구할 것이 아니라 그 재산 자체에 대하여 소송상 청구를 할 것이라고 하였다.

7) 大判 2001. 12. 14, 2001다53714.

8) 大判 2007. 6. 14, 2005다29290·29306.

b) **현재의 권리·법률관계:**　원칙적으로 청구가 현재의 권리·법률관계의 존부를 주장하는 것이어야 한다. 현재의 권리·법률관계에는 아무런 영향이 없는 과거의 권리·법률관계는 이미 소멸한 권리·법률관계이므로 확인의 대상이 아니다. 과거의 권리·법률관계라도 현재의 권리·법률관계에 영향이 있으면 예외적으로 확인의 대상이 될 수 있다.

원칙적으로 장래의 권리·법률관계도 존부 확인의 대상이 되지 않는다. 그러나 특히 채권과 같은 상대권 확인의 소는 아직 이행기가 도래하지 않았거나 조건이 성취되지 않았어도 기초관계가 성립되어 있으면 그 권리·법률관계의 존재 확인을 구하는 것이 가능하다.

c) **타인 사이의 권리·법률관계:**　확인의 대상이 되는 것은 원고와 피고 사이의 권리·법률관계인 경우가 보통이다. 원고와 피고가 서로 특정물의 소유권을 다툰다든가, 원고, 피고 사이의 채권관계의 존부를 두고 다투는 경우가 많다. 그러나 경우에 따라서는 원고와 제3자 사이 또는 당사자 아닌 타인 사이의 권리·법률관계를 확인의 대상으로 삼는 것도 가능하다.10)

판례는 아파트재건축조합이 평형 우선배정권을 가진 원고들을 배제한 채 동·호수 추첨 및 배정을 하고 이에 기하여 조합원들과 체결한 분양계약에 대하여 원고들이 무효확인을 구한 사건에서 제3자 사이의 권리관계에 대하여도 확인을 구할 수 있다고 하였다.11) 또한 설립에 중대한 흠이 있는 재개발조합에서 그 임원들이 그대로 사업을 추진하면 재개발사업 시행자의 법적 지위와 재산권 행사에 위험을 초래할 수 있고 시행자가 임원선임 결의의 무효확인을 구하는 것이 이러한 불안을 제거할 유일한 방법인 경우에는 재개발조합을 상대로 그 조합장 등의 임원선임결의의 무효확인을 구하는 것이 허용된다고 하였다.12) 주권발행 전의 주식에 대하여 주주명의를 수탁하여 주주명부에 주주라고 되어 있는 사람이 신탁한 사람(실질적 주주)의 주주권을 다투는 경우에 신탁자의 채권자가 신탁자를 대위하여 명의신탁계약을 해지하고 나서 수탁자를 상대로 신탁자의 주주권의 확인을 구할 수 있다고 하였다.13) 담보신탁계약에서 정한 신탁재산의 처분사유가 발

---

9) 大判 1967. 3. 21, 66다2154.

10) 물론 이때도 그러한 법률관계의 존부 확정이 원고의 법적 불안을 제거하는 적절한 방법이 되어야 한다(大判 2004. 8. 20, 2002다20353; 大判 2005. 4. 29, 2005다9463).

11) 大判 2008. 2. 15, 2006다77272: 재건축조합이 신축아파트의 배정을 위해 실시하는 동·호수 추첨 및 배정은 조합원들 전원의 이해관계가 걸린 단체법적인 법률행위로써 그러한 동·호수 추첨 및 배정을 기초로 하여 수많은 법률관계가 계속하여 발생할 뿐만 아니라 일단 동·호수 추첨 및 배정이 이루어지면 특별한 사정이 없는 한 그 동·호수 추첨 및 배정이 무효로 확인되기 전에는 새로운 동·호수 추첨 및 배정을 실시하는 것이 불가능하기 때문이다.

12) 大決 2009. 9. 24, 2009마168·169.

13) 大判 2013. 2. 14, 2011다109708.

생하여 신탁재산이 공매 절차나 수의계약으로 처분되는 경우, 매수인으로 결정되지 않은 다른 입찰자 등은 해당 처분절차에서 매수인으로 결정된 사람과 신탁회사 사이에 체결된 매매계약의 무효 확인을 구할 수 있다고 인정하였다.[14)]

(라) 종 류

확인의 소에는 권리·법률관계의 존재를 확정받고자 하는 것과 그 부존재를 확정받고자 하는 것이 있다. 전자를 적극적 확인의 소, 후자를 소극적 확인의 소라고 한다.

《사례 1d》 〈사례 1〉에서 乙은 甲의 임대차계약 해지가 아무런 이유 없는 무효라고 하면서 자신이 계속 임차인이라고 주장하였다. 이때 이러한 법적 불안을 해소하기 위하여 乙이 제소한다면 어떤 내용의 청구를 하겠는가?

《사례 1e》 〈사례 1d〉에서 법적 불안을 해소하기 위하여 甲이 제소한다면 어떤 내용의 청구를 하겠는가?

〈사례 1d〉에서 乙은 임대차관계의 존속을 주장하므로 소로써도 그 관계가 존재함을 확정해 달라는 청구를 할 것이다. 즉 乙은 **적극적 확인의 소**를 제기하게 된다. 그와 반대로 〈사례 1e〉에서 甲은 이미 임대차계약을 해지했기 때문에 그 계약관계는 부존재한다고 주장할 것이고, 따라서 소로써 그 관계가 부존재함을 확정해 달라는 청구를 할 것이다. 즉 甲은 **소극적 확인의 소**를 제기하게 된다.

(마) 효용성

〈사례 1e〉에서 사실은 甲이 굳이 소극적 확인의 소를 제기할 필요는 없다. 甲이 승소하여 임대차관계가 존재하지 않음을 판결로 확정받더라도 甲이 궁극적으로 소유권을 행사하려면 乙을 퇴거시키고 그 가옥을 반환받아야 한다. 그 판결은 그로써 임대차관계의 부존재를 확인하였을 뿐이지, 乙에게 그 가옥을 인도하라고 명한 것이 아니다. 그러므로 그 승소판결로는 乙을 퇴거시키고 가옥을 甲에게 반환하도록 하는 집행을 할 수가 없다. 甲이 소유권을 제대로 행사하려면 결국 새로 소를 제기하여 乙에게 인도를 명하는 판결을 받아야 한다. 그러므로 확인의 소는 권리실현 과정에서 반쯤 가다 마는 것과 같은 성격을 지닌다. 여기서 확인의 소는 별로 쓸모가 없는 것이 아닌가 하는 의문이 들 수 있다.

---

14) 大判 2021. 5. 7, 2021다201320: 매매계약의 효력의 유무에 따라 그와 경쟁하여 신탁재산을 취득하고자 했던 입찰자 등의 법적 지위나 법률상 보호되는 이익이 직접 영향을 받게 되기 때문이다.

그러나 확인의 소는 상당히 중요한 제도이다. 〈사례 1b〉의 경우에 甲은 자기가 소유자임을 확정받을 수 있는 방법은 확인의 소밖에 없다. 이행의 소로써는 이것이 불가능하다. 이처럼 **절대권**의 경우에 이행의 소로는 예를 들면, 소유물반환청구권 (민 제213조), 소유물방해제거청구권(민 제214조) 등과 같이 그 절대권에서 나오는 개별적인 청구권을 주장할 수 있을 뿐이고, 그 권리 자체의 확정은 확인의 소로써만 가능하다. 그리고 임대차관계, 고용관계, 정기적 물품공급 계약과 같은 계속적·포괄적 채권관계에서 개별적인 급부의 불이행이 있을 경우에는 이행의 소가 쓸모있을 것이나 그 **채권관계 자체의 존부**가 문제될 때에는 확인의 소로써 확정받을 수 있다. 또한 아직 **이행기가 도래하지 않은 청구권**을 채무자가 다툴 경우에도 이행의 소의 제기가 어렵기 때문에[15] 확인의 소로써 그 청구권 자체의 확정을 받을 수 있다.

특히 쓸모가 있는 것은 **소극적 확인의 소**이다.

《사례 2》 甲은 乙에게서 전혀 금전을 차용한 적이 없음에도 불구하고 乙이 자주 甲을 찾아와서 꾼 돈을 갚으라고 재촉하여 불안한 상태에 빠졌다. 화가 난 甲이 乙에게 그러지 말고 법적 판단을 받고 싶으니 돈을 받고 싶으면 정정당당히 자기를 상대로 소송을 하라고 하였다. 그러나 乙은 전혀 소송을 할 기미를 보이지 않고 계속 甲에게 돈을 달라고 재촉하였다. 甲은 이 곤경에서 어떻게 벗어날 수 있는가?

이 사례에서 甲은 자신이 乙에게 차용금채무가 없음을 확인해 달라고 제소하면 된다. 이는 권리·법률관계의 부존재를 확인해 달라고 청구하는 소이므로 소극적 확인의 소이다. 이처럼 소극적 확인의 소는 권리자라고 주장하는 자로부터 괴로움을 당하는 사람을 구할 수 있는 적절한 제도이다.

(바) 본안판결

적극적 확인의 소에 대한 청구인용판결은 권리·법률관계의 존재를 확정하는 확인판결이고, 청구기각판결은 그 부존재를 확정하는 확인판결이다. 반대로 소극적 확인의 소에 대한 인용판결은 권리·법률관계의 부존재를 확정하는 확인판결이고, 기각판결은 그 존재를 확정하는 확인판결이다. 어느 판결이나 확정되면 기판력이 생긴다.

---

15) 여기서 이행의 소제기가 어렵다고 한 것은 장래의 이행의 소를 제기하려면 '미리 청구할 필요'가 인정되어야 하기 때문이다.

(3) 형성의 소

(가) 의 의

이는 **법률관계의 변동**, 즉 발생·변경·소멸을 목적으로 하는 소이다. 이행의 소가 실체법상의 청구권을 실현시키려고 하는 것처럼 형성의 소는 실체법상의 형성권을 실현시키려는 소이지만, 형성권자의 의사표시가 아니라 법원의 판결로써 법률관계를 변동시키려는 소이다. 여기서 주의할 것은 실체법상의 형성권이 모두 형성의 소로써 실현되는 것이 아니라는 점이다.

(나) 형성권의 행사방법

《사례 1f》　〈사례 1〉에서 甲이 임대차계약을 해지하였으나 乙은 그 해지는 아무런 효력이 없다고 주장하였다. 이에 甲은 법원에 계약을 해지해 달라는 소를 제기하고자 한다. 이것이 가능한가?

계약의 해제·해지권은 취소권, 상계권 등과 함께 실체법상의 형성권에 속한다. 이 권리들을 행사하는 방법은 권리자의 일방적 의사표시이다. 그러므로 위 사례에서 甲은 乙의 계약위반을 이유로 乙에게 계약을 해지한다고 통지만 하면 甲·乙 사이의 임대차관계는 소멸한다. 그러므로 법원이 임대차계약을 해지한다는 판결은 할 수가 없고 甲도 그런 것을 청구하는 소는 제기할 수 없다. 문제는 이 사례에서처럼 乙이 甲의 해지가 효력이 없다고 다툴 경우이다. 이런 경우에 甲이 계약의 해지를 구하는 소송도 못한다면 어떻게 임대차계약의 구속으로부터 벗어날 수 있는가? 甲과 乙이 단순히 임대차관계의 존부에 관하여 다투기만 하는 경우라면, 이미 계약은 해지되었으므로 임대차관계 부존재 확인을 구하는 소극적 확인의 소를 甲이 제기하면 된다. 그러면 그 소송에서 법원이 甲의 계약 해지가 유효한지를 선결문제로 판단할 것이다. 다음으로 〈사례 1a〉의 경우처럼 甲이 계약의 해지를 근거로 가옥의 인도를 요구하고 이를 乙이 거부할 경우에는 甲은 가옥의 인도를 구하는 이행의 소를 제기하면 된다. 그러면 법원은 여기서도 선결문제로 甲의 계약해지가 유효한지를 판단할 것이다. 이처럼 권리자의 일방적 의사표시로 행사하는 형성권에 관한 다툼에 관하여는 그 자체의 효과발생을 구하는 소송은 불가능하고, 다른 소송의 선결문제로 법원의 판단을 받을 기회가 생긴다.

그와 반대로 형성권 중에는 의사표시로는 법률관계의 변동이라는 효과를 낼 수 없고 반드시 **법원의 판결로써만** 법률관계의 변동을 가져오게 하는 것들이 있다.

《사례 3》　　　건설회사인 乙의 주주총회에서 그 사업의 일부인 중장비 대여업을 경쟁 회사인 丙에게 양도하기로 결의하였다. 그러나 그 결의는 그 소집과 결의 절차를 제대로 밟지 않은 하자가 있었다. 그리하여 乙의 주주 甲은 이 결의는 하자가 있으므로 취소한다고 선언하였다. 그 영업양도 결의는 여전히 유효한가?

주주총회 결의에 하자가 있을 경우에 그 회사의 주주는 이 결의의 취소를 구할 권리가 있다. 그러나 주주가 일방적으로 취소의 의사표시를 한다고 해서 주주총회의 결의가 취소된다면 회사의 법률관계가 대단히 불안정해서 회사는 영업을 할 수가 없을 것이다. 그리하여 이러한 경우에는 일방적 의사표시로 형성권을 행사하는 것이 아니라 법원에 소를 제기하여 법원으로 하여금 그 요건을 심리하게 하고 그 요건이 구비되었을 때에는 판결로 법률관계를 변동시키도록 하였다. 따라서 위 사례에서는 甲이 그 주주총회를 취소한다고 의사표시를 하더라도 아무런 영향이 없고 그 주주총회는 여전히 유효하다. 甲이 이를 취소시키려면 주주총회결의 취소의 소를 제기해야 한다(상 제376조). 법원은 그 주주총회의 소집과 절차에 과연 하자가 있었는지를 심리하여 甲의 청구가 이유 있으면 乙의 주주총회결의를 취소시키는 판결을 선고하고, 그 판결이 확정되면 그 결의는 취소되어 효력을 상실한다. 이처럼 법원의 판결로써 법률관계를 변동시키기 위한 소를 형성의 소라고 한다.

(다) 연　혁

형성의 소는 로마법이나 보통법에서는 알지 못하던 소의 형태로, 독일에서 민법전과 상법전이 제정되면서 일부 형성권의 행사 방법으로 인정되었다.

(라) 내용과 종류

형성의 소는 법률관계를 변동시킬 요건, 즉 형성요건이 구비되었음을 확정하고 이를 근거로 법률관계를 변동시킬 판결을 구하는 것이 그 내용이다. 여기서 변동될 법률관계에는 앞서 본 회사법상의 법률관계나 이혼소송에서와 같은 가족법상의 법률관계 등의 실체법상의 법률관계는 물론이고, 소송법상의 법률관계도 여기에 포함된다. 이미 확정된 판결의 내용의 변경을 구하는 변경의 소, 확정판결의 취소·변경을 구하는 재심의 소 등이 그것이다.16) 실체법상의 법률관계의 변동을 구하는 소

---

16) 소송법상의 형성의 소로 이미 선고된 재판의 취소·변경을 구하는 상소도 열거하는 것이 보통이다. 상소가 이미 선고된 판결의 취소, 변경을 구하는, 즉 소송상의 법률관계를 변동시키려는 신청이라는 점에서는 형성의 소와 공통된 점이 있으나 상소가 소에 속하는 것은 아니다.

를 **실체법상 형성의 소**라 하고, 소송법상의 법률관계의 변동을 구하는 소를 **소송상 형성의 소**라고 한다.

그 밖에 특이한 성격의 형성의 소가 있다.

《사례 4》　甲과 乙은 대지 500평을 동등한 지분으로 공유하고 있었는데, 이제 그 대지를 분할하기로 하였다. 그러나 분할방법의 협의과정에서 甲은 동서로 분할하자고 주장하고 乙은 남북으로 분할하자고 주장하여 협의가 성립하지 않았다. 甲은 법원에 공유물 분할청구의 소를 제기하면서 그 대지를 동서로 분할해 줄 것을 청구하였고, 乙은 남북으로 분할해야 한다고 주장하였다. 그러나 법원은 두 방법이 모두 타당하지 않고 북동에서 남서방향으로 분할하는 것이 타당하다고 판단하였다. 법원은 어떻게 판결할 것인가?

보통의 소에서는 원고의 청구가 이유 있으면 원고가 신청한 대로 판결을 하고, 이유 없으면 청구기각판결을 한다. 이 사례에도 그러한 원칙을 그대로 적용한다면 법원은 원고 甲의 청구가 이유 없으므로 기각판결을 해야 할 것이다. 그러나 그러한 판결은 이러한 소의 목적과는 어긋난다. 甲의 제소는 어떤 방법으로든지 공유물을 분할해 달라고 청구하는 것이지, 자기의 청구를 인용해 달라는 것이 아니다. 乙의 지위도 형식적으로는 피고로 되어 있으나 내용상 甲과 대항해서 甲의 공격에 대하여 방어를 하는 것이 아니다. 甲과 乙이 함께 자기들 사이에서는 공유물 분할에 관하여 협의가 이루어지지 않으니 법원에게 이를 분할해 달라고 청구한 것이다 (민 제269조). 그러므로 이러한 경우에는 위 사례와 같이 청구취지를 기재하지 않고 법원이 판결할 기초 자료를 제시하는 것으로 그친다. 이러한 형태의 소송은 형식상은 두 당사자가 대립하는 소송으로 되어 있지만 실질적으로는 두 당사자가 함께 법원의 판단을 구하는 편면적 구조이고, 성질상 비송사건에 속한다. 이런 형태의 소를 **형식적 형성의 소**라고 한다. 경계확정의 소도 여기에 속한다.

(마) 본안판결

형성의 소에 대한 본안판결은 그것이 인용판결이면 원고가 구하는 대로 법률관계를 변동시키는 것을 내용으로 한다. 그러므로 그 판결은 **형성판결**이 된다. 형성판결이 확정되면 다른 종류의 판결과 마찬가지로 기판력이 생기고, 그 판결의 내용대로 법률관계를 변동시키게 된다. 이를 **형성력**이라고 한다.

《사례 3a》　〈사례 3〉에서 甲은 법원에 그 주주총회 결의를 취소할 것을 구하는 소를 제기하였고, 법원은 甲의 청구가 이유 있다고 하여 乙의 주주총회 결의를 취소한다는 판결을 선고하여 그 판결이 확정되었다. 乙은 그 판결에 따라 무엇을 해야 하는가?

형성판결은 피고에게 무엇을 행하라고 명하는 판결이 아니다. 위 사례에서 乙은 그 판결에 따라서 주주총회의 결의를 취소해야 하는 것이 아니다. 판결의 확정으로 이미 그 결의는 취소되어 효력이 없어졌다. 그러므로 乙로서는 영업양도 결의에 기하여 행한 처분 등을 원상회복시켜야 할 것이다. 그러나 이러한 원상회복의무는 형성판결의 직접적 효력이 아니라 주주총회 결의가 취소된 효과이다. 형성의 소에 대한 청구기각판결은 형성요건이 구비되지 않았음을 확정한 **확인판결**이고, 확정되면 기판력이 생긴다.

형식적 형성소송에서 본안판결은 법원이 적당하다고 판단하는 대로 공유물을 분할하든가, 경계를 확정하는 내용이 될 것이다. 이 판결도 형성판결이고, 판결의 확정으로 법률관계가 변동된다. 따라서 각 변동 부분에 대한 소유권이전등기 등을 명하는 판결은 하여서는 아니 된다.[17]

공유물 분할청구에 대하여 법원은 당사자가 주장하는 분할 방법에 구속됨이 없이 자유로운 재량에 따라 공유관계나 그 객체인 물건의 제반 상황에 따라 공유자의 지분비율에 따른 합리적인 분할을 하여야 한다. 따라서 여러 사람이 공유하는 물건을 분할하는 경우 원칙적으로는 각 공유자가 취득하는 면적이 그 공유 지분의 비율과 같도록 하여야 할 것이나, 분할 대상이 된 공유물의 형상이나 위치, 그 이용 상황이나 경제적 가치가 균등하지 아니할 때에는 이와 같은 여러 사정을 고려하여 경제적 가치가 지분비율에 상응되도록 분할하는 것도 허용된다.

그리고 일정한 요건이 갖추어진 경우에는 공유자 상호 간에 금전으로 경제적 가치의 과부족을 조정하여 분할을 하는 것도 현물분할의 한 방법으로 허용된다. 나아가 여러 사정을 종합적으로 고려하여 당해 공유물을 특정한 자에게 취득시키는 것이 상당하다고 인정되고, 다른 공유자에게는 그 지분의 가격을 취득시키는 것이 공유자 간의 실질적인 공평을 해치지 않는다고 인정되는 특별한 사정이 있는 때에는 공유물을 공유자 중의 1인의 단독소유 또는 수인의 공유로 하되 현물을 소유하게 되는 공유자로 하여금 다른 공유자에 대하여 그 지분의 적정하고도 합리적인 가격을 배상시키는 방법에 의한 분할도 현물분할의 하나로 허용된다.[18]

공유물 분할청구는 성질상 비송사건에 해당하므로 특별한 사정이 없는 한 공유물 분할청구의 전부나 일부를 기각할 수는 없다. 다만 예를 들어 법률이나 계약상 공유물 분할이 제한 또는 금지되어 있거나, 이미 당사자 사이에 공유물 분할에 관한 합의가 있는 경우처럼 이러한 청구를 할 실체법적 근거가 없음이 밝혀지는 특별한 사정이 있으면 청

---

17) 大判 2020. 8. 20, 2018다241410 · 241417.
18) 大判 2004. 10. 14, 2004다30583; 大判 2023. 6. 29, 2023다217916.

구를 기각할 수 있을 것이다.

경계확정의 소에서 문제되는 인접한 토지의 경계가 사실상 불분명하여 다툼이 있는 경우에는 지적도를 작성하면서 기점을 잘못 선택하는 등 기술적인 착오로 지적도상 경계가 진실한 경계선과 다르게 잘못 작성되었다고 인접토지 소유자 사이에 다툼이 있는 경우도 포함한다. 경계확정의 소에서도 법원은 당사자 쌍방이 주장하는 경계선에 구속되지 않고 어떠한 형식으로든 스스로 진실하다고 인정되는 바에 따라 경계를 확정해야 한다. 따라서 원고가 주장하는 경계가 인정되지 않더라도 청구의 전부나 일부를 기각할 수는 없다.19)

(4) 3자의 관계

이행의 소와 형성의 소는 위에서 본 바와 같이 서로 그 내용을 달리하나 그중에도 공통된 부분이 있다. 그것은 각종의 소에서 각기 청구권이나 형성권(형성요건)의 '확정'을 구한다는 것이 전제가 되어 있다는 점이다. 그리고 이행판결과 형성판결의 내용 중에 공통된 것은 그 청구권이나 형성권(형성요건)의 존재를 '확정'한다는 판단이 전제가 되어 있다는 점이다. 뿐만 아니라 이행의 소와 형성의 소에서 청구기각판결은 모두 권리나 법률관계의 부존재를 '확정'하는 확인판결이다.

이러한 점들을 종합해 보면 결국 **확인의 소**는 모든 소의 형태의 **기본형**이고 **확인판결**은 모든 **판결형태의 기본형**임을 알 수 있다. 말하자면 확인의 소와 확인판결에 이행명령이 더해지면 이행의 소, 이행판결이 되고, 확인의 소, 확인판결에 법률관계의 변동이 더해지면 형성의 소, 형성판결이 된다고 볼 수 있다. 이처럼 확인의 소와 확인판결을 모든 소와 판결의 기본형으로 보는 것은 뒤에 나오는 확인의 소의 보충성을 설명하기에 적절하다.

Ⅱ. 소 권

1. 소권의 의의

소권이라 함은 **소를 제기할 권리**를 말한다. 국가가 개인에게 자력구제를 금지하고 그 대신에 권리보호를 위한 소송제도를 마련하였으므로 개인이 그 제도를 이용할 가능성을 갖게 된다. 이러한 개인의 지위를 여러 가지 관점에서 파악할 수 있을 것이다. 소송제도는 국가가 개인에게 수여하는 시혜라고 보는 전체주의 입장에서는 소를 제기할 가능성을 개인의 권리라고 볼 수는 없을 것이다. 그러나 오늘날 개인

---

19) 大判 2021. 8. 19, 2018다207830.

은 누구나 국가가 마련한 소송제도를 이용할 권리를 가진다고 파악하는 데에 아무런 이견이 없다. 그리하여 이런 권리를 헌법이 보장하고 있는 **재판청구권**으로까지 고양시키고 있다(헌 제27조 1항). 이러한 재판청구권이 각 소송제도에서 구체화되어 여러 가지 모습으로 나타나는데, 민사소송제도에서는 이를 일반적으로 소권이라고 부른다. 그런데 이 소권의 본질이 무엇인가에 관하여는 과거부터 많은 논쟁이 벌어졌다.

2. 소권의 본질

(1) 역사적 배경

로마의 고전시대의 방식서소송 시대까지는 실체법과 소송법의 구별이 제대로 되어 있지 않았고, 실체법상의 청구권이란 개념도 없었으며, 소권(actio)만이 인정되었다. actio는 권리자가 권리침해를 당하였을 때에 법원의 도움을 구할 수 있는 권리를 말하였는데, 그 사건에 적용할 마땅한 actio가 인정되어 있어야 권리보호가 가능하였다. 그렇기 때문에 로마의 법체계를 **소권법체계**라고 일컫는다. 말하자면 로마 고전기까지는 오늘날의 실체법상의 권리 내지 청구권의 내용이 소권이라는 옷을 입고, 그 안에 숨겨져 있었다고 할 수 있다. 이러한 사정은 로마법의 제3기인 특별소송시대에는 많이 변천되어 actio가 실체법상의 청구권이라는 의미를 갖게 된다. 그러나 로마법대전을 편찬한 Justinianus 황제가 고전시대의 로마법을 재현하는 것을 이상으로 삼았기 때문에 특별소송시대의 이러한 변천은 로마법대전에는 제대로 반영되지 못하였다.

독일에서 소송법과 실체법이 제도적으로 분리되기 시작한 것은 1495년에 제실법원(Reichskammergericht)이 조직되면서부터이고, 18세기 말부터 자연법사상에 입각하여 유럽 각국이 입법작업을 하면서 소송법과 실체법을 별개의 법률로 제정하였다. 이 과정에서 이미 중세부터 생성된 **실체법상의 권리**라는 개념이 개인주의 사조를 타고 더욱 부각되었다. 그리하여 원고는 소장에 actio는 기재할 필요가 없고 기재하더라도 법원은 그에 구속되지 않았다. 이렇게 하여 실무에서 "법은 법원이 안다(iura novit curia)"는 원칙이 생성되었다. 그러나 이러한 추세와는 달리 16세기 프랑스 복고학파의 대표자인 Donellus에 의하여 actio법적 사고방식을 부활시키려는 움직임이 생겼고 이것이 사법적 소권설의 등장 배경이 되었다.

(2) 사법적 소권설

Donellus는 실체법적 권리의 내용 중에는 그 권리의 실현방법도 포함되어 있다고 보고, 그 방법에는 소권(actio)과 항변권(exceptio)이 있다고 하여, 실체법 위주의 법체계를 구성하고 그 안에 소권을 포함할 수 있는 길을 열어 놓았다. 이를 이어받아 Savigny를 위시한 판덱텐법학자들은 로마법상의 actio를 실체법상의 권리라고 파악하여 actio, 즉 **실체법상의 권리를 중심으로 한 법체계**를 구성하였다. 그리고 소권은 학자에 따라서 이러한 실체법적 권리에서 '파생하는 권리'라고 하거나, 실체법적 권리에 '내재하는 힘', 실체법적 권리가 갖는 '본질적 속성의 하나', 심지어는 '권리 그 자체' 등으로 파악하였다. 이러한 견해에 의하면 사법상의 권리가 침해될 때에 그 안에 내재하고 있던 소권이 작용하여 권리를 실현시키는 것이라고 하였다. 이렇게 하여 로마법과는 반대로 소권이 실체법적 권리의 옷을 입고 그 안에 내재하는 것으로 보게 된 것이다.

이러한 학자들과 조금 다른 견해를 취한 것이 Windscheid였다. 그는 로마법상의 actio에는 실체법적인 요소와 소송법적인 요소가 함께 있음을 밝히고 그중 실체사법적 요소가 청구권(Anspruch)이고 소송법적인 요소가 소권이라고 하여, actio에서 순수한 실체법적인 청구권을 추출하여 오늘날 민법상 청구권의 개념을 확립하였다. 그는 실체법상의 권리가 선행하고, 소권이 나중에 나타나며, 소권은 실체법상의 권리를 실현시키는 수단이며, 법질서는 권리의 질서라고 하여 실체법적 권리 중심의 법체계를 인정하고, 다만 **소권**은 소송법적인 것이고, 이는 **공법적 성격**을 가진다고 하여 공법적 소권설이 등장할 길을 열어놓기도 하였다.[20]

(3) 공법적 소권설

공법적 소권설은 소권이 개인의 다른 개인에 대한 청구권과는 달리 국가기관인 법원에 대한 권리인 공권임을 강조하는 입장으로, 그 구체적인 내용에 관하여는 여러 견해가 대립하고 있다.

(가) 추상적 소권설

이 견해는 Degenkolb가 주장한 것으로, 그는 소권이란 구체적 내용을 가진 실체법상의 청구권이나 권리와 동일시할 수 없는 공법적이고 추상적인 권리라고 설

---

20) Windscheid의 청구권 개념에 관하여 상세한 것은 胡文赫, "19世紀 獨逸에 있어서의 請求權槪念의 生成과 變遷", 손해배상법의 제문제[성헌황적인박사회갑기념논문집](1990) 참조.

명하면서 사법적 소권설을 비판하기를, 사권과 공권은 전혀 본질을 달리하는 것인데 공권인 소권이 사권 속에 내재하거나 그 속성의 일부라는 것이 모순이라고 하였다.21) 그러나 이 견해는 소권의 공법성만을 강조하였고, 그 구체적 내용은 밝히지 않았기 때문에 별로 지지를 받지 못하였고, 뒤에 구체적인 내용을 밝히려고 노력하는 다른 학설에 의하여 극복되었다.

(나) 권리보호청구권설

이 견해는 Wach가 처음 주장한 것으로, 19세기 후반부터 20세기 초반까지 독일의 지배적 학설로 군림하였다. Wach에 의하면,22) 소권은 공법상의 권리이고 그 내용은 법원에 대하여 실체법상의 **권리를 보호해 줄 것을 청구**하는 것, 즉 승소판결을 청구하는 것이라고 하였다. 이 권리보호청구권은 사법과 소송법의 경계에 위치한 권리보호수단의 체계에 속하는 것으로, 이 권리가 인정되려면 순수한 의미의 소송요건과 실체법적 법률요건과는 다른 별도의 요건이 필요하다고 하면서 이들을 **권리보호요건**이라고 하였다. 여기에 속하는 것이 당사자적격, 권리보호자격 및 권리보호이익(필요)이다. 이 견해에 대하여는 이러한 내용의 권리가 인정되면 국가는 원고에 대하여 승소판결을 해 줄 의무가 있게 되는데, 이러한 의무는 인정할 수 없다는 등의 비판이 가해졌다. 그럼에도 불구하고 이 견해는 Hellwig, Stein, Goldschmidt 등으로 계승되면서 20세기 초반 독일의 학계를 지배했다. 1930년대에 독일에 나치스정권이 들어서면서 개인의 권리를 존중하는 이러한 이론이 용납될 수 없는 분위기가 조성되고, 공교롭게도 이 견해를 지지하는 거장 학자들이 대부분 유태인이어서23) 결과적으로 이 견해는 한때 지지자가 사라지고 말았다. 앞에서 본 사법적 소권설과 함께 소송제도의 목적에 관한 사권보호설과 연결되는 견해이다.

(다) 본안판결청구권설

이는 권리보호청구권설이 당사자에게 승소판결청구권을 인정한 것을 비판하면서, 소권은 승패에 관계없이 단지 본안판결을 요구하는 권리일 뿐이라고 보는 견해이다. 독일에서 Bley가 주장하여 잠시 생명을 유지하였으나, 오늘날은 흔적도 없이 사라진 학설이다. 그러나 일본과 우리나라에서는 다수의 학자들로부터 지지받고 있

---

21) Degenkolb, Einlassungszwang und Urteilsnorm, Beiträge zur materiellen Theorie der Klagen insbesondere der Anerkennungsklage, 1877, S. 14.

22) Wach, Der Feststellungsanspruch, Leipzig 1889.

23) 학설을 창시한 Wach 자신은 유태인이 아니었지만 그의 처가가 유태인이었기 때문에 당시 그의 이론을 언급하는 것도 위험시될 정도였다.

다.[24] 소송의 목적에 관한 분쟁해결설과 연결되는 견해이다.

(라) 사법행위청구권설

이 견해는 소권을 개인이 사법고권을 가진 국가에 대하여 사법행위, 즉 **재판을 청구하는 권리**이며, 이에 대응하여 국가는 당사자에 대하여 이를 **이행할 의무**를 부담한다고 파악한다. 사법행위청구권은 사법 분야에서도 광범위한 권리보호를 보장하는데, 구체적으로는 법원은 당사자의 제소를 수리할 것, 기일지정신청을 이유 없이 배척하지 않을 것, 사건을 사실적 측면과 법률적 측면에서 심리하고 심리가 재판하기에 성숙했을 때에는 판결을 해야 한다는 것이다.[25] 이 견해가 오늘날 독일의 다수설, 판례이다. 이 권리의 법적 근거에 관하여 독일에서는 여러 견해가 주장되나, 우리나라에서는 헌법 제27조의 '재판받을 권리'와 공통의 기반 위에 서 있다고 보는 것이 보통이다.[26]

(마) 신권리보호청구권설

세계2차대전 이후에 독일에서 다수의 학자들이 과거의 권리보호청구권설을 다소 수정하여 다시 되살려냈다. 처음으로 시도를 한 이가 Blomeyer이고, Pohle, Dölle, Kuchinke, Mes 등이 그 뒤를 따랐고, Schlosser는 형성의 소에 관하여 이 청구권을 인정하였다.

Blomeyer에 의하면 독일 민법 제839조 제2항이 법관이 재판에서 직무상 의무를 부담하는 것을 전제로 하고 있음을 근거로 그에 대응하는 당사자의 권리보호청구권을 인정할 수 있고, 그 내용은 소송법과 재판규범을 포함한 **법률의 규정대로 권리보호를 청구**하는 권리라고 한다.[27]

Pohle는 소송에서 일단 양 당사자가 동시에 상반되는 내용의 판결을 하라는 내용으로, 즉 원고는 소장을 제출함으로써, 피고는 청구기각이나 소각하 신청으로 권리보호청구권을 주장하며, 각 당사자의 유리한 판결 청구권의 요건은 심리가 재판하기에 성숙했을 때에 구비 여부가 밝혀져서 결국은 어느 한 당사자에게 인정된다고 한다.[28]

이와는 달리 Kuchinke는 재판기관은 당사자들에 대하여 절차법을 지키면서 실

---

24) 金·姜, 292; 方順元, 297; 宋·朴, 206; 李英燮, 29; 韓宗烈, 77-78.

25) 예컨대, Rosenberg-Schwab/Gottwald[18] § 3 Rn. 2.

26) 강현중, 59; 김홍엽, 261; 이시윤, 229. 鄭·庚·金, 29도 이 견해를 지지한다.

27) Blomeyer[2] § 1 III.

28) Vgl. Stein-Jonas/Schumann[20] Einl. Rn. 216 ff.

체법에 따라 재판할 직무상의 의무를 부담하고, 당사자들은 한편으로는 사법기관이 법규에 맞게 절차를 진행할 것을 요구할 수 있고(절차적 보호), 다른 한편으로는 이를 바탕으로 실체적으로 올바른 재판을 구할 수 있는(권리보호) 청구권을 가진다고 한다. 즉, 이 권리보호청구권은 당사자에게 유리한 재판을 구하는 것이 아니라 **법 규에 맞는 절차를 거친 정당한 재판을 구하는 것**이 그 내용이라고 한다.29)

(4) 비 판

사법적 소권설은 앞에서 언급한 바와 같이 소권이 공권임을 간과하였다는 비판을 받아 오늘날은 주장하는 이가 없다. 이러한 비판이 당시로서는 결정적인 것이었을지 몰라도 오늘날의 관점에서 보면 소권이 공권의 성격을 가졌다는 것이 사법적 소권설을 소멸시킬 필연적인 사유가 될 수는 없다고 생각된다. 소권이 공권이고, 민사소송법이 공법이라는 식의 논리는 형식논리로서는 흠잡을 데 없겠지만 이처럼 형식논리만을 추구하다 보면 민사소송이 '사법상'의 권리를 보호하려는 제도이며, 소권이 '사권의 주장 방법'이라는 특색을 무시하는 어리석음을 범하게 된다. 이러한 관점에서 사법적 소권설에 대한 재평가가 필요하다고 생각된다.

권리보호청구권설은 개인의 주관적 요소에 불과한 '유리한 판결'의 청구를 권리로 파악하였다고 비판받았으나, 이러한 비판은 피상적인 논리만을 내세운 비판에 불과하여 타당하지 않다. 소권을 권리로 파악한 이상 권리자의 의사를 무시한 권리란 있을 수 없다. 이 학설이 권리보호요건을 내세워서 **사법인 실체법과 공법인 소송법의 중간 가교**로 삼아 멀어져가는 실체법과 소송법을 연결하고자 노력한 것은 높이 평가해야 할 것이다. 다만 이 학설은 바로 유리한 판결을 청구하는 것을 전제로 한 것이 미숙했다고 생각된다. 어차피 법원에 제소하는 것은 법에 따른 심리와 재판을 해달라는 것이므로, 제소는 법에 따라 심리하여 판단한 결과 원고의 청구가 '이유 있으면' 승소판결을 해달라는 의사를 표시한 것이지, 막무가내로 승소판결만을 해 달라고 청구하는 것이 아니다. 따라서 법원은 심리 결과 원고의 청구가 이유 있으면 승소판결로써 권리를 보호해 줄 의무가 있는 것이다. 이러한 의미에서 **신권리보호청구권설**이 설명에서는 타당성이 있고, 그중에서도 Kuchinke의 설명이 가장 명쾌하다. 오늘날 권리보호요건이 소송요건으로 편입된 것은 역사의 잘못된 발전 때문으로, 이미 정설로 굳어지긴 했지만, 과거에 이를 실체법적인 것으로 본 Wach

---

29) Schönke-Kuchinke[9] § 3 Ⅱ, S. 6 f.

나 Goldschmidt의 이론도 재평가할 필요가 있다고 생각된다.[30]

본안판결청구권설은 원고가 청구기각판결을 받아도 그것이 본안판결이므로 소권이 실현되었다고 보는 입장인데, 이는 권리의 주관적 요소로서 불가결인 의사를 완전히 무시한 것으로, 소권을 개인의 권리라고 보는 근본 취지와 어긋나는 것이다. 이러한 약점 때문에 오늘날 독일에서는 과거의 이론으로 소개조차도 되지 않고 있다. 이 입장은 개인의 의사를 중시하는 권리의식이 약한 아시아에 발붙여 처음에 일본에서 크게 성행하였고, 그 영향으로 아직도 일본과 우리나라에서 유력한 견해로 남아 있게 된 것이다.

사법행위청구권설은 소권이 국가의 재판을 청구하는 권리라고 보아 헌법상의 기본권으로까지 고양시키나, 소권 일반이 그러한 성격을 가졌다는 것은 오늘날 부인할 사람은 아무도 없을 것이다. 다만, 여기서 논의하는 것은 그러한 권리를 구체화한 민사소송에서의 소권의 내용이 무엇인가 하는 점이다. 그런데 이를 단순히 사법행위청구권이라고만 설명하는 것은 민사소송에서의 소권의 본질 탐구를 포기한 것에 불과하다.

이러한 점을 종합하면, 공법적 소권설 중에서는 **신권리보호청구권설**이 가장 타당하다.[31] 그에 따라 권리보호청구권을 인정하면 우선, 실체법과 소송법의 차이를 뚜렷이 드러내면서 목적과 수단인 두 법영역의 관계를 명확하게 설명할 수 있다. 그리고 소송요건으로 오늘날 인정하는 권리보호요건의 법적 성질과, 다른 소송요건과 구별되는 특수성을 인정하는 데에 필요하고, 소송법률관계의 내용을 채워주는 핵심개념이라는 점에서도 중요성이 있다.[32] 그리고 권리보호청구권으로 개인은 국가에 대하여 법적인 힘으로 무장하고, 그 힘은 권리보호요구로써 절차를 개시하고, 그 절차에서 스스로의 책임으로 행위를 할 수 있게 해 주는 것이다.[33] 권리보호청구권을 인정하면 소송법설에 의한 기판력의 효력을 권리보호청구권의 소모라고 설명할 수 있고, 소송법상의 각종 실권효도 권리보호청구권의 상실로 설명할 수 있게된다. 그리고 부제소합의에 관하여 사법행위청구권의 포기라고 하면 기본권의 포기가 되어 그 합의의 효력을 인정하기가 어려우나, 처분권주의가 적용되는 영역인 권

---

30) 이 점에 관하여는 뒤에 소송요건에서 설명한다.
31) 한충수, 6. 소권의 권리성을 잘 표현하고 있다는 이유로 마찬가지로 권리보호청구권설을 지지하는 입장으로 강현중, 59.
32) Vgl. Stein-Jonas/Schumann[20] Einl. Rn. 222.
33) Schönke-Kuchinke[9] § 3 Ⅱ, S. 7.

리보호청구권의 포기로 무난하게 설명할 수가 있을 것이다.[34]

Ⅲ. 처분권주의

《사례 5》　　돈 많은 과부인 甲의 집 윗층에 영화배우 乙이 매달 400만원씩 월세를 내기로 하고 甲과 임대차계약을 체결하여 살고 있었다. 그러나 乙이 벌써 6개월째 월세를 내지 않고 있다.

《사례 5a》　　위 사실을 안 甲의 이웃사람인 丙이 법원에 이러한 사실을 적어 투서를 하였다. 이때 법원은 甲과 乙을 불러 이 사건에 관하여 심리하고 재판할 수 있는가?

본래 사인 간의 법률관계에 관하여는 민법상 **사적자치**의 원칙이 지배한다. 그러므로 위 사례에서 乙이 임대료를 지급하지 않더라도 그 임대료를 지급 받을 것인지 여부는 甲이 결정하고 타인이 간섭할 일이 아니다. 이러한 실체법상의 사적자치의 원칙이 소송법에는 어떠한 영향을 미치는가? 소송법이 공법이므로 소송상의 법률관계도 공법관계이며, 따라서 개인은 공익에 맞게 소송을 하여야 하므로 소송에서는 개인의 자치적 처분권이 인정될 수 없다고 생각하기 쉽다. 그러나 위 사례에서 법원이 乙의 채무불이행 사실을 알았다고 甲과 乙을 불러다가 이 사건을 심리하여 乙에게 채무이행을 명한다고 가정해 보자. 이때 甲이 그러한 법원의 재판에 대하여 매우 고마워 할 수도 있겠지만, 반드시 그런 것은 아니다. 乙이 채무를 이행하지 않는데도 甲이 아무런 조치도 취하지 않고 방임하고 있는 데에는 여러 가지 이유가 있을 수 있다. 甲이 乙을 가엾게 여겨 적선하는 셈치고 호의로 굳이 채권을 추심하지 않을 수도 있고, 경우에 따라서는 두 사람이 앞으로 결혼을 하기로 약속하고 더 이상 임대료를 받는 것이 무의미하다고 생각하였을 수도 있다. 그런데 법원이 이들을 불러다가 "乙은 甲에게 임대료를 지급하라"고 판결하여 채무이행을 강제한다면 결국 실체법상의 사적자치의 원칙이 소송으로써 유명무실하게 될 것이다. 그러므로 실체법상 개인이 권리를 실현시킬 것인지를 결정할 자유를 가지는 것과 마찬가지로, 민사소송에서도 개인이 권리를 실현시키기 위하여 소를 제기할지를 결정할 자유를 가져야 한다. 이러한 원칙을 "소 없으면 법관 없다", 또는 "**소 없으**

---

34) 상세한 것은 胡文赫, "民事訴訟法上 訴訟法律關係에 관한 고찰", 서울대학교 법학 제54권 2호 (2013), 138면 이하 참조.

면 재판 없다"로 줄여서 말할 수 있고 이를 당사자처분권주의라고 한다.

제 2 절 訴狀의 作成과 提出

소를 제기하려는 원고는 원칙적으로 법원에 소장을 작성하여 제출하여야 한다 (제248조). 통상의 민사소송에서는 단순히 법원에 가서 구술로 소제기의 의사표시를 하는 것으로는 충분하지 않다.

《사례 5b》   〈사례 5〉에서 甲이 乙을 상대로 그동안 밀린 월세 3,600만원을 받기 위하여 소송을 하려 한다. 그리하여 甲은 종이 한 장에 "소장"이라는 제목을 붙이고는 그 아래에 "저는 홀로 사는 과부로, 거주하는 집이 너무 커서 다른 사람에게 세주려고 하였는데, 마침 여섯 달 전에 乙이 찾아와 자기가 살게 해달라고 하면서 자기는 장래 가 촉망되는 영화배우이므로 집세를 내는 데는 아무런 문제가 없을 것이라고 장담하여 세를 주기로 하였습니다. 그런데 이제까지 단 한번도 월세를 내지 않아 이 소송을 하니, 부디 현명하신 판사님께서 그 돈을 받게 해주시기 바랍니다. 2024년 4월 15일 甲 올림"이라고 적어서 법원에 냈다. 이 소장은 격식을 제대로 갖추었는가?

소장에는 원고가 누구를 피고로 하여 어떠한 내용의 재판을 구하는지를 분명히 알 수 있게 기재하여야 한다. 즉, 소송의 주체(당사자)와 소송의 객체(소송상청구=소송물)를 명확히 알 수 있도록 기재해야 한다. 그러므로 소장에는 당사자, 청구의 취지, 청구의 원인, 그리고 당사자가 소송무능력자이면 법정대리인을 반드시 기재해야 한다(제249조 1항).

Ⅰ. 당 사 자

1. 당사자의 표시

당사자에는 원고와 피고가 누구인지를 타인과 구별할 수 있을 정도로 표시해야 한다. 자연인의 경우는 **성명**을 기재하여야 하나, 반드시 가족관계등록부상의 성명에 국한되는 것은 아니고 특정인을 지칭하는 것이 분명하면 예명, 아호 등도 무방하다 고 새긴다. 법인 기타 사단, 재단의 경우에는 그 **명칭, 상호** 등을 기재하면 된다.

일정한 자격에 기하여 당사자가 된 자의 경우(소송담당)에는 그 **자격을 함께** 기재하여야 한다. 예를 들면, 甲의 파산관재인 乙, A선박의 선장 甲 등이다.

당사자를 기재할 때에 법문에 명시되어 있지는 않으나 실무상 **주소**도 반드시 기재한다. 이는 성명 등만 기재할 경우에 동명이인이 있을 수 있어 당사자가 특정되지 않고, 주소도 적으면 송달이 편해지기 때문이다. 자연인의 경우, 주민등록번호도 기재한다.

소장의 당사자 기재는 통상 원고 甲, 피고 乙 등으로 별도의 항목으로 기재하나 이론상 반드시 그렇게 할 필요는 없고 소장 기재 전체로써 원고와 피고가 누구인지를 알 수 있으면 된다고 본다.[1)

위 사례에서 소장에는 당사자가 별도의 항목으로 기재되어 있지는 않으나 그 기재 내용에서 누가 원고이고 누가 피고인지를 알 수 있으므로 일단 당사자의 성명은 기재되었다고 볼 수 있으나, 주소 등이 기재되어 있지 않아 결국 당사자의 표시가 완전하다고 볼 수 없다.

2. 당사자표시의 정정

《사례 5c》　　위 사례에서 甲은 乙의 본명인 "황만도"를 적는다는 것이 잘못하여 "황만두"라고 적었다. 이 잘못을 고치려면 어떻게 하여야 할 것인가?

원고가 당사자의 표시를 잘못한 경우에는 반드시 이를 바로잡아야 할 것이다. 자칫 송달이 되지 않아 소송이 진행되지 않는다든가 판결이 효력이 없게 될 위험이 있기 때문이다. 이를 당사자표시정정이라 한다. 이 정정은 당사자가 확정될 때까지는 비교적 자유롭게 허용될 것이나, 소장이 피고에게 송달되어 소송계속이 생기고 당사자가 확정된 뒤에는 **당사자의 동일성이 유지**되는 한도 내에서 허용된다. 위 사례에서 예를 들어 같은 주소 안에 황만두란 사람이 따로 없으면 황만두를 황만도로 고치더라도 당사자가 '바뀐다'고 여겨지지는 않을 것이므로 표시정정에 해당된다. 그러나 만일 같은 주소 안에 황만도의 동생인 황만두란 사람이 있을 경우에는 이를 고치더라도 단순한 표시의 정정이 아니고 사람이 달라져서 당사자의 변경이 된다. 당사자표시정정과 당사자변경은 뒤에서 설명하는 당사자확정 문제와 서로 경계가 맞닿아 있는 문제이다.

우리 판례가 표시정정을 허용한 예를 보면, "수원백씨 선전공파 종친회"를 "수원백씨

---

1) 大判 1965. 12. 21, 65누104.

선전공파 대구시 노곡동 문중"으로,2) "학성이씨 월진파 종중"을 "학성이씨 월진파 시진공 종중"으로3) 변경하는 것과 같은 종중이나 문중의 이름을 다소 변경하는 것이 있다. 그리고 예를 들면 피고를 "김인택"에서 그가 설립·경영하는 "선화고등공민학교"로 바꾸었다가 이 학교에 당사자능력이 없음을 뒤늦게 알고 다시 "김인택"으로 바꾸는 것,4) 귀속재산에 관한 행정소송에서 "고려신학교 대표 이사장 甲"으로 표시한 것을 고려신학교의 대표자인 "甲"으로 변경하는 것,5) "합명회사 A의 대표사원 피고 乙"이라고 표시한 것을 피고를 회사 자체로 바꾸려는 것6) 등과 같이 법인 그 자체와 그 대표자 사이에 마치 동일성이 있는 것처럼 보는 경우가 많이 있었다. 그러나 판례가 근래에는 표시정정에 대하여 엄격한 기준을 적용하는 것으로 보인다. 주식회사 A백화점 대표자 甲을 단순히 甲으로 하는 정정신청은 당사자인 원고를 변경하는 것으로 허용될 수 없다고 하였고,7) 종회의 대표자가 개인 자격으로 소송을 하다가 종회로 표시를 정정하려는 것을 불허하였으며,8) 회사의 대표이사였던 이가 개인의 이름으로 소송을 하다가 당사자표시를 회사로 고치는 것도 허용되지 않는다고 하였다.9) 회사가 분할되어 다른 법인이 된 경우에도 표시정정은 허용하지 않는다.10)

당사자 표시정정이냐 당사자 변경이냐는 당사자 확정이 전제가 된다. **확정된 당사자의 동일성 범위** 안에서 고치는 것은 표시정정으로 취급하지만 동일성을 벗어나면 당사자 변경이 된다. 당사자가 확정되었는지가 모호한 경우는 해석에 의하여 당사자를 확정하게 되므로 결국 표시정정과 당사자 변경의 경계도 모호하게 된다. 종중, 문중의 이름을 다소 고치는 경우는 당사자의 동일성이 바뀌지 않는다고 봄이 당연하나, 사단과 그 대표자 사이, 또는 재단과 그 관리인 사이에서는 문제가 될 수 있다. 이 부분은 당사자 확정에서 다루기로 한다. 어떻든 동일성을 벗어난 경우에는 제260조에서 규정한 당사자를 명백히 잘못 지정한 경우에 해당되어 이로써 당사자변경을 허용하여야 할 것이다.11)

---

2) 大判 1970. 2. 24, 69다1774.

3) 大判 1967. 11. 28, 67다1737.

4) 大判 1978. 8. 22, 78다1205.

5) 大判 1962. 5. 10, 4294행상102.

6) 大判 1967. 10. 4, 67다1780.

7) 大判 1986. 9. 23, 85누953.

8) 大判 1996. 3. 22, 94다61243.

9) 大判 2008. 6. 12, 2008다11276. 이 판결은 이러한 경우에도 표시정정신청이 받아들여져서 본안판결이 선고된 후에는 표시정정신청의 적법성을 문제 삼을 수는 없다고 하였다.

10) 大判 2012. 7. 26, 2010다37813. 주식회사 신세계에서 분리된 주식회사 이마트로 표시를 변경하자는 신청을 상고심에서 하였으나 동일성이 인정되지 않는다고 하여 기각하였다.

11) 제260조는 피고를 잘못 지정한 것이 분명한 경우만을 규정하고 있다. 그러나 원고를 잘못 기재한 경우도 얼마든지 있을 수 있다. 판례는 "소장의 당사자란에 원고를 대표이사 개인으로 잘못 표시한 경우,

3. 법정대리인

당사자가 소송을 스스로 수행할 능력이 있으면, 즉 소송능력이 있으면 법정대리인이 없으므로 이를 기재할 필요가 없으나, 당사자가 **소송무능력자**이면 반드시 법정대리인을 기재하여야 한다. 그리고 당사자가 **법인** 기타 **사단**이나 **재단**인 경우에는 그 대표자나 관리인을 반드시 기재하여야 한다. 이들은 법정대리인에 준하여 취급되기 때문이다(제64조).

법정대리인을 기재하는 것은 실제 소송수행자가 누구인지를 명확히 하기 위한 것이고, 그 자체는 원래 누가 누구를 상대로 어떤 내용의 소송상청구를 하는지, 즉 소송물의 특정과는 관계가 없으므로 소장에 이를 기재하지 않았거나 잘못 기재하였어도 뒤에 어느 때나 보충, 변경이 허용된다.

실제로 소장에 원고 소송대리인도 기재하는 것이 보통이나 필수적 기재사항은 아니다.

Ⅱ. 청구취지

1. 의   의

청구취지는 원고가 소로써 바라는 법률효과를 적는 **소의 결론부분**으로, 판결의 결론인 주문에 대응한다. 청구취지에서 원고가 어떤 종류의 판결을 구하는가, 어떤 내용과 범위의 판결을 구하는가를 명확히 해야 한다.

이행의 소이면 "피고는 원고에게 금 3,000만원을 지급하라는 판결을 구한다.", 또는 "피고는 원고에게 서울특별시 강서구 화곡동 234번지 소재 가옥을 인도하라는 판결을 구한다." 하는 식으로, 피고에 대한 이행명령을 구하는 취지를 표시해야 한다.

확인의 소의 경우에는 "서울특별시 강서구 화곡동 234번지 소재 가옥의 소유자가 원고임을 확인한다는 판결을 구한다.", 또는 "피고는 원고에 대하여 2024년 4월 15일에 체결한 소비대차계약에 기한 금 7,000만원의 채무를 부담하고 있음을 확인

법원으로서는 원고를 명확히 확정한 연후에 확정된 원고가 법인이라면 원고의 표시를 법인으로 정정케 하는 조치를 취하여야 한다."고 하여(大判 1997. 6. 27, 97누5725), 이러한 경우에 표시정정을 하도록 한다. 그러나 제260조를 널리 당사자를 잘못 지정한 경우로 새겨서 이러한 경우에도 당사자변경으로 처리하는 것이 합리적일 것이다.

한다는 판결을 구한다."는 식으로, 특정 권리나 법률관계의 존부 확정을 구하는 취지가 나타나야 한다.

형성의 소에서는 "원고와 피고는 이혼한다는 판결을 구한다.", 또는 "피고회사의 2024년 4월 15일자 주주총회 결의를 취소한다는 판결을 구한다." 등으로, 권리·법률관계의 변동을 구하는 취지가 명백히 나타나야 한다.

실무상 통상 청구취지 말미에 "소송비용은 피고의 부담으로 한다."는 취지도 기재한다. 그러나 본래 소송비용의 재판은 법원이 직권으로 하는 것이므로 이론상 반드시 기재하여야 하는 것은 아니다.

2. 명확한 기재

청구취지의 기재는 명확해야 한다. 청구취지가 분명하지 않은 경우에는 소장심사 단계에서 재판장이 그 보정을 명하는 것이 원칙이다. 그러나 만일 이 흠결을 소송계속이 생긴 이후에 발견하였으면 법원이 석명권(제136조)을 발동하여 이를 명확히 하여야 한다.

이행의 소에서는 청구하는 이행의 내용을 명확히 밝혀야 한다. 그러므로 금전청구를 하면 그 금액을 명시하여야지, 위자료를 청구하면서 "법원이 적당하다고 인정하는 금액의 지급을 구한다."고 하든가, 부양료를 청구하면서 "신분에 알맞은 금전의 지급을 구한다."하고 하는 것은 청구취지를 명확하게 기재한 것이 아니다. 청구를 병합하는 경우에는 각 청구별로 특정해야 한다. 여러 개의 손해배상 채권을 청구하는 경우에 손해배상채권 별로 청구금액을 특정해야 한다. 여러 개의 채권 중에서 일부만을 청구하는 경우도 마찬가지이다.[12] 다만 계속적 급부청구의 경우나 지연이자의 경우에는 지급받는 시기에 따라서 총 금액이 달라지는데, 실제로 언제 지급받게 될지를 미리 알 수가 없으므로 지급받을 금액을 산출할 기준이 되는 원금, 비율 및 기간을 특정하여 청구하면 된다. 부동산의 표시는 주위의 움직일 수 없는 부동점을 기점으로 하고 그 방위를 표시함에는 각도를, 점과 점 사이에는 거리를 표시하여 하고, 그렇지 않으면 축척도를 사용하는 등 목적물을 특정함에 정확을 기하여야 한다.[13]

확인의 소에서는 확인을 구하는 권리나 법률관계를 다른 것과 구별할 수 있을

---

12) 大判 2014. 5. 16, 2013다101104.
13) 大判 1965. 7. 20, 65다1003.

정도로 특정하여 기재하면 된다. **형성의 소**의 경우도 변동을 구하는 법률관계와 그 변동의 내용이 명확하게 나타나야 한다. 다만 형식적 형성의 소의 경우는 판결의 내용을 법원이 재량으로 정하므로 청구취지는 법원의 재량권 행사의 기초가 나타나 있으면 족하다.

3. 조건부, 기한부 청구취지

《사례 5d》   甲이 만일 乙이 자기와 결혼해 주면 모르되 그렇지 않으면 밀린 월세를 받게 해달라고 소로써 청구하고자 한다. 이것이 허용되는가?

《사례 5e》   甲이 1차적으로 임대차계약관계의 존속을 근거로 그동안 밀린 월세 3,600만원을 받게 해주고 장래 매달 600만원씩 정기적으로 월세를 지급하라고 판결을 해달라고 청구하고, 만일 임대차계약관계가 인정되지 않으면 乙의 거주는 불법점거이니 그가 거주하는 윗층을 인도하게끔 해달라고 청구하고자 한다. 이 두 번째 청구가 허용되는가?

청구취지에 조건이나 기한과 같은 부관을 붙이는 것이 허용되는지가 문제된다. 본래 소송관계는 명확하고 안정적이어야 하기 때문에 소송행위에 법률관계를 불안정하게 만드는 부관을 붙이는 것은 허용되지 않는다. 그러나 이는 일률적으로 정할 일은 아니다. 청구취지에 **기한을 붙이는 것**은 언제나 허용되지 않는다. 2023년 4월 15일에 소를 제기하면서 2024년 3월 15일 이후에 소송상청구를 한다는 것, 즉 시기를 붙여서 하는 청구는 현재 제소를 할 이유가 없어서 허용될 수 없다. 이행기 미도래의 경우에 제기하는 장래이행의 소도 시기부청구가 아니라 현재 소송상청구를 하는 것이다. 2024년 10월 15일까지만 소송상청구를 하는 것, 즉 종기부 청구도 있을 수 없다. 그것은 기껏 소송활동을 해도 기한의 도래로 다 효력을 상실하기 때문이다.

그러나 조건의 경우는 기한과 달리 볼 여지가 있다. 소송에서 조건은 절차와의 관계에서 두 가지로 나눌 수 있다. 그 하나는 소송 밖에서 장래 발생할 사실을 조건으로 하는 것(소송외의 조건)이고, 다른 하나는 소송이 진행됨에 따라 소송 내에서 밝혀질 사실을 조건으로 하는 것(소송내의 조건)이다. 〈사례 5d〉의 경우는 甲·乙의 결혼이라는 사실을 해제조건으로 하여 甲이 소송상청구를 한 것으로 이는 **소송외 조건**이다. 해제조건부이므로 현재 甲의 소송상청구에 소송계속은 생겼으나 뒤에 언제 소송계속이나 판결의 효력이 소멸하여 당사자들과 법원이 들인 노력이 수

포로 돌아갈지 알 수 없게 된다. 이러한 청구는 절차를 불안정하게 만드는 것이어서 허용될 수 없다.

소송내의 조건을 붙이는 것도 원칙적으로 허용되지 않는다. 예를 들어 수소법원에 관할권이나 민사재판권이 있을 것을 조건으로 하는 소제기, 또는 피고가 인낙하거나 반소를 제기하지 않을 것을 조건으로 하는 소제기가 그러하다.[14] 다만 당사자 사이에서 **확고하게 소송계속이 생기고 유지되는 경우**에는 조건부 소제기가 허용된다.[15]

〈사례 5e〉는 甲이 두 개의 청구를 예비적으로 병합한 경우이다. 즉 甲은 우선 임대차관계가 있음을 전제로 하여 현재와 장래의 임대료지급청구를 하고(주위적 청구), 만일 임대차관계가 인정되지 않아 이 청구가 이유 없다고 기각당할 경우에 대비하여 건물인도청구를 한 것(예비적 청구)이고, 주위적 청구가 인용, 확정되면 예비적 청구는 소송계속이 소멸한다. 그러므로 이 **예비적 청구**는 주위적 청구의 인용을 해제조건으로 병합된 것이다. 그러나 〈사례 5d〉의 결혼과는 달리 주위적 청구가 인용될지 여부는 소송의 진행과정에서, 즉 소송내에서 밝혀질 것이므로 소송내의 조건이 붙은 청구이고, 이러한 소송내 조건은 당사자 사이의 소송관계의 성립 자체에도 영향이 없고 절차를 불안정하게 하지 않으므로 청구취지에 붙이는 것이 허용된다. 이러한 예비적 신청에는 다음과 같은 것들이 있다.

(1) 청구의 예비적병합

앞에서 설명하였듯이 이를 허용하는 데에는 아무런 문제가 없다.

(2) 예비적 반소

여기에는 다시 두 가지가 있다. 하나는 원고의 본소가 인용될 경우에 대비하여 피고가 본소 청구의 기각을 해제조건으로 하여 제기하는 반소이고, 다른 하나는 주위적 반소청구가 기각될 경우를 대비하여 그 인용을 해제조건으로 하여 제기하는 예비적 반소이다. 어느 경우이나 기존의 당사자 사이의 절차를 불안하게 하지 않으므로 허용된다.

---

14) Rosenberg-Schwab/Gottwald[18] §65 Rn. 29.

15) Jauernig/Hess[30] §30 Rn. 26; Stein-Jonas/Schumann[20] §253 Rn. 3 ff.; Stein-Jonas/Roth[23] §253 Rn. 5. Rosenberg-Schwab/Gottwald[18] §65 Rn. 28도 결과적으로 같은 취지이다. 일반적으로 예비적병합은 소송내의 조건이 붙은 것이므로 허용된다고 하나, 이처럼 구별하여 보는 것이 타당하다.

(3) 소의 예비적·주관적 병합

이는 공동소송의 한 형태로, 공동소송인들의 청구나 그들에 대한 청구에 순서를 정하는 것을 말한다. 이는 당사자가 예비적으로 병합되는 경우로, 주위적 당사자와 예비적 당사자가 있게 된다. 원고측이 공동소송일 경우에는 甲이 우선 乙에 대하여 청구하고 그 청구가 배척될 경우를 대비하여 丙의 乙에 대한 청구를 예비적으로 병합시키는 것이고, 피고측이 공동소송이면 甲이 우선 乙에 대하여 청구하고 그 청구가 배척될 경우를 대비하여 丙에 대한 청구를 예비적으로 병합시키는 것을 말한다.

앞에서 본 바와 같이 일반적으로 동일 당사자 사이에서 수개의 청구를 예비적으로 병합하는 것이 인정되고, 예비적·주관적 병합도 이러한 청구의 예비적병합의 일종으로 생각되지만, 중요한 차이점은 단순히 청구만이 병합되는 것이 아니라 소송의 주체인 당사자까지 병합된다는 점에 있다. 이 경우 예비적 당사자는 주위적 당사자의 청구나 그에 대한 청구가 인용되는 것을 해제조건으로 하여 당사자가 되어 있어서 그에 대하여 판결이 선고될지를 알 수 없는 불안한 지위에 놓이게 된다는 문제점이 있다. 이러한 문제점은 동일 당사자 사이에서 청구가 예비적으로 병합되는 경우에는 생기지 않는 것으로, 바로 이것 때문에 이러한 형태의 공동소송을 허용할 것인지에 관하여 견해가 나뉘어 있었다. 그러나 2002년 민사소송법 개정으로 이를 인정하는 규정을 신설하였다(제70조). 이 문제에 관하여는 뒤에 공동소송에서 자세히 보기로 한다.

Ⅲ. 청구원인

이는 소장 중 원고의 **청구를 이유 있게 하는 사실**을 기재하는 부분이다. 원고는 청구취지에서 자신이 청구할 내용을 명확하게 기재하고, 청구원인에서 왜 그러한 청구를 하게 되었는지 그 사유를 밝히게 된다. '원고의 청구를 이유 있게 하는 사실'이란 원고가 소로써 주장하는 권리·법률관계가 인정되기 위한 전제가 되는 사실관계를 말한다. 원고가 손해배상을 청구하면 손해배상청구권의 성립요건에 해당하는 사실들, 즉 가해행위, 고의·과실, 손해발생, 인과관계의 존재 등에 해당하는 사실들이 청구원인이 될 것이고, 원고가 소유권 확인을 구하면 소유권을 취득하게 된 원인이 된 사실관계, 즉 매수나, 증여, 선의취득 등에 해당하는 사실들이 청구원인이 될 것이다. 그러나 여기에 구체적으로 어떠한 사항을 기재하여야 하는지, 그리고 어느 정도 상세한 사실을 기재하여야 하는지에 관하여는 민사소송 전체의 구조와 관련된 견해의 대립이 있다.

《사례 6》　甲은 A버스터미널에서 버스회사 乙의 운전기사 丙이 운전하는 속리산행 고속버스를 2017년 12월 25일 15시경에 탔다. 丙이 운전중에 몇 차례 하품을 하는 것을 본 甲이 중간 휴게소에서 쉬어 가자고 했는데도 불구하고 丙은 내가 20년 무사고 운전수인데 무슨 소리냐고 화를 내면서 계속 운전해 갔다. 그러나 19시경 속리산 커브 길에서 丙이 운전중 잠이 들어 버스가 도로의 난간을 밀치면서 오른쪽 앞바퀴부터 길을 벗어나 기우뚱하였고 그 바람에 잠이 깬 丙이 핸들을 왼쪽으로 돌리면서 급히 브레이크를 밟는다는 것이 그만 액셀레이터를 밟아 오히려 그 때문에 오른쪽 뒷바퀴까지 도로를 벗어나게 되어 결국 버스는 길 아래로 굴러 떨어졌다. 이로 인하여 甲은 코뼈가 으스러지고 오른 팔과 왼쪽 다리의 뼈가 부러지는 부상을 입었다. 甲이 병원에 입원하여 수술과 치료를 받은 결과 모든 부상이 완쾌되었으나 코뼈 성형수술에 500만원, 오른 팔 접골에 300만원, 왼쪽 다리 접골에 400만원, 병원 입원비가 800만원, 약값이 100만원 들어, 치료비가 전부 2,100만원 들었다. 이에 甲은 乙회사를 상대로 치료비의 배상을 청구하는 소를 제기하려 한다. 甲은 소장의 청구원인에 무엇을 기재하여야 하는가?

1. 사실기재설(이유기재설)

이는 소송상청구를 이유 있다고 인정하기 위하여 필요한 모든 사실을 빠짐없이 기재해야 한다, 즉 원고가 소송 중에 제출할 사실을 모두 기재해야 한다는 입장이다. 이는 독일 보통법시대에 등장한 이래 1877년의 독일 민사소송법(CPO) 입법자를 비롯하여 20세기 초반까지 학설과 판례로 주장되었다.

2. 식별설(동일인식설)

이는 소송상청구를 다른 청구로부터 구별하여 특정할 수 있을 정도로 청구원인을 기재하면 충분하다는 입장이다. 그러므로 이에 의하면 〈사례 6〉의 여러 사실들 중에서 법률상 의미있는 사실들, 예를 들면 甲이 사고 버스에 탔다는 사실, 丙이 운전중 잠이 들었다는 사실, 버스가 굴러 떨어졌다는 사실, 甲이 이 사고로 인하여 부상을 입어 치료비가 2,100만원 들었다는 사실 등을 기재하면 되고, 丙이 화를 낸 것, 버스가 굴러 떨어진 경위, 각 항목별 치료비 등 사건의 상세한 경과를 다 기재할 필요는 없다는 것이다. 이는 근대 민사소송법들이 취하고 있는 수시제출주의에 입각한 것이다. 이 견해는 다시 이러한 사실에 법적 관점 내지 법적 성질에 관한 주장도 포함시킬 것인가에 관하여 견해가 갈린다.

(1) 구식별설

이는 청구원인을 **특정 권리·법률관계의 발생에 필요한 사항**, 즉 실체법상의 권리·법률관계의 요건사항이라고 본다. 그러므로 청구원인에는 원고가 주장하는 특정 권리·법률관계가 기재되거나 그것이 명시되지는 않더라도 특정 권리·법률관계를 전제로 하여 그 법률요건에 해당하는 사항을 기재해야 한다는 것이다. 이 견해에 의하면 원고가 어떠한 법률적 주장을 하느냐를 먼저 결정하여 그 법적 관점에 기인한 법률효과를 발생시키는 데에 구비되어야 할 요건에 해당하는 사실들만 기재하면 된다고 한다. 그리고 더 나아가 이렇게 원고가 특정한 권리·법률관계는 법원을 구속하여 법원은 그 법적 관점에서만 그 사건을 심판할 수 있다고 한다. 그러므로 〈사례 6〉에서 甲은 乙회사에 대하여 치료비의 배상을 청구하면서 먼저 그 청구권이 법적으로 어떠한 성질의 청구권이라고 주장할지를 정해야 한다. 甲은 자동차손해배상보장법(자배법) 제3조에 의한 책임을 주장하거나 민법상 불법행위에 기한 손해배상청구권, 그중에서도 사용자의 배상책임(민 제756조)을 주장할 수 있다.16) 그리고 甲은 상법상 운송계약 불이행에 기한 손해배상청구권(상 제148조)을 주장할 수 있다. 이 학설에 의하면 甲은 자신이 위 청구권들 중 어떤 것을 주장할지를 결정하여 이를 전제로 그 청구권의 발생요건에 해당하는 사항들을 간추려 적어야 한다. 그러니까 甲이 자배법 제3조나 민법 제756조에 기한 청구권을 주장하기로 하였으면, 사례의 사실들 중에서 그 청구권이 발생하기 위하여 갖추어야 할 요건에 해당하는 사항들을 골라 그 요건에 맞추어 기재하여야 하고,17) 甲이 상법 제148조에 기한 청구권을 주장하기로 하였으면, 그 요건에 맞는 사항들을 기재하여야 한다는 것이다.18) 이 견해는 독일에서 1920년대까지의 통설이었다.

---

16) 여기서 두 책임은 법조경합의 관계이므로 전자가 우선할 것이다. 그러므로 甲이 민법상의 불법행위책임을 주장하더라도 법원은 그에 구애됨이 없이 자배법을 적용할 수 있다. 여하튼 이때 甲은 불법행위 책임을 주장한다는 점에는 차이가 없다.

17) 자배법상 책임의 요건은 승객의 경우에는 ① 사망이나 부상하였을 것, ② 그 손해가 승객의 고의나 자살행위로 인한 것이 아닐 것이다. 그리고 사용자책임의 요건은 ① 어떤 사무에 종사시키기 위하여 타인을 사용할 것, ② 피용자가 사무집행에 관하여 손해를 주었을 것, ③ 제3자에게 손해를 주었을 것, ④ 피용자에게 고의·과실과 책임능력이 있을 것, ⑤ 사용자가 면책사유 있음을 입증하지 못할 것 등이다. 이 중 ⑤는 피해자에게 주장·입증책임이 있는 것이 아니므로 원고는 다른 요건들에 해당하는 사실들을 주장하면 될 것이다.

18) 여객운송인의 책임발생 요건은 일반 민법상의 채무불이행의 경우와 같으나, 귀책사유에 관

(2) 신식별설

이는 청구원인에는 청구취지에서 주장한 **법률효과를 끌어내는 데에 필요한 사실관계**를 기재하면 충분하고, 그것이 어떠한 법적 성질을 갖는지를 기재하거나 그 법적 성질을 전제로 그것에 맞추어 요건사항을 기재할 필요는 없다고 한다. 그리고 원고가 법적 성질을 정하여 기재했더라도 이는 법원을 구속하지 않는다고 한다. 이 견해에 따르면 〈사례 6〉에서 甲은 그 주장하는 손해배상청구권이 자배법상의 책임이나 민법상의 사용자책임에 기한 것인지, 아니면 상법상의 운송계약 불이행에 기한 것인지를 밝힐 필요도 없고, 어느 하나를 전제로 그 요건에 맞추어 사실을 기재할 필요도 없다.

이 견해는 Rosenberg가 처음 주장한 것으로, 법률가가 아닌 원고에게 그가 주장하는 권리가 무엇인지, 그 사건에 적용될 법규범이 어느 것인지까지 정해서 청구원인에 기재하라고 요구할 수는 없는 것이고, 당사자는 사실만을 주장하고 그것이 법적으로 어떤 성질을 가지는 것인지, 그 사건에 어떤 법규범이 적용되어야 할지는 법원이 알아서 결정하는 것이라고 한다. 본래 중세에서부터 내려온 "법은 법원이 안다(iura novit curia)", "나에게 사실을 말하라, 너에게 권리를 주리라(da mihi factum, dabo tibi ius)"는 원칙을 무시하여서는 안 된다는 것이다.[19]

(3) 비 판

사실기재설은 소가 적법한지 여부(소송요건)와 실체법상 이유가 구비되었는지 여부의 구별이 뚜렷하지 않을 때 주장된 학설로, 원고의 완벽한 사실주장은 본안심리에서 권리를 인정받아 승소하기 위하여 갖출 요건이지, 소송상 청구를 특정하기 위한 청구원인사실에 필요한 요건이 아니며, 소장에서 하지 않은 주장이라도 변론종결 때까지 할 수 있음을 인식하지 못하였다는 점에서 오늘날은 타당성이 없다.

독일에서는 간소화개정법으로 집중심리가 이루어지고 있고, 우리 개정법에서도 집중심리를 지향하여 적시제출주의를 표방하므로(제146조) 실질적으로 동시제출주의를 채택한 것과 다름 없다고 생각할 여지가 있다. 집중심리가 이루어지면 사실상 당사자는 모든 소송자료를 소송의 초기에 제출해야 하는 결과가 되는 것은 사실이

한 입증의 내용이 "자기 또는 사용인이 운송에 관하여 주의를 해태하지 않았음을 증명하지 않을 것"이다.

19) Rosenberg, Die Veränderung des rechtlichen Gesichtspunkts im Zivilprozesse, ZZP 49, 38 ff.

지만 이를 사실기재설로 되돌아 간 것으로 보아서는 안 된다. 적시제출주의가 소장에 모든 사실을 기재하라고 요구하는 것은 아니므로 동시제출주의와 적시제출주의는 분명히 다른 것이다.

구식별설은 원고에게 그 청구의 법적 성격까지 특정할 것을 요구한다. 그러나 이는 로마의 방식서소송에서 법무관이 하던 일을 오늘날의 법관에게 맡겨야 함에도 불구하고 원고에게 전가시키는 셈이다. 뒤에 소송물논쟁에서 지적하듯이 원고가 정한 법적 관점이 소송물 결정의 기준이 되고, 법원은 당사자처분권주의에 의하여 그 소송물에 구속된다. 그리하여 법원이 보기에 원고가 법적 성질을 잘못 지정하였으면 원고 스스로가 이를 변경하지 않는 한 청구기각판결을 할 수밖에 없다. 이는 원고가 법률 지식을 제대로 갖지 못하면 패소할 수 있다는 것을 뜻하는데, 법률 전문가로서 당사자 사이의 분쟁관계에 법을 적용하는 것이 법관의 임무라는 원칙, 즉 iura novit curia의 원칙과는 정반대의 결과가 되어 타당하지 않다. 원고는 소장 작성 시뿐만 아니라 소송과정에서도 실체법의 지식이 없이 사실관계만 잘 주장·입증하면 승소할 수 있도록 하여야 할 것이다. 그러므로 이러한 원칙에 충실한 **신식별설**이 타당하다.

Ⅳ. 기타의 기재사항

이상의 4가지 기재사항을 필수적 기재사항이라 한다. 소장에는 이들 외에도 더 상세한 사실인 공격방법, 증거방법 등을 기재하고 첨부하기도 한다. 이들을 기재하면 소장은 준비서면의 역할을 겸하는 것이 된다. 그러므로 소장에는 준비서면에 관한 규정이 준용된다(제249조 2항). 그리고 소장에는 소송물가액에 따라 산출된 가액의 인지를 붙이게 되어 있다(인 제2조 1항).

〈사례 5b〉에서 甲이 적은 소장은 당사자의 주소가 기재되지 않아 당사자가 특정되지 않았다. 그리고 단지 액수를 알 수 없는 돈을 받게 해 달라고만 적고 있을 뿐, 청구 액수가 전혀 기재되지 않았다. 청구원인으로 볼 수 있는 내용으로는 임대차계약의 체결 사실, 임대료 연체의 사실만이 기재되어 있고, 임대료의 액수, 계약체결일과 같은 계약의 내용, 언제부터 언제까지의 임대료를 구하는지, 기타 다른 요건사항들이 기재되지 않았다. 그리고 인지를 붙이지 않았기 때문에라도 이 소장은 적식이 아니다. 소장을 적식으로 작성하면 아래 모양이 될 것이다.

소   장

원 고   김 추 엽(830712-2038512)
서울특별시 서초구 서초동 123-4
피 고   황 만 도(891015-1056311)
서울특별시 서초구 서초동 123-4(2층)

임대료 청구의 소

청구취지

1. 피고는 원고에게 금2,400만원 및 이 소장 송달 다음날부터 완제일까지 연 1할2푼의 비율에 의한 돈을 지급하라.
2. 소송비용은 피고의 부담으로 한다.
3. 위 제1항은 가집행할 수 있다.
라는 판결을 구한다.

청구원인

1. 원고는 피고에게 2023년 11월 1일부터 위 거주지의 가옥 중 2층 부분을 임료 월 600만원을 매월 1일에 지급받기로 하고 임대차기간의 정함이 없이 임대하였다.
2. 그런데 피고는 처음부터 2024년 4월 1일까지 임대료를 지급하지 않으므로 원고는 피고에 대하여 지연임대료 합계 금 3,600만원의 지급 및 이에 대한 지연손해금의 지급을 받기 위하여 이 사건 소에 의한 청구에 이른 것이다.

증 거 방 법
  1. 임대차계약서(갑 제1호증)
  1. 기타 변론시 필요에 따라 제출하고자 한다.

첨 부 서 류
  1. 납부서   1통
  2. 소장 부본   1통
  3. 위 증거서류   1통

2024년 4월 15일

위 원고   김 추 엽 ㉑

서울중앙지방법원 귀중

V. 소장의 제출과 접수

작성한 소장을 제출할 때는 법원 직원에게 지참하여 접수시키는 것이 원칙이나, 우편으로 제출하는 것도 가능하다고 새긴다. 접수하는 공무원은 정당한 이유 없이 접수를 거부하지 못하나, 소송서류의 보완을 위하여 필요한 사항을 지적하고 보정권고를 할 수 있다(규 제5조 1항, 3항).

소장(참가신청서, 재심소장, 준재심소장 등 포함)을 제출하여도 인지액이 부족한 경우로서(제248조 2항, 민인 제13조 2항) 다음의 사유 중 하나가 있으면 소장 등의 접수를 보류할 수 있다: ① 소장 등을 제출한 자가 동일인을 대상으로 반복하여 소장 등을 제출한 전력(前歷)이 있고, 그 소(訴) 등에 대하여 각하판결 또는 소장각하명령 등을 받은 적이 있는 경우, ② 소장 등에 기재된 내용으로는 상대방의 인적사항 또는 청구의 취지가 특정되지 않아 소송절차를 진행하기 곤란할 것이 명백한 경우, ③ 소장 등에 기재한 청구의 취지와 원인에 욕설, 비속어 등의 표현이 포함되어 있고, 그 정도가 사회통념상 용인되는 수준을 넘어서는 경우, ④ 그 밖에 제1호부터 제3호까지의 규정에 준하는 경우(민인규 제4조의2).

소장 등의 접수를 보류하였으면 법원사무관 등은 소장 등을 제출한 자에게 지체없이 이를 통지하고 14일 이내에 최소인지금액 이상의 인지액을 납부하거나 소장 등 관계서류나 물건의 반환을 신청할 수 있음과 그 행위를 하지 않으면 서류와 물건 등을 처음부터 제출되지 않은 것으로 간주하고 모두 폐기한다는 취지를 통지한다(민인규 제4조의3 1항).

법원사무관 등은 소장 등을 제출한 자가 인지액을 납부한 경우에는 소장 등을 접수한다(민인규 제4조의3 5항 1호). 소장 등 서류와 물건 등의 반환신청을 하였으면 지체 없이 반환하고, 소장 등을 제출한 자가 기간 안에 아무런 행위를 하지 않으면 지체 없이 해당 소송서류나 물건을 폐기한다(민인규 제4조의3 5항 2, 3호). 반환이나 폐기된 소장 등은 처음부터 제출되지 않은 것으로 본다(민인규 제4조의3 6항).

소장의 접수가 보류되었다가 다시 접수된 경우에는 소장 제출과 접수의 시점이 달라지는데, 접수가 되면 소장이 제출된 때에 소급하여 소제기의 효과가 생긴다(제248조 3항).[20]

소장 등을 전산정보처리시스템을 이용하여 전자문서로 제출할 수도 있다(전문 제5조). 접수사무를 담당하는 법원사무관등은 인지액 부족 등의 보류 사유가 없으면 전산정보처리시스템에 전자적으로 접수확인을 한다. 이 경우 접수확인을 받은 소장 등은 전산정보처리시스템을 이용하여 제출된 때 접수된 것으로 본다(전문 제9조 2항).

---

20) 제248조 제3항은 2023. 4.의 법개정으로 신설된 조문이다. 공직자나 법관을 상대로 인지도 제대로 붙이지 않고 반복해서 소를 제기하여 법원과 상대방에게 피해를 주는 일이 드물지 않게 일어나 이를 막으려는 조치이다.

법원사무관 등은 전자문서가 접수된 경우에는 즉시 그 문서를 제출한 등록사용자에게 접수사실을 전자적으로 통지하여야 한다(전문 제9조 4항).

소장 등을 전자문서로 제출한 경우에도 인지법이 규정한 보류사유가 있으면 접수가 보류되고 앞서 설명한 인지법과 인지규칙이 규정한 절차를 거치게 됨은 물론이다.

제 3 절 訴狀審査

Ⅰ. 소장심사의 대상

소장이 법원에 접수되면 각 재판부, 즉 좁은 의미의 법원에 사건이 배당된다. 그 뒤 그 사건을 담당한 재판부의 **재판장**이 소장을 심사한다. 심사의 대상이 되는 것은 **필수적 기재사항**이 제대로 기재되었는지 여부와, **소정의 인지**가 붙어 있는지의 여부이다(제254조 1항). 다만 인지 첩부 여부는 법원의 소장 접수공무원이 접수단계에서 조사할 수 있으므로(제248조 2항) 재판장의 조사는 접수공무원이 인지를 붙였는지를 조사하지 않은 경우에 의미가 있을 것이다.

Ⅱ. 보정명령

《사례 5f》　〈사례 5b〉에서 이 사건을 배정받은 법원은 어떠한 조치를 취할 것인가?

소장에 필수적 기재사항이 기재되어 있지 않거나 인지가 제대로 붙어 있지 않으면 재판장은 상당한 기간을 정하여 그 기간 내에 **흠결을 보정하라고 명하여야**한다. 그리고 법원사무관등에게 이 보정명령을 하게 할 수도 있다(제254조 1항). 필수적 기재사항인 대표자를 기재하였으나 다른 사람으로 잘못 쓴 경우는 여기에 해당하지 않는다는 것이 판례이다.[1] 그러므로 〈사례 5f〉에서 수소법원의 재판장은 갑에게 상당한 기간을 정하여 소장을 다시 쓰고 인지도 붙여 오라고 명할 것이다. 판

---

1) 大決 2013. 9. 9, 2013마1273: 소장에 일응 대표자의 표시가 되어 있는 이상 그 표시에 잘못이 있어도 이를 정정 표시하라는 보정명령을 하고 그에 대한 불응을 이유로 소장을 각하하는 것은 허용되지 않고, 오로지 판결로 소를 각하할 수 있을 뿐이다.

례는 인지보정명령을 받고 잘못하여 송달료로 납부한 경우에는 그 납부행위의 의미에 관하여 석명하고 다시 인지를 보정할 기회를 주어야 한다고 판시하였다.[2]

《사례 5g》 〈사례 5f〉에서 재판장은 4월 29일까지 소장을 제대로 다시 쓰고 인지를 12만원어치 붙여 오라고 명했다. 이에 甲은 동네 법무사와 상의하여 적식인 소장을 4월 25일에 법원에 제출하였다. 甲이 언제 소를 제기하였다고 인정할 것인가?

원고가 보정명령에 응하여 보정을 하면 그 **흠결은 치유**된다. 이때 언제 적식의 소장이 제출된 것으로 인정되는지가 문제된다. 이에 관하여는 처음에 소장을 제출했을 때에 소급하여 적법하게 제소한 것으로 보자는 견해와,[3] 부족한 인지만을 보정하였을 때에는 내용상으로는 제대로 된 소제기이므로 소장 제출시에 소급하도록 하고, 청구의 내용이 불명이어서 보정한 경우는 보정한 때로 보자는 견해가[4] 대립되어 있다. 비록 청구의 내용이 불명이더라도 청구의 의사는 소장 제출시에 분명히 밝힌 것이고, 내용을 명확히 하는 것은 어디까지나 '보정'이므로 항상 **소장제출시**로 소급시키는 것이 타당하다.

앞에서 설명하였듯이 소장에 구체적인 증거방법을 기재하는 것이 필수적인 것은 아니다. 그러나 개정법은 신속하고 효율적인 심리를 위하여 재판장이 소장을 심사하면서 구체적인 증거방법을 적어내도록 명할 수 있고, 원고가 소장에 인용한 서증의 등본이나 사본을 제출하라고 명할 수 있도록 규정하였다(제254조 4항).

Ⅲ. 소장각하명령

《사례 5h》 〈사례 5b〉에서 재판장은 소장을 읽어 보지도 않고 소장부본을 乙에게 송달하면서 2017년 5월 15일로 변론기일을 지정하여 당사자들을 소환하였고 소장부본은 4월 25일에 乙에게 송달되었다. 그러나 재판장은 뒤늦게 5월 1일에 甲의 소장이 제대로 되지 않은 것임을 발견하였다. 재판장이 甲에게 소장을 보정하라고 명할 수 있는가?

원고가 흠결있는 소장을 보정하지 않으면 재판장은 **명령으로 소장을 각하**하고 (제254조 2항), 이 명령에 대하여는 즉시항고를 할 수 있다(제254조 3항). 다만 인지

---

2) 大決 2014. 4. 30, 2014마76(인지의 보정명령을 받고 인지액 상당의 현금을 송달료납부서에 의하여 납부하였는데 인지를 보정하지 않았다고 상고장각하명령을 받은 사안); 大決 2021. 3. 11, 2020마7755(상고심 인지와 송달료의 보정명령을 받고 두 금액을 합친 금액을 송달료로 납부하였음에도 인지를 보정하지 않았다고 상고장 각하명령을 받은 사안).

3) 宋 · 朴, 253.

4) 강현중, 352; 金 · 姜, 124; 김홍엽, 337-338; 이시윤, 286; 鄭 · 庚 · 金, 98-99; 한충수, 228.

를 첨부하지 않거나 부족하게 첨부하여 보정을 명하였는데, 원고가 소송구조신청을 하였으면 구조신청의 기각결정이 확정될 때까지는 재판장이 소장을 각하할 수 없고, 이런 경우에는 인지보정명령에 따른 보정기간 전체가 다시 진행되어 그 기간이 경과한 때에 비로소 소장을 각하할 수 있다.5)

　　이러한 법해석을 악용하여 국가나 공직자, 법관 등을 상대로 이유 없음이 명백한 청구를 반복적으로 하며 소장각하를 늦추기 위하여 소송구조까지 신청하는 폐단이 생겼다. 이를 막기 위하여 2024. 4. 개정법은 제128조에 제2항을 삽입하여 소송구조의 가능성을 축소하였다.

　재판장의 각하권한이 언제까지 존속하는지가 문제된다. 이에 관하여는 피고에게 소장을 송달한 때까지, 즉 소송계속이 발생할 때까지라는 견해와6) 변론개시 때까지라는 견해가7) 있다. 생각건대 만일 소장송달 이후 변론개시 이전에 소장각하가 가능하다면 소송계속이 생겨 법원, 원고, 피고 사이의 소송법률관계가 생겼다가 법원도 아닌 재판장의 각하명령으로 소송계속이 다시 소멸한다는 이상한 결과가 된다. 그리고 소장의 흠결은 쉽게 발견할 수 있기 때문에 굳이 각하의 시점을 늦출 필요는 없다고 생각된다. 그리고 소장심사는 소장송달 이전에 하는 것이 원칙이다.8)

　소장의 송달로 **소송계속이 발생한 뒤**에는 재판장이 아닌 법원이 직권으로 조사한다. 특히 청구취지가 특정되지 않았으면 직권으로 보정을 명하고 보정하지 않으면 소를 각하해야 한다.9) 청구원인의 내용이 불분명한 경우에는 석명권을 행사하여 이를 분명하게 해야 한다.

제 4 절　특수한 訴提起 方式

　소장의 제출 이외의 방법으로 소를 제기할 수 있는 경우가 있다. 여기에는 소제기 자체의 방법을 달리 하는 구술 소제기가 있고, 민사소송에 대한 사전절차의 의

---

　5) 大決 2018. 5. 4, 2018무513.

　6) 강현중, 353; 金·姜, 124; 김홍엽 339; 方順元, 347; 李英燮, 253; 진원열, 66; 한충수, 229.

　7) 宋·朴, 254; 이시윤, 286; 鄭·庚·金, 99.

　8) 변론개시시로 잡는 이유를 "일단 변론을 열면 합의부 전원이 심리에 관여하므로 그 뒤에는 재판장 단독으로 처리할 수 없기 때문"이라고 설명하는 수가 있다(鄭·庚·金, 99). 그러나 합의부 전원이 심리에 관여하는 것은 이론상 소송계속이 생긴 때부터이지, 변론개시 때가 아니다.

　9) 大判 1981. 9. 8, 80다2904; 大判 2014. 5. 16, 2013다101104.

미를 갖는 절차에서 그 목적이 달성되지 않아 민사소송으로 넘어가게 되어 소를 제기한 것으로 취급되는 경우가 있으며, 다른 소송이 계속 중에 새로운 청구를 하는 서면을 제출하여 그 청구 자체로 보면 소를 제기한 것과 같은 의미를 갖게 되는 경우도 있다.

Ⅰ. 구술 소제기

소액사건에서는 구술에 의한 소제기가 가능하다(소심 제4조). 이때는 법원 직원의 면전에서 진술하여야 하고, 법원 직원은 제소조서를 작성한다. 이는 원고가 일방적으로 제소하는 경우이나, 양 당사자가 임의로 법원에 출석하여 구술에 의한 진술로써 제소하고 변론할 수도 있다(소심 제5조). 이를 임의출석에 의한 제소라고 한다. 그리고 민사소송은 아니나 **가사비송사건**에서도 구술로 하는 심판청구가 가능하다(가소 제36조).

Ⅱ. 소제기의 간주

제소전화해절차에서 화해가 성립되지 않은 경우에 당사자가 소제기신청을 하면 화해를 신청하였을 때 소를 제기한 것으로 본다(제388조). **독촉절차**에서 지급명령에 대한 채무자의 이의신청이 있으면 지급명령 신청시에 소를 제기한 것으로 보고(제472조 2항), 채권자가 주소보정명령을 받고서 소제기신청을 한 경우 및 법원이 직권으로 사건을 소송절차에 부친 경우(제466조 2항)에도 마찬가지이다(제472조 1항). **민사조정절차**에서 조정을 하지 않기로 결정하거나(민조 제26조), 조정이 성립되지 않았거나(민조 제27조), 조정에 갈음하는 결정에 이의신청이 있으면(민조 제30조) 조정신청을 한 때에 소가 제기된 것으로 본다(민조 제36조).

Ⅲ. 소장 이외의 서면의 제출

당사자참가(제79조, 제83조), 소송 중의 소(제262조, 제264조, 제269조)에서는 소장에 준하는 신청서 등을 제출하면 그 청구에 관하여는 소제기의 효력이 생긴다.

Ⅳ. 배상명령의 신청

이는 형사사건의 피해자가 형사공판절차에서 피해배상을 신청하는 것으로(소촉 제25조 이하), 본래는 집행력을 구하는 것이어서 엄밀한 의미의 소는 아니나 이를 신청하면 소제기와 같은 효력이 생긴다. 이 절차에서는 처분권주의가 적용되지 않아 법원이 직권으로도 배상명령을 할 수 있어 민사소송에서의 소제기와는 차이가 크다.

제 5 절   訴狀送達과 答辯書의 提出

소장이 적식이면 법원은 소장부본을 피고에게 송달하여야 한다(제255조).

이때 피고가 원고의 청구를 다투면 소장부본을 송달받은 날부터 30일 이내에 **답변서를 제출**해야 한다(제256조). 만일 이 기간 내에 답변서를 제출하지 않거나 원고의 주장을 모두 자백하는 내용의 답변서를 제출하면 법원은 변론 없이 원고의 청구를 인용하는 판결을 할 수 있다(무변론판결).[1] 다만 직권으로 조사할 사항이 있거나 판결이 선고되기 전에 피고가 원고의 청구를 다투는 취지의 답변서를 제출하면 변론 없이 판결할 수 없다(제257조). 무변론판결도 직권조사사항인 **소송요건**이 구비되었음을 전제로 하는 것이다.

답변서는 원고의 소장에 대한 피고의 대답으로서, 하나의 준비서면이라고 할 수 있다. 법원은 소장과 답변서를 비교하면 그 사건의 쟁점이 무엇인지를 파악할 수 있다. 종전에는 답변서의 제출은 권장사항이었으나 개정법에서는 이를 필수적인 것으로 규정하였다.[2] **무변론판결**은 피고에게 방어의 의사가 없을 경우에 군이 변론을 열어 재판을 지연시킬 필요가 없기 때문에 개정법이 도입한 제도이다. 따라서 답변서는 소장 못지 않게 중요한 서면으로서의 의미를 갖게 되었다.

답변서에는 당사자와 대리인, 사건을 표시하고, 방어방법, 원고의 청구와 공격방법에 관한 진술, 즉 청구취시에 대한 답변과 청구원인에 대한 구체적인 진술, 이를

---

1) 大判 2017. 4. 26, 2017다201033: 무변론판결은 원고의 청구를 인용할 경우에만 가능하고, 원고의 청구가 이유 없음이 명백하더라도 변론 없이 하는 청구기각 판결은 인정되지 않는다.

2) 제256조 표제에서는 답변서 제출의무라고 하나, 이는 의무가 아니라 책임이다.

증명하기 위한 증거방법, 덧붙인 서류의 표시, 작성날짜, 법원의 표시 등을 적는다 (제256조 4항, 제274조, 규 제65조 1항). 피고가 이에 어긋나는 답변서를 제출하면 재판장은 법원사무관등으로 하여금 방식에 맞는 답변서제출을 촉구하게 할 수 있다 (규 제65조 2항).

재판장은 무변론판결을 할 경우를 제외하고는 원칙적으로 바로 **변론기일**을 정하여야 한다(제258조 1항 본문). 그러나 변론준비가 필요하다고 판단되는 경우에는 사건을 변론준비절차에 부친다(제258조 1항 단서).

제 3 장 訴訟의 客體

제 1 절 訴訟物의 槪念

소송물이라 함은 소송의 객체, 즉 쟁송의 대상을 말하는 것으로, 소송의 객체는 바로 법원의 심판의 대상이다. 법원은 원고가 소로써 청구한 것이 이유 있는지 여부를 심판하므로 결국 소송물은 **원고의 소송상청구**가 된다. 그리고 소송물은 원고가 특정하는 것이고 피고가 방어방법으로 제출하는 주장은 영향이 없다. 상소인이 상소로써 한 주장도 역시 소송물과는 관계가 없다.

Ⅰ. 실체법상의 청구권과 소송의 객체

일반적으로 소송이란 권리·법률관계에 관한 분쟁이므로 원고는 소송에서 권리나 법률관계를 특정하여 주장하게 된다. 원고가 여러 개의 권리나 법률관계를 주장할 수 있을 때에는 원고의 청구도 그 내용이 달라지는 것이 보통이다.

《사례 1》　컴퓨터 판매점을 하는 甲은 대학생 乙에게 최고성능의 컴퓨터 1대를 판매하고 대금 600만원은 한 달 뒤에 받기로 하였다. 그러나 乙이 석 달이 지나도록 대금을 갚지 않아 甲은 乙을 피고로 하여 소송을 하려고 한다. 甲은 소송에서 실체법상 어떤 권리를 주장할 수 있는가?

이 사례에서 甲은 실체법상 乙에게 두 가지 청구를 할 수 있다. 하나는 계약의 내용대로 이행할 것을, 즉 매매대금을 지급하라고 청구하는 것이고(민 제568조 1항), 다른 하나는 乙의 계약불이행을 이유로 계약을 해제하고(민 제544조) 원상회복, 즉 컴퓨터의 반환을 청구하는 것이다(민 제548조). 그러므로 甲은 소송상 실체법상의 매매대금청구권을 주장할 수도 있고, 계약 해제를 이유로 하여 원상회복청구권을 주장할 수도 있다. 이들 중 어떤 청구권을 주장할 것인지는 甲이 스스로 정해야 할 것이다.

《사례 1a》   甲은 乙에게 컴퓨터를 반환할 것을 구하는 소송을 하기로 하였다. 이 소송에서 소송의 객체는 무엇인가?

《사례 1b》   甲은 乙에게 매매대금의 지급을 구하는 내용의 소송을 하기로 하였다. 이 소송에서 소송의 객체는 무엇인가?

甲이 컴퓨터를 반환받기 위해 소송을 하는 경우에 소송의 객체가 컴퓨터라고 오해하기 쉽다. 여기서 컴퓨터는 甲이 소로써 주장하는 실체법상 청구권의 목적물이지 그 자체가 소송의 객체는 아니다. 甲은 계약을 해제하면 원상회복청구권을 갖게 되는데, 이 사건에서는 그 구체적인 내용이 컴퓨터반환청구권이다. 甲이 컴퓨터를 반환받지 않고 매매대금을 지급받기로 하여 소송을 하는 경우에는 소송에서 실체법상의 매매대금청구권을 주장하여야 할 것이다. 여하튼 법원은 甲에게 원상회복청구권, 또는 매매대금청구권이 있는지를 심리할 것이다. 그러나 이 청구권들도 소송의 객체는 아니다. 甲은 법원에 소를 제기하게 되는데, 이 소로써 乙에게 컴퓨터를 반환하라고, 또는 매매대금을 지급하라고 판결해 달라고 법원을 상대로 청구를 한다. 그러면서 甲은 그 근거로 계약 해제로 인한 원상회복청구권, 또는 매매대금청구권의 존재를 주장하게 된다. 소송에서 법원은 일정한 내용의 판결을 해달라고 하는, 법원을 향한 이 청구가 이유가 있는지 없는지를 심리·재판한다. 甲의 주장의 근거가 되는 실체법상의 청구권의 유무는 그 전제문제일 뿐이다. 그러므로 소송의 객체는 법원을 향한 청구의 법적 근거인 원상회복청구권이나 매매대금청구권이 아니라, **법원을 상대로 한 청구 그 자체**이다. 이는 채무자를 상대로 한 실체법상의 청구가 아니라 법원을 상대로 한 청구이다. 그러므로 소송의 객체를 다른 말로 **소송상청구**라고도 한다. 그리고 소송의 대상이라는 의미에서 소송물이라고도 한다.

Ⅱ. 소송물의 내용

소송물인 소송상청구의 내용에 관하여는 요구설과 권리주장설이 대립하고 있다. **요구설**은 소송물이 법원에 대하여 일정한 내용의 재판을 해달라고 요구하는 것이라 하고,[1] **권리주장설**은 원고가 피고에 대하여 일정한 권리가 있다고 법원에 주장하는 것이 소송물이라고 한다.[2] 그러나 예를 들면 원고가 피고에 대하여 2,000만원

---

1) Rosenberg-Schwab/Gottwald[18] §93 Rn. 28.
2) Habscheid(胡文赫 번역), "民事訴訟에 있어서의 訴訟物理論의 발전", 서울대학교 법학 제32권

을 받을 권리가 있다고 주장하는 경우 그 권리주장에 기하여 확인의 소를 제기하는 것인지 아니면 이행의 소를 제기하는 것인지가 특정되지 않는다. 요구설에 의하더라도 소송상청구에 권리주장이 포함되어 있음을 부정하는 것이 아니므로 요구설이 타당할 것이다.

Ⅲ. 소송물과 민사소송

소송물은 민사소송의 각 단계에서 여러 가지를 결정하는 기준이 되는 핵심적인 개념이다.

1. 소송의 개시단계

소송이 시작되는 단계에서 첫째, **어떤 소송절차**에 의할 것인가는 소송물에 좌우된다. 소송물의 내용이 공법상의 법률관계를 대상으로 하면 그 소송은 행정소송이 되고, 사법상의 법률관계를 대상으로 하면 이는 민사사건이 된다. 여기서 다시, 그 법률관계가 재산관계이면 통상의 민사소송이 되고, 가족관계이면 가사소송이 된다.

다음으로 소송물은 **관할의 기준**이 된다. 즉 사물관할은 기본적으로 소송물가액에 의하여 정하여지고, 토지관할을 정하는 기준이 되는 특별재판적 중에서 예를 들어 어음금청구(제9조)나 부동산에 관한 청구의 특별재판적(제20조) 등은 소송물의 내용에 따라서 정해진다.

그리고 소송물이 특정되어야 그 소는 **적법**하다.

2. 소송의 진행단계

이 단계에서 ① **청구병합**인지 여부는 소송물의 개수에 따라 정해진다. ② **청구변경**은 소송물의 변경이므로 청구변경 여부의 기준이 된다. ③ **중복소제기**는 전소송과 후소송의 소송물이 동일해야 하므로 후소가 중복된 소인지 여부의 기준이 된다. ④ 처분권주의에 의하여 법원의 **심판의 한계**는 그 소송의 소송물에 한한다. 그러므로 법원은 그 소송물과 다른 소송물이나, 그 소송물의 범위를 벗어난 사항에 대하여는 심판할 수 없다(제203조).

제1·2호(1991).

3. 소송이 종결된 뒤

이 단계에서는 **기판력**의 객관적 범위는 소송물의 범위와 일치한다는 다수설에 따르면 소송물은 기판력의 범위를 정하는 기준이 된다. 그리고 **금지되는 재소**(제267조 2항)도 취하된 전소송과 소송물이 같아야 되므로 재소 여부를 판단하는 기준이 된다.

제 2 절 訴訟物의 識別基準

앞에서 본 소송상청구의 내용과는 별도로 어떤 기준에 의하여 소송상청구의 동일성이 식별될 수 있는지가 문제된다. 원고가 여러 개의 주장을 할 때, 소송물이 여럿이라고 볼지 아니면 공격방법이 여럿일 뿐이라고 할 것인지, 그리고 원고가 각각의 주장에 따라 같은 소송물을 내세우는 것인지 별개의 소송물을 내세우는 것인지, 그 기준을 어떻게 잡을 것인가가 문제된다. 이 점에 관하여 학설의 대립이 매우 복잡하다. 그러나 그 학설들을 보기 전에 이러한 논의의 배경이 된 청구권의 개념에 관하여 살펴볼 필요가 있다.

Ⅰ. 청구권 개념의 정립[1]

청구권 개념의 전신이라고 할 수 있는 로마법상의 actio는 고전시대의 로마에서는 적어도 형식적으로는 소권의 의미밖에 없었다. 당시의 로마 사람들에게는 개인이 다른 개인에 대하여 주장하여 실현시킬 수 있는 오늘날의 실체법상의 권리라는 개념이 없었고, 문제가 생기면 바로 국가제도인 소송에 의지하였기 때문에, 분쟁이 있어도 actio가 인정되지 않으면 원칙적으로 아무것도 할 수 없었다. 이러한 법체계 때문에 실체법상의 권리의 내용은 actio라는 옷을 입고 그 속에 숨어 있는 것과 같았다. 로마법의 계수 이후 Savigny를 비롯한 역사법학파 학자들은 이 actio를 실체법상의 권리라고 파악하고 소권은 그 권리의 속성이나 내용 중의 일부라고 보

---

1) 이 부분에 관한 상세한 설명은 胡文赫, "19世紀 獨逸에 있어서의 請求權 槪念의 生成과 變遷", 손해배상법의 제문제[성헌황적인박사화갑기념논문집] (1990) 참조.

았다. 이러한 입장에서 독일민사소송법 제정시의[2] 입법자는 민법상의 청구권이 곧 소송상청구라고 보고 청구권을 뜻하는 Anspruch라는 말을 민사소송법에서 소송상 청구의 뜻으로 그냥 가져다 썼다. 이에 대하여 Windscheid는 로마법상의 actio에는 소송법적인 요소와 실체법적인 요소가 있음을 밝히고, 그중 실체법적 요소가 청구권(Anspruch)이고 소송법적인 요소가 소권(Klagerecht)이라고 함으로써[3] actio에서 순수한 실체법상의 내용을 추려 내어 청구권의 개념을 세웠다. 이 Windscheid의 청구권 개념이 독일 민법에서 그대로 청구권으로 받아들여졌고, 로마법상의 개개의 actio에서 그에 대응하는 개개의 청구권이 인정되게 되었다. 그리하여 권리자가 요구하는 급부가 동일하더라도 이를 요구하는 청구를 법적으로 어떻게 구성하느냐에 따라 별개의 청구권이 발생할 수 있다고 하는 이론의 근거가 마련되었다.

《사례 2》   서울에 사는 회사원인 甲은 장차 퇴직 후 시골에 가서 농사를 지으며 살기 위하여 미리 시골에 밭을 매입하여 두었다. 당분간 그 땅에서 경작을 할 형편이 되지 않는 甲이 이를 방치해 두자, 그 마을 주민 乙이 마침 주인도 안 나타나는데 잘 되었다고 하면서 거기다 농작물을 경작하여 수익을 얻었다. 이를 뒤늦게 안 甲은 乙이 공짜로 그 밭을 경작하는 것을 막아야겠다는 생각이 들어 乙을 상대로 불법경작을 원인으로 하여 임료 상당의 손해배상을 청구하는 소를 제기하였다.

《사례 2a》   이때 법원이 이 청구는 이유 없다고 생각하고 그 토지에 대한 임료 상당의 부당이득이 성립된다고 하여 이를 지급할 것을 명하는 판결을 할 수 있는가?

《사례 2b》   甲은 소송 중 乙이 부당이득을 하였다는 주장을 덧붙였다. 이 소송에서 소송물은 몇인가? 그리고 두 개의 주장 사이의 관계는 어떠한가?

《사례 2c》   甲이 불법경작을 주장하는 것은 아무래도 패소할 가능성이 있을 것 같다는 생각이 들어 소송 중에 부당이득 반환청구를 한다고 주장을 바꾸었다. 이러한 주장의 변경은 소송법상 어떠한 성질을 가지는가?

《사례 2d》   〈사례 2〉에서 甲은 소송계속 중에 별도로 부당이득 반환을 구하는 소를 제기하였다. 법원은 이 소를 어떻게 처리할 것인가?

《사례 2e》   〈사례 2〉에서 법원은 청구기각판결을 선고하였고 그 판결이 확정되었다. 뒤에 甲이 임료 상당의 부당이득을 반환하라는 청구로 다시 제소할 수 있는가?

---

2) 독일민사소송법을 줄여서 ZPO라고 하는데, 1877년 제정 당시의 민사소송법은 그 당시의 표기법에 따라 CPO라고 한다.

3) Windscheid, Die Actio des römischen Civilrechts vom Standpunkt des heutigen Rechts, Düsseldorf 1856, S. 1 ff.

《사례 2f》　　甲은 청구기각판결을 받고 항소하였다. 항소심에서 아무래도 승소할 가
망이 없다고 생각한 甲은 그 소를 취하하였다. 그 뒤 甲은 부당이득을 주장하여 다시
제소할 수 있는가?

Ⅱ. 구실체법설

1. 내　　용

이 학설은 소송상청구를 **실체법상의 권리·법률관계의 주장**으로 파악하여, 원
고의 청구취지와 청구원인에 의하여 소송물은 특정되나 소송물 특정은 원고가 하
여야 하므로 청구원인에서 원고는 어떠한 실체법상의 권리를 주장하는지가 나타나
도록 기재하여야 한다(구식별설)고 주장한다. 그러므로 원고가 주장하는 사실관계와
급부가 같더라도 실체법상의 권리가 다르면 소송물이 다르다고 하고,4) 여러 개의
실체법상 권리를 주장하면 소송물이 여러 개가 된다고 한다.5) 〈사례 2〉에서 甲이
불법점거, 즉 불법행위에 기한 손해배상청구권을 주장하였으면 바로 그것이 소송물
이 되고, 같은 사실관계에 기하여 같은 금액의 지급을 구하더라도 부당이득 반환청
구권을 주장하면 다른 소송물이 된다는 것이다.

이러한 전제에서 이 학설에 의하면 법원은 원고가 주장한 법률적 관점과 다른
관점에서 재판하면 다른 소송물에 대한 재판이 되어 **처분권주의** 위반이 된다.6) 그
러므로 〈사례 2a〉에서 법원은 '다른 소송물'인 부당이득 반환청구권에 대하여는 재
판할 수가 없다.

그리고 같은 사실관계에 기하여 같은 금액의 지급을 구하더라도 그 근거로 두
개의 법률적 주장을 하면 소송물이 두 개가 되어 **청구의 병합**이 된다고 한다. 그러
므로 〈사례 2b〉에서 소송물은 두 개가 되었다. 그렇다고 하여 원고는 본래 지급

---

4) 大判 2021. 6. 24, 2016다210474: 동일한 사실관계에서 발생한 손해의 배상을 목적으로 하는 경우
에 채무불이행을 원인으로 하는 배상청구와 불법행위를 원인으로 한 배상청구는 청구원인을 달리하는 별
개의 소송물이 되므로, 경합하는 다른 청구권과는 별개로 원고가 행사하는 청구권의 성립요건과 법률효
과의 인정 여부를 판단하여야 한다(계약 당사자의 선량한 관리자의 주의의무 위반을 근거로 불법행위가
성립한다고 한 원심 판결을 파기한 사안).

5) 이는 20세기 중반까지의 통설이었고, 그 대표자는 Hellwig, Lent 등이다. 오늘날은 독일에서 주장
하는 이가 거의 없다. 우리나라에서는 판례가 이 기준을 적용하고 있고, 학설로는 전원열, 229-230; 한충
수, 198-199가 구실체법설을 지지한다.

6) 大判 2008. 9. 11, 2005다9760·9777: 아파트의 신축으로 일조권이 침해되었음을 이유로 한 손해
배상청구에 대하여 같은 사실관계에 터잡아 분양계약 위반을 이유로 손해배상을 명하는 것은 처분권주의
위반이다.

받을 금액의 두 배를 지급받으려는 것이 아님은 물론이고 법원도 두 청구가 다 이유가 있어도 두 배의 금액을 지급하라고 판결하지는 않는다. 이러한 청구의 병합은 원고가 두 개의 청구를 하면서 둘 중에서 어느 것이라도 하나만 인용되면 만족한다는 형태의 병합으로, 선택적병합에 해당한다.

이 견해에 의하면 소송 중에 원고가 그의 법적 주장을 바꾸면 소송물도 바뀌어 **청구변경**이 된다고 한다. 〈사례 2c〉에서 불법경작을 주장하였다가 뒤에 부당이득으로 주장을 바꾼 것은 원고 甲이 주장하는 권리를 바꾼 것이고 따라서 소송물이 바뀌었다. 이는 바로 청구가 변경된 것이 되어서 법원은 청구변경의 요건(제262조)이 구비되었는지 여부를 심리하여야 한다.

원고가 하나의 법적 관점에 기하여 소송을 수행하다가 그 소송이 계속중에 다른 법적 관점에 기하여, 그러나 동일한 사실관계에 기하여 동일한 금액을 청구하는 별개의 소를 제기하여도 이는 전소송과 후소송의 소송물이 달라서 **중복소제기가** 되지 않는다고 이 견해는 주장한다. 〈사례 2d〉에서 불법경작에 기한 손해배상청구를 하여 소송계속 중에 부당이득을 반환하라고 같은 금액을 청구하는 것은 별개의 소송물이어서 중복소제기가 아니라는 것이다. 그러므로 법원은 이 소를 중복된 소라 하여 각하할 수가 없고 다른 소송요건이 갖추어져 있으면 본안에 관하여 심리·재판하여야 할 것이다.

원고가 하나의 법적 관점에 기하여 일정 금액을 청구하는 소를 제기하였다가 본안판결을 선고받고 그 판결이 확정된 뒤에, 다시 같은 사실관계에 기하여 같은 금액을 청구하는 소를 제기하면서 단지 법적 관점만을 달리 주장하더라도 이 견해에 의하면 전소송과 후소송은 소송물을 달리 하므로 후소는 전소송 확정판결의 **기판력**에 저촉되지 않는다고 한다. 그러므로 〈사례 2e〉에서 甲이 부당이득을 원인으로 하여 다시 제소하더라도 전소송 소송물인 불법행위에 기한 손해배상청구권의 주장과 후소송 소송물인 부당이득 반환청구권의 주장은 서로 소송물이 다르므로 전소송 확정판결의 기판력이 후소송에는 미치지 않는다고 한다.

끝으로, 원고가 전소송에서 하나의 법적 관점을 주장하여 소송을 하다가 본안판결을 선고받고 소취하를 하였으면 뒤에 같은 청구취지, 같은 사실관계 및 같은 법적 관점을 주장하여 다시 제소하면 **재소금지**(제267조 2항)에 저촉되나 이 중 법적 관점만을 달리 하여 다시 제소하면 전후 양소가 소송물이 달라 재소금지에 저촉되지 않는다고 한다. 그러므로 〈사례 2f〉에서 부당이득을 주장한 후소는 불법행위를 주장한 전소송과 소송물이 다르므로 재소금지에 저촉되지 않는다.

2. 구실체법설의 문제점

본래 이 학설은 로마법상의 개개의 actio마다 그에 대응하는 실체법상의 청구권을 인정한 Windscheid의 청구권 개념을 받아들이고, 개인이 설사 하나의 사실관계에서 하나의 급부만을 요구할 수 있다고 해도 각기 다른 법적 근거에서 청구권이 여러 개 인정되면 이들을 다 주장할 수 있도록 해 주어야 한다는 **청구권경합이론**[7]에 그 바탕을 두고 주장된 견해이다. 이렇게 하면 개인은 많은 권리를 주장할 수 있게 되어 권리자가 더 잘 보호된다는 점을 염두에 두고 있는 것이다. 실체법적인 단계에서는 이러한 규율이 타당하다. 그러나 일단 소송의 단계로 넘어가면 앞에서도 본 바와 같이 원고로서는 처분권주의 때문에 제소하면서 자기의 소송상청구가 실체법상 어떤 권리에 해당하는가를 정확하게 알아야지 그렇지 않으면 패소하고 만다는 부담을 지게 된다. 이는 개인의 권리보호에 이바지하는 것이 아니라 거꾸로 개인에게 큰 위험을 안기는 결과가 되는 것이다.[8]

그리고 소송을 당하는 피고로서는 원고가 법적 주장만을 달리해서 여러 차례 제소하는 것이 가능하기 때문에 같은 사건에 관하여 반복해서 응소해야 한다는 부담을 지게 된다. 이처럼 분쟁이 반복되는 것은 법원에게도 부담을 지우는 것이므로, 어느 관점에서 보더라도 바람직한 일이 아니다.

뿐만 아니라 〈사례 2〉에서 甲이 회계장부를 기재할 때 乙의 불법행위로 인한 손해와 乙의 부당이득으로 인한 손해를 별도로 기재하지는 않을 것인데도 불구하고 실체법상 별개의 권리이고 소송상으로도 따로 주장할 수 있다고 보는 것은 매우 어색하다. 이러한 점을 보면 종래의 청구권경합이론과 그에 기한 구실체법설은 일반 상식에도 어긋난다.[9]

---

7) 청구권경합이론에 관하여는 胡文赫, "法條競合과 請求權競合에 관한 判例의 動向", 민사판례연구[X] (1988) 참조.

8) 한충수, 198-199는 이러한 문제점은 법관의 법적 관점 지적이나 석명을 통하여 원고가 적절한 법적 주장을 하도록 유도하면 해결된다는 입장이다. 그러나 이러한 방법은 구실체법설에 의하면 원고에게 전혀 다른 소송물을 주장하도록 유도하는 것이어서 처분권주의 위반이 된다. 반면에 소송법설에 의하면 같은 소송물의 범위에 들어가므로 처분권주의 위반 문제는 생기지 않는다.

9) 구실체법설을 옹호하는 입장에서는 구실체법설에 따른 결과가 이원설과 큰 차이가 없고, 그 차이도 법원의 석명으로 메워지고 있으며, 현행법이 처분권주의와 변론주의를 원칙으로 삼은 것이 구실체법설의 근거가 된다고 한다(전원열, 230). 결과적으로 큰 차이가 없다는 지적은 일리가 있다. 그러나 법관 등의 실무가는 대체적으로 보아 큰 차이가 없으면 중요하지 않다고 느끼더라도 개별 사건의 당사자에게는 사활이 걸린 문제가 됨을 잊어서는 안 된다. 그리고 법원이 실정법을 무시하고 무소불위로 행사하는

구실체법설의 이러한 문제점을 해결하기 위하여 소송법설이 등장하게 되었다.

Ⅲ. 소송법설

이 학설은 소송상청구인 소송물은 순수한 **소송법적인 관점**에서 개념구성해야 한다는 것을 전제로 하여 굳이 사법상의 청구권과 같은 기준에서 특정할 필연성이 없다고 한다. 그러므로 소송상청구를 특정하여야 하는 원고는 그 청구가 실체법상 어떤 권리에 기한 것인지를 정할 필요가 없고, 설사 원고가 일정한 법적 관점에 기하여 청구를 하더라도 이는 법원을 구속하지 않는다고 한다. 이는 원고가 소장의 청구원인에 특정의 법적 관점 내지 실체법상 청구권을 기재하거나 그를 전제로 사실을 기재할 필요가 없다고 하는 신식별설을 전제로 한 이론이다.

이 학설에 의하면 〈사례 2a〉에서 청구가 불법경작을 원인으로 하든 부당이득을 원인으로 하든 같은 소송물의 범위 내이므로 법원은 원고가 주장한 법적 관점에 구속되지 않고 부당이득을 반환하라고 판결해도 **처분권주의** 위반이 아니다. 〈사례 2b〉에서도 마찬가지로 甲이 어느 것을 주장하든 같은 소송물의 범위 내이므로 소송물은 하나뿐이어서 **청구병합**이 아니며, 단지 甲이 주장하는 공격방법으로서의 법적 근거만이 두 개인 것이다. 〈사례 2c〉에서도 甲이 그처럼 법적 주장만을 바꾼 것이 소송물에는 아무런 영향이 없으므로 이는 **청구변경**이 아니고 다만 공격방법으로서의 법적 근거를 변경한 것에 불과하다. 〈사례 2d〉에서 후소가 전소와는 법적 주장을 달리하지만 이는 소송물의 특정에 아무 영향이 없으므로 두 소는 소송물이 같아서 **중복소제기**가 된다. 그러므로 법원은 부당이득을 주장한 후소를 부적법하다고 하여 각하할 것이다. 〈사례 2e〉에서도 전소와 후소는 소송물이 같으므로 후소는 전소송의 확정판결의 **기판력**에 저촉된다. 그러므로 甲이 다시 제소하는 것 자체는 가능하다 하더라도 결국 기판력 때문에 그 청구는 배척된다. 〈사례 2f〉에서 역시 취하된 전소와 다시 제기된 후소는 비록 법적 주장은 다르지만 소송물이 같다고 보므로 **재소금지**에 저촉된다.

그러면 이처럼 실체법상의 권리나 청구권이 소송물의 식별 기준이 되지 않는다면 무엇이 소송물 식별의 기준이 되는가? 이 점에 관하여 이 학설은 순수하게 소

석명권으로 차이가 메워지는 것은 오히려 막아야 할 일이다. 변론주의는 구실체법설이 아닌 이원설의 논거이고, 각 이론에 따라 처분권주의의 적용 결과가 사뭇 달라지므로 처분권주의가 구소송물론의 근거가 될 수는 없다는 점을 유의할 필요가 있다.

송법적인 요소만을 고려하여 소송물을 특정하여야 한다고 한다. 소송물 특정의 기준이 될 수 있는 소송법적 요소로는 청구취지와 청구원인 중의 사실관계가 문제될 수 있는데, 그중 어떠한 것을 기준으로 하여 소송물을 특정할 것인지에 관하여는 견해가 나뉜다.

《사례 3》　　甲은 乙 소유의 가옥 한 채를 장기간 점유하여 사용하고 있었다. 이를 방치한 乙이 뒤늦게 甲에게 집을 비워달라고 요구하자 甲이 그 집을 매수하겠다고 하여 우여곡절 끝에 매매계약이 체결되었다. 그러나 乙이 그 매매계약이 무효라고 하여 등기를 이전하여 주지 않았다. 이에 甲은 乙을 상대로 소유권이전등기 청구의 소를 제기하였다.

《사례 3a》　　이 소송에서 甲은 매매계약이 체결되었음을 주장하였다. 그러나 법원은 매매계약은 무효라고 하고 그 대신 시효취득을 인정하여 甲의 청구를 인용할 수 있는가?

《사례 3b》　　甲은 소송에서 매수와 시효취득 두 가지를 원인으로 주장하였다. 이때 소송물은 몇 개인가?

《사례 3c》　　甲은 소송에서 매매계약의 체결을 주장하였다. 그러나 그 매매계약이 무효라고 한 乙의 주장이 먹혀들어 갈 것 같다는 생각이 들어 시효취득으로 주장을 바꾸었다. 이때 법원은 어떠한 사항을 심리하여 이를 받아들일 것인지를 결정할 것인가?

《사례 3d》　　甲은 소송에서 매매계약의 체결을 주장하고는 그 소송계속 중에 시효취득을 주장하여 같은 청구를 하는 소를 별도로 제기하였다. 이 후소는 적법한가?

《사례 3e》　　甲은 그 가옥을 매수하였음을 주장하여 위 소를 제기하였으나 법원은 청구기각판결을 선고하였고 甲이 항소하지 않아 그 판결이 확정되었다. 뒤에 甲은 다시 그 가옥을 시효취득하였음을 주장하여 소유권이전등기를 구하는 소를 제기하였다. 이 후소는 적법한가?

《사례 3f》　　甲은 가옥의 매수를 이유로 하여 제기한 소에 대하여 법원이 청구기각판결을 하자 바로 소를 취하하였다. 甲이 나중에 시효취득을 이유로 하여 같은 청구를 하는 소를 제기할 수 있는가?

1. 이 원 설

(1) 내 용

소송물은 **청구취지**와 청구원인에 기재된 **사실관계**에 의하여 특정된다고 한다. 그러므로 소송물이 하나라고 하려면 청구취지와 사실관계가 모두 하나이어야 하고,

그 둘 중 하나만이라도 여러 개이면 소송물은 여러 개가 된다고 한다. 그리고 소송물이 같다고 하려면 청구취지와 사실관계가 모두 같아야 하고, 그중 하나라도 다르면 소송물은 다르다고 하게 된다.

그러므로 〈사례 3〉에서 甲은 같은 소유권이전등기청구를 하더라도 매매계약을 체결하여 자신이 매수인임을 주장하여 이전등기를 청구할 수도 있고, 甲이 20년간 소유의 의사로 평온, 공연하게 그 가옥을 점유하였음을, 즉 시효취득(민 제245조 1항)을 주장하여 이전등기를 청구할 수도 있을 것이다. 이 경우 이원설에 의하면 어느 사실을 원고가 주장하느냐에 따라 소송상청구, 즉 소송물이 달라진다는 것이다. 그리하여 〈사례 3a〉에서 법원은 매매계약이 무효라고 판단하였으면 甲의 청구가 이유 없다고 하여 청구기각판결을 할 수 있을 뿐이고, 甲이 주장하지도 않은 시효취득을 인정하여 청구를 인용하는 것은 다른 소송물에 대한 재판이어서 **처분권주의 위반**이다. 〈사례 3b〉에서 甲은 두 개의 사실관계를 주장하므로 소송물이 두 개여서 **청구병합**이 된다. 〈사례 3c〉에서 甲이 사실관계에 관한 주장을 바꾼 것은 소송물을 바꾼 것이 되어 **청구의 변경**이 된다. 그러므로 법원은 청구변경의 요건이 갖추어졌는지를 심리하여 그 허용 여부를 결정할 것이다. 〈사례 3d〉에서 전소송과 후소송은 사실관계가 달라 소송물이 다르므로 후소는 **중복된 소**가 아니고 따라서 적법하다. 〈사례 3e〉의 경우 판결이 확정된 전소송과 다시 계속한 후소송에서 주장된 사실관계가 서로 다르기 때문에 소송물이 다르다. 그러므로 후소는 전소송 확정판결의 **기판력**에 저촉되지 않아 적법한 소가 된다. 〈사례 3f〉에서는 취하된 전소와 제기하려는 후소에서 甲이 주장하는 사실관계가 서로 다르므로 양소는 소송물도 다르다. 따라서 甲은 시효취득을 이유로 제소해도 **재소금지**에 저촉되지 않는다.

(2) 근 거

이원설의 근거는 현행 소송법 규정과 변론주의에 있다. 민사소송법은 원고가 소송상청구를 특정하여야 함을 전제로 하여, 소장에는 당사자, **청구취지와 청구원인을 반드시 기재하도록 규정**하였다(제249조). 이는 바로 소송물은 청구취지와 청구원인으로 특정된다는 것을 뜻하고, 청구원인에는 그 청구를 다른 청구와 식별시킬 수 있는 정도의 사실관계를 기재하여야 하므로, 결국 소송상청구는 청구취지와 사실관계로 특정된다는 것이다.[10] 그리고 민사소송법의 대원칙인 **변론주의**로 인하여 당사

---

10) Lüke[11] § 14 Rn. 4.

자가 주장하지 않은 사실은 법원이 심리할 수 없으므로 만일 사실관계를 고려하지 않고 청구취지만으로 소송물을 특정하면 소송물의 범위와 법원이 실제로 심판하는 범위가 일치하지 않게 된다. 두 범위가 일치하지 않는다는 것은 바로 구체적 타당성 있는 재판을 기대할 수 없다는 것을 뜻한다. 구체적 타당성 있는 재판을 보장하려면 소송물을 결정할 기준에 사실관계를 포함시켜 소송물의 범위와 실제 심판의 범위를 일치시켜야 한다. 그리고 이렇게 하는 것이 심판의 대상이라는 의미에서의 소송물 개념과도 일치한다.11) 〈사례 3a〉에서 이원설에 따르지 않더라도 어차피 변론주의 때문에 법원은 시효취득을 인정할 수가 없는데도 불구하고 소송물에는 그 부분도 포함된다는 이상한 결과가 된다.

(3) 사실관계의 범위

이원설에 의하면 청구취지가 같더라도 사실관계가 다르면 소송상청구가 다르고, 청구취지가 하나라도 사실관계가 여럿이면 소송상청구가 여럿이 된다. 그러나 사실관계가 같은가 다른가, 하나인가 여럿인가 하는 문제는 '사실관계'의 범위를 어떻게 정하느냐에 따라 다른 결론이 나온다. 사실관계를 넓게 잡으면 여럿이라고 생각될 수도 있는 소송물이 하나가 될 것이고, 이를 좁게 잡으면 하나라고 생각될 수 있는 소송물이 여럿으로 나뉠 수도 있기 때문이다. 〈사례 3b〉에서 사실관계를 극단적으로 넓게 잡아 매매와 시효취득의 두 사실을 모두 그 가옥에 관계된 하나의 사실관계라고 보면 소송물은 하나라고 보게 되고, 그 사실들이 서로 다른 사실관계라고 하면 소송물이 두 개라고 보게 된다. 여기서 이 사실관계 개념의 외연이 모호하다는 것이 이 학설의 문제점으로 지적된다. 물론 이 정도 다른 두 개의 사실을 하나의 사실관계라고 보려는 견해는 없지만, 그 판단이 쉽지 않은 경우도 있을 수 있다.

《사례 4》   A법과대학 3학년생 乙 등 30명은 1학기 기말고사를 마치고 종강파티를 하기 위하여 甲이 경영하는 막걸리판매점에 가서 막걸리 세 상자를 사고 대금 10만원은 한 주일 뒤에 주기로 하였다. 그러나 乙 등이 제 때에 막걸리 대금을 지급하지 않

---

11) 이원설의 근거에 관하여, 구실체법설은 소송에서 당사자의 지배권을 확대하려는 개인주의적 소송관의 산물로, 소송물의 범위를 지나치게 좁게 잡고 있고, 소송법설은 사회국가적 소송관에 입각한 것으로 그중 일원설은 소송물의 범위를 지나치게 넓게 잡으므로 양자를 절충한 이원설이 타당하다고 보는 견해가 있다(鄭·庚·金, 295). 여기서 구실체법설이 개인주의·자유주의적 사고에 기인한 것은 사실이다. 그러나 소송법설이 사회국가·복지국가적 소송관에 입각한 것이라고는 할 수 없다. 그것은 구실체법설이 실체법에서 권리자를 두텁게 보호하려는 목적에서 주장된 청구권경합이론을 전제로 하지만 실제로 소송에서는 오히려 권리자에 불이익을 주는 결과가 되므로, 이러한 일이 생기는 것을 막으려는 것이 소송법설이기 때문이다.

아 甲이 매매대금 10만원을 받기 위하여 소를 제기하였다.

《사례 4a》   위 사례에서 甲은 乙 등 30명의 계약불이행을 이유로 막걸리 매매계약을 해제하고 막걸리를 반환하라고 청구하였으나 이미 乙 등이 막걸리를 모두 마셔 치웠기 때문에 이를 이유로 하여 막걸리 매매대금에 해당하는 금액 10만원의 부당이득을 반환할 것을 구하는 소를 제기하였다.

〈사례 4〉에서 甲은 매매계약 체결을 사실관계로 주장하였고, 〈사례 4a〉에서는 甲이 매매계약의 해제와 乙 등의 소비를 사실관계로 주장하였다. 이 두 사례의 사실관계가 서로 같은지 여부를 판단하는 것은 간단치 않다. 사실관계를 넓게 파악하는 입장에서는 이를 막걸리의 매매를 둘러싼 같은 사실관계에 포함된다고 할 것이고 사실관계를 좁게 파악하는 입장에서는 이를 별개의 사실관계라고 볼 것이다. 그리하여 독일에서는 사실관계의 범위에 관하여 견해가 대립되고 있다. 사실관계의 단위를 '고립된 역사적 개별현상'이라고 하여 좁게 잡는 견해와 자연적인 파악에 의하여 단일하게 나타나는 **'전체적인 역사적 생활현상'**이라고 하여 넓게 잡는 견해가 주장된다. 전자에 의하면 〈사례 4〉와 〈사례 4a〉는 각기 다른 사실관계라고 보게 되나, 후자에 의하면 막걸리 매매대금의 미지급을 둘러싼 분쟁이라고 하여 하나의 사실관계라고 보게 된다. 독일에서 이러한 경우에는 하나의 사실관계에 포함시키는 견해가 일반적이다. 그러나 어떻든 사실관계 외연의 모호성이 이원설의 문제점인 것만은 부인할 수 없다. 그럼에도 불구하고 독일에서는 이 견해가 다수설·판례의 지위를 차지하고 있다.12)

2. 일 원 설

(1) 내용과 근거

위에서 설명한 이원설의 문제점을 해결하고자 주장된 것이 일원설이다.13) 이는 그 기준이 모호한 사실관계를 소송물 식별 내지 결정의 요소에서 제외하고 오로지 **청구취지 하나만**에 의하여 소송물을 정하자는 이론이다. 이 견해는 원고가 법원에 대하여 요구하는 바를 가장 집약적으로 나타낸 것이 바로 소장의 결론부분인 청구

---

12) 독일 판례 중에 일원설을 따른 것이 더러 있으나(BGHZ 37, 372) 주류는 이원설을 따른다. 우리나라에서 일원설을 취한다고 소개되는 BGHZ 9, 22(27)도 판결문을 세밀히 보면 이원설에 따름을 분명히 한 것을 알 수 있고, 독일의 학자들도 이를 이원설에 기한 판결이라고 본다. 특히 BGH NJW 1981, 2306은 이원설을 지지함을 명백히 밝혔다.

13) Schwab, Der Streitgegenstand im Zivilprozeß, München 1954.

취지이고, 따라서 어느 원고나 법원에게 자신이 제시한 청구취지의 내용대로 재판을 해달라고 요구한다고 하는 점은 의심의 여지가 없다는 것이다. 그러므로 청구취지야말로 진정한 쟁송의 대상이고, 법원의 심판의 대상을 나타낸 것이라고 할 수 있으며, 그 범위와 개수도 명확하다는 점을 근거로 한다. 그렇기 때문에 소송물은 청구취지를 기준으로 결정하여야 한다는 것이다.

따라서 이 견해에 의하면 사실관계가 다르더라도 청구취지만 같으면 소송물이 같고, 여러 개의 사실관계를 주장해도 청구취지만 같으면 소송물은 하나라는 결론이 된다. 〈사례 3〉에서는 매매와 시효취득이라는 다른 사실관계가 주장되었어도 소유권이전등기청구라는 청구취지는 같기 때문에 소송물은 하나가 된다. 그리하여 〈사례 3a〉의 경우, 법원이 시효취득을 인정하여 甲의 청구를 인용하는 것은 다른 소송물에 대한 판단이 아니므로 적어도 **처분권주의**에 위배되지는 않는다. 〈사례 3b〉는 甲이 두 가지 사실관계를 주장하였어도 이들은 공격방법에 지나지 않으므로 **청구의 병합**이 되지 않는다. 〈사례 3c〉에서도 甲이 사실 주장을 바꾼 것은 소송물을 바꾼 것이 아니라 공격방법을 바꾼 것이므로 **청구변경**이 되지 않는다. 〈사례 3d〉의 전소와 후소는 청구취지가 같기 때문에 시효취득을 주장한 후소는 **중복된 소**가 된다. 〈사례 3e〉 역시 소송물이 같기 때문에 후소는 전소송 확정판결의 **기판력**에 저촉된다. 〈사례 3f〉에서는 역시 재소가 취하된 전소와 소송물이 같기 때문에 제267조 2항에 의하여 금지되는 '**동일한 소**'가 된다.

(2) 문제점

이 견해는 일단 소송물의 범위를 정하는 기준이 명백한 것이 장점이라고 하나, 그렇지 않은 경우도 얼마든지 있다.

《사례 4b》　　〈사례 4〉에서 甲이 승소확정판결을 받았다. 그 소송이 계속중에 같은 학생인 乙 등이 다음 학기 초에 개강파티를 한다고 甲에게서 맥주 두 상자를 역시 외상으로 사갔다. 乙 등이 이 맥주값도 지급하지 않아 甲은 이들을 상대로 맥주값 10만원을 지급할 것을 구하는 내용의 소를 별도로 제기하였다. 이 후소는 적법한가?

이 사례에서는 막걸리 대금 10만원을 지급하라는 전소와 맥주 대금을 지급하라는 후소의 청구취지는 완전히 같다. 일원설의 입장을 그대로 관철시키면 이러한 경우에 甲의 후소는 후소송 법원이 전소송 판결확정 뒤에 이 소에 대하여 판단하면 기판력에 저촉한다고 보게 된다.[14] 그러나 이러한 경우에 두 소가 동일한 소라고는 말할 수 없고 따라서 甲의 후소가 기판력에 저촉된다고 해서는 안 된다. 이처럼 청구의 내용이 **금전 기타 대체물의 지급**을 구하는 소송에서는 청구취지가 같다고 소송물이 같다고 볼 수 없기 때문에 청구취지만으로는 소송물이 특정되지 않고, 청구원인의 사실관계까지 참작해야 비로소 소송물이 특정된다. 뿐만 아니라 이 사례에서 본 바와 같이 일원설에 의하면 **기판력의 범위**가 대단히 넓어진다. 이는 법률관계의 안정에는 크게 기여할지 모르나, 부당하게 패소한 당사자에게는 대단히 불리한 결과가 된다. 그렇기 때문에 기판력의 범위는 좁게 잡아야 한다는 것이 일반적인 인식이다.[15] 이러한 점을 고려하여 일원설에서는 금전 기타 대체물의 지급을 구하는 소의 경우와 기판력의 범위를 정할 때는 사실관계도 참작하는 것을 인정함으로써 결국 이원설로 되돌아간다. 일원설은 이러한 약점 때문에 독일에서는 소수설에 머물러 있다.[16]

3. 상대적 소송물론

앞에서 설명한 학설들은 소송물을 정할 때에 소의 종류나 절차의 단계를 묻지 않고 일률적으로 소송물을 특정한다는 것을 전제로 하고 있다. 이를 통일적 소송물 개념이라고 한다. 독일에서는 이와 달리 소송물을 경우에 따라 달리 파악해야 한다는 견해가 적지 않게 주장된다. 그 근거로는 소송법상의 각 제도에 따라 그 목적에 맞게 소송물 개념을 별도로 정하는 것이 합리적이라는 점을 든다. 이러한 부류의 견해는 대체로 세 가지로 나눌 수 있다.

제1설은 **판결대상**을 일반 소송물과 달리 보는 견해로서, 이는 절차의 각 단계 중 판결의 단계에 관하여는 그 소송물을 정하는 기준이 달라져야 한다고 하여 소송의 대상이라는 의미의 소송물과 구별하여 판결대상이라는 말을 사용하고 있다. 이 견해에 의하면 다른 경우에는 소송물을 일원설에 의하여 특정하지만, 기판력의 범위는 이원설에 의하여 좁게 잡아야 한다고 본다.[17]

---

14) 전소송의 판결이 확정되기 전, 즉 전소송이 계속 중에 후소송 법원이 판단하면 중복소제기 금지에 저촉된다고 판단하게 될 것이다.

15) 독일에서는 기판력의 범위를 넓게 잡으면 권리보호를 보장하는 GG Art. 19 Ⅳ 위반의 문제가 된다고까지 한다(Stein-Jonas/Schumann[20] Einl. Rn. 283; Baumgärtel, Zur Lehre vom Streitgegenstand, JuS 1974, 72).

16) 일본에서는 초기에 三ケ月를 중심으로 독일의 소송물이론이라고 하여 주로 이 일원설을 소개하여 이 견해가 신소송물론이라고 불렸다. 그러나 독일의 일원설이 철저하지 못하다고 비판하면서 기판력의 객관적 범위도 청구취지만에 의하여 특정되는 넓은 소송물의 범위와 일치시키려고 하였다.

17) K. Blomeyer, Arrest und einstweilige Verfügung, ZZP 65, 52(59); Stein-Jonas/Pohle[19]

제2설은 절차의 각 단계에 따라 소송물을 정하는 기준을 달리 하자는 것으로 이른바 **가변적 소송물개념**을 인정하는 견해이다. 여기에는 소송계속(중복소제기)과 기판력의 범위를 정할 때는 이원설, 청구의 병합과 변경에서는 일원설에 의하여 소송물을 특정할 것이라는 견해와[18] 오로지 기판력의 범위만을 이원설에 의하여 정하자는 견해가 있다.[19]

제3설은 절차를 지배하는 **기본원칙**에 따라 소송물을 특정하자는 견해로서, 변론주의에 의하는 절차에서는 이원설, 직권탐지주의에 의하는 절차에서는 일원설에 의할 것이라고 한다.[20]

이러한 견해들은 구체적인 경우에 따라 소송경제 등을 고려하여 적절하게 소송물을 달리 특정하자는 취지이다. 그러나 소송계속의 범위와 기판력의 범위가 달라진다든가, 소송계속의 범위 밖의 주장을 새로이 하는데, 소송물은 변경되지 않았다든가 하는 결론을 내는 것은 설득력이 없다고 생각된다.

4. 사실관계일원설(사실관계일지설, 핵심설)

근래에 새로이 청구취지는 도외시하고 청구원인의 **사실관계만을 기준**으로 소송물을 식별하자는 주장이 등장하였다. 이에 의하면 당사자들이 관심을 가지는 것은 구체적 사실관계를 둘러싼 분쟁의 해결이므로 분쟁의 대상은 핵심적 사실관계라고 한다.[21]

주로 독일의 부양료 소송에 관한 판결의 기판력에 관한 판례와 유럽법원에서 내린 확인의 소와 이행의 소의 중복소송 여부에 관한 판단에서 판시한 견해를 바탕으로 한다. 우리나라에서는 이러한 외국의 판례를 소개하면서 원칙적으로는 이원설에 따르면서 같은 권리에 터잡은 확인의 소와 이행의 소의 중복제소 여부 등 일부 영역에서 이를 채택할 것을 주장하는 견해가 있다.[22]

Einl. E III passim.

18) Baumgärtel, aaO., JuS 1974, 75.

19) Stein-Jonas/Schumann[20] Einl. Rn. 283, 291 ff.

20) Jauernig[29] § 37 VII; ders., Verhandlungsmaxime, Inquisitionsmaxime und Streitgegenstand, 1967.

21) 鄭・庚・金, 290-291 참조.

22) 鄭・庚・金, 295-296. 이 견해는 독일에서 논의되는 핵심설과 사실관계일원설을 하나의 견해라고 묶어서 소개하고 있으나 독일에서는 이 두 학설을 구별하여 논한다. 핵심설은 유럽대법원의 판례의 견해이고 사실관계일원설은 독일 판례에 등장하는 견해이다. 핵심설의 설명은 Rosenberg-Schwab/Gottwald[18] § 93 Rn. 21 ff., 사실관계일원설의 설명은 Rosenberg-Schwab/Gottwald[18] § 93 Rn. 25. Lüke[11] § 14 Rn. 7에서는 핵심설을 '유럽의 소송물개념'이라고 칭한다.

그러나 이 같은 견해가 아직 소송물 식별의 이론으로 확립되어 있는지 의문이다. 이 기준을 일반론으로 적용하면 소송물 식별이 매우 불투명해지고 따라서 법원의 심판 범위가 모호해진다. 그리고 확인의 소와 이행의 소의 중복소제기 문제에 한정하여 이 기준을 적용하려는 것도 타당하지 않다. 뒤에서 설명하듯이 이는 중복소제기의 문제가 아니라 확인의 소의 보충성 문제이기 때문이다.

5. 소송법설의 결산

(1) 각 학설의 차이

이처럼 소송법설은 여러 학설로 갈리고 각 학설은 서로 큰 차이가 나는 것처럼 보인다. 그러나 실제로 각 학설 사이의 차이란 별로 대단한 것이 아니다. 앞에서도 설명한 바와 같이 기본적으로는 실체법상의 권리나 법률관계의 주장은 소송물을 결정하는 요소가 되지 않는다고 보는 점에서는 아무런 차이가 없다. 그리고 청구취지가 하나이고 사실관계도 하나일 때에 소송물을 하나라고 보는 점, 청구취지가 여러 개이고 사실관계가 하나일 때 소송물을 여러 개라고 보는 점, 청구취지가 여러 개이고 사실관계도 여러 개일 때 소송물을 여러 개라고 보는 점에는 각 학설 사이에 아무런 차이가 없다. 차이가 나는 경우란 오로지 **청구취지는 하나인데, 사실관계가 여럿일 때**뿐이다. 이때 일원설은 소송물이 하나라고 하는데, 이원설은 소송물이 여럿이라고 하고, 상대적 소송물론은 경우에 따라 달리 취급한다.

여기서 분명한 것은 사실관계가 다를 경우에 실제로 소송물이 다르냐 같냐가 문제되는 경우란 흔하지 않다는 점이다. 일원설이라고 하더라도 〈사례 3〉이나 〈사례 4a〉과 같이 두 사실관계가 서로 밀접히 관련되어 있고 시간적으로 중복된다든가 하여 크게 보면 하나의 사건이라고 볼 여지가 있는 경우에 소송물이 하나라고 하는 것이지 〈사례 4b〉처럼 어떤 기준으로 보아도 전혀 다른 사건인 경우에까지 청구취지가 같아 보인다고 해서 소송물이 같다고 주장하려는 것은 아니다.

그러므로 결국 문제는 **사실관계의 범위**를 어느 정도 넓게 잡는가에 있다. 여러 개의 사실관계라고 보이는 경우도 그 범위를 크게 잡으면 하나의 사실관계로 보게 되고, 결과적으로 일원설과 같은 결론이 된다. 그리고 사실관계의 범위를 좁게 잡으면 이들이 각기 다른 사실관계가 되기 때문에 일원설과는 동떨어진 결론이 된다. 독일의 판례가 대부분 관심을 갖는 것은 사실관계가 소송물 결정의 요소가 되는가의 여부가 아니고 사실관계의 범위를 어느 정도 넓게 잡느냐 하는 점이다. 앞에서도 설명하였듯이 학설과 판례가 일반적으로 사실관계의 범위를 넓게 잡고 있기 때문에 실제상 학설들 사이에 차이는 거의 없다고 할 수 있다.

(2) 소송법설의 공적

과거 구실체법설은 소송물의 개념을 실체법상의 권리나 청구권에 의존하여 실체법과 소송법에서 청구(Anspruch)의 개념을 통일적으로 파악하려던 것이었다. 소송법설은 이를 극복하여 오로지 소송법적인 요소만을 기준으로 소송물을 결정해야 한다고 함으로써 **법률은 법원이 안다**(iura novit curia)", "**나에게 사실을 말하라, 너에게 권리를 주리라**(da mihi factum, dabo tibi ius)"는 원칙을 되살려 냄으로써 소송의 민주화를 이룩했다는 점을 높이 평가할 만하다. 이 점은 소송법 이론에서 커다란 진보라고 할 수 있다.

소송법설에 대하여는 주로 구실체법설을 주장하는 쪽에서, 소송물을 특정할 때에 법적 관점, 즉 적용할 법규범이 배제되어서 법원으로서는 어떤 법규범을 적용할 것인지가 분명치 않으므로 심판 범위와 기판력의 범위가 불분명하게 된다고 비판한다. 그리고 법원으로서는 적용 가능한 여러 가지의 법적 관점에서 모두 심리를 하여야 하기 때문에 부담이 증가한다는 문제점이 있다고 비판하기도 한다. 그러나 원고가 사실관계와 청구취지만 특정하면 실제로 심판의 범위는 구실체법설에 의할 때보다 약간 넓어지겠지만 그렇다고 심판이나 기판력의 범위가 불분명해지는 것은 아니다. 그리고 법원의 부담 증가도 우려할 필요가 없는 것이, 소송에서 법원이 시간과 비용을 들이는 것이 대부분 사실확정이지 법규범의 적용이 아니며, 설사 부담이 더러 증가하더라도 그 정도는 '법을 아는' 법관이 당연히 할 일인 것이다. 소송법설에 의하면 오히려 소송의 횟수가 줄어들어 전체적으로 보면 법원의 부담이 감소한다는 사실을 잊어서는 아니 된다.

그러나 소송법설은 실제로 소송에서 법원의 심리가 법적 판단을 목표로 하여 진행되고, 실체법상의 권리 내지는 청구권을 발생시키는 요건, 즉 법률요건을 중심으로 진행된다는 사실을 도외시하고 있다는 문제점이 있다. 그렇기 때문에 법원의 심판에서는 실체법상의 권리·법률관계와 소송물이 같은 기준에 의하여 특정되는 것이 바람직한데, 소송법설은 이 두 가지를 각기 다른 기준에 의하여 특정되게 함으로써 **실체법과 소송법의 관계**를 끊어버렸다. 실체법과 소송법은 권리의 실현이라고 하는 목표를 향해 가는 하나의 수레에 달린 두 개의 수레바퀴와 같은 것이다.

그럼에도 불구하고 두 개의 바퀴가 각기 소속이 다르다고 해서 다른 방향으로 굴러가는 것은 수레를 엉뚱한 방향으로 가게 할 위험이 있다. 이것이 소송법설이 가지는 근본적인 문제점이다. 이러한 실체법과 소송법의 괴리를 극복하고자 등장한 것이 신실체법설이다.

Ⅳ. 신실체법설

1. 내 용

이 견해는 소송법설에 의하여 벌어진 실체법상의 청구권과 소송상청구를 다시 접근시켜 같은 기준에 의하여 특정시키자는 견해이다. 이들을 다시 접근시키는 방법은 두 가지가 있을 수 있는데, 그중 하나가 구실체법설로 되돌아 가는 것이다. 그러나 구실체법설은 소송에서 타당하지 않은 결과를 가져오므로 이 방법은 취할 바 못된다. 나머지 한 방법이 소송법설의 결론을 유지하면서 **실체법상의 청구권 개념을 바꾸는 것**인데, 바로 신실체법설이 이러한 방법을 취하고 있다. 이 견해도 주장하는 이에 따라서 여러 가지로 나누어진다. 그러나 공통되는 점은 종래의 Windscheid식의 청구권 개념, 즉 로마법의 actio에 대응하는 각 청구규범을 따라 별개로 각각의 청구권을 인정할 것이 아니라, 청구권 개념을 더 넓혀서 **소송법설이 주장하는 소송물 개념의 범위와 일치**시킬 것을 주장한다는 점이다. 여기서는 대표적인 학자들의 견해를 간략히 본다.

청구권과 소송상청구를 다시 접근시키기 위하여 Nikisch는 종래 여러 개라고 보아온 청구권들이 하나의 **생활사실관계**에서 나온 것이고 그 권리들의 법적 근거가 된 청구규범들이 **지향하는 목적**이 동일하다면 이들은 차라리 하나의 청구권으로 파악할 수 있다고 보았다.23)

Henckel은 실체법상 청구권이 여러 가지의 기능을 하는데, 그중 소송법에서 의미 있는 것은 채권양도에서 나타나는 바와 같은 **처분대상**으로서의 기능이라고 하였다. 그러니까 청구권을 발생시키는 법규범이 무엇이냐와는 관계 없이 그것이 처

---

23) Nikisch, Zur Lehre vom Streitgegenstand im Zivilprozeß, AcP 154, 269 ff. Larenz와 Esser도 같은 견해이다. 이는 소송물이론으로 치면 이원설에 해당한다. 그러나 일반적으로 알려져 있는 바와 같이 청구권을 이처럼 넓게 파악하자는 이가 Nikisch가 최초는 아니다. 이미 19세기에 판덱텐법학자 중에서 Windscheid와 같이 로마법의 actio에 일일이 대응되는 좁은 청구권을 반대하고 더 포괄적으로 파악하자는 견해가 많았다.

분대상으로서 하나로 파악되면 청구권이 하나이고, 따라서 소송물도 하나라고 한
다. 그리고 처분대상이 서로 다른 것으로 파악되면 청구권도 다르고 소송물도 다르
다고 본다는 것이다. 여기서 처분대상을 특정하는 기준에 관하여는 청구의 내용과
생활사실관계의 시간적 단면을 든다.24)

　　Georgiades는 종래 실체법상의 청구권 개념이 actio의 틀에서 벗어나지 못하였
다고 비판하면서, actio에서 영향을 받아 실체법이 인정한 것을 청구권으로 볼 것
이 아니라 청구권의 법적 근거가 되는 청구규범이라고 보아야 하며, 청구규범이 여
럿이라도 그들이 **동일한 급부를 목적**으로 하는 것이면 청구권은 하나라고 볼 것이
라고 주장하였다. 그리하여 종래 청구권이 경합한다고 보던 것은 청구규범이 경합
하는 것에 지나지 않고 실체법상 청구권은 하나뿐이라고 하였다. 그러므로 새로운
의미의 청구권경합은 급부가 경합하여야 생기는 것으로 본다. 다만 예외적으로 하
나의 동일한 급부를 구하는 것이라도 법률이 달리 규율하기 때문에 청구권이 다르
다고 볼 경우가 있는데, 전형적인 경우가 어음발행과 원인행위에 기한 각각의 급부
이다. 여하튼 민사소송에서 소송물도 이러한 통합된 청구권과 같은 기준으로 특정
하게 된다고 한다.25)

　　이상에서 본 여러 학자들은 종래 여러 개의 청구권이라고 인정되던 것을 일정
한 기준에 따라 뭉쳐서 하나의 실체법상 청구권으로 개념을 정립하였다. 그러나 이
와는 반대 방향으로 이론을 구성하여 같은 결론에 도달한 이가 Rimmelspacher이
다. 그는 하나의 청구권의 내용을 분석하면 거기에는 기능이 서로 다른 두 가지 요
소, 즉 법적 지위(Rechtsposition)와 권리실현수단(Rechtsbehelf)이 포함되어 있음을
알게 된다고 하였다. 그중 본질적인 것은 **법적 지위**이므로 그에 따라 실체법상의
청구권을 특정해야 할 것이라고 하였다. 그에 의하면, 종래 서로 다른 청구권이라
고 생각된 것들은 권리실현수단만이 달랐지 법적 지위는 공통된 경우가 많았다. 권
리실현수단은 소송 이전의 실체법의 영역에서뿐만 아니라 소송을 통한 것도 포함
하는 것이므로 따로 소송물이라는 개념을 설정할 필요가 없다는 것이다.26)

---

24) Henckel, Parteilehre und Streitgegenstand im Zivilprozeß, 1961. 이 견해는 소송물이론으로
　보면 이원설에 해당한다.

25) Georgiades, Die Anspruchskonkurrenz im Zivilrecht und Zivilprozeßrecht, 1968. 이 견해는
　급부만을 청구권 특정의 기준으로 삼으므로 소송법상으로는 일원설에 해당한다.

26) Rimmelspacher, Materiellrechtlicher Anspruch und Streitgegenstandsprobleme im Zivil-
　prozeß, 1970.

2. 평   가

신실체법설은 소송법설에 의하여 완전히 단절된 실체법과 소송법의 관계를 다시 회복하려고 노력하면서, 소송법설이 이룩한 타당한 결론을 수용하였다는 점이 높이 평가된다. 특히 소송법학이 발전하면서 계속 소송법의 독자성을 지나치게 강조해 온 것을 반성하는 계기도 되었다. 그러나 이 학설이 아직 소송법설을 극복하는 데에는 성공하지 못하였다고 평가된다. 이는 첫째로 새로운 포괄적인 청구권의 개념이 **현행 실체법 체제**와는 맞지 않기 때문이다. 현행 민법에서는 Windscheid식의 각종 청구권이 열거되어 예를 들면 소멸시효나 관할에 관한 규정에서처럼 어느 청구권이냐에 따라 법적 규율이 달라지는데, 이들 여러 개를 묶어서 하나의 청구권이라고 하는 것은 불가능하다. 둘째로 이 견해를 주장하는 학자들은 예외없이 **이행의 소**에 관하여서만 검토를 하여 새로운 의미의 실체법상의 급부청구권을 소로써 주장하는 것이 이행의 소라고 보면서, 확인의 소나 형성의 소의 경우는 언급하지 않는다. 그 이유는 모든 소에 **공통되는 소송물 개념과 직결된 실체법상의 청구권**은 없다고 보는 데에 있다. 즉 신실체법설이 통용되려면 확인의 소는 실체법상 확인청구권이란 것이 있어서 이를 소로서 주장하는 것이라고 해야 하고, 형성의 소는 실체법상 형성청구권이란 것을 소로써 주장하는 것이 되어야 하는데, 이러한 청구권들은 인정되지 않는다는 것이다. 이러한 난점들 때문에 신실체법설은 종래의 실체법상의 청구권 개념을 그대로 둔 채 소송물의 식별기준만을 바꾼 소송법설을 대치할 수는 없다.

Ⅴ. 각종의 소의 소송물 특정

1. 이행의 소

위에서 설명한 소송물이론은 대부분 이행의 소를 중심으로 설명하였으므로 여기서 소송물 특정의 기준에 관하여 별도로 설명할 필요는 없을 것이다.

통상의 이행소송과는 모습이 다른 **채권자대위소송**의 소송물은 어떤 기준으로 특정되는가? 대위소송을 소송담당이라고 보는 판례와 다수설은 피대위채권의 청구가 소송물이라고 보고, 피보전채권의 존재는 소송요건이라고 본다. 그러나 뒤에 설명하는 바와 같이 채권자대위소송은 채권자가 민법 제404조가 인정한 실체법상의 채권자대위권을 주장하여 제3채무자를 상대로 피대위채권을 소송상 청구하는 형태의 소송이다. 따라서 대위청구의 소에서의 청구취지는 피대위채권의 이행을 구하는 것이 그 내용이다. 청구원인 중의 법적 주장은 원고의 채권자대위권의 행사이고, 사실관계는 채권자대위권의 법률요건, 즉 ① 채권자의 채무자에 대한 피보전권리의 존재와 ② 채무자의 제3채무자에 대한 피대위채권의 존재 및 ③ 채무자의 피대위채권 불행사 등에 해당하는 사실관계를 말한다. 그러므로 이원설에 의하면 이러한 청구취지와 사실관계에 의하여 소송물이 특정된다고 보게 된다.

판례는 금전채무에서 원금채권과 금전채무 불이행으로 발생하는 지연손해금채권은 별개의 채권이고,[27] 지연손해금에 대한 지연손해금 채권도 별개의 소송물이라고 한다.[28] 각기 별개의 채권이라는 이유도 있지만, 발생 원인 사실이 각기 다르다는 것도 이유가 될 것이다.

그 밖에도 일부청구 등 몇 가지 문제되는 사항들이 있는데, 이에 관하여는 각기 해당 부분에서 설명한다.

2. 형성의 소

형성의 소의 소송물 특정도 이행의 소의 경우와 크게 다르지 않다.

《사례 5》　　甲은 남편 乙이 술만 마시면 자기를 구타하기 때문에 도저히 같이 살 수 없다고 주장하면서 이혼청구의 소를 제기하였다. 법원이 심리하여 보니 乙의 구타가 이혼시킬 정도에는 이르지 않았다고 판단되었으나 심리 중에 乙이 3년 전부터 甲 모르게 옆 집에 사는 여자 丙과 불륜의 관계를 맺어 왔음을 알게 되었다. 법원은 이를 이유로 하여 이혼판결을 할 수 있는가?

구실체법설에 의하면 특정 형성원인에 기한 법률관계 변동의 주장을 소송물로 보므로 원고가 주장하는 개개의 형성원인에 따라서 별개의 소송물이 인정된다. 〈사례 5〉에서 구실체법설에 의하면 이 소송의 소송물은 민법 제840조 3호에 규정된 '심히 부당한 대우'를 이유로 한 이혼청구인데, 법원이 1호에 규정된 '부정행위'를 이유로 이혼판결을 하는 것은 다른 소송물에 대하여 재판한 것으로, 처분권주의 위배가 된다고 한다. 우리 판례도 "이혼의 소는 원고가 주장하는 사유에 의한 재판상

---

27) 大判 2005. 4. 29, 2004다40160; 大判 2009. 6. 11, 2009다12399. 불이익변경에 해당 여부는 각 소송물별로 따로 비교하여 판단해야 한다는 취지.
28) 大判 2022. 4. 14, 2020다268760. 이율도 각기 발생한 시기의 이율을 적용하여야 한다.

이혼청구의 이유의 유무에 관한 판단을 구하는 것"이라고 하여[29] 같은 입장을 취하고 있다.

그러나 이 경우에 **소송법설**을 취하면 각각의 이혼사유에 따라 당연히 소송물이 달라지는 것은 아니라고 보게 된다. 일반적으로 우리나라에서는 소송법설에 의하면 이혼청구 그 자체가 하나의 소송물을 이룬다고 설명하나, 여기서도 역시 일원설과 이원설을 구별하여야 할 것이다. 그것은 각각의 이혼사유가 법적 관점을 달리 하는 것이기도 하지만 각기 서로 사실관계가 다른 경우가 많을 것이기 때문이다. **일원설**에 의하면 각각의 이혼사유를 구별하지 않으므로 위 사례의 경우 법원이 부정행위를 이유로 이혼판결을 하더라도 같은 소송물의 범위 내이므로 처분권주의 위반이 아니라고 보게 된다. 그러나 **이원설**에 의하면 '심히 부당한 대우'를 한 것과 '부정행위'를 한 것은 사실관계가 다르다고 보아 소송물이 다르다고 볼 것이다. 따라서 결과적으로 이 경우에는 구실체법설과 이원설이 같은 결론에 이르게 된다.

《사례 6》 주식회사 乙이 1998년 5월 1일에 주주총회를 열어 영업양도 결의를 하였다. 그러나 그 회사 주주인 甲은 주주들에게 소집통지도 하지 않고 대주주들끼리만 모여 주주총회를 하였음을 이유로 주주총회결의 취소의 소를 제기하였다. 그 소송이 계속중에 甲은 그 주주총회결의 정족수에도 문제가 있음을 알게 되어 별도로 그 결의 취소를 구하는 소를 제기하였다. 이 후소가 적법한가?

주주총회결의 취소의 소의 경우에 관하여는 구실체법설과 이원설에서도 일원설과 같이 주주총회의 개개의 잘못에 따라 소송물이 달라지는 것이 아니라 소송물은 주주총회결의 취소청구 하나라고 한다. 따라서 〈사례 6〉에서 후소는 중복소제기가 된다는 데에 이설이 없다. 그러나 이는 구실체법설과 이원설이 그 원칙을 버린 것이 아니라, 이런 경우에는 어차피 하나의 특정 주주총회에 관한 것이고, 각각의 잘못은 그 과정에서 일어난 개별적 사유에 불과한 것이어서 어차피 하나의 사실관계에 포함된다고 보고 별개의 법규범이 적용되는 것이 아니기 때문에 결론이 같게 되는 것이다.

마찬가지로, **채권자취소의 소**의 경우에 채권자가 채무자의 어떤 금원지급 행위가 사해행위에 해당된다고 하여 그 취소를 청구하면서 다만 그 금원지급행위를 증여라고 주장하는 것과 변제라고 주장하는 것은 그 사해행위 취소 청구를 이유 있

---

29) 大判 1963. 1. 31, 62다812.

게 하는 공격방법에 관한 주장을 달리하는 것이고, 소송물을 달리하는 것이 아니다.30) 그런데 판례는 사해행위 취소와 원상회복 청구를 하면서 그 보전하고자 하는 채권을 추가하거나 교환하는 것도 그 취소권과 원상회복청구권을 이유 있게 하는 공격방법에 관한 주장을 변경하는 것일 뿐이고 소송물을 변경하는 것이 아니라고 한다.31) 이는 종전에 채권자취소권은 채권자의 고유 권리의 행사라고 한 판례와 모순된다. 채권자의 고유 권리의 행사라면 피보전채권이 변경되면 소송상청구가 변경된다고 보아야 함에도 불구하고 소송상청구가 변경되지 않는다고 보기 때문이다. 채권자취소소송도 채권자대위소송처럼 취급하겠다는 것인지 우려된다.

3. 확인의 소

확인의 소의 소송물에 관하여는 이행의 소나 형성의 소의 경우와는 학설의 양상이 사뭇 다르다. 여기서는 학설, 판례의 양상을 살펴보고 이들을 검토한다.

(1) 학설의 양상
(가) 구실체법설

우리나라에서는 확인소송의 소송물을 일정한 권리 또는 법률관계의 존부의 주장이라고 보고, 원고는 어차피 어떤 권리나 법률관계의 존부 확정을 구하는지를 특정해서 제소하여야 하므로, 원고가 주장한 권리, 법률관계가 소송물을 결정하는 기준이 된다고 보는 것이 다수설이다.

(나) 일원설

확인소송의 소송물에 관하여는 우리나라는 물론, 독일에서도 이원설을 지지하는 학자들 중 일부가 일원설을 지지한다.32) 그 이유로는 확인소송에서는 **확인의 대상은 법률관계 그 자체**이고, 이것은 바로 청구취지에 특정되어 나타나므로 확인의 대상을 당사자가 주장하는 권리취득원인(사실관계)에 기한 법률관계에 한정할 수가 없다는 것을 든다. 예를 들어, 소유권확인소송에서 확정의 대상이 되는 것은 청구

---

30) 大判 2005. 3. 25, 2004다10985·10992.

31) 大判 2012. 7. 5, 2010다80503. 그러므로 사해행위 취소와 원상회복 청구를 하였다가 기각판결이 확정된 뒤에 그 승계인이 피보전채권을 달리하여 같은 청구를 하는 소를 제기한 것은 기판력에 저촉된다고 한다.

32) 우리나라의 학설로는 鄭·庚·金, 302. 그러나 이 견해는 확인의 소에 한하여 소송물을 달리 구성하는 것은 아니라고 하면서, 상대권의 확인의 경우에는 청구취지 안에 청구원인에 기재할 사항이 포함되어 있고 절대권의 확인의 경우에는 청구원인사실이 확인하려는 권리의 성질에 아무런 영향을 주지 못하기 때문에 확인의 소의 소송물을 특정할 때 청구원인의 도움이 필요 없을 뿐이라고 설명한다.

취지에 나타난 소유권 자체이지, 원고가 진술한 사실관계에 기한 범위 안에서의 소유권이 아니며, 따라서 소유권확인청구를 기각한 판결은 원고가 주장한 취득원인에 기한 소유권만을 부인하는 것이 아니라 그 소유권 자체를 전적으로 부인하는 것이라고 하였다.[33]

(다) 이원설

이 견해는 확인소송에서도 이원설을 관철시키려고 하는 것으로, 독일과 우리나라의 소수설에 속한다. 소송물 개념은 현행 소송법과 무관할 수가 없으므로 확인의 소의 경우에도 소장에 청구원인을 반드시 기재하도록 한 현행법 규정상 소송물의 특정에도 이를 고려하여야 하는 것이며, 처분권주의와 변론주의를 취하는 소송법 구조에서는 확인의 소에서도 **원고가 주장한 권리취득원인사실**만을 법원이 심리하고, 그 이외의 사실은 심리할 수가 없으므로, 그러한 사실은 소송물의 범위 속에 포함시킬 수가 없다고 하는 견해이다.[34]

(라) 절충설

이 견해는 확인의 대상이 **절대권**인 경우에는 일원설을 따르고, **상대권**이 확인의 대상이면 이원설에 따른다. 그것은 상대권의 경우와는 달리, 절대권 확인의 경우에는 동일한 물건에 같은 내용의 권리가 여러 개 성립할 여지가 없으므로 그 권리의 취득원인이 다르다고 하여 권리가 달라지는 것이 아니라는 점을 근거로 든다. 예를 들면 甲이 어느 물건의 소유권을 주장하면 오로지 소유자인가 아닌가만이 문제되는 것이지, 그가 매수하였는지, 상속하였는지에 따라 다른 소유권이 인정되는 것이 아니라는 것이다. 독일의 이원설 지지자 상당수가 이에 따른다.

(2) 판 례

판례는 특정 토지에 대한 소유권확인의 본안판결이 확정되면 변론종결 전에 그 확인의 원인이 되는 다른 사실이 있었어도 확정판결의 기판력은 거기까지도 미친다고 하여,[35] 이원설을 배척하는 태도를 보였다. 그러나 뒤에는 이원설을 취한 것으로 새길 여지가 큰 판례를 내기도 했다. 즉 선친으로부터 증여받았음을 이유로 한 소유권확인청구를 한 경우와 뒤에 같은 부동산의 일정 지분의 상속을 이유로

---

33) Rosenberg, Lehrbuch des Deutschen Zivilprozeßrechts, Berlin 1927, S. 242 f.
34) 예를 들면, Lüke[11] §14 Rn. 8; 胡文赫, "確認判決의 旣判力의 範圍", 민사판례연구[XI] (1989).
35) 大判 1987. 3. 10, 84다카2132.

한 소유권확인청구는 동일한 소라고 볼 수 없다고 하였다.[36]

(3) 검 토

(가) 법률적 관점

법률적 관점이 소송물 결정의 요소가 되는가 하는 문제에 관하여 소송법설이 구실체법설과 결론을 같이 한다는 설명은 정확하지 않다.

《사례 7》   甲은 乙에게서 1년간 컴퓨터 한 대를 공짜로 빌렸다. 3개월밖에 지나지 않았는데 乙이 甲에게 기간이 지났으니 컴퓨터를 반환하라고 요구하였다. 이에 甲은 계속 컴퓨터를 사용할 권리가 있음을 확정받기 위하여 법원에 제소하였다. 甲이 소장에 기재한 청구취지는 다음과 같았다: "원고는 2002년 5월 1일까지 계쟁 컴퓨터의 임차인임을 확인한다는 판결을 구한다." 이에 대하여 법원은 "원고는 2002년 5월 1일까지 계쟁 컴퓨터의 사용차주임을 확인한다"고 판결할 수 있는가?

이 사례에서 확인의 소를 제기한 원고 甲의 법률상 지위는 임차인이 아니라 사용차주이다. 이때 법원이 어떠한 재판을 해야 하는가에 관하여 구실체법설은 임차권 확인청구가 소송물이라고 보기 때문에 甲이 청구를 변경하지 않는 한 청구를 기각해야 한다고 할 것이다. 그러나 소송법설에 의하면 甲이 주장한 임차권에 법원이 구속되지 않으므로 甲이 사용차주라고 판결할 수 있는 것이다. 이처럼 원고가 확인을 구하는 권리·법률관계를 청구취지에 기재해도 그것이 **법원을 구속하는지 여부**에서 결론이 달라지는 것이다. 이러한 경우에도 소송법설이 타당함은 물론이다.[37]

(나) 사실관계

확인소송의 소송물을 특정할 때 사실관계는 배제해야 한다는 견해들은 타당하지 않다. 상대권의 경우는 물론, 절대권의 경우도 권리취득원인인 사실관계까지 참작하여 소송물을 정하는 것이 민사소송법 체계에 맞다. 상대권의 경우에도 청구취지로 소송물을 특정해야 한다는 일원설은 상대권이 그 자체만으로는 제대로 특정되지 않는다는 특성을 간과한 이론으로 타당하지 않다.

다음으로 절대권의 경우에 일원설을 취하는 절충설은 논리적으로 타당한 것으로 보인다. 그러나 이러한 입장은 실체법상의 절대권의 성격과 그것이 소송에서 주장될 때 어떠한 변화를 겪는지를 잘 살피지 않은 것이다.

---

36) 大判 1991. 5. 28, 91다5730. 이 판결에 대한 평석은 胡文赫, "確認訴訟의 訴訟物과 再訴 여부", 民事判例研究[XV] (1993).

37) 이시윤, 271; 鄭·庚·金, 304.

《사례 8》   甲은 순금 송아지 한 개를 점유하고 있었다. 乙이 그 송아지가 자신의 소유임을 주장하여 甲에게 그 송아지를 인도할 것을 요구하였다. 이에 불안을 느낀 甲은 자신이 그 송아지의 소유자임을 확인하는 판결을 구하는 소를 제기하여 승소, 확정판결을 받았다. 그 뒤 丙이 甲을 상대로 그 송아지의 소유권 확인을 구하는 소를 제기하였다. 이때 甲은 위 판결을 근거로 丙에 대하여 소유자라고 주장할 수 있는가?

순수히 실체법상으로는 甲은 금송아지의 소유권을 대세적으로, 즉 모든 사람에게 주장할 수 있을 것이며, 甲이 乙에 대하여는 소유자이지만 丙에 대하여는 소유자가 아니라는 일은 있을 수가 없다. 그러나 소송을 거쳐 판결로 확정된 소유권이란 소송제도상의 제약 때문에 그 의미가 달라진다. 위 사례에서 전소송 법원은 금송아지의 소유자라고 주장하는 甲과 乙 사이의 관계에서 과연 甲이 소유자인가를 심리하고 그에 대하여 재판하였지, 甲이 누구에게나 주장할 수 있는 소유권을 가졌는지를 심리하고 재판한 것이 아니다. 그렇기 때문에 甲이 소유자임을 인정한 판결의 효력은 그 소송의 당사자인 甲, 乙 사이에서만 생긴다. 따라서 그 소송에 관여하지 않은 丙이 甲을 상대로 소유권확인의 소를 제기하더라도 아무런 문제가 없고 그 소송에서는 丙이 소유자라고 인정받을 수 있는 것이다. 이처럼 실체법상의 절대권도 소송에서는 **판결 효력의 상대성** 때문에 절대권으로서의 특성이 변질되므로 그 특성을 근거로 하여 소송물 특정 기준을 세우는 것은 타당하지 않다.

《사례 8a》   위 사례에서 甲은 그 송아지를 丁으로부터 매수하였음을 주장하였다. 그러나 법원이 심리해 보니 甲의 매수 사실은 인정되지 않고 甲이 그 송아지를 선의취득하였음이 밝혀졌다. 이 경우 법원은 甲이 선의취득하였음을 이유로 하여 甲이 소유자라고 판결할 수 있는가?

이 경우에도 실제로 법원이 심리할 수 있었던 것은 甲이 금송아지를 매수하였는지 여부에 불과하고 그 밖에 있을 수 있는 사실들, 즉 선의취득하였는가, 상속하였는가, 증여받았는가 등은 법원이 심리할 수 없는 사실들이고, 설사 이러한 사실들을 알았다고 하더라도 재판에 고려할 수가 없다(**변론주의**). 그럼에도 불구하고 확인의 소라고 하여, 또는 절대권확인의 소라고 하여 청구취지만에 의하여 소송물이 특정된다고 하면 **소송물의 범위와 법원의 심판 범위가 일치하지 않게** 되는 불합리가 생기며, 전소송에서 법원이 심리할 가능성이 없었던 다른 사실들을 이유로 제소하는 것이 봉쇄되어 구체적 타당성을 잃게 된다. 따라서 확인의 소에서도 어느 경우에나 이원설에 의하여 소송물을 특정하는 것이 타당하다.

제 4 장 訴提起의 效果

원고의 소제기는 실체법상 권리행사의 한 방법이므로 소를 제기하면 실체법상의 권리를 행사하였다는 효과가 생긴다. 그리고 소제기로 소송이 개시된다는 소송법상 효과도 생김은 물론이다.

제 1 절 實體法上의 效果

소는 형식적으로만 보면 원고의 법원에 대한 재판의 신청이라는 하나의 소송행위이므로 실체법상의 권리행사와는 논리적으로 아무런 관계가 없을 것으로 보인다. 그러나 소제기는 내용상으로는 실체법상의 **권리행사**의 한 방법이어서 소제기에 실체법상의 효과가 생긴다는 것을 부인할 수 없다. 그 효과로서 가장 뚜렷한 것이 소멸시효나 취득시효의 중단(민 제168조, 제170조, 제247조 2항)과 제척기간의 준수이다.

《사례 1》   책방을 경영하는 甲은 법과대학생 乙에게 "한 권으로 읽는 민사소송법"을 외상으로 팔고 그 대금은 2011년 5월 16일에 받기로 하였다. 乙은 변호사를 지낸 증조할아버지로부터 사법시험 공부를 함에는 강의를 듣는 것보다는 절에 가서 혼자 책을 외우는 것이 가장 좋은 방법이라는 충고를 듣고 태백산 독고암에 들어가 그 민사소송법 교과서부터 읽기 시작했다. 그러나 아무리 읽어봐도 내용을 이해할 수 없어서 그 교과서가 신통치 못한 책이라고 결론을 내리고는 친구에게 그냥 주었다. 甲은 아무리 기다려도 乙이 책 대금을 지급하지 않자 이를 받아내기 위하여 2014년 5월 15일에 소장을 법원에 제출하였고, 법원은 그 소장부본을 2014년 5월 25일에 乙에게 송달하였다. 2014년 7월 1일에 법원은 甲의 청구를 인용하는 판결을 선고하였다. 甲과 乙이 모두 2014년 7월 10일에 판결정본을 송달받았고, 乙은 항소하지 않았다. 그 후 이제까지 甲과 乙 모두 이 일을 완전히 잊고 지냈다. 甲의 대금채권의 소멸시효는 언제 완성되었는가?

소제기로 **시효가 중단**되는 시점은 소가 제기된 때이다(제265조). 이 사례에서 소멸시효 기간은 상인이 판매한 상품의 대가인 채권이므로 3년의 단기시효(민 제163조 6호)가 적용된다. 甲이 대금채권의 이행기인 2011년 5월 16일로부터 3년이 되기 직전인 2014년 5월 15일에 일단 제소하였으므로 소멸시효는 완성되지 않고 중단되었다. 甲의 이 채권은 판결로 확정된 것이므로 그 뒤에 甲이 집행을 하지 않고 방치하고 있으면 판결이 확정된 날부터 10년이 경과되어야 다시 소멸시효가 완성한다(민 제165조 1항). 판결이 확정된 것은 2014년 7월 1일에 선고된 판결이 송달된 때, 즉 2014년 7월 10일로부터 2주가 지난 뒤이므로(제396조 1항) 2014년 7월 24일이 된다. 그러므로 그로부터 다시 10년이 지난 뒤인 2024년 7월 24일에 소멸시효가 완성되었다고 보게 된다.

시효를 중단시키는 효력이 있는 것은 이행의 소가 보통일 것이다. 그러나 **확인의 소**도 그 소제기가 권리자가 권리 위에서 잠을 자지 않고 있다는 것을 표시하는 것이므로 시효중단의 효과가 있다. 이와 같은 취지에서 판례는 직접 시효중단의 대상이 되는 권리의 기본적 법률관계를 확인의 소의 대상으로 하였더라도 역시 시효는 중단된다고 본다.[1]

관할 위반의 소제기로 소송이송이 있을 경우 시효가 중단되는 시점은 관할법원이 이송받은 때가 아니라 이송한 법원에 처음 소가 제기된 때이다.[2]

지급명령에 대하여 채무자가 이의를 하여 소송으로 이행된 경우에는 소송으로 이행된 때가 아니라 지급명령을 신청한 때에 시효중단의 효과가 생긴다.[3]

동일한 목적을 이루기 위한 복수의 채권에서 그중 하나의 청구를 하였으면 그 채권의 시효만 중단되고, 다른 채권의 시효가 중단되는 것은 아니다.

그러므로 공동불법행위자에 대한 구상금 청구의 소 제기로 사무관리로 인한 비용상환청구권의 소멸시효가,[4] 부당이득반환청구의 소 제기로 채무불이행으로 인한 손해배상청구권의 소멸시효가,[5] 보험자대위에 기한 손해배상청구의 소 제기로 양수금 청구권의 소멸시효가,[6] 불법행위를 이유로 한 손해배상청구의 소 제기로 예금청구권의 소멸시효가 중단되지 않는다.[7]

일부청구를 한 경우에 관하여서 판례는 과거에 채권액 중 일부만 우선 청구하

---

1) 大判(全) 1992. 3. 31, 91다32053: 과세처분의 취소 또는 무효확인의 소가 비록 행정소송이라고 할지라도 오납한 조세의 환급을 구하는 부당이득반환청구권의 소멸시효중단사유인 재판상 청구에 해당한다.
2) 大判 2007. 11. 30, 2007다54610.
3) 大判 2015. 2. 12, 2014다228440.
4) 大判 2001. 3. 23, 2001다6145.
5) 大判 2011. 2. 10, 2010다81285.
6) 大判 2014. 6. 26, 2013다45716.
7) 大判 2020. 3. 26, 2018다221867.

는 명시적 일부청구에서도 청구한 일부에만 시효가 중단되고, 나머지 청구액은 소송 중에 청구를 확장하여도 그 확장한 시점에 비로소 시효가 중단된다고 판시하였다.8) 그러나 뒤에 위 태도를 약간 변형하여 명시적 일부청구라도 그 취지로 보아 추후 청구취지를 확장하여 채권 전부에 관하여 판결을 구할 의사가 명백한 경우에는 나중에 실제로 청구취지를 확장하면 채권 전부에 관하여 소제기 때부터 시효중단의 효력이 발생한다고 본다.9) 판례는 나아가 실제로 원고가 청구취지를 확장하지 않으면 나머지 부분에는 시효중단의 효력이 생기지 않으나, 소송 중에 청구금액을 확장할 뜻을 표시한 명시적 일부청구의 경우에는 채권자가 청구금액을 확장하지 않았으면 그 소송이 종료된 때로부터 6개월 안에 소제기 등 민법 제174조에서 정한 권리행사를 하여 나머지 부분의 소멸시효를 중단시킬 수 있다고 본다.10)

권리가 없는 이가 소를 제기하였다가 나중에 권리를 양수하여 양수한 권리를 행사하는 것으로 **청구를 변경**한 경우에는 청구를 변경한 때에 시효중단의 효과가 생긴다.11) 반대로, 채권자대위소송을 하다가 채권자가 채무자로부터 제3채무자에 대한 채권을 양수하여 양수금 직접 청구로 청구를 변경한 경우에는 당초의 대위소송으로 인한 시효중단의 효력은 소멸하지 않는다.12) 원고가 소송 중에 소송의 목적이 된 권리를 양도하고 양수인에게 소송을 인수시킨 뒤 그 **소송에서 탈퇴**하였으나 법원이 인수참가인의 양수의 효력이 부정되어 청구를 기각하거나 소를 각하한 판결이 확정되면 원고가 제기한 최초의 재판상 청구로 인한 시효중단의 효력은 소멸한다. 그러나 판결 확정일부터 6개월 내에 원고가 다시 같은 재판상 청구를 하면 당초의 시효중단의 효력은 그대로 유지된다.13)

소제기뿐만 아니라 상대방의 소제기에 대하여 **응소**하면서 적극적으로 **권리를**

---

8) 大判 1975. 2. 25, 74다1557.

9) 大判 1992. 4. 10, 91다43695(신체훼손으로 인한 손해배상청구 사건에서 일부만 청구하면서 추후 법원의 신체감정 결과를 보고 더 청구한다고 하였고, 소송 중 3년의 소멸시효가 완성된 뒤에 실제로 청구를 확장한 사안에서 나머지 부분도 시효가 중단되었다고 판시. 그 이유로는 신체훼손 사건에서는 법원의 신체감정이 이루어지는 것이 통상적임을 들었다).

10) 大判 2020. 2. 6, 2019다223723(소송 중에는 청구하지 않은 나머지 부분에 대하여도 최고에 의한 권리행사가 지속되고 있다는 것을 이유로 들었다).

11) 大判 2009. 2. 12, 2008다84229: 하자보수에 갈음한 손해배상청구권이 없는 아파트입주자대표회의가 직접 손해배상청구의 소를 제기하였다가 구분소유자들로부터 손해배상채권을 양도받았다고 하여 양수금 청구를 예비적으로 추가한 경우, 청구원인을 변경하는 준비서면을 제출한 때에 시효중단의 효과가 생긴다.

12) 大判 2010. 6. 24, 2010다17284.

13) 大判 2017. 7. 18, 2016다35789: 탈퇴는 소취하와 성격이 다르며, 탈퇴한 소송의 판결의 효력은 탈퇴자에게도 미쳐서 민법 제170조 제2항이 적용되기 때문이다.

주장하여도 시효중단의 효과가 생긴다.[14] 판례는 원고로서 청구한 경우에는 그 자체로 시효중단의 효력이 생기므로 별도로 시효중단의 주장을 할 필요가 없다고 하면서,[15] 응소의 경우에는 여기에 변론주의가 적용되어 피고가 시효중단을 주장해야 비로소 그 효력이 생긴다고 한다.[16]

제척기간 준수에 관하여는 이를 소제기 기간으로 보아 기간이 도과되었을 때는 소가 부적법하여 각하할 것이라고 본다.[17] 그러나 예를 들어 상속회복청구권(민 제999조 2항)의 경우, 이 권리는 단순한 소권이 아니라 실체법상의 청구권이고 제척기간을 지키지 않으면 단순히 소제기 가능성이 소멸하는 것이 아니라 이 청구권이 소멸하므로[18] 이러한 경우에는 청구가 이유 없다고 하여 기각할 사유가 된다고 보는 것이 타당할 것이다.

그 밖에 소의 개별적 내용에 따라 소장송달로 실체법상 지연손해금의 법정이율이 연 5푼(민 제379조, 제397조 1항)에서 대폭 인상되고(소촉 제3조),[19] 어음법상 상환청구권의 소멸시효 기간이 개시되는(어 제70조 3항) 등의 효과가 생긴다.

제 2 절 訴訟法上의 效果 — 訴訟係屬

소가 제기되면 소송법상으로는 소송계속의 효과가 생기며, 소송계속이 생기면 그로부터 다시 중복소제기 금지의 효과가 생긴다.

소송계속이란 특정한 소송상청구에 대하여 법원이 판결절차로써 심리할 수 있는 상태를 말한다. 소송계속이 생기는 것은 소송상청구, 즉 소송물 그 자체에 한하고, 그 범위도 **소송상청구에서 정한 범위**에 한정된다. 그러므로 예를 들어 일부청구의 경우 청구한 금액 부분에만 소송계속이 생긴다.[1] 다만, 일부청구에 대하여 피고가 소극적 확인반소를 제기하면 반소는 채권 전체를 대상으로 하므로 채권 전체에 소송계속이 생기게 된다.[2] 소송 중에 당사자들이 주장하는 **공격·방어방법**에는

---

14) 大判(全) 1993. 12. 21, 92다47861.
15) 大判 1983. 3. 8, 82다카172; 大判 1997. 4. 25, 96다46484.
16) 大判 2010. 8. 26, 2008다42416·42423.
17) 大判 2010. 1. 14, 2009다41199. 상속회복청구권이 문제된 사안이다.
18) 민법 제999조 2항에서는 "상속회복청구권은 … 소멸된다"고 규정한다.
19) 현재는 연 12%이다.
1) Rosenberg-Schwab/Gottwald[18] §99 Rn. 13.

소송계속이 생기지 않는다.

《사례 2》　乙이 甲으로부터 2천만원을 차용하고 甲이 수차 독촉하였음에도 불구하
고 이행기가 지나도록 변제하지 않았다. 이에 甲이 소송을 하려다 보니 乙의 재산으로
는 부동산은 하나도 없고 동산뿐인데, 소송을 다 마칠 때까지 그냥 두면 乙이 그 동산
들을 모두 빼돌릴지 모른다는 생각이 들었다. 그래서 甲은 우선 1998년 11월 25일에
乙이 갖고 있는 동산에 대하여 가압류를 신청하였고 법원은 12월 5일에 가압류명령을
발하였다. 이에 甲은 다음 날 소장을 법원에 제출하였고, 법원은 소장부본을 12월 15일
에 피고에게 송달하였다. 그리고 1999년 1월 5일에 첫번째 변론이 열렸다. 이 소송에서
소송계속은 언제부터 생겼는가?

　법원이 특정 소송상청구에 관하여 심리를 하려면 법원과 원고 및 피고 3자 사
이에 그 청구에 관한 소송상 법률관계가 성립되어야 한다. 〈사례 2〉에서 甲이 한
가압류절차는 나중에 있을지도 모르는 집행에서 그 대상 재산을 확보하기 위하여
하는 잠정적인 절차에 불과하므로 소송상청구 그 자체에 관한 심리와는 관계가 없
다. 그리고 甲이 소장을 제출하면 소송은 개시되지만 아직은 원고와 법원 사이에만
소송상 법률관계가 성립한 것이고, 법원이 소송상청구에 관하여 심리할 단계에는
이르지 않았다. 법원이 **소장부본을 피고에게 송달**하면 비로소 **법원, 원고, 피고 사
이에 소송상 법률관계가 성립**하고 법원이 그 소송상청구에 관하여 심리할 수 있는
상태가 된다. 그리하여 준비서면을 받는다든가 준비절차를 열 수 있게 되는데(제272
조 이하), 이는 첫번째 변론기일 이전에도 할 수가 있다. 그러므로 위 사례에서 소
송계속은 1998년 12월 15일에 생겼고, 1999년 1월 5일에 비로소 생긴 것은 아니다.

　소송계속이 생기면 다음에 설명할 중복소제기 금지의 효과 밖에도 소송참가(제
71조, 제79조, 제81조, 제82조, 제83조), 소송고지(제84조)의 기회가 생기고, 중간확인의
소(제264조), 반소(제269조) 등 소송 중의 소를 제기할 기회도 생긴다. 이러한 소에
서는 관련청구의 재판적이 인정된다.

---

2) Rosenberg-Schwab/Gottwald[18] § 99 Rn. 14.

제 3 절　重複訴提起의 禁止

Ⅰ. 의의와 취지

당사자는 이미 법원에 계속 중인 소송과 동일한 사건에 대하여 다시 소를 제기하지 못한다(제259조). 일반적으로 중복소제기를 금지하는 취지에 관하여, 같은 사건에 대하여 다시 제소를 허용하는 것은 소송제도의 남용이고, 법원과 당사자들에게 이중의 부담을 주어 소송경제에 위배되며, 판결이 서로 모순·저촉될 우려가 있다고 설명한다. 그러나 중복소제기가 소송제도의 남용일 가능성은 있지만 항상 남용이라고 할 수는 없고, 중복소제기를 허용하더라도 변론을 병합하면 소송경제에 위배되지 않을 수가 있다. 중복소제기로 인하여 나중에 서로 모순되는 판결이 확정되면 이를 해결하기가 매우 곤란하므로 중복소제기를 금지하는 가장 중요한 이유는 **판결의 모순·저촉 방지**라고 할 수 있다.

Ⅱ. 중복소제기의 요건

전후 두 개의 소가 중복된 소가 되려면 두 소송의 당사자와 소송물이 동일해야 하고, 전소송 소송계속 중에 후소송의 소송계속이 생겨야 한다.

1. 전소송이 계속 중에 후소의 소송계속이 생길 것

중복소제기는 이미 하나의 소송이 계속 중인데 동일한 내용의 소를 또 제기하는 것으로, 그 후소를 부적법하다고 하여 금지하자는 것이므로 중복소제기가 되려면 이미 전소가 제기되어 **소송계속 중**이어야 한다. 그러므로 먼저 절차를 밟았더라도 아직 소송계속이 생기지 않았으면 뒤의 소는 중복된 소가 되지 않는다. 이 경우 전소, 후소의 판별기준은 소송계속의 발생시기, 즉 **소장이 피고에게 송달된 때의 선후**에 의할 것이며, 비록 소제기에 앞서 가압류, 가처분 등의 보전절차가 미리 경료되어 있다 하더라도 이를 기준으로 전소인지 후소인지의 여부를 가리는 것이 아니다.[1)]

《사례 2a》　〈사례 2〉에서 甲은 자기가 진행시키는 절차가 제대로 된 것인지 불안
하여 따로 11월 30일에 같은 내용의 소장을 법원에 제출하였다. 법원은 그 소장을 12
월 10일에 피고에게 송달하였다. 이 소는 적법한가?

〈사례 2〉에서의 소송(소송①)이 계속하게 된 것은 12월 15일인데, 〈사례 2a〉에
서는 12월 10일에 소송계속이 생겼다(소송②). 비록 甲이 소송을 하기 위하여 움직
이기 시작한 것은 소송①이 먼저이지만 소송②가 계속하게 되었을 때는 소송①은
아직 계속하지 않은 상태이다. 그러므로 〈사례 2a〉의 소송②는 중복소제기가 아니
다. 오히려 소송①이 뒤에 계속하게 되었으므로 이것이 중복소제기로 부적법하게
된다.

전소송이 소송계속 중이어야 하므로 소송계속이 소멸한 뒤에는 후소가 중복된
소가 될 여지가 없다.

중복소제기 여부를 판단하는 기준 시점은 후소송의 사실심 변론종결 시이다.

《사례 2b》　〈사례 2〉에서 甲은 자기가 진행시키는 절차가 제대로 된 것인지 불안
하여 따로 1월 30일에 같은 내용의 소장을 법원에 제출하였다. 법원은 그 소장을 2월
10일에 피고에게 송달하였다. 그 사이에 법원은 甲의 전소에 대하여 부적법하다고 하
여 2월 15일에 각하판결을 하였고 그에 대하여 甲은 항소하지 않았다. 이때 甲의 후소
는 적법한가?

그러므로 후소 제기 당시에 전소송이 소송계속 중이었더라도 후소송의 변론종
결 당시까지 취하·각하로 소송계속이 소멸하면 중복소제기가 아니다.[2] 그러므로
〈사례 2b〉의 경우 甲의 후소는 적법하다. 그리고 소송계속의 소멸사유가 판결의
확정이면 후소는 부적법하지만, 이는 전소송 판결의 기판력에 저촉되기 때문이지
중복소제기이기 때문에 부적법하게 되는 것은 아니다.

전소가 비록 다른 사유로 **부적법**하더라도 후소가 중복된 소임이 밝혀진 때까지
각하되지 않았으면 후소를 중복된 소라고 인정하는 데에 아무런 지장이 없다.

후소가 단일한 독립의 소이어야 중복소제기가 되는 것은 아니다. 다른 청구와
병합하여 하는 청구, 다른 소송 중의 소, 다른 소송에의 참가도 이미 제기한 다른
소와 중복된 소가 될 수 있다. 그러나 당사자들이 제출한 공격·방어방법에는 소송

---

1) 大判 1989. 4. 11, 87다카3155; 大判 1990. 4. 27, 88다카25274·25281.
2) 大判 2017. 11. 14, 2017다23066; 大判 2021. 5. 7, 2018다259213. 이는 특허심판절차에서도 마찬
가지이다(大判 2020. 4. 29, 2016후2317).

계속이 생기지 않는 것이 원칙이다.

2. 전·후 소송의 당사자가 동일할 것

(1) 동일한 당사자

소송에서 수소법원이 어디인가는 중복소제기 여부를 정하는 기준이 아니다. 그러므로 전소송, 후소송의 수소법원이 다르더라도 중복소제기를 인정하는 데에 지장이 없다.

중복소제기가 되려면 전소송과 후소송의 당사자가 같아야 하는 것이 원칙이다. 당사자가 달라서는 동일한 소라고 할 수 없기 때문이다.

《사례 3》 甲은 乙에게서 가옥을 매수하였으나 아직 등기를 이전받지 못하고 있었다. 乙은 뒤에 그 가옥을 다시 丙에게 매도하였으나 역시 등기를 이전하지 않고 있었다. 甲이 乙을 상대로 그 가옥의 소유권이전등기절차를 이행할 것을 구하는 소를 제기하였는데, 소송계속 중에 丙이 乙을 상대로 소유권이전등기절차를 이행할 것을 구하는 소를 제기하였다. 丙의 제소가 중복소제기인가?

이 사례에서 甲과 丙의 소에서 목적물과 청구의 내용 및 피고가 완전히 같은 것으로 보일 수 있다. 그러나 원고가 서로 다르기 때문에 청구의 내용이 전혀 다른 것이고, 따라서 두 소는 동일한 소가 아니다.

《사례 2c》 甲은 乙을 상대로 제소하였으나 미덥지 못하여 다시 보증인 丙을 상대로 2천만원과 그에 대한 지연이자의 지급을 구하는 소를 제기하였다. 이 후소는 중복된 소인가?

이 사례에서 甲이 丙을 상대로 제기한 후소는 乙에게서 받을 2천만원을 丙으로부터 받아내려는 것이므로 乙을 상대로 한 전소와 경제적으로는 동일한 목적을 갖고 있으므로 얼핏 중복소제기로 보일 수도 있다. 그러나 甲·乙과 甲·丙 사이의 사실관계와 법률관계의 내용이 각각 다르기 때문에 역시 동일한 소가 아니다.

《사례 4》 乙은 甲 소유의 단독주택에 세들어 살고 있었다. 乙이 어느 여름날 마당에 있는 연못을 청소하다가 금도끼를 건져냈다. 甲이 乙을 피고로 하여 그 도끼를 인도하라는 소를 제기하였다. 소송계속중에 乙은 甲을 상대로 연못을 손질한 비용을 청구하는 소를 제기하였다. 이때 甲이 그 도끼를 인도할 것을 구하는 반소를 제기할 수 있는가?

《사례 5》   乙은 甲 소유의 단독주택에 세들어 살고 있었다. 乙이 어느 여름날 마당에 있는 연못을 청소하다가 은도끼를 건져냈다. 이 도끼에 대하여 甲과 乙이 서로 자기 소유라고 하여 다툼이 생겼다. 이에 甲이 乙을 피고로 하여 소유권확인의 소를 제기하였고, 뒤에 乙이 甲을 피고로 하여 소유권확인의 소를 제기하였다. 乙의 소는 적법한가?

전소송과 후소송의 당사자가 동일하기만 하면 **원고와 피고가 바뀌어도** 중복소제기가 될 수 있다. 〈사례 4〉에서 전소가 甲의 금도끼 인도청구이고, 후소송에서의 반소 역시 금도끼 인도청구이다. 비록 甲이 후소송에서는 전소송과 달리 피고가 되어 있지만 반소에서는 원고이므로 이 반소는 중복된 소가 된다. 〈사례 5〉에서는 얼핏 같은 소라고 보이나, 전소의 내용은 은도끼의 소유자가 甲임을 확인하라는 청구이고, 후소의 내용은 은도끼가 乙의 소유물임을 확인하라는 청구이므로 동일한 소가 아니다. 이를 중복소제기가 아니라고 하여 허용하면 두 소의 청구의 내용이 모순된 반대관계이기 때문에 정면으로 모순되는 두 개의 판결이 나올 수는 있다. 여기서 주의할 것은 소송물이 모순된 것으로 보인다고 해서 항상 모순된 판결이 나오는 것은 아니라는 점이다. 전소송에서 甲이 청구기각의 확정판결을 받으면 그것으로 乙의 소유권이 확정되는 것은 아니므로 乙의 별소가 의미 있는 것이다. 그러므로 乙의 후소를 허용하되, 가능한 한 변론을 병합하여 처리하면 모순된 재판이 나오는 것을 방지할 수가 있을 것이다. 소송계속 중 만일 甲이 청구인용의 확정판결을 받으면 乙의 후소를 기판력에 저촉된다고 하여 각하하면 될 것이다.

앞에서 설명한 사례들은 후소가 제기 시부터 바로 중복된 소가 되는 경우이고, 이러한 형태가 일반적이다. 그러나 경우에 따라서는 후소 제기 시에는 중복소제기가 아니었으나 뒤에 **소급하여 중복소제기**가 되는 수가 있다. 소송 중에 권리의무가 승계된 경우, 즉 승계인의 후소 제기 후에 권리승계참가(제81조)나 인수승계(제82조)로 승계인이 전소송 당사자의 지위를 이어 받은 경우에는 후소가 **소급하여 중복된 소**가 되는 것이다.

(2) 동일인이 아니라도 중복소제기가 되는 경우

앞에서 설명한 원칙과는 달리 두 소의 당사자가 다르더라도 **후소송의 당사자가 전소송의 판결의 효력을 받는 경우**에는 두 소송에서의 확정판결이 서로 모순될 수가 있다. 그러므로 비록 전소송의 당사자 아닌 이가 제소하더라도 중복소제기라고 하게 된다. 사실심 변론종결 후의 양수인(제218조 1항)이 제소하는 경우가 그 예이다. 물론 이때는 사실심 변론종결 뒤이므로 후소 제기 시에는 전소송 판결이 확정되어서 중복소제기가 아닌 기판력의 문제가 될 가능성이 높다. 그러나 예를 들면 상고심 소송계속 중에 후소를 제기하는 경우에는 바로 중복소제기가 된다. 그 밖에 타인을 위하여 소송수행을 하는 경우(제218조 3항) 그 타인이 후소를 제기하는 경우도 이에 해당한다.

《사례 6》   건설회사 乙이 30층짜리 사옥을 신축하기 위하여 땅을 깊이 팠다. 이에 그 대지 주변에 사는 甲, 丙 등의 가옥 50채가 무너졌다. 그 가옥의 소유자들이 甲을 선정당사자로 하여 乙을 상대로 손해배상청구의 소를 제기하였다. 소송 중 丙은 甲이 패소하더라도 자기는 확실히 손해배상을 받아야겠다고 생각하여 따로 乙을 상대로 손해배상청구의 소를 제기하였다. 丙의 이 소가 적법한가?

이러한 경우 전소송의 원고는 **선정당사자** 甲이고 후소송의 원고는 丙이므로 당사자가 다르다. 그러나 丙은 甲이 수행한 소송에서 확정된 판결의 효력을 받기 때문에 만일 丙의 소를 허용하면 丙은 두 개의 판결의 효력을 받게 된다. 그러므로 두 판결의 내용이 서로 다를 때에는 해결할 수 없는 문제에 봉착하게 된다. 바로 이런 사태를 방지하자는 것이 중복소제기를 금지하는 취지이므로 丙의 소는 중복된 소로 취급된다.[3] 이때 丙이 선정행위를 취소하고 별소를 제기하였으면 중복소제기가 아님은 물론이다. 통설은 채권자대위소송에서도 이러한 문제가 생긴다고 설명한다. 그러나 이는 세밀한 검토가 필요하므로 뒤에 다시 본다.

채무자가 제3채무자를 상대로 한 이행소송을 수행 중에 압류채권자가 제3채무자를 상대로 **추심의 소**를 제기한 경우에 관하여 판례는 중복소제기가 아니라고 한다.[4] 채무자의 소와 채권자의 추심의 소는 각자 자기의 채권을 실현하려는 것이므로 중복된 소가 아님은 당연하다고 할 것이다.

채권자취소권을 가진 채권자가 각기 취소의 소를 제기한 경우에도 중복된 소가 되는가? 판례는 중복소제기가 아니라고 한다. 각 채권자는 고유의 권리로 채무자의

---

3) 그러나 상법 제188조는 이와 비슷한 경우에 변론을 병합하는 것으로 처리한다. 중복소제기로 보이는 사안의 처리에 참고할 만한 입법이다.

4) 大判(全) 2013. 12. 18, 2013다202120. 다수의견은 추심의 소를 허용한다고 제3채무자에게 과도하게 2중 응소의 부담을 지우거나 소송경제에 반하거나 판결의 모순, 저촉의 위험이 크다고 볼 수 없고, 압류채무자는 제3채무자에 이행의 소를 제기할 당사자적격이 없는데 추심의 소를 부적법하다고 하는 것은 타당하지 않다는 점을 들었다.

재산처분행위를 취소하고 원상회복을 구할 수 있는 것임을 이유로 한다.5) 이 경우 각 소송에서 채권자의 청구에 따라 사해행위의 취소 및 원상회복을 명하는 판결을 선고하여야 하고, 수익자나 전득자가 가액배상을 하여야 할 경우에도 수익자가 반환하여야 할 가액 범위 내에서 각 채권자의 피보전채권액 전액의 반환을 명하여야 한다.6)

(3) 채권자대위소송의 경우

채권자대위소송에서는 채권자, 채무자, 또 다른 채권자 사이에서 누가 먼저 제소하였는가에 따라 여러 가지 모습의 중복소제기가 문제된다.

(가) 각기 다른 채권자의 대위소송이 중복되는 경우

《사례 7》　　甲은 乙로부터 부동산을 매수하였으나 아직 소유권이전등기를 넘겨 받지 못하고 있었다. 그러나 乙은 그 사이에 처남 丙에게 그 부동산을 매도한 듯이 가장하여 매매계약을 하고 등기를 해 주었다.

《사례 7a》　　甲은 乙로부터 소유권이전등기를 받기 위하여 乙을 대위하여 丙을 상대로 소유권이전등기가 원인무효임을 근거로 그 이전등기의 말소를 구하는 소를 제기하였다. 그 소송이 계속 중에 丁이 나타나 자기가 매수인이라고 주장하여 역시 丙을 상대로 이전등기말소청구의 소를 제기하였다. 법원은 丁의 소를 어떻게 처리할 것인가?

이러한 사례에서 판례·통설은 丁의 소를 중복된 소라고 한다.7) 그러나 이러한 견해는 타당하지 않다고 생각된다. 그 이유는 다음과 같다:

첫째, 중복소제기가 되려면 당사자가 동일하거나 제3자에게 **기판력이 미쳐야** 함은 앞에서 본 바와 같다. 이는 판결의 모순·저촉 방지라는 중복소제기 금지의 취지에 비추어 자명하다. 이처럼 대위소송이 경합할 때 두 채권자 사이에 서로 기판력이 미치는가? 판례는 乙이 甲·丙 사이의 소송계속 사실을 알았으면 기판력이 丁에게도 미친다고 하나,8) 이처럼 甲이 소송하여 받은 판결의 기판력이 丁에게 미친다거나 그 반대가 된다고 볼 근거가 없다. 기판력의 인적 범위에 관한 어느 규정

---

5) 大判 2003. 7. 11, 2003다19558; 大判 2005. 5. 27, 2004다67806; 大判 2005. 11. 25, 2005다 51457; 大判 2008. 4. 24, 2007다84352.

6) 大判 2008. 4. 24, 2007다84352; 大判 2008. 11. 13, 2006다1442.

7) 大判 1988. 9. 27, 87다카1618; 大判 1998. 2. 27, 97다45532; 강현중, 357; 김홍엽, 355; 鄭·庚·金, 324; 한충수, 236. 이시윤, 299는 채무자가 대위소송의 계속을 알았으면 중복소제기가 된다고 한다. 그리고 金·姜, 304는 이 견해에 찬성하면서 두 소가 병합심리되는 경우에는 중복소송금지에 해당하지 않는다고 한다.

8) 大判 1994. 8. 2, 93다52808.

을 보아도 이러한 경우는 포함되어 있지 않다.9) 甲이 승소하면 丁은 그로부터 이전등기의 말소로 등기명의가 乙에게 회복되어 자기에게로 이전등기를 구할 수 있게 된다고 하는 효과를 받는 데에 불과하다. 따라서 이처럼 다른 채권자의 제소는 **중복소제기가 아니라고** 해야 한다. 더구나 판례가 채무자의 수인의 채권자가 공동소송으로 제소하는 것은 무방하다고 하면서10) 따로 제소하면 후소가 중복된 소라 하는 것은 불합리하다. 이러한 경우는 중복소제기라 하여 각하하는 것보다 오히려 **변론을 병합**하여 서로 모순되는 결과가 나오는 것을 방지하는 것이 소송경제에도 부합하고 논리에도 맞다.

둘째, 뒤에서 보는 바와 같이 중복소제기가 되려면 **소송물이 동일해야** 한다. 이러한 소송에서 **소송물**이 채권자의 대위권 행사인가, 아니면 채무자의 권리행사인가? 판례는 오로지 채무자의 채권청구로 보는 경향이 있다. 이는 위 판례에서 중복소제기라고 하는 것과 피보전채권의 부존재시에는 소를 각하해야 한다는 것을11) 보면 알 수 있다. 그러나 뒤에서 검토하는 바와 같이 대위소송의 소송물은 채권자의 대위권 행사라고 보는 것이 타당하므로, 이러한 사건에서는 **각기 다른 대위권의 행사**이므로 소송물이 다르며, 따라서 중복소제기가 되지 않는다.

(나) 후소송이 대위소송인 경우

《사례 7b》 〈사례 7〉에서 乙은 丙에게 소유권이전등기를 하여 준 것을 후회하고 그 등기의 말소를 구하는 소를 제기하였다. 그 소송이 계속 중에 甲이 乙로부터 소유권이전등기를 받기 위하여 乙을 대위하여 丙을 상대로 소유권이전등기가 원인무효임을 근거로 그 이전등기의 말소를 구하는 소를 제기하였다. 법원은 이들을 어떻게 처리할 것인가?

이러한 사안에 관하여 통설은 甲의 후소를 중복된 소라고 본다.12) 판례는 초기에는 "채권자는 그 권리를 대위행사할 수 없다"고 하여 실체법적 문제로 취급한 것으로 보인다.13) 그러나 뒤의 판례는 "비록 당사자는 다를지라도 실질상으로는 동

---

9) 이 점에 관한 상세한 검토는 기판력 부분에서 다룬다.

10) 大判 1991. 12. 27, 91다23486. 이 판결은 이들이 유사필수적공동소송인이 된다고 보았다.

11) 大判 1988. 6. 14, 87다카2753 등.

12) 강현중, 357; 金・姜, 303; 김홍엽, 354-355; 한충수, 236. 鄭・庚・金, 323은 이에 대한 판례와 학설을 소개할 뿐이고 명확한 입장을 밝히지 않고 있다. 그러나 채무자가 제3채무자를 상대로 이행소송을 수행 중에 채무자에 대한 압류채권자가 제3채무자를 상대로 이행의 소를 제기한 경우에는 채무자가 당사자적격을 상실하여 중복제소가 되지 않는다고 설명하는 것으로 보아 판례의 입장과 같은 것으로 보인다.

13) 大判 1957. 11. 14, 4290민상448; 大判 1969. 2. 25, 68다2352・2353; 大判 1970. 4. 28, 69다

일 소송"이라고 하여 중복소제기가 된다고 하였다.[14] 그러나 이런 경우는 채무자가 이미 자기 채권을 행사하고 있으므로 민법 제404조 제1항의 해석상 요구되는 '채무자가 채권을 행사하지 않을 것'이라는 **대위권 행사요건이 불비**되었다고 보아야 한다. 그러므로 중복소제기로 처리할 것이 아니라 채권자, 즉 甲의 청구를 이유 없다고 하여 기각해야 마땅하다.

(다) 전소송이 대위소송인 경우

《사례 7c》　甲은 乙로부터 소유권이전등기를 받기 위하여 乙을 대위하여 丙을 상대로 소유권이전등기가 원인무효임을 근거로 그 이전등기의 말소를 구하는 소를 제기하였다. 그 소송이 계속 중에 乙이 丙을 상대로 이전등기의 말소를 구하는 소를 제기하였다. 법원은 이들 소를 어떻게 처리할 것인가?

이러한 경우에 판례는 "비록 당사자는 다르다 할지라도 실질상으로는 동일 소송이라고 할 것"이라는 이유로 후소를 중복된 소라고 하여 각하하고,[15] 이에 동조하는 견해도 있다.[16] 그러나 이 판례는 이러한 경우에 전소송 판결의 기판력이 후소송에 미치지 않는다던 시절의 판결이어서 서로 모순된다.[17] 뒤에도 같은 취지의 판결이 나오나,[18] 이것도 기판력에 관한 전원합의체 판결[19]과 모순된다는 문제를 안고 있다.[20]

이는 경우를 나누어 보아야 할 것이다. **전소송이 변론종결 전**이면 채권자의 대위청구는 민법 제404조 제1항의 해석상 요구되는 '채무자가 채권을 행사하지 않을 것'이라는 **대위권 행사요건이 불비**되었다고 보아야 한다. 그것은 대위권 행사요건 구비의 기준시점이 변론종결시인데, 전소송인 대위소송의 변론종결시에는 이미 채무자가 자기의 채권을 행사하고 있기 때문이다.

13[11]. 이 판례들은 후소를 각하해야 한다고 하였는지 여부가 분명하지 않으나 적어도 실체법적 구성을 한 것은 틀림 없다고 보인다.

14) 大判 1981. 7. 7, 80다2751. 이 판결은 大判 1974. 1. 29, 73다351, 1976. 10. 12, 76다1313을 참조판례로 열거하나, 전자는 대위소송이 먼저 계속한 경우이고, 후자는 대위소송과는 아무 관계 없는 것이어서 잘못 참조한 것이다.

15) 大判 1974. 1. 29, 73다351.

16) 강현중, 357; 鄭·庚·金, 323. 그리고 金·姜, 304; 이시윤, 299; 韓宗烈, 609는 무조건 중복소제기라 하여 각하할 것이 아니라 채무자에게 대위소송이 계속 중임을 알려 참가의 기회를 제공하고 각하할 것이라고 한다(한정적 긍정설). 이 견해도 결국 중복소제기임을 인정하는 것을 전제로 하고 있다.

17) 李在性, "債權者代位訴訟과 重複提訴", 法律新聞 1096호(1975. 2. 17), 8면.

18) 大判 1977. 2. 8, 76다2570.

19) 大判(全) 1975. 5. 13, 74다1664.

20) 朴禹東, "代位訴訟과 重複提訴", 判例回顧 6호, 102-103면.

이 경우 문제는 민법 제405조 제2항이 채무자가 권리를 처분하는 것을 금지하고 있다는 데에 있다. 학설은 이 조문이 채무자가 자기 채권을 청구하는 것 자체도 금지한다고 새긴다.21) 그러나 민법 제405조 제2항의 취지는 채권자의 대위권 행사를 방해하는 행위를 금지하려는 것이므로 이 경우처럼 채권자의 대위권 행사의 목적을 그대로 달성시켜 주는 채무자의 채권 행사는 금지할 이유가 없다. 따라서 민법의 이 조문이 위와 같이 새기는 데에 장애가 되지는 않는다. 이 점은 판례도 인정한다.22) 뿐만 아니라 채무자가 자기의 권리를 행사하는 것과 채권자가 채무자의 권리를 행사하는 것 중 어느 것이 우선되어야 하는 것인지를 생각해 보면 결론은 자명해진다. 남의 권리를 행사하는 모습을 지닌 대위소송보다는 자기 권리의 행사가 우선해야 함은 물론이다. 그러므로 이러한 경우는 비록 채권자의 대위소송이 먼저 계속하였어도 이는 **실체법상 대위권 행사요건 불비**로 전소 청구를 기각해야지 채무자의 소송이 뒤에 계속하게 되었다고 이를 중복소제기라고 하여 소각하판결을 해서는 안 된다.23)

전소송이 변론종결 후이면 대위소송은 영향이 없고 채무자의 소송은 별소로 존속한다고 본다. 이 경우 전소송의 판결이 확정되어 기판력 문제가 발생할 수 있을 것이다. 그러나 이 경우도 뒤에 검토하는 바와 같이 채권자대위소송이 소송담당이 아니라고 하면 아무런 영향이 없다. 이 경우 실제로 사실인정에서는 대위소송 판결의 영향을 받을 것이다.

3. 두 소송의 소송물이 동일할 것

전소와 후소가 동일한 소가 되려면 두 소송의 소송물이 동일하여야 한다. 소송물이 동일한지 여부를 판단하는 기준에 관하여는 학설이 여러 가지가 대립하고 있는데, 어느 이론에 따르느냐에 따라 결론이 달라진다. 소송물이론에 관하여는 앞에서 상세히 설명하였으므로, 여기서는 소송물이 청구취지와 청구원인 중의 사실관계

---

21) 郭潤直, 債權總論[제6판], 136.

22) 大判 1991. 4. 12, 90다9407은 채권자가 제3채무자를 상대로 채무자에게 등기를 이전하라고 청구한 사건에서, 민법 제405조 2항이 채무자가 제3채무자로부터 등기를 이전받는 것도 금지하는 것은 아니라고 하였다.

23) 이에 대하여 대위채권자의 소송이 채무자의 소제기라는 우연한 사정으로 달라진다는 것은 소송절차의 안정을 해치는 것이라는 비판이 있다(鄭·庚·金, 323). 그러나 소송절차의 안정을 위하여 법률요건 존부 판단의 기준시점이 변론종결시라는 소송법의 원칙을 무시하는 것은 주객전도이다. 더구나 본래 권리자인 채무자의 소제기를 단순한 우연한 사정으로 백안시하는 것도 타당하지 않다.

에 따라 결정된다는 이원설에 따라 간략히 결론만 이야기한다.

(1) 청구취지가 같은 경우

전소송과 후소송의 소송물이 동일하려면 원고가 주장한 청구취지와 사실관계가 같아야 한다. 그중 어느 하나라도 다르면 심판의 대상인 소송물이 달라서 동일한 소가 되지 않는다. 여기서 몇 가지 문제되는 경우들이 있다.

《사례 8》　　甲은 乙로부터 옥파종자를 공급받기로 계약을 하고 그 준비를 하였다. 乙이 공급한 종자를 심은 甲은 뒤늦게 그 종자가 옥파종자가 아니고 보통파종자라는 것을 알았다. 사정을 알아보니 乙이 甲의 경쟁업자인 丙으로부터 사례금을 두둑히 받고 일부러 옥파종자를 공급하지 않은 것이었다. 甲은 乙의 행위가 불법행위라고 주장하여 손해배상청구의 소를 제기하였다. 그 소송이 계속 중에 甲이 따로 계약불이행을 주장하여 손해배상을 구하는 소를 제기하였다. 이것이 적법한가?

이 경우는 두 소의 청구취지가 같고, 청구원인의 사실관계도 같다. 다른 것은 원고가 주장하는 **법률적 구성, 즉 법적 관점** 내지는 적용 법규범뿐이다. 전소송에서는 乙의 행위가 불법행위라고 하였음에 반하여 후소송에서는 乙의 같은 행위가 계약불이행이 된다고 주장한 점이 다를 뿐이다. 우리나라의 판례와 과거의 통설은 이런 경우도 소송물이 다르기 때문에 중복소제기가 되지 않는다고 한다. 그러나 이러한 법적 관점, 즉 어떤 법규범을 적용할 것인가는 법원이 판단하여 정하는 것이기 때문에 소송물 결정의 요소가 된다고 볼 수는 없다. 위 사례는 중복소제기로 부적법하다고 본다.

전후 양소가 청구취지는 같으나 **청구원인사실이 다르면** 소송물이 달라서 중복소제기가 되지 않는다.

《사례 9》　　乙은 甲에게서 3천만원을 차용하면서 1년 뒤에 3500만원을 갚기로 하고는 그 지급을 담보하기 위하여 만기일이 1년 뒤이고 액면액 3500만원인 약속어음을 발행하였다. 1년 뒤에 乙이 돈을 갚지 않자 甲은 乙을 상대로 3500만원과 그에 따른 지연이자를 지급할 것을 구하는 소를 제기하였다. 제1심에서 패소한 甲이 항소하였다. 그러던 중 甲은 어음을 받아둔 것이 생각나 다시 乙을 상대로 약속어음금 3500만원과 그에 대한 지연이자를 지급할 것을 구하는 소를 제기하였다. 이 후소는 적법한가?

이러한 사례에서는 두 소가 청구취지는 같으나 전소는 소비대차계약 사실을 주장한 것이고 후소는 약속어음 발행사실을 주장한 것이어서 소송물이 다르다고 본다. 여기서 구별하여야 할 것이 단순히 **공격방법만이 다른 경우**이다. 청구원인사실 도 공격방법에 속하기는 하나 이것이 달라지면 '다른 사건'이 되는 것을 말하는 것 이고 그러한 내용에 속하지 않는 공격방법은 소송물 결정기준이 되지 않는다.

(2) 청구취지가 다른 경우

두 소가 청구취지가 다르면 어느 이론에 의하더라도 중복소제기가 되지 않는다. 그럼에도 불구하고 중복소제기 여부가 문제되는 경우가 더러 있다.

(가) 일부청구의 경우

《사례 10》   변호사 甲은 乙의 소송사건을 맡아 승소확정판결을 받았다. 그러나 乙 이 보수를 지급하지 않아 乙을 상대로 보수 지급을 구하는 소를 제기하였다. 본래 甲 이 받기로 한 보수는 3억 원이지만 이를 한꺼번에 청구하면 자칫 악덕 변호사라는 소 문이 날까봐 청구금액을 2억 원으로 하였다. 그 소송이 계속 중에 甲은 따로 나머지 1 억 원을 청구하는 소를 제기하였다. 이 후소는 적법한가?

《사례 10a》   만일 甲이 전소송에서 나머지는 뒤에 따로 청구하겠다고 하였으면 어 떻게 되는가?

〔비 교〕   변호사 甲은 乙의 소송사건을 2개 맡아 모두 승소확정판결을 받았다. 본 래 甲이 받기로 한 보수는 제1소송에서 2억 원, 제2소송에서 1억 원이었는데, 乙이 보 수를 지급하지 않아 乙을 상대로 먼저 제1소송의 보수를 지급할 것을 구하는 소를 제 기하였다. 그 소송이 계속 중 甲이 다시 乙을 상대로 제2소송의 보수 지급을 구하는 소를 제기하였다. 甲의 이 후소가 적법한가?

a) 문제점: 이 사례처럼 동일한 가분채권, 즉 동일한 청구원인을 기초로 하 여 그 채권의 일부만을 청구했다가 그 소송계속 중 뒤에 나머지 부분의 이행을 청구 하는 소를 제기하면 이 잔부청구가 중복소제기가 되는가, 즉 **일부청구의 소송계속의 효력이 잔부청구에도 미치는가**에 관하여 다투어진다. 두 청구는 청구원인은 같지만 각기 청구취지가 다르고 청구된 부분만 법원이 심판할 수 있으므로 원칙적으로 이 부분만이 소송물이 된다. 그러므로 각기 청구한 부분에만 소송계속의 효과가 생긴다. 이 사례들에서 먼저 2억원을 청구한 소송은 그 부분에만 계속하고 그때 청구하지 않 은 부분에는 소송계속이 생기지 않는다. 따라서 잔부청구는 중복소제기가 되지 않는 다. 그럼에도 일부청구 뒤의 잔부청구에 관하여 중복소제기 여부가 문제되는 것은 일부청구 내지는 잔부청구가 그 내용상 여러 가지 문제를 내포하고 있기 때문이다. ① 일부청구는 청구의 형태가 다양하다. 일부임을 명시한 경우도 있고 이를 명시하

지 않아 전부청구의 외관을 갖춘 경우나 아무 판단 기준이 없는 경우 등, 여러 가지
가 있다. ② 그렇기 때문에 피고에게는 원고가 더 이상 청구하지 않으리라는 신뢰가
생겼다가 실망하는 수도 생길 수 있고, ③ 법원의 눈에는 한꺼번에 소송할 수도 있
는 것을 굳이 여러 차례로 나누어서 소송하는 것이 소송제도를 남용 또는 악용하는
것으로 보일 수도 있다. 법원의 태도를 알아보기 위하여 채권 일부만을 청구하여 보
는 이른바 시험소송은 특히 그러할 것이다. 소송제도의 남용이라는 성격이 가장 뚜
렷이 드러나는 것이 소액사건심판절차를 이용하기 위하여 다액의 채권을 3천만 원
이하로 분할하여 청구하는 것인데, 이는 소액사건심판법 제5조의2가 금지하고 있다.
④ 그러나 원고의 입장에서는 이미 이행기가 도래한 자신의 채권 중 당장 필요한 일
부만을 먼저 청구할 수 있기 때문에 편리하고, 패소하더라도 채권의 일부에만 한정
하기 때문에 위험을 분산시킨다는 장점도 있다. 법원이 백안시하는 시험소송도 적은
소송비용으로 사실상 전부 승소한 것과 같은 효과를 얻을 수 있으므로 특히 비난할
것이 못된다고 볼 수도 있다. 이러한 여러 가지 각기 다른 관점이 있기 때문에 잔부
청구를 어떻게 처리할 것인가에 관하여 견해의 대립이 있다.

　　b) **판 례:** 　판례는 전소 청구에서 일부청구임을 명시하였으면 잔부청구가 허
용되고 명시하지 않았으면 잔부청구는 중복소제기로서 허용되지 않는다고 한다(**명시
설**).[24] 그 근거로는 피고의 신뢰 보호와 심판 범위의 명확성을 든다. 이에 의하면
〈사례 10〉에서는 甲이 일부청구임을 밝히지 않았으므로 잔부청구를 한 후소는 중복
된 소가 될 것이며, 〈사례 10a〉에서는 甲이 일부청구임을 밝혔기 때문에 후소는 중
복된 소가 아니라고 보게 될 것이다.

　　c) **학 설:** 　학설로는 일부청구의 명시 여부를 불문하고 잔부청구는 중복소제
기라고 보는 것이 다수설이다.[25] 일부청구 소송 중에 나머지 청구를 하려면 그 소송
에서 **청구취지를 확장**해서 전부를 청구하는 것이 가능하기 때문에 별소로 하는 잔
부청구가 필요 없다는 점을 근거로 한다. 이와 반대로 잔부청구는 중복소제기가 아
니라고 하면서 전소송에서 청구취지 확장이 가능함에도 불구하고 별소로 하는 잔부
청구는 **남소가 될 여지**가 있다고 하는 견해도 있다.[26] 이 견해는 나아가 이런 경우

---

24) 大判 1977. 3. 22, 76다839; 大判 1985. 4. 9, 84다552. 한충수, 237은 판례를 따르는 것으로 보인다.
　25) 方順元, 354; 宋・朴, 286; 李英燮, 256. 강현중, 361은 명시설을 따르는 판례의 입장을 소개하면
서 불법행위로 인한 손해배상청구 등에는 이 명시설을 적용하고 계약상의 채권 또는 그 불이행으로 인한
손해배상청구의 경우에는 일부청구임을 명시했더라도 잔부청구는 허용되지 않는다고 함으로써 절충적 입
장을 취한다.

에 이부, 이송, 병합 등으로 처리하고 소권남용이 뚜렷하면 각하하여야 할 것이라고 한다.

d) 검 토: 생각건대, **명시설**에 의하면 특히 묵시적 일부청구의 경우에 원고가 제기하는 잔부청구의 소가 중복된 소가 된다고 하는데, 이는 전소 일부청구의 소송계속이 청구하지 않은 잔부에까지 미친다는 뜻이다. 그러면 처분권주의에 의한 법원의 심판 범위보다 **소송계속의 범위**가 넓어진다는 결과가 되는데, 이는 문제가 아닐 수 없다. 원고가 일부청구임을 명시하지 않았다고 잔부청구를 일률적으로 부정한다면 구체적 타당성을 잃는 경우가 있을 수 있다. 이 입장은 원고가 일부청구임을 명시하지 않은 행위를 "피고에게 그 이상의 채무는 없다."는 의사를 표시한 것이라고 새기는 것인데, 이는 원고의 의사를 무시한 월권적인 해석이다. 그보다는 "경우에 따라서는 피고의 채무가 더 있을 수 있다."는 의사라고 새기는 것이 원고의 의사에 더 잘 합치할 것이다. 이 견해는 일부청구이면 처음부터 이를 밝혀서 심판의 범위를 명확히 하고 상대방에게 헛된 신뢰를 주지 않도록 해야 한다는 취지로 보이나, 채무자인 피고가 자기의 채무액이 얼마인지는 누구보다도 잘 알고 있을텐데, 원고가 그 중 일부만 청구하였다고 해서 피고의 채무액이 그만큼 축소된 것이라고 믿는다는 것도 바람직하지 않은데, 더구나 그 신뢰를 보호하기까지 하는 것은 더욱 타당하지 않다. 결국 이 견해는 중복소제기 금지의 원칙과는 관계없는 상대방의 신뢰 보호라는 목적에 이 원칙을 끌어 쓰는 것으로 타당하지 않다.

다음으로, **다수설**은 청구취지를 확장할 수 있는데 별소를 제기한 것을 탓하면서 따라서 중복소제기가 된다고 한다. 그러나 청구취지의 확장이 청구의 변경이라는 것이 일반적인 견해인데, 그렇다면 일부청구에 잔부청구를 덧붙이는 것이 결국 **청구변경**이 된다는 것이다. 이러한 견해는 일부청구와 잔부청구는 서로 소송물이 다르다는 것을 전제로 한다. 그러면서 잔부청구가 중복소제기가 된다고 하는 것은 일부청구와 잔부청구가 소송물이 같다는 이야기가 되는데, 이는 앞뒤가 맞지 않다. 이 견해는 굳이 후소를 제기할 필요가 없는 데도 제기하는 것을 막아야 한다는 생각에서 중복소제기라고 하는 것으로 보이는데, 차라리 소의 이익이 없다거나 남소라고 하면 몰라도 중복소제기라고 하는 것은 개념을 혼동한 것이다.

이런 의미에서는 잔부청구를 남소가 될 여지가 있다고 보는 견해가 더 설득력

---

26) 이시윤, 304; 李石善, "一部請求에 대한 訴訟法的 考察", 金容漢回甲紀念論文集, 255면.

이 있다. 그러나 이 견해가 잔부청구가 남소 가능성이 있다고 하면서 변론을 병합하라는 것은 모순된 주장이다. 그리고 청구취지를 확장할 수 있는데도 잔부청구를 한다고 해서 남소가 될 수 있다고 보는 것은 위험한 발상이다. 남소를 인정하는 것은 개인의 소권을 제한 내지 박탈하는 결과가 될 수 있으므로 신중해야 한다. 소액사건으로 만들기 위하여 일부청구를 하는 경우를 제외하고 남소를 함부로 인정할 일이 아니다. 그러므로 잔부를 청구하는 후소를 중복소제기의 문제로 삼을 것이 아니라 **처분권주의에 충실**하게 적법한 것으로 인정하고 가능하면 이송 등으로 변론을 병합하는 것이 타당하다.

e) **주의할 점**:   여기서 주의할 것은 일부청구는 **동일한 채권을 분할**하여 청구하는 것이고 서로 다른 여러 채권들 중의 일부를 청구하는 것을 뜻하지 않는다는 점이다. 이것을 소송법적으로 표현하면 일부청구가 문제되는 것은 청구원인은 같지만 청구취지가 분할된 경우이지, 청구원인도 다를 경우에는 소송물이 완전히 달라서 일부청구의 문제가 생기지 않는다. 〈비교〉에서 甲은 乙에 대하여 가진 2개의 보수청구권을 각기 행사하는 것이며, 따라서 청구원인의 사실관계가 다르므로 후소를 일부청구 뒤의 잔부청구로 보아서는 안 된다.[27]

(나) 이행의 소 및 형성의 소와 확인의 소

《사례 11》   甲은 총선에 국회의원으로 출마하려는 乙의 주문에 따라 초상화를 한 점 그려주고 선거가 끝난 다음 보수를 받기로 하였다. 그러나 선거에 낙선한 乙은 甲이 乙의 표정을 사납게 그렸기 때문에 유권자들에게 좋은 인상을 주지 못하여 낙선한 것이라고 하면서 보수를 지급하지 않겠다고 하였다. 이에 甲은 乙을 상대로 보수의 지급을 구하는 소를 제기하였다. 소송계속 중에 다시 보수청구권이 있다는 것을 확인할 것을 구하는 소를 제기하였다. 이 후소는 적법한가?

《사례 11a》   만일 甲이 보수청구권이 있다는 것을 확인할 것을 구하는 소를 제기한 뒤에 보수의 지급을 구하는 소를 제기하면 어떻게 되는가?

a) **학 설**:   앞에서 설명한 바와 같이 확인의 소는 모든 소의 기본형이라고 할 수 있고, 이행의 소나 형성의 소에 확인의 소의 내용이 포함되어 있다. 그렇기 때문에 하나의 법률관계와 사실관계에 기하여 이행의 소나 형성의 소를 제기하고 확인의 소를 제기하면 그중 겹치는 내용이 포함되어 중복소제기가 아닌가 하는 의문이 든

---

27) 소송물에 관한 일원설에 의하더라도 이러한 경우 소송물 식별을 위하여는 사실관계를 참작한다고 하므로 결국 같은 결론이 될 것이다.

다. 이 점에 관하여 학설이 대립하고 있는데, **제1설**은 이행의 소 뒤에 확인의 소를 제기하면 이미 이행의 소에 포함된 주장을 다시 하는 것이므로 중복소제기가 되나, 확인의 소 뒤에 이행의 소를 제기하면 전소송에서의 주장 밖에 다른 내용의 주장이 덧붙는 것이라 하여 중복소제기가 되지 않는다고 한다.28) 독일의 다수설·판례가 이 입장에 서 있다. 이에 의하면 〈사례 11〉의 확인의 소는 중복된 소가 되나 〈사례 11a〉의 이행의 소는 중복된 소가 아니다. **제2설**은 확인의 소 뒤에 이행의 소를 제기해도 중복소제기가 된다고 본다.29) 이행청구를 하려면 확인의 소에서 청구취지를 확장하는 것이 가능하므로 별소를 제기할 필요가 없기 때문이라고 한다. 이에 의하면 〈사례 11〉은 물론 〈사례 11a〉의 경우도 모두 중복소제기가 된다. **제3설**은 소송물에 관한 사실관계일원설에 따라 이 경우에는 기본적인 사실관계가 동일하므로 중복소제기가 된다고 한다.30) 이에 의하면 위의 두 사례 모두 중복소제기라고 할 것이다.

b) 검 토: 그러나 이러한 논의는 방향을 잘못 잡은 것이다. 이와 같은 경우는 분명히 청구취지가 서로 다르므로 중복소제기로 처리할 일이 아니다.31) 이행의 소나 형성의 소가 계속하면 같은 원고가 제기한 확인의 소는 전후를 불문하고 **권리보호의 이익이 결여**되어 각하할 것이다. 이는 뒤에서 설명하는 바와 같이 이행의 소나 형성의 소가 계속 중이면 선후를 불문하고 확인의 소는 부적법하다는 **확인의 소의 보충성** 때문이다.32) 그리고 이를 중복소제기의 문제로 다루면 따로 확인의 소를 제기할 특별한 이익이 있는 경우에도 각하되는 것을 막을 수가 없게 된다. 원고가 채무부존재확인의 소를 제기한 뒤에 피고가 원고를 상대로 이행의 소를 제기한 경우에는 확인의 소의 보충성 문제도 아니고 중복소제기 문제도 아니다.33)

---

28) 이시윤, 303.

29) 강현중, 361; 金·姜, 308-309; 方順元, 353; 宋·朴, 285; 李英燮, 256; 韓宗烈, 613-614.

30) 鄭·庚·金, 326.

31) 김용진, 173; 한충수, 239.

32) 확인의 소의 보충성만으로는 해결되지 않는 경우가 있다는 비판이 있다(이시윤, 302). 그 예로 전소가 손해배상채무 부존재확인의 소이고 후소가 상대방의 채무이행청구의 반소일 때 전소의 확인의 이익이 소멸한다고 할 수 없다는 것을 든다. 그러나 이는 어차피 보충성의 문제가 아니다. 보충성은 전·후소의 원고가 동일함을 전제로 하기 때문이다. 이러한 사안에서 보충성만으로 해결되지 않는다는 주장은 무엇으로 해결하겠다는 내용인지 의문이다.

33) 大判 1999. 6. 8, 99다17401·17418은 이런 경우 확인의 소에서 확인의 이익이 없어지는 것이 아니라고 하였다.

(3) 공격·방어방법으로 주장된 권리

(가) 원 칙

《사례 12》　　甲은 처남인 乙이 집 한 칸도 마련하지 못하고 월세방을 전전하는 것이 불쌍하다고 생각하여 집을 장만할 때까지 甲이 소유한 가옥을 무상으로 빌려 주었다. 처음에는 너무 고맙고 미안해서 甲 앞에서 얼굴도 제대로 들지 못하던 乙이 나중에는 그 집이 살수록 마음에 든다면서 그 집에 대한 소유권을 주장하기 시작하였다. 그냥 두어서는 안 되겠다고 생각한 甲이 乙을 상대로 가옥인도청구의 소를 제기하였다. 그 소송에서 甲은 그 가옥이 자기 소유라고 주장하였다. 그 소송계속 중에 甲이 乙을 상대로 그 가옥에 대한 소유권 확인의 소를 제기하였다. 법원은 이 두 소를 어떻게 처리할 것인가?

전소송에서 공격·방어방법으로 주장한 권리를 후소송에서 소송물로 삼아 제소하더라도 중복소제기가 되지 않는다. 단순히 공격·방어방법으로 권리를 주장한 것에 불과한 경우에는 **소송계속이 생기지 않기 때문**이다. 위 사례에서 甲은 가옥인도를 구하면서 공격방법으로 소유권을 주장하였다. 그러나 이 주장에는 소송계속이 생기지 않으므로 甲이 뒤에 그 가옥에 대한 소유권확인을 구하는 소를 제기해도 중복소제기가 되지 않는다. 이러한 경우는 오히려 소유권이 가옥인도청구권의 선결적 법률관계가 되어 수소법원이 같으면 甲의 후소는 중간확인의 소(제264조)가 된다.34)

(나) 상계항변의 경우

《사례 13》　　甲은 乙에 대하여 3천만원의 매매대금채권이 있다고 주장하여 이를 청구하는 訴를 제기하였다. 그에 대하여 乙은 매매계약이 체결된 적이 없다고 하면서 만일 매매대금채무가 인정된다면, 자신이 甲에 대한 2,500만원의 대여금채권이 있으므로 이 기회에 이를 반환받아야 하겠다고 주장하였다. 이 소송이 계속 중에 乙은 별도로 甲을 상대로 위 대여금 2,500만원의 반환을 구하는 소를 제기하였다. 이 후소를 법원은 어떻게 처리할 것인가?

그러나 위 사례에서와 같이 전소송에서 방어방법으로 상계항변을 제출하고 별소로 그 채권을 청구하였을 때에는 문제가 된다. 이는 상계항변에 대한 판결에는

---

34) 이러한 경우를 앞에서 설명한 이행의 소와 확인의 소의 관계에서 중복소제기가 되느냐, 보충성이 문제되는가 하는 것과 혼동하면 안 된다. 중복소제기나 보충성이 문제되는 것은 원고가 급부청구권을 주장하여 제기한 이행의 소와, 그 급부청구권 자체의 존부 확인의 소의 경우이다. 그러나 소유권 확인청구와 인도청구는 전자가 후자의 선결문제로 되어 있는 경우이어서 이러한 문제가 생길 여지가 없다.

기판력이 생기므로(제216조 2항) 만일 이를 방어방법인 항변에 불과하다고 하여 별소를 인정하면 두 소송에서 각기 모순되는 판결이 확정되어 기판력의 저촉이나 이중 만족의 위험이 생기기 때문이다. 위 사례에서 만일 전소송에서 乙의 항변이 인용되었는데, 후소송에서 乙이 패소하거나 반대의 경우에는 판결의 모순이라는 문제가 생기며 乙의 상계항변도 인용되고 후소송에서도 乙이 승소하면 이중 만족의 문제가 생길 수 있다.

이 점에 관하여 학설도 대립하고 있는데, **소극설**은 이런 위험성 때문에 중복소제기라고 하여 후소를 각하해야 한다고 주장한다.35) **적극설**은 상계항변 자체에는 소송계속이 생기지 않고, 또 대부분의 상계항변은 예비적 주장이어서 청구기각 판결이 선고되면 그 항변에 대하여는 판결이 없을 수도 있는데 별소를 중복된 소라고 하여 각하하는 것은 부당하다고 한다.36) **절충설**은 원칙적으로 적극설을 지지하면서 상계항변으로 주장된 자동채권에 대하여는 별소를 금하고 동일 절차 내에서 반소제기를 유도할 것이라고 한다.37)

그러나 어느 설도 다 문제가 있다. 소극설, 적극설은 서로 대칭되는 문제점이 있고 절충설은 법원이 당사자에게 반소 제기를 요구하거나 유도하는 것은 처분권주의 위배임을 간과하였다. ZPO 제148조는 두 개의 소가 서로 관련되어 있을 때 한 쪽의 변론을 중지할 수 있도록 하여, 상계항변에 대한 판단이 있으면 별소는 기판력에 저촉되고, 그에 대한 판단이 없으면 심리를 진행하도록 하고 있다. 이와 같은 규정이 없는 우리나라에서는 두 사건을 이부, 이송 등으로 **병합하여 심리**하도록 하는 것이 타당하고, 그것이 불가능하면 두 소송에서 병행해서 심리하되, 실제 **소송지휘**를 통하여 독일법과 같은 효과를 가져오도록 할 수 있을 것이고, 어느 한 쪽 소송에서 판결이 먼저 확정되면 다른 소송에서 이를 기판력 문제로 다루면 될 것이다. 이를 중복소제기가 되느니 마느니 서둘러 미리 판단할 일이 아니다.

판례는 먼저 계속한 소송에서 상계항변을 제출한 뒤에 그 소송계속 중에 자동채권과 동일한 채권을 청구하는 소나 반소를 제기하는 것이 가능하다고 보고, 반대로 전소송에서 청구한 채권을 후소송에서 자동채권으로 상계항변을 하는 것도 가

---

35) 강현중, 362-363.

36) 方順元, 318; 宋·朴, 284; 李英燮, 255.

37) 이시윤, 301-302. 전에는 반소제기를 요구할 것이라고 하였으나 표현을 바꾸었다. 鄭·庚·金, 328은 반소 제기의 방법에 의하도록 하는 것이 타당하며, 다만 처분권주의 때문에 법원이 적극적으로 반소 제기를 요구할 수는 없다고 한다.

능하다고 본다.38)

Ⅲ. 중복소제기의 소송상 취급

중복소제기는 **법률상 제소금지**에 저촉되는 것으로 이는 권리보호자격이 없게 된다. 그리고 권리보호의 자격은 소송요건의 하나이므로 중복소제기는 결국 소송요 건 불비가 되어 소가 부적법하다 하여 각하판결을 받게 된다. 이 요건은 소송요건 중에서도 **직권조사사항**이다. 그러므로 당사자의 소송상 항변이 없어도 법원은 직권 으로 고려하여야 한다.

Ⅳ. 국제적 소송경합과 중복소제기

1. 문 제 점

전소송이 외국법원에 계속 중일 때에도 국내에서 그 소송에 소송계속의 효과, 즉 중복소제기 금지의 효과를 인정할 수 있을지가 문제된다.

《사례 14》 한국인 甲은 미국 시민권을 가지고 뉴욕에서 유학 중인 교포 2세 乙과 사귀어 혼인을 하였다. 甲이 박사학위를 받고 서울의 한 연구소에 취직이 되어 乙과 함께 귀국하였다. 그러나 서울에서의 생활에 적응하지 못한 乙이 甲에게 다시 미국으 로 나가자고 하였고, 甲이 이에 응하지 않자 乙은 혼자 뉴욕으로 되돌아 갔다. 이에 甲 은 乙을 상대로 뉴욕에서 이혼소송을 하였는데, 소송 진행이 뜻대로 되지 않아 다시 서울가정법원에 이혼청구의 소를 제기하였다. 서울에서의 이 소가 적법한가?

본래 민사소송법은 국내법이고 외국에서의 소송계속의 효과에 관하여는 규정하 지 않고 있다. 그렇기 때문에 동일한 소를 국내 법원에 다시 제기하더라도 이를 중 복소제기라고 하여 각하할 필요는 없다고 볼 수도 있을 것이다. 그러나 만일 위 사 례의 경우 뉴욕에서의 확정판결을 우리나라에서 승인할 가능성이 있는데, 그럼에도 불구하고 서울에서의 소를 적법하다고 인정하면 국내에서 효력을 인정한 뉴욕에서 의 확정판결과 국내 법원의 **확정판결이 모순될 가능성**이 생긴다. 판결의 모순, 저 촉을 방지하자는 것이 중복소제기 금지의 근본 취지라면 이러한 문제가 발생하는

---

38) 大判 2022. 2. 17, 2021다275741(이런 경우에는 이부나 이송, 변론병합 등을 시도하여 기판력의 모순저촉을 방지하고 소송경제도 도모함이 바람직하다고 언급).

것을 방치할 수는 없다. 그렇다고 외국법원에서 소송이 계속하면 바로 우리나라에서의 제소를 중복소제기라고 하는 것도 문제가 있다. 그 외국 법원의 판결이 우리나라에서 승인할 수 없는 것일 수가 있기 때문이다. 이 문제는 2022년의 국제사법을 개정하여 입법으로 해결하였다.

2. 원   칙

외국법원에 계속 중인 소송과 당사자와 소송물이 동일한 소가 국내 법원에 제기된 경우, 외국법원의 재판이 대한민국에서 승인될 것으로 예측되면 국내 법원은 직권 또는 당사자의 신청으로 결정으로 소송절차를 중지할 수 있다(국사 제11조 1항 본문). 이러한 경우에 바로 중복소제기라고 하여 각하하지 않고 절차를 중지하여 외국법원의 재판 결과를 기다려 보도록 하여 섣부른 각하의 부작용을 방지하였다. 이 경우 소의 선후는 소송계속의 발생 시점을 기준으로 하는 국내 사건과 달리 소를 제기한 때를 기준으로 한다(국사 제11조 5항).

3. 예   외

외국법원의 재판이 국내에서 승인될 것으로 예상되더라도 다음의 경우에는 절차를 중지하지 아니하고 심리를 할 수 있다(국사 제11조 1항 단서): ① 당사자들이 대한민국 법원에 전속적으로 국제재판관할의 합의를 한 경우, ② 대한민국 법원에서 그 사건을 심리하여 재판하는 것이 외국법원에서 재판하는 것보다 더 적절함이 명백한 경우.

그리고 외국법원이 본안에 관한 재판을 하기 위하여 필요한 조치를 취하지 않거나, 합리적인 기간 내에 본안에 관한 재판을 선고하지 않을 것으로 예상되거나 선고하지 않은 경우에는 국내 법원은 앞서 중지한 소송절차를 진행할 수 있다(국사 제11조 4항).

訴訟의 主體

제 1 장 法　　院

제 1 절　法院의 槪念

'법원'이란 말은 여러 가지 경우에 여러 가지 의미로 사용된다.

《사례 1》　　乙을 피고로 하여 7천만원의 위자료청구소송을 하는 甲은 오늘 변론기
일이어서 집을 나서서 택시를 타고 기사에게 "법원으로 갑시다"라고 말하였다. 중간에
우연히 친구 丙이 동승하게 되자 甲은 그 소송에 관하여 丙에게 설명하였다. 丙이 어
느 법원에서 소송을 하는 중이냐고 묻자 甲은 서울중앙지방법원이라고 대답하였다. 그
리고는 지난번 기일에 횡설수설한다고 법원이 야단을 쳐서 오늘은 주장할 것을 적어서
법과대학에 다니는 조카에게 보여 주었더니 좋다고 해서 가져 간다고 말했다. 여기서
"법원"은 각기 어떤 의미로 사용되었는가?

일반인들이 '법원'이라고 하면 법원건물을 가리키는 수가 많다. 그러나 그런 '법
원'은 법적으로 아무런 의미도 없다. 그리고 '법원'은 하나의 조직 단위의 뜻으로
쓰이는 경우도 많다. '서울고등법원', '부산지방법원', '춘천지방법원 강릉지원'이라고
할 때에는 그러한 의미이다. 법원조직법에서 이런 의미로 '법원'을 쓰는 경우가 많
다. 그러나 좁은 의미의 법원은 구체적인 소송사건을 심리하고 재판하는 재판기관
을 뜻한다. 가령 이 사례에서 甲의 소송사건을 서울중앙지방법원 제1민사부가 심판
한다면, 그 제1민사부가 법원이 된다. 그리고 어느 소송사건을 丁이라는 단독판사
가 재판하면 그가 법원이 된다. 주로 민사소송법에서 법원이라고 하는 것은 이를
가리킨다. 그리고 법원조직법에서도 이 의미로 법원이라고 칭하는 경우도 있다.

제 2 절 法院의 組織

Ⅰ. 각종 법원

우리나라에는 여러 계급의 법원이 여러 지역에 나누어져 있다. 대법원, 고등법원, 지방법원의 계급이 있고, 14명의 대법관이 있는 대법원은 하나뿐이지만, 고등법원은 서울, 부산, 광주, 대구, 대전, 수원에 설치되어 있다. 지방법원은 서울중앙, 서울동부, 서울남부, 서울북부, 서울서부, 의정부, 인천, 수원, 춘천, 대전, 청주, 대구, 부산, 울산, 창원, 광주, 전주, 제주에 설치되어 있다. 그리고 일반법원 외에 특별법원으로 고등법원급의 특허법원과 지방법원급의 가정법원, 행정법원 등도 있는데, 이들 중 특허법원은 대전에 설치되었고, 가정법원은 서울과 대전, 대구, 부산, 광주, 인천, 수원에, 행정법원은 아직 서울에만 설치되어 있다. 그 밖에 각 지방법원과 가정법원의 주변지역에 지원을 두고 있다. 그보다 더 작은 지역에는 시·군법원이 있다. 또 사건의 경중이나 직무의 내용에 따라서 지방법원과 지방법원 지원에서 제1심 사건을 합의부가 맡는 경우와 단독판사가 맡는 경우로 나누어진다.

Ⅱ. 재판기관

좁은 의미의 법원인 재판기관은 직업법관으로 구성되는데, 합의부와 단독판사가 있다.

1. 합 의 부

대법원에서는 통상의 사건을 대법관 3인 이상으로 구성되는 부(보통 소부라고 한다)에서 재판하고, ① 명령 또는 규칙이 헌법에 위반함을 인정하는 경우, ② 명령 또는 규칙이 법률에 위반함을 인정하는 경우, ③ 종전에 대법원에서 판시한 헌법·법률·명령 또는 규칙의 해석적용에 관한 의견을 변경할 필요가 있음을 인정하는 경우, ④ 부에서 재판함이 적당하지 아니함을 인정하는 경우 및 ⑤ 부에서 의견이 일치되지 않은 경우에 대법관 전원의 3분의 2 이상으로 구성되는 전원합의체가 재판한다(법조 제7조 1항). **고등법원과 지방법원**에는 3인의 법관으로 구성된 합의부가 있다.

합의부에는 **재판장**과 합의부원(하급심에서는 보통 배석판사라고 한다)이 있는데, 경우에 따라 재판장이 합의부원 중 1인에게 준비절차, 화해의 권고, 법원 밖에서의 증거조사 등 일정한 사항의 처리를 위임할 수 있다. 이 경우 위임받은 법관을 **수명법관**이라고 한다. 수소법원이 다른 법원에 소속한 법관에게 일정한 사항의 처리를 부탁하는 수가 있는데, 그 부탁받은 법관을 **수탁판사**라고 한다. 합의부에서 모든 법관이 똑같은 역할을 하는 것은 비능률적이므로 어느 정도 분담을 하는 것이 실상이다. 재판장은 법률상 소송지휘를 담당하기로 되어 있고, 각 사건마다 합의부 구성원 중 1인이 주심법관이 되어 기록의 철저한 검토와 합의 결과대로 판결문을 작성하는 일을 맡는다.

합의부에서 재판의 내용을 정할 때에는 과반수의 의견에 따른다(법조 제66조 1항).

법관들의 의견이 셋 이상으로 나뉠 때는 최다액의 의견의 수에 점차 소액의 의견의 수를 더해서 그 숫자가 과반수가 되면 그중 최소액의 의견에 따른다(법조 제66조 2항).

2. 단독판사

제1심의 재판은 단독판사가 함이 원칙이다(법조 제7조 4항). 이것은 제1심에서는 신중한 재판보다는 신속한 재판이 더 중요하다고 보기 때문이다. 단독판사는 신속, 경제적으로, 그리고 책임감 있게 재판할 수 있다는 장점이 있는 반면에 신중하고 공정한 재판을 하는 데에는 합의부의 재판을 따르기가 어렵다. 이러한 장단점이 있어서 단독판사에게는 주로 가벼운 사건이나 신속한 처리를 필요로 하는 사건을 담당시킨다. 단독판사가 담당할 사건을 정하는 기준에는 사물관할과 직무관할이 있다.

제 3 절 法院의 管轄

Ⅰ. 재판권과 관할권

1. 재 판 권

재판권은 법원이 가지는 **사법권**의 하나이다. 법원은 원칙적으로 일체의 법률상 쟁송을 심판하고, 기타 법률에 의하여 법원에 속하는 권한을 가진다(법조 제2조 1항).

재판권은 여러 가지 의미로 쓰인다. 국가의 주권의 하나로 **외국과의 관계**에서는 국제법상 인정되는 재판할 권한을 뜻한다. 이 경우에는 국적을 불문하고 우리나라에 거주하는 모든 사람에게 그 효력이 미치는 것을 원칙으로 한다. 다른 국가가 사법상(私法上)의 권리주체로 한 행위에 대하여 그에 대한 재판이 주권적 활동에 대한 부당한 간섭이 될 우려가 있다는 등의 특별한 사정이 없는 한 우리나라의 법원이 재판권을 행사할 수 있다. 그러나 국제법상의 원칙에 따라 외국이나 외국의 원수, 외교관과 같이 주권면책이나 외교면제가 인정되는 경우에는 우리나라 법원의 재판권이 미치지 않는다.1) 그러므로 외국을 제3채무자로 하는 채권압류와 추심명령에 대한 재판권 행사는 그 나라가 재판권 면제주장을 포기한 것으로 볼 경우가 아니면 불가능하다.2)

국내적으로는 그 영역에 따라 사법부에 소속되지 아니한 다른 재판기관에 재판권이 인정될 수 있다. 대표적인 예가 헌법재판권으로 이는 헌법재판소가 가진다(헌제6장).

같은 사법부 안에서도 법원의 종류에 따라 여러 종류의 재판권이 인정되기도 한다. 민·형사사건은 일반법원이 재판권을 행사하고, 가사사건은 가정법원이 재판권을 가지고, 행정사건은 행정법원이, 특허사건은 특허법원이 재판권을 가진다.3) 이들 각종 법원에 각기 재판권이 인정되지만 우리나라에서는 각종 법원의 상급심에서는 재판권을 구별하지 않고 있다.

---

1) 민사재판권에 관한 상세한 설명은 宋·朴, 51 이하 참조.
2) 大判 2011. 12. 13, 2009다16766.
3) 전원열, 100은 행정재판권과 특허재판권, 가사재판권을 특별민사재판권으로 분류한다.

2. 관 할 권

관할권은 우리나라 법원이 재판권을 가진다는 것을 전제로 하여 **특정 법원이 어느 사건을 담당하여 심판할 수 있는 권한**을 말한다. 앞에서 본 바와 같이 우리나라의 각 지역에 여러 종류, 여러 계급의 법원이 설치되어 있기 때문에 소송을 하려는 사람이 그중 어느 법원에서 소송을 할 것인지가 분명히 정해져 있어야 한다. 따라서 법원의 계급에 따라서 어느 심급의 사건을 어느 법원이 담당하는지, 제1심 사건 중 어떤 것을 단독판사가 담당하고, 어떤 사건을 합의부가 담당하는지, 또 구체적인 사건을 어느 지역의 법원이 담당할 것인지 등을 정해 놓지 않으면 당사자, 특히 원고는 소를 어느 법원에 제기할지를 알지 못하게 된다. 그리고 소송은 원고가 개시하는 것이라고 하여 원고 마음대로 아무 법원에서나 소송을 할 수 있다고 한다면 피고에게 불이익이 올 수 있을 것이다. 그리하여 어떤 사건을 어느 법원이 담당할 것인지에 관하여 민사소송법 등 법규에 상세한 규정을 두고 있다. 이렇게 법원의 사건담당을 정하여 놓은 기준을 관할이라고 한다.

Ⅱ. 관할의 종류

관할의 종류로는 그것이 정해지는 사유에 따라서 법률로 정한 관할(법정관할)에는 토지관할, 사물관할, 직무관할 등이 있고, 당사자의 거동으로 정해지는 관할에는 합의관할과 변론관할이 있으며, 소송법상의 효과의 차이에 따라서 전속관할과 임의관할로 나뉜다. 여기서는 전속관할과 임의관할을 설명한다.

전속관할이란 고도의 공익상의 이유, 또는 제도의 취지에 의하여 특정의 법원에만 배타적으로 인정되는 관할을 말한다. 그러므로 어느 사건의 전속관할법원이 정해져 있으면 다른 법원에는 관할권이 인정될 수가 없다(제31조). 특히 합의관할이나 (제29조) 변론관할(제30조)에 의하여 관할권 없는 법원에 관할권이 생기는 일은 생기지 않는다. 전속관할은 주로 직무관할에 인정되는데, 대표적인 것이 **심급관할**이다. 그리고 강제집행사건에 관한 관할은 전속관할이고(민집 제21조), 도산처리사건의 경우에도 전속관할이라고 규정한다(채회 제3조 등). 그리고 비재산권상의 소의 경우에도 전속관할로 정해진 경우가 많다. 예를 들어 가사소송과 가사비송사건은 모두 가정법원의 전속관할이다(가소 제2조). 전속관할인 경우에는 법규정에 전속관할임을 명시하는 것이 보통이다. 다만 직무관할의 경우에는 전속관할이라고 명시하지 않더라도 전속관할이라고 새긴다.

임의관할은 당사자의 편의나 이익을 위하여 인정하는 관할이다. 어느 사건을 어떤 특정 법원에서 관할하는 것이 당사자들에게 편리하거나 이익이 될 것으로 판단하여 법률이 규정한 것이다. 그러므로 만일 당사자들이 법규정이 정한 관할법원에서 소송을 하는 것을 원하지 않을 때에는 굳이 그 법원에서 소송을 하라고 강요할 필요가 없다. 이런 이유에서 임의관할의 경우에는 합의관할과 변론관할이 인정된다. 법규정에 전속관할이라고 명시하지 않은 경우에는 대부분이 임의관할이다.

Ⅲ. 토지관할

《사례 2》　　서울 강남구 개포동에 주소를 둔 甲은 제주도 서귀포시에 사는 乙에게 경기도 화성시에 있는 토지를 팔았는데, 乙이 그 대금 2억원을 지급하지 않아 이를 받기 위하여 소송을 하려고 한다. 甲은 어느 법원에 소를 제기할 것인가?

소송사건과 인적으로나 물적으로 관련이 있는 지점을 **재판적**이라고 한다. 이 사건에서는 개포동, 서귀포시, 화성시 등이 관련이 있으므로 재판적이 될 가능성이 있다. 전국 각지에 설치된 법원이나 그 지원은 각각 자기의 관할구역을 갖고 있다. 토지관할은 **재판적이 어느 법원의 관할구역 안에 있는가**에 따라서 정해진다. 재판적에는 인적재판적과 물적재판적이 있고, 보통재판적과 특별재판적이 있다.

인적재판적은 소송의 당사자(주로 피고)와 토지의 관계에서 결정되는 재판적을 말한다. 주소, 영업소에 의하여 결정되는 경우가 여기에 해당한다. 보통재판적은 모두 인적재판적이다. **물적재판적**은 소송상 청구(소송물)와 토지의 관계에서 결정되는 재판적을 말한다. 불법행위지, 재산이 있는 곳, 부동산이 있는 곳에 의하여 결정되는 경우가 여기에 해당한다.

1. 보통재판적

보통재판적은 사건의 종류나 내용을 가리지 않고 어느 특정인에 관련된 모든 소송에서 **토지관할**을 정하는 기준이 되는 곳을 말한다(제2조～제6조). 소송은 일반적으로 원고가 피고를 불러서 하는 것이 아니라 피고에게 가서 하도록 하는 것, 즉 "원고는 피고의 법정에 따른다(actor sequitur forum rei)"는 것이 로마법 이래의 대원칙이다. 원고는 소송을 하기 위하여 이미 상당한 준비를 갖추고 소를 제기하지만, 피고는 원고가 제소한 뒤에야 소송을 준비하는 것이 보통이므로 소송개시 단계에서는 원고가 유리하기 마련이다. 원고와 피고 사이의 이러한 불평등을 해소할 필요가 있다. 그리고 피고는 원고가 함부로 소를 제기하는 경우에 일일이 원고에게 가서 소송에 응소해야 한다면 손해가 클 것이다. 그러므로 원고의 남소를 방지하고 피고의 손해를 줄이기 위하여도 피고가 있는 곳에서 소송을 할 필요가 있다. 그리하여 소는 '**피고**'의 **보통재판적**이 있는 곳의 법원이 관할하도록 하였다(제2조).

(1) 자연인

자연인의 경우에는 **주소지**가 보통재판적이다(제3조 본문). 그러므로 위 사례에서 피고의 주소지인 서귀포시가 보통재판적이 된다. 즉, 乙이 피고가 되는 모든 소송의 관할법원은 乙의 보통재판적인 서귀포시를 관할하는 제주지방법원이 되고, 따라서 이 소송에서도 제주지방법원이 관할법원이 된다.

대한민국에 주소가 없거나 주소를 알 수 없는 경우에는 **거소**에 따라서, 거소가 일정하지 않거나 거소도 알 수 없으면 **마지막 주소**에 의하여 보통재판적을 정한다(제3조 단서). 여기서 주소와 거소는 민법상의 주소(민 제18조), 거소(민 제20조, 제21조)와 같은 개념이다. 국제사법에서는 주소와 거소의 중간 개념으로 **상거소**라는 개념을 쓴다(국사 제3조, 제4조).

자연인 중에서 특별한 지위를 가진 대한민국 국민으로 대사, 공사 등 외국에서 **외교면제**를 받는 사람들이 있다. 이들에게 보통재판적이 없는 경우에는 대법원이 있는 곳이 보통재판적이 된다(제4조). 그러므로 이들에 대한 소는 대법원이 있는 곳을 관할하는 서울중앙지방법원에 제기할 수 있다.

(2) 법인과 권리능력 없는 사단 · 재단

법인과 권리능력 없는 사단 · 재단은 **주된 사무소나 영업소**가 있는 곳이 보통재판적이 된다(제5조 1항 전단). 예를 들어 회사의 경우에는 본점소재지가 보통재판적이 된다. 이들 중에서 주로 비법인 사단이나 재단의 경우에 사무소나 영업소가 없는 경우가 있을 수 있다. 이런 경우에는 주된 업무담당자의 주소지가 보통재판적이 된다(제5조 1항 후단).

외국의 법인이나 권리능력 없는 사단·재단은 주된 사무소가 외국에 있을 것이므로 이들의 보통재판적은 **국내에 있는 사무소나 영업소**로 정하고 이들이 없을 경우에는 국내의 업무담당자의 주소로 정한다(제5조 2항).

(3) 국 가

국가의 보통재판적은 그 소송에서 국가를 대표하는 관청이 있는 곳이나 대법원이 있는 곳이다(제6조). '그 소송'이란 국가가 당사자가 된 소송(국가소송)을 말하고, 이 경우에 국가를 대표하는 관청이란 **법무부장관**을 말한다(국소 제2조). 현재 법무부는 과천에 있고 **대법원**은 서울 서초동에 있으므로 국가를 피고로 하는 소는 과천을 관할하는 수원지방법원이나 서초동을 관할하는 서울중앙지방법원에 제기할 수 있다.

2. 특별재판적

특별재판적은 특별한 종류나 성질의 사건에 관하여만 토지관할의 근거가 되는 곳이다. 특별재판적에 관하여는 제7조에서 제24조까지 규정하고 있다.

(1) 의무이행지의 특별재판적

재산권에 관한 소는 의무이행지의 법원에 제기할 수 있다(제8조). 의무자가 의무를 이행할 장소에서 권리자가 권리를 실현하는 것은 당연하다. 구체적으로 의무이행지가 어디인가에 관하여는 우선 **계약으로 정한 이행지가** 기준이 된다. 계약으로 그 이행지를 정하지 않았으면 **채권자의 주소지**가 이행지가 된다(지참채무의 원칙: 민제467조 2항). 그러므로 재산권에 관한 소는 계약으로 이행지를 정하지 않았으면 채권자, 즉 원고의 주소지에 제기할 수 있게 된다. 이러한 규율은 피고의 불이익을 최소한으로 줄이려는 제2조와 모순된다. 결국 가장 흔하고 중요한 금전채무의 이행을 구하는 소송에 제2조는 거의 적용되지 못하게 되었다. 채권자가 자기의 주소지에서 소송을 할 수 있는데 굳이 채무자의 주소지에 가서 소송을 하려고 하지 않을 것이기 때문이다.[4] 그러므로 막연히 의무이행지라고만 할 것이 아니라, 계

---

4) 독일법에서는 추심채무의 원칙을 취하고 있으므로(§ 269 Ⅰ BGB), 보통재판적에 의하는 것과 차이가 없어서 우리와 같은 일반적인 규정은 두지 않았다. § 29 ZPO는 의무이행지의 특별재판적은 계약채무관계로 말미암은 소에 적용된다.

약으로 이행지를 정한 경우로 제한하는 법개정이 필요하다. 〈사례 2〉에서 甲의 주소지인 개포동이 의무이행지로서 재판적이 되고 이곳을 관할하는 서울중앙지방법원이 관할법원이 된다.

(2) 어음·수표 지급지의 특별재판적

어음과 수표에 관한 소는 그 **지급지**의 법원에 제기할 수 있다(제9조). 어음, 수표의 경우에 그 주채무자에 대한 청구는 지급지가 의무이행지이므로(제8조) 별도로 규정할 필요가 없지만, 배서인에 대한 상환청구의 경우에는 그 이행지가 채무자의 영업소나 주소지이므로(민 제516조) 배서인이 여러 사람일 때에는 여러 법원에 소를 제기해야 하는 불편함이 따른다. 이런 경우를 대비해서 지급지를 별도의 특별재판적으로 인정한 것이다.

(3) 불법행위지의 특별재판적

불법행위에 관한 소는 **행위지**의 법원에 제기할 수 있다(제18조 1항). 행위지는 불법행위의 현장이므로 그곳에 증인, 검증물 등 여러 가지 증거방법이 있어서 당사자들이나 법원이 소송을 하기에 편리할 것이다. 그리고 불법행위가 있은 즉시 그곳에서 바로 소를 제기할 수 있다는 편리함도 있다.

이 규정이 적용되는 불법행위에는 민법 제750조 이하가 규율하는 불법행위는 물론이고, 그 밖의 특별법상의 불법행위가 모두 포함된다.

소송상 청구의 내용에는 손해배상청구는 물론이고 불법행위를 이유로 한 부작위청구, 특허권이나 상표권침해를 이유로 한 금지청구(특 제126조, 상표 제65조) 등도 포함된다.

여기서 행위지는 비교적 넓은 개념이다. 가해행위를 한 곳은 물론이고 손해라는 결과가 발생한 곳도 포함한다. 손해가 확대된 곳이나 손해가 생긴 것을 발견한 곳은 포함되지 않는다. 신문, 방송, 인터넷뉴스 등 언론매체에 의한 불법행위인 경우에는 그러한 정보를 내보낸 곳(발행지, 방송지 등)만이 아니라 그것이 전파된 곳이면 어디나 포함된다.[5]

불법행위자에는 행위자, 공동행위자, 방조자 등이 모두 포함되고, 사용자책임을 지는 사용자(민 제756조)도 포함된다. 그러므로 예를 들면 방조행위를 한 곳도 특별

---

5) Rosenberg-Schwab/Gottwald[18] § 36 Rn. 29.

재판적으로 인정된다.

선박, 항공기의 충돌이나 기타 사고로 말미암은 손해배상소송의 경우에는 사고 선박이나 항공기가 사고 후 처음 우리나라에 도착한 곳에 재판적이 인정된다(제18 조 2항). 이런 경우에는 행위지가 불분명하거나 분명하더라도 그 장소가 공해상이어 서 그곳에 재판적을 인정하는 것이 의미가 없을 수가 있기 때문에 첫 도착지에 재 판적을 인정하여 신속한 권리구제의 길을 열어 준 것이다.

(4) 부동산이 있는 곳의 특별재판적

부동산에 관한 소는 부동산이 있는 곳의 법원에 제기할 수 있다(제20조). 이 재 판적이 인정되는 소는 주로 **부동산 물권에 관한 소**를 말한다. 인정되는 구체적 예 로는, 부동산 물권의 존부확인청구, 부동산 인도청구, 소유물 방해제거나 예방청구, 부동산 물권에 관한 등기청구, 경계확정청구, 공유물 분할청구, 점유권에 터잡은 청 구 등이다. 부동산의 매매대금, 임대료, 건축대금과 같은 순수한 금전채권의 청구는 포함되지 않는다. 그러므로 〈사례 2〉에서 화성시는 재판적이 되지 않는다. 부동산 채권에 관한 청구라도 계약이나 그 해제에 터잡은 **인도청구**는 여기에 해당된다. 부 동산이 여러 법원의 관할구역에 걸쳐서 있을 때에는, 단순히 관할법원이 여럿이므 로 그들 법원 중 하나에 소를 제기하면 된다.

부동산이나 부동산에 준하여 취급되어 **권리를 등기나 등록**을 하게 되어 있는 경우에는 등기나 등록할 공공기관이 있는 곳이 재판적으로 인정된다(제21조). 여기 에는 부동산등기뿐만 아니라, 선박, 자동차, 항공기, 회사, 각종 지적재산권, 광업권, 어업권 등의 등기, 등록에 관한 소 등이 모두 포함된다. 예를 들어 부동산등기에 관한 소는 부동산이 있는 곳의 법원에 제기해도 되지만 그 부동산에 대한 관할 등 기소가 다른 법원의 관할구역 안에 있으면 그 법원에서 소송을 하는 것이 더 편리 할 수도 있기 때문에 특별재판적을 인정한 것이다.

(5) 재산이 있는 곳의 특별재판적

국내에 주소가 없거나 주소를 알 수 없는 사람을 피고로 하여 재산권에 관한 소를 제기하는 경우에는 청구의 목적이나 담보의 목적 또는 압류할 수 있는 **피고 의 재산이 있는 곳**의 법원에 제기할 수 있다(제11조). 피고가 국내에 재산이 있으면 주소가 없더라도 나중에 강제집행할 때 편리하기 때문에 그러한 집행의 대상이 될 재산이 있는 곳에서 소송을 할 수 있도록 한 것이다.

　재산이 동산, 부동산일 경우에는 그 물건이 있는 곳이, 그리고 재산이 일반채권이면 그 채권에 대한 책임재산이 있는 곳이 될 것이다. 그 재산이 유가증권이면 그 증권이 있는 곳이 이 규정에 따른 특별재판적이 된다.

　(6) 거소지의 특별재판적

　재산권에 관한 소는 거소지를 관할하는 법원에 제기할 수 있다(제8조). 이 경우는 보통재판적으로 **주소가 있어도** 특별재판적으로 인정된다. 주소지가 있음에도 불구하고 거소지를 별도의 재판적으로 인정한 것은 주소와는 다른 곳에서 일정 기간 거주하는 사람들, 예를 들어 객지 근무자, 타지방 유학생, 병원 입원 환자 등의 경우에는 오히려 주소지에서 소송을 하는 것이 더 불편할 수도 있기 때문이다.

　(7) 사무소 또는 영업소와 관련된 특별재판적

　(가) 근무지의 특별재판적

　사무소나 영업소에 근무하는 사람을 피고로 하는 소는 그 사무소나 영업소가 있는 곳을 관할하는 법원에 제기할 수 있다(제7조). 주소나 거소와 근무지가 다를 경우에 직장에 다니는 사람들은 주소, 거소에는 야간에만 가 있으므로 주소지나 거소지의 법원에서 소송을 하는 것이 오히려 불편하고 근무지의 법원에서 소송하는 것이 편할 수가 있다. 이러한 점을 고려하여 1990년 개정시에 특별재판적으로 추가하였다.

　(나) 사무소나 영업소가 있는 곳의 특별재판적

　사무소나 영업소가 있는 사람을 피고로 하여 그 사무소, 영업소의 업무와 관련이 있는 소를 제기하는 경우에는 그 사무소, 영업소가 있는 곳의 법원에 제기할 수 있다(제12조). 이 경우는 사업을 영위하는 사람을 말하고, 그 사업과 관련된 소에 한한다는 점에서 근무지의 특별재판적과 구별된다. 법인 등의 경우에는 그 본점소재지가 보통재판적이 되므로 이 규정은 피고의 지점소재지에도 소를 제기할 수 있도록 하였다는 점에서 의미가 있다.

　(8) 사원 등에 관한 특별재판적

　회사나 그 밖의 사단(회사 등)과 사원의 관계, 또는 그들의 채권자와의 관계에서 발생하는 소송에 대하여는 **회사 등의 보통재판적**이 있는 곳에 특별재판적이 인정된다(제15조~제17조). 구체적 내용으로는, ① 회사 등이 사원에 대하여, ② 사원이 다른 사원에 대하여 사원 자격으로 인한 소를 제기하는 경우(이상 제15조 1항), ③ 사단이나 재단이 그 임원에 대하여, ④ 회사가 그 발기인이나 검사인에 대하여 소를 제기하는 경우(이상 제15조 2항), ⑤ 회사 등의 채권자가 그 사원에 대하여 사원 자격으로 인한 소를 제기하는 경우(제16조), ⑥ 회사 등과 재단, 사원이나 사단의 채권자가 그 사원이나 임원, 발기인, 검사인이었던 사람에 대하여, ⑦ 사원이었던 사람이 회사 등의 사원에 대하여 소를 제기하는 경우(이상 제17조) 등이 있다.6)

(9) 지식재산권과 국제거래에 관한 특별재판적

지식재산권 중 특허권과 실용신안권, 디자인권, 상표권, 품종보호권(이하 특허권 등)에 관한 소를 제기하는 경우에는 앞서 설명한 보통재판적과 특별재판적에 따른 관할법원 소재지를 관할하는 고등법원이 있는 곳의 지방법원의 전속관할로 한다(단, 서울고등법원 관할구역에서는 서울중앙지방법원에 한정)(제24조 2항). 다만 이러한 전속관할 규정에도 불구하고 **서울중앙지방법원**에도 관할권을 **추가적**으로 인정하였다(제24조 3항). 예를 들어 군산에서 특허권을 침해하는 행위를 했을 때 불법행위지의 특별재판적이 군산에 인정되어 본래는 전주지방법원 군산지원이 관할권을 갖겠지만, 그곳을 관할하는 고등법원, 즉 광주고등법원이 있는 곳의 지방법원, 즉 광주지방법원에 전속관할권을 인정하고 추가적으로 서울중앙지방법원에도 관할권을 인정한 것이다.

특허권등 이외의 지식재산권과 국제거래에 관한 소는 보통재판적과 특별재판적이 인정되는 곳을 관할하는 고등법원 소재지의 지방법원에 제기할 수 있다(단, 서울고등법원 관할구역에서는 서울중앙지방법원에 한정)(제24조 1항).

이러한 특별재판적을 인정한 취지는 고도의 전문성을 필요로 하는 사건이어서 **규모가 큰 법원**의 전속관할로 한 것이다.

다만, 위 특허권 등에 관한 제24조 제2항과 제3항의 사건의 항소심은 특허법원이 심판한다(법조 제28조의4).7)

---

6) 여기서 사원이란 회사에 근무하는 회사원을 뜻하는 것이 아니다. 사단의 사원이나 주식회사의 주주와 같이 그 단체의 구성원을 가리키는 것이다.

7) 大判 2017. 12. 22, 2017다259988(법원조직법이 항소심은 특허법원이 심판한다고 개정되기 전에 소가 제기되었고, 법 개정 후에 제1심 판결이 선고된 사건에 대하여 항소하여 광주고등법원이 본안판단을 한 것을 파기하고 특허법원에 이송한 사안); 大決 2019. 4. 10, 2017마6337(앞 사건과 비슷한 사안에서 특허법원의 전속관할이라고 인정).

(10) 선박이나 선원과 관련된 특별재판적

선원을 피고로 하는 재산권에 관한 소는 **선적이 있는 곳**의 법원에 제기할 수 있다(제10조 1항). 선원은 상당 기간 동안 항해하는 선박에 머물러 있으므로 주소지를 기준으로 하는 것이 무의미할 수가 있다. 그러므로 거소지와 가장 비슷한 것이 선적이 있는 곳이라고 하여 이를 특별재판적으로 인정한 것이다.

선원과 비슷한 상황인 군인이나 군무원을 피고로 하는 재산권에 관한 소는 군사용 청사나 군용 선박의 선적이 있는 곳의 법원에 제기할 수 있도록 하였다(제10조 2항).

선박소유자나 선박이용자를 피고로 하여 선박이나 항해에 관한 일로 제기하는 소는 **선적이 있는 곳**의 법원에 제기할 수 있다(제13조). 선박을 하나의 업무의 중심으로 보아 선적이 있는 곳을 선박을 이용하는 업무의 사무소나 영업소와 같이 취급한다는 취지이다.

선박채권이나 선박을 담보로 한 채권에 관한 소는 **선박이 있는 곳**의 법원에 제기할 수 있다(제14조). 여기서 선박채권이란 해상법상 발생한 채권 중에서 우선특권이 부여된 것을 말한다(상 제777조). 그리고 선박을 담보로 한 채권이란 선박저당권(상 제787조)이나 등기하지 않은 선박에 대한 질권(상 제789조)으로 담보된 채권을 말한다. 선박은 일정한 곳에 머물러 있는 것이 아니므로 선박이 있는 곳에서 선박을 압류하고 소송도 할 수 있도록 하여 권리실현을 쉽게 하기 위하여 인정된 특별재판적이다.

해난구조에 관한 소는 구제된 곳의 법원이나 구제된 **선박이 처음 도착한 곳**의 법원에 제기할 수 있다(제19조). 주로 해난구조료청구가 여기에 해당하는데, 구조된 곳이 영해상이면 재판적이 되지만, 구조된 곳이 공해상인 경우에는 구조지가 재판적이 될 수가 없으므로 처음 도착한 곳도 재판적으로 인정한 것이다.

(11) 상속 등에 관한 특별재판적

상속에 관한 소나 유증, 기타 사망으로 효력이 생기는 행위에 관한 소에서는 상속이 시작된 당시 **피상속인**, 즉 사망한 사람의 **보통재판적**이 있는 곳이 재판적이 된다(제22조). 상속재산이 여러 지역에 분포되어 있고, 다수의 상속인, 수증자 등이 있을 수 있으므로 이들에 관하여 일일이 다른 법원에 소를 제기해야 하는 불편함을 덜어 주기 위함이다.

그 밖에 상속채권이나 상속재산에 대한 부담에 관한 소에 관하여 상속재산의 전부나 일부가 사망 당시의 **피상속인의 보통재판적**이 있는 곳에 있으면 그곳이 재판적으로 인정된다(제23조). 여기서 상속채권이란 상속에 의하여 상속인이 승계할 피상속인의 채무를 그 채권자의 입장에서 표현한 것이며, 상속재산에 대한 부담이란 유산관리나 유언집행, 장례비용 등을 말한다.

3. 병합청구의 재판적

(1) 의 의

원고가 하나의 소로써 여러 개의 청구를 하는 경우에 어느 하나의 청구에 대하여서만 수소법원의 관할구역에 재판적이 인정되면 본래 그 구역 안에 재판적이 없는 다른 청구에 대하여도 수소법원에 관할권이 인정된다(제25조). 이렇게 하여 인정된 재판적을 병합청구의 재판적이라고 한다. 이 재판적은 다른 청구와의 관련에서 인정되는 관련재판적의 하나로, 다른 예로는 반소의 경우가 있다(제269조).

병합청구의 재판적이 인정되는 경우로는 동일한 원고와 피고 사이에서 청구만이 병합되는 것과, 당사자가 병합되어, 즉 공동소송이 되어 청구가 병합되는 경우가 있다.

수소법원에 관할권이 인정되는 원인으로는 제2조 내지 제24조의 법정관할뿐만 아니라(제25조) **합의관할**이나 **변론관할**이 인정되는 경우도 포함된다고 보는 것이 일반적이다. 그러나 제25조가 합의관할과 변론관할을 포함하지 않았음에도 해석상 이를 확대하는 것은 문제가 있다. 특히 공동소송의 경우에 재판적이 인정되지 않는 **공동소송인**이 관할위반의 항변을 하는 경우까지 합의관할이나 변론관할을 근거로 병합청구재판적을 인정하는 것은 관할위반을 주장하는 공동소송인의 관할의 이익을 박탈하는 것이어서 부당하다. 그러므로 청구병합의 경우에 합의관할이나 변론관할에 터잡은 병합청구재판적을 인정하는 것은 무방하다고 새길 것이나, 공동소송의 경우에는 이를 부정하는 것이 타당하다.

다른 법원에 전속관할이 인정되는 경우에는 병합청구의 재판적이 인정되지 않는다(제31조).

(2) 청구의 병합

동일한 원고와 피고 사이에 청구가 여러 개 병합된 경우에 수소법원에 그중 **일부의 청구에 관할권**이 있는 경우이다. 수소법원에 본래 관할권이 없는 청구에 대하여도 이처럼 관할권을 인정하는 것은 동일한 원고와 피고가 어차피 수소법원에서 소송을 하는 바에는 그 당사자들 사이의 소송사건을 한 법원에서 한꺼번에 심판하는 것이 원고와 피고 모두에게 편리하다는 장점이 있기 때문이다.

(3) 공동소송의 경우

과거에 공동소송의 경우에 관련재판적을 인정할 것인지에 관하여 법규정이 없었고, 학설이 나누어져 있었는데, 1990년 법개정시에 이를 인정하는 규정을 두었다. 다음의 두 요건 중에서 하나를 충족하면 인정된다.

(가) 소송의 목적되는 권리나 의무가 여러 사람에게 공통될 것

(나) 사실상 또는 법률상 같은 원인으로 말미암아 여러 사람이 공동소송인이 되었을 것

이 요건들은 제65조에서 규정한 **통상공동소송**의 요건들 중에서 공동소송인 사이에 실질적인 관련성이 있는 경우를 따온 것이다. 이처럼 실질적 관련성이 있는 경우에는 공동소송인 사이에서 다른 곳에 재판적이 있는 공동소송인의 관할의 이익을 별로 침해하지 않는다고 보기 때문에 병합청구 재판적을 인정한 것이다. 그리고 이 요건보다 관련성이 더 깊은 **필수적공동소송**의 경우에는 당연히 제25조가 적용된다고 볼 것이다.

4. 재판적의 경합

하나의 사건에 재판적이 둘 이상 인정되는 경우가 대부분이다. 예를 들어 〈사례 2〉에서 보듯이 피고의 주소지가 보통재판적으로, 그리고 의무이행지가 특별재판적으로 인정된다. 그러므로 하나의 사건에 둘 이상의 법원이 관할권을 갖게 되는 경우가 대부분이다. 이런 경우에 어느 법원에 소를 제기하느냐는 원고가 임의로 정할 수 있다.[8]

---

8) 뒤에서 설명하는 지정관할과는 다르다는 점을 주의하여야 한다.

Ⅳ. 사물관할

《사례 2a》 〈사례 2〉에서 甲은 서울중앙지방법원에 소를 제기하였다. 이 사건을
서울중앙지방법원의 합의부가 관할하는가, 아니면 단독판사가 관할하는가?

1. 의 의

사물관할은 **제1심** 소송사건을 다루는 지방법원과 지원에서 **단독판사와 합의부**
사이의 사물(소송물)의 차이에 의하여 분배하여 정해진 관할을 말한다. 앞에서 설
명한 바와 같이 지방법원과 그 지원에는 단독판사와 합의부가 설치되어 있다. 단독
판사는 사건을 혼자서 재판하는 1인의 법관을 말하고, 합의부는 법관 3인으로 구성
된 합의체를 말한다. 여기서 어떤 사건을 단독판사가 담당하고 어느 사건을 합의부
가 담당하는지는 주로 사물관할에 의하여 정해진다.

　　본래 한 지방법원이나 지원에서 합의부와 단독판사는 별개의 법원이 아니다. 그러므
로 구법에서는9) 어느 사건을 합의부가 관장하는가 단독판사가 관장하는가를 사건분배의
기준이라고 보고 별도의 관할로는 보지 않았다. 우리 민사소송법을 제정하면서 소송법상
으로는 별개의 법원(좁은 의미의)으로 보고 이를 관할로 규정하게 된 것이다.10) 그러나
하나의 법원 안에서 사건을 분장하는 기준이 '관할'이라는 개념에 포함될 수 있는지는 의
문이다. 더구나 뒤에 설명하는 바와 같이 1990년대에 들어와서부터는 재정합의사건과 재
정단독사건을 인정하고 있으므로 관할로서의 성격이 더욱 흐려졌다. 뿐만 아니라 이를
관할의 일종으로 보면서도 법원 내부에서 재정으로 이리저리 사건을 옮기는 것을 허용하
는 것은 앞뒤가 맞지 않고 부당하다. 제1심 사물관할이 이처럼 우연적인 사정으로 정해
짐에 따라 항소심 법원도 바뀌기 때문이다.

2. 관할결정의 기준

제1심 법원의 합의부는 법관 3인으로 구성되므로(법조 제7조 5항) 크고 복잡한
사건을 신중하고 공정하게 재판하는 데에 적합하고, 단독판사는 한 사람의 법관이
재판하므로 간단한 사건을 신속하게 재판하는 데에 적합하다. 그러므로 사물관할의

---

9) 여기서 구법이란 우리 민사소송법을 제정하기 전의 의용민사소송법을 말한다. 흔히 법개정이 있으
면 개정 전 법을 구법이라고 하고 개정 후 법을 신법이라고 하는데, 이는 잘못된 용어 사용이다. 법이 개
정되었지 폐지된 것이 아니기 때문에 개정 전 법은 그 내용대로 개정 전 법이라고 불러야 한다. 개정 후
의 법은 신법이 아니라 개정법이다.

10) 독일에서 사물관할은 지방법원(Landgericht)과 간이법원(Amtsgericht) 사이의 사건분장의 기준
이다. 이들은 별개의 법원이므로 관할로 파악하는 데에 아무런 문제가 없다.

기준도 그에 맞추어서 크거나 복잡한 사건은 합의부가 관할하는 것으로, 작거나 간단한 사건은 단독판사가 관할하는 것으로 한다. **제1심**의 경우에는 신중한 재판보다는 신속하고 경제적인 재판이 더 중요하다고 보아 **원칙적으로 단독판사의 관할**로 정하였다(법조 제7조 4항). 그러므로 조문에 '지방법원' 또는 '지방법원 판사'가 관할한다고 규정하였으면 이는 단독판사의 관할임을 뜻한다. 지방법원 합의부의 관할이라고 명시한 경우에만 합의부 관할사건이다. 사물관할의 구체적 기준은 법원조직법과 대법원규칙인 '민사 및 가사소송의 사물관할에 관한 규칙'에 규정되어 있다.

(1) 합의부 관할사건

(가) 소송목적의 값이 5억원을 초과하는 사건

재산권상의 소로서 청구한 가액이 5억원을 초과하면 일단 합의부사건이다(사규 제2조). 관할이 소송목적의 값에 따라 정해지는 경우에는 그 값은 소로써 주장하는 이익에 따라 계산한다(제26조 1항).

(나) 재산권상의 소 중 소송목적의 값을 산출할 수 없는 경우와 비재산권상의 소

소송목적의 값을 산출할 수 없는 경우에는 소송목적의 값을 5천만원으로 본다(인규 제18조의2 본). 다만 상법의 규정에 의한 회사관계 소송 중에서 주주의 대표소송과 이사의 위법행위 유지청구소송, 회사에 대한 신주발행 유지청구소송, 회사 이외의 단체에 관한 것으로 위 회사관계 소송에 준하는 소송(인규 제15조 1항, 2항), 특허소송(인규 제17조의2), 금전의 지급이나 물건의 인도를 목적으로 하지 않는 무체재산권에 관한 소송(인규 제18조)의 경우에는 1억원으로 본다(인 제2조 4항, 인규 제18조의2 단). 그러나 이들 사건은 모두 합의부사건으로 한다(사규 제2조).

그 밖에 상호사용금지의 소, 지적재산권에 관한 소 등도 여기에 포함시킨다. 생활방해금지청구의 소가 여기에 해당한다는 견해도 있다.[11]

비재산권상의 소에서도 소송목적의 값을 5천만원으로 한다(인규 제18조의2 본). 비재산권상의 소란 인격권에 관한 소, 유골의 인도를 청구하는 소, 비영리법인의 사원권확인의 소, 해고무효확인의 소(인규 제15조 4항), 정정·반론·추후보도 청구의 소(언피 제26조 5항)[12] 등이 여기에 해당한다. 그리고 앞서 말한 소 이외의 회사

---

11) 이시윤, 101. 다만 이 경우는 소가산정이 곤란한 것에 불과하지만 절차의 촉진을 위해 소송목적의 값을 산출할 수 없는 경우와 같이 취급하는 것이라고 한다.

12) 종전의 정기간행물법상의 반론보도청구를 직무관할로 보았으나 이를 사물관할의 문제로 다루기로 한다. 그 성질상 직무가 달라서 합의부 관할로 보는 것이 아니라 사건의 내용에 따라 합의부 관할로 한

관계소송상의 소(인규 제15조 2항), 회사 이외의 단체에 관한 소(인규 제15조 3항), 소비자기본법과 개인정보보호법 상의 금지, 중지청구에 관한 소(인규 제15조의2) 등도 비재산권상의 소로, 이들의 소송목적의 값은 1억원으로 한다(인규 제18조의2 단). 그러나 이들 사건도 모두 합의부의 사물관할에 속한다(사규 제2조).

(다) 재정합의사건

소송목적의 값이 많고 적음에 관계없이 합의부가 심판할 것으로 결정하면 합의부 관할사건이 된다(법조 제32조 1항 1호). 이를 재정합의사건이라고 한다.

a) 재정결정부가 정한 사건:　'법관등의 사무분담 및 사건배당에 관한 예규'는 사물관할을 결정하기 위한 합의부(재정결정부)를 각 법원에 두고(배예 제4조 2항 6호) 단독판사 관할사건이라도 사건을 배당하기 전에 합의부사건으로 정할 수 있도록 하였다. 그러므로 소송목적의 값이 5억원을 초과하지 않는 사건이라도 재정결정부가 합의부사건으로 배당하면 합의부의 관할이 된다.

이처럼 사물관할을 변경할 대상이 되는 사건을 **재정합의 대상사건**이라고 하는데, 다음 중 하나에 해당하면 재정합의 대상사건이 된다(배예 제12조 1항): ① 선례나 판례가 없거나 서로 엇갈리는 사건, ② 사실관계나 쟁점이 복잡한 사건, ③ 사회에 미치는 영향이 중대한 사건, ④ 동일 유형의 사건이 여러 재판부에 흩어져 통일적이고 시범적인 처리가 필요한 사건, ⑤ 전문지식이 필요한 사건, ⑥ 그 밖에 사건의 성격상 합의체로 심판하는 것이 적절한 사건. 이들 중에서 재정결정부가 합의부사건으로 결정하면 재정합의사건이 된다.

b) 일반 합의부가 정한 사건:　이미 사건이 단독판사에 배당된 경우에도 그 단독판사가 소속된 합의부는 그 사건이 재정합의 대상사건이면 언제든지 재정합의결정을 하여 그 합의부가 심판할 수 있다(배예 제13조 2항).

(라) 관련사건

본소가 합의부 관할에 속하면 거기에 병합하여 제기된 독립당사자참가, 중간확인의 소, 반소 등의 관련사건은 그 소송목적의 값에 관계없이 합의부의 관할에 속한다.

것으로 여겨지기 때문이다. 정기간행물법을 대체한 언론중재및피해구제등에관한법률에서의 정정보도 등의 청구도 마찬가지이다.

(2) 단독판사 관할사건

제1심 사건은 원칙적으로 단독판사 관할이므로 위에서 열거한 합의부 관할사건 이외의 모든 사건은 단독판사 관할사건이다. 그러나 구체적으로 살펴볼 필요가 있는 경우가 있다.

(가) 소송목적의 값이 5억 원을 넘지 않는 사건

소송목적의 값이 5억 원을 넘더라도 사안이 간단하고 신속한 처리를 필요로 하는 사건의 경우에는 **예외를 인정**한다. 수표금·약속어음금청구사건, 은행, 신용카드회사 등 각종 금융기관이 원고인 대여금, 구상금, 보증금 등의 청구사건, 자동차손해배상보장법에서 정한 차량의 운행 및 근로자의 업무상 재해로 인한 손해배상청구사건과 이에 관한 채무부존재확인사건은 소송목적의 값에 관계없이 단독판사가 관할한다(사규 제2조). 〈사례 2a〉에서 소송목적의 값이 2억원을 초과하지 않으므로 단독판사의 사물관할에 속한다.[13)]

(나) 재정단독사건

합의부사건이라도 합의부가 단독판사가 심판할 것으로 결정하면 단독판사 관할사건이 된다(사규 제2조 4호). 그러므로 합의부사건이라도 사안이 단순하고 정형적인 민사소송사건(재정단독 대상사건)인 경우에는 사건을 배당하기 전에는 재정결정부의 결정에 의하여 단독판사가 관할하도록 할 수 있다(배예 제12조 2항). 사건을 배당한 이후에도 배당받은 합의부가 재정단독 대상사건에 대하여 언제든지 재정단독결정을 하여 그 합의부 구성원 중 담당판사를 지정하여 단독판사 관할로 할 수 있다(배예 제13조 1항). 이들을 재정단독사건이라고 한다.

(다) 관련사건

본소가 단독판사의 관할사건일 때에는 그에 병합하여 제기된 단독사건에 해당하는 독립당사자참가, 청구변경, 반소, 중간확인의 소 등의 관련사건도 단독판사 관할이 된다. 즉 본소청구와 병합된 청구의 소송목적의 값을 합산하여 단독판사 관할의 범위를 넘는다고 해서 합의부의 사물관할이 되는 것은 아니다. 다만 참가, 반소, 중간확인의 소, 청구변경 등으로 합의부 관할사건이 병합되는 경우에는 합의부 관

---

13) 여기서 주의할 것은 어느 사건이 어느 지방법원 합의부나 단독판사의 사물관할이라고 해서 원고가 그 지방법원 합의부나 단독판사를 선택하여 제소하는 것이 아니라는 점이다. 다른 관할과는 달리 사물관할은 일단 소가 제기된 (즉 소장이 접수된) 다음에 법원 안에서 사건을 배당할 때의 기준이지 원고가 어느 법원에 소를 제기할 것인지를 정할 때의 기준이 아니기 때문이다.

할이 된다. 이러한 경우에도 재정단독사건이 될 여지가 있으므로 다음의 절차를 밟는다: 그 사건이 재정단독 대상사건에 해당하면 합의부에 소속된 단독판사는 소속 합의부의 재정단독결정을 받아 계속 심판할 수 있고(배예 제13조 3항), 합의부에 소속하지 않은 단독판사는 재정결정부에 기록을 회부하여(배예 제13조 4항) 재정결정부로 하여금 재정합의사건으로 처리할지를 결정하게 한다(배예 제13조 5항).

3. 소송목적 값의 산정

(1) 소송목적 값의 의의

소송목적의 값이란 원고가 소로써 이루고자 하는 목적이 갖는 **경제적 이익을 금전으로 평가한 금액**이다. 이러한 이익을 소로써 주장하는 이익이라고도 한다(제26조 1항). 소송목적의 값은 사물관할을 정하는 기준이 되고, 소장이나 상소장 기타 소송상 신청서에 붙일 인지액을 정하는 기준이 된다.

(2) 산정방법

소송목적 값은 원고가 청구취지에 표시한 범위 내에서 **원고가 전부 승소할 경우에 직접적으로 받는 경제적 이익을 객관적으로 평가**하여 산정한다. 심판의 난이도, 피고의 자력 등은 기준이 아니다. 상환이행청구와 같은 반대급부가 있을 경우에도 그 값을 공제하지 않는다. 몇 가지 예를 들면 다음과 같다[14]: 금전지급청구의 경우에는 청구금액이, 정기금청구인 경우에는 이미 발생한 몫과 1년간의 정기금 합산액이 소송목적의 값이 된다. 소유권의 경우에는 객체의 시가에 의하나, 토지에 관한 소송의 경우에는 개별공시지가에 30/100을 곱하여 산정한 금액으로 한다.

소송목적의 값은 소제기 때를 표준으로 산정한다(인규 제7조). 소제기 이후에 가격의 변동이 있어도 관할에 영향이 없다.

(3) 청구를 병합한 경우

하나의 소로써 여러 개의 청구를 하는 경우는 그 청구들이 각기 독립한 경제적 이익을 추구하는 경우에는 합산한다(제27조 1항). 처음부터 병합한 경우는 물론이고 나중에 추가적으로 병합하여도 이들을 합산한다. 피고의 반소나 법원이 변론을 병합한 경우에는 합산하지 않는다.

---

14) 상세한 것은 민사소송등인지규칙을 참조.

청구가 형식상 두 개 이상이라도 경제적으로 독립된 경우가 아니라, 건물철거청구와 대지인도청구처럼 한 청구가 다른 청구의 수단에 불과하든가(인규 제21조), 청구의 예비적병합이나 수인의 연대채무자에 대한 청구처럼 경제적 이익이 중복되는 경우(인규 제20조), 또는 과실이나 손해배상, 위약금,[15] 비용의 청구와 같은 부수적 청구인 경우에는(제27조 2항) 합산하지 않는다.

Ⅴ. 직무관할

1. 의　　의

직무관할이란 법원의 **직무의 차이**에 따라 여러 법원 사이의 담당사건을 배분하여 정하는 관할을 말한다. 직분관할이라고도 한다. 직무관할에는 수소법원의 관할, 집행법원의 관할, 지방법원 단독판사의 관할, 지방법원 합의부의 관할, 심급관할 등이 있다.

2. 수소법원의 직무관할

수소법원은 원고가 소를 제기한 법원으로, 소제기로 판결절차가 시작되므로 **판결절차**는 수소법원의 직무관할에 속한다. 그리고 수소법원의 자격에서 그 사건의 진행과정에서 하는 증거보전절차(제376조 1항 1문), 가압류·가처분절차(민집 제278조, 제303조), 청구이의의 소(민집 제44조), 집행문부여에 대한 이의의 소(민집 제45조), 대체집행과 간접강제의 결정(민집 제260조, 제261조)의 직무도 함께 관할한다.

3. 집행법원의 직무관할

집행법원은 강제집행행위에 관한 법원의 처분이나 그 행위에 관한 법원의 협력사항을 담당하는 법원으로, 집행절차를 실시할 곳이나 실시한 곳을 관할하는 지방법원 단독판사가 집행법원이 되는 것이 원칙이다(민집 제3조). 그러므로 집행법원은 집행기관으로서 부동산이나 채권에 대한 집행처분(민집 제79조, 제224조), 집행관의 집행에 대한 불복에 대한 재판(민집 제16조), 급박한 경우의 집행정지명령(민집 제46조 4항), 제3자 이의의 소에 대한 재판(민집 제48조 2항) 등을 그 직무로 한다.

---

15) 大判 2014. 4. 24, 2012다47494: 위약금의 명목이라도 주된 청구에 대한 지연손해금을 청구하면서 별도로 위약금을 청구하고, 그 위약금에 대한 지연손해금의 지급도 구하는 경우에는 위약금 청구는 부대목적이 되는 청구라고 볼 수 없다.

4. 지방법원 단독판사의 직무관할

본안사건 이외의 사건 중에서 간이한 사건이나 신속한 처리를 필요로 하는 사건은 지방법원 단독판사의 직무관할로 규정한 경우가 많다. 독촉절차(제463조), 소제기 전이나 소제기 이후 급박한 경우의 증거보전절차(제376조 1항 2문, 2항), 제소전화해절차(제385조 1항), 공시최고절차(제476조), 채무자가 개인이거나 채무자의 사무소 또는 영업소가 없는 경우의 회생사건과 파산사건 및 개인회생사건(채회 제3조 1항 단서, 2항), 채무자 회생 및 파산에 관한 법률 제3조 1항과 2항에 의한 관할법원이 없는 경우의 회생사건과 파산사건(채회 제3조 3항), 수탁판사로서의 증거조사(제297조 1항, 2항) 등이 그러하다.

5. 지방법원 합의부의 직무관할

민사본안사건 이외의 사건으로 신중한 판단을 필요로 하는 사건에 대하여는 지방법원 합의부에 직무관할을 인정한다. 회생사건과 파산사건은 원칙적으로(채회 제3조 1항 본문) 지방법원 본원 합의부의 직무관할에 속하고, 지방법원 판사에 대한 제척·기피사건(법조 제32조 1항 5호)은 지방법원 합의부의 직무관할에 속한다.16)

6. 심급관할

《사례 2b》   甲은 제1심에서 패소하였고, 그 판결에 불복하여 항소하였다. 이 사건의 항소심 재판은 어느 법원 관할인가?

《사례 2c》   만일 甲이 지방법원 판사들은 경험이 적어 믿음직하지 못하다고 생각하여 바로 고등법원에 소를 제기하기를 원한다면 이것이 가능한가?

민사소송은 제1심, 제2심(항소심), 제3심(상고심)의 3심제의 구조로 되어 있다. 이 각 심급의 사건을 어느 법원이 담당하는지는 심급관할에 따라 정해진다. 개개의 사건은 3심제로 되어 있는데, 법원은 지방법원 단독판사, 지방법원(본원) 합의부, 고등법원, 대법원의 4급으로 되어 있다(4급3심제).

---

16) 여기서 지방법원 단독판사와 합의부의 직무관할은 앞에서 본 사물관할과는 다르다. 사물관할은 주로 본안사건의 복잡성, 소송목적의 값 등으로 나누는 것임에 반하여, 직무관할은 직무의 내용에 따라 나눈 것이다. 예를 들어 독촉절차가 아무리 고액의 청구에 관한 것이라도 합의부의 관할이 될 수는 없고, 지방법원 판사에 대한 제척사건이 아무리 간단해도 단독판사의 관할이 될 수는 없는 것이다.

(1) 지방법원 합의부의 제1심 관할사건

이러한 사건의 항소사건은 고등법원에서 관할한다(법조 제28조 1호).

(2) 지방법원 단독판사의 제1심 관할사건

(가) 이러한 사건의 항소·항고사건 중 다음 사건은 고등법원에서 관할한다(사규 제4조).[17] ① 소송목적의 값이 소제기 당시나 청구취지 확장, 변론의 병합 당시 2억 원을 초과한 사건의 항소사건. 단, 수표금 사건 등 소송목적의 값에 관계없이 단독판사의 제1심 관할사건으로 규정된 사건의 항소사건은 지방법원 본원 합의부에서 관할한다. ② 위 ①의 사건을 본안으로 하는 민사신청사건과 이에 부수하는 신청사건의 항고사건. 단, 가압류, 다툼의 대상에 관한 가처분 신청사건과 이에 부수하는 신청사건의 항고사건은 지방법원 본원 합의부에서 관할한다.

(나) (가)에서 열거한 사건 이외의 항소·항고사건은 지방법원 본원 합의부(춘천지방법원 강릉지원 포함)에서 관할한다(법조 제32조 2항).

(2) 상고사건

어느 경우에나 상고사건은 대법원의 심급관할에 속한다.

그리고 심급관할은 전속관할이기 때문에 당사자들이 임의로 관할법원을 바꿀 수 없다. 〈사례 2c〉에서 甲은 아무리 지방법원 판사들이 못미더워도 제1심 법원에 제소할 수밖에 없다. 〈사례 2b〉의 경우에는 제1심이 서울중앙지방법원 단독판사의 사물관할이었으므로 항소심의 관할법원은 서울중앙지방법원의 합의부가 된다.

VI. 지정관할

1. 의　의

지정관할은 구체적인 사건에 관하여 어느 법원에서 관할할 것인지를 정할 필요가 있을 때에 상급법원이 재판으로 관할법원을 지정하여 생기는 관할을 말한다. 주로 제1심 토지관할에서 지정할 필요가 생길 수 있다.[18]

---

17) 민사 및 가사소송의 사물관할에 관한 규칙 제1조와 제4조는 고등법원의 심급관할까지 규정하나, 이는 잘못이다. 이 규칙만 보면 사물관할이 항소심 관할까지 포함하는 개념인 것으로 오해할 수가 있다.
18) Stein-Jonas/Roth[23] §36 Rn. 4. 우리나라에서는 사물관할이 별도의 조직법상의 법원을 전제로

2. 지정의 원인

관할법원의 지정이 필요한 것은 다음의 원인 중의 하나가 있는 경우이다.

(1) 관할법원이 재판권을 법률상 또는 사실상 행사할 수 없는 때(제28조 1항 1호)

이 원인은 소를 제기할 사건을 어느 관할법원도 재판할 수 없게 된 경우를 말한다. 여기서 재판권을 법률상 행사할 수 없는 때란 주로 관할법원의 법관이 모두 제척이나 기피, 회피로 말미암아 재판을 할 수 없게 된 경우이고, 사실상 행사할 수 없는 때란 관할법원의 법관이 모두 질병이나 천재지변으로 재판을 할 수 없게 된 경우를 말한다.

(2) 법원의 관할구역이 분명하지 않은 때(제28조 1항 2호)

이 원인은 재판적이 되는 장소는 뚜렷한데, 경계선이 분명하지 않아서 그 장소가 어느 법원의 관할구역인지를 알 수 없는 경우와, 이동 중에 발생한 사건에 관한 것이어서 사건이 발생한 곳, 즉 재판적이 어디인지가 뚜렷하지 않은 경우가 모두 포함된다. 통상공동소송이나 필수적공동소송에서 공동소송인들에게 공통된 재판적이 없을 경우에 관할의 지정이 필요한가? 통상공동소송 중 소송의 목적이 되는 권리·의무가 공통되거나 사실상·법률상 원인이 공통될 때에는 병합청구재판적이 생기고 필수적공동소송의 경우에는 관련성이 더 밀접하므로 당연히 병합청구재판적이 인정되기 때문에 관할의 지정이 필요 없다. 통상공동소송 중에서 사실상·법률상 원인이 같은 종류에 불과한 경우에 공통되는 재판적이 인정되지 않으면 공동소송이 될 수 없다. 이러한 경우에 지정관할을 인정하여서는 안 된다.

3. 지정절차

관할의 지정은 당사자나 관계법원의 신청으로 한다.

지정하는 법원은 관계된 법원에 공통된 바로 위의 상급법원이다. 관계되는 법원들에게 공통되는 바로 위 상급법원이 없을 때는 한 급 더 올라간다. 예를 들어 인천지방법원과 수원지방법원이 관계된 법원이면 서울고등법원이 지정을 하고, 인천지방법원과 대구지방법원이 관계된 법원이면 고등법원 중에는 공통된 상급법원이

___

하지 않으므로 실제로는 지방법원 지원에서 하나뿐인 합의부가 재판권을 행사할 수 없을 때에 지정관할이 문제될 수 있을 것이다.

없으므로 대법원이 지정한다.

소를 제기하기 전에 관할법원을 정하기 위하여 지정을 신청하는 수도 있지만, 소를 제기한 뒤에 관할법원이 문제되어 지정을 신청하는 경우도 있다. 이때에는 관할지정결정이 있을 때까지 소송절차는 정지해야 한다(규 제9조).

관할지정신청을 기각한 결정에 대하여는 항고할 수 있다.

4. 지정의 효력

관할의 지정은 본래 관할권이 있는 법원의 관할권을 확인하는 절차가 아니라 관할권이 없거나 관할권이 있는지 여부가 뚜렷하지 않은 법원에게 관할권을 주는 절차이므로 창설적 효력이 있다. 지정결정은 지정된 법원과 당사자를 구속한다. 그러므로 지정받은 법원은 사건을 다른 법원에 이송할 수 없고, 당사자는 관할지정결정에 대하여는 불복하지 못한다(제28조 2항).

VII. 합의관할

1. 의   의

합의관할은 당사자의 합의에 터잡아 생기는 관할이다(제29조). 이미 법정관할권이 있는 법원으로 합의를 하는 수도 있지만 관할권이 없는 법원으로 합의하는 경우도 있다. 이러한 합의는 **임의관할**에 관하여서만 인정된다. 그것은 합의에 따른 관할권 인정은 임의관할이 본래 당사자들의 편의를 위하여 인정한 것이므로 당사자들이 법정관할 법원과 다른 법원에서 소송하기를 원하면 굳이 이를 막을 필요가 없기 때문이다. 그러므로 전속관할에 관하여는 합의가 인정되지 않는다.

2. 합의의 성질

관할에 관한 합의는 관할권을 발생시킨다고 하는 소송법상의 효과를 낳는 행위이므로 **소송행위**이다. 그러므로 관할의 합의를 하려면 **소송능력**이 있어야 한다. 관할의 합의는 사법상의 계약과 함께 이루어지는 경우가 많지만, 두 개의 계약은 법적 운명을 달리한다. 사법상의 계약이 무효나 취소, 해제되어도 그 자체로는 관할의 합의의 효력에는 영향이 없다. 오히려 이러한 경우에 대비하여 관할의 합의를 하여 두었다는 측면도 있다.

관할의 합의가 소송행위라고 하더라도 다른 소송행위와는 달리 법원 앞에서 하는 것이 아니므로 **의사표시의 하자**에 관하여 민법의 규정을 유추적용하는 데에 아무런 문제가 없다. 그러므로 소송계속이 생기기 전에는 무효를 주장하거나 취소할 수 있다.

3. 합의의 모습 — 부가적 합의와 전속적 합의

부가적 합의는 법정관할 법원 외에 다른 법원의 관할권을 부가적으로 인정하는 합의를 말한다. 그리고 전속적 합의는 합의한 법원에만 관할권을 인정하고 다른 법원의 관할권을 배제하는 내용의 합의를 말한다.

합의한 내용이 부가적인지 전속적인지가 **불분명**할 때의 처리에 관하여 견해대립이 있다. 일부 견해는 여러 개의 법정관할 법원 중에서 어느 하나를 특정한 경우에는 전속적 합의이고, 그렇지 않은 경우에는 부가적 합의라고 보자고 한다.[19] 다른 견해는 부가적 합의라고 볼 특별한 사정이 없는 한 전속적 합의라고 보지만 약관에 의한 관할합의의 경우에는 앞의 견해와 같이 보자고 한다.[20] 그리고 일반적으로 전속적 합의라고 풀이하고 약관 등과 같이 사실상 일방적으로 합의를 한 경우에는 부가적 합의로 풀이하자는 견해도 있다.[21] 여기서 문제상황을 자세히 살필 필요가 있다.

《사례 3》　　서울 문래동에 본사를 둔 반도체회사 甲이 경기도 수원에 본사를 둔 휴대폰 생산회사 乙에게 휴대폰 부품인 반도체를 공급하기로 계약을 체결하면서 이 계약관계에 관하여 분쟁이 생기면 서울중앙지방법원에서 소송을 하기로 합의하였다. 그 뒤에 乙이 甲이 공급한 반도체에 흠이 있다고 하여 대금을 지급하지 않았고, 이에 甲은 서울남부지방법원에 소를 제기하였다.

《사례 3a》　　이 소송에서 乙이 합의관할위반이라고 주장하였다. 그러나 서울중앙지방법원에 합의한 것이 부가적인지 전속적인지가 분명하지 않았다. 이 경우 서울남부지방법원에 관할권이 인정되는가?

이 경우 법정관할 법원은 대금지급채무의 의무이행지(지참채무의 원칙)인 문래동을 관할하는 서울남부지방법원과 피고의 보통재판적 소재지인 수원지방법원이고,

---

19) 강현중, 178; 이시윤, 120; 大判 1963. 5. 15, 63다111.
20) 田炳西, 88.
21) 鄭·庾·金, 169.

합의한 법원인 서울중앙지방법원에는 법정관할권이 없지만 합의에 의하여 관할권이 인정된다. 〈사례 3〉에서 첫 번째 견해에 의하면 이 합의는 부가적 합의이므로 서울남부지방법원에 관할권이 인정된다. 그러나 두 번째 견해에 의하면 이 합의는 전속적 합의이므로 서울남부지방법원에 관할권이 없다고 보게 된다. 그러나 이 문제는 각도를 달리해서 볼 필요가 있다. 관할합의가 부가적인지 전속적인지가 뚜렷하지 않으면 관할권을 조사할 때 법원이 당사자들에게 **석명을 하여 밝혀야** 할 것이다. 〈사례 3a〉에서처럼 특정 법원에서 소송을 하기로 한 점에는 당사자 사이에서 아무런 이의가 없지만 부가적 합의인지 전속적 합의인지에 관하여 당사자 사이에 다툼이 있으면 비로소 불분명하다고 볼 것이다. 그런데 이 점에 관하여 다툼이 있을 경우에 굳이 법정관할을 배제할 사유가 있다고 보는 것은 무리라고 생각된다. 따라서 이럴 경우에는 **부가적 합의**라고 인정하는 것이 타당하다고 생각된다.

전속적 합의일 경우에 극단적으로는 국내 사건에서 외국법원에 전속적으로 합의할 수도 있다. 그러나 이것은 우리나라의 재판권을 부인하는 것과 같으므로 관할합의의 효력을 인정할 수가 없다.

4. 요   건

(1) 제1심 법원의 임의관할에 관하여 합의할 것

항소심이나 상고심 법원을 합의로 정할 수는 없다. 합의하는 법원은 법원조직법상의 넓은 의미의 법원이다. 특정의 법관이나 재판부로 합의하는 것은 관할에 관한 합의가 아니고 사무분장에 불과하므로 효력이 없다. 전속관할이 정해져 있는 경우에는 관할에 관하여 합의해도 효력이 없다(제31조).

(2) 합의의 대상인 **법률관계가 특정**되었을 것(제29조 2항)

이것이 특정되지 않으면 합의된 법원에 소를 제기했을 때 관할위반인지 여부를 심리하기가 어려워진다. 당사자 사이의 장래 발생할 모든 소송에 관하여 특정 법원의 관할로 하기로 하는 합의, 즉 포괄적 합의도 특정성이 없으므로 무효이다.

(3) 관할법원을 특정하였을 것

하나의 법원만으로 특정할 필요는 없으나, 어느 법원으로 합의한 것인지를 사전에 알 수 있을 정도로 특정해야 한다. 대한민국의 모든 법원 또는 원고가 지정한 법원 등으로 합의하는 것은 피고에게 불리한 것으로 공평을 해치므로 무효이다.

(4) 서면으로 합의하였을 것(제29조 2항)

합의의 내용을 명확하게 하기 위한 요건이다. 청약과 승낙이 하나의 서면에 나타나 있을 필요는 없다.

(5) 합의의 시기

아무런 제한이 없다. 소제기 전에 하는 경우가 대부분일 것이지만 소제기 후에 합의할 수도 있다. 다만 소제기 후의 합의로 이미 성립한 관할이 변경되지는 않는다.

5. 관할합의의 효력

(1) 관할권의 발생

《사례 3b》 〈사례 3〉에서 甲과 乙은 서울중앙지방법원에서만 소송을 하기로 합의하였다. 그러나 甲이 서울남부지방법원에 소를 제기하였는데도 불구하고 乙은 거기에 관하여는 아무런 말도 없이 순순히 변론을 하였다. 이 경우에 서울남부지방법원은 관할권을 갖게 되는가?

관할에 관한 합의가 성립하면 그 내용에 따라 **관할에 변동**이 생긴다. 합의된 법원에 법정관할권이 없었으면 그 법원에 관할권이 생긴다. 그리고 합의가 전속적이면 합의된 법원 이외의 다른 법원의 관할권은 소멸한다. **합의가 전속적**이라고 해도 여전히 **임의관할**에 속하지 전속관할이 되는 것은 아니다. 그러므로 〈사례 3b〉에서 전속적 합의 때문에 서울남부지방법원의 법정관할권이 소멸했어도 피고 乙이 아무런 항변 없이 변론하였으면 변론관할이 생겨서 그 법원에 관할권이 인정된다. 그리고 손해나 현저한 지연을 피하기 위하여 다른 법정관할 법원에 이송하는 것(제35조)도 가능하다.

(2) 주관적 범위

관할합의의 효력은 합의한 당사자 사이에서만 생기고 그들에게만 미치는 것이 원칙이다. **제3자에 대한 효력**에 관하여는, 상속과 같은 **일반승계인**에게 합의의 효력이 미치는 것은 물론이고, **특정승계인** 중에서 채권과 같은 **상대권**의 경우에는 양수인에게 미치지만, **물권**인 경우에는 물권법정주의와 공시방법의 결여를 이유로 양수인에게 미치지 않는다고 하는 것이 통설이다.[22]

---

22) 강현중, 180-181; 宋·朴, 105; 이시윤, 123; 田炳西, 90; 전병서, 강의, 198; 鄭·庚·金, 171.

판례는 관할의 합의의 효력은 부동산에 관한 물권의 특정승계인에게는 미치지 않는다고 하였다.[23] 반면에 지명채권의 양수인과 같은 특정승계인의 경우 관할합의의 효력은 특정승계인에게도 미친다고 하고, 그 근거로, 관할에 관한 당사자의 합의로 관할이 변경된다는 것을 실체법적으로 보면, 권리행사의 조건으로서 그 권리관계에 불가분적으로 부착된 실체적 이해의 변경이라 할 수 있으므로, 지명채권과 같이 그 권리관계의 내용을 당사자가 자유롭게 정할 수 있는 경우에는, 당해 권리관계의 특정승계인은 그와 같이 변경된 권리관계를 승계한 것이라고 할 것을 들었다.[24]

이러한 승계인 아닌 다른 사람, 예컨대 보증인, 연대채무자 등에게는 효력이 미치지 않는다. 채권의 특정승계인이라 하더라도 채권양도로 그 사건이 국제적 사건으로 된 경우에는 관할합의의 효력이 미치지 않는다.[25] 학설 중에는 파산관재인이나 **채권자대위소송**을 하는 채권자도 합의에 구속된다는 견해도 있다.[26] 파산관재인은 파산재단을 관리하는 지위에 있으므로 합의의 효력을 받는 것이 당연하다고 할 수 있으나, 채권자대위소송을 하는 채권자의 경우는 단순히 채무자의 권리를 대신 행사하는 것이 아니라 자기의 권리를 행사하는 것이고 승계인도 아니므로 채무자가 제3채무자와 한 관할합의에 구속된다고 보는 것은 무리이다.

6. 합의관할의 문제점

합의관할을 인정한 전제는 권리주체가 자유로운 의사결정으로 임의관할에 관하여서도 합의하면 이를 존중한다는 것이다. 그러나 실체법상의 계약을 체결하면서 그 계약조항의 하나로 관할에 관하여도 합의를 하는데, 실제로 계약당사자들이 대등한 입장에서 자유롭게 의사를 결정하여 합의할 수 있는 상황이 못되는 경우도 있다. 대기업이 소비자를 상대로 계약을 하면서 부동문자로 인쇄된 약관을 사용하는데 회사의 본점소재지 법원을 관할법원으로 정하는 경우가 그 예이다. 이러한 경

---

23) 大決 1994. 5. 26, 94마536. 구체적으로는 근저당권이 설정된 부동산을 근저당권 설정자, 즉 채무자의 지위와 함께 양수한 것이 아니라 단지 그 소유권만을 양수한 사람에게는 채무자와 근저당권자 사이에서 한 관할에 관한 합의의 효력이 미치지 않는다고 판시한 것이다.

24) 大決 2006. 3. 2, 2005마902.

25) 大判 2008. 3. 13, 2006다68209: 일본에 거주하는 채권자와 채무자가 채권자의 주소지 법원으로 전속적 관할합의를 하였는데 채권양도로 한국에 사는 사람이 채권자가 된 사안에서, 이러한 경우는 한국 법원에 재판관할권이 생길 수가 있기 때문이라고 하였다.

26) 鄭·庚·金, 171.

우에는 **소비자에게는 불리한 내용**이 될 가능성이 크다. 이를 막기 위하여 약관의규제에관한법률은 고객에게 부당하게 불리한 관할합의조항은 무효라고 규정하였다(약제14조).

관할합의조항이 고객에게 부당하게 **불리한 경우가 아니라도** 문제가 있을 수 있다. 실제 거래에서 일반인들은 약관의 조항을 잘 읽지 않는 성향이 있기 때문에 관할에 관하여 합의한다는 의사가 없이 서명날인하는 경우가 많기 때문이다.

이 문제는 약관의 내용이 소비자나 고객에게 부당하게 일방적으로 불리한 관할합의인 경우에는 약관법에 의하여 규율하고, 그렇지 않은 경우라도 일방 당사자가 관할에 관한 **합의가 진정한 의사**가 아님을 입증한 경우에는 그 합의는 효력이 없다고 보는 것이 타당하다.

VIII. 변론관할

1. 의 의

변론관할이란 원고가 **관할권 없는 법원에 소를 제기**하였어도 피고가 관할위반의 항변 없이 본안에 관하여 변론하거나 변론준비기일에 진술함으로 말미암아 생기는 관할을 말한다(제30조). 본래 임의관할은 당사자의 편의를 위하여 규정한 것이므로 그에 위반하여 원고가 소를 제기하여도 피고가 아무런 이의를 제기하지 않으면 굳이 수소법원이 관할위반이라고 다른 법원에 이송할 필요가 없다고 해서 인정된 관할이다.[27]

2. 요 건

(1) 원고가 관할권 없는 제1심 법원에 소를 제기하였을 것

전속관할을 어겨서 소를 제기한 경우에는 변론관할이 생길 여지가 없다. **토지관할**을 어겨서 제소한 경우에 주로 문제된다. 사물관할을 어긴 경우도 변론관할이 생긴다고 설명하는 이가 있으나,[28] 사물관할은 원고가 이에 위반하여 제소하는 일은 생기지 않는다. 합의부나 단독판사를 원고가 선택해서 제소하는 것이 아니기 때문이다. 더구나 사물관할은 재정합의사건, 재정단독사건 등이 있을 수 있으므로 관할

---

27) 2002년 법개정 전에는 응소관할이라고 했다.
28) 이시윤, 124; 鄭·庚·金, 173.

위반이라는 것이 별로 의미가 없다.

(2) 피고가 관할위반의 항변 없이 본안에 관하여 변론하거나 진술하였을 것

본안에 관하여 변론기일에 변론하거나 변론준비기일에 진술하는 것을 말한다. 여기서 '본안'이란 원고의 청구가 실체법상 이유가 있는지 여부에 관한 문제를 말한다. 그러므로 실체법상의 문제가 아닌 다른 사항, 예컨대 소각하신청, 기피신청, 기일변경신청 등을 한 경우에는 변론관할이 생기지 않는다. 피고가 출석하여 **청구기각판결을 해달라고만 진술**한 경우에 관하여는 다툼이 있다. 답변서를 비교적 상세하게 쓰라고 요구하는 개정법상으로는 거의 생길 수 없는 상황이나, 단순히 청구기각을 구하였을 뿐인 경우라도 본안에 관한 진술이므로 변론관할이 생긴다고 보는 것이 타당하다.

본안에 관한 **변론이나 진술은 현실적**으로 한 것이어야 한다. 준비서면만 제출하고 결석했을 때 준비서면의 내용을 진술한 것으로 보지만(제148조, 제286조) 그렇다고 변론관할까지 인정할 것은 아니다.29)

(3) 피고가 관할위반의 항변을 하지 않았을 것

피고가 본안에 관하여 변론하거나 진술하였어도 관할위반의 항변을 동시에 하거나, 수소법원에 관할권이 있을 것을 조건으로 한 경우에는 변론관할이 생기지 않는다.

3. 효　　과

위에서 말한 요건이 갖추어지면 관할권 없는 수소법원에 **관할권이 생긴다**. 그러므로 일단 본안에 관하여 변론하거나 진술한 뒤에는 관할위반의 항변을 할 수가 없다. 한 번 생긴 변론관할은 그 소송계속 중에만 효력이 있다. 소취하나 각하 후에 다시 제기한 소에는 그 효력이 미치지 않는다.

Ⅸ. 관할권의 조사

1. 소송요건

수소법원에 관할권이 있어야 한다는 것은 소송요건이다. 법원은 관할권을 직권

---

29) 大決 1980. 9. 26, 80마403.

으로 조사할 수 있다(제32조). 이 점에 관하여 관할권을 법원의 직권조사사항이라고 새기는 견해가 있다.30) 그러나 이는 경우를 나누어 보아야 한다. **전속관할**의 경우에는 관할권의 존재가 법원이 항상 직권으로 조사해야 하는 직권조사사항이다. **임의관할**의 경우에는 앞에서 본 변론관할이 생길 여지가 있으므로 법원이 직권으로 조사해서 관할위반이라고 판단했어도 일단 변론준비기일이나 변론기일에서 피고가 관할위반의 항변을 하는지를 지켜보아야 할 것이다.31) 그러므로 관할권의 존재는 전속관할의 경우에는 직권조사사항이고, 임의관할의 경우에는 항변사항이라고 보는 것이 타당하다.32)

2. 표준시기

법원의 관할은 **소제기 시점**을 기준으로 정한다(제33조). 그러므로 소제기 이후에 피고의 주소, 재산이 있는 곳 등이 변경되더라도 관할에 영향이 없다. 다만 사물관할에 관하여는 단독판사사건이 소송계속 중인데 합의부관할에 속하는 청구가 반소로 제기되거나 청구가 확장되어서 합의부사건이 된 경우에는 합의부로 이송할 가능성이 생긴다.

여기서 소제기 시점이 기준이라고 하는 것은 관할을 인정할 기준시점이다. 소제기 시점에 관할권이 없더라도 변론 종결 전에 관할권을 인정할 사유가 생기면 관할위반이 아니다.33)

3. 조사 뒤의 처리

조사 결과 관할권이 있다고 인정되면 법원은 심리를 계속하면 된다. 관할권이 없다고 확정된 경우에는 관할권 있는 법원으로 이송한다. 관할위반을 모르고 지나친 경우에는 임의관할위반이면 제1심 본안판결로 그 흠이 치유된다. 그러나 전속관할위반이면 상소심에서 계속 다툴 수가 있다.

---

30) 강현중, 182; 이시윤, 125.

31) 한충수, 77.

32) 비슷한 취지는 宋·朴, 84. 제32조가 직권으로 '조사할 수 있다'고 규정한 것을 눈여겨 볼 필요가 있다.

33) 소제기 시점에 관할권이 없었다고 해서 그 뒤에 관할원인이 생겼더라도 여전히 관할위반이 되는 것은 아니다.

X. 소송의 이송

1. 의 의

소송의 이송은 한 법원에 계속한 사건을 **다른 법원으로 이전 송부**하는 것을 말한다. 원고가 어느 법원에 소를 제기하였을 경우에 관할위반인 경우도 있고, 수소법원에 관할권은 있지만 그 법원에서 심판하는 것이 적절하지 않은 경우도 있다. 관할위반인 경우에 이를 소송요건 불비라고 하여 각하한다면 원고는 새로 관할법원에 소를 제기해야 하는데, 이렇게 되면 시간과 노력, 비용이 낭비되고, 그 사이에 소멸시효가 완성하거나 제척기간이 도과하여 회복할 수 없는 손해가 생길 수도 있다. 그리고 그 사건을 심판하기에 적절하지 않은 법원의 경우에 관할권이 있다고 하여 계속 심리하게 하는 것보다는 그 사건을 심판하기에 적절한 법원으로 하여금 심판하게 하는 것이 필요하다. 이러한 이유에서 소송의 이송제도가 마련된 것이다.

소송의 이송은 **조직법상의 법원 단위**로 다른 법원으로 사건을 보내는 것이다. 이런 점에서 하나의 법원 안에서 한 재판부가 사건을 다른 재판부로 보내는 이부와는 구별된다. 다만 사물관할 위반으로 이송하는 경우는 한 법원 안에서 사건을 이전시키는 것이라는 점에서 이부와 공통되지만 우리 법이 사물관할을 관할로 인정한 이상 이것도 이부가 아니라 이송이라고 해야 한다.

2. 관할위반을 이유로 한 이송

원고가 관할권 없는 법원에 소를 제기했을 때 수소법원이 관할권이 없다고 확정적으로 판단한 경우에는 결정으로 그 사건을 관할권 있는 법원으로 이송해야 한다(제34조).

전속관할 위반인 경우에는 바로 이송할 것이고, **임의관할 위반**인 경우에는 변론관할이 생길 여지가 있으므로 피고가 관할위반의 항변을 하는지를 기다려 볼 필요가 있다.

(1) 이송사유

대부분의 관할위반은 **토지관할 위반**이다. 여기서는 그 밖에 문제되는 경우들을 설명한다.

(가) 사물관할의 위반

사물관할의 경우에는 원고가 소를 제기할 때 관할위반이 되는 수는 없다. 원고가 지방법원의 합의부와 단독판사 중에서 선택해서 소를 제기하는 것이 아니라 소장을 접수한 법원에서 사건을 배당하기 때문이다. 다만 소제기 시에는 단독판사 관할이었지만 나중에 청구를 확장하거나 합의부 관할에 해당하는 반소가 제기되든가 하여 **사후적으로 관할위반**이 될 경우에는 이송이 문제된다. 이 경우는 앞에서 설명한 대로 계속 단독판사가 관할할 것인지 합의부로 이송할 것인지를 별도의 절차로 결정하게 된다.

(나) 심급관할의 위반

심급관할을 위반하여 소를 제기하는 경우, 즉 상급심 법원을 제1심 법원으로 하여 소를 제기한 경우에는 당사자의 의사를 고려할 필요없이 **관할법원으로 이송**할 것이다. 통상의 소제기에서는 이러한 일은 생기지 않으나, **재심의 소**에서는 재심대상판결을 한 법원에 제기할 것을(제453조) 제1심 법원에 제기하는 경우가 있어서 문제된다. 이러한 경우에는 재심대상판결을 한 법원으로 이송해야 한다.[34]

통상의 **상소**를 심급관할에 위반하여 제기한 경우도 문제될 수 있다. 이러한 경우로는 상소장을 원심법원에 제출하지(제397조 1항, 제425조) 않고 상소법원에 제출한 경우와, 상소장을 원심법원에 제출하였지만 상소법원의 표시를 잘못한 경우가 있을 수 있다. **상소장을 상소법원에 제출**한 경우에는 이를 심급관할위반이라고 볼 수 있을지 의문이다. 본래 원심재판장이 상소장을 심사하고(제399조) 기록을 상소법원으로 송부할 것이기 때문에 이러한 경우를 관할위반이라고 볼 것이 아니라 원심재판장이 상소장을 심사하도록 소송기록을 원심법원으로 송부하면 될 것이다. **상소법원의 표시를 잘못**한 경우, 예컨대 1억원 이하의 제1심 단독사건 판결에 대한 상소를 하면서 상소법원을 지방법원 본원 합의부가 아닌 고등법원으로 표시한 경우이다. 이 경우는 심급관할위반이 될 것이다. 이 경우에 관할권 없는 법원에 상소를 제기해도 상소의 효력이 생기지 않는다는 이유로 이송할 수 없다는 견해가 있다.[35] 그러나 이송을 인정하지 않으면 상소기간을 지키지 못하는 가혹한 결과가 될 것이므로 이송을 인정하는 것이 타당하다.[36]

---

34) 方順元, 137; 이시윤, 128, 988-989; 鄭·庚·金, 182-183. 판례는 과거에 재심대상판결이 항소심판결인데 재심의 소를 제1심 법원에 제기한 경우에 소각하판결을 해야 한다고 하였으나, 大判(全) 1984. 2. 28, 83다카1981부터 이송해야 한다고 태도를 바꾸었다.

35) 方順元, 137.

(다) 반소제기에 따른 이송

본소가 단독판사 관할사건인데 피고가 합의부의 사물관할에 해당하는 반소를 제기하면 법원은 직권 또는 당사자의 신청에 의하여 본소와 반소를 모두 **합의부에 이송**하여야 한다(제269조 2항 본문). 관할위반에 의한 이송의 한 모습이다. 법문에서는 이송하여야 한다고 규정하였으나 예외가 인정된다. 반소에 대하여 원고가 합의부 관할사건이라는 관할위반의 항변을 하지 않고 변론하여 변론관할이 생긴 경우와(제269조 2항 단서), 반소청구가 앞에서 설명한 재정단독 대상사건인 경우에는 단독판사가 계속 심리할 수 있다고 볼 것이다. 그런 의미에서 이 규정은 임의규정이라고 새길 것이다.

(라) 항소심에서 하는 이송

항소심 법원이 관할위반을 이유로 제1심 판결을 취소한 때에는 판결로 사건을 제1심 관할법원에 이송하여야 한다(제419조). 당사자는 항소심에서 제1심 법원의 관할위반을 주장하지 못하므로(제411조) 여기서 말하는 관할위반이란 **전속관할** 위반을 말한다. 그러므로 이송도 전속관할법원으로 하여야 한다.

(마) 재판권을 혼동한 경우

가사소송 사건이나 행정소송 사건을 일반 민사사건으로 오해하여 가정법원이나 행정법원에 소를 제기하지 않고 일반 지방법원에 소를 제기한 경우나 반대의 경우에도 **이송을 인정**하는 것이 타당하다.[37)

판례는 **행정소송**으로 제기하였어야 할 소를 민사소송으로 제기한 경우에, 원고에게 고의나 중대한 과실이 없으면 수소법원은 만약 그 행정소송에 대한 관할도 동시에 가지고 있다면[38) 이를 행정소송으로 심리·판단하여야 하되, 원고로 하여금 행정소송으로 소변경을 하도록 석명권을 행사하여야 하고,[39) 그 행정소송에 대

---

36) 판례도 이송을 인정한다. 大決(全) 1995. 1. 20, 94마1961은 항고인이 비록 원심법원의 항고장각하결정에 대하여 불복하면서 제출한 서면에 '재항고장'이라고 기재하였다고 하더라도 이는 즉시항고로 보아야 한다는 이유로, 대법원에 기록을 송부한 사건을 그 관할법원인 항고법원으로 이송하였고, 大決 1997. 3. 3, 97으1은 항고인이 통상항고로 불복할 수 있는 사건인 원심법원의 피고경정신청 기각결정에 대하여 불복하면서 제출한 서면에 '특별항고장', '대법원 귀중'이라고 기재하였더라도 이는 통상항고로 보아야 한다는 이유로 대법원에 기록을 송부한 사건을 그 관할법원인 항고법원으로 이송하였다.

37) 다수설이다. 반대는 方順元, 139. 독일에서는 이러한 경우에 재판권 있는 관할법원에 이송하라는 규정을 법원조직법에 두었다(§ 17a GVG).

38) 행정법원은 현재 서울에만 설치되어 있으므로 그 밖의 지역에서는 하나의 지방법원이 민사사건과 행정사건에 대한 관할권을 모두 가질 수 있다.

39) 大判 1999. 11. 26, 97다42250; 大判 2020. 1. 26, 2019다264700; 大判 2020. 4. 9, 2015다34444.

한 관할을 가지고 있지 아니하다면 당해 소송이 행정소송으로서의 소송요건을 결하고 있음이 명백하여 행정소송으로 제기되었더라도 어차피 부적법하게 되는 경우가 아닌 이상 이를 부적법한 소라고 하여 각하할 것이 아니라 관할법원에 이송하여야 한다고 한다.40) 이 경우 원고가 항고소송으로 청구를 변경하더라도 그 항고소송에 대한 소제기 기간의 준수 여부는 원칙적으로 처음 소를 제기한 때를 기준으로 판단한다.41)

행정사건 제1심판결에 대한 항소사건은 고등법원의 전속관할이므로(법조 제28조 1호) 원고가 고의나 중대한 과실 없이 행정소송으로 수행할 사건을 민사소송으로 잘못 수행하고 그에 따라 단독판사가 제1심 판결을 선고하였더라도 항소심은 고등법원의 관할이다.42) 행정소송인 공법상 당사자소송과 관련청구소송으로서 부당이득 반환을 구하는 민사소송이 병합된 경우에는 지방법원 단독판사가 재판하였어도 항소심은 고등법원의 관할에 속한다(행소 제10조 2항, 제44조 2항).43)

그리고 서울가정법원에 전속관할인 **가사사건**의 소를 다른 일반법원에 제기한 경우에는 이 소를 전속관할 위반이라고 하여 각하할 것이 아니라 서울가정법원에 이송해야 한다고 하였다.44)

비송사건에 해당하는데 민사소송으로 소를 제기한 경우에도 이송을 긍정하는 것이 일반적이다.45) 판례는 이러한 소는 부적법하다고 각하한 것이 있고,46) 그와 반대로 이러한 소는 허용되지 않는다고 하면서도 당사자가 그 사건이 비송사건인지를 알기 어려운 경우에는 수소법원은 당사자의 소제기에 사건을 비송사건으로 처리해 주기를 바라는 의사도 포함되어 있음이 확인되면 사건을 비송사건 관할법원으로 이송하는 것이 타당하다고 한 것도47) 있다. 다만 예를 들어, 법원이 한 임

---

40) 大判 1997. 5. 30, 95다28960. 이 판결은 항고소송으로 제기하였어야 할 소를 민사소송으로 제기하였다 하더라도 그 항소심 법원이 항고소송에 대한 관할을 동시에 가지고 있다면, 당사자 권리구제나 소송경제의 측면에서 항고소송에 대한 제1심 법원으로서 사건을 심리·판단하여야 한다는 大判(全) 1996. 2. 15, 94다31235를 이어받아 행정소송법 제7조를 유추적용하여 판단한 것이다. 이송해야 한다고 한 판례로는 그 밖에도, 大判 2008. 7. 24, 2007다25261; 大判(全) 2009. 9. 17, 2007다2428; 大判 2017. 11. 9, 2015다215526; 大判 2018. 7. 26, 2015다221569 등이 있다.

41) 大判 2013. 7. 12, 2011두20321; 大判 2022. 11. 17, 2021두44425.

42) 大判 2022. 1. 27, 2021다219161(단독판사가 민사소송으로 처리하여 판결을 선고하였고, 그에 대한 항소사건을 지방법원 합의부에서 심판한 사안).

43) 大判 2016. 10. 13, 2016다221658.

44) 大決 1980. 11. 25, 80마445.

45) 강현중, 186; 이시윤, 129; 田炳西, 99; 鄭·庚·金, 183.

46) 大判 2013. 3. 28, 2012다42604.

47) 大判 2023. 9. 14, 2020다238622.

시이사 선임에 (이것은 비송사건이다) 불복이 있을 경우에 비송사건절차법에 따라 (비송 제20조) 항고를 제기하지 않고 일반 민사소송으로 임시이사선임결정 취소의 소를 그 소 자체에 대한 관할법원에 제기한 경우에는 권리보호자격의 불비로 부적법각하할 것이다.48) 이러한 경우는 관할위반의 문제가 아니라 본래 선택했어야 할 구제수단인 비송사건에서의 항고와는 완전히 다른 종류의 절차와 다른 내용의 청구를 한 것이어서 이송으로 해결할 수 없기 때문이다.

(바) 각종 신청의 경우

소 이외의 각종 신청, 예를 들어 증거보전신청(제376조) 등을 관할권 없는 법원에 한 경우도 이송을 인정하는 것이 타당하다. 그러나 지급명령신청은 관할위반인 경우에는 각하해야 하므로(제465조) 이송의 여지가 없다.

(2) 이송의 범위

청구를 병합한 경우에 모든 청구가 관할위반이면 소송 전부를 이송한다. 병합된 **청구의 일부**만이 관할위반인 경우에는 그것이 임의관할이면 병합청구의 재판적이 생겨서(제25조) 관할위반이 아니므로 이송사유가 되지 않는다. 전속관할위반인 경우에는 그 부분만 이송해야 할 것이다. 관할합의가 전속적이라도 그것이 병합청구재판적 규정(제25조)을 배제할 사유가 된다고 볼 수는 없으므로 위반인 부분을 이송할 필요가 없다.

(3) 직권이송

관할위반임이 확정되면 법원은 결정으로 소송을 관할권 있는 법원에 이송한다(제34조 1항). 이 결정은 당사자의 신청을 기다려서 하는 것이 아니라 법원이 직권으로 한다.

관할위반인 경우에 당사자에게는 **이송신청권이 있는지**가 문제된다. 판례는 이송결정은 법원이 직권으로 하는 것이고 당사자에게는 이송신청권이 없으며, 당사자가 이송신청을 하더라도 이것은 법원의 직권발동을 촉구하는 의미밖에 없는 것이므로 법원은 이 신청에 대하여 재판을 할 필요가 없고, 만일 이 신청을 기각하는 결정을 하였어도 그에 대하여는 불복할 수 없다고 한다.49) 학설 중에는 이송신청권을 인정

---

48) 大判 1963. 12. 12, 63다449.
49) 大決(全) 1993. 12. 6, 93마524. 다수의견은 이송신청권을 부정한 종래의 판례(大決 1970. 1. 21, 69마1191; 大決 1979. 12. 27, 79마377 등 다수의 결정)를 유지하는 내용이었고, 소수의견이 이송신청권

하자는 견해가 있다.50) 그 논거로는 관할권 있는 법원에서 재판받을 피고의 이익을 보호할 필요가 있다는 점과 관할위반 이외의 원인에 의한 이송에 신청권이 인정되는 것과의 균형을 고려해야 한다는 점을 든다. 그러나 피고의 이익은 관할위반의 항변을 함으로써 보호될 수 있고, 그럼에도 불구하고 법원이 관할권이 있다고 판단한 경우에 굳이 이송신청권을 주고, 그에 대하여 법원이 재판하고 그에 대하여 다시 불복하는 등의 절차를 두는 것은 자칫 소송지연을 초래할 우려가 있다. 이송신청권을 인정하지 않으면 관할권이 없음에도 불구하고 법원이 관할권이 있다고 잘못 판단하여도 이를 고칠 기회가 없다는 문제점은 있다. 그러나 이 점은 이송을 잘못하더라도 이송받은 법원은 그 결정에 기속된다는 규율(제38조)과의 균형상 감수할 수밖에 없을 것이다.51) 따라서 이송신청권은 **인정할 필요가 없다.** 따라서 당사자가 이송을 신청하더라도 그에 대하여 재판할 필요가 없고, 신청을 기각하는 재판을 하더라도 그에 대하여 불복할 수 없다고 보는 것이 타당하다.

3. 손해나 지연을 피하기 위한 이송

수소법원은 관할권이 있더라도 현저한 손해나 절차의 지연을 피하기 위하여 필요한 경우에는 결정으로 소송의 전부나 일부를 다른 관할법원에 이송할 수 있다(제35조). 관할법원이 둘 이상인 경우에 수소법원보다 다른 관할법원에서 소송을 하는 것이 현저한 손해나 지연을 막는 데에 도움이 될 경우에 이용할 수 있다. 이러한 이송은 관할권 있는 법원이 다른 관할권 있는 법원으로 이송하는 경우이다.

(1) 이송의 필요성

여기서 **현저한 손해**란 당사자들에게 소송수행상의 부담이 커서 소송경제를 이룰 수 없는 경우를 말한다. 주로 상대방(피고)측의 소송수행상의 부담을 의미하는 것이기는 하지만 원고 측의 손해도 도외시하는 것이 아니다. 따라서 상대방측이 소송을 수행하는 데 많은 비용과 시간이 소요된다는 사정만으로는 제35조에서 말하

을 인정하자는 것이었다. 소수의견은 나아가 당사자가 이송신청을 하였으면 그에 대하여 재판해야 하며, 법원이 일단 이송신청을 기각하는 재판을 하였으면 그에 대한 불복도 허용되어야 한다고 주장하였다. 大決 2018. 1. 19, 2017마1332도 같다.

50) 김용진, 805; 이시윤, 130; 田炳西, 104. 반대는 강현중, 186; 김홍엽, 101; 宋 · 朴, 111.

51) 관할위반 이외의 원인에 의한 이송의 경우에 이송신청권을 주는 것은 관할위반으로 인한 이송의 경우에 신청권을 인정할 논거가 될 수 없다. 기본적으로 관할위반 여부는 법원이 직권으로 조사하는 것이고 관할위반이라고 판단되면 법원이 직권으로 이송하게 되어 있는 등, 법적 규율이 다르므로 균형을 맞출 대상이 아니다.

는 현저한 손해 또는 소송의 지연을 가져올 사유가 된다고 단정할 수 없다.[52] 수소법원에서 심리하는 것이 법원의 사정상 적정하고 공평하지 못하게 될 우려가 있는 경우도 여기에 포함시키는 것이 타당하다.

지연이란 법원이 사건을 심리하는 데에 시간이 많이 들어 사건처리가 늦어지게 됨을 말한다. 통설은 현저한 손해를 이유로 한 이송은 당사자의 사익을 위한 것이고 소송지연을 이유로 한 이송은 공익을 위한 것이라고 구별한다. 그러나 이처럼 공익과 사익을 구별하는 것은 의문이다. 당사자에게 현저한 손해가 생기는 것이 사익에만 관련된 것이라고 볼 수가 없고, 소송지연이 반드시 공익에만 관련된 것이라고 볼 수도 없으며, 경제적인 소송과 신속한 소송은 밀접한 관련이 있기 때문이다.

판례가 현저한 손해나 지연을 이유로 이송을 허용한 예는 아직 찾을 수가 없고 이송신청을 기각한 사례만을 찾을 수 있다.[53]

2002년 개정법은 **지식재산권**과 **국제거래**에 관한 사건에 관하여 제24조가 규정한 법원이 아닌 다른 법원에 소를 제기하였을 경우에 수소법원은 직권이나 당사자의 신청으로 제24조가 규정한 법원에 이송할 수 있도록 하였다(제36조 1항). 이것도 심판의 적정을 확보하기 위하여 관할권 있는 법원이 다른 관할법원으로 이송하는 것으로, 현저한 손해나 지연을 피하기 위한 이송의 한 모습이라고 할 수 있다. 다만 이송으로 말미암아 소송절차를 현저하게 지연시키는 경우에는 이송하는 것이 무의미하므로 이송할 수 없도록 하였다(제36조 1항 단서).

(2) 이송결정

법원은 직권 또는 당사자의 신청으로 이송결정을 한다(제35조, 제36조 1항). 이송의 필요성에 관하여는 법원이 재량으로 판단할 수 있다. 수소법원에 **전속관할**이 있

---

52) 大決 2007. 11. 15, 2007마346.

53) 大決 1963. 9. 27, 63마16(불법행위지와 피고의 주소지가 목포이고 예상 증인들이 목포에 살고 있고, 등기서류 등이 목포지원 관내에 있다는 사정); 大決 1977. 5. 11, 77마85(원고, 피고가 모두 서울에 주소가 있고 그 사건과 관련된 다른 사건이 서울민사지방법원에 계속 중이라는 사정); 大決 1979. 12. 22, 79마392(관련사건이 서울과 부산의 각기 다른 법원에 계속 중이라는 사정); 大決 1980. 6. 23, 80마242(광주지방법원에 제소한 사건에 관하여 증거자료가 피고의 주소지인 서울에 보관되어 있다는 사정); 大決 1990. 12. 4, 90마889(부동산소유권이전등기청구사건과 그 이전등기를 구하는 부동산에 관한 가처분이의사건에 대해 별개의 법원에서 각기 재판한다는 사유); 大決 1998. 8. 14, 98마1301(피고들의 3/4이 순천에 살고 증인 등도 순천에 거주하고 있더라도 서울에 거주하는 원고가 서울의 변호사를 선임하였고, 피고들의 1/4이 서울에 거주하는 점도 고려해야 한다며 이송 필요성을 부정); 大決 2010. 3. 22, 2010마215(대한민국이 수형자의 관리주체로서 부담하는 '수형자의 민사소송을 위한 장거리 호송에 소요되는 상당한 인적·물적 비용').

는 경우에는 이송할 수 없다(제35조 단서, 제36조 2항). 전속적 합의관할이 있을 경우에는 수소법원에서 재판하는 것이 현저한 지연을 피한다는 공익상의 필요가 있을 때에는 합의의 효력을 무시하고 다른 법정관할 법원으로 이송할 수 있다는 것이 통설이다. 그러나 앞에서도 지적하였듯이 사익적 필요와 공익상의 필요를 구분하는 것은 의미가 없다. 그리고 **전속적 합의관할**도 여전히 임의관할에 속하므로, 그러한 합의가 있었음에도 불구하고 당사자가 현저한 손해나 지연을 이유로 이송신청을 하면 합의의 효력이 소멸한다고 보아 이송을 인정하는 것이 타당할 것이다. 또한, 이송신청이 없더라도 법원이 현저한 손해나 지연의 우려가 있다고 판단하면 직권으로 이송할 수도 있다고 보는 것이 타당하다.

4. 심판의 편의를 위한 이송

지방법원 단독판사는 소송에 대하여 관할권이 있어도 상당하다고 인정하면 소송의 전부나 일부를 같은 지방법원 합의부로 이송할 수 있다(제34조 2항). **상당하다고 인정**하는 경우란 사건의 심리가 어렵고 복잡하거나, 관련사건이 합의부에 계속 중인 경우 등을 말한다. 상당성의 판단은 단독판사의 재량에 속한다. 이러한 이송은 관할권 있는 법원이 관할권 없는 법원에 하는 이송이다.

이송은 직권으로 하거나 당사자의 신청에 따라서 한다. 여기서 말하는 단독사건에 소액사건도 포함됨은 물론이다.54)

5. 상고심의 환송에 갈음하는 이송

상고법원은 상고가 이유 있다고 하여 인용할 경우에는 원판결을 파기하고 원심법원으로 환송하는 것이 보통이나, 원심법원의 법관은 환송 후의 심판에 관여할 수 없으므로(제436조 3항) 원심법원이 이들을 제외하고는 재판부를 구성할 수가 없어서 심판할 수 없을 때에는 원심법원과 같은 심급의 다른 법원으로 이송한다(제436조 1항). 이것은 관할과는 무관한 이송이다.

6. 이송절차

당사자의 신청으로 이송하는 경우에는 신청은 기일에 출석하여 구술로 하거나 그럴 기회가 없을 경우에는 서면으로 한다. 어느 경우에나 신청이유를 밝혀야 한다

---

54) 大決 1974. 8. 1, 74마71.

(규 제10조).

이송재판은 절차에 관한 사항이므로 **결정**으로 하는 것이 원칙이다. 결정절차이므로 임의적 변론에 의한다. 당사자가 이송을 신청한 경우에는 상대방에게 의견진술의 기회를 주어야 하고, 직권으로 결정할 때에는 당사자의 의견을 들을 수 있다(규 제11조). 다만 관할위반을 이유로 한 이송의 경우에는 당사자의 의견을 들을 필요가 없도록 하였다. 여기서 의견진술의 기회를 주거나 의견을 듣는다는 것은 변론을 열어야 한다는 것을 뜻하지는 않는다. 상소심에서 원심재판을 취소하거나 파기하여 이송하는 경우에는 취소나 파기판결과 함께 이송을 하게 되므로 별도의 결정으로 재판할 필요가 없이 판결에서 이를 선고하면 된다.

이송결정과 이송신청에 대한 기각결정에 대하여는 **즉시항고**를 할 수 있다(제39조). 여기서 말하는 기각결정에는 관할위반을 이유로 한 이송신청을 기각한 경우는 포함되지 않는다. 당사자에게 이송신청권이 없기 때문이다.[55] 관할위반을 이유로 한 이송결정에 대한 즉시항고 결과 항소심에서 이송결정이 취소되어도 같은 이유에서 그에 대한 재항고는 허용되지 않는다.[56]

7. 이송의 효과

(1) 기속력

소송을 이송받은 법원은 이송결정에 따라야 하며, 그 소송을 다시 다른 법원에 이송하지 못한다(제38조). 혹시 관할권 없는 법원에 이송을 했더라도 이송받은 법원에서 다시 관할권을 조사하여 이송하는 것을 허용하면 소송이 지연될 우려가 있기 때문이다.

전속관할을 위반하여 이송한 경우에도 기속력을 인정할 것인지가 문제된다. **부정설**은 전속관할위반 주장은 항소심에서도 할 수 있다는 점(제411조 단서)과, 전속관할위반은 상고이유가 된다는 점(제424조 1항 3호), 이송제도의 목적이 관할법원을 최종적으로 확정하기 위한 것이 아니라는 점 등을 들어 기속력을 부정한다.[57] **긍정설**은 제38조가 전속관할을 제외하고 있지 않다는 점과 이송의 반복에 의한 소송지연을 피해야 한다는 공익적 요청은 전속관할이라도 예외일 수가 없다는 점을 들어

---

55) 이 점에 관하여 관할위반의 경우에도 이송신청권을 인정하고 따라서 즉시항고도 할 수 있다는 견해가 있으나 타당하지 않음은 앞에서 설명하였다.

56) 大決 2018. 1. 19, 2017마1332.

57) 方順元, 142; 宋・朴, 115.

기속력을 인정한다.58) 그러면서 전속관할을 위반한 이송의 경우에는 항소심에서 제 1심의 전속관할 위반을 주장할 수 있다는 규정(제411조 단서)과 절대적 상고이유의 규정(제424조 1항 3호)은 적용되지 않는다고 한다.59) **판례**는 심급관할을 위반하여 하급심으로 이송한 경우에는 기속력이 있지만 상급심으로 이송한 경우에는 기속력 이 없다고 하였다.60) 긍정설이 제411조 단서와 제424조 제1항 3호를 무시하면서까 지 전속관할위반의 이송결정의 기속력을 긍정하는 것은 전속관할의 취지를 무시할 뿐만 아니라 법해석의 한계를 넘었다고 생각된다. 신속한 소송이 전속관할제도의 취지도 무시하고 절대적 상고이유도 무시할 정도로 대단한 가치는 아니므로 부정 설이 타당하다.

(2) 소송계속의 이전

이송결정이 확정되면 소송은 **처음부터** 이송받은 법원에 계속한 것으로 본다(제 40조 1항). 따라서 시효중단 등 소제기의 효과가 그대로 유지되고 이송 전에 한 소 송행위도 그 효력이 유지된다.

이송한 법원은 이송재판이 확정된 뒤에라도 급박한 사정이 있으면 직권이나 당 사자의 신청으로 필요한 처분을 할 수 있다. 이미 기록을 이송받은 법원에 보낸 경 우에는 이러한 처분을 하는 것이 불가능하므로 처분을 할 수 없도록 하였다(제37 조). 여기서 필요한 처분이란 증거조사나 가압류, 가처분 등을 말한다.

이송결정이 확정되면 소송계속이 이전하므로 이송한 법원의 사무관 등은 그 결 정의 정본을 소송기록에 붙여 이송받을 법원에 보내야 한다(제40조 2항).

XI. 국제재판관할

1. 의   의

국제재판관할은 어느 사건에 관하여 어느 나라의 법원에 소를 제기할 수 있는 가, 즉 어느 나라 법원이 관할권을 가지는가 하는 문제를 결정하는 기준이다. 우리 나라의 입장에서 보면 그 사건이 국내 법원의 관할에 속하는지 여부를 판단하는

---

58) 강현중, 189; 金·姜, 180; 이시윤, 134; 李英燮, 69; 鄭·庚·金, 189.

59) 이시윤, 134; 강현중, 189.

60) 大決 1995. 5. 15, 94마1059·1060; 大決 2007. 11. 15, 2007재마26; 大決 2009. 4. 15, 2007그 154. 이러한 판례에 반대하여 어느 경우에도 기속력이 없다고 보아야 한다는 견해는 趙寬行, "審級管轄 을 위반한 移送決定의 拘束力", 松泉李時潤博士華甲紀念 民事裁判의 諸問題(下), 1995, 75면 이하.

기준이 된다. 이에 관하여는 국제사법이 일반원칙으로 당사자 또는 분쟁이 된 사안이 대한민국과 '**실질적 관련**'이 있는 경우에 우리나라 법원이 국제재판관할권을 가진다고 규정한다(국사 제2조 1항).

국제사법은 대한민국의 법령이나 조약에 국제재판관할에 관한 규정이 없으면 국제재판관할권의 유무를 판단할 때에 국내법의 관할규정을 참작하라고 규정하였다(국사 제2조 2항). 여기서 국내법의 관할규정은 주로 토지관할을 말한다. 이는 국내법의 토지관할 규정이 실제로 그 사건과 인적으로나 물적으로 관련성이 있는 법원에 관할권이 있다고 규정한 것이므로, 국제사법 제2조 제1항이 말하는 실질적 관련성과 공통점이 있다는 것을 뜻한다.

그러나 국내 법원의 토지관할권과 국제재판관할은 본질적으로 다르다. 국제재판관할은 각기 다른 국가의 법원 사이의 관할권을 다루는 것인데 반하여, 토지관할은 국내의 법원의 임무를 배분하는 것이다. 국제재판관할은 한 국가 전체의 법원의 관할을 정하는 것이므로 국제재판관할권이 없으면 국내의 어느 법원도 관할권이 인정될 수 없다.[61]

그리고 어느 법원에서 소송을 하느냐 하는 것은 국내에서는 큰 차이가 나지 않지만 국제사건에서는 상당한 차이가 있다. 국내의 법원은 어느 법원이나 동질적이고, 같은 실체법과 같은 소송법이 적용된다. 그러나 어떤 사건에 관하여 어느 나라 법원에서 소송을 하느냐에 따라 절차법이 다르고, 비용 부담도 다르고, 언어도 다르고, 소송 문화도 다르다. 또 그 나라 국제사법에 따라 준거법도 달라질 수 있다.[62] 그렇기 때문에 국제사건에서는 국제재판관할을 어느 나라 법원에 인정하느냐가 대단히 중요한 문제가 된다.

2. 재판권과 관할권의 구별

국내 사건의 경우에는 재판권과 관할권이 뚜렷이 구별된다. 그러나 재판권과 국제재판관할권은 나라에 따라 같은 용어를 사용하는 수도 있고, 뚜렷이 구별하여 다른 용어를 쓰는 경우도 있다. 그러나 이들은 개념상 구별되는 것이므로 용어상으로도 엄밀히 구별해서 써야 할 것이다.[63]

---

61) Linke/Hau, IZPR, 8. Aufl. 2021 Rz. 4.1.
62) Jauernig/Hess[30] § 6 Rn. 2.
63) 우리나라에서 재판권과 국제재판관할권이 혼동되는 것은 본래 국제관할권이라고 했으면 될 것을 국제사법학계에서 '국제재판관할권'이라고 하여 혼동하기 쉬운 표현을 쓴 것도 원인 중의 하나이다.

독일에서는 재판권을 Gerichtsbarkeit, 국제재판관할을 internationale Zuständigkeit 라고 구별하여서 쓴다. 그러나 오스트리아에서는 두 가지를 모두 Gerichtsbarkeit라는 용어를 사용하여 법조문만 보아서는 구별하기가 쉽지 않게 되어 있다. 영국법이나 미국 법에서는 두 가지를 모두 jurisdiction이라고 표현하여 역시 그때그때 어느 의미로 쓰인 것인지를 앞뒤 문맥으로 구별해야 한다. 예를 들어 "immunity from jurisdiction"이라 고 하였으면 재판권을 말하는 것이고, "jurisdiction in personam"이라고 하면 그것은 국제재판관할을 의미한다.[64]

재판권은 국가가 행사하는 사법권의 내용으로, 국제법적으로 **국가권력으로서의 사법권이 미치는 범위 내지는 한계**를 의미하게 된다. 따라서 우선 그 나라에 재판 권이 있어야 그 다음에 국제재판관할권을 문제삼을 수 있게 된다. 재판권의 문제는 그 사건의 당사자에게 국가주권이 미쳐서 법관이 그 사건에 대하여 재판하는 것이 허용되는가 하는 문제이고, **국제재판관할권**의 문제는 법관이 **지역적인 고려에서** 그 에게 주어진 **소송사건에 대하여 재판해야 하는가 하는 문제**이다.[65] 예를 들어, 외 교면제의 대상인 외교관 등에 관하여 국내 법원은 재판할 수가 없으므로 국내 법 원에 국제재판관할권이 아닌 재판권이 부정되는 것이다. 그리고 외국인 원고가 한 국인 피고를 상대로 국내에 있는 재산의 소유권이전을 구하는 소를 국내 법원에 제기하면 국내 법원은 국제재판관할의 기준상 관할권이 인정되면 그 사건에 대하 여 재판해야 한다. 이것은 국가권력으로서의 재판권 문제가 아니라 지역적 사건 분 담에 따른 관할권의 문제이다.

3. 실질적 관련성

우리나라 법원에 국제재판관할이 인정되는 추상적 기준인 '실질적 관련'은 대한 민국 법원이 재판관할권을 행사하는 것을 정당화할 정도로 당사자 또는 분쟁이 된 사안과 관련성이 있는 것을 뜻한다. 이를 판단할 때에 구체적으로는 당사자의 공 평, 편의, 예측가능성과 같은 개인적인 이익뿐만 아니라, 재판의 적정, 신속, 효율, 판결의 실효성과 같은 법원이나 국가의 이익도 함께 고려하여야 한다.[66]

여기서 민사소송법상 국제재판관할에서 실질적 관련성이 있을 수 있는 사항은 대부분 토지관할과 관련하여 국제사법에서 개별적인 규정을 두고 있다. 국내법에 국

---

64) Schack, Rn. 132.
65) Schack, Rn. 131.
66) 大判 2021. 3. 25, 2018다230588.

제재판관할에 관한 별도의 규정이 없으면 국내법의 관할규정을 참작하되 국제재판 관할의 **특수성을 고려**하여 관할권의 유무를 판단하여야 한다(국사 제2조 2항).67)

4. 구체적 규정

국제재판관할에 관하여 2022년에 개정된 국제사법은 실질적 관련성을 구체화하여 실제로 문제될 수 있는 관할에 관하여 각 분야별로 상세한 규정을 두었다. 이처럼 구체적인 규정을 둔 경우에는 그에 따라서 국제재판관할권 유무를 판단해야 함은 물론이다.

국제사법에 따라 대한민국 법원에 국제재판관할이 있는 경우에도 대한민국 법원이 관할권을 행사하는 것이 부적절하고 국제재판관할권을 가진 외국법원에서 소송을 하는 것이 더 적절한 것이 명백할 때에는 대한민국 법원이 결정으로 소송절차를 중지하거나 소를 각하할 수 있다. 이러한 재판은 피고의 신청으로 하고, 원고에게 의견진술의 기회를 준 후에 본안에 관한 최초의 변론기일이나 변론준비기일까지 할 수 있다. 법원의 중지결정에 대하여는 즉시항고를 할 수 있다. 다만 대한민국 법원에 합의관할이 인정된 경우에는 중지나 소각하 재판을 할 수 없다(국사 제12조).

(1) 일반관할(보통재판적)

자연인의 경우, 주소와 거소의 중간 개념으로 일상거소를 일반관할의 기준으로 삼는다. 즉 대한민국에 일상거소가 있는 사람을 피고로 하는 소송은 대한민국의 법원에 국제재판관할권이 있다. 일상거소가 어느 나라에도 없거나 일상거소를 알 수 없는 사람은 거소가 대한민국에 있으면 대한민국의 법원에 관할권이 인정된다(국사 제3조 1항).

그러나 대사, 공사 등 외국에서 외교면제를 받는 대한민국 국민에 대하여는 대한민국 법원에 국제재판관할권이 있다(국사 제3조 2항).

법인이나 **권리능력 없는 사단·재단**의 경우, ① 주된 사무소나 영업소, 정관상의 본거지나 경영의 중심지가 대한민국에 있는 법인 또는 단체나, ② 대한민국 법률에 따라 설립된 법인이나 단체를 피고로 하는 소송에서는 대한민국 법원에 국제재판관할권이 있

---

67) 大判 2010. 7. 15, 2010다18355; 大判 2012. 10. 25, 2009다77754; 大判 2014. 4. 10, 2012다7571 등이 국제사법 제2조의 해석상 내세운 국제재판관할 인정의 기준은 다음과 같다: "당사자 간의 공평, 재판의 적정, 신속 및 경제를 기한다는 기본이념에 따라 국제재판관할을 결정하여야 하고, 구체적으로는 소송당사자들의 공평, 편의 그리고 예측가능성과 같은 개인적인 이익뿐만 아니라 재판의 적정, 신속, 효율 및 판결의 실효성 등과 같은 법원 내지 국가의 이익도 함께 고려하여야 하며, 이러한 다양한 이익 중 어떠한 이익을 보호할 필요가 있을지 여부는 개별 사건에서 법정지와 당사자의 실질적 관련성 및 법정지와 분쟁이 된 사안과의 실질적 관련성을 객관적인 기준으로 삼아 합리적으로 판단하여야 한다."

다(국사 제3조 3항).

(2) 특별관할(특별재판적)

(가) 의무이행지

계약 일반에 관한 소송에서 계약 당사자들의 합의로 정해진 청구의 근거인 의무가 이행된 곳이나 이행되어야 할 곳이 대한민국에 있으면 대한민국 법원이 관할권을 가진다(국사 제41조 2항).

다만 물품공급계약의 물품 인도지나 용역제공계약의 용역제공지가 대한민국에 있으면 대한민국 법원이 관할권을 가진다. 물품인도지와 용역제공지가 복수이거나 물품공급과 용역제공을 함께 할 것을 목적으로 하는 계약의 경우에는 의무의 주된 이행지가 대한민국에 있으면 대한민국 법원에 관할권이 있다(국사 제41조 1항).

(나) 소비자계약의 경우

소비자가 직업이나 영업활동 이외의 목적으로 체결하는 계약이 다음 중 하나에 해당하고, 소비자의 일상거소가 대한민국에 있으면 소비자의 사업자에 대한 소송에 대한민국 법원이 관할권을 가진다. ① 소비자의 상대방인 사업자가 계약 체결에 앞서 소비자의 일상거소가 있는 국가(일상거소지국)에서 광고에 의한 거래의 권유 등 직업이나 영업활동을 행하거나, 그 국가 이외의 지역에서 그 국가로 광고에 의한 거래의 권유 등 직업이나 영업활동을 행하고, 그 계약이 사업자의 직업이나 영업활동의 범위에 속하는 경우, ② 사업자가 소비자의 일상거소지국에서 소비자의 주문을 받은 경우, ③ 사업자가 소비자로 하여금 소비자의 일상거소지국이 아닌 국가에 가서 주문하도록 유도한 경우(국사 제42조 1항).

그러나 사업자가 소비자를 상대로 하는 소송에서는 소비자의 일상거소가 대한민국에 있으면 대한민국의 법원에만 관할권이 인정된다(국사 제42조 2항).

(다) 근로계약의 경우

근로계약에 관한 소송에서는 근로자가 대한민국에서 일상적으로 노무를 제공하거나 최후로 제공하였으면 대한민국의 법원에 사용자를 상대로 소를 제기할 수 있다. 그렇지 않은 경우에도 사용자가 그를 고용한 영업소가 있거나 있었던 곳이 대한민국에 있어도 대한민국 법원에서 사용자에 대하여 소를 제기할 수 있다(국사 제43조 1항).

그러나 사용자가 근로자를 상대로 소송을 할 때에는 근로자의 일상거소가 대한민국에 있거나 근로자가 대한민국에서 일상적으로 노무를 제공하는 경우에는 대한민국 법원에만 관할권이 있다(국사 제43조 2항).

(라) 어음·수표의 지급지

어음, 수표에 관한 소송은 어음, 수표의 지급지가 대한민국에 있으면 대한민국 법원이 관할할 수 있다(국사 제79조).

(마) 불법행위지

불법행위가 대한민국에서 행하여지거나, 대한민국을 향하여 행하여지거나, 대한민국에서 그 결과가 발생한 경우에 대한민국 법원의 관할권이 인정된다. 다만 결과발생의 경우, 그 결과가 대한민국에서 발생할 것을 예견할 수 없었던 경우에는 관할권이 인정되지 않는다(국사 제44조).

선박의 충돌이나 그 밖의 사고에 관하여는 다음 중 하나에 해당하는 곳이 대한민국에 있으면 대한민국 법원이 관할권을 가진다(국사 제92조): ① 가해 선박의 선적지나 소재지, ② 사고 발생지, ③ 피해 선박이 사고 후 최초로 도착한 곳, ④ 가해 선박이 압류 등이 된 곳.

공동해손에 관하여는 선박의 소재지나 사고 후 선박이 최초로 도착한 곳, 선박이 압류 등이 된 곳이 대한민국에 있으면 대한민국 법원이 국제재판관할권을 가진다(국사 제91조).

(바) 재산 소재지

재산권에 관한 소는 ① 청구의 목적이나 담보의 목적인 재산이 대한민국에 있는 경우와 ② 압류할 수 있는 피고의 일반 재산이 대한민국에 있는 경우에는 대한민국 법원에 국제재판관할권이 있다. 다만 ②의 경우에는 분쟁이 된 사안이 대한민국과 아무 관련이 없거나 관련이 매우 적거나, 그 재산의 가액이 현저하게 적으면 관할권이 인정되지 않는다(국사 제5조).

(사) 사무소, 영업소 소재지

대한민국에 사무소나 영업소가 있는 사람이나 법인, 단체를 피고로 하는 소송으로, 그 사무소 등의 업무와 관련된 것은 대한민국 법원에 국제재판관할권이 있다(국사 제4조 1항). 이와 비슷한 취지로, 사무소나 영업소가 없더라도 대한민국에서 또는 대한민국을 향하여 계속적이고 조직적인 사업이나 영업활동을 하는 사람이나 법인, 단체를 피고로 하는 소송으로, 그 사업이나 영업활동과 관련이 있는 것은 대한민국 법원이 국제재판관할권을 가진다(국사 제4조 2항).

(아) 사원 등에 관한 소송

대한민국 법원이 법인이나 단체 등에 국제재판관할 상의 일반관할권을 가지는 경우, 그 법인이나 단체 등의 사원의 자격으로 말미암은 소송 중에서 ① 법인이나 단체가 그 사원이나 사원이었던 사람을 피고로 하는 소송과 ② 사원이 다른 사원이나 사원이었던 사람을 피고로 하는 소송, ③ 법인이나 단체의 사원이었던 사람이 사원에 대하여 하는 소송에 관한 국제재판관할권을 대한민국 법원이 가진다(국사 제25조).

(자) 지식재산권에 관한 소송

지식재산권의 양도나 담보권 설정, 사용허락 등의 계약에 관한 국제소송에서 ① 지식재산권이 대한민국에서 보호되거나 사용, 행사되는 경우나 ② 지식재산권에 관한 권리가 대한민국에서 등록되는 경우에는 대한민국의 법원이 국제재판관할권을 가진다(국사 제38조 1항). 이러한 소송에는 계약 일반에 관한 국제재판 규정이 적용되지 않는다(국사 제38조 2항).

지식재산권의 침해에 관한 국제소송에서 대한민국에서 발생한 결과에 관하여 ① 침해행위를 대한민국에서 한 경우나 ② 침해의 결과가 대한민국에서 발생한 경우, ③ 대한민국을 향하여 침해행위를 한 경우에는 대한민국의 법원에 국제재판관할권이 있다(국사 제39조 1항). 이 경우 관련사건의 관할권은 인정되지 아니하나(국사 제39조 2항), 지식재산권에 대한 주된 침해행위가 대한민국에서 일어난 경우에는 외국에서 발생한 결과를 포함하여 침해행위로 인한 모든 결과에 관한 소송에 대한민국 법원의 관할권이 인정된다(국사 제39조 3항). 지식재산권 침해에 관한 소송에는 불법행위 일반에 관한 규정(국사 제44조)이 적용되지 않는다(국사 제39조 4항).

(차) 선박, 선원 관련 소송

선박소유자, 용선자, 선박관리인, 선박운항자, 그 밖의 선박사용인 등에 대한 선박이나 항해에 관한 소송의 국제재판관할권은 선박이 압류나 가압류된 곳이 대한민국에 있으면 대한민국 법원에 있다(국사 제90조).

선박소유자나 용선자, 선박관리인, 선박운항자, 그 밖의 선박사용인(선박소유자등)의 책임제한 사건의 국제재판관할에 관하여는 다음 중 하나에 해당하는 곳이 대한민국에 있어야 대한민국 법원에 국제재판관할권이 인정된다(국사 제89조): ① 선박소유자등의 책임제한채권이 발생한 선박의 선적이 있는 곳, ② 책임제한 신청인인 선박소유자등에 일반관할이 인정되는 곳, ③ 사고 발생지나 그 결과 발생지, ④ 사고 후 사고선박이 최초로 도착한 곳, ⑤ 책임이 제한될 수 있는 채권에 의하여 선박소유자 등의 재산이 압류나 가압류된 곳 및 압류에 갈음하여 담보가 제공된 곳(압류등이 된 곳), ⑥ 선박소유자 등에 대하여 책임제한 채권에 근거한 소가 제기된 곳.

해난구조에 관한 소송은 ① 해난구조가 있었던 곳이나 ② 구조된 선박이 최초로 도착한 곳, ③ 구조된 선박이 압류나 가압류된 곳이 대한민국에 있으면 대한민국 법원이 관할권을 가진다(국사 제93조).

(카) 혼인관계

혼인관계에 관한 소송에서는 다음 사유 중 하나에 해당하면 대한민국 법원에 국제재판관할이 인정된다: ① 부부 중 한 쪽의 일상거소가 대한민국에 있고, 부부의 마지막 공동 일상거소가 대한민국에 있었던 경우, ② 원고와 미성년 자녀 전부나 일부의 일상거소가 대한민국에 있는 경우, ③ 부부가 모두 대한민국 국민인 경우, ④ 대한민국에 일상거소를 둔 원고가 대한민국 국민이고 혼인관계 해소만을 목적으로 하는 소송인 경우(국사 제56조 1항).

부부를 공동피고로 하는 혼인관계 소송에서는 다음 사유 중 하나에 해당하면 대한민국 법원에 관할권이 인정된다: ① 부부 중 한쪽의 일상거소가 대한민국에 있는 경우, ② 부부 중 한쪽이 사망하였으면 생존한 다른 한쪽의 일상거소가 대한민국에 있는 경우, ③ 부부가 모두 사망하였으면 부부 중 한쪽의 마지막 일상거소가 대한민국에 있는 경우, ④ 부부가 모두 대한민국 국민인 경우(국사 제56조 2항).

(타) 친생자관계

친생자관계의 성립 및 해소에 관한 사건에 대하여는 ① 자녀의 일상거소가 대한민국에 있는 경우나, ② 자녀와 피고가 되는 부모 중 한쪽이 대한민국 국민인 경우에 대한민국 법원에 국제재판관할이 인정된다(국사 제57조).

(파) 입양관계

입양의 성립에 관한 사건에서는 양자가 되려는 사람이나 양친이 되려는 사람의 일상거소가 대한민국에 있으면 대한민국 법원이 국제재판관할권을 가진다(국사 제58조 1항).

양친자관계의 존부 확인이나 입양의 취소 또는 파양에 관한 사건에서는 친생자관계와 마찬가지로 ① 양자의 일상거소가 대한민국에 있는 경우나, ② 양자와 피고가 되는 양부모 중 한쪽이 대한민국 국민인 경우에 대한민국 법원에 국제재판관할이 인정된다(국사 제58조 2항).

(하) 부모와 자녀 사이의 법률관계

미성년 자녀 등에 대한 친권이나 양육권, 면접교섭권에 관한 사건에서는 ① 자녀의 일상거소가 대한민국에 있거나, ② 부모 중 한쪽과 자녀가 대한민국 국민인 경우에 대한민국 법원에 국제재판관할권이 있다(국사 제59조).

(거) 부양사건

부양에 관한 사건에서는 부양 권리자의 일상거소가 대한민국에 있으면 대한민국 법원에 국제재판관할권이 있다(국사 제60조).

(너) 상속, 유언 등에 관한 소송

상속에 관한 소송에서는 다음 중 하나의 사유에 해당하면 대한민국 법원에 국제재판관할권이 있다(국사 제76조): ① 피상속인이 사망할 당시 일상거소가 대한민국에 있는 경우 및 피상속인의 일상거소가 어느 국가에도 없거나 이를 알 수 없으면 그의 마지막 일상거소가 대한민국에 있었던 경우, ② 대한민국에 상속재산이 있는 경우(상속재산의 가액이 현저한 소액인 경우는 제외).

유언에 관한 사건은 유언자의 유언 당시 일상거소가 대한민국에 있거나 유언의 대상이 되는 재산이 대한민국에 있으면 대한민국 법원에 국제재판 관할권이 있다(국사 제76조 4항).

(더) 실종선고와 부재자 재산관리의 관할

실종선고에 관한 사건에 관하여 ① 부재자가 대한민국 국민인 경우와 ② 부재자의 마지막 일상거소가 대한민국에 있는 경우, ③ 부재자의 재산이 대한민국에 있거나 대한민국 법에 따라야 하는 법률관계가 있는 경우, ④ 그 밖에 정당한 사유가 있는 경우에는 대한민국 법원에 관할권이 있다(국사 제24조 1항).

부재자 재산관리 사건에서는 부재자의 재산이나 마지막 일상거소가 대한민국에 있으면 대한민국 법원이 관할권을 가진다(국사 제24조 2항).

(러) 후견사건

성년후견 사건에서는 다음 중 하나에 해당하면 대한민국 법원에 국제재판관할권이 인정된다(국사 제61조 1항): ① 피후견인(피후견인이 될 사람 포함)의 일상거소가 대한민국에 있는 경우, ② 피후견인이 대한민국 국민인 경우, ③ 피후견인의 재산이 대한민국에 있고 피후견인을 보호할 필요가 있는 경우.

미성년자의 후견 사건에서는 ① 미성년자의 일상거소가 대한민국에 있거나, ② 미성년자의 재산이 대한민국에 있고 미성년자를 보호할 필요가 있는 경우에는 대한민국 법원에 관할권이 인정된다(국사 제61조 2항).

(3) 병합소송의 관할

국제재판관할에서는 '상호 밀접한 관련이 있는' 여러 개의 청구 중에 하나의 청구에 국제재판관할권이 있으면 청구의 병합을 인정한다(국사 제6조 1항).

본소에 대하여 대한민국 법원에 국제재판관할권이 있고, 소송절차를 현저히 지연시키지 않는 경우에는 피고가 본소의 청구나 자신의 방어방법과 밀접한 관련이 있는 청구를 하는 반소를 본소의 소송계속이 있는 법원에 제기할 수 있다(국사 제7조).

복수의 피고들 중 1인에 대하여 대한민국 법원이 일반관할권(국사 제3조)을 가지는 경우로, 그 피고들에 대한 청구가 밀접한 관련이 있어서 모순된 재판의 위험을 피할 필요가 있는 경우에 한하여 공동소송을 인정한다(국사 제6조 2항). 주로 필수적 공동소송이 여기에 해당할 것이다.

(4) 연결된 사건의 관할

보전처분 절차에 대하여는 본안에 관하여 대한민국 법원에 국제재판관할이 있거나 보전처분의 대상이 되는 재산이 대한민국에 있으면 대한민국 법원에 관할권이 있다(국사 제14조 1항). 그러나 이러한 요건을 갖추지 못하였어도 긴급히 필요한 경우에는 당사자가 국내에서만 효력을 가지는 보전처분을 대한민국의 법원에 신청할 수 있다(국사 제14조 2항).

친족관계 사건에서 대한민국 법원에 국제재판관할권이 인정되면 그 소송에 관한 조정사건에 관하여도 대한민국 법원에 관할권이 인정되며(국사 제62조), 상속에 관한 사건도 마찬가지이다(국사 제76조 5항).

(5) 합의관할

국제재판관할에서도 서면(전자적 의사표시 포함)에 의한(국사 제8조 2항) 관할합의의 효력을 인정한다. 다만, 다음의 경우에는 합의가 무효이다(국사 제8조 1항): ① 합의된 국가의 법률상 그 합의가 효력이 없는 경우, ② 합의한 당사자가 합의할 능력이 없었던 경우, ③ 대한민국의 법령이나 조약상 다른 국가가 전속적 국제재판관할권을 갖고 있는 경우, ④ 합의의 효력을 인정하면 소송이 계속한 국가의 선량한 풍속, 사회질서에 명백히 위반되는 경우.

소비자계약의 당사자, 즉 소비자와 사업자 사이의 국제재판관할의 합의는 소비자 보호를 위하여 다음의 경우 중 하나에 해당하여야 효력이 인정된다: ① 분쟁이 이미 발생한 뒤에 합의한 경우, ② 합의에서 대한민법 법원 외에 외국법원에도 소비자가 소를 제기할 수 있도록 한 경우(국사 제42조 3항).

근로계약의 당사자도 소비자의 경우와 같이 분쟁 발생 후의 합의와 근로자의 외국법원에 소제기 허용 요건 하에서 국제재판관할에 관한 합의를 할 수 있다(국사 제43조 3항).

부양 사건에서도 부양권리자의 보호가 필요하므로 국제재판관할의 합의에 일정한 제약이 있다. 즉 다음의 경우에는 관할합의의 효력이 인정되지 않는다(국사 제60조 2항): ① 부양권리자가 미성년자이거나 피후견인인 경우. 다만 이러한 부양권리자에게 대한민국 법원 이외의 외국 법원에도 소제기 가능성을 열어놓았으면 효력이 있다. ② 합의로 지정된 국가가 사안과 아무런 관련이 없거나 관련이 적은 경우.

상속 사건에서도 다음의 경우에는 관할합의의 효력이 없다(국사 제76조 2항): ① 당사자가 미성년자이거나 피후견인인 경우. 다만 그 합의에서 당사자에게 외국 법원에의 소제기 가능성을 열어놓았으면 효력이 있다. ② 합의로 지정된 국가가 사안과 아무런 관련이 없거나 관련이 적은 경우.

관할에 관한 합의가 부가적 합의인지 전속적 합의인지가 불분명할 때에는 전속적인 것으로 추정한다(국사 제8조 3항). 합의가 당사자 사이의 계약 조항의 형식으로 포함되어 있는 경우, 다른 조항의 효력이 합의 조항의 효력에 영향을 미치지 않는다(국사 제8조 4항). 대한민국 법원에 계속한 소송에 관하여 외국의 법원을 선택한 전속적 합의가 있으면 다음의 경우가 아니면 대한민국 법원은 그 소를 각하한다: ① 합의에 무효사유가 있는 경우, ② 피고의 응소 등으로 변론관할이 생긴 경우, ③ 전속적으로 합의된 법원이 사건을 심리하지 아니하기로 한 경우, ④ 합의가 제대로 이행될 수 없는 명백한 사정이 있는 경우(국사 제8조 5항).

실종선고와 부재자 재산관리에 관한 사건과 혼인관계, 친생자관계, 입양관계, 부모·

자녀 간의 법률관계에 관한 사건, 후견에 관한 사건, 가사조정사건, 유언에 관한 사건, 선박소유자등의 책임제한 사건에서는 합의관할이 인정되지 않는다(국사 제13조).

(6) 변론관할

피고가 대한민국 법원에 국제재판관할권이 없음을 주장하지 않고 본안에 관하여 변론하거나 변론준비기일에서 진술하면 대한민국 법원에 그 사건에 대한 관할권이 생긴다(국사 제9조). 그러나 부양 사건과 상속 사건에서는 부양권리자 또는 상속 사건 당사자가 미성년자이거나 피후견인인 경우와 대한민국이 사안과 아무런 관련이 없거나 관련이 적은 경우에는 변론관할이 인정되지 않는다(국사 제60조 3항, 제76조 3항).

그리고 실종선고와 부재자 재산관리에 관한 사건과 혼인관계, 친생자관계, 입양관계, 부모·자녀 간의 법률관계에 관한 사건, 후견에 관한 사건, 가사조정사건, 유언에 관한 사건, 선박소유자등의 책임제한 사건에서는 변론관할이 인정되지 않는다(국사 제13조).

(7) 전속관할

국제재판관할에서 대한민국 법원에만 관할권이 인정되는 경우는 다음과 같다(국사 제10조 1항): ① 대한민국의 공적 장부의 등기나 등록에 관한 소송(계약에 따른 이전이나 그 밖의 처분에 관하여 등기나 등록을 청구하는 경우 제외), ② 대한민국의 법령에 따라 설립된 법인이나 단체의 설립 무효, 해산 또는 그 기관의 결의의 효력에 관한 소송, ③ 대한민국에 있는 부동산의 물권에 관한 소송 및 부동산의 사용을 목적으로 하는 권리로서 공적 장부에 등기나 등록이 된 것에 관한 소송, ④ 지식재산권이 대한민국에 등록되어 있거나 등록이 신청된 경우 그 지식재산권의 성립, 유효성 또는 소멸에 관한 소송, ⑤ 대한민국에서 재판의 집행을 할 경우 그 집행에 관한 소송. 다만 이러한 사항이 다른 소송의 선결문제가 되는 경우에는 전속관할이 인정되지 않는다(국사 제10조 3항).

외국법원에 국제재판의 전속관할이 있는 소송에서는 대한민국 법원에 일반관할과 사무소나 영업소 소재기 등의 특별관할, 재산소재지의 특별관할, 관련사건의 특별관할, 반소관할, 변론관할이 인정되지 않는다(국사 제10조 2항).

5. 국제재판관할 인정의 효과

우리나라 법원에 국제재판관할이 있다고 인정되면 그 소송에는 우리나라 절차법이 적용된다. 이를 **법정지법**(lex fori) 원칙이라고 한다. 이 원칙은 국제사회에서 일반적으로 인정되어 있다. 그 소송에서 양 당사자가 모두 외국인이거나 외국 법인이라도 마찬가지이고, 그 소송에 국제사법에 따라 외국의 실체법이 적용되어도 마찬가지이다.

그러므로 증거조사도 당연히 우리나라 법규정에 따라서 하게 된다. 다만 **입증책임**이 그 사건에 적용될 외국의 실체법에서 규율되어 있는가 절차법에서 규율되어 있는가에 따라 적용 법률이 달라지는 수가 있을 것이다. 그 사건에 적용되는 외국의 실체법에서 입증책임을 규율하면 그 실체법에 따를 것이고, 그 외국의 실체법에서 입증책임을 규율하지 않고 절차법에서 규율하는 경우에는 그 나라의 절차법은 우리나라 법원의 절차에 적용되지 않으므로 문제가 생긴다.

제 4 절　法官의 除斥, 忌避, 回避

Ⅰ. 법관의 중립성

민사소송뿐만 아니라 모든 소송에서 법관이 갖추어야 할 가장 중요한 덕목이 중립성이다. 국가가 개인의 자력구제를 금지하고 소송제도를 마련하여 국민들로 하여금 이용하도록 한 마당에, 소송에서 법관이 어느 일방에 유리하게 편파적으로 재판을 하는 것은 소송제도 자체의 존재 의의를 말살시키는 행위이기 때문이다. 이처럼 중요한 **법관의 중립을 보장**하기 위한 최소한의 제도로 제척, 기피 및 회피 제도를 둔 것이다.1)

Ⅱ. 법관의 제척

1. 제척원인

법관의 제척원인은 두 가지로 분류할 수 있다. 첫째가 법관이나 그 배우자(또는 배우자였던 자)가 계속 중인 그 사건의 **당사자와 일정한 관계**에 있는 경우이다. 이들이 사건의 당사자가 되거나 사건에 관하여 당사자와 공동권리자, 공동의무자나2) 상환의무자의 관계가 있는 때(제41조 1호)와 법관이 당사자와 친족의 관계가 있거나 이러한 관계가 있었던 때(제41조 2호)를 말한다. 여기서의 당사자는 널리 새겨서 기판력과 집행력을 받는 이를 포함하고, 친족의 개념은 민법에 따른다.

---

1) 이러한 제도는 법관뿐만 아니라 법원 직원에도 해당된다(제50조). 집행관, 가사조정장 및 조정위원, 사법보좌관, 중재인 등에도 준용된다.

2) 판례는 여기서 말하는 공동권리자나 공동의무자의 관계를, 소송의 목적이 된 권리관계에 관하여 공통되는 법률상 이해관계가 있어 재판의 공정성을 의심할 만한 사정이 존재하는 지위에 있는 관계를 의미하는 것으로 새긴다(大判 2010. 5. 13, 2009다102254).

둘째가 법관이 일정한 형태로 계속 중인 그 **사건에 관여**한 경우이다. 증언 또는 감정을 하였거나(3호), 사건 당사자의 대리인이었거나 대리인이 된 때(4호) 및 그 사건에 관하여 불복신청이 된 이전 심급의 재판에 관여한 때(5호)를 말한다. 여기서 전심 관여는 하급심에서 최종변론, 재판의 합의 또는 판결의 작성에 관여한 법관이 상소된 사건을 다시 재판하는 경우를 말한다. 수탁판사로서 관여한 경우는 포함되지 않는다. 전심은 직전 심급만을 말하는 것은 아니므로 상고심에게는 제1심도 전심에 해당한다. **종류를 달리하는 절차**에서 이미 관여한 것은 여기에 해당하지 않는다. 그러므로 재심대상판결 뒤의 재심소송,3) 보전절차 뒤의 본안소송, 집행권원을 성립시킨 본안판결 뒤의 집행문부여 이의의 사건이나 강제집행정지신청 사건,4) 본안소송 뒤의 청구이의소송, 본안사건 재판장에 대한 기피신청 사건의 재판에 관여한 법관이 그 본안사건에 관여하는 것,5) 소송상화해에 관여한 법관이 그 화해의 내용에 따라 목적물 인도를 구하는 소송6) 등에 관여하는 것은 관계없다. 원심판결이 취소나 파기되어 환송이나 이송된 경우에 환송 또는 이송 전의 원심판결에 관여한 것은 제척원인에 해당하지 않으나, 이때는 제436조 제3항에 의하여 관여할 수 없게 된다.

2. 제척의 효과

제척원인이 있으면 그 법관은 **법률상 당연히** 법관으로서 그 사건에 관여할 수가 없다. 다만 종국판결의 선고에만 관여하거나 증거보전이나 보전처분과 같은 긴급을 요하는 행위는 할 수 있다(제48조 단서). 제척원인에 관하여 의문이 있을 때에는 법원이 그 유무를 확인하는 재판을 한다.

Ⅲ. 법관의 기피와 회피

법관에게 제척 사유가 없더라도 기타 재판의 공정을 기대하기 어려운 사정이 있으면 당사자가 **기피를 신청**할 수 있다. 여기서 **공정한 재판을 기대하기 어려운 사정**이 무엇을 말하는지가 문제된다. 과거의 판례는 이를 우리 사회의 평균적인 일

---

3) 大判 2000. 8. 18, 2000재다87.
4) 大決 1969. 11. 4, 69그17.
5) 大決 1991. 12. 27, 91마631.
6) 大判 1969. 12. 9, 69다1232.

반인의 관점에서 볼 때, 법관과 사건의 관계, 즉 법관과 당사자 사이의 특수한 사적 관계 또는 법관과 해당 사건 사이의 특별한 이해관계 등으로 인하여 그 법관이 불공정한 재판을 할 수 있다는 의심을 할 만한 객관적인 사정이 있고, 그러한 의심이 단순한 주관적 우려나 추측을 넘어 합리적인 것이라고 인정될 만한 때라고 보았다.[7) 또한 최근의 판례는 공정한 재판을 기대하기 어려운 사정으로 인정되려면 ① 일반인의 관점에서 불공정한 재판을 할 수 있다는 의심을 할 만한 객관적인 사정이 있어야 하는데, 이 사정은 ② 법관과 당사자 사이의 특수한 사적 관계가 있거나, ③ 법관과 해당 사건 사이의 특별한 이해관계가 있음이 이유가 되어야 한다고 본다.

여기서 심리 중에 소송지휘나 변론, 증거조사 등에서 불공정한 태도를 보인 경우도 포함되는지가 문제된다. 그런데 위 판례에서 말하는 ②와 ③의 사유에는 법관이 소송지휘나 변론 등 사건을 심리하는 과정에서 생기는 불공정의 염려는 포함되지 않으므로 판례가 이러한 사유를 기피사유로 인정하지 않는다는 의미로 보인다.

그러나 과거의 판례 중에는 심리 중의 사유로 기피신청을 인정할 여지를 보인 것도 있었다. 증인신문 신청을 부당하게 각하하였음을 이유로 기피신청을 하였는데 기피 이유를 3일 이내에 소명하지 않았다고 신청을 각하한 원심 결정에 대하여, 이처럼 본안사건의 기록상 명백한 사항일 경우에는 기피신청인은 그 사실을 달리 소명할 필요가 없다고 하여 파기환송한 경우가 있고,[8) 부당한 쌍불취하 조치를 이유로 기피신청을 한 사건에서 같은 취지의 판시를 한 것도 있다.[9) 이들 판시 내용이 기피신청의 사유가 기록상 명확한 경우는 소명을 할 필요가 없다고 한 것이고 기피사유가 된다고 명시적으로 판단한 것은 아니다. 그러나 기피사유가 아니 된다고 대법원이 스스로 재판하지 않고 환송하였음은 기피사유가 될 수 있음을 간접적으로 인정하였다고 볼 여지가 있다.

그리고 재판장이 당사자에게 증인신문 신청을 철회할 것을 종용하고 변론을 종결할 뜻을 표시한 것을 사유로 기피를 신청한 사건에서, 법원이 증인을 채택하기로 하였음에도 신청인이 매우 늦게 증인신청 절차를 밟아서 절차가 지연된 사실 등을 고려하여 기피

---

7) 大決 2019. 1. 4, 2018스563. 이 결정에서는 나아가 "평균적 일반인으로서의 당사자의 관점에서 위와 같은 의심을 가질 만한 객관적인 사정이 있는 때에는 실제로 그 법관에게 편파성이 존재하지 아니하거나 헌법과 법률이 정한 바에 따라 공정한 재판을 할 수 있는 경우에도 기피가 인정될 수 있다"고 판시하였다. 사안은, 항소심 법관이 이 사건을 맡기 전에 기업의 회장인 원고의 밑에서 사장으로 일하는 제3자에게 이 사건과는 무관한 개인적인 문자 메시지를 10여 통 보낸 적이 있다는 점을 들어 기피신청을 하였는데, 대법원이 이러한 사실이 언론에 보도되기도 했다는 점까지 들어 기피가 이유 있다고 판단한 것이다. 이러한 사정이 과연 합리적 의심을 가질 만한 객관적인 사정인지는 매우 의문이다. 자칫 여론재판을 하겠다는 의지를 표명한 것으로 오해될 우려도 있다.

8) 大決 1978. 10. 23, 78마255.

9) 大決 1988. 8. 10, 88두9.

신청 사유가 되지 않는다고 판시하였다. 이 경우도 신청인이 적시에 증인신청 절차를 밟아서 절차의 지연이 없었음에도 증거신청 철회를 종용하였으면 기피사유가 있다고 인정할 여지를 남긴 경우도 있다.[10]

그러나 소송지휘나 심리 과정의 불공정을 판례가 기피신청 사유로 뚜렷이 인정한 사례는 없다. 판례가 기피사유로 인정하지 않은 경우는 주로 불공정할 염려가 있는 객관적 사정에 해당하지 않음을 이유로 한 것으로 보인다. 다만 사건의 일방 당사자 측만 판사실에 임의로 드나들면서 사건의 핵심에 관하여 주심판사와 이야기를 나누었다는 사유만으로는 기피사유가 되지 않는다고 한 것이 있는데,[11] 이는 명백한 위법이므로 기피사유로 인정함이 마땅하다.

학설로도 소송지휘에 대한 불만은 기피사유가 아니라고 하는 견해가 있다.[12] 여기서 소송지휘에 대하여 단순히 주관적으로 느끼는 불만과 공정한 재판을 기대하기 어려운 소송지휘에 대한 불만은 뚜렷이 구별해야 한다. 후자의 경우까지 단순한 '불만'이라고 표현하여 주관적인 사유에 불과하다고 치부하는 것은 기피제도의 본래 의미를 퇴색시키는 해석이다.

판례와 학설이 기피사유로 열거하는 법관과 당사자 사이의 특수한 사적 관계와 법관과 해당 사건 사이의 특별한 이해관계는 대부분 제척사유에 해당하지만 해당하지 않는 사유가 있으면 기피사유가 된다고 보는 것이다. 그와 반대로 심리 과정에서의 불공정 염려는 애초부터 제척사유가 될 여지가 없다. 그럼에도 불구하고 이 사유를 기피사유에서 제외하면 절차의 공정성을 담보할 방법이 대폭 축소된다. 그렇기 때문에 오히려 심리과정에서의 불공정 염려를 기피사유의 원칙적인 모습으로 인정하는 것이 타당하다.

이를 제외하는 근거가 소송지휘에 관한 조치에 대하여는 별도로 소송법이 구제절차로 당사자의 이의신청에 대한 합의부의 재판(제138조)과 상소심에서의 판단 기회(제392조) 등을 마련해 놓고 있다는 점을 드는데,[13] 이것으로 불공정 심리의 염려가 없어진다고 믿을 수는 없다. 더구나 상소에 의한 구제는 심리 과정 중의 불공정으로 조서에 기재되지 않은 사유는 사후적으로 파악할 수가 없으므로 실익이 없다. 법관은 실체적 진실을

---

10) 大決 1966. 4. 26, 66마167.

11) 大決 1968. 9. 3, 68마951. 이 당시에는 소송대리인이 수시로 판사실을 드나들었고, 이에 대한 아무런 문제의식이 없었다. 그러나 이러한 행위는 법관과 변호사 윤리를 심각하게 위반한 것으로, 오늘날 이를 판례라고 인정하여서는 안 될 것이다.

12) 이시윤, 91; 鄭·庚·金, 119 등.

13) 이시윤, 91.

발견하여 실체법적으로 정당한 판결만 하면 되고, 절차적 정당성은 소홀히 여겨도 된다는 인식에서 벗어날 때가 한참 지났다.

기피는 그 원인이 있음을 알았으면 **지체없이** 신청해야 하고, 본안에서 변론하거나 준비절차에서 진술하였으면 기피신청을 할 수 없다(제43조 2항).

판례는 법관에 대한 기피신청에 불구하고 본안사건 담당 법원이 제48조 단서에 의하여 본안사건에 대하여 종국판결을 선고한 경우에는 기피신청에 대한 재판을 할 이익이 없게 된다고 한다.[14)]

기피신청이 있으면 그 법관 소속 법원의 다른 합의부에서 이에 대한 재판을 하게 된다(제46조 1항). 그러나 기피신청이 원인을 명시하지 않은 등 방식을 지키지 않은 경우와 소송지연을 위한 것임이 명백한 때에는 기피당한 법원이나 법관이 결정으로 그 신청을 각하한다(제45조 1항). 이 각하결정에 대하여는 즉시항고를 할 수 있다(제47조 2항).[15)]

법관이 스스로 제척이나 기피의 사유가 있다고 인정할 때는 감독권 있는 법원의 허가를 얻어 직무집행을 피할 수가 있다. 이를 **법관의 회피**라고 한다(제49조).

---

14) 大決 1991. 6. 14, 90두21; 大決 2008. 5. 2, 2008마427. 그 담당 법관을 그 사건의 심판에서 배제하고자 하는 기피신청의 목적이 사라지기 때문이라고 한다.

15) 판례는 즉시항고를 한 뒤에 종국판결을 선고하였으면(제48조 단서) 그 즉시항고에 대하여 재판할 이익이 없어 항고를 각하하는 것이 정당하다고 한다(大決 2008. 4. 1, 2008마420).

제2장 當事者

제1절 當事者의 槪念

I. 형식적 당사자개념

소송에는 적어도 먼저 소송을 시작하는 적극적인 당사자와 그로부터 소송을 당하는 소극적인 당사자가 존재한다. 민사소송에서는 적극적 당사자를 **원고**라고 하고, 소극적 당사자를 **피고**라고 한다.[1]

《사례 1》 甲은 자기 소유의 임야를 乙에게 팔기로 하는 계약을 체결하였다. 계약을 체결하는 자리에는 乙이 나오지 않고 그 대리인인 丙이 나와 乙의 이름으로 계약을 하였고 부동산 중개인 丁도 자리를 함께 하였다. 그러나 乙이 매매대금을 지급하지 않아서 甲은 이를 받아내기 위하여 소송을 하려고 한다. 여기서 원고와 피고는 각각 누가 될 것인가?

이 사례에서 甲은 먼저 소송을 시작하려는 자이므로 원고가 된다. 그리고 丁은 특별히 甲과 보증계약(민 제428조)을 체결하지 않은 이상 당사자가 될 지위에 있지 않음이 분명하다. 문제는 丙인데, 이는 계약 당사자가 아니라 대리인에 불과하다. 그리고 계약의 효과는 丙이 아닌 乙이 받으므로 여기서 혹시 甲이 丙을 상대로 소송을 하더라도 아무런 소용이 없다. 따라서 甲은 乙을 상대로 소송을 해야 할 것이고 그렇게 되면 乙이 피고가 된다. 이처럼 보통의 경우에는 실체법상의 권리의무의 주체가 당사자가 되며, 권리자가 원고, 의무자가 피고가 된다. 그러나 여기서 주의할 것이 있다.

《사례 1a》 甲은 소송에서 乙을 피고로 하여 위의 내용을 주장하였는데, 법원의 심리 결과 그 계약은 乙과 전혀 관계가 없고 丙이 실질적 매수인임이 밝혀졌다. 이 경우

---

1) 원고·피고는 판결절차 모든 심급에서 쓰는 명칭이다. 제2심(항소심)에서는 그 외에 항소인·피항소인, 제3심(상고심)에서는 상고인·피상고인이라는 명칭이 덧붙는다. 그리고 강제집행절차에서는 채권자·채무자라는 명칭이 쓰인다. 형사소송에서는 원고는 당연히 검사인데, 검사로부터 소추를 당하는 상대방을 '피고인'이라고 한다. 피고와 피고인을 혼동하지 않도록 주의하여야 한다.

당사자는 누구인가?

여기서 甲·乙 사이에는 계약이 성립하지 않았으므로 乙은 매매대금청구권의 의무자가 아니다. 앞에서 말한 바와 같이 만일 실체법상의 권리의무의 주체가 소송당사자라고 한다면, 특히 乙은 당사자로서 방어를 하여 판결까지 받았는데도 전혀 소송당사자가 아니라는 이상한 결론이 된다. 그러므로 실제로 권리의무가 있건 없건 관계 없이 자신이 권리자라고 주장하는 자가 원고가 되고, 그 원고로부터 의무자라고 지적된 자가 피고가 된다고 해야 할 것이다. 이를 **실체적 당사자개념**이라고 한다. 실제로 그들이 권리자, 의무자인지는 소송의 끝에 가서 법원의 판결로 밝혀진다. 만일 그들의 권리의무가 인정되지 않더라도 乙이 당사자가 아니라고 하여 그 소송에 관여하지 못하게 되는 것이 아니라, 여전히 甲은 원고, 乙은 피고임에 변함이 없고 甲의 청구가 이유가 없다고 하여 甲이 패소하게 될 뿐이다. 이처럼 실체적 당사자개념으로 대부분의 경우에 누가 당사자인지를 설명할 수 있다. 그러나 이로써 당사자의 개념이 완전히 파악되었다고 할 수가 없다.

《사례 1b》　　뒤늦게 위 사실을 안 甲은 乙에 대한 소를 취하하고 丙을 상대로 하여 다시 소를 제기하려고 한다. 그런데 그 사이에 丙이 파산선고를 받아 丁이 丙의 재산관리를 하게 되었다. 甲은 누구를 피고로 해야 하는가?

丙은 자기 재산에 관한 권리의무는 분명히 갖고 있지만, 파산선고로 말미암아 그 재산에 대한 관리처분권을 상실하고 이를 파산관재인인 丁이 가지게 되었다(채회 제384조). 아무리 권리의무의 주체라고 해도 관리처분권이 없는 자가, 또는 그런 자를 상대로 소송을 해서는 아무 쓸모가 없으므로 소송의 당사자는 丙이 아니라 丁이 되어야 한다(채회 제359조). 즉 이 사례에서 원고인 甲은 丙이 의무자라고 주장하면서 丁을 피고로 지정할 수밖에 없다. 그러므로 결국 이러한 경우까지 포함하는 당사자개념을 세우려면 **소장에 원고·피고로 기재된 자**가 당사자라고 하는 수밖에 없다고 보는 것이 일반적이다. 이를 형식적 당사자개념이라고 한다.[2]

---

2) 당사자를 이처럼 형식적으로 파악하자는 것이 오늘날의 통설이다. 이 문제에 관한 상세한 설명은 뒤에 당사자확정에서 다룬다.

Ⅱ. 쌍방 당사자 대립소송

1. 편면적 소송의 금지

민사소송은 소송, 즉 싸움이므로 원고와 피고 양측 당사자가 대립하는 것을 전제로 한다. 원고가 없거나 피고가 없는 이른바 편면적 소송은 있을 수가 없다. 그러므로 사망자를 피고로 하는 소제기도 대립당사자 구조를 무시한 것으로 부적법하다.[3]

《사례 1c》　〈사례 1〉에서 甲이 승소하여 매매대금을 지급받고, 甲과 乙이 함께 관할 등기소에서 소유권이전등기 절차를 밟기로 하였다. 이 절차도 민사소송인가?

이러한 등기이전절차와 같은 경우에도 甲은 등기를 이전하여 주는 사람이고 乙은 등기를 이전받는 사람이므로 이해가 상반되어 대립적인 지위에 있는 것으로 보인다. 그러나 이들은 등기소에 대하여 공동으로 등기이전을 신청하는 것이지(부등 제28조), 등기소에서 서로 대립하여 분쟁을 하는 사람들이 아니다. 즉 이러한 절차는 편면적 절차이다. 이와 같은 구조를 가지는 절차가 혼인신고 등 각종의 가족관계의 등록 등에 관한 법률상의 신고, 성년후견·한정후견 심판의 신청, 법인의 등기, 상업등기 등 수 없이 많다. 이러한 편면적 절차를 **비송사건**이라고 하여 소송과 구별한다.

그런데 소송을 시작할 때에는 양 당사자가 다 존재하였는데 소송 중에 어느 일방이 존재하지 않게 되는 수가 있다.

《사례 1d》　〈사례 1〉에서 甲과 乙이 소송 중에 乙이 사망하였고 그 재산을 丙이 단독으로 상속하였다. 甲은 소송을 계속할 수 있는가?

〔비교 1〕　주식회사 甲이 거래 회사 乙에게 대여금을 반환하라고 청구하는 소송을 수행 중에 乙이 甲에 흡수합병되었다. 甲은 소송을 계속할 수 있는가?

〔비교 2〕　甲이 그의 처 乙이 자신을 남편 대접을 안 하고 인격적으로 모욕하는 등 심히 부당한 대우를 하였다고 하여 乙을 상대로 이혼소송을 수행 중인데, 갑자기 乙이 사망하였다. 甲·乙 사이에는 딸 丙이 있다. 甲은 소송을 계속할 수 있는가?

---

3) 大判 1970. 3. 24, 69다929; 大判 2015. 1. 29, 2014다34041.

이 사례들에서처럼 **소송 중에 일방 당사자가 부존재**하게 되면 소송의 운명은 어떻게 되는가? 이는 실체법상 법률관계가 어떻게 형성되는가에 따라 달라진다. 〈사례 1d〉와 같이 **재산관계 소송**에서는 乙의 재산을 丙이 상속하므로 乙의 소송상 지위도 丙이 승계하게 된다. 그러므로 원고는 여전히 甲이고 피고는 乙에서 丙으로 바뀌어서 소송은 계속되고, 쌍방 당사자 대립소송의 구조는 여전히 유지된다. 여기서 주의할 것은 [비교 1]의 경우이다. 이 경우는 같은 재산관계소송이라도 원고와 피고의 채권채무가 혼동으로 소멸하였기 때문에(민 제507조) 타인이 종전 당사자의 지위를 승계한다는 것은 있을 수가 없다. 그리고 원고의 지위와 피고의 지위에 혼동이 생겨 결국 그 소송은 이른 바 '자기소송'이 된다. **자기소송**은 쌍방 당사자 대립소송에 어긋나서 허용되지 않는다. 그러므로 이런 경우에는 일방 당사자의 지위가 완전히 소멸하여 쌍방 당사자 대립의 구조는 해소되고 소송은 종결된다. [비교 2]의 경우에는 법률관계 자체가 **승계가 불가능**한 것이므로 乙의 사망으로 피고는 궁극적으로 부존재하게 된다. 따라서 역시 쌍방 당사자 대립 구조가 해소되고 소송은 종결된다.4) 이처럼 소송이 당연히 종결되더라도 이를 명확하게 하기 위하여 소송종료선언을 할 필요가 있다.

실제로는 하나의 권리주체인데 그 소속원이 다른 소속원을 상대로 소를 제기하는 경우가 있다. 이런 경우에 역시 자기소송이 되어 그 소는 부적법하다.5) 그리고 한 회사의 당사자능력이 없는 두 지점 사이의 소송도 자기소송이어서 허용되지 않는다.

2. 공평의 원칙

쌍방 당사자 대립소송이 가지는 또 하나의 중요한 의미는 법원이 소송에서 양 당사자에게 **대등한 기회**를 주어야 한다는 점이다.6) 이를 무기대등의 원칙, 또는 공평의 원칙이라고 한다. 만일 법원이 한 당사자에게만 주장·진술할 기회를 충분히 주고 상대방에게는 그 기회를 거의 주지 않은 채 판결을 한다면 아무도 그 판결이

---

4) 만일 甲이 그래도 乙에게 재판상 이혼사유가 있다는 것은 확실히 해 두고 싶으니 소송을 계속하겠다고 고집하더라도 이를 허용할 수는 없다. 이러한 甲의 이익은 사실상의 이익에 불과하므로 소송의 대상이 될 수 없고, 또 마치 재산관계소송에서처럼 丙을 피고로 끌어넣더라도 이는 아버지인 甲과 딸인 丙이 이혼소송을 하는 망측한 모습이 된다.
5) 大判 2001. 5. 8, 99다69341(교육감이 도를 대표하여 도지사가 대표하는 도를 상대로 제기한 소유권 확인의 소).
6) Jauernig/Hess³⁰ § 19 Rn. 29.

정당한 것이라고 믿지 않을 것이다. 만일 법원이 별다른 이유 없이 원고가 제출한 증거만 조사하고 피고가 제출한 증거는 거들떠 보지도 않은 채 변론을 종결하고 판결을 한다면 그 판결 역시 정당하다고 볼 수가 없다. 이런 식의 재판이 허용된다면 민사소송이 쌍방 당사자 대립 구조를 취한 것이 아무런 의미도 없게 된다.

Ⅲ. 적법한 당사자

소송에서 특정인이 적법한 당사자로서 소송을 수행할 수 있기 위하여는 세 단계의 요건을 갖추어야 한다. 우선 그 계속중인 소송에서 누구를 당사자로 삼을 것인지가 문제된다. 이는 **당사자확정**의 문제로서, 그 소송에서 당사자로 인정된 이와 실제 당사자로 활동하는 이가 같은 사람이어야 하는 것이다. 다음으로 당사자로 인정된 이가 당사자가 될 일반적인 자격이 있는지가 문제된다. 이는 **당사자능력**의 문제로, 민법상의 권리능력과 거의 같은 개념이다. 끝으로 당사자로 인정되고, 당사자능력도 있는 이가 그 구체적인 사건에서 당사자가 되는 것이 제대로 된 것인지가 문제된다. 이는 **당사자적격**에 관한 문제로, 소송에서 엉뚱한 사람이, 또는 엉뚱한 사람을 상대로 소송을 하는 것을 막을 필요가 있기 때문에 요구되는 요건이다.

법원은 계속 중인 소송에서 당사자로 기재된 이들에게 이 세 가지 요건이 구비되었는지를 심리하여야 한다. 이 세 문제들은 순서대로 심리해야 할 것이다. 당사자가 확정되지 않고는 그들의 당사자능력을 심리할 수 없는 것이고, 당사자가 될 수 있는 일반적인 자격이 인정되어야 비로소 그가 올바른 당사자인지를 심리할 수 있을 것이다.

제 2 절　當事者確定

형식적 당사자 개념에 따를 때 구체적으로 당사자를 확정하는 기준이 문제될 수 있다. 보통은 원고가 소장의 **당사자 난에 원고와 피고로 기재한 이**가 당사자로 확정될 것이나 경우에 따라서는 당사자 난에 기재된 당사자가 누구인지 불분명할 수도 있고, 당사자 난의 기재와 청구원인의 기재가 서로 모순될 수도 있다. 당사자로 기재된 이가 실제로 당사자로 행동하는 이와 다를 수도 있다. 또한 이미 사망한 사람일 수도 있고 실제로 존재하지 않는 사람일 수도 있다. 그리고 소송 중에 당사자가 사망하였는데, 상속인 전원이 제대로 파악되지 않는 경우도 있다. 이러한 여러 가지 경우 중에서 당사자의 표시 자체가 불분명하여 누구인지를 알 수 없게 되어 있는 경우는 소장심사 후에 재판장이 당사자 기재를 보정하라고 명할 사항이고 (제254조 1항), 이미 사망한 사람이나 존재하지 않는 사람인 경우는 당사자능력이 흠결된 경우이므로 이들에 관하여는 뒤에 설명하기로 한다.1)

I. 당사자 확정과 표시정정

당사자가 확정되는 시점은 소송계속이 발생하는 **소장 송달시**가 될 것이다. 소장에 당사자를 기재하거나 그 소장을 제출하는 것만으로는 당사자가 확정되지 않는다. 소송계속 이전에는 당사자 사이에는 아무런 소송관계가 성립하지 않으므로 당사자를 잘못 기재했어도 이를 표시정정으로 고칠 수가 있을 것이다. 그러나 소송계속이 발생하여 당사자가 **확정된 다음**에는 당사자의 **동일성이 유지되는 한도에서만 표시정정이 허용**되고, 동일성이 바뀌는 경우에는 당사자변경으로 규율하게 된다.

예를 들어, 법인에 물건을 매도하고 매매대금을 청구하는 사안에서 피고를 법인의 대표자로 잘못 기재한 경우에는 피고는 법인으로 확정되고 표시만 잘못한 것이므로 표시정정으로 이를 고칠 수 있다. 그러나 대표자 개인에게 매도했다고 잘못 생각하여 그 개인을 피고로 삼은 경우에는 대표자 개인이 피고로 확정된다. 이때는 대표자를 법인으로 고치는 것은 피고의 동일성이 바뀌므로 표시정정이 아닌 당사자변경이 되어, 피고의 경정으로 해결할 것이다.

판례는 당사자 표시와 청구취지 및 그 이유 등 소장의 전체 취지를 합리적으로 해석하여 당사자를 확정한 연후에 확정된 당사자와 그 동일성이 인정되는 범위 내에서 표시를 정정해야 한다고 하였다.2) 그리고 소장에 원고를 '◇◇신학교 대표 이사장 한○○'이라 표시하였다가 뒤에 '한○○'으로 바꾼 사안에서 여러 가지 상황으로 당사자의 동일성이 인정되어 표시정정이 가능하다고 하였고,3) 표시정정으로 당사자가 변경되는 것이 아

---

1) 일반적으로 사망한 사람을 모르고 피고로 기재한 경우에는 그 사망자의 상속인을 당사자로 보고 표시정정을 허용하자는 것이 우리 통설, 판례이나, 이는 1990년 개정으로 인정된 피고의 경정(제260조, 제261조)으로 해결될 문제이므로 이제는 굳이 원고의 의사를 추측하여 상속인을 당사자로 본다는 무리한 설명을 할 필요가 없다.
2) 大判 1995. 1. 12, 93후1414.
3) 大判 1962. 5. 10, 4294행상102.

니므로 표시정정신청의 철회도 가능하다고 한다.[4] 소장에 원고를 '오○○'라고 적고 같은 이름의 인장을 날인하고 청구원인에 '◇◇종중 대표자로서…'라고 기재하였음에 불과하였는데, 뒤에 원고를 '◇◇종회'라고 정정하는 것은 동일성이 인정되지 않으므로 허용되지 않는다고 하였다.[5] 원고가 피고를 단체의 내부기관에 불과한 '◇◇향교 수습위원회'로 표시했다가 뒤에 '◇◇향교재산'으로 정정신청한 것을 당사자 변경이라고 속단한 원심판결을 파기하였으며,[6] 원고를 '◇◇지역주택조합 추진위원회'로 적었다가 추진위원회가 나중에 절차를 밟아 주택조합으로 구성되었다고 하여 '◇◇주택조합'으로 변경을 신청한 경우에 양자의 동일성이 인정되므로 표시를 정정하도록 하는 조치를 취하여야 한다고 하였다.[7]

그리고 개인회생절차가 개시되었는데 법원이 관리인을 따로 선임하지 않고 회생절차를 밟는 채무자 본인을 관리인으로 선임한 경우에 원고가 피고를 채무자로 기재하였으면 이 경우는 채무자 본인의 자격이 아니라 관리인의 자격으로 피고가 된 것이므로 피고의 표시에 그 관리인의 자격을 기재하도록 표시정정의 보정명령을 내려야 할 것이라고 하였다.[8]

당사자의 확정은 당사자능력과 당사자적격 등의 전제가 되는 중요한 사항이므로 당사자 표시로 확정이 어려울 경우에는 법원이 당사자가 누구인지를 직권으로 확정하여 심리를 진행하여야 한다.[9]

여기서는 당사자로 표시된 이와 청구원인에 기재된 내용이 달라 당사자가 불분명한 경우, 당사자로 표시된 이와 실제 당사자로서 소송을 수행한 자가 다른 경우와 상속인이 일부밖에 파악되지 않는 경우에 누구를 당사자로 볼 것인가를 검토한다.

Ⅱ. 불분명한 당사자

《사례 1e》　　〈사례 1〉에서 甲은 소송에서 乙을 피고로 하여 소를 제기하면서 청구원인에 乙은 5명의 친척들과 공동으로 출자하여 그 임야를 매수, "하늘농장"을 공동으로 경영하여 그 이익금을 출자 비율에 따라 나눠 갖기로 하였다고 적었다. 이때 피고는 누구인가?

이 사례에서처럼 소장에는 피고가 乙이라고 기재하고 그 청구원인에는 乙을 포

---

4) 大判 1978. 8. 22, 78다1205.
5) 大判 1996. 3. 22, 94다61243.
6) 大判 1996. 10. 11, 96다3852.
7) 大判 2021. 6. 24, 2019다278433.
8) 大判 2013. 8. 22, 2012다68279. 채무자 본인을 피고로 삼은 것인지 관리인으로서의 채무자를 피고로 삼은 것인지를 원고에게 석명하였는데, 원고가 석명에 응하지 않았다고 하여 채무자 본인을 피고로 삼았다고 보고 소를 각하한 원심판결을 파기환송한 사안이다.
9) 大判 1987. 4. 14, 84다카1969; 大判 2001. 11. 13, 99두2017; 大判 2016. 12. 27, 2016두50440.

함, 6명의 조합원이 공동으로 매수하였다고 적혀 있을 때에는 피고가 누구인지가 불분명하다. 당사자 확정 기준에 관하여 표시설, 의사설, 행동설 등이 소개되고 있으나, 이는 **당사자를 표시한 행위의 해석**으로 풀 문제이다.[10] 해석의 기준은 행위의 상대방, 즉 법원과 상대방 당사자의 관점에서 당사자 표시행위의 객관적 의미가 될 것이다. 위 사례에서 甲의 의사가 6명의 조합원 전체를 피고로 삼고자 하는 것이었는지 아니면 오로지 乙을 피고로 삼고자 한 것인지를 '의사표시의 객관적 해석'으로 판단해야 할 것이다. 이 경우 6명의 조합원을 모두 피고로 삼을 의사가 있었다고 객관적으로 인정되기는 어렵다. 적어도 객관적 의사는 乙을 피고로 삼으려는 것으로 인정된다. 이 경우에 "만일 甲이 조합에서는 조합원 전원을 당사자로 해야 한다는 법리를 알았더라면 6명의 조합원 전원을 피고로 했을 것이다"라는 식으로 미리 실체법적 판단을 개입시켜 甲의 의사를 가정적으로 판단할 일은 아니다. 이러한 판단은 당사자 확정과 당사자적격을 혼동한 것일 뿐만 아니라 甲이 표시한 의사를 객관적으로 판단하는 것이 아니기 때문이다. 따라서 위 사례에서 피고는 乙로 확정된다.

> 판례는 사해행위취소소송에서 소장의 피고란에 피고를 '乙협회'라고 기재하고 주소를 '재단법인 乙협회'의 주소를 기재하였고, 청구원인에는 피고를 '재단법인 乙협회'라고 하면서 '피고 법인'이라는 표현을 쓰고, 소장에 첨부한 증거로 '乙협회'가 소유자로 기재된 부동산 관련 증명서와 '재단법인 乙협회'에 관한 법인 등기사항증명서를 제출하여 피고가 불분명한 사안에서 피고 적격자로 피고의 표시를 명확히 하도록 보정명령을 내렸어야 한다고 판시하였다.[11] 그러나 이는 당사자적격 여부는 확정된 당사자를 대상으로 판단한다는 점을 무시한 것으로 타당하지 않다. 이러한 경우에는 피고가 법인 아닌 '乙협회'인지 '재단법인 乙협회'인지가 불분명하므로 법원은 소송계속이 생기기 전에는 소장보정을 명하여 피고가 누구인지를 분명하게 표시하도록 하여야 한다. 소장의 보정 없이 소송계속이 생기더라도 불분명한 당사자를 분명하게 밝히기 위하여 법원이 석명권을 행사하여 피고를 경정할 기회를 주어야 할 것이다.

그리고 당사자가 불분명한 것이 아니라 객관적으로 당사자를 잘못 표시한 경우에는 그 표시행위를 한 당사자(보통의 경우 원고)의 의사에 따라서 당사자를 확정할 것이다.[12]

---

10) 그러므로 표시설, 의사설, 행동설 등은 서로 대립하는 관계가 아니라 기본적으로는 표시에 의하고 의사, 행동 등은 표시행위의 해석 기준이 된다고 보는 것이 타당하다. 참고로, 이러한 학설들이 서로 대립하고 있는 것처럼 소개하는 것은 일본식 설명이다.

11) 大判 2017. 6. 15, 2015다231238.

Ⅲ. 당사자의 불일치

《사례 2》　丙이 부동산을 乙로부터 매입하고도 소유권이전등기를 필해야 한다는 것을 몰라 방치하고 있다는 사실을 甲이 알게 되었다. 이에 甲은 우선 丙이 모르는 사이에 소유자 명의를 丙으로 해 둔 다음, 자기가 丙으로부터 매수한 것으로 꾸며 등기를 하려고 丙의 이름으로 乙을 상대로 소유권이전등기를 할 것을 구하는 소를 제기하였다. 실제로 원고로서 소송을 수행한 것은 물론 甲이었는데, 심리 중에 출석한 甲이 원고로 기재되어 있는 丙이 아니라는 것이 발각되었다. 이 소송에서 원고는 누구인가?

《사례 3》　甲은 乙로부터 대여금 2천만원을 반환받기 위하여 乙을 상대로 대여금 반환청구의 소를 제기하였다. 이에 법률지식이 전혀 없는 乙은 법원에 가서 소송을 하는 것이 두려운 나머지 법과대학에 다니는 아들 丙에게 "네가 내 이름을 대고 법원에 가서 소송해라"고 시켰다. 아버지의 말씀이라면 사슴을 말이라고 해도 그대로 따르는 丙이 변론기일에 출석하여 자기가 乙이라고 하면서 소송을 수행하다가 乙이 아님이 드러났다. 이 소송에서 피고는 누구인가?

이 사례들에서처럼 당사자로 기재된 이가 아닌 다른 이가 당사자라고 하면서 소송을 수행하는 것을 **성명도용소송**이라고 한다.[13] 이러한 경우에는 앞에서 본 형식적 당사자개념에 의하면 〈사례 2〉의 경우에는 원고로 기재되어 있는 丙이 원고이고, 〈사례 3〉의 경우에는 피고로 기재되어 있는 乙이 피고이다. 그러나 이를 그대로 인정하면 〈사례 2〉의 경우에는 문제가 생긴다. 이 소송에서 당사자는 丙과 乙이므로 그 사람들이 판결의 효력을 받게 되는데(제218조 1항), 丙은 소송계속 사실을 전혀 모르고 있었음에도 불구하고 판결의 효력을 받는다. 이 소송으로 丙은 소유자로 등기가 되므로 불리할 것이 없다고 할지 모르나, 다시 甲이 丙을 상대로 소유권이전등기의 소를 제기하면 이때 소송 사실을 계속 모르고 있는 丙은 결국 자기 재산을 甲에게 빼기게 된다. 〈사례 3〉의 경우에는 乙이 원해서 丙을 내세운 것이므로 乙이 판결의 효력을 받아도 부당한 일은 생기지 않을 것이다. 어떻든 남의 이름을 도용해서 소송할 경우에 이름을 도용당한 사람에게 판결의 효력이 미친다는 것은 타당하지 않다. 이러한 문제를 해결하기 위하여 실제로 당사자로서 행동을 하는 사람을 당사자로 하자는 견해(행동설)도 주장되었다. 하지만 이 견해는 어떤

---

12) Rosenberg-Schwab/Gottwald[18] §41 Rn. 3.

13) 이를 성명모용소송이라고 하는 이들이 많다. 그러나 모용(冒用)은 우리말이 아닌 순일본말이므로 쓰지 않는 것이 좋다.

행동이 당사자로서의 행동인지가 분명하지 않고, 사자나 대리인도 당사자로 볼 여지가 생긴다는 문제점이 있어서 취할 바가 못된다. 당사자는 소장에 표시된 바에 따라 확정하고, 성명도용이 밝혀지면 도용자의 소송관여를 배제한다. 도용자는 당사자가 아니므로 그가 한 소송행위는 무효이다.[14) **원고측에 도용**이 있으면 그 제소는 원고의 의사가 전혀 없는 것이어서 원고 본인이 추인하지 않는 한 무효라고 하여 소각하판결을 하면 되고, **피고측에 도용**이 있으면 피고에게 통지하여 소송을 수행하도록 하면 된다. 성명도용을 모르고 판결이 선고되었으면, 절차의 상황과 단계에 따라 상소, 재심, 집행법상의 구제방법 등으로 성명을 도용당한 당사자를 구제하면 될 것이다.[15) 이러한 사례처럼 실재하는 사람의 성명을 도용하는 경우뿐만 아니라 이미 **사망한 사람**이나 **허무인**의 성명을 도용하는 경우도 있을 수 있는데, 이때에는 존재하지 않은 사람을 당사자로 하고, 뒤에 설명하는 당사자능력이 없다고 하여 소를 각하하면 될 것이다.

Ⅳ. 공동상속에서의 당사자

1. 상속과 당사자 지위의 승계

《사례 4》　　甲이 乙을 상대로 임야의 소유권이전등기를 구하는 소송 중에 乙이 사망하였다. 乙에게는 상속인으로 본처의 아들 丙, 丁과 밖에서 데리고 들어온 아들인 戊가 있는데 이들이 이 임야를 공동으로 상속하게 되어 있었다. 그러나 甲은 丙과 丁만을 알고 있어서 법원에 丙・丁으로 하여금 소송을 수계하도록 하라고 신청하여 丙・丁이 그 소송을 인수하였다. 이때 피고는 누구인가?

이 사례에서와 같이 소송 중에 당사자의 사망으로 상속이 개시되면 재산권에 관하여 각기 단독으로 상속하도록 유언에 의하여 정하여 두지 않았으면 상속인들은 공동으로 상속한다. 그러면 이때 당사자의 지위도 모든 상속인이 당연히 승계하는지에 관하여서 통설과 판례는 이를 긍정하여 공동상속인 모두가 당연히 당사자의 지위를 승계하게 된다고 본다(이른바 **당연승계**). 그러므로 이 견해에 의하면 〈사례 4〉에서 비록 새로이 피고로 기재된 자는 丙과 丁이지만, 丙, 丁, 戊가 모두 피

---

14) Rosenberg‒Schwab/Gottwald[18] § 41 Rn. 20.
15) Rosenberg‒Schwab/Gottwald[18] aaO.에서는 진정한 당사자에게 판결의 효력이 미친다고 하고 이를 전제로 상소, 재심 등의 구제방법을 언급한다. 이는 당사자에게 제대로 송달이 된 것을 전제로 한 것이면 타당할 것이다.

고가 된다.

《사례 4a》 〈사례 4〉에서 甲과 丙·丁만이 소송을 수행하여 제1심 법원이 청구를 인용하는 판결을 선고하였고, 이에 대하여 丙이 항소하였다. 이 경우에 丙, 丁, 戊의 소송상 지위는 어떻게 되는가?

통설, 판례에 의하면 〈사례 4a〉에서 丙은 항소하였으므로 丙에 대한 관계에서는 판결이 확정되지 않는다. 丁은 수계하여 판결까지 받았으나 항소하지 않았으므로 丁에 대한 관계에서는 그 판결은 확정되었다. 戊는 수계조차 하지 않았기 때문에 그에 대한 관계에서는 乙의 사망으로 절차가 중단된 상태이고(제233조 1항), 따라서 여전히 제1심에 소송이 계속 중이다.[16)]

《사례 4b》 〈사례 4a〉에서 乙이 소송대리인을 두었고 항소의 특별수권은 하지 않았으면 어떻게 되는가?

당사자의 사망 등 소송절차의 중단사유가 생기더라도 그 당사자에게 소송대리인이 있으면 절차는 중단되지 않는다(제238조). 그러므로 戊에게도 절차는 진행되어 판결이 선고된 것으로 된다. 이 판결이 소송대리인에게 송달되면 이로써 제1심은 끝나고, 심급대리의 원칙상 소송대리인의 대리권은 소멸한다(제90조 2항 3호). 乙이 그 소송대리인에게 상소의 특별수권을 하지 않았기 때문에 대리권은 소멸하고, 戊 자신도 절차를 수계하지 않았으므로 그 순간 절차가 중단되어 항소기간이 진행하지 않는다. 따라서 戊에 대한 관계에서는 판결은 확정되지 않는다.

《사례 4c》 〈사례 4a〉에서 乙이 소송대리인을 두었고, 상소의 특별수권까지 하였으면 어떻게 되는가?

이러한 경우에는 소송대리인이 당연히 戊도 대리해서 항소할 권한이 있기 때문에 항소기간이 戊에 대하여도 진행된다. 그런데 정작 戊는 항소하지 않았으므로 항소기간 만료로 戊에 대하여는 판결이 확정된다. 그러므로 戊가 丙이 제기한 항소심에서 수계신청을 하더라도 이는 부적법하다.[17)]

---

16) 大判 1993. 2. 12, 92다29801.
17) 大決 1992. 11. 5, 91마342. 이 판례에 대하여 부당하다는 비판은 康鳳洙, "訴訟代理人이 있는 경우 當事者의 死亡과 受繼", 民事裁判의 諸問題 제8권, 682면 이하. 이와 달리 大判 2010. 12. 23, 2007다22859는 소송대리인이 상소를 하면 수계하지 않은 당사자도 그 효력을 받아 상소심으로 이심된다고 보았다. 그 이론적 타당성은 의심스럽다.

2. 검   토

이러한 결과는 자신이 당사자가 된 줄도 모르고 있을 戊에게는 가혹한 일이다. 제대로 소송수행도 하지 못한 상태에서 자신에 대한 판결이 확정된다고 보는 것은 타당하지 않다. 이러한 문제가 생기는 것은 당사자가 사망하면 실체법상 바로 상속이 개시되고 당연히 상속인이 그 법률관계를 승계한다고 하여 소송법에서도 이른바 **당연승계**를 인정하여 당사자가 당연히 바뀐다고 보았기 때문이다. 그러나 실체법에서 권리자가 바뀌는 것은 소송에서는 실체법상 당사자가 되어야 할 이가 바뀔 사유가 되는 것이지 당연히 당사자가 변경될 사유가 된다고 할 논리필연성은 없다. 당연승계 이론은 실체법상의 권리자, 의무자가 당사자가 된다는 19세기의 **실체적 당사자개념의 소산**이고, 형식적 당사자개념을 취하는 오늘날에는 타당하지 않다. 그러므로 이러한 경우에 당사자는 수계를 하여 당사자로 표시가 되어 구체적으로 소송을 수행할 가능성이 생겨야 비로소 새 당사자가 특정되고 당사자가 변경된다고 보아야 할 것이다.[18] 이렇게 하면 위 사례에서와 같은 문제가 생기지 않고 형식적 당사자개념과도 앞뒤가 맞게 된다.[19]

제 3 절   當 事 者 能 力

Ⅰ. 의   의

당사자능력이란 일반적으로 민사소송에서 당사자가 될 수 있는 소송법상의 능력을 말한다. 민법상 일반적으로 권리의무의 주체가 될 수 있는 자격을 말하는 권리능력과 대응되는 것으로, 소송상의 권리능력이라고 할 수도 있을 것이다. 이는 소송의 내용과는 관계 없는 일반적·추상적 개념이라는 점에서 구체적 청구의 내용에 따라 달라지는 당사자적격과 구별된다.

---

18) 오히려 상속인의 존재가 분명하지 않으면 민법 제1053조 제1항에 의하여 상속재산관리인을 선임하게 되어 문제가 없으나, 일부 상속인만이 수계한 경우에는 수계한 상속인만이 당사자가 된다고 보아야 할 것이다.

19) 상세한 것은 胡文赫, "民事訴訟에서 當事者 死亡으로 인한 當事者 變更에 관한 연구", 21세기 民事法學의 課題와 展望, 2002, 538면 이하 참조.

Ⅱ. 당사자능력자

민법상의 **권리능력자**가 소송법상 당사자능력자인 것이 원칙이다(제51조). 그러므로 자연인과 법인에게 당사자능력이 인정됨은 물론이다.1) 여기서는 문제되는 몇가지 경우에 관하여 설명한다.

1. 자 연 인

자연인 중 **외국인**도 특별한 금지조항이 없으면 당사자능력이 인정된다. 외교면제자의 경우는 우리나라의 재판권에 복종하지 않으므로 당사자능력이 없다고 보는 견해도 있으나,2) 그 외국인이 외교면제를 포기하면 당사자가 될 수 있으므로 이 경우에 없던 능력이 생긴다고 보는 것은 어색하다. 그러므로 당사자능력은 있으나 재판권이 미치지 않는다고 보는 것이 타당하다.3)

태아는 원칙적으로 당사자능력이 없지만 민법에서 개별적 보호주의를 취하여 불법행위로 인한 손해배상청구(민 제762조), 상속(민 제1000조 3항), 유증(민 제1064조) 및 사인증여(민 제562조)의 경우에는 이미 출생한 것으로 보아 권리능력을 인정하므로 그 한도에서는 당사자능력도 인정된다. 이때 당사자능력을 해제조건부로 인정할 것인지, 아니면 정지조건부로 인정할 것인지에 관하여는 학설이 대립된다.4) 절차의 안정을 중시하는 입장에서는 정지조건설을 지지할 것이고 태아의 보호에 중점을 두는 입장에서는 해제조건설을 지지할 것이다. 소송법에서 절차의 안정도 중요하나 의학의 발달로 태아가 사산하는 비율은 극히 낮으므로 절차가 불안해질 것을 염려할 필요는 없다고 생각되므로, 태아의 보호를 위하여 **해제조건설**을 취하는 것이 합당하다고 생각된다. 그러므로 태아인 상태에서도 위에 열거한 사안에서는 당사자가 될 수 있고,5) 소송계속 중에 사산되면 당사자능력이 없다고 하여 각하하고, 판결

---

1) 大決 2006. 6. 2, 2004마1148 · 1149는 도롱뇽의 당사자능력을 부정하였다.
2) 方順元, 162; 李英燮, 74; 韓宗烈, 215.
3) 강현중, 209; 宋 · 朴, 126; 이시윤, 151; 鄭 · 庚 · 金, 212.
4) 정지조건설은 方順元, 106; 李英燮, 73; 大判 1976. 9. 14, 76다1365(태아가 손해배상청구권에 관하여는 이미 태어난 것으로 본다는 민법 762조의 취지는 태아가 살아서 출생한 때에 출생시기가 문제의 사건의 시기까지 소급하여 그때에 태아가 출생한 것과 같이 법률상 보아준다고 해석함이 상당하다). 해제조건설은 金 · 姜, 196; 宋 · 朴, 126; 이시윤, 152; 鄭 · 庚 · 金, 212; 韓宗烈, 215; 大判 1962. 3. 15, 4294민상903(태아가 피해 당시 정신상 고통에 대한 감수성을 갖추고 있지 않다 하더라도 장래 감수할 것임이 현재 합리적으로 기대할 수 있는 경우에는 즉시 그 청구를 할 수 있다).

뒤에 사산하면 그 판결은 무효가 될 것이다.

2. 법 인

법인은 종류 여하를 막론하고 당사자능력이 있다. 법인이 해산되거나 파산선고를 받아도 청산과 파산의 목적 범위 안에서 권리능력이 있으므로 당사자능력도 있다(민 제81조, 상 제245조, 채회 제328조). 법인의 청산절차가 종결되면 당사자능력이 소멸된다. 그 기준은 청산종결등기를 한 때가 아니라 실제로 청산사무가 종결된 때가 될 것이다.[6] 그러므로 등기가 되었어도 아직 소송계속 중이면 여전히 당사자능력은 유지된다.[7] 다만 파산절차나 회생절차가 진행중이면 그 법인이나 회사에 당사자능력은 있지만 당사자적격이 없어서 소송당사자가 될 수는 없다. 파산관재인과 회생절차의 관리인이 소송담당자로 당사자가 되기 때문이다(채회 제384조, 제78조).

법인의 지점이나 분회 등은 의무이행지등의 재판적으로는 의미가 있을 수 있으나 그 자체로 독립한 당사자능력은 없다. 그러나 지부, 분회, 지회 등 법인의 하부조직이라도 별개의 법인이면 당사자능력을 가진다.[8]

공법인인 국가와 지방자치단체 등도 사법상의 거래관계의 주체가 되므로 당사자능력이 있다. 국가의 기관인 행정청은 행정소송에서는 피고로서의 당사자능력이 있지만(행소 제13조) 민사소송에서는 그렇지 않다. 마찬가지로 국가의 기관인 국회도 당사자능력이 없다.

3. 법인 아닌 사단 · 재단(제52조)

실체법상 권리능력 없는 사단이나 재단이라도 실제로 거래활동을 하므로 타인과의 사이에 분쟁이 생겨 소송을 할 필요가 생긴다. 그 때 일일이 그 구성원 전원이 당사자로 나서야 한다면 매우 번잡스러울 것이다. 이러한 폐단을 막기 위하여

---

5) 이때는 태아의 모(母)가 법정대리인이 된다고 보는 견해가 있는데(宋·朴, 126; 鄭·庚·金, 212), 부(父)를 제외하는 근거가 의문이다. 통상 태아가 권리능력을 가지는 것은 부가 사망한 경우이긴 하지만 불법행위로 인한 손해배상청구(민 제762조)의 경우 반드시 부가 사망한 것을 전제로 하는 것은 아니다(大判 1993. 4. 27, 93다4663은 태아인 당시에 부가 상해를 입은 경우에 태아로서의 정신적 손해를 인정한 사안이다). 金·姜, 196은 부모를 법정대리인이라고 한다.

6) 大判 1968. 6. 18, 67다2528; 大判 1980. 4. 8, 79다2036 등은 아직 채권채무가 남아 있으면 청산이 종결된 것이 아니라서 당사자능력이 있다고 하였다.

7) 大判 1969. 2. 4, 68다2284.

8) 大判 2018. 9. 13, 2018다231031: 따라서 지회 등을 상대로 이행판결을 받아도 이를 집행권원으로 해서 별도 법인인 본회에 대하여 강제집행을 할 수 없다.

민사소송법은 그러한 사단, 재단이라도 대표자나 관리인이 있으면 당사자능력을 인정하였다(제52조).9)

(1) 법인 아닌 사단

어떤 단체가 법인 아닌 사단(권리능력 없는 사단)으로 인정되려면, **고유의 목적**을 가지고 사단적 성격을 가지는 **규약**을 만들어 이에 근거하여 의사결정기관 및 집행기관인 대표자를 두는 등의 **조직**을 갖추고 있고, 기관의 의결이나 업무집행방법이 **다수결** 원칙에 의하여 행하여지며, 구성원의 가입, 탈퇴 등으로 인한 변경에 관계없이 단체 그 자체가 **존속이 확보**되고, 그 조직에 의하여 대표의 방법, 총회나 이사회 등의 운영, 자본의 구성, 재산의 관리 기타 **단체로서의 주요사항이 확정**되어 있어야 한다.10) 이러한 사단은 민사소송에서 당사자능력을 가진다.

그러한 예로는, 법인등록을 하지 않은 동창회, 학회, 종중, 문중, 신도회,11) 노동조합지부,12) 동민회, 아파트부녀회,13) 직장주택조합,14) 교회,15) 사찰,16) 자연마을17) 및 설립중의 회사를 들 수 있다.

판례는 **사단법인의 하부조직**이라도 독자적인 정관 또는 규약을 가지고 이에 근거한 총회 등 의사결정기관과 업무집행기관을 두고 있고, 각 독립된 회원으로 구성

---

9) 大判 2018. 8. 1, 2018다227865: 법인 아닌 사단과 재단은 대표자 또는 관리인이 있는 경우에 한하여 당사자능력이 인정된다.

10) 大判 2008. 5. 29, 2007다63683.

11) 불교신도회가 규약을 제정하여 시행함과 아울러 그 규약이 정하는 바에 따라 회장등 임원을 선출하고 스스로의 의사결정을 하면서 일정한 목적하에 조직적인 공동체를 구성하여 활동하고 있다면 사찰과는 별개의 당사자능력이 인정된다(大判 1987. 4. 28, 86다카1757; 大判 1991. 10. 22, 91다26072).

12) 지부라도 독자적인 규약(지부준칙)을 가지고 독립된 활동을 하고 있는 독자적인 사회적 조직체라고 인정할 수 있으면 법인격 없는 사단으로 소송상 당사자능력을 가진다(大判 1977. 1. 25, 76다2194). 다만 노동조합의 기관에 불과한 노동조합선거관리위원회는 당사자능력이 없다(大判 1992. 5. 12, 91다37683).

13) 大判 2006. 12. 21, 2006다52723: 아파트에 거주하는 부녀를 회원으로 하여 입주자의 복지증진 및 지역사회 발전 등을 목적으로 하고, 회칙과 임원을 두고서 주요 업무를 월례회나 임시회를 개최하여 의사를 결정하여 온 경우.

14) 大判 1993. 4. 27, 91누8163.

15) 大判 1991. 11. 26, 91다30675.

16) 大判 1988. 3. 22, 85다카1489. 그러나 아무런 조직이 없는 단순한 개인사찰은 불교목적 시설에 불과하므로 당사자능력이 인정되지 않는다(大判 1994. 6. 28, 93다56152). 법인 아닌 사단으로서의 실체를 가지고 대표자가 있으면 특정 종단의 귀속 여부에 불구하고(大判 1997. 12. 9, 94다41249), 또 불교단체로 등록되지 아니한 사찰이라도(大判 1982. 2. 23, 81누42) 소송당사자 능력이 있다.

17) 자연마을이 그 마을주민을 구성원으로 하여 고유목적을 가지고 의사결정기관 및 집행기관인 대표자를 두어 독자적인 활동을 하는 사회조직체라면 비법인사단으로서 당사자능력이 있다(大判 1987. 3. 10, 85다카2508).

되어 있으며, 예·결산처리 및 활동도 중앙조직과는 별개로 이루어지는 등 단체로서의 실체를 갖추고 독자적인 활동을 하고 있다면 사단법인과는 별개의 독립된 법인 아닌 사단으로 보아 당사자능력을 인정한다.[18] 법인 아닌 사단으로서의 실체를 갖춘 개신교 교회가 특정 교단 소속 지교회로 편입되어 교단의 헌법에 따라 의사결정기구를 구성하고 교단이 파송하는 목사를 지교회의 대표자로 받아들이는 경우에도 원칙적으로 지교회는 소속 교단과 독립된 법인 아닌 사단이고 교단은 종교적 내부관계에서 지교회의 상급단체에 지나지 않는다.[19]

판례는 법인 아닌 사단의 실체는 그 실질을 심사해서 판단할 것을 요구한다. 원고 대한불교조계종 ○○사가 구 불교재산관리법에 의하여 등록이 되어 있어도 실제로는 그 사찰이 대한불교태고종 소속의 승려들에 의하여 운영되어 대한불교태고종 ○○사로 존재하여 왔으면 원고 대한불교조계종 ○○사는 사찰로서의 실체를 인정받지 못하여 당사자능력이 부정될 수 있다고 하였다.[20] 이른바 변호계는 법인 아닌 사단으로서의 실체를 갖추지 못하여 당사자능력이 인정되지 않는다.[21]

이들 중에서 **종중과 문중**이 가장 문제가 많다. 이들은 얼마든지 분파되어 나갈 수가 있기 때문에 재산분쟁을 일으키기 위하여 급조한 종중이 나타나는 수도 많다. 우리 판례는 당사자능력자로서의 종중의 특정은 **공동선조**가 누구인가에 따라 이루어지며, 이 기준에 따라 특정된 종중이 실재하는지 여부에 따라 당사자능력의 유무를 판단해야 하므로, 한 공동선조를 모시는 종중이 실재하지 않다고 하여 다른 공동선조를 모시는 종중의 실체를 인정하여 거기에 당사자능력을 인정해서는 안 된다고 하였다.[22] 그 밖에는 반드시 특정한 명칭의 사용 및 서면화된 종중규약이 있어야 하거나 종중의 대표자가 계속하여 선임되어 있는 등 조직을 갖추어야 하는 것도 아니라고 하고,[23] 관습에 의해 선임된 대표자만 있으면 되지만 그것도 없을 경우에는 생존하는 종중원 중 항렬이 가장 높고 나이가 많은 연고항존자(年高行尊者)가 종장 또는 문장이 된다고 하며,[24] 구성원이 소수라도 관계 없다고 하여 현 종원이 15명 정도인 경우에도 당사자능력을 인정하였다.[25] 그리고 종중이 일정 정

18) 大判 2003. 4. 11, 2002다59337; 大判 2009. 1. 30, 2006다60908.
19) 大判 2019. 5. 16, 2018다237442.
20) 大判 2020. 12. 24, 2015다222920.
21) 大判 2015. 2. 26, 2013다87055.
22) 大判 2002. 5. 10, 2002다4863.
23) 大判 1998. 7. 10, 96다488.
24) 大判 1996. 3. 12, 94다56999.

도의 조직을 갖추고 지속적 활동을 하는 단체성을 갖고 대표자가 있으면 당사자능력이 인정되고, 자연발생적으로 성립한 종중이 특정 시점에 부동산 등에 대한 권리를 취득하여 타인에게 명의신탁을 할 수 있을 정도로 유기적 조직을 갖추었는지 여부는 당사자능력에 관한 문제가 아니라 그 권리 귀속의 주체, 즉 본안에 관한 문제라고 한다.26) 종중이 관습상의 제도여서 명확한 기준을 가지고 규율하기 어려운 면이 있지만 우리 판례가 너무 허술하게 당사자능력을 인정한 것은 아닌가 하는 의구심이 든다.27)

종중과 구별되는 것이 이른바 **종중유사단체**이다. 고유의미의 종중과는 달리 공동선조의 후손 중 예를 들어 특정 지역 거주자만으로 구성되는 등 일부의 종중원으로만 구성된 조직체를 말하는데, 판례는 법인 아닌 사단의 요건을 갖추면 당사자능력을 인정한다.28) 그러므로 종중원 중 일부의 가입신청을 받아 단체를 구성하였으면, 비록 종중처럼 공동선조의 제사를 모시는 등의 활동을 하더라도 이는 종중유사의 법인 아닌 사단이 된다.29) 판례는 이러한 단체의 성립이나 소유권 귀속을 인정하려면 고유 종중의 실체를 갖고 있으면서 소를 제기하는 데 필요한 여러 절차를 우회하거나 여성 종원 등 특정 종중원을 배제하려는 목적에서 종중 유사단체를 표방하였는지를 신중하게 판단하여야 한다고 본다.30) 그리고 동성동본이지만 공동선조를 달리하는 **복수의 문중**이 모여 단체활동을 하는 경우에도 종중은 아니지만 종중유사단체인 비법인사단으로 당사자능력이 인정된다고 한다.31) 이러한 법인 아닌 사단이 당사자능력을 갖추었는지를 판단하는 기준 시기는 사단의 성립 시가 아니라 사실심 변론종결 시이다.32)

해산하여 **청산 중인 법인 아닌 사단**도 해산 전과 동일한 사단이지만 그 목적이 청산의 범위로 축소된 것에 지나지 않으므로, 그 목적 범위 내에서 당사자능력이

25) 大判 1991. 11. 26, 91다31661.
26) 大判 2013. 1. 10, 2011다64607. 그러나 권리귀속의 주체로서 인정되지 못하여 권리를 취득한 것이 아니라고 판단될 정도이면 당사자능력도 인정하지 않는 것이 타당할 것이다.
27) 이시윤, 155.
28) 大判 1989. 6. 27, 87다카1915·1916; 大判 1996. 10. 11, 95다34330.
29) 大判 2019. 2. 14, 2018다264626.
30) 위 2018다264628 판결; 大判 2020. 4. 9, 2019다216411; 大判 2021. 11. 11, 2021다238902.
31) 大判 2008. 10. 9, 2008다45378.
32) 大判 2020. 10. 15, 2020다232846(甲이 생전에 자신을 공동선조로 하고 자신의 후예들을 구성원으로 하여 선조의 분묘 수호와 봉제사 등을 목적으로 하는 단체를 설립하면서 자신의 동생들까지 구성원으로 포함시키고 사망한 사안에서 원심이 甲의 사망 전을 기준으로 법인 아닌 사단의 단체성을 판단한 것은 잘못이라고 판시).

인정된다.33)

(2) 법인 아닌 재단

법인 아닌 재단(권리능력 없는 재단)은 지속성이 있는 일정한 목적을 위하여 제공되어 **출연자로부터 독립**하여 존재하고 **관리인**의 관리를 받는 재산의 집단으로 법인이 되지 않은 것을 말한다.

이러한 재단에 속하는 예로는 육영회, 감화원, 장학회,34) 유치원,35) 대한예수교장로회총회 신학연구원이사회36) 등이 있다. 유치원 중에는 당사자능력이 부정된 것도 있으며,37) 학교는 학교재단의 교육시설 내지는 영조물이라고 하여 학교 자체의 당사자능력을 부정한다.38) 그러므로 공립학교는 자치단체, 사립학교는 학교법인, 기타 각종 학교는 각 운영주체를 당사자로 하게 된다. 노인요양원이나 노인요양센터도 노인의료복지시설에 불과하고 비법인재단도 사단도 아니다.39)

(3) 민법상 조합

민법상 조합은 2인 이상이 상호간에 금전 기타 재산 또는 노무를 출자하여 공동사업을 경영할 것을 약정하는 계약관계에 의하여 성립하므로(민 제703조), 어느 정도 단체성에서 오는 제약을 받게 되는 것이지만 구성원의 개인성이 강하게 드러나는 인적 결합체로,40) 단체성이 법인 아닌 사단보다 약하다. 그 소유형태는 합유로, 법인 아닌 사단의 경우에 총유인 점에서도 차이가 있다.

이러한 조합에 당사자능력을 인정할 것인지에 관하여는 다툼이 있다. **긍정설**

---

33) 大判 2007. 11. 16, 2006다41297.

34) 大判 1961. 11. 23, 4293행상43.

35) 大判 1968. 4. 30, 65다1651(개원 인가를 받고 교육법에 따른 원칙을 제정하여 계속 운영한 경우로 이때는 설립자가 관리인이 된다); 大判 1969. 3. 4, 68다2387(유치원의 이사회가 의사결정을 하여 왔으며 그 재산이 출연자의 소유를 떠나서 유치원자체가 재산을 소유하고 있는 경우).

36) 大判 1998. 7. 24, 96누14937(총회 산하 신학연구원의 운영·관리를 위하여 총회와는 별도로 이사회를 조직하여 이사회 자신의 기관과 그 대표자를 두고 있고 기본재산을 보유하면서 별도의 재정으로 운영하고 있는 경우).

37) 大判 1965. 8. 31, 65다693(단순히 독립한 설립자에 의하여 유지운영되고 있는 경우, 그 자체로서 설립자와 독립하여 독자적인 존재와 활동을 할 수 있는 재단이라고는 볼 수 없기 때문이라고 한다).

38) 大判 1955. 8. 4, 4288민상64 이래의 일관된 입장이다. 大判 2017. 3. 15, 2014다208255는 일반적으로 학교는 법인도 아니고 대표자 있는 법인격 없는 사단 또는 재단도 아닌 교육시설의 명칭일 뿐이라고 한다. 大決 2019. 3. 25, 2016마5908도 같은 이유로 개인이 설립한 학교로 인가를 받은 외국인학교는 설립·운영자와 독립하여 독자적인 존재와 활동을 할 수 있는 비법인사단이나 재단에 해당하지 않는다고 하였다.

39) 大判 2018. 8. 1, 2018다227865.

40) 大判 1992. 7. 10, 92다2431.

은41) 이를 인정하지 않으면 조합원 전원이 당사자가 되어야 하는 불편이 따른다고 한다. 그러나 이러한 불편은 선정당사자 제도(제53조)를 이용하거나, 업무집행조합 원을 대리인으로 하여(민 제709조) 소송을 하면 해소된다. 더구나 조합채무는 조합 원 각자의 채무인데, 조합 자체를 당사자로 하여 판결을 받고 조합원에게 분할책임 을 추구하는 것은 어려울 것이다. 따라서 **부정설**이 타당하다.42) 판례도 민법상 조 합의 당사자능력을 인정하지 않는다.43)

그러나 **법무조합**은 민법상 조합임에도 당사자능력이 인정된다(변 제58조의26). 그리고 당사자능력이 없어도 정정보도는 청구할 수 있도록 하였다(언중 제14조 4항). 여기서 주의할 것은 이름이 "조합"이라고 되어 있더라도 그 실질이 조합이 아닌 경우가 많다는 점이다. 예를 들면 농업협동조합의 실질은 법인이고, 앞에서 본 직 장주택조합은 실질이 법인 아닌 사단이다.

(4) 소송상 취급

권리능력 없는 사단과 재단이 당사자능력을 인정받으면 소송상 법인과 동일한 취급을 받는다. 그러므로 그 사단, 재단의 이름으로 당사자가 되고, 그들에 대하여 판결이 선고되고, 기판력, 집행력 등 판결의 효력도 그 사단, 재단에 대하여 생긴다. 이때 사단의 **대표자**와 재단의 **관리인은 법정대리인에 준하여 취급**된다(제64조). 사 단의 구성원이나 재단의 출연자는 사단, 재단과는 별개의 주체가 되므로 그 소송에 서 공동소송인이 되거나 참가할 수도 있을 것이다.

권리능력 없는 사단의 사원이 집합체로 물건을 소유하면 그 소유형태가 총유가 된다(민 제275조 1항). 따라서 당사자인 권리능력 없는 사단은 소송을 할 때 총유물 의 관리, 처분에 관한 민법상의 규율(민 제276조 1항)의 영향을 받아 **사원총회의 결 의**에 의해야 한다. 즉 사단 자체가 당사자능력이 있더라도 권리능력은 없으므로 실 체법적인 관리, 처분을 할 때 사원총회의 결의에 의하는 것이다. 따라서 총회 결의 없이 소를 제기하면 그 사단에는 그 물건에 대한 실체법상의 관리·처분권이 인정

---

41) 강현중, 212; 金・姜, 201-202는 대외적으로 대표권이 있는 업무집행조합원이 있다면 조합에 관 하여 당사자능력을 인정하자는 입장이다. 종전에 부정설을 취하던 독일의 판례도 2001년부터 긍정설로 태도를 바꾸었다(BGH NJW 2001, 1056).

42) 김홍엽, 144; 方順元, 108; 宋・朴, 131; 이시윤, 157; 李英燮, 74; 전원열, 173; 鄭・庚・金, 216.

43) 大判 1991. 6. 25, 88다카6358(원호대상자광주목공조합). 판례 중에는 잠실장미종합상가사업협동 조합의 이사장선임결의에 대하여 그 부존재확인을 구하는 소송에서 이 조합을 피고로 하면 된다고 한 것 이 있는데(大判 1996. 4. 12, 96다6295), 그 실질이 사단인 것으로 생각된다.

되지 않아 청구를 기각하게 될 것이다.44) 다만, 종중 규약의 "정기 대의원회의가 총회를 갈음한다."는 등의 다른 절차적 규정에 따랐으면 문제가 없을 것이다.45)

Ⅲ. 당사자능력의 조사와 흠결시의 처리

1. 당사자능력의 조사

당사자능력은 소송요건의 하나로 직권조사사항이다. 이 능력의 유무와46) 대표자, 관리인 등의 자격에 관하여 상대방 당사자가 자백하여도 법원을 구속하지 않는다.47)

2. 당사자능력의 흠결

(1) 당사자능력의 보정

조사 결과 당사자능력이 없음이 밝혀지면 소송요건 불비가 된다. 이때 소가 부적법하다고 해서 바로 각하할 것이 아니라 소송요건의 일반원칙에 따라 보정할 수 있으면 보정을 명하는 것이 타당하다.48) 보정의 방법으로는 잘못 정한 **당사자의 경정**, 즉 피고 측의 능력 흠결이면 잘못 지정한 피고를 경정하는 제260조에 의하여, 원고 측의 능력 흠결이면 제260조를 유추적용하여 경정하면 될 것이다.49) 당사자

---

44) 판례는 이러한 소는 부적법하다고 한다. 大判 2007. 7. 26, 2006다64573은 소제기에 관한 특별수권이 없어 부적법하다고 하나, 그 법적 근거도 불분명하고 특별수권을 누가 받는지도 분명치 않다. 大判 2011. 7. 28, 2010다97044는 구체적 설명 없이 소송요건이 흠결되었다고만 하였다. 이 판결들은 大判(全) 2005. 9. 15, 2004다44971을 참조판례로 하나, 이 판결은 법인 아닌 사단의 한 구성원이 총유재산의 보존행위를 위한 소송에서 당사자가 될 수 있는가에 관한 것이어서 참조가 잘못 되었다.

45) 大判 2022. 8. 25, 2018다261605는 "정기 대의원회의가 총회를 갈음한다."고 규정한 종중 규약에 따라 대의원회의 의결을 거쳐 피고를 상대로 한 불법행위에 기한 손해배상을 청구한 사건에서 원심이 이 규약이 무효이므로 소는 부적법하다고 판결한 것에 대하여 이러한 종중 규약은 종원이 가지는 고유하고 기본적인 권리의 본질적인 내용을 침해하는 등 종중의 본질이나 설립 목적에 크게 위배되지 않는 한 그 유효성을 인정하여야 한다고 판시하였다.

46) 大判 1994. 5. 10, 93다53955: 고유의 의미의 종중인가 아니면 종중 유사의 단체인가 하는 점, 즉 그 실체 파악은 법원이 직권으로 하여야 한다.

47) 大判 1971. 2. 23, 70다44 · 45(법인 아닌 사단의 대표자 자격이 문제된 사안).

48) 이시윤, 158.

49) 鄭 · 庚 · 金, 218은 제260조에 의하여 당사자를 변경하도록 석명함이 타당하다고 한다. 이에 대하여 판례도 원고가 사실관계나 법리를 잘못 이해함으로써 당사자능력이 없는 자를 피고로 잘못 표시한 경우에 우선 당사자를 확정하고 그 확정된 당사자로 피고의 표시를 정정하도록 하는 조치를 취할 것이라고 하였다(大判 1996. 10. 11, 96다3852; 大判 1999. 11. 26, 98다19950). 종중의 공동선조를 변경하는 표시정정에서 문제되는 종중의 동일성에 관하여 공동선조가 아니라 종중의 실체가 유지되는지가 기준이 된다고 보아 결과적으로 공동선조를 변경해도 표시정정이 된다고 본 판례도 있다(大判 2016. 7. 7, 2013다76871). 大判 2011. 3. 10, 2010다99040는 심지어 채무자가 사망한 사실을 알면서 그를 피고로 소를

능력의 보정을 표시정정으로 한다는 견해가 있는데,[50] 당사자능력이 없는 이를 표시만 정정한다고 능력이 생길 수는 없다. 표시정정은 당사자의 동일성이 바뀌지 않는 경우에만 가능하기 때문이다. 결국 동일성이 바뀌어야 보정이 가능한데, 이는 경정이지 표시정정이 아니다.

보정이 불가능하거나 원고가 보정하지 않으면 그 소는 부적법하고, 판결로 각하된다. 판례는 법인 아닌 사단의 경우 그 실체를 갖추지 못하였으면 소를 각하할 것이지 당사자가 주장한 것과 전혀 다른 실체를 법원이 인정하여 당사자능력이 있다고 판단하는 것은 임의적 당사자변경이 되기 때문에 허용되지 않는다고 한다.[51]

(2) 이미 사망한 사람인 경우

《사례 5》　　甲은 乙에게서 대여금을 반환받기 위하여 乙을 피고로 하여 소를 제기하였다. 그러나 乙은 이미 제소 전에 사망하였는데, 甲이 이를 알면서도 소송을 쉽게 할 목적으로 그냥 피고를 乙이라고 기재한 것이다. 이때 법원은 어떻게 처리할 것인가?

이 사례에서처럼 사망한 사람은 당사자능력이 없으므로 사망하였음을 알고 그를 당사자로 한 소는 각하된다.[52] 원고 甲은 乙이 사망하였다는 것을 **알면서도** 일부러 피고로 한 것이므로, 乙이 당사자로 확정된다. 그러나 乙은 당사자능력이 없기 때문에 결국 甲의 소는 부적법하다. 다만 판례는 소제기 전에 사망한 사람이 이미 소송대리권을 수여한 경우에는 소송대리권이 사망으로 영향을 받지 않으므로,[53] 소송대리인이 사망사실을 모르고 사망자를 원고로 표시하여 소를 제기하였으면 그 소는 적법하고 사망한 사람의 상속인들이 소송절차를 수계하면 된다고 한다.[54] 당연승계를 전제로 한 판시이다. 소송계속 발생 전에 사망한 사람을 피고로 하였을

제기한 경우에도 표시정정을 인정하였다. 그러나 만일 이처럼 새긴다면 당사자확정의 기준이 당사자능력이 있는 자로 한정되고, 그러면 먼저 당사자를 확정하고 그 다음에 그들에게 당사자능력이 있는지를 조사해야 한다는 심리구조가 뒤바뀌게 된다. 그리고 이러한 논리를 확대하여 당사자능력도 있고, 당사자적격도 있는 이가 당사자로 확정된다고 해도 반대할 명분이 없을 것이다.

50) 이시윤, 143-144(학교를 운영주체인 법인으로, 행정청을 국가로, 사자를 상속인으로 고치는 것을 제59조를 유추한 표시정정이라고 본다).

51) 大判 1997. 12. 9, 94다41249; 大判 2008. 5. 29, 2007다63683.

52) 사망한 사람을 원고로 하여 제기한 소는 처음부터 부적법하여 원고의 재산상속인의 소송수계신청은 기각하여야 하고(大決 1979. 7. 24, 79마173), 이러한 경우에는 수계신청은 물론이고 표시정정도 허용되지 않는다(大判 2016. 4. 29, 2014다210449). 이미 사망한 사람과 그 상속인이 공동원고로 표시된 소에서 사망자 명의로 제기된 소는 부적법하여 각하될 뿐이고, 이를 상속인이 사망한 원고의 청구권과 자신의 청구권을 함께 행사한 것으로 볼 수는 없다(大判 2015. 8. 13, 2015다209002).

53) MüKoZPO/Toussaint[6] § 86 Rn. 3.

54) 위 2014다210449 판결. 여기서 어느 시점에 수계를 하여야 하는지는 밝히지 않았다.

경우에도 그 피고가 사망 전에 이미 소송대리권을 수여하였으면 소송대리인의 대리권은 영향을 받지 않는다.55)

《사례 5a》   〈사례 5〉에서 甲이 乙이 사망한 사실을 모르고 乙을 피고로 하였는데, 정작 변론기일에 법원에 가 보니 乙은 나타나지 않고 처음 보는 젊은이 丙이 나와 있어 알고 보니 乙은 이미 사망하였고, 丙이 유일한 상속인이어서 법원에 나온 것이었다. 이때 법원은 어떻게 처리할 것인가?

이 사례에서처럼 甲이 乙이 사망한 사실을 **모르고** 피고로 삼았으면 이는 피고를 잘못 지정한 것이 명백하므로 제260조에 의한 피고의 경정이 가능하다고 볼 것이다. 본래 1순위 상속인이 상속을 포기한 경우에는 피고를 누구로 경정할 것인가? 이 경우에는 포기한 상속인은 제외하고 실제로 상속한 사람으로 바꾸어야 할 것이다.56)

판례 중에는 소제기 전에 이미 사망한 사람을 피고로 하는 소제기는 부적법하다고 한 것이 있고,57) 소제기 후 소장부본 송달 전에 피고가 사망한 경우에도 마찬가지라고 판시한 것도 있다.58) 그리고 소제기 당시 피고 중 한 명이 사망한 사실을 모르고 법원이 본안판결을 한 사안에서 사망한 사람의 상속인을 당사자로 인정하지 않고 그 소는 부적법하다고 판시한 것이 있다.59)

(3) 소송계속 중 능력의 취득과 상실

소제기 시에는 당사자능력이 없었으나 변론종결시에 이미 **능력을 갖춘** 경우, 예컨대 발기인들의 모임에 불과하던 것이 뒤에 주식회사가 된 경우에는 능력을 갖춘 것으로 본다. 당사자능력과 같은 통상의 소송요건 구비 여부는 변론종결시를 기준으로 판단하기 때문이다.60)

---

55) Rosenberg-Schwab/Gottwald[18] §43 Rn. 29.

56) 판례는 표시정정을 해야 함을 전제로 이 경우 실질적인 피고에 해당하는 실제 상속인으로 표시정정을 하여야 하고, 상속을 포기한 사람은 처음부터 상속인이 아닌 것으로 되므로 제외된다고 하였다(大決 2006. 7. 4, 2005마425).

57) 大判 1970. 3. 24, 69다929; 大判 2017. 5. 17, 2016다274188(지급명령의 경우도 마찬가지); 大判 2018. 6. 15, 2017다289828.

58) 大判 2015. 1. 29, 2014다34041; 위 2017다289828 판결. 소장부본 송달 전에는 아직 소송계속이 생기지 않으므로 타당한 판시이다.

59) 大判 2012. 6. 14, 2010다105310: 공유물분할 사건에서 피고 공유자 중 한 명이 이미 사망한 경우, 항소심까지는 모르고 있다가 상고심에서 비로소 표시정정신청을 한 사안인데, 고유필수적공동소송임을 이유로 원고의 소를 각하하였다. 상고심에서 표시정정이 안 된다는 것이 근거인데, 이처럼 각하하는 것이 상속인이 당사자라고 한 종전의 판례 입장과 다르다는 것을 의식하고 한 것인지는 분명하지 않다.

60) 大判 1991. 11. 26, 91다30675; 大判 1997. 12. 9, 97다18547 등.

소제기 시에는 당사자능력이 있었으나 소송계속 중에 능력을 **상실한** 경우에는 승계인이 수계할 때까지 소송절차가 중단된다(제233조, 제234조). 부재자나 실종자를 피고로 하는 소송이 계속 중에 이들에 대한 실종선고가 확정된 경우에는 소제기 이전에 사망한 것으로 되어 사망한 사람에 대해 소를 제기한 것으로 보는 것이 아니라, 실종선고의 소급효가 제한되어 소송계속 중에 당사자가 사망한 경우와 마찬가지로 소송이 중단되며 실종자의 상속인 등이 이를 수계할 수 있다.61) 승계가 불가능한 법률관계의 경우에는 당사자대립구조가 해소되어 소송이 종료한다.

3. 당사자능력의 흠결을 간과한 판결에 대한 구제

만일 법원이 당사자능력이 없음을 모르고 판결한 경우에, 그로 인하여 불이익을 입게 되는 당사자가 있으면 **상소**로 구제받을 수 있다.

《사례 6》　　불교신도 乙은 강원도 오대산 기슭에 불당을 하나 지어 "청신사"라고 이름을 짓고 자기 명의로 등기를 하여 두고 주지를 한 사람 채용하고 신도를 모아 포교활동을 하고 있었다. 그러던 중 청신사 대지의 소유자라고 주장하는 甲이 나타나 임료상당의 부당이득을 반환하라고 청구하는 소를 제기하면서 피고를 청신사로 지정하였다. 이에 대하여 법원은 청구인용판결을 하였고 그 판결이 확정되었다. 甲이 이 판결로 청신사로부터 금전을 받아낼 수 있는가?

《사례 7》　　낚시 전문가 乙등 열 사람이 각기 형편 되는 대로 다른 비율로 출자해서 낚시 도구를 판매하기로 하고 민법상 조합인 "태공구락부"를 만들었다. 여기에 물건을 공급한 甲이 대금을 받지 못하자 태공구락부를 피고로 하여 소를 제기하여 승소, 확정판결을 받았다. 甲이 이 판결로 대금을 받을 수 있는가?

그 **판결이 확정**된 경우의 효력에 관하여는 다툼이 있다. 당사자가 사망자이거나 전혀 존재하지 않으면 물론 그 판결은 당연히 무효일 것이다. 그 외의 경우에 관하여는 당사자능력의 흠결은 재심사유가 아니고 일단 사회생활단위로서 소송상 행동을 하여 판결을 받은 것이므로 다시 다툴 이익이 없다고 하여, 그대로 유효인 판결로 확정된다는 견해(유효설)가 있고,62) 재심에 의하여 구제해야 한다는 견해(재심설)도 있다.63) 판례는 실종자에 대하여 공시송달의 방법으로 소송서류가 송달된 끝

---

61) 大判 1977. 3. 22, 77다81 · 82; 大判 1982. 9. 14, 82다144; 大判 1987. 3. 24, 85다카1151.

62) 강현중, 214; 金 · 姜, 203-204; 김홍엽, 150; 宋 · 朴, 132-133; 이시윤, 159; 李英燮, 75; 韓宗烈, 221.

63) 方順元, 111; 전원열, 175; 鄭 · 庚 · 金, 220; Jauernig/Hess³⁰ § 19 Rn. 18은 재심사유로 무권대리를 유추적용하자고 한다.

에 실종자를 피고로 하는 판결이 확정된 경우에는 실종자의 상속인으로서는 실종선고 확정 후에 실종자의 소송수계인으로서 그 확정판결에 보완상소를 할 수 있다고 하였다.[64]

생각건대 이 문제는 경우에 따라 달리 해결해야 할 것이다. **실종자**에 대한 공시송달로 판결이 확정된 경우라면 판례와 같이 추후보완상소를 허용할 수 있을 것이다. **그 이외**의 경우에는 이러한 판결은 효력이 없다고 보는 것이 타당하다. 〈사례 6〉에서 청신사는 乙의 개인 소유 사찰이지 비법인사단도 아니고 재단도 아니다. 그럼에도 불구하고 청신사 명의로 이행판결을 한 것이 그대로 유효하다고 해도 이에 기한 집행은 불가능하다. 결국 甲은 있으나 마나인 확정판결을 가진 셈이 된다. 〈사례 7〉의 경우에는 앞에서 설명한 바와 같이 조합재산에서 지급받는다 해도 결국 각 조합원의 채무이므로 조합에 대한 집행권원으로는 어려움이 따르게 된다. 甲이 억지로 집행을 하는 폐단을 막기 위하여서도 이러한 판결은 효력이 없다고 하는 것이 간명하다. 이러한 경우에 재심도 생각해 볼 수가 있겠으나 이것도 당사자를 고치기 위한 재심청구에 불과한데, 이러한 재심을 허용하는 것은 이론상 무리이다.

판례는 실제로 존재하지 않는 단체에 대하여 가처분 결정이 내려졌을 때 그 결정은 무효이고 그 단체에 당사자능력도 없으므로 그 대표자로 표시된 자가 한 가처분취소신청이나 항고에 대하여 심리하여 가처분 결정을 취소할 것이 아니라 그러한 신청 등 자체가 부적법하므로 이를 각하할 것이라고 한다.[65]

제 4 절 當事者適格

I. 당사자적격의 의의

경우에 따라서는 소송의 원고와 피고가 모두 당사자로 확정되고 당사자능력도 있더라도 그중 한 사람이 그 사건의 내용과는 아무 관계가 없는 사람이면 그가 당사자가 되는 것이 법적으로 아무런 의미가 없다.

---

64) 大判 1992. 7. 14, 92다2455.
65) 大決 2008. 7. 11, 2008마520.

《사례 8》　　　甲과 乙이 사는 집 사이에 丙의 토지가 있었는데, 甲·乙이 모두 출퇴근시에 丙의 토지를 통행하고 있었다. 그러던 중 어느 날 丙이 甲에게 그 토지에 공사를 하게 되었으니 앞으로는 丙의 토지를 통행하지 말라고 통고하였다. 이에 甲은 그동안 편하게 통행하게 해 주어서 고맙다고 인사를 깍듯이 하고 다른 길로 통행하였다. 그러나 며칠 뒤에 甲은 乙이 여전히 그 토지를 통행하는 것을 알고 심한 배신감에 사로잡혀 乙을 상대로 소를 제기하였다. 그 청구의 내용은 "앞으로 乙도 丙의 토지를 통행하지 말라고 판결해 달라"는 것이었다. 이에 대하여 법원은 어떻게 판단할 것인가?

이 사례에서 乙이 丙의 토지를 통행할 수 있는지 여부는 乙과 丙 사이의 법률관계에 의하여 정하여지는 것이고, 甲은 아무런 법적 이해관계가 없는 사람이다. 만일 乙이 丙의 토지를 무단으로 통행한다면 이를 막는 데에 이해관계를 가진 사람은 丙이다. 그러므로 이러한 내용의 소송에서는 甲이 아닌 丙이 원고가 되는 것이 정당하다. 이처럼 어느 특정의 소송사건에서 어느 사람이 **자기의 이름으로 원고나 피고, 당사자참가인 등의 당사자가 되는 것이 정당한지 여부**를 따지는 것을 당사자적격, 정당한 당사자 또는 소송수행권의 문제라고 한다. 〈사례 8〉에서 甲은 당사자적격 내지는 소송수행권이 없는, 즉 정당하지 않은 당사자이고, 당사자적격자는 丙이다. 여기서 甲은 원고로서 소를 제기하였으므로 "甲은 원고적격이 없다"고도 표현한다. 당사자적격은 구체적 청구에서 누가 누구를 상대로 소송을 하는 것이 가장 정당하고 실효성이 있겠는가를 따지는 문제로서 여기서 정당한지 여부는 **실체법을 기준**으로 판단한다. 〈사례 8〉에서 甲에게 원고적격이 없다는 것은 甲의 주장 자체에 의하더라도 甲이 그러한 청구를 할 실체법상 아무런 근거가 없다는 것을 뜻한다.

《사례 9》　　　甲은 항상 새벽에 출근하고 한밤에 퇴근하기 때문에 자기 소유의 AV기계가 더 이상 필요 없다고 하여 이를 乙에게 팔았다. 그러나 甲의 처 丙이 그 기계는 자기가 늘 애용하는 것인데 甲이 자기 물건이라고 멋대로 팔았다고 주장하면서 乙을 상대로 그 물건을 돌려 달라고 청구하는 소를 제기하였다. 이에 대하여 법원은 어떻게 판단할 것인가?

얼핏 보면 이 사례에서 丙이 乙을 상대로 소송을 하는 것은 별 문제가 없을 것 같으나, 丙이 甲의 대리인으로 소송을 하는 것이 아닌 이상 소유자인 甲이 처분한 물건의 소유권을 반환하라고 청구할 수는 없는 것이다. 그러므로 이 소송에서 丙은 그의 주장 자체에 의하더라도 정당한 원고가 아니고, 따라서 원고적격이 없다.

당사자적격이 있는지는 구체적인 소송에서 그 **청구의 내용과 당사자의 관계**에서 정해진다. 〈사례 8〉에서 만일 丙이 乙에게 토지를 통행하지 말라고 청구하는 내용의 소를 제기했고, 〈사례 9〉에서 甲이 스스로 AV기계를 반환하라고 제소하였으면 모두 정당한 당사자가 되었을 것이다. 이 점에서 소송의 내용과는 관계 없이 일반적으로 당사자가 될 수 있는 자격을 뜻하는 당사자능력과 구별된다.

실체적 당사자개념이 통용되던 시대에는 적어도 실체법적으로 권리자라고 주장하고 의무자라고 주장된 이들이 당사자로 확정된다고 보았으므로 주장 자체에 의하더라도 아무런 관련이 없는 사람이 당사자가 되는 일은 생기지 않았다. 그 뒤에 소송담당이 인정되고 그에 따라 형식적 당사자개념을 취하게 되면서 소송에서 아무나 당사자가 될 가능성이 생겼기 때문에 정당한 당사자만을 추려내기 위한 수단으로 당사자적격의 개념이 등장하게 되었다.[1]

Ⅱ. 당사자적격을 가진 자

일반적으로 당사자적격은 그 소송상청구를 둘러싼 법률상의 이해관계가 서로 대립하는 당사자가 가진다. 보통은 문제된 권리 · 법률관계의 주체, 즉 **권리자와 의무자**가 정당한 당사자가 된다. 그러나 반드시 그런 것은 아니다. 여기서 일반적인 경우와 예외적인 경우를 나누어 본다.

1. 일반적인 경우

일반적인 경우도 소의 종류에 따라 조금씩 그 내용이 차이가 난다.

(1) 이행의 소의 경우

이행의 소에서는 자기의 **실체법상 급부청구권을 주장**하는 이가 원고적격자이고, 그로부터 **의무자로 주장된** 이가 피고적격자이다.

《사례 10》 甲은 자기가 사촌동생 乙이 땅을 사는데 돈을 전부 대어 주었는데, 乙이 그 땅을 3년 뒤에 다시 팔아 세 배의 이익을 남겼음에도 불구하고 매입 당시에 대어 준 돈만 갚겠다고 하여 이를 거절하였다고 주장하면서, 그 토지 매매대금의 3분의 2를 지급할 것을 乙에게 청구하였다.

---

1) 이러한 역사적 변천에 관하여 상세한 것은 Lüke[11] Die Prozeßführungsbefugnis, ZZP 76, 1 ff. 참조.

《사례 10a》   乙이 이를 거절하자 甲은 그 지급을 구하는 소를 제기하였다. 그러나 법원이 심리해 보니 甲은 乙에게 돈을 대어 준 사실이 전혀 없었다. 甲이 원고로 인정받을 수 있는가?

여기서 주의할 것은 정당한 원고가 반드시 실체법상의 권리자이고 정당한 피고가 반드시 실체법상의 의무자는 아니라는 점이다. 청구권이나 의무가 존재하는지는 본안판단의 문제로 법원이 실체관계, 즉 본안에 관한 심리를 마친 뒤에야 판단이 되는 것이고, 당사자적격, 즉 소송수행권은 **원고의 주장만으로 판단**하는 것이다. 〈사례 10a〉에서 甲이 스스로 채권자라고 주장하였으므로 甲은 원고적격이 있다. 비록 甲이 채권자가 전혀 아니라는 것이 법원의 심리 결과 밝혀졌다 하더라도 이는 법원이 본안판결을 할 때 청구를 기각할 사유가 되지, 甲의 원고적격을 부정할 사유가 되는 것이 아니다. 또한 당사자가 아닌 제3자가 권리자나 의무자로 밝혀져도 청구를 기각할 사유가 된다.[2]

채권이 압류되면 그 채권자는 당사자적격을 상실해서 소를 제기할 수가 없고 압류채권자가 당사자적격자가 된다.

판례는 등기명의인과 관련하여 피고를 잘못 지정한 소송에서 당사자적격을 부정한다. 예를 들어, 말소회복등기에 대한 승낙의 의사표시를 구하는 소송에서 말소회복등기와 양립할 수 없는 등기의 명의인은 등기상 이해관계인이 아니므로 그를 피고로 삼은 청구는 당사자적격이 없는 자에 대한 청구라고 하였고,[3] 권리변경등기나 경정등기를 부기등기로 할 경우에 승낙을 받아야 할 이해관계 있는 제3자는 이러한 등기로 손해를 입게 될 위험이 있는 등기명의인을 뜻하므로, 등기명의인이 아닌 사람을 상대로 승낙의 의사표시를 청구하는 소나,[4] 등기의 말소절차 이행을 구하는 소는[5]는 당사자적격이 없는 사람을 상대로 한 부적법한 소라고 하였다.[6]

판례는 등기부상 진실한 소유자의 소유권에 방해가 되는 부실등기가 존재하는 경우에 그 등기명의인이 허무인 또는 실체가 없는 단체인 때에는 소유자는 그와 같은 허무인 또는 실체가 없는 단체 명의로 실제 등기행위를 한 자에 대하여 소유권에 기한 방해배제로서 등기행위자를 표상하는 허무인 또는 실체가 없는 단체 명의 등기의 말소를 구할 수 있다고 한다.[7]

---

2) Rosenberg-Schwab/Gottwald[18] § 46 Rn. 3.

3) 大判 2004. 2. 27, 2003다35567; 大判 2013. 7. 11, 2013다18011.

4) 大判 2015. 12. 10, 2014다87878.

5) 大判 1994. 2. 25, 93다39225; 大判 2019. 5. 30, 2015다47105.

6) 大判 2015. 12. 10, 2014다87878.

7) 大判 1990. 5. 8, 90다카3307; 大決 2008. 7. 11, 2008마615(등기의 말소뿐만 아니라 처분금지가 처분도 가능); 위 2015다47105 판결.

(2) 확인의 소의 경우

확인의 소에서는 그 청구에 관하여 **확인의 이익**을 가지는 이가 정당한 원고이고 이 원고와 반대의 이해관계를 가지는 이가 정당한 피고이다.

《사례 11》　 A회사 경리과 여직원 丙은 다른 부 소속의 직원 乙에게 석 달 동안 승용차를 빌려 주었는데, 무슨 영문인지 乙이 한 달 뒤부터 이제 그 승용차는 내 것이나 다름 없으니 되돌려 줄 필요가 없게 되었다고 큰소리 치고 다녔다. 이를 들은 경리과 남자 직원인 甲은 이 기회에 丙에게 잘 보여야겠다고 생각하고는 자신의 이름으로 乙을 피고로 하여 乙이 점유한 승용차의 소유자가 丙임을 확인하라는 소를 제기하였다. 법원은 이 소를 어떻게 처리할 것인가?

어느 권리나 법률관계의 존재 또는 부존재를 확정받음으로써 상대방과의 사이에 존재하는 자신의 법률상의 불안·불이익이 곧 제거될 수 있는 경우에는 당사자적격이 인정된다. 그러므로 반드시 그 권리·법률관계의 주체가 자신일 필요는 없고, 원·피고의 일방과 제3자 또는 제3자 상호간의 법률관계라도 무방하다.[8] 즉, 확인의 대상이 되는 권리·법률관계의 당사자가 반드시 당사자적격자가 되는 것은 아니다. 이 경우에 타인 사이에 확인의 이익이 있어야 하는 것이 아니라, 그들 사이의 권리·법률관계의 존부 확정으로 원고의 법적 불안을 제거할 수 있는지를 따져야 할 것이다.[9] 그러나 〈사례 11〉에서는 甲은 자신이 법률관계의 주체도 아니고 승용차의 소유자가 누구이냐에 따라 법률상 아무런 이해관계도 없기 때문에 정당한 원고가 될 수 없다. 만일 丙이 이러한 소를 제기한다면 당사자적격이 인정됨은 물론이다.

판례가 확인의 소에서 당사자적격을 다룬 예를 열거하면 다음과 같다.

(가) 긍정한 경우

수용토지의 원소유자가 공탁금출급청구권 확인을 구하는 소에서 기업자,[10] 이사장선임결의 부존재확인소송에서의 조합,[11] 학교법인의 이사회 결의에 대한 무효확인의 소를 제기한 감사[12] 등이 있다. 토지에 대한 소유권보존등기신청인이 소유권확인청구를 하는

---

8) 大判 1995. 10. 12, 95다26131; 大判 1994. 11. 8, 94다23388; 大判 2017. 3. 15, 2014다208255.
9) 大判 2004. 8. 20, 2002다20353; 大判 2005. 4. 29, 2005다9463.
10) 大判(全) 1997. 10. 16, 96다11747. 이러한 다수의견에 대하여 반대의견은 국가가 피고적격자라고 주장한다.
11) 大判 1996. 4. 12, 96다6295. 선임된 이사장 개인에 대하여는 따로 그 확인을 구할 필요가 없다고 한다.

경우에 토지대장이나 임야대장상 소유자로 등록되어 있는 명의자가 피고적격이 있지만, 토지대장이나 임야대장의 소유자에 관한 기재의 권리추정력이 인정되지 않는 경우에는 피고적격자는 국가이다.13) 그 밖에 국가가 토지소유권확인청구에서 피고적격자가 되는 경우는 그 토지가 미등기이고, 토지대장이나 임야대장에 등록명의자가 없거나 누구인지 알 수 없는 경우, 국가가 등기나 등록된 제3자의 소유를 부인하면서 계속 국가 소유를 주장하는 등 특별한 사정이 있는 경우에 한한다.14) 아파트 동별 대표자의 선출 결의의 무효확인소송에서 임기가 만료된 입주자대표회의 구성원도 원고적격이 있고, 입주자대표회의는 피고적격이 있다.15) 제3자와의 법률관계를 인정한 예로는, 피보험자 아닌 제3자의 명의로 등록된 차량을 그 제3자가 운전하다가 사고를 내자 보험자가 부실고지를 이유로 보험계약을 해지한 후 피보험자를 상대로 보험금 지급채무 부존재 확인을 구한 경우에, 피보험자 자신에게는 보험금청구권이 없지만 그 제3자에게는 보험금청구권이 있으므로 보험자는 그 제3자에게 보험금을 지급하여야 한다고 주장하는 경우가 있다.16)

(나) 부정한 경우

2개로 분열된 교회의 토지가 종전 교회의 교인들의 총유에 속한다고 주장하면서 두 교회의 명의로 그 토지가 교인들의 총유임의 확인을 구하는 소,17) 학교재단의 총장선임행위의 무효확인을 구하거나 다른 동료 교수를 상대로 교수자격 존부확인을 구하는 사립대학 교수,18) 총장임명무효확인과 교수 및 총장자격부존재확인의 소를 제기한 학부모,19) 국가를 상대로 한 하천편입토지에 대한 손실보상청구권 확인의 소,20) 사립대학교 학장을 상대로 그가 한 파면처분의 무효확인을 구하는 소,21) 학교법인 이사회의 이사선임결의

---

12) 大判 2015. 11. 27, 2014다44451.

13) 大判 2010. 7. 8, 2010다21757; 大判 2010. 11. 11, 2010다45944.

14) 大判 2016. 10. 27, 2015다230815.

15) 大判 2008. 9. 25, 2006다86597: 임기가 만료된 구성원도 필요한 범위 내에서 새로운 구성원이 선출될 때까지 직무를 수행할 수 있으므로 확인의 이익이 있으며, 입주자대표회의는 동별 대표자를 구성원으로 하는 법인 아닌 사단이므로, 동별 대표자의 선출결의의 무효확인을 구하는 것은 결국 입주자대표회의의 구성원의 자격을 다투는 것이어서 입주자대표회의는 그 결의의 효력에 관한 분쟁의 실질적인 주체로서 피고적격이 있다.

16) 大判 1996. 3. 22, 94다51536. 그 이유로는 피보험자가 보험자에게 그 보험계약에 기한 보험금 지급채무가 있다고 다투는 것으로서, 보험자는 계약의 체결 당사자인 피보험자가 그와 같은 계약의 효력을 주장하고 나옴으로써 그 계약에 의하여 발생하게 될 법률상의 지위에 불안과 위험이 현존하는 상태에 있다는 점을 들었다.

17) 大判 1995. 9. 5, 95다21303.

18) 大判 1996. 5. 31, 95다26971.

19) 大判 1994. 12. 22, 94다14803. 학부모는 이러한 확인을 구할 법률상의 이익도 없고 학생을 대위할 권한도 없기 때문이라고 하였다.

20) 大判 1991. 12. 10, 91다14420. 이 경우 피고는 손실보상의무자인 지방자치단체장이 되어야 하며, 국가는 비록 원고의 보상청구권을 부인하고 있더라도 원고의 법률적 지위에 불안을 초래할 염려가 있는 것이 아니므로 피고적격이 없다고 하였다.

21) 大判 1987. 4. 14, 86다카2479. 학장은 학교법인의 기관의 하나로서 그 소관사무를 처리한 것에 지나지 않기 때문이라고 하였다. 이와 비슷한 것으로 학교장을 상대로 한 졸업자임의 확인을 구하는 소

무효확인의 소에서 선임된 이사 개인을 피고로 한 경우,[22] 피공탁자나 그 승계인이 아닌 채권자가 공탁물출급청구권 확인의 소를 제기한 경우,[23] 주식회사의 주주가 선임된 사내이사가 경영에 참여하거나 업무를 집행하면 회사에 손해가 발생하고 그에 따라 주주인 원고도 불이익을 입게 된다고 하여 그 사내이사를 상대로 임원지위 부존재확인의 소를 제기한 사안[24] 등이 있다.

(3) 형성의 소의 경우

형성의 소에서는 형성, 즉 법률관계 변동의 효과가 생기는 데에 이익이 있는 자가 정당한 원고이고, 그 반대의 이해관계를 가진 자가 정당한 피고이다.

《사례 12》   乙남과 丙녀는 부부인데, 乙이 자주 丙을 구타하여 이를 보다 못한 丙의 父인 甲이 丙에게 이혼하라고 권하였다. 그러나 丙이 별다른 반응을 보이지 않자 甲은 이러다가는 딸이 살아남지 못하겠다고 걱정을 한 나머지 이들을 이혼시키기 위하여 자신이 원고가 되고 乙과 丙을 피고로 하여 재판상 이혼청구를 하였다. 이 소송에서 甲, 乙, 丙은 정당한 당사자인가?

그런데 형성의 소는 형성권의 행사를 권리자의 일방적 의사표시로는 할 수 없고 반드시 소의 방법에 의하여 하도록 되어 있는 경우이고, 누가 누구를 상대로 제소할 것인지는 대부분 **실체법에 규정**되어 있다. 예를 들면, 중혼을 이유로 혼인취소청구를 할 수 있는 자는 당사자, 그 배우자, 직계존속, 4촌 이내의 방계혈족 또는 검사에 한정되어 있고(민 제818조), 주주총회결의 취소청구는 주주, 이사 또는 감사만 할 수 있다(상 제376조 1항).[25] 〈사례 12〉에서 재판상이혼은 부부의 일방이 다른 일방을 상대로 청구하게 되어 있으므로(민 제840조) 혼인취소청구의 소(민 제816조 이하)처럼 제3자가 청구할 수 있는 것이 아니다. 그러므로 甲은 정당한 원고가 아니고, 乙·丙은 정당한 피고가 아니다.

의 경우가 있다(大判 1975. 12. 9, 75다1048).

22) 大判 2010. 10. 28, 2010다30676·30683.

23) 大判 2016. 3. 24, 2014다3122·3139. 이 판결에서 제3자는 설사 실체법상의 채권자라도 공탁물출급청구권의 확인을 구할 이익이 없다고 하였으나, 이는 원고에게 당사자적격이 없다고 하는 것이 올바른 판단이었을 것이다.

24) 大判 2018. 3. 15, 2016다275679. 다만 이 판결에서도 그 청구는 회사를 상대로 할 것이고, 이사 개인을 상대로 하는 것은 원고의 불안 제거에 가장 유효적절한 수단이 아니므로 확인의 이익이 없다고 하였으나, 이는 피고를 잘못 정한 경우로 당사자적격이 없다고 할 사안이지 원고의 법적 불안 유무가 문제되는 확인의 이익의 문제가 아니다.

25) 大判 2016. 7. 22, 2015다66397; 주주총회결의 취소소송의 계속 중 피고회사와 다른 회사의 주식교환으로 원고가 다른 회사의 주주가 되어 피고회사의 주주로서의 지위를 상실하면 원고가 자신의 의사에 반하여 주주의 지위를 상실했더라도 당사자적격을 상실한다.

판례는 **채권자취소소송**(민 제406조)에서 수익자나 전득자에게만 **피고적격이** 있고 채무자에게는 피고적격이 없다고 한다.[26] 이렇게 보는 것이 민법에서의 다수설인 상대적 효력설의 귀결이기도 하다. 절대적 효력설에 따르면 결론이 달라질 수 있다. 어떻든 채권자취소의 소는 사해행위의 취소와 원상회복을 청구하는 것이므로 형성의 소와 이행의 소가 병합된 형태인데 채무자가 적어도 원상회복 청구의 상대방은 될 수가 없을 것이다.

(4) 고유필수적공동소송의 경우

《사례 13》   乙남과 丙녀가 혼인한 후 어느 날 낯선 어린아이가 갑자기 나타나 乙보고 "아빠!" 하고 부르는 것이었다. 깜짝 놀라 알고 보니 乙은 이미 혼인한 사람으로 배우자가 따로 있었다. 이에 분개한 丙의 父 甲이 丙에게 당장 그 혼인을 취소시키자고 하였으나, 丙은 "옛날 여자들은 그러고도 잘 살았는데, 요새라고 그게 뭐 크게 문제되겠느냐" 하면서 그냥 살겠다고 했다. 이에 답답해진 甲이 乙을 피고로 하여 혼인취소청구의 소를 제기하였다. 이 소송에서 甲과 乙은 정당한 당사자인가?

이 사례에서 甲이 제기한 소는 중혼을 이유로(민 제816조 1호, 제810조) **제3자가** 제기하는 **혼인취소청구의 소**(민 제818조)이다. 만일 甲이 승소하면 乙·丙 사이의 혼인은 취소되어 효력을 잃게 된다. 그런데 이 소송으로써 취소되는 것은 乙·丙 사이의 혼인이므로 제3자가 乙만을 피고로 삼고 丙을 소송에서 제외할 수는 없고, 乙과 丙이 반드시 공동피고가 되어야 한다. 이러한 형태의 공동소송을 고유필수적 공동소송이라 한다. 즉 이러한 공동소송에서는 공동소송인이 될 이들이 공동으로만 소송수행권이 있고 그렇지 않으면, 당사자적격이 없다.

총유재산에 관한 소송은 법인 아닌 사단이 그 명의로 사원총회의 결의를 거쳐 하거나 또는 그 구성원 전원이 당사자가 되어 고유필수적공동소송의 형태로 할 수 있을 뿐이다. 총유재산의 보존행위로 소를 제기하는 경우에도 마찬가지이므로 그 사단의 구성원은 설령 그가 사단의 대표자라거나 사원총회의 결의를 거쳤다 하더라도 그 소송의 당사자적격이 인정되지 않는다.[27]

---

26) 大判 1988. 2. 23, 87다카1586; 大判 2009. 1. 15, 2008다72394 등 다수.

27) 大判(全) 2005. 9. 15, 2004다44971. 이 판결로 보존행위로 구성원이 소를 제기하는 것이 적법하다는 종전의 판례를 변경하였다.

2. 제3자의 소송담당

경우에 따라서는 실체법상 법률관계의 당사자가 아닌 제3자가 일정한 자격으로 정당한 당사자가 되어 소송수행권을 가지는 수가 있다. 이를 제3자의 소송담당(소송신탁)이라 한다. 이는 법률의 규정에 의하여 소송담당이 되는 법정소송담당과 법률관계 당사자의 의사표시에 의하여, 즉 소송물에 관한 관리·처분권을 제3자에게 넘겨주어 소송담당이 되는 임의적 소송담당이 있다.[28]

(1) 법정소송담당

법정소송담당이란 법률의 규정에 의하여 본래의 법률관계의 당사자(권리자나 의무자)가 아닌 타인에게 소송수행권을 부여하여 그 타인이 당사자가 되는 것을 말한다. 이러한 소송담당에는 여러 가지가 형태가 있고, 이들을 분류하는 방법도 여러 가지이다. 여기서는 일단 다수의 학자들이 분류하는 방법에 따라 설명하기로 한다.[29]

첫째 유형은 본래의 법률관계의 당사자가 **소송수행권을 상실**하고 담당자인 제3자만이 당사자적격을 갖는 경우이다.

《사례 10b》　〈사례 10〉에서 청구하기 전에 甲이 파산선고를 받아 甲의 재산에 대하여 파산관재인 丙이 선임되었다. 乙에 대한 청구는 누가 할 수 있는가?

《사례 10c》　〈사례 10b〉에서 甲의 乙에 대한 청구를 소로써 하려고 한다. 이때 누가 정당한 원고인가?

〈사례 10b〉에서 甲은 비록 자기가 채권자라고 주장하나 이미 파산선고를 받았다. 그렇게 되면 이제 甲의 재산은 파산재단이 되고(채회 제382조), 甲은 실체법상 권리자라고 하더라도 그 파산재단에 대한 관리처분권을 상실하고 그 권한은 **파산**

---

28) 그 밖에 증권관련 집단소송과 소비자단체소송, 개인정보 단체소송과 관련하여 법원허가에 의한 소송담당(재정소송담당)이라는 유형을 언급하는 이가 있다(이시윤, 166; 전원열, 214-215). 그러나 법원의 허가는 대표당사자나 단체가 당사자가 되기 위한 절차일 뿐이다. 법원의 허가에 의하여 비로소 이들의 지위가 소송담당자가 된다고 볼 것은 아니다. 그리고 이러한 대표당사자나 단체가 소송담당의 유형에 속하는지도 의문이다. 이들이 법률의 규정에 의하여 당연히 소송담당이 되는 것이 아니므로 법정소송담당은 아니다. 그렇다고 선정당사자처럼 다른 실체법상의 권리자들이 의사표시로써 소송을 담당시킨 것도 아니기 때문에 임의적 소송담당도 아니다. 어차피 우리의 법체계와는 맞지 않는 이물질과 같은 제도인데, 그 성격에 관하여는 개별 제도마다 따로 검토할 필요가 있다.

29) 다른 분류방법에 의하면, 소송담당자가 자기나 자기가 대표하는 사람(들)의 이익을 위하여 권리의무에 관하여 관리처분권이 인정되고 이에 기하여 소송담당을 할 수 있는 경우(담당자를 위한 소송담당)와 직무상당사자로 나누어진다.

관재인이 가진다(채회 제384조). 그러므로 乙에 대한 이행청구도 甲은 할 수가 없고 파산관재인 丙이 이를 하게 된다. 그렇기 때문에 〈사례 10c〉에서와 같이 소송상청구를 하는 경우에도 甲은 소송수행권이 없으며, 丙이 당사자적격자가 된다(채회 제359조). 이러한 경우에 丙은 '채무자 회생 및 파산에 관한 법률' 규정에 의하여 당사자적격을 가지므로 법정소송담당자가 되는 것이다. 이 유형의 소송담당은 본래의 권리자나 의무자가 당사자적격을 상실하고 제3자가 당사자적격을 갖는 경우이다. 이러한 유형에 해당하는 것으로 채권추심명령을 받은 압류채권자(민집 제229조 2항)와30) 회생절차에서의 관리인(채회 제56조, 제78조), 상속재산관리인(민 제1040조, 제1053조),31) 유언집행자(민 제1093조 이하, 제1101조)32) 등이 있다. 이 유형의 소송담당에서는 당사자적격자를 당사자의 주장만으로 판단하는 것이 아니다. 이 점에서 다음의 둘째 유형과 다르다.

둘째 유형은 법률관계의 당사자가 **소송수행권을 상실하지 않은 상태**에서 제3자가 소송담당자로서 당사자적격을 갖는 경우이다. 여기에 해당하는 경우로 일반적으로 언급되는 것이 **채권자대위소송**이다.

《사례 14》　　乙은 丙에게 가옥을 매도하고 매매대금을 받은 후 소유권이전등기까지 마쳤다. 그러나 丙의 형인 甲이 뒤늦게 나타나 실질적인 매수인은 甲 자신이라고 주장하면서 丙을 상대로는 乙로부터 丙에게로 이전한 소유권이전등기를 말소하라는 청구를 하고, 乙을 상대로는 甲 자신에게 등기를 이전하라고 청구를 하는 소를 제기하였다. 甲은 이 소송에서 정당한 당사자인가?

〈사례 14〉에서 甲이 乙을 상대로 한 이전등기 청구는 자기의 권리를 실현시키려는 소송이지만 丙을 상대로 한 말소등기 청구는 본래 乙이 청구할 수 있는 것을 甲이 자기의 이전등기청구권을 보전하기 위하여 乙을 대위하여 청구하는 것이다. 그리하여 이를 제3자의 소송담당으로 보는 것이 통설·판례이다. 이와 같은 구조를 가진다고 설명되는 것으로 채권질의 질권자가 제3채무자를 상대로 청구하는(민 제

---

30) 大判 2010. 11. 25, 2010다64877: 따라서 채무자는 피압류채권에 대한 이행소송의 당사자적격을 상실한다. 그러나 추심채권자가 압류 및 추심명령 신청의 취하 등으로 추심권능을 상실하면 채무자는 당사자적격을 회복한다.

31) 大判 2007. 6. 28, 2005다55879는 재산상속인의 존재가 분명하지 않은 상속재산에 관한 소송에서는 법원이 선임한 상속재산관리인이 정당한 당사자이므로, 이미 법원이 상속재산관리인을 선임한 경우에 원고가 피고들을 상속인이라고 주장하여 소를 제기하였어도 이들은 피고적격이 없다고 하였다.

32) 유언집행자가 법정대리인이라고 하는 견해가 있으나(方順元, 254), 소송담당자로 보는 것이 일반적이다.

353조) 소송이 있다.

《사례 15》　　乙은 사업상 필요에 의하여 甲으로부터 금전을 차용하면서 담보로 자기의 丙에 대한 채권에 甲을 위하여 질권을 설정하였다. 乙이 이행기가 지나도록 甲에게 채무를 이행하지 않았다. 이러한 사실을 주장하면서 甲은 丙을 상대로 그 채무를 자신에게 이행할 것을 구하는 소를 제기하고자 한다. 여기서 甲은 소송수행권이 있는가?

채권자가 채무자의 제3채무자에 대한 채권에 질권을 갖고 있는데 채무자가 이행지체에 빠지면 채권자는 채권에 대하여 질권을 행사하게 된다. 〈사례 15〉에서 甲의 제소가 바로 이에 해당하는데, 甲의 청구 내용이 乙이 행사할 수 있는 丙에 대한 채권을 행사하려는 것이므로 이 경우도 제3자의 소송담당이 된다는 것이다. 그밖에도 이 유형의 법정소송담당에 해당한다고 보는 것으로 회사대표소송에서의 주주(상 제403조)와 공유자 전원을 위하여 보존행위를 하는 공유자(민 제265조)가 있다.

집합건물의 소유 및 관리에 관한 법률에 의한 **집합건물 관리단**도 이러한 유형에 포함된다. 관리단이 건물의 관리와 사용에 관한 공동이익을 위하여 필요한 구분소유자의 권리와 의무를 선량한 관리자의 주의로 행사하거나 이행하여야 하고(집건 제23조의2), 관리인은 관리단을 대표하여 재판상, 재판 외의 행위를 할 수 있다고(집건 제25조 1항 3호) 규정하기 때문이다. 판례도 관리단이 정당한 권원 없이 집합건물의 공용부분이나 대지를 점유, 사용한 사람을 상대로 부당이득 반환소송을 하여 받은 확정판결의 효력이 제281조 제3항에 의하여 구분소유자에게도 미치며, 구분소유자가 부당이득 반환소송을 하여 받은 확정판결의 효력이 관리단에게도 미친다고 하였다.[33]

셋째 유형은 본래 그 소송과는 실체법상 아무런 관련이 없지만 특수한 직무를 담당하기 때문에 그로 인하여 소송수행권을 갖게 되는 경우로, 이를 **직무상당사자**라고 한다. 그 예를 들자면 가사소송에서 적격자가 사망한 후에 그 소송을 담당하는 검사(가소 제24조 3항, 제27조 4항, 제28조, 제31조, 제33조; 민 제864조, 제865조 2항)와 해난구조료청구 사건에서의 선장(상 제894조) 등이 있다.

(2) 임의적 소송담당

임의적 소송담당의 예로서 대표적인 것이 **선정당사자**이다(제53조 이하). 선정당사자의 경우 본래 당사자가 될 이들이 그들의 의사에 의하여 당사자가 되지 아니

---

33) 大判 2022. 6. 30, 2021다239301.

하고 당사자가 될 이를 선정하여 그에게 소송물에 관한 관리처분권을 넘겨주게 된다. 이때 관리처분권을 선정당사자가 갖는 것은 법률의 규정에 의하여 당연히 그렇게 되는 것이 아니라 선정자들의 **의사표시**에 의한 것이다. 이와 같은 성질을 가진 것으로 민사조정의 대표당사자가 있다(민조 제18조).

어음의 추심위임배서에 관하여는 논란의 여지가 있다.34) 민사소송법 학계의 통설은 이를 임의적 소송담당이라고 하나,35) 이와는 반대로 상법학계에서는 포괄적 대리권을 갖는 대리인이므로 소송에서도 소송대리인에 불과하다고 보는 것이 일반적이다.36) 추심위임배서에서 어음채무자는 배서인에 대한 인적 항변으로만 대항할 수 있고, 피배서인에 대한 인적 항변으로는 대항할 수 없다는 규정(어 제18조 2항)은 바로 피배서인이 어음상의 권리를 양수한 것이 아니라 대리권만을 수여받은 것을 나타내는 규율이므로 피배서인을 소송담당자가 아닌 소송대리인으로 보는 것이 타당할 것이다.37)

이러한 임의적 소송담당은 **법률의 규정이 있는 경우**에 한하고 일반적으로 널리 인정할 것은 못된다. 이를 널리 인정하면 변호사대리의 원칙(제87조)이 잠탈될 우려가 있고, 본래 소송을 목적으로 하는 신탁은 금지되어 있기 때문이다(신 제7조). 그리하여 이를 잠탈하는 등의 탈법적 방법에 의하지 않은 것으로 이를 인정할 합리적 필요가 있다고 인정되는 경우에 한하여 제한적으로만 허용할 것이다.38)

판례는 앞의 요건을 전제로 하면서, 임의적 소송담당은 탈법적인 방법에 의한 것이 아닌 한 합리적인 필요가 있는 경우에 극히 제한적으로 인정될 수 있다고 전제하고, **업무집행조합원**은 조합재산에 관한 소송에 관하여 조합원으로부터 임의적 소송신탁(소송담당과 같은 의미)을 받아 자기 이름으로 소송을 수행하는 것이 허용된다고 하였다.39) 그 뒤에도 판례는 같은 취지의 판시를 반복하였다.40) 민법에서

---

34) 추심위임배서에는 공연한 추심위임배서와 숨은 추심위임배서가 있고, 어음법 제18조가 규율하는 것은 공연한 추심위임배서이고 일반적으로 추심위임배서라고 하면 공연한 추심위임배서를 말한다. 숨은 추심위임배서의 경우에 피배서인의 지위에 관하여는 학설이 나뉘어 있는데, 각 학설의 입장에 따라서 소송법상의 지위도 달라질 것이다.

35) 강현중, 225; 김용진, 718; 金·姜, 208; 이시윤, 165; 田炳西, 154; 전병서, 강의, 236.

36) 崔基元, 제5증보판 어음·手票法, 2008, 449 참조.

37) 宋·朴, 139도 같은 취지로 보인다. 독일에서도 대리인으로 보는 것이 일반적이다(vgl. Stein-Jonas/Bork²² vor §50 Rn. 46; Stein-Jonas/Jacoby²³ vor §50 Rn. 39). 소송담당으로 보는 유일한 견해는 Rosenberg-Schwab/Gottwald¹⁸ §46 Rn. 16.

38) 大判 2012. 5. 10, 2010다87474: 커피전문점이 배경음악을 제공하는 외국회사로부터 CD를 구매하여 커피숍 매장에서 배경음악으로 공연하자 한국음악저작권협회가 침해금지청구의 소를 제기한 사안에서 이 협회의 당사자적격을 부정하였다.

업무집행조합원에게 대리권이 있는 것으로 추정하고 있으므로(민 제709조) 업무집행
조합원이 대리인이 아니라 소송담당자로 인정되기 위하여는 조합원 모두의 소송을
담당시킬 명시적인 의사표시가 있어야 하고, 소송담당을 인정할 합리적 필요성이
있어야 한다. 여기서 필요성이란 조합원이 다수여서 전원을 당사자로 등장시키는
것이 현실적으로 불가능하여 고유필수적공동소송으로 수행할 수가 없을 경우를 말
한다.41) 업무집행조합원이라는 지위에 있다고 해서 소송담당의 의사표시가 있었다
거나 합리적 필요성이 있다고 인정해서는 안 된다.42) 이렇게 엄격하게 새기면 차라
리 선정당사자를 이용하는 것이 더 쉬워질 것이다. 결국 업무집행조합원에게 소송
을 담당시키는 것은 실제로 의미가 없고, 소송을 담당시키려면 선정당사자 제도를
이용하도록 하는 것이 타당하다.

　　판례가 인정하는 임의적 소송담당의 다른 예가 집합건물의 관리단으로부터 관리업무
를 위임받은 위탁관리회사이다. 집합건물의 관리단이 관리비의 부과징수를 포함한 관리
업무를 위탁관리회사에 포괄적으로 위임한 경우에는 통상적으로 관리비에 관한 재판상
청구를 할 수 있는 권한도 함께 수여한 것으로 볼 수 있으므로 위탁관리회사는 특별한
사정이 없는 한 구분소유자 등을 상대로 자기 이름으로 소를 제기하여 관리비를 청구할
당사자적격이 있다고 본다.43) 그리고 집합건물의 관리단이 입주자대표회의에 공용부분
변경에 관한 업무를 포괄적으로 위임한 경우에는 통상적으로 그 비용에 관한 재판상 청
구를 할 수 있는 권한도 함께 수여한 것으로 볼 수 있으므로 입주자대표회의가 직접 자
기 이름으로 소송상 청구를 하는 것은 임의적 소송담당으로, 이 경우는 합리적인 이유와
필요가 있으므로 당사자적격이 있다고 한다.44)

---

39) 大判 1984. 2. 14, 83다카1815.

40) 大判 1997. 11. 28, 95다35302; 大判 2001. 2. 23, 2000다68924.

41) 앞의 83다카1815 사안이 바로 그러한 경우이다.

42) 95다35302 판결에서는 83다카1815 판결에서 밝힌 '제한적으로 합리적 필요성이 있는 경우'라는
요건을 생략하고 판시하였으나 방론에 불과한 것이어서 문제되지 않았다. 그러나 2000다68924 판결에서
는 소송담당을 인정하면서 막연히 소송신탁을 받아서 자기 이름으로 소송을 수행할 수 있다고만 판시하
여 83다카1815 판결이 요구한 제한 요건을 무시하였고, 그 판결문에서 이 판결은 참조판례로 인용하지도
않았다. 실제로 이 사건의 원심판결을 보아도 굳이 소송담당을 인정할 필요성도 인정되지 않고, 소송을
담당시키는 의사표시가 있었다는 흔적도 없다.

43) 大判 2016. 12. 15, 2014다87885·87892; 大判 2022. 5. 13, 2019다229516(그에 따라 위탁관리업
자가 관리비청구 소송을 수행하던 중 관리위탁계약이 종료되면 소송절차는 중단되고 새로운 관리업자나
관리단, 관리인이 소송절차를 수계하여야 한다). 다만 현행 공동주택관리법 제64조 제1항은 입주자대표회
의나 주택관리업자, 임대사업자 등은 주택관리사를 관리사무소장으로 배치하도록 하고, 제3항은 관리사무
소장이 공동주택의 운영, 관리, 유지, 보수, 교체, 개량과 이를 집행하기 위한 관리비 등 경비의 청구, 수
령, 지출 및 관리하는 업무와 관련하여 '입주자대표회의'를 '대리'하여 재판상 행위를 할 수 있다고 규정
하여 달리 해석할 여지가 생겼다.

44) 大判 2017. 3. 16, 2015다3570.

(3) 소송담당과 기판력의 확장

《사례 10d》 〈사례 10c〉에서 丙이 파산관재인으로서 乙을 상대로 제소하였는데, 법원은 甲이 乙에게 당초에 돈을 대어 준 사실이 인정되지 않는다고 하여 청구를 기각하였고 이 판결에 아무도 항소하지 않았다. 그로부터 여러 해 뒤에 파산절차가 모두 끝나고 복권된 甲은 乙을 상대로 같은 내용의 청구를 하는 소를 제기하였다. 이 소가 허용되는가?

소송담당에 의하여 제3자가 소송수행권을 행사하여 확정판결을 받으면 그 기판력은 소송의 당사자, 즉 소송담당자뿐만 아니라 **법률관계의 당사자에게도** 미친다 (제218조 3항). 그러므로 〈사례 10d〉에서 먼저 丙이 한 소송에서 받은 기각판결의 기판력은 甲에게도 효력이 미친다. 따라서 뒤에 甲이 복권된 뒤에 스스로 제소하는 것은 기판력에 저촉되어 허용되지 않는다.[45)

문제는 **채권자대위소송**의 경우이다.[46)

《사례 16》 甲은 乙에게 5,500만원의 금전채권을 갖고 있고, 乙은 丙에게 역시 5,500만원의 금전채권을 갖고 있다. 乙이 이행기가 되어도 채무를 이행하지 않고 있을 뿐만 아니라 丙에 대한 청구도 하지 않아 乙이 무자력에 빠지게 되었다. 이에 甲은 우선 책임재산을 충실하게 하기 위하여 丙을 상대로 乙에 대한 채무를 이행할 것을 구하는 소를 제기하였다. 그러나 乙의 丙에 대한 채권의 존재가 인정되지 않아 甲은 패소하였고, 그 판결은 확정되었다. 뒤에 乙이 丙에 대하여 위 5,500만원의 지급을 구하는 소를 제기하였다. 법원은 이 소송에서 乙의 청구를 인용할 수 있는가?

학설은 과거에 제218조 제3항을 근거로 대위소송의 확정판결의 기판력은 언제나 채무자에게 미친다고 보았다. 그러므로 이 사례에서 甲이 수행한 대위소송의 확정판결의 기판력이 乙에게도 미치므로 乙의 제소는 기판력에 저촉된다고 보았다. 이와 반대로 판례는 과거에 전소송에서 채무자가 당사자로 참가하였으면 모르되 그렇지 않은 이상 전소송 판결의 기판력이 채무자에게는 미치지 않는다고 하였다.[47) 그러나 뒤에 판례는 태도를 변경하여 대위소송의 계속 사실을 **채무자가 알았**

---

45) 이때 법원이 어떤 형식의 판결을 할 것인가에 관하여는 견해가 대립된다. 우리 판례는 전소송에서 丙이 기각판결을 받았기 때문에 이 소송에서도 기각판결을 해야 한다고 본다. 그러나 학설은 일반적으로 기판력에 저촉되는 제소일 경우 이는 부적법하다고 하여 각하판결을 해야 한다고 본다.

46) 채권자대위소송 제도에 대한 평가에 관하여는 邢相哲, 債權者代位權의 制度的 價値에 관한 研究, 2003, 서울대학교 석사학위 논문 참조.

47) 大判 1966. 9. 27, 66다1149 이후 다수의 판결이 있다. 특히 大判 1967. 3. 28, 67다212는 "채권자가 대위권 행사로 제3자에게 제기한 소송에 있어서 채권자는 자기의 채권을 보전하기 위하여 자기의

을 때에는 기판력이 채무자에게 미친다고 하였다.[48] 이를 뒤집어 말하면 채무자가 소송계속을 몰랐으면 기판력이 그에게는 미치지 않는다는 말이다. 이러한 새로운 판례의 태도에 의하면 제218조 제3항이 채권자대위소송의 경우에는 정면으로 적용되지는 않는다는 말이 된다. 이처럼 법적 안정성을 위하여 인정된 기판력이 미치는 여부를 채무자의 주관적 사정인 알았는지의 여부를 기준으로 하는 것은 문제가 있다. 그러나 실제로는 이런 경우에 기판력이 대부분 채무자에게 미칠 것이다. 그것은 채권자대위권을 행사하는 채권자는 이를 채무자에게 통지하도록 되어 있기(민 제405조 1항) 때문에 대부분의 경우 채무자는 어떠한 형태로든 통지를 받아서 이 사실을 알 것이기 때문이다.

판례는 나아가 채권자대위소송이 계속한 사실을 채무자가 알았으면 뒤에 **다른 채권자**가 다시 대위청구의 소를 제기해도 역시 기판력에 저촉된다고 하여 기판력의 주관적 범위를 확대시키고 있다.[49] 생각건대 본래 기판력 제도와는 어울리지 않는 주관적 요소를 도입한 것도 어색한데, 더 나아가 그 소송과는 아무런 관계도 없는 다른 채권자에게까지 채무자의 전소송에서의 주관적 상황을 기준으로 기판력이 미치는지 여부를 결정하게 하는 것은 타당하지 않다. 채무자가 대위소송을 알았건 몰랐건 어떤 경우에도 다른 채권자에게 기판력을 미치게 할 법적 근거는 어디에도 없다.

Ⅲ. 소송상 취급

구체적 소송에서 어느 한 당사자라도 당사자적격이 없으면 소송요건 불비가 되어 그 소는 부적법해진다. 법원은 그 유무를 직권으로 조사하여 이 요건이 불비되어 있으면 소각하판결을 하게 된다.

당사자적격의 흠결을 간과하고 행한 본안판결에 대한 구제방법으로는 상소가 있다.[50] 만일 이러한 판결이 확정되더라도 효력은 생기지 않는다. 즉 적격자에게

이름으로 또 자기의 권리로서 행사한 것이므로, 당사자가 아닌 채무자에게 그 소송의 확정판결의 효력이 미칠 수 없다 할 것"이라고 하여 채권자대위소송은 소송담당이 아님을 명언하여 채권자대위소송에는 제 218조 제3항을 적용하지 않은 것이다.

48) 大判(全) 1975. 5. 13, 74다1664.

49) 大判 1994. 8. 2, 93다52808. 이 판결의 사안은 채무자가 대위소송 계속 사실을 몰랐기 때문에 뒤에 제소한 채권자가 기판력을 받지 않는다고 판단받은 경우이다.

50) 소송 중에 다른 법원에서 회생절차 개시결정을 했음에도 불구하고 이를 모르고 관리인의 소송수계도 없는 상태에서 판결을 선고한 것은 위법하다(大判 2011. 10. 27, 2011다56057). 이 판결은 마치 대

그 효력이 미치지는 않는다.

Ⅳ. 문 제 점

1. 소송담당의 분류

앞에서도 보았듯이 우리나라에서는 법정소송담당을 세 가지로 분류하거나 두 가지로 분류하거나 직무상당사자에 검사와 선장을 포함시키는 데에는 일치되어 있다. 그리고 파산관재인의 지위를 파산재단에 대한 관계에서는 담당자를 위한 소송담당이 되나, 다른 채권자들에 대한 관계에서는 직무상당사자로 보아도 무방하다는 견해도 있다.[51]

그러나 독일에서는 법정소송담당을 권리자의 소송수행권을 배제하고 이를 타인에게 넘겨주는 것이라고[52] 하거나, 원칙적으로 소송수행권을 타인에게 넘기고 실체적 법률관계 당사자의 소송수행권을 배제하는 것이라고[53] 설명한다. 그리고 법정소송담당을 직무상당사자, 당사자로 남아 있는 소송물양도인,[54] 기타의 소송수행권이 있는 비권리자, 조합관계 소송을 수행하는 조합원 및 전체를 위해 소송을 수행하는 단순한 공동권리자로 분류한다.[55] 그리고 직무상당사자에는 도산관재인, 유언집행자, 상속재산관리인 등이 속한다고 한다.[56] 우리나라에서 어떠한 연유로 하여 소송담당에 본래 법률관계 주체가 소송수행권을 잃지 않는 유형(이른바 병행형)을 인정하게 되었는지, 그리고 독일에서 직무상당사자라고 하는 관재인 등이 개념상 직무상당사자와 분리되었는지는 앞으로 알아보아야 할 문제이나, 파산관재인 등이 대체로 이해관계인 중에서 선임된다는 점에서 전혀 이해관계가 없는 검사 등과 달라 단순한 직무상당사자로 볼 수 없다고 생각한 것이 아닌가 짐작된다. 그러나 실제로 누가 파산관재인 등이 되느냐는 이들의 직무 성격을 좌우하는 것이 아니므로 우리

리인에 의하여 적법하게 대리되지 않은 경우와 마찬가지의 위법이 있다고 하였으나, 당사자적격 불비의 위법이 있다고 해야 할 것이다.

51) 강현중, 223.

52) Jauernig/Hess[30] § 22 Rn. 7.

53) Schilken[6] Rn. 273.

54) 독일법에서는 당사자항정(恒定)의 원칙 때문에 소송물양도가 있어도 양도인이 당사자로 남게 된다.

55) MüKoZPO/Lindacher/Hau[6] vor § 50 Rn. 48 ff. Jauernig/Hess[30] § 22 Rn. 8 ff.도 비슷하게 분류한다.

56) MüKoZPO/Lindacher/Hau[6] vor § 50 Rn. 33 ff.; Jauernig/Hess[30] § 22 Rn. 8; Rosenberg-Schwab/Gottwald[18], § 40 Rn. 13, § 46 Rn. 6.

나라에서 하는 분류는 타당성이 없다.

2. 타인의 권리에 대한 권리행사와 소송담당

본래 제3자의 소송담당에서 그 제3자는 법률의 규정이나 권리자(들)에 의하여 부여된 일정한 자격에 의해서 권리의 귀속자나 그에 관련된 이해관계인을 위하여, 그러나 자신의 이름으로 소송을 수행하는 이를 가리킨다. 권리자가 자기 고유의 권리를 행사하는 것과 일정한 자격에서 그 임무를 수행하는 것을 혼동해서는 안 된다. **채권질의 질권자**의 경우는 담보권 행사 시기가 도래한 후에 청구할 자신의 실체법상의 권리를 소송상 행사하는 것이지, 채권자라는 '자격에서' 타인, 즉 채무자를 위하여 소송을 하는 것이 아니다. 그러므로 이러한 경우는 소송담당이 아니라고 해야 한다. 독일에서도 이 경우를 소송담당이 아니라 채권자 자신의 질권 행사라고 보는 것이 일반적이다.57) 그리고 **추심명령을 얻은 채권자**의 추심에 관하여도 소송담당이 아니라 자기 권리의 행사라는 견해가 다수설이다.58) 특히 독일에서는 우선주의를 취하여 채권자가 압류명령과 추심명령을 얻으면 채무자의 제3채무자에 대한 채권에 압류질권을 취득하고, 채권자의 추심의 소는 이 압류질권을 행사하는 것이라고 보기 때문이다.59)

우리나라에서 이것과 같은 경우라고 설명되는 **채권자대위소송**도 민법이 채권자에게 부여한 대위권이란 실체법상의 권리를 소송상 행사하는 것이지 채권자라는 '자격에서' 법이 부여한 임무를 수행하느라고 채무자를 위하여 소송을 하거나 어떤 직무를 행사하기 위하여 소송을 하는 것이 아니다. 이때 채권자는 자기 채권의 보전을 위하여 대위권을 행사하는 것으로 어디까지나 자신의 이익을 위하여 소송을 수행하는 것이다.60) 그러므로 이러한 경우들을 소송담당이라고 보는 것은 타당하지

---

57) 특히 Stein-Jonas/Bork[22] vor §50 Rn. 43; Stein-Jonas/Jacoby[23] vor §50 Rn. 35; MüKoZPO/Lindacher/Hau[6] vor §50 Rn. 55; RGZ 58, 108 등. Rosenberg-Schwab/Gottwald[18] §46 Rn. 24는 아직 이행기가 도래하지 않은 채권에 대한 질권 행사의 경우에는 §1281 BGB에 의하여 채권자와 질권자가 공동으로 청구할 수 있고, 이때는 소송담당이라고 한다. 그리고 이행기 도래 후의 질권 행사는 채권질권자가 단독으로 추심하기 때문에(§1282 BGB) 여기에 포함시키지 않는다.

58) 소송담당으로 보는 견해는 Rosenberg-Schwab/Gottwald[18] §46 Rn. 17; Rosenberg/Gaul/Schilken[11] §55 Ⅱ Ⅰ b(S. 859); Stein-Jonas/Brehm[22] §835 Rn. 25. 자기의 권리행사라고 보는 견해는 Jauernig/Berger[22] Rn. 34; Stein-Jonas/Bork[22] vor §50 Rn. 43; Stein-Jonas/Münzberg[20] §835 Rn. 25; Stein-Jonas/Jacoby[23] vor §50 Rn. 35; RGZ 83, 119; BGHZ 102, 296 f. 등 다수.

59) Schilken[6] Rn. 273.

60) 민법상 채권자가 대위권을 행사하려면 원칙적으로 채권자의 피보전채권의 이행기가 도래하여야 한다(민 제404조 2항). 이는 대위청구의 소도 피보전채권이 이행기가 도래하여야 제기할 수 있음을 뜻한다. 만일 대위소송을 단순히 채무자의 채권을 행사하는 것이라고 본다면 이러한 요건이 필요하지 않을

않다.61)

이러한 구별은 **소송담당자가 사망**했을 때 누가 수계하는지를 보면 더 명백히 드러난다. 파산관재인이나 선정당사자가 사망하면 그들의 상속인이 수계하는 것이 아니라 다른 파산관재인이나 선정당사자가 수계한다(제237조). 즉 이러한 자격은 상속되는 것이 아니다. 그러나 채권질의 질권자나 추심의 소를 제기한 채권자, 채권자대위소송에서 채권자가 사망하면 누가 수계하는가? 이때는 다른 채권자나 질권자가 수계하는 것이 아니라 사망한 권리자의 상속인이 수계한다. 질권이나 추심채권, 채권자대위권이 고유의 권리이기 때문이다. 그러므로 이러한 경우는 소송담당이라고 할 수가 없는 것이다. 판례는 채무자의 제3채무자를 상대로 한 추심소송이 계속 중에 압류채권자가 제기한 추심의 소를 중복소제기가 아니라고 하여62) 결과적으로는 두 소송의 소송물이 같지 않다는 것을 인정한다.

3. 채권자대위소송에서의 당사자적격

《사례 14a》　　〈사례 14〉에서 법원이 심리하여 보니 甲이 실질적 매수인이 아님이 밝혀졌다. 이 경우에 법원은 어떻게 판결할 것인가?

《사례 16a》　　〈사례 16〉에서 전소송에서 甲의 乙에 대한 채권이 시효로 소멸하였다고 丙이 주장하였고 법원이 그것이 사실임을 알았다. 이때 법원은 어떠한 재판을 할 것인가?

〈사례 14a〉에서처럼 채권자의 채무자에 대한 채권, 즉 **피보전채권이 인정되지 않을 때** 법원이 어떻게 판결할 것인가에 관하여 견해 대립이 있다. 판례와 다수설

것이다. 더구나 〈사례 14〉와 같이 우리나라에서는 판례가 이전등기청구권이나 말소등기청구권의 대위행사와 같이 특정 채권의 보전을 위하여 대위권을 행사하는 것을 허용하고 있고 소송도 이러한 경우가 더 많다. 대부분 이러한 대위청구를 할 때는 채권자의 채무자에 대한 이전등기나 말소등기 청구를 함께 한다. 이러한 경우에는 대위권행사가 채권자 자신을 위한 청구라는 것이 더욱 뚜렷이 부각된다.

61) 채권자대위소송을 소송담당이라고 봄으로써 대위소송과 관련된 중복소제기금지와 기판력이 확대적용되는 문제점이 생긴다. 상세한 것은 胡文赫, "債權者代位訴訟과 重複提訴", 서울대학교 법학 제35권 제1호 (1994) 참조. 반대설은 소송담당이 아니라고 보면 1회적 채무를 질 뿐인 제3채무자가 여러 채권자에게 파상적으로 소제기를 당하는 파상공격의 시달림을 피할 수 없게 된다고 주장한다(이시윤, 163). 그러나 소송담당으로 본다고 해서 다른 채권자의 제소로 인한 시달림을 피할 수 있다고 생각하는 것은 착각이다. 나중에 각하판결이 날 것이 예상되더라도 다른 채권자의 소제기 자체를 물리적으로 막을 방법은 없는 것이므로 파상공격의 가능성이 있는 것은 마찬가지이다. 만일 첫 번째 채권자가 패소한 경우에는 그 판결의 증명력으로 인하여 다음 소송에서 사실상 제3채무자가 승소할 가능성이 매우 큰 것이다. 그리고 다른 채권자가 결정적인 증거를 새로 제출하여 승소한다면 이를 굳이 막는 것도 옳은 일이 아니다. 어차피 기판력의 주관적 범위(제218조)를 벗어나기 때문이다.

62) 大判(全) 2013. 12. 18, 2013다202120.

은 피보전채권이 없으면 원고는 채권자가 아니고, 채권자대위소송에서는 채권자만이 원고가 될 수 있는 것이므로 이 경우 원고는 당사자적격이 없어서 소를 각하할 것이라고 한다.63)

그러나 앞에서도 본 바와 같이 당사자적격은 본래 원고의 주장 자체로만 판단하는 것이지, 법원이 심리 결과 원고가 권리자가 아니라든가, 피고가 의무자가 아니라고 해서 비로소 판단하는 것이 아니다. 이러한 경우에 원고인 甲이 스스로 乙에 대한 채권자라고 주장하면 그 자체로 甲에게는 당사자적격이 인정되는 것이다.64) 그리고 채권자대위권이 민법이 인정한 실체법상의 권리이고 단순한 소권이 아닌 이상 민법상 대위권 행사의 요건인 '피보전채권이 존재할 것'은 **실체법상의 법률요건**이지 소송요건이 될 수는 없는 것이다. 그러므로 이 경우는 실체법상의 법률요건의 불비로 보아 청구기각판결을 하는 것이 타당하다.65) 나아가 〈사례 16a〉에서 다수설, 판례를 따르면 丙의 주장은 소송요건 불비를 주장한 것이 되어서 이는 본안전항변이다. 그러므로 이 경우 법원은 직권으로 조사하여 시효소멸이 인정되면 소각하판결을 해야 할 것이다. 그러나 판례는 채권자대위소송에서 피고 제3채무자는 피보전채권이 시효로 소멸하였다고 주장할 수 없다고 하여66) 그 항변을 배척하고 청구인용판결을 하였는데,67) 이는 판례 사이에서도 모순이 있음을 보여준다.68) 그리고 〈사례 14〉에서 만일 乙이 甲의 청구에 대하여 인낙하였다면 어떻게

---

63) 大判 1988. 6. 14, 87다카2753; 大判 1990. 12. 11, 88다카4727; 大判 1991. 6. 11, 91다10008; 大判 2008. 10. 23, 2008다37223(상고심 계속 중에 변제로 피보전채권이 소멸한 경우).

64) 반대설은 채권자대위소송의 경우처럼 제3자의 소송담당의 경우에 소송담당적격의 유무나 피보전채권의 존부는 소송요건이므로 주장 자체를 기다릴 것이 아닌 직권조사사항이라고 한다(이시윤, 168, 주 2). 그러나 이러한 비판은 여전히 실체법상의 권리의 존부와 당사자적격을 혼동하고 있으며, 대위소송이 소송담당임을 전제로 하는 것이므로 대위소송이 자기 소송이라는 견해에 대한 비판으로는 성립하지 않는다. 뿐만 아니라 대부분의 대위소송이 이행소송이므로 당사자적격은 역시 주장 자체만으로 판단해야 할 것이다.

65) 같은 견해는 元裕錫, 債權者代位訴訟에 있어서 被保全權利의 存否에 대한 判斷基準, 民事判例研究 XXII(1998), 473면 이하, 484면. 이 점에 관한 상세한 것은 胡文赫, "債權者代位訴訟에 있어서의 被保全債權과 當事者適格", 민사판례연구[XII] (1990) 참조.

66) 이와는 달리 채권자취소소송의 경우에는 판례가 사해행위의 수익자가 채권자의 채권의 소멸시효를 원용할 수 있다고 본다(大判 2007. 11. 29, 2007다54849).

67) 大判 1992. 11. 10, 92다35899; 大判 1998. 12. 8, 97다31472; 大判 1997. 7. 22, 97다5749. 다만, 제3채무자를 상대로 한 대위소송과 채무자를 상대로 한 소송이 계속한 경우에, 채무자 상대 소송에서 채무자가 소멸시효를 원용하는 항변을 하였고 그 사정이 알려진 대위소송에서 소멸시효가 적법하게 완성된 것으로 판단되면 원고는 대위소송에서 당사자적격이 없게 된다고 하였다(大判 2008. 1. 31, 2007다64471).

68) 한편 大判 2015. 9. 10, 2013다55300은 대위소송에서 제3채무자인 피고는 채무자가 채권자에 대하여 가지는 항변권이나 형성권 등과 같이 권리자에 의한 행사를 필요로 하는 사유를 들어 채권자의 채무자에 대한 권리가 인정되는지 여부를 다툴 수는 없지만, 채권자의 채무자에 대한 권리의 발생원인이

되었겠는가? 甲, 乙 사이에서는 甲이 채권자라는 점은 당연히 본안에 속하므로 乙
이 인낙할 수 있음은 물론이다. 그러나 甲, 丙 사이에서는 甲이 채권자라는 것이
소송요건으로 직권조사사항이므로 乙의 인낙이 소송요건에 대한 인낙이 된다는 이
상한 결과가 된다. 이러한 혼란이 생기는 원인은 바로 피보전채권의 존재를 당사자
적격의 문제, 즉 소송요건으로 본 데에 있다.

　판례는 나아가 심리 결과 피대위채권의 행사가 기판력 저촉이어서 행사할 수
없게 되어 결과적으로 피보전채권이 이행불능임이 밝혀진 경우에도 피보전채권이
인정되지 않으므로 채권자는 당사자적격이 없다고 한다.69) 이 경우 채권자의 대위
청구가 기판력 저촉이기 때문에 이를 전제로 한 피보전채권이 이행불능이라고 하
는 것은 기판력에 실체법적 효력을 부여하는 것이어서 부당하고, 설사 이행불능이
라 하더라도 그 때문에 대위청구에서 채권자에게 당사자적격이 없다고 하는 것은
더욱 부당하다.

　판례 중에는 채무자가 제3채무자를 상대로 소를 제기하여 확정판결을 받은 뒤
에는 채권자가 대위청구를 할 수 없다고 하면서70) 이 경우 채권자는 당사자적격을
상실한다고 판시한 것도 있다.71) 이 판례는 민법 제404조의 해석상 요구되는 ‘채무
자의 권리 불행사’라는 법률요건까지도 소송요건으로 파악한 잘못을 범하고 있다.
채권자대위권을 실체법상의 권리가 아닌 순수한 소송법상의 권리, 즉 소권이라고
착각하고 있다. 이러한 경우에는 채권자대위권의 법률요건이 불비되었다고 하여 채
권자의 청구를 기각하는 것이 옳다. 판례는 여기서 채무자가 제3채무자를 상대로
받은 확정판결에는 채무자가 채권을 행사했다고 볼 수 없을 사정으로 말미암은 소
송판결, 즉 소각하판결은 포함되지 않는다고 본다.72)

　　근래의 판례 중에는 채권자대위소송에서 채권자가 채무자는 사망하였을 것이라고 인

된 법률행위가 무효라거나 그 권리가 변제 등으로 소멸하였다는 등의 사실을 주장하여 채권자의 채무자
에 대한 권리가 인정되는지 여부를 다투는 것은 가능하고, 이 경우 법원은 피보전채권이 인정되는지 여
부에 관하여 직권으로 심리 판단해야 한다고 하였다.

　69) 大判 2014. 3. 27, 2009다104960·104977. 乙이 丙에 대하여 소유권이전등기말소청구권이 있다
고 하여 甲이 乙을 대위하여 丙을 상대로 등기말소청구를 하고, 이것의 이행을 전제로 乙을 상대로 丙에
대한 청구에서 피보전채권인 소유권이전등기를 청구한 사안이다.

　70) 大判 2009. 3. 12, 2008다65839. 이 판결 본문에서 아래의 92다30016 판결을 인용하고 있다.

　71) 大判 1992. 11. 10, 92다30016; 大判 1993. 3. 26, 92다32876.

　72) 大判 2018. 10. 25, 2018다210539(비법인사단이 사원총회의 결의 없이 소를 제기한 것은 특별수
권 없는 부적법한 소제기여서 각하된 사안에서, 비법인사단의 소제기에 관한 의사결정이 있었다고 할 수
없어 권리행사를 한 것으로 볼 수 없다고 판시).

정하면서도 상속인을 찾지 못한 사안에서 이는 피보전채권을 인정할 수 없는 경우에 해당한다고 하여 채권자에게 당사자적격이 없다고 판시한 것도 있다.[73] 채무자가 사망하였는데 상속인을 찾지 못한다고 하여 채권자가 당사자적격이 없다는 것은 무슨 논리인지 납득할 수가 없다. 이러한 사안에서는 소송 당사자인 원고와 제3채무자인 피고의 특정에는 아무런 문제가 없다. 다만 그 법률관계의 내용을 이루는 실체법상의 의무자 겸 권리자를 특정하지 못하여 실체법상 권리인 대위권을 행사할 수가 없는 경우이다. 이러한 소송상 청구에 대하여는 청구를 기각할 일이지 채권자의 원고적격을 부정할 일이 아니다.

제 5 절　訴訟能力

Ⅰ. 의　　의

1. 개념과 필요성

실체법상 의사표시는 의사능력이 있어야 효력이 있고, 의사능력이 없거나 부족한 이들을 위하여 행위능력 제도를 두고 있다. **의사능력**은 소송법에서도 마찬가지로 문제된다. 소송행위가 유효하려면 의사능력이 있어야 하는데 의사능력이 없거나 부족한 이들을 보호하기 위하여 부족한 능력을 보충하는 소송능력 제도를 두고 있다.

소송능력이란 당사자로서(또는 보조참가인으로서) 단독으로 소송행위를 하고 상대방이나 법원의 소송행위를 받을 수 있는 능력을 말한다. 소송능력이 없는 이를 소송무능력자라고 하는데, 이는 스스로 소송행위를 할 능력이 없는 이를 보호하기 위한 제도이다. 즉 소송능력은 소송상 자기의 이익을 스스로 충분히 주장·옹호할 수 있는, 즉 **스스로 소송행위를 할 수 있는 능력**을 말한다. 이는 실체법상 행위능력에 대응하는 것이다. 소송무능력자의 능력을 보충하기 위하여 마련된 것이 법정대리 제도이다.

《사례 17》　乙은 올해 17세의 고등학생으로, 컴퓨터 판매점을 하는 甲에게서 컴퓨터 한 대를 샀다. 그러나 乙이 컴퓨터 대금을 지급하지 않아 甲은 乙을 피고로 하여 대금지급을 구하는 소를 제기하였다. 이때 乙은 스스로 단독으로 소송행위를 할 수 있는가?

---

73) 大判 2021. 7. 21, 2020다300893.

이 사례에서 乙은 미성년자인데, 민법에 의하더라도 乙이 친권자의 동의를 받지 않은 한 甲으로부터 컴퓨터를 구입하기로 한 매매계약은 흠이 있다. 이 매매계약이 유효가 되려면 법정대리인인 친권자의 동의가 있어야 한다. 제한능력자인 미성년자가 잘못하여 손해를 입는 일이 없도록 보호하기 위한 것이다. 보통 한번으로 끝나고 그 행위의 결과를 예측하기가 쉬운 사법상의 법률행위도 그런데, 하물며 당사자가 할 일들이 대단히 복잡하고 그 결과를 예측하기가 아주 어려운 소송행위에서는 이러한 무능력자를 보호할 필요가 더욱 크다. 그러므로 〈사례 17〉의 경우에 乙이 단독으로 소송행위를 하도록 내버려 둘 수는 없는 것이다. 이러한 취지에서 마련된 것이 소송능력 내지는 소송무능력자 제도이다.

앞에서 본 당사자확정, 당사자능력 및 당사자적격의 세 문제는 소송에서 당사자가 되느냐, 될 수 있느냐의 문제이다. 그러나 소송능력은 당사자로 된 이가 단독으로 소송행위를 하거나 이를 받을 수 있는가, 아니면 법정대리인을 통해야 하는가의 문제이다. 즉 전자는 유무의 문제이고 후자는 방법의 문제이다.

2. 소송능력이 필요한 경우

소송능력은 원칙적으로 소송절차 내의 행위, 소송외의 행위, 소송개시 전의 행위(예를 들면, 소송대리권의 수여, 관할의 합의, 증거계약 등)에서 **능동적인 행위**뿐만 아니라 **수동적인 행위**에도 모두 필요하다.

그러나 일정한 경우에는 소송능력이 요구되지 않는다.

《사례 17a》　위 사례에서 乙은 그 컴퓨터가 기대했던 기능을 전혀 못하는 저질 불량품이기 때문에 매매대금을 지급할 수 없다고 주장하면서 함께 컴퓨터를 사용해 본 같은 반 친구 丙을 증인으로 신청하였다. 이때 丙은 스스로 단독으로 증언을 할 수 있는가?

타인의 대리인으로 행위하는 경우(민 제117조),[1] **증거방법**(증인, 당사자신문 등)이 되는 경우가 그것이다. 이런 때는 소송행위의 효과가 무능력자에게 미치는 것이 아니어서 무능력자 본인의 보호와는 관계가 없기 때문이다. 〈사례 17a〉에서 미성년자 丙은 자신이 당사자가 되어 소송을 수행하는 것이 아니라 다른 사람의 소송에서 증인이 된 것에 불과하므로 그 증언의 내용에 따라 丙이 손해를 입는 일은 생기지

---

1) 단 이 경우에도 법정대리인은 될 수 없다(민 제937조).

않는다. 따라서 丙은 자신이 경험한 사실을 증언하면 그뿐이고, 법정대리인의 보호는 필요하지 않다. 만일 乙이 당사자신문을 당하여 진술할 경우에는 그 효과가 乙 자신에게 미치지만, 증인의 증언이나 이러한 진술은 성격상 남이 대리하여 할 수 있는 것이 아니고 진실을 말하면 될 것이므로 법정대리인이 개입할 여지가 없다.

3. 의사능력과의 관계

본래 행위능력은 의사무능력자에게 법원의 재판으로 제한능력자임을 공시하게 하여 행위자와 거래안전을 모두 보호하려는 취지에서 만든 제도이다. 그런데 의사무능력자 중에서 아직 법원의 제한능력의 재판을 받지 못한 사람이 있을 수 있다. 이러한 경우에는 개별적인 심사로써 의사무능력의 판단을 받으면 제한능력자로 취급하는 것이 제도의 취지상 당연할 것이다.

민사소송법에서는 민법상의 제한능력자의 소송능력을 제한하도록 하였으나 제한능력의 재판을 받지 않은 의사무능력자에 관해서는 아무런 규정이 없었는데, 2016년 2월의 개정법에서 조문을 신설하여 의사무능력자를 위하여 제한능력자에 준하여 특별대리인을 선임할 수 있도록 하였다(제62조의2). 즉, 의사무능력자가 소송행위를 하는 데에 필요하거나 의사무능력자를 상대로 소송행위를 하려는 경우에 그 친족이나 이해관계인, 지방자치단체의 장, 검사가 특별대리인 선임을 신청할 수 있다(제62조의2 1항). 의사무능력자의 임의후견인이나 특정후견인도(의사무능력자가 피특정후견인인 경우) 특별대리인 선임을 신청할 수 있다.

그 밖에도 개별 사건에서 질병, 장애, 연령 등의 사유로 정신적, 신체적 제약이 있어 소송관계를 분명하게 할 진술을 하기 어려우나 제한능력자로 심판을 받지 않은 당사자의 경우 법원의 허가를 얻어 진술을 도와줄 사람(**진술보조인**)과 함께 출석하여 진술할 수 있도록 하였다(제143조의2).

Ⅱ. 원 칙

1. 소송능력자와 소송무능력자

본래 소송능력은 민법에서의 행위능력에 대응되는 것이므로, 소송능력, 소송무능력자의 법정대리와 소송행위에 필요한 수권은 민법이 정한 바에 따른다(제51조). 그러므로 **민법상의 행위능력자는 소송법상으로 소송능력자**이다. 그러나 민법상의 제한능력자가 소송법상 소송무능력자가 되는지는 개별적인 검토가 필요하다.

종전에는 행위무능력자로 미성년자, 한정치산자, 금치산자가 규정되었다. 그러나 민법 개정으로 2013년 7월 1일부터 행위무능력자 대신에 제한능력자라는 개념을 사용하면서, 여기에 미성년자와 피성년후견인, 피한정후견인, 피특정후견인이 속하도록 하여 행위능력에 제한을 받도록 규정한다(민 제5조~제17조, 제4편의 여러 규정). 이러한 제한능력자는 과거의 한정치산자나 금치산자와는 달리 행위능력을 더 세분하여 융통성 있게 규율한다. 동시에 친족회를 폐지하고 후견감독 제도를 신설하였다.

(1) 민법상의 제한능력자

미성년자와 관련하여, 민법에서는 성년 연령을 낮추어 만 19세로 성년이 되도록 하고(민 제4조), 그 밖의 미성년자에 관한 규율은 종전과 같다. 즉, 미성년자가 법률행위를 하려면 법정대리인의 동의를 얻어야 하고, 동의 없이 한 행위는 취소할 수 있다(민 제5조). 법정대리인이 특정 영업을 허락한 경우에는 그 영업에 관하여서는 행위능력이 있다(민 제8조 1항). 혼인을 한 미성년자는 민법에 따라 성년자로 취급된다(민 제826조의2).

피성년후견인은 질병, 장애, 노령, 그 밖의 사유로 인한 정신적 제약으로 사무처리능력이 '지속적으로 결여된' 사람이 대상이다. 이들이 가정법원의 성년후견개시의 심판으로 피성년후견인이 된다(민 제9조 1항). 이들의 법률행위는 일상생활에 필요하고 그 대가가 과도하지 않은 법률행위가 아닌 한 취소할 수 있는데, 가정법원이 취소할 수 없는 행위의 범위를 정하고 뒤에 그것을 변경할 수도 있다(민 제10조). 성년후견인은 피후견인의 **법정대리인**이 되는데, 그 대리권의 범위는 가정법원이 정할 수 있고, 가정법원은 성년후견인이 피성년후견인의 신상에 관하여 결정할 수 있는 권한의 범위를 정할 수 있다(민 제938조).

피한정후견인은 질병, 장애, 노령, 그 밖의 사유로 인한 정신적 제약으로 사무처리능력이 '부족한' 사람이 대상이다. 이들이 가정법원의 한정후견개시의 심판으로 피한정후견인이 된다(민 제12조 1항). 후견 개시의 심판이 있으면 가정법원이 한정후견인의 동의를 받아야 하는 행위의 범위를 정할 수 있고, 뒤에 이를 변경할 수도 있다. 피한정후견인이 한정후견인의 동의가 필요한 행위를 동의 없이 하였을 때에는 일상생활에 필요하고 대가가 과도하지 않은 법률행위가 아닌 한 그 행위를 취소할 수 있다(민 제13조). 가정법원은 한정후견인에게 **대리권을 주는 심판**을 할 수 있다(민 제959조의4 1항). 이는 민법상 한정후견인에게는 동의권은 인정되지만 대리권은 법률상 당연히 인정되는 것은 아님을 뜻한다. 실체법에서는 피한정후견인이 원칙적으로 행위능력자라고 보기 때문이다.

피특정후견인은 질병, 장애, 노령, 그 밖의 사유로 인한 정신적 제약으로 '일시적 후원'이나 '특정한 사무'에 관한 후원이 필요한 사람이 대상이다. 이들이 가정법원의 특정후견의 심판으로 피특정후견인이 된다. 이 심판을 할 때에는 특정후견의 기간이나 사무의 범위를 정해야 한다(민 제14조의2). 피특정후견인의 후원을 위하여 필요한 때에는 가정법원이 기간이나 범위를 정하여 특정후견인에게 **대리권을 수여하는 심판**을 할 수 있다 (민 제959조의11). 이러한 경우에는 특정후견인이 법정대리인이 된다.

(2) 제한능력자와 소송능력

위와 같이 민법상 무능력자 제도를 변경하였고 그에 따라 2016년 2월에 민사소 송법을 개정하여 2017년 2월부터는 개정법에 따라 규율하게 되었다.

(가) 미성년자

소송능력에서도 종전과 같이 미성년자는 **소송무능력자**로 볼 것이다. 그러므로 〈사례 17〉에서 乙은 미성년자로서 소송법상으로도 소송무능력자이다.

《사례 17b》　　위 사례에서 만일 甲이 제소시에 乙이 이미 혼인을 하였으면 乙이 스 스로 소송행위를 할 수 있는가?

여기서는 乙이 이미 혼인을 하였으므로 민법에 따라 성년자로 취급된다(민 제 826조의2). 그러므로 소송법상으로도 소송능력자로 취급되어 乙은 스스로 소송행위 를 할 수 있다.

(나) 피성년후견인

성년후견 개시의 심판으로 피성년후견인이 되면 그 사람은 **소송무능력자**가 된 다. 성년후견인이 소송에서도 **법정대리인**이 된다.[2] 다만, 가정법원이 취소할 수 없 는 행위의 범위를 정한 경우(민 제10조 2항), 그 행위에 해당하는 법률관계에 관하여 소송을 할 때에는 법정대리인의 대리가 필요하지 않으므로(제55조 1항 2호) 소송능 력이 인정된다. 일용품의 구입 등 일상생활에 필요하고 그 대가가 과도하지 않은 법률행위는 성년후견인이 취소할 수 없지만 이는 민법 제10조 제2항에 의한 것이 아니므로 이에 관한 소송행위에 소송능력이 인정되는 것은 아니다.

(다) 피한정후견인

피한정후견인은 원칙적으로 소송능력이 인정된다. 그러나 한정후견인에게 **대리 권이 수여**된 경우는 후견인이 법정대리인이 되므로 피후견인은 소송무능력자가 된 다(제56조 1항 참조). 개정법은 한정후견인의 동의가 필요한 행위의 범위를 가정법원 이 정하였을 때(민 제13조 1항) 그 행위에 관한 소송에서는 대리권 있는 한정후견인 에 의해서만 소송행위를 할 수 있다고 하여(제55조 2항), 이런 경우에만 소송능력이

---

2) 성년후견인이 당사자가 되는 것이 아니다. 大判 2017. 6. 19, 2017다212569는 소송 중에 성년후 견의 심판이 있다고 하여 성년후견인을 당사자로 취급한 원심판결을 파기하였다.

인정되지 않는 것처럼 보이나, 후견인에게 대리권이 수여되었으면 이는 법정대리인
이고, 따라서 그러한 법률관계에 관한 소송에서는 피후견인이 소송무능력자라고 보
아야 할 것이다. 법정대리인이 있는데 피후견인에게 행위능력과 소송능력이 있다고
할 수는 없기 때문이다. 이러한 행위가 일용품의 구입 증 일상생활에 필요하고 그
대가가 과도하지 않은 법률행위인 경우에 관하여는 논란의 여지가 있다. 취소할 수
없는 행위이므로 소송능력을 인정하자는 주장이 있을 수 있으나, 개정법은 취소 여
부를 기준으로 하지 않고 한정후견인의 동의 필요 여부를 기준으로 하고 있으므로
(제55조 2항) 소송능력이 인정되는 경우에 해당하지 않는다고 새길 것이다.

(라) 피특정후견인

피특정후견인의 소송능력에 관하여서는 아무런 직접적 규율이 없고, 특정후견인
이 특별대리인의 선임을 신청할 수 있다는 규정이(제62조의2 1항 단서) 있을 뿐이다.
그러므로 피특정후견인은 소송능력자여서 그에게 소송에서 법정대리인이 있을 필
요는 없다. 그러나 가정법원이 특정후견인에게 **대리권을 수여**하였으면(민 제959조의
11) 이 후견인은 그 기간이나 사무와 대리권의 범위 안에서 임의대리인이 아닌 법
정대리인이다. 법정대리인이 있는데 피후견인이 행위능력을 갖고 있다거나, 소송능
력이 있다고 할 수는 없다. 따라서 특정후견인의 **법정대리권의 범위** 안에서 피특정
후견인은 **소송능력이 없다**고 볼 것이다.[3] 후견인에게 대리권이 주어지지 않은 경
우에는 피특정후견인은 소송능력이 인정된다. 다만 의사능력이 없는 피특정후견인
을 위하여 대리권 없는 특정후견인은 제62조에 의하여 특별대리인 선임을 신청할
수 있다(제62조의2 1항 단서). 이 경우에도 특별대리인 선임으로 피특정후견인은 소
송무능력자가 된다고 볼 것이다.

(3) 법인 등의 소송능력

법인이나 권리능력 없는 사단, 재단에 소송능력이 있는지는 다투어진다. 상법학
계에서는 소송능력을 인정하는 견해가 다수이다.[4] 그러나 제64조가 법인 등의 대
표자와 관리인을 법정대리인에 준하여 취급하고 있는데, 이는 법인 등에 소송능력

---

3) 鄭·庚·金, 226, 주3. 그러나 宋·朴, 145; 이시윤, 170 이하에서는 피특정후견인을 소송무능력
자로 언급하지 않는다. 독일법에서 일반적으로 소송능력이 인정되는 당사자라도 성년후견인이나 재산관
리인이 대리할 경우에는 소송무능력자와 같이 취급하는데(§53 ZPO), 이는 당연한 규율로 우리법에서도
마찬가지로 새겨야 한다.
4) 예를 들어, 崔基元, 商法學新論(上), 제17판, 2008, 521.

이 없음을 전제로 한 규정이라고 볼 것이다.5)

2. 소송무능력자의 소송행위

행위능력 제도와 소송능력 제도는 그 법적 규율에 큰 차이가 있다.

《사례 17c》　〈사례 17〉에서 乙이 컴퓨터를 사는 데에 乙의 부모인 丁과 戊가 동의하였다. 이 경우에는 乙이 단독으로 소송행위를 할 수 있는가?

《사례 17d》　〈사례 17c〉에서 丁과 戊가 乙이 단독으로 소송을 하도록 허용하였다. 이 경우에는 乙이 단독으로 소송행위를 할 수 있는가?

사법상의 법률행위와 달리 소송절차는 대단히 복잡하고 소송행위의 결과를 예측하기 어렵기 때문에 아무리 법정대리인의 동의가 있어도 소송행위를 미성년자나 피한정후견인에게 맡겨 놓으면 그가 불이익을 입게 될 것이다. 그 동의의 내용이 사법상의 법률행위에 관한 것이건 소송행위에 관한 것이건 어느 경우에도 마찬가지이다. 그러므로 〈사례 17c〉와 〈사례 17d〉에서 丁·戊가 동의를 해도, 그래서 乙의 계약체결이 실체법상 완전히 유효라도 乙은 여전히 단독으로 소송행위를 할 수 없다. 소송무능력자의 소송행위는 **법정대리인이 대리**하여야 한다(제55조 1항 본문). 즉 법정대리인에게는 대리권만 있고 동의권은 없다.6)

《사례 17e》　〈사례 17〉에서 乙은 스스로 답변서를 제출하여 甲의 청구를 기각할 것을 신청하고 변호사를 선임하였다. 이 행위를 丁과 戊가 취소할 수 있는가?

민법에서는 법정대리인이 동의하거나 대리하지 않은 제한능력자의 법률행위는 취소할 수 있는 것으로 하였다(민 제5조 2항, 제10조 1항, 제13조 4항, 제15조~제17조). 그러나 소송에서 이처럼 소송무능력자의 행위를 취소할 수 있도록 하면, 수많은 소송행위들이 고리처럼 연결되어 조성되어 가는 소송절차가 그중 어느 행위가 취소될지 여부가 불분명하고, 취소를 해도 그 취소된 행위 이후의 부분은 모두 무효가 되어 절차의 안정을 기할 수가 없다. 이러한 이유에서 민사소송법은 소송무능력자

---

5) 이시윤, 169-170. 독일에서도 법인 등의 소송능력을 부정하는 것이 다수설이다(Rosenberg-Schwab/Gottwald[18] § 44 Rn. 7; Stein-Jonas/Jacoby[23] § 51 Rn. 20; Stein-Jonas/Bork[22] § 79 Rn. 3; Schilken[6] Rn. 269). 긍정하는 견해는 Jauernig/Hess[30] § 20, Rn. 5.

6) 개정 민법에서 마치 미성년자가 후견인의 동의를 얻어 소송행위를 할 수 있는 것처럼 규정하고 있으나(민 제950조 1항 5호), 이는 피후견인을 대리하여 행위를 하는 경우에만 적용된다고 새겨야 할 것이다.

의 소송행위는 취소할 수 있는 것이 아니라 아예 **무효로 취급**한다(제60조 참조). 그러므로 〈사례 17e〉의 경우 乙의 행위인 신청과 소송대리권의 수여는 모두 무효이어서 丁과 戊가 취소를 할 대상조차도 없다.

Ⅲ. 예 외

소송무능력자가 스스로 단독으로 소송행위를 할 수 있는 예외가 몇 가지 있다.

1. 독립한 법률행위

미성년자가 독립하여 법률행위를 할 수 있는 경우이다(제55조 1항 1호). 여기서 '독립하여 법률행위를 할 수 있는 경우'란 무엇을 뜻하는가?

《사례 17f》 〈사례 17〉에서 乙이 컴퓨터 대금으로 지급하려는 돈은 丁과 戊가 오래 전부터 적금을 들어 둔 것이 만기가 되어 찾은 것인데, 丁과 戊가 乙에게 "이 돈은 네 마음대로 쓰고 싶은대로 써라"고 하면서 주었다. 이 경우에 乙은 스스로 소송행위를 할 수 있는가?

이 사례에서 乙이 컴퓨터를 구입한 것은 친권자가 처분을 허락한 재산으로 구입한 것이므로 민법상으로는 아무런 하자가 없는 행위이다(민 제6조). 그러나 이 경우는 여기서 말하는 독립하여 법률행위를 할 수 있는 경우에 해당하지 않는다. 그러므로 乙이 소송행위는 스스로 할 수 없다.

《사례 17g》 〈사례 17〉에서 만일 甲이 컴퓨터 도매상이고 乙이 소매상이어서 매매한 것이라면 乙이 단독으로 소송행위를 할 수 있는가?

이 사례에서 乙의 행위는 **영업에 관한 행위**로 법정대리인의 허락을 얻으면 민법상 유효인 행위가 됨은 물론(민 제8조 1항), 소송상으로도 이는 독립하여 법률행위를 할 수 있는 경우에 해당하여 스스로 소송행위를 할 수 있다. 이와 같은 경우로 다루어지는 것이 회사의 **무한책임사원**이 될 것이 허락된 경우이다(상 제7조).

2. 근로계약과 임금의 청구

미성년자의 근로계약의 체결 및 임금의 청구에 관한 소송에서는 그 미성년자는 스스로 소송행위를 할 수 있다. 이는 근로기준법이 미성년자의 법정대리인은 근로

계약을 대리할 수 없고(근기 제67조 1항),[7] 임금도 미성년자가 독자적으로 청구할 수 있다고(근기 제68조) 규정하기 때문에 그에 관한 소송에서도 마찬가지로 다루는 것이다.

3. 능력 유무가 다투어지는 경우

일단 소송무능력자라고 인정된 이라도 그 능력이 있다고 다투는 경우에는 스스로 소송행위를 할 수 있도록 인정해야 할 것이다.

《사례 18》　　한정후견 심판을 받은 적이 있는 甲이 乙을 상대로 대여금을 반환하라고 청구하는 소를 제기하였다. 이에 법원은 甲이 피한정후견인이라고 하여 법정대리인을 출석시키라고 명하였다. 그러나 甲은 이에 응하지 않았고, 법원은 이 소를 각하하였다. 이에 불복한 甲은 이미 한정후견 종료의 심판이 있어 더 이상 피한정후견인이 아님을 주장하여 항소하였다. 이 항소는 적법한가?

이 사례에서 만일 甲이 소송무능력자라고 하여 스스로 항소조차 못하게 한다면 甲으로서는 존재하지도 않는 법정대리인을 당장 어디서 만들어 와야 한다는 문제가 생겨, 결과적으로 법원의 잘못된 판단을 다툴 길이 봉쇄된다. 그러므로 이 사례에서 甲의 항소는 적법하다고 본다.

Ⅳ. 소송능력의 법적 성격

1. 소송행위의 요건

소송능력 없는 당사자의 개별적 소송행위는 무효이므로 소송능력은 **소송행위의 유효요건**이 된다.

《사례 19》　　甲은 작은 회사를 경영하면서 그가 버는 돈으로 네 식구가 근근히 살아가고 있었다. 나이가 40이 되면서부터 갑자기 치매 증세가 생기면서 매달 버는 돈을 모두 같은 동네에 있는 A양로원에 갖다 주기 시작했다. 그 때문에 궁핍한 생활을 하게 된 甲의 처 乙이 참다 못해 법원에 甲에 대한 성년후견 심판을 신청하여 받아들여졌고, 乙이 성년후견인이 되었다. 甲은 노후에 그 양로원에서 자기를 무료로 받아줄 것을 기대했는데, 양로원 측에서 이를 거절하였다고 하면서 乙로 하여금 그동안 증여한 금전 기타 물건을 반환하라는 소를 제기하도록 하였다. 그러나 소송 진행 중에 甲은 생각이 바뀌어 스스로 법원에 소취하서를 제출하였다. 이에 피고 A양로원은 기꺼이 동의

---

7) 다만 18세 미만의 미성년자가 근로계약을 체결함에는 법정대리인의 동의가 필요하다(근기 제66조).

하였다. 이 소취하는 효력이 있는가?

이 사례에서 乙이 법정대리인으로 소를 제기하여 적법하게 소송계속이 생겼고, 이 경우 소송 중의 개개의 소송행위도 법정대리인이 대리하여야 한다. 따라서 甲이 한 소취하는 비록 피고 A양로원이 동의했더라도 효력이 없다.

소송능력 없는 **당사자에 대한 개별적 소송행위**도 무효이다. 예를 들어, 법정대리인 아닌 무능력자에 대한 기일통지나 송달은 무효이다. 그러므로 판결정본이 무능력자에게만 송달되면 상소기간은 진행하지 않는다.

《사례 17h》   〈사례 17〉에서 법원이 乙이 미성년자임을 이유로 丁과 戊가 출석하도록 명하고자 하였다. 그러나 甲은 자기는 乙이 미성년자인 것을 전혀 문제삼지 않을테니 乙의 소송행위를 허용하고 丁과 戊를 번거롭게 하지 말라고 법원에서 진술하였다. 이때는 乙이 스스로 소송행위를 할 수 있는가?

소송능력의 유무에 관하여 당사자에게는 아무 처분권이 없다. 그러므로 이 사례에서처럼 상대방 당사자가 소송무능력을 문제삼지 않겠다고 하더라도 乙의 소송행위가 유효로 되는 것이 아니다.

2. 소송요건

소송능력은 그 소를 적법하게 하는 소송요건이기도 하다. 그중에서도 **직권조사사항**이다. 앞에서 설명한 대로 무능력자의 소제기 행위는 보정되지 않는 한 무효이므로 소가 부적법한 것이다. 그러므로 소송능력이 없는 이가 제소하면 법원이 **보정명령**을 발하고 그래도 듣지 않으면, 그리하여 변론 종결시 여전히 무능력이 보정되지 않으면 그 소는 부적법하여 각하된다.

피고의 소송능력도 소송요건이다. 소송요건은 본안재판요건이므로 피고가 소송무능력자인데 법정대리인이 대리하지 않으면 소송요건이 불비되었고, 따라서 법원은 **본안재판**을 하여서는 안 된다.[8] 다만 앞에서 본 당사자확정, 당사자능력, 당사자적격과는 달리 피고인 소송무능력자가 그 무능력을 보정하지 않았다고 원고의 소가 부적법해지는 것은 아니다. 피고 측의 무능력은 원고의 소제기의 유무효, 적법, 부적법과는 관계가 없기 때문이다. 이런 점에서 무능력자인 피고에 대한 개별적 소송행위가 무효라는 것과 구별해야 한다.

---

8) Stein-Jonas/Bork[22] § 51 Rn. 6; Stein-Jonas/Jacoby[23] § 51 Rn. 8.

V. 소송계속 중의 소송능력의 취득 또는 상실

1. 소송능력의 취득

소를 제기한 때에는 소송능력이 없었으나 소송 진행 중에 그것이 취득된 경우에는 어떻게 할 것인가?

《사례 20》　　17세인 甲은 등교 길에 乙이 운전하는 차에 치어 상해를 입었다. 甲은 그로 인하여 생긴 손해 1,200만원을 배상할 것을 청구하는 소를 제기하기 위하여 변호사 丙에게 소송을 맡겼다. 이에 丙은 甲의 이름으로 소를 제기하였다. 소송이 진행 중에 甲이 19세가 되었다. 이때 丙이 이제까지 한 소제기와 기타 행위의 효력은 어떻게 되는가?

이 사례에서처럼 소송 중에 미성년자가 성년이 되든가, 제한능력자에게 후견 종료의 심판이 내려지거나(민 제11조, 제14조), 법정대리권이 소멸하여(민 제959조의4, 제959조의11 참조) 당사자에게 소송능력이 생길 경우에는 비록 능력을 갖게 될 때까지의 행위는 본래 무효이나, 그 당사자가 그 **행위를 추인**하면 무효인 소송행위들이 유효로 된다(제60조).[9] 〈사례 20〉에서 甲은 소송무능력자였으므로 甲이 丙에게 소송대리권을 수여한 행위도 소송행위로서 무효이고, 따라서 별다른 보정이 없으면 丙이 한 제소도 무권대리행위로서 무효이다. 그러나 성년이 된 甲이 그 행위들을 추인한다면 유효인 행위가 될 것이다.

이때 추인은 그때까지의 **소송행위 전체**에 대하여 하여야 하고, 일부추인은 허용되지 않는다. 다만 이는 절차의 안정을 해치지 않으려는 취지이므로 일부만 추인하더라도 절차를 불안하게 하지 않을 경우에는 허용하는 것이 합리적일 것이다.

《사례 20a》　　〈사례 20〉에서 甲이 19세가 된 것이 항소심에서 소를 취하한 다음이었다. 이때 甲이 소취하를 잘못하였다고 후회하여 다시 소송을 부활시킬 수가 있는가?

이 사례에서 甲의 소송대리인이 한 행위는 소취하를 포함하여 모두 무효이다. 그러나 甲이 성년이 된 뒤에 소취하를 제외한 다른 행위들을 추인하면 소송이 부

---

9) 뒤에서 설명하듯이 당사자가 능력을 갖게 되기 전이라도 법정대리인이 추인하면 그 소송행위는 유효가 된다(제60조).

활하여 항소심에 계속하게 될 것이다. 이는 절차의 혼란을 일으킬 우려도 없고 소송경제상 적절하여 그러한 추인은 허용된다. 판례도 같은 태도이다.[10]

《사례 20b》 〈사례 20〉에서 甲은 19세가 된 뒤에도 별다른 말이 없이 丙의 소송수행을 지켜보면서 잘 부탁한다고 말하였다. 이때 이제까지 丙이 한 소송행위의 효력은 어떻게 되는가?

추인의 방법에는 제한이 없다. 법원이나 상대방에게 할 수 있고, 묵시적으로 할 수도 있다. 그러므로 〈사례 20b〉에서처럼 미성년자가 성년이 된 뒤에 계속 소송행위를 하거나 소송대리인으로 하여금 하도록 하는 경우나, 소송계속 후에 법정대리인이 무능력자의 행위를 인정하여 소송대리인을 선임하는 경우에 모두 추인이 있는 것으로 취급된다.

2. 소송능력의 상실

당사자가 소제기 시에는 소송능력이 있었으나, 소송 진행 중에 무능력자가 되는 경우도 있을 수 있다.

《사례 21》 금년 30세인 甲은 회사 출근 길에 乙이 운전하는 차에 치어 부상을 입었다. 甲은 그로 인하여 생긴 손해 1,200만원을 배상하라고 乙을 피고로 하여 소를 제기하였다. 그러나 소송 진행 중에 甲은 정신이상 증세를 보여 성년후견 개시의 심판을 받았다. 이때 이제까지 甲이 한 소송행위의 효력은 어떠한가? 그리고 앞으로 甲은 소송행위를 할 수 있는가?

당사자가 소송 중에 능력을 상실하는 경우란, 소송 중에 성년후견 개시의 심판을 받은 경우이거나, 소송 중에 한정후견 개시의 심판을 받고 후견인에게 대리권이 수여된 경우, 한정후견인에게 소송의 대상이 된 법률관계에 관하여 소송 중에 대리권이 수여된 경우, 특정후견 개시의 심판을 받고 후견인에게 대리권이 수여되는 경우이다. 이때 그 당사자가 능력을 상실하기 전에 한 소송행위가 여전히 유효함은 물론이다. 그러나 장래에 향하여는 단독으로 소송행위를 할 수 없으므로 소송능력을 보충하기 위한 조치가 필요하다. 즉 **법정대리인이 절차를 수계**하여야 하는데, 그 동안은 소송절차가 진행되어서는 안 되기 때문에 절차는 중단된다(제235조).

---

10) 大判 1973. 7. 24, 69다60.

《사례 21a》　〈사례 21〉에서 만일 변호사 丙이 甲의 소송대리인으로 소송을 수행하였으면 어떻게 되는가?

그러나 무능력자가 된 당사자에게 소송대리인이 있으면 수계절차를 밟는 동안 소송이 진행되어도 그 당사자는 충분히 보호될 것이므로 절차는 중단되지 않는다 (제238조).

Ⅵ. 소송능력의 보정

앞서 말한 바와 같이 소송능력의 존재는 유효요건이므로 무능력자의 행위는 무효이다. 법원은 이를 직권으로 조사하여 능력이 흠결된 경우에는 기간을 정하여 보정을 명한다(제59조 전단). 여기서 보정이라 함은 본인이 능력자가 된 뒤나 그 전이라도 법정대리인이 과거의 행위와 장래의 행위를 유효하게 하는 행위를 말한다. 즉, 과거의 행위에 대하여는 **추인**을 하고 장래의 행위에 관하여는 **법정대리인이 수계**하여 소송행위를 하는 것을 말한다. 이 추인은 상고심에서도 할 수 있다.[11]

본래는 보정하기 전에는 소송행위를 할 수 없으나, 보정으로 인한 지연으로 손해가 생길 염려가 있는 때에는 보정을 조건으로 일시 소송행위를 하게 할 수 있다 (제59조 후단).

원고가 무능력자일 때 보정을 하지 않으면 결국 그 소는 부적법한 것이 되어 법원이 소각하판결을 하면 된다. 문제는 **피고가 소송무능력자**인 경우이다. 소장을 무능력자인 피고에게 송달하였으면 그 송달은 무효이다. 이는 소장의 필수적 기재사항인 법정대리인을 기재하지 않은 결과이므로 소장을 보정할 사유이고 보정하지 않으면 그 불이익을 원고가 입는다.

《사례 17i》　〈사례 17〉에서 법원이 乙이 미성년자임을 이유로 다음 변론기일에 친권자 丁과 戊를 출석하도록 명하였다. 그러나 다음 기일에 여전히 乙이 혼자서 출석하여 변론하고자 하였다. 이때 법원은 어떠한 조치를 취할 것인가?

이 사례에서 乙이 **변론기일에 출석하여 소송행위**를 하는 것은 부적법하므로 乙을 배제하여야 하는 것은 분명하지만, 그렇다고 乙이 보정하지 않는데 甲의 소를

---

11) 적법한 대표자의 자격이 없는 비법인사단의 경우: 大判 1997. 3. 14, 96다25227; 大判 2010. 12. 9, 2010다77583; 大判 2016. 7. 7, 2013다76871; 大判 2019. 9. 10, 2019다208953.

부적법하다고 각하할 수는 없다. 이런 경우에는 법정대리인이 출석하지 않았으므로 결국 기일불출석으로 처리하게 될 것이다.[12] 기일불출석은 자백간주로, 그리고 무능력자에 대한 본안패소판결로 연결된다. 이는 결국 똑같은 행위를 하였는데, 소송무능력으로 인하여 원고의 경우는 소송판결인 소각하로 되고, 피고의 경우는 본안패소를 뜻하는 청구인용판결을 받게 되어 피고가 더 불리한 지위에 놓이게 된다. 이는 소송무능력자 보호라는 제도의 취지를 몰각하는 것이어서 타당하지 않다. 따라서 이 사례와 같은 경우에는 피고에게 자백간주의 불이익을 입히지 않도록 하는 방안이 필요하다. 여기에 무능력자에게 법정대리인이 없거나 법정대리인이 대리권을 행사할 수 없는 경우에 상대방이 **특별대리인의 선임**을 신청할 수 있도록 한 제62조를 유추적용하는 것이 타당하다. 그러므로 제62조 제1항에 의하여 甲이 乙을 위한 특별대리인 선임을 신청하면 법원이 이를 선임한다. 다만 이러한 경우는 특별대리인의 선임이 전적으로 乙에게 그 원인이 있으므로 그와 관련된 비용은 乙의 부담으로 해야 할 것이다.

Ⅶ. 소송무능력을 간과한 판결

소송능력의 흠결을 간과하고 선고한 본안판결에 대하여는 상소로 다툴 수 있고, 확정된 뒤라도 재심사유에 해당되어(제451조 1항 3호) 재심으로 다툴 수 있다. 그러나 판결이 선고된 뒤에 추인하였으면 상소나 재심이 허용되지 않는다.

제 6 절 辯論能力

Ⅰ. 의   의

변론능력이란 당사자나 법정대리인이 **소송대리인에 의하지 않고 법원에 출석하여 유효한 소송행위를 할 수 있는 능력**을 말한다. 이는 소송능력과는 달리 당사자를 보호하려는 것이 아니라 **절차의 원활한 진행**을 위하여 요구되는 능력이므로 당사자간의 소송행위에는 필요하지 않다.

---

12) 김홍엽, 176; 이시윤, 172.

Ⅱ. 변론무능력자

우리 법은 필수적 변호사대리(변호사강제)원칙을 취하지 않고 본인소송이 얼마든지 허용되므로 소송능력 있는 당사자는 누구나 변론능력을 가진다.[1] 그러나 구체적인 경우에 개별 당사자가 절차의 진행에 방해가 되는 행동을 한다든가 법원의 소송지휘를 이해하지 못하는 경우에는 변론능력을 제한할 수 있다. 재판장의 소송지휘에 따르지 않아 **발언을 금지당한**(제135조 2항) 당사자나 법정대리인은 변론능력이 없다. 그리고 당사자나 대리인이 법원의 석명에 응하여 소송관계를 명료하게 진술을 할 수 없을 때에는 법원이 **진술을 금지**할 수 있고(제144조 1항), 이 명령을 받은 이는 변론능력을 상실한다. 이때 법원은 필요하면 변호사의 선임을 명할 수 있다.

변호사대리의 원칙상 원칙적으로 변호사가 아니면 소송대리인으로서의 변론능력이 없다는 견해가 있다.[2] 이 견해에 의하면 변호사 아닌 사람이 대리권을 수여받으면 소송대리권은 있지만 변론능력이 없을 뿐이다. 따라서 변호사 아닌 사람이라도 대리권은 있으므로 변호사를 복대리인으로 선임하여 기일에 출석시킬 수 있다는 의미가 되는데, 이는 타당하지 않다. 변호사 아닌 사람에게는 원칙적으로 소송대리권이 없다고 보는 것이 타당하다.[3]

통역이 있어야 하는 이들(우리 말을 못하거나 듣거나 말하는 데 장애가 있는 사람 등)에게는 변론능력이 없다는 견해가 있으나,[4] 통역은 어디까지나 이들이 변론기일에 출석하여 변론하는 과정에서 타인들과 의사소통이 되도록 보조하는 역할에 불과하므로 이들의 변론능력을 제한하는 사유가 된다고 볼 것은 아니다.

Ⅲ. 변론능력 흠결의 효과

변론능력 없는 이는 변론기일에 출석하여 변론할 수가 없다. 그러므로 이런 이들이 출석하더라도 아무 소용이 없으며 기일에 **결석한** 것과 같은 **효과**가 생긴다. 소나 상소를 제기한 당사자에게 진술금지의 재판과 함께 변호사선임명령을 했음에

---

1) 독일은 간이법원(Amtsgericht) 이외의 절차에서 이른바 변호사강제를 원칙으로 하였으므로 변호사만이 변론능력을 갖고, 당사자 본인이나 법정대리인 등은 변론능력이 없다.
2) 김홍엽, 178; 宋・朴, 151; 이시윤, 176; 鄭・庚・金, 232 등 다수설이다.
3) 田炳西, 176. 종전에는 변론능력이 없다고 보았으나, 견해를 바꾸기로 한다.
4) 方順元, 188; 宋・朴, 150.

도 불구하고 신(新)기일까지 변호사를 선임하지 않았을 때에는 법원은 결정으로 **소나 상소를 각하**할 수 있다(제144조 4항). 이는 원고나 상소인에게만 해당한다. 이와는 달리 피고나 피상소인에게 변호사선임명령을 한 경우에는 기일결석의 불이익이상은 입힐 수가 없으므로 균형이 맞지 않다는 문제점이 있다.5) 뿐만 아니라 소나 상소의 각하는 이들이 부적법한 경우에 하는 것인데, 이미 적법하게 시작된 소송절차 진행 중에 진술금지를 당한 원고가 변호사를 선임하지 않는다고 소나 상소를 소급적으로 부적법하게 취급하는 것은 입법의 오류이다. 판례는 대리인에게 진술을 금하고 변호사의 선임을 명하고도 이를 본인에게 통지하지(제144조 3항) 않았으면 본인이 변호사를 선임하지 아니하였더라도 소를 각하할 수는 없다고 한다.6)

법원이 변론능력의 흠결을 모르고 **종국판결**을 하더라도 상소나 재심으로 다툴 사유는 되지 않는다. 변론능력은 원활한 소송진행을 위하여 요구되는 것인데, 이를 문제삼지 않고 이미 절차가 다 지났으면 그 **흠결은 치유**되었다고 보기 때문이다. 다만 그러한 절차 진행 때문에 심리가 부실하게 되어서 상소가 제기되는 수는 많을 것이다.

제 7 절 訴訟上의 代理人

I. 의의와 종류

소송상의 대리인이란 당사자의, 즉 남의 이름으로, 자기의 의사 결정에 따라 소송행위를 하고, 법원과 상대방의 소송행위를 받는 이를 말하는데, 그 행위의 효과는 본인인 당사자에게 미치게 된다. 사법(私法)에도 대리제도가 있어서 그 법률관계가 기본적으로는 같으나 그 목적이 서로 다르다. 사법상의 대리제도는 사적자치의 확장(임의대리)과 보충(법정대리)이 그 목적이고, 소송법상의 대리제도는 **당사자를 강력히 보호**하며, **심리를 충실**하고 **원활화**하게 하려는 것이 그 목적이다.

대리인에는 본인의 의사나 행위와는 관계없이 법률의 규정에 근거하여 대리권이 수여되는 법정대리인과 본인의 행위에 의하여 대리권이 수여되는 임의대리인이

---

5) 이시윤, 178.
6) 大決 2000. 10. 18, 2000마2999.

있다. 임의대리인에는 다시 몇 가지 종류가 있으나 그중 가장 중요한 의미를 가지는 것이 소송대리인이다.

Ⅱ. 법정대리인

법정대리인은 **법률의 규정에 의하여 대리권을 갖게 되거나 국가가(주로 법원이) 대리권을 수여하는 대리인**을 말한다. 앞에서 본 소송무능력자는 스스로 소송을 수행할 수 없는 자로서 이들의 권익을 보호하기 위한 제도가 필요하다. 이러한 필요에 의하여 소송무능력자의 소송행위를 법정대리인이 대리하도록 하고, 무능력자를 보호하기 위한 그 밖의 여러 가지 권한을 갖도록 하였다. 보통은 실체법상의 법정대리인이 소송에서도 법정대리인이 된다. 그 밖에 특별한 경우에 법정대리인의 역할을 할 소송상의 특별대리인이 있다. 법인이나 권리능력 없는 사단의 대표자와 권리능력 없는 재단의 관리인은 법률상 대리인은 아니지만 소송법에서는 이를 법정대리인에 준하여 취급한다(제64조).

1. 실체법상의 법정대리인

민법상의 법정대리인이 제51조에 의하여 소송법에서도 법정대리인이 된다. 따라서 미성년자의 경우에는 친권자나 후견인이, 피성년후견인의 경우에는 성년후견인이, 피한정후견인과 피특정후견인의 경우에는 가정법원으로부터 대리권을 수여받은 한정후견인과 특정후견인이 소송에서도 법정대리인이 된다. 그리고 본인과 법정대리인이 서로 반대되는 이해관계에 있으면 민법상 특별대리인을 선임하게 되어 있는데(민 제64조, 제847조, 제921조), 이들도 소송상 법정대리인이 된다. 법원이 선임한 부재자의 재산관리인도 여기서 말하는 법정대리인이다.

그러나 마찬가지로 법원이 선임한 상속재산관리인(민 제1053조)과 유언집행자(민 제1096조, 제1103조)도 법정대리인인지는 다투어진다. 민법은 **상속재산관리인**에 관하여 부재자재산관리에 관한 규정을 준용하도록 하였기 때문에(민 제1053조 2항) 상속재산관리인을 법정대리인으로 보는 것이 일반적이나, 소송담당자로 보는 견해도 있다.[1] 판례로는 법정대리인이라고 명언한 것이 있는가 하면[2] 소송담당자라고 본 판

---

1) 강현중, 249.
2) 大決 1967. 3. 28, 67마155.

결도 있다.3) **유언집행자**의 경우 민법이 상속인의 대리인으로 본다고 규정하고 있음에도(민 제1103조) 불구하고 소송담당자로 보는 것이 다수설, 판례이고,4) 법정대리인으로 보는 견해도 있다.5)

2. 소송상의 특별대리인

앞에서 본 실체법상의 법정대리인은 소송무능력자가 소송당사자가 될 경우에는 언제나 소송행위를 대리할 권한을 가진다. 그러나 구체적인 경우에 이런 법정대리인이 대리권을 행사할 수 없는 수가 있고, 당사자의 존재가 불분명하여 별도로 대리인이 필요한 경우도 생긴다. 그리고 성년후견인의 법정대리권의 범위 밖의 사건에서 피성년후견인이 소송당사자가 되거나 한정후견인에게 가정법원이 대리권을 수여하지 않은 상태에서 피한정후견인이 소송당사자가 된 경우에도 법정대리인이 없는 상태가 된다.

《사례 22》 甲은 乙의 폭행으로 중상을 입어 2,500만원의 손해가 생겼음을 이유로 乙을 상대로 손해배상청구의 소를 제기하였다. 그러나 乙은 16세인 미성년자이기 때문에 친권자의 대리가 있어야 하는데, 乙의 부는 3년 전에 사고로 사망하였고 모는 미국 교포와 재혼하여 乙을 놔두고 미국으로 가버렸으며, 그 밖에 후견인 될 만한 사람이 아무도 없었다. 이 경우에 甲이 소송을 하기 위하여 취할 방법은 무엇인가?

이러한 사례는 본래 乙의 친권자가 친권을 행사할 수 없는 경우로서 미성년후견인이 선임되어야 한다(민 제928조). 그러나 乙에게는 후견인이 될 이가 아무도 없기 때문에 법원이 미성년후견인을 선임하게 되고, 이 후견인이 법정대리인으로서 乙을 대리하여 소송행위를 하면 된다. 이때 甲은 이해관계인으로 법원에 미성년후견인 선임을 청구할 수 있다(민 제932조 1항). 이러한 절차를 밟느라고 소송이 지연되면 甲에게 손해가 생길 경우에는 다른 신속한 조치가 필요할 것이다. 이러한 필요에 따라 마련된 것이 특별대리인 제도이다.

특별대리인 선임 신청은 미성년자나 피한정후견인, 피성년후견인이 당사자인 경우에 이들의 친족이나 이해관계인(상대방 당사자 포함), 대리권 없는 성년 또는 한정후견인, 지방자치단체의 장, 검사가 할 수 있다. 선임 신청을 할 수 있는 경우는

---

3) 大判 1976. 12. 28, 76다797.
4) 강현중, 249; 金·姜, 207; 宋·朴, 153; 이시윤, 180; 鄭·庚·金, 249; 韓宗烈, 229; 大判 1999. 11. 26, 97다57733.
5) 方順元, 254; 李英燮, 88.

① 법정대리인이 없거나 법정대리인에게 소송에 관한 대리권이 없는 경우, ② 법정대리인이 사실상 또는 법률상 장애로 대리권을 행사할 수 없는 경우, ③ 법정대리인이 대리권을 불성실하거나 미숙하게 행사하여 소송절차의 진행이 현저하게 방해받는 경우이다. 신청을 할 때는 소송절차가 지연되어 손해를 볼 염려가 있다는 것을 소명하여야 한다(제62조 1항).

법원은 소송계속 후에 필요하면 직권으로 특별대리인을 선임하거나 개임 또는 해임할 수 있다(제62조 2항). 신청이나 직권으로 하는 법원의 이러한 재판은 결정으로 하고 이를 특별대리인에게 송달하여야 한다(제62조 4항).

위 절차에 의하여 선임된 특별대리인은 대리권을 가진 후견인과 같은 권한이 있고, 그 대리권의 범위에서 본래의 법정대리인의 권한은 정지된다(제62조 3항).

이러한 소송무능력자를 위한 특별대리인 외의 특별대리인으로는 의사무능력자를 위한 특별대리인(제62조의2),[6] 판결절차 이외에 증거보전을 위한 특별대리인(제378조), 강제집행 개시 후에 채무자가 사망한 경우의 특별대리인(민집 제52조 2항) 등이 있다.

3. 법정대리인의 지위

(1) 제3자

법정대리인은 당사자가 아니므로 법관의 제척원인이나 재판적을 정하는 표준이 되지 않고, 그에게 기판력, 집행력 등의 판결의 효력도 미치지 않는다.

(2) 당사자에 준한 취급

법정대리인은 소송무능력자인 당사자를 보호하기 위하여 당사자를 대리하여 소송을 수행하기 때문에 당사자에 준하여 취급되는 수가 많다.

《사례 23》　　정신질환으로 성년후견 개시 심판을 받은 甲이 乙에게서 사기를 당하여 甲의 소유인 임야를 乙에게 시가의 5분의 1의 헐값에 팔아 등기까지 넘겨 주었다. 뒤늦게 이를 안 甲의 성년후견인인 처 丙이 위 매매계약을 취소하고 乙을 상대로 甲의 이름으로 소유권이전등기 말소를 청구하는 소를 제기하여 이러한 사실들을 주장하였다. 이에 대하여 乙은 甲을 속인 적이 없다고 주장하였고, 甲은 변론기일에 나타나서 乙에게 속아서 그 임야를 판 것이 아니라 乙이 불쌍해서 싸게 판 것이므로 丙의 말은 믿으

---

6) 의사무능력자가 피특정후견인이거나 피임의후견인인 경우에는 후견인도 특별대리인 선임을 신청할 수 있다(제62조의2 1항 단서).

면 안 된다고 주장하였다. 이 경우에 법원은 甲과 丙의 진술 중에서 누가 한 것을 당사자의 진술로 볼 것인가?

《사례 23a》 〈사례 23〉에서 소송 중에 丙이 갑자기 사망하였다. 이때 소송절차는 어떻게 되는가?

법정대리인은 소송수행에서 무능력자인 **당사자의 간섭이나 견제**를 받지 않는다. 이는 당사자 본인이 스스로 소송을 수행할 능력이 없다는 점에서 자명하다. 그러므로 〈사례 23〉에서 법원은 丙의 진술을 당사자 甲의 진술로 보아야 할 것이다. 바로 이러한 역할을 하라고 법정대리인이 필요한 것이다. 다만 후견인은 후견감독인의 감독을 받는다(민 제940조의2 이하, 제959조의5, 제959조의10).

그리고 법정대리인은 변론기일 등에 출석하는 등(제140조 1항 1호, 제145조 2항) 본인이 할 **일체의 소송행위를 대리**하여 한다. 송달도 법정대리인에게 하고(제179조), 법정대리인의 진술이 증거자료로 필요한 경우에는 증인신문에 의하지 않고 **당사자신문**에 의한다(제372조). 〈사례 23a〉에서처럼 법정대리인이 사망하거나 대리권을 상실한 경우에는 무능력자를 보호할 사람이 없기 때문에 마치 당사자 본인이 사망하거나 소송능력을 상실한 경우처럼 **소송절차가 중단**된다(제235조). 특히 법정대리인은 당사자에 준하는 지위를 가지기 때문에 그 소송에서 당사자인 무능력자를 위해 보조참가를 할 수 없다고 새긴다.[7]

4. 법정대리인의 권한

(1) 대리권

(가) 친권자와 후견인

이에 관하여도 민법, 기타 법률에 의하므로(제51조), **친권자**는 미성년자인 당사자가 할 수 있는 모든 소송행위를 아무런 제한 없이 대리할 수 있다. 앞에서 설명한 바와 같이 법정대리인에게 무능력자의 소송행위에 대한 동의권은 없다.

《사례 24》 甲은 乙에게 3천만원을 대여하였는데 이행기가 지난 뒤에 乙이 정신병에 걸려 성년후견 개시 심판을 받았다. 甲이 대여금을 받기 위하여 乙을 상대로 소를 제기하자 乙의 성년후견인 丙이 출석하여 甲의 청구를 기각할 것을 신청하였다. 소송 진행 중 甲과 丙은 甲이 乙로부터 1년 뒤에 2천만원을 받기로 하는 화해를 하였다. 이 화해는 효력이 있는가?

---

7) 宋・朴, 656; 이시윤, 185.

법정대리인인 후견인이 **소나 상소 제기**와 같은 적극적 소송행위를 할 때는 후견감독인이 '있으면' 그 감독인의 동의, 즉 특별수권을 얻어야 한다(민 제950조 1항 5호). 소나 상소의 제기가 여기에 해당함은 물론이고, 소취하와 화해, 포기, 인낙, 탈퇴 등도 여기에 해당한다(제56조 2항). 만일 후견감독인이 없으면 가정법원으로부터 특별수권을 얻어야 한다(제56조 2항).

법정대리인인 후견인이 **상대방의 소나 상소**에 대하여 소송행위를 함에는 특별수권이 필요 없다(제56조 1항). 그러므로 〈사례 24〉에서 丙의 응소행위는 대리권 있는 행위로서 아무런 흠이 없다. 그러나 단순한 방어행위가 아니고 **화해, 포기, 인낙**이나 **취하, 탈퇴** 등을 함에도 특별수권이 필요 없다고 하면, 소송무능력자가 수동적 당사자가 된 경우 소송의 존속 여부를 좌우하는 중대한 행위에 관하여도 후견감독인이 후견인을 감독할 수가 없게 된다. 이런 이유에서 위의 행위를 함에는 **특별수권**이 요구된다(제56조 2항). 그러므로 이 사례에서 甲과 丙이 한 화해는 丙이 후견감독인의 동의를 얻지 않은 한 그 행위는 무권대리행위이고 무효이다. 이 경우도 후견감독인이 없으면 가정법원의 특별수권을 받아야 한다.

법정대리권과 특별수권은 서면으로 증명하여 소송기록에 첨부하여야 한다(제58조).

(나) 여러 명의 법정대리인

법정대리인이 2인 이상인 경우에 대리권 행사 방법도 **실체법**에 따른다. 미성년자의 부와 모는 친권을 공동으로 행사하므로(민 제909조) 소송행위도 공동으로 하는 것이 원칙이다(공동대리). 회사가 정관이나 총사원의 동의로 여러 명의 대표를 정하여 그들이 공동으로 회사를 대표하도록 정하였으면 그들은 소송행위 역시 공동으로 하여야 한다. 이 경우에도 상대방의 **소송행위를 수령**하는 것은 단독으로 할 수 있다(상 제208조 2항, 제389조 3항, 제562조 4항). 여기서 '공동으로' 한다는 것은 소송행위의 일거수 일투족을 다 공동으로 해야 한다는 뜻이 아니다. 소나 상소의 제기, 소취하, 화해, 포기, 인낙, 탈퇴 등 중요한 행위는 명시적으로 공동으로 해야 하나, 다른 소송행위는 한 대리인이나 대표자가 단독으로 하고 다른 대리인·대표자가 이를 묵인하면 되는 것으로 새긴다.

여러 대리인의 행위가 **서로 모순된 경우**에 관하여 견해가 갈린다. 이때는 유효한 대리행위가 없는 것으로 보는 견해와,[8] 당사자에게 더 이익이 되는 것을 취하

---

8) 宋·朴, 158.

자는 견해9) 및 제67조를 유추하여 본인에게 유리한 것은 효력이 있지만 불리한 것
은 공동대리인 전원이 함께 하여야 효력을 인정하자는 견해가10) 있다. 생각건대 법
정대리제도는 무능력자를 보호하려는 것이 기본적 목적이므로 모순되는 행위 중에
서 당사자에게 **유리한 것**을 택하여 효력을 부여하는 것이 타당하다. 제67조를 유추
적용하는 것은 지나치게 우회적인 방법이다.

(2) 추인권

앞에서 본 바와 같이 법정대리인은 소송무능력자가 단독으로 하였기 때문에 무
효인 소송행위를 추인함으로써 소급적으로 유효로 만들 수 있다.

5. 법정대리권의 소멸

법정대리인의 대리권의 소멸 원인도 **실체법**에 의한다. 그러므로 본인이 사망하
거나(민 제127조 1호), 소송능력을 취득하거나 회복한 경우, 법정대리인이 사망하거
나 성년후견 개시 심판이나 파산선고를 받으면(민 제127조 2호) 대리권이 소멸한다.

《사례 25》 17세인 甲이 乙에게서 3천만원짜리 이탈리아제 바이올린을 구입하였
다. 음악에 대하여 아는 것이 없는 甲의 부모 丙·丁은 乙이 그 바이올린이 19세기에
만들어진 최고급이라고 설명하는 것을 듣고 이에 동의하였다. 그러나 甲의 선생으로부
터 그 악기의 음질이 신통치 못하다는 이야기를 듣고 악기 전문가에게 알아보니 이탈
리아제는 맞으나 요새 만든 300만원짜기 악기였다. 이에 甲은 계약을 취소하고 바이올
린을 돌려주면서 3천만원을 반환하라고 청구하였으나 乙이 이를 거부하여 丙·丁이 甲
을 대리하여 소를 제기하였다. 제1심 법원이 乙은 甲에게 2천만원을 지급하라는 판결
을 선고하였고 이에 대하여 甲측이 항소하였다. 항소심이 계속되던 중에 甲이 19세가
되었는데, 그 뒤에 소송에 지친 丙·丁이 항소를 취하하였다. 이때 소송계속이 소멸하
는가?

이 사례에서 甲이 성년자가 되었으므로 丙·丁의 법정대리권은 소멸하였다. 그
러나 대리권의 소멸은 **상대방에게 통지**하여야 효력이 생기므로(제63조 1항) 통지하
지 않으면 대리권은 여전히 존속하는 것으로 된다. 이 경우에도 대리권의 소멸 사
실이 법원에 알려진 뒤에는 소취하, 화해, 청구의 포기·인낙 및 탈퇴는 하지 못한
다(제63조 1항 단서). 이 사례에서는 대리권 소멸을 상대방인 乙에게 통지하였다면

丙·丁은 대리권이 없으므로 항소취하는 부적법한 것이 되나, 통지하지 않았으면 여전히 대리권이 있는 것으로 되므로 항소취하는 효력이 있어 소송계속이 소멸한다. 이처럼 대리권의 소멸을 상대방에게 통지하도록 한 것은, 소송관계를 명확히 하고 절차를 안정시키기 위함이다.11)

《사례 25a》 〈사례 25〉에서 甲이 성년자가 된 것이 아니고 甲이 사망하고 그 뒤에 丙·丁이 항소를 취하하였으면 어떻게 되는가?

그러나 통지를 필요로 하는 것은 대리권이 소멸한 전(前) 법정대리인이 한 소송행위의 효력을 인정할 것인지 여부를 정하려는 것이므로 전 법정대리인이 계속하여 소송행위를 할 가능성이 있는 경우에만 통지가 필요하다. 따라서 법정대리인이 사망하였거나 성년후견 개시 심판을 받은 경우에는 통지가 필요 없고, 본인이 사망한 경우에도 그 자체로 절차가 중단되므로 통지가 필요 없다고 새긴다. 그러므로 〈사례 25a〉에서 甲의 사망으로 丙·丁의 법정대리권은 소멸하고 그들이 한 항소취하는 효력이 없다.

6. 법인 등의 대표자·관리인

법인과 권리능력 없는 사단·재단은 민사소송법상 당사자능력이 있어서 그 이름으로 당사자가 된다. 그러나 이들에게 스스로 단독으로 소송행위를 할 능력, 즉 소송능력은 없으므로 현실적으로는 법인과 권리능력 없는 사단의 경우에는 대표자가, 권리능력 없는 재단의 경우에는 관리인이 소송행위를 하게 된다. 이때 대표자나 관리인은 소송법상 **법정대리인**에 준하여 취급된다(제64조).

법인 아닌 사단이 당사자가 되어 총유재산에 관한 소송을 하려면 사원총회의 결의를 거쳐야 하고, 이 결의 없이 제기한 소는 소제기에 관한 특별수권이 흠결되어 부적법하다.12)

이들 단체에서 **누가 대표자 등**이 되느냐는 민법, 상법 등 **실체법에 따라** 정해지고, 대표자 등의 권한도 실체법에 의하여 정해진다. 그러므로 민법상 법인은 이사가(민 제59조), 상법상 주식회사는 대표이사가(상 제389조), 회사와 이사가 대립하는

---

11) 大判 2007. 5. 10, 2007다7256; 大判(全) 1998. 2. 19, 95다52710.

12) 大判 2007. 7. 26, 2006다64573. 민법상 총유재산에 관한 처분은 사원총회의 결의를 거쳐야 함을 (민 제276조) 근거로 한 것으로 보인다. 그러나 이것이 실체법의 문제가 아니라 소송요건의 문제인지 의문이다.

경우에는 감사가(상 제394조) 대표자가 된다.13) 종중이나 문중의 경우에는 다른 관례나 달리 정해진 것이 없으면 종장이나 문장이 성년인 종중원을 소집하고 출석자의 과반수의 결의로 선출된 자를 대표자로 본다.14) 불교 종단의 경우 종헌으로 총무원장이 종단을 대표하여 소송행위를 할 수 있도록 규정하는 것은 유효하다.15) 국가의 대표자는 법무부장관이고(국소 제2조), 지방자치단체의 경우는 통상의 사항은 그 단체의 장이(지자 제101조), 교육 및 학예에 관한 사항은 교육감이 대표한다(지방교육자치에관한법률 제18조 2항).

법인의 대표자의 자격이나 대표권에 흠이 있는 경우에도 **특별대리인**을 선임할 수 있는데(제64조, 제62조),16) 그 흠이 보완되면 수소법원이 해임결정을 한다. 흠이 보완된 대표자는 해임결정이 있기 전에도 법인을 위해서 소송행위를 할 수 있다.17)

Ⅲ. 임의대리인

1. 종   류

임의대리인에는 개별적 대리인과 소송대리인이 있다.

(1) **개별적 대리인**이란 **특정 소송행위**만을 위하여 대리권이 개별적으로 수여된 이를 말한다. 예를 들면 송달을 받을 대리권만 가진 송달영수인, 화해를 할 대리권만 가진 대리인 등이 있다.

(2) **소송대리인**이란 하나의 소송사건의 수행을 위해 대리권이 **포괄적**으로 수여된 이를 말한다. 여기에는 다시 법률에 의한 소송대리인과 소송위임에 의한 소송대

---

13) 大決 2013. 9. 9, 2013마1273: 등기이사이던 사람이 회사를 상대로 사임했다고 주장하여 이사직 사임의 변경등기를 구하는 소송에서는 상법 제394조가 적용되지 않으므로 회사는 대표이사가 대표한다. 이사의 사임은 그 의사표시가 상대방에게 도달함으로써 효력이 생기므로 이 소송에서 사임한 이사는 더 이상 이사가 아니기 때문이다.

14) 판례가 전에는 성년 남자가 종중원이라고 하는 관습을 인정하여 종중 대표자 선출에서 종중원인 성년 남자에게 소집통지를 해야 한다고 보았으나(大判 1958. 1. 20, 4291민상2; 大判 1997. 11. 14, 96다25715 등) 뒤에 판례를 변경하여 성년이 되면 남녀의 구별 없이 종중원이 된다고 하였고(大判(全) 2005. 7. 21, 2002다1178), 그에 따라 성년 남자에게만 총회 소집통지를 하여 대표자를 선출한 것은 무효라고 한다(大判 2007. 9. 6, 2007다34982; 大判 2009. 1. 15, 2008다70220; 大判 2009. 2. 26, 2008다8898).

15) 大判 2011. 5. 13, 2010다84956: 본래 종단의 대표자는 종정이지만 종교의 자율성도 고려하여 총무원장을 소송상 대표자로 하는 것을 무효로 볼 수는 없다.

16) 大判 2015. 4. 9, 2013다89372: 주택재건축정비사업조합의 이사가 자기를 위하여 조합을 상대로 소를 제기하는 경우에는 감사가 조합을 대표하므로 감사가 있으면 조합장이 없거나 대표권을 행사할 수 없더라도 대표자가 없거나 대표권을 행사할 수 없는 경우에 해당하지 않는다.

17) 大判 2011. 1. 27, 2008다85758.

리인이 있다. **법률에 의한 소송대리인**은 법률에 따라 일정 범위의 업무에 관하여 소송행위를 할 수 있는 사람을 말한다. 지배인(상 제11조), 선장(상 제749조), 선박관리인(상 제765조), 국가를 당사자로 하는 소송에서 국가의 대표자인 법무부장관(국소 제2조)으로부터 소송수행을 지정받은 법무부의 직원, 검사, 공익법무관 등의 소송수행자(국소 제3조)가 여기에 속한다. 이들의 대리권의 범위에 관하여는 실체법에서 **일체의 재판상의 행위**를 할 수 있다고 규정한다. 업무집행조합원에 관하여는 소송상 대리에 관한 법규정이 없으나 여기에 포함시키자는 견해가 있다.[18] 그러나 지배인, 선장 등은 법률에서 재판상 행위도 대리할 수 있다고 규정하는 것과는 달리 업무집행조합원의 경우에는 단지 업무집행의 대리권이 있는 것으로 '추정'할 뿐이므로(민 제709조) 당연히 소송대리권을 인정하는 것은 의문이다. 그러므로 조합원들이 업무집행조합원에게 소송대리권을 수여한 경우에는 좁은 의미의 소송대리권이 있다고 보는 것이 타당하다.[19]

소송대리인이라고 하면 **소송위임에 의한 소송대리인**(좁은 의미의 소송대리인)을 가리키는 경우가 많고, 여기서는 주로 이런 소송대리인에 관하여 설명한다.

2. 소송대리인의 자격

(1) 원 칙

《사례 26》   근로자 甲은 사용자 乙을 상대로 밀린 임금 1억 200만원의 지급을 청구하는 소를 제기하려는데, 법과 소송에 대하여 전혀 아는 바가 없어서 소송을 수행할 자신이 없었다. 그러다가 甲은 사촌동생인 丙이 법과대학 학생임을 생각해 내었다. 丙이 甲의 부탁으로 법원에 가서 변론을 할 수 있는가?

일반적으로 당사자들은 실체법에 관하여 별로 아는 것이 없고 소송법에 관하여는 전혀 모른다. 이러한 사람들이 스스로 소송을 수행하는 것은 위험천만이다. 충분히 승소할 수 있는 소송에서 법을 모르거나 소송기술이 서툴러서 패소할 가능성이 매우 크기 때문이다. 이러한 당사자들을 위하여 법을 아는 사람이 소송대리인이 되어 소송을 수행하면 법을 몰라서 패소하는 억울한 일은 당하지 않게 된다. 그러나 그 정도로 실체법과 소송법을 잘 안다는 것은 결코 쉬운 일이 아니다. 예를 들어 법과대학 학생이나 부동산 중개인이 가진 법률지식 정도로는 이러한 임무를 수

---

18) 鄭·庚·金, 269.
19) 판례는 업무집행조합원에게 소송담당자의 지위를 인정하나, 타당하지 않음은 이미 설명하였다.

행할 수가 없다. 따라서 법을 제대로 알지도 못하는 사람이 나서서 남의 소송을 그르치고 소송의 진행을 방해하는 일이 없도록 하기 위하여 민사소송법은 소송대리인의 자격을 원칙적으로 변호사로 제한하였다(제87조). 이를 **변호사대리의 원칙**이라고 한다. 그러므로 〈사례 26〉에서 丙은 소송대리인이 되지 못한다.

여기서 주의할 것은 민사소송의 당사자에게 반드시 소송대리인이 있어야 한다는 것은 아니다. 우리나라는 필수적 변호사대리를 택하지 않고 있어서,20) 당사자 본인이 스스로 소송을 하는 것이 얼마든지 허용된다. 변호사대리의 원칙은 소송대리인을 내세울 경우에 그 대리인은 변호사이어야 한다는 의미에 불과하다. 그리하여 이를 변호사반(半)강제라고도 한다.

이처럼 본인소송을 허용하기 때문에 법을 모르는 당사자들의 소송을 통한 권리보호가 제대로 이루어지지 않고 있다. **필수적 변호사대리**(변호사강제)를 취하면 모든 사건에서 법률전문가인 변호사가 소송대리를 하여 당사자들의 이익을 잘 보호하게 될 뿐만 아니라, 변호사가 적절히 소송준비를 하여 소송의 진행도 원활하게 된다.21)

1990년 민사소송법 개정시 대법원의 개정안에서는 대법원, 고등법원에 소 또는 상소를 제기한 사람에 대한 필수적 변호사대리를 도입하려 하였으나, 시민단체들이 변호사들의 이익을 위한 것이라고 반발하여 국회에 제출된 정부안에서는 이 부분을 삭제하여 필수적 변호사대리의 부분적 도입이 무산되었다. 그러나 이는 변호사나 변호사로 구성된 법무법인은 상인이 아니라는 점을 망각한 처사였다. 판례도 변호사나 법무법인은 상인이 아니라는 점을 분명히 하였다.22) 민사소송과는 달리 헌법재판절차에서는 필수적 변호사대리를 채택했다(헌재 제25조 3항).

(2) 예 외

(가) 민사소송법상의 예외

변호사대리의 원칙에는 몇 가지 예외가 있다. 그중 민사소송법이 규정한 예외는 **단독판사**가 관할하는 사건의 경우이다. 단독사건 중에서 소송목적의 값이 1억 원을 초과하지 않는(청구취지 확장과 청구 병합 포함) 사건(규 제15조 1항 2호)과, 소송목적

---

20) 다만 헌법재판절차에서는 필수적 변호사대리를 채택했다(헌재 제25조 3항).

21) 변호사강제에 관하여 상세한 것은 文一鋒, 民事訴訟에 있어서의 辯護士强制에 관한 硏究, 서울대학교 석사학위논문, 1994 참조.

22) 大判 2023. 7. 27, 2023다227418: 변호사가 소속 법무법인에 대하여 갖는 급여채권도 상사채권이 아니라 민사채권이므로 지연손해금에 대한 이자율을 민사채권의 법정이율인 5%를 적용해야 한다.

의 값과 관계 없이 (즉, 5억 원을 초과하는 사건이라도) 사물관할 규칙에서 정한 ①
수표금이나 약속어음금 청구사건, ② 은행 등 금융기관이 원고인 대여금, 구상금,
보증금 청구사건, ③ 자배법에서 정한 손해배상 청구사건과 이에 관한 채무부존재
확인 사건, ④ 재정합의사건이어서 단독판사가 관할하는 사건(규 제15조 1항 1호)에
관하여, ① 당사자와 배우자, 4촌 안의 친족으로서 당사자와의 생활관계에 비추어
상당하다고 인정되는 경우, ② 당사자와 고용, 그 밖에 이에 준하는 계약관계를 맺
고 그 사건에 관한 통상사무를 처리, 보조하는 사람으로서 그 담당사무와 사건의
내용 등에 비추어 상당하다고 인정되는 경우에는 **법원의 허가**를 얻어 소송대리인
이 될 수 있다(제88조 1항, 규 제15조 1항, 2항).

처음에 1억원을 초과하지 않았어도 뒤에 청구취지 확장이나 변론의 병합 등으
로 소송목적의 값이 1억원을 초과하게 되거나, 소송목적의 값을 계산할 수 없는 소
나 비재산권상의 소가 되면 법원은 허가를 취소하고 당사자에게 그 취지를 통지하
여야 한다(규 제15조 4항). 이렇게 규정한 이유는 보수를 받을 것을 목적으로 남의
소송에 관여하는 자를 봉쇄하자는 데에 있다(변 제34조).

(나) 특별법상의 예외

《사례 26a》　　만일 甲이 청구할 금액이 1,500만원이면 丙이 소송대리인이 될 수 있
는가?

특별법에 의한 예외로 **배상신청 사건**에서 피해자의 배우자와 직계혈족, 형제자
매는 법원의 허가를 얻어 소송대리인이 될 수 있다(소촉 제27조). 그리고 **소액사건**
에서는 당사자의 배우자와 직계혈족, 형제자매는 법원의 허가 없이도 소송대리인이
될 수 있다(소심 제8조 1항). 〈사례 26a〉에서 甲의 청구금액이 1,500만원이므로 이는
단독판사 관할사건이면서 소액사건이다. 그러나 丙은 법원의 허가 없이 소송대리인
이 될 수 있는 가족관계에 있지 않으므로 일반 단독사건의 기준에 따라 법원의 허
가를 얻어야 소송대리인이 될 수 있다. 본인출석주의를 택한 가사소송에서도 대리
인이 출석할 수 있는 경우가 있는데, 이때에 변호사 아닌 사람은 재판장의 허가를
얻어서 대리인이 될 수 있다(가소 제7조 1항, 2항).

그리고 특허, 실용신안, 디자인, 상표에 관한 소송에서는 **변리사**가 소송대리인이
될 수 있다(변리 제8조). 판례는 변리사가 소송대리를 할 수 있는 특허, 실용신안,
디자인, 상표에 관한 소송이란 특허심판원의 심결에 대한 **심결취소소송**으로 한정되

고, 특허 등의 침해를 청구원인으로 하는 침해금지나 손해배상청구와 같은 민사사건은 포함되지 않는다고 본다.23)

3. 소송대리권의 수여

소송대리인을 선정하여 대리권을 수여하는 행위를 흔히 소송위임이라고 한다. 그러나 대리권 수여행위(수권행위) 그 자체는 **단독행위**이고, 그 원인행위인 사법상의 계약이 **위임계약**이다. 그러므로 대리권 수여 자체에는 대리인의 승낙은 필요 없다. 수권행위는 소송대리권의 발생이라는 소송법적 효과를 발생시키는 **소송행위**이다.24) 소송행위이기 때문에 소송무능력자는 단독으로 이 행위를 할 수 없고 법정대리인의 대리에 의하여야 한다.

대리권 수여의 방식은 자유롭다. 그러나 법원에 대하여는 대리권의 **존재와 범위를 서면으로 증명**해야 한다(제89조 1항). 그 서면이 위임장 등 사문서이면 공증인 등의 인증을 요구할 수 있다(제89조 2항). 법원에서 대리인을 구술로 선임하고 조서에 기재하면 서면에 의한 증명이 필요 없다(제89조 3항).

4. 소송대리권의 범위

소송위임에 의한 소송대리권의 범위는 제90조가 규정하고 있다.

(1) 법정 범위

원칙적으로 소송대리인은 소송수행에 필요한 **일체의 소송행위**를 할 수 있다. 이러한 소송대리권의 범위는 특히 변호사가 대리인인 경우에는 제한할 수 없다(제91조). 소제기, 청구변경, 공격·방어방법의 제출, 소송비용액 확정신청 등 본안소송에 부수되는 사후절차,25) 소송 중에 필요한 강제집행이나 보전절차에 관한 행위를 다 할 수 있다. 그리고 변제의 영수나26) 취소, 해제, 상계 등 형성권의 행사와 같은 실체법상의 행위도 할 수 있다(제90조 1항).

---

23) 大判 2012. 10. 25, 2010다108104.

24) 大判 1997. 10. 10, 96다35484; 大判 1997. 12. 12, 95다20775.

25) 大決 2023. 11. 2, 2023마5298.

26) 大判 2015. 10. 29, 2015다32585(불법점유로 인한 차임상당의 손해배상청구 사건에서, 피고가 점포의 출입열쇠를 소송대리인에게 우편으로 발송하였고 8일 뒤에 원고가 소송대리인으로부터 열쇠를 수령한 사안에서 원고가 열쇠를 받은 날에 피고의 점포 인도가 이루어졌다고 판단한 원심판결을 파기하고 소송대리인이 열쇠를 받은 시기를 밝혀야 한다고 판시).

《사례 27》　　유명한 내과의사인 甲은 乙이 경영하는 화랑에서 우리나라에서 거의 구할 수 없는 렘브란트의 자화상 한 점을 4천만원에 샀다. 그러나 그림이 너무 낡았다고 생각하여 뉴욕에 있는 유화 보수 전문가인 A에게 보수를 의뢰하였다. 며칠 뒤에 A에게서 급히 와보라는 연락이 와서 가보니 甲이 산 그림의 밑바탕에서 히틀러의 초상화가 나왔다. 화가 난 甲이 귀국하여 乙을 상대로 지급한 매매대금의 반환을 구하는 소를 제기하면서, 변호사 丙을 소송대리인으로 선임하였다. 이 소송에서 丙은 甲과 상의 없이도 乙에게 재산적 손해의 배상과 위자료의 청구를 추가할 수 있는가?

이 사례에서 재산적 손해배상과 위자료를 추가적으로 청구하는 것은 청구의 변경으로 丙은 甲이 따로 그 부분을 위임하지 않아도 할 수 있다.

(2) 특별수권 사항

(가) 특별수권이 필요한 경우

《사례 27a》　　〈사례 27〉에서 丙은 甲과 상의 없이 乙에게서 2,300만원만 받기로 화해를 하려고 한다. 이것이 가능한가?

《사례 27b》　　〈사례 27〉에서 丙은 해외 출장으로 변론기일에 출석할 수가 없게 되어서 후배 변호사 丁에게 출석하여 진술할 것을 부탁하고자 한다. 이것이 가능한가?

《사례 27c》　　〈사례 27b〉에서 변론기일에 丁이 법원으로 가던 중 길이 막혀서 시간에 맞추어 법원에 도착하는 것이 불가능하게 되었다. 丁이 급히 법원 옆에 사무실을 두고 있는 후배 변호사 戊에게 휴대용 전화를 걸어 법원에 가라고 부탁하였다. 戊는 적법한 대리인인가?

일정한 사항은 소송에 중대한 영향을 미치는 것이어서 당사자 **본인의 의사 확인**이 반드시 필요하다. 이런 경우에는 소송대리인이 임의로 소송행위를 할 수 없고 반드시 당사자로부터 별도로 대리권을 수여받도록 하고 있다(제90조 2항). 그러한 사유로는 반소의 제기, 소취하, 재판상화해, 청구의 포기·인낙, 소송탈퇴, 상소의 제기·취하, 복대리인의 선임 등이다. 그 밖에도 불상소합의와 상소권 포기도 여기에 포함되는 것으로 새긴다. 그러므로 〈사례 27a〉에서 丙은 甲의 특별수권 없이는 화해할 수 없다. 〈사례 27b〉는 丙이 복대리인을 선임하는 것이므로 이 경우도 甲의 특별수권이 필요하다.27) 복대리인도 본인의 대리인이므로 통상의 소송대리권을 가지나, 그 범위는 제90조 제2항의 범위를 넘어서지 못하는 것으로 보기 때문에 복

---

27) 보통은 변호사가 처음에 소송위임을 받을 때 이러한 사항까지 수권한다는 문구가 인쇄된 소송위임장 용지를 사용하기 때문에 실제로는 특별수권이 별로 의미가 없다. 상소의 특별수권은 이것이 포함된 용지를 사용하는 경우와 포함되지 않은 용지를 사용하는 경우로 나뉜다.

대리인이 다시 복대리인을 선임하는 것은 허용되지 않는다고 새긴다. 그러므로 〈사례 27c〉에서 戊는 대리권이 없다.

(나) 심급대리

당사자가 소송대리권을 수여한 효과는 그 심급에 한하여 생긴다. 그렇기 때문에 상소심에서도 대리권을 행사하려면 특별수권을 받아야 한다. 그리고 상소에 관한 특별수권을 하면 그 효과는 그 상소심이 종료할 때까지 지속되는 것이 원칙이다. 소송위임에 의한 소송대리권은 본래 포괄적 대리권이기 때문이다(제90조 1항). 상소는 특별수권사항이지만, 일단 상소의 대리권을 수여하였으면 대리인은 그 상소심에서 포괄적 대리권을 가진다.[28] 특히 변호사의 소송대리권의 제한은 금지되어 있음(제91조)을 유의하여야 한다.

> 판례는 소송대리인에게 상소에 관한 특별수권이 있어 그에 따라 상소를 제기하였으면 소송대리권이 소멸하여 그 상소제기 때부터 소송절차가 중단된다고 하여,[29] 상소제기의 특별수권이 '상소의 제기만을 위한' 대리권 수여라고 새기는 것으로 보인다. 그러나 상소제기의 특별수권은 이 수권이 없으면 상소심에서는 대리권이 없다는 의미이고, 특별수권이 있으면 그 상소심의 한 심급에 관한 포괄적 대리권을 수여하는 것이라는 의미로 새겨야 한다. 이것이 심급대리의 원칙과 소송대리권은 포괄적 대리권이라는 원칙에도 맞다.[30]

《사례 27d》 〈사례 27〉에서 甲이 승소하였다. 이에 乙이 불복하여 항소하였는데, 甲은 丙에 대하여 항소심에서의 소송에 관하여 별다른 이야기를 하지 않았다. 이 경우에 丙은 항소심에서도 소송대리권을 가지는가?

문제는 상대방이 제기한 **상소에 응소**하는 경우에도 특별수권이 필요한가이다. 제90조 제2항 제3호에는 "상소의 제기"라고만 되어 있기 때문에 이를 문자 그대로 해석하면 상소를 제기하는 데에만 특별수권이 필요하고, 상대방의 상소에 응소하는 경우에는 특별수권이 필요하지 않다는 말이 된다. 학설로는 법조문에 충실하게 특별수권이 필요 없다고 하는 견해가 있으나,[31] 판례와 다수설은 수권행위의 효력은 그 심급에서만 유지된다는 심급대리의 원칙을 고수하여 상소에 대한 응소의 경우

---

28) 鄭·庚·金, 264.

29) 大判 2010. 12. 23, 2007다22859; 大判 2016. 4. 29, 2014다210449; 大判 2016. 9. 8, 2015다39357.

30) 유병현, "대표권 소멸과 소송절차 중단 시점, 그리고 상소제기 특별수권의 범위", 민사소송 제26권 제1호, 2022, 154면 이하.

31) 이시윤, 196.

에도 **특별수권이 있어야** 한다고 본다.32) 소수설에 의하면 〈사례 27d〉에서 丙은 항소심에서도 당연히 대리권을 가지나, 다수설·판례에 의하면 丙은 특별수권이 없었으므로 항소심에서는 대리권이 없다. 생각건대 한 심급이 끝날 때마다 본인이 그 소송대리인의 활동에 관하여 평가를 하여 상급심에서도 소송위임을 할지를 결정할 수가 있어야 하고, 경우에 따라서는 본인이 스스로 소송을 수행하기를 원하는 수도 있을 것이다. 그리고 상소심에서의 대리권의 존속과 변호사 보수에 관하여 상소심 계속 중에 당사자와 대리인 사이에 분쟁이 발생할 여지를 남겨 두는 것은 타당하지 않으므로 사전에 새로이 수권하면서 합의하도록 하는 것이 바람직하다. 이러한 견지에서 다수설·판례가 타당하다.33)

《사례 27e》　〈사례 27d〉에서 丙이 항소심에서 대리권을 가지고 소송을 수행하였지만 패소하였다. 그리하여 甲은 상고하면서 대법관 출신인 丁을 소송대리인으로 선임하였다. 대법원이 항소심 판결을 파기환송하여 사건이 다시 항소법원에 계속하게 되었다. 이때 甲의 소송대리인은 누구인가?

《사례 27f》　〈사례 27e〉에서 丙이 대리인이 되어 甲이 항소심에서 승소하였고 이에 대하여 乙이 상고하였다. 상고심에서 甲의 소송대리인은 누구인가?

심급대리와 관련하여, 우리 판례는 〈사례 27e〉와 같은 경우처럼 항소심으로 **파기환송**되어 왔을 때에는 **항소심** 소송대리인, 즉 丙의 **대리권이 부활**한다고 본다.34) 그러나 이러한 태도에는 찬성할 수 없다. 당사자가 상고심에서도 계속 동일한 대리인에게 소송위임을 했으면 모르지만 이 사례처럼 다른 대리인에게 수권하였으면 항소심 대리인을 신뢰하지 않는다는 의미인데, 그럼에도 불구하고 환송 뒤에 당연히 대리권이 부활한다는 것은 당사자의 의사를 무시한 해석이다. 이러한 판례는 상급법원의 환송판결이 중간판결이라는 것을 전제로 한 것으로,35) 이제는 판례도 종국판결이라고 결론을 내었으므로36) 달리 해석해야 할 것이다.

판례는 〈사례 27f〉의 경우처럼 다시 상고되었을 때는 환송전 상고심의 대리권

---

32) 강현중, 271; 金·姜, 233-234; 方順元, 268; 宋·朴, 168; 李英燮, 94; 鄭·庚·金, 264; 한충수, 148; 大判 1994. 3. 8, 93다52105 등.

33) 소수설은 제1심 판결 이후의 절차인 강제집행이 대리권에 포함되는 것을 보아도 심급의 종료로 대리권이 당연히 소멸되지 않는 것으로 볼 수 있다고 한다(이시윤, 196). 그러나 이는 심급을 달리하여 소송을 계속하는 것과는 경우가 다르므로 논거가 되지 않는다.

34) 大判 1963. 1. 31, 62다792; 大判 1984. 6. 14, 84다카744; 大判 1985. 5. 28, 84후102.

35) 이 점을 명언한 것은 大判 1959. 6. 25, 4291민상419.

36) 大判(全) 1995. 2. 14, 93재다27·34.

이 부활하지 않는다고 하는데,[37] 이는 타당하다. 그러므로 이때는 甲이 따로 수권을 하지 않으면 소송대리인이 없는 상태가 된다.

5. 소송대리인과 본인의 지위

(1) 소송대리인

소송대리인은 그 소송에서 실제로 당사자와 마찬가지로 소송을 수행하는 제3자의 지위에 선다. 그러므로 제3자로서의 지위 및 소송수행자로서의 지위를 가진다.

(가) 제3자

소송대리인은 당사자가 아니며, 대리인의 행위는 본인이 한 것과 같은 효과가 생긴다. 그러므로 대리인이 변론에서 의사표시를 하고, 기일·기간을 게을리 한 효력, 판결의 기판력, 집행력 등이 대리인에게 생기는 것이 아니라 모두 **본인에게 효력**이 미친다. 그리고 대리인은 제3자이므로 그 소송에서 증인이나 감정인이 될 수 있다.

(나) 소송수행자

소송대리인은 실제로 소송을 수행하므로 소송에서 어떤 사정의 지·부지, 고의·과실 등이 소송법상의 효과에 연결될 때, 그러한 **주관적 사정은 대리인을 기준**으로 한다(민 제116조 1항).

《사례 28》　甲이 乙을 피고로 하여 3천만원의 지급을 구하는 소를 제기하자 乙은 변호사 丙을 대리인으로 선임하였다. 丙은 甲과 담당법관 丁이 절친한 동창관계임을 알면서도 계속 변론을 하였는데, 제5회 변론기일에 가서야 비로소 丙이 丁에 대하여 기피신청을 내었다. 그러나 본인 乙은 이러한 사정을 전혀 모르고 있었다. 丙의 기피신청이 받아들여질 수 있는가?

본래 당사자가 기피의 원인이 있음을 알고 본안에 관하여 변론하거나 준비절차에서 진술한 때에는 기피신청을 하지 못한다(제43조 2항). 이 사례에서 당사자 乙은 기피 원인이 있다는 것을 전혀 모르고 있었으므로 그 대리인 丙이 뒤늦게 기피신청을 하는 데에 지장이 없다고 생각할지 모르나, 이때 기피원인을 알았는지 여부는 대리인 丙을 기준으로 하게 된다. 그러므로 丙의 기피신청은 기각될 것이다. 피참가인의 고의·과실(제77조), 고의나 중대한 과실로 인한 공격·방어방법 제출의 실

---

37) 大決 1996. 4. 4, 96마148.

기(제149조), 소송행위 보완의 요건인 책임질 수 없는 사유(제173조), 변론준비기일 종결의 실권효에 대한 예외사유로서의 중대한 과실 없음(제285조 1항 2호), 재심사유를 알고도 주장하지 않은 것(제451조 1항 단서) 등이 여기에 해당한다. 그러나 당사자의 고의·과실이 대리인의 부지를 야기하였으면 당사자는 대리인의 부지를 주장하여 자기의 이익으로 원용할 수 없다(민 제116조 2항).

(다) 여러 명의 대리인

대리인이 여러 명일 때에는 각자가 당사자를 대리하고, 이와 다른 약정을 하여도 효력이 없다(제93조). 이를 **개별대리의 원칙**이라고 하는데, 절차의 신속한 진행을 기한다는 취지이다. 이런 경우에는 그 수인의 **행위가 모순**될 수 있는데, 그 행위들이 동시에 이루어졌으면 어느 것도 효력이 없다고 볼 것이고, 시간적으로 선후 관계에 있으면 경우를 나누어 보아야 한다. 앞의 행위가 철회 가능한 것이면 뒤의 행위로 앞의 행위가 철회된 것으로 보아 뒤의 행위가 효력이 있다고 할 것이고, 앞의 행위가 자백, 소취하, 청구의 포기·인낙과 같이 취소나 철회할 수 없는 것이면 앞의 행위가 효력이 있다고 볼 것이다. 소송서류의 송달은 대리인 중 한 명에게 하면 되는데(제180조), 그 대리인들이 연명으로 송달을 받을 대리인 1인을 지명하여 신고한 때에는 그 대리인에게 송달하여야 한다(규 제49조).

(2) 본인의 지위

당사자 본인은 대리인을 선임한 뒤에도 여전히 소송수행권을 가진다. 그러므로 대리인과 같이 기일에 출석하여 변론할 수 있고 법원도 당사자의 출석을 명할 수 있다(제140조 1항 1호). 대리인이 있어도 소송서류를 본인에게 송달하여도 적법하다.

《사례 29》 甲이 乙에게서 사기를 당하여 甲의 소유인 임야를 乙에게 시가의 5분의 1의 헐값에 팔아 등기까지 넘겨 주었다. 뒤늦게 이를 후회한 甲이 위 매매계약을 취소하고 변호사 丙을 선임하여 乙을 상대로 소유권이전등기 말소를 청구하는 소를 제기하였다. 丙이 변론에서 위와 같은 사실들을 주장하였고, 이에 대하여 乙은 甲을 속인 적이 없다고 주장하였다. 그런데 바로 그 기일에 甲이 나타나서 乙에게 속아서 그 임야를 판 것이 아니라 乙이 불쌍해서 싸게 판 것이지만, 뒤에 乙이 甲에게 별로 고마워하지 않기 때문에 계약을 해제하는 것이라고 주장하였다. 이 경우에 법원은 甲과 丙 중에서 누구의 진술을 당사자의 진술로 볼 것인가?

소송에서의 주체는 어디까지나 당사자 본인이므로 당사자는 **대리인의 소송활동을 통제**할 수가 있다. 만일 소송대리인이 잘못된 사실진술을 할 때 당사자는 곧 이를 취소, 경정하여 효력을 없앨 수가 있다(제94조). 이를 당사자의 **경정권**이라고 한다. 경정의 대상은 사실진술에 한하므로 신청, 취하·포기·인낙·화해와 같이 소송을 처분하는 행위,38) 법률상의 진술 등은 여기에 해당하지 않는다. 판례는 대리인의 재판상자백도 경정의 대상이 됨을 인정한다.39) 여기서 '곧'이라 함은 당사자가 소송대리인과 같은 변론기일에 출석하여 '그 기일에'라는 의미이다.40) 〈사례 29〉에서 甲이 丙의 사실진술을 곧바로 고쳤으므로 경정권 행사로 인정된다.

6. 소송대리권의 소멸

민법상의 대리권 소멸사유가 생기면 소송대리권도 소멸하는 것이 보통이겠지만 절차법의 특성상 달리 취급되는 경우도 있다.

(1) 소멸사유

(가) 소송대리인의 사망, 성년후견이나 한정후견의 개시, 파산선고(변 제5조)

소송대리인이 사망한 경우에 대리권이 소멸하는 것은 당연하다. 피성년후견인이나 피한정후견인이 된 경우와 파산선고의 경우에는 본인과 소송대리인 사이의 신뢰관계가 유지될 수 없을 것이므로 대리권이 소멸하는 것으로 하였다. **변호사가** 자격을 상실하거나 정직처분의 징계를 받은 경우에는 대리권은 존속하지만 변론능력을 상실한다는 견해와41) 대리권이 소멸한다는 견해로42) 나뉜다. 당사자가 변호사에게 대리권을 수여한 것은 그가 변호사이기 때문이므로, 변호사가 징계를 받아 더 이상 변호사로 활동할 수 없게 되었으면 대리권도 소멸하였다고 보아 새로운 변호사를 선임하도록 하는 것이 타당하다.43)

(나) 위임사건의 종료

위임사건이 종료하면 대리권이 소멸하는 것은 당연하다. 여기서 위임사건의 종료라 함은 심급대리의 원칙상 그 심급의 판결정본의 송달을 말하는 것이다.

---

38) 이들은 특별수권사항이므로 이미 수권한 뒤에는 경정이 불가능하고, 수권하지 않았으면 대리인은 그 행위를 할 수 없을 것이다.

39) 大判 1962. 10. 18, 62다548은 자백의 취소의 경우에는 경정권 행사의 요건을 구비하지 아니한 경우라 할지라도 자백의 취소의 요건을 구비한 이상 취소할 수 있다고 하였다.

40) 大判 1962. 10. 18, 62다548.

41) 이시윤, 200; 韓宗烈, 358-359.

42) 강현중, 274; 김홍엽, 222; 宋·朴, 171; 鄭·庚·金, 267.

43) 더구나 징계를 받은 변호사가 사건에 계속 관여하는 것도 바람직하지 않다. 종전에는 대리권이 존속한다는 견해를 취하였으나 견해를 바꾼다.

(다) 기본관계의 소멸

기본관계의 소멸이란 **소송위임계약의 해지**(민 제689조)는 물론, **본인이 파산한** 경우도 포함한다(민 제690조). 이때에는 대리권이 소멸하였음을 상대방에게 통지해야 대리권 소멸의 효과가 생기며,[44] 통지하기 전이라도 대리권 소멸 사실이 법원에 알려진 뒤에는 소취하, 화해, 청구의 포기·인낙 및 탈퇴는 할 수 없다(제97조, 제63조).

(2) 소멸하지 않는 경우

민법에서는 대리인과 본인 사이의 신뢰관계를 바탕으로 하기 때문에 본인의 사망 등으로 그 개인적 신뢰가 끊어지면 대리권도 소멸하는 것으로 한다(민 제127조). 그러나 소송에서는 절차를 신속하고 원활하게 진행시켜야 한다는 요청과 소송대리권의 범위가 명확하다는 점, 그리고 대리인이 변호사로서 일반인보다 믿을 수 있다는 것을 근거로 일정한 경우에 소송대리권이 소멸하지 않는 것으로 하였다.

(가) 사 유

소송대리권은 ① 당사자의 사망, 소송능력의 상실, 당사자인 법인의 합병에 의한 소멸, 당사자인 수탁자의 신탁임무의 종료가 있어도 소멸하지 않고, ② 법정대리인의 사망, 소송능력의 상실 또는 대리권의 소멸이나 변경이 있어도 소멸하지 않는다(제95조). 그리고 ③ 소송담당(선정당사자 포함)의 경우에 담당자의 자격상실로 인하여 소멸하지 않는다(제96조).

(나) 취 지

이러한 사유들은 본래 소송절차의 중단사유가 되지만, 소송대리인이 있으면 본인에게 불리하지 않게 소송을 수행할 것이므로 절차는 중단되지 않는다. 이러한 필요에 의하여서라도 대리권이 소멸되지 아니한다고 규정한 것이다.

Ⅳ. 소송상대리의 하자

소송상대리의 하자라 함은 소송상대리인, 즉 법정대리인과 소송대리인의 대리권에 흠이 있는 경우를 말하는 것으로, 이에는 무권대리와 쌍방대리가 있다. 엄밀히 말하자면 쌍방대리도 무권대리의 일종이나 그들에 대한 소송법상 취급을 달리하는

---

44) 그러므로 이러한 소송대리인에게 한 변론기일통지(大判 1995. 2. 28, 94다49311)와 판결서의 송달(大決 2008. 4. 18, 2008마392)은 적법하다.

경우가 많으므로 별개로 다루는 것이 보통이다.

1. 무권대리

무권대리라 함은 문자 그대로 대리권 없는 대리를 말하는 것으로, 당사자 본인이 아예 대리권 수여 자체를 하지 않은 경우가 가장 전형적이다. 그러나 그 밖에도 수권의 원인행위가 무효인 경우, 기본적 수권은 있지만 특별수권사항에 대하여 수권이 없는 경우, 대리권의 서면증명이나 인증이 없는 경우(제89조 1항, 2항), 법령상 수임이 금지되어 있는 사건의 대리(변 제31조 3항, 4항)45) 등이 모두 포함된다.

그 밖에 법인이나 법인 아닌 사단·재단의 대표자, 관리인의 경우에는 대표권 없는 자도 무권대리인과 같이 취급된다. 판례는 종전에는 주식회사의 주주총회에서 한 이사선임결의의 무효 또는 부존재확인을 구하는 소송에서 그 선임된 이사는 무권대표자라고 하였으나,46) 뒤에 그 소송에서는 대표권이 있다고 변경하였다.47)

(1) 소송상의 취급

무권대리를 소송상 어떻게 취급할 것인가는 두 가지 관점에서 보게 된다. 소송에서 대리권의 존재가 한편으로는 소송행위의 유효요건이고 다른 한편으로는 소송요건이다.

(가) 소송행위의 효력

대리권의 존재는 법정대리와 임의대리에서 모두 대리인의 **소송행위의 유효요건**이므로 무권대리인이 한 소송행위는 **무효**이다. 그러나 추인이 가능한 행위이면 본인이나 정당한 대리인의 **추인**으로 소급하여 유효가 된다(제60조, 제97조). 추인의 방식과 시기에는 제한이 없으므로 묵시적 추인도 가능하고,48) 상고심에서도 가능하

---

45) 법관이나 검사, 장기복무 군법무관, 그 밖의 공무원 직에 있다가 퇴직하여 변호사 개업을 한 자는 퇴직 전 1년부터 퇴직한 때까지 근무한 법원, 검찰청, 군사법원, 금융위원회, 공정거래위원회, 경찰관서 등 국가기관이 처리하는 사건 및 그에 준하는 사건을 퇴직한 날부터 1년 동안 수임할 수 없다는 규율로, 2011. 5.에 신설되었다.

46) 大判 1963. 4. 25, 62다836.

47) 大判(全) 1983. 3. 22, 82다카1810.

48) 판례는 제1심이 무권대리라도 항소심에서 제1심의 변론결과를 진술하는 등 변론을 하였으면 추인한 것으로 인정하든가(大判 1988. 10. 25, 87다카1382), 제1심에서의 변호사의 소송행위가 무권대리였더라도 항소심에서 소송위임 있는 것으로 인정되면 추인한 것으로 인정하고(大判 1971. 3. 30, 70다2813), 변호사에게 소송을 위임하였다는 주장 속에는 설사 소송위임을 통한 소송대리권의 수여가 적법하지 아니하여 그 변호사의 소송행위가 무권대리행위가 된다 할지라도 이를 추인한다는 취지도 포함된다고 보며(大判 1969. 8. 26, 69다1061), 상소에 대한 수권이 흠결된 소송대리인이 상고장을 제출했더라도 상고이유서가 당사자 본인명의로 제출되었을 경우에는 당사자는 그 소송대리인의 상고행위를 추인한

다.49) 단 소송절차의 안정을 위해서 대리행위 **전부를 추인**해야 하며, 원칙적으로 일부추인은 허용되지 않는다.50) 판례는 소송의 혼란을 가져올 염려가 없고 소송경제상 적절하면 일부추인도 허용하는데,51) 타당한 태도이다.

(나) 소송요건

법정대리권의 존재는 직권조사사항인 **소송요건**이다. 그러므로 법원은 적법한 법정대리권의 존부에 대하여 당사자가 문제삼지 않더라도 **직권으로 조사**하여야 한다.52) 그리고 소송무능력자가 법정대리인 없이 소송 당사자가 되어 있으면 법원은 본안재판을 하여서는 안 된다. **원고가 소송무능력자**인데 법정대리인이 없이 또는 무권법정대리인이 소를 제기하면 추인 등 보정이 없는 한 소송행위의 유효요건을 갖추지 못하였으므로 그 **소제기 행위는 무효**이고 그렇기 때문에 부적법한 소제기가 되어서 각하판결을 할 것이다.53) **피고의 경우**에는 보정을 명하고, 보정에 응하지 않아서 절차가 지연되어 손해를 볼 염려가 있으면 **특별대리인**을 선임할 것이다(제62조).

소송대리권의 존재는 일반적인 소송요건이 아니라54) 소송행위의 **유효요건이다.**55) **원고의 소송대리인이 무권대리인**이면 보정되지 않는 한 그가 한 소제기도 무효가 된다. 이 경우는 적법한 소제기 행위의 흠결로 부적법하므로 **소를 각하한다.**56) 소제기 이외의 원고의 소송행위나 피고의 소송행위에서 대리인이 무권대리인

것으로 봄으로써(大判 1962. 10. 11, 62다439) 추인을 매우 넓게 인정한다.

49) 大判 1985. 1. 22, 81다397; 大判 2001. 7. 27, 2001다5937(한정치산자의 후견인의 소송행위에 대한 친족회의 동의).

50) 大判 2008. 8. 21, 2007다79480.

51) 大判 1973. 7. 24, 69다60. 이 사례는 회사대표자의 인장을 도용하여 변호사에게 소송위임하여 승소하고 상대방의 항소로 항소심에 소송계속 중에 그 도용자가 소취하를 하였는데, 회사가 뒤에 그 도용자의 행위 중 소취하행위만을 제외한 다른 소송행위를 추인한 것에 대하여, 소송의 혼란을 가져올 염려가 없고 소송경제상으로도 적절하다 하여 그 유효성을 인정한 경우이다.

52) 법인이나 기타 사단, 재단의 대표권도 마찬가지이다(大判 2009. 12. 10, 2009다22846). 大判 2021. 11. 11, 2021다238902: 종중이 당사자인 사건에서도 대표자에게 적법한 대표권이 있는지 여부는 소송요건에 관한 것으로서 법원의 직권조사사항이므로 그 대표권에 의심이 갈 만한 사정이 엿보이면 상대방이 이를 구체적으로 다투지 않더라도 이에 관하여 조사하여야 한다(종중 유사의 사단임을 표방하면서 남자들에게만 소집통지를 하여 개최한 총회에서 대표자로 선출된 자가 그 단체를 대표하여 소를 제기한 사안). 大判 2022. 4. 28, 2021다306904(집합건물의 관리단이 그 사건 건물의 전체 전유부분 면적의 51% 이상을 가지고 있는 피고에게 관리비 지급을 청구하였는데, 피고가 관리단의 대표자에게 대표권이 없다고 주장하였고 대표자로 선임되었다는 자료도 없음에도 불구하고 원심법원이 그에게 적법한 대표권이 있었는지 여부에 관하여 심리, 판단하지 않은 사안).

53) Stein-Jonas/Brehm²³ vor § 1 Rn. 248.

54) 우리나라의 통설은 막연히 소송대리권의 존재가 소송요건이라고 설명한다.

55) Stein-Jonas/Brehm²³ vor § 1 Rn. 248.

56) Stein-Jonas/Brehm²³ vor § 1 Rn. 248.

데 보정하지 않으면 그 행위는 효력이 없고, 법원은 그 소송행위가 없었던 것으로 취급하여 본안에 관하여 재판을 할 수 있다.

무권대리인이 소를 제기하여 각하된 경우에는 그 소송비용은 무권대리인이 부담한다(제107조 2항). 다만 원고의 책임으로 무권대리가 된 경우에는 원고 본인이 소송비용을 부담한다.

(2) 대리권 흠결을 간과한 판결

법원이 대리권의 흠결이 있음을 간과할 우려가 있으면 당사자나 정당한 대리인이 그 흠결을 주장할 수가 있다. 법원이 무권대리임을 모르고 판결을 하면 **상소**로 다툴 수가 있고, 판결이 확정된 뒤이면 **재심사유**가 된다(제451조 1항 3호). 상소나 재심으로 취소되기까지는 그 판결은 효력을 유지하는 것이 원칙이다.

2. 쌍방대리

(1) 쌍방대리의 금지

민법 제124조 같이 소송에서도 당사자의 일방이 상대방을 대리하거나 동일인이 당사자 쌍방의 대리인을 겸하지 못한다.57)

(가) 법정대리인의 경우

법정대리인이 본인과 이해관계가 대립하거나 이해가 대립하는 무능력자 쌍방의 법정대리인이어서 쌍방대리에 해당할 경우에는 대개 실체법이 **법정대리권을 제한**한다.

《사례 30》　　　경기도 용인에 5천평의 임야와 강원도 태백에 5만평의 임야를 갖고 있는 丙은 그 임야들의 등기를 맡아들인 乙 명의로 하여 두었다. 둘째 아들 甲이 15살이 되면서 재물에 눈을 떠 용인의 임야를 자기 명의로 소유권이전등기를 해달라고 조르다가 드디어는 17살인 乙을 상대로 제소를 하기에 이르렀다. 이때 丙은 甲과 乙의 법정대리인이 될 수 있는가?

이러한 경우에 丙이 쌍방대리인이 되는 것은 허용되지 않으므로 甲, 乙 중 어느 일방의 특별대리인 선임을 법원에 신청하여(민 제921조 2항) 각자가 일방을 대리하여야 한다. 이와 같은 경우가 법인과 이사의 이해가 대립될 때(민 제64조), 법정대

---

57) 大判 1963. 3. 16, 64다1691·1692는 한 변호사가 원고와 독립당사자참가인을 대리하는 것은 허용되지 않는다고 하였다.

리인과 본인의 이해가 대립될 때(민 제921조 1항)이다. 상법에서는 합명회사나 합자
회사의 사원과 회사가 거래할 때는 다른 사원 과반수의 동의를 얻도록 하고(상 제
199조, 제269조), 주식회사와 그 회사의 이사가 소송을 할 때에는 감사가 대표하도록
하고(상 제394조), 유한회사의 경우에는 소송에서 회사를 대표할 자를 선정하도록
하였다(상 제563조).

(나) 소송위임에 의한 소송대리인의 경우

소송대리인의 쌍방대리는 **변호사법 제31조에 따라 금지**된다. 그러나 여기서는
엄밀한 의미의 쌍방대리보다 더 넓게 규율하여, 동시에 쌍방을 대리한 경우뿐만 아
니라 같은 사건에서 쌍방을 대리한 경우(시차를 두고 대리한 경우 포함: 변 제31조 1항
1호), 쌍방의 다른 사건의 대리(변 제31조 1항 2호)[58] 및 공무원, 조정위원, 중재인으
로서 취급한 사건의 대리(변 제31조 1항 3호)도 금지한다. 제3호에는 해석상 공증인
도 포함된다. 이처럼 폭넓게 규제하는 것은 **변호사의 품위를 유지**하기 위함이다.[59]
그러나 여기에 포함되어 있는 여러 사유들 중 엄밀한 의미의 쌍방대리와 품위 유
지를 위하여 금지하는 것은 구별하여 취급하여야 할 것이다.

(2) 쌍방대리의 효과

쌍방대리가 되었을 경우에 그 대리행위는 **무권대리**가 된다. 그 구체적인 취급에
관하여는 대리인이 변호사가 아닌 경우와 변호사인 경우를 달리 취급하는 것이 보
통이다. 여기서 학설과 판례의 태도를 본다.

(가) 변호사가 아닌 경우

변호사 아닌 사람이 소송대리인이 될 요건(제88조 1항 등)을 갖추었더라도 쌍방
을 대리하면 일종의 무권대리가 되므로(민 제124조) 원칙적으로 대리행위는 **무효**이
고, 사전 승낙이나 사후 추인으로 흠을 치유하면 유효가 된다고 본다. 다만 **제소전**
화해를 위하여 대리인 선임권을 상대방에게 위임하는 것은 금지하는데(제385조 2
항), 이러한 위임은 사전 승낙에 해당하지만 이 방법으로 제소전화해가 악용되는
것을 막기 위하여 규제한 것이다.

---

58) 단 위임인이 동의하면 무방하다(변 제31조 단서).
59) 변호사법 제31조 제3항 이하에서도 여러 가지 행위를 규제하고 있으나 이들은 쌍방대리와 무관
하여 여기서 다루지 않는다.

(나) 변호사인 경우

이 경우에 변호사법 제31조에 위반되는 사항들의 효과를 한꺼번에 설명하는 것이 보통인데, 그 취급에 관하여 견해가 갈린다. **이의설**에 의하면 본인이나 상대방이 이의하지 않으면 이러한 행위는 유효라고 하는데, 그 근거로는 절차이의권의 포기·상실로 무효를 주장할 수 없게 되었다고 하거나,[60] 금반언의 법리에 의하여 무효를 주장할 수 없다고 하거나,[61] 이런 변호사를 먼저 선임한 당사자를 보호해야 하기 때문이라고 한다.[62] **추인설**에 의하면 비변호사의 경우와 마찬가지로 당사자 본인이 추인해야 그 대리행위가 유효로 된다. 추인설에 대하여는 본인의 추인으로 대리행위가 유효로 되면 상대방이 다툴 수 없게 되어 상대방 보호가 소홀해진다는 비판이 있다.[63] 그러나 이러한 논의는 정확하지 않다. 앞에서도 언급한 바와 같이 변호사법 제31조에는 쌍방대리 금지의 법리와 변호사의 품위유지의 요청이 뒤섞여 있다. 구체적인 법적 규율은 경우를 나누어서 달리해야 한다.

엄밀한 의미의 쌍방대리의 경우에는 추인설이 타당하다. 그것은 제97조가 제60조를 준용하는 데에도 불구하고 이를 무시하고 비변호사인 경우와 구별하여 변호사를 유리하게 할 이유가 없기 때문이다.[64] 이때 어느 일방만이 추인해도 여전히 흠 있는 쌍방대리이므로 흠이 치유되려면 쌍방이 추인해야 한다. 그러므로 이 견해에 대한 비판 논거인 '먼저 선임한 당사자의 보호'는 문제되지 않는다.

그 밖에 변호사법 제31조가 규정하는 **쌍방대리와 유사한 경우**에는 이의설이 타당하다. 이러한 경우에는 대부분 쌍방의 추인이 불가능하거나 의미가 없으며, 소송법상의 쌍방대리이기 때문이 아니라 변호사의 품위 유지 요청에서 규제하는 것이므로 어느 일방의 이의로 해결하면 될 것이고, 아무도 이의하지 않으면 유효라고 보게 된다. 그리고 제3호가 규정하는 경우는 쌍방대리와 무관하므로 이의나 추인이 문제되지 않고 바로 무권대리로 취급하여야 한다.[65]

(다) 판 례

판례 중에 좁은 의미의 쌍방대리에 관하여, 원고의 소송대리인이 당사자참가인

---

60) 鄭·庚·金, 275.

61) 강현중, 245.

62) 이시윤, 205; 김홍엽, 230.

63) 鄭·庚·金, 275.

64) 본인이 방치할 경우, 추인설에 의하면 무권대리가 되지만, 이의설에 의하면 흠이 치유되므로 이의설에 의하는 것이 변호사에게 유리하다.

65) 한충수, 147.

의 수계신청을 대리한 사건에서 쌍방대리는 허용되지 않는다고 한 것이 있으나66) 그 이의나 추인의 효과에 관하여 언급한 구체적 사례는 보이지 않는다.

변호사가 동일사건을 시차를 두고 양 당사자를 각기 대리한 경우(변 제31조 1항 1호)에 관하여는 추인설을 취한 것이 있고67) 이의설을 취한 것도 있다.68) 공무원, 조정위원, 중재인으로서 취급한 사건의 대리 금지(변 제31조 1항 3호)의 경우에도 추인설을 취한 것,69) 유효설을 취한 것70) 및 이의설을 취한 것71) 있다.

3. 강행규정으로 금지된 대리

법원이나 검찰에서 근무한 뒤 변호사로 활동하는 이는 자기가 근무한 기관의 사건은 **1년이 경과**하지 않으면 수임하는 것이 금지된다(변 제31조 3항, 4항). 이를 어기고 소송대리인이 되면 일종의 무권대리이다. 그러나 통상의 무권대리처럼 그 흠이 추인으로 치유될 수 있는 것은 아니다. 이 금지는 이른바 전관예우를 방지하기 위한 강행규정이기 때문이다.72)

4. 표현대리

민사소송에서도 민법과 같이 표현대리를 인정할 것인가에 관하여 논란이 있다. **소극설**은 표현대리의 인정 근거인 거래의 안전은 소송에서는 문제되지 않고, 오히려 대리권의 존부는 법원의 직권조사사항이라는 점과 절차 안정의 견지에서 이를 인정할 필요가 없다고 한다.73) 판례도 표현대리 규정의 적용이나 유추적용을 인정

---

66) 大判 1965. 3. 16, 64다1691 · 1692.

67) 大判 1970. 6. 30, 70다809: 동일 건물의 철거소송의 두 개의 소송에서 피고의 소송대리인이었던 자가 위 피고의 상대자인 원고의 소송대리인으로서 소송행위를 한 사건에서, 원고가 이 무권대리행위를 추인하였으면 그 소송행위는 소송법상 완전한 효력이 발생된다고 하여 추인설을 취하였다.

68) 大判 1969. 12. 30, 69다1899(제1심에서 원고의 소송대리인이었던 변호사가 항소심에서 피고의 소송대리인이 된 경우); 大判 1990. 11. 23, 90다990(피고를 대리하여 소송행위를 했던 변호사가 항소심 변론기일에 원고 소송복대리인으로 출석, 변론한 경우).

69) 大判 1962. 1. 31, 4294민상517 · 518(제1심 재판장으로 변론에 참여한 자가 뒤에 변호사가 되어 같은 사건의 항소심에서 피고의 소송대리인이 된 경우).

70) 大判 1957. 7. 25, 4290민상213(변호사가 판사 재직시에 검증기일을 지정한 사건을 뒤에 수임한 사건).

71) 大判(全) 1975. 5. 13, 72다1183(변호사 甲과 乙이 모두 동일한 합동법률사무소의 구성원으로서 甲은 어음의 발행 및 배서에 관한 공정증서에 서명날인까지 하였고 乙은 그 공정증서에 집행문을 부여하는 데도 간여하였는데, 이 집행력 있는 정본의 집행권을 배제하기 위하여 제소한 사건에서 甲은 제1심, 乙은 항소심에서 소송대리인이 된 경우).

72) 이시윤, 205는 이를 변호사법 제31조 위반의 다른 경우와 같이 열거하고 위반하였을 경우에 이의설에 따라 처리할 수 있는 것처럼 설명하나 적절하지 않다.

73) 김홍엽, 231 이하; 宋 · 朴, 154; 한충수, 158.

하지 않는다.74) **절충설**로는 법인에서 대표자의 부실등기가 법인 자신의 태만이나 고의에 이유가 있으면 상대방보호를 위하여 표현대리의 규정을 적용해도 좋다는 입장이 있다.75)

그러나 무권대리 여부가 직권조사사항이라는 점 외에도 무권대리의 의의에서 보았듯이 실체법상 표현대리에 해당되는 것을 소송법에서는 무권대리로 취급하므로 따로 표현대리를 인정할 필요가 없다. 법인의 고의나 태만에 의하여 부실등기가 된 경우라면 적어도 묵시적 추인이 되므로 무권대리의 하자가 치유되었다고 볼 여지가 있다. 그러므로 소극설이 타당하다.

---

74) 大判 1983. 2. 8, 81다카621; 大判 1984. 6. 26, 82다카1758; 大判 1994. 2. 22, 93다42047; 大判 2001. 2. 23, 2000다45303 · 45310. 이들은 모두 공정증서 작성시 즉시 강제집행할 것을 수락하는 의사표시를 표현대리인이 한 사례들이다. 이 행위는 소송행위이므로 표현대리 규정을 유추적용할 수 없다고 한 것이다.

75) 金 · 姜, 223; 이시윤, 206; 鄭 · 庚 · 金, 273.

제**4**편

訴訟要件

제 1 장   訴訟要件 一般

제 1 절   訴訟要件의 意義

Ⅰ. 용어의 연원과 의의

원고가 소장을 제출하면 원고와 법원 사이에 일정한 법률관계가 성립한다. 원고는 법원에 소송비용을 지급할 의무를 부담하며, 법원은 소장의 송달등 심리를 개시할 조치를 취할 의무를 부담한다. 이는 일종의 공법상의 법률관계로, 이 단계에서는 아직 피고와의 사이에는 아무런 법률관계가 성립하지 않는다.

그 뒤에 법원이 소장을 피고에게 송달하면 비로소 원고, 피고, 법원 사이에 소송법상 법률관계가 성립하여 법원이 그 소송사건을 심리할 수 있게 된다(소송계속). 이 경우에 누구와 누구 사이에 법률관계가 성립하는가에 따라 과거에는 여러 학설이 대립되어 있었으나, 오늘날은 원고와 법원, 피고와 법원, 원고와 피고 사이에 각기 법률관계가 성립한다고 보는 데에 이설이 없다. 실체법상의 법률관계에서는 이것이 성립하기 위하여는 일정한 요건이 갖추어져야 하는데, 이를 법률요건이라고 한다. 이를 소송상의 법률관계에 대입하면 소송상의 법률관계가 성립하기 위하여는 일정한 요건이 갖추어져야 하고, 이를 소송요건이라고 부를 수 있을 것이다. 이 점에 착안하여 Bülow가 소송요건(Prozessvoraussetzung)이라는 말을 창안하였다.[1]

그러나 오늘날은 소송요건을 이러한 의미로 사용하지는 않는다. 그 정확한 의미는 소제기로 성립된 소송이 적법해져서 본안재판을 받을 수 있기 위한 요건, 즉 **본안재판요건**이다. 소송요건을 본안판결 및 본안심리의 요건이라고 하는 이들이 있다.[2] 소송요건이 불비된 경우에는 더 이상 본안심리를 할 수 없다는 의미에서는 이러한 정의가 타당하나, 자칫 소송요건이 구비되었음을 확정하기 전에는 본안심리

---

1) Bülow, Die Lehre von den Prozeßeinreden und die Prozeßvoraussetzungen, 1868. 그렇기 때문에 소송요건이라는 표현은 소송 성립요건이나 소제기 요건 등으로 오해를 받을 소지가 많다. 이처럼 법률용어로 마땅치 않지만 오래전부터 널리 쓰이고 있기 때문에 계속 통용되고 있다.
2) 강현중, 63; 宋·朴, 199; 이시윤, 221; 鄭·庚·金, 418.

를 할 수 없다는 의미로 오해할 우려가 있다. 법원은 본안심리와 소송요건 조사를 병행할 수 있기 때문에 본안재판요건이라고 하는 것이 적절하다. 본안판결요건이란 표현도 본안심리 결과 반드시 판결만 하는 것이 아니므로 적절하지 않다.

Ⅱ. 소송요건의 위치

원고의 소가 성공하려면 여러 단계의 요건들을 충족시켜야 한다. 소송요건도 그 중 하나로, 소송요건이 불비되면 원고는 패소하게 된다.

첫째로, 원고가 제출한 **소장이 적식**이어야 한다. 소장에 필수적 기재사항이 제대로 기재되어야 하고, 인지를 제대로 붙여야 하며, 소장부본이 송달 가능하도록 첨부되어 있어야 한다. 만일 소장이 부적식이면 재판장은 보정을 명하고 보정하지 않으면 명령으로 소장을 각하한다.

둘째로, **소가 적법**해야 한다. 실체법과는 별도로 소송법이 본안에 대하여 재판을 하기 위한 요건을 정한 것이 있는데, 이 요건이 불비되면 그 소는 부적법하여, 법원은 본안에 대한 재판을 하지 않고 판결로 소를 각하한다. 이 요건을 소송요건이라고 한다.

셋째로, 원고의 주장이 그 자체로 보아 청구를 이유 있는 것으로 하는 내용이어야 한다. 원고의 주장 자체로 보더라도 청구가 이유 없으면 이 소에 대하여 법원이 굳이 본격적으로 본안심리를 할 필요가 없을 것이고, 따라서 청구를 기각한다. 이를 **일관성**(Schlüssigkeit)이라고 한다.[3]

넷째로, 본안심리의 결과 원고의 청구가 실체법상 법률요건을 모두 갖추고 있어 **이유가 있다**고 판단되어야 한다. 그렇지 않으면 법원은 판결로 청구를 기각한다.

이러한 네 단계의 요건 중 하나라도 불비되면 원고는 패소하게 되는데, 소송요건은 그중 두 번째 단계가 된다.

---

3) 학자에 따라서는 이를 "주장 자체의 정당성", "정연성", "유리성" 등으로 표현하기도 한다.

Ⅲ. 소송요건 구비를 요구하는 이유

소송요건이 본안재판을 하기 위한 요건으로 이것이 구비되지 않으면 법원이 본안재판을 할 수 없도록 한 것은, 형식적으로는 그 소가 부적법하기 때문이라고는 하지만, 그렇다면 그러한 소를 왜 부적법하다고 하는지가 문제된다. 그 이유는 각 소송요건마다 다르다.

우선 소송요건이 불비되어 있으면 법원의 **재판이 법률상 불가능**한 경우가 있다. 예를 들어 우리나라 법원이 재판권을 갖고 있지 않은 사건에 대하여는 본안재판이 불가능하기 때문에 재판권이 있는 사건이기를 요구하는 것이다.

둘째로, 요건이 불비되어 있으면 법원이 **본안재판**을 해도 아무런 **소용이 없는** 경우가 있다. 예를 들어 당사자능력이 없는 자를 당사자로 하면 법원이 본안재판을 해도 그 재판의 효력을 받을 자가 없기 때문에 그 재판은 무용지물이 된다.

셋째로, **당사자를 보호**하기 위하여 일정 요건을 구비할 것을 요구하는 경우가 있다. 예로는 소송무능력자에 대하여 아무런 보호장치 없이 재판을 하면 무능력자에게 결정적으로 불리하기 때문에 법정대리인의 대리를 요구하는 것을 들 수 있다. 관할도 당사자의 편의를 위한 것이 대부분이므로 당사자 보호를 위한 것이라고 할 수 있다.

넷째로, **공익**을 위하여 요구되는 것이 있다. 관할 중에서 전속관할과 권리보호자격에 속하는 기판력이 여기에 속한다.

다섯째, **소송제도의 문란**을 막기 위하여 요구되는 요건이 있다. 소제기의 방식과 소장 송달이 적법해야 한다는 것이 여기에 해당한다. 소송이 일정한 형식을 갖추어야 한다는 것은 소송요건에서뿐만 아니라 절차의 진행과정에서도 대단히 중요한 의미를 가진다. 그것은 권력자의 자의적인 소송진행이나 소송에의 영향력 행사를 막는 방패의 구실을 하는 것이다.

여섯째, 소송제도의 특성상 **권리보호**를 허용할 만한 **가치**가 있는 것임을 요구한다. 보호할 가치가 없는 권리행사는 본안재판까지 갈 필요 없이 사전에 차단할 필요가 있다. 이러한 이유에서 요구되는 것이 권리보호요건, 즉 권리보호의 자격과 이익 및 당사자적격이다.

제 2 절   訴訟要件의 種類

소송요건은 매우 다양하다. 민사소송법에서 규율하는 것들의 대부분이 소송요건
이라고 해도 과언이 아닐 정도이다. 각 소송요건에 관하여는 해당하는 곳에서 설명
하기로 하고 여기서는 우선 어떤 소송요건이 있는지를 개괄적으로 본다. 그 뒤에
권리보호요건에 관하여 상세히 보기로 한다.

Ⅰ. 법원에 관한 것
   1. 피고와 사건에 대해 재판권이 있고 국제재판관할권이 있을 것
   2. 민사소송사항일 것
   3. 법원에 관할권이 있을 것

Ⅱ. 당사자에 관한 것
   1. 당사자능력이 있을 것
   2. 당사자적격이 있을 것
   3. 소송능력이 있거나 법정대리인이 대리할 것
   4. 소제기의 방식과 소장송달이 적법, 유효할 것
   5. 소송비용에 필요한 담보가 제공되었거나 불필요할 것

Ⅲ. 소송물에 관한 것
   1. 소송물을 특정하였을 것
   2. 권리보호의 자격이 있을 것
   3. 권리보호의 이익(필요)이 있을 것

Ⅳ. 특수소송에 관한 것
   1. 소송 중의 소, 공동소송, 참가 등에서는 각 제도가 요구하는 요건을 구비
      하였을 것
   2. 소제기 기간이 정해진 경우에는 그 기간을 지킬 것
   3. 선행절차가 필요한 경우에는 그 절차를 거칠 것

제 2 장 權利保護要件

제 1 절 槪　　觀

개인이 국가기관인 법원에 권리보호를 청구할 때, 그가 주장하는 권리 자체가 보호할 의미가 있는 것이어야 보호를 받게 된다. 국가가 보호해 줄 의미가 없는 경우에 이를 보호하는 것은 그만큼 법원의 시간과 노력을 낭비하는 것이 된다. 법원이 쓸데없는 소송에 시간과 노력을 낭비한다는 것은 정작 힘을 기울여 보호해 주어야 할 다른 사람의 사건을 그만큼 소홀하게 다루게 된다는 것을 뜻한다. 뿐만 아니라 상대방 당사자도 쓸데없는 소송에 시달리는 피해를 입게 된다. 이러한 폐단을 막기 위하여 요구하는 것이 권리보호요건이다.

원고의 소송상청구가 보호할 의미가 있다고 판단되려면 우선 그 청구의 내용이 본안판결을 받기에 적합한 **일반적인 자격**(권리보호자격)을 갖추어야 하고, 다음으로 그 청구가 그러한 형태의 소, 즉 이행의 소, 확인의 소 또는 형성의 소로써 주장할 **구체적 이익 내지 필요**가 있는 것(권리보호이익·필요)이어야 한다. 그리고 이 두 요건과는 다른 측면에서 그 청구의 내용상 당사자들이 **본안판결을 받기에 적합한 이들**이어야 한다(당사자적격). 앞의 두 요건은 소송상청구라는 객관적인 측면에서 본 것임에 반하여, 뒤의 당사자적격은 당사자라는 주관적인 측면에서 본 것이다.

제 2 절 權利保護資格

이는 각종의 소에 공통된 소의 이익이라고도 하는데, 뒤에 설명할 권리보호이익과는 달리 이행의 소, 확인의 소, 형성의 소를 묻지 않고 **일반적으로 소송제도를 이용할 수 있도록 하는 자격**을 말한다.

Ⅰ. 구체적 권리·법률관계에 관한 청구일 것

청구가 소로써 구할 수 있는 구체적인 권리·법률관계에 관한 것이어야 권리보호의 자격이 있다.

1. 소로써 재판을 구할 수 있는 청구

《사례 1》　　甲은 乙에게 주택의 건축을 맡겼는데, 乙이 성실하게 일을 하지 않아 계약을 해제하고 다른 건축업자 丙에게 건축을 맡기려고 하였다. 그러나 乙이 자기가 그 집을 계속 짓겠다고 우기는 바람에 이러지도 저러지도 못하고 있던 甲은 법원에 호소하는 수밖에 없다고 생각하여 乙과의 도급계약을 해제시켜 달라고 청구하는 소를 제기하였다. 법원이 이 소에 대하여 본안판결을 할 수 있는가?

법률상 소로써 재판을 구할 수 있는 청구이어야 한다. 위 사례에서 甲이 구하는 것은 계약의 해제이다. 그러나 **계약해제**는 권리자가 일방적 의사표시를 하면 효과가 발생하는 것이므로 법원에 소로써 재판을 구할 수가 없다. 이 사례와 같은 경우라면 甲은 계약이 해제되었음을 전제로 다른 내용의 이행의 소, 즉 건축 중인 건물의 인도와 손해배상을 구하는 소를 제기할 일이다. 그러므로 이 소는 권리보호의 자격이 없다. 이와 마찬가지로 권리보호자격이 부정되는 것에는 단체의 대표자의 해임을 청구하는 소와1) 같이 법률에 규정이 없는 형성의 소, 자연채무의 이행을 구하는 소,2) 약혼의 강제이행을 구하는 소(민 제803조 참조), 입법행위의 소구,3) 법률에 규정이 없는 파산채권의 청구를 위한 소4) 등이 있다.

그 밖에 예를 들어 종교단체나 대학에서의 내부 분쟁과 같이 **법률이 간섭할 수 없는 생활영역**에 속하는 분쟁도 여기에 해당할 것이다.5) 특히 판례는 종교활동은

---

1) 大決 1997. 10. 27, 97마2269(학교법인 이사장의 해임 청구); 大決 2020. 4. 24, 2019마6918(조합 청산인의 해임 청구).

2) 大判 2001. 7. 24, 2001다3122(약속어음 소지인이 정리채권신고를 하지 아니하여 실권되어 어음금 채권이 정리회사에 대한 관계에서 자연채무 상태로 남게 된 경우); 大判 2015. 9. 10, 2015다28173(파산절차에서 면책된 채권).

3) 憲決 1989. 3. 17, 88헌마1: 입법행위의 소구청구권은 원칙적으로 인정될 수 없다.

4) 파산채권자는 그 채권을 소로써 구할 수 없고 파산채권 확정절차를 밟아야 한다(채회 제447조 이하).

5) 大判 1995. 3. 24, 94다47193(교회의 권징재판으로 인한 목사, 장로의 자격에 관한 시비); 大判 1983. 10. 11, 83다233(교회가 한 장로에 대한 면직 및 출교처분의 무효확인); 大判 2011. 10. 27, 2009다32386(교인의 교적 제적결의 무효확인 청구); 大判 2014. 12. 11, 2013다78990(교단의 총회가 한 판결의 무효확인과 목사의 교회 대표자 지위의 확인 청구). 다만 그 징계로 인하여 법률관계가 문제될 때에는 소송이 가능하다. 이러한 취지에서 大判 1992. 5. 22, 91다41026에서는 종단으로부터 징계를 받아 사

헌법상 종교의 자유와 정교분리의 원칙에 의하여 국가의 간섭으로부터 그 자유가 보장되어 있으므로, 국가기관인 법원은 종교단체 내부관계에 관한 사항에 대하여는 그것이 일반 국민으로서의 권리의무나 법률관계를 규율하는 것이 아닌 이상 원칙적으로 그 실체적인 심리판단을 하지 아니함으로써 당해 종교단체의 자율권을 최대한 보장하여야 한다고 판시하였다.6)

다만 판례는 종교단체 내에서 개인이 누리는 지위에 영향을 미치는 단체법상의 행위도 그것이 하자가 매우 중대하여 이를 그대로 두면 정의의 관념에 현저히 반하는 경우에는 사법심사의 대상이 될 수가 있어서 소의 이익을 인정할 수 있다고 하였다.7) 행정관청의 허가나 특허명의의 변경을 구하는 경우에는 해당 법에 양도를 허용하는 규정도 없고 명의변경절차도 규정하지 않았으면 명의변경을 구하는 소는 부적법하다는 것이 판례이다.8)

2. 권리·법률관계에 관한 청구

(1) 원 칙

《사례 2》 대학생 甲과 乙은 함께 저녁을 먹다가 한국전쟁이 북한의 남침으로 비롯되었는지, 남한의 북침으로 비롯되었는지에 관하여 논쟁을 하게 되었는데, 서로 상대방을 설득시킬 수 없었다. 결국 법원의 판단을 받아보기로 하고 甲은 "한국전쟁은 북한의 남침으로 비롯된 것임을 확인한다"는 판결을 해 달라고 청구하는 소를 제기하였다. 법원은 이 소에 대하여 본안판단을 할 것인가?

본래 소송이란 법률적 쟁송을 의미하고, 이러한 것만이 법원의 재판을 받을 수 있다. 청구의 내용이 권리·법률관계에 관한 것이 아니면 법원이 심리할 사항이 아니다. 〈사례 2〉와 같은 경우는 단순한 **사실관계의 확정을 구하는 소**이므로 법적 판단의 대상이 아니다(법조 제2조 1항).

판례가 사실관계에 관한 청구에 불과하므로 부적법하다고 판시한 예로는, 족보에 특정인을 등재하는 것을 금지하거나,9) 족보 기재사항의 변경이나 삭제를 청구하는 경우,10)

찰을 점유, 관리할 권한을 상실하였음을 이유로 사찰인도청구를 한 경우에는 그 징계의 효력이 사법심사의 대상이 된다고 하였다.

6) 위 2009다32386 판결과 2013다78990 판결.

7) 大判 2006. 2. 10, 2003다63104.

8) 大判 2002. 2. 26, 2001다53622. 그러나 양도가 허용되지 않으면 기각판결을 할 것이고, 절차규정이 없는 것은 법의 흠결이지 소를 부적법하게 만드는 사유라고 볼 수는 없을 것이다.

9) 大判 1975. 7. 8, 75다296; 大決 1997. 7. 9, 97마634.

10) 大判 1992. 10. 27, 92다756.

임야대장에 기재된 피고의 소유명의의 말소를 구하는 청구,[11] 무허가건물대장에 기재된 소유자 명의 말소청구,[12] 재산출연자가 학교법인을 상대로 학교법인의 정관에 자신을 재산출연자로 기재하는 절차를 이행하라고 구하고 예비적으로 재산출연자임의 확인을 구하는 것,[13] 종교단체가 특정 종교나 종파에 속하는지의 확인을 구하는 경우,[14] 종교단체가 한 교인에 대한 징계의 효력의 유무 판단을 구하는 것,[15] 한 종중의 계파인 문회가 존재하지 않는다는 확인청구,[16] 피고들이 원고 재단이 경영하는 고등학교의 교장, 교감, 경리 주임이 아님을 확인하라는 청구,[17] 매매계약의 당사자에 대한 확인청구,[18] 근저당권설정 등기의 접수일자의 변경을 구하는 소[19] 등이 있다.

다만 종단 소속 사찰의 주지 지위의 확인이나 주지해임 무효확인을 구하는 것은 그 사찰이 법인 아닌 사단이나 재단이므로 그 사찰의 주지는 종교상의 지위뿐만 아니라 사찰의 대표자로서의 지위와 사찰 재산의 관리처분권을 가지므로 권리, 법률관계에 관한 청구로 인정될 수 있다.[20] 그리고 종교단체의 징계결의라도 그것이 구체적인 권리나 법률관계에 영향이 있는 경우에는 징계결의 무효확인을 구하는 소는 법률적 쟁송에 해당한다.[21]

(2) 예 외

다만 사실관계의 확정을 구하는 소로서 허용되는 예외가 있다. **증서진부확인의 소**(제250조)가 그것이다. 증서란 법률관계를 증명하는 서면을 말하는데,[22] 그것이

---

11) 大判 1979. 2. 27, 78다913. 임야대장의 기재사항이 진실된 것으로 추정받는 효력이 있기 때문에 소익이 있다는 원심을 파기하면서 등기부와 같은 비중의 추정력은 없다는 것을 이유로 하였다.

12) 大判 1992. 2. 14, 91다29347(이 대장에의 기재에 의하여 무허가건물에 관한 권리의 변동이 초래되거나 공시되는 효과가 생기는 것이 아니기 때문).

13) 大判 2008. 11. 27, 2008다46012: 확인판결을 받는 여부가 재산출연자로서의 권리나 법률관계에 아무런 영향이 없고, 사학 관련 위원회에 출석, 발언하기 위한 목적이면 이 청구들은 우회적 수단에 불과하기 때문이다.

14) 大判 1980. 1. 29, 79다1124(통일교나 그 유지재단이 기독교의 종교단체인지 여부); 大判 1984. 10. 17, 83다325(사찰이 조계종에 속하는지 여부); 大判 1992. 12. 8, 92다23872(어느 사찰의 종단에의 사찰등록이 말소되었음의 확인을 구하는 경우).

15) 大判 2011. 10. 27, 2009다32386. 이 판결은 종교단체와 신앙의 질서를 유지하기 위하여 교인으로서의 비위가 있는 사람을 종교적인 방법으로 제재하는 것은 종교단체 내부의 규제로서 헌법이 보장하는 종교의 자유의 영역에 속한다는 점을 근거로 삼았다.

16) 大判 1991. 10. 8, 91다25413(피고 문회는 오로지 원고 종중의 재산을 편취하기 위하여 인위적으로 조직한 것이고 원고와 피고 사이의 여러 법률 분쟁에서 피고의 존부가 공통적인 선결문제로 되어 있다는 주장을 배척).

17) 大判 1960. 9. 29, 4292민상952.

18) 大判 1987. 6. 23, 87다166.

19) 大判 2003. 10. 24, 2003다13260.

20) 大判 2005. 6. 24, 2005다10388.

21) 大判 2011. 5. 13, 2010다84956(징계결의를 명의신탁 해지의 원인으로 삼은 사안).

작성명의인에 의하여 작성된 것이라는 점이 법원의 판결로 확정되면 바로 그 내용인 법률관계의 존재가 확정된다는 점에서 법률관계의 존부확정을 구하는 소와 다를 바가 없다고 하여 예외적으로 인정하는 것이다.

(3) 판단기준

《사례 3》　　甲은 丙으로부터 경기도 용인군 소재의 임야를 매입하여 소유권이전등기까지 마쳤다. 그런데 어느 날 처음 보는 乙이 나타나 그 토지는 자기가 丙으로부터 매입한 것이니 이전등기를 말소해야 한다고 甲에게 통고하였다. 이에 甲은 乙을 상대로 "내가 그 토지를 매입하였음을 확인하는 판결을 해 달라"는 내용의 소를 제기하였다. 법원은 이 소를 어떻게 처리할 것인가?

사실관계의 확정을 구하는 소가 허용되지 않지만, 원고의 청구가 겉으로 사실확정을 구하는 것으로 나타났다고 하여 권리보호의 자격이 없다고 함부로 판단할 일은 아니다. 본래 법률관계와 사실관계는 밀접하게 연결되어 있을 뿐만 아니라 그 사이의 한계도 분명치 않은 경우가 많으므로 당사자의 주장이 사실주장처럼 보여도 이를 **법률관계의 주장으로 새길 수 있으면** 이를 **석명**하여 법률관계의 주장으로 다루는 것이 바람직하다. 〈사례 3〉에서 甲은 비록 매입하였다는 사실을 확인해 달라고 청구하였지만 이 청구는 甲이 소유자임을 확인해 달라는 청구로 선해(善解)할 수 있고, 또 그렇게 하는 것이 타당하다. 판례도 족보의 기재사항 변경이나 삭제를 구하는 청구라도 그러한 내용의 약정을 원인으로 주장하면 법적 의무를 이행하라는 것이므로 권리, 법률관계에 관한 청구에 해당한다고 보았고,[23] 무허가건물대장의 소유자 명의의 변경이나 말소를 청구하는 것이 그 무허가건물 철거시에 그 명의에 따라 건물 보상 및 시영아파트의 특별분양권이 주어진다면 소의 이익이 있다고 하였다.[24]

---

22) 大判 1967. 10. 25, 66다2489: 사실관계를 증명하는 서면의 진부확인은 허용되지 않는다. 그러므로 대차대조표, 회계결산보고서, 입금일람표 등의 진부 확인은 허용되지 않으며(大判 1967. 3. 21, 66다2154), 세금계산서(大判 2001. 12. 14, 2001다53714), 매매계약서의 진정성립에 대한 확인청구도 허용되지 않는다(大判 1987. 6. 23, 87다166).

23) 大判 1998. 2. 24, 97다48418.

24) 大判 1991. 11. 12, 91다21244; 大判 1992. 4. 28, 92다3847. 大判 1998. 6. 26, 97다48937(철거보상금 지급 규정이 있고 종전에도 무허가건물대장상 건물주 명의의 말소를 명하는 확정판결에 따라 업무를 처리한 경우에 건물주 명의의 말소를 구하는 청구).

3. 구체적 분쟁에 관한 청구

《사례 4》   甲은 변호사 乙에게 소송위임을 하여 소송을 하여 승소하고도 약정한 보수인 3,000만원을 지급하지 않고 있었다. 그러나 乙이 甲에게 그 보수를 지급하라는 청구를 전혀 하지 않은 채 3년이 지났다. 乙의 채권에 관한 소멸시효가 완성된 사실을 안 甲은 나중에라도 문제가 생길까 걱정이 되어 법원에 제소하여 소멸시효 완성의 효과는 '절대적 소멸설'에 의하여 정해야 한다고 판결해 줄 것을 청구하였다. 법원은 이 소를 어떻게 처리할 것인가?

소송상청구에 **사건성**이 있어야 한다. 〈사례 4〉에서처럼 구체적인 분쟁이 전제되지 않은, 추상적인 법령 자체의 효력이나 법령의 해석론을 구하는 소송상청구에 대하여는 권리보호를 부여할 수가 없다. 그리고 헌법소원이 허용되는 경우이면 그 절차를 이용하면 되지 민사법에 관한 것이라고 민사소송을 이용하여서는 아니 된다. 판례는 법인 정관의 무효 확인을 구하거나,25) 단체 구성원이 그 내부규정의 효력을 다투는 소는 부적법하다고 보았다.26)

그러나 이는 법이 흠결된 경우와 구별해야 한다. 판례는 1960년대에 문제되었던 대일민간청구권 사건에서 추상적인 권리만 규정하고 그 권리의 구체적 내용이나 한계에 관해 법규정이 없으면 권리를 행사할 법률상의 방법이 없으므로 소의 대상이 아니라고 판시하였다.27) 그러나 이는 원고의 청구가 추상적인 것이 아니라 법이 흠결된 경우이므로 오히려 재판의 거부에 해당할 것이다.

4. 목적이 이미 실현된 청구의 문제

소로써 구하고자 하는 목적이 이미 다른 경로를 통하여 이루어진 경우에 권리보호의 자격이28) 없다고 하는 견해가 있다.29) 판례도 이를 인정한다.

---

25) 大判 1992. 8. 18, 92다13875 · 13882 · 13899; 大判 1995. 12. 22, 93다61567(대한민국상이군경회 정관의 무효 확인을 구하는 소).

26) 大判 1992. 11. 24, 91다29026(복지회의 내부규정의 효력을 다투는 소).

27) 大判 1970. 11. 20, 70다1376; 大判 1970. 12. 22, 70다1403.

28) 학설이나 특히 판례에서 권리보호의 자격과 이익을 구별하지 않고 모두 권리보호이익이라고 표현하는 수가 많다. 그러나 이들은 개념상 엄연히 구별되기 때문에 권리보호이익이라는 표현을 썼을 때 그것이 이익인지 자격인지를 내용으로 보아 판별해야 할 것이다.

29) 이시윤, 239. 여기서 실익 없는 청구도 소의 이익이 없다고 하면서 건물이 전부 멸실된 경우에 그 건물에 대한 등기청구를 그 예로 들며 大判 1976. 9. 14, 75다399를 인용한다. 그러나 이 판결은 소의 이익을 부정한 것이 아니라 이행불능을 이유로 등기청구를 할 수 없다고 판시한 것이다.

예를 들어, **등기의 말소**를 구하는 사건에서 그 등기들이 이미 말소된 여부는 권리보호이익 내지 필요의 문제이므로 직권으로 그 말소 여부를 가린 뒤에 소송을 진행해야 한다고 하였다.30) 그리고 국유지에 대한 취득시효 완성을 원인으로 한 소유권이전등기절차 이행소송의 사실심 심리 도중에 국가가 원고에게 대상 토지에 관하여 상환 완료를 원인으로 한 소유권이전등기를 마쳐 준 경우,31) 채권자가 수익자를 상대로 한 사해행위의 취소 및 원상회복을 구하는 소송이 계속 중 그 사해행위가 해제되어 그 재산이 채무자에게 복귀된 경우,32) 토지거래 허가구역 지정 기간 중에 허가구역 안의 토지에 관하여 허가 없이 거래계약을 체결하였는데, 뒤에 허가구역의 지정이 해제되었는데 허가신청 절차의 이행을 구하는 경우,33) 보험계약자가 보험 수익자를 피고에서 원고로 변경하였고 계약자의 사망으로 원고가 보험금채권을 취득하였는데 피고를 상대로 보험금채권의 양도와 그에 따른 양도통지절차의 이행을 구하는 경우34) 등에 권리보호의 이익이 없다고 한다.

그러나 이미 소송상청구의 목적이 실현된 경우에는 권리보호의 자격이 없는 것이 아니라 실체법상 **청구권이나 형성권이 소멸**했다고 보는 것이 정확하다. 따라서 이러한 경우에는 소를 각하할 것이 아니라 **청구를 기각**할 것이다. 실체법상 권리는 심리의 결과에 따라 인정될 수 있지만 이를 소송으로 보호해 줄 가치가 인정되지 않을 경우에 권리보호의 자격이 문제되는 것이고, 아예 실체법상 권리가 인정되지 않을 때는 청구를 기각해야 함을 유의할 필요가 있다. 그렇지 않으면 실체법상 권리의 유무 판단을 직권조사사항인 소송요건 문제로 둔갑시키는 우를 범할 것이다. 특히 사해행위취소 소송의 전이나 후에 사해행위가 해제나 취소되어 재산이 복귀한 경우에는 실체법상의 취소권이 직접 소멸된 경우이기 때문에 이런 경우에 소송요건 불비로 다루는 것은 더욱 부당하다.

다만 이미 해지된 근저당권설정계약이라도 그것이 사해행위에 해당하는지 여부에 따라 뒤의 양도계약 당시 당해 부동산의 잔존가치가 피담보채무액을 초과하는지 여부가 달라지고 그 결과 뒤의 양도계약에 대한 사해행위취소청구가 받아들여지는지 여부 및 반환범위가 달라지는 때에는 이미 해지된 근저당권설정

---

30) 大判 1973. 12. 24, 73다252.

31) 大判 1996. 10. 15, 96다11785.

32) 大判 2008. 3. 27, 2007다85157. 大判(全) 2015. 5. 21, 2012다952는 사해행위 취소의 소를 제기하기 전에 사해행위의 취소로 재산이 복귀한 경우에도 마찬가지라고 한다.

33) 大判 2014. 7. 10, 2013다74769.

34) 大判 2020. 2. 27, 2019다204869. 이 사안에서는 원고가 스스로 보험수익자가 변경되었다고 주장하였으므로(청주지판 2018. 12. 19, 2018나7420 참조) 일관성이 없어 청구를 기각할 사유이다.

계약에 대한 사해행위취소청구를 할 수 있는 권리보호의 자격이 있다고 볼 것이
다.35)

가처분 신청과 관련된 사안도 실체법상 권리와 거리가 있으므로 이미 신청의
목적이 다른 경로로 실현된 경우에는 권리보호자격이 없다고 볼 것이다. 그 예로,
부동산처분금지가처분의 신청 취하나 가처분 집행의 취소나 해제절차의 이행을 구
하는 소송 중에 가처분의 목적 달성으로 가처분 기입등기가 말소된 경우를 들 수
있다.36)

폐쇄된 등기기록에 대한 말소등기 이행청구는 현재의 등기로서의 효력이 없고
그 기록에 새로운 등기사항을 기록할 수도 없는 것을 말소하라는 것이므로 실체법
상 청구권이 없다고 볼 것이다. 그러나 새로운 등기기록에 옮겨 기록되지는 못하였
지만 진정한 권리자의 권리실현을 위해서 말소등기를 마쳐야 할 필요가 있는 때에
는 말소등기 이행청구도 권리보호자격을 인정할 수 있다.37)

Ⅱ. 법률상·계약상 소제기가 금지되지 않았을 것

1. 법률상 소제기 금지

법률상 소제기가 금지되어 있으면 소를 제기하더라도 법원이 이 청구에 관하여
본안재판을 해 줄 수 없음은 자명하다. 이러한 법률상 소제기 금지사유로는 중복소
제기의 금지(제259조), 재소금지(제267조 2항)가 있다.

2. 계약상 소제기 금지

계약상 소제기 금지사유는 당사자가 소를 제기하지 않기로 계약을 한 경우에
존재하게 되는데, 이 계약을 흔히 **부제소합의**(또는 특약)라고 한다. 그리고 부제
소특약과 마찬가지로 취급되는 것으로, 중재합의(중 제3조, 중재계약이라고도 한다),
소취하계약,38) 불상소합의 등이 있다.

---

35) 大判 2013. 5. 9, 2011다75232. 이 판결에서는 권리보호이익이 인정된다고 하였으나, 권리보호자
격이라고 표현하는 것이 정확하다.

36) 大判 2005. 5. 27, 2005다14779(소유권이전등기청구권을 보전하기 위한 처분금지가처분 결정을
집행한 후 그 가처분의 피보전권리에 기한 소유권이전등기가 마쳐진 경우); 大判 2017. 9. 26, 2015다
18466(상고심 계속 중에 비로소 가처분 기입등기가 말소된 경우).

37) 大判 2017. 9. 12, 2015다242849는 종전의 판례와 같이 그러한 필요가 인정되지 않을 경우에 소
의 이익이 없다고 한다.

38) 大判 1982. 3. 9, 81다1312.

(1) 부제소특약의 유효성

《사례 5》   甲은 乙에게 서울 논현동 소재의 대지를 매도하였다. 그런데, 乙이 그 매매계약을 체결한 것은 부동산 중개인 丙이 실수로 더 비싼 다른 대지를 보여 주어 가격이 싸다고 생각하였기 때문이었다. 그러나 매매 목적물이 다른 것임을 안 乙이 계약을 취소한다고 하자 甲은 그 주장이 괜한 트집이라고 하면서 매매대금의 지급을 청구하였다. 한참 옥신각신하다가 매매가격을 천만원 감액하기로 하고 매매계약을 다시 체결하였다. 그러면서 이 문제에 관하여 앞으로 일절 법적 분쟁을 하지 않기로 합의하였다. 그 계약에 따라 매매대금을 받은 甲이 乙에게 소유권이전등기까지 해 주었다. 그러나 뒤에 새로이 계약을 체결한 것을 후회한 甲이 乙을 상대로 소유권이전등기의 말소등기를 구하는 소를 제기하였다. 이 소는 적법한가?

이 사례가 부제소특약이 인정되는 전형적인 경우인데, 이러한 부제소특약에 관하여는 종래 판례의 태도에 변천이 있었다. 초기에는 "원래 소권은 사인의 국가에 대한 공권이므로 당사자의 합의로써 국가에 대한 공권은 포기할 수 없는 것이며 이 법리는 민사소송에서와 같이 행정소송에서도 동일하다고 할 것이다"라고 하여[39] 민사소송에서도 소권은 포기할 수 없다는 이유로 이 특약의 효력을 부정하였다. 그러나 뒤에 태도를 바꾸어 "특약에 위반하여 제기한 소는 권리보호의 이익이 없다"고 하여 그 효력을 인정하였다.[40]

구체적 사례로는, 회사로부터 퇴직금을 수령하면서 근로관계 종료와 관련하여 어떠한 이의도 제기하지 않겠다는 서약서를 제출한 경우,[41] 등기말소소송에서 소를 취하하고 그 토지에 관하여 일절 소송을 하지 않기로 합의한 경우,[42] 교통사고 후에 보험자가 피해 차량의 손괴부분을 수리 등 일체의 배상을 하여 주고 이 사고와 관련하여 상호 일체의 권리를 포기하기로 합의하면서 여하한 사유가 있어도 민사소송을 하지 아니하기로 합의한 경우[43] 등이 있다.

통설도 부제소특약은 사적자치의 원칙상 당연히 효력이 있는 것으로 여기고 이를 소제기 금지사유로 인정한다. 그러므로 〈사례 5〉에서 甲의 소제기는 부제소특약

---

39) 大判 1961. 11. 2, 4293행상60.

40) 大判 1968. 11. 5, 68다1665. 그러나 **공법관계**에 관하여는 여전히 이를 소권의 포기로 파악하여 **효력을 부정한다**(大判 1995. 9. 15, 94누4455). 공법관계는 사적자치나 처분권주의가 적용되는 영역이 아니고, 부제소특약의 효력을 인정하면 사인에게 결정적인 불이익이 갈 수 있으므로 판례의 이러한 태도는 타당하다고 본다.

41) 大判 1997. 11. 28, 97다11133.

42) 大判 1993. 5. 14, 92다21760.

43) 大判 1992. 3. 10, 92다589.

에 위반되어 권리보호의 자격이 없어 부적법하다.

(2) 부제소특약의 법적 취급

《사례 5a》 〈사례 5〉에서 乙이 새로 계약을 체결하고도 계속 甲을 비난하고 다니고, 대지 구입에 따른 공과금, 기타 제반 부대비용을 모두 甲이 부담하여야 한다, 대지를 더 높이는 성토공사의 비용을 甲이 부담해야 한다는 등 새로운 청구를 하면서 甲을 괴롭혀서 甲이 계약을 해제하였다고 주장한다면 甲의 소는 적법한가?

부제소특약은 그 자체로는 사적자치의 원칙상 탓할 만한 제도는 아니라고 할 수 있겠지만, 국가에 대한 권리보호청구권을 포기하는 것이라는 점은[44] 변함이 없다. 그러므로 부제소특약이 있다고 해서 기계적으로 소제기가 부적법하다고 처리하는 것은 부당하다. 〈사례 5a〉의 경우에 甲이 다시 소를 제기한 것을 부제소특약이 존재한다고 해서 바로 부적법하다고 간단히 처리하는 것은 옳지 않다. 부제소특약이 소제기 금지사유가 되는 것은 그러한 계약으로 분쟁이 없어졌을 것이기 때문이다. 그럼에도 불구하고 별다른 이유도 없이 그에 위반하여 다시 소를 제기하는 것은 권리보호자격이 없는 것이다. 그러나 〈사례 5a〉에서는 당사자 사이에 새로운 사실이 발생하여 甲이 다시 소송을 할 필요성을 절감하였을 것인데, 이런 경우에까지 부적법하다고 보는 것은 타당치 않다. 그러므로 법원은 당사자 사이에서 **진정한 합의**가 있었는지를 주의 깊게 심리해야 하며,[45] 부제소특약이 인정되더라도, 원고가 그 합의를 위반하여 **소를 제기한 이유**를 심리해야 할 것이다.[46]

그리고 부제소특약은 소권인 권리보호청구권을 상실하는 결과를 가져오므로 적어도 중재계약에 의한 소송절차의 배제와 같은 **엄격한 요건**을 갖추어야 유효성을 인정할 수 있을 것이다. 예를 들면, 중재계약 위반의 소제기에서 피고가 본안에 관한 첫 변론 시까지 항변을 하지 않으면 그 소의 부적법성이 치유된다는(중 제9조 2항; § 1032 I ZPO) 등과 같은 규율에 준하여 적용 범위를 제한할 것이다.[47] 뿐만 아

---

44) 부제소합의가 권리보호청구권의 포기임을 설명한 것은 胡文赫, "民事訴訟法上 訴訟法律關係에 관한 고찰", 서울대학교 法學 제54권 제2호(2013), 148.

45) Stein-Jonas/Schumann[20] vor § 253 Rn. 90.

46) 大判 1979. 3. 13, 77후50은 특허분쟁 후에 화해를 하였는데도 다시 특허무효심판청구를 한 사건에 관하여, 화해로 말미암아 "청구인은 그 무효심판을 청구할 이해관계인으로서의 지위를 상실한 결과가 된 것이라고 볼 수 있으므로 …… 원심으로서는 위 화해 내용에 관하여 더 심리를 하여 이 사건 심판청구인이 이해관계인인 여부를 가렸어야 옳았다"고 하여 왜 제소하였는지를 구체적으로 따져야 한다고 판시하였다.

47) Stein-Jonas/Schumann[20] vor § 253 Rn. 90.

니라 그 특약의 대상이 되는 법률관계도 제한적으로 새겨서 **특정 법률관계**에 관한 특약만이 효력이 있고, 당사자 사이에 생기는 모든 법률관계를 대상으로 하여 불특정, 포괄적으로 특약을 하는 것은 효력이 없다고 보아야 한다.48)

　　판례도 부제소합의가 효력이 있으려면 ① 합의 당사자가 **처분할 수 있는 권리**범위 내의 것으로서, ② **특정한 법률관계**에 한정된 합의이고, ③ 그 합의시에 **예상할 수 있는 상황**에 관한 것이어야 유효하다고 판시하고,49) 이러한 기준에서 노동조합과 조합원 사이에서 일정 사항에 관한 분쟁에 대하여 조합원은 노동조합을 상대로 일절 소송을 할 수 없다는 내용의 제소금지규정은 국민의 재판받을 권리를 침해하고 부제소특약 제도의 취지에 위반되어 무효라고 하였다.50) 그리고 부제소합의처럼 중대한 소송법상의 효과를 발생시키는 행위의 경우, 부제소합의가 있었는지가 불분명하여 의사표시의 해석이 문제될 때에는 소극적 입장에서 그 합의의 존재를 부정할 것이라고 한다.51)

　　부제소특약이 붙어 있는 본 계약이 무효인 경우에는 그 부제소특약도 무효라고 볼 것이다. 예를 들어 불공정한 법률행위(민 제104조)에 해당하는 계약에 부제소특약이 포함되어 있으면 그 계약으로 불이익을 받는 당사자가 소송을 통하여 구제받지 못하기 때문이다.52)

　　우리나라에서는 부제소특약이 악용되는 사례가 많으므로 더욱 신중한 심리가 필요하다.

《사례 6》　　학교도 없는 시골에서 가난하게 자란 노인 甲은 글도 잘 읽지 못하는데, 눈까지 나빠져 웬만한 글은 읽지도 않는 것이 습관이 되어 있었다. 어느 날 길을 가다가 신호등을 무시하고 질주한 버스(乙운수 소속)에 치어 다리에 골절상을 입어 병원에 입원하였다. 며칠 뒤에 乙운수에서 사고처리반이라는 丙이 병원에 문병을 와서는 甲의 몰골을 아래 위로 훑어 보더니 甲에게 정중히 사과를 하고 보상은 충분히 해 드리겠으니 안심하시라고 하고는 100만원짜리 자기앞수표를 한 장 내밀었다. 평소에 10만원짜리도 제대로 구경을 한 적이 없는 甲은 눈이 번쩍 뜨여 얼른 받아들고는 丙이 영수증이라면서 내미는 서류에 도장을 찍었다. 그러나 정작 甲이 병원에서 퇴원하려고 보니 치료비가 500만원이 나왔다. 나머지 400만원을 乙운수에 청구하였으나 거절당해 甲이

---

48) Stein-Jonas/Schumann²⁰ vor § 253 Rn. 90.

49) 大判 1999. 3. 26, 98다63988; 大判 2002. 2. 22, 2000다65086; 大判 2019. 8. 14, 2017다217151.

50) 大判 2002. 2. 22, 2000다65086. 노동조합규약에 따른 신분보장대책기금관리규정에서 그 규정에 따른 위로금의 지급을 둘러싸고 벌어지는 분쟁에 관하여는 제소할 수 없다고 규정한 사안이다.

51) 위 2017다217151 판결; 大判 2002. 10. 11, 2000다17803(불상소합의의 경우).

52) 大判 2010. 7. 15, 2009다50308.

乙운수를 상대로 소를 제기했다. 乙운수가 제출한 甲・乙 사이의 합의서에 의하면 甲은 乙로부터 그 사고로 인한 일체의 손해에 대한 배상으로 100만원을 지급받고 앞으로 어떤 경우에도 법적 절차를 밟지 않기로 한다고 약정한 것으로 되어 있었다. 법원은 甲의 제소를 어떻게 처리할 것인가?

이 사례가 부제소특약이 악용되는 전형적인 경우로서, 이를 막으려면 왜 부제소특약이 있음에도 불구하고 또 소를 제기하였는가를 신중히 심리하면서, 특히 부제소특약 자체가 당사자들의 진정한 의사의 합치로 성립한 것인지를 심리해야 한다는 점이다. 사적자치는 형식적으로 적용할 것이 아니라 실질적으로 **'진정한' 사적자치**에 의한 것인가를 엄격히 심리하여야 하고, 비록 소송행위라도 그것이 일종의 법률행위인 이상 행위자의 의사의 존재를 무시하여서는 안 될 것이다. 판례는 부제소특약 때문에 권리관계가 강행법규 위반이라는 주장을 할 기회를 갖지 못하게 되었더라도 그 사정만으로는 부제소특약이 강행법규 위반이 되어 무효가 되지는 않는다고 하였다.53)

Ⅲ. 소제기 장애사유가 없을 것

소제기가 법률상, 계약상 금지되어 있지는 않더라도 원고가 직접적, 경제적으로 권리를 실현할 수 있는 절차를 택하지 않고 우회적이거나 비경제적인 절차를 택하였으면 그 소는 권리보호를 받을 자격이 없다고 판단된다. 그러므로 여기서 말하는 장애사유란 더 **직접적이고 간편한 절차의 존재**를 말한다. 즉, 원고가 절차를 잘못 선택하면 그 소는 부적법하다.

《사례 7》 甲은 乙을 상대로 소송을 하여 승소하였고, 그 판결이 확정되었다. 그러나 그 판결에는 소송비용에 관하여는 "소송비용은 피고가 부담한다"라고만 되어 있어 乙이 얼마를 부담하여야 하는지가 명시되어 있지 않았다. 甲은 자기가 들인 소송비용이 250만원이라고 주장하여 乙을 상대로 소송비용상환청구의 소를 제기하였다. 이 소는 적법한가?

대부분의 판결에서는 "소송비용은 원고가 부담한다" 하는 식으로 누가 어떤 비율로 소송비용을 부담하는지에 관하여는 재판하지만 구체적인 소송비용액은 확정하지 않는 것이 보통이다. 이런 경우에는 당사자의 신청에 의하여 결정으로 소송비

---

53) 大判 2008. 2. 14, 2006다18969.

용액을 확정하는 절차가 있다. 이를 소송비용확정절차(제110조 이하)라고 한다. 소송 비용을 받고자 하는 당사자는 이 절차를 이용하면 간단히 비용을 상환받을 수 있 다. 그럼에도 불구하고 〈사례 7〉과 같이 별도로 소를 제기하는 것은 권리보호자격 이 인정되지 않아 부적법하다. 이런 경우에 소송비용확정절차는 소제기 장애사유가 된다.

이와 마찬가지로 취급되는 예로는, 회사 설립등기의 말소는 비송사건절차법 제234조 [개정 전]에 의하여야 하는데, 민사소송으로 소구하는 경우,[54] 경매절차에서 다툴 것을 경매불허의 소로 청구하는 경우,[55] 민사집행법 제307조에 의하여 집행법원에 가처분 취 소를 구하지 않고 민사소송으로 가처분등기말소를 구하는 경우,[56] 회사정리절차개시 당 시 이의 있는 정리채권에 대하여 이미 소송이 계속 중인 경우에 정리채권자가 이 소송을 수계하지 않고 이의자를 상대로 정리채권확정의 새로운 소를 제기하는 경우,[57] 공탁관의 처분에 대하여 공탁법상의 절차에 의하여 불복하지 않고 민사소송으로 공탁금지급청구를 하는 경우[58] 등이 있다.

주주총회결의 무효확인의 소(상 제380조)와 주주총회결의 취소의 소(상 제376조) 는 피고 회사나 그 기관과 주주들 사이의 단체법적 법률관계를 획일적으로 규율하 는 제도인데, 회사와 개별 주주 사이에 일정한 약정 사항에 관하여는 주주총회의 결의를 거치자고 합의한 경우 주주총회 결의에 흠이 있다고 주장하더라도 이러한 회사법상의 소를 제기할 사항이 아니다. 이러한 경우에는 회사를 상대로 그 계약상 의 지위나 그 내용의 확인을 구하면 충분하다.[59]

판례 중에 예비적 청구에 관하여 판단이 누락된 경우에 당사자가 상소하지 않 고 판결이 확정된 뒤에 예비적 청구를 소송물로 하는 별소를 제기한 것을 권리보 호요건 불비의 부적법한 소라고 판시한 것이 있다.[60] 그러나 이는 권리보호요건의 지나친 확대 적용이어서 타당하지 않다. 별소 제기 시점에는 이미 상소가 불가능하 게 되었을 것이기 때문에 권리보호자격을 인정해야 할 것이다.

---

54) 大判 1973. 6. 12, 71다1915.
55) 大判 1987. 3. 10, 86다152.
56) 大判 1976. 3. 9, 75다1923 · 1924.
57) 大判 1991. 12. 24, 91다22698 · 22704; 大判 2001. 6. 29, 2001다22765. 이 판례들은 구 회사정 리법 제149조에 규정된 수계에 관한 것이고, 여기에 해당하는 현행법은 채회 제172조 제1항이다.
58) 大判 2013. 7. 25, 2012다204815.
59) 大判 2013. 2. 28, 2010다58223.
60) 大判 2002. 9. 4, 98다17145. 이 판결에 대한 상세한 검토는 胡文赫, "豫備的 請求에 대한 裁判 漏落과 權利保護要件", 民事判例研究 26卷(2004. 2), 523면 이하 참조.

Ⅳ. 동일 청구에 관하여 확정판결이 없을 것

원고가 이미 동일한 청구에 관하여 소송을 하여 확정판결을 받은 경우에 다시 소를 제기하면 **기판력에 저촉**된다. 소를 제기하더라도 기판력 때문에 법원은 전소 송의 확정판결과 모순되는 내용의 판결을 할 수 없으므로 원고는 결국 같은 재판 을 받을 수밖에 없다. 그렇다면 다시 제기한 소는 아무 의미가 없는 것이 되어서 권리보호의 자격이 부정된다.[61]

판례는 전소송에서 패소한 원고가 다시 소를 제기한 경우에는 후소송 법원은 청구기각, 즉 본안판결을 해야 하고, 승소한 원고가 다시 소제기한 경우에는 소각 하 판결을 해야 한다고 하여 승소한 원고가 다시 소를 제기한 경우에만 소송요건 의 문제로 본다.[62] 그러므로 판례에 의하면 이 요건은 "원고가 동일 청구에 대하여 승소판결을 받아 확정된 경우가 아닐 것"으로 될 것이다.[63] 이러한 판시가 타당하 지 않음은 뒤의 기판력 부분에서 설명한다.

판례 중에는 당사자와 소송물이 동일한 두 소송이 계속 중이면 후소는 중복소제기 금지에 위반한 것이고, 후소송 항소심 변론종결 이후인 상고심 계속 중에 전소송에서의 판결이 확정되면 그 기판력 때문에 후소는 권리보호이익이 없어서 부적법하다고 하면서, 이를 간과하고 본안 판단을 한 항소심 판결은 중복제소에 관한 법리를 오해한 잘못이 있 다고 하여 파기하고 소각하로 자판한 것이 있다.[64] 항소심 판결 당시에는 후소가 중복소 제기 금지에 위반된 것이지만, 상고심에서 판결할 때는 후소가 이미 기판력 저촉이 되었 기 때문에 항소심 판결의 잘못을 지적하여 파기할 것이 아니라 후소의 기판력 저촉을 이 유로 파기하였어야 한다.

Ⅴ. 신의칙에 위반된 소제기의 포함 여부

원고의 소제기가 신의칙에 위반되면 권리보호의 자격이 없다고 보는 것이 일반

---

61) 이는 뒤에서 설명할 기판력의 본질에 관한 모순금지설의 입장에 따른 설명이다. 반복금지설을 취 하면 기판력 있는 판결의 존재는 권리보호의 자격과는 관계가 없는 독립된 소극적 소송요건이라고 보게 된다.

62) 大判 1979. 9. 11, 79다1275 등.

63) 이러한 판례의 태도는 반복금지설로는 설명이 되지 않는다. 그럼에도 불구하고 반복금지설을 취 하면서 권리보호자격의 내용에 관하여 이와 같은 표현을 써서 설명하는 것(이시윤, 236)은 앞뒤가 맞지 않다. 이에 대하여 편의상 모순금지설의 입장처럼 설명한다고 하나(이시윤, 236, 주5) 적절하지 않다. 전 원열, 240은 이 표현이 모순금지설의 입장이라고 하나, 판례의 입장일 뿐이다.

64) 大判 2017. 11. 14, 2017다23066.

적 견해이다. 그러나 앞에서도 설명한 바와 같이 소제기가 신의칙에 위반된다는 것은 실체법상의 권리를 신의칙에 위반되게 행사하는 것이므로, 이는 **실체법상의 문제**이지 소송요건에 관한 문제가 아니다. 따라서 이는 권리보호자격에 포함될 수가 없다.

　　국가나 공직자, 법관 등을 상대로 한 반복적인 남소에 대하여 법원이 변론 없이 소각하나 항소각하 판결을 할 수 있도록 한 규정이 2023. 4.에 신설되었다(제194조 4항). 이 규정은 법원과 피고에게 감당하기 어려운 부담을 주는 특수한 상황에 대하여 실체법상 이유없는 청구이지만 예외적으로 소나 항소가 부적법하다고 판결하고 공시송달에 과태료까지(제219조의2) 부과할 수 있다는 것이므로,65) 법원이 일반적으로 직권조사를 해야 하는 소송요건에 속한다고 볼 수는 없다.

제 3 절   權利保護利益(必要)

각종의 소에 공통된 권리보호자격과는 달리 이행의 소, 확인의 소, 형성의 소에서 각기 요구하는 소제기의 이익(필요)이 다른데, 이를 권리보호이익(필요)이라고 한다. 이를 **각종의 소에 특유**한 소의 이익이라고도 한다.

Ⅰ. 이행의 소

1. 현재이행의 소

현재이행의 소에서는 사실심 변론종결시에 이행기가 도래한 것이므로 별다른 이익이 요구되지는 않고, **원고가 이행청구권의 존재를 주장**하면 그 자체로 권리보호이익이 인정되어 소송요건으로서의 권리보호이익은 문제되지 않는다. 실체법상의 청구권이 인정됨에도 불구하고 권리보호이익이 문제될 여지가 있는 경우로는 다음과 같은 것들이 있다.

(1) 이행판결을 얻어도 실제로 **이행이나 집행이 불가능**하다든가, **현저히 곤란**한 경우는 이행판결을 받을 아무런 이익이 없다고 생각할지 모르나, 이는 일시적인 현

---

65) 이 개정 규정은 본래 실체법상 이유 없음이 명백하면 변론 없이도 청구기각 판결을 하는 것이 정상임에도 소각하 판결을 할 수 있도록 규정하는 등 문제가 많다. 악의적 남소 행위에 대한 과태료 부과는 이해가 되지만 공시송달까지 동원한 것은 어떠한 이유로도 설명되지 않는다.

상인 경우가 많기 때문에 그 이익을 부정할 일은 아니다.[1] 그리고 원고의 채권에 변제금지의 가처분이 있는 경우나, 채권이 가압류된 경우라도 이는 채무자의 임의의 변제를 금하는 것으로, 집행의 장애사유가 될 뿐이다. 이런 경우에도 집행권원을 받아 두는 것이 쓸모가 있으므로 이행판결을 구할 이익이 인정된다.

(2) 원고가 승소판결을 받아 그 내용대로 **이행되어도 실익이 없는 경우**에는 이 이익이 부정된다고 보는 것이 일반적이다. 실제로 그러한 예로 드는 것이 소로써 구하는 것이 **이미 다른 경로로 실현된 경우**인데, 이는 앞서 권리보호자격에서 설명하였다.

건축 중인 건물의 양수인이 **건축주 명의변경을 청구**하는 것은 건축공사 진행에 필요한 행정관청에의 신고 등을 하고 공사를 계속하기 위해 자기 이름으로 소유권보존등기를 하기 위하여 필요하므로 소의 이익이 인정되지만[2] 이미 소유권보존등기가 이루어진 경우에는 명의변경을 청구할 이익이 없다. 다만, 소유권보존등기가 이루어졌더라도 아직 그 적법한 사용에 이르기까지 필요한 건축법상의 각종 신고나 신청 등의 모든 절차를 마치지 않은 상태이면 그 건물의 취득자로서는 자신 앞으로 건축주 명의를 변경하여 그 명의로 건축법상 남아 있는 각종 신고나 신청 등의 절차를 이행함으로써 건축법상 허가된 내용에 따른 건축을 완료할 수 있을 것이므로 명의변경을 청구할 이익이 있다.[3]

폐쇄등기 자체를 대상으로 말소회복등기 절차의 이행을 구할 소의 이익은 없으나, 폐쇄등기 자체가 아닌 부적법하게 말소되지 아니하였더라면 현재의 등기기록에 옮겨 기록되었을 말소된 권리자의 등기 및 그 등기를 회복하는 데에 필요하여 함께 옮겨 기록되어야 하는 등기를 대상으로 하여 말소회복등기절차 등의 이행을 구하는 소는 소의 이익을 인정할 수 있다.[4]

(3) 여러 명의 피고를 상대로 **순차로 등기 말소**를 구한 경우에 최종 명의인에게 패소하면 원고가 등기명의를 회복하려는 목적을 달성하는 것이 불가능하게 되지만, 그렇다고 중간의 명의인에 대한 청구가 권리보호이익을 잃는 것은 아니다.[5]

(4) **일부청구**에 관하여는 특히 묵시적 일부청구를 시험소송이라고 하여 소권남

---

1) 大判 2016. 8. 30, 2015다255265(원고가 개성공업지구에 위치한 건물에 관한 인도청구의 소에서 승소하더라도 그 강제집행이 곤란하므로 소의 이익이 없다는 취지의 상고이유의 주장을 배척한 사안); 大判 2022. 1. 27, 2018다259565(제3자를 위한 계약에서 낙약자가 제3자에게 영업자 지위승계 의무를 이행할 것을 구한 소송에서 원고인 요약자가 승소하더라도 관할관청에 그에 따른 영업자 지위승계 신고가 이루어질 수 없다는 이유로 권리보호이익을 부정한 원심을 파기환송).

2) 大判 2009. 3. 12, 2006다28454; 大判 2010. 7. 15, 2009다67276.

3) 大判 2009. 2. 12, 2008다72844.

4) 大判 2016. 1. 28, 2011다41239.

5) 大判 1998. 9. 22, 98다23393; 大判 2008. 6. 12, 2007다36445. 통상공동소송이기 때문이라고 한다.

용이므로 이익이 없다고 보려는 경향이 있으나, 일부청구의 의도가 무엇이냐에 따라 달리 취급해야 할 것이다. 명백히 소송제도의 남용이라고 인정되는 소액분할청구는 명문으로 금지되어 있으므로(소심 제5조의2) 문제되지 않고, 그 정도에 이르지 않은 경우에는 처분권주의를 무시하여서는 안 되므로 굳이 일부청구를 비난할 것은 아니다. 소액분할청구와 달리 단순한 **사소한 금액**의 청구를 권리보호이익을 부정할 사유로 보아도 안 된다.6)

(5) 제3자를 위한 계약에서 계약의 이익을 받을 의사표시를 한 제3자가 채무자인 낙약자(諾約者)에게 직접 그 이행을 청구할 권리를 취득하는(민 제539조) 것과는 별도로, 요약자(要約者)는 계약의 당사자로서 낙약자에 대하여 제3자에게 의무를 이행할 것을 요구할 수 있는 권리를 가지므로 요약자가 낙약자에 대하여 제3자에게 의무를 이행할 것을 소로써 구할 이익은 당연히 인정된다.7)

2. 장래이행의 소

조건부나 기한부 채권의 경우에는 사실심 변론종결 시까지 이행기가 도래하지 않았거나 조건이 성취되지 않았으면 본래 실체법상 이행청구는 할 수 없다. 그러나 소제기를 허용하지 않으면 채권자에게 손해가 생기는 일정한 경우에는 미리 소를 제기할 수 있는 것으로 하였다. 여기서 일정한 경우란 '**미리 청구할 필요**'를 말한다(제251조). 이것이 장래이행의 소에서의 권리보호이익이다.

장래이행을 청구할 수 있는 청구권에는 아무런 제한이 없고, 토지의 불법점거로 인한 임대료 상당의 부당이득 반환도 미리 청구할 필요가 있으면 장래이행청구의 대상이 될 수 있음은 물론이다.8)

여기서 어떤 경우에 '미리 청구할 필요'가 있는가는 구체적인 상황에 따라 정해야 할 것이다. 이행이 조금이라도 늦어지면 채권 본래의 목적을 달성할 수 없는 정기행위(민 제545조), 이행지체가 되면 회복할 수 없는 손해가 생길 경우, 의무자가 미리 의무의 존재를 다투어서 이행기까지 기다려도 즉시 이행을 기대할 수 없는 경우, 계속적 이행청구에서 이미 이행기가 도래한 부분의 이행이 지체에 빠져 있는 경우9) 등이 여기에 해당할 것이다.

---

6) MüKoZPO/Becker-Eberhard[6] vor § 253 Rn. 11.
7) 大判 2022. 1. 27, 2018다259585.
8) 大判(全) 1975. 4. 22, 74다1184.
9) 위 74다1184 판결.

판례는 미리 청구할 필요를 이행기가 도래하지 않았거나 조건 미성취의 청구권
에서는 채무자가 미리부터 채무의 존재를 다투기 때문에 이행기가 도래되거나 조
건이 성취되었을 때에 임의의 이행을 기대할 수 없는 경우라고 한다.10)

《사례 8》 일월산 서의암에서 혼자 사법시험 공부를 하는 甲은 그가 사법시험에
합격하면 아파트를 하나 사주겠다는 형 乙의 약속을 믿고 열심히 공부하고 있었다. 공
부를 시작한 지 5년 만에 甲이 드디어 1차시험에 합격하였는데, 그럼에도 불구하고 乙
이 아무래도 가망이 없다느니, 산에서 내려와 장사나 하는 것이 어떠냐는 등 하면서 아
파트를 사주지 않을 것처럼 이야기하였다. 이에 甲은 乙을 상대로 아파트를 살 돈을
지급할 것을 구하는 소를 제기하면서, 甲이 사법시험에 합격하면 바로 결혼을 해야 하
는데 현재 乙의 태도로 봐서 합격 후 즉시 아파트를 사줄 것을 기대할 수가 없기 때문
에 지금 청구한다고 하였다. 이 소가 적법한가?

기한부 채무의 경우는 기한의 도래가 확실하므로 문제가 없으나 조건부 채무에
서는 그 성취 여부가 불확실하므로 미리 청구하는 것이 문제될 수 있다. 그러므로
그 **조건이 성취될 가능성**이 별로 없을 때는 장래의 이행을 미리 청구할 필요가 인
정되지 않을 것이다.11) 〈사례 8〉의 경우는 甲이 사법시험 1차시험에 합격하였다고
하더라도 최종 합격하리라는 개연성은 크지 않으므로 미리 청구할 필요를 인정할
수가 없을 것이다. 판례는 제권판결 불복의 소와 그 청구가 인용될 것을 조건으로
병합하여 제기한 장래이행의 소인 수표금 청구의 소는 취소판결의 확정 여부가 불
확실하기 때문에 장래이행의 소로서의 요건을 갖추지 못했다고 한다.12)

손해배상청구의 경우는 본래 손해가 발생하면 즉시 배상의무의 이행기가 도래
하므로 장래이행의 소는 문제되지 않는다. 그러나 예외적으로 이행기가 그 이후로
정하여져 있을 경우에는 장래의 손해를 배상하라는 소를 미리 제기하는 것이어서
그 이행기가 도래했을 때 손해의 발생은 확실하더라도 여전히 채무불이행의 상태
에 있을지가 확실치 않다. 이러한 사정은 장래 지속적으로 발생하는 **부당이득의 반
환** 등 청구권을 행사하는 경우에도 마찬가지이다. 이러한 경우에는 장래의 이행기
나 실제 이행 시까지 그 **불이행 상태가 존속할 것이 불확실하면 장래이행을 명할
수 없고,**13) **불이행 상태의 존속이 확정적**이어야 원고가 청구하는 대로 장래이행을

---

10) 大判 2004. 1. 15, 2002다3891; 大判 2012. 5. 9, 2010다88880.
11) 한충수, 181은 조건 성취 가능성 여부는 미리 청구할 필요와는 관련이 없다고 한다.
12) 大判 2013. 9. 13, 2012다36661.
13) 大判 1987. 9. 22, 86다카2151(원고가 구한 특정 시점까지의 임료상당 부당이득금 반환청구를 그
대로 인용하면 안 된다고 한 사안); 大判 1991. 6. 28, 90다카25277(면직처분을 받은 교수가 그 처분의

명할 수 있다.14) 만일 원고가 주장하는 시점 이전에 손해나 부당이득의 발생이 중지되면 그 때까지의 청구만 인용하고 그 이후의 청구는 기각하면 될 것이다.

미리 청구할 필요에 채무자가 무자력이 되어 강제집행이 곤란해질 경우에 대비할 필요는 포함되지 않는다. 특히 쌍무계약의 이행기가 도래하지 않은 상태에서 당사자 일방에 대하여 선제적으로 집행권원을 확보할 수 있게 하는 것은 이행기가 도래했을 때 쌍방 당사자의 법률관계와 집행권원이 모순, 충돌되는 결과를 초래할 수도 있다.15)

이혼으로 인한 **재산분할청구**는 장래이행청구에 해당한다. 그 청구권 자체는 이혼이 성립한 때에 그 법적 효과로 발생하지만, 협의나 심판에 의하여 구체적 내용이 형성될 때까지는 그 범위와 내용이 불명확하므로 구체적으로 권리가 발생하였다고 할 수 없기 때문이다.16)

판례는 원고가 피담보채무 전액을 변제하였다고 주장하면서 근저당권설정등기에 대한 말소등기절차의 이행을 청구하였으나 잔존채무가 있는 것으로 밝혀진 경우에는 원고의 청구 중에 확정된 잔존채무를 변제하고 그 다음에 위 등기의 말소를 구한다는 장래이행 청구도 포함되어 있다고 새기는 것이 타당하고, 이 경우 미리 청구할 필요도 인정된다고 한다.17)

미리 청구할 필요가 인정되지 않을 경우에는 권리보호이익이 없다고 인정되고 이 이익은 소송요건이므로 소각하판결을 하게 될 것이다.18)

무효를 주장하여 복직 가능성을 간과하고 임용계약 만료일까지 재직할 것을 전제로 산정한 퇴직금의 지급을 현가로 구한 사안에서, 임용계약 만료 전에 복직하면 퇴직일자가 달라질 가능성이 있으므로 만료일을 확정적으로 예정할 수 없다고 판시); 大判 2002. 6. 14, 2000다37517(동시이행의 항변권이나 유치권의 행사로 토지를 점유하고 있는 사람을 상대로 토지 인도 시까지의 임료 상당의 부당이득의 반환을 구한 사안에서 토지 인도 전에도 사용, 수익을 종료할 수가 있으므로 인도 시까지의 부당이득 반환을 명할 수는 없다고 판시).

14) 大判 2018. 7. 26, 2018다227551(피고가 원고의 건물을 인도하지 않아서 불법행위에 기한 차임 상당의 손해배상의무를 부담한 사건에서 그 건물을 제3자가 점유하여 인도를 거부하고 있다는 사정으로 건물을 인도받을 때까지 계속하여 손해가 발생할 것이 확정적으로 예정되어 있다고 볼 수 있다고 판시).

15) 大判 2023. 3. 13, 2022다286786(상가 임대차계약이 임차인의 계약갱신요구권의 행사로 연장되었는데 임대인이 상가 인도청구를 하였다가, 예비적으로 연장된 계약의 종료 시점에 상가 인도를 청구한다는 장래이행청구를 추가하고는 원고에게 집행권원을 부여한다는 내용의 화해권고결정요청서를 제출한 사안).

16) 大判 2014. 9. 4, 2012므1656.

17) 大判 1981. 9. 22, 80다2270; 大判 1995. 7. 28, 95다19829; 大判 1996. 11. 12, 96다33938; 大判 2008. 4. 10, 2007다83694.

18) 이는 권리보호이익이 소송요건이라고 보는 한 부득이한 결론이다. 그러나 실체법적 관점에서 바라보면 아직 이행기도 도래하기 전에 제소한 것은 청구가 실체법상 이유 없는 경우에 해당하므로 청구기각판결을 하는 것이 옳을 것이다. 여기에 권리보호이익의 법적 성격과 관련된 문제점이 나타난다. '미리

Ⅱ. 확인의 소

1. 확인의 이익

장래이행의 소와는 달리 확인의 소의 권리보호이익에 관하여는 민소법에 아무런 규정이 없다. 독일 민사소송법은 "법률관계나 증서의 진부가 법원의 판결로 즉시 확정되는 데에 원고가 법률상의 이익을 가지면 법률관계의 성립 또는 불성립, 증서의 승인이나 그 부진정의 확인을 구하는 소가 제기될 수 있다"고 규정하였다(§ 256 I ZPO). 이 규정에 의하면 보통의 확인의 소나 증서진부확인의 소나 모두 '즉시 확정의 법률상 이익'이 있으면 제기할 수 있다. 이 이익을 '확인의 이익'이라고 한다. 우리나라에서 그러한 규정을 두지 않은 것은, 그 내용이 당연한 것이어서 규정을 둘 필요가 없다고 생각한 것이다. 그러므로 법규정이 없어도 독일과 마찬가지로 **확인의 이익**을 확인의 소에서의 권리보호요건으로 삼는다. 여기서 확인의 이익이란 **권리나 법률관계의 존부**에 관하여 **법적 불안이 존재**하고 법원이 그 존부를 판결로 확정하면 불안이 즉시 제거될 수 있는 경우를 말한다.

2. 권리·법률관계

(1) 현재의 권리·법률관계

(가) 원 칙

존부 확인을 구하는 권리나 법률관계는 과거나 미래가 아닌 **현재의 권리나 법률관계**여야 함이 원칙이다. 즉, 원칙적으로 청구가 현재의 권리·법률관계의 존부를 주장하는 것이어야 한다.

현재의 권리·법률관계에는 아무런 영향이 없는 **과거의 권리·법률관계**는 이미 소멸한 권리·법률관계이므로 그 자체의 존부 확인을 구하는 것은 쓸모 없는 소송이어서 권리보호의 이익이 없다. 주로 새로운 권리·법률관계가 성립하여 과거의 권리·법률관계가 이미 소멸하였다는 등 변동된 경우가 여기에 해당한다.

> 판례가 과거의 권리·법률관계의 주장이라고 하여 부적법하다고 본 예로는, 재개발 조합 총회의 임원선임결의에 의하여 선임된 임원들이 모두 사임하고 새로운 총회결의에

청구할 필요'가 실체법상의 요건이라고 보는 견해는 Roth, Die Klage auf künftige Leistung nach §§ 257-259 ZPO, ZZP 98, 287.

의하여 후임 임원이 선출되었을 경우에 당초의 임원선임 결의에 대하여 부존재 혹은 무효확인을 구하는 것,[19] 주택재개발사업조합에서 한 결의를 뒤에 다시 연 총회에서 같은 내용으로 새로 하였는데 전 결의의 무효확인을 구하는 것은 과거의 법률관계의 확인을 구하는 것,[20] 이사회 결의로 대표이사직에서 해임된 사람이 그 뒤에 주주총회 결의로 이사직에서조차 해임된 경우 앞선 이사회 결의의 부존재나 무효의 확인을 구하는 것,[21] 어촌계가 적법한 절차에 따라 소집·의결한 임시총회에서 손실보상금의 분배기준을 정한 종전의 결의를 그대로 추인하였음에도 종전의 결의가 무효라는 확인을 구하는 것,[22] 해직처분이나 직위해제 및 면직처분이 있은 후 임용기간이 만료된 경우의 그 처분의 무효확인,[23] 말소된 근저당권의 피담보채무 부존재 확인,[24] 공공임대주택의 임차인의 배우자가 주택 소유자임이 밝혀져 임대인이 임대차계약 해지를 통보하면서 6개월의 주택 처분의 유예기간을 두었고, 그 상태에서 계약 만료일이 도과하여 계약은 일단 갱신한 것으로 되었으나 임차인 측에서 소유 주택을 처분하지 않아서 결국 임대인이 임대차계약을 해지한 사안에서, 임대인이 계약 갱신 이전에 한 계약의 해지가 무효임의 확인을 구한 임차인의 청구[25] 등이 있다.

주의할 것은 과거의 권리·법률관계의 존부 확인을 구하여 확인의 이익이 부정되는 것은 '과거의 권리·법률관계 자체'의 존부 확인을 구하는 경우라는 점이다. 이와 달리 원고가 이미 소멸한 권리나 법률관계를 '현재 존재'한다고 주장하여 확인의 소를 제기하는 경우는 과거의 권리·법률관계이기 때문에 확인의 이익이 없는 것이 아니라, 권리·법률관계가 부존재하기 때문에 청구가 이유 없는 경우에 해당한다. 확인을 구한 권리·법률관계가 현재 존재하는지, 아니면 과거에 존재하였는데 이미 소멸하여 현재는 존재하지 않는지는 본안 심리의 대상이므로 판단의 기준 시점이 사실심 변론종결 시이다. 그러므로 법률관계가 이미 소멸하여 사실심 변론 종결 시에 존재하지 않으면 청구를 기각하여야 하고, 확인의 이익이 없다고 각하하여서는 안 된다.

---

19) 大判 1998. 12. 22, 98다35754. 주식회사의 이사에 관하여 같은 취지의 판결은 大判 1993. 12. 28, 93다8719; 大判 1996. 10. 11, 96다24309; 大判 2008. 8. 11, 2008다33221.

20) 大判 2017. 8. 29, 2014다19462. 大判 2012. 4. 12, 2010다10986(주택재개발사업조합이 설립 전에 주민총회 등에서 한 시공자 선정결의를 뒤에 조합총회의 결의로 인준한 경우)

21) 大判 2007. 4. 26, 2005다3848.

22) 大判 1995. 4. 11, 94다53419.

23) 大判 1984. 6. 12, 82다카139; 大判 1995. 4. 7, 94다4332.

24) 大判 2013. 8. 23, 2012다17585. 이 판결에서는 과거의 권리 또는 법률관계의 존부에 관한 것으로서 확인의 이익이 없다고 하였다. 그러나 이는 확인의 이익 문제가 아니라 확인의 소의 대상의 문제이다.

25) 大判 2022. 2. 10, 2019다227732.

그럼에도 판례 중에는 근로자의 정년이 항소심 변론종결까지는 도래하지 않았는데, 상고심 계속 중에 정년이 도래하여 더 이상 근로자가 아니므로 근로자 지위확인을 구할 이익이 없다고 하여 본안판단을 한 원심판결을 파기하고 소를 각하한 것이 있다.26) 그러나 이 사건에서 원고가 근로자인지 여부는 본래 소송요건이 아니라 본안판결로 판단할 사항이므로 그 기준시점은 상고심 심리종결 시가 아닌 사실심 변론종결 시이다. 원고가 이 시점까지 현재의 법률관계의 확인을 구하였음에도 불구하고 상고심이 본안 문제를 소송요건으로 왜곡한 부당한 판결이다. 권리·법률관계의 존부에 관한 본안판단 사항이 상고심에 가서 소송요건으로 변질된다고 할 수는 없다.

소송요건으로서 중요한 것은 확인의 대상이 되는 법률관계가 현재의 것이건 과거의 것이건 그로 인하여 법적 불안이 생겨 확인의 이익이 있느냐 하는 점이다. 아래에서 보는 바와 같이 과거의 법률관계라고 밝혀서 확인을 구하는 경우라도 그것이 현재의 법률관계의 존부에 영향을 미치는 것이면 확인의 이익을 인정해야 한다.

장래의 권리·법률관계도 존부 확인의 대상이 되지 않는 것이 원칙이다. 아직 확인받을 권리·법률관계가 구체적으로 현실화되지 않았기 때문이다. 장래에 다툼이 생길 여지가 있어도 확인의 대상이 아니다. 예를 들어 아직 어업권을 취득하지 못한 어촌계가 이웃 어촌계와의 업무구역 경계에 관한 다툼이 생길 여지가 있다고 하여 업무구역의 확인을 구할 이익은 인정되지 않는다.27)

(나) 예 외

권리·법률관계가 과거의 것이거나 장래의 것이라도 법적 불안을 제거할 이익이 현재의 것이면 확인의 이익이 인정된다.

a) **과거의 법률관계:**   과거의 법률관계라 하더라도 현재의 권리 또는 법률관계의 기초를 이루는 것이어서 현재의 권리 또는 법률상의 지위에 대한 위험이나 불안의 근원이 되고 그리하여 과거의 기본적 법률관계를 확정하는 것이 이를 전제로 파생되는 분쟁을 직접적이고 발본적으로 해결하는 유효적절한 수단이 되는 경우에는 그 법률관계에 대한 확인을 구할 수 있다고 보는 것이 타당하다.28) 판례도 이를 인

---

26) 大判 2022. 10. 27, 2017다14581·14598·14604·14611·14628·14635·14642·14659; 大判 2022. 10. 27, 2017다9732·9749·9756. 두 판결 모두 2017년에 상고한 사건을 5년 뒤에 판결하면서 이러한 판시를 하였다.

27) 大判 2017. 7. 11, 2017다216271: 나중에 어업면허권자인 시장이나 군수 등이 다른 어촌계의 업무구역과 중복된다는 등의 이유로 어업면허를 거부하거나 취소하는 등의 처분을 하는 경우에는 행정처분의 효력을 다투는 항고소송의 방법으로 그 처분의 취소 또는 무효확인을 구하는 것이 분쟁을 해결하는 데에 직접적인 수단이 되는 것이다.

28) 大判 1995. 9. 29, 94므1553.

정한다.29)

　　판례가 이를 인정한 예로는, 협의파양신고로 인하여 양친자관계가 해소된 이후에 제기한 입양 무효확인청구의 반소라도 본소청구가 협의파양 무효확인이므로 그 입양은 모든 분쟁의 근원이 되는 것이어서 이의 효력 유무에 대한 판단 결과는 당사자간의 분쟁을 발본적으로 해결하거나 예방하여 주는 효과가 있다고 하였다.30)

　　연금 급여 수급권자가 사망한 경우에 그의 사실혼 배우자는 유족으로서 급여를 받을 수 있으므로 급여 수급권을 주장하는 사람이 검사를 상대로 과거의 사실혼 관계의 확인을 구하는 것은 유족급여와 관련된 분쟁을 한꺼번에 해결하는 적절한 방법이어서 확인의 이익이 인정된다.31)

　　무효확인을 구하는 주주총회 결의에 의하여 선임된 이사가 무권리자에 의하여 소집된 총회라는 하자 이외의 다른 절차상, 내용상의 하자로 인한 부존재 사유가 있는 나중의 주주총회에서 재선임된 경우에는 당초 선임결의의 무효확인을 구하는 것이 현재 임원의 확정과 직접 관계가 있으므로 적법하다고 하였고,32) 다른 사람이 이사로 선임된 경우에도 마찬가지라고 하였다.33)

　　그리고 해임된 단체의 임원이 해임무효확인청구를 하였지만 이미 임기가 만료된 경우 보통은 과거의 법률관계에 불과하지만, 그 후임자가 선임되지 않았거나 그 선임에 무효사유가 있는 등의 사유가 있어서 해임된 임원이 해임무효판결을 받으면 연임될 가능성이 있을 경우에는 그 무효확인청구는 적법하다고 하였다.34) 또, 회사의 감사로 선임된 이가 회사의 감사 취임 거부로 회사를 상대로 감사 지위 확인의 소를 제기하였는데, 상고심에서 파기환송 후 항소심 심리 중에 임기가 만료한 사안에서, 항소심이 단지 과거의 법률관계 확인청구라고 하여 확인의 이익을 부정할 것이 아니라 원고가 과거의 법률관계 확인을 구할 이익이 있는지를 석명했어야 한다고 판시하였다.35)

　　골프장에서 경기보조원으로 근무하는 원고에 대하여 그 골프장에 대한 출입제한처분 무효확인을 구하는 것은, 만일 이 출입제한처분이 무효임이 확인되는 경우 원고는 경기보조원으로서의 지위를 회복하게 되는 것이므로, 이는 현재의 법률관계에 관한 것이라고 하였다.36)

---

29) 大判 1993. 1. 15, 92다20149; 大判 1995. 4. 11, 94다4011.

30) 위의 94므1553 판결.

31) 大判 1995. 3. 28, 94므1447; 大判 2022. 3. 31, 2019므10581.

32) 大判 1995. 7. 28, 93다61338.

33) 大判 1991. 12. 13, 90다카1158; 大判 1992. 2. 28, 91다8715. 그러나 확인청구에서 과거의 권리관계가 현재의 권리관계에 영향을 미친다 하여도 그는 현재의 분쟁을 해결하는 전제에 불과한 것이므로 그의 확인을 구함은 권리보호의 이익이 없다고 한 판결도 과거에 있었다(大判 1966. 2. 15, 65다2442).

34) 大判 2005. 3. 25, 2004다65336; 大判 2005. 6. 24, 2005다10388.

35) 大判 2020. 8. 20, 2018다249148: 원고가 피고회사의 감사의 지위에 있었는지 여부를 확인하는 것은 원고의 보수청구권 행사나 감사로서의 배상책임 부담 등 후속 분쟁을 근본적으로 해결하는 적절한 방법이 된다.

36) 大判 2008. 9. 11, 2007다73284.

임금을 받을 수 없는 정직의 징계를 받은 이가 정직기간이 지난 다음에 그 징계처분의 무효확인을 구하는 것은 그 징계처분의 무효 여부에 관한 확인판결을 받아서 정직기간 동안의 임금도 받을 수 있는지에 관한 불안을 제거할 수 있으므로 적법하다고 하였다.[37]

피고 회사에서 징계로 대기처분을 받은 원고가 대기처분 후 6개월이 지나도 보직을 부여받지 못하면 자동해임된다는 회사 규정에 따라 자동해임되자 이 해고처분의 무효확인을 구하면서 과거의 대기처분의 무효확인도 구한 것은, 이 대기처분의 적법 여부가 자동해임처분 사유에 직접 영향을 주게 되므로 자동해임처분과 별개로 대기처분 무효 여부에 관한 확인판결을 받음으로써 해고처분으로 인한 현재의 권리나 법률상 지위에 대한 불안을 제거할 수 있으므로 적법하다고 하였다.[38]

회사의 이사의 임기가 만료된 원고가 후임 이사를 선임한 주주총회 결의가 취소되어 이사의 결원이 생기자 원고의 이사 지위가 계속 유지된다고 주장하면서 이사 지위 확인을 구하는 소를 제기하였으나, 소송 중에 새로 이사가 선임되자, 이사 임기 만료시부터 새로 이사가 선임될 때까지 기간 동안 이사의 지위에 있었음의 확인을 구하는 것으로 청구를 변경한 사안에서, 법원은 과거의 법률관계라는 이유로 바로 소를 각하할 것이 아니라 현재의 권리, 법률상 지위에 대한 위험이나 불안을 제거할 이익이나 필요가 있는지 여부를 석명하여야 한다고 판시하였다.[39]

한 회사의 복수의 노동조합 중 한 노동조합이 다른 노동조합을 상대로 피고 노동조합에게 설립 시부터 실질적 요건의 흠결이 있었다고 주장하여 설립무효의 확인을 구하거나 노동조합으로서의 법적 지위가 부존재한다는 확인을 구하는 소를 제기하는 것은 적법하다고 판시하였다.[40]

사립고등학교 학생이 재학 중 정학 2일의 징계를 받고 이에 불복하여 학교를 운영하는 회사를 상대로 징계무효확인의 소를 제기하였다가 소송 중에 졸업한 경우에 징계 자체는 과거의 법률관계라고 하더라도 학교생활기록부에 기재된 징계 내역은 준영구적으로 보존되고, 학교생활기록부 기재사항은 대상자에게 여러 방면에 상당한 영향을 미칠 수 있으므로 확인의 이익이 인정된다고 판시하였다.[41]

b) 장래의 권리·법률관계: 장래의 권리·법률관계라도 특히 채권과 같은 상대권 확인의 소는 아직 이행기가 도래하지 않았거나 조건이 성취되지 않았어도 기초

---

37) 大判 2010. 10. 14, 2010다36407.

38) 大判 2018. 5. 30, 2014다9632.

39) 大判 2022. 6. 16, 2022다207967. 그러나 이 판결에서 설시한 이러한 추상적인 법리와는 달리 여러 가지 이유를 들어서 이사로서의 보수청구권의 전제가 된다는 것만으로는 과거의 이사 지위 확인의 이익을 긍정할 수 없다는 납득할 수 없는 결론을 내렸다.

40) 大判 2021. 2. 25, 2017다51610. 그 이유로 복수의 노동조합의 교섭창구 단일화 제도 때문에 교섭대표노동조합이 되지 못하는 노동조합은 독자적으로 단체교섭권을 행사할 수 없고 쟁의행위도 주도하지 못하는 지위에 서게 된다는 현재의 법적 불안이 있다는 점을 들었다.

41) 大判 2023. 2. 23, 2022다207547.

관계가 성립되어 있고 현재 법적 불안이 있으면 그 권리·법률관계의 존재 확인을 구하는 것이 가능하고, 바로 이런 경우에 상대권 확인의 소가 쓸모가 있다. 그러므로 이러한 경우는 확인을 구하는 권리·법률관계가 현재 현실화되어 있지 않아도 적법하다.

3. 법적 불안

《사례 9》　甲은 乙이 자기의 밭 주위에 나타나는 것을 자주 목격하고는 무슨 일인가 하고 의아하게 생각하였다. 그러던 어느 날 乙은 甲의 밭 부근에서 등기소 직원 丙과 甲의 밭을 손으로 가리키며 이야기를 하고 있었다. 이를 본 甲은 乙이 자기 밭의 소유권을 빼앗을지도 모른다고 생각하여 위 사실들을 주장하여 乙을 상대로 그 토지의 소유권확인을 구하는 소를 제기하였다. 이 소는 확인의 이익이 있는가?

'법적 불안'이란 상대방이 원고의 **권리나 법적 지위를 부인**하거나 **양립하지 않는 주장**을 하는 것을 말한다. 상대방이 원고의 채권을 부인하거나 자기의 소유권을 주장하면 이러한 불안을 제거하기 위하여 제기하는 것이 법률관계의 존재 확정을 구하는 적극적 확인의 소이다. 그리고 상대방이 **존재하지도 않은 권리나 법률관계를 주장**하면 이 불안을 제거하기 위하여 제기하는 것이 소극적 확인의 소이다.[42] 〈사례 9〉에서 乙의 행위에 수상한 점이 있다 하더라도 아직 乙이 甲의 소유권을 다투거나 자기의 소유권을 주장한 것이 아니므로 甲의 불안은 심리적 불안이지 법적 불안이 아니다.

판례는 주식회사에서 배당액을 결정한 주주총회결의 부존재확인의 소에서 원고인 주주가 승소하여 이 결의에 근거한 배당액이 모두 피고회사에게 반환되더라도 이러한 이익은 원고에게는 사실상, 경제상 이익에 불과하여 확인의 이익이 없다고 하였다.[43] 그리고 주주총회부존재확인의 소에서 원고의 주장 자체에 의하더라도 그 사건 부동산의 매도에 관하여 주주총회 자체가 소집된 바도 없다는 것이고, 결의서 등 그 결의의 존재를 인정할 아무런 외관적인 징표도 찾아볼 수 없으면 확인의 이익이 없다고 하였다.[44] 그리고 이러한 외관적 징표가 없는 결의의 존재확인을 구하

---

[42] 大判 2023. 6. 29, 2021다277525: 금전채무에 대한 부존재확인의 소에서는 현재 금전채무가 없다는 점에 대하여 당사자 사이에 다툼이 없다면 원고의 법적 지위에 어떠한 불안·위험이 있다고 할 수 없으므로 특별한 사정이 없는 한 그 채무의 부존재확인을 구할 확인의 이익이 없다.

[43] 大判 2016. 7. 22, 2015다66397.

[44] 大判 1993. 3. 26, 92다32876. 그 이유로는 주주총회결의 부존재확인의 소를 제기하려면 우선 주주총회의 결의 자체는 존재하지만 총회의 소집절차 또는 결의방법에 총회결의가 존재한다고 볼 수 없을

는 것도 확인의 이익이 없다고 판시하였는데,[45] 이는 타당하지 않다. 원고가 결의 의 존재를 주장하였는데 심리해 보니 결의한 적이 없으면 청구를 기각할 일이지 확인의 이익이 없다고 할 일이 아니다.

《사례 9a》   〈사례 9〉에서 甲이 소를 제기하기 전에 乙이 마침내 甲에게 그 밭은 자기 소유이니 빨리 내놓으라고 통고하였다. 이 경우는 甲에게 확인의 이익이 있는가?

여기서는 乙이 소유권을 주장하므로 이때 甲의 불안은 법적 불안이 된다. 바로 이러한 경우가 확인의 이익이 인정되는 전형적인 사례이다.

판례는 재건축조합의 신축아파트 배정을 위한 동·호수 추첨 절차에 하자가 있다고 주장하면서 그 무효를 다투던 조합원이 재건축조합과의 사이에 그 동·호수 추첨으로 배 정받은 아파트를 포기하고 일반 분양분으로 예정되어 있던 아파트를 배정받기로 하는 별 도의 약정을 하였다면, 특별한 사정이 없는 한 그 조합원은 더 이상 재건축조합의 동· 호수 추첨 등의 무효확인을 구할 소의 이익이 없다고 하였다.[46] 이 경우는 법적 불안이 없어져서 확인의 이익이 없다고 판단된다.

확인의 이익은 반드시 엄격하게 권리·법률관계 자체에 관한 불안만이 아니라 그에 이르지 않아도 **권리·법률관계와 밀접한 관계가 있는 사항**에 불안이 있어 그 것이 권리·법률관계에 영향을 미칠 가능성이 있어도 인정될 수 있다.

《사례 10》   甲은 서울 대치동 소재 대지 위에 허가 없이 주택을 건축하여 이 주택 이 무허가건물 대장에 甲의 소유로 기재되었다. 그러나 乙이 그 대지 위의 건물 자체 가 甲의 소유임은 인정하지만 무허가건물 대장에 기재되어 있는 그 주택은 자기 소유 라고 주장하였다. 그러자 甲은 乙을 상대로 무허가건물 대장상의 주택에 대한 소유권 확인을 구하는 소를 제기하였다. 이 소에 확인의 이익이 있는가?

이 사례에서 乙이 비록 대치동 소재 대지 위의 주택의 소유권을 다투지는 않 으나 무허가건물 대장에 기재된 주택의 소유권을 주장한다. 이러한 경우에 무허 가건물에 관한 물권변동을 공시할 다른 마땅한 방법이 없으므로 건물등기부가 아닌 대장에 기재된 것이라도 이를 단순히 사실확인을 구하는 소로 볼 수가 없

정도의 중대한 하자가 있는 경우이거나, 적어도 주주총회가 소집되어 그 결의가 있었던 것과 같은 외관 이 남아 있는 결과 현재의 권리 또는 법률관계에 장애를 초래하므로 그 외관을 제거할 필요가 있는 경우 라야만 할 것이라고 설시하였다.

45) 大判 2008. 2. 14, 2007다62437.
46) 大判 2008. 2. 15, 2006다77272.

고 법적 이익을 주장하는 것으로 보아야 한다. 그리고 乙이 대지 위의 실재 건물의 소유권은 다투지 않고 대장의 건물이 그것과 다른 것이라고 생각하여 대장상의 건물에 대한 소유권만 다투더라도, 대장의 건물에 대한 甲의 소유권에 위험이나 불안이 현존하는 것은 부인할 수 없으므로 이러한 경우에는 확인의 이익이 있다고 인정된다.47) 이때 두 건물의 동일성 여부는 본안에 관한 판단에서 밝혀질 것이다.

판례는 미등기 토지에 대하여 토지대장에 소유권이전등록을 받은 이는 표시되어 있는데 원소유자가 기재되어 있지 않은 경우에는 이전등록을 받은 이는 바로 소유권보존등기를 신청할 수 없으므로 국가를 상대로 소유권확인청구를 할 수 있다고 하였다.48)

또한 근저당권 실행을 목적으로 하는 경매에서 목적물에 대하여 유치권을 주장하는 이가 있을 경우에 근저당권자가 그 점유자를 상대로 유치권부존재확인의 소를 제기하는 것은 확인의 이익이 있다고 한다.49) 반면에 근저당권자가 그 권리 또는 법률상 지위에 불안·위험이 있다는 이유로 그 부동산의 임차인을 상대로 임차권부존재확인을 소구하였으나, 그 근저당권이 말소되어버린 경우에는 그러한 불안·위험도 소멸되어 확인이 이익이 없다고 하였다.50)

주권발행 전의 주식에 관하여 주주명의를 신탁한 사람이 수탁자에 대하여 명의신탁계약을 해지하고 신탁자의 주주권을 다투는 수탁자를 상대로 주주권의 확인을 구하는 것은 확인의 이익이 있다고 한 판례도 있다.51)

판례는 공익사업의 시행자가 보상금 수령자에게 줄 보상금을 공탁한 경우 정당한 수령자가 공탁금 출금을 거부당했을 때는 공탁금출급권의 확인을 구하는 소를 제기할 이익

---

47) 大判 1993. 6. 11, 93다6034. 그리고 임야가 임야대장에 등재되어 있지도 않고 소유권보존 등기도 되어 있지 않은 경우에 국가를 상대로 소유권확인의 소를 제기하는 것은, 확인판결을 받는 것이 보존등기를 할 수 있는 유일한 방법이므로 국가가 원고의 소유권을 다투지 않아도 확인의 이익이 있다는 판례가 있다(大判 1979. 4. 10, 78다2399. 이에 대한 평석은 徐廷友, "未登記土地에 관하여 國家를 相對로 한 確認의 訴", 民事判例硏究[Ⅱ], 151면 이하). 그러나 건축물대장이 만들어지지도 않은 건물에 대한 소유권확인의 소는 법적 불안의 제거에 별다른 실효성이 없는 것으로 확인의 이익이 없다고 한다(大判 2011. 11. 10, 2009다93428).
48) 大判 2009. 10. 15, 2009다48633. 비슷한 취지로는 大判 2019. 5. 16, 2018다242246(미등기 토지의 토지대장상의 소유자 표시 중 주소 기재의 일부가 누락된 경우는 토지대장상 토지소유자의 채권자는 소유권보존등기의 신청을 위하여 토지소유자를 대위하여 국가를 상대로 소유권확인을 구할 이익이 있다).
49) 大判 2004. 9. 23, 2004다32848. 유치권자가 경락인에 대하여 그 피담보채권의 변제를 청구할 수는 없다 할 것이지만 유치권자는 여전히 자신의 피담보채권이 변제될 때까지 유치목적물인 부동산의 인도를 거절할 수 있어 부동산 경매절차의 입찰인들은 낙찰 후 유치권자로부터 경매목적물을 쉽게 인도받을 수 없다는 점을 고려하여 입찰을 하게 되고 그에 따라 경매목적 부동산이 그만큼 낮은 가격에 낙찰될 우려가 있으므로, 이와 같은 저가낙찰로 인해 원고의 배당액이 줄어들 위험은 경매절차에서 근저당권자인 원고의 법률상 지위를 불안정하게 하는 것이라고 판시하였다.
50) 大判 2007. 12. 14, 2007다69407.
51) 大判 2013. 2. 14, 2011다109708. 이 판결에서 주식회사를 상대로 명의개서절차의 이행을 구할 수 있는 경우라도 마찬가지라고 하였다.

이 있다고 하였고,52) 상속인의 공탁물출급청구 사건에서도 형식적 심사권만을 가지는 공탁관이 청구인이 제출한 서류만으로는 그가 진정한 상속인인지 여부를 심사할 수 없다고 하여 출급청구를 불수리한 경우에는 정당한 공탁물 수령권자는 공탁물출급청구권의 확인을 구할 이익이 있다고 하였다.53)

여기서 말하는 법적 불안은 확인의 대상이 되는 권리·법률관계 자체에 관한 것이 보통이다. 그러나 당사자와 제3자, 또는 제3자 사이의 권리·법률관계가 확인의 대상이 될 경우에는 존부 확인을 구하는 권리나 법률관계가 원고의 권리나 법적 지위에 영향을 미치는 관계에 있으면 확인의 이익이 있다고 볼 것이다.

존부 확인을 구하는 권리나 법률관계가 불안한 지위와 관계가 없으면 확인의 이익이 없다. 예를 들어, 주택재개발사업 시행자에게 구속력이 없는 주민총회결의 무효확인을 구하는 소는 그 결의에 위법사유가 있어 효력이 없더라도 주민들의 권리나 법적 지위에 위험이나 불안을 야기하는 것이 아니어서 확인의 이익이 없다.54) 그리고 피고가 원고에 대한 소유권이전등기청구권이 있다고 주장하는데 피고를 상대로 소유권확인청구를 하는 경우에는 확인의 이익이 없다.55) 원고는 피고의 계약 위반을 이유로, 피고는 원고의 계약 위반을 이유로 각기 해지하였다고 주장하여 전속계약의 효력이 없음을 확인하라고 각기 본소와 반소를 제기한 경우에는 쌍방 당사자가 모두 같은 법률효과를 주장한다고 해서 확인의 이익을 부정하여서는 안 된다. 당사자가 주장하는 법률효과가 동일하다고 하더라도 그 주장하는 법률요건이 다를 때에는 당사자 사이에 법률관계에 관한 다툼이 있다고 보아야 하기 때문이다.56)

판례는 회사에서 정관이나 사원총회의 결의로 특정 이사의 보수액을 구체적으로 정하였음에도, 그 회사가 사원총회에서 일방적으로 그 이사의 보수를 감액하거나 박탈하는 결의를 한 사안에서, 사원총회의 결의는 이사의 보수에 영향이 없다고 하여 그 이사가 보수감액결의 무효확인을 구하는 것은 확인의 이익이 없다고 한다.57) 그러나 이는 지나치게 확인의 이익을 제한적으로 해석한 것이다. 이사회에서 한 보수감액결의가 어차피 그 이사의 보수청구권에 영향이 없으면 그것으로 무효

---

52) 大判 2007. 2. 9, 2006다68650 · 68667.
53) 大判 2014. 4. 24, 2012다40592.
54) 大判 2016. 5. 12, 2013다1570.
55) 大判 2003. 12. 12, 2002다33601.
56) 大判 2017. 3. 9, 2016다256968 · 256975.
57) 大判 2017. 3. 30, 2016다21643.

인 것이고, 회사의 보수지급 의무는 계속적 법률관계이어서 보수를 받을 때마다 분쟁이 반복될 염려가 있는데, 이것도 분명히 이사의 법적 불안에 해당된다. 이러한 불안이 생기는 것을 방지하기 위하여서도 이사가 계속적 불안의 원인이 되는 사원총회 결의 무효확인 판결을 받을 이익이 있다고 보아야 한다.

확인의 대상이 되는 권리나 법률관계에 대하여 원고가 간접적인 이해관계를 가짐에 불과할 때에도 확인의 이익은 인정되지 않는다.

> 판례는 주식회사의 주주는 회사의 경영에 이해관계를 가지고 있기는 하지만 회사의 영업에 간접적으로 영향을 미칠 수 있을 뿐이므로 회사와 제3자의 거래관계에 개입하여 회사가 체결한 영업 양도 등의 계약의 무효 확인을 구할 이익이 없고,[58] 주식회사의 채권자는 회사가 제3자와 체결한 계약이 자신의 권리나 법적 지위에 구체적, 직접적으로 영향을 미치는 경우에는 그 계약의 무효확인을 구할 수 있으나 그 계약으로 회사의 변제 자력이 감소되어 채권의 만족을 얻을 수 없게 될 뿐인 경우에는 그 계약의 무효확인을 구할 이익이 없다고 한다.[59]

확인의 대상이 되는 권리는 확정적인 것이 아니어도 **보호할 가치가 있는 법적 이익**에 해당하면 확인의 이익이 인정된다. 예를 들어 취소된 입찰절차에서 제2순위 적격심사 대상이었던 이가 그 절차를 취소하고 새로운 입찰공고를 낸 것이 무효라는 확인을 구하면서 제2순위 적격심사 대상자의 지위 확인도 함께 구하는 것은 확인의 이익이 있다.[60] 그리고 토지구획정리조합이 환지계획에서 학교용지로 지정되어 있는 토지에 관하여 체비지대장에 소유자로 등재하였는데, 뒤에 이 조합이 공사 시행사에 대한 채무를 대물변제하려고 체비지대장 상 토지 소유자를 시행사 앞으로 이전해 준 사건에서, 지방자치단체인 도가 조합을 상대로 환지처분의 공고 다음 날에 이 토지의 소유권을 원시취득할 지위에 있음의 확인을 구하는 소를 제기한 것도 확인의 이익이 인정된다.[61]

---

58) 大決 2001. 2. 28, 2000마7839; 大判 2022. 6. 9, 2018다228462 · 228479.
59) 위 2018다228462 · 228479 판결.
60) 大判 2000. 5. 12, 2000다2429.
61) 大判 2016. 12. 15, 2016다221566. 만일 체비지대장 상의 소유자 명의대로 환지처분이 되어 이 토지가 타인에게 소유권이 귀속된 것 같은 외관이 생기면 분쟁의 해결이 더욱 복잡해지고 학교용지의 확보에 차질을 빚을 수 있게 될 수 있으므로 확인소송으로써 그러한 위험이나 불안을 제거할 이익과 필요가 있다는 점과, 원고로서는 현재 상태에서 이 토지에 대하여 물권과 유사한 사용수익권이나 관리권 등을 행사할 수 없기 때문에 (즉, 이 권리 등을 근거로 체비지대장 상의 소유자명의인을 상대로 그 명의의 말소를 구할 수 없으므로) 확인판결을 받는 것이 유효적절한 수단이라는 이유이다.

4. 불안제거에 적절한 수단

당사자 사이에 권리·법률관계에 다툼이 있어 법적 불안이 있어도 확인판결로써 이를 제거하기에 적절하지 않으면 확인의 이익은 인정되지 않는다. 같은 권리를 바로 행사하여 실현시킬 수 있는데, 단순히 그 권리의 확인만 받고 만다든지, 확인판결을 받아도 아무 쓸모가 없는 경우가 그러하다고 인정된다.

특히 판례는 확인의 이익에 관하여 "원고의 권리 또는 법률상의 지위에 현존하는 불안·위험이 있고 그 불안·위험을 제거함에는 피고를 상대로 확인판결을 받는 것이 가장 유효적절한 수단일 때에만 인정된다고 할 것"이라고 판시한62) 이래 반복해서 확인의 소가 현존하는 불안, 위험을 제거하는 '가장 유효적절한' 수단일 때에만 확인의 이익이 인정된다고 한다.63) 그러나 이처럼 극히 제한적으로만 확인의 이익을 인정하는 것은 아무런 법적, 합리적 근거가 없다.64)

판례 중에는 과거의 이사 지위 확인을 구하는 것이 이사의 보수청구를 위한 전제가 되더라도 이로써 적정 보수액 등을 둘러싼 추가적인 분쟁 등까지 일거에 해소될 수 있다고 보기 어렵다는 이유로 보수청구권과 관련된 분쟁을 해결할 수 있는 유효·적절한 수단이라고 단정할 수 없다고 한 것이 있다.65) 그러나 과거 법률관계의 확인청구가 현재의 분쟁을 해결하는데 선결문제이면 충분하지, 현재의 분쟁을 '일거에' 해결할 수 있어야 된다는 법리적 근거가 없다. 뿐만 아니라 보수액의 산정은 나중에 보수청구 소송에서 심리하면 될 일이다.

그리고 채권자가 미등기 토지에 관한 소유권보존등기를 신청하지 않는 채무자를 대위하여 국가를 상대로 소유권확인의 소를 제기하였으나 토지대장이나 임야대장의 소유자 명의인을 특정할 수 없는 경우에는 채권자가 채무자의 소유권을 확인하는 확정판결을 받더라도 그에 따른 소유권보존등기를 마칠 수 없으므로 소유권 확인을 구할 법률상 이익을 인정할 수 없다고 한 것이66) 있다. 그러나 이런 사안은 확인의 이익이 문제되는 것이 아니라 소유자를 특정할 수 없어서 소유권 자체를 인정할 수 없음을 이유로 청구를 기각할 경우이다.

---

62) 大判 1994. 11. 8, 94다23388.

63) 大判(全) 1997. 10. 16, 96다11747; 大判 2018. 3. 15, 2016다275679; 大判(全) 2021. 6. 17, 2018다257958·257965 등.

64) 심지어 보험계약의 당사자 사이에 계약상 채무의 존부나 범위에 관하여 다툼이 있으면 보험회사가 보험수익자를 상대로 소극적 확인의 소를 제기할 이익이 있다고 판시한 위 2018다257958·257965 판결에서 반대의견은 추가로 보험계약에서 예정하지 않았던 불안이나 위험이 보험회사에 발생하는 등의 사정이나 보험회사가 범죄나 불법행위의 피해자가 되거나 될 우려가 있다고 볼 만한 사정이 있어야 확인의 이익이 인정된다는 주장까지 내세웠다.

65) 大判 2022. 6. 16, 2022다207967.

66) 大判 2021. 7. 21, 2020다300893.

(1) 보충성

확인의 소를 제기하여 승소 확정판결을 얻더라도 그로써는 권리가 실현되지 않는다. 확인받은 권리가 이행청구권이라도 그로써 집행을 하는 것은 불가능하고, 형성권을 확인받아도 그로써 법률관계가 변동되는 것이 아니다. 결국 권리의 보호나 실현을 위해서는 이행의 소나 형성의 소를 제기해야 하므로, 이행의 소나 형성의 소를 제기할 수 있는 경우에 동일한 권리에 대한 확인의 소는 궁극적 권리보호 내지 실현 수단이 되지 못한다. 이를 이유로 해서 이행의 소나 형성의 소를 제기할 수 있는 경우에는 확인의 소가 적절한 수단이 되지 못한다고 보아 확인의 이익이 없다고 한다(확인의 소의 보충성).67) 그러나 이처럼 확인의 소의 보충성을 일반적으로 인정하는 것은 타당하지 않다.68) 확인의 이익이 본래 구체적 상황에 따른 이익이니만큼 보충성도 구체적인 상황에 맞게 판단해야 한다.69)

(가) 이행소송과의 관계

a) **보충성에 반하는 경우: 이행소송이 계속 중**인데 같은 권리·법률관계에 관하여 확인의 소를 제기하는 것은 보충성에 반한다. 채권자의 채무이행소송이 계속 중인데 채무자가 별도로 채무부존재확인의 소를 제기하는 것도 확인의 이익이 없다.70) **확인소송 계속 중**에 원고가 다시 이행의 소를 제기하는 경우에는 이 이행의 소가 취하될 가능성이 없는 경우에 한하여 확인의 이익을 부정할 것이다.71) 채무부존재확인소송이 계속 중에 피고가 그 채무의 이행을 구하는 별소를 제기하면 확인의 이익이 부정될 가능성이 있다. 그러나 그 확인소송이 상소심에 계속 중이라든가, 이미 본안심리를 마쳤을 경우에는 확인의 이익을 부정하는 것은 소송경제상 부당하다.72)

---

67) 大判 2001. 12. 24, 2001다30469는 직접 이행을 청구할 수 있음에도 채권의 존재 확인을 구하는 것은 확인의 이익이 없다고 하면서 본안판단을 한 원심판결을 파기하고 직권으로 판단하여 소를 각하하였다. 大判 1994. 11. 22, 93다40089는 이행의 소를 제기할 수 있는데도 그 이행청구권 자체의 존재확인청구를 허용하는 것은 불안제거에 실효성이 없고 소송경제에 비추어 원칙적으로 허용할 것이 못된다고 하였다.
68) Rosenberg-Schwab/Gottwald¹⁸ § 91 Rn. 24.
69) 판례는 大判 1994. 11. 8, 94다23388에서 확인의 이익에 관하여 "원고의 권리 또는 법률상의 지위에 현존하는 불안·위험이 있고 그 불안·위험을 제거함에는 피고를 상대로 확인판결을 받는 것이 가장 유효적절한 수단일 때에만 인정된다고 할 것"이라고 판시한 이래 大判(全) 1997. 10. 16, 96다11747을 거쳐 大判 2018. 3. 15, 2016다275679에 이르기까지 반복해서 확인의 소가 현존하는 불안, 위험을 제거하는 '가장 유효적절한' 수단일 때에만 확인의 이익이 인정된다고 한다. 그러나 이러한 표현은 극단적이어서 확인의 이익을 너무 좁게 인정할 위험성이 있다. 여기서 '가장'은 사족이다.
70) 大判 2001. 7. 24, 2001다22246.
71) Rosenberg-Schwab/Gottwald¹⁸ § 91 Rn. 24.
72) Vgl. Rosenberg-Schwab/Gottwald¹⁸ § 91 Rn. 27.

판례는 채무부존재확인소송에서 피고가 그 채무의 이행을 구하는 반소를 제기해도 본소의 확인의 이익이 소멸하지 않는다고 한다.[73] 원고의 자동차들이 아파트 단지 내로 출입과 통행, 주차를 할 수 있음의 확인을 구하는 청구와 그 자동차들의 단지 내 출입과 통행, 주차에 대한 방해 금지 청구를 병합한 경우에 금지청구로써 확인청구의 목적을 직접 달성할 수 있으므로 확인의 이익이 없다고 한 판례도 있다.[74]

b) 보충성에 반하지 않는 경우: 단순히 **이행의 소를 제기할 수 있는 경우**인데도 그 이행청구권 자체의 존재확인청구를 한 경우에 보충성을 이유로 확인의 이익을 부정할 것인지에 관하여는 더욱 신중하게 검토해야 한다. 판례는 불안 제거에 실효성이 없다는 이유로 확인의 이익을 부정한다.[75] 그러나 굳이 이행의 소로써 집행권원까지 얻지 않고 확인판결만 받아도 피고의 의무이행을 기대할 수 있을 경우에는 확인의 이익이 인정된다. 국가, 지방자치단체, 기타 공공기관이 피고인 경우가 그러한 예이다.[76] 현재이행의 소가 가능하더라도 확인의 소가 소송의 중첩을 피하거나 기타 소송경제상 필요한 경우에는 확인의 이익을 것이 타당하다.[77] 그리고 청구금액의 확정이 어렵거나 현재로는 불가능한 경우에도 청구권 자체의 확인의 이익을 인정할 것이다.[78]

판례는 교회재산의 관리처분과 관련된 분쟁에서 교회의 대표자(담임목사) 지위의 부존재 확인을 구하는 것은 유효적절한 수단이 된다고 하였다.[79]

이행의 소와의 관계에서 확인의 소는 **현재이행의 소**에 대하여서만 보충성이 있다. 장래이행의 소를 제기하는 것이 가능하다고 해서 확인의 이익이 없다고 할 것은 아니다.[80] 본래 확인의 소는 이행기가 도래하기 전이나 조건 성취 전에도 법적 불안이 있으면 이를 제거하기 위하여 제기할 수 있는 것이고, 장래이행의 소는 '미

---

73) 大判 1999. 6. 8, 99다17401·17418. 원고가 반소가 제기되었으므로 기판력 있는 판단을 받을 수 있다는 이유로 본소를 취하한 경우 피고가 일방적으로 반소를 취하함으로써 원고가 당초 추구한 기판력을 취득할 수 없는 사태가 발생할 수 있기 때문에, 반소가 제기되었다는 사정만으로 본소청구에 대한 확인의 이익이 소멸한다고는 볼 수 없기 때문이다(大判 2010. 7. 15, 2010다2428·2435).

74) 大判 2006. 3. 9, 2005다60239.

75) 大判 1994. 11. 22, 93다40089.

76) Rosenberg-Schwab/Gottwald[18] § 91 Rn. 26.

77) Rosenberg-Schwab/Gottwald[18] § 91 Rn. 25.

78) Rosenberg-Schwab/Gottwald[18] § 91 Rn. 25.

79) 大判 2007. 11. 16, 2006다41297. 그 이유로, 교회의 대표자는 교회재산의 관리처분에 관한 대표권을 가지고, 이를 전제로 하여 여러 법률관계가 형성되었고 앞으로 형성될 가능성이 있다면 그 법률관계에 관하여 개별적으로 해결함에 앞서서 분쟁의 근원이 되는 대표자 지위의 존부 그 자체의 확인을 구하는 것이 직접적이고 획일적인 해결을 기대할 수 있음을 들었다.

80) Rosenberg-Schwab/Gottwald[18] § 91 Rn. 25; BGH NJW 1986, 2507.

리 청구할 필요'라는 요건도 갖추어야 하고 즉시 집행이 가능한 것도 아니므로 확인의 소보다 더 직접적인 권리실현수단이라고 볼 수가 없기 때문이다.

c) 주의할 점(보충성과 무관한 경우): 여기서 주의할 것이 있다. 소유권 확인을 구하고 다시 소유권이 있음을 전제로 건물 인도를 구하는 경우처럼 **확인을 구하는 법률관계가 이행의 소의 선결문제**인 경우이다. 이 경우도 얼핏 보면 확인의 소와 이행의 소의 관계이므로 확인의 소의 보충성이 문제될 것으로 생각될 것이다. 그러나 이때는 문제되는 권리·법률관계가 서로 다르고 기판력에 의하여 확정되는 내용도 다르다. 그리고 한 법률관계가 다른 법률관계의 선결문제가 되므로 건물 인도청구소송 중에 소유권확인의 소를 제기하면 이것이 중간확인의 소로 적법함(제264조)은 당연하다. 그러므로 이런 경우에는 확인의 소의 보충성과 아무런 관계가 없다.

그럼에도 불구하고 우리 실무에서 이를 혼동하여 잘못된 재판을 하는 경우가 있다.

특히 판례는 근저당권설정계약에 기한 피담보채무의 부존재확인을 구하면서 근저당권말소청구를 한 경우에 채무부존재확인청구는 확인의 이익이 없다고 하였고,[81] 해직처분의 무효확인청구나 취소청구는 급료청구소송이나 손해배상청구소송에서 그 전제로 무효나 취소를 주장하여 구제받을 수 있으므로 부적법하다고 판시하였다.[82] 그리고 손해배상청구를 할 수 있는 경우에 침해된 권리의 존재확인을 구하는 것은 분쟁의 종국적인 해결방법이 아니어서 확인의 이익이 없다는 판례도[83] 있다. 회사의 주주명부에 주식의 소유자로 기재되어 있던 원고가 타인이 위조한 주식매매계약서 때문에 다른 사람 앞으로 명의개서가 되어 회사를 상대로 주주권 확인의 소를 제기한 사안에서 판례는 회사를 상대로 명의개서를 청구하는 이행을 청구하는 소를 제기할 수 있는데도 불구하고 주주권 확인의 소를 제기하는 것은 불안이나 위험을 제거하는 유효적절한 수단이 아니거나 분쟁의 종국적 해결방법이 아니어서 확인의 이익이 없다고 하였다.[84] 원고의 자동차가 아파트 단지 내로 출입과 통행, 주차를 할 수 있음의 확인을 구하는 청구와 그 자동차가 그 아파트 단지 내에 하는 출입과 통행, 주차에 대한 방해 금지를 청구하는 청구를 병합한 사안에서 판례는 이행을 청구하는 소를 제기할 수 있는데도 불구하고, 확인의 소를 제기하는 것은 분쟁의 종국적인 해결 방법이 아니어서 확인의 이익이 없다고 판시하였다.[85] 과거에 회사의 이사 지위에 있었음의 확인을 구하는 소송에서 바로 이사 보수 지급을 청

---

81) 大判 2000. 4. 11, 2000다5640.

82) 大判 1984. 6. 12, 82다카139.

83) 大判 1995. 12. 22, 95다5622.

84) 大判 2019. 5. 16, 2016다240338.

85) 大判 2006. 3. 9, 2005다60239. 이 판결에서 大判 1994. 11. 22, 93다40089를 참조하였으나, 이 판결은 이행청구권 자체의 확인을 구하는 경우에 확인의 이익을 부정한 것이어서 적절하지 않다.

구할 수 있는데도 이사 지위의 확인을 청구하는 것은 실효성이 없고 소송경제에 반한다는 이유로 확인의 이익을 부정한 판례도 있다.[86] 하급심 판결 중에는 주주명부상 원고 명의로 되어 있는 주식에 대하여 실제 소유자라고 주장하는 피고를 상대로 원고가 주식의 소유권확인을 구한 사건에서 법원은 주권의 인도를 구하는 소를 제기할 수 있다고 하여 확인의 이익이 없다고 한 것도 있다.[87]

이들은 모두 확인의 소의 보충성을 오해하였거나 부당하게 확대적용하는 것으로 타당하지 않다.

(나) 형성소송과의 관계

형성의 소의 경우에는 형성권의 행사방법이 소제기로 국한되어 있기 때문에 확인의 소로써 형성될 권리관계의 확인을 구하는 것은 아직 그 권리관계가 존재하지 않기 때문에 허용되지 않고, 이혼권과 같이 실체법상의 권리의 확인을 구하는 것은 제소 가능성을 탐색하는 것에 불과하므로 이것도 허용되지 않는다. 따라서 형성의 소와 별도로 **형성권의 확인만을 허용하는 것은 의미가 없다.**

(2) 무의미한 확인판결

당사자 사이에 권리, 법률관계에 관한 다툼이 있지만 확인판결을 받는 것이 무의미한 경우에도 확인의 소가 적절한 수단이 되지 못한다.

판례는 취득시효가 완성된 토지가 수용된 경우에 토지수용 당시 등기부상 소유명의자는 시효취득자에게 수용의 대가로 취득한 보상금청구권을 양도할 의무를 부담하고 있음에도 불구하고 굳이 시효취득자를 상대로 보상금청구권이 자신에게 있다는 확인을 구하는 것과,[88] 토지의 소유권을 시효취득한 상대방에게 소유권이전등기절차를 이행할 의무를 부담한 미등기 토지의 소유자가 상대방에 대하여 소유권확인청구를 하는 것은[89] 무용, 무의미하다고 보았다. 그리고 乙 소유의 부동산에 丙 명의의 가등기를 마쳤는데, 그 후에 甲이 그 부동산에 대하여 가압류 등기를 한 경우에 甲이 丙 명의의 위 가등기가 담보 목적의 가등기인지 여부의 확인을 구하는 것은 甲의 법률상 지위에 불안이나 위험이 없어 부적법하다고 하였다.[90]

---

86) 大判 2022. 6. 16, 2022다207967.

87) 서남지판 2016. 4. 21, 2015나1135. 이 항소심 판결은 大判 2017. 10. 26, 2016다23274에 의하여 파기환송되었다. 그 이유로는 원고가 주권을 인도 받더라도 이는 그 주식의 유통상 편의를 위한 것이거나 회사에 대한 관계에서 자신이 정당한 주주권자임을 법적으로 확인하는 의미를 갖는 데 그치므로, 그것만으로 그 주식에 대하여 권리를 주장하는 다른 사람과의 분쟁까지도 법적으로 유효·적절하게 해결할 수 있다고 단정할 수 없다는 점을 들었다.

88) 大判 1995. 8. 11, 94다21559.

89) 大判 1995. 6. 9, 94다13480; 大判 2008. 5. 15, 2008다13432.

증서진부확인의 소에서도 확인의 이익이 있어야 함은 물론이다. 그러므로 증서가 작성명의인에 의하여 작성되었는지 여부가 다투어져서 이를 확인받기 위하여 소를 제기하여도 당사자 사이에서 증서의 진정 여부와 관계 없이 그 법률관계 자체가 다투어지는 경우에는 증서의 진부를 확인하는 판결을 하여도 아무런 의미가 없게 된다. 그러므로 이러한 경우는 그 소는 확인의 이익이 인정되지 않는다.[91]

한 채무자에 대하여 **서로 채권자라고 다투는 당사자** 사이에서는 원고가 그 채권이 자기에게 속한다고 주장하는 적극적 확인의 소를 제기할 수는 있어도, 피고에게 채권이 없다고 주장하여 제기한 소극적 확인의 소는 확인의 이익이 없다.[92] 독립당사자참가인이 참가인과 피고 사이에 전속계약이 존속한다는 확인을 구하지 않고 원고와 피고 사이에 전속계약이 존속하지 않는다는 확인을 구하는 것도 마찬가지이다.[93] 그리고 토지의 일부에 대한 소유권의 귀속에 관하여 다툼이 있어도 적극적으로 그 부분에 대한 자기의 소유권 확인을 구하지 않고 소극적으로 상대방 소유권의 부존재 확인을 구하는 것은 원고에게 내세울 소유권이 없더라도 피고의 소유권이 부인되면 그로써 원고의 법적 지위의 불안이 제거되어 분쟁이 해결될 수 있는 경우가 아닌 한 확인의 이익이 없다.[94]

법인의 **임원 선임결의가 무효 또는 부존재**이므로 임원취임등기가 무효라고 주장하는 경우라도 임원취임등기의 무효 확인을 구하는 소는 분쟁을 근본적으로 해결하는 수단이 아니므로 확인의 이익이 인정되지 않는다. 그 등기의 원인이 되는

---

90) 大判 2017. 6. 29, 2014다30803: 가등기가 담보 목적인지 여부와 상관없이 그 본등기가 이루어지면 가등기 후의 가압류등기는 말소될 수밖에 없으므로(부등 제92조 1항), 이 사건 가등기에 의한 본등기로 인하여 원고의 위 가압류등기가 직권으로 말소되는지 여부가 이 사건 가등기가 순위보전을 위한 가등기인지 담보가등기인지 여부에 따라 결정되는 것이 아니다.

91) 大判 1991. 12. 10, 91다15317. 이 사안은 합의서의 진정확인을 구하는 소에서 피고들이 그 합의를 한 의사표시를 취소하였다고 하거나 계약관계가 이미 소멸하였다고 주장한 경우이다.

92) 大判 2004. 3. 12, 2003다49092. 그 확인의 소에서 승소판결을 받는다고 하더라도 그 판결로 인하여 상대방에 대한 관계에서 자기의 권리가 확정되는 것도 아니고 그 판결의 효력이 제3자에게 미치는 것도 아니기 때문이다. 大判 2009. 12. 24, 2009다75635・75642는 원고가 피고에게 부동산의 일정 지분권을 매수하였음을 주장하여 그 부분의 소유권이전등기를 청구하였는데, 참가인이 피고에 대하여는 참가인이 매수인임을 주장하여 참가인에게 등기를 이전할 것을 청구하고 원고에 대하여는 원고에게는 지분권이전등기청구권이 없음을 확인하라고 청구한 사건에서 같은 취지로 판시하였다.

93) 大判 2012. 6. 28, 2010다54535・54542. 연예기획사가 연예인을 상대로 전속계약 해지로 인한 손해배상청구를 한 사건에 다른 기획사가 원고의 지위를 인수받았다고 하면서 독립당사자참가를 한 사안.

94) 大判 2016. 5. 24, 2012다87898. 그 이유는 피고의 소유권이 없다는 판결로는 소유권의 귀속에 관한 분쟁을 근본적으로 해결하는 즉시확정의 방법이 되지 못하며, 또한 그러한 판결만으로는 그 토지의 일부에 대한 자기의 소유권이 확인되지 아니하여 소유권자로서 지적도의 경계에 대한 정정을 신청할 수도 없다는 점을 들었다.

임원선임결의의 무효나 부존재 확인의 소를 제기하여 받은 확정판결을 첨부하여 무효인 임원등기의 말소를 구할 수 있기 때문이다.[95]

　　판례는 회사의 주주인 원고가 사내이사를 피고로 하여 피고가 회사의 사내이사의 지위에 있지 않다는 확인의 소를 제기한 사안에서 원고는 회사를 상대로 피고의 사내이사 지위 부존재 확인판결을 받아야 하고, 피고 개인을 상대로 회사의 사내이사의 지위에 있지 아니하다는 확인판결을 받더라도 확인판결의 효력은 회사에 미치지 아니하므로 확인의 이익이 없다고 하였다.[96] 그러나 이는 확인의 이익의 문제가 아니라 피고를 잘못 정한 당사자적격의 문제이다.

　판례에 의하면 소송의 본래 목적과는 어긋난 확인의 소의 경우에도 확인의 이익은 부정된다.

　　이사장직을 사임하면 상당한 사례를 하겠다는 약속을 믿고 원고가 사임하였는데 사례를 받지 못하자 이사장으로서의 직무수행 의사는 없이 다만 사례금을 받아내기 위하여 이사회 결의무효 확인의 소를 제기하였다면 비록 이사회 소집절차에 하자가 있다 할지라도 소의 이익이 없다고 하였다.[97] 그러나 이러한 경우는 확인소송이 적절한 수단인지 여부를 떠나서 실체법상의 신의칙 위반이다.

　　판례는 일반 공중의 통행에 무상으로 제공되는 도로 부지의 소유자를 상대로 그 토지에 대하여 배타적 사용·수익권이 없음을 확인하라는 소를 제기한 사안에서 이러한 확인의 소는 법적 불안이나 위험 제거의 유효, 적절한 방법이 되지 못하여 확인의 이익이 없다고 한다. 물권법정주의 위반이고 소유자에 대한 이러한 제한은 채권적인 것에 불과하다는 것이다.[98] 그러나 이 경우도 그러한 내용의 소유권 확인을 구하는 것이 불안 제거에 유효, 적절한지 여부가 문제되는 것이 아니라 실체법상 존재할 수 없는 권리의 확인을 구하는 것이어서 권리보호자격이 없다고 하여 각하할 일이다.

　　판례는 지상권 설정등기에 관한 피담보채무의 범위 확인을 구하는 것은 지상권에는 피담보채무라는 것이 인정되지 않으므로 원고의 권리나 법률상의 지위에 관한 청구가 아니어서 확인의 이익이 없다고 하였다.[99] 그러나 이 경우도 피담보채무가 존재하지 않으므로 그 범위의 확인을 구하는 것은 실체법상 이유가 없다고 판단할 사안이다.

---

95) 大判 2006. 11. 9, 2006다50949.
96) 大判 2018. 3. 15, 2016다275679.
97) 大判 1977. 6. 7, 76다558. 이와 비슷한 사안에서 신의칙 위반이라고 한 판례도 있다(大判 1974. 9. 24, 74다767).
98) 大判 2012. 6. 28, 2010다81049.
99) 大判 2017. 10. 31, 2015다65042.

Ⅲ. 형성의 소

형성의 소는 **소로써 법률관계의 변동을 구할 수 있는 경우에만** 인정되는 것이고, 어떤 경우가 형성의 소를 제기할 경우인가, 어떠한 요건이 갖추어져 있어야 제기할 수 있는가는 실체법에 규정되어 있다. 그러므로 원고가 이러한 요건이 갖추어져 있다고 주장만 하면 형성의 이익은 인정되므로 별다른 문제가 없다.

판례는 형식적 형성의 소에 해당하는 **경계확정의 소**에서는 토지소유권의 범위의 확인을 목적으로 하는 소와는 달리 인접한 토지의 경계가 불분명하여 그 소유자들 사이에 다툼이 있다는 것만으로 권리보호이익이 인정된다고 보며,[100] 소송 도중에 당사자 쌍방이 경계에 관하여 합의를 도출해냈다고 하더라도 원고가 그 소를 취하하지 않고 법원의 판결에 의하여 경계를 확정할 의사를 유지하고 있는 한, 법원은 그 합의에 구속되지 아니하고 진실한 경계를 확정하여야 하는 것이므로, 소송 도중에 진실한 경계에 관하여 당사자의 주장이 일치하게 되었다는 사실만으로 경계확정의 소가 권리보호의 이익이 없어 부적법하다고 할 수 없다고 하였다.[101]

채권자취소소송에 관하여 판례는 취소권을 가진 채권자의 취소와 원상회복을 구하는 소송에서 청구인용의 확정판결을 받았더라도 다른 취소채권자의 소가 권리보호의 이익을 상실하는 것은 아니라고 하면서, 전소송의 채권자가 확정판결에 기하여 재산이나 가액의 회복을 마친 경우에 비로소 다른 채권자의 취소의 소는 그와 중첩되는 범위 안에서 권리보호의 이익을 잃게 된다고 하였다.[102] 그러나 이 판례는 문제가 있다. 채권자가 사해행위의 취소를 구하는 것은 형성의 소로 이미 취소판결이 확정되었으면 사해행위는 취소된 것이어서 더 이상 취소의 대상이 없고, 따라서 다른 채권자에게는 취소권이 없기 때문에 그 청구는 이유가 없는 것이 된다. 그리고 원상회복 청구 부분은 이미 원상회복을 명하는 이행판결이 집행되었으면 다른 채권자는 청구권이 없어서 그 청구도 이유가 없게 되는 것이지 권리보호의 이익이 없는 것이 아니다.

행정법상의 **취소소송**에서 행정청이 한 처분의 상대방인 원고가 거짓이름(僞名)

---

100) 大判 1993. 11. 23, 93다41792・41808; 大判 2021. 8. 19, 2018다207830.

101) 大判 1996. 4. 23, 95다54761.

102) 大判 2003. 7. 11, 2003다19558; 大判 2005. 3. 24, 2004다65367; 大判 2005. 11. 25, 2005다51457; 大判 2008. 4. 24, 2007다84352; 大判 2008. 12. 11, 2007다91398・91404.

을 사용한 경우라도 처분의 상대방이 허무인이 아니므로 처분 상대방인 원고는 처분의 취소를 구할 법률상의 이익이 있다고 볼 것이다.103)

형성소송에서도 무의미한 형성판결을 구하는 것이 권리보호이익이 있는지가 문제된다. 과거에 판례는 해고된 근로자가 부당해고 구제신청을 기각한 중앙노동위원회의 재심판정에 대해 판정취소의 소를 제기하여 해고의 효력을 다투던 중에 당연퇴직 등의 다른 사유로 근로관계가 종료한 경우에 소의 이익이 소멸된다고 보았다.104) 그러나 뒤에 판례를 변경하여 근로자가 승소해도 원직에 복직하는 것이 불가능하더라도 그로써 해고기간 중의 임금 상당액을 지급받을 수가 있다면 소의 이익이 인정된다고 하였다.105)

---

103) 大判 2017. 3. 9, 2013두16852. 미얀마 국적의 甲이 거짓이름인 乙 명의의 여권으로 입국하여 乙 명의로 난민신청을 하였으나 법무부장관이 난민불인정 처분을 하였고 이에 대하여 甲이 난민불인정처분 취소청구의 소를 제기한 사안.
104) 大判 1995. 12. 5, 95누12347; 大判 2015. 1. 29, 2012두4746 등.
105) 大判(全) 2020. 2. 20, 2019두52386.

제 3 장 訴訟要件의 調查

제 1 절 調查의 方法

소송요건은 조사의 방법에 따라 직권조사사항과 항변사항으로 나누어진다.

I. 항변사항

《사례 1》　甲은 乙에게 자동차 세차 설비 3대를 팔았으나 지급기일이 지나도록 乙이 매매대금을 지급하지 않았다. 이에 甲은 乙을 상대로 매매대금 지급을 구하는 소를 제기하였다. 乙은 물건에 하자가 있어 아직 대금을 지급할 수 없다고 주장하였다. 그러나 법원이 심리 중에 甲과 乙 사이에는 이 계약관계에 관한 중재계약이 체결되어 있음을 알게 되었다. 이때 법원은 甲의 소를 부적법하다고 하여 각하할 수 있는가?

항변사항은 상대방 당사자가 소송요건이 불비되었다고 주장하여야, 즉 항변이 있어야 법원이 조사하는 사항이다. 이 항변을 우리나라에서는 보통 방소항변이라고 한다.

여기에 해당하는 것으로는, **임의관할**, 각종의 **소송상계약**, **소송비용의 담보제공** 등이 있다.[1] 이러한 항변사항은 공익과는 무관하여 대체로 당사자가 임의로 처분하여도 관계없고 오히려 당사자의 처분에 맡기는 것이 더 타당한 사항이다. 〈사례 1〉에서 중재계약이 甲에게는 제소장애사유가 되어 甲의 제소는 권리보호자격이 없다. 그러나 중재계약은 당사자들이 사전에 임의로 내용을 정하여 체결하였으므로, 그에 위반한 제소가 있더라도 상대방 당사자가 이에 대하여 아무런 항변을 하지 않으면 굳이 법원이 먼저 나서서 중재계약을 이유로 소를 각하할 이유는 없는 것이다. 그러므로 중재계약의 존재를 乙이 항변하지 않으므로 법원이 중재계약이 체

---

[1] 임의관할이 항변사항이 아닌 직권조사사항에 포함된다고 설명하는 이들이 있다(강현중, 157; 金・姜, 298; 田炳西, 221; 전병서, 강의, 181; 鄭・庾・金, 177). 이런 견해를 따른다면 임의관할 위반의 문제는 피고가 항변하지 않더라도 법원이 스스로 문제삼아 관할 위반을 이유로 이송할 수 있다는 의미가 된다. 그러나 이런 귀결은 변론관할 규정(제30조)을 유명무실하게 만들므로 부당하다. 임의관할은 항변사항이라고 보는 것이 옳다(宋・朴, 200; 이시윤, 223).

결된 것을 알았다 하더라도 이를 이유로 甲의 소를 각하할 수는 없다. 乙이 이러한 항변을 하여야 법원이 비로소 각하할 수 있다. 이 항변은 본안에 관한 최초의 변론 때까지 하여야 한다(중 제9조 2항).2)

부제소합의(특약)도 항변사항인가? 판례는 불항소합의에 관하여 이러한 합의의 유무는 항소의 적법요건에 관한 직권조사사항이라고 하였고,3) 근래에는 부제소합의에 대하여도 직권조사사항이라고 한다.4) 그러나 중재합의는 항변사항이라고 보면서(중 제9조) 부제소합의를 직권조사사항이라고 할 이유가 없다. 둘 다 소송을 하지 않기로 한 당사자의 합의에 의한 것으로 당사자의 의사를 존중할 필요가 있다. 부제소합의가 유효라고 보는 근거로 사적자치를 들면서 직권조사사항이라고 보는 것은 앞뒤가 맞지 않는다. 부제소합의를 당사자들이 굳이 주장하지 않으려는 것을 법원이 직권으로 문제 삼을 필요가 없으므로 항변사항이라고 보아야 할 것이다.5)

Ⅱ. 직권조사사항

1. 의의와 법적 취급

《사례 2》　甲은 채무자 乙을 상대로 1997년 4월 1일에 대여한 5,000만원을 반환하라고 청구하는 소를 제기하였으나 법원은 "乙은 甲에게 3,000만원을 지급하라"고 판결하였고, 아무도 항소하지 않아 그 판결이 확정되었다. 그러나 6개월 뒤에 甲은 다시 같은 채권에 기하여 역시 5,000만원의 지급을 구하는 소를 제기하였다. 乙 역시 내심 전소송 확정판결에 불만이 있었기 때문에 甲의 소에 적극적으로 응소하여 甲의 청구를 기각해 달라고 신청하였다. 법원이 전소송 확정판결이 있다는 것을 알고 이를 언급하자, 甲과 乙이 모두 "그 판결은 잘못된 것이니 무시하고 새로 재판해 달라"고 진술하였다. 법원이 이들의 뜻을 따라 본안 재판을 해야 하는가, 또는 할 수 있는가?

직권조사사항인 소송요건은 **당사자의 처분에 맡길 수 없는 사항**으로서, 주로 법적 안정성이라든가 능력 없는 당사자의 보호 등을 위한 사항이다.6) 그러므로 이

---

2) 중재법에 이 규정이 신설되기 이전에도 판례는 본안에 관하여 변론한 뒤에는 중재계약의 항변은 할 수 없다고 하였다(大判 1991. 4. 23, 91다4812; 大判 1996. 2. 23, 95다17083).

3) 大判 1980. 1. 29, 79다2066.

4) 大判 2013. 11. 28, 2011다80449. 그 근거는 부제소합의의 존재가 권리보호이익에 속하며 이에 위반한 소는 신의칙에도 어긋난다는 점을 든다.

5) 권리보호이익에 속하므로 직권조사사항이라는 점은 논거가 될 수 없다. 계약상 제소금지 사유는 권리보호자격(판례가 말하는 권리보호이익)에 속하면서도 항변사항이기 때문이다. 신의칙 위반이라는 논거도 일반조항으로의 도피에 불과하므로 잘못된 것이다.

6) 大判 2011. 3. 10, 2010다87641: 토지소유권확인소송에서 대상 토지가 특정되었는지 여부는 소송

사항에 관하여는 당사자의 주장이나 항변 등을 기다릴 필요 없이 항상 법원이 직권으로 조사하여야 한다. 그리고 절차의 잘못이 있을 때 당사자가 행사할 수 있는 절차이의권도 포기가 허용되지 않으며, 자백도 효력이 없다. 이러한 취급은 당사자의 처분에 맡길 수 없는 사항이라는 직권조사사항으로서의 특색 때문이다.7) 〈사례 2〉에서 甲의 제소는 전소송 확정판결의 기판력에 저촉되어 권리보호자격이 없고, 따라서 소송요건 불비가 되어 부적법하다. 원고인 甲은 물론 이러한 부적법한 소를 제기당한 乙이 기판력을 문제삼지 않겠다고 하더라도, 이는 甲·乙의 개인적인 이익에 관한 문제만이 아니라 판결 효력의 안정이라는 공익을 위한 요건이므로 법원은 당사자들의 의사를 무시하고 기판력에의 저촉을 인정하여 甲의 소를 각하하여야 한다. 만일 그렇지 않으면 기판력제도는 유명무실해질 것이다.

《사례 2a》　〈사례 2〉에서 법원이 확정판결의 존재를 전혀 모른 채 소송이 진행되어 상고심에서 파기환송되어 다시 항소심에 소송이 계속하게 된 때 乙이 비로소 甲의 제소가 기판력에 저촉된다고 항변하였다. 이 경우에는 법원이 乙의 주장을 실기한 방어방법이라고 각하할 수 있는가?

이러한 경우에는 만일 乙이 주장한 것이 항변사항이거나 본안에 관한 항변이라면 실기한 방어방법이라고 하여 각하될 수가 있다. 그러나 기판력과 같은 직권조사사항의 경우에는 당사자의 주장이나 항변이 법원의 주의를 환기한다는 의미밖에 없으므로 실기한 방어방법이라고 하여 법원이 각하할 수가 없다. 그러므로 아무리 늦게 주장되었더라도 법원이 그 주장이 진실임을 확인하면 바로 소각하판결을 할 것이다.

2. 조사방법

《사례 2b》　〈사례 2〉에서 법원이 같은 사건에 대하여 내린 확정판결이 있는지를 조사하기로 하고 그 사항을 甲과 乙에게 물었다. 그러나 甲, 乙 모두 이 사건에 대하여 처음 소송하는 것이어서 확정된 판결은 없다고 진술하였다. 이때 법원은 스스로 확정판결을 찾아보아야 하는가?

요건으로서 법원의 직권조사사항에 속한다.
　7) 예를 들어, 자백이 효력이 없다는 것이 뒤에 설명하는 조사방법에서 직권탐지주의가 적용됨을 뜻한다고 오해해서는 안 된다. 직권조사사항에서 절차이의권의 포기가 허용되지 않고 자백이 효력이 없으며 실권제재도 가하지 않는다는 것은 어떤 조사방법을 취할 것인가 하는 문제와는 관계가 없다. 자백의 효력이 없다고 하여 그 사항에 관하여 당사자가 제출한 자료만으로 소송요건 구비 여부를 조사해서는 안 된다는 의미가 아니다.

직권조사사항인 소송요건의 조사 방법에 관하여는 논란이 있다. 소송요건에 관한 사실자료와 증거자료를 법원이 **직권으로 탐지하여 수집해야 하는가**에 관하여 공익성이 강한 소송요건에 관한 조사에서는 사실과 증거의 직권탐지가 필요하지만, 그 밖의 소송요건의 경우에는 당사자가 제출한 자료만으로 요건 구비 여부를 판단하면 된다는 것이 일반적이다.[8] 여기서 공익성이 강하기 때문에 직권탐지로 자료를 수집할 소송요건이 무엇인가에 관하여 견해가 갈린다. **재판권, 전속관할, 당사자의 실재** 등이 직권탐지로 자료를 수집할 것이라는 견해,[9] **재판권, 전속관할, 기판력, 소송능력, 대리권, 당사자의 실재** 등이 여기에 해당한다는 견해,[10] **재판권, 전속관할, 기판력, 당사자의 실재, 당사자능력, 소송능력, 대리권** 등이 여기에 해당하는 사항이라는 견해[11] 등이 있다. 판례는 직권조사사항은 당사자 주장에 구속되지 않고 직권으로 조사하여야 한다고 하였고,[12] 직권조사사항이라도 그 판단의 기초자료가 되는 사실과 증거에 관하여 소송자료에 나타난 것 외에 직권으로 탐지할 필요는 없다고 하였다.[13]

생각건대, 공익성이 강한 소송요건을 조사하는 경우에도 **조사 자체를 직권으로 실시하면 충분**하고 구체적인 자료까지 직권으로 탐지할 필요는 없을 것이다. 재판권의 유무도 법원이 직권으로 문제 삼아서 조사하면 충분할 것이다. 소송요건 조사에서 주로 문제되는 것은 증거자료일 텐데, 우리 법에서 보충적으로 직권증거조사를 인정하므로 일반적으로 직권탐지를 인정하지 않더라도 공익을 해치는 일은 없

---

8) 소송요건 구비 여부는 직권으로 문제삼아서 조사하지만, 이에 관한 소송자료의 수집, 제출은 변론주의에 따른다고 하여 변론주의와 직권탐지주의의 중간지대라고도 한다(이시윤, 351). 그러나 이러한 표현은 직권조사사항이 변론주의나 직권탐지주의와 같은 차원으로 취급된다는 오해를 야기할 수 있어 적절하지 않다. 한편, 직권심리나 직권조사는 소송의 심리에 관한 원칙이고 직권탐지는 비송의 심리에 관한 원칙이라고 할 수 있다고 하면서 근래에는 소송의 비송화현상 등 때문에 직권심리, 직권조사 및 직권탐지가 서로 융합되는 경향이 강화되고 있다고 설명하는 경우도 있다(강현중, 72). 이런 설명도 직권조사사항과 항변사항, 직권탐지주의와 변론주의의 구별을 혼동하고 있는 것으로 보인다.

9) 鄭·庚·金, 422.

10) 金·姜, 298.

11) 宋·朴, 202.

12) 大判 2002. 5. 10, 2002다4863(당사자능력이 문제된 사안).

13) 大判 1996. 3. 12, 94다56999(종중의 당사자능력이 문제된 사안); 大判 1966. 9. 20, 66다1163(종중 대표자의 대표권이 문제된 사안); 大判 1981. 6. 23, 81다124(기판력 있는 판결을 받았다고 본안전항변을 했다가 철회한 사안. 기판력과 같은 권리보호요건의 존부는 법원의 직권조사사항이지만 이 요건은 소위 직권탐지사항과 달라서 그 요건 유무의 근거가 되는 구체적인 사실에 관하여 사실심의 변론종결 당시까지 당사자의 주장이 없는 한 법원은 이를 고려할 수 없고 또 다툼이 있는 사실에 관하여는 당사자의 입증을 기다려서 판단함이 원칙이라고 판시); 大判 1996. 5. 14, 95다50875(채권자취소소송에서 제소기간 도과가 문제된 사안).

을 것이다. 더구나 소송요건에 관한 자료의 수집에 직권탐지를 적용하면 민사소송
의 상당부분이 직권탐지주의 절차로 변모하게 된다. 그러므로 소송요건을 조사하는
방법으로 직권탐지까지 인정하는 것은 타당하지 않다.

제 2 절 調査의 順序

여러 소송요건에 대한 조사의 순서에 관하여 정하여진 원칙은 없으므로 어느
요건이든지 먼저 조사하여 불비된 것이 확정되면 소를 각하하는 등 그에 따른 조
치를 취할 수 있다. 그러나 본래 소송요건의 조사도 관할법원에서 하는 것이 원칙
이므로 **관할권을 가장 먼저** 조사하여야 할 것이다. 그리고 권리보호요건은 실체적
요건과 밀접한 관계에 있고, 그 판단도 실체 심리에 상당히 들어간 뒤에야 가능한
경우가 많으므로 가급적 소송요건 중에서 가장 나중에 판단할 것이라고 한다. 그리
고 당사자에 관한 요건도 우선 당사자능력, 당사자적격, 소송능력의 순서로 조사하
는 것이 논리적일 것이다. 예를 들면 당사자능력도 없는데 당사자적격을 조사한다
든가, 당사자적격이 없어 아예 당사자가 될 수가 없는 자의 소송능력을 조사하는
것은 헛수고를 하는 것이기 때문이다.

제 3 절 調査 후의 措置

I. 일 반 론

소송요건을 조사한 결과 요건이 구비되었으면 본안심리를 계속하고, 본안심리를
끝낸 뒤에 본안에 관한 재판을 한다.

소송요건이 불비된 경우에는 그 불비된 요건이 보정 가능한 것이면 **보정명령**을
발한다(제59조 등). 그리고 관할 위반인 것으로 확정되면[1] 그 사건을 관할법원으로
이송할 것이다. 공동소송이나 청구가 병합된 경우에 그 병합 요건이 불비되어 있으

---

1) 전속관할 위반인 경우에는 바로 관할 위반이 확정되나, 임의관할 위반의 경우에는 변론관
할이 생길 여지가 있으므로 일단 변론을 열어 보고 피고가 관할 위반의 항변을 하면 관할 위반이
확정된다.

면 병합이 불가능하므로 **변론을 분리**한다.

이송이나 변론의 분리 등으로 처리할 사안이 아닌 경우에, 소송요건의 불비가 처음부터 보정 불가능한 것이거나, 원고가 보정에 응하지 않을 경우에는 결국 그 소는 부적법한 것이 되어 법원은 **소각하판결**을 하게 된다. 특히 보정이 불가능한 경우에는 변론 없이 각하판결을 할 수 있다(제219조). 소송요건은 본안재판요건이므로 소송요건이 갖추어져 있지 않아서 소가 부적법한 경우에 법원은 **본안판결을 할 수 없다**는 것이 원칙이다.

재판권이 없을 때의 처리에 관하여 논란이 있다. 재판권 없음이 명백한 경우에는 소장각하명령을 하여야 한다는 견해가 있는데,[2] 이러한 경우에는 송달이 불능이어서 제255조 2항에 따라 제254조가 준용됨을 근거로 한다. 이와 달리 재판권이 없으면 일반 소송요건과 마찬가지로 소각하판결을 해야 한다는 견해는[3] 재판권이 미치지 않는 피고가 외교면제를 포기할 수도 있고, 외교면제를 받지 못하는 경우도 있으므로 어차피 법원의 심리를 거쳐야 함을 근거로 한다. 재판권의 유무는 아무리 명백하다고 하더라도 법원이 조사할 사항이지 재판장이 명령으로 재판할 사항은 아니다. 다른 소송요건과 마찬가지로 판결로 소를 각하해야 한다는 견해가 타당하다.

과거에 외국국가를 피고로 하여 우리나라가 재판권을 행사할 수는 없으므로 소장을 송달할 수 없는 경우에 해당하므로 소장각하명령으로 처리할 수 있다는 판례가[4] 있었으나, 뒤에 우리나라 영토 내에서 행하여진 외국의 사법적 행위에 대하여는 당해 국가를 피고로 하여 우리나라의 법원이 재판권을 행사할 수 있다고 변경되었다.[5]

소송요건의 구비 여부가 원고의 소의 적법, 부적법 여부와 관계가 없는 경우가 있다. 피고가 소송무능력자인데 법정대리인이 대리하지 않는 경우와 같이 원고의 소와 관계없이 피고 측에 소송요건 불비가 되는 경우가 그것이다. 이는 원고가 보정할 사항도 아니다. 이때는 법원이 원고의 소를 각하할 수 없고, 소송요건 불비이므로 그 상태에서 본안재판을 해서는 안 된다.

소송요건 구비 여부를 판단하는 **기준 시점**은, 관할의 경우에는 소제기 때이다(제33조). 따라서 소제기 시에 수소법원에 관할권이 있으면 그 뒤에 상황이 변하더라도 영향이 없다. 다른 소송요건의 경우에는 변론종결시가 기준이 된다. 소제기 때에 불비된 소송요건이라도 변론 종결 이전에 흠을 치유하면 법원이 본안재판을

---

2) 이시윤, 68.
3) 김홍엽, 49; 宋·朴, 63; 전원열, 105-106.
4) 大決 1975. 5. 23, 74마281.
5) 大判(全) 1998. 12. 17, 97다39216.

할 수 있다. 소제기 때에 소송요건을 구비했는데, 소송 진행 중에 요건 불비가 된 경우에는 어떻게 할 것인가? 이때는 불비된 요건이 보정 가능한 것이면 변론 종결 전에 보정하면 문제가 없다.6) 사후적으로 보정이 불가능한 요건 불비가 되는 경우란 거의 상정할 수 없지만, 만일 이러한 사유가 발생하면 각하하면 된다.

이와 관련하여 주의할 것이 있다. 소제기 시에는 피고가 원고의 권리를 다투어 확인의 이익이 있었지만 소송 중에 피고가 원고의 권리를 **더 이상 다투지 않겠다고 진술**한 경우에, 이를 변론종결 전에 법적 불안이 해소되어 확인의 이익이 없어졌다고 판단해서는 안 된다.7) 이러한 경우에는 구체적 내용에 따라 피고의 자백이나 인낙으로 처리할 것이다.

Ⅱ. 권리보호요건의 성격

앞에서는 종래의 통설에 따라 권리보호요건의 내용을 설명하였다. 그러나 특히 실체법상의 요건과 가까운 위치에 있다고 하는 권리보호이익과 관련하여 **소각하판결과 본안판결의 관계**를 다시 생각해 볼 필요가 있다.

《사례 3》   甲은 합자회사 무궁상회의 무한책임사원으로서, 그 회사 지분 435/900를 갖고 있었다. 다른 무한책임사원인 丙도 역시 무궁상회의 지분 435/900를 갖고 있다가 이를 乙에게 양도하였다. 그 뒤 甲과 乙은 각자가 갖고 있는 지분을 서로 교환하기로 계약을 체결하였다. 그러나 뒤에 이를 후회한 甲이 그 교환계약은 술에 만취된 상태에서 체결한 것이어서 무효라고 주장하여 乙을 상대로 계약무효확인의 소를 제기하였다. 법원이 그러한 교환계약이 이상하다고 생각하여 혹시 교환계약의 내용이 실제로 무궁상회에 속하는 구체적인 재산을 교환하려는 것인지를 심리하려고 했는데, 그 심리가 끝나기도 전에 甲과 乙 사이의 그 교환계약시에 음주를 한 적이 없다는 것이 밝혀져서 甲의 청구가 이유가 없다고 판단하게 되었다. 이 경우 법원은 甲의 청구에 대하여 기각판결을 할 수 있는가?

법원이 소송요건을 심리할 때는 대부분의 경우에 본안에 대한 판단이 서기 전에 소송요건 구비 여부를 판단하게 된다. 그러나 권리보호이익의 심리는 본안의 심리가 상당한 정도 진행되어야 가능한 수가 많다. 그렇기 때문에 법원의 심리 결과 아직 권리보호이익의 존부는 확정되지 않았는데, 원고의 청구가 이유 없음이 밝혀

---

6) 예를 들어, 당사자가 무능력자가 된 경우라면 법정대리인이 대리하도록 하면 된다.

7) 大判 2009. 1. 15, 2008다74130. 이 사안은 피고가 원고의 권리를 일단 인정하더라도 다른 사유 때문에 충분히 방어할 수 있을 것으로 판단한 경우이다.

지는 경우가 있다. 〈사례 3〉에서 甲과 乙의 계약내용이 같은 가치를 가진 다른 물건을 교환하는 것이라면 그 계약의 무효확인을 구하는 것이 의미가 있을 것이다. 그러나 단순히 똑같은 지분만을 교환하는 것이라면 그 계약의 이행도 무의미한 것이지만 그 계약의 무효확인을 구하는 것도 아무런 이익이 없는 것이다.8) 그런데 이 사례에서는 이 점에 관한 심리가 끝나기도 전에 계약 자체가 완전히 유효라는 것이 밝혀졌다. 소송요건이란 본안재판요건이므로 소송요건이 구비되어 있다는 것이 확인되어야 비로소 법원은 본안재판을 할 수 있고, 소송요건 구비 여부가 불분명할 때는 본안재판을 해서는 안 된다. 그러므로 이 사례에서 법원은 甲의 청구에 대하여 기각판결을 해서는 안 되고 확인의 이익을 더 심리해야 할 것이다.9)

이러한 결론은 논리적으로는 별다른 흠이 없으나 타당성에 의문이 없을 수 없다. 본래 권리보호이익을 소송요건으로 삼는 것은 쓸모 없는 사건에 대하여 본안심리 및 재판을 하는 것을 방지하기 위한 취지에서 비롯된 것이므로, 이미 본안에 관하여 청구기각의 결론이 난 상태에서 새삼스럽게 권리보호이익에 관하여 심리, 판단하는 것이 의미가 있는가 하는 의문이 들기 때문이다. 그리하여 특히 독일을 중심으로 논란이 벌어지고 있다.

1. 독일의 학설과 판례

독일에서는 일찍이 제국법원(Reichsgericht)이 확인의 이익은 일반적인 소송요건과는 달리 원고에게 승소판결을 할 요건이라고 판시하였다.10) 뒤에 연방대법원(BGH)이 이를 전제로 하여 확인의 이익이 존재하는지가 판단되기 전에 원고의 청구가 이유 없음이 밝혀진 사건에 관하여 "확인의 이익은 법원이 본안판결을 하기 이전에 반드시 그 구비되었음을 확정하여야 하는 의미의 소송요건은 아니다"라고 하면서 청구기각판결을 할 수 있다고 판시하여11) 논란이 일기 시작했다. 다수설은 일반적인 소송요건과 확인의 이익을 구별하여, 소송요건의 경우에는 그 구비여부가 밝혀지지 않으면 설사 청구기각을 할 상황이 되어도 반드시 소송요건 심리를 끝내야 한다는 점과, 본안에 관한 판단이 서기 전에 확인의 이익이 부정되면 소각하판

---

8) 大判 1965. 3. 23, 64다1957.

9) 이러한 문제는 이행의 소에도 생길 수 있다. 예를 들면, 장래 이행의 소에서 미리 청구할 필요가 있는지 여부가 확정되지 않았는데 원고의 청구 자체가 이유 없음이 들어날 경우이다.

10) RGZ 158, 145(152) 등.

11) BGHZ 12, 308; BGH NJW 1958, 384 등.

결을 해야 한다는 점은 당연하다고 여긴다. 그러나 확인의 이익이 있는지 여부가 판단되지 않은 상태에서 먼저 청구가 이유 없다고 판단되는 경우에 관하여는 판례와 같이 청구기각판결을 할 수 있다고 본다. 그리하여 확인의 이익을 비롯한 권리보호이익을 **부진정소송요건**이라고 한다.[12]

2. 우리나라의 학설, 판례

우리나라에서는 독일에서의 부진정소송요건설이 소개된[13] 뒤에 소송요건을 무익한 소송의 방지 내지 피고의 이익보호를 위한 것과 공익확보를 위한 것으로 나누어 전자의 구비 여부가 확정되기 전이라면 청구기각판결이 가능하다는 견해가 나왔다.[14] 판례는 의심 없이 확인의 이익을 비롯한 권리보호이익을 소송요건으로 취급하여 확인의 이익이 없으면 각하판결을 하여야 한다고 판시하고,[15] 나아가 하급심에서 본안판결을 한 사건에 관하여도 대법원에서 스스로 확인의 이익이 없다고 판단하여 각하판결을 한 사례도 있다.[16] 다만 전소송에서 패소한 당사자가 기판력에 저촉되게 다시 소를 제기할 경우에 청구기각판결을 함으로써 과거 독일에서 권리보호요건을 본안요건으로 보던 흔적이 남아 있을 뿐이다.

다만 이미 제1심부터 상고심에 이르기까지 현재 감사의 지위 확인을 구하였고 그에 대하여 본안에 관한 심리와 판단이 이루어진 경우에 환송 후 항소심에서 감사의 임기가 만료된 경우에 새삼스럽게 과거 법률관계라고 하여 확인의 이익 유무를 심리하여 각하판결을 하는 것은 무익한 소송제도의 이용을 통제하고 법원의 본안판결에 따른 부담을 절감하는 효과가 거의 없고, 오히려 해당 소송물에 관한 법원의 종국적인 판단이 무엇인지 불분명한 상태로 소송절차가 종결된다는 문제가 있다고 지적한 최근의 판례도 있다.[17]

---

12) Wieser, Das Rechtsschutzinteresse des Klägers im Zivilprozeß, 1971, S. 209; Lüke[11] § 11 Rn. 8; Pohle, Zur Lehre vom Rechtsschutzbedürfnis, FS Lent, 1957, S. 233 f.; Jauernig, Warum keine Verbindung von Prozeß- und Sachabweisung?, JZ 1955, 236; Stein-Jonas/Schumann[20] vor § 253, Rn. 130.

13) 鄭東潤, 357.

14) 金·姜, 300.

15) 大判 1991. 12. 10, 91다14420; 大判 1995. 4. 11, 94다53419.

16) 大判 1995. 5. 26, 94다59257; 大判 1995. 12. 8, 95다27233.

17) 大判 2020. 8. 20, 2018다249148.

3. 검   토

권리보호이익을 구비할 것을 요구하는 근본 취지는 앞에서 보았듯이 무익한 소송을 방지하려는 데에 있다. 여기서 무익한 소송을 방지한다고 함은 굳이 할 필요가 없는 소송을 사전에 걸러내는 것, 즉 소송경제를 말하는 것이다. 그런데 이미 청구가 이유 없다는 법원의 판단이 섰음에도 불구하고 더 나아가 권리보호이익을 심리해야 한다면 이는 오히려 소송을 지연시키고 소송경제에 반한다. 이러한 경우에는 굳이 **확인의 이익을 따질 실익**이 없다. 그러므로 일단 독일의 다수설과 같이 권리보호이익을 부진정소송요건으로 보되, 권리보호이익과 청구의 이유가 모두 없다는 것이 동시에 밝혀지는 경우에도 청구기각판결을 허용하는 것이 타당하다고 생각한다. 권리보호이익이 없더라도 당사자들 사이의 권리, 법률관계가 부존재한다고 확인판결을 해 주는 것이 해로울 것이 없고 오히려 분쟁을 종국적으로 해결한다는 이점이 있기 때문이다.

제 5 편

訴訟主體의 役割과 節次의 進行

제1장 總 說

소송심리에서 법원과 당사자는 각기 일정한 일을 분담하게 된다. 그런데 구체적인 절차에서 이들 사이의 역할 분담은 각 시대의 사조와, 각 절차의 종류에 따라 입법자의 결단에 의하여 달라질 수가 있다.[1] 민사소송법에도 가장 철저히 자유주의, 개인주의에 입각한 1806년의 프랑스 민사소송법이 있는가 하면 전체주의에 터잡은 가장 철저한 직권주의에 입각한 구동독이나 북한의 민사소송법이 있고 그 중간 형태로 사회적 요소를 많이 가미한 오스트리아 민사소송법도 있다. 독일 민사소송법은 제정 당시에는 철저한 자유주의, 개인주의에 입각하였으나 점차 직권주의적, 사회적 요소를 가미하여 오늘날은 절충형태를 취하고 있다.

이 문제는 소송제도의 골격을 좌우하고 실체사법상의 대원칙인 사적자치와 관련되는 중요하고 기본적인 문제이다. 민사소송에서는 **절차의 진행과 재판은 법원**이 담당하고, **소송물의 특정과 소송자료의 제출은 당사자들**이 담당하도록 하고 있다. 그러나 이러한 분담이 서로 영향을 미칠 수 없는 절대적인 것은 아니다. 법원의 절차진행에 당사자가 이의를 할 수 있는 반면 그에 협력하여야 하고, 당사자의 소송자료 제출에 관하여 법원은 석명을 하여 이를 보충할 수 있다. 그로써 공정, 신속하고 경제적인 소송절차가 이루어질 것을 기대하는 것이다.[2]

민사소송의 제1심의 진행을 도표로 그리면 다음과 같다. 다만 여기서 소송계속 발생 이후에 언제나 생길 수 있는 소취하와 소각하 판결은 포함하지 않았다.

---

[1] 예를 들면 1877년의 독일 민사소송법은 소송서류의 송달과 변론기일의 결정까지 당사자가 하도록 하는 등 소송절차의 진행이 당사자에게 맡겨져 있었다. 그러나 그로 인한 소송지연이 매우 심하였기 때문에 1898년의 대폭적인 개정으로 이 사항들을 법원의 직권으로 돌렸다.

[2] 宋·朴, 292.

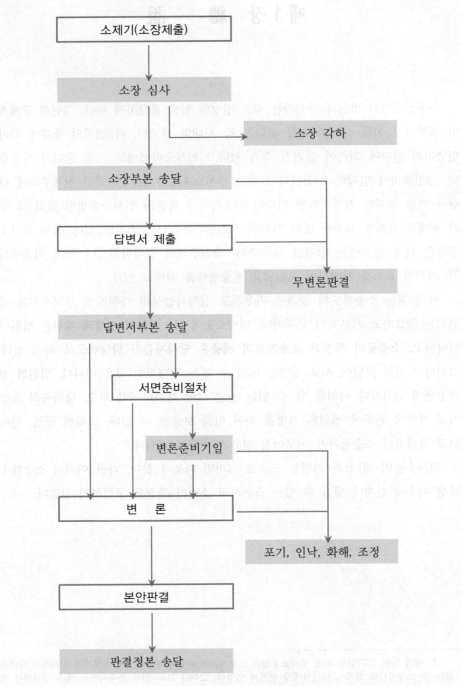

[민사소송 제1심 흐름도]

제 2 장 法院의 訴訟進行

제 1 절 訴訟指揮權

Ⅰ. 의   의

본래 소송의 진행은 두 가지 측면에서 이루어진다. 하나가 기술적 내지 형식적 측면이고 다른 하나가 내용적 측면이다. 전자는 변론준비기일과 변론기일의 지정, 증거조사 기일의 실시 등 **소송절차가 외면적으로 진행**되는 것을 말하고, 후자는 당사자들의 공격과 방어 및 입증 등으로 **심리가 내용적으로 성숙**해 가는 것을 말한다. 소송법은 이들 중 후자는 기본적으로 당사자들의 손에 맡기고 전자를 법원의 권한에 맡기고 있다. 그러나 법원은 심리가 내용적으로 충실하게 이루어지도록 하기 위하여 당사자들의 소송활동에 개입할 권한을 갖는 경우도 있다. 법원에 주어진 이러한 권한을 법원의 소송지휘권이라고 한다.

Ⅱ. 내   용

소송지휘는 형식적인 절차의 형성에 관한 것과 심리의 내용에 관한 것이 있다.
절차의 형성에 관한 것으로는, 기일의 지정과 변경(제165조, 제258조 2항), 기일의 통지(제167조, 제258조 2항), 송달(제167조, 제174조 이하), 기간의 신축(제172조), 변론의 제한·분리·병합·재개(제141조, 제142조), 이송(제34조 이하), 소장·상소장의 보정명령(제254조, 제399조, 제402조), 불비된 소송요건의 보정명령,[1] 변론준비절차의 실시(제279조 이하), 준비서면의 제출명령, 관계인의 발언의 명령, 허용 또는 금지 등 변론의 지휘(제135조, 제144조), 실기한 공격·방어방법의 각하(제149조), 대질신문 등 증거조사의 지휘(제329조 이하)나 증거신청의 각하, 화해의 권고(제145조), 소

---

1) 소장과 상소장의 각하와 소나 상소의 각하를 소송지휘에 포함시키는 견해가 있으나(Rosenberg-Schwab/Gottwald[18] § 78 Rn. 11; 이시윤, 378; 전원열, 292), 이는 종국적 재판으로 소송지휘와는 관계가 없다.

송절차의 중지(제246조), 중단된 절차의 속행(제244조), 변론의 종결 등이 있다.

심리의 내용에 관한 것으로는, 충실한 심리와 공정한 재판을 위하여 행하는 석명이 있다. 여기에는 주장과 사실자료에 관한 질문 및 지적, 입증의 촉구, 당사자가 간과한 법적 관점에 관한 지적(제136조), 석명준비명령(제137조), 석명처분(제140조) 등이 있다. 이 부분은 다른 곳에서 설명한다.

Ⅲ. 주　체

소송지휘권은 법원이 가지는 경우가 있고 재판장이 가지는 경우가 있다. 소장·상소장의 보정명령(제254조, 제399조, 제402조), 변론의 지휘(제135조), 석명권의 행사(제136조), 석명준비명령(제137조), 수명법관의 지정과 수탁판사에의 촉탁(제139조), 증거조사의 지휘(제329조 이하) 등에 관하여는 **재판장**이 권한을 가진다. 그리고 당사자 본인의 출석을 명하거나 소지문서의 제출을 명하는 등의 석명처분(제140조), 변론의 제한, 분리 또는 병합(제141조), 변론의 재개(제142조),[2] 변론무능력자에 대한 조치(제144조), 화해의 권고(제145조) 등은 **법원**이 행한다. 수명법관이나 수탁판사도 수권된 사항(제165조 1항 단서, 제313조, 제332조 등)을 처리할 때에는 소송지휘권을 가진다.

Ⅳ. 행　사

소송지휘권의 행사는 변론에서 발언 지시 등 사실행위로 행하기도 하고, 재판의 형식으로 하기도 한다. 재판의 형식으로 할 때에는 법원이 주체이면 결정으로 하고, 재판장 기타 법관의 지위에서 할 때에는 명령으로 한다. 이러한 결정과 명령은 언제나 취소할 수 있다(제222조). 판결과 달리 형식적 확정력이 없기 때문이다.

법원의 소송지휘권은 법에서 당사자의 신청권을 인정한 경우가 아니면 법원이나 재판장의 **직권사항**이다. 이러한 경우에는 당사자가 신청을 해도 법원이나 재판장의 직권발동을 촉구하는 의미밖에 없으므로 그 당부에 관하여 법원이나 재판장이 판단할 필요는 없다.[3]

---

2) 大判 2008. 4. 10, 2006후572: 당사자의 변론재개신청을 받아들이느냐의 여부는 법원의 재량에 속한 사항이므로 변론종결 후에 한 변론재개신청을 법원이 받아들이지 아니하였다 하여 이를 심리미진의 위법사유에 해당한다고 할 수 없다. 大判 1987. 12. 8, 86다카1230; 大判 2007. 4. 26, 2005다53866; 大判 2009. 5. 14, 2009다6998도 같은 취지이다.

3) 예컨대 변론재개신청에 관하여는 大判 1994. 10. 28, 94다39253; 大判 1998. 9. 18, 97다52141;

법원의 소송지휘권은 권한일 뿐만 아니라 **의무**이기도 하다. 이 권한은 민사소송이 공정, 신속하고 경제적으로 진행되도록 **신의에 좇아 성실하게** 행사하여야 한다(제1조).4) 그러므로 사안의 내용상 화해가 타당하다고 생각하여 화해를 권고하는 것이 아니라, 심리가 어렵다고 하여 화해를 강권한다든가, 소장을 심사하지도 않고 송달한다든가, 소송기록을 검토도 않고 변론에 들어가는 일, 주관적 감정으로 일방 당사자에게 유리하게 석명권을 행사하는 일 등은 삼가야 할 것이다.

제 2 절 訴訟書類의 送達

Ⅰ. 송달의 의의

송달은 당사자나 기타 소송관계인(참가인, 대리인 등)에게 사법기관이 일정한 방식에 따라 소송상의 서류를 교부하거나 그 내용을 알 수 있는 기회를 제공하고 이를 공증하는 행위를 말한다. 송달은 **재판권의 작용**에 속하고 당사자나 기타 소송관계인에게는 **재판청구권을 보장**해 주는 중요한 방법이 된다.

송달은 통지를 목적으로 하는 경우도 있지만, 소송행위의 효력을 좌우하기도 하고, 기간 진행의 요건이나, 강제집행의 요건이 되는 수도 있다. 그러므로 송달이 제대로 이루어졌는지에 관하여 **확실성과 안정성**이 요구된다. 따라서 송달은 특정인에게 법이 정한 방식에 따라서 해야 하고, 이 점에서 형식 없이 하는 단순한 통지나 불특정 다수인에게 하는 공고와 다르다.

송달은 **직권**으로 하는 것이 원칙이고(제174조), 당사자의 신청이 필요 없다. 다만 공시송달의 경우에는 당사자에게 신청권을 인정한다(제194조 1항).

송달은 소송서류의 원본이 아닌 **등본**으로 한다. 다만 판결은 **정본**으로(제210조 2항), 기일통지서나 출석요구서는 **원본**으로(제167조) 송달한다. 송달할 서류가 전자문서인 경우에는 전자적 방법으로 송달하나, 전자적 방법으로 송달할 수 없을 때에는 출력한 서면을 송달한다(전문 제5조, 제12조).

大判 2004. 7. 9, 2004다13083; 大判 2005. 3. 11, 2004다26997.
　4) 제1조에서는 신의칙이 당사자와 소송관계인에게만 적용되는 것으로 하고 있으나, 법원도 그 적용 대상이 된다고 새겨야 할 것이다.

Ⅱ. 송달기관

송달사무를 담당하여 처리하는 것은 법원사무관등이다(제175조 1항). 송달사무라함은 송달서류의 수령이나 작성, 송달장소나 방법의 결정, 송달실시기관으로의 송달서류 교부, 송달보고서의 수령 및 편철 등을 말한다.

송달실시기관은 집행관과 **우편집배원**이다(제176조). 그중 우편집배원에 의한 송달이 원칙적인 방법이고, 집행관에 의한 송달은 그 소속 지방법원의 관할구역 내에서만 이루어진다. 예외적으로 법원사무관등이나 법정경위가 송달하는 수도 있다. 송달의 촉탁(제190조, 제191조)은 수소법원의 재판장이 한다.

송달실시기관은 대법원규칙이 정하는 방법에 따라 송달하였음을 법원에 알려야한다(제193조). 이로써 송달이 적법하게 이루어졌다는 사실이 증명된다.

Ⅲ. 송달수령인과 송달장소

송달을 받을 이는 자기 이름으로 소송에 관여하는 당사자나 참가인이다. 그 밖에도 법정대리인, 소송대리인, 특수한 상황에서의 법규상 송달영수권이 있는 자(군사용의 청사의 장, 선장, 교도소장, 구치소장, 경찰서장 등1))(제181조, 제182조), 임의대리인의 일종인 신고된 송달영수인(제184조) 등이 있다.

송달장소는 송달을 받을 이의 **주소, 거소, 영업소** 또는 **사무소**가 된다(제183조 1항).2) 법인에 대한 송달은 법정대리인에 준하는 그 대표자에게 하여야 하므로, 그 대표자의 주소, 거소, 영업소 또는 사무소에서 하여야 하고, 별도의 비법인사단이된 법인의 하부기관은 여기서 말하는 영업소나 사무소가 아니므로 송달장소가 될

---

1) 大判(全) 1982. 12. 28, 82다카349: 재감자에 대한 송달을 교도소 등의 소장에게 하지 않고 수감되기 전의 주소나 거소에다 하는 것은 무효이다. 이는 수소법원이 당사자나 소송관계인의 수감사실을 몰랐더라도 마찬가지이다; 大決 2009. 10. 8, 2009마529: 재감자에 대한 송달을 교도소 등의 소장에게 하지 않고 수감되기 전의 주소나 거소에다 하는 것은 무효이다. 이는 수소법원이 당사자나 소송관계인의 수감사실을 몰랐더라도 마찬가지이다. 大決 2017. 9. 22, 2017모1680: 구치소에 재감 중인 당사자가 제1심 판결에 대하여 항소하였는데, 항소심법원이 구치소로 소송기록접수통지서를 송달하면서 송달받을 사람을 구치소의 장이 아닌 항소인으로 하였고, 구치소 서무계장이 이를 수령한 경우에 그 송달은 효력이 없다.

2) 大判 2014. 10. 30, 2014다43076: 여기서 영업소나 사무소는 송달받을 사람의 영업이나 사무가 일정 기간 지속하여 행하여지는 중심적 장소로서, 한시적 기간에만 설치되거나 운영되는 곳이라고 하더라도 어느 정도 반복해서 송달이 이루어질 것이라고 객관적으로 기대할 수 있는 곳이면 여기에 해당한다(도의원 후보자의 선거사무소를 여기에 포함시킨 사안).

수 없다.3) 법정대리인에 대한 송달은 무능력자 본인의 영업소나 사무소에서도 할 수 있다(제183조 1항 단서).

위에서 말한 송달장소를 알지 못하거나 그 장소에서 송달할 수 없는 때에는 송달 받을 사람이 취업하고 있는 다른 사람의 주소등(근무장소)도 송달장소로 인정한다(제183조 2항).4)

Ⅳ. 송달의 방법

송달의 방법으로는 교부송달, 보충송달, 유치송달, 우편송달, 공시송달 등이 있다. 다만 외국에서 할 송달은 그 나라에 주재하는 우리나라의 대사 등 외교관이나 그 나라의 관할 공무소에 촉탁하여서 한다(제191조). 앞으로는 전자적 송달도 가능하다.

1. 교부송달

송달을 받을 이에게 **직접** 서류의 등본이나 부본을 **교부**하는 방법이다. 송달은 원칙적으로 교부송달에 의한다(제178조). 교부송달은 꼭 법이 정한 송달장소가 아니라도 송달받을 이가 거부하지 않으면 그를 만나는 장소에서 교부하여도 된다(제183조 4항). 앞에서도 언급한 바와 같이 대부분의 경우에 우편집배원이 송달받을 이에게 교부한다.

2. 보충송달

송달받을 이를 **만나지 못한 때**에 그의 사무원, 피용자 또는 동거인으로서 사리를 변식할 지능 있는 이에게 서류를 교부하는 것을 말한다. 특히 근무장소에서 송달할 사람을 만나지 못한 때에는 그 근무장소에 주소를 둔 사람이나 그 법정대리인, 피용자 또는 종업원이 수령을 거부하지 않으면 그에게 교부할 수도 있다(제186조 1항, 2항). 송달장소 아닌 곳에서 하는 보충송달은 부적법하다.5)

---

3) 大判 2003. 4. 11, 2002다59337(대한약사회의 하부기관으로 별도의 비법인사단으로서의 실체를 갖춘 대한약사회도봉분회에 판결정본을 송달한 사안).

4) 大判 2015. 12. 10, 2012다16063: 여기서 말하는 근무장소는 현실의 근무장소로서 고용계약 등 법률상 행위로 취업하고 있는 지속적 근무장소를 말하며, 비상근이사나 사외이사 등으로 근무하는 회사는 여기에 해당하지 않는다.

5) 大決 2001. 8. 31, 2001마3790; 大決 2018. 5. 4, 2018무513.

여기서 **사무원**은 반드시 송달받을 사람과 고용관계가 있어야 하는 것은 아니고 평소 본인을 위하여 사무 등을 보조하는 자이면 된다.6) **동거인**이란 송달을 받을 이와 동일 세대에 속하여 생계를 같이 하는 이를 말한다고 보는 것이 판례이나,7) 같은 가옥에 거주하는 이상 평소에 등기우편물을 수령하는 관계에 있으면 반드시 동일 세대에 속할 것을 요구할 필요는 없고 임대인, 임차인도 여기에 포함시키자는 견해도 있다.8) 그러나 일반 등기우편물과 달리 소송서류의 송달은 매우 민감한 문제이므로 송달의 편의만을 생각하여 그 범위를 넓히는 것은 사실상 타인 사이의 분쟁에 휘말리는 사람의 범위를 넓힌다는 의미가 있고, 자칫 사정을 모르는 우편집배원이 소송 상대방에게 송달할 위험이 있으므로 신중하게 생각할 필요가 있다. 피용자에는 건물 경비원이나 수위도 포함시키는 것이 일반적이다.

사물을 변식할 지력이 있는 자에는 성년자만이 아니라 미성년자라도 사리를 분별할 수 있는 능력만 있으면 포함된다. 이 능력의 구체적 기준은 사법제도 일반이나 소송행위의 효력까지 이해할 수 있어야 하는 것은 아니지만, 적어도 송달의 취지를 이해하고 그가 영수한 서류를 송달받을 사람에게 교부하는 것을 기대할 수 있는 정도의 능력은 있어야 한다.9)

보충송달 제도는 위에서 열거한 수령대행인이 서류를 수령하여도 그의 지능과 지위, 본인과의 관계 등에 비추어 사회통념상 본인에게 송달서류를 전달할 것이라는 합리적인 기대를 전제로 한다. 그러므로 위 요건에 해당하는 사람이라도 그 수령대행인이 송달 받을 본인과 그 소송에 관하여 이해가 대립하거나 상반된 이해관계가 있는 때에는 그러한 합리적인 기대를 할 수 없으므로 그에 대하여는 보충송달을 할 수 없다고 새겨야 한다.10) 그리고 동일한 수령대행인이 당사자 쌍방을 대신하여 소송서류를 수령한 송달도 소송당사자 쌍방의 허락이 있다는 등의 특별한

---

6) 大判 2007. 12. 13, 2007다53822: 송달받을 변호사와 같은 사무실을 나누어 사용하는 다른 변호사의 사무원에게 한 송달이 보충송달로서 적법하다. 大決 2009. 1. 30, 2008마1540: 비록 송달 받을 사람과 고용관계에 있지는 않다 하더라도 평소 송달 받을 사람에게 발송된 우편물 수령사무 등을 보조하여 온 사람이면 사무원에 해당한다.

7) 大決 1983. 12. 30, 83므53. 大決 2000. 10. 28, 2000마5732는 이혼한 처라도 사실상 동일세대에 속하면 동거인에 해당한다고 보았다.

8) 이시윤, 456.

9) 大決 2005. 12. 5, 2005마1039. 전에는 9년 7개월 된 초등학교 3학년 학생에게 한 보충송달도 효력이 있다고 하였으나(大判 1990. 3. 27, 89누6013), 이 판결은 8년 3개월인 초등학교 2학년 학생에게 그러한 능력이 있다고 보기 어렵다고 하였다. 8세 1개월 정도된 딸에게 교부한 것은 부적법하다고 한 판결은 大判 2011. 11. 10, 2011재두148.

10) 大判 2016. 11. 10, 2014다54366.

사정이 없는 한 무효라고 보아야 한다.11)

3. 유치송달

송달장소에 송달할 **서류를 놓아 두는** 방법의 송달을 말한다. 이는 송달받을 이나 사무원, 피용자, 동거인이 정당한 사유 없이 **송달받기를 거부**할 때에 할 수 있다(제186조 3항). 근무장소에서의 유치송달은 송달받을 사람이 받기를 거부하는 때에만 허용된다(제186조 3항 참조).12)

4. 우편송달

법원사무관등이 소송서류를 등기우편 등 대법원규칙으로 정한 방법으로 종전에 송달받던 장소로13) 발송하는 송달을 말하는데(이를 발송송달이라고도 한다), 이 방법은 송달장소의 변경을 신고하지 않아서 **달리 송달할 장소를 알 수 없는 경우**나 (제185조 2항), 보충송달이나 유치송달도 할 수 없는 경우에 이용할 수 있다(제187조).14) 여기서 송달할 장소를 알 수 없는 경우란 상대방에게 주소보정을 명하거나 직권으로 주민등록표 등을 조사할 필요까지는 없지만, 적어도 기록에 현출되어 있는 자료로 송달할 장소를 알 수 없는 경우를 말한다. 그러므로 소송기록에 나타나는 몇 개의 주소에 모두 송달해보지 않고 송달장소를 알 수 없다고 하여 한 발송송달은 요건 불비의 송달이다.15)

이처럼 우편송달을 하면 소송서류를 발송한 때에 송달된 것으로 본다(**발신주의**)(제189조). 우편송달의 경우 결국 등기우편으로(규 제51조) 우편집배원이 배달을 할 것이지만, 이는 법원사무관등이 발송하기만 하면 송달의 효과가 생기는 것으로, 통상 우편집배원이 하는 교부송달 등과는 전혀 다른 것임을 주의할 필요가 있다.

---

11) 大判 2021. 3. 11, 2020므11658. 소송서류가 당사자 쌍방 모두에게 제대로 전달될 것이라고 합리적으로 기대할 수 없다는 점과 민법상 쌍방대리 금지의 원칙에 반한다는 점을 들었다.

12) 종전에는 근무장소를 송달장소로 인정하지 않았기 때문에 유치송달도 불가능했다.

13) 송달받을 장소로 신고한 적이 있는 곳이라도 실제로 그 장소에 송달된 적이 없으면 '종전에 송달받던 장소'에 해당하지 않는다(大決 2005. 8. 2, 2005마201; 大判 2022. 3. 17, 2020다216462).

14) 大判 2021. 8. 19, 2021다53: 수감된 당사자에 대한 송달은 교도소 등의 장에게 하도록 되어 있으므로(제182조) 당사자의 종전 주소나 거소로 한 발송송달은 무효이고, 이는 법원이 송달받을 당사자가 수감된 사실을 몰랐거나 수감된 당사자가 송달의 대상인 서류의 내용을 알았다고 하더라도 마찬가지이다.

15) 大判 2018. 4. 12, 2017다53623; 大判 2022. 3. 17, 2020다216462.

5. 송달함송달

법원 안에 송달할 서류를 넣을 송달함을 설치하여 송달하는 방법을 말한다. 이 송달은 법원사무관등이 하며, 송달받을 사람이 송달함에서 **서류를 수령**하여 감으로써 송달이 이루어진다. 서류를 수령하여 가지 않을 경우는 송달함에 서류를 넣은 지 3일이 지나면 송달된 것으로 본다(제188조). 2002년 개정시에 신설된 방법이다.

6. 전자적 송달

법원의 전산정보처리시스템을 이용한 민사소송의 진행에 동의한 이나 국가나 지방자치단체 등에 대하여는 그 시스템에 의하여 전자적으로 송달할 수 있다. 즉 법원사무관등이 송달할 **전자문서를 전산정보처리시스템에 등재**하고 그 사실을 송달받을 이에게 **통지**하는 방법으로 한다. 이 경우, 송달받을 이가 등재된 전자문서를 확인한 때에 송달된 것으로 보되, 1주 이내에 확인하지 않은 때에는 등재사실을 통지한 날부터 1주가 지난 날에 송달된 것으로 본다(전문 제11조).[16)]

7. 전화 등에 의한 송달

변호사인 소송대리인에 대한 송달은 법원사무관등이 전화나 팩시밀리, 전자우편, 휴대전화 문자 전송을 이용하여 할 수 있다(규 제46조 1항). 법원사무관등은 이러한 송달을 우선적으로 고려하여야 한다(규 제46조 3항). 그러나 집행권원이 될 재판과 같이 반드시 정본을 송달해야 하는 경우에는 이러한 송달은 불가능하다. 그리고 전화에 의한 송달은 송달할 서류가 교부되지 않으므로 기일통지서 등과 같이 내용이 간명한 것에 한정될 것이다.

8. 변호사 사이의 송달

양쪽 당사자가 변호사를 대리인으로 선임한 경우에 변호사 사이에서는 당사자 본인에게 교부할 서류 이외의 소송서류의 부본을 교부하거나 팩시밀리나 전자우편으로 보내고 그 사실을 법원에 증명하는 방법으로 송달할 수 있다(규 제47조 1항). 이러한 방법으로 송달할 소송서류는 당사자가 제출하는 서류 중에서 부본을 송달

---

16) 따라서 판결문을 전자적으로 송달할 경우에 송달된 것으로 보는 날을 초일로 산입해서 상소기간을 정하고 그 날부터 기산하여 2주가 되는 날에 기간이 만료한다(大命 2014. 12. 22, 2014다229016). 이 기준에 의하여 상고기간이 지났다고 하여 상고장 각하 명령을 한 사안이다.

할 것에 한한다. 이 방식으로 상대방 당사자에게 송달하는 것은 효력이 없다. 이는 변호사 사이의 송달을 간이한 방법으로 하여 신속과 효율을 도모하고 법원의 부담도 경감하기 위하여 인정된 것이다.

9. 공시송달

(1) 의 의

공시송달은 법원사무관등이 송달서류를 보관하고 그 사유를 법원게시장에 게시하는 등의 방법으로 공시하고 일정한 기간이 지나면 송달의 효력이 발생한 것으로 보는 방법을 말한다.

(2) 종 류

통상적인 공시송달은 당사자에게 송달이 불가능한 경우에 하는 송달방법이고, 무변론 소각하판결의 공시송달은 청구가 이유 없음이 명백한 소나 항소를 반복적으로 제기하여 소권(항소권) 남용의 경우에 해당하여 법원이 변론 없이 판결로 소를 각하하는 경우에 하는 송달방법이다.

(3) 요 건

(가) 통상적인 공시송달

공시송달을 하려면 ① 당사자의 주소, 거소, 영업소, 사무소, 근무장소 등 **송달장소를 알 수 없는 경우**[17] 또는 ② **외국에서** 그 나라에 주재하는 외교관이나 그 나라의 관할 공무소에 촉탁할 수 없거나 촉탁해도 **송달의 효력이 없을 경우**이어야 한다(제194조 1항).

본래 공시송달이란 실제로 송달되지 않았음에도 불구하고 송달한 것으로 간주하는 것이므로 이 요건은 엄격하게 해석해야 하며, 이를 함부로 인정하는 것은 재판청구권의 침해가 될 수 있다.[18] 그러나 우리 판례는 요건 불비의 공시송달이라도 일단 재판장의 명령으로 공시송달이 이루어졌으면 그 송달은 유효라고 본다.[19]

---

17) 법원이 송달장소를 알고는 있으나 문이 잠기고 아무도 없어서(폐문부재) 송달하지 않은 경우는 여기에 해당하지 않는다(大決 2011. 10. 27, 2011마1154).

18) 大判 2016. 4. 15, 2015다201510: 환경분쟁조정법에 의한 재정의 경우 재정문서의 송달은 당사자의 재판청구권을 보장할 필요 등을 감안하면 공시송달의 방법으로는 할 수 없다고 봄이 타당하다.

19) 大決 1962. 4. 26, 4294민항681; 大決(全) 1984. 3. 15, 84마20; 大判 2022. 1. 13, 2019다220618 등 다수.

(나) 무변론 소각하판결의 공시송달

2023. 4.의 법개정으로 청구가 이유 없음이 명백한 소를 반복적으로 제기하는 경우에 변론 없이 선고한 소각하 판결도 공시송달의 대상이 되도록 하였다(제194조 4항). 이로써 종전에 알지 못하던 새로운 유형의 공시송달이 생겼다. 이 경우는 송달장소를 알 수 없다는 요건을 갖출 필요가 없다.

(4) 절 차

통상적인 공시송달은 법원사무관등이 직권이나 당사자의 신청에 의하여 한다(제194조 1항). 당사자가 공시송달을 신청하려면 공시송달의 요건에 해당하는 사실을 소명하여야 한다(제194조 2항). 소송의 지연을 피하기 위하여 필요한 경우에는 재판장이 공시송달을 명할 수 있다(제194조 3항).

무변론 소각하판결의 경우에는 법원사무관 등이 재판장의 명을 받아 직권으로 공시송달을 한다(제194조 4항).

그리고 재판장은 직권으로나 신청에 따라 법원사무관등의 공시송달 처분을 취소할 수 있다(제194조 5항).

공시송달은 법원사무관등이 송달서류를 보관하고 그 사유를 법원게시장에 게시하거나, 관보나 공보, 신문에 게재하거나, 전자통신매체를 이용하여 공시하는 방법으로 한다(규 제54조 1항).

(5) 효 력

최초의 공시송달은 송달을 실시한 날로부터 **2주일이 경과**하면 효력이 생긴다. 외국에서 할 송달의 경우에는 2월이 지나면 효력이 생긴다. 두 번째 공시송달부터는 실시한 다음 날부터 효력이 생긴다(제196조). 여기서 효력이 생긴다고 함은 법적으로 송달된 것으로 본다는 의미이다. 송달이 유효이므로, 판결이 공시송달 된 경우 당사자가 상소기간 내에 상소를 하지 않으면 판결은 확정되어 기판력이 발생한다.[20]

그러나 당사자가 그 책임 없는 사유로 상소기간 내에 상소를 제기하지 못하였으면 그 사유가 없어진 날부터 2주 이내에(제173조 1항) 상소를 할 수 있다(**추후보완상소**). 여기서 말하는 '책임질 수 없는 사유'에는 소장부본과 판결정본 등이 공시송달의 방법으로 송달되어 피고가 과실 없이 소송서류의 송달을 알지 못한 경우가

---

20) 판례는 비록 공시송달이 허위주소 등 요건 미비라고 하더라도 기판력이 발생한다고 본다(大判 1990. 11. 27, 90다카28559; 大判 2008. 2. 28, 2007다41560).

해당된다.21) 그러나 소송서류가 소송 진행 중에 송달 불능이 되어 공시송달이 된 경우는 여기에 해당되지 않는다.22) 다만, 소송계속 중에 당사자가 수감된 경우에 법원이 교도소장 등에게 송달하지 않고 공시송달의 방법으로 송달하여 공시송달의 요건을 갖추지 못하였더라도 재판장의 명령에 따라 공시송달을 하였으면 송달의 효력은 있되, 수감된 당사자는 송달장소 변경의 신고의무(제185조)를 부담하지 않으므로 그 당사자의 책임질 수 없는 사유로 상소기간을 준수할 수 없는 때에 해당하여 추완상소가 가능하다고 한다.23) 그리고 '사유가 없어진 때'라 함은 공시송달로서 판결정본이 송달된 경우에는 당사자나 소송대리인이 단순히 판결이 선고된 사실을 안 때가 아니고, 나아가 그 판결이 공시송달의 방법으로 송달된 사실을 안 때를 의미한다.24) 보통은 기록을 열람하거나 새로 판결정본을 받음으로써 그 사실을 알게 될 것이다.

(6) 요건불비 공시송달의 효력

앞에서 언급하였듯이, 요건이 불비되었음에도 불구하고 공시송달이 이루어진 경우에는 판례가 유효라고 보고, 이러한 공시송달명령에 대하여 불복도 할 수 없다고 한다.25) 여기서 요건이 불비되었다고 함은 주로 송달장소를 알 수 없는 경우가 아니라 당사자가 상대방의 주소 등 송달장소를 알면서도 이를 허위로 기재하여 송달 불능이 되게 한 경우를 말한다. 결국 판례는 판결편취의 수단으로 이용되는 이러한 공시송달도 유효라고 하여 소송계속 발생과 판결의 확정을 모두 인정하는 셈이다.

이러한 태도는 법원이나 재판장이 한 소송행위는 웬만하면 그 효력을 유지시키려는 국가우위의 사고방식에서 나온 것으로 보인다. 그렇기 때문에 요건 불비의 공시송달도 유효라 하고, 심지어는 소장부터 송달이 되지 않은 상태에서 선고한 법원의 판결도 무효는 아니라고 보는 것이다.

여기서 분명히 해 둘 것은 법원 사무관 등의 송달업무는 그들의 **공법상 의무**인 직무이지 권한이 아니다. 요건 불비의 공시송달은 법원 사무관 등의 직무상 의무를

---

21) 大判 2013. 1. 10, 2010다75044 · 75051.

22) 大判 2006. 3. 10, 2006다3844; 大判 2012. 10. 11, 2012다44730. 처음부터 공시송달이 된 경우와 달리 소송 중에 공시송달이 된 경우에는 당사자가 소송진행 상황을 조사할 의무가 있기 때문이라고 한다. 판례는 의무라고 표현하나 책임이라고 보아야 할 것이다.

23) 大判 2022. 1. 13, 2019다220618.

24) 大判 1994. 12. 13, 94다24299; 大判 2008. 2. 28, 2007다41560; 大判 2013. 1. 10, 2010다75044 · 75051.

25) 大判 1992. 10. 9, 92다12131.

위반한 행위이고 당사자의 **재판청구권을 침해하는 중대한 사유**이므로 요건 불비의 공시송달을 유효라고 보아서는 안 된다. 더구나 공시송달이 이제는 원칙적으로 재판장의 명에 의하여서가 아니라 법원사무관 등이 바로 실시할 수 있도록 하였기 때문에 요건 불비의 공시송달이 유효라고 볼 근거는 더욱 박약해졌다고 할 것이다.

10. 외국에서 하는 송달

외국에서 하는 송달은 재판장이 그 나라에 주재하는 **한국의 대사, 공사** 또는 **그 나라의 관할 공공기관에 촉탁**하여 한다(제191조). 이러한 촉탁 송달은 그 나라와 사법공조협약을 맺었거나 국제관례, 상호보증이 있는 경우에(민사공 제4조) 가능하다.

외국으로 촉탁을 하는 경우에는 수소법원의 재판장이 그 나라의 관할법원이나 공무소에 촉탁한다(민사공 제5조 1항). 송달받을 사람이나 증인이 우리나라 국민으로서 영사관계에관한비엔나협약에 가입한 외국에 거주하는 경우에는 그 외국에 주재하는 우리나라의 대사나 공사, 영사에 대하여 촉탁한다. 다만 그 외국의 법령이나 의사표시에 위배되지 않는 경우에 한한다(민사공 제5조 2항 1호). 어느 경우에나 재판장은 법원행정처장과 외교통상부장관을 경유하여 촉탁을 한다(민사공 제6조). 그리고 이러한 사법공조절차에 관하여 조약이나 그에 준하는 법제법규에 다른 규정이 있는 경우에는 그 규정에 따른다(민사공 제3조).

제 3 절 期日과 期間

기일과 기간은 모두 소송절차를 진행시키는 시간적 요소이다.

Ⅰ. 기   일

기일은 법원, 당사자 기타의 소송관계인이 모여서 소송행위를 하기 위하여 정한 일시를 말한다. 기일에는 그 목적에 따라 변론기일, 변론준비기일, 증거조사기일, 화해기일, 판결선고기일, 감치재판기일, 매각기일, 매각결정기일, 배당기일, 공시최고기일 등이 있다.

1. 기일의 지정

절차의 진행은 법원의 직권사항이므로 기일도 소송지휘권을 가진 재판장이 **직 권으로** 지정하는 것이 원칙이고, 수명법관이나 수탁판사가 심문하는 기일은 그 법 관이나 판사가 정한다(제165조).

당사자가 기일지정**신청을 하는 경우**는 세 가지이다. 첫째가 법원이 사건을 오래 방치한 경우에 기일의 직권 지정을 촉구하는 경우이고, 둘째가 소송종료 뒤에 소송 이 종료하지 않았음을 주장하여 변론을 계속하자고 기일지정신청을 하는 경우이다. 셋째가 당사자 쌍방이 2회 결석한 때에 소취하로 간주되는 것을 막기 위해 1월 내 에 할 수 있는 기일지정신청이다(제268조 2항).

기일은 필요한 경우에만 공휴일로 정할 수 있다(제166조). 다만 소액사건의 경우 에는 직장근로자의 편의를 위하여 근무시간 외나 공휴일에도 기일을 열 수 있다(소 심 제7조의2).

2. 기일의 통지와 실시

재판장은 기일을 지정하고 당사자, 기타 소송관계인에게 통지하여 출석을 명한 다. 기일통지는 기일통지서 또는 출석요구서를 송달하는 방법에 의하나, 그 사건으 로 출석한 이에 대하여는 기일을 고지하면 된다(제167조 1항). 2002년 개정법은 통 지 대상자에게 불이익을 입히지 않을 조건으로 대법원규칙으로 간이한 방법을 정 할 수 있도록 하였다(제167조 2항). 이에 따라 전화나 팩스, 보통우편, 전자우편 기 타 상당한 방법으로 통지할 수 있다(규 제45조 1항). 기일통지 없이 기일을 실시하 면 위법이므로 그 심급에서 다툴 수 있음은 물론이고, 결석으로 처리되어 자백간주 로 패소판결을 받은 경우에는 상소나 재심으로 다툴 수 있다고 보는 것이 일반적 이다. 그러나 이러한 흠은 절차이의권의 포기나 상실로 치유될 수 있다.

기일은 소송지휘권을 행사하는 법관(주로 재판장)이 사건과 당사자를 법정에서 호명하여 개시한다(제169조).

3. 기일의 변경과 연기, 속행

기일의 **변경**은 기일 개시 전에 그 지정을 취소하고 이에 갈음하여 신기일을 정 하는 것을 말하고, 기일의 **연기**는 기일 개시 후에 그 기일에 아무런 소송행위 없이 신기일을 정하는 것을 말한다. 기일의 **속행**은 기일을 개시하여 소송행위를 하였으나 완결되지 않아서 다시 신기일을 정하는 것을 말한다. 기일변경의 경우는 기일이 열리지 않았으므로 변론조서가 작성될 여지가 없으나, 기일의 연기와 속행의 경우에는 조서가 작성된다는 점에서 차이가 있다. 그러나 기일의 연기와 속행이 모두 변경과 큰 차이가 없으므로 같은 법적 규율을 받는다. 그러므로 여기서는 기일변경을 중심으로 설명한다.

(1) 기일변경의 제한

변론절차와 변론준비절차의 첫 기일은 당사자가 합의하면 변경할 수 있지만, **속행기일은 현저한 사유가 있는 경우**에 한하여 변경이 허가된다(제165조 2항). 신속한 소송진행을 위한 제한이다. 여기서 현저한 사유는 넓게 새겨서 불가항력과 같은 부득이한 사유를 포함하여 변론의 준비를 하지 못한 데에 정당한 사유가 있는 경우도 포함한다고 보는 것이 일반적이다.

그러나 다음의 사유들은 현저하다고 인정되지 않을 것이다: ① 최초의 기일통지서가 제때에 송달되었음에도 불구하고 변론을 준비하거나 소송대리인을 선임하려는 것, ② 당사자 1인에게 수인의 소송대리인이 있는 경우에 그중 일부의 대리인에게만 변경의 사유가 생긴 것, ③ 기일의 지정 후에 그 기일과 같은 일시가 다른 소송사건의 기일로 지정된 것.

(2) 기일변경 절차

변경신청을 함에는 그 사유를 명시하고 이를 소명하여야 한다. 변경의 허가 여부의 재판에 대하여는 불복이 허용되지 않는다. 기일의 지정, 변경 및 속행은 재판장의 권한사항이므로 기일변경이나 연기신청을 받아들이지 않고 일방 당사자가 결석한 가운데 증인신문을 실시하여 그 증언을 채용해도 위법이 아니라는 것이 판례이다.[1]

4. 기일의 부준수

기일의 준수를 게을리한 것은 당사자가 변론기일에 불출석하거나 출석했어도 변론을 하지 않은 경우, 또는 발언금지 등의 사유로 불출석한 것과 같은 효과가 생

---

1) 大判 1992. 11. 24, 92누282.

긴 것을 말한다. 당사자가 기일의 준수를 게을리하면 각 경우에 따라 각기 다른 불이익을 입게 된다.

(1) 진술간주

당사자 **일방**이 변론기일에 **불출석**하거나 출석하더라도 본안에 관하여 **변론하지 않으면** 그가 제출한 소장, 답변서, 기타 준비서면에 기재한 사항을 진술한 것으로 보고 출석한 상대방에게 변론을 명할 수 있다(제148조). 이 경우 결석한 당사자는 상대방의 태도에 따라 적절하게 대응할 기회를 잃게 된다. 불출석한 경우에 상대방에게 변론을 명할 것인지 기일을 연기할 것인지는 법원이 재량으로 결정하지만, 상대방에게 변론을 명하려면 반드시 불출석한 당사자가 제출한 소장, 답변서 등의 서면에 기재한 사항을 진술한 것으로 보아야 한다.[2]

(2) 자백간주

당사자 **일방이 불출석**하면 상대방이 주장한 사실을 자백한 것으로 본다(제150조 3항). 다만 공시송달에 의한 기일통지를 받은 경우에는 이러한 불이익을 입히지 않는다.

(3) 소(상소)취하 간주

변론기일에서 **당사자 쌍방**이 2회 불출석하거나 변론하지 않고, 1월 이내에 기일지정신청을 하지 않거나 기일지정신청 후의 기일에 다시 출석 또는 변론을 하지 않으면 제1심에서는 소취하가 있는 것으로 보고, 상소심에서는 상소취하가 있는 것으로 본다(제268조 3항, 4항).[3] 여기서 양쪽 당사자의 불출석은 양쪽 당사자가 적법한 절차에 의한 송달을 받고도 출석하지 않은 것을 말함은 물론이다.

따라서 변론기일의 송달절차가 적법하지 않으면 양쪽 당사자가 출석하지 않았어도 소나 상소의 취하로 보는 효과는 생기지 않는다. 판례도 변론기일 통지서의 공시송달이나 발송송달이 요건불비인 경우에 쌍방불출석의 효과는 발생하지 않는다고 한다.[4]

배당이의의 소의 경우 이의를 한 사람이 첫 변론기일에 출석하지 않으면 소를

---

2) 大判 2008. 5. 8, 2008다2890.
3) 실무에서 이를 쌍불취하라고 하나 적절한 용어는 아니다.
4) 大判 1997. 7. 11, 96므1380(요건불비의 공시송달); 大判 2022. 3. 17, 2020다216462(요건불비의 발송송달).

취하한 것으로 본다(민집 제158조).

(4) 변론준비절차의 경우

진술간주나 자백간주 및 취하간주 규정들은 변론준비절차에도 준용되고(제286조), 당사자가 불출석하면 재판장 등이 변론준비절차를 종결할 수도 있다(제284조). 그렇게 되면 그 당사자는 변론에서 제대로 주장할 수가 없게 된다(제285조 1항). 배당이의의 소의 경우에는 준용규정이 없으므로 첫 변론준비기일에 결석해도 소취하로 간주되지 않는다.[5]

Ⅱ. 기   간

1. 기간의 의의

기간이란 두 시점 사이의 시간의 경과를 말한다. 소송행위에 기간이 정해져 있는 경우가 많다. 그것은 대략 두 가지 관점에서 정해진다. 하나는 당사자들에게 소송행위를 준비하고 숙고하도록 일정한 기간을 허용하는 것이고, 다른 하나는 소송의 지연을 막기 위하여 소송행위를 일정한 시간적 범위 안에서 하도록 정하는 것이다.

2. 기간의 종류

(1) 행위기간과 유예기간

행위기간은 소송지연을 막기 위하여 특정의 소송행위를 그 사이에 하도록 정한 기간을 말한다. 여기에는 다시 고유기간과 직무기간이 있다. **고유기간은 당사자의 행위에 관한 기간**으로, 상소기간(제396조, 제425조, 제444조, 제449조 2항), 재심기간(제456조), 각종 보정기간(제59조, 제254조, 제399조, 제402조, 제473조), 소송행위 보완기간(제173조), 담보제공기간(제120조 1항), 준비서면 제출 또는 증거신청기간(제280조 1항), 이의신청기간(제226조, 제470조), 소제기신청기간(제388조 3항), 제권판결에 대한 불복을 위한 소제기기간(제491조), 서면제출기간(제111조), 권리행사기간(제125조), 소송자료제출기간(제147조), 상고이유서 제출기간(제427조) 등이 있다. 이 기간을 어기고 도과하면 **실권의 불이익**을 받게 된다. **직무기간은 법원의 행위에 관한 기간으**

---

5) 大判 2006. 11. 10, 2005다41856은 변론준비기일과 변론기일은 성격이 다르므로 민사집행법 제158조의 변론기일에 변론준비기일이 포함되지 않는다고 명언하였다.

로, 판결선고기간(제199조, 제207조), 판결송달기간(제210조 1항), 소송기록 송부기간 (제400조, 제438조), 상고기각판결기간(상특 제5조 3항) 등이 있다. 이 기간을 어기고 도과해도 법원의 행위의 효력에는 영향이 없으므로 이 규정들은 **훈시규정**이라고 새긴다.

유예기간(중간기간)은 당사자나 소송관계인이 준비를 하거나 숙고를 할 말미를 주는 것으로 **당사자 등의 이익을 보호**하기 위한 기간이다. 여기에 해당하는 것으로 공시송달의 효력발생기간(제196조), 압류일과 매각일 사이의 기간(민집 제202조) 등이 있다. 제척·기피원인의 소명기간(제44조 2항)이 여기에 해당한다는 견해도 있으나,[6] 소명자료를 '3일 내에' 내라고 한 것으로 보아 오히려 행위기간의 성격을 가진 것으로 보인다.

(2) 법정기간과 재정기간

법정기간은 법률에 의하여 정해진 기간을 말한다. 법정기간에는 불변기간과 통상기간이 있다. 불변기간은 법률이 불변기간이라고 규정한 것을 말하고, 그 밖의 기간이 통상기간이다. **불변기간**에는 상소기간(제396조, 제444조, 제449조), 재심기간(제456조 2항), 소제기신청기간(제388조 4항), 제권판결에 대한 소제기기간(제491조), 화해권고결정과 지급명령 및 조정에 갈음한 결정에 대한 이의신청기간(제226조, 제470조, 민조 제34조 5항), 행정소송의 제소기간(행소 제20조 3항), 중재판정취소의 소의 제기기간(중 제36조 3항) 등이 여기에 해당한다. 불변기간은 재판기관이 부가기간은 정할 수 있지만 그 기간 자체를 신축할 수가 없으며(제172조), 당사자가 책임질 수 없는 사유로 지키지 못한 경우에는 보완이 가능하다(제173조). 그에 반하여 **통상기간**은 재판기관이 신축할 수 있는데(제172조 1항 본문), 제척·기피원인 소명기간(제44조 2항), 쌍방 2회 불출석의 경우에 하는 기일지정신청기간(제268조 2항), 상고이유서 제출기간(제427조) 등이 여기에 해당한다고 새긴다.

재정기간은 재판기관이 각 사안에 따라서 적절히 정한 기간을 말한다. 법규정에 기간을 정하지 않고 법원이나 재판장으로 하여금 기간을 정하도록 한 경우가 여기에 해당한다. 예를 들면, 소송능력 보정기간(제59조), 소장보정기간(제254조), 준비서면 제출 또는 증거신청기간(제280조 2항), 소송자료제출기간(제147조) 등이 재정기간이다.

---

6) 이시윤, 442.

3. 기간의 부준수

기간을 지키지 않았다는 것은 당사자 기타 소송관계인이 행위기간 중에 그 소송행위를 하지 않고 기간을 도과시킨 것을 말한다. 기간을 지키지 않았으면 앞으로는 그 **행위를 할 수 없게 되는 불이익**을 받는다. 특히 불변기간을 지키지 않으면 판결이 확정되거나 소제기가 불가능해지는 결정적인 불이익을 입는다.[7]

그러나 그 기간을 지키지 않은 것이 그 당사자가 책임질 수 없는 사유 때문이면 그에 대한 구제를 위하여 소송행위의 **추후보완**이 가능하도록 하였다(제173조).

(1) 보완사유

소송행위를 보완하려면 ① 당사자가 책임질 수 없는 사유로 ② 불변기간을 지키지 못하였어야 한다. 당사자가 **책임질 수 없는 사유**란 당사자가 그 소송행위를 하기 위하여 일반적으로 하여야 할 주의를 다하였음에도 불구하고 그 기간을 지킬 수 없었다는 사유를 말한다.[8] 주로 천재지변 등의 불가항력에 의한 사유와 법원의 잘못으로 인한 사유 등이[9] 여기에 해당하고, 그 밖에 무권대리인이 멋대로 소송을 수행하여 판결정본을 송달받은 때, 공시송달 사실을 과실 없이 알지 못한 때[10] 등도 귀책사유가 없다고 본다. 소송 진행 중에 송달불능이 되어 공시송달이 된 경우는 여기에 해당하지 않는다. 이러한 경우에 당사자는 소송진행을 조사할 책임이 있기 때문이다.[11] 다만 조정이 불성립되면 별도 절차 없이 소송으로 이행한다는 점을 알지 못하여 조정절차 종료 후에 주소변경을 신고하지 않아서 발송송달이나 공시송달로 처리된 당사자의 경우에는 귀책사유가 없다고 볼 것이다. 그리고 당사자의 순수한 개인적 사정, 예를 들면 여행, 질병 등은 귀책사유에 해당하며, 이사 후 주소이전신고를 하지 않았다든가 소송대리인이 판결을 전달해 주지 않은 경우 등도

---

7) 토요일은 공휴일은 아니지만 기간 만료를 따질 때에는 공휴일과 마찬가지로 취급한다(민 제161조).
8) 大判 2015. 8. 13, 2015다213322; 大判 2016. 1. 28, 2013다51933.
9) 예: 피고가 제1심법원에 제출한 답변서에 변경된 주소를 기재하였음에도 법원이 이를 간과한 채 변론준비기일 통지서 등을 변경 전 주소로 등기우편에 의한 발송송달을 하고 판결정본을 공시송달하여 결과적으로 피고가 항소기간을 10여 일 경과한 후에 비로소 판결정본을 받아 본 경우(大判 2007. 12. 14, 2007다54009); 피고의 주소1로 발송된 이행권고결정등본을 수령한 적이 있었으나 그 이후에는 그 주소로는 주소불명으로 송달되지 않았음에도 불구하고 법원이 기록에 나와있는 주소2로 소송서류를 송달하지 않고 계속 주소1로 송달하고 송달불능이 되자 바로 발송송달을 하여 피고가 변론기일통지서와 판결정본 등을 송달받지 못하여 항소기간을 지키지 못한 경우(大判 2018. 4. 12, 2017다53623).
10) 大判 2006. 2. 24, 2004다8005.
11) 위 大判 2015다213322.

귀책사유가 있는 것으로 본다. 외국인이라는 사정도 책임질 수 없는 사유에 해당하지 않는다.12) 책임질 수 없는 사유에 대한 입증책임은 추후보완을 하려는 당사자가 부담한다.13) 여기서 말하는 당사자에는 본인은 물론이고 그 소송대리인과 대리인의 보조인도 포함된다.14)

보완은 **불변기간을 지키지 못하였을 때**에 한하여 인정된다. 상고이유서와 재항고이유서의 제출기간은 불변기간이 아니지만 그 해태의 효과가 상고기간이나 재항고기간을 지키지 않은 것과 다름이 없다고 하여 이들을 지키지 않았을 경우에도 보완을 인정하자는 견해가 다수설이다.15) 그러나 판례의 주류는 보완을 인정하지 않는다.16)

(2) 보완절차

보완을 위한 별도의 절차가 마련되어 있는 것은 아니고, 당사자나 소송대리인 등 보완할 소송관계인이 **본래의 소송행위**를 하면 된다. 예를 들어 상소보완의 경우에는 상소장을 제출하면 된다. 다만 상소장에 보완사유와 그 장애의 종료시기 등을 함께 기재하면 된다. **보완 기간**은 그 기간을 지키지 못하게 만든 사유가 없어진 뒤 2주일(외국에 있을 경우에는 30일)이다(제173조 1항). 그 기산점인 '사유가 없어진 때'는 공시송달의 경우 당사자나 소송대리인이 단순히 판결이 있었던 사실을 안 때가 아니고 나아가 그 판결이 공시송달의 방법으로 송달된 사실을 안 때를 가리키는 것이다.17) 당사자가 외국에 있는 경우, 소송대리인이 아닌 당사자의 동생이 사건기록을 열람한 시기는 기준이 될 수 없고, 당사자 본인이 재판기록을 송부 받아 소송의 진행과 결과를 안 때가 기준이 된다.18)

법원은 보완사유가 있는지를 조사하는데, 이것도 별도의 절차가 아니라 본래의 소송심리 중에 함께 하면 된다. 조사 결과 보완사유가 있으면 상소이유에 관하여

---

12) 大判 2017. 4. 11, 2016무876.

13) 大決 2000. 10. 28, 2000마5732; 大判 2012. 10. 11, 2012다44730.

14) 大判 2016. 1. 28, 2013다51933(소송대리인의 귀책사유로 당사자가 재심의 소제기 기간을 지킬 수 없게 된 사안).

15) 반대설은 宋·朴, 275.

16) 大判 1960. 7. 20, 4292민상777; 大決 1981. 1. 18, 81사2 등.

17) 大判 1997. 8. 22, 96다30427; 大判 2006. 2. 24, 2004다8005. 그러므로 다른 특별한 사정이 없는 한 통상의 경우에는 당사자나 소송대리인이 그 사건기록의 열람을 하거나 새로이 판결정본을 영수한 때에 비로소 그 판결이 공시송달의 방법으로 송달된 사실을 알게 되었다고 볼 것이라고 하였다.

18) 大判 2000. 9. 5, 2000므87.

심리, 판단하면 되고, 보완사유가 구비되어 있지 않으면 상소각하의 재판을 하면 된다.

제 4 절 辯論節次

Ⅰ. 변론의 의의와 종류

1. 의 의

우리 민사소송법에서 변론은 네 가지 의미로 사용된다.

우선 가장 넓은 의미로는 소송주체가 각종 기일에 하는 일체의 소송행위, 즉 당사자의 소송행위, 법원의 소송지휘, 증거조사, 재판 등을 다 포함하는 의미로 사용된다. 이런 의미의 변론을 규정한 조문은 제141조(변론의 제한 등), 제152조, 제154조, 제158조(변론조서) 등이다.

둘째, 넓은 의미로 당사자의 소송행위와 법원의 소송지휘, 증거조사를 포함하는 것으로 사용된다. 이런 의미로 변론을 규정한 조문은 제142조(변론의 재개), 제207조(변론의 종결), 제159조(변론의 속기, 녹취), 제204조(직접주의) 등이다.

셋째, 좁은 의미로는 당사자의 소송행위와 법원의 증거조사를 포함한다. 제135조(변론의 지휘), 제148조(본안변론) 등에서 이런 의미의 변론을 규정한다.

끝으로, 가장 좁은 의미로는 당사자의 소송행위, 즉 신청, 공격·방어방법의 제출만을 포함한다. 제134조(당사자의 변론), 제219조(무변론 소각하), 제257조(무변론 판결), 제258조(변론의 준비) 등이 이런 의미로 '변론'을 사용한다.

변론은 당사자가 신청을 하고 주장과 입증으로 공격과 방어를 하는 절차로 **민사소송의 핵심단계**라고 할 수 있다. 여기서 이루어지지 않은 소송행위는 재판에서 고려의 대상이 되지 않는다. 그러므로 단순히 준비서면을 제출했다든가 준비절차에서 주장하거나 증거를 제출한 것은 이를 변론기일에 진술하지 않으면 재판에서 고려되지 않는다.

2. 종 류

변론은 구술변론이 원칙이며, 재판을 하기 위하여 반드시 요구되는가 여부에 따라 필수적 변론과 임의적 변론으로 나누어진다.

(1) 필수적 변론

필수적 변론이란 재판을 함에 반드시 변론을 열어야 하는 절차에서의 변론을 말한다. **판결절차**는 필수적 변론에 의한다. 변론 없이 할 수 있는 재판은, 보정이 불가능한 소송요건이나 상소요건의 흠결이 있는 경우의 소각하판결(제219조, 제417조), 피고가 답변서를 제출하지 않거나 항변 없이 청구원인사실을 모두 자백하는 취지의 답변서를 제출한 경우의 무변론판결(제257조), 청구가 이유 없음이 명백함에도 반복적으로 제기한 소를 각하하는 판결(제194조 4항), 상고심판결(제430조), 소송비용의 담보 제공 불이행으로 인한 소각하판결(제124조), 소액사건에서 청구가 이유 없음이 명백한 경우의 기각판결(소심 제9조 1항) 등이다.

여기서의 변론이란 구술변론을 말한다. 서면진술을 변론한 것으로 보는 것은 결석한 당사자가 일정한 서면을 제출한 경우에 인정될 뿐이다(제148조).

(2) 임의적 변론

임의적 변론은 법률이 굳이 변론을 열 것을 요구하지 않는 경우에 법원이 재량으로 열 수 있는 변론을 말한다. 주로 **결정으로 재판할 사항**이 여기에 해당한다(제134조 1항 단서). 이 변론은 반드시 구술로 할 것을 요구하지는 않는다.[19]

II. 변론의 준비

1. 준비의 필요성과 방법

우리 민사소송법은 변론의 집중, 즉 집중심리원칙을 선언하였다(제272조). 심리의 집중은 소송을 효율적으로 진행하고 적정한 재판이 이루어지도록 하기 위하여 필수적이기 때문이다. 그러나 변론을 열기 전에 법원과 당사자들이 준비를 철저히 하지 않으면 변론기일이 여러 차례 공전하게 되어 변론이 부실하여지고, 심리의 집중이 이루어질 수 없다. 이러한 의미에서 변론의 충실한 준비는 **효율적이고 적정한 소송**에 대단히 중요하다.

변론을 준비하는 방법으로는 서면에 의한 준비와 구술에 의한 준비가 있을 수

---

19) 강현중, 402; 金·姜, 399; 宋·朴, 300; 이시윤, 322.

있다. 우리 민사소송법은 서면에 의한 준비로 당사자에 의한 변론의 예고를 뜻하는 준비서면의 교환과, 법원에서 쟁점과 증거를 미리 정리하는 변론준비절차를 인정하고 있다. 구술에 의한 준비를 위하여 변론준비기일이 마련되었다.

2. 준비서면

준비서면은 당사자가 변론에서 진술하고자 하는 사항을 기재하여 **기일 전에 미리 법원에 제출**하는 서면이다. 이로써 법원과 상대방이 미리 사안을 파악하고 준비를 하도록 하기 위하여 인정된 것이다. 합의부 사건의 당사자는 변론을 서면으로 준비하여야 하고, 단독사건의 경우도 상대방이 준비를 하지 아니하면 진술할 수 없는 사항에 대하여는 준비서면을 제출하여야 한다(제272조). 소장도 임의적 기재사항을 적으면 준비서면을 겸한 것이 되며, 피고의 답변서는 소송의 진전 방향을 가늠할 수 있는 자료로서 매우 중요한 의미를 가진다.

과거에는 피고의 답변서 제출은 권장사항이었으나 2002년 개정법으로 피고는 답변서를 반드시 제출해야 하고(제256조), 만일 답변서를 제출하지 않으면 법원이 변론 없이 원고의 청구를 인용하는 판결(무변론판결)을 하게 된다(제257조).

준비서면에 기재할 사항은 제274조에 규정되어 있다. 그중 중요한 것은 자기가 제출할 공격 또는 방어방법과 상대방의 공격 또는 방어방법에 대한 진술이다. 이들이 쟁점과 증거의 정리에 결정적인 기준이 되기 때문이다. 그 구체적인 내용은, 사실주장, 증거신청 및 법률상의 주장, 증거항변 등이 된다. 2002년 개정법은 증거방법을 적을 것을 명시하고 나아가 상대방이 제출한 증거방법에 대한 의견, 즉 서증의 인부 등도 준비서면에 기재하도록 하였다(제274조 2항).

준비서면은 재판장이 제출시기를 정하였으면 그 때까지 제출해야 함은 물론이고 정하지 않았어도 그 기재한 사항에 대하여 상대방이 준비할 기간을 두고 제출하여야 하고, 제출된 준비서면 부본은 법원이 상대방에게 송달하여야 한다(제273조). 과거에는 실제로 변론기일 직전이나 당일에 제출하는 일도 많기 때문에 상대방과 법원이 그에 대한 대비를 하지 못한 상태에서 변론기일이 열리므로 기일이 공전하는 폐단이 생겼다.

준비서면은 **변론의 예고**에 불과한 것으로, 그 자체는 소송자료가 아니다. 따라서 준비서면에 기재하여 제출한 사실도 구술변론에서 진술하지 않으면 주장하지 않은 것으로 된다. 그러나 **준비서면에 기재하지 않은 사실**은 상대방이 결석하였을 때 변론에서 주장할 수가 없다(제276조). 만일 이를 주장할 수 있다면 상대방은 알지도 못하는 사실에 대하여 자백간주의 불이익을 받게 되기 때문이다. 상대방에게 기습적인 공격을 가하는 것을 방지하려는 취지이다. 준비서면을 전혀 제출하지 않은 경우도 마찬가지이다.

2002년 개정법에 의하면 재판장은 당사자의 공격·방어방법의 요지를 파악하기 어렵다고 인정하는 때에는 변론을 종결하기에 앞서 당사자에게 쟁점과 증거의 정리 결과를 요약한 준비서면(요약준비서면)을 제출하도록 할 수 있다(제278조).20)

3. 변론준비절차

(1) 준비절차의 변천

변론준비절차는 몇 번의 변천이 있었다. 2002년 개정 전의 준비절차는 합의사건의 변론준비를 위하여 합의부의 일원인 수명법관이 주도하여 변론에서 진술할 당사자들의 신청, 공격·방어방법, 증거신청 등을 미리 진술하게 하는 절차였다(개정전 제253조). 이 절차는 합의사건에서 반드시 거쳐야 하는 것이 아니었으므로 이 절차를 이용할 것인지는 법원의 재량에 맡겨져 있었다. 실제로 준비절차는 거의 이용되지 않았다. 특히 이 절차를 거치면 실권효 때문에 당사자들의 소송자료를 각하하는 수가 있는데, 이렇게 되면 적정한 재판을 하지 못한다는 부담감이 커서 이를 기피하는 경향이 강했다. 그러다 보니 본안변론이 아무 준비 없이 시작되었고, 기일이 공전하는 현상이 생겼다.

이런 문제점을 해결하기 위하여 2002년 개정법에서는 원칙적으로 모든 사건에서 서면 교환에 의한 변론준비절차를 거치도록 하고 필요한 경우에는 변론준비기일을 열 수 있도록 준비절차를 대폭 강화하였다. 심지어는 준비절차에서 증거조사까지 할 수 있도록 하였다. 지난 수년간 이 제도를 실시한 결과 서면교환에 의한 준비를 선행하도록 하여 시간을 낭비한 측면이 있었고, 당사자들이 재판장이나 수명법관을 첫 대면하는 변론준비기일에서 실질적인 변론이 이루어져서 직접주의와 공개주의에 어긋나고, 변론준비절차와 변론절차가 혼동되고, 준비절차의 비중이 너무 커져서 본 변론기일이 사실상 증인신문기일이 되는 등의 문제가 드러났다.

---

20) 대법원에서 마련한 개정안에서는 요약준비서면은 변론준비절차에서 요구할 수 있도록 대법원규칙으로 정할 생각으로 규정을 두지 않았으나(법원행정처, 民事訴訟法改正案, 28면 참조), 정부안에서 이처럼 추가되었다. 그러나 변론준비절차가 아닌 '변론을 종결'하기까지 공격·방어방법의 요지를 파악하기 어려운 상황이 어떤 상황인지, 이런 상황에서 변론을 종결할 수 있는지가 납득되지 않는다.

이 문제점을 고치기 위하여 2008년 12월에 민사소송법을 다시 개정하여 무변론 판결을 할 경우를 제외하면 원칙적으로 바로 변론기일을 정하도록 하되, 필요한 경우에는 사건을 변론준비절차에 부칠 수 있도록 하였고(제258조), 변론준비절차에서 소송관계를 뚜렷이 하도록 하는 부분을 삭제하였다(제279조 1항).

(2) 변론준비절차의 종류

개정법상으로 변론준비절차는 두 가지 의미로 사용되는 것으로 해석된다. 넓은 의미로는 변론준비기일을 포함하여 변론을 준비하기 위한 절차 전체를 말하고, 좁은 의미로는 변론준비기일을 제외한 서면에 의한 준비절차를 말한다. 변론준비절차의 실시(제279조), 증거조사(제281조), 절차의 종결(제284조), 준용규정(제286조), 절차를 마친 뒤의 변론(제287조) 등이 전자에 해당되는 것으로 해석된다.

(3) 서면에 의한 변론준비절차

(가) 변론준비절차를 여는 경우

소가 제기되어 피고가 답변서의 제출 등 실질적으로 방어의 의사를 표시하면 재판장은 바로 변론기일을 정하여야 하나, 사건이 복잡하여 미리 쟁점과 증거를 정리하는 것이 필요한 경우에는 사건을 변론준비절차에 부친다(제258조 1항). 변론준비절차는 변론기일을 열기 이전에 거치게 되겠지만, 필요에 따라서는 변론 중이라도 반소, 중간확인의 소 등 소송 중의 소가 제기될 경우에는 그 심리를 위하여 변론준비를 할 필요가 있을 것이므로 변론기일을 연 뒤에도 변론준비절차를 열 수가 있도록 하였다(제279조 2항).

(나) 절차의 진행

이 절차의 진행은 **재판장**이 하되, 원활한 진행을 위하여 합의부원이나 다른 판사에게 이 절차를 담당하게 할 수 있다(제280조 2항~4항). 재판장 등은 변론이 효율적이고 집중적으로 진행되도록 당사자의 **주장과 증거를 정리**하여야 한다(제279조 1항).[21] 절차는 기간을 정하여(재정기간) **준비서면, 기타 서류를 제출, 교환**하게 하고 서면으로 **증거를 신청**하게 하는 방법으로 진행된다(제280조 1항).

이 절차에서 법관은 서면으로 석명권을 행사하거나 석명준비명령을 발할 수 있

---

21) 2008. 12.의 개정에서 "소송관계를 뚜렷하게 해야 한다"를 삭제하였다. 이 표현 때문에 준비절차에 지나치게 큰 비중이 가해진다고 보았기 때문이다.

고, 절차를 종결한 뒤에도 재개할 수 있으며, 서면에 의한 화해의 권고, 실기한 공격·방어방법의 각하, 자백간주, 절차이의권의 상실과 포기, 요약준비서면의 제출 등이 가능하다(제286조).

(다) 증거조사

증거조사는 본래 변론기일에 하여야 할 것이지만 2002년 개정법은 그 이전에도 증거조사를 할 수 있도록 규정하였다(제281조 1항, 3항, 제289조 2항). **증거결정**은 변론의 준비를 위하여 필요한 때에 할 수 있고, **증거조사**는 ① 증거조사가 변론이 효율적이고 집중적으로 실시되는 데에 필요한 범위 내에서, ② 증인신문과 당사자신문 이외의 증거방법에 대하여 할 수 있다. 이 경우 법원이 아닌 **재판장, 수명법관 등**이 주체가 되는 것은 직접주의에 대한 예외를 인정하는 것으로, 변론기일에 법원이 하는 것과 같은 효과를 얻기 위하여 재판장 등이 법원의 직무를 행하는 것으로 하였다(제281조 4항). 개별 법관이 증거결정을 하는 것을 인정한 것은 그 결정에 대한 이의에 대하여 합의부가 재판할 것이므로 합의부가 결정을 하는 것과 크게 다르지 않다는 실질적인 고려 때문이다. 증거조사에 예외를 인정한 것은 쟁점 정리에 필요하다는 변론준비의 필요성과, 구술로 하는 증인신문과 당사자신문 이외의 경우에는 직접주의가 큰 의미를 갖지 않는다는 이유 때문이다.[22]

변론기일 전 증거조사는 어디까지나 예외이므로 그 **요건을 엄격히 해석**하여 적용해야 할 것이다. 그러므로 변론준비절차에서의 증거결정과 증거조사는 쟁점 정리에 필요하거나 또는 감정 등과 같이 그 조사에 많은 시일을 요하는 경우에 주로 이용할 것이지,[23] 인증을 제외한 모든 증거조사를 당연히 변론준비절차에서 하는 것으로 생각해서는 안 될 것이다. 2008년 개정법이 준비절차에서 소송관계를 뚜렷하게 하라는 부분을 삭제하고 당사자의 주장과 증거의 정리에서 그치도록 한 것도(제279조 1항) 이러한 취지일 것이다.

(4) 변론준비기일

변론준비절차 중에 주장과 증거를 정리하기 위하여 필요하면 변론준비기일을 열어 당사자들을 출석하게 할 수 있다(제282조 1항). **구술에 의한 기일 방식**의 변론준비절차이다. 사건의 신속한 진행을 위하여 필요한 때에는 재판장은 사건을 변론

---

22) 법원행정처, 民事訴訟法 改正案, 29면 참조.
23) 법원행정처, 民事訴訟法 改正案, 29면도 이를 예정하고 있다.

준비절차에 부침과 동시에 변론준비기일을 정하고 기타 준비를 위한 조치를 취할 수 있다(규 제69조 3항).

이 기일은 재판장 등이 상당하다고 인정하는 때에는 당사자의 신청이나 동의를 받아 비디오 등 중계장치나 인터넷 화상장치를 이용하여 열 수도 있다(제287조의2 1항). 이 경우에 당사자는 준비기일에 출석한 것으로 본다(제287조의2 3항, 제327조의2 2항).

이 기일은 어디까지나 **변론기일에서의 심리를 준비**하는 것에 불과하므로 법적 성격은 변론기일과 전혀 다르다. 따라서 배당이의의 소에서 첫 변론기일에 불출석하면 소를 취하한 것으로 보는 경우(민집 제158조), 그 기일에는 변론준비기일은 포함되지 않는다.24) 설사 원고가 첫 변론준비기일에 출석하였다고 하더라도 첫 변론기일에 출석하지 않았으면 소를 취하한 것으로 간주해야지 출석한 것으로 보아서는 안 된다.25)

이 기일에서도 당사자의 주장과 증거를 정리하는 선에서 그쳐야지 본안심리를 본격적으로 하여 소송관계를 뚜렷이 하는 데까지 나아가서는 안 된다.

(가) 기일에 하는 준비의 내용

이 기일이 열리면 당사자는 기일이 끝날 때까지 변론의 준비에 필요한 주장과 증거를 정리하여 제출하여야 하고(제282조 4항), 재판장 등은 변론의 준비를 위한 모든 처분을 할 수 있다(제282조 5항). 그 구체적인 내용은 재판장 등과 쌍방 당사자, 대리인이 함께 **서면에 의한 변론준비의 결과**와 그간의 증거신청 또는 증거조사 결과를 바탕으로 **변론에서 증거조사에 의하여 증명하게 될 사실**을 당사자 사이에 **최종적으로 확인**하게 함으로써 쟁점을 압축하고 불필요한 증거신청을 철회하며 상대방에 대한 석명을 구하는 한편, 석명에 대한 답변과 증거신청 내용을 중심으로 하여 앞으로의 **변론준비기일 및 변론기일의 진행에 관한 협의**를 하게 된다.26) 이 절차에서 법관은 석명권을 행사하거나 석명준비명령을 발할 수 있고, 절차를 종결한 뒤에도 재개할 수 있으며, 필요한 경우에 통역을 붙인다든가, 변론능력이 없는 이에 대한 진술 금지 및 변호사 선임명령, 화해의 권고, 불출석 당사자에 대한 진술간주, 실기한 공격·방어방법의 각하, 자백간주, 절차이의권의 상실과 포기, 쌍불취하, 요약준비서면의 제출 등이 가능하다(제286조). 그리고 당사자는 재판장 등의

---

24) 大判 2006. 11. 10, 2005다41856.
25) 大判 2007. 10. 25, 2007다34876.
26) 법원행정처, 民事訴訟法 改正案, 11면, 28면 참조.

허가를 얻어 제3자와 함께 출석할 수도 있다(제282조 3항).

(나) 증거조사

이 기일에 증거결정과 증거조사를 할 수 있음은 서면에 의한 변론준비절차와 마찬가지이다. 증인신문과 당사자신문과 같은 **인증에 대한 증거조사는** ① 증인이나 당사자가 정당한 사유로 수소법원에 출석하지 못하는 때, ② 증인이나 당사자가 수소법원에 출석하려면 지나치게 많은 비용 또는 시간을 필요로 하는 때 및 ③ 그 밖의 상당한 이유가 있는 경우로서 당사자가 이의를 제기하지 아니하는 때에만 수명법관이나 수탁판사가 할 수 있다(제281조 3항 단서, 제313조).

(5) 변론준비절차의 종결

(가) 종결사유

변론준비가 마무리되면 변론준비절차를 종결하고 바로 변론기일을 정한다(제258조 2항). 그 밖에도 사건이 변론준비절차에 부쳐진 뒤 6월이 지난 경우, 당사자가 정해진 기간 내에 준비서면 등을 제출하지 아니하거나 증거의 신청을 하지 아니한 경우 및 당사자가 변론준비기일에 출석하지 아니한 때에는 변론준비를 계속할 상당한 이유가 인정되지 않는 한 변론준비절차를 종결하여야 한다(제284조). 그리고 사건이 변론준비절차에 부쳐진 뒤 변론준비기일이 지정됨이 없이 4월이 지난 때에는 재판장 등은 즉시 변론준비기일을 지정하거나 변론준비절차를 끝내야 한다(제282조 2항).

(나) 실권효

변론준비기일을 거친 사건에서는 그 기일에 제출하지 않은 공격·방어방법은 변론준비절차 종결 후에는 **제출하지 못함**이 원칙이다(변론준비기일 종결의 실권효).[27] **예외적**으로 ① 제출하더라도 소송을 현저히 지연시키지 않을 때, ② 중대한 과실 없이 변론준비절차에서 제출하지 못하였다는 것을 소명한 때, ③ 법원의 직권조사 사항인 때, 또는 ④ 소장이나 변론준비절차 전에 제출한 준비서면에 기재한 사항인

---

27) 제285조의 표현상 변론준비기일에 제출하지 않은 소송자료를 제출하지 못하는 것이 변론준비기일 종결 후인지 변론준비절차 종결 후인지가 분명하지 않다. 제1항에서 변론준비기일에 제출하지 않은 소송자료라고 명시하고는, 제1항 2호에서는 변론준비절차라고 표현하고 있기 때문이다. 보통은 변론준비절차 중에 변론준비기일을 열므로 기일이 종결되면 준비절차 전체가 종결될 것이지만, 경우에 따라서는 기일을 종결하고도 변론준비절차를 다시 여는 수도 있을 것이다. 이런 경우에는 이러한 실권효의 시간적 범위가 불분명해진다. 그러나 변론준비절차의 성격상 실권하는 시점이 넓은 의미의 변론준비절차가 종결된 때라고 새기는 것이 타당할 것이다.

때에는 제출하는 것이 허용된다(제285조).

(6) 2002년 개정 전 준비절차와의 차이

넓은 의미의 변론준비절차와 개정전 준비절차의 주요한 차이점은, ① 단독사건으로의 확대, ② 서면 변론준비를 전제로 한 단기의 집중적 쟁점 정리, ③ 쟁점 정리를 위하여 필요한 경우의 재판장 등의 변론기일 전 증거결정 및 증거조사, ④ 증거결정에 대한 이의에 대한 합의부의 재판(합의사건의 경우), ⑤ 당사자 본인의 제3자 동반 및 제3자의 진술, ⑥ 재정기간 제도의 활용, ⑦ 기간 제한, ⑧ 변론준비기일의 종료로 인한 실권적 효과에 기초한 제1심의 심리집중 등을 들 수 있다.

Ⅲ. 변론의 실시

1. 변론기일의 통지

무변론판결을 할 경우가 아니면 재판장은 즉시 변론기일을 정하고(제258조 1항), 변론준비 절차를 거친 사건에서는 그 절차가 끝난 뒤 바로 변론기일을 정하여(제258조 2항) 당사자에게 통지하여야 한다.

교통의 불편이나 그 밖의 사정으로 당사자가 법정에 직접 출석하기 어렵다고 인정하는 때에는 법원은 당사자의 신청이나 동의를 받아 비디오 등 중계시설이나 인터넷 화상장치를 이용하여 변론기일을 열 수 있다. 이 경우에 공개심리의 원칙을 해치는 일이 없도록 법원은 필요한 조치를 취하여야 한다(제287조의2 2항). 이 경우에 당사자는 법정에 출석한 것으로 본다(제287조의2 3항, 제327조의2 2항).

2. 당사자들의 행위

변론은 변론준비절차를 거쳤는가에 따라 그 모습이 달라진다.

(1) 변론준비절차를 거치지 않은 사건

a) 법원의 소송지휘: 변론준비절차를 거치지 않았으므로 법원은 첫 변론기일에 우선 소장과 답변서를 기초로 하여 쟁점을 정리하고, 당사자들이 주장과 증거를 제출하도록 한다. 증거를 정리하여 증거결정을 한 다음 증거조사를 한다. 법원은 변론이 집중되도록 하여 가급적 변론이 속행되지 않도록 하고 당사자들은 이에 협력하여야 한다(규 제69조 2항).

b) 당사자들의 행위(신청과 주장): 변론은 먼저 **원고**가 소장에 기재된 **청구취지**에서 적은 바와 같은 판결을 해 달라고 **신청하는 진술**을 함으로써 시작된다. 이에 대하여 피고는 자신의 태도를 정하여 진술해야 하는데, 그 내용은 이미 답변서에 기재하여 제출한 대로일 것이다. 여하튼 피고는 처분권주의에 의하여 그 내용을 자유로이 정할 수 있다. 즉 원고의 청구를 인낙할 수도 있고, 다툴 수도 있다. 보통은 원고의 청구를 다투는데, 이를 위하여 **피고**는 법원에서 원고의 소를 **각하**하거나 청구를 **기각**할 것을 **신청**하는 진술을 한다.

원고와 피고의 이러한 신청이 있으면 양 당사자는 서로 자기의 신청이 옳다는 것을 법원에 밝힐 책임을 진다. 이를 위하여 당사자들은 각기 법적 주장, 사실주장, 증거신청 등을 제출하는데, 이 중 원고가 제출하는 것을 공격방법, 피고가 제출하는 것을 방어방법이라고 하고, 양자를 합쳐서 공격·방어방법이라고 한다.

(2) 변론준비절차를 거친 사건

변론준비절차를 마친 뒤의 변론기일에서는 당사자들이 **변론준비절차의 결과를 진술**함으로써(제287조 2항) 그 동안 제출된 소장, 답변서, 준비서면의 진술에 갈음한다. 그러므로 위에서 설명한 당사자들의 주장, 항변 등의 행위가 실질적으로는 변론준비절차에서 이루어지고 그 결과를 변론기일에 상정함으로써 그 행위들을 변론기일에 한 것으로 인정받게 된다.

변론기일에는 바로 실질적인 심리에 들어가서 변론준비절차에서 정리한 쟁점에 관하여 심리하고 그 절차에서 결정한 증거 중에서 아직 조사하지 않은 것을 조사하게 된다. 변론준비절차에서 쟁점을 정리하였다는 것은 각 당사자의 주장을 정리하여 다툼 없는 사실 등의 불요증사실을 추려 내고 다툼 있는 사실, 즉 명백히 다투거나 알지 못한다고 진술한 사실에 관한 심리를 변론기일로 넘긴다는 것을 뜻한다. 그러므로 변론기일의 진행은 주로 **다툼 있는 사실**에 대한 증거조사, 그중에서도 증인신문과 당사자신문 등의 **인적증거**에 대한 조사가 주된 내용이 될 것이다. 이러한 의미에서 개정법은 변론기일에는 변론준비절차에서 정리된 결과에 따라서 바로 증거조사를 하라고 요구한다(제287조 3항). 특히 법원은 변론기일을 한 번만 열고 변론을 종결하도록 해야 하며, 당사자들은 이에 협조해야 한다(제287조 1항). 그만큼 변론준비를 철저히 하라는 의미이다.

3. 변론의 제한과 분리, 병합

법원은 사건을 효율적으로 심리하기 위하여 변론을 제한하거나 분리, 병합을 할 수 있다(제141조). 이는 법원이 직권으로 하는 재량행위이므로 이에 대하여 당사자는 불복할 수 없다.[28]

(1) 변론의 제한

변론의 제한은 절차를 형식적으로 분리함이 없이 법원이 하나의 소송상 청구에 관한 쟁점 중 일부에 관하여 우선적으로 변론을 실시하는 것을 말한다. 주로 소송요건 심리에 관한 변론을 먼저 열거나, 독립한 공격·방어방법 중 일부나, 손해배상청구에서 배상책임의 원인과 같은 중간의 다툼에 관하여 먼저 심리하는 경우이다.[29] 이로써 쟁점이 많은 사건의 심리를 쟁점 별로 심리하여 간명하게 정리할 수 있게 된다.

우리 문헌에서는 하나의 소송절차에 여러 개의 청구가 병합되어 있는 경우에 그중 하나의 청구에 관하여 변론을 하는 것도 변론의 제한이라고 설명하나,[30] 타당하지 않다. 여기서 '제한'이란 하나의 소송상청구에 관한 변론 중 일부 다툼에 관하여 먼저 심리하는 것을 의미한다. 공동소송을 포함한 복수의 청구가 병합된 경우에 그중 한 청구에 관하여 먼저 변론을 실시하는 것은 한 청구에 관한 변론 전체를 하는 것이므로 변론의 '제한'이 아니라 변론의 분리이다. 청구의 예비적·선택적 병합이나 필수적공동소송, 독립당사자참가, 예비적·선택적공동소송과 같이 여러 개의 청구가 불가분적으로 결합되어 있는 경우에도 소송요건 심리나 독립된 공격·방어방법, 중간의 다툼에 관하여 변론을 제한하는 것은 가능하지만, 복수 청구 중 일부에 관하여서만 변론을 여는 것은 허용되지 않는다.[31]

(2) 변론의 분리

변론의 분리는 하나의 절차를 복수의 절차로 나누어서 변론하고 재판하는 것을 말한다. 하나의 소로써 서로 관련성이 없는 복수의 소송상 청구를 하거나(청구의

---

28) 이시윤, 419.

29) Jauernig/Hess[30] § 77 Rn. 7; Lüke[11] § 16 Rn. 2; Rosenberg-Schwab/Gottwald[18] § 78 Rn. 18.

30) 이시윤, 419; 鄭·庾·金, 517.

31) 한충수, 356에서는 복수의 청구에 관하여는 언급하지 않는다.

단순병합, 통상공동소송), 본소와 법적 관련성이 없는 반소가 제기된 경우 등에 변론의 분리가 가능하다.[32] 그러므로 서로 법적 관련성이 있는 필수적공동소송이나 독립당사자참가소송, 청구의 예비적·선택적병합, 선택적·예비적공동소송에서는 분리가 허용되지 않는다.

분리한 뒤에도 관할에는 영향이 없고(제33조), 분리 전에 이미 수집한 증거자료는 분리된 각 절차에서도 증거자료가 된다.

(3) 변론의 병합

변론의 병합은 같은 법원에[33] 계속 중인 복수의 별개의 소송을 같은 절차에서 한꺼번에 심리하는 것을 말한다. 같은 당사자 사이의 복수의 청구를 병합하면 청구의 병합이 되므로 청구병합의 요건인 같은 종류의 소송절차로 심판될 수 있는 청구들만(제253조) 병합할 수 있다. 당사자가 다른 복수의 소송을 병합하면 공동소송이 되므로 공동소송의 주관적 요건(제65조)을 갖춘 경우에만 가능하다.

변론의 병합으로 관할법원이 변경되는 일은 없는 것이 원칙이다. 병합하는 법원이 병합되는 사건의 관할권을 모두 갖고 있기 때문이다. 한 단독판사의 사물관할인 두 개의 사건을 병합한다고 해서 두 소송의 소송목적의 값을 합산하여 합의부의 사물관할 사건이 되는 것도 아니다.

변론을 병합한 뒤에는 청구의 병합이나 공동소송의 심리와 같이 같은 기일에 변론을 하고, 증거조사도 공통으로 한다.

병합으로 **청구병합**이 된 경우에, 병합 전에 당사자가 한 청구에 관하여 이미 행한 증거신청이 병합 뒤에 다른 청구에 관하여도 증거신청을 한 것으로 인정되는지가 문제될 수 있다. 두 소송상 청구는 병합 후에도 여전히 별개의 심판의 대상이므로 이미 한 증거신청을 다른 청구에 관하여서도 원용을 하여야 공통으로 증거조사를 할 수 있을 것이다. 이는 같은 증거자료라 하더라도 소송상 청구에 따라 입증취지와 입증사항이 달라질 수 있기 때문이다.

그리고 병합 전에 이미 실시한 증거조사의 결과가 병합 후에 다른 청구에도 공통의 증거원인이 될 수 있는지도 문제된다. 같은 당사자의 변론을 병합한 경우에는

---

32) 분리된 각 절차에서는 변론과 재판을 별도로 하므로 '변론의 분리'보다는 '절차의 분리'라고 하는 것이 더 적절할 것이다.

33) 여기서 말하는 법원은 조직법상의 법원이 아니고 소송법상의 법원, 즉 그 사건을 심리하는 재판부를 말한다(Rosenberg-Schwab/Gottwald[18] § 78 Rn. 16).

원용 없이도 당연히 증거자료(정확히는 증거원인)로 쓸 수 있다는 견해가 있으나,[34] 당사자의 의견도 묻지 않고 병합 전의 다른 청구에 대하여 마치 증거조사가 이루어진 것처럼 취급하는 것은 부당하다. 병합 후에 다른 청구에도 같은 사실관계가 증명의 대상이 된 경우에 이미 이루어진 증거조사 결과를 증거원인으로 사용하는 데에 양 당사자가 모두 동의하는 경우에 한하여 공통된 증거원인으로 인정하는 것이 타당하다.

변론을 병합하여 **통상공동소송**이 된 경우에도 병합 전에 한 증거신청은 원용이 있어야 병합 후 다른 당사자와의 관계에서도 증거신청의 효력이 생긴다. 원용이 없거나 새로 증거신청을 하지 않으면 공동소송인 독립의 원칙 때문에 공통된 증거조사는 할 수 없다.

병합 전에 이미 완료한 **증거조사의 결과**는 병합으로 통상공동소송이 된 후의 다른 당사자와의 관계에서는 증거원인으로 삼을 수가 없다. 원용의 대상은 소송행위인 증거신청이지 심리의 결과가 아니며, 한 당사자가 증거조사의 결과를 원용한다고 하여 다른 당사자에게 증거조사를 신청할 기회가 주어지는 것도 아니기 때문이다. 실제로 증거조사가 이루어지지 않은 소송상청구에 대하여 한쪽 당사자의 원용으로 다른 당사자에게도 이미 증거조사가 끝난 것으로 취급하는 것은 부당하다. 다만, 병합으로 **유사필수적공동소송**이 되는 경우에는[35] 합일확정의 필요가 있어 당사자의 원용으로 공통된 증거자료로 삼을 수 있을 것이다.[36] 이 경우에도 증거조사 절차에 참여하지 않은 다른 당사자는 새로운 증거신청을 할 수 있다고 볼 것이다.

4. 변론의 종결

법원은 당사자들이 제출한 공격·방어방법에 대한 심리를 마치면, 즉 당사자들의 주장을 듣고 다툼 있는 사실에 관하여는 증명을 하도록 하여 다 마치면 그 동안 제출된 자료로써 사실관계를 확정할 수 있다. 따라서 법원은 변론을 종결하고 확정된 사실관계에 법규범을 적용하여 재판의 내용을 결정하게 된다.

변론을 종결하면 그 심급에서는 더 이상 심리를 하지 않게 되므로 그 이후에

---

34) 이시윤, 420; 鄭·庚·金, 518-519.

35) 병합으로 비로소 고유필수적공동소송이 되는 경우는 없다. 병합 전의 각각의 소가 당사자적격 불비로 부적법하기 때문이다.

36) 병합으로 공동소송이 된 경우에는 증거자료를 공통으로 하려면 원용을 필요로 한다는 견해가 있다(이시윤, 420; 鄭·庚·金, 499). 그러나 이는 통상공동소송에는 해당하지 않는다.

새로운 사정이 발생하더라도 당사자들은 소송자료를 더 제출할 수 없고, 변론을 종결할 당시의 사정만을 기준으로 법원은 재판의 내용을 정한다. 만일 그 재판에 대하여 상소가 제기되면 그 때 비로소 다시 소송자료를 제출할 수 있게 된다. 판결이 확정되면 변론을 종결한 때가 그 효력의 기준 시점이 된다.

5. 변론의 재개

변론을 종결한 뒤에 심리가 덜 끝난 것이 발견되거나 필요한 경우에는 법원이 변론을 다시 열 수 있다(제142조). 변론의 재개는 법원의 재량 사항이고, 당사자에게는 재개신청권이 없다. 따라서 재개신청을 하더라도 법원에 재개할 의무가 생기는 것이 아니고, 법원의 주의를 환기하는 의미밖에 없다.

그러나 판례는 당사자에게 변론을 재개하여 그 주장·증명을 제출할 기회를 주지 않은 채 패소의 판결을 하는 것이 민사소송법이 추구하는 절차적 정의에 반하는 경우(예를 들어 당사자가 변론 종결 전에 그에게 책임을 지우기 어려운 사정으로 소송자료를 제출할 기회를 갖지 못하였는데 그 소송자료가 판결의 결과를 좌우할 수 있는 주요한 요증사항에 해당하는 경우)와[37] 사건의 적정하고 공정한 해결에 영향을 미칠 수 있는 소송절차상의 위법이 드러난 경우(예를 들어 석명의무나 법적 사항의 지적의무를 위반한 채 변론을 종결한 경우)에는 당사자가 변론 재개를 신청하면 법원이 변론을 재개하고 심리를 속행할 의무가 있다고 인정한다.[38] 그러므로 새로운 주장이나 증거를 제출할 충분한 기회를 주었음에도 불구하고 제출하지 않다가 변론을 종결한 뒤에 비로소 하는 재개신청은 받아들일 필요가 없으며,[39] 만일 변론이 재개된다면 새로운 소송자료를 제출하여도 실기한 공격·방어방법으로 각하되지 않을 것이라는 사정만으로는 법원에 변론 재개 의무가 생기지 않는다.[40]

다른 한 편 판례가 피고의 예비적 주장을 원고가 부인만 하고 있다가 항소심 변론종결 후에 변론재개 신청을 하면서 피고의 주장을 일부 원용하여 청구를 추가하겠다는 의도를 보인 준비서면을 제출한 경우에 이를 무시하고 원고의 청구를 기

---

37) 大判 2019. 9. 10, 2017다258237; 大判 2022. 4. 14, 2021다305796.

38) 大判 2010. 10. 28, 2010다20532; 大判 2014. 10. 27, 2013다27343(피고가 제1심에서 공시송달로 불출석하였고, 항소심에서 한 피고의 증인신청이 기각된 상태에서 변론이 종결되었으며, 원고의 소송자료로도 요증사실의 존부가 불분명한 경우); 大判 2018. 7. 26, 2016두45783; 大判(全) 2019. 2. 21, 2017후2819; 大判 2019. 11. 28, 2017다244115.

39) 大判 2019. 11. 28, 2017다244115.

40) 위 2010다20532 판결.

각한 것은 잘못이라고 한 사례도 있다.[41)]

IV. 기일 조서

1. 조서의 의의와 종류

조서는 변론기일, 변론준비기일, 화해기일 등 각종 기일의 경과를 기록하고 보존하기 위하여 법원사무관 등이 작성하는 문서이다. 조서로써 소송절차의 진행 상황을 명확하게 남겨서, 재판부의 구성이나 변론의 공개 등 절차의 방식에 관한 법규를 준수하였는지 여부에 관한 유일한 증거(제158조)로 삼고,[42)] 수소법원의 재판에 판단자료를 제공하고, 상급법원에서 원심재판의 잘잘못을 판단하는 자료가 되도록 한다.

조서에는 기일의 종류에 따라 변론(기일)조서뿐만 아니라 변론준비기일 조서, 화해기일 조서, 조정기일 조서, 법정외 증거조사기일 조서 등이 있다. 증거조사기일은 변론기일에 포함되므로 그 조서도 변론기일조서에 속한다. 변론조서 이외의 다른 조서에는 변론조서에 관한 규정이 준용된다(제160조).

2. 조서의 작성

조서는 법원사무관등이 변론기일 등의 기일에 매번 참여하여 작성하는 것이 원칙이다(제152조 1항 본문). 그러나 다음의 경우에는 법원사무관등의 참여 없이 기일을 열 수 있다: ① 변론을 녹음하거나 속기하는 경우와 같이 특별한 사정이 있는 경우(제152조 1항 단서). 변론의 내용이 명확하게 기록되기 때문에 예외를 인정해도 무방하기 때문이다. ② 변론기일과 변론준비기일 이외의 기일에 재판장이 필요하다고 인정하는 경우(제152조 2항).

법원사무관등이 참여하지 않은 경우에는 법원사무관등은 그 기일이 끝난 뒤에 재판장의 설명에 따라 조서를 작성하고, 그 취지를 덧붙여 기재하여야 한다(제152조

---

41) 大判 2021. 3. 25, 2020다277641(지역주택조합에 가입하여 조합원 분담금 등을 모두 납입한 원고가 무주택 요건을 충족하지 못한 것으로로 밝혀져 조합가입계약이 해제되어 원고가 분담금 등을 부당이득으로 반환하라고 청구한 사건에서, 피고가 위 계약이 여전히 효력이 있다고 주장하다가 뒤에 예비적으로 위 계약이 해제되었다고 하더라도 원고는 위약금 등을 공제한 범위에서 환급청구권을 가질 뿐이라고 주장하였고, 원고는 변론종결 후에 변론재개 신청을 하면서 준비서면에서 피고가 주장하는 위약금이 과도하다고 주장한 사안).

42) Jauernig/Hess[30] § 78 Rn. 11; Stein-Jonas/Roth[23] § 159 Rn. 1; MüKoZPO/Fritsche[6] § 159 Rn. 4.

3항).

3. 조서의 기재사항

(1) 형식적 기재사항(제153조)

형식적 기재사항은 기일이 형식적으로 적법하게 실시되었는지를 나타내는 사항으로, 이 부분이 절차의 방식에 관한 법규를 준수하였는지 여부에 관한 유일한 증거가 된다. 그러므로 기재가 틀림이 없음을 뚜렷하게 밝히기 위하여 기재 후에 재판장과 이를 기재한 법원사무관등이 기명날인이나 서명을 하도록 하였다.

기재사항은 다음과 같다: ① 사건의 표시, ② 법관과 법원사무관등의 성명, ③ 검사가 출석하였으면 그의 성명, ④ 출석한 당사자나 대리인, 통역관, 출석하지 아니한 당사자의 성명, ⑤ 변론의 날짜와 장소, ⑥ 변론의 공개 여부와 공개하지 아니한 경우에는 그 이유.

재판장이 기명날인이나 서명을 할 수 없는 경우에는 합의부원이 그 사유를 적고 기명날인이나 서명을 하고, 법관이 모두 이를 할 수 없는 경우에는 법원사무관등이 그 사유를 적도록 하였다.

(2) 실질적 기재사항(제154조)

심리의 실질적 내용, 즉 변론의 내용을 이루는 당사자와 법원의 소송행위와 증거조사의 결과 등 변론의 요지를 적는다. 특히 중요한 다음 사항은 분명히 기재하여야 한다: ① 화해와 청구의 포기·인낙, 소의 취하, 자백, ② 증인과 감정인의 선서와 진술, ③ 검증의 결과, ④ 재판장이 적으라고 명한 사항과 당사자의 신청으로43) 적는 것을 허락한 사항, ⑤ 주로 소송지휘를 위한 재판, 예를 들어 청구변경 허가 또는 불허가 결정(제263조), 실기한 공격·방어방법의 각하결정(제149조), 증거채부의 결정 등과 같이 서면으로 작성되지 않은 재판, ⑥ 재판의 선고.

(3) 조서 기재의 생략(제155조)

소송이 판결이 아닌 다른 사유로 완결된 경우에는 재판장의 허가를 받아 조서에 적을 사항 중에서 증인과 당사자 본인, 감정인의 진술과 검증결과의 기재를 생

---

43) 제154조 제4호의 법문에는 '청구'라고 하였으나 정확한 표현이 아니다. 당사자가 조서에 적기를 신청하여 재판장이 이를 허락한 사항을 적으라는 의미이다. 참고로, § 160 IV ZPO에서는 'beantragen (신청하다)'라고 표현한다.

략할 수 있다(제155조 1항, 규 제32조 1항). 그러나 변론방식에 관한 규정의 준수와 화해, 청구의 포기·인낙, 소취하, 자백에 관한 사항은 생략할 수 없다(제155조 2항).

조서 기재 생략에 대한 재판장의 허가가 있으면 법원사무관등은 바로 그 취지를 당사자에게 통지하여야 한다(규 제32조 2항). 당사자가 통지를 받은 날로부터 1주 안에 이의를 하면 법원사무관등은 바로 증인, 당사자본인, 감정인의 진술과 검증결과를 적은 조서를 작성하여야 한다(규 제32조 3항).

제1심에서 피고에게 공시송달한 사건이면 법원사무관등은 재판장의 허가를 받아 서증목록에 적을 사항을 생략할 수 있다. 그러나 공시송달 명령이나 처분이 취소되거나 상소가 제기된 때에는 서증목록을 작성하여야 한다(규 제32조 4항).

소액사건에서 판사의 허가가 있으면 조서에 기재할 사항을 생략할 수 있다. 그러나 변론의 방식에 관한 규정의 준수와 화해, 인낙, 포기, 취하, 자백에 관한 사항은 생략할 수 없다(소심 제11조).

4. 조서의 기재방법

(1) 통상의 기재방법

넓은 의미의 변론조서를 실무에서는 변론조서와 증거조사조서(증인신문조서 등), 증거목록(서증목록 등)으로 나누어 작성하고, 증거조사조서에 해당 기일의 변론조서의 일부임을 명시한다.[44] 그리고 조서에는 서면이나 사진, 법원이 적당하다고 인정한 것을 인용하고 소송기록에 붙여 조서의 일부로 삼을 수 있다(제156조).

(2) 조서로 삼는 속기와 녹음

법원이 필요하다고 인정하는 경우에는 변론의 전부나 일부를 녹음하거나 속기사로 하여금 받아 적도록 하여 그 녹음테이프와 속기록을 조서의 일부로 삼을 수 있다. 녹음이나 속기를 당사자가 신청하면 특별한 사유가 없는 한 법원은 이를 명하여야 한다(제159조 1, 2항). 당사자의 신청은 변론기일을 열기 전에 하여야 하고, 필요한 비용을 미리 지급해야 한다(규 제33조 1항).

법원사무관등의 참여 없이 기일을 열어서 사후에 조서를 작성할 경우에도 재판장의 허가를 받아 녹음테이프나 속기록을 조서의 일부로 삼을 수 있다(규 제36조 1항).

---

44) 법원공문서규칙 부록 제2호 문서양식 민사사건관계 2-52번~2-56번 참조.

녹음테이프나 속기록을 조서의 일부로 삼은 경우, 당사자가 소송이 완결되기 전까지 조서의 작성을 신청하면 녹음테이프나 속기록의 요지를 정리하여 조서를 작성하여야 한다(제159조 3항). 이 경우에 법원은 양 당사자의 동의를 얻어 녹음테이프나 속기록을 폐기할 수 있다. 당사자가 폐기의 통지를 받은 날부터 2주 이내에 이의를 제기하지 않으면 폐기에 동의한 것으로 본다(제159조 4항).

당사자의 신청 이외에도 법원이 필요하다고 인정하거나 법원사무관등이 참여하지 아니하고 기일을 진행한 경우에 녹음테이프나 속기록을 조서의 일부로 삼은 경우라도 재판장은 법원사무관등으로 하여금 당사자와 증인, 그 밖의 소송관계인의 진술 중 중요한 사항을 요약하여 조서의 일부로 기재하게 할 수 있다(규 제36조 2항). 그리고 이런 경우 상소가 제기되거나 법관이 바뀌면 녹음테이프의 요지를 정리하여 조서를 작성하여야 한다(규 제36조 3항).

당사자나 이해관계를 소명한 제3자는 법원사무관등에게 소송기록과 함께 보관한 녹음테이프를 재생하여 들려줄 것을 신청할 수 있다(규 제34조 2항). 신청의 대상은 조서의 일부로 삼은 것을 말한다. 재판장이나 법원사무관 등이 조서 작성의 편의와 조서 기재의 정확성을 보장하기 위하여 녹음, 녹화한 것으로 조서의 일부로 삼지 않은 것은 포함되지 않는다.[45]

녹화테이프나 컴퓨터용 자기디스크, 광디스크 등으로 음성이나 영상을 녹음, 녹화하여 재생할 수 있는 매체를 이용하여 변론의 일부나 전부를 녹음, 녹화하여 조서에 갈음할 수도 있다(규 제37조 1항). 여기에는 녹음이나 속기록에 관한 규정이 준용된다(규 제37조 1항).

5. 조서의 점검과 정정

조서는 소송관계인이 신청하면 읽어주거나 보여주어야 한다(제157조). 조서 기재의 정확성을 소송관계인이 점검하고 기재의 잘못이나 오해의 여지를 배제하기 위함이다.[46]

조서를 점검한 소송관계인이 조서에 적힌 사항에 관하여 이의를 제기할 수 있다. 이의가 이유 있다고 인정하면 조서의 기재를 정정하여야 하고, 이유가 없다고 판단하면 조서에 이의가 있었음을 적어두면 된다(제164조). 이를 법원사무관등의 처분에 대한 이의로 보아 그 소속 법원이 결정으로 재판할 사항(제223조)은 아니다.[47]

민소법은 조서의 기재에 대한 이의에 관하여 "관계인이 이의를 제기한 때에는 조서

---

45) 大決 2004. 4. 28, 2004스19.
46) Stein-Jonas/Roth[23] § 162 Rn. 1.
47) 大決 1975. 12. 8, 75마372; 大決 1989. 9. 7, 89마694.

에 그 취지를 적어야 한다."라고 간략히 규정한다(제164조). 이 조문만 보면 이의에 이유가 있건 없건 그 취지만 적으면 되는 것으로 오해하기 쉽다. 이와는 달리 § 164 ZPO는 제1항에서 조서의 부정확성은 언제나 정정될 수 있다고 규정하고 제2항 내지 4항에서 정정 절차를 규정한다.

6. 조서의 효력

(1) 변론방식에 관한 증명력

유효한 조서는 변론방식에 관한 규정이 지켜졌다는 것을 증명하는 데에 증거능력과 증명력을 가진 유일한 증거방법이다(제158조). 변론방식에 관한 사항은 심리의 내용이 아닌 형식적 사항을 뜻한다. 관여 법관과 당사자나 대리인의 출석 여부, 변론의 날짜와 장소, 변론의 공개 여부 등의 형식적 기재사항과, 실질적 기재사항 중 변론 결과의 진술과 판결 선고 사실과 그 날짜 등이 해당된다. 이러한 사항이 조서에 기재되어 있으면 그 사실이 있는 것으로, 기재되어 있지 않으면 그 사실은 없는 것으로 인정된다.

(2) 공문서로서의 효력

변론조서는 보고문서인 공문서이므로 그 진정성립이 추정된다(제356조 1항). 그 밖에 판례는 조서에 기재된 변론의 내용은 다른 특별한 사정이 없는 한 그 내용이 진실한 것이라는 점에 관하여 강한 증명력을 가진다고[48] 하여, 조서 기재에 따라 피고의 인낙이나,[49] 즉시항고의 취하,[50] 자백을[51] 인정한 것이 정당하다고 하였다. 이를 세분하여 보면, 조서 기재에 형식적 증명력을 인정하여 당사자의 인낙, 취하, 자백의 의사표시가 있었음을 인정하고, 인낙, 취하, 자백의 법리에 따라 그 효과를 인정한 것으로 볼 수 있다.

V. 소송기록

1. 의   의

소송기록이란 특정 사건에 관하여 당사자 등 소송관계인이 법원에 제출한 소장,

---

48) 판결문에서는 추정된다는 표현을 쓰고 있으나 법률상의 추정을 인정한 것은 아니다.
49) 大判 1993. 7. 13, 92다23230.
50) 大判 1993. 1. 12, 91다8142.
51) 大判 2000. 10. 10, 2000다19526; 大判 2001. 4. 13, 2001다6367.

답변서, 준비서면, 각종 신청서 등의 서류와 법원이 작성한 송달보고서, 변론조서, 증거목록, 판결의 원본 등의 서류를 하나로 철한 장부를 말한다. 이 소송기록에는 절차의 진행 단계에 따라 그 때까지의 당사자의 소송행위와 법원의 소송지휘, 절차의 진행, 법원의 재판 등 모든 상황이 기록되어 있다.

그에 따라 소송사건을 이송하거나 환송할 때에는 소송기록도 함께 보내야 하며(제40조 2항, 제438조), 원고의 담보제공 필요성 판단의 자료가 되고(제117조 1항), 소송구조 재판과(제128조 3항, 제131조) 상소의 추후보완 신청에 대한 재판의(제500조 4항) 관할 법원을 정하는 기준이 되며, 제소전 화해절차에서 화해 불성립으로 만들어진 소송기록은 소제기신청으로 소송계속이 생긴 법원에 보내야 하고(제388조 2항), 상소권을 포기할 법원을 결정할 기준이 되며(제395조 1항), 상고법원에서의 재판에서 가장 중요한 자료가 되며(제430조 1항), 독촉절차가 소송으로 이행하면 소송기록을 수소법원에 보내야 한다(제473조 3항).

2. 소송기록의 열람 등

소송기록은 당사자나 이해관계인, 기타 일반인이 법이 정한 바에 따라 열람이나 복사 등을 할 수 있고, 재판서나 조서는 정본이나 등본, 초본을 교부받을 수 있으며, 소송에 관한 사항의 증명서도 교부받을 수 있다. 다만, 소송기록을 열람이나 복사한 사람은 그로써 알게 된 사항을 이용하여 공공질서나 선량한 풍속을 해치거나 관계인의 명예나 생활의 평온을 해치는 행위를 하여서는 안 된다(제162조 4항).

(1) 당자자에 국한된 열람 등

소송기록 중에 ① 당사자의 사생활에 관한 중대한 비밀이 적혀 있고, 제3자에게 비밀 기재부분의 열람 등을 허용하면 당사자의 사회생활에 지장이 클 우려가 있거나, ② 당사자가 가지는 (부정경쟁 방지 및 영업비밀 보호에 관한 법률 제2조 2호의) 영업비밀이 적혀 있음에 대한 소명이 있는 때에는[52] 법원은 당사자의 신청에 따라 결정으로 소송기록 중 비밀이 적혀 있는 부분의 열람, 복사와 재판서나 조서 중에 비밀이 적혀 있는 부분의 정본, 등본, 초본의 교부를 당사자만이 신청할 수 있도록 제한할 수 있다(제163조 1항).

---

52) 大決 2020. 1. 9, 2019마6016: 계약서의 비밀유지조항의 내용이 단순히 추상적이고 일반적인 비밀유지의무만을 부과하는 데 그치지 않고 상대방에 대하여 해당 계약서의 관리방법 또는 그 계약서에 접근할 수 있는 임직원과 피용자 등에게 비밀유지의무를 부과하도록 하는 등 계약 내용을 비밀로 관리해야 하는 구체적인 감독의무를 부과하는 정도까지 규정하였다면, 적어도 이러한 정도의 비밀유지의무가 부과된 문서에 관하여는 영업비밀이 적혀 있다는 소명이 있다고 볼 여지가 있다.

나아가 소송관계인의 생명이나 신체에 대한 위해의 우려가 있다는 소명이 있으면 법원은 해당 소송관계인의 신청에 따라 결정으로 소송기록의 열람이나 복사, 송달에 앞서 해당 소송관계인이 지정하는 주소 등의 개인정보 기재부분이 다른 당사자나 제3자에게 공개되지 않도록 보호조치를 할 수 있다(제163조 2항).

비밀을 보호받을 당사자나 위해를 당할 우려가 있는 소송관계인의 이러한 신청이 있으면 그 신청에 관한 재판이 확정되기 전이라도 공개가 제한된 당사자나 제3자는 비밀이 기재된 부분의 열람 등을 신청할 수 없다(제163조 3항). 이 신청을 기각한 결정에 대하여는 즉시항고를 할 수 있다(제163조 5항).

다만 공개가 제한된 당사자나 이해관계를 소명한 제3자가 위 사유가 존재하지 않거나 소멸되었음을 이유로 하여 위 결정의 취소를 신청하면 소송기록을 보관하고 있는 법원이 심리하여 위 결정을 취소할 수 있다(제163조 4항). 이 신청에 관한 결정에 대하여 즉시항고를 할 수 있고, 취소 결정은 확정되어야 효력을 가진다(제163조 5, 6항).

(2) 당사자나 이해관계를 소명한 제3자의 열람 등

당사자나 이해관계를 소명한 제3자는 비밀보호의 필요가 인정되지 않는 소송기록의 열람이나 복사, 재판서나 조서의 정본, 등본, 초본의 교부 또는 소송에 관한 증명서의 교부를 법원사무관등에게 신청할 수 있다(제162조 1항). 이에 의하면 소송기록의 열람, 복사는 가능하나, 정본이나 등본, 초본의 교부는 재판서와 조서에 대하여서만 가능하다.

재판서나 조서의 정본, 등본, 초본에는 그 취지를 적고 법원사무관등이 기명날인이나 서명을 하여야 한다(제162조 6항).

(3) 이해관계 없는 일반인의 열람 등

재판이 확정된 소송기록 중 공개를 금지한 변론에 관련된 것 이외에는 권리구제나 학술연구, 공익적 목적으로 열람하려는 사람은 누구나 법원사무관등에게 열람을 신청할 수 있다(제162조 2항). 다만 이 경우에 그 소송의 소송관계인이 동의하지 않으면 열람이 허용되지 않는다(제162조 3항).

그리고 판결이 선고된 사건의 판결서(확정되지 않은 사건 포함)는 인터넷이나 그 밖의 전산정보처리시스템을 통한 전자적 방법 등으로 열람하고 복사하는 것은 가능하다(제163조의2 1항 본문). 다만, 법원사무관등의 법원공무원은 열람, 복사에 앞서 개인정보가 공개되지 않도록 보호조치를 취하여야 한다(제163조의2 3항). 변론의 공개를 금지한 사건의 판결서의 경우에는 전부나 일부의 열람, 복사를 제한할 수 있다(제163조의2 1항 단서).

제 5 절 專門審理委員의 참여

I. 의   의

소송심리에서 법관이 당사자들의 주장을 듣고 증거조사를 하여 사실을 확정하고 그 확정된 사실에 법령을 적용하여 재판을 한다. 그 과정에서 법관이 사건의 내용을 제대로 이해하지 않으면 사실 확정과 법령 적용이 제대로 될 수가 없다. 특히 전문분야에 관한 내용 파악은 법관에게 기대하기 어렵다. 이러한 경우를 위하여 뒤에 설명하는 감정이라는 증거조사 절차가 마련되어 있는데, 감정의견도 서로 어긋나는 경우가 많아서 효과적이 아닐 수가 있다. 법관이 하는 석명처분도(제140조) 있으나 당사자들이 제대로 응하지 않으면 효과가 반감된다. 그리하여 **법원에 직접적으로 전문지식을 제공**하여 사건의 내용을 정확하게 파악하도록 돕는 제도를 마련하게 되었다. 첨단산업분야, 지적재산권, 국제금융 등 전문적인 지식이 요구되는 사건에서 법원 **외부의 관련 분야 전문가**를 소송절차에 참여시키는 전문심리위원 제도가 그것이다(제4장 제2절; 제164조의2~제164조의8).[1]

전문심리위원은 소송절차에 참여하여 설명 또는 의견을 제출하거나 진술하는 사람으로, 법원의 보조자의 지위를 가진다.

II. 전문심리위원의 선임과 활동

법원은 전문적인 지식을 필요로 하는 소송절차에서 직권 또는 당사자의 신청에 따라 전문심리위원을 참여시킬 것을 결정하고 그 경우에는 당사자의 의견을 들어

---

[1] 전문심리위원 제도에 관하여는 孫旨弘, 民事訴訟에서 外部專門家의 役割, 서울대학교 석사학위 논문, 2011 참조.

각 사건마다 1인 이상의 위원을 지정한다(제164조의2 1항, 제164조의4 1항). 지정을 할 때에는 법원행정처장이 공공단체, 교육기관, 연구기관 등에 의뢰하여 추천된 전문가 중에서 적격자를 선별하여 만든 전문심리위원 후보자 중에서 지정한다.

법원이 한 참여 결정은 상당하다고 인정하는 때에는 직권이나 당사자의 신청으로 취소할 수 있고, 당사자가 합의로 그 결정을 취소할 것을 신청하면 이를 취소해야 한다(제164조의3).

전문심리위원이 참여하는 소송절차에는 민사소송뿐만 아니라 민사소송법이 준용되는 가사소송, 행정소송, 특허소송도 포함된다. 그리고 변론준비절차, 변론기일, 증거조사, 화해 등 하나의 소송절차의 모든 단계에 참여할 수 있다. 조정절차의 경우에는 민사조정법이 민사소송법 중 일부 규정만을 준용하고 있으므로 이 절차에는 전문심리위원이 참여할 수 없다.[2]

전문심리위원은 전문적인 지식에 관하여 설명이나 의견을 기재한 서면을 제출하거나 기일에 출석하여 설명이나 의견을 진술할 수 있고, 기일에 재판장의 허가를 받아 당사자, 증인 또는 감정인 등 소송관계인에게 직접 질문을 할 수 있으나, 재판의 합의에는 참여할 수 없다(제164조의2 2항, 3항). 법원이 기일 외에서 소송관계를 분명하게 하는 데에 중요한 사항의 설명을 요구하는 경우에는 양쪽 당사자에게 그 사항을 통지한다(규 제38조의3).

전문심리위원은 원칙적으로 당사자의 주장과 제출된 증거를 전제로 하여 특정의 사실에 관하여 설명이나 진술해야 하고, 당사자가 주장하지 않은 논점에 관하여 직접 설명을 하여서는 안 된다.[3] 그리고 진술이나 설명의 내용은 일반적인 전문지식에 관한 의견이다. 사건 자체의 결론이나 개개의 쟁점에 관하여 단정적 판단을 하는 내용의 의견은 진술할 수 없다.[4]

전문심리위원은 소송에서 공평하고 중립적인 조언자의 역할을 하여야 하고, 한편으로 치우쳐서는 안 된다.[5] 이러한 전문심리위원의 설명 등은 소송당사자로 하여금 소송방향을 다시 생각해 보는 계기가 될 수 있다.[6]

법원은 전문심리위원이 제출한 서면이나 진술한 의견 등에 관하여 당사자에게

---

2) 법원행정처, 전문심리위원 제도 해설, 2007, 9.
3) 앞의 책, 19.
4) 위의 책, 23.
5) 위의 책, 2.
6) 위의 책, 18.

구술이나 서면에 의한 의견진술의 기회를 주어야 한다(제164조의2 4항).

Ⅲ. 전문심리위원에 대한 법적 취급

전문심리위원에게는 수당과 여비, 일당, 숙박료를 지급할 수 있고(제164조의4 2항), 법관의 제척과 기피에 관한 규정이 준용된다(제164조의5 1항). 이들은 직무수행 중에 알게 된 다른 사람의 비밀을 누설하면 비밀누설죄가 성립하며(제164조의7), 형법상 뇌물죄의 적용을 받는 공무원으로 간주된다(제164조의8).

Ⅳ. 문 제 점

전문심리위원 제도는 적정한 재판과 심리의 효율성을 꾀할 수 있는 적절한 제도라고 생각된다. 다만 현행 제도에 몇 가지 문제가 있다.

전문심리위원이 하는 설명이나 의견을 소송에서 어떻게 다룰 것인가? 당사자가 하는 진술이 아니므로 사실자료나 증거자료가 될 수는 없다. 법원의 직권증거조사 결과 얻은 증거자료가 될 수 없음은 물론이다. 따라서 단순히 법관이나 소송관계인의 이해를 돕기 위한 사실상의 진술에 불과하다. 이러한 진술을 변론 전체의 취지에 포함시키려는 견해가 있을 수 있는데, 만일 이를 긍정한다면 법관 스스로가 당사자에게 한 질문이나 설명, 법관이 다른 법관에게 한 설명도 변론 전체의 취지에 포함시킬 수가 있다는 말과 다를 바가 없으므로 타당하지 않다.

전문심리위원의 의견진술의 대상에 소송관계인이 포함된다고 새기는 것도 문제이다. 전문심리위원이 법원의 보조자이면 전문분야에 관하여 설명하고 의견을 진술하는 대상은 법원에 국한하는 것이 원칙이다. 당사자 등 소송관계인은 사실문제에 관하여 법원에 대하여 설명을 하는 입장이지 설명을 듣는 입장이 아니다. 혹시 예외적으로 전문분야에 관하여 소송관계인이 설명을 들을 필요가 생길 때에는 그 부분에 관하여 어차피 법관도 정확하게 이해하고 있어야 하므로 전문심리위원이 법관에게 설명하고 법관이 소송관계인에게 설명하도록 하는 것이 타당하다. 그리고 전문심리위원이 소송관계인에게 질문을 하는 것도 체계상 맞지 않다. 질문의 법적 성격이 무엇인지, 즉 법원의 보조자가 하는 질문이 법관이 하는 석명권 행사를 대신하는 것인지가 분명하지 않다. 규정에 따르면 배석판사가 질문하는 경우와 비슷하지만 그들의 지위는 전혀 다르다. 질문할 것이 있으면 법관이 하도록 하는 것이 옳을 것이다.

제6절 節次上의 흠

I. 절차상의 흠에 대한 당사자의 대응

소송행위가 형식을 갖추지 못했다든가, 능력이 흠결되어 있다든가, 내용상 잘못이 있다는 등, 절차에 흠이 있을 때 이에 대하여 당사자가 그 잘못을 따지는 방법은 여러 가지가 있다. 그 잘못된 것이 법원의 재판인 경우에는 상소, 재심의 소, 이의 등이 있고, 법원의 기타 행위에 대하여는 일반적인 이의가 있다. 그리고 신청, 응소의 잘못이나 소송요건 불비 등, 상대방의 행위에 잘못이 있으면 이를 지적하여 그 무효화를 주장할 수도 있고, 이를 간과하고 법원이 그대로 절차를 진행하면 역시 법원에 이의를 제기할 수 있을 것이다. 이처럼 광범위하게 법원이나 상대방 당사자의 잘못을 지적하고 그 행위의 효력을 없앨 수 있는 당사자의 활동을 넓은 뜻에서의 **이의**라 한다.[1]

II. 절차상의 흠을 치유하는 방법

절차의 흠을 치유하는 방법은 여러 가지가 있을 수 있다.

《사례 1》   乙이 집에 사돈을 초대하였는데 장식용으로 필요하다면서 甲이 석달 전에 A화랑에서 산 대원군의 난초 그림을 빌려갔다. 그러나 손님 대접이 끝나고도 乙이 이를 되돌려 줄 생각을 하지 않아 甲이 그림을 반환할 것을 요구하였다. 그러나 乙은 이 그림이 자기가 5개월 전에 사돈으로부터 선물 받았다가 3개월 전에 분실한 그림과 같은 것이라고 하면서 반환을 거부하였다.

《사례 1a》   이에 甲은 법원에서 소송을 해야겠다고 생각하여 법원에 소장에 기재할 사항도 제대로 기재하지 않고 乙을 비난하는 내용을 쓴 탄원서를 제출했다. 이 흠은 어떻게 치유할 것인가?

---

1) Vgl. Münchener Lexikon, Bd. 3, S. 164.

《사례 1b》　〈사례 1〉에서 甲은 피성년후견인인데도 불구하고 스스로 소장을 제대로 작성하여 법원에 제출하였다. 이 흠은 어떻게 치유할 것인가?

《사례 1c》　〈사례 1〉에서 甲과 乙이 한참 다투다가 이 문제를 중재로 해결하기로 합의하였다. 그러나 뒤에 생각이 바뀐 甲이 법원에 제소하였다. 이 흠은 어떻게 치유할 수 있는가?

그 하나는 아직 그 행위를 할 기간이 끝나지 않았으면 **흠 없는 행위를 다시** 하면 된다. 〈사례 1a〉에서 甲은 격식과 내용을 제대로 갖춘 소장을 다시 작성해서 제출하면 될 것이다. 〈사례 1b〉에서는 법정대리인이 대리하지 않았다는 것이 잘못이므로 법정대리인이 새로 소를 제기하면 될 것이다. 그러나 그렇게 하는 것은 甲이 그만큼 시간을 잃고, 경우에 따라서는 甲의 권리가 소멸시효 완성으로 소멸할 수도 있기 때문에 이는 좋은 방법이 아니다. 이러한 경우에는 법정대리인이 甲의 행위를 추인함으로써 흠이 소급적으로 치유된다.

묵시적 추인도 추인으로 인정된다. 판례는 파산선고로 소송절차가 중단되었음을 간과하고 수계절차 없이 판결이 선고된 경우에 이러한 흠결은 상소나 재심으로 취소를 구할 수 있고, 상소심에서 수계절차를 밟으면 흠결이 치유되어 수계와 상소는 적법한 것으로 인정된다고 한다.[2] 그리고 회사인 당사자가 합병으로 소멸하여 소송절차가 중단되었음에도 이를 간과하고 선고한 판결의 경우, 소송대리인이 선임되어 있으면 대리권이 존속하여(제95조 2호) 합병 후 새로운 당사자로부터 같은 내용의 대리권을 받은 것으로 볼 수 있으므로 소송수계인을 당사자로 경정하면 치유가 되고, 상소나 재심으로 취소를 구할 수는 없다고 한다.[3] 상소 제기의 특별수권을 받지 않은 소송대리인이 항소장을 제출하였어도 적법한 소송대리인이 항소심에서 본안에 관하여 변론한 것도 추인에 해당한다고 본 판례도 있다.[4]

그러나 〈사례 1a〉의 경우에는 그 탄원서를 누가 추인한다고 해서 적법한 소장이 되는 것이 아니므로 추인은 흠을 치유하는 방법이 아니다.

흠을 치유하는 또 하나의 길은 당사자가 그 **흠 있음을 다투지 않는 것**이다. 〈사례 1c〉에서 甲의 제소는 비록 중재계약의 위반이어서 계약상 제소금지에 위반한 것이고 따라서 권리보호자격이 없으나 이는 직권조사사항이 아닌 항변사항으로,

---

2) 大判 1999. 12. 28, 99다8971; 大判 2020. 6. 25, 2019다246399.
3) 大判 2002. 9. 24, 2000다49374.
4) 大判 2007. 2. 22, 2006다81653; 위 2019다246399 판결.

당사자가 최초의 본안 변론 때까지 항변하지 않으면 그 흠은 치유된다(중 제9조 2항). 乙이 중재계약이 있었다고 최초의 본안 변론 때까지 항변하면 甲의 제소는 부적법한 것으로 확정된다. 이처럼 당사자가 그 흠을 다투지 않음으로써 흠이 치유되는 것은 소송상 항변사항의 존재를 포함하여 널리 소송절차에 관한 효력규정 중 **임의법규** 위반 사항이 있을 경우이다.

Ⅲ. 절차에 관한 이의권

1. 의   의

민사소송에서 절차이의권이라고5) 하는 것은 위에서 본 것처럼 **치유될 수 있는 절차상의 흠**에 대하여 이의를 제기한다든가 하여 그 **효력을 다툴 수 있는 소송상의 권능**을 말한다. 다른 흠의 경우에는 굳이 당사자가 이의하지 않더라도 법원이 직권으로 조사하거나 심리해야 하는 사항들이므로 당사자의 이의는 법원의 주의를 환기시키는 의미밖에 없기 때문에 권능이라 할 수 없다. 그리고 훈시규정 위반인 경우에는 이에 대하여 이의하더라도 그 위반행위의 효력에는 아무 영향이 없으므로 역시 절차이의권의 범위에 포함되지 않는다.

2. 대   상

당사자가 절차이의권을 행사할 수 있는 것은 소송절차에 관한 규정에 위배하여 절차가 이루어진 경우에 한한다(제151조).

절차이의권의 대상이 되는 것은 **절차규정** 중에서도 **사익적 효력규정을 위반**한 행위이다. 사익적 규정은 임의규정으로서 당사자의 소송수행상의 이익을 보장하는 규정이므로 당사자가 이의하여 그에 위반된 행위의 효력을 소멸시킬 권능을 주는 것이다. 그러므로 이 권능을 행사하지 아니하거나 포기하여 흠 있는 행위를 유효로 할 수도 있다.

《사례 1d》　〈사례 1〉에서 甲이 乙을 상대로 소를 제기하였다. 법원은 소장을 乙에게 송달하고 답변서 제출을 종용하였다. 이에 乙이 그 그림에 대한 소유권을 주장하는 내용의 답변서를 제출하였으나 법원이 이를 甲에게 송달하지 않았다. 甲이 제1회 변론기일에 출석하여 비로소 乙이 답변서를 제출한 것을 알았다. 이때 甲은 절차이의권을

---

5) 2002년 법개정 전에는 책문권이라고 하였다.

행사할 수 있는가?

본래 답변서와 같은 준비서면을 당사자가 제출하면 법원은 그 부본을 상대방 당사자에게 송달하게 되어 있다(제273조). 그러나 이는 당사자로 하여금 변론의 준비를 충실히 하도록 하기 위한 사익적 규정이므로 당사자에게 절차이의권을 주고 굳이 다투지 않으면 그 절차의 흠은 없었던 것으로 하게 된다. 그러므로 이 사례에서 甲이 절차이의권을 행사할 수 있고, 행사하지 않으면 절차상의 흠은 치유된다. 판례가 **절차이의권을 상실**하는 경우로 열거하는 것은, 이처럼 재판을 제외한 각종 소송서류의 송달을 하지 않은 경우,6) 증거조사 방법의 잘못,7) 청구변경 요건의 불비,8) 반소 요건의 미비,9) 법관 경질 후 변론을 갱신하지 않은 경우 등이 있다.

공익적 절차규정은 주로 재판의 적정과 신속을 위한 강행규정이고, 직권으로 조사할 사항들이므로 이에 위반된 행위는 당연히 무효가 되거나 부적법해지는 것이지, 이의의 대상이 아니다. 법원의 구성, 직권조사사항인 소송요건, 판결의 선고와 확정에 관한 사항 등이10) 그러하다.

소송행위의 형식에 관한 것이 아닌 사항, 예를 들면 소송행위의 내용이나 소송상 주장의 당부는 절차이의권의 대상이 아니다.

《사례 1e》 〈사례 1〉에서 甲은 소를 제기하였다. 변론 중에 乙이 무심코 A화랑을 통해서 甲에게 그 그림을 팔았다고 말하였다. 그럼에도 불구하고 법원은 계속 甲에게 그 그림이 甲의 소유라는 사실을 입증하라고 촉구하였다. 이 경우 만일 甲이 법원에 乙이 이미 그 그림의 소유권을 남에게 이전하였음을 인정하였는데 왜 자꾸 그러한 입증을 촉구하느냐고 이의를 제기하지 않고 있으면 甲이 소유자가 아닌 것으로 확정되는가?

---

6) 大判 1947. 2. 25, 4280민상8(소장); 大判 1962. 12. 27, 62다704(답변서); 大判 1984. 4. 24, 82므14(변론기일소환장); 大判 1963. 6. 20, 63다198(청구취지확장신청서); 大判 1957. 3. 23, 4290민상81(부대항소장). 같은 소송서류라도 판결정본의 송달은 항소기간의 기산점이므로 이에 관한 규정은 강행규정이고 절차이의권의 대상이 아니다(大判 1979. 9. 25, 78다2448).

7) 大判 1966. 10. 18, 66다1520(외국어로 된 문서에 번역문을 첨부하지 않은 경우); 大判 1996. 3. 8, 95다48667(사본을 진정성립에 다툼 없는 원본의 대용으로 한 증거신청); 大判 1992. 10. 27, 92다32463(당사자에 대한 증인신문); 大判 1960. 12. 20, 4293민상163(감정인에 대한 증인신문).

8) 서면에 의하지 않은 청구변경: 大判 1964. 6. 2, 63다879; 大判 1993. 3. 23, 92다51204 등 다수. 청구기초의 변경: 大判 1966. 12. 20, 66다1339; 大判 1982. 1. 26, 81다546; 大判 1992. 10. 22, 92다33831.

9) 大判 1968. 11. 26, 68다1886・1887. 이 판결은 반소의 적법요건 일반에 대하여 절차이의권의 대상이 되는 것처럼 표현하나, 이들 중 관련성만이 청구변경에서의 청구기초의 동일성과 같은 사익적 소송요건이고, 다른 요건들은 공익적 소송요건이므로 직권조사사항이지 절차이의권의 대상이 된다고 볼 것이 아니다.

10) 大判 2007. 12. 14, 2007다52997.

여기서 乙이 그림을 A화랑을 통해서 甲에게 팔았다고 한 진술은 甲이 그림을 A화랑에서 샀다는 진술과 일치하는, 자기에게 불리한 진술이므로 재판상자백이 되고 법원은 자백한 대로 사실을 인정하여야 한다(제288조). 이러한 자백의 효과에 반하는 내용의 심리나 공격·방어방법에 관한 판단의 잘못, 증거평가의 잘못 등도 절차규정에 관한 것이 아니므로 절차이의권의 대상이 아니다. 그러므로 甲의 이의는 법원의 주의를 환기하는 정도의 의미가 있을 뿐이고 이의 유무에 관계 없이 법원은 자백을 고려해서 사실인정을 해야 한다. 만일 법원이 이러한 사항에 관하여 잘못을 저질러서 그것이 판결에 영향을 미치면 그로 인하여 불이익을 입은 당사자는 그 판결에 대하여 상소를 제기하면 될 것이다.

3. 상실과 포기

앞에서 설명한 바와 같이 절차이의권은 절차에 사익적 규정 위반이 있을 경우에 이를 고칠 수 있는 권한이므로 당사자가 규정 위반이 있음에도 불구하고 이에 대하여 아무런 **이의를 하지 않으면** 그 절차상의 흠결은 치유되고, 당사자는 더 이상 이의할 수 없게 된다. 이러한 경우를 **절차이의권의 상실**이라고 한다.

《사례 1f》 〈사례 1e〉에서 甲이 乙을 상대로 소를 제기하였다. 乙이 판 그림은 모조품에 불과한 것이고, 이 그림도 모조품으로 같은 물건이라고 주장하였고, 甲은 이 그림은 진품이므로 乙이 팔았다는 그림과는 다른 물건이라고 주장하였다. 이에 甲이 고서화의 감정의 권위자인 丙을 증인으로 신청하였고 법원이 이를 받아들여 丙을 소환하여 증인신문을 하였다. 이에 대하여 乙이 아무런 이의를 제기하지 않고 신문이 끝났다. 乙은 나중에 이의를 제기할 수 있는가?

이 경우에 甲은 丙을 증인이 아니라 감정인으로 신청하였어야 하고, 법원도 丙을 감정인 신문 절차에 따라서 신문하였어야 한다. 이러한 절차상의 잘못이 있지만 이에 대하여 상대방 당사자인 乙이 아무런 이의를 제기하지 않았는데 굳이 그 절차의 잘못을 들추어 내어 丙을 새로 감정인으로 신문할 필요는 없을 것이다. 비록 형식은 증인으로서 증언한 것처럼 되어 있으나 내용상으로는 丙이 감정의견을 진술하였을 것이기 때문이다. 다만 **절차이의권**은 이의를 할 수 있을 때에 **지체 없이 행사**하여야 한다. 그러므로 이 사례에서는 乙이 그 기일에 아무런 이의를 제기하지 않았기 때문에 그 이후에는 절차이의권을 행사할 수 없다. 즉, 乙은 절차이의권을 상실한 것이다. 만일 절차규정의 위배가 증거조사 기일에 당사자를 소환하지 않은 것이면 증인신문 뒤 첫 변론기일에[11] 이의를 제기하여야 하고, 그 뒤에는 더 이상 이의하는 것을 불가능하다고 본다.[12]

절차이의권은 당사자가 적극적으로 법원에 대하여 명시적으로나 묵시적으로 의사표시를 하여 포기할 수도 있다. 절차이의권을 **미리 포기하는 것은 불가능**하다. 이 권한은 절차규정의 위반이 있을 때에 비로소 발생하고, 만일 사전에 포기하는 것을 인정하면 이는 임의소송을 인정하는 것이 되기 때문이다.

제 7 절　訴訟節次의　停止

I. 의의와 종류

소송절차의 정지는 소송계속이 발생한 뒤에 절차가 종료되기 전에 절차가 법률상의 이유로 말미암아 일시적으로 진행되지 않는 상태를 말한다.

절차의 정지에는 중단과 중지가 있다. **절차의 중단**이란 당사자나 법정대리인이 소송을 수행할 수 없는 사유가 발생하여 새로운 당사자나 법정대리인이 소송에 관여할 수 있을 때까지 법률상 당연히 일시적으로 절차가 진행되지 않는 것을 말한다. **절차의 중지**란 법원이나 당사자에게 소송을 진행할 수 없는 장애나 소송진행에 부적당한 사유가 생겨서 일시적으로 절차가 진행되지 않는 것을 말한다. 중지는 법률상 당연히 생길 수도 있고 법원의 결정으로 생길 수도 있다.

II. 소송절차의 중단

1. 중단사유

법률이 정한 일정한 사유가 있으면 새로운 당사자나 법정대리인이 소송을 수계하도록 하기 위하여 소송절차가 중단된다.

(1) 당사자의 사망

소송계속 후에 **당사자**가 죽으면 절차는 상속인이 수계할 때까지 중단된다(제233

---

11) 강현중, 121; 宋·朴, 297; 이시윤, 382.
12) 大判 1960. 12. 20, 4293민상163.

조 1항). 당사자가 실종선고를 받아 사망한 것으로 간주되어도 마찬가지이다. 소송에서 다투어지는 권리의무가 상속할 수 있는 경우에 한하고, 상속할 수 없는 경우에는 중단되지 않는다. 그 예로는 상속의 포기(민 제1019조 1항), 일신전속적인 권리나1) 사망으로 권리의무가 소멸하는 경우 등이 해당된다. 그리고 사망으로 말미암아 당사자의 지위에 혼동이 생기면 이당사자 대립구조가 해소되어서 소송은 종료하므로 중단될 여지가 없다.

일정한 자격으로 **소송담당자**가 된 사람이 죽은 경우에도 절차는 중단된다. 그러나 이 경우에는 상속인이 아니라 **같은 자격**을 가진 **다른 사람**이 수계할 때까지 중단된다(제237조 1항). 여기에 해당하는 것이 파산관재인, 정리회사의 관리인, 유언집행자 등인데, 예를 들어 파산관재인이 죽었다고 해서 그 상속인이 수계하는 것이 아니라 새로운 파산관재인이 수계하는 것이다. 이러한 자격은 상속되는 것이 아니기 때문이다. 채권자대위소송의 채권자, 채권질의 질권자, 추심소송의 채권자 등은 소송담당자가 아니고 이들의 권리는 상속되는 것이므로 이들이 사망했다고 해서 다른 채권자나 질권자가 수계할 수는 없다. 대표소송을 하는 주주는(상 제403조 3항) 소송담당자이지만 역시 일정한 법정자격에 의하여 당사자가 된 것이 아니며 주주의 권리는 상속되므로 여기에 해당하지 않는다.

선정당사자 중에서 일부가 죽은 경우에는 나머지 선정당사자가 그대로 소송을 수행하므로(제54조) 절차는 중단되지 않는다. 나머지 선정당사자가 없을 경우, 즉 선정당사자가 모두 죽은 때에는 선정한 사람 모두가 수계하거나 새로 선정된 당사자가 수계할 때까지 중단된다(제237조 2항).

(2) 법인의 합병

법인이 해산된 때에는 청산법인으로 존속하므로(민 제81조) 절차가 중단되지 않지만, 법인의 합병으로 새로운 법인이 설립되고 기존의 법인이 소멸된 때에는 합병에 의하여 설립된 법인이 수계할 때까지 절차가 중단된다(제234조). 합병이 아니라도 청산절차 없이 법인이 소멸하여 새로 설립된 법인에 승계된 경우에도 중단된다. 권리능력 없는 사단·재단에도 제234조가 유추적용된다.

---

1) 그 예로, 법인의 이사의 자격으로 소송당사자가 된 경우(大決 1981. 7. 16, 80마370)와 단체의 정관에 따른 의사결정기관의 구성원이 그 지위에서 당사자가 된 경우(大判 2004. 4. 27, 2003다64381) 등을 들 수 있다.

(3) 당사자의 소송능력 상실

당사자가 소송계속 중에 소송무능력자가 되면 당사자는 더 이상 소송행위를 할 수 없으므로 법정대리인이 수계할 때까지 절차는 중단된다(제235조). 여기서 소송 중에 소송능력을 상실하는 경우란 성년후견 개시의 심판을 받거나, 한정후견 개시의 재판을 받고 후견인에게 대리권이 수여된 경우, 한정후견인에게 소송의 대상이 된 법률관계에 관하여 소송 중에 대리권이 수여된 경우, 특정후견의 재판을 받으면서 후견인에게 가정법원이 대리권을 수여한 경우를 말한다(제55조).

(4) 법정대리인의 사망이나 법정대리권의 소멸

법정대리인이나 법인의 대표자가(제64조) 사망하면 새로운 법정대리인이나 대표자, 또는 능력을 회복한 본인이 소송을 수계할 때까지 절차는 중단된다. 대리인의 사망 이외의 법정대리권의 소멸사유로는 본인의 사망과 대리인에 대한 성년후견의 개시나 파산(민 제127조), 본인의 능력 회복, 친권상실의 선고(민 제924조), 친권자의 대리권과 재산관리권상실의 선고(민 제925조), 친권자의 대리권과 재산관리권의 사퇴(민 제927조), 후견인의 결격사유 발생(민 제937조), 후견인의 사임이나 변경(민 제939조, 제940조), 후견사무의 종료(민 제957조) 등 다양하다.

법정대리권의 소멸은 이것을 **상대방에게 통지**하지 않으면 소멸의 효력을 주장하지 못하므로(제63조 1항) 일반적으로는 통지를 해야 절차가 중단된다고 볼 것이다. 그러나 이들 중에서 본인의 사망은 그 자체로 중단사유가 되므로 통지 없이도 당연히 중단된다. 그리고 통지를 필요로 하는 것은 대리권이 소멸한 전 법정대리인이 한 소송행위의 효력 유무를 정하는 기준을 정하려는 것이므로 전 법정대리인이 계속하여 소송행위를 할 가능성이 있는 경우에만 절차의 중단에 통지가 필요하다. 따라서 법정대리인이 사망하였거나 금치산선고를 받은 경우에는 통지 없이도 절차가 중단된다고 새겨야 한다.

(5) 수탁자의 임무종료

신탁법에 의한 수탁자의 위탁임무가 끝나면 새로운 수탁자가 수계할 때까지 절차는 중단된다(제236조). 여기서 말하는 수탁자에는 명의신탁관계의 수탁자는 포함되지 않는다.

(6) 소송담당자의 자격상실

일정한 자격에 의하여 자기 이름으로 남을 위하여 당사자가 된 사람이 그 자격을 잃은 경우에는 같은 자격을 가진 사람이 수계할 때까지 절차는 중단된다(제237조 1항). 여기서 **일정한 자격**에 의하여 당사자가 된 사람이란 소송담당자 중에서 파산관재인, 회생절차의 관리인, 유언집행자 등을 말한다. 채권자대위소송의 채권자, 채권질의 질권자, 추심소송의 채권자 등은 소송담당자가 아니므로[2] 이들이 채권자나 질권자의 지위에서 벗어났다고 해서 다른 채권자나 질권자가 수계할 수는 없다. 대표소송을 하는 주주는(상 제403조 3항) 소송담당자이지만 역시 일정한 법정자격에 의하여 당사자가 된 것이 아니므로 여기에 해당하지 않는다.

선정당사자 모두가 자격을 잃은 경우에도 선정자 모두가 수계하거나 새로운 선정당사자가 수계할 때까지 절차는 중단된다(제237조 2항).

(7) 파산선고, 파산해지, 회생개시결정, 회생절차 종료

당사자가 **파산선고**를 받으면 '채무자 회생 및 파산에 관한 법률'에 따른 수계가 있을 때까지 절차는 중단된다(제239조 1문). 그리고 수계가 이루어진 뒤에 파산절차가 해지된 때에는 파산선고를 받은 이가 수계할 때까지 절차는 중단된다(제240조). 파산선고로 절차가 중단되었으나 수계가 이루어지기 전에 파산절차가 해지된 경우에는 따로 절차가 중단되지는 않고 파산선고를 받은 이가 당연히 절차를 수계한다(제239조 2문).

회생절차개시결정이 있는 때에는 채무자의 재산에 관한 소송절차는 중단된다(채회 제59조 1항). 이때 관리인이나 상대방이 수계를 할 수 있는데, 수계 전에 회생절차가 종료하면 중단 없이 채무자가 당연히 소송절차를 수계한다(채회 제59조 3항). 수계 후에 종료하면 소송절차가 중단되고 채무자가 수계한다(채회 제59조 4항).

이러한 사유가 있을 때에는 종전 당사자에게 **소송대리인이 있어도** 절차는 중단된다. 위임이 종료하여 소송대리에 관한 기본관계가 소멸하여(민 제690조) 대리권이 소멸하기 때문이다.

채권자취소소송 중에 채무자에 대한 파산선고가 있으면 소송절차가 중단되고, 원고인 채권자에 갈음하여 파산관재인이 그 절차를 수계한다(채회 제406조, 제347조

---

2) 이들이 설사 소송담당자라고 하더라도 파산관재인 등과 같이 법이 정한 일정한 자격에 의하여 당사자가 된 사람이 아니므로 다른 채권자나 질권자가 수계할 수는 없다.

1항). 판례는 이 규정을 **채권자대위소송**에도 유추적용하여 대위소송 중에 채무자가 파산선고를 받으면 소송절차가 중단되고 채권자에 갈음하여 파산관재인이 수계할 수 있다고 한다.[3]

2. 중단되지 않는 경우

(1) 소송대리인의 존재

위에서 열거한 중단사유들 중에서 파산선고나 파산해지, 회생개시결정, 회생절차 종료로 말미암은 경우를 제외한 나머지 사유가 생겼을 때에 만일 그 사유가 생긴 당사자에게 소송대리인이 있으면 절차가 중단되지 않는다(제238조). 중단사유가 있으면 소송수행을 계속하는 것이 불가능하기 때문에 절차를 중단시키는 것인데, 소송대리인이 있으면 그가 대리하여 소송을 수행하므로 중단시킬 필요가 없다고 보았기 때문이다. 이러한 규율은 위와 같은 사유가 생겨도 소송대리권은 소멸하지 않기 때문에(제95조, 제96조) 가능하다. 그러므로 당사자가 변경될 사유가 생겼을 때에는 소송대리인이 특별한 절차 없이 새 당사자의 소송대리인이 된다.

(2) 소송대리권의 소멸시기

전의 당사자가 소송대리인에게 상소에 관한 대리권을 주지 않았으면 심급대리의 원칙상 그 심급이 끝나는 **판결정본의 송달**로 대리권은 소멸한다. 따라서 그때까지 수계가 이루어지지 않았으면 송달시점에 절차는 중단된다.[4]

전의 당사자가 소송대리인에게 **상소에 관한 대리권**을 주었으면 그 심급의 판결정본이 송달되더라도 대리권은 소멸하지 않고, 절차도 중단되지 않는다. 그러므로 상소기간은 진행하고, 만일 대리인이 그 기간 안에 상소를 제기하지 않으면 판결은 확정된다고 보게 된다.

판례는 소송대리인에게 상소에 관한 특별수권이 있어 그에 따라 상소를 제기하였으면 그 상소제기 때부터 소송절차가 중단된다고 한다.[5] 이는 상소를 제기하면 소송대리권이 소멸한다는 의미이고, 이는 또 상소제기의 특별수권이 '상소의 제기만을 위한' 대리권수여라고 새기는 것이다. 그러나 민사소송에서 소송대리권은 위임 받은 사건에 대하여 그 심급에서 특별수권사항을 제외한 일체의 소송행위를 할 수 있는 포괄적 대리권이고

---

3) 大判 2013. 3. 28, 2012다100746.
4) 大判 1980. 10, 14, 80다623 · 624; 大判 1996. 2. 9, 94다61649; 大判 2016. 4. 29, 2014다210449; 大判 2016. 9. 8, 2015다39357.
5) 위 2014다210449 판결; 2015다39357 판결.

(제90조) 그 범위는 특히 변호사가 대리인인 경우에는 제한할 수 없다(제91조). 그러므로 상소제기에 특별수권이 필요하다는 것은 한 번 대리권을 수여하면 모든 심급이 아니라 그 심급에서만 대리권을 수여한 것이며, 특별수권한 상소심에서의 대리권은 그 상소심의 한 심급에 관한 포괄적 대리권이라고 새겨야 한다.

(3) 소송대리권의 범위

절차가 중단될 사유가 생겼음에도 불구하고 소송대리인이 있으면 절차가 중단되지 않고 소송대리인이 계속 소송을 수행할 수 있도록 하였으나, 이때 대리권의 범위에 관하여는 아무런 규정을 두지 않았고 학설과 판례도 이 점에 관하여 대리권에 아무런 제한이 없는 것을 전제로 한다.

그러나 중단사유가 발생하고 수계가 있을 때까지는 당사자의 사망, 법인의 소멸, 수탁임무의 종료, 자격상실 등의 경우에는 실제로 당사자가 일시적으로 존재하지 않는 것과 같은 상태가 된다. 새로운 당사자가 이전 당사자가 선임한 소송대리인을 계속하여 신뢰하여 소송대리인으로 삼을 것인지가 불확실한 상태에서 소송대리인이 이미 수여받은 범위의 대리권을 모두 행사할 수 있다고 하는 것은 부당하다. 이런 상황에서의 소송대리인은 부재자 재산관리인(민 제25조)과 비슷한 지위에 있다고 보아 **소송을 유지하기 위한 행위만**을 할 수 있다고 새기는 것이 타당하다.

특히 상소 등 **특별수권사항**에 관하여는 **대리권이 소멸**한다고 보아야 할 것이다. 특별수권사항에 관하여는 당사자와 소송대리인 사이에는 신뢰관계가 매우 중요한데, 새 당사자가 그 소송대리인을 얼마나 신뢰할지를 알 수 없기 때문에 이처럼 제한하려는 것이다.[6]

소송대리인이 있어 절차가 중단되지 않는다는 것은, 예를 들어 당사자가 사망자임을 그대로 둔 채 수계 없이 소송대리인이 소송을 수행한다는 의미이다.[7] 그러나 상속인이 수계할 수 있는 상태가 되었음에도 불구하고 그대로 소송을 진행시켜 판결까지 선고할 수 있는가? 사망자가 계속 당사자로 남아 있는 것은 당사자능력의 흠결이 문제가 되므로 단순히 당사자들의 수계신청을 기다릴 것이 아니라 법원이 직권으로 조사하여 보정을 명하여 상속인이 수계하도록 해야 할 것이다.

---

6) 이처럼 중단사유가 생겨도 소송대리권에 아무런 제한을 가하지 않은 것은 특히 당사자가 죽은 경우에 상속이 개시되는 시점에 상속인이 당연히 당사자가 된다고 하는 당연승계 이론이 전제가 되어 있다. 당연승계 이론의 부당성에 관하여는 제10편 제2장 제3절 중의 포괄승계 부분 참조.

7) 당연승계론에 의하면 당사자는 상속인으로 변경되어 있다고 볼 것이다. 그러나 이는 형식적 당사자개념과 맞지 않다.

3. 중단의 효과

절차가 중단되면 당사자와 법원이 **절차를 진행시킬 수 없다.** 다만 판결은 선고할 수 있지만(제247조 1항),8) 선고한 판결정본의 송달은 무효이다.9) 상소기간 등 각종 기간도 진행되지 않고 수계인이 절차를 수계하여 그 사실을 통지해야 절차가 진행된다(제247조 2항). 그에 따라 수계인이 판결정본을 송달받아야 비로소 상소기간이 진행한다.

4. 중단의 해소

절차의 중단은 새로운 당사자나 법정대리인이 수계신청을 하거나 법원이 속행명령을 내리면 해소되어 절차의 진행이 재개된다.

(1) 수계신청

수계신청은 소송계속 중에 중단사유가 생긴 경우에 새로운 당사자나 법정대리인이 그 절차를 넘겨받도록 하는 신청이다. **수계신청권자**는 소송을 수계하여 새로 당사자나 법정대리인이 될 사람이다. 뿐만 아니라 상대방 당사자도 수계를 시키도록 신청할 수 있다(제241조). 신청을 할 법원은 중단 당시에 소송이 계속 중인 법원이다. 종국판결이 송달된 뒤에 중단된 경우에는 그 종국판결을 한 법원에 신청한다(제243조 2항).10)

당사자가 죽은 때에는 상속인이 수계하는 것이 원칙이나, 경우에 따라서 상속재산관리인, 유언집행자, 수증자 등이 수계를 할 수 있으므로 이들도 신청할 수 있다(제233조 1항 2문). 다만 그 당사자가 법정자격에 터잡은 소송담당자인 경우에는 같은 자격을 가진 사람이 수계한다(제237조 1항 2문). 선정당사자 모두가 죽은 때에는 선정자 모두나 새로운 선정당사자가 수계한다(제237조 2항 2문). **법인이 합병한 경우**

---

8) 그러므로 변론종결 후에 채무자 회사에 대하여 회생절차 개시결정이 있어서 소송절차가 중단되었더라도(채회 제59조 1항), 채무자 회사에 대한 판결 선고는 적법하다(大判 2008. 9. 25, 2008다1866).

9) 大判 2007. 12. 14, 2007다52997: 당사자가 사망한 뒤에 판결을 선고한 것은 적법하나, 그 판결정본의 공시송달은 무효이다.

10) 판례 중에는 소송 중에 중단사유가 생겼지만 소송대리인이 있어서 중단되지 않은 경우에는 판결정본의 송달로 중단되고, 이때에는 상급법원에 수계신청을 할 수 있다고 한 것이 있다(大判 1963. 5. 30, 63다123). 그러나 그 뒤에 상급법원에 수계신청할 수 있다고 판시한 사안들은 모두 이미 상속인들이 상소를 제기한 뒤에 신청한 사안들이어서 여기에는 해당하지 않는다. 예를 들어 大判 1966. 2. 9, 94다61649는 중단 중에 상속인이 상소한 경우에 관하여 이는 부적법하지만 상소심에서 수계신청을 하여 그 흠을 치유할 수 있다고 판시한 것이다.

에는 합병으로 설립된 새 법인이나 합병 뒤의 존속법인이 절차를 수계한다(제234조 2문). **소송능력을 상실**한 경우에는 법정대리인이 수계하거나 나중에 본인이 소송능력을 회복한 뒤에 수계할 수 있다. **법정대리권이 소멸**한 경우에도 새로 법정대리인이 된 사람이 수계하거나 나중에 본인이 소송능력을 회복한 뒤에 수계할 수 있다(제235조 2문). **수탁임무종료**의 경우에는 새로운 수탁자가 수계한다(제236조 2문). 소송담당자가 자격을 상실한 경우에는 그 담당자가 죽은 경우와 마찬가지로 취급한다(제237조). 당사자가 **파산선고**를 받은 경우에는 파산관재인이 수계하고, 수계 이전에 파산절차가 해지된 경우에는 파산선고를 받은 당사자가 수계신청 없이 당연히 수계하며(제239조 2문), 수계 이후에 파산절차가 해지된 경우에는 파산선고를 받은 이가 수계신청을 통하여 수계한다(제240조).

수계신청은 반드시 소송절차가 중단된 경우에만 할 수 있는 것은 아니다. 소송대리인이 있어서 절차가 중단되지 않은 경우에도 새로운 당사자가 신청할 수 있다.[11]

수계신청에 대하여는 법원이 직권으로 조사하여 이유가 없으면 결정으로 기각한다(제243조 1항). 이 결정에 대하여는 항고할 수 있다(제439조). 수계신청이 이유 있으면 이를 판단하는 재판을 할 필요없이 법원은 소송절차를 진행시킨다.

(2) 속행명령

법원은 아무도 소송을 **수계하지 않아서** 절차를 진행시킬 수 없을 경우에는 직권으로 절차를 계속하도록 명할 수 있다(제244조). 사건이 장기간 해결되지 않고 방치되는 것을 막으려는 취지이다. 이때 속행명령의 상대방은 새로 수계할 사람, 예를 들면 상속인, 합병에 의하여 설립된 법인, 선정자 전원 등이다. 속행명령은 중간적 재판이므로 이에 대하여는 독립하여 불복할 수 없다.

Ⅲ. 소송절차의 중지

절차의 중지사유는 다음과 같다.

1. 법원의 직무수행 불가능

천재지변이나 그 밖의 사고로 **법원이 직무를 수행할 수 없을 경우**에는 절차는

---

11) 大判 1972. 10. 31, 72다1271 · 1272; 大判 2008. 5. 15, 2007다71318.

그 사고가 소멸될 때까지 중지된다(제245조). 이 경우에는 법률상 당연히 절차가 중지되고, 법원의 재판이 필요하지 않다. 단순히 법원을 구성하는 개별 법관이 직무를 수행할 수 없는 경우는 여기에 해당하지 않는다.

2. 당사자의 장애사유

당사자에게 일정하지 않은 기간 동안 소송행위를 할 수 없는 장애사유가 생긴 경우에는 법원은 절차의 중지를 명하는 결정을 할 수 있다(제246조). 전쟁이나 천재지변으로 교통이 두절된 경우나 당사자의 중병으로 법원에 출석도 할 수 없고 대리인이나 법원에도 연락할 수 없게 된 경우를 말한다.

3. 다른 절차의 진행

다른 절차와의 관계 때문에 **소송을 계속 진행시키는 것이 부적당**하여 중지하는 경우가 있다. 그 예로는 법원의 위헌 여부 심판 제청(헌재 제42조), 조정 회부(민조규 제4조), 회생절차의 개시 신청(채회 제44조 1항), 외국 도산절차의 승인(채회 제636조 1항) 등이 있다. 다른 민사사건이나 형사사건의 판결이 선결관계에 있는 경우에도 중지를 명할 수 있다고 새기는 견해가 있다.[12] 실무상 법원이 재량으로 사건의 중지를 명하거나 기일의 추후지정으로 결과를 기다리는 일이 많다고 한다.[13] 독일 민사소송법은 제148조에서 이에 관한 명문의 규정을 두고 있는데, 우리나라에는 독일법과 같은 규정은 없지만 기일의 추후지정이라는 편법을 사용하는 것보다는 법관의 **소송지휘권**을 행사하여 중지를 명하는 것이 타당할 것이다.

IV. 정지의 효과

1. 당사자의 소송행위

절차가 정지된 경우에 당사자는 **소송행위를 할 수 없다.** 상소도 여기에 해당한다. 정지 중에 한 당사자의 행위는 무효이지만, 수계나 속행 뒤에 추인하면 유효가 된다.[14] 다만 소송절차 밖에서 하는 소송행위, 즉 소송대리권의 수여, 소송대리인의

---

12) 方順元, 525; 李英燮, 220; 鄭·庚·金, 717.
13) 이시윤, 473.
14) 김홍엽, 597에서는 여기에 덧붙여 상대방의 이의권이 상실되면 소송절차 정지 중의 당사자의 소송행위가 유효하게 된다고 한다.

해임, 소송구조신청 등은 할 수 있다.

2. 법원의 소송행위

절차가 정지된 경우에 법원은 기일을 지정하여 통지하거나, 증거조사 등의 행위를 할 수 없다. 이에 위반한 **법원의 행위는 무효**이다. 정지 중에도 판결을 선고할 수는 있다(제247조 1항). 여기서 판결을 선고할 수 있다고 한 것은 이미 변론을 종결한 뒤에 정지사유가 생긴 경우를 말한다. 이때는 법원이 더 이상 심리를 하지 않기 때문에 무방하다고 본 것이다. 변론을 종결하기 전에 정지사유가 생겼음에도 불구하고 **심리를 계속하여 판결을 선고**한 경우에는 그 판결은 위법한 것이 된다. 그 판결이 무효인가에 관하여 판례는 과거에 당연 무효라고 한 태도를 바꾸어 절차상 위법은 있지만 당연무효는 아니고 대리권에 흠이 있는 경우에 준하여 상소나 재심으로 다툴 수 있다고 하고,[15] 이를 긍정하는 것이 다수설이다.[16] 그러나 이는 재판청구권을 침해할 가능성이 있는 태도로 타당하지 않다. 상소나 재심으로 구제받을 수 있다고 하나, 절차가 정지된 상태에서 변론을 종결하고 선고한 판결을 대리권 흠결에 준하여 취급하는 것은 법리상 견강부회에 불과하다. 일반 법리에 따라 **판결이 무효**라고 볼 것이다. 특히 당사자가 죽은 경우에는 상속인이 당연히 당사자가된다고 보는 것은 타당하지 않으므로 이러한 판결은 당사자능력이 소멸된 뒤의 판결이어서 무효라고 보는 것이 타당하다.

3. 기간의 정지

절차의 정지는 기간의 진행을 정지시킨다. 그 기간은 수계사실을 통지한 때나 절차를 다시 진행한 때부터 처음부터 새로이 진행된다(제247조).

---

15) 大判(全) 1995. 5. 23, 94다28444.
16) 강현중, 417; 김홍엽, 598; 宋·朴, 389; 이시윤, 474.

제 3 장   當事者處分權主義

제 1 절   總   說

Ⅰ. 의   의

처분권주의는 당사자가 요구할 때에만, 당사자가 요구하는 사항과 범위에 관하여서만, 그리고 요구할 때까지만 법원이 심판할 수 있다는 원칙이다(제203조). 즉 당사자에게 소송절차에서의 주도권을 주어 절차는 당사자의 신청이 있어야 개시되고, 법원의 심판의 대상과 범위 및 모습은 당사자의 신청에 의하여 결정되고, 당사자의 의사에 따라 소취하, 청구의 포기·인낙, 재판상화해 등 행위를 통하여 절차를 종료시킬 수 있도록 한 원칙을 말한다.

Ⅱ. 취   지

우리 민사소송법이 처분권주의를 취한 것은, 실체사법에서 대원칙으로 삼고 있는 **사적자치**의 원칙이 반영된 결과이다. 민사소송은 원칙적으로 개인 간의 사적 분쟁을 해결하려는 절차이므로 소송에서도 개인에게 주도권이 주어지지 않으면 사적자치는 유명무실하게 될 것이다.

제 2 절   審判의 對象

처분권주의는 **소송의 개시 단계**에서는 '소 없으면 재판 없다'는 원칙으로 나타난다는 점은 앞에서 설명하였다. 비록 법원이 어떤 경로로 사회 한 구석에서 권리침해가 발생하였다는 사실을 알았다고 하더라도 소제기가 없는데 법원이 스스로 당사자들을 불러 심리하고 재판하는 것은 불가능하다.

처분권주의는 소송의 개시 단계에만 적용되는 원칙이 아니다. **소송의 진행 단계**에서도 법원이 어느 범위에서 심판할 수 있는가를 정하는 원칙이기도 하다. 여기서 법원의 심판 범위는 양적인 범위와 질적인 범위를 모두 포함한다.

I. 양적 한계

법원은 당사자가 요구 내지 **신청한 양의 소송물만큼만** 심리하여 재판할 수 있다. 처분권주의 때문에 그 범위에서만 **소송계속**이 생기기 때문이다.[1]

《사례 1》 돈 많은 과부인 甲의 집 윗층에 영화배우 乙이 매달 300만원씩 월세를 내기로 하고 甲과 임대차계약을 체결하여 살고 있었다. 그러나 乙이 1년째 월세를 내지 않고 있었다. 甲은 乙을 상대로 밀린 월세 3,600만원을 지급하라고 판결해 달라는 내용의 소를 제기하였다. 법원이 심리한 결과 제소 당시에는 밀린 월세가 3,600만원이었지만 변론종결 당시에는 월세가 5,400만원이었다. 이때 법원이 피고에게 5,400만원을 지급하라고 판결할 수 있는가?

이 사례에서 비록 법원이 甲이 乙로부터 받을 수 있는 금액이 5,400만 원임을 알았다고 하더라도 甲이 심판해 달라고 신청한 금액이 3,600만 원이기 때문에 3,600만 원 이상의 금액을 인정하는 판결은 할 수가 없다. 甲이 乙로부터 얼마의 금전을 받을 것인가는 甲이 자치적으로 정할 일이지, 법원이 간섭할 일이 아니기 때문이다. 만일 甲이 소송 중에 생각이 바뀌어 청구 금액을 5,400만 원으로 확장하면 법원이 5,400만 원을 지급하라고 판결할 수 있음은 물론이다.

이처럼 법원의 심판 범위가 원고가 신청한 금액에 제한된다는 것은 하나의 소송물의 범위 안임을 전제로 한다. 청구를 병합한 경우에 여러 개의 소송물의 청구 금액을 모두 합산하여 범위를 넘었는지 여부를 판단하는 것이 아니다.

1. 손해의 종류와 소송물

《사례 2》 프로골프 선수인 甲은 乙의 폭행으로 오른쪽 눈을 실명하였다. 이에 甲은 乙을 상대로 치료비 1,000만원, 장래의 일실수익 2억원, 위자료 5천만원의 지급을 구하는 소를 제기하였다. 법원이 심리해 보니 甲이 지급한 치료비는 500만원, 장래의 일실수익이 2억 2천만원, 위자료가 3천5백만원이 타당하다는 결론이 나왔다. 법원은 乙에게 얼마를 지급하라고 판결할 수 있는가?

---

[1] 유류분 반환청구에도 처분권주의가 적용된다고 한 판례: 大判 2013. 3. 14, 2010다42624 · 42631.

우리 판례는 이런 사례처럼 하나의 사고로 적극적 손해, 소극적 손해(일실이익), 정신적 손해가 발생했을 때 각 손해에 대한 배상청구는 각기 다른 소송물을 이루는 것이라고 하여(**손해3분설**), 법원은 각 손해 항목에서 원고가 청구한 금액을 초과하여 인정할 수 없다고 한다.[2] 따라서 판례에 의하면 법원은 乙이 甲에게 치료비 500만 원, 일실수익 2억 원, 위자료 3,500만 원을 지급하라고 판결하게 될 것이다.

이에 대하여 학설 중에는 일본의 판례를 따라서 이들을 모두 하나의 소송물로 보아야 한다는 견해(**손해1개설**)가 있다.[3] 이 견해는 각 손해의 종류는 인적 손해를 금전적으로 평가하기 위한 항목에 지나지 않고, 위자료의 보충작용, 손해배상사건의 비송적 성격 및 피고의 보호 등을 근거로 든다. 손해1개설에 의하면 이 사례에서 甲이 청구한 총액이 2억 6천만원인데 법원이 인정한 총액 역시 2억 6천만원이므로 법원은 乙에게 甲이 청구한 전액을 지급하라고 판결할 수 있다는 것이다.

판례는 손해를 재산적 손해와 비재산적 손해로 나누고 비재산적 손해에는 정신적 고통만이 아니라 그 밖의 무형의 손해도 포함되고, 이들에 대한 배상청구는 독립된 하나의 소송물이라고 하면서[4] 위자료의 보충작용을 재산적 손해를 충분히 배상받지 못한 것을 위자료로 때운다는 의미가 아니라, 재산상 손해의 발생이 인정되는데도 손해액의 확정이 불가능하여 그 손해전보를 받을 수 없게 됨으로써 피해회복이 충분히 이루어지지 않는 경우에 이를 참작하여 위자료액을 증액함으로써 손해전보의 불균형을 어느 정도 보완하고자 하는 것이라고 제한적으로 파악한다.[5] 그리하여 함부로 그 보완적 기능을 확장하여 그 재산상 손해액의 확정이 가능함에도 불구하고 편의한 방법으로 위자료의 명목 아래 사실상 재산상 손해의 전보를 꾀하는 것과 같은 일은 허용되지 않는다고 한다.[6]

생각건대 **손해1개설**은 재산적 손해와 정신적 손해는 완전히 다른 손해라는 기

---

2) 大判 1976. 10. 12, 76다1313; 大判 1977. 3. 22, 76다839. 적극적 손해와 소극적 손해가 별개의 소송물이라고 한 판례는 大判 1992. 6. 23, 91다43657; 大判 1994. 10. 7, 94다16960; 大判 1997. 1. 24, 96다39080. 鄭 · 庚 · 金, 308은 大判 1994. 6. 28, 94다3063을 인용하면서 대법원이 세 손해개념 사이의 엄격한 구별을 완화하고 있다고 소개한다.

3) 金 · 姜, 367; 이시윤, 334.

4) 大判 2020. 12. 24, 2017다51603.

5) 大判 1984. 11. 13, 84다카722.

6) 大判 2004. 11. 12, 2002다53865; 大判 2007. 12. 13, 2007다18959; 大判 2010. 12. 9, 2007다42907; 大判 2017. 11. 9, 2013다26708 · 26715 · 26722 · 26739(원심이 소극적 손해의 확정을 시도하지 않고 위자료액을 증액하면서 질병에 의한 노동능력상실이 있을 수 있다는 점을 사유로 삼은 것은 위자료의 명목 아래 재산상 손해의 전보를 꾀하는 것에 해당하여 허용될 수 없다고 판시).

본 개념을 무시한 이론이다. 아직 서구식의 법체계에 익숙하지 않은 일본이나 우리나라에서는 위자료의 보충작용이 이해될 수 있을지 모르지만, 피해자가 입은 재산상의 손해와 정신적 고통은 배상방법이 비록 금전지급으로 같지만 그 법적 성격이전혀 다른 것이다. 판례가 제한적으로나마 위자료의 보충적 작용을 긍정하는 것도 위자료의 법적 성격을 손상하는 것인데, 손해1개설은 이러한 두루뭉수리식 재판을 드러내놓고 부추기는 견해로 타당하지 않다.[7][8]

손해3분설이 같은 재산상 손해를 다시 적극적 손해와 소극적 손해로 나누어서 그 각각의 배상청구가 다른 소송물이라고 보는 것은 지나치게 세분한 것이다. 적극적 손해와 소극적 손해의 법적 성격에는 차이가 없고, 재산적 손해의 각 항목에 지나지 않으므로 하나의 소송물에 포함된다고 보는 것이 타당하다. 그러므로 손해를 재산적 손해와 정신적 손해로 나누어 그에 따라 소송물을 정할 것이다(**손해2분설**). 다만 원고가 예컨대 소극적 손해의 발생 사실을 주장하지 않으면 변론주의에 의해서 법원이 그 사실을 인정할 수 없다는 제약이 생긴다.

2. 일부청구와 과실상계

손해배상 청구에서 또 하나 문제되는 것은 일부청구를 하였을 때 과실상계의 계산 방법이다. 이에는 우선 손해액 전체를 산정하고, 이를 기준으로 과실상계하여 산출된 배상액이 청구액을 넘지 않으면 청구액 전부를 인용할 수 있고, 만일 청구액을 넘으면 그 청구액의 한도에서만 인용하면 된다는 입장(**외측설**)과,[9] 청구금액을 기준으로 미리 과실상계를 하여야 한다는 입장(**안분설**)이 있다.

---

7) 이시윤, 334에서 大判(全) 2015. 1. 22, 2012다204365가 민주화운동 관련자 보상결정에는 적극적, 소극적 손해배상과 위자료가 모두 포함된다고 판단하여 따로 위자료를 청구한 소를 각하하였다고 소개하고, 이를 손해3분설이 허물어지는 징조라고 평가한다. 그러나 이는 정확한 소개가 아니다. 위 보상에는 민주화보상법의 입법취지상 피해자들의 위자료에 해당하는 명예회복을 위한 보상도 이미 포함되어 있고, 그 보상결정에 원고들이 동의한 내용에는 "보상금 등을 받은 때에는 어떠한 방법으로라도 다시 청구하지 않을 것임을 서약한다"는 내용이 들어있다. 법원이 그 때문에 위자료 청구의 소를 각하한 것이지 피해자들의 손해가 1개라고 해서 각하한 것이 아니다.

8) 憲決 2018. 8. 30, 2014헌바180 · 304 등은 민주화보상법에서 보상과 배상의 대상으로 정신적 손해에 관하여는 규정하지 않았음에도 불구하고 그 법 제18조 2항에서 "이 법에 따른 보상등의 지급 결정은 신청인이 동의한 경우에는 민주화운동과 관련하여 입은 피해에 대하여 「민사소송법」에 따른 재판상 화해가 성립된 것으로 본다."고 규정하여 정신적 손해도 포함된 것으로 규정한 것은 위헌이라고 하였다. 그 이후에 大判 2023. 2. 2, 2020다270633은 보상금지급결정에 동의한 신청인이 뒤에 제기한 위자료 청구의 소가 적법하다고 한 원심의 판시가 정당하다고 판시하였다.

9) 판례는 외측설을 따르고, 이렇게 하는 것이 일부청구를 하는 당사자의 통상적 의사에 맞다고 한다 (大判 1976. 6. 22, 75다819; 大判 2008. 12. 24, 2008다51649).

《사례 3》　　프로골프 선수인 甲은 乙의 폭행으로 오른쪽 눈을 실명하였다. 이에 甲
은 乙을 상대로 장래의 일실수익 2억원의 지급을 구하는 소를 제기하였다. 그러나 乙
은 변론에서 주장하기를 甲이 길거리에서 골프채를 휘두르다가 乙의 승용차 유리를 깨
었기 때문에 시비가 붙게 되었고, 그 과정에서도 甲이 먼저 乙에게 폭행을 하기 시작
한 것이라고 하였다. 법원이 심리해 보니 甲의 일실수익은 4억원이고, 甲의 손해 발생
에 대한 과실의 비율이 40%라고 판단되었다. 이때 법원은 손해액으로 얼마를 인정할
수 있는가?

이 사례에서 외측설에 의하면 甲이 배상받을 금액이 전체 일실수익의 60%인
2억 4천만원이 되는데, 甲의 청구금액이 2억원에 불과하므로 법원은 甲의 청구를
전부 인용하는 판결을 하게 된다. 그러나 안분설에 의하면 甲이 청구한 2억원에서
40%를 감하게 되므로 전체 일실수익과는 관계없이 법원은 1억 2천만원만을 인용
하게 된다. 어떤 방법에 의할지는 일률적으로 정할 것이 아니라, 우선 법원이 **원고
에게 석명**을 하여 청구의 내용을 밝히고, 석명이 안 될 경우에는 당사자의 의사를
해석하여 정할 일이다. 이러한 경우에 원고가 일부만을 청구하는 것이 자기에게 과
실이 있음을 인정하여 스스로 미리 감액하여 청구하는 것일 수가 있으므로 외측설
에 의하여 산출하여도 무방할 것이다. 그러나 원고가 그러한 진술을 전혀 하지 않
고 명시적으로 잔부를 더 청구할 뜻을 밝히면서 일부청구를 하는 경우에는 오히려
안분설에 따르는 것이 당사자의 의사에 더 합당할 것이다.

3. 일부인용

법원은 원고가 청구한 범위보다 양적으로 적은 내용의 판결을 할 수 있음은 물
론이다. 전형적인 경우가 5천만원의 지급을 청구한 데 대하여 3천만원만 인용하고
나머지 2천만원은 기각하는 것(청구의 일부기각＝일부인용)이다. 이처럼 금액의 일
부만을 인용하는 것이 아니라 **청구의 내용에 대한 일부인용**도 가능하다.[10] 판례가
토지의 특정 매수부분의 소유권에 기하여 분할이전등기를 구하는 취지에는 지분권
이전등기를 구하는 취지가 포함되어 있다고 보는 것[11] 등이 그 예이다. 원고가 단
순한 이행청구를 하였는데, 피고의 동시이행이나 유치권의 항변이 받아들여질 경우

---

10) 일부인용이 가능하다는 것은 일부인용을 하는 경우가 있다는 것이지 일부인용을 해야 할 경우에
해도 되고 안 해도 된다는 말은 아니다. 청구 중 일부만이 이유 있을 경우에는 일부인용을 '해야 한다'.
일부인용의 여러 문제점에 관하여는 鄭丞娟, 請求의 一部認容에 관한 研究, 서울대학교 석사학위논문,
2003 참조.

11) 大判 1974. 9. 24, 73다1874.

에는 원고가 반대하지 않으면 원고의 청구를 축소하는 의미를 가진 상환이행판결을 하면 될 것이다.

《사례 4》　　甲은 한식집인 "암소가든"을 경영하고 있는데, 자금사정이 좋지 않아 乙은행에서 5천만원을 융자받으면서 암소가든 건물에 저당권을 설정하였다. 그로부터 3년 뒤에 甲은 乙에게 채무를 전액 변제하였음에도 불구하고 乙이 저당권설정등기를 말소하여 주지 않는다고 주장하여 乙을 상대로 저당권설정등기 말소등기를 청구하는 소를 제기하였다. 이에 대하여 乙은 아직 채권이 소멸하지 않았다고 주장하였다. 법원이 심리하여 보니 甲이 아직 1천만원을 변제하지 않고 있었다. 이 경우에 법원은 어떻게 판결할 수 있는가?

이러한 경우에 보기에 따라서는 甲이 저당권이 소멸되지도 않았는데 저당권 설정등기를 말소하라는 청구를 한 것이므로 甲의 청구는 이유가 없다고 하여 기각판결을 해야 한다고 생각할 수도 있을 것이다. 그러나 이 청구에는 결과적으로 장래에 있을 변제를 조건으로 등기를 말소하라는 청구가 포함되어 있다고 보아 남은 채무의 이행을 조건으로 청구를 인용할 수가 있다.[12]

4. 이행의 방법

채무자의 손해배상이나 반환을 이행하는 방법에도 처분권주의가 적용되는가? 판례는 일시금으로 청구하였는데, 정기금으로 지급을 명하는 것이나 그 반대의 경우도[13] 가능하다고 본다.

불법행위 피해자가 후유장애로 장래에 계속적으로 치료비 등을 지출하여야 하는 경우 중에 식물인간 등의 경우와 같이 그 후유장애의 계속 기간이나 잔존 여명이 단축되는 정도 등을 확정하기 곤란하여 일시금 지급 방식으로는 현저하게 불합리한 결과를 초래할 우려가 있는 경우가 있다.

이런 경우에는 원고가 일시금 지급을 청구하였다고 해서 일시금 지급을 명하는 데에는 신중해야 할 것이다.[14] 그리고 사고로 인한 여명 단축 기간이 기껏해야 2년 정도인 20세의 피해자가 완고하게 일시금 지급을 주장하는 경우에 관하여 판례는 원심이 정기금 지급을 명한 것은 잘못이라고 한 판례도 있다.[15]

---

12) 大判 1988. 1. 19, 85다카1792; 大判 1992. 7. 14, 92다16157.
13) 大判 1970. 7. 24, 70다621; 大判 1991. 10. 8, 90다19039; 大判 1992. 10. 27, 91다39368.
14) 大判 2021. 7. 29, 2016다11257.
15) 大判 1994. 1. 25, 93다48526.

유류분 반환 방법에 관하여 판례는 처분권주의를 따른다. 유류분 반환은 원물반
환이 통상적인 방법이어서 유류분권리자가 원물반환을 청구하면 원물반환을 명하
여야 하고,16) 원물반환이 불가능하거나 현저히 곤란한 경우에 가액반환을 청구할
수 있지만, 유류분권리자가 불이익을 감수하면서 원물반환을 청구할 경우에는 법원
은 그에 따라 원물반환을 명하여야 한다고 본다.17)

이처럼 원고 청구의 의미를 벗어나지 않는 범위에서 구체적인 사정을 고려하여
신축적으로 파악하는 것이 원고의 의사에도 합치하고, 소송경제를 기할 수 있을 것
이다.

II. 질적 한계

1. 소 송 물

《사례 5》　　甲의 소유인 토지에 乙이 무허가 가건물을 지어 음식점 "황소가든"을
운영하고 있었다. 이에 甲은 乙을 상대로 소유권에 기하여 토지인도를 구하는 소를 제
기하였고 乙은 그 토지가 자기 소유라고 주장하고, 만일 자기 소유가 아니라도 乙은
그 토지를 甲으로부터 임차하였는데, 아직 임대차기간이 종료하지 않았다고 주장하였
다. 법원이 심리하여 보니 토지 소유자는 甲이지만, 乙은 그 토지에 대하여 임차권을
갖고 있었다. 법원은 그 토지의 소유자가 甲임을 확인한다고 판결할 수 있는가?

앞에서도 말한 바와 같이 법원은 원고가 특정하여 재판을 구한 소송물과 **다른
소송물**에 대하여 재판하여서는 안 된다.18) 처분권주의 때문에 원고가 특정한 소송
물에 대해서만 소송계속이 생기기 때문이다.

그 하나로, 원고가 정한 **소의 종류**를 벗어난 재판을 하여서는 안 된다. 위 사례
에서 원고는 이행의 소를 제기하여 이행판결을 구하였는데 법원이 그 이행청구의
내용에 포함되어 있다고 볼 수 있는 내용의 확인판결을 한 것이지만, 이는 원고가
특정한 소송물과는 다른 소송물에 대한 재판이므로 허용되지 않는다.19)

《사례 6》　　甲의 소유인 토지에 乙이 매년 1천만원의 지료를 지급하기로 하고 건물
의 소유를 목적으로 지상권을 설정받아 건물을 지어 "뿔소가든"을 경영하고 있었다. 그

---

16) 大判 2006. 5. 26, 2005다71949.
17) 大判 2014. 2. 13, 2013다65963; 大判 2022. 2. 10, 2020다250783.
18) 大判 2009. 11. 26, 2008다23217: 원고가 주장한 것과 다른 날짜, 다른 당사자의 매매계약을 인정
하여 매매대금 지급을 명한 사안.
19) 청구기각 판결은 확인판결이나 이러한 문제는 없다.

뒤 지상권 기간이 만료하여 지상권 소멸의 등기까지 하였으나 乙이 여전히 뽕소가든을
경영하면서 토지를 인도할 생각을 하지 않자 甲은 乙을 상대로 그 건물의 철거와 토지
의 인도를 구하는 소를 제기하였다. 이에 대하여 법원은 민법 제285조 2항에 따라 甲
이 건물의 매수를 구하는 것으로 보고 乙은 甲의 매매대금의 지급과 상환으로 건물을
명도하라고 판결할 수 있는가?

건물철거와 토지인도청구에 대하여 지상권자가 **건물매수청구권**을 행사할 수가
있는데(민 제283조 2항), 이때는 원고가 청구를 (매매대금 지급과 상환으로) 건물인도
를 구하는 것으로 변경하지 않으면 패소할 위험이 있다. 이런 경우에 원고의 건물
철거와 토지인도청구에 매매대금 지급과 상환으로 건물인도청구가 포함되어 있다
고 보고 이를 인용하는 판결이 허용되는지가 문제되는데, 이는 어느 모로 보아도
소송물이 다른 경우여서 이러한 판결은 처분권주의 위반으로 허용되지 않는다. 이
때는 법원이 석명권을 행사하여 원고가 청구를 변경할 것인지 여부를 밝혀야 하고,
그에 따라 원고가 청구를 변경한 뒤에야 매매대금과 상환으로 건물을 명도하라는
판결을 할 수 있다는 것이 판례이다.[20] 이때 하는 석명은 통상적인 석명(제136조 1
항)이 아니라 원고가 간과한 법률적 사항의 지적(제136조 4항)이 될 것이다.

판례는 원고가 피고의 주장을 반박하느라고 주장한 것을 새로운 청구를 선택적
으로 병합하였다고 해석하여 그에 관하여 판결을 하는 것은 원고가 신청하지도 않
은 사항에 대한 판결로, 처분권주의를 위반한 잘못이 있다고 하였다.[21]

판례는 채권자가 채무자에 대한 청구와 제3채무자에 대한 대위청구를 병합하여
두 피고의 채무가 **연대채무나 부진정연대채무**라고 하여 그의 이행을 청구하였는데
개별 채무의 이행을 명한 것은 청구의 범위를 넘는 것으로 처분권주의 위반이라고
한다.[22] 이러한 경우에는 피고들의 채무가 (부진정)연대채무라는 원고의 주장은 법

---

20) 大判(全) 1995. 7. 11, 94다34265 참조. 이 판결은 임대차 사건에 관한 것으로, 지상권 사건에도
통용될 것이다.

21) 大判 2020. 1. 30, 2015다49422(선행소송에서 기술제휴계약 위반을 이유로 물품의 제작, 판매, 기
술사용 등의 금지와 위약금 등 청구의 소를 제기하여 일부 승소한 확정판결을 받은 원고가 피고와 판결
에 따른 금전지급의무 중 일부를 면제하고 나머지 의무를 피고가 성실히 준수하기로 맺은 약정을 피고가
위반하여 계속 물품을 제작, 판매하였다고 하여 물품 제조 금지와 손해배상을 청구하는 소를 새로 제기
하였다. 변론에서 피고가 선행판결의 효력이 영업비밀에 한정되는데 이미 영업비밀성은 소멸되었다고 한
주장에 대하여 원고가 반박하면서 그 기술정보가 영업비밀에 해당하는 것이라고 반박한 것을 항소심 법
원이 원고가 부정경쟁방지법상의 금지청구와 손해배상청구를 본래의 청구와 선택적으로 추가하였다고 임
의로 해석하고는 부정경쟁방지법을 적용하여 청구를 일부 인용하는 판결을 한 사안).

22) 大判 2014. 7. 10, 2012다89832. 원고가 채무자에게는 자기 청구를 하고 제3채무자에게는 채무자
를 대위하여 청구하면서, 두 피고의 채무는 부진정연대채무임을 전제로 피고들은 연대하여 일정 금액을
지급할 것을 구하였는데, 원심에서는 피고들의 각 채무가 연대 또는 부진정연대채무가 아니라고 판단하

률적 주장이므로 법원을 구속하지 않고, 법원은 직권으로 개별채무라고 판단할 수가 있다. 그러므로 법원은 이러한 **법적 사항을 지적**하여 원고에게 청구취지를 변경할 기회를 주고(제136조 4항), 만일에 원고가 청구취지를 변경하지 않으면 (부진정) 연대채무가 아니라고 하여 청구를 기각할 것이다.

법원은 원고의 소송상청구를 누락하고 재판해서도 안 됨은 물론이다. 원금채권과 그 채무의 이행지체로 생긴 지연손해금채권이 확정된 뒤에 이들 채권의 시효중단을 위해서 새로 소를 제기한 경우에 원고의 원금채권과 확정된 지연손해금채권과 그에 대한 지연손해금채권의 청구는 각기 별개의 소송상청구(소송물)이어서 법원은 이들 모두에 대하여 각기 재판하여야 한다.[23]

2. 청구의 순서

《사례 7》　　甲은 모짜르트 피아노소나타 전집 LP 원반을 소중히 간직하고 있는데, 乙이 이를 알고 테이프에 녹음해 듣고 싶으니 빌려달라고 졸랐다. 마지못해 甲은 이를 3개월간 乙에게 빌려 주었다. 3개월 뒤에 甲이 乙에게 음반의 반환을 요구하자 乙은 우물우물 분명한 설명도 없이 "문제가 좀 생겼으니 며칠만 기다려 달라"면서 계속 반환하지 않았다. 이에 그 음반들이 못쓰게 되었거나 乙이 어디로 팔아먹은 것이 아닌가 하는 의심이 생긴 甲은 乙을 상대로 그 음반들을 반환할 것을 구하는 소를 제기하면서, 음반을 반환하는 것이 불가능하게 된 경우에 대비해서 손해배상을 구하는 청구를 병합하였다. 법원이 심리해 보니 그 음반들은 乙이 난로 옆에 놔 두어 모두 심하게 휘어서 못쓰게 되었음이 밝혀졌다. 이에 법원은 乙에게 손해배상을 명하는 판결을 선고하였다. 이 판결은 타당한가?

처분권주의는 원고가 정한 청구의 순서에도 적용된다. 법원은 그 순서와 달리 재판할 수가 없다. 〈사례 7〉에서 甲이 우선 음반의 반환을 청구하고, 만일에 그것이 불가능한 경우에 대비해서 손해배상을 청구한 것이므로 두 개의 청구에 순서를 붙인 것이다. 이러한 병합의 형태를 **예비적병합**이라고 한다. 여기서는 음반이 못쓰게 되면 손해배상을 구하는 것이 예비적 청구의 내용이다. 예비적청구가 이유 있다고 하여 이를 인용하는 판결을 하였지만 주위적 청구에 대하여 전혀 재판을 하지 않은 것이 잘못이다. 그러므로 위 사례에서 법원은 주위적 청구에 대하여 기각판결

면서 각 피고에 대하여 개별적으로 일정 금액을 지급할 것을 명한 사안이다. 원심에서 지급을 명한 개별 채무액의 합계가 원고가 연대하여 지급할 것을 구한 금액의 일부이므로 양적 한계의 문제는 아니다.

23) 大判 2022. 4. 14, 2020다268760(원본채권과 확정된 지연손해금채권의 청구는 인용하고 나머지 청구는 기각하여 결과적으로 새로 청구한 지연손해금 부분을 기각한 원심판결을 파기하고 자판한 사안).

을 하면서 예비적 청구에 대하여 인용판결을 하였어야 한다.

3. 예 외

경계확정의 소나 공유물분할의 소와 같은 **형식적 형성의 소**에서는 처분권주의는 제한적으로만 적용된다. 즉 예컨대 인접 두 토지의 경계확정을 구한다는 청구에는 법원이 구속되지만 두 토지의 경계가 이러저러하다고 확정해달라는 청구에는 구속되지 않고, 법원이 스스로 판단하여 자유롭게 경계를 정할 수 있다.

Ⅲ. 상 소

상소심의 심판에도 처분권주의가 적용된다. 기본적으로 불복이 있는 당사자가 상소를 제기하지 않으면 상소심의 심판은 이루어지지 않는다. 그리고 상소심의 심판 범위도 상소인이 결정한다. 즉 상소법원은 상소인이 **불복한 범위 안**에서만 심판할 수 있고, 그 범위를 넘는 부분에 대하여 심판하여서는 아니 된다.

《사례 8》　　甲은 乙을 상대로 4천만원의 지급을 청구하는 소를 제기하였는데, 제1심 법원이 3천만원을 인용하는 판결을 선고하였다. 이에 甲이 항소하였는데, 항소법원이 심리하여 보니 甲이 乙로부터 받을 돈이 2천만원에 불과하였다. 이때 항소법원은 "피고는 원고에게 2천만원을 지급하라"고 판결할 수 있는가?

이 사례에서 甲이 항소한 것은 1천만원의 청구가 기각당하였음에 불복하여 이 부분도 마저 인용판결을 받기 위함이다. 즉 3천만원의 인용판결보다 더 유리한 판결을 구하여 항소한 것이다. 따라서 항소심의 심판범위도 甲의 청구를 3천만원보다 더 많이 인용할 것인지 여부에 국한되고, 3천만원보다 더 불리하게 판결하는 것은 허용되지 않는다. 이처럼 처분권주의로 인하여 상소인에게 불이익하게 원판결을 변경하는 것을 금지하려는 것을 **불이익변경금지**라고 한다.

《사례 8a》　　〈사례 8〉에서 만일 乙도 항소하였다면 항소법원이 "피고는 원고에게 2천만원을 지급하라"고 판결할 수 있는가?

불이익변경금지는 쌍방 당사자가 모두 상소할 때에는 적용되지 않는다. 이 사례에서 甲은 3천만원보다 많이 판결해 달라고 항소하였지만, 乙도 3천만원보다 적게 인용하거나 아예 청구를 기각하라고 항소하였다. 이는 원판결의 배상액을 늘리라는 신청과 줄이라는 신청이 다 들어왔음을 의미하므로 법원은 심리 결과에 따라 어느 쪽으로도 재판할 수 있을 것이다. 따라서 위와 같이 판결할 수가 있다.

불이익변경금지와 관련하여 문제되는 경우가, **제1심에서 소각하판결**을 받고 항소하였을 때 **항소심에서 청구기각판결**을 할 수가 있겠는가에 관한 것이다.

《사례 9》　甲은 乙의 토지 위에 무허가 가건물을 지어 음식점 "물소가든"을 운영하고 있었다. 어느 날 乙이 그 물소가든 건물이 자기 소유이니 甲은 이를 명도하라고 요구하였다. 이에 불안해진 甲이 법원에 제소하여 물소가든 건물이 甲의 소유임을 확인하는 판결을 해. 달라고 신청하였다. 제1심 법원이 심리를 종결할 즈음에 甲의 청구가 확인의 이익이 없다고 판단되어 甲의 소를 각하하는 판결을 하였고, 이에 甲이 항소하였다. 항소법원이 심리하니 甲의 청구에 확인의 이익은 인정되나 甲이 소유자는 아니라고 판단되었다. 이 경우에 항소법원은 甲의 청구를 기각하는 판결을 할 수 있는가?

《사례 9a》　〈사례 9〉에서 乙도 항소하였다면 항소법원이 청구기각판결을 할 수 있는가?

본래 제1심에서 소각하판결을 하였는데, 그것이 부당하다고 인정하면 항소심은 제1심부터 본안심리를 하도록 제1심으로 환송을 하는 것이 원칙이고, 제1심에서 본안판결을 할 수 있을 정도로 심리가 된 경우이거나 당사자의 동의가 있는 경우에는 항소법원은 스스로 본안판결을 할 수 있다(제418조). 〈사례 9〉에서는 제1심의 심리가 충분하다고 보이므로 항소법원이 본안판결을 하는 데에 지장이 없다. 다만 항소한 甲의 청구를 기각하는 판결을 할 수 있는지가 문제된다. 그것은 甲이 항소심에서 청구기각판결을 받는 것이 1심에서 소각하판결을 받은 것보다 더 불리한 것인지, 따라서 불이익변경금지에 위반되는지가 문제되기 때문이다. 우리의 통설과 판례는 항소심에서의 청구기각판결을 불이익변경이라고 보고, 소를 각하한 원판결을 유지하는 항소기각 판결을 해야 한다고 본다. 그러나 항소로써 불복한 것이 소각하판결을 취소하고 본안재판을 해달라는 취지이므로, 항소심에서는 원고가 본안판단을 받으면 그로써 불복이 충족되는 것이다. 따라서 이런 것은 불이익변경이라고 볼 수가 없다.24) 이 경우 역시 상대방도 항소하였으면 아무런 문제가 되지 않는다.

---

24) 상세한 것은 뒤의 "항소심의 종국판결" 참조.

제 3 절 訴訟의 終了

소송의 종료에도 처분권주의가 적용되어, 당사자들이 판결 전이라도 소송을 종료하기를 원하면 그로써 소송은 종료하고, 소송계속이 소멸한다.

《사례 9b》 〈사례 9〉에서 제1심법원이 심리 결과 물소가든 건물이 甲의 소유라는 심증이 점차 강해지게 되었다. 그러나 변론기일에 느닷없이 甲과 乙이 물소가든 건물의 소유권은 乙이 가지는 것으로 하고 물소가든의 영업은 甲이 계속하기로 합의했다고 진술하였다. 이때 법원은 심리를 계속하여 甲의 청구를 인용하는 판결을 선고할 수 있는가?

이 사례처럼 소송 중에 양 당사자가 일부씩 양보하여 화해를 하고 그것이 조서에 기재되면 **재판상화해**가 되어 소송은 종료된다. 이와 같이 취급되는 것으로는 **청구의 포기·인낙**이 있다. 원고가 **소를 취하**해도 마찬가지로 소송계속은 소멸한다.

그러나 이러한 처분권주의는 공익에 관련된 소송에서는 부분적으로 적용되지 않는 경우가 있다.

《사례 10》 甲은 경기도 성남시에서 유흥음식점 "하마주점"을 경영하고 있었다. 어느 날 경기도지사 乙이 유흥음식점 영업시간을 오후 10시까지로 제한하는 조치를 취하였다. 이에 甲은 경기도지사 乙을 상대로 영업시간제한처분 취소청구의 소를 제기하였다. 소송 중에 甲과 乙은 다음과 같은 내용의 화해를 하였다고 법원에서 진술하였다: "경기도지사 乙은 甲에게만 특별히 오후 12시까지 영업을 하도록 허가한다. 그러나 甲은 오후 10시 이후에는 접대부를 두지 않는다." 법원은 이 화해를 조서에 기재하고 소송을 종료시킬 수 있는가?

이 사례에서 유흥음식점의 영업시간 제한에 관하여는 업자인 甲과 행정청인 乙이 자유롭게 합의에 의하여 결정할 사항이 아니다. 그러므로 이러한 사항의 경우는 재판상화해, 청구의 포기·인낙이 허용되지 않는다. 다만 절차의 개시와 소송물의 특정, 소취하에는 처분권주의가 적용된다.

제 4 절   處分權主義 違背의 效果

처분권주의에 위반한 판결은 위법하므로 이에 대하여 상소로 다툴 수 있고, 당연무효나 재심의 대상이 되는 것은 아니다. 처분권주의 위반은 '절차'에 관한 잘못은 아니므로 당사자가 다투지 않는다고 그 흠이 치유되는 것은 아니다. 즉 이러한 잘못은 절차이의권의 대상이 아니다. 처분권주의에 위반한 판결에 대하여 아무도 상소하지 않으면 그대로 판결이 확정되어서 더 이상 다툴 수 없게 되지만, 이것은 판결이 확정되었기 때문이지 이의를 하지 않아서 흠이 치유된 것은 아니다. 처분권주의에 위반한 판결이라도 상대방이 제기한 항소심에서 항소기각을 신청하거나, 제1심에서 신청하지 않았음에도 불구하고 법원이 판단한 사항에 대하여 새로 신청하면 결과적으로 그 흠은 치유된다.

제 4 장 辯論主義

제 1 절 總 說

당사자처분권주의에 의하여 소송상 청구는 원고가 특정한다. 이러한 원고의 청구에는 내용상 **권리주장**이 포함되어 있다.

《사례 1》 甲은 음식점 "고래가든"을 경영하는 사람으로, 생선도매상인 乙에게서 생선을 공급받아 음식을 만들어 팔아왔다. 그러나 고래가든에서 음식을 먹은 사람들이 집단적으로 콜레라에 걸려 甲은 한 달간 영업정지처분을 받았다. 원인을 조사해 보니 乙이 공급한 생선이 콜레라균에 감염되어 있었다. 이에 甲은 乙을 상대로 손해배상으로 3천만원을 지급할 것을 청구하는 訴를 제기하였다.

이 사례에서 甲의 소송상 청구는 3천만원의 손해배상을 구하는 것인데, 그 청구에는 바로 손해배상청구권이라는 권리주장이 포함되어 있는 것이다. 법원은 이 권리주장이 이유가 있는지를 심리하여야 하는데, 이는 두 단계로 이루어진다. 우선 법원은 원고의 신청의 내용에 맞는 법적 효과를 내는 **법규범**을 찾는다. 〈사례 1〉에서는 甲이 행사한 손해배상청구권이라는 법적 효과를 내는 규범으로 계약불이행과 불법행위가 고려의 대상이 될 수 있다. 손해배상청구권이라는 법적 효과는 이 청구권을 발생시키는 법규범이 정하고 있는 요건이 구비되어야 생긴다. 그러므로 다음 단계로 법원은 소송에서 확정된 구체적 사실관계가 그 요건에 모두 맞는지를 심리하여야 한다. 이러한 과정들을 한마디로 법발견이라고 하는데, 이는 오로지 법원에게만 맡겨져 있고 당사자는 아무런 영향력이 없다(iura novit curia).[1]

그러나 당사자들이 그들의, 특히 변호사의 법적 견해를 법원에 전혀 피력할 수 없는 것은 아니다.

《사례 1a》 〈사례 1〉에서 甲은 乙의 행위가 계약에 위반된 것이라고 주장하였다. 이에 대하여 법원은 오히려 불법행위에 더 가깝다고 의견을 표시하였다. 이에 대하여

---

[1] Jauernig/Hess[30] § 25 Rn. 4.

甲과 乙은 각기 어떻게 대응할 것인가?

법원과 당사자 사이에 **법적 대화**가 이루어진다면 이는 오히려 더욱 바람직한 일일 것이다. 당사자들에게는 법관의 법적 관점을 변론 중에 이미 파악할 수 있어서 쓸데 없는 논증을 할 필요가 없게 되어 좋고, 법관에게는 판결 전에 자신의 법적 관점에 관한 비판적 검토를 거치고 당사자들을 이해시킬 수 있게 되어 좋은 것이다.[2] 〈사례 1a〉에서 법원과 당사자들 사이의 법적 대화를 통하여 甲은 乙의 행위가 계약위반, 즉 계약불이행에 해당한다는 견해를 표시하고 이에 대하여 법원은 사실관계가 그러하다면 계약불이행이라기보다는 오히려 불법행위가 될 가능성이 더 높다고 법적 관점을 보여준 것이다. 그러면 계약불이행과 불법행위는 각기 요건과 입증책임이 다르므로 당사자들은 우왕좌왕할 필요 없이 불법행위라는 법적 관점에 맞추어서 공격과 방어를 할 수 있게 될 것이다.[3]

그런데 이러한 상황에서 법원은 원고가 주장하는 법적 효과가 발생하는지, 즉 **법률요건이 구비**되었는지 여부를 심리하고 판단하여야 하는데, 그 심리·판단을 하려면 바로 그 법률요건들을 충족시켜 주는 '**사항**'들이 **존재**하는지 여부에 관하여 심리·판단하여야 한다. 여기서 이러한 판단의 자료를 누가 법원에 제공하여야 하는가 하는 문제가 생긴다. 이 점에 관하여는 두 가지 태도가 있을 수 있다. 그 하나는 법원이 스스로 사실을 조사할 책임을 부담하는 것이고, 다른 하나는 그 자료들을 당사자들이 제공할 책임을 부담하는 것이다. 전자의 태도를 직권탐지주의, 후자의 태도를 변론주의라고 한다.

I. 의   의

변론주의란 **소송자료(사실자료와 증거자료)의 수집 및 제출은 당사자에게 맡기고, 법원은 당사자가 제출한 자료만을 기초로 재판을 하도록 하는 원칙**이다. 이 용어[4]는 그 말로만 보면 재판은 변론을 거쳐야 한다는 원칙으로 오해할 여지가 있어 근래에는 '제출원칙'이라는 용어를 사용하기도 한다.

변론주의는 초기에는 처분권주의를 포함하는 넓은 개념으로 사용하였다. 그러나

---

2) Jauernig/Hess[30] § 25 Rn. 4.
3) 바로 이러한 장점 때문에 소송물이론에서 소송법설이 타당하다는 것이다. 구실체법설에 의하면 법원의 이러한 견해 표시는 소송물을 변경하라는 석명이 되어 석명권의 한계를 넘는다고 볼 여지가 많다.
4) 변론주의를 뜻하는 Verhandlungsmaxime는 1804년에 Gönner가 만든 말이다.

오늘날은 일반적으로 양자를 구별하여 쓴다.5) 앞에서도 설명하였듯이 처분권주의
는 어떠한 내용의 소송물, 어떠한 범위의 소송물을 법원의 심판 대상으로 하는가를
당사자가 정하도록 하는 원칙이고, 변론주의는 변론에서 어떤 내용, 어떤 범위의
소송자료를 마련하고 법원이 어떤 소송자료를 기초로 하여 재판할 것인가를 당사
자가 정하도록 하는 원칙이다. 그러므로 처분권주의는 소송물 결정에 관한 원칙이
고 변론주의는 그 바탕이 되는 **소송자료 결정에 관한 원칙**이라고 할 수 있다.

II. 근   거

일반적으로 우리 민사소송법이 변론주의를 취한다고 하나, 이를 분명히 선언한
규정은 없다. 우리 절차법 체계는 민사소송에서 변론주의를 취하였음을 당연한 전
제로 하고, 행정소송이나 가사소송에서와 같이 소송자료의 수집을 당사자에게만 맡
길 수 없는 절차의 경우에 민사소송에 대한 예외 규정으로 직권탐지를 할 수 있음
을 밝히고 있다.6)

변론주의는 개인주의, 자유주의에 입각한 원칙으로 이에 대하여는 과거부터 많
은 비난이 가해졌다. 전체주의나 공산주의 국가에서는 용납될 수 없는 원칙이기 때
문이다. 19세기에는 Menger와 같은 사회주의자가, 20세기 전반에는 Nazis 법학자
들이 각기 변론주의를 폐지할 것을 주장하고, 후반에는 구동독의 학자 등 공산주의
자들이 변론주의를 맹렬히 비난하였다. 1970년대에 들어와서 독일에서 Bender,
Wassermann 등이 변론주의를 대체할 새로운 이론으로 이른바 사회적 소송관을
주장하였다. 이들의 주장에서 공통점은 법관의 직권을 강화해야 한다는 것이며, 특
히 사회주의자들은 법관이 사회적 약자를 돕도록 해야 한다고 주장한다. 전체주의
자들의 주장에 대하여는 굳이 논박할 필요가 없다. 사회주의자들의 주장은 공정한
재판을 해야 한다는 법관의 임무를 망각한 것이므로 취할 바 못된다. 특히
Wassermann은 소송에서 법관과 양 당사자는 실체적 진실을 발견하기 위한 작업
공동체를 형성하는 것이며, 소송이란 이들이 서로 협동하여 진실을 발견하는 과정

---

5) 이들을 처음으로 완전하게 구별한 것은 1877년 von Canstein이었다고 한다. 우리나라에서는 아
직 이들을 구별하지 않는 경우도 있다(方順元, 391-392).
6) 앞에서 설명한 바와 같이 우리나라 행정법학계에서는 행정소송이 여전히 변론주의에 입각하고
있다고 한다. 그러나 독일에서는 행정소송이 직권탐지주의절차라는 데에 별다른 의심이 없다(vgl.
Würtenberger, Verwaltungsprozeßrecht, 1998, Rn. 566 f.).

이라고 하여, 이른바 협동주의를 제창하였다. 그러나 소송은 싸우는 과정이지, 실체적 진실이란 보물을 찾기 위하여 팀을 구성하여 합심협력하는 밀림 탐험 과정이 아니므로 이런 허황한 이론은 일고의 가치도 없다. 변론주의가 사회적 약자에게 무관심한 것으로 보일 수도 있으나, 이러한 약점을 보완하기 위하여 오늘날의 민사소송법은 법관의 석명의무와 소송구조 등 여러 가지 제도들을 갖추고 있는 것이다.

어느 법제에서든 순수한 변론주의나 순수한 직권탐지주의를 취하는 일은 없고 다소간의 혼합형태를 취한다. 그러나 우리 민사소송법은 역시 직권탐지주의적 요소보다는 변론주의적 요소가 압도적으로 강하다. 변론주의를 취한 근거는 다음 두 가지로 설명된다.

1. 사적자치의 원칙

민사소송의 대상은 사법상의 법률관계로서, 이 영역에는 사적자치가 지배한다. 사법상의 권리 침해를 구제하려는 민사소송법에서는 이 점이 반영되어 소송물에 관하여는 처분권주의가 지배한다. 만일 그럼에도 불구하고 소송자료에 관하여 당사자의 지배가 인정되지 않고, 당사자들이 원하지 않는 사실관계까지 법원이 스스로 탐지하여 이를 재판의 기초로 삼을 수 있다면, 소송은 당사자들이 원하지 않고 예측하지도 않은 방향으로 진행될 수 있을 것이다. 이렇게 되면 결국 당사자들 중 어느 누구도 원하지 않는 재판이 나오게 되고 이로써 사적자치의 원칙과 처분권주의는 유명무실하게 되고 만다. 이러한 의미에서 변론주의는 **사적자치의 결과**이며 동시에 **사적자치를 뒷받침**하는 역할을 한다.

2. 진실 발견

소송 사건에 관하여 미리 조사를 하는 공적 기관이 없는 민사소송에서 소송 초기 단계에서는 법관은 아무 것도 모르는 상태에 있다. 원고의 소장과 피고의 답변서에 의하여 법관은 비로소 그 사건을 파악하기 시작할 뿐이다. 그렇기 때문에 소송자료를 처음부터 법관이 직권으로 수집하는 것은 어차피 불가능하다. 뿐만 아니라 그 **사건에 관하여 가장 잘 아는 이는 당사자**이고, 당사자들은 승소하려는 이기심에서 자료를 잘 수집할 것은 충분히 짐작할 수 있다. 그러므로 소송자료의 수집을 당사자에게 맡기는 것이 법원이 직권으로 수집하는 것보다 실체적 진실 발견에 더 적합한 것이다.

제 2 절 辯論主義의 內容

Ⅰ. 사실자료

《사례 1b》 〈사례 1〉에서 甲은 3천만원의 손해가 발생했다는 사실만을 주장하고, 乙이 공급한 생선이 콜레라균에 감염되어 있었다는 사실은 전혀 주장하지 않았다. 그러나 법원은 甲이 손해가 발생했다는 것을 입증하기 위하여 제출한 영업정지처분 문서에서 이 사실을 알았다. 이때 법원은 乙이 콜레라균에 감염된 생선을 공급했다는 사실을 인정할 수 있는가?

1. 사실주장의 법원에 대한 구속력

변론주의에 의하여 사실자료는[1] 당사자가 수집·제출해야 하고, 법원은 **당사자가 수집·제출한 자료만으로써 재판해야** 한다. 따라서 당사자가 어떤 사실을 주장했을 때 법원은 그 사실이 존재하는지, 진실인지 여부를 심리하는 것이지, 당사자의 주장이 진실하지 않다고 판단했다고 해서 당사자가 주장한 것과 다른 사실을 스스로 탐지해서 인정하여서는 안 된다.[2] 또한 당사자가 전혀 주장하지 않은 사실을 법원이 스스로 인정해서도 안 된다. 그리고 당사자가 승소에 필요한 사실이 있더라도 이를 변론에서 주장하지 않으면 법원은 그 사실이 존재한다는 것을 다른 경로를 통해서 알았다 하더라도 이 사실을 인정할 수 없다. 〈사례 1b〉에서 법원은 그 생선이 콜레라균에 감염된 사실을 인정할 수가 없는 것이다.

판례는 동일 당사자 사이에 여러 개의 채권관계가 있는데, 채무자가 특정 채무를 지정하여 그 채무의 액수를 초과하여 변제하였더라도 초과액이 다른 채무의 변제에 충당되었다고 판단해서는 안 된다고 하였고,[3] 원고인 채권양수인이 채권양도인이 채무자에게 3억2천만 원을 대여했다는 주장을 한 바도 없고, 기록상 간접적으로도 그러한 주장을 했다고 볼 자료가 없는데 원심이 위 금액을 양도인이 대여하였다고 인정한 것은 변론주의

---

1) 흔히 사실자료를 소송자료라 하고 이를 증거자료와 구별하는 듯한 표현을 쓴다든가, 소송자료를 증거자료를 포함하는 넓은 의미와 사실자료만을 뜻하는 좁은 의미로 구별하는 이들이 있다. 그러나 법률용어를 이처럼 부정확하게 쓰는 것은 삼가야 한다. 소송자료란 사실자료와 증거자료를 모두 포함하는 말이다.

2) 大判 2010. 1. 14, 2009다69531. 원고가 분양대리인(甲)과 건설회사가 공모해서 사기분양을 했다고 주장했는데 항소심 법원이 관련된 다른 사건 판결에서 인정한 대로 甲이 분양과 관련된 일체의 권리의무를 건설회사에게 이전했다고 인정한 사안.

3) 大判 2021. 1. 14, 2020다261776.

를 위반한 잘못이 있다고 하였다.4) 그리고 도시정비법에서 조합장의 자격요건을 제41조 제1항에서 전문과 후문에서 각기 다른 사실로 규정하고 있으므로 당사자가 이 두 요건에 해당하는 사실 중 하나만 주장한 경우에는 법원은 그 주장 사실에 관해서만 판단하여야 한다고 하였다.5)

2. 주장책임

법원은 당사자가 변론에서 주장하지 않은 사실을 인정할 수 없으므로 〈사례 1 b〉에서 乙의 행위는 (불법행위에서의 가해행위가 되었건 계약불이행에서의 계약위반 행위가 되었건) 없었던 것이 되고, 따라서 손해배상청구권의 요건이 불비되어 甲의 청구는 이유 없게 된다. 이처럼 당사자가 승소하기 위하여 필요한 사실을 **주장하지 않으면** 변론주의 때문에 **패소하게 되는 위험부담**을 주장책임이라고 한다.

이러한 주장책임은 누가 부담하는가? 그 사실을 주장하면 승소할 수 있는 당사 자가 부담한다. 즉 각 당사자는 자기에게 유리한 사실에 대하여 주장책임을 지는 것 이다. 여기서 주의할 것은, 〈사례 1〉에서 甲은 乙이 병균에 감염된 생선을 공급했다 고 주장할 것이고, 乙은 자기가 공급한 생선은 깨끗하였다고 주장할 것이다. 이때 甲 과 乙이 모두 자기에게 유리한 사실을 주장하므로 甲은 감염사실에 대하여, 乙은 감 염되지 않았다는 사실에 대하여 주장책임을 진다고 생각해선 안 된다. 甲은 권리발 생의 요건사항을 주장한 것이고 乙은 다른 사실을 주장한 것이 아니라 甲의 주장을 부인하였음에 불과하다. 그러므로 생선의 감염사실에 대하여 甲이 주장책임을 진다. 주장책임 분배의 구체적 기준은 뒤에서 설명하는 입증책임의 분배 기준과 같다.

(1) 주요사실, 간접사실, 보조사실

변론주의에 의해서 당사자가 사실을 주장할 책임을 부담한다고 하지만 당사자 가 주장하는 모든 사실들이 다 여기에 해당하는 것은 아니다. 이에 관하여 통설은 여기서 말하는 사실은 주요사실을 뜻한다고 한다. 즉 변론주의가 적용되는 것은 **주 요사실에 한하고**, 간접사실이나 보조사실에는 적용되지 않는다는 것이다. 그것은, 간접사실과 보조사실은 주요사실을 인정할 자료에 불과하기 때문에 굳이 이런 사 실들에까지 변론주의를 적용할 필요가 없다는 것을 근거로 한다. 따라서 이들은 당

---

4) 大判 2021. 3. 25, 2020다289989.
5) 大判 2022. 2. 24, 2021다291934(원고가 전문 각호에서 규정한 요건의 불비는 주장하지 않고 후 문에서 규정한 일정 기간의 거주 요건 불비만 주장하였는데, 피고가 전문 제1, 2호의 요건을 모두 갖추지 못하였다고 하여 피고 조합장 지위 부존재 확인청구를 인용한 원심 판결을 파기한 사안).

사자가 주장하지 않아도 법원이 증거조사를 하여 사실로 인정할 수 있다고 한다.

그러면 주요사실, 간접사실 및 보조사실은 각기 어떠한 사실을 말하는 것이고, 서로 어떻게 구별되는가? 여기서 앞에 나왔던 사례를 다시 보자.

《사례 2》   甲은 A버스터미널에서 버스회사 乙의 운전기사 丙이 운전하는 강릉행 고속버스를 1998년 12월 25일 15시경에 탔다. 丙이 운전 중에 몇 차례 하품을 하는 것을 본 甲이 중간 휴게소에서 쉬어 가자고 했는데도 불구하고 丙은 내가 20년 무사고 운전수인데 무슨 소리냐고 화를 내면서 계속 운전해 갔다. 그러나 19시경 대관령 커브길에서 丙이 운전 중 잠이 들어 버스가 도로의 난간을 밀치면서 오른 쪽 앞바퀴부터 길을 벗어나 기우뚱하였고 그 바람에 잠이 깬 丙이 핸들을 왼쪽으로 돌리면서 급히 브레이크를 밟는다는 것이 그만 액셀레이터를 밟아 오히려 그 때문에 오른 쪽 뒷바퀴까지 도로를 벗어나게 되어 결국 버스는 길 아래로 굴러 떨어졌다. 이로 인하여 甲은 코뼈가 으스러지고 오른 팔과 왼쪽 다리의 뼈가 부러지는 부상을 입었다. 甲이 병원에 입원하여 수술과 치료를 받은 결과 모든 부상이 완쾌되었으나 코뼈 성형수술에 500만원, 오른 팔 접골에 300만원, 왼쪽 다리 접골에 400만원, 병원 입원비가 800만원, 약값이 100만원 들어, 치료비가 전부 2,100만원 들었다. 이에 甲은 乙회사를 상대로 치료비의 배상을 청구하는 소를 제기하였다.

주요사실이란 일반적으로는 법률효과가 발생하기 위한 요건사항, 즉 법률요건사항이라고 설명한다. 예를 들면, 보통 원고가 주장하는, 등기의 이전, 계약체결, 계약의 주요내용,[6] 가해행위 등의 청구원인사실과 피고가 주장하는 변제사실과 같은 항변사실이 여기에 해당한다.

간접사실은 주요사실의 존부를 추측하게 하는 사실로, 징빙(徵憑)이라고도 한다. 예를 들면 등기이전의 경위, 계약체결 경위, 변제기일, 차량충돌의 경위[7] 등이 여기에 해당한다. 중간이자 공제방식(현가산정방식)에 관한 주장은 간접사실에 포함된다는 견해가 있으나,[8] 이는 법적 평가에 관한 문제라고 보는 것이 타당하다.[9]

---

6) 大判 1985. 2. 8, 84다카1137: "원고가 피고에게 직접 매도인으로서의 책임을 묻고 있음에 대해 법원이 소외인들을 매도인으로 보고 그들의 채무에 대해 피고가 책임을 부담하기로 약정한 것으로 보아 이 약정에 의한 책임을 인정한 것은 변론주의에 위배된다."

7) 大判 1979. 7. 24, 79다879: "가해차량이 피해차량의 후미를 충격하게 된 경위를 원고 주장사실과 다소 다르게 인정하였다 하더라도 원고가 주장하지도 않은 사실을 인정한 위법이 없다."

8) 宋·朴, 358. 이시윤, 346, 주5.

9) 大判 1983. 6. 28, 83다191은 장래의 일실이익 산정의 기초가 되는 월수입, 가동연한, 월생계비 등은 주요사실로 보고, 호프만식이냐, 라이프니츠식이냐 하는 현가산정방식은 간접사실인 것처럼 본다고 소개한 경우가 있다(이시윤, 346, 주5; 鄭·庚·金, 380-381). 그러나 이 판결에서는 월수입 등은 사실문제라고만 했지 주요사실이라거나 변론주의가 적용된다고 판시한 것이 아니고, 현가산정방식은 법률적 평가에 관한 것이므로 당사자의 주장에 구속되지 않는다고 하였지, 간접사실과 같이 법원이 자유로 현가산정방식을 정할 수 있다고 한 것이 아니다.

보조사실이란 제출된 증거방법의 증거능력이나 증거력을 판단할 자료가 되는 사실을 말한다. 예를 들면, 증인이 사기전과범이라는 사실, 서증이 위조되었다는 사실, 감정인이 원고의 약혼자라는 사실 등이다. 위 사례에서 甲의 승차, 버스의 추락, 丙의 과실, 甲의 부상으로 인한 치료비 2,100만원 지급 등이 주요사실이 된다. 그 밖에 甲의 승차시각과 장소, 버스가 추락하게 된 구체적 경위, 甲의 신체상해 부위와 정도, 치료비의 구체적 내역 등은 간접사실이 된다.

(2) 주요사실의 범위

하나의 주요사실이 주장되었으나 그와 **비슷하거나 상당 부분 겹치는 다른 사실**이 문제될 때 이 다른 사실도 주장된 것으로 볼 것인지가 문제되는 경우가 있다. 예를 들면, 자신이 시효취득하였다는 주장을 하였으나 그 사건에서 오히려 상대방 권리의 시효소멸이 문제될 때, 법원이 바로 상대방 권리가 시효소멸하였다고 인정할 수 있는가 하는 문제이다. 만일 자기의 시효취득의 주장이 상대방의 시효소멸도 포함한다고 보면, 법원은 이를 인정하여도 변론주의에 위반하지 않게 된다. 그러나 판례는 포함되지 않는다고 본다.[10] 또한 원고의 채권이 외국법에 의하여 시효소멸하였으므로 이를 우리나라에서 주장한다고 해서 채권이 되살아나는 것이 아니라는 주장에 대하여 이를 우리나라 법에 의하여 시효소멸하였다고 인정하면 주장하지 않은 사실을 인정하는 것이라고 판시한 것도 있다.[11] 또한 판례는 유권대리를 주장하였더라도 그 속에는 표현대리의 주장이 포함되었다고 보지 않는다.[12] 주요사실의 범위를 넓히는 것은 심리의 초점을 흐리게 하고 상대방의 방어를 곤란하게 할 염려가 있으므로 이러한 판례의 태도는 타당하다.

(3) 취득시효의 기산점

《사례 3》　　서울에 사는 乙이 강원도 횡성에 있는 자기 소유의 임야를 오래 방치해 두고 있었다. 이를 안 甲이 그 임야에서 장기간 무공해 고랭지채소를 재배하여 팔아서 돈을 벌었다. 2018년 8월 1일에 甲이 乙을 상대로 이 임야를 시효취득하였음을 이유로 소유권이전등기를 청구하는 소를 제기하였다. 그 소송에서 甲은 자기가 1998년 8월 1일

---

10) 大判 1982. 2. 9, 81다534.

11) 大判 1990. 4. 24, 86다카2778.

12) 大判(全) 1983. 12. 13, 83다카1489는 표현대리가 성립된다고 하여 무권대리의 성질이 유권대리로 전환되는 것은 아니므로 양자의 주요사실이 다르다는 데에 근거를 둔다. 이 판결에 대한 반대는 金滉植, "有權代理의 主張 가운데 表見代理의 主張이 포함되는지 與否," 民事判例研究[VII], 1면 이하.

부터 그 임야를 점유하였다고 주장하였다. 법원이 심리해 보니 실제로 甲이 그 임야를 점유하기 시작한 것은 1998년 4월 1일부터였고, 그 사이에 아무런 권리변동이 없었다. 이때 법원은 甲이 언제부터 점유하였다고 인정할 것인가?

《사례 3a》   〈사례 3〉에서 乙이 이미 2018년 7월 15일에 丙에게 이 임야의 소유권 이전등기를 하였으면 어떻게 되는가?

판례는 일정 기간의 경과로 권리의 변동을 가져오는 소멸시효와 취득시효의 기산점의 성격을 각기 달리 보고 있다. **소멸시효 기산점은 주요사실**이라고 하는데,[13] 그 이유로는 소멸시효의 기산일은 채무의 소멸이라고 하는 법률효과 발생의 요건에 해당하는 소멸시효기간 계산의 시발점으로서 소멸시효 항변의 법률요건을 구성하는 구체적인 사실에 해당하므로 변론주의의 적용 대상이라는 점과, 당사자가 주장하는 기산일을 기준으로 심리 판단하여야만 상대방으로서도 법원이 임의의 날을 기산일로 인정하였기 때문에 예측하지 못한 불이익을 받는 것을 방지하고, 이에 맞추어 '권리를 행사할 수 있는 때'에 해당하는지의 여부 및 소멸시효의 중단사유가 있었는지의 여부 등에 관한 공격·방어방법을 준비할 수 있을 것이라는 점을 든다.[14]

반면에 **취득시효의 기산점은 간접사실**이라고 하여 당사자의 주장에 구애받지 않고 객관적으로 인정할 것이라 하였다.[15] 판례가 이처럼 소멸시효와 달리 취득시효의 기산점을 간접사실이라고 보는 것은, 타인으로의 권리변동 시점이 취득시효 완성의 전인가 후인가에 따라 시효취득 여부가 좌우되기 때문에 취득시효 주장자가 임의로 기산점을 조정하는 것을 방지하기 위함이다. 즉, 시효의 완성 전에는 제3자로의 권리변동이 있어도 (즉 부동산의 경우에 보존등기나 이전등기가 있어도) 시효기간 진행에 아무런 지장이 없고,[16] 이런 경우에 시효완성 전에 권리를 취득한

---

13) 大判 1971. 4. 30, 71다409: "원고의 주정잔대금채권에 대하여 기간 10년의 소멸시효 항변을 함에 있어 그 기산점을 1960. 10. 16.으로 주장하고 있음에도 불구하고 원심이 1959. 10. 16.을 그 기산점으로 한 것은 설사 그 날자가 본래의 시효 기산일이었다 하여도 변론주의 원칙상 당사자가 주장하지 않은 사실을 인정한 위법이 있다." 大判 2006. 9. 22, 2006다22852·22869도 여기에 변론주의가 적용되어 법원으로서는 당사자가 주장하는 기산일과 다른 날짜를 기준으로 소멸시효를 계산할 수 없는 것이라고 하였다.

14) 大判 1995. 8. 25, 94다35886; 大判 2009. 12. 24, 2009다60244. 이 판결들은 그러므로 본래의 소멸시효 기산일과 당사자가 주장하는 기산일이 서로 다른 경우에 변론주의의 원칙상 법원은 당사자가 주장하는 기산일을 기준으로 소멸시효를 계산하여야 하는데, 이는 당사자가 본래의 기산일보다 뒤의 날짜를 기산일로 하여 주장하는 경우는 물론이고 특별한 사정이 없는 한 그 반대의 경우에도 마찬가지라고 한다.

15) 大判 1961. 10. 26, 4293민상529는 취득시효기간의 기산일은 간접사실이라고 하고, 大判 1965. 7. 6, 65다914는 그렇게 보는 이유를 시효취득의 기산점은 점유를 시작한 때로부터라고 해석함이 상당하므로 시효의 기산점이나 만료점을 임의로 움직일 수 없기 때문이라고 설명한다. 간접사실임을 인정한 다른 판례로는 大判 1974. 8. 30, 74다384; 大判 1982. 6. 22, 80다2671; 大判 1987. 2. 24, 86다카1625 등이 있다.

16) 大判 1973. 11. 27, 73다1093·1094.

제3자는 시효취득자에게 등기를 이전해 주어야 한다.[17] 그러나 취득시효 완성 뒤에 시효취득에 의한 등기를 하기 전에 먼저 제3자가 소유권이전등기를 경료하여 부동산 소유권을 취득하였으면, 그 제3자에 대하여는 그 제3자 명의의 등기가 무효가 아닌 한 그 시효취득을 주장할 수가 없다.[18] 그렇기 때문에 시효취득을 주장하는 이가 그 기산점을 늦추어서 제3자가 소유권을 취득한 뒤에 시효가 완성한 것으로 조작할 수가 있다. 이를 막기 위하여 취득시효의 기산점은 당사자 주장에 구애되지 않고 객관적으로 판단해야 하는 것이며, 이런 이유로 그 기산점을 간접사실이라고 보는 것이다.[19]

그러므로 시효취득을 주장하는 이가 이런 **조작을 할 염려가 없는 경우**에는 굳이 객관적인 기산점을 조사할 필요가 없을 것이다. 따라서 판례는 시효기간 중 계속해서 등기명의자가 동일하고 그 간에 취득자의 변동이 없는 경우에는 시효의 완성을 주장할 수 있는 시점에서 보아 시효기간이 경과한 사실만 확정되면 그로써 부족함이 없다고 하여 반드시 객관적 기산점을 밝힐 필요가 없이 당사자의 주장대로 따라도 무방하고,[20] 점유기간 중 권리변동이 있은 때에는 객관적인 점유 개시시를 기산점으로 잡아야 한다고 하였다.[21] 더 나아가서 취득시효완성 후 토지소유자에 변동이 있더라도, 소유자가 변동된 시점을 새로운 기산점으로 삼아도 다시 취득시효가 완성되는 경우에도 취득시효의 완성을 주장할 수 있다고 하였다.[22] 그러므로 판례에 의하면 〈사례 3〉에서는 법원이 甲의 점유가 1998년 8월 1일에 시작되었다고 인정해도 무방하지만 〈사례 3a〉에서 그렇게 인정하면 丙은 시효완성 전의 취득자가 되어, 甲이 丙을 상대로 이전등기의 말소를 구할 것이고 丙은 그에 응해야 된다. 즉, 丙은 취득시효 완성 후에 소유권을 취득하였기 때문에 시효완성의 효과

17) 大判 1992. 3. 10, 91다43329.
18) 大判 1977. 3. 22, 76다242; 大判 1992. 9. 25, 92다21258; 大判 1992. 11. 10, 92다29740; 大判 1997. 4. 11, 96다45917·45924.
19) 여기서 주요사실 여부가 문제되는 것은 소멸시효와 취득시효의 '기산점'에 관한 것이지 각 시효의 완성에 관한 것이 아니라는 점을 주의해야 한다. 시효의 '완성'은 바로 요건사항이고 주요사실이 되기 때문에 이런 논란의 여지가 없다.
20) 大判 1976. 6. 22, 76다487·488; 大判 1993. 1. 15, 92다12377; 大判 1993. 11. 26, 93다30013 등 다수의 판례는 시효기간 중 계속해서 등기명의자가 동일하고 그 간에 취득자의 변동이 없는 경우에는 시효의 완성을 주장할 수 있는 시점에서 보아 시효기간이 경과한 사실만 확정되면 원고가 주장하는 시점을 기산점으로 잡아도 무방하다고 하였다.
21) 大判 1995. 5. 23, 94다39987.
22) 大判 1994. 3. 22, 93다46360; 大判 1994. 4. 12, 92마41054; 大判 1995. 2. 28, 94다18577; 大判 1998. 5. 12, 97다34037.

를 받지 않을 것인데도 불구하고 소유권을 상실하고 甲이 소유권을 취득하게 된다. 이러한 폐단을 막기 위하여 법원은 객관적 사실에 따라 甲이 1998년 4월 1일부터 점유를 시작했다고 인정해야 하고 따라서 甲은 소유권을 취득할 수가 없게 된다.

생각건대 소멸시효의 기산점은 주요사실로 보면서 취득시효의 기산점을 간접사실로 보는 것은 이론적으로 납득하기 어렵다. 판례가 취득시효에 관하여 제3자의 권리관계가 걸려 있는 경우에 한하여 기산점을 객관적으로 확정하여야 한다는 것은 결론은 타당하지만 기산점 자체가 간접사실이라고 한 것과 논리가 일관되어 있지 않다. 취득시효의 기산점을 간접사실이라고 보는 것은 제3자를 해치는 주장을 배척하기 위한 도구로 동원된 것으로 보이지만 적절하지가 않다. 소멸시효나 취득시효나 모두 기산점 자체는 권리의 취득이나 상실의 요건사항은 아니다. **요건사항은 시효기간이 이미 완성되었다는 사실**이다. 그러나 뒤에 설명하는 바와 같이 주요사실을 요건사항과 구별하여 재판을 하는 데에 중요한 사실이라고 파악하면 이러한 기산점은 그것이 정해지면 계산상 바로 시효완성 여부가 정해지므로 **주요사실에 해당**할 것이다. 이때 〈사례 3a〉에서처럼 제3자의 권리취득이 걸려 있는 경우에는 소송의 형태에 따라 피고 乙이나 제3자 丙이 방어방법으로 甲이 1998년 4월 1일부터 점유하였다고 주장하면 (즉 甲의 주장을 다투면) 법원은 자유롭게 판단할 수 있을 것이므로 丙은 보호된다.

(4) 요건사항과 주요사실

여기서 이처럼 요건사항을 주요사실로 보고 그러한 주요사실과 기타 사실을 구별하여 주요사실에만 변론주의를 적용하는 것이 타당한지를 검토할 필요가 있는데, 그 전에 주요사실의 개념부터 정리할 필요가 있다. **주요사실은 변론주의가 적용되는 사실로, 당사자가 주장하고 법원이 심리해야 할 중요한 사실**이고, **요건사항**은 법원이 당사자가 구하는 법률효과를 인정하는 데에 필요한 사항이다.

흔히 요건사항을 요건사실이라고 하여 주요사실과 동일시하는 것이 통설이지만(법규기준설), 과실, 사회질서 위반, 권리남용, 시효소멸 등 **법적 평가가 가해지는 사항**에서는 문제가 된다. 통설에 의하면 이들이 요건사실이면서 주요사실이라고 하나, 사람이 어떤 행위를 하였다는 것 자체가 사실이고, 그 사실을 어떻게 평가하느냐, 즉 주의의무 위반으로 평가되어서 과실이 되는가, 타인을 해치기 위한 행위라고 평가되어서 권리남용이 되는가 하는 것은 법적 평가이지 사실이 아니다. 이들을 요건사실이라고 표현하는 것은 '**법률요건에 해당하는 사항**'을 그와 같이 표시한 것이다.

이러한 사항에는 가해행위와 같이 사실 그 자체가 해당하는 경우도 있고, 과실, 소유권,[23] 채권[24]과 같이 사실에 대한 법적 평가나 권리 그 자체가 그 사항에 해당되는 경우가 있다. 후자의 경우에는 이들 법적 평가나 권리 등이 요건사항이지만 변론주의가 적용되는 사항인 주요사실이라고 할 수는 없다. 이는 변론주의는 사실에만 관계된 것이고, 법적 평가와는 관계가 없기 때문이다. 그러므로 과실이 요건사항이면 과실로 평가되는 행위, 즉 예를 들면 음주운전, 과속운전 등이 주요사실이라고 보아야 할 것이다.[25]

이와 비슷한 취지로 음주운전, 과속운전 등을 준주요사실로 보고 과실 자체는 주요사실이 아니라 법적 평가에 지나지 않다는 견해가 있다.[26] 그러나 이 견해에 의하면 과실 등의 경우에는 주요사실은 없고 준주요사실만이 있게 되는 이상한 결과가 되므로 준주요사실이란 개념을 별도로 인정할 필요는 없을 것이다.

그 밖에 **요건사항을 인정하는 데에 결정적 영향을 미치는 관련사실**도 주요사실로 인정할 필요가 있다. 예를 들면, 손해액이나 기간 산정의 공식에 대입되는 구체적인 사실이 여기에 해당된다. 판례도 감소된 수익의 배상을 구하는 사건에서 평균순수익과 그 해의 순수익 액수는 주요사실로 이에 관한 자백은 구속력이 있다고 보았고,[27] 앞에서 본 소멸시효 기간의 기산점을 주요사실이라고 본 것도 같은 맥락이다. 또한, 특허의 유효성을 다투는 사건에서 특허발명의 진보성 판단에 제공되는 선행발명이 어떤 구성요소를 가지고 있는지는 주요사실로서 당사자의 자백의 대상이 된다고 하였고,[28] 인신사고로 인한 손해배상 사건에서 손해배상액을 산정하는 기초가 되는 피해자의 기대여명은 변론주의가 적용되는 주요사실이라고 하였다.[29]

3. 자백의 구속력

주요사실 중에 당사자 사이에 다툼이 없는 것은 증거조사를 할 필요 없이 그대로 사실로 인정하여야 한다. 여기에는 당사자가 적극적으로 자백한 사실과 명백히

---

23) 소유권에 기한 방해배제청구권에서는 소유권의 존재가 요건사항이 된다.
24) 채무불이행으로 인한 손해배상청구권에서의 채권도 역시 요건사항이 된다.
25) 같은 취지는 한충수, 287.
26) 이시윤, 345.
27) 大判 1971. 12. 28, 71다2109.
28) 大判 2006. 8. 24, 2004후905. 이 경우는 진보성의 존재가 요건사항이 될 것이나, 그 판단의 자료가 되는 선행발명의 구성요소도 주요사실로 인정한 것이다.
29) 大判 2018. 10. 4, 2016다41869.

다투지 않은 사실이 포함되는데, 후자는 자백한 것으로 보므로(제150조 1항 본문) 결국 법원은 당사자의 자백에 구속됨을 뜻한다(제288조). 이러한 규율도 **변론주의가 전제**된 것이다. 한 당사자가 어떤 사실을 주장하고 상대방이 이를 자백하면 주장된 사실과 반대되는 사실은 주장된 바가 없으므로 법원은 그 반대사실을 인정하기 위하여 증거조사를 할 수가 없는 것이다. 다만 공지의 사실과 같은 현저한 사실에 반하는 자백은 구속력이 없다고 새긴다.30)

Ⅱ. 증거자료

증거자료에 관하여도 변론주의가 적용되므로 원칙적으로 당사자가 신청한 것을 조사하여 사실 인정에 사용해야 한다. 우리 법은 증거에 관하여는 변론주의를 약간 후퇴시켜 당사자가 신청한 증거를 조사하여도 그로써 심증을 얻지 못하거나 기타 필요한 경우에는 **예외적으로 직권으로 증거를 조사**할 수 있도록 하였다(제292조). 그러나 이 조항은 '기타 필요한 경우'까지 포함하여 광범위하게 예외를 인정하기 때문에 자칫 변론주의를 무색하게 만들 우려가 있으므로 엄격히 적용해야 할 것이다. 소액사건의 경우에는 증거조사에 관하여 직권주의를 택하였다(소심 제10조 1항).

Ⅲ. 사실자료와 증거자료의 구별

1. 문 제 점

심리를 하다 보면 당사자가 **주장하지 않은 사실이 증거조사에서 나타나는 수가** 있다. 앞에서 본 〈사례 1b〉에서 갑은 을의 가해사실인 병균감염 생선을 공급한 사실을 주장하지 않았는데, 그가 손해발생을 입증하기 위하여 제출한 증거의 내용에 그 사실이 나타나 있다. 이러한 경우에 법원은 이를 당사자가 주장하였다고 인정해 줄 수 있는지가 문제된다.

2. 학 설

통설은 이런 경우 사실자료와 증거자료를 구별하여 증거에 나타난 사실이라도 당사자가 주장하거나 원용하지 않으면 이를 주장한 것으로 인정할 수 없다고 한다.

---

30) 金·姜, 510; 宋·朴, 359; 이시윤, 346; 鄭·庚·金, 386.

일부 견해는 이러한 원칙을 완화하여 증거자료에 당사자가 주장하지 않은 사실이
나타났으면 당사자의 증거제출행위를 고려하여 이 사실을 간접적으로 주장했다고
보자고 한다.[31]

3. 판 례

이 점에 관하여 판례는 일관되어 있지 않다. 법원이 증거조사의 결과 주요사실
을 알게 되었다 하더라도 당사자의 주장이 없으면 심판할 수 없다고 한 것이 있
고,[32] 더 나아가 가장 엄격히 구별하는 입장을 나타낸 것으로, 당사자가 당사자본
인신문에서 진술을 한 것은 증거자료이므로 이를 당사자의 소송주체로서의 진술로
볼 수 없다고 한 것들이 있다.[33]

그와 반대로 비교적 근자의 판례들은 사실의 주장 정도에 관하여, 주장은 반드
시 명시적인 것이어야 하는 것이 아니며 당사자의 주장 취지에 비추어 이러한 주
장이 포함되어 있는 것으로 볼 수 있으면 족하며, 반드시 주장책임을 지는 당사자
가 진술하여야 하는 것도 아니고, 소송에서 쌍방 당사자 간에 제출된 소송자료를
통하여 심리가 됨으로써 그 주장의 존재를 인정하더라도 상대방에게 불의의 타격
을 줄 우려가 없는 경우에는 그 주장을 한 것으로 보아도 된다고 하였다.[34] 이와
같은 맥락에서 **사실자료와 증거자료의 구별도 완화**하려고 한다. 당사자가 주요사실
을 주장하지 않았어도 법원에 서증을 제출하며 그 입증취지를 진술함으로써 서증
에 기재된 사실을 주장한 것으로 볼 수 있다고 하거나 당사자의 변론을 전체적으
로 관찰하여 간접적으로 주장한 것으로 볼 수 있는 경우에도 주요사실의 주장이
있는 것으로 보아야 한다고 한다.[35] 이런 기준에서 청구원인 사실을 기재한 준비서
면을 변론에서 진술하지 아니하였다 하더라도 원고가 신청한 증인에 대한 신문사
항에 위 준비서면 기재의 청구원인이 기재되어 있다면 원고는 이러한 서면을 통하

---

31) 金·姜, 470; 李英燮, 137; 韓宗烈, 371. 당사자의 행위로 보아 당연히 주요사실이 예상되는 경우
에 상대방의 방어권 행사에 지장을 주지 않는 범위 내에서 변론의 전취지를 참작하여 간접적 주장을 인
정할 수 있다는 견해(宋·朴, 355)도 같은 맥락으로 보인다.

32) 大判 1962. 11. 26, 62다678.

33) 大判 1964. 12. 29, 64다1189(당사자본인신문에서 상대방 주장사실과 일치하는 진술을 했어도 이
를 재판상자백으로 볼 수 없다); 大判 1981. 8. 11, 81다262·263(당사자본인신문에서 진술한 것을 유치
권 항변을 한 것으로 볼 수 없다).

34) 大判 1990. 6. 26, 89다카15359; 大判 2008. 4. 24, 2008다5073.

35) 大判 1999. 7. 27, 98다46167; 大判 2002. 6. 28, 2000다62254; 大判 2006. 2. 24, 2002다62432;
大判 2006. 6. 30, 2005다21531 등.

여 그 청구원인 사실을 주장한 취지로 보지 못할 바 아니라고 하였고,36) 어촌계 총
대회의 결의무효확인을 구하는 소에서 그 대회가 정족수 미달이라는 주장을 명백
히 하지는 않았지만 그 대회가 무효라는 증거로 정족수 미달임이 밝혀져 있는 회
의록을 제출하였으면 **간접적인 진술**을 하였음을 인정할 수 있다고 하였다.37) 유족
보상금지급에 관한 증빙서류를 증거로서 제출한 이상 비록 변론에서 그 지급사실
에 관한 명백한 진술은 없었다 하여도 위 증거제출로서 간접적인 진술이 있었다고
보아 이를 심리판단했어야 한다고 판시하고,38) 당사자가 토지를 매수하였다고 주장
하고 있으나 증인신문을 신청하여 당사자의 조부가 대리하여 위 토지를 매수한 사
실을 입증하고 있다면 변론에서 대리행위에 관한 명백한 진술을 한 흔적은 없다
하더라도 위 증인신청으로서 위 대리행위에 관한 간접적인 진술은 있었다고 보아
야 할 것이라고 하였다.39) 나아가 간접적인 주장을 하였다고 볼 여지가 있음에도
이에 대하여 판단하지 않은 원심판결을 판단유탈 또는 석명권 불행사의 위법이 있
다는 이유로 파기한 사례도 있다.40)

4. 검 토

생각건대 당사자가 진술했다고 볼 것인지 여부는 **당사자의 의사**에 따라야 할
것이다. 입증취지로 미루어 보아 당사자의 의사가 그 사실을 주장할 것이 아닌데,
우연히 증거자료에 그 내용이 포함된 것이라면 간접적인 진술이 있은 것으로 보아
서는 안 된다. 그리고 당사자에게 진술할 의사가 있었을 것이라고 추측된다고 하여
간접적 진술이 있었다고 인정하여서도 안 된다. 당사자의 의사를 분명히 확인해야
할 것이다. 당사자의 의사를 알려면 법원이 **석명을 해야** 할 것이고, 석명으로써 그
당사자의 진술을 받아내거나 진술할 의사가 없음을 확인하는 것이 원칙일 것이
다.41) 그렇게 해야 상대방에게도 방어의 기회를 주게 된다. 석명을 하는 경우에도
변론 전체의 취지나 입증취지 등으로 봐서 당사자가 그러한 **진술을 할 의사**가 있
으리라는 것이 **충분히 짐작되는 경우**에 한할 것이다. 단순히 증거자료에 나타났다
고 바로 석명을 하는 것은 석명권의 한계를 넘어 변론주의 위반이 된다.

---

36) 大判 1969. 9. 30, 69다1326.
37) 大判 1999. 7. 27, 98다46167.
38) 大判 1972. 1. 31, 71다2502.
39) 大判 1987. 9. 8, 87다카982.
40) 大判 1993. 3. 9, 92다54517.
41) 이시윤, 343.

판례 중에는 원고가 변호사 비용을 상법 제680조가 규정한 손해방지비용으로 청구하고 있지만 그 주장 내용이나 제출한 증거들에 비추어 볼 때, 그와 같은 원고의 주장 속에는 위 각 변호사비용을 상법 제720조 제1항에 의한 방어비용으로서 지급을 구한다는 주장도 포함되어 있는 것으로 보이므로 그것을 주장한 것으로 보아도 된다고 한 것이 있다.42) 그러나 이는 원고가 법률적 주장을 잘못한 것으로 보이므로 오히려 아무런 지적 없이 판단하면 피고에게는 뜻밖의 재판이 될 것이므로 법적 관점 지적의무(제136조 4항) 위반이 될 것이다.

본래 소송절차는 그 **형식적 엄격성**이 매우 중요하다. 오늘날 이것이 많이 완화되어 가고 있고, 그 일환으로 사실자료와 증거자료의 구별도 제대로 하지 않는 경향이 생겼다. 그리하여 실무에서 집중심리를 한다면서 당사자에게 요약진술서를 제출하라고 요구하고 이를 증거자료로 쓰는 일까지 있었는데, 이처럼 당사자의 소송주체로서의 진술과 증거자료를 구별하지 못하고 당사자본인신문절차도 밟지 않고 진술서를 서증으로 채택하는 것은 명백한 위법이다. 이러한 난맥상은 소송법학에 대한 체계적 이해가 결핍되어 있거나 망각하였기 때문에 벌어지는 현상이다.

제 3 절 辯論主義의 適用範圍

앞에서 설명한 바와 같이 변론주의는 민사소송에서 **주요사실**에만 적용된다. 그 밖에 민사소송에서 변론주의가 적용되지 않거나 불완전하게 적용되는 영역이 있다. 직권판단사항과 직권조사사항이 그것이다.

Ⅰ. 직권판단사항

직권판단사항은 당사자의 주장이나 항변과 관계없이 법원이 스스로 판단해야 할 사항을 말하는 것으로, 사실문제가 아닌 **법률의 해석이나 적용**에 관한 사항이 여기에 해당한다. 당사자의 주장, 입증으로 확정한 사실관계에 대하여 법원이 어떠한 법규정을 적용할 것인지, 그 사건에 적용할 구체적 법규정을 어떻게 해석할 것

---

42) 大判 2006. 6. 30, 2005다21531, 그리하여 원심이 피고가 원고에게 위 각 변호사비용 중 일부를 상법 제720조 제1항에 의한 방어비용으로서 지급할 의무가 있다고 판단하였다고 하여 그것이 변론주의에 위배된다고 할 수는 없다고 하였다.

인지, 당사자의 주장이나 행위를 법적으로 어떻게 평가할 것인지는 법원이 직권으로 판단한다. 이러한 법률문제는 당사자가 처분할 사항이 아니기 때문이다. 따라서 여기에는 변론주의가 적용되지 않는다.[1] 판례는 신의칙이나 권리남용 등 강행규정위반,[2] 과실상계,[3] 가집행선고,[4] 사실인 관습,[5] 권리의 소멸시효 기간,[6] 분양전환 합의의 무효 판단의 범위[7] 등의 경우에 법원이 직권으로 판단해야 한다고 본다.[8]

II. 직권조사사항

직권조사사항은 당사자의 신청이나 이의에 관계없이 **법원이 스스로 문제 삼아 조사**하여 처리할 사항, 즉 직무상 조사해야 할 사항을 말한다. 하나의 소송 전체나 상소와 같은 개별적인 소송행위의 적법성 요건이 여기에 해당하는데,[9] 소송요건 중에서 항변사항을 제외한 사항, 즉 소송요건 중에서 주로 공익에 관계되는 사항이 직권조사사항이다. 소송요건 중에서 당사자의 처분에 맡겨도 무방한 사항은 항변사항으로, 상대방 당사자의 항변이 있어야 법원이 조사하는 사항이다.

제권판결에 대한 불복을 위한 소제기기간(제491조)과 재심 소제기기간(제456조 2항), 행정소송의 소제기기간(행소 제20조 3항), 중재판정취소의 소제기기간(중 제36조 3항) 등의 준수 여부는 소송요건으로 직권조사사항이다. 소제기기간인 제척기간의 도과 여부도 소송요건에 해당하므로 직권조사사항이다.[10] 그러나 소송행위와 관계

---

1) 한충수, 291.

2) 大判 1989. 9. 29, 88다카17181; 大判 1995. 12. 22, 94다42129. 특히 大判 1998. 8. 21, 97다37821은 원심법원이 직권으로 신의칙에 의하여 신용보증책임을 감액한 데에 변론주의를 위배한 위법은 없다고 판시하였다.

3) 大判 1966. 12. 27, 66다1759; 大判 1966. 12. 27, 66다2168; 大判 1995. 6. 30, 94다23920; 大判 1996. 10. 25, 96다30113; 大判 1999. 7. 13, 99다12888; 大判 2000. 1. 21, 99다50538; 大判 2016. 4. 12, 2013다31137.

4) 大判 1991. 11. 8, 90다17804; 大判 1998. 11. 10, 98다42141.

5) 大判 1976. 7. 13, 76다983; 大判 1977. 4. 12, 76다1124. 경험칙에 속한다는 점을 이유로 한다.

6) 大判 1977. 9. 13, 77다832; 大判 2008. 3. 27, 2006다70929·70936; 大判 2013. 2. 15, 2012다68217(어떤 권리의 소멸시효기간이 얼마나 되는지에 관한 주장은 단순한 법률상의 주장에 불과하므로 변론주의의 적용대상이 되지 않고 법원이 직권으로 판단할 수 있다 할 것이다); 大判 2017. 3. 22, 2016다258124(사건에 어떤 소멸시효 기간이 적용되는지에 관하여는 변론주의가 적용되지 않으므로 당사자가 민법에 따른 시효기간을 주장한 경우에 법원은 직권으로 상법에 따른 시효기간을 적용할 수 있다); 大判 2023. 12. 14, 2023다248903.

7) 大判 2017. 11. 9, 2015다44274: 피고가 분양전환 합의가 일부 무효라는 주장만을 하였더라도 법원은 전부 무효라고 판단할 수 있다.

8) 판례가 과실상계, 신의칙, 권리남용 등을 직권조사사항이라고 본다고 소개하는 이가 있으나(이시윤, 353) 정확한 소개가 아니다.

9) Rosenberg-Schwab/Gottwald[18] § 77 Rn. 48.

없는 제척기간의 도과는 실체법적 문제이므로 직권조사사항이 아니라 법률 적용의 문제로 직권판단사항이라고 보아야 한다.

　　직권조사사항과 직권판단사항을 혼동하는 수가 많다. 판례는 제척기간인 매매예약완결권의 행사기간이 도과하였는지 여부는 '직권조사사항'으로서 이에 대한 당사자의 주장이 없더라도 법원이 당연히 직권으로 조사하여 재판에 고려하여야 하므로, 상고법원은 매매예약완결권이 제척기간 도과로 인하여 소멸되었다는 주장이 적법한 상고이유서 제출기간 경과 후에 주장되었다 할지라도 이를 판단하여야 할 것이라고 하였다.[11] 그리고 외국적 요소가 있는 법률관계에 적용되는 외국법은 법원이 직권으로 그 내용을 조사하여야 한다고 하여[12] 마치 외국법이 직권조사사항인 것처럼 표현하기도 한다. 그러나 이는 직권판단사항과 직권조사사항을 혼동하여 잘못 표현한 것이다.

직권조사사항이라고 하여 그 기초가 되는 사실과 증거까지 직권으로 탐지하여 수집해야 한다는 의미는 아니다. 그러므로 **자료수집**이라는 점에서는 **변론주의**가 적용된다.[13] 이 점에서 직권탐지와 구별된다. 항변사항을 제외한 대부분의 소송요건이 여기에 해당한다. 그 밖에 판례가 소송요건과 같이 직권조사사항으로 취급하는 것으로는 소송상청구에 대하여 판단하지 않은 원판결의 잘못(판결누락)이 있다.[14]

직권조사사항의 존부 자체에 관하여는 재판상자백이나 자백간주는 있을 수 없다.[15] 직권조사사항에 관하여 당사자가 주장을 하였더라도 이는 직권조사를 촉구하는 의미밖에 없다. 따라서 법원이 판결에서 그에 관한 판단을 빠뜨렸어도 판단누락이라는 상고이유가 될 수는 없다.[16] 그리고 당사자가 직권조사사항에 관하여 다투다가 철회하더라도 법원은 심리해야 한다.[17]

---

　　10) 大判 2019. 6. 13, 2019다205947(운송인의 송하인이나 수하인에 대한 채권과 채무에 관한 상법 제814조 1항의 1년의 재판상청구 기간).

　　11) 大判 2000. 10. 13, 99다18725.

　　12) 大判 1990. 4. 10, 89다카20252; 大判 2019. 12. 24, 2016다222712; 大判 2022. 1. 13, 2021다269388.

　　13) 공익성이 강한 사안에서는 변론주의가 배제된다는 견해에 관하여는 앞의 소송요건 부분에서 설명하였다.

　　14) 大判 1991. 3. 22, 90다19329・19336(참가인의 청구에 관하여 재판을 누락한 경우).

　　15) 大判 2002. 5. 14, 2000다42908(종중의 대표권이 문제된 사안). 大判 1999. 2. 24, 97다38930은 소송대리권의 존부는 법원의 직권탐지사항으로서 이에 대하여는 자백간주에 관한 규정이 적용될 여지가 없다고 하였으나, 이는 직권조사사항을 잘못 표현한 것으로 보인다.

　　16) 大判 1990. 4. 27, 88다카25274・25281(중복소제기); 大判 1990. 11. 23, 90다카21589(징계처분 무효확인의 소에 대한 피고의 부적법 주장); 大判 1990. 12. 21, 90다카22056(당사자의 존재 여부); 大判 1994. 8. 2, 93다52808(기판력 저촉 여부); 大判 1994. 11. 8, 94다31549(소송대리권의 존재 여부); 大判 1997. 1. 24, 96다32706(기판력 저촉 여부); 大判 1999. 4. 27, 99다3150(보완항소시의 보완사유 존재 여부).

　　17) 大判 1971. 3. 23, 70다2639(당사자적격이 문제된 사안).

제 5 장   審理의 기타 諸原則

앞에서 설명한 처분권주의와 변론주의 이외에도 우리 헌법과 소송법에서는 근대 시민혁명 이후 확립된 여러 원칙과 소송의 현대적 과제를 해결하기 위한 원칙에 입각하여 심리를 하도록 규정하고 있다.

제 1 절   公開審理主義

공개(심리)주의란 소송의 심리와 판결의 선고를 일반인이 방청할 수 있는 상태에서 해야 한다는 원칙으로, 소송관여자 이외에는 공개하지 않는 밀행주의와 대립된다. 근대시민혁명의 결과 형성된 소송제도에서 가장 강조된 부분이 바로 공개주의였다. 당시의 국민들에게는 밀행주의에 의한 소송은 공포와 불신의 대상이었기 때문이다. 우리 헌법은 "재판의 심리와 판결은 공개한다"고 규정하고(헌 제109조 본문), 이를 받아 법원조직법에서도 같은 규정을 두고 있다(법조 제57조 1항 본문).[1]

여기서 일반인에게 공개하는 것은 소송의 심리, 즉 **넓은 의미의 변론과 판결의 선고**이므로 여기에 해당하지 않는 재판의 합의(법조 제65조), 변론준비절차, 중재, 조정(민조 제20조), 비송사건(비송 제13조), 변론 없이 결정으로 재판하는 절차 및 심리불속행사유가 있거나 상고이유서 부제출에 의하여 선고가 필요 없는 상고기각판결(상특 제5조 2항)에는 적용되지 않는다.

공개할 사항이라도 국가의 안전보장, 안녕질서 또는 선량한 풍속을 해칠 우려가 있는 경우에는 법원이 결정으로 **심리의 공개를 정지**할 수 있고(헌 제109조 단서, 법조 제57조 1항 단서),[2] 이때는 그 이유를 개시(開示)하여 선고하여야 한다(법조 제57조 2항).

---

1) 여기서 "재판의 심리"라는 표현은 적절하지 않다. 이때 재판은 일상생활에서 쓰는 대로 소송이라는 의미로 사용한 것으로 보이는데, 본래 재판은 법원의 판단을 의미하는 것이기 때문이다. 법조문에서 법률용어를 본래의 의미대로 사용하지 않고 일반인의 잘못된 사용예에 따라 규정하는 것은 타당하지 않다. 참고로 독일에서의 공개주의 규정은 "법원 앞에서의 변론과…"로 되어 있다(§ 169 S. 1 GVG).
2) 그러므로 판결의 선고는 반드시 공개해야 한다.

민사소송에서의 공개주의는 형사소송이나 공법관계 소송과는 의미가 다르다. 이러한 소송에서는 공개주의가 절대적인 요청이지만, 민사소송에서는 실제로 일반인 중에서 남의 소송에 관심을 가지는 사람이 거의 없기 때문에 의미가 그렇게 크지는 않다. 그럼에도 불구하고 공개주의를 중요하게 여기는 것은 이 원칙이 법관이 당사자나 증인에게 어떻게 행동하는지, 변론이 공정하게 진행되는지를 통제하기 위한 불가결의 수단이기 때문이다. 그러나 민사소송의 경우에 공개주의를 지나치게 확대하여 심리를 방송으로 중계하는 것은 재판장의 허가 없이는 허용되지 않는다(법조 제59조). 즉 일반 공중에게 이런 방법으로 심리를 공개할 것을 요구할 권리는 인정되지 않는다. 이는 개인의 사생활 침해가 되며, 오히려 법원으로의 접근을 막는 결과가 되기 때문이다.

제 2 절 口述審理主義

구술(심리)주의란 변론과 증거조사를 모두 구술로 행한다는 원칙으로,1) 서면(심리)주의와 서로 상반되는 장단점을 가진다. 구술로 심리하는 것은 당사자의 의사를 파악하기가 쉽고, 신선한 인상을 얻을 수가 있으며 의문 나는 점이 있으면 즉시에 해결할 수가 있어서 적정한 재판과 집중심리를 하기에 알맞다. 그리고 앞에서 본 공개주의도 구술변론에 의할 때만이 의미가 있다. 그러나 구술주의에 의하면 당사자들과 법관이 망각하기가 쉽고 복잡한 사건에서는 오히려 사안의 정리가 어렵게 된다. 그리고 상급심에서 하급심의 재판의 적정성을 검토하는 데에 어려움이 많다.

반면에 **서면주의**는 심리가 열릴 때마다 법원에 출석해야 하는 번거로움이 없고 어떠한 주장과 진술을 했는지가 뚜렷하며, 법원도 심리한 것을 망각할 위험이 적다. 그러나 소송서류가 방대해지면 그것을 일일이 작성, 전달, 검토하는 것이 대단히 번거롭고 시간이 많이 들게 된다. 그리고 합의부 재판의 경우에는 주심법관 이외의 법관들은 기록을 모두 검토하지 않은 상태에서 주심법관의 보고만 듣고 재판을 하여 합의부의 관할 사건으로 한 의미를 퇴색시킬 우려가 있다.

---

1) 구술주의, 구술변론을 구두주의, 구두변론이라고 표현하는 이들이 많다. 그러나 '구두'라는 말은 일본법에서 쓰는 용어이고, 우리 민사소송법을 제정하면서 우리의 독자적인 용어로 만든 것이 '구술'이다. 그러므로 일본에서 구두라고 하더라도 우리는 이를 '구술'로 번역하여 사용할 것이지, 같은 한자를 쓴다고 해서 일본의 법률용어를 생각 없이 갖다 써서는 안 된다.

각국의 입법례에서 순수한 구술주의나 순수한 서면주의를 채택한 경우는 없고, 양자의 장단점을 고려한 혼합형태를 취하고 있다. 우리 민사소송법은 **구술주의를 원칙**으로 하고, **서면주의를 보충적**으로 채택하고 있다. 그리하여 당사자는 소송에 관하여 법원에서 변론을 하여야 하는데(제134조), 여기서 변론은 구술변론을 의미함은 물론이다. 증거조사도 넓은 의미의 변론인데, 특히 증인신문은 구술로 하는 것이 원칙이다(제331조). 판결은 구술변론에 관여한 법관만이 할 수 있고(제204조 1항), 선고를 할 때도 주문을 낭독하고, 필요한 때에는 이유의 요지를 설명할 수 있다(제206조). 즉 판결의 선고도 구술로 한다.

그러나 중요한 소송행위에서는 그 **내용의 명확성을 확보**하기 위하여 **서면을 요구**하는 경우가 많다. 소를 제기하려면 소장을 작성, 제출해야 하고(제248조), 기타 청구취지의 변경(제262조 2항), 상소제기(제397조, 제425조), 재심의 소의 제기(제458조) 등 제소에 준하는 행위도 서면으로 하는 것이 원칙이다. 그 밖에 소취하(제266조 3항), 관할의 합의(제29조 2항), 소송고지(제85조) 등도 소송관계의 명확성을 기하기 위하여 서면으로 하도록 하였다. 그리고 어차피 변론을 열지 않는 재판인 결정으로 완결할 사건, 소송판결, 상고심판결 등에서는 서면심리가 원칙이다. 절차가 진행됨에 따라 만들어지는 소송자료가 불확실해지는 것을 방지하기 위하여 변론조서(제152조 이하)와 변론준비기일조서를 작성하도록 한다(제283조). 상대방과 법원에게 변론의 내용을 미리 알리는 역할을 하는 준비서면을 제출하도록 요구하기도 한다(제273조).

그동안 소송 실무에서는 변론기일에 당사자나 대리인이 출석하여 실질적으로 구술변론을 하는 것이 아니라 "준비서면대로 진술합니다"라고 '구술로 진술'하는 것으로 만족하였다. 그러므로 변론의 공개도 아무런 의미를 갖지 못하게 되었다. 이 같은 구술주의의 퇴화 내지 형해화 현상은 한 기일에 수십 건의 사건을 병행하여 심리하는 관행에서 비롯된 것으로, 이를 극복하기 위하여 2002년 개정 민사소송법에서 필요한 경우에 변론준비절차에서 철저한 준비를 하도록 하고, 변론기일에서는 활발한 구술변론 및 증거조사가 이루어지도록 규정하고 있다.

제 3 절   直接審理主義

직접(심리)주의는 직접 변론을 듣고 증거조사를 한 법관이 재판을 해야 한다는 원칙이다(제204조 1항). 판결은 그 기본되는 변론에 관여한 법관이 하여야 한다. 그 사건의 심리에 관여하지 않은 법관이 재판의 내용을 결정하는 것은 적정하지 않은 재판을 할 우려가 있기 때문이다. 앞에서 설명한 구술주의가 직접주의에도 이바지한다.

이 원칙을 철저하게 관철하면 사건을 심리 중에 법관이 바뀐 경우에 새로 사건을 심리하는 법관을 위하여 이제까지 진행된 변론을 반복해야 하는 번거로움이 생긴다. 이러한 문제를 적절하게 해결하기 위하여 이때에는 당사자가 종전의 변론의 결과를 진술하도록 하여(제204조 2항) **직접주의를 완화**하였다(변론의 갱신). 그러나 단독판사나 합의부의 법관의 과반수가 바뀐 경우에는 실제로 재판기관 자체가 변경된 것과 다름이 없으므로, 직접주의를 지나치게 완화하여서는 안 될 것이다. 따라서 종전에 신문한 증인에 대하여 당사자가 다시 신문을 신청한 때에는 법원은 그 신문을 하도록 하였다(제204조 3항).[1] 수명법관이나 수탁판사가 법정 외에서 증거조사를 하는 경우도 직접주의의 예외이다. 소액사건의 경우에는 변론의 갱신을 요구하지 않는다(소심 제9조 2항).

우리 판례는 법관이 바뀐 후 최후의 변론에서 쌍방대리인이 소송관계를 표명하고 증거조사의 결과에 대하여 변론을 한 경우에는 변론갱신의 효과가 생겨서 변론을 갱신하지 않은 위법은 치유된다고 하고,[2] 심지어는 제1심 법관이 바뀌었음에도 불구하고 당사자가 종전의 변론의 결과를 진술하지 않았다 하더라도 당사자가 항소심에서 제1심 변론의 결과를 진술한 경우에는 그 흠은 항소심 판결절차에 영향을 가져오지 않는다고 하여,[3] 직접주의도 유명무실하게 되었다. 법관에 대한 잦은 인사이동 관행을 시정하는 것이 바람직하다.

---

1) 우리 판례는, 제204조 3항의 취지를 "경질된 법관이 변론조서나 증인신문조서의 기재에 의하여 종전에 신문한 증인의 진술의 요지를 파악할 수 있는 것이기는 하지만, 법관의 심증에 상당한 영향을 미칠 수 있는 증인의 진술 태도 등을 통하여 받은 인상은 문서인 증인신문조서의 기재만으로는 알 수 없기 때문에, 재신문에 의하여 경질된 법관에게 직접 심증을 얻도록 하려는 데에 그 취지가 있다"고 하면서 당사자의 신청이 있다고 해서 반드시 재신문을 해야 하는 것은 아니라고 한다(大判 1992. 7. 14, 92누2424).

2) 大判 1951. 4. 10, 4282민상39 · 40; 大判 1967. 10. 25, 67다1468; 大判 1968. 7. 2, 68다37 등.

3) 大判 1963. 8. 22, 63다316.

제 4 절 雙方審理主義

쌍방심리주의란 소송의 심리에서 당사자 쌍방에게 공격·방어방법 제출의 **기회를 동등하게 부여**해야 한다는 원칙을 말한다. 민사소송의 이상 중 하나인 공평을 달성하기 위한 것으로, 절차상의 기회균등 내지 무기대등의 원칙이라고도 한다. 어느 한 당사자에게 충분히 공격이나 방어의 기회를 주지 않고 재판을 하는 것은 공평에도 반할 뿐만 아니라 그 당사자의 재판받을 권리(헌 제27조)를 침해한다.[1]

민사소송법이 당사자들은 소송에 관하여 법원에서 변론하도록 규정한 것은(제134조 1항) 양 당사자를 대석시켜 쌍방을 심리하는 필수적 변론절차에 의할 것을 전제로 하고 있다. 그리하여 쌍방심리주의를 관철하기 위하여 소송절차의 중단제도(제233조 이하)와 대리권 흠결이 없도록 보장하는 제도(제424조 1항 4호, 제451조 1항 3호)를 마련하였다.

임의적 변론에 의하거나 변론이 열리지 않는 사건은 반드시 쌍방심리주의를 관철하지 않는다. 그러므로 결정으로 완결할 사건(제134조 1항 단서), 강제집행절차, 독촉절차, 보전절차 등에서는 일방심리가 허용된다. 이러한 절차에서도 상대방 당사자의 이의신청이나 제소 등으로 판결절차나 기타 쌍방심리를 하는 절차로 넘어가게 되므로 재판청구권이 배제된 것은 아니다.

제 5 절 適時提出主義

I. 적시제출주의의 의의와 취지

적시제출주의는 당사자가 공격·방어방법을 소송의 정도에 따라 적절한 시기에 제출해야 한다는 원칙이다(제146조). 당사자가 공격·방어방법을 제출할 시기에 관하여는 동시제출주의, 법정순서주의, 수시제출주의 등이 있었고, 우리 법은 2002년

---

1) 이를 독일 기본법은 법적심문청구권(Anspruch auf rechtliches Gehör)이라고 하여 국민의 기본권으로 보장한다(Art. 103 GG). 이런 의미에서 쌍방심리주의는 독일 기본법이 보장하는 법적심문청구권과도 일맥상통한다.

개정 전에는 수시제출주의를 취하였었다.

동시제출주의나 법정순서주의는 과거 독일 보통법 시대에 택하였던 원칙이다. 동시제출주의는 본격적인 소송심리에 들어가기 전에 당사자들은 모든 소송자료를 제출해야 한다는 원칙이고, 법정순서주의는 각 기일이 서로 다른 의미를 갖는 것으로 하여, 각 소송자료는 해당 기일에만 제출할 수 있다는 원칙이다. 이들은 소송의 신속한 진행과 집중심리를 기할 수 있다는 장점이 있지만, 과거의 경험으로 보면 당사자들이 소송이 어떻게 진행될지를 알 수가 없는 초기 단계에서 소송자료를 제출해야 하므로 사건에 조금이라도 관련이 있을 가능성이 있는 자료를 모두 제출해서 결국 소송은 전혀 필요 없었을 주장과 증거의 더미에 묻혀 갈피를 잡기가 어렵게 되고 그만큼 법원의 부담이 늘어나며 소송이 지연되는 문제점이 있었다. 그리하여 근대 각국의 민사소송법은 수시제출주의를 채택하게 되었다.

수시제출주의는 당사자가 공격·방어방법을 사실심 변론종결 때까지 필요한 때에 언제나 제출할 수 있다는 원칙이다. 당사자들이 절차의 진행 상황에 따라 상대방 주장이나 입증의 결과 등을 참고하여 필요한 자료를 제출하여 융통성 있고 효과적인 소송수행을 할 수 있도록 하는 장점이 있다. 그러나 당사자들이 이를 악용하여 소송자료를 "물방울을 떨어뜨리듯이" 조금씩 제출하여 소송을 지연시킬 가능성이 있다는 단점이 있다. 이를 막기 위하여 실기한 공격·방어방법의 각하 등 여러 장치를 마련하여 두었으나, 우리 실무에서 이들을 잘 활용하지 않았기 때문에 소송지연의 폐단이 없어지지 않고 있었다.

수시제출주의의 이런 문제점을 이유로 2002년 개정법은 적시제출주의를 채택하여, 당사자는 소송의 정도에 따라 공격·방어방법을 적절한 시기에 내도록 규정하였다(제146조). 그러면서 종전부터 인정되던 실기한 공격·방어방법의 각하 이외에도 변론준비기일의 종료 뒤에는 새로운 공격·방어방법을 제출할 수 없는 것을 원칙으로 하고(제285조), 재판장이 일정한 사항에 관한 주장이나 증거신청을 할 기간을 정할 수 있도록 하고(재정기간) 그 기간 안에 제출하지 않은 것은 뒤에 제출하지 못하도록 하는 규정을 신설하여(제147조), 공격·방어방법의 제출 시기를 광범위하게 제한하였다.[1]

---

1) 적시제출주의와 각종 실권규정의 해석론에 관하여는 李垈根, 適時提出主義와 失權效에 관한 硏究, 서울대학교 석사논문, 2003 참조.

Ⅱ. 실기한 공격·방어방법의 각하

당사자가 **고의나 중대한 과실로 시기에 늦게** 공격·방어방법을 제출하면 법원
은 결정으로 이를 각하할 수 있다(제149조 1항). 이 규정은 당사자가 공격·방어방
법을 제출할 책임을 부담한다는 점을 전제로 하므로 변론주의 절차에만 해당하고,
직권탐지주의 절차나 직권조사사항에는 적용이나 준용되지 않는다.

변론준비절차가 열리면 그 과정에서 변론준비기일이 열릴 수가 있는데(제282조
1항), 이 기일이 종료하고 나면 새로운 공격·방어방법은 제출할 수가 없음이 원칙
이고(제285조), 이러한 실권효는 항소심에서도 유지된다(제410조). 따라서 실기한 공
격·방어방법의 각하 규정이 적용되는 것은 사실상 **제285조 제1항 각호에 규정된
예외 사유**가 있는 경우나 **변론준비기일이 열리지 않은 사건**에 한정될 것이다.

1. 각하의 요건

(1) 각하의 대상

각하의 대상은 시기에 늦게 제출된 공격·방어방법이므로, **주장, 다툼, 항변(소
송상항변 포함), 증거방법** 등이다. 그러므로 소제기와 같은 성질을 가지는 원고의
청구변경, 피고의 반소 등은 여기에 해당하지 않는다. 청구변경이나 반소 등은 소
송의 진행 단계에서 일정한 시기에 신청해야 한다는 제한이 없으므로 실기했다는
것이 있을 수 없다. 그리고 이들이 소송절차를 지연시키는 경우의 효과에 관하여는
각 제도에서 독자적으로 정하고 있다.

(2) 시기에 늦게 제출하였을 것

시기에 늦었다는 것은 소송의 진행 경과로 보아 이미 제출을 기대할 수 있었음
에도 불구하고 적시에, 즉 **해당 쟁점을 심리할 때**에 제출하지 않고 뒤늦게 제출하
는 것을 말한다. 최근 판례는 이를 판단함에는 새로운 공격·방어방법이 구체적인
소송의 진행정도에 비추어 당사자가 과거에 제출을 기대할 수 있었던 객관적 사정
이 있었는데도 이를 하지 않은 것인지, 상대방과 법원에 새로운 공격·방어방법을
제출하지 않을 것이라는 신뢰를 부여하였는지 여부 등을 고려해야 한다고 하면서,
그에 따라 피고가 항소하면서 항소심 제1회 변론기일 이전에 새로운 주장을 하여
서 항소심에서 추가로 오랜 심리기간이 필요하지 않다는 점, 그 주장이 사실로 인

정되면 결론이 바뀔 가능성이 있다는 점 등을 들어 실기하였다고 볼 수 없다고 판시하였다.[2]

《사례 1》　甲이 乙을 상대로 임대차계약이 종료하였음을 이유로 컴퓨터의 반환을 청구하는 소를 제기하였다. 소송에서 乙이 甲으로부터 컴퓨터를 받은 적이 없다고 주장하였으나 패소하고 말았다. 乙이 항소하여 항소심 첫 번째 변론기일에서 甲으로부터 컴퓨터를 받기는 받았지만 그것은 甲이 증여한 것이라고 주장하였다. 이 주장을 법원이 받아들일 것인가?

이 사례에서 乙이 주장한 증여는 이미 제1심에서 주장할 수 있었던 것이어서 시기에 늦었다고 할 수도 있지만 항소심 자체로 보면 제1회 기일에서 주장하였으므로 늦은 것이 아니다. 여기서 '시기에 늦게'를 어떤 기준으로, 즉 항소심 자체를 기준으로 판단할 것인가 아니면 제1심과 항소심을 합쳐서 시기에 늦었는지 여부를 판단할 것인가가 문제된다. 이 점에 관하여 통설은 **모든 심급을 통하여 판단**해야 한다고 본다. 만일 항소심만을 기준으로 판단하면 제1심에서 실기하였다고 각하당한 공격·방어방법까지도 항소심 첫 변론기일에 제출하면 받아들여야 한다는 문제가 생긴다. 그리고 항소심은 속심이라는 점과 모든 소송은 제1심이 중심이 되어야 한다는 요청을 고려하면 통설이 타당하다. 그러므로 여기서 乙이 증여를 주장한 것은 시기에 늦었다고 판단될 수가 있을 것이다. 판례도 이를 인정하고,[3] 이에 따라 실기 여부를 판단한 것이 많다.

　　그 예로는, 항소심 제3회 변론기일에 한 증인신청,[4] 항소심 4회 기일에 한 유치권항변,[5] 두 차례 증인신청을 하여 그때마다 변론기일을 지정하였는데 모두 결석하고 뒤에 다시 한 증인신청,[6] 1, 2심 변론에서 주장할 기회가 있었던 사항을 2심 변론종결 후에서야 주장, 입증하겠다고 하여 한 변론재개신청[7] 등이 있다. 반면에 실기하지 않았다고 판단한 것으로는, 피고들이 항소심에서 비로소 무권대리 추인사실을 주장한 경우가 있다.[8] 이들은 모두 적시제출주의를 도입하기 전의 예로, 도입 이후의 판례로는 환송 전 항소심 절차에서 상계항변을 할 기회가 있었음에도 불구하고 환송 후 항소심 절차에서 비로소

---

2) 大判 2017. 5. 17, 2017다1097.

3) 위 2017다1097 판결.

4) 大判 1958. 4. 3, 4290민상664.

5) 大判 1962. 4. 4, 4294민상1122.

6) 大判 1968. 1. 31, 67다2628.

7) 大判 1981. 11. 10, 80다2475.

8) 大判 1980. 6. 24, 80다317.

주장한 상계항변은 실기한 방어방법이라고 한 것이 있다.9)

당사자가 제출한 공격·방어방법에 관한 법관의 석명에 응하지 않거나 출석하지 않은 경우에도 실기한 경우와 같이 취급한다(제149조 2항).

(3) 당사자의 고의 또는 중과실

아무리 실기하여 늦게 제출한 소송자료라고 해도 여기에 실권제재를 가하는 것은 자칫 재판받을 권리를 침해할 가능성이 있고, 적정한 재판을 하지 못할 우려가 크다. 그러므로 실기한 자료제출이 당사자(대리인 포함)의 고의나 중과실에 의한 것이 아닐 때에도 실권제재를 가한다면 매우 부당할 것이다. 그렇기 때문에 법은 이러한 당사자의 주관적 요건을 요구한다.

당사자나 대리인의 고의, 중과실을 판단할 때에는 당사자의 법률지식과 함께10) 새로운 공격·방어방법의 종류, 내용과 성격, 법률구성의 난이도, 기존의 공격·방어방법과의 관계, 소송의 진행경과 등을 종합적으로 참작해야 한다.11)

《사례 1a》   〈사례 1〉에서 乙이 甲으로부터 컴퓨터를 받기는 받았지만 그것은 甲이 증여한 것이라고 주장하였으나 패소하고 말았다. 乙이 항소하여 항소심 첫 번째 변론기일에서 甲으로부터 컴퓨터를 받은 적이 없다고 주장하였다. 이 주장을 법원이 받아들일 것인가?

여기서 乙이 甲으로부터 컴퓨터를 받았는지는 이미 제1심에서 아무 문제 없이 다루어진 것인데, 항소심에서 비로소 컴퓨터를 甲으로부터 전혀 받은 적이 없다는 주장을 한 것은 실기하였다고 판단될 수 있을 것이고, 이는 고의나 중과실에 의한 것이라고 볼 수 있을 것이다. 그러나 〈사례 1〉처럼 주위적 주장을 먼저 하여 패소한 당사자가 항소한 뒤에 비로소 **예비적 주장**을 하는 것은 시기적으로는 늦었다고 판단되더라도 이것이 고의, 중과실의 귀책사유에 의한 것이라고 보기는 어려울 것이다. 예비적으로 주장하는 것이 보통인 상계항변도 이와 같이 취급하는 것이 타당하다.12)

판례가 당사자의 고의나 중과실을 인정하지 않은 사례로는, 원고가 소송 진행 중에 발생한 사항을 입증하기 위하여 증인신문을 신청한 경우에 이 신청이 시기에 늦은 공격

---

9) 大判 2005. 10. 7, 2003다44387·44394.
10) 위 2017다1097 판결은 피고가 본인소송을 한다는 점도 참작하였다.
11) 위 2017다1097 판결.
12) 이시윤, 370은 소송지연책이 아닌 한 여기에 해당한다고 본다.

방법이라 하더라도 원고에게 과실이 없다고 한 것과,13) 제1심 이래 21개월여가 지난 뒤에 항소심에서 비로소 증거서류가 위조된 것이라고 항변을 했어도 항소심에서 비로소 증거서류가 위조되었다는 증거를 확보하게 된 경우에는 실기한 공격·방어방법이 아니라고 한 것,14) 그리고 원고가 제1심 변론준비기일이나 변론기일에서 주장하지 않은 것을 항소심에서 비로소 주장하였지만 같은 쟁점에 관하여 대법원에서 첫 판결이 나온 것을 보고 새로이 주장한 것이라면 고의나 중과실이 없다고 한 것이 있다.15)

(4) 소송의 완결이 지연될 것

소송의 완결을 지연시킨다고 함은 제출된 공격·방어방법을 받아들여 심리한다면 **다시 기일을 지정하게 되어서 그만큼 심리가 늦어지는 경우**를 말한다. 그러므로 공격·방어방법이 실기하여 제출되었더라도 그로 인하여 소송지연이 생기지 않는다면 각하하여서는 안 될 것이다. 그것은 자칫 적정한 재판을 하지 못할 위험이 있기 때문이다. 그러므로 제출한 기일에 즉시 조사할 수 있는 증거신청이나 별도의 증거조사가 필요 없는 사실주장 등은 소송을 지연시키는 것이 아니다.

판례는 피고가 대법원 환송판결 후 항소심에서 비로소 원고가 농지매매증명을 얻지 못하였다는 항변을 한 사건에서, 이는 법률상 주장으로서 별도의 증거조사를 필요로 하지 아니하고, 이로 말미암아 소송의 완결이 지연되는 것도 아니므로 실기한 방어방법이 아니라고 하였고,16) 피고가 항소심에서 변론이 종결된 후 변론의 재개를 신청하면서 비로소 농지의 매매에 관하여 소재지 관서의 증명이 없다는 주장을 한 사안에서, 농지의 매매를 원인으로 한 소유권이전등기절차의 이행을 청구하는 소송에서는 적어도 사실심 변론종결 때까지 반드시 소재지 관서의 증명이 갖추어져야 되는 것이라고 판단되는 이상, 피고의 위와 같은 주장이 소송의 완결을 지연시키지 않는다고 하였다.17) 마찬가지 기준에서 이미 항소심에서 먼저 증거신청을 하여 증거조사가 이루어진 상태이면 항소심 8차 변론에서 그 사실을 비로소 주장하였어도 실기한 것이 아니라고 하였다.18)

실기한 공격·방어방법이라 하더라도 따로 심리하거나 증거조사를 하여야 할 사항이 남아 있어 어차피 기일의 속행을 필요로 하고 그 속행기일의 범위 내에서

---

13) 大判 1956. 9. 15, 4292민상275.
14) 大判 1992. 2. 25, 91다490.
15) 大判 2006. 3. 10, 2005다46363·46370·46387·46394. 이 판결은 원고의 고의, 중과실을 부정하면서 실기한 공격·방어방법으로서 각하해서도 안 되고 변론준비기일 종결의 효과로서의 실권도 인정해서는 안 된다고 판시하였다.
16) 大判 1992. 10. 27, 92다28921.
17) 大判 1991. 8. 13, 91다10992.
18) 大判 1965. 9. 28, 65다1440.

공격·방어방법의 심리도 마칠 수 있다면 역시 소송의 완결을 지연시키는 것이 아니므로[19] 각하하여서는 안 된다.

실기한 공격·방어방법이 적시에 제출되었더라도 **어차피 소송의 완결이 지연**되었으리라고 판단될 때에도 각하할 수 있는지에 관하여는 특히 독일을 중심으로 논쟁이 있다.

《사례 1b》   〈사례 1〉에서 乙이 증여를 주장하고, 이를 입증하기 위하여 乙이 甲으로부터 컴퓨터를 받을 때에 함께 동행했던 丙을 증인으로 신청하였다. 그러면서 乙이 진술하기를 丙이 컴퓨터를 인수하는 것을 본 다음날 출국하여 앞으로 사흘 뒤에 돌아올 것이므로 다음 기일에 증언할 수 있을 것이라고 하였다. 이때 법원은 이를 실기하였다고 하여 각하할 수 있는가?

이른바 '**절대적(구체적) 지연개념**'에 의하면 실기한 공격·방어방법을 받아들이는 것이 각하하는 것보다 절차가 더 오래 걸리면 지연된다고 본다(절대설).[20] 이 사례에서 丙을 증인으로 신문하는 것이 신문하지 않고 각하하는 것보다 절차가 지연되므로 각하해야 한다고 본다. 그러나 '**상대적(가정적) 지연개념**'에 의하면 이러한 경우에는 乙이 일찍 丙을 증인으로 신청했어도 어차피 다음 기일에 신문할 수밖에 없으므로 지연된 것이 아니라고 본다(상대설).[21] 생각건대 절대설에 의하면 실기한 공격·방어방법의 각하로 인하여 적시에 제출하였을 때보다 소송이 더 빨리 완결되는 수가 생기는데, 이는 과도한 신속화로서 법적심문청구권의 침해가 될 가능성이 높다. 소송은 시비곡직을 가려내어 적정한 재판을 하기 위한 제도이지 신속한 재판을 하기 위한 제도는 아니다. 신속은 지나친 소송지연으로 적정한 재판이 무색해지는 것을 막기 위한 부차적인 가치임을 잊어서는 안 된다. 어차피 소송의 완결이 지연될 것이라면 소송 본래의 목적인 적정한 재판을 위하여 당사자가 제출한 공격·방어방법을 받아들여야 할 것이다.[22] 이러한 의미에서 상대설이 타당하다.

변론을 재개하고 새로운 공격·방어방법을 제출한 경우는 소송관계가 변론재개 전의 상태로 환원된다. 그러므로 그 재개된 변론기일에서 제출된 주장·증명이 실

---

19) 大判 1994. 5. 10, 93다47615; 大判 1996. 3. 22, 95누5509; 大判 2000. 4. 7, 99다53742.

20) 김홍엽, 464; 이시윤, 371; 鄭·庚·金, 359; 한충수, 323; Anders-Gehle/Bünnigmann[80] §296 Rn. 40 ff.; Jauernig/Hess[30] §28 Rn. 18; BGHZ 75, 138; BGHZ 86, 31 등.

21) Leipold, Prozeßförderungspflicht der Parteien und richterliche Verantwortung, ZZP 93, 250; Lüke[11] §17 Rn. 5; Rosenberg-Schwab/Gottwald[18] §68 Rn. 31; Stein-Jonas/Leipold[20] §296 Rn. 53 ff.; BVerfG NJW 1987, 2733; BVerfG NJW 1995, 1417 f.

22) Lüke[11] §17 Rn. 5.

기한 공격·방어방법에 해당하는지 여부를 판단할 때 변론재개 자체로 인한 소송지연은 고려할 것이 아니다.[23]

실기한 증거신청이 **유일한 증거**일 경우에 이것을 조사하면 소송의 완결이 지연된다고 하여 각하할 수 있는지에 관하여도 다투어진다. 긍정설은 유일한 증거라고 예외로 취급할 것은 아니라고 함에[24] 반하여, 부정설은 각하할 수 없다고 한다.[25] 판례 중에는 유일한 증거라도 각하할 수 있다고 한 것이 있고,[26] 제290조 단서를 근거로 각하하여서는 안 된다고 한 것이 있다.[27] 생각건대 유일한 증거에 대하여는 법원이 임의로 조사 여부를 결정할 수 있는 것이 아니므로(제290조 단서), 제149조가 적용되지 않는다고 보는 것이 옳다. 그리고 신속한 소송이 당사자가 제출한 유일한 증거신청까지 무시할 만한 절대적인 가치를 지닌 것이 아니므로 부정설이 타당하다.

2. 각하의 절차

실기한 공격·방어방법은 상대방의 신청이나 직권에 의하여 각하할 수 있다. 제149조의 요건이 구비되면 반드시 각하할 것인가에 관하여 이 규정이 공익적 규정이라고 하여 필수적으로 각하할 것이라는 견해가 있으나,[28] 통설은 법문대로 각하 여부는 **법원의 재량**이라고 본다. 실기 여부, 소송지연 여부의 기준이 명확하지 않은 마당에 필수적 각하로 새기는 것은 자칫 적정한 재판을 해칠 우려가 있으므로 통설이 타당하다고 생각된다. 각하의 판단은 독립된 재판, 즉 결정으로 하거나 판결이유 중에서 판단해도 된다. 다만 종국판결의 이유에서 판단하는 것은 실기한 공격·방어방법에 대하여 심리나 조사를 하지 않은 경우에 한한다.[29] 각하에 대하여는 독립된 불복방법이 없고 종국판결에 대한 상소로써 불복할 수 있다. 실기한 방법의 제출로 소송을 지연시킨 당사자는 승소한 경우에도 그로 인하여 증가된 부분의 소송비용을 부담하는 수가 있다(제100조).

---

23) 大判 2010. 10. 28, 2010다20532.

24) 김홍엽, 637; 이시윤, 370; 鄭·庚·金, 359; 韓宗烈, 683; 한충수, 321. 金·姜, 534-535의 입장은 불명확하지만 맥락으로 보아 이와 같은 견해로 보인다.

25) 강현중, 445; 方順元, 437; 宋·朴, 349.

26) 大判 1968. 1. 31, 67다2628.

27) 大判 1962. 7. 26, 62다315.

28) 宋·朴, 350.

29) 법원이 당사자의 공격·방어방법에 대하여 각하결정을 하지 아니한 채 그 공격·방어방법에 관한 증거조사까지 마친 경우에는 더 이상 소송의 완결을 지연할 염려는 없어졌다고 할 것이므로, 그러한 상황에서 새삼스럽게 판결이유에서 당사자의 공격·방어방법을 각하하는 판단은 할 수 없다(大判 1994. 5. 10, 93다47615; 大判 1996. 3. 22, 95누5509).

Ⅲ. 재정기간제도

1. 기간의 지정

적시제출주의가 단순히 추상적, 훈시적 규정으로 머물지 않도록 하기 위하여 위에서 설명한 실기한 공격·방어방법의 각하규정 이외에, 더 적극적으로 재판장이 특정사항에 관하여 당사자의 의견을 들어 **공격·방어방법의 제출에 관한 기간을 정할 수 있도록** 하였다(재정기간, 제147조 1항). 이를 이용하면 절차가 신속하고 탄력적으로 운영될 수 있기를 기대하고, 나아가 재정기간 부과의 아래와 같은 실권제재의 효과는 항소심에서도 유지되므로 제1심 집중의 효과도 기대할 수 있다는 것이다.30)

2. 실권제재

2002년 민사소송법 개정 전에는 실기한 공격·방어방법에 대하여 법원이 재량으로 각하할 수 있도록 하였고, 실제로 이러한 각하는 거의 이루어지지 않았다. 적시제출주의를 표방한 개정법은 재정기간을 지키지 않은 경우에 실권효를 인정하였다(제147조 2항). 즉, 당사자가 재판장이 정한 기간을 넘긴 때에는 주장을 제출하거나 증거를 신청할 수 없다. 다만, 당사자가 정당한 사유로 그 기간 내에 제출 또는 신청하지 못하였다는 것을 소명한 경우에는 이러한 제재를 받지 않는다. 이 제도는 실권을 강화한다기보다는 사전에 실권 여부를 명확하게 하여 부당한 소송지연을 방지하는 효과를 낳기 위한 것이라고 설명하기도 한다.31)

3. 평 가

법개정 과정에서 재정기간을 정하여 그 기간 내에 소송자료를 제출하도록 하였으면 논리 필연적으로 당연히 실권제재를 가해야 한다는 사고방식이 지배하였다. 그러나 변론의 집중과 신속한 소송은 당사자가 어떻게 소송을 수행하느냐에 달려 있다기보다는 법관이 어떻게 소송을 지휘해 가느냐에 더 많이 좌우된다. 그럼에도 불구하고 개정법에 의하면 변론준비절차에서 재정기간에 따른 실권을 당하고, 변론준비기일 종결의 효과로 또 실권을 당하고, 변론에서 다시 실기한 공격·방어방법

---

30) 法院行政處, 民事訴訟法 改正內容 解說, 2002, 51.
31) 위의 책, 52.

이라고 하여, 또는 재정기간을 지키지 않았다고 실권을 당하게 된다. 더구나 실권의 효과는 항소심에서도 유지된다. 당사자에게는 과중한 부담이 아닐 수 없다. 재판장이나 그의 권한을 행사하는 수명법관이 적극적으로 소송지휘를 하면 굳이 실권제재를 가하지 않더라도 변론은 집중될 것이다.

실무상으로도 어려움이 생길 수 있다. 재판장 등이 구술로 기간을 정해 준 경우에는 기간을 지나서 제출한 소송자료를 실권시킬 근거가 불분명하다. 기간을 정한 것을 조서에 기재하거나 재판장 등이 명령으로 기간을 정하면 근거는 분명해지겠지만, 이 경우 생각하지 못한 대량의 실권이 발생해서 심리가 부실해질 우려가 있다. 변론의 철저한 준비와 집중심리의 효과를 거두기 위하여서는 재판장 등이 일차 구술로 소송자료제출의 기간을 정하고 당사자가 그 기간을 지키지 않았을 때에는 다시 기간을 정하되 실권제재를 예고하는 것이 바람직하다는 의견도 있다.

입법론으로는 차라리 실권제재 여부는 제149조에 의한 실기 여부에 맡기고, 재정기간을 지키지 않은 당사자에 대하여는 그로 말미암아 늘어난 소송비용을 부담시키는 것이 바람직하다.

Ⅳ. 이른바 소송촉진의무

우리 법이 수시제출주의를 취하였을 때에도 실기한 공격·방어방법의 각하는 당사자의 소송촉진의무 위반에 대한 제재라고 설명하는 이가 있었다.[32] 이제 적시제출주의를 취한 현행법상 이 의무를 더욱 강조하는 방향으로 나아갈 것이 예상된다.

이러한 경향은 일방적으로 당사자에게 부담과 불이익을 주는 방향으로 나아가고 있다. 이는 법원의 편의를 위주로 한 사고방식에 기인한 것이 아닌가 하는 의구심이 든다. 소송지연의 모든 책임이 수시제출주의에 있는 것처럼 생각하는 경향이 있는데, 수시제출주의도 본래의 의미가 소송자료는 '필요한 때'에 제출할 수 있다는 것이지 아무 때나, 아무리 늦게 내도 된다는 의미는 아니었다. 소송자료 제출을 효율적으로 하기 위한 방법이 바로 수시제출주의였는데, 이러한 합리적인 제도를 제대로 운영하지 못한 법원에 책임의 일부가 있음을 간과해서는 안 된다.

이른바 소송촉진의무는 독일법에서 인정된다고 해석되는 것으로,[33] 우리 법에

---

32) 李時潤(新訂四版), 399.

33) 소송촉진의무의 근거조문이라고 하는 §282 ZPO는 "적시의 제출"을 표제로 하여, 각 당사자는 소송의 상황에 따라 주의깊고 절차의 촉진을 배려한 소송수행에 알맞도록 적시에 소송자료를 제출해야 한다

서도 이를 근거로 적시제출주의를 인정한다고 강조하는 것이 새로운 풍조이다. 그러나 당사자가 적시에 소송자료를 제출해야 한다는 것이 법적 의무는 아니다. 적시에 제출하지 않은 소송자료는 각하되어 그 당사자가 패소의 불이익을 받을 위험에 처하는 것이지, 실기한 제출이 위법행위가 되는 것은 아니므로 주장책임이나 입증책임과 같은 **소송법상의 책임**이라고 보는 것이 옳을 것이다.[34] 오히려 소송촉진의무는 법원이 부담하는 것이라는 점을 잊어서는 안 된다.[35]

는 의미로 규정한다. 여기서 "제출해야 한다"라고 해서 이를 의무라고 새기는 것은 경솔하다고 생각된다.

34) Baumgärtel, Beweislastpraxis im Privatrecht, 1996, Rn. 35; Gaul, "Prozessuale Betrachtungsweise" und Prozeßhandlungen in der Zwangsvollstreckung, in: GS Arens, 1993. S. 112; Stein-Jonas/Leipold[20] § 282 Rn. 4. 이를 강조한 것은 胡文赫, "民事訴訟法上 訴訟法律關係에 관한 고찰," 서울대학교 법학 제54권 2호(2013), 156면 이하.

35) 독일에서는 당사자와 똑같이 법원도 소송촉진의무를 진다고 본다. Vgl. Jauernig/Hess[30] § 28 Rn. 14; Lüke[11] § 17 Rn. 6; BGH NJW-RR 1991, 728.

제 6 장 法院의 實體的 訴訟指揮

　법원은 소송절차를 한 단계씩 진행시켜 나아가는 소송지휘뿐만 아니라, 당사자의 소송행위의 내용이 불분명해서 심리가 제대로 이루어지지 않으면 그 내용을 분명히 하도록 지휘해야 하고, 당사자들이 법적 주장을 잘못하여 잘못된 법률 문제로 다투는 경우에 이를 바로잡아 올바른 법적 관점에서 심리가 이루어지도록 지휘를 할 필요가 있다. 불분명한 소송행위를 분명하게 하는 법관의 권한을 석명권이라 하고, 잘못된 법적 관점을 바로잡아 줄 법관의 의무를 법적관점 지적의무라고 한다. 이들을 법원의 실체적 소송지휘라고 부른다.

제 1 절　法官의 釋明

Ⅰ. 의　　의

　변론주의를 취하여 소송자료의 수집・제출책임을 당사자에게 부과하였으므로 법원은 당사자의 자료수집활동에 간섭하지 못하고, 제대로 소송자료를 수집, 제출하지 못한 당사자는 패소할 위험을 부담하는 것이 원칙이다. 그러나 당사자가 제출한 소송자료의 내용이 분명하지 않은 경우에 법원이 이를 탓하여 그 당사자를 패소시킨다면 오히려 법원의 심리가 부실하게 되고, 경우에 따라서는 부당한 결과가 되는 수가 있다. 뿐만 아니라 한 당사자의 주장, 입증이 분명하지 못하면 상대방 당사자가 이에 대하여 적절히 대응할 수가 없으므로 심리가 제대로 이루어질 수가 없다. 이러한 경우에는 당사자들이 제대로 소송을 수행하여 **사실관계와 법률관계가 분명하게 되도록** 법관이 영향력을 행사하여야 한다. 법관의 이러한 권한을 석명권이라고 하고, 이를 의무라는 관점에서 파악하면 동시에 석명의무가 된다.[1]

　법관의 석명권은 변론주의의 혜택을 누리지 못하는 당사자에 대하여 제대로 소

---

　1) 석명이 법원의 의무임은 이미 1953년의 판례부터 언급하였다(大判 1953. 3. 5, 4285민상146).

송자료를 제출하도록 돕는다는 의미에서 변론주의가 올바르게 작용하도록 이를 보충하는 것이다.2) 석명권 내지 석명의무를 사회적 법치국가를 실현하는 데에 이바지하는 제도라고 보는 견해도 있다.3) 전통적인 의미에서의 법관의 수동성에 비추어 보면 석명은 사회적 약자를 적극적으로 돕자는 것으로 보일 수도 있다. 그러나 이 제도는 당사자의 사회적 지위와는 아무런 관계없이 소송관계를 분명하게 하여 적정한 재판을 하자는 것이 취지이지 어느 한 당사자를 편파적으로 돕자는 것이 취지가 아니다. 그러므로 석명권을 행사하더라도 법관의 중립성은 손상되는 것이 아니고 법관도 이 권한을 편파적으로 행사하여서는 아니 된다.

Ⅱ. 석명권의 행사

석명권은 사건을 심판하는 법관에게 부여된 권한이므로, 합의부 법원인 경우에 일차적으로 소송지휘를 하는 **재판장**이 대표하여 행사하고(제136조 1항), 합의부원은 재판장에게 고하고 행사할 수 있다(제136조 2항). 법관은 변론준비절차에서도 석명권을 행사할 수 있다(제286조).

당사자는 직접 상대방에게 석명을 할 수는 없다. 그러나 상대방에게 석명을 구할 것이 있으면 재판장에게 이를 요구할 수 있고(구문권, 제136조 3항), 재판장이나 법관의 석명에 이의를 하면 합의부가 이에 대하여 결정으로 재판하도록 하여(제138조), 당사자가 영향을 미칠 수 있도록 하였다.

Ⅲ. 석명의 내용

석명은 소송관계를 분명하게 하기 위하여, 사실상의 사항과 법률상의 사항에 관하여, 당사자에게 **질문, 지적**을 하거나 **입증을 촉구**하는 것이다(제136조 1항).

1. 석명권을 행사하려면 소송관계가 불분명하여야 한다

'불분명'하다는 것은, 당사자의 진술의 취지가 불분명하거나, 당사자가 전후 모

---

2) 독일에서는 법관의 석명의무로 인하여 변론주의가 많이 후퇴하였다고 하는데(예를 들면, Jauernig, 29. Aufl., § 25 Ⅶ, S. 73), 이는 § 139 ZPO의 개정으로 우리 민사소송법과는 달리 법관의 석명의 범위가 대폭 확대되었기 때문으로 생각된다.

3) 이시윤, 354.

순된 진술을 하거나, 사실주장은 하였지만 입증할 필요가 있는데도 입증을 하지 않는 경우를 말한다. 그러므로 한 당사자의 소송수행이 허술하더라도 그 소송관계가 명료하여 의문이 없는 경우에는 석명할 필요가 없다. 여기서 불명료한 소송관계가 무엇을 말하는지를 구체적으로 볼 필요가 있다.

(1) 청구취지가 불분명한 경우

《사례 4》   甲 소유의 목조 가옥에 세들어 사는 乙이 방안에서 성냥개비를 탑처럼 쌓아놓고 황룡사9층탑이라면서 불장난을 하다가 그 가옥을 잿더미로 만들었다. 이에 甲은 乙을 상대로 손해배상청구의 소를 제기하였는데, 그 소장 청구취지에 "피고는 원고가 입은 재산적, 정신적 손해 일체를 배상하라는 판결을 구함"이라고 적어 제출하였다. 이때 재판장은 어떠한 조치를 취할 것인가?

청구취지에는 금전지급을 구하는 경우에 적어도 원본의 액수는 금액으로 명확하게 나타나야 하는데, 이 사례에서 청구취지의 내용이 특정되어 있지 않다. 이런 경우에는 본래 석명까지 갈 것도 없이, 재판장이 소장을 심사하여 청구취지로써 구하는 금액을 명시하라고 명할(소장보정명령) 사항이다. 그러나 만일 재판장이 이 잘못을 발견하지 못하고 소장을 송달하여 소송계속이 생기면 더 이상 소장심사는 할 수 없으므로, 변론준비절차나 변론 중에 이를 석명하여 고치도록 하는 수밖에 없다.

소제기 시에는 분명했던 청구취지가 청구변경으로 불분명해졌으면 청구취지 변경신청서의 적식 심사에서 보정을 명해서 상대방에게 송달해야(제262조 3항) 할 것이다. 만일 이를 하지 못한 상태에서 상대방에게 송달된 경우에는 석명으로 청구취지를 분명하게 고칠 기회를 주어야 할 것이다.

법원이 석명을 하였음에도 응하지 않을 때에는 청구취지의 불특정이 되어 소송요건 불비로 소를 각하할 것이다.[4]

판례가 불명료한 청구취지의 석명을 요구한 사례로는, 청구변경을 하면서 계산착오로 청구금액을 줄여서 기재한 것으로 보이는 경우,[5] 공유지분권 및 '기타 권리'의 확인을 구한 경우,[6] 청구취지에서 부동산을 특정하지 않은 경우,[7] 면직된 교수가 임용계약이 여전히 유효라고 주장하여 임용계약 만료일까지의 임금 지급을 구하면서 변론종결 이후의 임

---

4) 大判 2014. 3. 13, 2011다111459.
5) 大判 1997. 7. 8, 97다16084: 착오로 잘못 기재한 것인지 아니면 일부만 청구한다는 취지인지를 석명해야 한다.
6) 大判 1984. 3. 27, 83다카2337: 기타 권리의 내용을 석명해야 한다.
7) 大判 1964. 5. 26, 63다906.

금에 대하여 중간이자를 공제한 현가를 구하여 현재이행의 소인지 장래이행의 소인지가 불분명한 경우8) 등이다.

판례 중에는 청구취지의 특정 여부는 직권조사사항이므로 특정되지 않은 경우에는 직권으로 보정을 명해야 한다고 판시한 것도 있다.9) 그러나 이 경우는 보정을 명하는 것이 아니라 석명을 할 사안이다. 소송계속이 생기기 전의 소장보정과 혼동하면 안 된다.

판례는 채권자가 수익자와 전득자를 공동피고로 채권자취소의 소를 제기하면서 수익자에 대한 청구취지와 전득자에 대한 청구취지로 분리하여 각각 기재하지 않고, '채무자와 수익자 사이의 사해행위취소 청구'를 구한다고 적고, 청구원인에서 취소 대상인 매매계약이 원고에 대한 사해행위이므로 취소되어야 한다고 주장한 경우에 그 청구취지가 수익자에 대한 청구에 한정된 것이라고 볼 수는 없고 전득자에 대한 관계에서도 채권자취소권을 행사한 것으로 보아야 한다고 하였다.10) 이 사안은 대법원이 원고가 소장에 표시한 의사표시를 해석하여 불분명한 청구취지를 분명하게 해 준 셈인데 바람직한지는 의문이다.11)

(2) 당사자의 주장이 불분명한 경우

(가) 당사자의 주장의 의미가 불분명한 경우

당사자의 주장이 구체적이지 않거나 내용이 모호한 경우에 석명의 대상이 됨은 물론이다. 예를 들어, 종중으로부터 토지의 관리인으로 선임되어 이를 경작하고 있는 원고가 별다른 설명 없이 단순히 피고들에 대하여 토지경작방해배제청구를 한 경우에 법원은 그 청구가 원고가 종중을 위하여 방해배제를 청구한다는 것인지 또는 원고 개인으로서 토지에 대한 원고 자신의 경작을 방해하는 행위의 배제를 청구한다는 것인지가 분명하지 않으므로 석명을 해야 한다.12) 그리고 청구변경의 형태가 불분명할 경우에는 법원은 그 변경이 교환적인가 추가적인가를 석명으로 밝혀야 한다.13)

채무자회생절차에서 회생채권자(원고)가 회생채권 신고액을 기준으로 사해행위취소 및 가액배상을 청구한 사건에서 피고가 별다른 주장 없이 회생채권자들의 권리변경 내역이 담긴 회생인가결정문을 제출하였으면 원고의 원래 채권액이 회생계

---

8) 大判 1991. 6. 28, 90다카25277. 이러한 청구는 일단 현재이행 청구라고 보이지만 이것이 인정되지 않으면 장래이행을 구하는 취지도 포함되었다고 볼 수 있음을 근거로 하였다.

9) 大判 1981. 9. 8, 80다2904; 大判 2009. 11. 12, 2007다53785; 大判 2017. 11. 23, 2017다251694.

10) 大判 2021. 2. 4, 2018다271909.

11) 이 판결은 원심판결을 파기환송하면서 불분명한 청구취지를 분명히 하도록 석명해야 한다고 하지 않고, 원고가 전득자에게도 청구를 한 것이라고 인정하였다.

12) 大判 1967. 7. 11, 67다720.

13) 大判 1987. 6. 9, 86다카2600; 大判 2009. 1. 15, 2007다51703.

획 인가결정에 따라 일부 면제되었음을 피고가 주장하는지 등이 불분명하므로 이 점에 관하여 석명권을 행사하여야 한다.[14]

(나) 착오로 잘못된 주장을 하였다고 보이는 경우

《사례 5》　　성형외과 의사인 甲은 경국(傾國)여대 학생인 乙이 영화배우가 되기 위해 꼭 필요한, 온 몸 여기 저기에 있는 화상 흉터를 제거해 주는 수술을 하여 주었다. 그 수술이 성공리에 끝나 甲이 乙에게 2019년 3월 8일에 수술비 3,200만원을 청구하였다. 그러나 乙이 수술비를 지급하지 않자 아무 소리 없이 기다리던 甲이 2022년 3월 15일에 수술비 지급을 구하는 소를 제기하였다. 소송 중에 乙은 2019년 3월 19일부터 3년이 경과하였기 때문에 甲의 채권은 시효로 소멸하였다고 주장하였다. 이때 법원은 乙의 주장을 바탕으로 소멸시효가 완성하지 않았다고 판단할 수 있는가?

이 사례에서 객관적으로 보면 시효기간의 기산점이 2019년 3월 9일인데, 乙이 3월 19일이라고 주장하였다. 乙의 주장대로 하면 甲은 3년의 소멸시효 기간이(민 제163조 2호) 도과하기 전인 3월 15일에 소장을 제출하였으므로 시효는 중단되었다. 그럼에도 불구하고 乙은 소멸시효가 완성되었다고 주장한다. 이러한 상황이면 乙이 기산점을 3월 19일이라고 주장한 것이 착오로 잘못 기재한 것일 가능성이 크므로 乙의 사실주장이 불분명한 것이 된다. 따라서 재판장은 乙이 주장한 날짜를 그대로 받아들여 시효소멸의 주장을 배척할 것이 아니라 乙에게 질문하여 그 주장을 명확히 해야 한다.[15]

(다) 부정확한 표현을 한 경우

《사례 5a》　　〈사례 5〉에서 甲이 수술 뒤 3개월이 지나서 乙을 상대로 소를 제기하였다. 그 소에서 甲은 乙이 수술비 3,200만원을 지급하지 않아서 막대한 손해가 생겼다고 하여 3,200만원의 손해를 배상할 것을 구하는 것이라고 주장하였다. 이때 법원은 바로 甲에게 3,200만원의 손해배상청구권이 없다고 하여 청구를 기각할 수 있는가?

이러한 경우는 甲이 수술비와 같은 보수를 청구할 권리는 있어도 치료비 상당의 손해배상청구권은 없기 때문에 甲의 청구는 이유가 없다고 볼 수도 있을 것이다. 그러나 甲이 그와 같은 주장을 한 것은 받을 수술비를 못받고 있는 것을 손해라고 표현한 것에 불과하다고 볼 여지가 있다. 그러므로 이는 甲의 주장이 불분명한 경우에 해당하여 석명의 대상이 된다. 즉, 재판장은 甲이 참으로 손해를 입었다

---

14) 大判 2021. 10. 28, 2019다200096.
15) 大判 1983. 7. 12, 83다카437.

고 주장하는 것인지, 아니면 수술비 채권을 그와 같이 표현한 것인지를 질문하여 밝혀야 한다.16)

확인소송에서 주장하는 권리의 내용으로 보아 청구취지에서 적절하지 않은 권리의 명칭을 사용한 경우에도 법원은 석명하여 명칭을 바로잡도록 해야 한다.17)

인지보정명령을 받고 잘못하여 송달료로 납부한 경우에는 그 납부행위의 의미에 관하여 석명하고 다시 인지를 보정할 기회를 주어야 한다.18)

다툼 있는 사실을 증명하기 위하여 제출한 증거가 작성자의 부주의 또는 오해로 인하여 불완전·불명료한 경우에 석명도 하지 않고 그 주장을 배척하는 것은 석명의무를 위반한 것이다.19)

(라) 전후 주장이 모순된 경우

《사례 5b》   〈사례 5〉에서 甲이 수술 뒤 1개월이 지나서 乙을 상대로 치료비 3,200만원의 지급을 구하는 소를 제기하였다. 그 소송에서 乙은 영화배우 공모에 응모하여 수영복 테스트에는 합격했는데 아직 연기 테스트가 남았다고 하면서, 甲이 수술을 받으면 틀림 없이 영화배우가 될 수 있다고 하여 수술받게 된 것이라고 하여, 그 시험에 합격할 때까지는 수술비를 지급할 수 없다고 주장하였다. 그러나 다음 변론기일에 乙은 아직 수술 부위의 상처가 아물지 않았기 때문에 성형수술이 성공하였는지 알 수 없기 때문에 수술비를 지급할 수 없다고 주장하였다. 재판장은 어떤 조치를 취할 것인가?

이 사례에서 乙은 전후 서로 다른 주장을 하고 있다. 이 경우 재판장은 각각의 주장에 대하여 다 입증시켜 입증이 되는 사실을 확정할 수도 있겠지만, 이처럼 서로 **주장이 앞뒤가 다를 때**에는 그 당사자에게 이를 지적하여 어느 주장을 하는 것인지를 분명히 밝혀야 한다.

판례는 소수주주가 임시 주주총회 소집에 관한 법원의 허가를 신청하는 소송에서 임시총회 소집청구서에 기재된 회의의 목적사항이 '대표이사 해임 및 선임'으로, 소집의 이유가 '현 대표이사의 이사직 해임과 후임 이사 선임'을 구하는 취지로 기재되어 있고, 회사 정관에 대표이사의 해임이 주주총회 결의사항으로 정해져 있지 않으면 회의의 목적사항과 소집의 이유가 서로 맞지 않으므로 이에 관하여 석명하여 수정, 변경할 기회를 주

---

16) 이와 비슷한 사례로, 大判 1966. 7. 19, 66다509.
17) 大判 1992. 11. 10, 92다32258: 이러한 경우에 가볍게 그 명칭이 표현하는 권리가 존재하지 않는다 하여 원고의 청구를 배척할 것이 아니다.
18) 大決 2014. 4. 30, 2014마76; 大決 2021. 3. 11, 2020마7755.
19) 大判 2021. 3. 11, 2020다273045(특정 대지에 설정된 근저당권에 기하여 피고들이 배분금을 받았다는 주장사실을 증명하기 위하여 제출한 한국자산관리공사의 공문에서 근저당권 설정일이 잘못 기재되었다는 이유만으로 피고들의 주장을 배척한 사안).

어야 한다고 하였다.[20]

청구취지와 청구원인이 서로 모순인 경우도 여기에 해당한다. 예를 들면, 원고가 청구취지에서는 피고를 상대로 피고 명의로 이전된 등기의 말소등기절차의 직접 이행을 구하고 있으나 청구원인에서는 대위권 행사라고 주장하는 경우,[21] 청구취지에는 백미 현물의 인도와 인도하지 못할 경우의 환산대금을 청구하는 것으로 되어 있으나 청구원인에는 피고가 임치 받은 백미를 횡령하였다고 하여 손해배상을 청구한다고 기재한 경우,[22] 문서가 위조되었다거나 권한 없이 작성되었다고 다투다가 정작 서증의 인부절차에서는 진정성립을 인정한 경우[23] 등이다.

또한 당사자의 **주장과 제출한 증거자료**가 서로 모순되는 것도 주장이 불분명한 경우에 해당한다.

《사례 5c》 〈사례 5〉에서 甲이 수술 뒤 1개월이 지나서 乙을 상대로 치료비 3,200만원의 지급을 구하는 소를 제기하였다. 그 소송에서 乙은 영화배우 공모에 응모하여 수영복 테스트에는 합격했는데 아직 연기 테스트가 남았다고 하면서, 甲이 수술을 받으면 틀림 없이 영화배우가 될 수 있다고 하여 수술받게 된 것이라고 하여, 그 시험에 합격할 때까지는 수술비를 지급할 수 없다고 주장하였다. 그러면서 乙은 다른 의사의 진단서를 제출하였는데, 그 내용은 乙의 수술 부위의 상처가 아직 아물지 않았기 때문에 성형수술이 성공하였는지 알 수 없다는 것이었다. 이때 재판장은 어떤 조치를 취할 것인가?

이러한 경우에는 乙의 주장이 甲의 수술비청구권이 乙이 영화배우가 되는 것을 조건으로 발생한다는 것으로 보이지만, 정작 乙이 제출한 증거자료는 수술의 성공 여부에 관한 것이어서 서로 관계가 없고 모순된 취지도 포함하고 있다. 이때 재판장은 乙이 주장·입증하고자 하는 것이 어느 것인지를 석명하여 그 주장을 명료하게 하여야 한다.

판례가 인정한 예로는, 상대방의 대리인과 계약을 체결하였다고 주장하고 이를 입증하기 위하여 제출된 계약서의 작성일자가 상대방이 사망한 뒤로 되어 있는 경우,[24] 징계

---

20) 大決 2022. 9. 7, 2022마5372.

21) 大判 1999. 12. 24, 99다35393: 위 주장의 취지를 직접등기의 말소를 구하는 것으로만 보아 청구를 기각한 것은 석명의무를 위반하였다.

22) 大判 1967. 1. 24, 66다1941: 원고가 본건 보관백미를 특정물로 청구하는 것인지 또는 보관된 백미가 없더라도 대체물로서 동종 동량의 백미를 보관백미 반환으로 청구하는지 그것도 아니면 백미의 가격 상당액만을 손해배상으로 청구하는 것인지를 석명하여야 한다.

23) 大判 2003. 4. 8, 2001다29254.

처분 무효 확인 청구에서 원고가 제출한 증거가 징계 당시의 정관이 아닌 경우25) 등이
있다.

(마) 당사자의 모호한 주장을 법률적 주장으로 볼 여지가 있는 경우

당사자의 주장이 법률적 주장을 분명히 한 것은 아니나, 법적으로 의미가 있을
가능성이 있는 경우에도 주장의 내용이 불분명하다고 본다.

《사례 5d》 〈사례 5〉에서 소송 중에 乙이 甲의 제소에 대하여 "그동안 소식도 없
이 가만 있다가 이제 와서 무슨 수술비냐? 난 다 잊은 줄 알았다"고 진술하였다. 법원
은 이 진술을 무시하고 재판할 수 있는가?

이 경우에 乙의 그러한 주장이 그 취지가 분명하지 않아 단순한 푸념일 수도
있겠지만, 그 내용상 시효소멸을 주장한 것이라고 볼 여지도 있다. 그러므로 재판
장은 乙에게 질문하여 그 진술의 취지를 분명히 해야 할 것이다. 이와 비슷한 예가
피고가 "내가 오히려 원고로부터 더 받아야 한다"고 진술한 경우로, 이때도 그것이
상계의 의사표시인지를 석명하여야 한다.26) 판례는 원목대금청구소송에서 피고가
주장하기를 "원고가 피고의 승낙도 없이 다른 원목을 이미 가져갔으므로 대금을
지급할 수가 없다"고만 했을 때, 그 의미가 원·피고간의 매매계약의 이행으로 지
급하였다는 것인지, 또는 이를 원고가 불법으로 가져가므로 인하여 생긴 손해상당
액과 원고 청구금액을 상계한다고 주장하는 취지인지, 또는 그 금액이 얼마라고 주
장하는 것인지가 명확하지 아니하므로 이를 석명하여 심리, 판단하여야 할 것이라
고 하였다.27)

(3) 주장을 착오로 누락시킨 경우

주로 어떤 법률효과를 주장하고는 착오로 그 효과를 발생시킬 요건사항의 주장
을 빠뜨렸을 때와28) 소송요건에 관한 본안전 항변에서 본안 요건사항인 사실을 주
장하고는 정작 본안심리에서 그 사실을 주장하지 않은 때,29) 준비서면에 적은 사실

---

24) 大判 1971. 11. 15, 71다1934.
25) 大判 1992. 11. 10, 92다24530.
26) 이시윤, 358.
27) 大判 1967. 10. 31, 66다1814.
28) 大判 1995. 2. 28, 94누4325; 大判 2004. 3. 12, 2001다79013; 大判 2005. 3. 11, 2002다60207;
大判 2012. 8. 30, 2011다74109.
29) 大判 1992. 10. 27, 92다18597(원고가 타인에게 손해배상채권을 양도하였으므로 원고적격이 없다
고 피고가 본안전 항변을 하고 본안변론에서는 채권양도를 주장하지 않은 사안에서, 법원이 원고가 채권

을 착오로 변론에서 진술하지 않은 때가[30] 이러한 경우에 해당한다. 이는 적어도 묵시적으로는 그러한 사실을 **주장할 의사**를 보이긴 하였지만, 착오나 법률을 몰라서 빠뜨린 것이기 때문에 법관이 바로 주장이 없다고 판단하여서는 안 되는 경우들이다.

《사례 6》　　甲은 乙이 2023년 10월 1일에 전화를 걸어, 두 달 뒤에 월 2푼의 이자를 붙여 갚을테니 돈 3천만원을 꿔달라고 졸라 그 날 오후에 乙을 만나 현금으로 주었다. 乙이 제때에 갚지 않자 甲은 乙을 상대로 3천만원과 그에 대한 월 2푼의 이자를 지급하라는 소를 제기하였다. 甲은 乙이 계약을 체결하였음을 당연히 인정하리라고 생각하고 막연히 乙에게 3천만원과 그에 대한 월 2푼의 이자를 지급할 의무가 있다고만 진술하였다. 그러나 乙이 변론에서 자기는 甲에게 금전을 지급할 까닭이 전혀 없다고 주장하였다. 그런데도 甲은 여전히 乙이 3천만원에 월 2푼의 이자를 붙여 지급해야 하는데, 이를 이행하지 않는다고만 진술하였다. 이때 재판장은 소송을 어떻게 진행시킬 것인가?

이 사례에서 乙이 계약체결 사실을 전적으로 부인하므로 甲은 계약의 내용과 체결 경위를 포함한 계약체결 사실을 구체적으로 진술하여야 할 것이다. 이때 甲이 그러한 진술을 하지 않는 것은, 계약체결 사실과 계약의 내용을 당연한 전제로 생각하였기 때문이지만, 乙이 그 자체를 다투는 마당에서는 구체성이 없어 소송관계가 불명료한 경우에 해당된다. 이러한 경우에 재판장은 甲에게 이 사항들을 구체적으로 진술할 것을 지적하게 된다.

(4) 상대방이 다투는 사실을 입증하지 않는 경우

《사례 6a》　　〈사례 6〉에서 乙이 甲에게 금전을 지급할 아무런 이유가 없다고 주장하였다. 그러나 甲은 乙이 금전을 차용해 간 것은 하늘이 알고 땅이 알고 甲이 알고 乙이 아는 사실이라고 주장하면서, 이를 입증할 생각을 않고 있다. 이때 법원은 바로 甲이 주장한 소비대차 계약체결은 입증되지 않았다고 판단할 수 있는가?

이 사례에서 甲이 주장한 소비대차 계약체결 사실은 乙이 부인하므로 甲이 입증해야 한다. 이때 甲이 입증할 증거방법이 없거나 입증할 의사가 없어서 입증하지 않고 있는 것이 명백한 경우에는 입증을 촉구할 필요가 없다. 그러나 甲이 착오나

을 양도하였는지 여부는 소송요건이 아니라 본안 문제라고 하여 본안전 항변을 배척하고, 본안 심리에서 채권양도 사실에 관한 심리나 석명 없이 원고의 청구를 일부 인용한 것은 잘못이라고 판시).

30) 大判 2002. 2. 26, 2000다48265는 이런 경우에 상대방의 진술까지 종합하여 사실주장이 있는 것으로 볼 수 있다고 하였으나, 이런 경우에도 석명을 하는 것이 타당하다.

법률의 무지로 입증해야 한다는 것을 생각하지 못하고 있는 경우에는 법관이 계약 체결 사실을 甲이 입증해야 한다는 것을 지적함으로써 **입증을 촉구**해야 한다.31) 입증촉구는 입증이 필요하다는 것을 지적하는 것이므로 법원이 구체적인 증거방법 까지 가르쳐주면서 증거를 신청하라고 종용할 수는 없다.32) 우리 민사소송법은 증 거자료에 관하여는 변론주의를 약간 완화하여 법원이 보충적으로 직권증거조사를 할 수 있도록 규정하였으므로, 이러한 입증의 촉구도 비교적 자유로이 할 수 있을 것이다.

　　판례는 오래전부터 채권발생의 원인이 인정되면 사실심은 손해액의 구체적인 산정에 노력해야 하고, 당사자의 입증이 없거나 부족하더라도 석명권을 행사하여 그 목적을 달 성해야 한다고 하면서 당사자의 입증에만 의존하여 손해액을 산정하려는 것은 잘못이라 고 판시하였다.33) 그리고 석명권을 행사에서 더 나아가 직권으로 손해액에 관하여 심리 하고 판단하여야 한다는 판례도 나왔다.34) 뒤에는 손해액에 관한 입증뿐만 아니라 주장 이 미흡한 경우에도 적극적으로 석명권을 행사하고 경우에 따라서는 직권으로라도 손해 액을 심리, 판단할 것을 요구하는 판례가 계속된다.35) 다른 사항보다 손해액에 관하여 더 적극적인 입장을 보이고 있다.

2. 석명의 대상은 사실상과 법률상의 사항이다(제136조 1항)

여기서 사실상의 사항이라 함은 당사자의 사실 주장을 말하고, 법률상의 사항이 라 함은 사실상의 사항과 밀접히 연결되어 있는 법적 주장을 말한다. 앞에서 설명 한 당사자의 주장이 법률적 주장을 분명히 한 것은 아니나, 법적으로 의미가 있을 가능성이 있는 경우에 그 주장의 내용을 밝히는 것이 법률상의 사항에 관한 석명 이 될 것이다. 그 밖에도 법률요건의 구비 여부가 문제되는 과실, 인과관계 등의 법적 평가가 여기에 해당한다. 이 '법률상의 사항'은 제136조 제4항에도 나타나는 개념이기 때문에 두 개념의 관계가 어떤가에 관하여는 논란이 있을 수 있다. 이 점 은 뒤에 설명한다.

---

31) 판례는 입증촉구에 관한 법원의 석명권은 소송의 정도로 보아 당사자가 무지, 부주의 또는 오해 로 인하여 입증하지 아니하는 것이 명백한 경우에 한하여 인정되는 것이고, 다툼이 있는 사실에 관하여 입증이 없는 모든 경우에 법원이 심증을 얻을 때까지 입증을 촉구하여야 하는 것은 아니라고 한다(大判 1998. 2. 27, 97다38442; 大判 2008. 7. 24, 2007다50663).

32) 大判 1964. 11. 10, 64다325.

33) 大判 1961. 12. 7, 4293민상853; 大判 1982. 4. 13, 81다1045.

34) 大判 1967. 9. 26, 67다1024.

35) 大判 1987. 12. 22, 85다카2453; 大判 2016. 11. 24, 2014다81511.

Ⅳ. 석명권(의무)의 한계

1. 일반적 한계

석명권은 변론주의를 보충하는 역할을 하므로 법관의 석명권 행사로 변론주의를 위반하는 결과가 되어서는 안 될 것이다. **변론주의**에 따라 사실자료는 전적으로 당사자가 제출할 책임을 부담하고(주장책임), 증거자료는 일차적으로 당사자들이 제출할 책임을 부담하므로(직권증거조사의 보충성), 석명권의 행사도 그 한계 안에서 이루어져야 한다.

그리고 법관이 석명권을 행사할 때는 양 당사자 중에서 어느 일방을 편파적으로 도와서도 안 된다. 석명권의 의의가 불분명한 소송관계를 명확하게 하여 진실을 발견하자는 데에 있지, 소송수행을 잘못하는 당사자를 도와 그를 승소시키는 데에 있는 것이 아니기 때문이다. 당사자에게 법률지식을 제공하고 소송수행을 잘 할 수 있도록 돕는 것은 변호사가 할 일이지 법관이 할 일이 아니다. 그러므로 **불분명한 소송관계를 분명히 밝힘**으로써 결과적으로 어느 한 당사자가 유리하게 되는 경우가 있을 수는 있더라도, 소송관계의 명확화로 상대방 당사자도 적절한 방어의 기회를 가지게 되기 때문에 불공정한 소송지휘라고는 할 수가 없다.

이러한 기준에서 볼 때 법관의 석명권의 한계를 구체적으로 다음과 같이 설정하게 된다.

2. 소극적 석명

변론주의 원칙상 석명권의 행사는 당사자가 밝힌 소송관계의 범위 안에서 이루어져야 한다. 즉, 당사자가 밝힌 소송관계에 **불명료, 모순, 불완전한 것**이 있을 경우에 비로소 법원이 질문이나 지적을 하여 이를 분명하게 할 수 있을 뿐이다.

《사례 7》 자동차 판매점을 경영하는 甲은 대학원생 乙이 소형 승용차 Amoeba를 외상으로 사고 아르바이트로 돈을 벌어 1년 내에 대금을 지급하겠다고 하여 이에 동의하고 자동차를 인도하여 주었다. 그러나 대금을 지급하기로 약속한 날로부터 4년이 지나도록 乙이 지급하지 않아 甲이 乙을 상대로 대금지급을 구하는 소를 제기하였다. 이에 대하여 乙은 그동안 잠자코 있다가 이제 와서 무슨 소송이냐고 하면서 차가 자주 고장이 나서 고치는 값이 차값보다 더 들었기 때문에 대금을 지급할 이유가 없다고 주장하였다. 이러한 乙의 주장에 대하여 법원은 어떠한 조치를 취할 것인가?

이 사례에서 乙의 주장의 요지는 수리비가 많이 들었기 때문에 자동차 매매대금을 지급할 수 없다는 것이다. 이러한 주장은 그 자체로도 법률상 甲의 공격을 막을 수 있는 방어방법이 되지 못하므로 甲의 청구가 이유 있는 것으로 판단할 수 있을 것이다. 그러나 여기서 乙의 주장 중에 "잠자코 있다가 이제 와서 무슨 소송이냐"라고 한 부분에 유의할 필요가 있다. 이는 법률적으로 별다른 의미 없는 푸념에 불과하다고 볼 수도 있겠으나, 만일 乙이 법률을 아는 사람이었으면 민법 제163조 6호에 의하여 甲의 권리가 시효로 소멸했다는 주장으로 나타났을 가능성이 충분히 있다고 보인다. 이러한 경우에는 乙이 시효소멸을 주장할 의사는 있다고 보이나 그것이 분명하지 않으므로 법관이 석명할 수가 있다. 법관이 석명으로써 乙의 주장을 분명히 밝혀 주어야 甲도 그에 대하여 시효중단사유를 주장하는 등의 대비를 하게 될 것이다. 따라서 이처럼 乙이 막연하게나마 주장을 한 경우는 법원이 석명으로 일방적으로 乙에게 유리하게 소송을 진행하였다고 볼 수는 없다.

3. 적극적 석명

사실자료에 관하여는, 소송관계가 명료한 경우에는 비록 어느 당사자가 승소하기 위하여 주장할 것을 하지 않고 있다고 하여 법관이 당사자가 생각지도 않은 새로운 주장을 하도록 권하는 것, 즉 적극적 석명은 **변론주의**를 침해하고,36) **불공평**한 소송지휘가 되어서 허용되지 않는다.

《사례 7a》　〈사례 7〉에서 乙이 그동안 가만 있다가 이제 와서 소송을 하느냐는 주장은 전혀 하지 않고 오로지 차가 자주 고장이 나서 고치는 값이 차값보다 더 들었기 때문에 대금을 지급할 이유가 없다고만 주장하였다. 이 경우에 법원은 시효소멸을 주장할 것인지를 질문할 수 있는가?

이 사례에서 乙이 법률의 무지로 시효소멸을 주장하지 않았다고 하여 법원이 이를 주장할 의사가 있는지 묻는다든가 지적하여 乙이 주장하도록 유도하는 것은, 乙이 전혀 주장하지 않은 사실을 석명하는 것이다. 그리고 甲으로서는 시효중단의 사유를 전혀 주장할 필요가 없었는데 법원의 석명으로 비로소 새로운 부담을 안게

---

36) 엄밀히 말하면 이러한 적극적 석명 그 자체가 바로 변론주의 위반이라고 보기는 어려운 점이 있다. 아무리 법관이 석명을 해도 당사자가 이에 응하여 지적받은 사실을 주장하지 않으면 법원으로서는 그 사실을 인정할 수가 없다. 이는 바로 변론주의 때문으로, 이런 경우에도 변론주의는 여전히 법원의 사실인정의 기준이 된다. 다만 석명을 받은 당사자가 그에 응하지 않을 가능성은 거의 없으므로, 적극적 석명을 허용하는 것은 직권탐지주의를 인정한 것과 같은 결과를 낳기 때문에 변론주의 침해라고 보는 것이다.

되는 것이다. 이는 편파적인 소송진행이어서 허용되지 않는다.

　　판례가 변론주의 위반이라고 한 예로는, 피고가 주장하지 않은 시효취득의 항변 여부의 석명,37) 제3자와의 교환계약이 유효하게 존속하고 있음을 전제로 그 제3자로부터 금전을 지급받기 전에는 소유권이전등기를 해줄 수 없다고 주장하고 있는 피고에게 하는 그 교환계약을 해제할 것인지 여부의 석명,38) 원고가 제출한 문서들에 대하여 작성명의인의 의사에 반하여 작성되었다고 하여 진정성립을 다투고 있는 피고들에게 하는 그 문서상의 의사표시가 불공정행위나 통정의사표시로서 무효라는 주장도 동시에 하고 있는지 여부의 석명,39) 피담보채무가 시효소멸하였다고 주장하여 근저당권등기의 말소를 주장하는 원고에게 하는 시효이익의 포기의 주장 여부 석명40) 등을 들 수 있다.

　여기서 **변호사대리소송과 본인소송**에서 석명에 차이를 둘 것인지가 문제될 수 있다.

　《사례 7b》　　〈사례 7〉에서 乙이 일찍 사법시험에 합격하여 변호사 개업을 한 친구 丙에게 소송을 위임한 경우라면 법원이 시효소멸의 주장 여부를 석명할 필요가 있는가?

　본래 석명은 소송관계가 불명료한 경우에 이를 밝히기 위하여 하는 것이므로 본인소송이건 변호사소송이건 차이를 둘 이유는 없을 것이다. 물론 변호사소송에서는 석명을 할 경우가 본인소송보다 훨씬 적을 것이라고 기대할 수 있을 것이다. 그러나 객관적으로 소송관계가 불명료하게 되었음에도 불구하고 변호사가 대리하고 있다고 해서 석명을 하지 않는 것은 부당하다.41) 다만 석명의 방법에서 변호사소송의 경우에는 소송관계가 불명료한 부분을 지적하는 것으로 충분할 것이고, 본인소송의 경우에는 당사자 본인이 이해할 수 있도록 더 구체적으로 지적하여야 하는 경우가 많이 있을 것이다.

　증거자료에 관하여는 법원이 보충적으로 직권조사를 할 수 있으므로 법원은 당사자가 제출한 증거자료로 심증이 형성되지 않으면 적극적으로, 즉 비교적 자유롭게 입증을 촉구할 수 있을 것이다.42) 그렇다고 하여 구체적인 증거방법을 가르쳐

---

37) 大判 1996. 2. 9, 95다27998.
38) 大判 1999. 4. 23, 98다61463.
39) 大判 2000. 8. 22, 2000다22362.
40) 大判 2018. 11. 9, 2015다75308.
41) 한충수, 301. 이 점에 관하여 독일에서는 본인소송과 변호사소송에 차이를 두어야 한다는 주장이 강력하게 대두된다. 그 근거는 무능하고 무성의한 변호사는 패소하여 본인에게 손해를 배상하고, 결국 도태되도록 해야 법조사회의 생명력이 유지되고 시장기능이 역할을 할 수 있다는 것이다(Stürner, Die richterliche Aufklärung im Zivilprozeß, 1982, S. 19).

주면서 제출하도록 권할 필요는 없다고 본다.43)

V. 석명의무 위반

법관의 석명권은 앞에서도 언급한 바와 같이 동시에 **의무로서의 성격**도 가진다. 따라서 석명권을 행사하여야 할 경우에 행사하지 않거나, 그 한계를 넘어 행사한 경우에는 이를 기초로 한 재판은 법적 의무 위반으로 위법한 재판이 된다. 따라서 석명의무 위반은 법률문제로서 상고이유가 된다.

> 판례는 피고가 제1심에서 답변서를 제출하지 않았는데 법원이 무변론판결로 원고의 청구를 기각하였고,44) 그에 대하여 원고가 항소하였는데 항소장 부본은 제대로 송달되었음에도 피고가 답변서를 제출하지 않았고, 변론기일통지서는 피고의 문이 잠겨서 송달이 되지 않아 발송송달로 처리하여 피고가 항소심 변론기일에 결석한 사건에서, 항소심법원이 피고가 자백한 것으로 간주하여 원고의 청구를 인용한 것은 석명의무 위반이라고 하였다.45) 그러나 피고가 아무런 소송행위를 하지 않은 것은 석명의 대상이 아니다. 본래 답변서를 제출하지 않으면 무변론 청구인용판결을 해야 하나, 이처럼 특수한 사정이 있는 경우에는 피고에게 변론할 기회를 제공하지 않은 심리미진이라고 보는 것이 타당하다.

여기서 석명권을 행사하지 않았거나 그 행사를 잘못하면 모두 석명의무 위반이 되는가, 즉 석명권의 범위와 석명의무의 범위가 같은가 하는 문제가 생긴다. 이 점에 관하여 석명권은 어디까지나 법원의 권한이므로 그의 불행사는 상고의 대상이 되지 않는다는 소극설,46) 석명권 불행사가 판결 결과에 영향을 미칠 수 있으면 모두 심리미진으로 상고이유가 된다는 적극설,47) 석명권의 중대한 해태로 심리가 현저히 조잡하게 되었다고 인정되는 경우에 한하여 상고이유가 된다는 절충설48) 등

---

42) 大判 2008. 2. 14, 2006다37892: 손해배상책임이 인정된다면 손해액에 관한 입증이 불충분하다 하더라도 법원은 그 이유만으로 손해배상청구를 배척할 것이 아니라 그 손해액에 관하여 적극적으로 석명권을 행사하고 입증을 촉구하여 이를 밝혀야 한다.

43) 우리 판례는 본인소송의 경우에는 사실주장에 부합하는 서증만 제출되어 있고 그 서증의 진정성립 등에 관하여 전혀 입증이 없으면 입증촉구 등의 방법으로 석명권을 적절히 행사하여야 한다고 판시하여 본인소송에서는 법관이 더 신경을 쓸 것을 요구하는 듯한 표현을 하고 있다(大判 1989. 7. 25, 89다카4045). 그러나 소송관계가 이러한 경우에 변호사소송이면 석명을 하지 않아도 된다는 의미인지는 분명하지 않다.

44) 법원은 원고의 청구 자체로 보더라도 청구가 이유가 없다고 판단하였으나, 이는 잘못이다. 무변론 판결로 청구를 기각할 수는 없다.

45) 大判 2017. 4. 26, 2017다201033.

46) 盧永斌, 釋明權과 辯論主義, 司法行政 1968. 5, 20면.

47) 方順元, 386; 李英燮, 143; 한충수, 299.

48) 金·姜, 392-393; 宋·朴, 367; 이시윤, 354; 鄭·庚·金, 404.

이 대립하고 있다고 설명하는 것이 보통이다. 그러나 적극설에서 말하는 "판결의 결과에 영향을 미치는"것과 절충설에서 말하는 "심리가 현저히 조잡하게 되었다"는 것이 특별히 다른 내용이라고는 생각되지 않는다. 만일 그렇지 않다면 판결의 결과에 영향을 미치는 정도, 즉 승패가 뒤바뀌는 정도로는 석명의무 위반이 아니고 그 밖에 따로 더 특별히 조잡한 심리가 되어야 한다는 의미인데, 이렇게 구별할 실익은 없다.

VI. 석명적 처분

법원은 소송관계를 명료하게 하기 위하여 앞에서 설명한 석명권의 행사 이외에도 당사자 본인의 출석을 명하거나, 문서 기타 물건의 제출·유치를 명할 수 있고, 현장검증이나 감정을 명하고, 공무소 등에 필요한 조사를 촉탁할 수도 있다(제140조 1항). 이들은 사실관계를 분명하게 파악하기 위한 것으로 증거조사와는 다르다. 그러므로 비록 검증, 감정, 조사촉탁 등의 동일한 용어를 사용하더라도 그 성격은 당사자들이 제출한 **사실자료의 의미를 명확히** 하는 것이지 증거조사가 아니다. 그러나 이들의 행태는 증거조사와 같을 것이므로 증거조사에 관한 규정이 준용된다(제140조 2항).

제 2 절 法的 事項에 관한 指摘

I. 서(序)

1990년 1월 13일자로 개정된 민사소송법은 당시 제126조(현행 제136조)에 제4항을 추가하여 "법원은 당사자가 명백히 간과한 것으로 인정되는 법률상의 사항에 관하여 당사자에게 의견진술의 기회를 주어야 한다"라고 규정하였고 2002년 개정 시에 표현을 조금 바꾸었다. 이 규정에 대하여는 그 입법이유로 "당사자가 명백히 간과한 법률상의 사항에 대한 법원의 석명의무를 명시하여 민사소송의 적정을 도모"하는 것임을 들었다.[1] 법원의 이 의무를 '법적 사항[관점]에 관한 지적의무'라고

---

1) 法務部, 民事訴訟制度-民事訴訟法改正資料-(法務資料 제103집), 220.

한다. 그 규정은 독일의 이른바 간소화개정법에 의하여 신설된 §278 Ⅲ ZPO를 모델로 삼아 만들었다.

이 조문의 해석을 둘러싸고 우리나라는 물론, 독일에서도 정설이 없을 만큼 각양각색의 견해가 주장되어 매우 혼란스럽다.

우리나라에서는 이 조문의 성격에 관하여 두 가지로 견해가 나뉜다. 그 하나는 이를 법관의 석명의무의 하나로 보는 견해이고, 다른 하나는 석명의무와는 별개의 목적과 의미를 가진다고 보는 견해이다.

석명의무로 보는 견해는 이 규정의 신설로 당사자가 간과한 법률상의 사항은 적극적 석명을 할 수 있게 되었다고 하여 제136조 제1항의 석명과 다르지 않은 것으로 본다.[2] 그리고 오히려 이 규정으로 석명권이 법률적 측면에서 크게 강화되었다고 보거나,[3] 종래의 석명의무를 법적 측면에서 확대한 것이라 말할 수 있다고 설명하기도 한다.[4] 이를 석명권행사의 범위와 관련하여 제한부 적극적 석명이론을 받아들인 것으로 보는 견해도 있다.[5] 그리고 이 의무가 체계상 석명권의 내용을 이루는 이상 이제 석명권이 권한인 동시에 의무임이 입법화된 것이라고 한다.[6]

석명의무와는 **별개의 의무**라는 견해는 양자가 그 목적하는 바가 서로 다르다고 한다. 즉 석명은 소송관계를 명백히 하는 것을 목적으로 하는 데 대하여, 이 의무는 당사자가 간과한 중요한 법률적 사항을 법원이 지적하여 당사자의 주의를 환기시키고 그에 대한 의견진술의 기회를 주는 것을 목적으로 하는 것이라고 한다.[7]

생각건대, 법적 사항에 관한 지적의무를 인정하는 근본취지는 당사자에게 **법적 측면에서 뜻밖의 재판**을 하지 않도록 하자는 것이고, 이는 독일에서 흔히 말하듯이 법적심문청구권, 우리 법으로는 재판청구권을 보장하기 위한 한 방법이다. 그러므로 법적인 사항이나 관점에 관하여 당사자에게 새로운 진술을 하도록 지적하는 것은 석명권 내지 석명의무와는 비록 그 행사 방법이 지적이라는 점에서는 공통되지만 그 뿌리를 달리하는 것이다. 그러므로 종래의 석명의무에 새로운 내용을 추가하였다거나 그 의무를 법적 측면에서 확대하였다고 보는 것은 타당하지 않다. 그리고

---

2) 강현중, 475-476; 전원열, 282; 註釋民訴(Ⅱ)〈金祥源·孫容根〉, 330.
3) 김홍엽, 451; 이시윤, 360.
4) 鄭·庚·金, 398.
5) 金·姜, 391.
6) 이시윤, 361.
7) 康鳳洙, "法院의 法律事項 指摘義務 ― 民事訴訟法 第126條 第4項 ―", 竹堂金祥源先生, 公于尹一泳先生華甲紀念 民事裁判의 諸問題 제7권, 1993, 275-276면, 287면.

이 규정의 신설로 새로운 내용의 적극적 의무를 인정하였다고 볼 것은 아니다. 이는 본래 법적 사항은 법원이 직권으로 판단할 것이기 때문에 '적극적'이란 말이 의미가 없고, 어차피 헌법상 보장된 재판청구권에서 이 의무가 도출되는 것이기 때문이다. 민사소송법에서 새로이 이 규정을 둔 것은 이를 새삼 강조하였다는 의미를 가질 뿐이다. 따라서 제1항의 석명의무와 제4항의 법적 사항 지적의무는 완전히 구별하여 제4항은 **법관의 직권판단사항에만 적용**된다고 보아야 한다.8)

Ⅱ. 법적 사항 지적의무의 요건

1. 법률상의 사항

(1) 의 미

《사례 8》   대학 졸업반 학생 甲은 졸업 후 취직할 길이 막연한데다가 사귀던 여자친구와도 헤어지게 되어 마음을 추스르기 위해 버스를 타고 지방으로 여행을 떠났다. 고속도로 휴게소에서 목이 말라 소주를 세 병 들이킨 甲이 갑자기 행선지를 바꾸기로 마음을 먹고 도로 건너편에 있는 휴게소로 가서 다른 버스에 타기 위해서 고속도로를 걸어서 건너 가다가 乙이 운전하는 차에 치어 부상을 입어 오른쪽 다리를 절게 되었다. 甲은 乙을 상대로 민법 제750조에 근거하여 치료비 2,500만원과 다리를 절게 되어 전혀 일을 할 수 없다고 하여 일실이익 3억원의 배상을 구하는 소를 제기하였다. 이 소송에서 乙은 운전하면서 제한속도도 지켰고 아무런 잘못이 없다고 주장하면서 민법 750조에 근거하여 모든 것은 甲이 입증해야 한다고 믿고 아무런 입증도 하지 않고 있었다. 법원이 이 사건의 심리 중에 당사자들에게 아무런 지적도 없이 甲의 노동능력 상실률이 20%라고 인정하여 일실이익이 6천만원이라고 판단할 수 있는가?

《사례 8a》   위 사례에서 법원이 당사자들에게 아무런 지적 없이 자배법 제3조를 적용하여 乙이 자신의 무과실과 甲의 과실을 입증하지 않았다고 해서 甲의 청구를 일부 인용하여 치료비 2,500만원과 일실이익 6천만원을 배상하라고 판결할 수 있는가?

---

8) 전원열, 282에서는 이에 대하여 ① 실제 사건에서 '명확히 해야 할 법률상 사항'인지 '빠뜨리고 있는 법률상 사항'인지의 구별이 종종 어렵고, ② 제136조 제4항은 모든 주요사실 주장이 이미 있는 경우에 한하여 법률주장을 진술할 기회를 주라는 것이지 새로운 주요사실 주장이 필요한 경우에는 이 조항이 적용될 수 없다는 점을 들어 석명의무와 지적의무의 본질적인 성격상 차이를 인정할 필요가 없다고 한다. 그러나 ① 두 가지의 법률상 사항의 구별이 실무상 종종 어렵다는 것은 양자를 구별할 필요가 없다는 견해의 논거가 될 수 없다. ②의 논거가 어떤 점에 근거를 두고 있는지는 알 수 없으나, 당사자들이 적용 법규범을 잘못 생각하고 엉뚱한 법적 관점에서 공격과 방어를 할 때 법원은 다른 법규범이 적용된다고 지적하여야 한다. 그러면 경우에 따라서는 당사자들이 법원이 지적한 법규범의 요건이나 입증책임 규범에 맞추어서 스스로 공격·방어방법을 변경하거나 조정할 수 있어야 할 것이다. 그렇게 하여야 뜻밖의 재판을 방지할 수 있다.

앞에서 문제점으로 제기한 민사소송법 제136조 제1항에서 말하는 법률상의 사항과 제4항에 규정된 법률상의 사항의 관계는 다음과 같이 새겨야 할 것이다: 제136조 제1항과 제4항의 법률적 사항은 같은 개념이 아니다. 제136조 제1항의 '법률상의 사항'은 '소유자'라는 주장이나 '권리의 소멸'과 같이 당사자의 사실주장의 법률적 근거나 효과, 즉 **개개의 법률요건에 관한 것**이고, 제4항의 '법률상의 사항'은 원고의 소송상 청구와 피고의 항변 자체의 근거가 되는 법적 관점, 즉 그 **사건에 적용할 법규범에 관한 것**이라고 보는 것이 타당하다. 그렇게 보면 제1항에 의하여 사실 주장과 관련된 법률적 사항에 관한 석명이 허용되는 것이고,[9] 제4항에 의하여 당사자가 예상치 못한 법적용으로 인한 뜻밖의 재판이 금지되며 그로써 소송물이론 중 소송법설의 실정법적 근거가 마련된다고 볼 수 있다.[10]

〈사례 8〉에서 甲은 교통사고로 다리를 저는 부상을 입게 되었다고 주장하면서도 노동능력이 100% 상실된 것을 전제로 일실이익 배상을 청구하고 있다. 이는 당사자의 주장이 불분명한 것에 해당하므로 석명의 대상이 된다. 법원은 甲에게 질문하여 그 주장을 명백히 하도록 해야 한다. 그리하여 甲이 주장의 취지를 명백히 하고 이를 증명하기 위하여 감정을 신청하도록 유도하여야 한다. 다리를 저는 부상으로는 노동능력 상실이 20% 정도라고 인정하여 일실이익을 계산하는 것은 甲의 손해액이 객관적으로 얼마인지를 정하는 문제로서 이는 결국 사실확정의 문제이지만, 다른 면에서 보면 이는 손해의 발생이라는 불법행위의 법률요건에 관한 문제이고, 일실이익 산정에서는 노동능력 상실률을 따져야 한다는 것은 법률상 확립된 원칙이다. 이런 의미에서 이는 법률상의 사항에도 해당한다. 그렇기 때문에 이 문제는 불법행위의 **법률요건에 해당하는 사항을 뒷받침하는 법률상의 사항**에 관한 문제가 되어 제136조 제1항이 적용되는 것이다.

〈사례 8a〉의 경우에는 이 사건에 어떤 법규범을 적용할 것인가의 문제로서 사실확정이나 법률요건에 해당하는 사실과는 관계가 없는 **순수한 법적용**의 문제이다. 그러므로 이는 제136조 제4항의 법률상의 사항에 해당한다. 따라서 법원은 당사자들에게 자배법 제3조를 적용할 수 있음을 지적하여 당사자들이 그에 맞추어 공격

---

9) 다만 이 경우 법률상의 사항에 관한 법원의 적극적 석명으로 당사자가 완전히 새로운 사실들을 진술할 것을 촉구하는 결과가 되는 것은 변론주의 위반이 되므로 허용되지 않는다. 적극적 석명이라 하더라도 이는 어디까지나 이미 당사자가 진술한 사실이 불명료한 것을 밝히기 위하여 법적 성격을 구명하는 경우를 말하는 것이다.

10) 이 의무는 구실체법설에서도 의미가 있다고 보는 견해는 鄭·庾·金, 398.

과 방어를 할 수 있도록 유도해야 한다.

제4항이 적용될 다른 예를 들면, 원고가 손해배상 청구를 불법행위에 기하여 청구하지만 법원이 계약책임에 기하여 판결하고자 하는 경우에는 계약책임이라는 법적 관점을 지적하여야 할 것이다. 그러한 지적 없이 판결하면 원고에게는 손해배상의 범위에서 그 판결이 뜻밖의 것이 될 수 있고(계약책임에서 배상액의 약정이나 책임 감면이 있는 경우가 있다), 피고에게는 고의·과실의 입증책임이 서로 다르기 때문에 그 판결이 뜻밖의 판결이 될 것이다. 비슷한 예로, 원고는 민법 제750조에 의한 불법행위로 인한 손해배상청구를 주장하고 있는데 법원이 상법 제135조의 운송인의 손해배상책임을 인정하려고 한다든가, 당사자들은 사용자책임(민 제756조)을 두고 다투고 있는데 법원은 자동차손해배상보장법 제3조의 책임을 인정하려 하는 경우, 당사자들은 국내법이 적용됨을 전제로 공격과 방어를 하는데 법원이 외국법을 적용하려고 하는 경우 등이 여기에 해당할 것이다.11)

법적 사항을 지적하여 원고로 하여금 **청구취지를 변경**하도록 유도하는 것은 사실관계를 변경하는 것이 아니면 허용될 것이다. 예를 들어 토지임대인이 임차인에게 건물을 철거하고 토지를 인도하라고 청구한 소송에서 임차인인 피고가 건물매수청구권을 행사하였는데도 불구하고 원고 임대인이 그 법적 효과를 간과하여 청구를 유지하고 있다면, 원고로서는 청구취지만 변경하면 되고, 이를 변경하지 않으면 필연적으로 패소할 것이기 때문에 법률의 무지로 뜻밖의 재판을 받게 되는 것이다. 따라서 법원으로서는 바로 청구기각판결을 할 것이 아니라 매수청구권 행사의 의미를 일러주어 매매대금 지급과 상환으로 건물명도청구로 청구취지를 변경하도록 유도해야 할 것이다.12)

피고 측으로는 **항변**이 문제되는데, 예를 들어 같은 사실을 두고 피고가 유치권을 갖고 있는데 동시이행의 항변을 한다든가, 상계를 하고는 이를 변제했다고 주장하는 경우에는 법원은 이 점을 지적하여 양 당사자가 올바른 법적 관점으로 공격과 방어를 하도록 유도하여야 할 것이다.

---

11) 한충수, 305는 개별적인 법률요건 사실의 일부를 누락하여 원고가 예상외의 기각판결을 받게 되는 경우도 제4항의 법률상 사항에 해당한다고 한다. 그러나 당사자가 법률요건 사실의 일부를 누락한 경우에 법원이 이를 지적하여 진술 기회를 주는 것은 명백한 변론주의 위반이므로 제1항은 물론이고 제4항으로도 이러한 소송지휘는 허용되지 않는다. 제1항과 제4항을 제대로 구별하지 않으면 제4항은 의미 없는 조문이 된다.

12) 大判(全) 1995. 7. 11, 94다34265.

(2) 판례의 문제점

판례는 제136조 제1항의 사실상의 사항과 법률상의 사항에 해당하는 것과 소송요건 구비 여부에 제4항을 적용하는 경우가 많다. 이는 앞에서 지적한 바와 같이 변론주의와 석명권의 법체계를 흔드는 심각한 오류이다. 이러한 사례는 헤아릴 수 없이 많으나, 여기서는 유형별로 판례 몇 개씩만 검토한다.

(가) 법적 관점이 잘못된 경우

(i) 항고심 변론종결 당시까지 당사자 사이에는 건축주인 피고1 회사가 지하 터파기 및 흙막이 공사의 도급 또는 지시에 관하여 중대한 과실이 있거나, 공동피고인 하수급인 회사를 구체적으로 지휘·감독함에 따른 사용자 책임이 있는지 여부에 대하여만 다투어졌을 뿐, 피고1 회사가 환경정책기본법 제31조 제1항에 의한 책임을 지는지 여부에 대하여는 당사자 사이에 전혀 쟁점이 된 바가 없었는데 항고심 법원이 그에 대하여 피고1 회사에 의견진술의 기회를 주지 않고 위 법률을 적용한 것은 잘못이라고 하였다.[13]

이 경우가 제136조 제4항이 적용되는 경우이다. 그러나 이 판결에서는 이 사안에 대하여 제136조 제1항도 적용되는 듯이 언급하여 일반적인 석명의무와 법률적 사항에 대한 지적의무를 제대로 구별하지 않고 모호한 태도를 취하였다.

(ii) 피고의 불법행위로 피해자가 입은 재산상 손해에 대한 신원보증보험계약의 보험자인 원고(손해보험회사)가 보험금을 지급하고 피고를 상대로 구상금을 청구한 사건에서 원고는 보증인의 피보증인에 대한 구상권이라고 주장하였고, 원심법원이 원고의 권리의 성질을 밝히지 않고 막연히 상법 제682조의 보험자대위권과 보증인의 구상권을 혼용하여 원고 청구의 대부분을 받아들인 사건에서, 판례는 원고가 청구원인으로 주장한 '구상금'의 법적 근거가 명확하지 않고, 각각의 법적 근거에 따라 증명책임이 달라지고 그 법적 효과도 달라지므로, 원심은 적극적으로 석명권을 행사하여 당사자에게 의견 진술의 기회를 주어 법적 근거를 분명히 하고 이를 기초로 판단하였어야 한다며 청구의 불특정과[14] 석명권 불행사, 이유불비, 이유모순 등의 잘못이 있다고 하여 파기환송을 하였다.[15]

이 사건은 원심이 당사자들이 주장하는 법적 근거와 다른 법적 근거로 재판한 것이 아니라 스스로 법적 근거를 밝히지 않고 두루뭉술하게 판단하였다는 특색이 있지만, 어떻든 지적의무 위반이 있는 사안인데 판례는 석명권 불행사의 잘못이 있다고 하여 역시 석명의무와 지적의무를 구별하지 않고 있다.

(나) 요건사항이 문제된 경우

(i) 약속어음금 소송에서 발행지 기재 여부에 관하여 변론이 없었음에도 불구하고 발

---

13) 大判 2008. 9. 11, 2006다50338.
14) 법적 관점이나 적용 법규범이 소송물 특정의 요소가 되지 않는다는 소송법설에 의하면 청구는 특정되었다고 볼 것이다.
15) 大判 2022. 4. 28, 2019다200843.

행지가 기재되지 않았다고 하여 청구를 기각한 것은 당사자에게 법률사항에 관한 의견진술의 기회를 주지 않은 위법이 있다고 하였다.16)

이 사안은 약속어음의 적법요건 흠결이 문제된 것으로, 이것은 발행지가 기재되었는가의 요건사항에 관한 문제이지 법률적 사항에 관한 문제가 아니다. 이 사안에서 청구기각으로 원고는 뜻밖의 재판을 받은 것으로 볼 수 있으나, 이는 법률적 측면에서 의견진술의 기회를 박탈한 것이 아니라 사실심리를 제대로 하지 않은 것이다. 소송에서 당사자의 사실주장이 주로 법률요건 해당사항을 중심으로 이루어지는데, 이런 식으로 재판하면 대부분의 심리사항에 제136조 제4항이 적용되어 사실문제에 적극적 석명이 이루어지고, 그에 따라 변론주의가 심각하게 침해될 것이다.

(ii) (구)한국토지공사가 원고에게서 수용한 토지 중 일부가 사업에 필요하지 않게 되었음을 이유로 원고가 환매대금을 공탁한 후 환매를 청구한 사안에서 그 토지가 환매대상이 되는지에 관하여서만 공격과 방어가 이루어지고 환매대금이 부족한지 여부에 관하여는 심리가 이루어지지 않았음에도 불구하고 원심법원이 환매대금이 부족하다는 이유로 항소를 기각한 것은 제136조 제1항과 제4항 위반이라는 취지의 판시를 하였다.17)

그러나 이 사안에서는 원심법원의 심리미진이고 요건사항에 대한 일반 석명의무 위반이 문제되는 것이고 법적 관점 지적의무 위반과는 관계가 없다.18)

(다) 소송관계가 불분명한 경우

(i) 명의신탁자가 수탁자를 대위하여 제3자가 한 소유권보존등기의 말소를 구하여 승소한 뒤 항소심에서 진정명의 회복을 위한 자신으로의 소유권이전등기청구로 변경한 사안에서, 말소청구의 소를 취하한다는 의사표시가 없었고, 두 청구를 유지하는 것은 그 자체로 서로 모순된 주장을 하는 것으로 원고의 법률적 무지로 인한 것이므로 제136조 제4항을 위반한 것이라고 판시하였다.19)

그러나 이 사안에는 제136조 제1항을 적용해야 한다. 어떠한 법규범을 적용할 것인지가 문제되는 사안이 아니라 당사자의 주장과 신청 등에 불분명한 점과 모순이 생겼음에 불과하기 때문이다.

(ii) 청구의 변경이 교환적인지 추가적인지가 불분명하고 그에 따라서 지연손해금 청구액이 달라질 수 있는 경우에 청구변경의 형태와 지연손해금 청구를 어떻게 할 것인지에 관하여 석명하여야 한다고 하면서 제1항의 석명의무와 제4항의 법적 사항 지적의무를

---

16) 大判 1995. 11. 14, 95다25923. 다만 大判(全) 1998. 4. 23, 95다36466으로 발행지의 기재가 없어도 국내어음으로 인정되면 그 어음은 효력이 있다고 판례를 변경하였으므로, 앞으로는 이러한 사안은 문제되지 않을 것이다.

17) 大判 2012. 8. 30, 2011다74109.

18) 이 판결은 이유 중에 "당사자가 어떠한 법률효과를 주장하면서 미처 깨닫지 못하고 그 요건사실 일부를 빠뜨린 경우에는 법원은 그 누락사실을 지적하고, 당사자가 이 점에 관하여 변론을 하지 아니하는 취지가 무엇인지를 밝혀 당사자에게 그에 대한 변론을 할 기회를 주어야 할 의무가 있다"라고 판시하여 읽기에 따라서는 당사자가 '진술하지 않은 요건사실'을 진술하도록 지적해야 한다는 뜻으로 풀이될 수 있는 내용까지 담고 있다. 만일 그런 의미로 이러한 판시를 했다면 이는 변론주의를 무시한 것이다.

19) 大判 2003. 1. 10, 2002다41435.

모두 설시하였다.20)

이 사안은 여기에 적용될 법규범에 관하여 당사자가 간과한 것이 아니고 당사자의 소송행위가 불분명한 경우이므로 제1항의 석명의무만이 문제될 것이다.21)

(iii) 감사의 임기가 남은 상태에서 원고가 회사를 상대로 현재 감사의 지위에 있음의 확인을 구하는 소를 제기하여 소송 중에 임기가 만료된 경우에 법원은 현재의 권리나 법률상의 지위에 대한 위험이나 불안을 제거하기 위하여 과거에 감사의 지위에 있었음에 대한 확인을 구할 이익이 있는지를 석명하여 의견진술의 기회를 주거나 청구취지 변경의 기회를 주어야 한다고 설시하면서 제136조 제4항을 인용하였다.22)

이 경우도 감사의 지위가 과거의 법률관계가 되었음에도 확인의 이익이 있는지는 법원의 직권조사사항이지 석명이나 지적을 할 사항이 아니며, 현재의 지위 확인을 구한 청구취지를 변경하지 않는 것은 그로써 소송관계가 모순되거나 불분명하게 되어 제1항을 적용할 사안이다.

(라) 소송요건 불비인 경우

(i) 부제소합의가 있는데도 당사자들이 그 효력의 유무나 범위에 관하여 쟁점으로 삼아 소의 적법 여부를 다투지 않은 경우에 이를 직권조사사항이라고 전제하고는 이런 때에는 당사자에게 의견진술의 기회를 주어야 하고 부제소합의를 한 동기와 경위, 그 합의의 목적, 당사자들의 진정한 의사에 관해서 충분히 심리를 해야 하고 그렇지 않고 직권으로 부제소합의를 인정하여 소를 각하하면 불의의 타격을 가하는 것이라고 하였다.23)

그러나 우선 부제소합의를 직권조사사항이라고 전제한 것부터가 타당하지 않고, 설사 직권조사사항이라고 하더라도 이는 진정한 부제소합의가 있는지 등 그 유효성을 제대로 심리해야 하고 그렇지 않으면 심리미진이 되는 것이지, 당사자에게 의견진술의 기회를 주어야 하는 것과는 관계가 없다. 판례는 이중의 오류를 범하고 있다.

(ii) 원고인 종중의 대표자에게 대표권이 있는지에 관하여 당사자 사이에 쟁점이 되지 않아 대표권 유무에 관한 주장이나 증명이 없었던 상황에서 법원이 대표자에게 적법한 대표권이 있다고 볼 증거가 부족하다는 이유로 소를 각하한 것은 예상외의 재판으로 당사자 일방에게 뜻밖의 판결을 한 것으로서 석명의무를 다하지 않아 심리를 제대로 하지 않은 잘못이 있다고 하여 원심 판결을 파기환송하였다.24)

단체의 대표권의 존재는 소송요건이고 이는 법원의 직권조사사항이다. 특히 단체의 대표자는 법정대리인과 같이 취급되므로 대표권의 존재를 당사자가 서면으로 증명하여야 한다(제58조). 그러므로 단체가 대표권을 증명하지 않고 있으면 법원은 직권으로 입증을

---

20) 大判 2009. 1. 15, 2007다51703. 같은 취지의 판결: 大判 2014. 6. 12, 2014다11376·11383.

21) 그럼에도 불구하고 대법원이 이처럼 제1항과 제4항의 의무를 모두 설시하여 어느 법조문이 적용되는지를 알 수 없게 흐리는 것은 법령을 정확히 적용하여 법령해석의 통일을 기해야 하는 대법원의 임무를 망각한 처사이다.

22) 大判 2020. 8. 20, 2018다249148.

23) 大判 2013. 11. 28, 2011다80449.

24) 大判 2022. 4. 14, 2021다276973.

촉구하여야 한다. 입증을 촉구하지 않고 소각하 판결을 하는 것은 직권조사를 게을리한 심리미진이지 당사자가 간과한 법적사항 지적의무를 게을리한 것이 아니다.

(마) 단순한 심리미진인 경우

상해의 결과로 피보험자가 사망하면 사망보험금이 지급되는 상해보험에서 보험수익자를 피보험자의 법정상속인이라고만 지정하였는데 피보험자가 사망하자 보험회사가 피보험자의 배우자만을 피고로 하여 보험금지급채무의 부존재 확인을 구하는 소를 제기하였고, 피고는 보험금 지급을 구하는 반소를 제기한 사건에서, 원고는 피고의 보험금지급청구에 대하여 피고는 자기의 상속분만큼만 청구할 수 있을 뿐이라는 주장을 전혀 하지 않았다. 제1심 법원이 원고의 청구를 전부 기각하고 피고의 반소청구를 모두 인용하는 판결을 선고하였고, 항소심은 원고의 항소를 기각하였다. 대법원은 항소심이 피고는 자기의 상속분만큼만 보험금을 청구할 수 있다는 점에 관하여 의견진술의 기회를 주고 상속분에 관하여 심리를 했어야 함을 지적하고 이는 법적사항에 관한 지적의무를 위반한 것이라고 하여 파기환송하였다.[25]

그러나 사건의 경과를 보면 원고가 제1심 제1회 변론기일 전에 피보험자의 다른 상속인들을 피고로 추가하겠다는 신청을 하였으나 법원이 이에 대하여 아무런 판단을 하지 않고 청구를 기각하였고, 원고가 항소심 변론종결 이후에 피고의 보험금청구권은 상속분 범위 내로 제한되어야 하는데 원고가 이를 간과하여 변론에서 다투지 못하였으므로 그 주장을 추가하고자 한다'는 취지를 기재한 변론재개신청서를 제출하였으나, 항소심은 변론을 재개함이 없이 원고의 항소를 기각하는 판결을 선고하였다. 그렇다면 원고가 법적 관점을 간과하였는데, 법원이 이를 지적하지 않은 것이 아니라, 법원이 원고의 신청을 무시하고 심리를 제대로 하지 않은 잘못이 있는 것이다. 이처럼 단순한 심리미진과 법적사항 지적의무 위반을 혼동하면 안 된다.

2. 당사자의 분명한 간과

당사자들이 특정 법적 관점에 관하여 인식하지 못하여 아무런 주장도 한 적이 없는 경우가 분명한 간과에 해당한다. 예를 들어, 어차피 피고에게 대지에 관한 소유권이전등기를 하여야 할 원고가 대지 위의 피고 소유 건물의 철거를 청구하는 것이 신의칙 위반인지 여부에 관하여 아무런 주장도 없었는데 법원이 느닷없이 원고의 철거청구가 신의칙 위반이라고 판단하는 것은 지적의무 위반이 된다.[26] 그리고 앞서 언급하였듯이 당사자들이 잘못된 법적 관점에 입각하여 주장하고 다투는 경우도 분명한 간과에 해당한다.

---

25) 大判 2017. 12. 22, 2015다236820 · 236837.
26) 大判 2021. 9. 16, 2021다200914 · 200921. 이 판결에서도 제136조 제1항과 제4항을 한꺼번에 언급하여 석명의무와 지적의무를 구별하지 않는다.

당사자가 간과했음이 분명한지는 변론 종결시에 밝혀진다. 그렇기 때문에 사실심 법원이 심리 중에 당사자가 간과한 것이 분명한 경우에만 법적 사항을 지적하라는 의미로 새기면 심리가 거의 끝날 무렵에 그 지적으로 인하여 비로소 새로운 소송자료가 제출되고 소송지연이 생길 것이다. 이러한 결과는 타당하지 않으므로, 그 법적 사항에 기한 재판을 할 것이면 **간과 여부가 불분명하더라도** 지적하여야 한다. 그러므로 '간과하였음이 분명함'은 심리의 최후 시점에서의 기준이라고 보아야 한다. 즉 사실심에서 이 의무를 이행하지 않았는지 여부를 상고심에서 판단할 경우에 결국 당사자가 간과한 것이 분명한 법적 관점을 지적하지 않았으면 지적의무 위반이 되고, 간과하였는지 여부가 분명하지 않으면 의무 위반이 아니라는 의미이다.

3. 재판에 중요한 사항

이는 법원이 **재판에 고려할 법적 사항(관점)**을 뜻한다고 새기는 것이 타당하다. 당사자가 재판에 영향을 미칠 수 있는 사실을 아예 언급도 하지 않아 변론주의로 법원이 그 사실을 인정할 수 없는 경우에는 어차피 그 사실을 기초로 한 법적 사항은 재판에 고려될 사항이 아니므로 여기서 말하는 재판에 중요한 사항에 포함되지 않는다. 이 요건은 제136조 제4항이 명시하고 있지 않으나 해석상 당연한 것으로 받아들여지고 있다.

Ⅲ. 법원의 지적

법원이 지적할 최후의 시점은 물론 변론종결시일 것이다. 그러나 법원의 지적이 늦어지면 늦어질수록 당사자들은 이제까지 제출했던 소송자료와 관계 없는 새로운 소송자료를 마련하여야 할 경우가 많이 생기고 따라서 소송경제에도 맞지 않다. 그리고 이미 형성된 사실자료와 관계 없는 새로운 사실자료를 제출하도록 종용하는 것이 되어 변론주의 위반이라는 문제가 생긴다.27)

27) 민사소송법 제136조 제4항으로 이제 법원은 법률상의 사항을 적극적으로 석명할 수 있게 되었고, 그러면 어차피 당사자들도 이러한 석명을 받으면 새로운 사실을 진술하게 될 것이므로 변론주의는 더 이상 적용되지 않게 되었다고 보는 견해나, 우리의 민사소송도 앞으로는 처분권주의와 변론주의의 완화, 법원의 역할 강화, 지적의무를 통한 당사자의 보호라는 방향으로 나아가야 한다는 견해(康鳳洙, 앞의 논문, 295-296면)는 처분권주의와 변론주의가 자유롭게 행동하고 그 결과에 대하여 스스로 책임을 지는 평등한 시민이 살아가는 시민사회에서 어떠한 기능을 하는지를 간과한 견해로서 타당하지 않다(변론주의의 이념적 가치에 관하여는 胡文赫, "民事訴訟에 있어서의 理念과 辯論主義에 관한 硏究," 서울대학교 법학 제30권 제3·4호, 1990 참조). 법을 모르는 당사자의 보호는 필수적 변호사대리의 도입과 소송구조의

그러므로 법원은 소송 초기에, 특히 변론준비절차에서 미리 원고의 청구가 법적으로 어떠한 관점에 해당될 수 있는지를 지적하여 당사자들이 처음부터 엉뚱한 법적 관점을 둘러싸고 필요 없는 공격과 방어를 하는 것을 방지할 필요가 있다. 물론 이 단계를 지나서 변론이 진행되고 증거조사가 이루어지면 법원이 어느 법적 관점에 기하여 재판할 것인지가 점차 분명해질 것이고 그에 따라 조정된 법적 관점을 당사자들에게 지적할 필요가 생길 것이다. 이러한 경우 역시 법원은 지적의무를 부담한다.

그러나 이를 확대하여 법원이 절차의 각 단계마다, 그리고 문제되는 법적 사항이 등장할 때마다 이를 지적할 의무가 있다고 볼 것은 아니다. 앞에서도 지적하였듯이 여기서 말하는 법적 사항이란 원고의 소송상청구와 피고의 항변 자체의 근거가 되는 법적 사항이므로 그처럼 자주 지적할 일은 생기지 않을 것이다.

Ⅳ. 법적 사항 지적의무 위반의 효과

법원이 지적의무 있는 법적 사항에 대하여 당사자에게 의견진술의 기회를 주지 아니하고 판결을 하였으면 그 판결에 대하여 항소·상고로써 다툴 수 있다. 상고심에서 법적 사항 지적의무 위반을 이유로 파기하기 위하여서는 그 의무 위반과 판결 결과 사이에 **인과관계**가 있어야 한다. 이는 지적이 행하여졌다면 당사자가 다른 진술을 할 수 있었을 것이고 그러면 판결의 결과가 달라졌을 가능성이 있다는 것을 의미한다.

대폭적인 확충으로 민사소송에서도 누구나 변호사의 도움을 받을 길을 보장해 줌으로써 실현해야지, 법관이 변호사가 할 일까지 떠맡음으로써 실현하려고 하여서는 안 될 것이다.

제 7 장 當事者의 訴訟行爲

제 1 절 訴訟行爲

I. 개 관

소송에서 각 주체, 즉 법원과 당사자는 절차의 개시와 진행, 종료를 위한 여러 가지 행위들을 한다. 이들을 소송행위라고 한다.

그중 **법원의 행위**로는 재판, 재판 아닌 소송지휘 행위, 기일지정이나 송달 등의 소송진행 행위, 소송자료 수집을 위한 행위, 당사자의 행위의 수령, 증거조사, 조서 작성, 각종 통지 등이 있다.

당사자의 행위로는, 신청과 주장(권리주장, 사실진술), 증거의 제출, 취하, 화해, 포기, 인낙, 동의, 질문, 통지 등이 있다. 당사자의 이러한 행위는 절차에 따라 구술로 하는 경우와 서면으로 하는 경우가 있고, 서면에 의할 경우는 전자문서로도 가능하다(전문 제5조).

전자문서에 의하여 소송을 수행하려면 법원의 전산정보처리시스템 이용을 위한 사용자 등록을 하여야 하고(전문 제6조), 제출하는 전자문서에는 전자서명을 하여야 한다(전문 제7조). 당사자의 행위가 서면으로 이루어졌을 때, 그 서면이 전자문서 형태가 아닌 경우에는 법원사무관등은 그 서류를 전자문서로 변환하고 사법전자서명을 하여 전산정보처리시스템에 등재하여야 한다(전문 제10조 2항). 조서, 재판서 등 사건 기록을 전자문서로 작성하거나 서류를 전자문서로 변환하여 전산정보시스템에 등재하여야 한다(전문 제10조 1항).

당사자들의 행위의 흐름을 도표로 보면 다음과 같다.

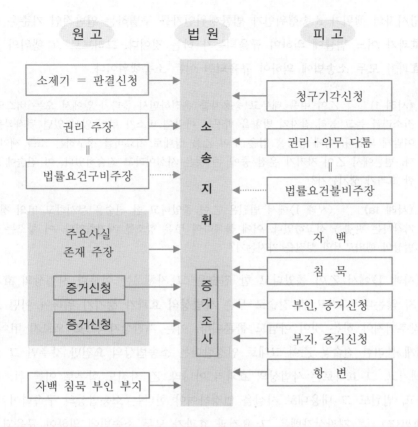

Ⅱ. 소송행위와 사법상의 법률행위

소송행위도 사법상의 법률행위와 마찬가지로 일정한 법률효과를 얻기 위하여 의사표시로써 하는 것이므로 일종의 법률행위라고 할 수 있다. 그러나 이들은 소송법상의 법률효과를 가져온다는 점에서 소송법의 특수성이 고려되어 사법상의 법률행위와 다른 **몇 가지 특성**이 있다. 그중 법원의 행위는 당사자의 행위와 성질상 공통성이 거의 없는 국가의 행위이고 사법상의 법률행위와는 비교할 만한 것이 거의 없으므로 여기서는 주로 당사자의 소송행위가 문제된다. 그런데 민법과는 달리 소송법에서는 당사자의 행위를 규율하는 일반적인 규정은 두지 않고 다만 당사자능력, 소송능력, 대리에 관하여 "민법 기타 법률에 의한다"라고 한다(제51조). 그렇기 때문에 소송행위와 법률행위의 구별이나 소송행위의 법적 취급에 관하여 뚜렷한 기준이 없어 많은 의문과 혼란이 온다.

당사자의 행위가 소송행위인가 법률행위인가를 구별하는 일반적인 기준은 **요건과 효과**가 어느 법률에 의하여 규율되는가 하는 것이다. 그러므로 그 행위의 요건과 효과가 모두 소송법에 의하여 규율되면 이는 소송행위이다.

《사례 1》　　乙이 甲을 태우고 승용차를 운전하면서 졸다가 앞에서 오는 버스의 경적소리를 듣고 놀라 갑자기 방향을 바꾸는 바람에 버스가 甲이 앉아 있던 뒷좌석을 들이받게 되었다. 이에 중상을 입은 甲이 乙을 상대로 치료비를 청구하는 소를 제기하였다. 변론에서 乙이 자기가 운전 중에 존 것은 사실이라고 진술하였다. 이 진술에 어떠한 효과가 생기는가?

《사례 1a》　　〈사례 1〉에서 법원은 乙이 졸았다고 한 진술을 무시하고 甲의 청구를 기각하는 판결을 선고하였다. 이에 불복하여 甲은 항소를 제기하였다. 이 항소는 실체법상의 행위로서의 성질을 가지는가?

〈사례 1〉에서 乙이 졸았다고 한 진술은 그 자체로는 아무런 사법상의 효과가 생기지 않는다. 그리고 그 진술로 무슨 사법상의 효과가 생기기 위하여 어떤 요건이 갖추어져야 하는 것이 아님도 물론이다. 이는 재판상자백으로 오로지 甲이 한 乙에게 불리한 진술을 乙이 그대로 인정한다는 소송법상의 요건만 갖추면 그 효과가 생기고, 그 효과로는 사법상의 효과가 아니라, 乙 자신도 함부로 이를 취소하지 못하고, 법원도 그 내용대로 사실을 인정하여야 한다는 소송법상의 구속력이 생긴다(제288조). 즉, 재판상자백은 그 요건과 효과가 모두 소송법에 의하여 규율되므로 순수한 소송행위이다. 〈사례 1a〉의 甲의 상소도 마찬가지이다. 상소제기의 요건과 효과 어느 것도 실체법적 성격을 갖고 있지 않고, 오로지 소송법에 의하여 규율되므로 이는 소송행위이다. 소송행위인지 여부를 가리는데 그 행위를 소송 중에 하였는지 소송 밖에서 하였는지는 기준이 되지 않는다.

《사례 1b》　　〈사례 1〉에서 甲은 소를 제기하기 전에 변호사 丙에게 소송대리권을 수여하였다. 이 행위의 성격은 무엇인가?

일반적으로 대리권을 수여하는 행위는 실체사법상의 행위이다. 그러나 〈사례 1b〉에서는 甲이 丙에게 소송 밖에서 대리권을 수여하였지만 그 수권행위는 오로지 소송법상의 대리권인 소송대리권을 수여하는 행위이고, 따라서 소송상의 대리권을 발생시키는 효과를 가져올 뿐이므로 그 성격이 소송행위임에는 변함이 없다.

그러나 당사자의 행위 중에서는 그 효과가 소송법만이 아니라 실체법에 의하여도 규율되는 것이 있다.

《사례 1c》 〈사례 1〉에서 甲이 치료비를 병원에 지급한 날로부터 2년 10개월이 지난 뒤에 소를 제기하였다. 이 소제기로 어떠한 효력이 발생하였는가?

이 경우 甲의 소제기로 소송계속이라는 소송법상의 효과가 생길 뿐만 아니라 3년이라는 소멸시효(민 제766조)가 중단되는 실체법적 효과도 생긴다(민 제168조, 제174조). 여기서 **소제기**가 소송행위인가 법률행위인가 하는 점이 문제된다. 이러한 경우에는 그 행위의 '주된' 효과가 어느 것인지에 따라 정해야 한다. 소제기에서는 소송계속의 효과가 주된 것이고 소멸시효의 중단은 소제기가 내용상으로 실체법상의 청구를 포함하기 때문에 인정되는 효과이므로 소제기라는 행위 자체를 기준으로 볼 때는 부수적인 것이라고 생각되므로 이를 소송행위라고 하게 된다.

《사례 1d》 〈사례 1〉에서 소송 중에 甲이 乙에 대한 손해배상채권을 丁에게 양도하였다. 이 행위로 어떠한 효과가 발생하는가?

앞에서 본 소제기와 달리 이와 같은 소송 중에 소송의 목적이 된 권리나 의무의 양도, 즉 계쟁물양도는 비록 소송 중에 당사자를 변경할 사유가 된다는 소송법상의 효과가 생기지만 주된 효과는 실체법상의 권리관계의 이전이다. 따라서 이는 법률행위라고 보게 된다.

당사자들의 행위의 성격과 관련하여 가장 어렵고 복잡한 부분이 소송 중에 하는 **상계**와 **화해**이다. 이 행위들이 소송행위인가, 법률행위인가, 아니면 두 가지 성질을 겸비하였는가에 관하여 학설이 대립하고 있다. 이들에 관하여는 뒤에 해당 부분에서 설명하기로 한다.

Ⅲ. 소송행위의 종류

소송행위는 그 효과에 따라서 취효적행위와 여효적행위로 구분할 수 있다. **취효적행위(取效的行爲)**는 그 자체로 절차에서 어떤 효력을 갖는 것이 아니라 당사자가 신청한 재판이나 판단을 법원이 함으로써 비로소 절차에 대한 효력이 생기는 행위이다. 즉, 법원의 재판에서 효력을 취하는 행위이다. 소제기, 상소제기 등의 법원에 대한 각종 신청과 이러한 신청을 이유있게 하는 사실적·법적 주장과 증거신청 등과 같은 공격·방어방법의 제출 등이 여기에 해당한다. 이러한 행위에 대하여 법원은 일정한 내용의 재판이나 판단을 하게 된다.

여효적행위(與效的行爲)는 행위를 하면 직접 소송상 효력이 생기는 행위이다. 행위의 효력이 생기는 데에 법원의 행위를 필요로 하지 않는다. 자백, 포기, 인낙, 소나 상소의 취하 및 그에 대한 동의 등의 의사표시가 여기에 해당하는데, 이러한 행위는 그 요건이 불비되어 있으면 법원이 이를 무시하게 된다. 소나 상소의 제기 는 그 자체로 바로 소송계속의 효과와 이심의 효과를 발생하므로 여효적행위로서 의 성격도 가진다.

Ⅳ. 소송행위의 소송상 취급

1. 행위의 요건

당사자의 소송행위가 적법하기 위하여는 당사자에 관한 소송요건인 당사자능력, 소송능력, 변론능력 등이 갖추어져야 함은 물론이다. 특히 소송무능력에서는 이미 설명하였듯이 누가 무능력자인가는 민법에 따라 정해지나, 그 효과는 소송법이 달 리 정한다.

《사례 2》　　　금년 18세인 甲에게 큰아버지인 乙이 아무런 반대급부 없이 토지를 증여하기로 계약하였다. 그러나 대통령 선거를 하면서 甲과 乙이 지지하는 후보가 달라 서로 사이가 나빠졌다. 이에 乙은 토지를 증여할 생각이 사라졌다고 하였고, 이에 甲은 乙을 상대로 증여계약의 이행을 구하는 소를 제기하고자 한다. 甲이 스스 로 제소할 수 있는가? 또는 甲이 제소를 위하여 변호사 丙을 소송대리인으로 선임 할 수 있는가?

이러한 경우에 甲이 체결한 乙과의 증여계약은 완전히 유효이다. 그것은 미성 년자인 甲이 권리만을 얻는 행위(민 제5조 1항 단서)이기 때문이다. 그러나 甲이 하 는 소송행위는 다르다. 소제기나 대리권 수여 그 자체가 권리만을 얻거나 의무만을 면하는 행위에 해당하는 것이 아닐 뿐만 아니라 이러한 사유는 미성년자가 독립하 여 소송행위를 할 수 있는 예외에도 해당하지 않는다. 그러므로 甲은 법정대리인 없이 이러한 행위를 할 수 없다.

2. 부관부 소송행위

소송행위는 사법행위와는 달리 절차를 조성하는 행위이며, 절차는 안정되어야 하기 때문에 조건이나 기한과 같은 부관을 붙이는 것을 함부로 허용할 수 가 없다.

《사례 1e》 〈사례 1〉에서 甲이 불법행위를 주장하는데, 소송 중 乙의 행위가 운송 계약불이행이 된다는 생각이 들었다. 그리하여 청구원인을 불법행위에서 계약불이행으 로 바꾸면서 2024년 7월 31일까지는 불법행위를 주장하고 그 다음날부터는 계약불이행 을 주장할 것이라고 하였다. 이러한 청구원인 변경이 가능한가?

만일 이러한 행위의 효력을 인정한다면 2024년 7월 31일까지 소송이 제대로 진 행될 수가 없을 것이고, 그 이후에는 이제까지 한 소송절차 중 상당 부분이 쓸모 없는 것이 되고 새로이 계약의 내용이 무엇인지를 심리하게 될 것이다. 이처럼 소 송행위에 **기한**을 붙이는 것은 절차를 불안하게 만들기 때문에 허용되지 않는다.

조건을 붙이는 것은 경우를 나누어서 보아야 한다. 소송내의 조건을 붙이는 것 은 절차를 불안하게 하지 않으므로 허용되나, 소송외의 조건을 붙이는 것은 허용되 지 않는다고 보는 것이 일반적이다. 그러나 소송내의 조건도 당사자 사이에는 무조 건적으로 소송계속이 생기는 경우에 한하여 허용된다고 보아야 할 것이다. 이는 이 미 청구취지에서 설명하였다.

3. 의사표시의 해석

소송법은 형식적인 절차를 규율하는 절차법이므로 소송행위도 절차의 안정을 중시하여 **표시주의**나 외관주의에 따라 해석해야 한다는 것이 일반적인 견해이다. 따 라서 1심 판결 선고 전에 소취하서 제출을 부탁받은 타인이 판결 선고 뒤에 비로소 취하서를 제출했어도 소취하의 효력에는 영향이 없다.[1] 그러나 표시된 어구에 지 나치게 구애되어 획일적이고 형식적인 해석에만 집착한다면 도리어 당사자의 권리 구제를 위한 소송제도의 목적과 소송경제에 반하는 부당한 결과를 초래할 수 있으 므로, 그 소송행위에 관한 당사자의 주장 전체를 고찰하고 그 소송행위를 하는 당 사자의 **의사를 참작**하여 **객관적**이고 **합리적**으로 소송행위를 해석할 필요가 있다.[2]

그러므로 예를 들면, 항소심판결에 대하여 재심의 소를 제기할 것을 제1심 판결 을 대상으로 한 모습을 갖추었을 때 그 재심의 이유에서 주장하고 있는 재심사유

---

1) 大判 2009. 4. 23, 2008다95151(타인이 임무에 위배하여 늦게 제출했어도 취하서에 제1심 판결 선고 전까지 한정하여 제출할 수 있다는 취지의 기재도 없음을 이유로 원고의 소취하 무효 주장을 배척 한 사안).

2) 大判(全) 1984. 2. 28, 83다카1981; 大決 2002. 4. 22, 2002그26; 大判 2008. 3. 27, 2007다80183.

가 항소심판결에 관한 것임이 그 주장 자체나 소송자료에 의하여 분명한 경우라면 외관만 보고 재심의 소를 각하할 것이 아니라 항소심판결에 대한 재심청구로 새겨 야 할 것이다.[3] 제1심 지방법원에 낸 판결경정신청에서 이미 항소심에서 취소되어 효력이 상실된 제1심 청구기각 판결 중의 청구취지 기재 부분을 경정하여 달라고 표시하였으나, 그 실질적 내용을 보면 항소심의 청구인용 판결의 주문에 기재된 소 송목적물인 토지의 표시를 이미 시행된 토지분할에 맞도록 경정하여 달라는 뜻임 을 알 수 있으면 신청을 기각할 것이 아니라 관할법원인 항소심 법원으로 사건을 이송해야 한다.[4]

소송행위의 해석과 관련하여 주의할 것이 있다. 주장 등의 **행위의 의미가 불분 명**할 때 이를 실체법에서처럼 의사표시의 해석으로 해결해서는 안 된다. 실체법에 서는 과거에 한 행위의 의미가 불분명하면 의사표시의 해석으로 그 행위의 의미를 정하지만, 소송에서는 당사자의 행위의 의미가 불분명하면 소송관계가 불분명해지 고, 이는 석명의 대상이 되는 것이다. 법관이 당사자에게 석명하지 않고 그 행위의 의미를 해석해서 그것을 바탕으로 재판을 해서는 안 된다.

4. 의사표시의 흠

소송행위에서의 의사표시의 흠에 관하여도 소송법은 아무런 규정을 두지 않고 있기 때문에 민법의 의사표시의 흠, 즉 **착오와 사기·강박에 의한 의사표시에 관한 규정**들(민 제109조, 제110조)이 유추적용될 수 있는지가 문제된다. 일반적으로는 소 송행위를 의사표시의 흠을 이유로 취소하는 것은 상대방의 이익과 절차의 안정을 해친다는 이유로 허용하지 않는다. 물론 여기서 모든 소송행위가 취소 불가능한 것 은 아니다. 소송행위 중에서 상대방의 이익이나 절차의 안정에 영향을 미치는 행위 만을 취소할 수 없다고 한다.

이러한 기준은 일단 이해되는 면이 있기는 하다. 그러나 다른 면으로 보면 이러 한 행위는 대체로 의사표시를 한 당사자가 그 행위를 취소할 중대한 이익이 있는 것이기 때문에 일률적으로 정할 일이 아니다.[5]

---

3) 앞의 83다카1981 판결.
4) 앞의 2002그26 결정. 앞의 2007다80183 판결도 같은 취지로 판시하나, 그 내용이 되는 행위는 소 송행위가 아니다.
5) 소송행위에서 의사표시의 하자에 관한 상세한 검토는 朴成恩, 訴訟行爲에 있어 意思의 瑕疵에 관한 硏究, 서울대학교 석사논문, 2005 참조.

《**사례 1f**》   〈사례 1〉에서 甲이 승소하였고 乙이 항소를 제기하였다. 소송 진행 중에 乙이 甲에게 청구금액에 해당하는 현금 한 다발을 주면서 소를 취하해 달라고 부탁했다. 이에 甲은 이 돈을 금고에 넣어 놓고 더 이상 소송을 계속할 이유가 없다고 생각하여 乙의 동의를 얻어 소를 취하하였다. 그러나 한 달 뒤에 甲이 은행에 예금하려고 갔다가 그 돈이 모두 위조지폐인 것을 알았다. 이때 甲은 어떤 방법으로 乙을 상대로 다시 소송을 할 수 있는가?

이 사례에서 甲의 소취하는 乙의 사기에 의한 의사표시로 한 행위이므로 민법상으로는 취소할 수 있는 행위가 된다. 일반적으로는 소취하를 취소하는 것은 피고의 이익을 해치고 신뢰를 저버리는 것으로 허용할 수 없겠지만, 이 사례와 같은 경우에 소취하를 소송행위라고 해서 취소하지 못한다고 하는 것은 전혀 보호할 가치가 없는 피고의 이익과 신뢰를 보호하게 되어 타당하지 않다. 이때 **소취하의 취소** 이외에 새로 소를 제기하는 것도 생각할 수 있겠으나, 이는 제267조 제2항 위반이 되어 허용되지 않을 것이다. 혹시 이러한 경우에는 재소가 별도의 권리보호이익이 있으므로 허용된다고 볼 여지가 있으나, 재소에서의 소송상청구 자체가 별도의 이익이 있다고 볼 수 있을지도 의문이고, 설사 별도의 이익이 있다 하더라도, 부득이한 경우가 아닌 한, 다시 제소하는 것은 권리실현의 지연을 초래하고 소송경제상으로도 바람직하지 않다. 그러므로 이러한 경우에는 민법 제110조를 유추적용하여 소취하의 취소를 허용하여야 할 것이다. 이와 같이 취급될 수 있는 것으로 청구의 포기·인낙, 재판상화해가 거론되나 이는 기판력의 문제가 있어 다른 각도에서 검토해야 할 것이다.

학설로는 이런 경우 취소를 인정하되 민사소송법 제451조 제1항 5호를 유추적용하자는 것이 있다.[6] 그러나 그 조문의 내용이 자백이나 공격·방어방법에 관한 것이어서 소취하와는 전혀 무관할 뿐만 아니라 이 조문을 유추적용하더라도 재심에 관한 조문에서 소송행위의 취소라는 결론을 끌어내는 것은 무리이다. 오히려 **민법 제110조를 유추적용**하여 취소를 인정하는 것이 타당하다.

우리 판례는 민법상의 법률행위에 관한 규정은 특별한 사정이 없는 한 민사소송법상의 소송행위에는 적용되지 않는다고 하여, 기망에 의한 소취하의 취소,[7] 기망에 의한 상고 취하의 취소[8] 등을 허용하지 않는다. 다만 제451조 제1항 5호의

---

6) 이시윤, 415.

7) 大判 1964. 9. 15, 64다92; 大判 1979. 12. 11, 76다1829. 憲決 2005. 3. 31, 2004헌마911: 헌법소원심판청구를 속아서 취하한 뒤에 이를 취소하는 것은 허용되지 않는다.

8) 大判 2007. 6. 15, 2007다2848·2855: 상고인이 그 의사에 따라 상고취하서를 작성, 제출하였음을 인정하면 피고가 상고취하의 동기가 된 합의를 이행하지 않더라도 그러한 사정만으로는 취소 사유가 되

유추적용을 인정하면서 제2항을 함께 적용하여 타인의 사기·강박행위로 인한 유죄판결이 확정된 경우일 것을 요구한다. 뿐만 아니라 그 소송행위가 사기·강박으로 인하여 외형적으로만 존재하고 그에 부합하는 의사가 없을 것을 그 요건으로 삼고 있다. 그러므로 비록 타인의 범죄행위에 의한 소송행위라도 그 범죄행위가 소송행위를 할 때에 착오를 일으키게 하였을 뿐 그 소송행위에 부합되는 의사가 존재하면 그 행위의 효력은 다툴 수 없다고 한다.9)

그러나 이 판례에 따른다면 소송행위의 효력을 다투는 것이 매우 늦어져서 분쟁해결이 지연될 뿐만 아니라, 강박에 의한 소송행위는 그 효력을 다투는 것이 완전히 봉쇄되며, 사기에 의한 행위도 예를 들면 〈사례 1f〉에서 소취하의 의사 자체는 甲에게 있었으므로 甲은 소송을 부활시키지 못한다는 결과가 된다. 이처럼 의사표시에 하자가 있는 경우 그에 대한 구제를 좁히는 것은 타당하지 않다.

판례가 다른 한 편으로는 재심사유인 제451조 제1항 5호 사유가 있는 행위는 당연히 효력이 없으므로 재심절차에서는 그 행위의 무효를 전제로 심리해야 한다고 하여 재심사유가 있는 소송행위의 무효를 인정하였다.10)

5. 흠 있는 소송행위의 치유

소송행위는 그 형식을 갖추지 못하였거나, 행위자의 무능력 또는 내용상의 잘못으로 흠 있는 행위가 될 수 있다. 소송행위가 흠이 있으면 신청과 같은 취효적행위는 부적법하다고 각하되고, 소취하나 인낙과 같은 여효적행위는 효력이 없으므로 무시된다.

이러한 흠은 소송행위의 내용과 모습에 따라 여러 가지 방법으로 치유될 수 있다. 그 행위에 기간이 정해져 있으면 그 기간 내에 다시 흠 없는 행위를 하면 된다. 당사자능력, 소송능력, 대리권 등에 흠이 있는 경우 능력자나 법정대리인의 추인이 있으면 그 흠은 치유된다. 그리고 행위가 사익적 규정 위반인 경우에는 절차이의권의 포기나 상실로 치유되기도 한다. 이 점은 앞에서도 설명하였다.

지 않는다.
9) 大判 1984. 5. 29, 82다카963: 처분금지가처분 신청을 취소한 사안이다.
10) 大判 2012. 6. 14, 2010다86112. 대표자가 상대방과 통모하여 돈을 받기로 하고 상소를 취하한 사안에서 원심은 재심사유가 있다고 하면서도 상소취하는 효력이 있다고 하였으나, 대법원은 이를 파기하였다.

제 2 절 攻擊과 防禦

Ⅰ. 원고의 공격

원고는 예를 들어, 원고가 피고에게 매매대금지급청구권이 있다고 법률적 주장을 하면 이를 뒷받침하는 대금지급청구권의 발생요건에 해당하는 사항들, 즉 매매계약을 체결하였다는 사실, 이미 이행 내지 이행제공을 하였다는 사실 등을 주장하여야 한다. 피고에 대하여 불법행위에 기한 손해배상청구권이 있다고 법률적 주장을 하면 이를 뒷받침하는 손해배상청구권의 발생요건에 해당하는 사항들, 즉 가해행위가 있었음과, 그 가해행위가 고의나 과실로 인한 것임, 그 가해행위가 위법함, 손해가 발생했음, 가해행위와 손해발생 사이에 인과관계가 있음 등의 사항을 주장하여야 한다.

그런데 경우에 따라서는 자기의 법률적 주장을 뒷받침하는 주장을 한다고 한 것이 거꾸로 그 법률적 주장을 이유 없게 만드는 사실, 예를 들면 원고가 이미 변제를 받았다거나 채무를 면제했다는 사실을 주장하는 수가 있다. 이러한 경우가 이른바 주장의 일관성(Schlüssigkeit)이 없는 경우에 해당한다. 이때에 피고는 아무런 행위도 할 필요가 없고 법원이 원고의 청구를 이유 없다고 하여 기각한다.

Ⅱ. 피고의 방어

1. 부인과 부지

원고의 주장이 일관성이 있고 자기가 주장한 권리의 요건사항을 주장하면, 이에 대하여 피고는 여러 가지 반응을 보일 수 있다. **부인, 부지, 침묵, 자백**이 그것인데, 부지는 부인으로 추정되고(제150조 2항), 침묵은 자백으로 간주된다(제150조 1항). 여기서 주의할 것은 부지는 자기가 관여하지 않은 사실에 대해서만 할 수 있는 답변이고 자기가 관여한 것으로 주장된 사실이나 증거에 대하여는 부지라는 답변은 할 수 없다.[1] 부인도 피고가 단순히 "원고 주장 사실을 모두 부인한다"는 식으로

---

[1] 우리 민사소송법이 이를 요구하고 있지는 않으나 부지의 의미상 당연하다. §138 Ⅳ ZPO는 이를

하는 것은 문제가 있다. 이러한 답변 태도는 실무에서 흔히 보이지만, 매우 불성실한 것으로 오히려 쟁점정리를 지연시키는 행위라고 할 수 있다.[2] 그러므로 피고가 원고의 주장사실을 부인하려면 가급적 구체적인 사유를 들어야 하고 법원도 이를 유도하여야 할 것이다.

2. 항 변

이러한 네 가지 답변 태도와는 다른 것이 피고의 **항변**이다. 원고가 주장한 사실을 일단 인정하면서 그와 양립하는 다른 사항, 즉 원고가 주장하는 법률효과를 이유 없게 하는 **반대규범의 요건에 해당하는 사항**을 주장하여 방어하는 것이다. 이는 법규범의 요건에 해당하는 사항이라는 점에서 원고의 주장 및 그에 대한 피고의 대응에 관한 규율과 구조가 같다. 즉, 피고의 항변에 대하여 원고가 부인, 자백, 부지, 침묵의 대응을 하게 되고, 경우에 따라서는 재항변도 할 수 있다. 항변은 보통은 원고의 주장 일부를 자백하는 내용이 들어 있어 제한부 자백이라고도 한다. 또 피고가 원고의 주장을 부인하면서 예비적으로 항변하는 경우도 있는데, 이를 가정항변이라고 한다.[3] 피고가 원고의 청구원인에 관한 주장이 불법행위를 원인으로 한 손해배상인지 부당이득인지가 불분명한 경우에 그 주장이 무엇인지에 관하여 석명을 구하면서 만일 불법행위라면 소멸시효가 완성되었다고 주장한 것도 가정항변이다.[4]

피고가 소송에서 하는 항변은 그 실체법상의 효과에 따라 세 가지로 나뉜다. 첫째가 원고의 권리를 소멸시킨 사실을 주장하는 것으로, 이를 **권리소멸항변**이라고 한다.[5] 변제의 항변이 여기에 해당한다. 이는 원고의 권리를 일단 인정하면서 그러나 그 권리는 이미 소멸하였다고 주장하는 것이다. 변제, 대물변제, 공탁, 면제 등 채권의 소멸원인, 권리 일반의 소멸원인인 소멸시효의 완성, 해제조건의 성취, 후발

명시하고 있다.

2) 집중심리를 위하여는 독일에서처럼 피고의 답변은 원고의 사실주장에 상응하게 구체적일 것을 요구하는 것이 타당하다. § 138 Ⅲ ZPO는 우리 민사소송법 제150조 제1항과 같으나, 해석상 피고가 단순히 책임이 없다든가 사고에 관한 원고의 설명이 틀렸다는 식의 포괄적인 부인을 하는 진술로는 '명백히' 다툰 것으로 볼 수 없다고 한다. Vgl. Lüke[11] § 20 Rn. 2.

3) 이런 식의 주장은 실무에서 흔히 있으나, 이처럼 당사자 주장 자체가 서로 모순되는 것을 허용할 수 있는지 의문이다.

4) 大判 2017. 9. 12, 2017다865: 법원이 불법행위를 인정할 경우에는 이 항변도 주요사실에 대하여 항변을 한 것이므로 이에 대하여 판단하지 않으면 판단누락이 된다.

5) 우리나라에서는 이 사실을 흔히 권리멸각사실이라고도 한다.

적 이행불능, 자신의 취득시효의 완성, 취소권, 해제·해지권, 상계권6) 등의 형성권
의 행사로 인한 권리의 소멸 등을 주장하는 것이 여기에 해당한다.

둘째가 원고의 권리를 발생시킬 행위는 존재하지만, 실제로 그 행위는 무효이기
때문에 권리가 발생하지 않았다고 주장하는 것으로 이를 권리불발생항변이라고 한
다.7) 여기에 해당하는 것으로 의사무능력, 허위표시, 강행법규 위반, 선량한 풍속
기타 사회질서 위반, 원시적불능 등이 있다.

셋째가 이미 발생한 권리의 행사를 일시적으로 거절하는 민법상의 연기적 항변
이다.8) 피고가 행사하는 동시이행의 항변권(민 제536조 1항), 유치권, 보증인의 최
고·검색의 항변권, 점유권원, 기한의 유예 등의 주장이 있다. 이들은 원고의 권리
행사를 궁극적으로 저지하는 것이 아니라 일시적으로 연기시키는 것이다. 이러한
항변이 이유 있다고 인정될 경우에 법원이 어떻게 판결할 것인지는 각 항변의 내
용에 따라 다르다. 예를 들어 동시이행의 항변권의 행사의 경우에는 원고가 이행을
제공하면 피고는 이행하여야 한다. 따라서 피고의 항변이 이유 있으면 법원은 원고
의 청구를 기각하는 것이 아니라 상환으로 이행하라는 판결을 하여야 한다. 유치권
을 주장한 경우도 같다.9) 보증인의 항변의 경우에는 상환이행이 문제되지 않는다.
기한 유예의 주장의 경우에는 장래이행의 소로서의 요건을 갖추었으면 장래이행의
판결을 하고, 그 요건을 갖추지 못하였으면 청구를 기각할 것이다.

3. 원고의 재항변

피고의 항변에 대하여 원고가 피고의 항변사실을 시인하면서 그와 양립하는 다
른 사항, 즉 피고의 항변의 근거가 되는 법규범의 반대규범에 해당하는 사항을 주
장하여 피고의 방어를 물리치려는 주장을 할 수 있다. 이를 재항변이라고 한다.

예를 들어 피고가 면제라는 권리소멸항변을 하면, 이에 대하여 원고가 면제를
인정하면서 그와 별개의 사실인 면제의 취소를 주장한 경우, 이것도 역시 항변으로,
이를 재항변이라고 한다. 그리고 이에 대하여 피고는 취소 후에 다시 면제되었다든
가 하는 별개의 사실을 또 주장하는 재재항변을 할 수도 있다.

---

6) 과실상계는 상계와 성격이 다르다. 법원은 피고의 과실상계 항변이 없더라도 직권으로 피해자의
과실을 참작하여야 한다(大判 1987. 11. 10, 87다카473; 大判 2008. 2. 28, 2005다60369).

7) 이 사실을 우리나라에서는 흔히 권리장애사실이라고도 한다.

8) 이 경우 주장되는 사실을 보통 권리저지사실이라고도 한다.

9) 大判 2011. 12. 13, 2009다5162.

피고가 자동채권으로 상계항변을 하였을 때에 원고가 수동채권 아닌 다른 채권으로 상계의 재항변을 할 수는 없다. 상계항변으로 자동채권과 수동채권이 상계적상인 대등액에서 소멸하여 원고가 상계의 재항변을 할 대상이 없기 때문이다.10)

시효소멸 항변에 대하여 시효기간의 도과는 인정하지만 그 완성 전에 가압류를 하였으므로 시효가 중단되었다고 주장한 것이 재항변이라는 견해가 있으나,11) 이것은 바로 시효가 완성되지 않았다고 주장한 것이지 '시효의 완성과 양립하는' 별개의 사실을 주장한 것이 아니다. 그러므로 이러한 진술은 부인으로 보아야 할 것이다.

Ⅲ. 소송상 의미

당사자들의 변론을 주장, 자백, 부인, 항변 등으로 성격을 부여하여 구별하는 것은 특히 변론주의와 입증책임 때문에 의미가 있다. 원고가 적극적으로 주장한 사실은 권리발생사실이고, 피고가 적극적으로 주장한 사실은 항변사실로, 이들은 변론주의로 인하여 주장하지 아니하면 법원이 인정할 수 없게 된다. 그리고 자백은 역시 변론주의로 인하여 법원을 구속하고, 이 구속력으로 당사자는 이를 함부로 취소할 수 없게 되며, 부인 역시 이를 하지 않으면 변론주의로 인하여 자백한 것으로 된다. 그러나 피고가 부인하면 원고는 그 주장사실을 법관이 확신하도록 입증하여야 하고, 이에 성공하지 못하면 피고의 부인이 성공한다. 즉 원고가 입증책임을 부담한다. 그리고 항변의 경우에는 원고가 이를 다투면 피고가 그 진실함에 입증책임을 부담한다.

Ⅳ. 형성권의 행사와 소송

형성권 중에서 소로써 행사하여야 하는 것을 제외한 취소권, 해제권, 해지권, 상계권 등을 행사하여 법원의 판단을 받는 방법에는 두 가지가 있다. 그 하나가 소송 밖에서 이러한 형성권을 행사하고 그로써 이미 생긴 실체법상의 효과를 소송에서 주장하는 것이고, 다른 하나가 소송 중에 비로소 취소 등의 의사표시를 하여 그 권

---

10) 大判 2014. 6. 12, 2013다95964; 大判 2015. 3. 20, 2012다107662.
11) 피고가 소멸시효의 항변을 하였을 때 만일 원고가 소멸시효의 기산점을 피고와 달리 잡아 아직 소멸시효가 완성되지 않았다고 주장하면 이는 피고의 주장을 부인한 것이 된다. 그러나 원고가 시효기간의 도과는 인정하지만 이미 시효완성 전에 시효중단 사유인 가압류를 하였다고 주장하면 이것은 재항변이 된다고 한다(이시윤, 408; 鄭·庚·金, 482).

리를 행사하는 것이다.

1. 소송 밖에서 형성권을 행사하였다고 주장하는 경우

이 경우, 그 법적 성격은 소송 밖에서 실체법상의 형성권을 행사하였다고 소송에서 주장하는 것이고, 소송 중에 형성권을 행사하는 것이 아니므로, 통상적인 공격·방어방법과 마찬가지로 소송법의 규율을 받는 소송행위이다.[12] 이러한 주장은 형성권자 이외에도 보조참가인이나 보증인 등이 주채무자가 이미 상계하였다거나 계약을 해제하였다는 등의 주장을 할 수 있다.[13] 당사자가 주장한 형성권 행사가 법률요건을 구비하였는지 여부를 법원이 심리하여 구비하였으면 법률관계의 변동을 전제로 재판할 것이고, 요건을 구비하지 못하였으면, 법률관계의 변동이 없었음을 전제로 재판하면 된다. 소취하나 소각하로 소송계속이 소멸하더라도 소송 밖에서 이미 발생한 실체법상 법률관계의 변동에는 영향이 없다. 형성권 행사 주장이 실기하였다고 각하된 경우에는 어떻게 되는가? 이 때에는 법원이 그 주장을 고려하지 않고 재판하게 될 텐데, 그러면 요건을 갖추어 이미 발생한 실체법상의 법률관계의 변동과 동떨어지는 결과가 될 수 있다. 이러한 문제는 소송에서 소송자료 제출을 게을리한 당사자가 책임져야 할 부분으로 부득이한 결과이다.

2. 소송 중의 형성권 행사

당사자가 소송 중에 공격·방어방법으로 비로소 형성권을 행사한 경우, 예를 들어, 매도인이 매도한 물건의 반환을 청구하는 소를 제기하고, 공격방법으로 매매계약 해제의 의사표시를 하거나, 매도인의 대금지급청구 소송에서 매수인이 방어방법으로 사기를 이유로 계약 취소의 의사표시를 한 경우이다.

그 행위의 법적 성격에 관하여 하나의 행위에 사법행위와 소송행위가 병존한다는 견해(병존설)와[14] 순수한 소송행위라는 견해(소송행위설), 사법행위와 소송행위 두 성격을 겸하여 가진 하나의 행위라고 하는 견해(양성설) 등이 주장된다. 병존설에 의하면 소송행위로서의 효과와 실체법상의 효과가 서로 영향을 미치지 않는다. 소송행위설에 따르면 사법행위가 아니므로 실체법상의 효과인 법률관계의 변동은

---

12) Stein-Jonas/Althammer[23] § 145 Rn. 27.
13) Rosenberg-Schwab/Gottwald[18] § 104 Rn. 3 ff.
14) Stein-Jonas/Kern[23] vor § 128 Rn.358; Stein-Jonas/Althammer[23] § 145 Rn. 28; MüKoZPO/Fritsche[6] § 145 Rn. 19.

발생하지 않는다. 양성설에 따르면 소송법상의 효과가 소멸하면 실제법적 효과도 함께 소멸한다.

이러한 경우에도 법원이 각 형성권 행사의 요건이 구비되었는지를 심리하여 그 결과에 따라 법률관계의 변동이 인정되는지를 판단하는 것은 소송 밖에서 형성권을 행사한 경우와 다를 것이 없다. 다만 이 경우는 소송 중에 형성권을 행사하므로 소송에서 공격·방어방법을 제출한다는 성격(소송행위) 이외에 그 행위로 소송 중에 법률관계의 변동을 일으킨다는 성격(사법행위)을 아울러 갖게 되는 점이 다르다.

문제가 되는 것은 소취하나 소각하로 소송계속이 소멸한 경우이다. 소취하로 소송계속이 소급적으로 소멸하므로 형성권 행사의 의사표시도 소송에서는 없었던 것으로 처리된다. 소각하판결이 확정된 경우에도 형성권 행사에 관하여는 아무런 판단이 없이 소송계속이 소멸한다. 이 경우에 실체법적으로는 어떻게 되는가? 병존설에 의하면 소송계속의 소급적 소멸은 이미 형성권을 행사하여 생긴 실체법적 법률관계의 변동까지 소급적으로 소멸시키는 것이 아니라고 한다. 소송행위설과 양성설에 의하면 소송계속의 소멸로 실체법적인 효과도 소멸한다고 보게 된다.

생각건대, 소취하나 소각하의 확정판결로 소송계속이 소멸하였다고 해서 이미 행사한 형성권을 행사하지 않은 것으로 취급할 수는 없다. 형성권 행사의 의사표시가 실기하였다고 각하된 경우에도 실체법적으로는 법률관계의 변동을 초래하나 그 소송에서는 고려가 되지 않아서 불리한 재판을 받는 수가 생기게 된다. 어느 경우에나 뒤의 다른 소송에서 당사자가 법률관계의 변동을 주장할 때는 소송 밖에서 이미 형성권을 행사한 것으로 취급하여 법원이 그 요건을 심리하는 것이 타당하다. 그런 의미에서 병존설이 타당하다.

판례도 원고가 소제기로써 계약 해제의 의사표시를 묵시적으로 하고는 뒤에 소를 취하한 사안에서 해제권 행사의 효력에는 아무런 영향이 없다고 하였다.[15]

3. 상계권의 행사

(1) 소송 중의 상계권 행사

상계권도 형성권이라고 하여 병존설을 따르면 소송 중에 한 상계권 행사에 대하여 소취하나 소각하 확정판결, 실기한 주장의 각하 등으로 법원의 판단을 받지 못하여도 사법상의 효력이 생기게 된다. 즉 상계권자의 상계가 법원의 판단을 받지

---

15) 大判 1982. 5. 11, 80다916.

못함에도 불구하고 자기의 채권이 소멸되는 결과가 되어 상계권자의 의사에 반하게 된다는 문제가 생긴다.

이러한 부당한 결과를 방지하기 위한 몇 가지 방안이 제시된다: ① 상계권의 행사의 경우는 그 항변이 법원의 판단을 받는 것을 정지조건으로 하여 실체법적 효과가 생기고, 그 항변에 대한 법원의 판단이 나오지 않으면 실체법적 효과도 생기지 않는다는 견해와,[16) ② 상계권 행사를 (묵시적) 해제조건부 행위라고 보아 소취하나 소송판결, 실체법적 내용이 없는 소송상화해 등이 이루어지면 조건이 성취되어 사법상의 효력이 생기지 않는다고 보는 견해,[17) ③ 상계권에 기한 항변이 예비적 항변이므로 실기한 방어방법 등으로 부적법해져서 각하될 경우에는 피고의 반대채권 소멸 등의 사법상 효과도 발생하지 않는다고 보는 견해,[18) ④ 소송행위로서의 상계의 의사표시와 사법상의 상계권의 주장을 서로 연계시켜 효력을 맞추거나 사법적 의사표시의 효력을 소송상의 적법성에 연계시켜 소송상의 상계항변이 각하되면 사법상의 행위로서의 효력도 생기지 않는다는 견해[19) 등이다.

생각건대, 소송행위로서의 상계의 의사표시가 대부분 원고의 청구가 기각되는 것을 해제조건으로 하는 예비적 항변이므로, 사법상의 행위로서도 소취하나 소각하 확정판결, 실기를 이유로 한 각하 등을 해제조건으로 하는 의사표시라고 새기는 것이 간명하고 무리가 없을 것이다.

판례는 소송 중에 상대방의 손해배상청구가 인용될 것에 대비하여 예비적 상계항변을 하였으나 절차 중에 조정이 성립한 사안에서, 상대방이 청구한 채권에 대한 법원의 실질적인 판단이 이루어지지 않았으므로 상계항변에 사법상의 효과가 발생하지 않았다고 하였다.[20)

(2) 소송 밖의 상계권 행사

피고가 소송 밖에서 상계권을 행사한 사실을 소송에서 주장하였으나 소취하나 소각하 등으로 소송이 종료한 경우에는 아무런 실체적 판단이 없으므로 별 문제가 없다.

---

16) 鄭·庚·金, 514.
17) Stein-Jonas/Althammer[23] § 145 Rn. 61.
18) 이시윤, 409.
19) MüKoZPO/Fritsche[6] § 145 Rn. 26.
20) 大判 2013. 3. 28, 2011다3329. 大判 2014. 6. 12, 2013다95964도 같은 취지이다.

상계 사실의 주장이 실기하였다고 각하된 경우에는 어떻게 되는가? 이 경우에 법원은 상계의 의사표시를 무시하고 원고의 청구를 인용할 수 있는데, 그러면 상계한 두 채권의 소멸이라는 소송 밖에서 생긴 사법상의 효력과 법원의 판결 사이에 모순이 생긴다. 이를 해결하기 위하여 법원의 판결에 상계에 관한 판단이 포함되지 않으므로 상계에 관하여는 기판력도 생기지 않음에 착안하여 상계의 의사표시를 소급적으로 없었던 것으로 취급하자는 견해가 있다. 그 근거로는 판결에서 (묵시적으로) 상계의 의사표시로 자동채권과 수동채권이 소멸하지 않았다고 인정하였다는 점을 든다. 이에 따르면 피고는 뒤에 상계로 주장했던 채권을 새로이 청구하는 소를 제기할 수 있다고 한다.[21]

이미 소송 밖에서 상계의 의사표시를 하였음을 소송 중에 비로소 주장하는 경우에도 두 행위의 결과가 모순되지 않도록 연계시킬 필요는 있다. 이미 상계를 하였음에도 불구하고 소송에서 법원이 이 주장을 실기하였다고 각하하고 원고의 채권을 인정하였음은 자동채권과 수동채권이 소멸하지 않았음을 묵시적으로 인정하였다고 보아도 무방할 것이다. 근본적으로는 상계의 주장에 법원이 실권제재를 가하여 생기는 이러한 모순을 방지하려면 가급적 실기를 이유로 하는 각하는 삼가는 것이 바람직하다.

V. 소송상 항변

위에서 설명한 항변은 원고가 주장하는 권리근거규정의 반대규정의 요건사항을 주장한 것으로 결국 원고의 실체법상의 주장을 배척하는 기능을 한다. 이와는 달리 원고의 소가 소송요건 불비임을 피고가 주장하는 경우가 있는데, 이를 본안전항변이라 한다. 그 소송요건이 직권조사사항인 경우에는 그러한 항변은 법원의 직권조사를 촉구하는 의미밖에 없으나, 임의관할 위반이나 중재계약의 존재 등의 항변사항인 경우에는 의미가 있다. 그 밖에 상대방의 증거신청에 대하여 시비를 거는 것을 증거항변이라고도 하나, 이것도 법원의 주의를 환기하는 의미밖에 없다. 이들을 통틀어 소송상 항변이라고 한다.

---

21) MüKoZPO/Fritsche^6 § 145 Rn. 27 f.

제**6**편

證據法

제 1 장 總　說

제 1 절　證據의 意義

증거는 **법규적용의 대상이 되는 사실을 인정하기 위한 자료**를 말한다. 공격·방어방법 중에서 한 당사자가 주장하는 사실을 상대방이 다투거나 부지라고 진술하면 그 사실의 진술이 진실임을 나타내기 위한 객관적 자료를 제출해야 한다. 이 객관적 자료를 널리 증거라고 한다.

같은 증거라는 용어를 써도 그것이 증거방법을 뜻하는 때도 있고, 증거자료나 증거원인을 뜻하는 때도 있으므로, 그것이 정확히 무엇을 의미하는지는 구체적으로 보아야 한다.

《사례 1》　甲은 乙이 운전하는 차에 치어 중상을 입어서 乙을 상대로 손해배상을 청구하는 소를 제기하였다. 그 소송에서 乙은 그러한 사실이 전혀 없었다고 甲의 주장을 부인하였다. 甲은 그 사건을 목격한 丙을 증인으로 신청하였다. 증인신문에서 丙은 사고 당시에 차량번호 서울6갑 2848 승용차 바로 뒤에서 운전하다가 그 승용차가 甲을 치었는데 그 차에서 乙이 내려 잠시 甲을 살펴보는 것을 목격하였다고 증언하였다. 이에 乙이 몹시 당황하면서 丙은 甲의 친구이니 믿을 수 없다고 주장하였다. 그러나 甲과 丙은 아는 사이가 아님이 밝혀졌다. 이 사건에서 무엇이 증거방법과 증거자료 및 증거원인이 되는가?

증거방법은 법관이 5관의 작용에 의하여 조사할 수 있는 유형물을 말하는데, 증인, 감정인, 당사자본인, 문서, 검증물 및 정보수록물[1]이 여기에 해당한다. 이 유형물이 증거방법이 될 수 있는 자격을 증거능력이라고 하는데, 형사소송법과는 달리 민사소송법에서는 증거능력에 대한 제한이 문제되는 경우가 많지 않다. 그러나 증거조사의 대상이 되는 것은 증거능력이 있는 증거방법에 한한다. 〈사례 1〉에서는 증인 丙이 증거방법이 된다.

증거자료는 법원이 증거방법을 조사한 결과 얻은 자료를 말한다. 증인이라는 증

---

1) 2002년 개정시에 별도의 증거방법으로 추가된 도면, 사진, 녹음테이프, 비디오테이프, 컴퓨터용 자기디스크, 그 밖에 정보를 담기 위하여 만들어진 물건을 말한다(제374조).

거방법에서 얻은 증거자료가 증언이고, 감정인에게서는 감정의견이라는 증거자료를, 당사자 본인으로부터는 그 신문 결과 얻은 진술을, 문서에서는 거기에 기재된 내용을, 검증물에서는 그 물건을 검증한 결과라는 증거자료를 얻게 된다. 이 증거자료가 법관의 심증을 형성하게 되는데, 심증에 미치는 효력의 정도를 증거력(증명력)이라고 한다. 〈사례 1〉에서 丙이 한 증언이 증거자료가 된다.

증거원인은 법관이 사실 인정에서 확신을 가지게 된 원인을 말하는데, 앞에서 본 증거자료가 그 원인이 됨은 물론이고 변론 전체의 취지도 여기에 속한다. 즉 법관은 증거자료와 변론 전체의 취지를 참작하여 자유롭게 형성한 심증에 따라 판단하는 것이다. 이를 자유심증주의라고 한다. 〈사례 1〉에서는 증거자료인 丙의 증언이 증거원인이 됨은 물론이고, 乙의 거짓된 주장도 그 자체가 증거방법은 아니나 변론 전체의 취지로 증거원인이 된다.

제 2 절 證據의 種類

Ⅰ. 인적증거와 물적증거

구체적으로 증거가 되는 것으로는 증인, 감정인, 당사자본인, 문서, 검증물 및 정보를 담은 문서 아닌 물건(정보수록물)이 있다.

인적증거(인증)란 사람이 증거방법이 되는 경우를 말한다. 여기에는 증인, 감정인, 당사자본인이 있다. 증인은 구체적 사실을 경험하여 그 경험한 것을 법원에서 진술하는 사람을 말한다. 교통사고의 목격자, 계약 체결의 현장에 동석했던 사람 등이 여기에 해당한다. 감정인은 일정 분야에 전문 지식을 갖고 있어서 소송에서 문제된 사항에 대하여 그 전문지식을 적용하여 판단하는 사람을 말한다. 사람의 사망 원인을 부검하는 의사, 출판물의 음란 여부를 판단하는 법학교수 등이 여기에 해당한다. 당사자본인은 소송의 주체이지 조사의 객체가 아니지만, 경우에 따라서는 증거조사 절차에서 증인처럼 선서를 하고 신문을 받을 수가 있다. 이런 경우에는 당사자도 증거가 된다.

물적증거(물증)는 물건이 증거방법이 되는 경우를 말한다. 여기에는 문서, 검증물, 정보수록물이 있다. 문서는 문자, 부호, 기호 등으로 일정한 사상을 담은 물건으로 그 기재된 내용이 일정한 사실을 밝히는 것을 말한다. 계약서, 영수증, 등기부 등본 등이 여기에 해당한다. 검증물은 그 존재 자체가 일정 사실을 밝혀 주는 것을 말한다. 피해자의 신체, 가해행위에 사용된 물건, 불법행위 현장의 상황 등이 여기에 해당한다.

Ⅱ. 직접증거와 간접증거

직접증거는 다툼이 된 법률관계의 주요사실을 증명할 수 있는 증거를 말한다. **간접증거**는 주요사실 이외의 사실(간접사실, 보조사실)을 증명하는 증거이며, 이로써 간접사실 등이 입증되면 주요사실을 추측할 수 있다.

《사례 1a》　〈사례 1〉에서 乙은 운전하고 가는데 갑자기 甲이 차 앞으로 뛰어들어 甲을 치게 되었기 때문에 자신에게는 아무런 잘못이 없다고 주장하였다. 이에 대하여 丙이 더 증언하기를 "乙이 차에서 내리더니 의식을 잃은 甲을 보고는 '드디어 해냈군' 이라고 중얼거렸다"고 하였다. 이 증언이 어떤 증거에 해당하는가?

《사례 1b》　〈사례 1〉에서 乙은 운전하고 가는데 갑자기 甲이 차 앞으로 뛰어들어 甲을 치게 되었기 때문에 자신에게는 아무런 잘못이 없다고 주장하였다. 이에 대하여 丙이 더 증언하기를 "차에서 내린 乙 옆에 가까이 가니 술 냄새가 많이 났다"고 하였다. 이 증언이 어떤 증거에 해당하는가?

〈사례 1a〉에서 丙의 증언은 乙의 가해행위가 고의에 의한 것임을 밝혀주는 증거가 된다. 이는 불법행위의 성립요건 중 고의·과실에 해당하는 요건사항이므로 丙의 증언은 직접증거가 된다. 〈사례 1b〉에서 丙의 증언은 단지 乙이 음주운전을 하였음을 밝히는 것으로 그 자체로는 乙의 과실 자체를 증명하는 것이 아니다. 다만 乙의 음주운전이 밝혀지면 乙의 운전상의 과실을 추측할 수 있을 뿐이다. 그러므로 과실 자체를 주요사실로 보는 다수설에 의하면 음주 사실은 간접사실이고 이를 증명하는 丙의 증언은 간접증거가 된다. 또 다른 예를 들면, 대여금청구사건에서의 차용증서는 주요사실인 소비대차 계약체결 사실을 증명하는 증거이므로 직접증거가 된다. 그리고 같은 대여금청구사건에서 피고가 빈곤하였는데 주장된 소비대차계약체결 시점 이후에 갑자기 돈을 잘 쓰고 다녔다는 증언이 있으면 이는 소비대차 계약체결 사실 자체를 증명하는 증거는 되지 않으나, 그 사실로 미루어 그 당시에 금전을 차용하였으리라는 짐작을 하게 된다. 그러므로 이 증언은 간접증거가 된다.

간접증거의 일종으로 **간접반증**이 있다. 이는 반증을 하는 당사자가 상대방의 주장사실이 없음을 직접 증명하지 않고 그러한 정황을 짐작하게 하는 다른 간접사실을 밝히는 증명을 말한다. 뒤에서 설명하는 표현증명에서 많이 언급된다.

Ⅲ. 본증과 반증

1. 의의와 증명의 정도

본증은 입증책임을 부담하는 당사자가 그 주장사실이 진실임을 밝히기 위하여 제출하는 증거를 말한다. 주로 원고는 청구원인사실(권리발생사실)을, 피고는 항변사실에 대하여 각기 입증책임을 부담하므로 이를 증명하기 위하여 제출하는 증거가 본증이다. 본증이 성공하려면 입증사실을 법관이 확신하도록 하여야 하며, 법관의 심증이 확신에 이르지 못하면 본증은 실패하게 된다.

반증은 상대방이 입증할 사실을 부인하는 자가 제출하는 증거이다. 이는 상대방의 주장사실이 진실이라는 확신을 법관이 갖는 것을 방해하거나 동요시키는 것이 목적이다. 반증에서 법관에게 상대방 주장사실이 진실이 아님을 확신시킬 필요는 없다. 진실 여부에 관하여 확실치 못하다는 심증만 형성시키면 상대방의 본증이 실패하므로 그로써 충분하다.

2. 구별기준

《사례 2》　　　무역회사 甲은 사무실로 쓰기 위하여 15층 원통형 건물을 乙에게 설계하여 짓도록 하였다. 완공 후 보니 그 건물이 12도 정도 기울어 있었다. 이에 甲은 乙을 상대로 계약불이행을 이유로 손해배상청구를 하였다. 乙은 주장하기를 그 건물은 일부러 피사의 사탑을 모방하여 지은 것이어서 지극히 정상적이고 절대 위험한 것이 아니므로 甲에게는 아무런 손해가 발생하지 않았다고 하였다. 이에 甲은 그 건물이 위험하여 전혀 쓸모가 없다는 것을 입증하기 위하여 건축 전문가 丙의 감정을 신청하였고, 乙은 그 건물이 절대 안전하다는 것을 밝히기 위하여 건물 설계도면을 제출하였다. 법원은 증거조사 결과 건물의 안전성에 대하여 반신반의하게 되었다. 이때 법원은 어떻게 판단할 것인가?

이러한 사례에서는 甲에게 손해가 발생했다는 사실은 甲의 손해배상청구권의 요건에 해당하는 사실이므로 입증책임을 甲이 진다. 따라서 甲이 신청한 감정은 본증이고, 乙이 신청한 설계도면은 甲측의 감정을 무력화시키기 위한 반증이다. 결국 법원은 甲에게 손해가 발생했다는 사실을 확신하지 못하였으므로 甲의 본증은 실패하고 乙의 반증이 성공한 것이다.

《사례 2a》　　〈사례 2〉에서 甲은 乙의 설계·시공상의 잘못으로 건물이 기울었음을 주장하였고, 乙은 완공 직후에 전혀 예상하지 못한 강도의 지진이 발생하여 건물이 기울었다고 하면서 설계·시공상의 잘못이 전혀 없다고 주장하였다. 甲은 지진이 있었지만 그 정도로 정상적으로 지은 건물이 기울 수는 없는 것이라고 하면서 乙의 과실을 입증하기 위하여 건축 전문가의 감정을 신청하였고, 乙은 자기에게 과실이 없다는 것을 밝히기 위하여 일본 고베의 지진과 피해 상황에 관한 기록을 제출하였다. 법원이 증거조사 결과 乙이 건물의 설계·시공에서 과실이 있는지 없는지에 관하여 확신이 서지 않았다. 이때 법원은 어떻게 판단할 것인가?

이 사례에서는 쟁점이 乙의 과실 여부이다. 채무자의 고의, 과실은 계약불이행에 기한 손해배상청구권의 발생요건이기는 하지만, 고의·과실이 없었다는 주장에 대하여 채무자가 입증책임을 부담한다(민 제390조 단서). 그러므로 이 경우에는 乙이 제출한 기록이 본증이고 甲이 신청한 감정은 반증이 된다. 여기서 乙은 법원에게 과실 없음을 확신시키지 못하였으므로 본증에 실패하였고, 甲의 반증이 성공한 것이다.

3. 반대사실의 증거

《사례 3》　　甲은 乙 소유의 경작지를 자기 선대로부터 소유한 것으로 착각하고 농사를 짓고 있었다. 그로부터 20년이 지난 어느 날 그 전답이 乙의 소유로 등기되어 있음을 안 甲이 乙을 상대로 시효취득을 주장하면서 소유권이전등기를 청구하는 소를 제기하였다. 소송에서 乙은 甲이 20년간 계속 점유한 것이 아니라 중간에 3년간 자신이 그 땅에서 농사를 지었다고 주장하였다. 甲은 자신이 계속 점유하였음을 밝히기 위하여 친구 丙을 증인으로 신청하였고, 乙은 중간에 자신이 경작하였음을 밝히기 위하여 사돈의 8촌 丁을 증인으로 신청하여 각기 신문하였다. 그 결과 법원은 乙이 그 토지를 점유하여 경작하였는지에 관하여 반신반의하게 되었다. 이때 법원은 어떻게 판단할 것인가?

법률상 추정사실을 번복하려는 증거, 즉 반대사실의 증거는 본증인지 반증인지가 문제된다. 이 사례에서 甲은 20년간 점유가 계속되었음을 주장하였고, 乙은 초기와 말기에 甲이 점유한 것은 인정하지만 중간에 자기가 점유하였으므로 점유취득시효는 완성하지 않았다고 주장한 것이다. 이렇게 되면 甲이 20년 기간의 초기와 말기에 점유하였음은 다툼 없는 사실로 인정이 되지만 점유의 계속 여부를 두고 증거조사가 이루어진 것이다. 그러나 민법 제198조에 의하여 점유의 계속은 법률상 추정되므로 입증책임은 추정된 사실을 다투는 자가 부담하게 된다.[1] 따라서 이 사례에서는 乙이 중간에 점유한 사실에 대한 입증책임을 진다. 그러므로 丁의 증언이 본증이고 丙의 증언은 반증이 된다. 乙은 자기의 중간 점유를 법원에 확신시키지 못하였으므로 입증에 실패한 것이 된다. 법률상 추정을 번복하려면 법관에게 확신을 주어야 한다.

---

1) 흔히 이와 같은 반대사실의 증거를 반증이라고 표현하는데, 이는 잘못이다.

제 2 장 證　明

제 1 절 序　說

I. 증명의 방법

《사례 1》　　甲은 乙을 상대로 대여금반환청구의 소를 제기하였고, 乙은 금전을 차용한 적이 없다고 주장하였다. 이에 甲은 자기가 乙에게 현금을 건네 준 현장을 丙이 목격하였다고 주장하였다. 법원이 丙에게 전화를 걸어 甲이 乙에게 현금을 지급하는 것을 본 적이 있는지를 물어서 그 대답을 증거자료로 삼을 수 있는가?

《사례 2》　　甲은 무역중개업자인 乙에게 부탁하여 짐바브웨에서 악어가죽을 수입하기로 하였다. 그러나 정작 현물을 받아보니 악어가 아닌 뱀가죽이어서 乙을 상대로 손해배상을 청구하는 소를 제주지방법원에 제기하였다. 이 소송에서 乙은 짐바브웨의 법률을 근거로 아무 책임이 없다고 주장하였다. 그러나 짐바브웨 법률의 정확한 내용을 파악할 필요가 있는 법원이 국내에 그 나라의 법률을 전공한 사람이 없어 감정의뢰를 하기가 곤란하게 되었다. 이때 법원은 짐바브웨에까지 연락하여 그 나라의 법률가에게 감정을 의뢰하여야 하는가?

증명의 방법에는 엄격한 증명과 자유로운 증명이 있다. **엄격한 증명**은 법률에 정해진 증거방법에 의하여 법률로 정해진 절차에 의하여 행하는 증명을 말한다. 증거조사에는 여러 가지 엄격한 규율이 정해져 있다. 특히 증거방법에는 증인, 감정인, 서증, 검증물, 당사자본인 및 정보수록물이 있고 그 밖의 증거방법은 허용되지 않는다. 그리고 각 증거방법의 조사절차도 엄격한 형식이 갖추어져 있다. 증인은 선서를 하여야 한다는 것이 그 예이다. 이러한 형식적 절차를 거쳐서 하는 엄격한 증명은 주로 소송물의 당부를 판단함에 필요한 사실 및 소송요건, 상소요건 등을 심리하는 데에 사용되는 방법이다. 〈사례 1〉에서 丙에게 묻는 것은 소송물의 당부를 판단함에 필요한 증거를 얻고자 하는 것이므로 이는 증인신문이라는 절차를 거치는 엄격한 증명에 의하여야 한다. 따라서 법원이 전화를 걸어 丙에게 물어보는 것은 위법이다.

자유로운 증명은 증거방법과 절차에서 앞에서 본 법률규정의 구속을 받지 않는 증명을 말한다. 이는 주로 법규의 존재·해석에 관한 사항, 소송목적의 값 산정, 전문적 경험법칙의 인정 등의 경우에 사용되는 방법으로, 전문적 경험법칙의 인정을 본래의 방법인 감정인의 감정을 거치지 않고 공무소에 조사를 촉탁한다든가, 공무소에 의견을 조회하는 것이 이에 해당한다. 자유로운 증명은 비록 증거조사에서 형식성을 갖추지 않은 것이나 입증의 정도에서는 엄연한 증명이지 그 정도가 약한 소명이 아니다. 그러므로 이 방법에 의한 증거조사라도 요증사실의 존재를 확신하여야 증명한 것이 된다는 점은 엄격한 증명과 다름이 없다. 〈사례 2〉에서 짐바브웨의 법률을 알기 위하여는 대사관 등 공무소에 조회하면 충분하므로 자유로운 증명으로 충분하고 굳이 그 나라의 법률가를 찾아서 감정을 의뢰할 필요가 없다.

Ⅱ. 입증의 정도

민사소송에서 어느 사실이 입증이 필요한 이른바 요증사실이면 그에 대한 입증책임을 부담하는 당사자는 그 사실의 존부를 **법원이 확신하게끔 입증**하여야 한다. 법관이 확신을 갖게끔 된 상태나, 또는 그러한 확신을 갖게 하는 입증행위를 '**증명**'이라고 한다. 여기서 확신이라 함은 일반적으로 반대사실을 인정할 수 없는 정도의 강한 추측이 생긴 상태를 말한다.

그러나 민사소송에서 모든 경우에 확신을 주는 증명을 하여야 하는 것은 아니다. 대개 소송상 신청의 허부를 판단하는 절차에서는 주장사실이 맞을 것이라는 짐작이 들 정도의 믿음을 야기하기만 해도 충분한 것으로 다루는 경우가 있다. 이러한 정도의 입증행위 또는 그로 인한 법원의 가벼운 믿음 상태를 '소명'이라고 한다. **소명**은 주로 절차의 파생적 사항, 신속한 처리를 요하는 사항에서 요구되며, 원칙적으로 법률에 규정이 있는 경우에 한하여 인정된다. 그리고 즉시 조사할 수 있는 증거에 의하여서만 가능하다(제299조 1항). 그러나 증거를 즉시 조사할 수 없는 경우에도 신속한 처리가 필요하여 소명이 요구되는 수가 있는데, 이러한 경우를 위하여 보증금을 공탁하도록 하거나 당사자나 법정대리인을 선서시킴으로써 소명에 갈음하도록 한다(제299조 2항). 보증금을 공탁하고 거짓 진술을 한 경우에는 그 보증금을 몰취하고(제300조), 선서하고 거짓 진술을 한 경우에는 과태료에 처한다(제301조).

제 2 절　證明의　對象

본래 증명은 한 당사자가 주장한 사실을 다른 당사자가 다투기 때문에 그 사실을 주장한 당사자가 법관에게 그 사실주장이 진실임을 밝히기 위하여 필요한 것이므로 증명의 대상이 되는 것은 원칙적으로 사실이다. 즉, 증명은 사실확정의 한 방법이다. 그러나 경우에 따라서는 확정된 사실에 적용할 법규나 경험법칙도 그 존부나 내용이 불분명하면 증명의 대상이 되는 수가 있다.

Ⅰ. 사　　실

소송에서 사실이 증명의 대상이 됨은 당연하다. 여기서 말하는 사실에 주요사실은 물론이고 간접사실과 보조사실도 포함된다. 보조사실이 소송에서 본격적으로 증명의 대상이 되는 일이 흔하지는 않을 것이다.

주요사실은 변론주의가 적용되는 절차에서는 당사자의 변론에 나타나야 법원이 이를 인정할 가능성이 생기고, 따라서 증명의 대상도 된다. **간접사실과 보조사실**에는 변론주의가 적용되지 않으므로 당사자의 주장이 없어도 법원이 증거로써 인정할 수 있다. 주요사실이 증명되지 않을 때에는 주변 간접사실들을 증명하여 이를 바탕으로 주요사실의 존부를 판단하고, 판결의 기초로 삼을 수 있다.[1]

《사례 3》　甲이 乙에게 토지의 소유권을 이전하기로 하여 등기까지 이전되었다. 그러나 뒤에 甲은 乙의 기망으로 계약을 체결한 것이라고 주장하여 이전등기의 말소를 구하는 소를 제기하였다. 소송 중에 등기서류를 누가 작성하였는지가 다투어졌는데, 甲은 乙이 멋대로 작성하였다고 주장하였고, 乙은 甲이 작성하였다고 주장하였다. 이때 법원은 증거조사 결과 甲의 승낙하에 乙이 작성하였다고 판단할 수 있는가?

---

1) 大判 2018. 2. 13, 2015다209163은 종중이 종중원에게 종중 소유 토지에 관한 명의신탁을 했다는 사실은 등기명의인 앞으로 토지에 관한 등기를 할 무렵에 실체와 조직을 가진 종중이 존재하고 그 토지가 종중의 소유로 등기명의인에게 명의신탁을 하였다는 점이 증명되어야 하는데, 명의신탁 약정을 증명할 서류가 없는 경우가 대부분이기 때문에 그 토지가 종중 소유라고 보기에 충분한 자료가 있으면 명의신탁을 인정할 수 있다고 한다. 여기서 충분한 자료란 등기명의인과 종중의 관계, 등기명의인 앞으로 등기를 하게 된 경위, 종중 분묘의 설치 상태, 분묘 수호와 봉제사의 실태, 토지의 규모와 관리상태, 토지에 대한 수익의 수령·지출 관계, 제세공과금의 납부관계, 등기필증등의 소지관계 등 여러 정황을 종합하여 판단해야 한다고 인정하였다.

이 사례에서 등기서류를 누가 작성하였는가는 주요사실이 아니어서 변론주의는 적용되지 않는다. 따라서 법원은 사례에서처럼 어느 누구도 주장하지 않은 사실도 인정할 수 있다.[2]

Ⅱ. 법 규

여기서 법규라고 함은 확정된 사실에 적용하여 소송물의 당부 판단에 도달할 수 있는 규범을 말한다. 법규의 조사는 원래 법원의 직권사항이므로 당사자에게 주장·입증책임이 있는 것이 아니다. 다만 외국법, 상관습법, 지방관습법, 조례, 규칙 등과 같이 **법원(法源)이 불명**한 경우에는 법원이 잘못된 법규를 적용할 우려가 있으므로 이 경우에 당사자가 스스로 이를 증명하여 불이익을 면할 수 있다. 이러한 의미에서 법규도 증명의 대상이 될 수가 있다.

증명의 방법으로는 법원이 직권으로 조사하고, 전문가의 감정에 의함이 원칙이다. 그러나 공무소 등에 조사를 촉탁하는 등의 자유로운 증명도 허용된다.

Ⅲ. 경험법칙

1. 의 의

경험법칙이란 인과관계, 사물의 성상(性狀) 등에 관한 사실판단의 법칙으로, 일상 경험을 통하여 일반인이 승인하고 있는 것을 말한다. 여기에는 상식적인 법칙 (공지의 경험법칙)과 전문과학상의 법칙이 있다.[3]

2. 소송상 취급

(1) 공지의 경험법칙

상식적인 경험법칙은 보통 **증거에 의하지 않고** 인정할 수 있다.

《사례 4》   乙은 丙으로부터 산비탈에 있는 가옥 2채와 그 대지를 임차하여 사용하

---

2) 大判 1968. 4. 30, 68다182.

3) 학자에 따라서는 그 밖에 표현증명에 사용되는 경험원칙, 즉 고도의 개연성이 있는 경험법칙을 별도로 열거하기도 한다(이시윤, 483; 鄭·庚·金, 556). 그러나 이는 경험법칙의 개연성의 정도에 관한 것이어서 누구에게 법칙으로 인정되느냐를 기준으로 하는 이 분류방법과는 맞지 않으므로 별도로 분류할 필요가 없다.

고 있었다. 그 두 가옥 사이에는 높이 3m의 축대가 있었는데, 장마가 한창인 어느 날 甲이 그 축대 아래로 지나가다가 축대가 무너지는 바람에 중상을 입었다. 이에 甲은 乙을 상대로 공작물 점유자의 책임을 물어 손해배상을 청구하는 소를 제기하였다. 그 소송에서 乙은 주장하기를 자기는 두 가옥과 그에 대한 대지만을 임차하여 사용하고 있지, 그 사이의 축대를 임차한 적은 없고, 따라서 축대로 인한 사고에 대하여 공작물 점유자로서 책임을 질 수 없다고 하였다. 심리 결과 축대까지 임차 목적물에 포함되는 지를 밝혀주는 증거가 없었다. 법원은 乙에게 축대 점유자로서의 지위를 인정할 수 있는가?

이러한 사례에서 축대도 임차목적물에 포함된다고 보는 것이 일반적인 상식이 고 경험칙일 것이다. 판례도 이러한 사례에 관하여 축대까지도 함께 임차하여 점유 관리하게 된 것이라고 보는 것이 거래의 관행이나 우리의 경험칙에 합치된다고 한 다.4) 그러므로 축대가 임차목적물에 포함되어 있다는 점은 굳이 甲이 입증하지 않 더라도 법원은 乙이 축대를 점유한다고 판단할 수 있다.

아무리 공지의 경험칙이라고 하더라도 **사회사정의 변화**로 그 법칙이 더 이상 통용되지 않는 수가 있다.

《사례 5》　　금년 55세로 날품을 팔아 연명하는 甲은 乙이 운전하는 오토바이에 치 어 넘어지는 바람에 온몸 왼쪽이 완전히 마비되는 중상을 입었다. 이에 甲은 乙을 상 대로 손해배상을 구하는 소를 제기하였다. 소송에서 甲은 사고가 없었더라면 앞으로도 10년은 더 일할 수 있었을 것이기 때문에 일실이익이 있다고 주장하였으나, 乙은 甲이 이미 도시일용노동자로서 더 이상 일을 할 수 없는 연령인 55세에 달하였기 때문에 일 실이익은 없다고 주장하였다. 이에 대하여 법원은 어떠한 조치를 취할 것인가?

과거에는 일용 노동자의 가동연한이 55세라는 것이 일반적인 경험법칙으로 인 정되었다. 따라서 이 사례에서 甲에게는 일실이익이 인정되지 않았다. 그러나 오늘 날 국민의 평균 수명이 대폭 늘어나고 개개인의 건강상태가 현저하게 개선됨으로 써 이러한 기준이 더 이상 경험칙으로 통용되지 않게 되었다. 그리하여 1989년에 판례는 "일용 노동자의 가동연한이 55세임은 더 이상 경험칙이 아니다"라고 판시 하여5) 가동연한을 상향조정하여야 한다고 하면서, 구체적인 가동연한은 증거에 의 하여 정할 것이라고 하고, 사실상 가동연한을 60세를 기준으로 삼았다. 그 후에 2019년에 다시 위 판결에서 인정한 경험칙의 기초가 되었던 제반 사정이 현저히

---

4) 大判 1993. 1. 12, 92다23551.
5) 大判(全) 1989. 12. 16, 88다카16867.

변하였음을 이유로 특별한 사정이 없는 한 일반 육체노동자나 주로 육체노동으로 생계를 유지하는 사람은 만 60세를 넘어 만 65세까지도 가동할 수 있다고 보는 것이 경험칙에 합당하다고 하였다.[6] 심리 결과 이러한 새 기준에 의한 경험칙상의 가동연한과 달리 인정할 만한 특별한 구체적 사정이 인정되면 그에 따라 가동연한을 인정할 수 있을 것이다.[7]

(2) 전문과학상의 법칙

전문과학상의 법칙은 판결 내용의 객관성을 보장하기 위하여 반드시 증거에 의하여(주로 감정으로) 인정하여 사실 인정에 이용해야 한다. 다만 조사방법은 조사촉탁 등의 **자유로운 증명**으로 하는 수가 많다.

법관이 개인적 경험으로 알게 된 경험칙도 그것이 일반에게 널리 알려져 있지 않은 한 객관성을 보장하기 위하여 증거에 의해야 한다.

3. 상고이유

법원이 **경험법칙을 잘못 인정하거나 잘못 적용**한 경우에 이것이 사실문제인지, 법률문제인지, 즉 이러한 잘못을 상고이유로 삼을 수 있는지가 문제된다. 상고심은 법률심이므로 사실문제라면 상고이유가 되지 않지만, 법률문제이면 상고이유가 될 수 있다.

《사례 6》　　甲과 乙은 서로 경계가 맞닿아 있는 논을 소유하고 있다. 어느 날 甲의 논에 심은 벼가 모두 말라 죽는 병에 걸렸다. 이에 甲은 이웃인 乙을 상대로 손해배상을 구하는 소를 제기하였다. 소송에서 甲이 주장하기를 甲의 논보다 위에 위치한 乙의 논에서 잘못 뿌린 농약이 섞인 물이 흘러 들어와 甲의 벼가 죽게 되었다고 하였다. 이에 乙은 甲의 논에서 乙의 논에 물이 들어오면 들어왔지, 乙의 논에서 甲의 논으로 물이 흘러가는 법은 없다고 주장하였다. 우여곡절 끝에 항소심 법원은 별다른 증거도 없이 "물이 甲의 논에서 乙의 논으로 흘렀다"고 인정하여 甲의 청구를 기각하였다. 甲은 이에 대하여 상고할 수 있는가?

이러한 사례에서 먼저 문제되는 것이 이 항소심법원의 판단이 "물은 위에서 아

---

6) 大判(全) 2019. 2. 21, 2018다248909(이러한 다수의견에 대하여 별개의견으로 63세로 하여야 한다는 의견과, 대법원이 이처럼 가동연한을 65세로 못박아 경험칙이라고 하는 것은 타당하지 않다는 의견이 있다); 大判 2021. 3. 11, 2018다285106.

7) 위 2018다285106 판결(그러한 구체적 사정의 심리 없이 택시운전기사의 가동연한을 63세로 인정한 원심판결을 파기한 사안).

래로 흐른다"는 원리를 거역한 잘못된 것인데, 이것이 사실인정을 잘못한 것인지, 법률적용을 잘못한 것인지가 문제될 것이다. 이러한 원칙은 단순한 사실문제라고 생각하기 쉬우나 경험칙이라고 보아야 한다.[8] 경험칙 위반이 있으면 이는 법률문제이고 따라서 상고이유가 된다는 것이 다수설이다.[9] 다수설에 의하면 이에 관한 자백은 사실에 관한 것이 아니므로 법원을 구속하는 재판상자백으로 인정되지 않는다. 이에 반대하여 이는 사실문제에 불과하므로 상고이유로 해서는 안 된다는 견해와,[10] 경험칙도 사실판단의 자료에 불과하여 상고이유가 되지 않지만 논리칙과 경험칙에 어긋나는 사실확정이 문제되는 한도에서 상고이유가 될 수 있다고 하는 견해가 있다.[11]

　이러한 경험법칙이 상고심이 심판할 법률문제에 해당하는지를 검토한다. 경험법칙이 이름은 법칙이지만 이것은 사실을 인정하기 위한 원리이지 법령해석의 통일을 임무로 하는 상고심이 심판할 규범으로서의 법률문제는 아니다. 사실인정을 위한 원리까지 상고이유인 법률문제로 삼으면 상고심의 사실 인정 관여가 확대되고, 법률심으로서의 성격이 흐려진다. 따라서 경험칙을 잘못 적용했어도 그 결과 일정한 사실을 인정하게 되면 이는 **사실문제**이어서 상고이유가 되지 않는다고 보는 것이 타당하다.

제 3 절　不要證事實

I. 불요증 이유

　당사자들이 주장하는 사실들 중에서 현저한 사실과 다툼 없는 사실은 증명이

---

　8) 이러한 혼란은 '사실'이라는 말의 이중적 의미 때문에 생긴다. '사실'과 '규범'을 구별할 때에는 "물은 위에서 아래로 흐른다"는 원칙은 "흘러야 한다"가 아니므로 규범이 아니라 사실이다. 그러나 이러한 의미의 사실 중에는 우연히 경험할 수 있는 개별적 사실과 으레 그러려니 하고 여기는 법칙인 경험칙이 포함되어 있다. 그러므로 위 표현은 정확하게 말하면 "물은 위에서 아래로 흐르는 법이다"가 된다. 따라서 이는 법칙이 되는 것이다.

　9) 李英燮, 275; 鄭·庚·金, 557; 韓宗烈, 647. 김홍엽, 609-610은 판결에 영향을 미친 경우에 중대한 법령위반으로 심리속행사유가 된다고 한다. 이시윤, 484는 경험칙의 적용에 현저한 오류가 있을 때에만 상고이유가 된다고 본다.

　10) 강현중, 492; 金·姜, 503; 方順元, 461.

　11) 宋·朴, 525. 그러나 이 견해는 경험칙에 어긋나는 사실확정이 문제되면 상고이유가 된다고 함으로써 결국 상고이유가 된다는 의미인지 분명치 않다.

필요 없다(제288조). 이들을 불요증사실로 하는 이유는 두 가지가 있다. 첫째가 **증명의 필요성**이 성질상 문제되지 않기 때문이다. 여기에 해당하는 것이 현저한 사실이다. 증거조사에 의하지 않고 사실을 인정해도 판단의 객관성이 보장되기 때문에 굳이 입증할 필요가 없다고 보는 것이다. 현저한 사실은 입증이 필요 없다고 보는 것은 변론주의절차와 직권탐지주의 절차에 모두 적용된다.

또 다른 이유는 **변론주의**로 인하여 법원이 구속되어 증명이 불필요하게 되는 것이다. 여기에 해당하는 것이 다툼없는 사실이다. 당사자들이 다투지 않는 사실은 그와 반대되는 사실이 주장된 바가 없으므로 법원은 그 반대 사실을 인정할 수가 없기 때문이다. 그러므로 다툼 없는 사실은 직권탐지주의 절차에서는 입증이 필요하다.

Ⅱ. 소송상 다툼 없는 사실

변론주의로 인하여 입증이 필요 없는 다툼 없는 사실에는 당사자가 적극적으로 승인하는 사실과 상대방이 주장한 것을 다투지 않는 사실이 있다. 전자를 재판상자백한 사실이라 하고, 후자를 다툼 없는 사실이라고 한다.

1. 재판상자백

(1) 의 의

재판상자백은 변론, 변론준비절차, 증거조사절차 등에서 당사자가 상대방이 주장한 사실 중 자기에게 **불리한 사실을 진실인 것으로 승인**하는 진술을 말한다.

《사례 7》 주정공장을 하는 甲이 강원도에서 대규모로 농사를 짓는 乙에게 고구마를 공급해 달라고 하면서 먼저 고구마 대금 3,200만원을 지급하였다. 그러나 고구마 수확기가 되었는데도 乙이 甲에게 고구마를 공급하지 않자, 甲은 계약을 해제하고 이미 지급한 고구마 대금 3,200만원의 반환과 800만원의 손해배상을 청구하는 소를 제기하였다.

(2) 요 건

(가) 당해 소송의 변론 등 소송행위로서의 진술

재판상자백이 되려면 당사자가 **소송행위**로 진술한 것이어야 한다. 그리고 다른 소송이나 소송 밖에서 한 불리한 진술은 재판외의 자백으로 그 자체로는 재판상자백으로서의 효과가 없다. 그러한 진술을 하였다는 자료는 간접증거가 될 뿐이다.

《사례 7a》   소송 중 증거조사 절차에서 乙은 당사자신문을 당하여 甲으로부터 3,200만원을 받았음을 시인하였다. 법원은 乙이 甲으로부터 3,200만원을 받은 사실을 인정하여야 하는가?

〈사례 7a〉와 같이 증거조사절차인 당사자신문을 당하여 진술한 사실은 자백이 아니고 증거자료가 될 뿐이다. 따라서 이 경우에는 법원이 乙의 진술을 믿지 않으면 그와 달리 사실을 인정할 수도 있다. 자백은 법원에 대한 행위이지 상대방에 대한 행위가 아니므로 상대방 당사자가 결석한 때에도 할 수 있다.

판례는 명시적인 진술이 없더라도 자백의 의사를 추론할 수 있는 행위가 있으면 묵시적으로 자백한 것으로 볼 수도 있음을 인정하면서, 상대방의 주장에 단순히 침묵하거나 불분명한 진술을 하는 것만으로는 자백으로 인정하기에 충분하지 않다고 한다.[1] 그러나 묵시적 자백으로 볼 만한 경우라도 법원이 불분명한 진술에 대하여 석명하여 소송관계를 분명하게 할 의무가 있다.

(나) 재판상자백의 대상

a) 주요사실: 자백의 대상은 사실, 특히 주요사실에 한한다.[2] 이는 변론주의가 적용되는 결과이다. 변론주의가 요건사항인 주요사실에만 적용되고 간접사실에는 적용되지 않는다는 다수설에 의하면 보조사실은 물론이고 간접사실도 아무리 중요하더라도 자백의 효과가 생기지 않는다고 보게 된다.

사실이 아닌 사항에 관한 진술은 자백이 될 수 없다. 예컨대 변제충당의 순서를 지정하는 진술이나,[3] 법정변제충당의 순서에 관한 진술,[4] 월급금액으로 정한 통상임금을 시간급 금액으로 산정하는 방법에 관한 주장,[5] 법정수당을 산정하는 기준에 관한 주장[6] 등은 사실에 관한 것이 아니므로 여기에 해당하지 않는다.

---

1) 大判 2021. 7. 29, 2018다267900; 大判 2022. 4. 14, 2021다280781.
2) 여기서 주요사실은 앞에서 설명하였듯이 요건사항과는 구별되는 것으로 요건사항에서 법적 평가와 권리 자체는 제외되고, 다수설이 말하는 간접사실 중에서 요건사항과 직접 연결되는 주요한 간접사실을 포함하는 의미이다.
3) 大判 1990. 11. 9, 90다카7262.
4) 大判 1998. 7. 10, 98다6763.
5) 大判 2014. 8. 28, 2013다74363. 더구나 이 사안에서는 피고가 "계산근거 내역에 기한 원고들의 금액계산에 이의가 없다"라고 진술하여 그 내용과 의미 자체가 불명확하였다.
6) 大判 2019. 8. 14, 2018다244631(노사간의 합의로 실제 근로시간과 관계없이 일정 시간을 근로시간으로 간주해 온 경우에 어느 것을 기준으로 법정수당을 산정할 것인지에 관한 진술).

《사례 7b》　　甲은 평소에 소주회사에 주정을 공급하여 매년 4,000만원의 순수익을 올렸는데, 그 해에는 乙의 계약불이행으로 3,200만원의 수익밖에 올리지 못하였다고 주장하였다. 이에 대하여 乙은 甲의 수입이 줄어들지 않았다고 주장하였다. 법원이 심리한 결과 甲의 매년 순수익은 3,800만원이고 그 해의 순수익은 3,000만원임을 알게 되었다. 법원은 甲의 손해가 800만원임을 인정하여 판결하였다. 이 판결이 타당한가?

이 사례에서 다수설에 의하면 주요사실은 甲이 800만원의 손해를 입었다는 것이고, 매년 순수익과 그 해의 수익 등은 간접사실에 불과하다. 따라서 법원이 甲의 손해가 800만원이라고 인정할 수 있다. 그러나 원고가 그 해에 3,200만원의 수익을 올렸다는 진술은 재판상자백에 해당한다고 보아, 법원은 손해가 600만원이라고 인정하여야 할 것이다. 이 사례와 비슷한 사건에서 판례는 그 해에 원고가 일정액의 수익을 올렸다는 진술이 자백에 해당한다고 보고, 법원이 이러한 진술을 무시하고 이 사례에서처럼 손해액을 계산하는 것은 자백의 구속력에 반한다고 보았다.[7] 이는 다수설이 말하는 간접사실 중에서 **재판에 중요한 것을 주요사실로 보고** 변론주의를 적용하여 자백의 구속력에 반한다고 본 것으로 생각된다. 또 인신사고로 인한 손해배상 사건에서 손해배상액을 산정하는 기초가 되는 피해자의 기대여명은 변론주의가 적용되는 주요사실로서 재판상자백의 대상이 된다고 하였다.[8] 이것도 다수설의 기준에 의하면 주요사실은 손해액이고 기대여명은 간접사실이지만 재판에 중요한 사실이어서 판례가 주요사실이라고 본 것이다. 그러나 기대여명은 당사자가 자백할 수 있는 '사실'이 아니라 피해자의 상태에 대한 평가라고 보는 것이 타당하다.

특허의 유효성을 다투는 사건에서 특허발명의 진보성 판단에 제공되는 선행발명이 어떤 구성요소를 가지고 있는지는 주요사실로서 당사자의 자백의 대상이 된다고 한 판례도 있다.[9] 이 경우도 진보성의 존재가 요건사항이 될 것이나 그 자료가 되는 선행발명의 구성요소도 주요사실이라고 본 것이다.

판례 중에는 재판상자백의 구속력은 주요사실에 한하여 인정되고 간접사실에는 인정되지 않는다고 선언하는 것이 많지만,[10] 실무에서는 이를 엄격히 구별하지 않

---

7) 大判 1971. 12. 28, 71다2109.
8) 大判 2018. 10. 4, 2016다41869(원고가 감정인의 신체감정 결과에 따라 자기의 기대여명이 정상인의 70%인 31년 1개월이라고 주장하였고, 피고가 처음에는 이를 다투다가 나중에 위 기대여명에 이의가 없다고 진술하였는데, 항소심법원이 이를 무시하고 원고의 기대여명을 정상인의 40%인 17.332년으로 인정한 것을 대법원이 파기한 사안).
9) 大判 2006. 8. 24, 2004후905.

고, 다툼이 없으면 그대로 사실을 확정하고 만다. 이는 다투지 않은 사실에 대하여는 그것이 간접사실이라도 법관이 의심을 갖고 더 나아가 심리하지 않기 때문일 것이다.

b) 청구 자체:

《사례 7c》　乙은 변론기일에 甲의 청구가 이유 있다고 진술하였다. 이때 법원은 어떠한 조치를 취할 것인가?

사실에 관한 불리한 진술이 아니라 청구 자체에 관한 불리한 진술을 하는 것은 자백이 아니다. 원고가 이러한 진술을 하였으면 청구의 포기가 되고, 피고가 하였으면 청구의 인낙이 된다. 〈사례 7c〉에서 한 乙의 진술은 청구의 인낙이 되므로 법원은 인낙조서를 작성하고(제220조) 소송을 종결짓는다.

c) 권리자백:

《사례 7d》　乙은 변론에서 甲의 계약 해제는 정당하다고 진술하였다. 이때 법원은 계약이 해제된 것으로 보아야 하는가?

이 사례에서와 같이 사실이 아닌 법률관계나 법률효과에 관한 불리한 진술을 흔히 권리자백이라고 한다. 또 다른 예로, 채권계약인 무명혼합계약을 당사자가 물권계약인 동산질권설정계약이나 담보물권설정계약이라고 인정하는 진술이나,11) 매매계약이 이행불능이 되었다고 인정한 진술,12) 유언장에 요식성이 흠결되어 있는데도 이를 유언이라고 시인하는 진술을 하는 경우,13) 운송계약의 준거법이 몬트리올협약이라는 원고의 주장에 대하여 피고도 이의가 없다고 진술한 경우14) 등을 들수 있다. 권리자백은 사실에 관한 진술이 아니므로 변론주의가 적용되지도 않고, 따라서 재판상자백으로서의 구속력도 생기지 않는다. 그러나 당사자의 진술이 권리자백이라고 보이는 경우라도 예를 들어, 상대방의 소유권을 인정하거나, 임대차나

---

10) 大判 1992. 11. 24, 92다21135; 大判 1994. 11. 4, 94다37868 등.

11) 大判 1962. 4. 26, 4294민상1071.

12) 大判 1990. 12. 11, 90다7104; 大判 2009. 4. 9, 2008다93384(피고의 결석을 이유로, 이중매매로 이행불능이 되어 손해를 입었다는 원고 주장을 자백한 것으로 본 원심 판결을 파기한 사안).

13) 大判 1971. 1. 26, 70다2662; 大判 2001. 9. 14, 2000다66430·66447(유언이라고 진술했다가 뒤에 사인증여라고 주장을 변경한 사안).

14) 大判 2016. 3. 24, 2013다81514: 이는 사건에 적용할 준거법 내지 법적 판단사항에 대한 의견에 해당할 뿐이다. 계약 당사자는 준거법에 관한 합의를 할 수 있고 그 합의가 있었다는 사실은 자백의 대상이 될 수 있지만, 소송절차에서 비로소 당해 사건에 적용할 규범에 관하여 쌍방 당사자가 일치하는 의견을 진술하였다고 해서 이를 준거법에 관한 합의가 성립된 것으로 볼 수는 없다.

소비대차의 성립을 인정하는 진술 등은 사실에 관한 자백을 요약하여 그렇게 표현한 경우가 많다.15) 그러므로 법원은 표현에 구애되지 말고 진술한 당사자의 의사를 밝혀서 사실에 관한 자백인지를 판단해야 할 것이다.

재판상자백은 당사자에게 처분권이 있는 사항에 관하여만 할 수 있다. 타인의 권리를 자기 것이라고 인정하여도 자백이 될 수는 없다.16)

(다) 자신에게 불리한 사실의 진술

여기서 불리하다고 함은 그 사실이 인정되면 그 당사자에게 **불리한 판결**이 내려질 것을 의미한다. 소송 밖에서 불리한 일을 당하는 것은 여기서 고려할 바가 아니다. 자기에게 불리하고 상대방에게 유리한 사실을 진술하는 것이므로 그 사실의 입증책임이 상대방에게 있는 경우가 보통이다.17) 그러나 반드시 이에 한하지 않고, 자기에게 유리한 사실, 즉 자기가 입증책임을 부담하는 사실을 부정하는 것도 그 진술 때문에 패소 가능성이 생기므로 불리한 진술에 포함된다.18) 판례도 이를 인정한다.19)

(라) 상대방의 주장과 일치한 진술

보통은 상대방이 먼저 진술한 것에 대하여 이를 그대로 시인하는 진술을 함으로써 양 당사자의 진술이 일치하게 되어 자백이 성립한다.

a) **선행자백**: 스스로 자기에게 불리한 진술을 먼저 하고 상대방이 이를 원용하여20) 자백이 되는 수도 있다.

《사례 7e》 소송 중에 甲은 乙이 고구마를 수확하여 甲에게 운송하여 왔으나 품질이 의심스러워 되돌려 보냈다고 진술하였다. 법원은 甲의 진술대로 사실을 인정하여야 하는가?

---

15) 大判 1989. 5. 9, 87다카749은 상대방의 소유권을 인정하는 진술도 그 전제가 되는 소유권의 내용을 이루는 사실에 대한 진술로 볼 수 있다고 하였다.

16) 大判 1959. 12. 24, 4293민상701.

17) 이시윤, 488은 자기에게 입증책임이 있기 때문에 주장책임도 있는 사실임에도 불리한 진술을 할 경우에는 당사자의 진의가 문제되므로 자백이 아니라 변론전체의 취지로 참작할 것이라고 한다.

18) 宋·朴, 533; 鄭·庚·金, 564.

19) 大判 1993. 9. 14, 92다24899(원고들이 소유권확인을 구하는 소송에서 원고들의 피상속인 명의로 소유권이전등기가 마쳐진 것이라는 점은 원고들이 입증책임을 부담할 사항이나, 소유권이전등기를 마치지 않았다는 사실을 원고들이 스스로 자인하고, 피고가 이를 원용한 사안); 大判 2007. 9. 20, 2007다36407(약속어음의 수취인이 그 발행인을 상대로 어음금청구를 하는 경우 어음발행의 원인관계 및 그 원인채무가 이미 변제되었다는 사정은 이를 주장할 발행인 측에서 증명하여야 할 것인데, 발행인 스스로 수취인이 주장하는 어음발행의 다른 원인관계를 자인하고 이를 수취인이 원용한 사안).

20) 원용(援用)은 다른 당사자의 주장이나 진술, 신청 등의 소송행위를 자기 것으로 삼아 자기도 같은 소송행위를 한 효과를 받으려는 의사표시이다.

이 사례에서 乙이 일단 채무를 이행하였음을 甲이 진술한 것은 甲에게 불리하다. 이처럼 상대방이 주장하기 전에 먼저 자기에게 불리한 진술을 하는 것을 선행자백이라고 한다. 이러한 경우에는 그 자체로 재판상자백이 되는 것이 아니라 **상대방이 이를 원용하여야** 비로소 양 당사자의 진술이 일치하게 되고 자백이 된다. 선행자백이 있어도 상대방이 원용하기 전에는 자백의 구속력이 생기지 않으므로 불리한 진술을 한 당사자가 그 진술을 철회하고 이와 모순되는 진술을 자유로이 할 수 있고, 이 경우에 앞서 한 불리한 진술은 소송자료에서 제거된다.[21] 그리고 판례는 진술의 일치를 실질적으로 파악하여 선행자백한 진술에 잘못된 계산이나 기재, 기타 이와 비슷한 표현상의 잘못이 분명한 경우에는 상대방이 이를 원용했더라도 당사자 쌍방의 진술이 일치한다고 할 수 없으므로 자백이 성립할 수 없다고 본다.[22]

'선행자백'의 개념에 관하여는 혼선이 있다. 판례는 상대방이 원용하여 이미 재판상자백이 된 것을 선행자백이라 하고,[23] 학설은 상대방이 원용하기 전의 상태를 선행자백이라 하여 재판상자백과는 구별한다.[24] 일단 상대방이 원용하여 재판상자백이 되었으면 굳이 이를 따로 선행자백이라고 부를 이유는 없다고 보인다. 그러므로 선행자백은 상대방이 원용하기 전의 상태를 말한다고 보는 것이 타당하다.[25]

b) **양적 일부자백:** 상대방 진술 전체와 일치할 필요는 없고, 그 일부에만 일치하여도 무방하다. 이런 경우를 일부자백이라고도 하는데, 양적으로 일부만 일치하는 예를 〈사례 7b〉에서 볼 수 있다.

c) **질적 일부자백:** 질적으로 일부만 일치하는 경우가 상대방의 진술 중 일부에 대하여는 시인하면서 전체적으로는 다투는 경우이다. 질적인 일부자백에는 두

---

21) 大判 2016. 6. 9, 2014다64752.

22) 大判 2018. 8. 1, 2018다229564(원고가 피고의 입원치료 기간을 2006. 2. 8.까지라고 할 것을 2016. 2. 8.까지라고 오기한 것을 피고가 원용한 사안).

23) 예를 들어, 大判 1986. 7. 22, 85다카944는 "재판상자백의 일종인 소위 선행자백은 … 그 일치가 있기 전에는 전자의 진술을 선행자백이라 할 수 없다"고 한다. 김홍엽, 618은 판례의 입장을 따른다.

24) 강현중, 498; 宋·朴, 530; 이시윤, 489. 金·姜, 507-508도 선행적 자백은 상대방이 원용하기 전에는 자백이 되지 아니한다고 하여 같은 입장으로 보인다.

25) 학설 중에는 이러한 상태의 선행자백이 당사자를 구속하지는 않지만, 법원에 대한 구속력은 있다고 보는 견해가 있고(강현중, 498; 이시윤, 489; 鄭·庚·金, 564; Rosenberg-Schwab/Gottwald[18] § 113 Rn. 6), 실무에서도 그렇게 처리하는 것으로 보인다(實務提要 民事(下), 247). 문제가 되는 것은 당사자가 스스로에게 불리한 진술을 하여도 상대방이 아무런 반응을 보이지 않을 경우이다. 원고가 스스로 선행자백을 한 경우, 그러한 진술로 인하여 바로 원고의 청구 자체가 이유 없다고 판단되면 일관성의 결여로 청구기각 사유가 될 수 있을 것이다. 원고가 주장할 사실에 대하여 피고가 선행자백한 경우에는, 이에 대하여 원고가 아무런 반응이 없으면 결국 다툼 없는 사실로 처리될 것이다. 그러므로 선행자백의 법원에 대한 구속력을 별도로 언급할 필요는 없을 것이다.

가지가 있다.

《사례 7f》　〈사례 7〉에서 乙은 甲으로부터 3,200만원을 받은 것은 사실이지만, 그것은 금년도 고구마 공급분에 대한 대금을 미리 받은 것이 아니라 작년도에 공급한 고구마 대금을 받은 것이라고 주장하였다. 법원은 심리를 어떻게 진행할 것인가?

《사례 7g》　〈사례 7〉에서 乙은 甲으로부터 3,200만원을 받은 것은 사실이지만, 늦게나마 甲에게 고구마를 공급했다고 주장하였다. 법원은 심리를 어떻게 진행할 것인가?

① 이유부부인:　그 하나는 상대방 주장의 **일부는 시인하면서 적극적으로 다른 사실을 주장**하여 전체적으로는 부인하는 것으로 이유부부인이라고 한다. 〈사례 7f〉에서 乙은 甲으로부터 대금을 받은 것을 시인하였지만 그것이 작년도 공급 물건에 대한 대금이라고 하여 3,200만원의 반환 채무을 부인한 것이다. 이러한 경우에 법원은 대금수령사실은 자백한 것으로 보아 인정하고 乙이 부인한 부분에 대하여 계속 심리할 것이다. 이유부부인의 다른 예로 돈은 받았지만 소비대차가 아니라 증여였다고 주장하는 경우를 들 수 있다.

② 제한부자백:　질적 일부자백의 다른 하나는 상대방 주장사실을 인정하지만 그와 **양립하는 다른 사실을 주장**하여(항변) 방어하는 것으로 이를 제한부자백이라고 한다. 〈사례 7g〉에서 乙이 3,200만원을 받은 것은 시인하였으므로 자백이 되지만, 이미 변제하였다고 하여 대금반환채무가 없음을 주장하므로 법원은 대금수령사실이 있다고 확정하고 다만 乙이 변제하였는지 여부를 심리하면 된다.

(마) 단순한 진술

자백은 소송법상의 효과를 발생시키는 소송행위로, 조건이나 기한을 붙일 수 없다. 예를 들어 상대방이 자기 주장을 시인하면 자기도 상대방 주장 사실을 시인한다든가, 제1심에서는 자백하지만 항소심에서는 다툴 것을 유보한다는 식의 자백은 효력이 없다.

(3) 효　과

재판상자백이 성립하면 법원과 당사자는 그 자백에 구속된다(**자백의 구속력**). 법원이 구속된다고 함은 자백한 사실에 대하여는 증거조사 없이 자백한 내용대로 사실을 인정해야 한다는 뜻이고, 당사자가 구속된다고 함은 자신이 한 자백을 함부로 취소하지 못함을 뜻한다.

《사례 7h》　〈사례 7〉에서 乙은 甲으로부터 3,200만원을 받았다고 진술하였다. 이때 법원이 그 진술의 내용이 의심스럽다고 생각하여 증거조사를 하여 乙이 돈을 받은 사실이 없다고 인정할 수 있는가?

《사례 7i》　〈사례 7h〉에서 乙이 3,200만원을 받은 사실을 시인한 것을 후회하여 다음 변론기일에 돈을 받은 사실이 없다고 주장하였다. 법원은 이 주장을 근거로 증거조사를 할 필요가 있는가?

《사례 7j》　〈사례 7h〉에서 乙이 다음 변론기일에서 자기가 받았다고 시인한 3,200만원은 지난해의 고구마 대금을 지급받은 것이었는데, 착각으로 甲의 주장을 시인한 것이고, 실은 금년도의 고구마 대금은 전혀 받지 않았다고 진술하였다. 법원이 이 주장을 근거로 증거조사를 할 수 있는가?

(가) 법원에 대한 구속력

법원은 자백의 진실 여부를 증거조사로써 심리, 판단할 필요가 없고, **자백의 내용대로 사실을 인정**하여야 한다.[26] 설사 법원이 허위자백이라는 심증을 얻었어도 자백에 반하는 사실을 인정하여서는 안 된다.[27] 그러므로 〈사례 7h〉에서 법원은 증거조사를 하여서는 안 되고 乙이 돈을 받은 사실을 인정해야 한다.

무의미하거나 터무니 없는 사실 주장은 자백으로서의 효력이 없다는 것이 통설이다. 현저한 사실이나 경험칙에 반하는 자백과 불능인 사실의 자백이 그 예이다.

(나) 당사자에 대한 구속력(취소의 제한)

자백한 당사자는 함부로 취소할 수 없다는 구속력을 받는다. 그러므로 〈사례 7i〉에서 乙이 단순히 먼저 한 자백과 다른 진술을 하여 자백을 취소하여도 이는 아무런 효력이 없다. 그러나 자백이 진실하지 않은 경우에 이를 취소하지 못한다면 특히 착오로 진실하지 않은 자백을 한 당사자에게 지나치게 가혹하다. 따라서 제288조 단서는 일정한 요건 하에 자백의 취소를 인정한다.

a) **취소의 요건**:　자백을 취소하려면 다음의 요건을 갖추어야 한다: ① 자백이 **진실에 반할** 것, ② 진실하지 않은 자백을 **착오로** 하였을 것, ③ 자백한 당사자가 이 두 사실을 **증명할** 것.

그러므로 의식적으로 스스로 불리하게 진실하지 않은 주장을 한 경우에는 법원과 당사자는 그에 구속된다.[28] 자백을 취소하려면 진실하지 않다는 것과 착오를 모

---

26) 大判 1983. 9. 27, 82다카1828.
27) 大判 1960. 4. 21, 4291민상280; 大判 1961. 11. 23, 4294민상70; 大判 1976. 5. 11, 75다1427 등.
28) Jauernig/Hess[30] §44 Rn. 9; BGHZ 37, 155 f. 따라서 그러한 당사자는 불이익에서 벗어날 수가

두 증명해야 하고,[29] 진실하지 않음이 증명되었다고 해서 착오가 추정되는 것은 아니다. 우리 판례는 구법시대에 진실에 반하면 착오를 추정하였다가,[30] 그 뒤에는 착오도 별도로 증명해야 한다고 본다.[31] 다만 착오를 입증할 증거원인은 반드시 증거자료만에 의할 것은 아니고 변론 전체의 취지로도 인정할 수 있다고 본다.[32]

제288조 단서가 규정한 요건 이외에도 판례와 학설이 그 **요건을 완화**하여 다음의 사유가 있을 때도 자백을 취소할 수 있도록 새긴다: ④ 자백이 제3자의 형사상 **처벌할 행위**에 의하여 이루어진 때,[33] ⑤ 당사자가 **경정권**을 행사한 때(제94조), ⑥ **상대방의 동의**가 있을 때. 특히 상대방이 동의한 경우에도 취소를 허용하는 것은 자백이 원래 당사자의 처분이 허용되는 사항에 관한 것이기 때문이다.[34] 그리하여 판례는 제288조 단서가 요구하는 요건(앞에서 열거한 ①②③)은 상대방의 동의가 없는 경우에만 갖추어야 하는 것임을 전제로 삼는다.[35] 그러므로 상대방이 동의하였으면 제288조 단서의 요건도 갖출 필요가 없게 된다. 그러나 상대방이 단순히 자백의 취소에 이의하지 않고 있다는 것만으로는 동의한 것으로 볼 수가 없고, 자백의 취소는 인정되지 않는다.[36] 그러므로 〈사례 7j〉에서 乙의 새로운 진술(자백 취소)을 甲이 시인하지 않으면 乙은 착오로 잘못된 진술을 하였음을 입증해야 한다. 여기서 乙이 처음에 한 진술이 진실에 반하는지 여부는 甲이 乙에게 그 해의 고구마 대금 3,200만원을 지급했는지 여부(다툼 있는 사실)에 대한 증거조사에서 함께 밝혀질 것이다.

판례는 문서의 성립에 관한 자백의 취소는 비록 보조사실에 관한 자백이지만 그 취소에 관하여는 주요사실의 자백취소와 동일하게 취급하여, 문서의 진정성립을 인정한 당사자가 이를 자유롭게 철회할 수 없다고 한다.[37]

없는데, 이를 진실의무에 위반한 당사자에 대한 제재의 성격도 가진다고 보는 견해도 있다(Lüke[11] § 20 Rn. 7).

29) 진실하지 않다는 증명은 진실에 반함을 추정할 수 있는 간접사실의 증명에 의해서도 가능하다(大判 2000. 9. 8, 2000다23013).

30) 大判 1959. 11. 5, 4290민상158.

31) 大判 1963. 2. 28, 62다876; 大判 1994. 9. 27, 94다22897 등 다수.

32) 大判 1991. 8. 27, 91다15591 · 15607; 大判 1997. 11. 11, 97다30646 등.

33) 이는 재심사유(제451조 1항 5호)에 해당하는 흠이 있는 것이므로 취소사유로 인정하는 것이 일반적이다(강현중, 501; 金 · 姜, 511; 宋 · 朴, 533; 이시윤, 492; 鄭 · 庚 · 金, 567-568; 韓宗烈, 655).

34) 大判 1967. 8. 29, 67다1216.

35) 大判 1991. 8. 27, 91다15591 · 15607; 大判 1997. 11. 11, 97다30646.

36) 大判 1987. 7. 7, 87다카69.

37) 大判 1988. 12. 20, 88다카3083; 大判 1990. 3. 9, 89다카21781. 문서에 찍힌 인영의 진정성립도 같이 본다(大判 2001. 4. 24, 2001다5654).

b) **취소의 방법:**　　재판상자백의 취소는 반드시 명시적으로 하여야만 하는 것은 아니고 종전의 자백과 배치되는 사실을 주장함으로써 **묵시적**으로도 할 수 있다.38) 그러므로 자백한 당사자가 그와 배치되는 주장을 하고 이에 대하여 상대방이 이의를 제기하지 않으면 종전의 자백은 취소된 것으로 보게 된다.39)

자백을 취소하려면 **자백한 내용과 배치되는 '사실을 주장'**해야 한다. 원고들이 피고 법인의 근로자라는 주장에 대하여 피고가 다툼이 없다고 진술한 뒤에 피고가 원고들은 피고의 정규 근로자가 아니라 시간제 근로자라거나 피고 법인의 교직원이 아니라는 등의 주장을 한 사안에 대하여 판례는 일단 원고들이 임금을 목적으로 종속적인 관계에서 피고에 근로를 제공하였다는 점에 대하여는 피고의 재판상의 자백이 성립되었다고 인정하고, 그 뒤에 한 진술들은 단순히 원고들과 피고 사이의 근로관계에 관한 법률적 평가를 여러 가지로 바꾸어 주장하는 것에 지나지 아니하여 이를 자백의 취소로 볼 것은 아니라고 하였다.40)

(다) 구속력의 적용 범위

a) **변론주의 절차:**　　자백의 **법원에 대한 구속력**은 변론주의의 결과이므로 변론주의에 의한 절차에만 적용된다. 그러므로 직권탐지주의절차와 직권조사사항에41) 관해서는 자백이 있어도 법원은 구속받지 않고 증거조사를 할 수 있다. 또 이러한 사항에서 **당사자에 대한 구속력**은 법원이 구속받지 않는 마당에 인정할 의미가 없으므로 역시 부정하여야 할 것이다. 그러므로 이때는 자백한 내용이 당사자가 보통 제출하는 공격·방어방법으로서의 주장이 될 뿐이다.42)

b) **회사관계 소송:**　　회사관계소송에 대하여는 판결의 효력이 제3자에게 미친다는 점을 고려하여 필수적공동소송의 특별규정(제67조 1항)을 유추적용하여 자백의 구속력을 배제하려는 견해가 있다.43) 회사관계 소송이 다수인의 이해관계를 대표하

---

38) 大判 1990. 6. 26, 89다카14240; 大判 1994. 6. 14, 94다14797; 大判 1996. 2. 23, 94다31976; 大判 2001. 4. 13, 2001다6367.

39) 大判 1990. 11. 27, 90다카20548. 이 판결의 요지가 단순히 상대방이 이의하지 않으면 자백이 취소된 것이라고 본다는 것처럼 되어 있으나, 사안은 자백한 당사자의 새로운 주장을 상대방이 인정한 경우이다.

40) 大判 2008. 3. 27, 2007다87061.

41) 大判 1986. 7. 8, 84누653; 大判 2002. 5. 14, 2000다42908 등.

42) 이 경우의 자백은 재판외의 자백처럼 증거원인에 그친다고 하는 견해가 있으나(이시윤, 491), 소송에서 주장한 사실이 소송 밖에서 한 재판외의 자백과 같이 취급될 수는 없다. 자백의 내용이 아니라 '자백을 했다는 사실'이 간접사실이 될 수는 있을 것이지만, 별다른 의미가 있는 것은 아니다.

43) 이시윤, 491.

는 성격이 있음을 고려하면 수긍이 가지만, 직권탐지주의가 적용되지도 않는 절차에서 해석상 이러한 제한을 가할 아무런 근거가 없다. 따라서 이러한 소송에서도 자백의 **구속력은 인정**할 것이다.44)

c) 집행절차: 집행절차에 특별한 규정이 없으면 성질에 반하지 않는 범위 내에서 민사소송법의 규정이 준용된다(민집 제23조 1항). 그러나 예를 들어, 즉시항고 절차에서 원심재판에 영향을 미칠 수 있는 법령위반이나 사실오인이 있는지에 대하여는 직권으로 조사할 수 있으므로(민집 제15조 7항 단서) 이 부분에는 변론주의 적용이 제한되고, 따라서 자백의 구속력도 인정되지 않는다. 또한 집행에 관한 이의의 성질을 가지는 강제경매 개시결정에 대한 이의의 재판절차에서도 자백이나 자백간주에 관한 규정은 준용되지 않고, 담보권 실행을 위한 경매 개시결정에 대한 이의절차에서도 마찬가지이다(민집 제268조).45)

d) 행정소송: 행정소송에서 자백의 구속력을 인정할 것인가에 관하여도 견해의 대립이 있다. 판례는 직권조사사항인 소송요건을 제외하고는46) 자백의 **구속력을 인정**한다. 그러나 학설로는 행정소송이 직권탐지주의 절차라는 점과 판결의 효력이 제3자에게 미친다는 점을 근거로 이를 부정하는 것이 다수설이다.47) 판례는 직권조사사항이 공공의 복지를 유지하기 위한 것임을 들어서 직권조사사항만을 자백에서 제외하고 기타 사항에는 제288조가 적용된다고 판시한다.48) 실제로 판례가 자백의 구속력을 인정한 사례들을 자세히 보면 비록 행정소송이지만 그 사항의 내용이 공익과는 별 관계가 없는 것들임을 알 수 있다. 예를 들면, 주식양도 당시의 주식회사의 자산총액의 시가나,49) 선박의 총공급가액 등에 관한 자백이 법원을 구속한다고 보았다.50) 따라서 추상적으로 행정소송이 공익과 관련된 소송으로 직권탐지주의에 의한 절차라고만 강조하는 것은 이러한 경우에는 큰 의미가 없으므로 판례의 태도가 타당하다고 생각된다.

---

44) 김홍엽, 622; 宋·朴, 532; 鄭·庚·金, 566.

45) 大決 2015. 9. 14, 2015마813.

46) 판례가 자백의 대상에 속하지 않다고 판시한 소송요건의 예를 들면, 행정처분의 존부(大判 1986. 7. 8, 84누653), 전심절차를 거친 여부(大判 1995. 12. 26, 95누14220), 제소기간의 준수여부(大判 1965. 7. 27, 65누32) 등이다.

47) 이시윤, 491; 鄭·庚·金, 565-566; 李在性, 民事裁判의 理論과 實際, 제1권, 260. 반대는 김홍엽, 621-622; 宋·朴, 532.

48) 大判 1991. 5. 28, 90누1854.

49) 大判 1991. 5. 28, 90누1854.

50) 大判 1992. 8. 14, 91누13229.

2. 다툼 없는 사실

당사자가 비록 적극적으로 자백하지는 않더라도 상대방이 주장한 사실에 대하여 다툴 의사가 없는 것으로 보일 때에도 그 사실의 진위를 밝히기 위하여 굳이 증거조사를 할 필요는 없을 것이다. 이러한 취지에서 당사자가 상대방의 주장을 명백히 다투지 않거나, 변론기일에 출석하지 않으면 그 사실은 다툼 없는 사실로 불요증사실이 된다(제150조). 이처럼 다툼 없는 사실을 불요증사실로 한 것은 소송자료에 대한 당사자의 처분권을 바탕으로 한 것이므로 변론주의 절차에만 적용된다. 그러므로 예를 들어 직권조사사항인 소송요건에는 적용되지 않는다.51) 이러한 다툼 없는 사실을 **자백간주**한 사실이라고 한다.52)

(1) 당사자가 출석한 경우

《사례 7k》   〈사례 7〉에서 乙은 대금 3,200만원을 받았는지 여부에 대하여는 아무런 언급이 없이 甲에게 정상적으로 고구마를 공급하였다는 주장만을 하였다. 이때 법원은 증거조사 없이 乙이 甲으로부터 3,200만원을 지급받았다고 인정할 수 있는가?

한 당사자가 변론기일에 출석하였음에도 불구하고 상대방이 주장한 사실을 명백히 다투지 않으면(침묵) 그 사실은 **자백한 것으로** 보게 된다(제150조 1항). 〈사례 7k〉에서 3,200만원을 지급하였다는 甲의 주장에 대하여 乙이 아무런 반응을 보이지 않은 것은 침묵한 것이고, 이때는 금전지급은 다툼 없는 사실이 되어 증거조사가 허용되지 않는다. 그러므로 법원은 바로 乙이 甲으로부터 3,200만원을 지급받은 사실을 인정하게 된다.

당사자가 상대방의 주장에 대하여 침묵하였어도 **변론 전체의 취지**에 의하면 다툰 것으로 인정되면 자백으로 간주되지 않는다. 판례는 원고가 주장한 사실을 다투는 피고의 답변서가 제출되었으면 피고가 기일에 출석하지 않아 답변서가 진술되

---

51) 판례에 의하면 재심사유에 대하여는 당사자의 자백이 허용되지 아니하며 자백간주에 관한 규정은 적용되지 아니한다(大判 1992. 7. 24, 91다45691).

52) 그러나 다툼 없는 사실을 모두 자백간주할 사실이라고 단정지을 수는 없다. 선행자백에 대하여 상대방이 다투지 않으면 이것도 다툼 없는 사실이 될 것이지만 그렇다고 상대방이 자기에게 유리한 사실을 '자백'한 것으로 의제한다고 말할 수는 없다. 자백은 당사자에게 불리한 사실을 진술하는 것이기 때문이다. 실무에서는 선행자백에 대하여 다툼이 없을 때에 그 성격을 규정하거나 근거를 제시함이 없이 불요증사실로 다루고 있다. 그러나 이러한 경우도 다툼 없는 사실로 인정하여 제150조를 적용하는 것이 타당하다. 그렇게 되면 "자백간주"와 "자백한 것으로 본다"는 표현이 부적절해지는데, 이를 자백과 효과가 같다는 점에서 '불요증사실'이라는 의미로 새기거나, 통상적인 경우를 상정한 표현이라고 생각하면 될 것이다.

지도 않고 진술한 것으로 간주되지도 않았어도, 변론 전체의 취지에 의하여 다툰 것으로 볼 수 있다고 하였다.[53] 그러나 피고가 단지 원고의 청구를 기각하라는 신청만 하고 그 뒤에는 결석하는 등 더 이상 아무런 방어를 하지 않으면 다투지 않은 것이 된다. 판례는 제1심에서 자백간주로 패소한 피고가 항소심에서 청구기각의 판결을 구하고 제1심 구술변론의 결과를 진술하였을 뿐 본안에 관하여는 아무런 사실 진술을 하지 않았으면 역시 원고 주장 사실을 명백히 다투지 않은 것이라고 하였다.[54]

(2) 당사자가 결석한 경우

《사례 7l》   〈사례 7〉에서 제1회 변론기일에 乙이 출석하지 않았다. 이 경우 법원은 甲이 乙에게 3,200만원을 지급하였고, 甲에게 800만원의 손해가 생겼다고 인정하여야 하는가?

《사례 7m》   〈사례 7l〉에서 乙이 출석하지 않은 것이 乙에게 소장과 기일통지서를 공시송달하였기 때문이면 법원은 어떠한 조치를 취할 것인가?

기일에 당사자의 일방이 출석하지 않았으면 상대방이 주장한 사실에 대하여 자백한 것으로 본다(제150조 3항 본문). 이 경우도 결석한 당사자가 적극적으로 다툴 의사가 없는 것으로 생각되기 때문에 다툼 없는 사실로 처리하게 되는 것이다. 이 경우에 다툼 없는 사실로 인정되는 것은 상대방이 소장, 답변서, 준비서면 등으로 **사실 주장을 예고한 경우**에 한한다. 준비서면으로 예고하지 않은 사실은 상대방이 결석했을 때 변론에서 진술할 수가 없기 때문이다(제276조). 다만 미리 준비서면으로 다툰다는 뜻을 표시하여 두었으면 결석하였어도 준비서면대로 진술한 것으로 인정되므로(제148조) 다툰 것으로 본다. 〈사례 7l〉에서 乙의 결석으로 甲의 주장 사실이 모두 다툼 없는 사실이 되었으므로 법원은 甲이 乙에게 3,200만원을 지급했고, 甲에게 800만원의 손해가 생겼다고 인정하여야 한다. 통상 제1회 변론기일에 당사자가 결석하면 상대방 주장 사실 전체가 다툼 없는 사실로 되어 법원으로서는

---

53) 大判 1981. 7. 7, 80다1424. 여기서의 변론 전체의 취지를 자유심증주의에서의 의미와는 달리 변론의 일체성이라는 의미로 파악하는 견해가 있으나(강현중, 502), 이 판례를 보면 오히려 자유심증주의에서의 변론 전체의 취지와 같이 취급한 것으로 보인다. 이처럼 변론 전체의 취지를 각 경우에 따라 구별할 실익이 있는지 의문이다. 다만 이 판결에서 '진술한 것으로 간주되지도 않았어도'라고 표현한 것은 문제가 있다. 다투는 취지의 답변서를 제출하고 불출석하였을 경우에는 답변서 내용대로 진술한 것으로 간주되는데(제148조), 이 경우에 진술한 것으로 간주되지 않은 경우가 있을 수 있는지 의문이다.

54) 大判 1955. 7. 21, 4288민상59.

더 심리할 필요가 없다. 그러므로 변론을 종결하고 출석한 당사자에게 승소판결을 선고하게 된다.

결석한 당사자가 **공시송달**로 기일통지를 받은 경우에는 사실상 송달받은 것이 아니므로 이러한 경우에는 다툼 없는 사실로 인정되지 아니 하고(제150조 3항 단서), 그렇다고 다툰 것으로 인정되는 것도 아니다. 그러므로 법원으로서는 출석한 상대방의 변론을 거쳐 의심나는 부분이 있으면 증거조사까지 할 수 있고, 경우에 따라서는 청구기각까지 할 수 있다. 〈사례 7m〉에서 법원은 甲이 주장한 사실을 그대로 인정할 수는 없고 甲으로 하여금 변론하게 하고, 경우에 따라서는 증거조사까지 하여 甲에게 손해가 생기지 않았다고 인정할 수도 있다. 판례는 제1심에서 공시송달을 받은 피고가 원고의 청구기각으로 승소하였어도 피고가 원고의 청구원인을 다툰 것으로 볼 수 없고, 따라서 원고가 항소한 항소심에서 피고가 정상적으로 송달을 받고도 다투지 않았으면 자백간주가 성립한다고 본다.[55]

(3) 효 과

다툼 없는 사실에 대하여는 증거조사가 필요 없고(불요증사실) 법원은 그 사실을 인정하여 재판의 기초로 삼아야 한다. 그러나 재판상자백과는 달리 **당사자에 대한 구속력은 없다.** 즉 당사자는 사실심 변론종결 전에는 언제나 이를 다툼으로써 번복할 수 있다.[56] 이는 변론기일에 출석하여 명백히 다투지 않은 경우뿐만 아니라 결석하여 자백간주가 성립된 경우에도 마찬가지여서 당사자는 뒤에 출석하여 다투어서 자백간주를 번복할 수 있다.[57] 뿐만 아니라 판례에 의하면 제1심에서 자백간주가 있었다고 하더라도 항소심에서 변론종결시까지 이를 다투었다면 자백한 효력이 없어진다.[58] 나아가 항소심에서 다투지 않은 사실을 상고심에서 항소심으로 환송된 뒤에 명백히 다투었을 경우에도 처음의 자백간주는 효력이 상실된다고 본다.[59] 다만 이처럼 자백간주를 번복하는 것은 경우에 따라 실기한 공격·방어방법

으로 각하되거나(제149조), 변론준비기일 종결의 효과로 주장할 수 없게 될(제285조)
가능성이 크다.

Ⅲ. 현저한 사실

현저한 사실이란 **적어도** 재판기관인 **법원이 명확하게 알고** 있어서 의심하지 않
는 사실을 말한다. 여기에는 일반인에게 널리 알려진 '공지의 사실'과 법원이 명확
하게 알고 있는 '법원에 현저한 사실'이 있다. 현저한 사실을 당사자가 주장하지 않
아도 법원이 직권으로 판결의 기초로 삼을 수 있는지에 관하여 다투어지고 있
다. 긍정설은 이러한 사실의 공지성을 강조하여 변론주의의 예외라고 하고,60) 부
정설은 현저한 사실도 주요사실인 한 변론주의가 적용된다고 한다.61) 대부분 현저
한 사실은 주요사실로서가 아니고 간접사실이나 보조사실로 문제가 되므로 여기에
는 변론주의가 적용되는 일이 드물다. 그러나 현저한 사실도 **주요사실이 되는 한에
는** 당사자의 변론 기회 보장을 위하여62) **당사자의 주장이 있어야** 판결의 기초로
삼을 수 있다고 보는 것이 타당하다.

1. 공지의 사실

(1) 의 의

공지의 사실은 통상의 지식과 경험을 가진 **일반인이 진실이라고 믿어 의심하지
않는 사실**을 말한다. 공지의 사실을 불요증사실로 하는 것은 일반인이 그 진실성을
확신하고 있어서, 그 진위를 가리기 위하여 증거조사를 한다는 것이 무의미하다고
생각되기 때문이다.63) 여기에 해당하는 것으로는 역사적으로 유명한 사건, 천재지
변, 전쟁 등을 들 수 있을 것이다.

---

60) 金·姜, 515 이하; 方順元, 464; 鄭·庚·金, 572; 大判 1963. 11. 28, 63다493(다른 법원이 한
판결의 내용을 법원에 현저한 사실이라고 하여 변론에 현출되지 않아도 된다고 하였다).

61) 강현중, 503; 김홍엽, 628; 宋·朴, 526; 이시윤, 496; 大判 1965. 3. 2, 64다1761.

62) 반대설에서는 현저한 사실은 당사자도 알고 있는 것으로 전제되고 있으므로 의외의 재판을 방지
하기 위하여 주장을 요한다는 논거는 설득력이 약하다고 한다(鄭·庚·金, 572). 그러나 당사자가 그 사
실을 알고 있는지 여부가 문제되는 것이 아니라, 당사자가 주장도 하지 않았는데 법원이 그 사실을 인정
한다는 데에 변론기회의 문제가 있는 것이다. 그리고 법원에 현저한 사실은 당사자가 모르고 있을 가능
성이 매우 크다.

63) Jauernig/Hess³⁰ §49 Rn. 34. 불요증 이유에 관하여 우리나라에서는 "언제라도 그 진부를 조사
할 수 있는 보장이 있기 때문"이라는 점도 열거하나, 그 타당성은 의심스럽다.

《사례 8》   甲은 1964년에 乙에게서 임야를 매입하고 매매대금 5천만원을 지급하였음에도 불구하고 이제까지 乙이 등기를 하여 주지 않는다고 주장하면서 소유권이전등기의 소를 제기하였다. 이에 대하여 乙은 甲이 매매대금을 지급한 적이 없다고 주장하였다. 그러자 甲은 乙의 명의로 된 영수증을 증거로 제시하였는데, 그 내용은 乙이 甲으로부터 5억환을 매매대금조로 영수하였다는 것이었다. 이에 대하여 乙이 1964년에는 이미 화폐개혁으로 환이 아닌 원이 사용되었는데 5억환을 받았다는 영수증이 있을 수가 없다고 주장하였다. 법원은 1964년에 화폐단위로 "환"이 사용되었는지 증거조사를 하여야 하는가?

이 사례에서 주요사실로 문제되는 것은 甲이 이미 매매대금을 지급하였다는 것이고, 1964년에 화폐단위가 무엇이었는가는 보조사실이다. 이미 "원"으로 바뀌었는데 "환"으로 된 영수증을 제출하면 그 영수증은 위조나 변조되었을 가능성이 크고, 적어도 그 기재 내용의 신빙성은 매우 박약하다. 여하튼 우선 그 당시 "환"이 사용되었는지가 쟁점으로 되었지만, 이미 1962. 6. 18.부터 "원"이 사용된 것은 공지의 사실임에도 굳이 그 때문에 증거조사를 하겠다고 하면 오히려 우스꽝스러울 것이다. 그러므로 법원은 증거조사를 할 필요 없이 1964년에는 원이 통용되었음을 인정하고 이를 기초로 다른 판단들을 할 수 있을 것이다.

(2) 판례가 인정한 예

판례가 공지의 사실로 인정한 예를 보면, 종래 우리나라의 부동산 시가가 상승세에 있었다는 점,[64] 건물명도 무렵 대홍수가 있어서 그 일대의 건물이 침수된 사실,[65] 일반 노동에 종사하는 사람의 월평균 가동일수가 25일이라는 점,[66] 일정시에 공문서 또는 관청 장부의 기재에 일본연호를 사용하지 않고 서기연호를 사용한 예가 전연 없었음,[67] 8·15 해방 직전에 우리 국민들이 대부분 일본식으로 창씨개명을 하였던 것,[68] 1952년 3월경 6·25 동란으로 인하여 서울 소재 각 기관이 부산 시내에서 직무를 수행하였음,[69] 소금이 화학적 성분은 같을 망정 상품으로서의 가치에서는 천일염, 제재염, 또는 일등품, 이등품 등으로 구별되어 있고 그 가격에도 차이가 있음[70] 등이다.

---

64) 大判 1985. 7. 23, 85누116; 大判 1986. 9. 23, 86누200.
65) 大判 1989. 9. 12, 88다카28761.
66) 大判 1970. 2. 24, 69다2172.
67) 大判 1957. 12. 9, 4290민상358·359.
68) 大判 1971. 3. 9, 71다226.
69) 大判 1954. 3. 16, 4286민상191.
70) 大判 1964. 5. 12, 63다706.

(3) 판례가 부정한 예

판례가 공지의 사실이 아니라고 한 예에는, 금전 대여를 업으로 하는 대금업자가 아 닌 사람이 일시적으로 타인에게 금전을 대여하는 경우에 그 이자율이 얼마인가 하는 점,71) 경매절차에서 경매신청인인 채권자가 경매기일변경신청을 하면 경매기일이 예외 없이 변경된다는 것,72) 그리고 우리나라의 농촌 일용노동 임금액이 계속적으로 급등세에 있다는 것73) 등이다.

(4) 판단기준

어떤 사실이 공지의 사실인지 여부는 **상대적으로 판단**된다. 한 도시에서 공지의 사실인 것이 다른 도시에 가면 전혀 알려져 있지 않은 경우도 있고, 시간이 흐름에 따라 공지의 사실이 망각되어 더 이상 공지가 아닌 경우도 있다. 그리고 예를 들면 언론의 보도나 소문으로 공지의 사실이 되었지만 그 보도나 소문 자체가 사실무근 일 수도 있다. 그러므로 공지 여부의 판단은 신중해야 한다. 공지의 사실이라고 하 더라도 그 진실 여부를 당사자가 다투어서 입증할 수 있고, 법원도 의심스러울 때 는 증거조사를 할 수가 있다. 이 점에서 앞에서 본 자백이나 다툼 없는 사실과 다 르다.

(5) 상고이유

공지 여부에 관한 판단을 잘못하였을 때는 상고이유가 되는지가 문제된다. **공지 의 사실**을 공지가 아닌 것으로 잘못 생각하여 증거조사를 한 때에는 아무런 문제 가 생기지 않는다. 그것은 공지의 사실이라 하더라도 당사자는 그 진실성을 다투어 입증할 수 있고, 법원도 의심스러우면 증거조사를 할 수 있기 때문이다. 문제는 **공 지가 아닌 사실**을 상대방이 다투는데도 법원이 공지의 사실이라고 하여 증거조사 를 전혀 하지 않고 사실을 확정한 경우이다. 판례는 공지 여부를 잘못 판단한 경우 에 위법하다고 하여74) 이를 법률문제로 다루고 있다. 그러나 이는 엄밀히 말하면 **사실 인정의 문제**이고 법률문제가 아니므로 그 자체로는 상고이유가 된다고 할 수

---

71) 大判 1984. 12. 11, 84누439.
72) 大判 1985. 6. 25, 84다카440.
73) 大判 1969. 7. 22, 69다684.
74) 大判 1967. 11. 28, 67후28은 일본 공진사의 상표가 소 도형임이 우리나라에서 증명이 필요 없을 정도의 공지의 사실이라고 할 수 없음에도 불구하고 이를 인정한 위법이 있다고 판시하였다.

없다.75) 다만 필요한 증거조사를 하지 않았으므로 심리미진을 이유로 상고이유가 될 수는 있을 것이다.

2. 법원에 현저한 사실

법원에 현저한 사실이란 공지의 사실은 아니지만 **법관이 직무상 경험으로 명확하게 알고 있는 사실**을 말한다. 이러한 사실을 불요증사실로 한 이유는, 법관이 직무상 알게 된 사실이고, 설사 증거를 필요로 한다고 하더라도 기록을 보면 곧 밝혀질 사실이므로 법관의 기억에 남아 있는 한 굳이 증명을 요구할 필요가 없기 때문이다.

법원에 현저한 사실이 되기 위하여 **법관이 명확하게 기억**하고 있어서 기록이나 자료를 볼 필요가 없어야 하는지, 아니면 기억하고 있지 못하여도 법관이 기록 등을 조사하여 곧바로 그 내용을 알 수 있으면 되는지에 관하여는 다툼이 있다.76) 생각건대 법관이 기억하지 못하여 기록이나 자료를 참조해야 한다면 이는 오히려 자유로운 증명에 가까운 것이어서 불요증사실이라고 하는 의미가 없다. 법관이 단순히 책상 서랍에서 꺼낸 자료에 의하여 사실을 인정하면 당사자는 그에 대한 변론의 기회를 박탈당할 위험이 크다. 따라서 법관이 기억하지 못하는 사실은 아무리 쉽게 기록이나 자료를 참조할 수 있다 하더라도 불요증사실에 포함시켜서는 안 된다.

법원에 현저한 사실의 예로는, 법관이 스스로 하였거나 법관이 알고 있는 재판,77) 정부노임단가 등을 들 수 있다. 법원이 알고 있는 재판은 확정판결의 존재를 말하는 것이고 그 판결의 이유를 구성하는 사실관계를 말하는 것은 아니다. 따라서 당사자가 주장하지 않은 사실을 다른 사건에서 법원이 인정하였다고 해서 그 사실을 그대로 인정하는 것은 변론주의 위반이고,78) 법원에 현저한 사실을 오해한 것이다.79) 관련 사건에서 사실을 인정한 확정판결은 유력한 증거자료가 될 뿐이다. 과

---

75) 宋·朴, 528. 반대: 方順元, 464; 韓宗烈, 657. 金·姜, 516; 이시윤, 496은 공지에 관한 판단은 사실문제이기 때문에 상고이유가 되지 않지만 공지의 인정 경로는 상고심의 판단을 받아야 한다는 입장이다.

76) 법관의 기억을 요구하는 견해는 金·姜, 516; 宋·朴, 527; 韓宗烈, 658. 반대 견해는 강현중, 504; 이시윤, 497; 鄭·庚·金, 574. 大判(全) 1996. 7. 18, 94다20051은 기록 등을 조사하여 곧바로 알 수 있는 사실도 포함시켰다.

77) 어떤 내용의 재판이 있었다는 것이 현저한 사실이지, 그 재판에서 인정한 사실이 법원에 현저한 사실이 되는 것이 아니다(大判 2010. 1. 14, 2009다69531).

78) 大判 2010. 1. 14, 2009다69531.

79) 大判 2019. 8. 9, 2019다222140.

거에 간이생명표에 의한 평균여명과 가동연한을 법원에 현저한 사실이라고 본 판례가 있었으나, 이는 경험칙이라고 보는 것이 타당하다.80) 직종별 임금실태 조사보고서와 한국직업사전에 기재된 내용이 법원에 현저한 사실인가에 관하여는 다툼이 있다. 판례는 이를 법원에 현저한 사실이라고 하지만,81) 앞에서 본 대로 이러한 내용은 법관이 기억하는 것이 아니고 더구나 매년 그 내용이 바뀔 수 있는 것이므로 법원에 현저한 사실이라고 보아서는 안 된다.82)

합의부 법원의 경우에 구성원의 과반수에게 현저하면 법원에 현저한 사실이라고 인정하는 것이 일반적이다.83) 그리고 법관이 사적으로 알고 있는 사실은 직무상 알게 된 사실이 아니므로 법원에 현저한 사실이 아니다.

법원에 현저한 사실의 인정도 앞에서 본 공지의 사실과 마찬가지로 **사실문제**이므로 현저한 사실이 아닌데도 불구하고 증거조사를 하지 않고 사실을 인정한 경우에 그 자체로 상고이유는 되지 않지만 심리미진이 될 것이다.

---

80) 이시윤, 497. 大判(全) 1989. 12. 16, 88다카16867은 가동연한이 현저한 사실이 아니라 경험칙에 속함을 전제로 한다.

81) 大判(全) 1996. 7. 18, 94다20051: "직종별임금실태조사보고서와 한국직업사전의 기재내용을 법원에 현저한 사실로 보아 피해자의 일실수입에 관하여 별도의 증거조사 없이 이를 기초로 산정할 수 있다."

82) 文一鋒, "法院에 顯著한 事實", 법률신문 2526, 14면 이하, 2527, 14면 이하.

83) 金・姜, 516; 宋・朴, 527; 韓宗烈, 658.

제 3 장   自由心證主義

제 1 절   序   說

Ⅰ. 의   의

자유심증주의는 사실인정에서 법관이 증거방법의 제한이나 증명력을 법으로 정하는 등 **증거법칙의 제한 없이** 증거자료와 변론 전체의 취지를 참작하여 자유로이 그 확신에 따라 판단할 수 있다는 원칙을 말한다(제202조). 이와 반대되는 원칙이 법정증거주의인데, 이는 증거능력이나 증거력을 법률로 정하여 사실 인정에서 반드시 이러한 증거법칙에 따라야 하는 원칙이다. 예를 들면, 증언과 서증의 내용이 상충될 때에는 서증을 믿어야 한다든가, 계약의 존재나 변제는 서증으로 증명하여야 한다든가, 일정 수 이상의 증인의 증언이 일치하면 믿어야 한다는 것 등이다.

Ⅱ. 자유심증주의를 채택한 이유

우리 민사소송법이 자유심증주의를 채택한 것은 여러 가지 이유 때문이다. 법정증거주의는 근대 이전에 중세적 권력기관, 특히 재판기관의 전횡을 막고 최소한의 합리적인 재판이 이루어지도록 하기 위하여 여러 원칙을 정해 놓았던 것이다. 그러나 근대 시민혁명 이후에 국가와 국민의 관계가 정립되고 재판기관의 전횡이 사라지게 되어 굳이 법정증거주의를 취할 필요가 없어졌다. 그리고 사회가 날로 복잡해짐에 따라 법원의 증거조사도 다양한 모습과 다양한 내용으로 나타나는데, 일일이 증거법칙을 정하여 그에 따라 판단하도록 하여서는 구체적 타당성을 기할 수가 없게 되었다. 그럼에도 불구하고 오늘날도 영미법계 국가에서는 법정증거주의를 유지하고 있는 것은 배심재판제도 때문이다. 배심원들이 재판에 참여하는 것은, 국가의 중요한 작용인 재판에 시민이 참여한다는 의미를 갖지만, 이는 법을 모르는 문외한들이 모여 재판의 내용을 정하는 것이기 때문에 자칫 사실인정을 잘못할 수가 있다. 이러한 위험을 막기 위하여 일정한 증거법칙을 정해 두고 그에 따라 판단하도록 할 필요가 있다. 그러나 배심재판제도를 두지 않는 대륙법계 국가에서는 법률전문가인 법관이 재판을 하므로 그들이 자유심증에 따라 사실을 확정하도록 해도 무방하고, 굳이 증거법칙을 따로 정하여 놓을 필요가 없다. 이러한 이유에서 오늘날 대부분의 대륙법계 국가에서 자유심증주의를 채택하는 것이다.

제 2 절　證據原因

법원은 증거조사에서 두 단계에 걸쳐 증거방법을 평가하는데, 우선 증거능력의 유무를 판단한다. 증거능력이 없는 증거방법에 대하여는 증거조사를 하여서는 안 된다. 이 능력이 인정될 때 증명력을 판단하게 된다.

앞에서 설명한 바와 같이 자유심증주의는 법관이 사실인정에서 ① 증거방법의 제한이나 증거력의 법정 등 증거법칙의 제한 없이 ② 증거자료와 변론 전체의 취지를 참작하여 자유로이 ③ 그 확신에 따라 판단할 수 있다는 원칙이다. 그러므로 그 내용에서는 증거원인과 심증의 정도가 핵심을 이룬다. 여기서는 우선 증거원인을 설명한다.

I. 변론 전체의 취지

변론 전체의 취지는 증거조사의 결과 이외의 것으로 **변론에서 나타난 일체의 상황**을 말한다. 당사자의 주장 태도, 변론의 청취에서 얻은 인상, 공격·방어방법의 제출시기 등 모두를 포함한다. 당해 당사자의 행위뿐만 아니라 공동피고의 자백과 같은 타인의 행위도 변론 전체의 취지에 포함된다. 변론 종결 이후에 제출된 자료는 여기에 포함되지 않는다.[1]

《사례 1》　　甲은 乙과 丙에게 동시에 같은 장소에서 각각 3,000만원을 대여하였는데, 乙과 丙이 모두 이행기가 지나도록 변제하지 않자 乙·丙을 공동피고로 하여 대여금 반환청구의 소를 제기하였다. 그러나 甲은 乙·丙에게 금전을 대여하였다는 증거는 하나도 갖고 있지 않았다.

---

1) 大判 2013. 8. 22, 2012다94728.

《사례 1a》   이를 눈치 챈 乙은 변론에서 甲에게서 돈을 꾼 사실이 없다고 주장하였다. 그러나 丙은 乙과 함께 甲에게서 각기 3천만원씩을 꾸었다고 진술하였다. 이 경우 법원은 乙과 丙의 금전차용사실을 인정할 수 있는가?

이와 관련하여 다른 증거조사의 결과 없이 오로지 변론 전체의 취지만으로 사실을 인정할 수 있는가, 즉 변론 전체의 취지가 **독립적 증거원인**이 되는가 하는 점에 관하여 다툼이 있다. 긍정설은2) 독일・일본의 통설로, 자유심증주의의 본래 의미에 충실하려는 입장이다. 부정설은3) 변론 전체의 취지가 모호한 것이고, 뚜렷한 자료가 남은 것도 없기 때문에 사실인정을 제대로 했는지 상급심에서 심사하기가 곤란하다는 점, 그리고 이를 인정하면 법원이 안일한 사실인정을 할 우려가 있다는 점 등을 들어 반대한다. 판례는 문서의 진정 성립4) 및 앞에서 본 자백의 취소 요건으로서의 착오 외에는 독립성을 부인한다.

생각건대, 실제로 법원이 변론 전체의 취지만으로 확신을 얻는 경우는 매우 드물 것이므로 어느 학설을 취하나 실제상의 차이는 없을 것이다. 그러나 법원이 변론 전체의 취지만으로 확신을 얻었으면 굳이 그 사실을 인정하는 것을 막을 필요는 없을 것이므로 **긍정설**이 타당하다. 이러한 점은 〈사례 1a〉에서 명확히 드러난다. 이러한 공동소송은 통상공동소송이므로 丙의 그러한 진술이 甲, 乙 사이의 소송에서 당사자의 진술도 아니고, 자백으로서의 효과도 없다. 하지만 그 정황으로 미루어 乙의 진술이 진실이 아니라는 점은 충분히 짐작하고도 남음이 있기 때문에 이를 근거로 법원이 乙의 금전차용사실을 인정하여도 무리가 없을 것이다. 더구나 뒤에 보는 바와 같이 입증방해가 있으면 증거자료는 없으나 변론 전체의 취지만으로도 법원이 입증하려는 사실의 존재를 확신할 수 있다고 해야 할 것이다.

판례는 난민재판에서 난민신청인의 진술을 평가할 때5) 진술의 세부내용에서 다소간 불일치가 있거나 일부 과장된 점이 있더라도 진술의 핵심내용을 중심으로 전체적인 신빙성을 평가하여야 한다며 코트디부아르 출신 신청자가 사건의 경위 설명에서 날짜 등에 관한 진술이 전후 일관성이 없다는 이유로 난민신청을 기각한 원심판결을 파기환송하였다.6) 그러나 방글라데시 출신 난민신청자에 대하여는 위와 같은 추상적인 기준에 더하여

2) 강현중, 510; 宋・朴, 512.

3) 金・姜, 525; 김홍엽, 703; 方順元, 454; 이시윤, 556; 전원열, 362; 鄭・庚・金, 578; 韓宗烈, 382; 한충수, 437.

4) 大判 1959. 10. 1, 4291민상728; 大判 1993. 4. 27, 92누16560 등 다수.

5) 大判 2016. 3. 10, 2013두14269.

6) 大判 2012. 4. 26, 2010두27448.

신청인의 진술만으로도 그의 주장을 충분히 인정할 수 있을 만큼 구체적인 사실을 포함하고 있어야 하고, 중요한 사실의 누락이나 생략이 있어서는 안 되며, 그 자체로 일관성과 설득력이 있어야 하고 다른 증거의 내용과도 부합해야 한다는 기준을 설시하면서 원고의 진술에 일관성과 설득력이 부족하고 전체적인 진술의 신빙성이 떨어지며, 원고가 제출한 방글라데시 법원의 판결문의 진정성립을 인정하거나 그 내용을 그대로 믿기 어렵고, 한국에서의 활동만으로는 난민 요건 인정에 충분한 반정부활동이라고 보기 부족하다고 하였다.[7]

II. 증거조사의 결과

자유심증주의는 증거조사의 결과를 법률상 제한 없이 증거자료로 사용할 수 있다는 것을 의미하기도 한다(증거방법의 무제한). 이를 다른 말로 표현하면 원칙적으로 **증거능력에 제한이 없다**는 것을 의미한다. 물론 법률상 증거능력을 제한한 경우에 그 법규정에 따른 제한을 받는 것은 어쩔 수 없다. 이러한 법적 제한이 없는 경우에 해석상 증거능력에 일정한 제한을 가하는 것이 허용되지 않는다는 의미이다. 그러나 구체적인 경우에 증거능력에 제한을 가할 것인지가 논의되는 문제들이 있다.

1. 위법수집증거의 증거능력

(1) 문제점

증거방법의 무제한이라는 원칙상 당사자가 제출한 증거방법이 위법하게 수집된 것이라도 증거능력이 인정되는가에 관하여는 다툼이 있다.

《사례 1b》　　소송에서 乙·丙이 금전차용사실을 부인하였다. 甲은 증거가 없음을 뒤늦게 깨닫고 궁리 끝에 乙과 丙을 불러내어 소주를 함께 마시면서 인간적으로 이야기를 하자면서 대화를 하였다. 이에 乙과 丙은 실은 한 달만 봐주면 꾼 돈을 다 갚을 테니 좀 봐달라고 하였다. 乙·丙이 알지 못하게 주머니에 소형 녹음기를 갖고 간 甲은 그러한 대화 내용을 모조리 녹음하였다. 다음 변론기일에 乙·丙이 여전히 금전차용사실을 부인하자 甲은 그 녹음테이프를 증거로 제출하였다. 법원은 이를 증거조사의 대상으로 삼을 수 있는가?

《사례 1c》　　소송에서 乙·丙이 금전차용사실을 부인하였다. 甲은 증거가 없음을 뒤늦게 깨닫고 궁리 끝에 밤에 乙과 丙의 사무실에 잠입하여 그들이 甲으로부터 금전을 차용하였다는 사실이 기재된 장부들을 훔쳐들고 나왔다. 다음 변론기일에 乙·丙이 여

전히 금전차용사실을 부인하자 甲은 그 장부들을 증거로 제출하였다. 법원은 이를 증거조사의 대상으로 삼을 수 있는가?

이 사례들처럼 상대방의 동의 없이 대화를 녹음하여 제출하거나, 남의 일기장이나 서류를 무단으로 복사하여 제출하는 경우, 제3자를 자기나 상대방의 주거에 침입시켜 대화나 행동을 엿보고 엿듣게 하고는 그 제3자를 증인으로 신청하는 경우, 이른바 몰래카메라 촬영, 심부름센터를 통한 정보 수집, 인터넷 해킹물 등이 위법하게 수집한 증거방법의 전형적인 사례들이다.

법원은 증거조사에서 두 단계에 걸쳐 증거방법을 평가하는데, 우선 증거능력의 유무를 판단하고, 이것이 인정될 때 증거력을 판단하게 된다. 위법하게 수집한 증거방법이라도 그 증거능력을 인정하면 이에 대한 증거조사가 허용되고, 따라서 법관이 이를 기초로 심증을 형성하는 것이 허용된다. 그러나 이러한 증거의 증거능력을 부정하면 이에 대한 증거조사는 허용하여서는 아니 된다.

위법하게 수집된 증거방법을 소송에서 어떻게 취급할 것인가의 문제는 처음에 형사소송에서 제기되었고 민사소송에서는 별로 문제삼지 않았었다. 그러나 위법하게 수집된 증거방법의 증거능력을 인정하는 것은 결국 법원이 소송 당사자들의 위법행위를 방조 내지는 조장하는 것이 된다는 인식이 들었고, 오늘날 고도의 기술개발로 고성능 기계가 발달하여 사적 영역을 침범할 가능성이 더욱 커짐에 따라 인격권이라든가 인간의 존엄 등의 중요성을 더욱 강하게 인식하게 되었기 때문에 민사소송에서도 증거능력을 부정하려는 견해가 힘을 얻게 되었다. 그리하여 오늘날 독일에서 위법하게 수집된 증거방법의 증거능력을 인정하려는 견해는 소수에 불과하게 되었다. 증거를 위법하게 수집하는 과정에서 인격권의 침해가 있게 마련이고, 인격권의 침해가 있으면 증거능력을 인정하지 말자는 것이 통설과 판례가 되었다.[8]

우리나라에서는 아직 이에 관한 논의가 미미하나 학설에서는 독일과 미국의 영향을 받아 이러한 증거의 증거능력을 부정하려는 경향이 있고, 판례는 너그러이 인정하는 태도를 취한다. 위법수집증거의 증거능력을 민사소송에서 어떻게 다룰 것인가는 기본적으로 **실체적 진실의 발견**이라는 하나의 가치와 **개인의 인격권의 보호**라는 다른 가치 및 **위법행위 방지**라는 제3의 가치 중에서 어느 것을 중시할 것인가, 나아가서 이 상충되는 세 가치를 어떻게 조화시킬 것인가에 따라서 결론이 달

---

8) 독일의 학설·판례에 관하여 상세한 것은 胡文赫, "民事訴訟에서의 違法蒐集證據의 證據能力", 法實踐의 諸問題(金仁燮辯護士 華甲記念論文集), 1996, 477면 이하 참조.

라질 것이다.

(2) 학설과 판례

(가) 학 설

외국에서는 과거에 순수한 긍정설이나 부정설이 주장되었지만, 우리나라에서는 정도의 차이는 있으나 양자를 절충한 견해들이 주장된다. 그러나 절충하는 방법은 크게 두 가지로 나눌 수 있는데, 그 하나가 인격권 침해 여부를 기준으로 삼는 것이고, 다른 하나가 위법성조각사유의 유무를 기준으로 삼는 것이다. 기본적으로 같은 입장을 취하면서도 각기 주장하는 학자에 따라 그 논거에 약간의 차이가 있다.

a) **인격권침해설:** 여기에는 증거수집이 현저하게 반사회적인 수단, 신의성실에 위반하는 수단을 사용하여 인격권을 침해하는 방법으로 행하여졌거나, 그 내용을 법정에 공개하는 등의 증거조사 자체가 인격권 내지 프라이버시를 침해하는 것이 되면 증거능력을 부정해야 하며, 그 근거로 인격권의 침해를 유발하는 불법행위의 방지, 신의칙 및 공정의 원칙을 제시하는 견해가 있다.[9] 그리고 당사자의 기본적 인권을 침해하여 수집된 증거방법의 증거능력을 부인하여 점차 형사증거법과 일치시키는 방향으로 기준을 세워 나가야 할 것이라는 견해도[10] 있다.

b) **위법성설:** 여기에는 증거를 위법하게 수집하는 경우에 실체법상 손해배상책임을 면치 못하는 것에 견주어 소송상의 제재로서는 그 증거능력을 부인하는 것이 마땅하며, 이는 입증권의 남용으로서 증거로 허용한다면 무단 녹음에 의한 인격권 등 기본권 침해와 위법수집 유발의 폐단을 막을 수 없다는 것을 근거로 부정설을 지지하는 견해가 있다.[11] 다만 이 견해는 무단 녹음 등에 정당방위나 기타 위법성조각사유가 있거나 상대방이 동의하거나 이의 없는 경우에는 예외적으로 증거능력을 인정한다.[12] 그리고 위법수집증거의 증거능력을 일률적으로 긍정하거나 부정하는 것은 타당하지 않다고 보며, 이 문제는 진실발견을 우선시킬 것인가, 위법행위의 유발 방지에 치중할 것인가의 정책 문제인데 양자는 어느 것도 무시할 수 없으므로 양자가 서로 조화될 수 있도록 새기는 것이 타당하다고 하면서, 이 경우에도 원칙적으로는 증거능력을 부정하면서 예외적으로 위법성조각사유가 있는 때에 한하여 증거능력

---

9) 方順元, 459.
10) 宋·朴, 509.
11) 강현중, 507.
12) 이시윤, 477. 위법성조각사유가 있는 경우에만 예외를 인정하는 견해는 한충수, 412.

을 인정하자고 하는 견해도13) 있다.

(나) 판 례

우리나라 판례는 형사사건에서는 위법수집증거를 비교적 엄격하게 다루어 증거능력을 부정한 경우가 더러 있다. 예를 들면, 접견·교통을 금지한 상태에서 작성된 피의자 신문조서는 증거능력이 없다고 하였고,14) 수사관이 진술거부권이 있음을 고지하지 않고 피의자를 신문한 결과를 증거로 제출한 것은 비록 그 진술의 임의성이 보장된다고 하더라도 증거능력이 없다고 한 것이15) 있다.

그러나 민사사건에서는 증거조사 절차의 위법을 이유로 증거능력을 부정한 판례가 있는가 하면, 증거수집 방법이 위법함에도 불구하고 증거능력을 인정한 판례가 있다.

a) **증거능력을 부정한 판례:** 사고로 인하여 노동능력의 일부를 상실하여 손해배상을 청구한 사건에서 제1심 법원은 서울대학교 의과대학 부속병원장에게 감정촉탁을 하여 그 병원 소속 교수가 감정하였으나, 항소심은 그 결과를 배척하고 개인병원 의사 개인에게 감정을 의뢰하여 그 감정 결과를 채용하였으나 개인병원 의사의 선서가 없었던 사안에 관하여 대법원은 민사소송법 제314조(개정전)에 의하여 공무소, 학교 기타 상당한 실력이 있는 기관에 대하여 감정을 촉탁하는 경우에는 선서가 필요 없으나, 그러한 요건을 갖추지 않은 자에게 감정을 하려면 선서를 시켜야 한다고 설시한 다음, 선서도 하지 않은 감정인의 감정의견은 증거능력조차 없다고 판시하여,16) 법원에서의 증거조사 절차가 위법하여도 증거능력을 부정할 수 있음을 보여주었다. 그러나 이는 법률상의 증거능력 제한이라고 볼 수 있을 것이므로 여기서 논의하는 것과는 무관하다.

b) **증거능력을 인정한 판례:** 증거의 **수집방법이 위법**한 경우에 관하여는, 자유심증주의를 이유로 하여 몰래 녹음한 녹음테이프의 증거능력을 인정하였다.17)

---

13) 鄭·庚·金, 554. 이들은 스스로 절충설의 입장이라고 한다.

14) 大判 1990. 9. 25, 90도1586.

15) 大判 1992. 6. 23, 92도682.

16) 大判 1982. 8. 24, 82다카348.

17) 大判 1981. 4. 14, 80다2314. 그러나 판례의 이러한 태도를 반드시 긍정설에 입각해 있다고 볼 수 있을지는 의문이다. 구체적으로 비밀녹음이 아닌 다른 사례였다면 어떻게 판시했을지는 알 수 없기 때문이다.

(3) 학설과 판례의 검토

(가) 위법성설

이 견해는 지나치게 기준이 엄격하고 문제를 추상적으로만 생각한다. 특히 서증의 경우에는 **문서소지인의 제출의무**(제344조)**와 충돌**할 우려가 있다. 즉 문서소지인이 의무에 위반하여 제출하지 않는 경우에 당사자가 그 문서를 도사(盜寫)하여 제출하는 경우 증거능력을 부정하면 양 당사자의 행위가 모두 위법하다. 그런데 이 견해에 의하면 제출의무를 위반한 당사자가 유리한 지위에 서게 된다는 문제가 생긴다. 그리고 엄밀히 말하면 위법성조각사유가 있는 경우는 전혀 위법한 증거수집이 아니므로 이는 바로 부정설이라고 할 수 있다.[18] 독일의 판례는 위법성조각사유가 있을 경우에는 당연히 증거조사를 허용한다는 것을 전제로 한다.[19]

(나) 인격권침해설

기본권이나 인격권 침해가 있는 경우에 증거능력을 부정하는 이 견해도 기준이 지나치게 엄격하다. 비록 인격권이 헌법상 보장된 기본권이기는 하지만 그 권리에 대한 침해행위가 어느 정도 위법한가도 고려할 필요가 있을 것이다. 흔히 생각할 수 있는 위법한 증거수집 행위 중 가장 위법성이 가벼운 것이 상대방과의 대화를 상대방이 모르게 타인이 듣게 한다든가 녹음하는 것이다. 그러나 독일 판례에서 보는 바와 같이 이와 같은 범죄행위에 속하지 않는 경미한 위법행위도 인격권 침해에 해당한다고 보므로 실제로는 부정설과 큰 차이가 없다.

뿐만 아니라 인격권 침해 여부를 기준으로 하면 일반 문서를 절취하는 것은 범죄행위이고 위법하지만 인격권과는 관계가 없으므로 그 문서의 증거능력은 인정된다는 결론이 된다. 이러한 결론이 타당하고 합리적이라고는 생각되지 않는다. 그리고 수집자가 그러한 위법행위를 한 것이 상대방 당사자의 입증방해가 계기가 되는 수도 많으므로 그와 같이 일률적으로 정할 것이 아니다. 이 견해는 **수집행위의 위법성과 보호법익이 불균형**을 이루어도 보호법익이 헌법상 보장된 기본권에 속한다는 이유로 증거능력을 부정한다는 문제점을 안고 있다.

---

18) 이런 의미에서 이 견해를 스스로 절충설의 범주에 포함시키는 견해(鄭・庚・金, 554)는 정확하지 않다.

19) 예를 들면, BGH JZ 1971, 387 f.

(4) 결 론

증거조사에서의 기본적인 원칙은 다름 아니라 민사소송에서 법원의 일차적 과제는 사실을 확정하는 것이고, 그렇기 때문에 법원은 당사자가 제출한 증거를 조사할 의무가 있다. 특히 입증책임을 부담하는 당사자는 그 사실을 입증할 법률상의 이익을 갖고 있다. 따라서 민사소송에서는 원칙적으로 당사자가 제출한 증거방법은 무엇이든 증거조사의 대상이 되어야 한다.

그럼에도 불구하고 이 경우 증거능력이 논란의 대상이 되는 것은 증거의 수집 과정에 위법행위가 있어서 타인의 권리, 특히 인격권을 침해하였기 때문이다. 이러한 문제는 입증 내지는 진실 발견의 필요, 인격권의 보호 및 위법행위의 유발 방지라는 세 가지의 법익이 서로 충돌하는 영역으로, 세 가지 법익 중 어느 하나도 무시할 수 없으므로 이들이 서로 조화되도록 기준을 세워서 해결해야 할 것이다.

입증책임을 진 당사자는 그 소송에서 주장 사실을 입증하여 승소할 이익을 가진 자이므로 입증의 이익은 그 소송에 당면한 현실적인 이익이다. 그와는 달리 증거수집 과정에서 위법행위가 있고, 인격권이 침해된 것은 증거제출 시점에서는 이미 과거의 사실이다. 당면한 소송에서 그 증거방법에 대한 증거조사를 할 것인가를 정할 때는 법원에서의 증거조사 자체가 인격권의 침해를 야기하는 경우라면 당연히 증거능력을 부정해야 할 것이다. 그렇지 않고 과거 수집 과정에서 위법이 있다고 해서 그 때문에 소송에서 증거로 쓰지 못하게 하는 것은 과거의 위법행위를 증거조사 단계에서 제재한다는 의미를 가지는데, 이러한 경우 굳이 증거능력을 부정하여 입증책임을 진 당사자의 입증을 못하게 하는 것은 타당하지 않다.

또한 입증책임을 지는 당사자의 증거수집은 실체적 진실을 밝히기 위한 것이다. 위법한 방법으로라도 증거를 수집하려는 것은 입증하지 못하면 패소의 위험을 안는다는 입증의 필요 때문이고, 이러한 상황은 대개 상대방 당사자의 악의적인 다툼이나 입증방해로 인하여 생긴다. 그럼에도 불구하고 수집 방법이 위법하다고 해서 증거능력을 부인하면, 오히려 상대방 당사자가 입증을 방해하는 데에 법원을 도구로 이용하는 결과가 될 수가 있다. 또한 위법한 증거수집 행위에 대하여 증거능력까지 부정하면 입증책임을 진 자에 대한 이중, 삼중의 제재를 가하는 결과가 된다. 소송에서의 입증 자체는 사실 확정 내지는 진실 발견을 목적으로 하는 것이고, 위법행위 유발 방지나 인격권의 보호라는 목적과는 직접 관련이 없는 것인데, 이러한 목적을 위하여 입증까지 못하게 하는 것은 반드시 잘된 해결 방법이라고 할 수는 없다.

그렇다고 아무리 중대한 위법행위로 수집한 증거라도 모두 민사소송에서 증거로 채택하도록 할 수는 없다. 우리의 법질서는 다양한 위법행위 중에서 특히 위법성이 큰 행위에 대하여는 이를 범죄라고 규정하여 형사처벌까지 가하도록 하고 있다. 법질서가 그러한 행위는 어떠한 경우에도 용납할 수 없다고 하는 의지를 분명히 표시한 것이다. 그렇기 때문에 형사처벌의 대상이 될 범죄행위로 증거를 수집한 경우에는 비록 민사소송에서 그 증거를 조사하는 것이 상대방 당사자의 인격권을 침해하는 결과가 되지 않더라도, 더 나아가 증거수집 행위가 인격권 침해와는 관계가 없는 경우라고 하더라도 그 증거방법의 증거능력을 인정하는 것은 법원이 증거수집을 위한 범죄행위에 호응하는 것이 되기 때문에 허용할 수 없다. 이는 설사 입증책임을 지는 당사자의 입증의 필요가 아무리 크다 하더라도 마찬가지로 다루어야 할 것이다. 물론 범죄행위라고 하더라도 그 행위에 정당방위 등 위법성조각사유가 존재할 때에는 위법한 행위가 아니므로 그렇게 수집된 증거방법의 증거능력은 당연히 인정될 것이다.

그러므로 위법수집증거라 하더라도 **원칙적으로 그 증거능력을 인정**할 것이나, 그 증거방법에 대한 **법원에서의 조사가 당사자의 인격권을 침해**하는 경우와, 그 증거방법이 형사법상 **범죄행위에 의하여 수집된 경우**에는 증거능력을 부정하여야 할 것이다. 이렇게 보면 〈사례 1b〉의 경우에는 증거능력을 인정해도 무방하고, 〈사례 1c〉의 경우에는 범죄행위로 증거를 수집하였으므로 증거능력을 인정할 수 없을 것이다.

2. 증명력의 자유 평가

증거를 조사한 결과 얻은 **증거자료의 심증형성력**을 증명력(증거력)이라고 한다. 자유심증주의는 증명력에 관하여도 일정한 제한이나 증거법칙을 내세우지 않으므로 법관은 그 증거자료를 자유롭게 평가할 수 있다. 그러므로 직접증거와 간접증거, 서증과 인증 사이에 모순이 있을 때 반드시 일반적으로 더 신빙성이 있다고 일컬어지는 직접증거나 서증을 믿어야 하는 것이 아니고 거꾸로 평가하여도 무방하다.

증명력의 평가와 관련하여 확정판결서의 증명력 문제와, 입증방해가 있을 경우에 이를 어떻게 취급할 것인가 하는 문제가 있다.

(1) 확정된 민사·형사재판에서 인정한 사실

하나의 불법행위를 원인으로 하여 형사소송과 민사소송이 계속하는 경우나 같은 사실관계에서 여러 차례 소송이 생기는 경우와 같이 한 소송에서 확정된 재판의 이유에서 인정한 사실이 다른 소송에서도 문제되었을 때 후소송 법원도 전소송 재판과 같이 그 사실을 인정하여야 하는지가 문제된다. 원칙적으로 후소송 법원은 전소송 확정재판에서 판단한 것에 아무런 구속을 받지 않는다. 이 점은 자유심증주의에 의하여 볼 때 자명하다. 그러나 우리 판례는 후소송 법원이 달리 판단할 특단의 사정이 없으면 전소송인 민사나 형사소송에서의 확정재판의[20] 이유에서 확정한 사실은 후소송 법원이 특단의 사정이 없으면 그대로 인정하여야 한다고 본다.[21] 즉 전소송 재판과 달리 인정하려면 그 이유를 설시하여야 한다고 함으로써 **확정재판에 매우 강한 증거력을 부여**한 것이다. 이 점은 민사소송과 형사소송은 기본 원리가 다르다든가, 전후 양 소송의 사정이 다를 수 있기 때문에 이론적으로 볼 때 문제가 있을 수 있다. 그러나 이러한 사정도 판례가 말하는 특단의 사정에 속하는 것이고, 판례도 확정재판의 이유와 더불어 다른 증거들을 종합하여 확정재판에서 인정된 사실과 다른 사실을 인정하는 것은 그와 같은 사실 인정이 자유심증주의의 한계를 벗어나지 않고 그 이유설시에 합리성이 인정되면 허용된다고 본다.[22] 이처럼 확정재판의 이유에 강한 증거력을 인정한 판례의 태도는 수긍할 수 있고, 이로써 판결이유에 기판력이 발생하지 않기 때문에 생기는 폐단이 많이 방지될 수 있다는 점에서도 타당성이 있다. 특히 전후 두 개의 민사소송이 당사자가 같고 분쟁의 기초가 된 사실도 같지만 소송물이 달라서 기판력에 저촉되지 않아 새로운 청구를 할 수 있는 경우에는 더욱 그럴 것이다.[23] 다만, 판례 중에는 확정판결에서 인정된 사실을 배척하는 경우에 배척하는 구체적 이유를 일일이 설시할 필요는 없다고 한 것도 있다.[24]

---

20) 大判 2016. 12. 19, 2016두40016과 大判 2021. 10. 14, 2021다243430은 확정된 약식명령에도 이러한 증명력을 인정하였다.

21) 大判 1973. 12. 11, 73다276; 大判 1998. 2. 24, 97다49053; 大判 2020. 7. 9, 2020다208195 등 다수.

22) 大判 2010. 5. 13, 2009다38612; 大判 2012. 11. 29, 2012다44471; 大判 2016. 12. 1, 2015다228799.

23) 大判 2008. 6. 12, 2007다36445; 大判 2009. 3. 26, 2008다48964·48971; 大判 2009. 9. 24, 2008다92312·92329(전 건물이 일부 구조만이 변경되어 현 건물과의 동일성이 확정판결에 의하여 인정된 경우, 건물의 동 번호가 바뀌었다는 사정만으로는 두 건물의 동일성을 부정할 수 없다).

24) 大判 2002. 6. 11, 99다41657. 이 판결에서 쓴 '구체적', '일일이' 등의 표현을 쓴 것으로 보아 이

후소송에서 예를 들어 그동안의 수사결과를 비롯한 새로운 증거들을 추가로 검토한 결과에 따라 전소송의 확정판결과 달리 사실을 인정할 수 있음은[25] 물론이다. 그리고 형사소송에서 확정된 무죄판결은 그로써 공소사실에 대하여 증거능력 있는 엄격한 증거에 의하여 법관으로 하여금 합리적인 의심을 배제할 정도의 확신을 가지게 하는 입증이 없다는 의미일 뿐이므로 무죄판결로써 공소사실의 부존재가 증명되었다고 볼 것은 아니다.[26]

채권자가 채무자를 상대로 받은 승소확정판결이나 화해조서 등에서 인정된 사실도 뒤에 채권자가 제3채무자를 상대로 한 채권자대위소송에서 강한 증명력을 가진다고 볼 수 있다. 판례는 제3채무자가 다투지 못하는 것은 이미 확정판결에서 인정하여 그 사실관계가 증명되었기 때문이라고 근거를 제시하고, 확정판결에서 인정한 내용이 효력이 없는 경우에는 제3채무자가 다툴 수 있다고 판시하였다.[27] 이는 확정판결서의 증명력을 여기에도 적용한 것으로, 제3채무자가 새로운 증거 등으로 다툴 수 있는 여지를 연 것이어서 타당하다.

(2) 입증방해

(가) 문제점

한 당사자가 상대방이 입증을 못하도록 방해하는 경우가 있을 수 있다. 이러한 입증방해가 있으면 입증을 하려는 당사자는 입증을 하지 못하게 되고, 특히 그 당사자가 입증책임을 부담하는 경우(이런 경우가 대부분일 것이다)에는 그로 인하여 그 요증사실이 진위불명이 되고, 따라서 방해를 받은 당사자가 요건사항을 입증하지 못한 것으로 되어 결국 패소하게 될 것이다. 따라서 입증방해로 인하여 진위불명이 되면 법원은 막연히 입증책임을 지는 당사자가 입증에 실패했다고 보고 판단할 것이 아니라 '입증방해가 있었다는 사실'을 고려하여 사실의 존부를 판단하여야 할 것이다.

(나) 법적 규율

실제로 민사소송법에서는 입증방해에 해당하는 몇몇 경우에 법원이 어떻게 판단할 것인가를 규정하고 있다. 당사자가 법원의 문서제출명령에 불응하거나 그 문

판결이 앞선 판례와 어긋난다고 생각되지는 않는다.
25) 大判 2008. 10. 23, 2008다48742.
26) 大判 1998. 9. 8, 98다25368; 大判 2006. 9. 14, 2006다27055; 大判 2015. 10. 29, 2012다84479.
27) 大判 2019. 1. 31, 2017다228618.

서의 사용을 방해할 경우에 그 문서에 관한 상대방의 진술을 진실로 인정할 수 있도록 하고(제349조, 제350조),[28] 대조용 문서 기타 물건 및 검증물의 경우에도 마찬가지로 규율한다(제360조 1항, 제361조 2항, 제366조). 뿐만 아니라 당사자신문절차에서 당사자가 정당한 사유 없이 출석하지 않거나 선서하지 않으면 신문사항에 관한 상대방의 주장을 진실한 것으로 인정할 수 있도록 규정하였다(제369조).

(다) 해석상 규율

이러한 법규정들이 입증방해의 모든 경우를 망라하여 규정한 것은 아니고 또 그럴 수도 없다. 따라서 **법규정의 규율을 받지 않는 입증방해**가 있을 때에 이를 소송에서 어떻게 처리할 것인지가 문제된다. 이에 관하여는 견해의 대립이 있다.

a) 학 설

《사례 1d》 〈사례 1〉에서 甲이 乙과 丙에게 금전을 대여한 사실을 목격한 丁을 뒤늦게 생각해 내고 丁을 증인으로 신청하였다. 그러나 丁이 증인소환에 응하지 않아 알고 보니 乙·丙이 丁에게 두툼한 돈봉투를 쥐어 주면서 며칠 동안 동남아 여행을 다녀오라고 하였기 때문이었고 丁은 앞으로도 증인신문에 응하지 않겠다고 하였다. 이러한 상황에서 법원은 甲의 금전대여 사실을 인정할 수 있는가?

이러한 경우에 丁이 증언을 하지 않음으로써 甲은 금전대여 사실을 입증할 수가 없게 되었다. 이때 법원의 취급 방법에는 두 가지가 있을 수 있다. 그 하나는, 금전대여 사실을 밝힐 증거자료는 없지만 乙, 丙의 이러한 행동이 변론에서 밝혀지면 변론 전체의 취지에 포함되므로 이로 미루어보아 甲이 그들에게 금전을 대여한 사실을 인정할 수가 있을 것이다. 이는 법원이 **자유심증**에 따라 사실을 인정하는 방법이다(자유심증설). 이에 따르면 〈사례 1d〉에서 乙, 丙의 그러한 행위로 보아 甲이 금전을 대여한 것이 사실이라는 심증이 충분히 들 수 있을 것이고, 그에 따라 금전대여사실을 인정'할 수 있다'. 다른 하나는 입증방해를 한 당사자에게 **입증책임을 전환**시키는 방법이다(입증책임전환설).[29] 이에 따르면 위 사례에서 乙, 丙이 입증방해를 하였으므로 이들이 적극적으로 금전대여 사실이 존재하지 않는다는 것을 법관에게 확신이 들 정도로 입증하여야 하고, 만일 그렇지 않으면 甲이 주장한 금

---

28) 여기서 진실로 인정할 수 있는 것은 그 문서로 입증할 당사자의 주장 자체를 말하는 것이 아니라, 그 '문서에 관한' 당사자의 주장이다.

29) 한충수, 444는 증거를 적극적으로 왜곡하거나 증거에 관한 법원의 명령을 어기는 행위를 한 경우에는 입증책임의 전환으로, 입증책임을 부담하는 당사자가 증거를 왜곡하거나 증거조사에 협력하지 않는 경우에는 법원의 평가에 맡겨야 한다는 입장이다.

전대여 사실이 진실인 것으로 인정하게 된다.

어느 입장에 의하든 입증방해에도 불구하고 다른 증거자료가 제출되어 법원이 요증사실의 존재를 확신하면 그대로 사실을 인정한다는 점과, 방해한 당사자가 다른 증거자료를 제출하여 법원이 요증사실의 부존재를 확신하면 그 사실이 존재하지 않는다고 인정한다는 점에는 아무런 차이가 없다. 다만 **자유심증설**에 의하면 입증방해로 말미암아 증거자료가 없거나, 있더라도 그 자체만으로는 심증 형성에 부족한 경우에, **입증방해를 변론 전체의 취지로 평가**하여 그로써 방해받은 당사자가 주장한 사실이 진실이라고 확신이 들면 그 사실을 인정할 수 있게 된다. 그리고 방해행위만으로, 또는 다른 증거자료를 종합하여도 요증사실의 존부에 대한 확신이 서지 않을 경우에는 그 사실의 존재를 인정할 수 없다는 결론이 된다. **입증책임전환설**에 의하면 입증방해가 있고 그로 인하여 진위불명이 되면 바로 입증책임을 전환시키므로, 방해자가 요증사실의 부존재를 확신시키지 않는 한 법원은 방해받은 당사자가 주장한 사실의 존재를 인정하여야 한다.

b) 검 토: 이렇게 보면 입증책임전환설에 따르는 것이 자유심증설에 의하는 것보다 방해를 받은 당사자를 더 보호하는 것이 된다. 그러나 자유심증설에 따르면 법원이 사안과 그 심증에 따라 융통성 있게 판단할 수 있다는 장점이 있다.[30] 입증책임을 전환시키는 것은 입증방해라는 위법행위에 대한 책임을 묻는다는 의미가 포함되어 있어 과실에 의한 입증방해가 있을 경우에도 입증책임을 전환시키는 결과가 되나, 이는 지나치게 가혹한 일이다. 민사소송에서 입증방해가 있을 경우에 문제가 되는 것은 어떻게 하면 **방해로 인하여 어려워진 사실을 발견**할 수 있는가이지 어떻게 방해자를 처벌하거나 제재를 가할 것인지가 아니다.[31] 더구나 입증방해행위를 이미 심증 형성 과정에서 변론 전체의 취지로 참작하여 방해자에게 불리하게 고려하였을 것이기 때문에, 거기다 입증책임까지 전환시키면 이중으로 불이익을 가하는 것이 되어 타당하지 않다. 또 입증방해를 변론 전체의 취지로 참작했음에도 불구하고 진위불명에 빠질 정도라면 굳이 입증책임을 전환시키는 것은 부당하다.

《사례 1e》 〈사례 1d〉에서 丁이 乙·丙의 꾀임에 넘어가지 않고 증언을 하고, 덧붙

---

30) Lüke[11] § 25 Rn. 5.
31) "증명방해는 제재를 면할 수 없다"라고 하여 마치 입증방해의 소송상 취급이 제재를 위한 것이라는 듯한 주장이 있는데(이시윤, 563; 이와 유사한 설명은 鄭·庚·金, 550-551), 이는 본말전도로서 타당하지 않다.

여 乙·丙의 그러한 행위도 진술하였으면 법원은 어떻게 사실을 인정할 수 있는가?

이 사례와 같이 **실패한 입증방해**의 경우 자유심증설에 의하면 이를 참작하여 심증을 형성할 수가 있다. 입증책임전환설은 이 경우에도 입증방해행위가 있으므로 입증책임이 전환된다고 설명할 것인지 여부가 불분명하다. 만일 이를 긍정하면 이는 지나치게 획일적인 처리라고 생각되고, 부정하면 자유심증설과 다를 것이 없게 된다. 그리고 앞에서 본 입증방해를 규율하는 조문의 내용도 자유심증에 의하는 것으로 새겨지므로 법관의 자유심증에 맡기는 것이 입법의 태도라고도 볼 수 있다. 이러한 점들을 종합하여 보면 융통성 있는 처리를 가능하게 하는 자유심증설이 타당하다.[32)]

3. 증거공통 여부

(1) 의 의

증거공통이라 함은 증거조사에 대한 평가에서 증거를 제출한 당사자를 위하여서뿐만 아니라 다른 당사자가 **그 증거를 원용하지 않더라도** 그의 이익을 위하여도 판단할 자료로 삼는 것을 말한다.

《사례 1f》 〈사례 1d〉에서 丁이 증언하기를 乙과 丙이 甲으로부터 금전을 차용하였는데 한 달쯤 전에 乙과 丙이 甲에게 사정하자 甲이 3년 뒤에 갚아도 좋다고 말한 적이 있다고 하였다. 그러나 乙, 丙은 이를 듣고도 별다른 반응을 보이지 않았다. 법원은 丁의 증언을 근거로 乙, 丙의 채무의 이행기가 도래하지 않았다고 판단할 수 있는가?

《사례 1g》 〈사례 1d〉에서 丁이 증언하기를 乙, 丙이 甲으로부터 금전을 차용하는 것을 보았다고 증언하였다. 그러자 乙과 丙이 이미 변제하였다고 주장하였는데, 그 증거로 乙이 甲 명의로 된 영수증을 제출하였다. 그 영수증에는 甲이 乙, 丙으로부터 각기 3천만원과 그에 대한 이자까지 완제받았다고 적혀 있었다. 그러나 그에 대하여 丙은 아무 말이 없었다. 이때 법원이 그 영수증을 근거로 丙도 변제하였다고 판단할 수 있는가?

여기서 다른 당사자라 함은 상대방 당사자뿐만 아니라 공동소송인도 포함한다. 통설과 판례는 증거공통을 원칙으로 인정한다. 따라서 통설, 판례에 의하면 〈사례

---

32) 金·姜, 494; 宋·朴, 515; 鄭·庚·金, 551(증거평가설이라고도 한다). 이시윤, 563-564는 자유심증설을 따르면서도 공해소송 등에서 고의적 입증방해로 방해받은 당사자에게 증거방법이 없으면 입증책임 전환도 인정한다. 우리 판례는 자유심증설을 따른다: 大判 1995. 3. 10, 94다39567; 大判 2010. 5. 27, 2007다25971.

1f)에서 乙, 丙이 기한유예를 주장한 적이 있으면 甲이 신청한 丁의 증언을 이들이 원용하지 않더라도 이를 근거로 이행기가 도래하지 않았음을 인정할 수가 있다. 〈사례 1g)에서도 丙이 乙이 제출한 영수증을 원용하지 않았어도 법원은 丙도 변제 한 것으로 인정할 수가 있다. 그러나 실무에서는 원용을 요구하고 있다.

(2) 다른 당사자의 원용

통설은 증거공통은 변론주의와 관계가 없다면서, 일단 제출한 증거를 어떻게 평 가하느냐는 법원의 직무이고 변론주의 범위 밖의 문제라고 한다.33) 그러나 이는 정 확하지 않다. 제출된 증거의 평가는 법원의 직무이지만 이는 심증형성에 관한 것이 지 당사자의 입증의 취지까지 무시하여도 좋다는 의미는 아니다. 증거자료의 제출 에 관하여도 **변론주의**가 적용되므로 법원은 원칙적으로 당사자가 제출한 증거로써 사실을 인정해야 한다. 여기에는 **입증의 취지까지 고려**해야 한다는 의미가 포함되 어 있다. 우리 민사소송법이 주신문과 반대신문을 구별하는 교호신문제도를 채택한 것을 보아도 이를 알 수 있다.

이러한 의미에서 우리 실무가 원용을 요구하는 것은 타당한 태도라고 생각된 다.34) 다른 당사자가 제출한 증거를 원용하지도 않았는데 마치 원용한 것처럼 취급 하여 이를 증거로 사실인정을 하는 것은 그로 인하여 불이익한 판단을 받게 되는 당사자는 그에 대하여 방어할 기회를 갖지 못하고, 그로 인하여 유리한 판단을 받 게 되는 당사자에게도 원하지 않는 이익을 주는 것이어서 부당하다. 다만, 법원이 보충적으로 직권증거조사를 한 경우에는 증거공통을 인정한 것과 같은 결과가 될 수는 있다.

판례도 증거공통을 인정하면서도35) **원용에 의미**를 부여하고 있다. 즉, 한 당사 자가 제출한 증거를 상대방이 원용한 바 없다면 상대방의 주장에 관련하여 이에 대한 증거판단을 아니하였더라도 상대방으로서는 판단유탈을 주장할 수 없다고 판 시하고,36) 그 근거로는, 증거공통이 인정되더라도 당사자가 원용하지 아니하는 증 거를 당사자 자신이 제출한 증거와 마찬가지로 취급하여 그 채부를 판단하여야 하 는 것은 아니라고 하여,37) 차별적인 취급을 인정하였다. 판례 중에는 주요사실의

---

33) 강현중, 514; 金·姜, 527; 宋·朴, 513; 이시윤, 558; 鄭·庚·金, 579-580.
34) 같은 취지는 한충수, 436.
35) 大判 1987. 11. 10, 87누620.
36) 大判 1974. 2. 26, 73다160; 大判 1983. 5. 24, 80다1030.

주장, 입증에는 변론주의가 적용되지만 간접사실의 주장, 입증에는 그렇지 않다고 하여 원용 여부를 불문하고 상대방 당사자가 제출한 증거로써 간접사실을 인정하여도 된다고 한 것도 있다.38)

물론 필수적공동소송의 경우처럼 법률상 소송자료를 공통으로 할 경우에는(제67조) 원용 없이도 당연히 증거공통이 인정된다.39)

제 3 절   心證의 程度

Ⅰ. 원   칙

법관이 사실을 인정함에는 **확신에 따라** 심증을 형성하여야 한다. 즉 확신에 이르지 아니한 정도의 심증으로 사실을 인정하여서는 안 된다. 여기서 확신이라 함은 고도의 개연성의 믿음, 십중 팔구의 확신, 실제 생활에 적용될 수 있는 정도의 정확성, 의심에 침묵을 명할 수 있을 정도의 확실성을 말한다. 자연과학적인 의미에서의 100%의 확신을 요구하는 것은 아니다. 즉, 여기서 확신이란 비교적 고도의 확실성을 말하는 것이고, 통상인이면 의심을 품지 않을 정도일 것을 필요로 한다.1) 그러므로 법관이 증거조사의 결과 어떤 사실이 진실이라는 확신도 서지 않고, 진실하지 않다는 확신도 서지 않으면, 이는 **진위불명**이 되고, 이 경우에는 입증책임 분배의 원칙을 적용하여 사실을 확정하는 수밖에 없다.

Ⅱ. 입 법 례

어떠한 사실이 '입증되었다'고 하기 위하여 법관에게 어느 정도의 심증을 형성시켜야 하는가에 관하여는 크게 두 가지 입법태도로 나눌 수 있다. 대륙법에서는 '고도의 개연성'을 뜻하는 확신에 이르러야 입증된 것으로 보지만, 영미법에서는 우월한 개연성만 인정되면 입증된 것으로 본다. 이 점은 입증책임의 개념도 관련된

---

37) 大判 1974. 10. 8, 73다1879.
38) 大判 2004. 5. 14, 2003다57697.
39) 한충수, 437은 통상공동소송의 경우에도 제한 없이 증거공통이 인정된다고 한다.
 1) 大判 2010. 10. 28, 2008다6755.

것으로, 뒤에 설명한다.

Ⅲ. 입증정도의 완화

심증의 정도를 확신으로 한 원칙은 해석상 여러 가지 이유로 완화되는 수가 있다. 이는 경험칙이 있어서 굳이 확신까지 갈 필요가 없기 때문인 경우도 있고, 확신을 요구하면 부당한 결과가 될 우려가 있기 때문인 경우도 있다.

1. 경험칙에 의한 완화

당사자의 일방이 입증책임을 지는 주요사실을 입증하지 않고 그 사실의 전제가 되는 간접사실을 증명하면 법원이 그 **간접사실에 경험칙을 적용**하여 주요사실을 추측하여 인정할 수 있다. 이는 주요사실 자체를 증명하는 것보다 더 수월한 경우가 많다. 경험칙을 매개로 하여 법관이 확신을 갖게 되면 법관이 그 주요사실을 인정할 수 있고, 이를 다투는 상대방 당사자는 반증으로써 그 확신을 흔들면 된다.

이를 흔히 **사실상의 추정**이라고 하고, 법률상의 추정과 대비되는 개념으로 사용한다. 그러나 이러한 법적 개념은 인정할 필요가 없다. 간접사실을 인정하고 그에 경험칙을 적용하여 사실을 추인하는 것은 통상의 자유심증의 과정과 다를 것이 없다. 간접사실에 경험칙을 적용한 결과 주요사실의 존부에 관하여 법관이 확신을 얻게 되어야 그 사실을 인정할 수 있다는 것에 아무런 차이가 없다. 사실상의 추정이라고 하여 법관이 확신을 얻지 않더라도 주요사실을 인정할 수 있다는 것이 아니다. 즉, 여기에 법적 개념인 '추정'을 썼다고 해서 추정의 법적 효과가 생기는 것이 아니다. 본래 추정을 번복하려면 반대사실을 본증으로 증명해야 하는데, 이른바 사실상의 추정을 번복하려면 반증으로 충분하다는 설명을 보아도 이를 알 수 있다. 그러므로 특별히 추정이란 법적 개념을 적용하여 설명할 필요가 없는 것이다. 물론 주요사실 자체를 직접 증명하지 않아도 된다는 점에서 입증의 부담을 덜어주는 결과가 되지만, 이는 특별히 사실상의 추정을 인정하기 때문이 아니라 경험칙을 적용한 결과에 불과하고, 이는 **통상의 자유심증의 과정**에 불과하다.

2. 표현증명

(1) 의 의

앞에서 설명한 경험칙을 이용한 일정 사실의 진부 인정과는 달리, 그 경험칙이 의심의 여지가 없을 정도의 **고도의 개연성**이 있는 것이어서 일정한 사실이 있으면 그 결과 다른 사실을 인정하는 것이 **정형적**이라고 생각되는 경우가 있다. 이때에는 단순히 주요사실의 존부를 추측하는 것이 아니라 아예 일단 입증이 된 것으로 보아도 무방할 것이다. 이러한 것이 문제되는 경우란 주로 불법행위의 요건인 인과관계나 과실의 유무가 다투어질 때이다. 이처럼 가해행위가 있고 손해가 있으면 당연히 가해자의 과실이나 인과관계가 있음이 일단 입증된 것으로 보는 것을 표현증명(表見證明)이라고 한다.[2]

(2) 효 과

《사례 2》 甲은 A시의 시장으로 재직하면서 그 도시를 가로지르는 강을 건너는 교량을 새로 건설하기로 하고 건축회사 乙에게 설계와 시공을 맡겼다. 완공식 날 甲은 다른 내빈들과 함께 테이프를 끊고 악수를 하며 건너가다가 갑자기 그 다리가 무너져서 강물에 추락하여 반신불수가 되는 중상을 입었다. 이에 甲은 乙을 상대로 불법행위에 기한 손해배상을 구하는 소를 제기하였다. 그 소송에서 甲은 乙의 설계와 시공의 잘못으로 다리가 무너졌다고 주장하였고, 이에 대하여 乙은 설계와 시공이 완벽하였기 때문에 아무런 잘못이 없다고 주장하였다. 甲은 다리가 무너진 사실과 손해는 모두 입증하였지만 乙의 과실을 입증할 자료는 제출하지 못하였다. 이때 법원이 乙에게 과실이 있다고 인정할 수 있는가?

이 사례에서 설계나 시공상의 과실이 없는데도 막 준공된 다리가 무너진다는 것은 좀체로 생각할 수가 없으므로 다리가 무너진 것은 더 따질 것도 없이 당연히 乙의 과실로 인한 것이라고 확신할 수 있을 것이고, 또한 다리가 무너진 것과 그러한 乙의 과실 있는 행위 사이에는 당연히 인과관계가 있다고 확신할 수 있을 것이다. 이는 그 개연성이 그만큼 높기 때문이다. 그러므로 표현증명의 법리에 의하면

---

2) 표현증명을 흔히 '일응의 추정' 또는 '일단의 추정'이라고도 하지만 이것은 잘못된 번역이다. 표현증명은 독일어 Anscheinsbeweis를 번역한 말이고, 일응(일단)의 추정은 독일어 prima-facie-Beweis를 번역한 것으로 생각된다. 그러나 prima-facie-Beweis를 일단의 입증, 또는 일단의 증명이라고 번역하면 모르되 일응(일단)의 '추정'이라고 하는 것은 의미를 변질시킨 오역이다. Beweis는 추정이 아니기 때문이다. 그리고 Anscheinsbeweis와 prima-facie-Beweis는 같은 말로 라틴 어의 prima-facie를 Anschein으로 번역한 것뿐이다. 그러므로 억지로 별도의 용어를 만들 필요 없이 표현증명이라고 하면 충분하다.

이 사례에서 乙에게 설계, 시공상의 과실과 인과관계가 있었다는 것을 甲이 **주장만
하면 바로 이 사실들이 입증된 것으로 인정**하게 된다. 이처럼 한 사실이 있으면 당
연히 다른 사실이 있게끔 되어 있다고 할 정도의 고도의 개연성이 있는 경우를 '**사
건(현상)의 정형적 경과**'라고 한다.[3] 이 사례와 비슷한 예로, 차량이 인도로 진입하
였으면 운전자의 과실을 인정할 수 있고,[4] 수술받은 환자의 뱃속에 가위가 남아
있으면 수술 의사의 과실을 인정할 수 있다.

(3) 간접반증

표현증명의 법리를 적용하여 불이익을 받는 당사자가 주의의무를 위반한 적이
없다든가 인과관계가 없다는 것을 직접 증명(반증)하는 것은 대단히 어렵다. 그 대
신에 과실이나 인과관계를 간접적으로 부정할 수 있는 별개의 사실을 주장, 입증하
여 그 불이익을 면할 수 있다. 이를 간접반증이라고 한다.

《사례 2a》 〈사례 2〉에서 乙은 설계, 시공상의 과실이나 인과관계가 없다는 것을
입증하기 위하여 그 순간에 아무리 견고한 다리라도 견딜 수 없을 정도의 강한 지진이
있었다고 주장, 입증하고자 한다. 이 입증은 법원이 지진이 있었음직하다고 믿게끔 하
는 것으로 충분한가, 아니면 법원을 확신시킬 정도가 되어야 하는가?

이 사례에서 乙은 별개의 사실인 지진이 있었음을 입증하여 표현증명으로 인한
불이익을 면하고자 한다. 이 증명이 간접반증이다. 건설업자의 설계나 시공에 잘못
이 없다는 것을 직접 입증하지는 않더라도 강한 지진이라는 간접사실이 있었음을
입증하는 데에 성공하면 乙은 과실이나 인과관계가 존재한다고 법관이 확신하는
것을 막을 수 있다. 앞에서 든 다른 예에서, 차량이 인도로 진입하였지만, 그것은
뒤에서 대형 화물차가 추돌하였기 때문임을 주장, 입증한다든가, 환자 뱃속에 있는
가위는 이미 그 전에 있었던 수술시에 들어간 것임을 주장, 입증하면 과실이나 인
과관계가 존재한다는 판단을 면할 수 있다. 이러한 간접반증은 그로써 법관에게 그
사실의 존재에 대하여 확신을 시켜야 성공한다. 따라서 이는 입증하려는 사실(요건

---

3) 이를 '정형적 사상경과'라고도 한다.
4) 피해자가 운전을 하면서 도로교통법상의 경적을 울릴 의무를 위반한 것이 교통사고의 발생에 한
원인이 되었다면 특별한 사정이 없는 한 그의 과실이 추정되므로 과실상계 사유가 된다고 한 판례(大判
1981. 7. 28, 80다2569)를 표현증명을 인정한 사례로 드는 경우가 있다(이시윤, 577). 그러나 이 경우는
경적을 울리지 않은 것과 사고의 발생이라는 사건의 진행이 '정형적'이라고 할 정도는 아니다. 더구나 법
규 위반이면 그 자체로 과실이 인정되는 것이기 때문에 이런 경우에 과실에 대한 표현증명을 인정하는
것은 타당하지 않다.

사항의 반대사실)에 대하여는 **본증**이다. 그리고 이러한 반대사실의 입증으로 결국 과실이나 인과관계가 존재한다는 법관의 확신을 흔들면 족하므로, 요건사항에 대한 관계에서는 이러한 간접반증은 **반증**이 된다. 이는 표현증명의 법리나 간접반증의 인정이 입증책임을 전환시키는 것은 아니라는 것을 뜻한다.

　　판례는 제조업체가 위법한 쟁의행위로 조업을 하지 못함으로써 입은 고정비용 상당 손해배상을 구하는 경우, 제조업체의 매출 감소를 인정할 때에 제품이 생산되었다면 그 후 판매되어 제조업체가 이로 인한 매출이익을 얻고 또 생산에 지출된 고정비용을 매출원가의 일부로 회수할 수 있다고 추정할[5] 수 있고, 다만 해당 제품이 이른바 적자제품이라거나 불황 또는 제품의 결함 등으로 판매가능성이 없다는 등의 특별한 사정에 대한 간접반증이 있으면 이러한 추정은 복멸된다고 한다. 그리고 쟁의행위 종료 후 상당한 기간 안에 추가 생산을 통하여 쟁의행위로 인한 부족 생산량이 만회되는 등 생산 감소로 인하여 매출 감소의 결과에 이르지 아니할 것으로 볼 수 있는 사정을 증명하는 간접반증으로 추정을 뒤집을 수 있게 된다고 인정한다.[6] 나아가 이러한 간접반증에 대하여 제조업체는 생산량 회복이 쟁의행위로 인한 부족 생산량을 만회하기 위한 것이 아니라 그와 무관한 다른 요인에 의하여 이루어졌다는 사정 등을 증명함으로써 다시 추정법리가 유지되도록 할 수 있을 것이라고 한다.[7]

3. 개연성이론

소송에서 고의·과실, 인과관계의 개연성이 경험칙이나 표현증명에 이르지 못한 경우가 흔히 나타난다. 이러한 경우에 원칙적으로는 입증의 정도가 경감되지 않고, 따라서 이를 주장하는 당사자는 법관의 확신을 얻어내지 못하였으므로 그 사실은 존재하지 않는 것으로 인정된다. 다만, 구체적 사안에 따라서는 이처럼 원칙대로 처리하는 것이 매우 부당한 결과가 되는 수가 있다.

《사례 3》　　황천강에서 물을 끌어다가 농사를 짓는 甲은 어느 날 벼가 자라지 못하고 썩어가는 것을 목격하고는 원인을 조사하여 보았다. 그 결과 강물에 독극물이 섞여 있기 때문이라는 것이 밝혀졌다. 황천강 상류에서 누군가가 독극물을 방류한 것이 틀림없다고 생각한 甲은 상류에 위치한 염색회사 乙을 상대로 손해배상을 구하는 소를 제기하였다. 증거조사 결과 乙공장의 공정에서 그 독극물이 생겨난다는 것은 밝혀졌으나 乙이 이를 중화처리하지 않고 그대로 황천강에 방류하였는지의 여부는 밝혀지지 않았다. 이 소송에서 甲은 승소할 수 있는가?

---

[5] 여기서 말하는 추정은 이른바 사실상의 추정으로 표현증명에 해당할 것이다.
[6] 大判 2023. 6. 15, 2017다46274; 大判 2023. 6. 15, 2018다41986.
[7] 위 2018다41986 판결.

《사례 3a》 〈사례 3〉에서 乙이 독극물을 황천강에 그대로 방류한 것은 입증되었으나, 그 행위 때문에 甲에게 손해가 발생했는지는 분명하게 밝혀지지 않았다. 이 소송에서 甲은 승소할 수 있는가?

공해소송에서 피해자는 가해자의 가해행위나 인과관계 또는 고의·과실 등을 주장은 하면서도 제대로 입증할 수가 없는 경우가 매우 많다. 그것은 이들을 입증할 수 있는 **자료가 대부분 가해자측에 치우쳐** 있기 때문이다. 이러한 소송에서는 당사자는 각자 자기에게 유리한 사실을 입증해야 한다는 원칙과 법관에게 확신을 주어야 입증된 것으로 보는 원칙을 고집하면 피해자는 구제받을 수가 없다는 매우 부당한 결과가 된다. 이 문제점은 공해소송뿐만 아니라 의료과오소송, 제조물책임소송 등에서도 흔히 나타난다. 이러한 문제를 해결하기 위하여 여러 가지 시도가 이루어지고 있다. 그중 하나가 개연성설이다. 그 내용은 불법행위의 각 요건사항의 입증에서 확신을 뜻하는 '고도의 개연성'을 요구하지 않고 **'상당한 정도의 개연성'**을 밝히면 입증한 것으로 보자는 입장이다.[8]

〈사례 3〉에서 乙이 과연 독극물을 방류하였는지, 즉 가해행위가 있었는지가 밝혀지지 않으면 甲은 패소하게 마련이다. 그러나 甲으로서는 乙공장의 내부에서 일어난 일을 입증한다는 것은 거의 불가능한데 그럼에도 불구하고 이를 제대로 입증하지 못했다고 해서 패소한다는 것은 매우 부당하다. 그리하여 乙이 독극물을 배출하였다는 사실 자체는 입증하지 못하였더라도 甲의 논 상류에 같은 독극물을 취급하는 공장이 없다든가, 기타 다른 원인될 만한 사실이 없다든가 하는 것이 밝혀지면 乙이 독극물을 배출하였을 가능성이 확신을 가질 정도는 안 되더라도 '상당한 개연성'은 인정되고, 따라서 甲이 乙의 가해행위를 입증한 것으로 보게 된다. 〈사례 3a〉의 경우에는 인과관계가 분명하지 않은 경우인데, 이때도 인과관계가 있을 상당한 개연성이 인정되면 입증된 것으로 보게 된다. 이렇게 함으로써 피해자의 구제 가능성을 넓힐 수 있다.

---

8) 大判 1974. 12. 30, 72다1774. 大判 2012. 1. 12, 2009다84608·84622·84639는 마치 인과관계의 입증책임이 전환되는 것 같은 표현을 썼으나, 결과적으로는 피해자가 상당한 개연성을 인정받으면 가해자는 인과관계를 부정하려면 반증으로 인과관계 없음을 증명해야 한다고 하였다. 판례는 공해소송에서뿐만 아니라 더 나아가 일실이익의 산정에서도 그 증명도는 과거사실에 대한 입증에서의 증명도보다 이를 경감하여 피해자가 현실적으로 얻을 수 있을 구체적이고 확실한 소득의 증명이 아니라 합리성과 객관성을 잃지 않는 범위내에서의 상당한 개연성이 있는 소득의 증명으로써 족하다고 하였다(大判 1987. 3. 10, 86다카331).

　　판례 중에는 가해행위의 존재와 가해행위와 손해 발생 사이에 인과관계가 문제된 경우에, 여러 가지 간접사실이 인정됨을 근거로 가해행위와 인과관계를 인정한 것이 있다.[9] 그리고 상표법 제67조 제3항을[10] 근거로 손해의 발생에 관한 주장과 증명의 정도는 손해 발생의 염려나 개연성의 존재를 주장, 증명하는 것으로 충분하며, 따라서 침해자가 상표권자와 같은 종류의 영업을 하고 있음을 증명하면 상표권자가 영업상의 손해를 입었음이 사실상 추정된다고 볼 것이라고 한 것이[11] 있다. 이 판결은 사실상 추정이라고 언급하고 있으나 그 내용은 개연성설을 인정한 것으로 보인다.

4. 이른바 간접반증이론

《사례 3b》　　〈사례 3〉에서 증거조사 결과 乙공장의 공정에서 그 독극물이 생겨난다는 것과 乙이 배출한 물질이 甲의 논에 도달한다는 점은 밝혀졌으나 乙이 독극물을 중화처리하지 않고 그대로 황천강에 방류하였는지의 여부는 밝혀지지 않았다. 이 소송에서 甲은 승소할 수 있는가?

　　앞에서 본 표현증명이론에서 표현증명의 불이익을 입는 당사자가 반대사실을 입증하기 위하여 하는 간접반증의 방법을 확대하여, 예를 들면 공장폐수에 의한 피해에 관하여 피해자가 인과관계를 입증하려면 ① 피해발생의 원인물질이 있다는 것, ② 그 물질이 피해자에게 도달한 경로 및 ③ 공장에서 그 물질을 생성하고 배출한 사실을 모두 입증해야 성공하는데, 이를 경감시켜 주기 위하여 이 세 가지 중에서 ①과 ②를 입증하면 나머지 ③은 입증된 것으로 보고, 이를 뒤집으려면 공장측에서 그 사실과 양립할 수 있는 별개의 사실을 입증하여(간접반증) 인과관계가 진위불명이 되도록 해야 한다는 이론이다.[12] 이 이론에 의하면 〈사례 3b〉에서 독

---

9) 大判 2009. 10. 29, 2009다42666. 주한미군의 유류저장시설에서 휘발유와 등유가 유출되었는지, 유출된 경우 원고 토지의 오염과의 사이에 인과관계가 있는지가 문제된 사안이다. 원판결에서 ① 녹사평역 부근의 지하수 흐름이 주한미군 영내에서 녹사평역 방향인 점, ② 주한미군 영내에서 검출된 등유와 녹사평역 부지에서 검출된 등유가 주한미군만이 사용하는 JP-8로 동일한 점, ③ 주한미군이 2001. 2.과 같은 해 8. 누수시험을 통과하지 못하였다는 이유로 지하저장탱크를 제거하였는데 이들 지하저장탱크에는 JP-8이 보관되어 있었던 점, ④ 휘발유와 JP-8이 혼합되어 유출될 경우 휘발유가 JP-8에 비해 생물막에 의한 분해, 공기 중으로 휘발, 물에 용해되는 현상이 잘 일어나 하류로 갈수록 전체 유류에서 휘발유가 차지하는 비율이 점점 낮아지는 점, ⑤ 주한미군 영내에 있는 것을 제외한 녹사평역 인근에 있는 유류저장시설에서는 유류누출 현상이 발견되지 않은 점 등에 비추어, 주한미군이 관리하는 유류저장시설에서 휘발유와 등유(JP-8)가 유출되어 원고 소유의 토지를 오염시켰다고 판단하였다. 이에 대하여 대법원은 정당하다고 하였다.
10) 상표권을 침해당한 상표권자가 손해배상을 청구하는 경우에 그 상표의 사용에 대하여 통상 받을 수 있는 금액에 상당하는 금액을 손해의 액으로 하여 배상을 청구할 수 있다는 내용이다.
11) 大判 2013. 7. 25, 2013다21666.
12) 이시윤, 577 이하 참조.

극물의 존재와 도달경로는 밝혀졌지만 乙공장에서 배출한 물질이 중화처리되었는
지 여부는 진위불명이 되었더라도 이것도 일단 입증된 것으로 보자는 것이다. 乙이
이를 뒤집으려면 다른 사실, 즉 독극물을 중화처리하였다는 사실, 또는 충분히 희
석하였다는 간접사실을 본증으로 입증하여야 된다는 것이다. 이 이론은 앞서 본 개
연성설에 의한 입증의 경감을 더 정밀하게 설명하려는 것으로 보인다.13) 그러나 이
러한 설명을 자세히 보면 입증된 것으로 보자는 ③의 사실은 가해행위에 해당하는
것으로 이것은 간접사실이 아닌 주요사실이며, 인과관계와는 관계가 없다는 것을
알 수 있다.

　　간접반증이론을 인정한 leading case라고 일컬어지는14) 우리 판례는15) 그 내용이
위에서 설명한 것과 달리 위 ①②③ 사실이 다 입증되면 인과관계가 인정될 수 있다는
것이다. 뿐만 아니라 이 판례는 그 표현에도 불구하고 내용은 가해사실이 없었음을 입증
해야 책임을 면할 수 있다는 것이어서 인과관계의 간접반증과도 관계가 없음을 알 수 있
다. 인과관계의 유무는 가해사실의 존재를 전제로 하는 것이어서 가해사실이 없으면 인
과관계는 처음부터 문제되지 않기 때문이다. 그러므로 이러한 경우는 가해행위가 있었다
는 사실을 인정하기 위한 개연성설의 범위를 벗어나는 것이 아니다.

5. 손해액 산정의 기준

손해배상청구권의 요건을 충족시키는 사항을 인정함에는 법관의 확신에 따라야
하지만, 손해액이 얼마인가를 인정함에는 경우에 따라 그 입증의 정도를 낮추는 것
을 우리 판례는 인정한다.

　　장래의 **일실이익**에 관한 입증에서 그 증명도는 과거사실에 대한 입증에서의 증명도
보다 경감하여 합리성과 객관성을 잃지 않는 범위 내에서의 **상당한 개연성이 있는 소득
의 증명**으로 족하다고 보았다.16) 그리고 입증방법에 관하여는 수입상실액을 구체적 증거
에 의하여 인정하는 대신에 평균수입액에 관한 통계나 노동능력상실률표 등을 이용하여
추상적 방법으로 산정하는 방식이 그 공평성과 합리성이 인정되는 한 법에 의하여 허용

---

13) 宋·朴, 547.
14) 이시윤, 579.
15) 大判 1984. 6. 12, 81다558: (1) 피고공장에서 김의 생육에 악영향을 줄 수 있는 폐수가 배출되고,
(2) 그 폐수 중의 일부가 해류를 통하여 이 사건 어장에 도달되었으며, (3) 그 후 김에 피해가 있었다는
사실이 각 모순없이 증명되는 이상 피고의 위 폐수의 배출과 원고가 양식하는 김에 병해가 발생하여 입
은 손해와의 사이에 일단 인과관계의 증명이 있다고 보아야 할 것이고, 이러한 사정 아래서 폐수를 배출
하고 있는 피고로서는 (1) 피고공장 폐수 중에는 김의 생육에 악영향을 끼칠 수 있는 원인물질이 들어
있지 않으며 또는 (2) 원인물질이 들어 있다 하더라도 혼합률이 안전농도 범위내에 속한다는 사실을 반
증을 들어 인과관계를 부정하지 못하는 이상 그 불이익은 피고에게 돌려야 마땅할 것이다.
16) 大判 1986. 3. 25, 85다카538 이후의 일관된 태도이다.

된다고 하였다.17) 그 뒤 판례는 이러한 기준을 일실이익에서 확대하여 **과거의 평균 수 입액의 산정**에도 적용하고 있다.18)

근래에는 그 기준을 완화하여 관련된 모든 간접사실들을 종합하여 손해액을 산정할 수 있다고 인정하였다.19) 위자료의 경우에는 그 액수 산정을 위한 뚜렷한 기준이 없으므로 판례는 사실심법원이 여러 사정을 참작하여 재량으로 액수를 확정할 수 있으며, 이는 사실심법원의 전권에 속한다고 한다.20) 피고의 헬기장 설치, 운영으로 원고가 토지의 사용, 수익에 제한을 받게 되어 토지의 임료와 장례식장 설계비, 공중부분 사용료 상당액의 손해배상을 청구한 사건에서 원심이 피고는 원고에게 손해를 배상할 의무가 있다고 인정하면서도 손해액에 관한 증거가 없다고 기각한 것에 대하여, 원고의 주장이 미흡하고 원고가 증거를 제대로 제출하지 않고 있더라도 법원은 적극적으로 석명권을 행사하여 증명을 촉구해야 한다고 판시하였다.21)

판례가 이처럼 완화된 기준을 적용하는 취지는 증명의 정도를 경감하여 손해의 공평·타당한 분담을 지도원리로 하는 손해배상제도의 이상과 기능을 실현하고자 함에 있는 것이지 법관에게 손해액의 산정에 관한 자유재량을 부여한 것은 아니라고 하였다. 따라서 이러한 경우에도 법관은 손해액 산정의 근거가 되는 간접사실들의 탐색에 최선의 노력을 다해야 하고, 그와 같이 탐색해 낸 간접사실들을 합리적으로 평가하여 객관적으로 수긍할 수 있는 손해액을 산정해야 한다고 하였다.22) 그리고 이 경우에도 불법행위와 재산적 손해 사이에 상당인과관계가 있는 범위에 한정된다고 하였다.23) 나아가 배상의무자에게 책임감경 사유가 있을 경우에 이러한 사유를 의무자가 주장하지 않았더라도 소송자료에서 그 사유가 인정될 경우에는

---

17) 大判 1987. 2. 24, 85다카416 이래 일관된 태도이다.

18) 大判 1991. 12. 27, 90다카5138: 평균수익액 산출방법은 통계 등을 이용하여 공평성과 합리성을 갖춘 범위 내에서 추상적인 방법으로 산출할 수밖에 없다.

19) 大判 2004. 6. 24, 2002다6951·6968; 大判 2007. 11. 29, 2006다3561; 大判 2009. 9. 10, 2006다64627; 大判 2014. 7. 10, 2013다65710; 大判 2017. 9. 26, 2014다27425.

20) 大判 2018. 11. 15, 2016다244491; 大判 2018. 11. 29, 2016다266606·266613.

21) 大判 2016. 11. 10, 2013다71098.

22) 위 2006다3561, 2006다64627, 2013다65720 판결들. 大判 2009. 8. 20, 2008다19355: 인천공항 국제업무센터 단지 안에 오피스텔을 분양하면서 공항과 연결되는 모노레일이 설치될 것이라고 광고를 하였으나 실제로 설치되지 않아서 오피스텔 가격이 하락하는 손해를 입었다고 하여 그 배상을 청구한 사건에서 원심이 오피스텔의 가격하락 원인으로 배후도시의 상권이 발달하지 않은 점과 모노레일 미설치를 들어 분양가의 15%의 손해가 발생했다고 인정하였다. 이에 대하여 대법원은 가격하락이 전반적인 부동산 경기 침체에도 원인이 있고 오피스텔에서 공항까지 모노레일은 설치되지 않았지만 무료 셔틀버스가 10분 간격으로 운행되는 점 등도 고려하여야 하는데 이를 고려하지 않고 분양가의 15%를 손해액으로 인정한 것은 과다하다고 판시하였다.

23) 大判 2006. 9. 8, 2006다21880. 금융기관이 잘못된 물건 검사로 과다대출을 하는 손해를 입었다고 배상을 청구한 사건에서 손해액 산정을 위한 간접사실로 검품담당자가 담보제공자로부터 받은 뇌물액을 참작하여 최소한 그만큼의 과다대출을 하였을 것이라고 인정한 항소심 판결을 파기환송하였다.

법원이 직권으로 심리, 판단해야 한다고 하였다.[24]

이러한 판례의 경향을 반영하여 2016년 2월에 민사소송법을 개정하여 손해가 발생한 사실은 인정되지만 구체적인 손해의 액수를 증명하는 것이 사안의 성질상 매우 어려운 경우에 법원은 변론전체의 취지와 증거조사의 결과에 의하여 인정되는 모든 사정을 종합하여 **상당하다고 인정되는 금액**을 손해배상 액수로 정할 수 있다고 규정하였다(제202조의2). 원고의 손해액 입증의 어려움을 덜어주기 위한 법 개정이다.

이에 따라 판례도 손해가 발생한 사실은 인정되나 구체적인 손해의 액수를 증명하는 것이 매우 어려운 경우에는 법원은 손해배상청구를 쉽사리 배척해서는 안 되고, 적극적으로 석명권을 행사하여 증명을 촉구하는 등으로 구체적인 손해액에 관하여 심리해야 하고, 그 후에도 구체적인 손해액을 알 수 없으면 손해액 산정의 근거가 되는 간접사실들을 종합하여 손해액을 인정할 수 있다고 한다.[25]

> 주의할 것은, 이 조문에서 법원이 상당한 금액을 손해액으로 정할 수 있는 것은 '구체적인 손해의 액수를 증명하는 것이 사안의 성질상 매우 어려운 경우'라고 규정하여 원고가 손해액에 관하여 제대로 주장하지 않은 경우는 포함하지 않았고, '변론 전체의 취지와 증거조사의 결과에 의하여 인정되는 모든 사정을 종합하여' 손해액을 인정할 수 있다고 규정하였음에도 불구하고 판례는 종전의 판결문구를 답습하여 "손해액에 관한 당사자의 주장과 증명이 미흡하더라도 …(중략)… 경우에 따라서는 직권으로 손해액을 심리·판단하여야 한다"고 판시하고 있다.[26] 손해의 발생을 주장하였으면서 손해액을 주장하지 않거나 주장과 증명이 미흡한 것은 석명을 할 사안이지 '직권으로' 심판할 경우가 아니다.

6. 의료과오소송에서의 입증정도 완화

판례는 의료과오소송에서 의료행위상의 주의의무 위반과 손해발생 사이의 **인과관계의 증명**에 관하여 **피해자**는 일반인의 상식에 바탕을 둔 의료상의 과실이 있는 행위를 입증하고, 그 결과와 사이에 일련의 의료행위 외에 다른 원인이 개재될 수 없다는 점, 즉 환자에게 의료행위 이전에 그 결과의 원인이 될 만한 건강상의 결함이 없었다는 사정을 증명하면 되고, **의사 측**이 그 결과가 의료상의 과실로 인한 것

---

24) 大判 2013. 3. 28, 2009다78214.
25) 大判 2020. 3. 26, 2018다301336.
26) 위 2018다301336 판결. 이 판결에서 大判 1986. 8. 19, 84다카503·504; 大判 2016. 11. 10, 2013다71098 등을 참조하였다. 그러나 大判 2021. 6. 30, 2017다249219에서는 적극적 석명을 요구하고 위 2018다301336 판결을 참조하면서도 직권심리는 언급하지 않았다.

이 아니라 전혀 다른 원인에 의한 것이라는 입증을 하지 않으면 과실과 결과 사이의 인과관계를 추정하여 손해배상책임을 지울 수 있다고 한다.27)

근래에는 이를 조금 더 구체화하여, 환자 측이 의료행위 당시 임상의학 분야에서 실천되고 있는 의료수준에서 통상의 의료인에게 요구되는 주의의무의 위반 즉 진료상 과실로 평가되는 행위의 존재를 증명하고, 그 과실이 환자 측의 손해를 발생시킬 개연성이 있다는 점을 증명한 경우에는, 진료상 과실과 손해 사이의 인과관계를 추정하여 인과관계 증명책임을 완화하는 것이 타당하다고 하여 개연성설의 입장을 취하고, 그러나 해당 과실과 손해 사이의 인과관계를 인정하는 것이 의학적 원리 등에 부합하지 않거나 해당 과실이 손해를 발생시킬 막연한 가능성이 있는 정도에 그치는 경우에는 증명되었다고 볼 수 없다고 한다.28)

과실의 증명에 관하여서는 수술 도중이나 수술 후 환자에게 중한 결과의 원인이 된 증상이 발생한 경우 증상 발생에 관하여 의료상 과실 이외의 다른 원인이 있다고 보기 어려운 간접사실들이 증명되면 그와 같은 증상이 의료상 과실에 기한 것으로 인정할 수 있다고 한다.29) 그러나 의사는 진료를 하면서 환자의 상황, 당시의 의료 수준과 자신의 전문적 지식·경험에 따라 적절하다고 판단되는 진료방법을 선택할 수 있는데, 그것이 합리적 재량의 범위를 벗어난 것이 아닌 한 진료 결과를 놓고 그중 어느 하나만이 정당하고 이와 다른 조치를 취한 것에 과실이 있다고 할 수는 없다고 본다.30)

물론 피해자는 의사의 과실이나 인과관계를 밝혀 줄 간접사실들을 증명하여 의료상의 과실에 기하여 결과가 발생했다고 추측하도록 하는 것은 가능하지만, 그 경우에도 의사의 과실로 인한 결과발생을 추정할 수 있을 정도의 개연성이 담보되어야 하고, 그러한 개연성이 담보되지 않는 사정들을 가지고 막연하게 의사의 과실과

---

27) 大判 1995. 2. 10, 93다52402 이래 위 2016다266606·266613 판결에 이르기까지 일관된 태도이다.

28) 大判 2023. 8. 31, 2022다219427.

29) 大判 2012. 5. 9, 2010다57787(복강경으로 담낭절제시술을 하다가 신장 혈관이 손상되어 있음을 발견하여 신장을 제거하게 된 사안); 大判 2013. 6. 27, 2010다96010·96017(의사가 환자의 시력교정을 위한 안내렌즈삽입수술을 하면서 환자 우안의 수정체와 유리체가 앞으로 이동되면서 유리체 파동이나 유리체 박리가 생기지 않도록 기울였어야 할 세심한 주의를 게을리하여 환자로 하여금 황반원공 발생 및 시력상실의 상태에 이르게 한 잘못이 있다고 보기에 부족하다고 판시한 사안); 大判 2023. 8. 31, 2022다303995(수술을 시행한 의사가 '수술 과정에서 원고 1의 신경을 건드렸다.'고 말한 점, 원고는 이 사건 수술을 받기 전까지 하지의 근력이나 배뇨기능 등에 아무런 이상이 없었으나, 이 사건 수술을 받은 직후 마미증후군 등 위 기능의 장애 증상이 발생한 점, 한국의료분쟁조정중재원 소속 감정의는 이 사건 장해의 원인이 수술 후 손상이라는 취지의 의견을 밝힌 점 등의 간접사실을 인정하여 의료과실을 인정한 사안).

30) 大判 2019. 2. 14, 2017다203763.

인과관계를 추정함으로써 결과적으로 의사에게 무과실의 증명책임을 지우는 것까지[31) 허용되는 것은 아니다.[32) 또한 의료행위의 결과 후유장해가 발생했다고 해서 그것만으로 의료행위의 과정에 과실이 있었다고 추정해서도 안 된다.[33)

이러한 판례는 의료행위에 관한 전문적인 과실행위의 증명을 요구하지 않고 **일반인의 상식을 기준**으로 하였고, 인과관계도 직접적인 인과관계의 존재를 증명할 것을 요구하지 않고, 소극적으로 **인과관계를 차단할 다른 사유가 없음**을 증명하면 된다고 하여 입증의 부담을 완화하였다. 판례가 의사측이 다른 원인을 증명해야 한다고 해서 표현증명을 인정하고 간접반증을 요구하는 것으로 새길 수는 없다. 이는 경험칙을 적용한 결과가 아니라 환자 측의 입증의 곤란을 고려하여 정책적으로 입증의 부담을 덜어 준 것이기 때문이다. 오히려 이러한 판례의 태도를 앞에서 설명한 표현증명을 전제로 하지 않은 **간접반증이론**을 적용한 것으로 새길 수 있다. 의사 측은 전혀 다른 원인이 있다는 것을 본증으로 입증해야 하고 그것이 인과관계가 존재한다는 판단에 반증으로 작용할 것이기 때문이다. 이러한 해석은 뒤에서 말하는 자유심증에서 고려할 사항인 형평의 이념과도 맞다고 할 수 있다.

판례 중에는 의료진은 환자의 구체적인 증상이나 상황에 따라 위험을 방지하기 위하여 요구되는 최선의 조치를 취하여야 할 주의의무를 부담하는데, 그와 같은 환자의 기대에 반하여 환자의 치료에 전력을 다하지 아니한 경우에는 그 업무상 주의의무를 위반한 것이지만, 그러한 주의의무 위반과 환자에게 발생한 나쁜 결과 사이에 상당인과관계가 인정되어야 한다고 전제하고, 다만, 그 주의의무 위반의 정도가 일반인의 처지에서 보아 수인한도를 넘어설 만큼 현저하게 불성실한 진료를 행한 것이라고 평가될 정도에 이른 경우라면 그 자체로서 불법행위를 구성하여 그로 말미암아 환자나 그 가족이 입은 정신적 고통에 대한 위자료의 배상을 명할 수 있다고 하면서, 이때 그 수인한도를 넘어서는 정도로 현저하게 불성실한 진료가 있었다는 점은 불법행위의 성립을 주장하는 원고들이

31) 이 경우에 과실과 인과관계를 추정함으로써 결과적으로 증명책임을 지운다는 표현을 판례가 자주 쓰는데, 정확한 표현인지 의문이다. 여기서 추정이 이른바 사실상의 추정이면 의사에게 증명책임을 지울 수는 없는 것이고, 법률상의 추정이면 아무런 법적 근거 없이 입증책임을 전환하는 것이기 때문이다.

32) 大判 2004. 10. 28, 2002다45185; 大判 2007. 5. 31, 2005다5867; 大判 2010. 8. 19, 2007다 41904; 大判 2015. 1. 29, 2012다41069; 大判 2015. 10. 15, 2015다21295; 大判 2015. 10. 29, 2015다 13843; 大判 2016. 9. 23, 2015다66601·66618; 위 2017다203763 판결; 大判 2020. 11. 26, 2020다 244511; 大判 2022. 12. 29, 2022다264434(피고 병원 의료진이 환자의 증상, 임상상태 및 의료수준 등을 고려하여 항생제 투여와 경피적 배액술을 순차 실시하면서 그 예후를 추적검사하고 관찰하였으나 수술은 하지 않고 있다가, 그 사이 망인의 급격한 증상 악화로 사망한 사안에서 실제 수술을 할 수 있는 정도의 임상상태라고 단정하기도 어렵다고 판단).

33) 大判 2008. 3. 27, 2007다76290; 大判 2015. 10. 15, 2015다21295; 위 2017다203763 판결: 과실이 인정되려면 의료행위의 내용, 시술 과정 등 여러 사정을 종합적으로 보아 후유장해가 일반적으로 인정되는 합병증의 범위를 벗어났다고 볼 사정이 있어야 한다.

이를 입증하여야 할 것이라고 판시한 것들이 있다.[34]

7. 불특정한 시간, 공간에서의 사실의 부존재의 증명

허위기사의 삭제나 정정보도를 청구하는 사건에서 그 기사가 진실이 아니라는 사실에 대한 입증책임은 피해자가 부담한다. 이 경우에도 그것이 특정되지 아니한 기간과 공간에서의 구체화되지 않은 사실의 부존재의 증명에 관한 것이면 이를 증명하는 것은 불가능에 가깝고, 그와 반대로 그 사실이 존재한다고 주장·증명하는 것이 보다 쉬울 것이다. 이러한 경우에 관하여 판례는 의혹을 받을 일을 한 사실이 없다고 주장하는 사람에 대하여 의혹을 받을 사실이 존재한다고 보도한 이는 그러한 사실의 존재를 수긍할 만한 **소명자료를 제시할 부담**을 지고 피해자는 그 제시된 **자료의 신빙성을 탄핵**하는 방법으로 허위성의 입증을 할 수 있다고 하여 입증의 부담을 완화한다.[35]

이러한 방법으로 입증의 부담을 줄여 주는 것은 타당성이 있다. 그리고 만일 피고가 소명자료를 제시하지 않거나 부실하게 제시하여 원고가 제대로 탄핵할 수가 없으면 이를 변론 전체의 취지로 참작하고 **입증의 정도를 완화**해서 원고가 충분히 입증한 것으로 (즉 진위불명이 아니라고) 볼 수 있을 것이다. 그러므로 여기서 소명자료를 제시할 부담을 진다는 것은 입증책임을 피고에게 전환한다는 의미가 아니라 증거조사 과정에서 법원이 피고에 대하여 소명자료를 제시하라고 **입증을 촉구**할 수 있음을 말한다고 볼 것이다.

8. 인과관계의 역학적 증명

공해소송이나 약해(藥害)소송에서 인과관계를 역학적으로 증명하는 것을 인정하자는 주장이 있다. 일본에서 이러한 방법을 활용하여 입증책임을 분배하는 것으로 알려져 있다.[36] 여기서 역학이란 집단현상으로서의 질병의 발생, 분포, 소멸 등과 이에 미치는 영향을 분석하여 여러 자연적·사회적 요인과의 상관관계를 통계적

---

34) 大判 2006. 9. 28, 2004다61402; 大判 2014. 2. 13, 2013다77294; 大判 2018. 12. 13, 2018다10562. 이 판결들은 모두 피해자인 원고가 진료가 현저하게 불성실하였다는 점을 입증하지 못했다고 판시하였다. 위 판시의 의미가 진료가 현저하게 불성실하였으면 손해발생과의 상당인과관계가 없어도 된다는 의미인지가 불분명하다.

35) 大判(全) 2011. 9. 2, 2009다52649; 大判 2013. 3. 28, 2010다60950; 大判 2014. 6. 12, 2012다4138.

36) 이시윤, 560 참조.

방법으로 규명하고 그에 의하여 질병의 발생을 방지·감소시키는 방법을 발견하려는 학문이다. 어느 위험인자에 노출된 집단의 질병 발생률이 그 위험인자에 노출되지 않은 다른 일반 집단의 질병 발생률보다 높은 경우에 그 높은 비율의 정도에 따라 그 집단에 속한 개인이 걸린 질병이 그 위험인자로 인하여 발생하였을 가능성이 얼마나 되는지를 추론하는 것이다. 그러므로 그 역학적 상관관계는 그 위험인자에 노출되면 그 질병에 걸릴 위험이 있거나 증가한다는 것을 의미할 뿐이고 그로부터 그 질병에 걸린 원인이 그 위험인자라는 결론이 나오는 것은 아니다. 따라서 이는 그 집단에 소속된 개인이 걸린 질병의 원인을 판명하는 방법은 아니다.

　　판례는 베트남전 참전용사들의 고엽제로 인한 손해배상청구 사건에서 특정 위험인자와 비특이성 질환 사이에 역학적 상관관계가 인정되더라도 어느 개인이 그 위험인자에 노출되었다는 사실과 그 비특이성 질환에 걸렸다는 사실을 증명하는 것만으로 양자 사이에 인과관계를 인정할 만한 개연성이 증명되었다고 볼 수는 없고, 이러한 경우에는 그 위험인자에 노출된 집단과 노출되지 않은 다른 일반 집단을 대조하여 역학조사를 한 결과 그 위험인자에 노출된 집단에서 그 비특이성 질환에 걸린 비율이 그 위험인자에 노출되지 않은 집단에서 그 비특이성 질환에 걸린 비율을 상당히 초과한다는 점을 증명하고, 그 집단에 속한 개인이 위험인자에 노출된 시기와 노출 정도, 발병시기, 그 위험인자에 노출되기 전의 건강상태, 생활습관, 질병 상태의 변화, 가족력 등을 추가로 증명하는 등으로 그 위험인자에 의하여 그 비특이성 질환이 유발되었을 개연성이 있다는 점을 증명하여야 한다고 판시하였다.[37]

9. 난민소송에서 '박해를 받을 충분한 근거 있는 공포'의 입증

판례는 외국인이 국내에서 난민으로 인정받기 위하여 필요한 요건인 '박해를 받을 충분한 근거가 있는 공포'가 있음에 관한 입증책임은 난민 인정을 신청한 외국인이 부담하지만, 난민의 특수한 사정을 고려하여 전체적인 진술의 신빙성에 의하여 그 주장사실을 인정하는 것이 합리적인 경우에는 증명되었다고 볼 것이라고 하여[38] 증명의 정도를 완화하였다. 난민 인정 사건은 국내의 여느 사건처럼 다룰 수 없는 특수성이 있기 때문에 이러한 입증부담의 경감은 타당하다.

---

37) 大判 2013. 7. 12, 2006다17539. 大判 2014. 9. 4, 2011다7437은 자동차배출가스 때문에 천식이 발병했다고 하여 국가와 서울시, 자동차제조회사 등을 상대로 대기오염물질의 배출 금지와 손해배상을 구한 사건에서 같은 판시를 하였다.

38) 大判 2008. 7. 24, 2007두19539. 그 기준으로는 그 진술에 일관성과 설득력이 있고 입국 경로, 입국 후 난민신청까지의 기간, 난민 신청 경위, 국적국의 상황, 주관적으로 느끼는 공포의 정도, 신청인이 거주하던 지역의 정치·사회·문화적 환경, 그 지역의 통상인이 같은 상황에서 느끼는 공포의 정도 등을 제시한다.

제 4 절 自由心證의 限界와 例外

I. 한 계

법관이 증거자료와 변론 전체의 취지를 고려하여 자유롭게 그 확신에 따라 심증을 형성한다는 원칙은 법관이 자의적으로 사실을 인정해도 된다는 의미는 결코 아니다. 그렇기 때문에 자유심증주의에도 일정한 한계가 있기 마련이다. 우선 증거조사절차가 적법해야 하고, 증거능력 있는 적법한 증거에 의하여 판단해야 함을[1] 당연한 전제로 하여 민사소송법은 그 한계로 한 편으로는 사회정의와 형평의 이념을 내세우고, 다른 한 편으로는 논리와 경험의 법칙을 제시하고 있다(제202조).

1. 논리법칙, 경험법칙

법관의 자유심증에 따른 사실인정이 아무리 그 확신에 따라서 한 것이라도 논리와 경험칙에 맞지 않다면 이는 **자의적인 판단**이 될 것이다.

《사례 4》 甲은 연휴에 고향을 방문하려고 승용차를 몰고 고속도로를 달리다가 길이 막히는데다가 졸음까지 와서 잠시 갓길에 차를 세우고 휴식을 취하고 있었다. 그때 乙이 운전하는 차가 느닷없이 甲의 차를 뒤에서 추돌하여 甲과 乙의 차가 모두 파손되었다. 甲이 乙을 상대로 손해배상을 청구하는 소를 제기하였는데, 변론 중에 乙이 甲에게 "고속도로 갓길에 차를 세우고 잠을 자는 사람이 어디 있느냐"고 따지자 甲이 "너무 졸려서 그만 그런 짓을 했다"면서 고개를 숙였다. 丙의 증언도 乙은 극히 정상속도로 갓길을 운행하고 있었기 때문에 乙에게는 아무런 잘못도 없다는 내용이었다. 이에 법원은 이 사고는 전적으로 甲의 과실로 인한 것이라고 확신하고는 甲의 청구를 기각하였다. 이 재판이 타당한가?

이 사례에서 법원은 甲이 변론 중에 한 태도를 변론 전체의 취지로, 丙의 증언을 증거자료로 삼아 甲에게 과실이 있다고 확신한 것으로 짐작되지만 이러한 판단은 논리와 경험칙에 모두 어긋나는 것으로 자의적 판단이라고 할 수밖에 없다.

판례는 주로 상충되는 내용의 증거자료가 있을 때 그중 하나를 믿고 사실을 인정하는 것은 논리와 경험칙에 어긋나지 않는 한 적법하다고 한다.[2] 논리와 경험칙

---

1) 大判 2010. 7. 15, 2006다28430; 大判 2017. 3. 9, 2016두55933.

에 입각하여 합리적인 이유가 없는 사실 인정이라고 판단한 사례로 다음을 들 수 있다:

계약을 합의해제하면서 이미 지급한 금전의 반환 및 손해배상금에 관하여는 아무런 약정도 하지 않은 것은 이례에 속하므로 특별한 사정이 없는 한 이러한 내용의 합의해제가 성립되었다고 보는 것은 경험칙에 어긋난다고 하였다.3)

그리고 사단법인의 총회의 결의에서 의사정족수와 의결정족수 등 절차적 요건의 충족 여부는 특별한 사정이 없는 한 의사록이나 녹음·녹화자료, 녹취서 등의 내용으로 판단해야 하며, 의사록 등의 증명력을 부인할 만한 특별한 사정에 관하여는 결의의 효력을 다투는 측에서 구체적으로 주장, 증명할 것을 요구한다.4)

약사면허를 취득한 뒤에 고용약사로 근무한 사람이 교통사고로 사망한 경우에 피해자가 생존하였으면 정년인 60세까지 고용약사로 근무하였을 것을 전제로 일실퇴직금을 산정한 것은, 피해자가 자주 근무 약국을 옮겨 다녔고 그 사이에 상당 기간의 공백이 있었고, 약사가 정년까지 고용약사로 근무하는 것이 드문 경우라는 점 등에 비추어 잘못이라고 하였다.5) 이러한 해석도 논리와 경험칙에 입각한 판단이라고 볼 수 있다.

원심이 임대아파트의 분양전환 가격을 산정하면서 그 기초가 되는 실제 건축비를 그 아파트의 취득세 과세표준이 아닌 건축비 감정 결과를 토대로 인정한 사안에서 구체적인 자료가 반영이 된 과세표준을 배척하고 통계자료만을 기초로 공사비를 추정한 감정 결과를 채택한 것은 논리나 경험의 법칙에 반한다고 하였다.6)

임대아파트에 입주자로 선정된 원고가 우선분양전환 자격으로서의 분양전환 당시까지 거주한 무주택자인지 여부가 다투어진 사건에서 몇 차례 이사짐이 나가고 들어가는 등 원고가 계속 거주하지 않았다는 정황이 드러났음에도 불구하고 원심이 원고가 그 아파트에 주민등록을 계속 유지하였다는 등의 이유만을 들어 우선분양전환 자격자라고 인정한 것은 심리미진이고 논리와 경험의 법칙에 반한다고 하였다.7)

2. 사회정의와 형평의 이념

자유심증주의는 사실인정에 적용되는 원칙이므로 사회정의라든가 형평의 이념과 같은 추상적이고 규범적인 원칙과는 관계가 없다. 그럼에도 불구하고 민사소송법이 이를 그 한계로 규정한 것은 법관이 그 확신에 따라 사실을 인정했더라도 그

---

2) 예컨대, 大判 1997. 12. 12, 97다36507: 동일한 사항에 관하여 상이한 수개의 감정 결과가 있을 때 그중 하나에 의하여 사실을 인정하였다면 그것이 경험칙이나 논리법칙에 위배되지 않는 한 적법하다.
3) 大判 1992. 6. 23, 92다4130·4147; 大判 1994. 9. 13, 94다17093; 大判 2007. 11. 29, 2006다2490·2506.
4) 大判 2011. 10. 27, 2010다88682.
5) 大判 2016. 12. 29, 2016다236285.
6) 大判 2020. 8. 27, 2017다211481.
7) 大判 2022. 1. 13, 2021다269562.

것이 사회정의나 형평에 위반되는 경우가 있을 수 있기 때문일 것이다.

《사례 5》　　　甲은 야간에 집에서 기르는 강아지가 도망치는 것을 좇아 간다고 횡단
보도가 없는 고속도로를 가로질러 건너다가 乙이 운전하는 차에 치어 중상을 입었다.
甲은 뒤에 상처가 완쾌되었으나 치료비로 3천만원이 들었음을 주장하여 乙을 상대로
손해배상청구의 소를 제기하였다. 법원이 심리 결과 甲의 치료비가 실제로 3천만원이
들었다는 사실과, 甲의 과실이 40%임을 확정하고 乙은 甲에게 1,800만원을 지급하라
고 판결하였다. 이 판결이 타당한가?

이러한 사례에서 고속도로를 가로지른 甲의 과실비율이 40%에 불과하고 乙의
과실이 60%라고 한 판단은 형평에 현저하게 어긋나는 것이므로[8] 자유심증의 한계
를 넘었다고 볼 것이다.

그 밖에 우리 판례 중에는 공해소송에서 사회형평을 이유로 인과관계의 입증에
서 피해자가 법관에게 확신시킬 것을 요구하지 않고, 오히려 가해자가 그 원인물질
의 무해함을 입증하지 않으면 책임을 면할 수 없다고 한 것이 있다.[9] 증거가 어느
한 당사자에게 치우쳐 있는 경우에 입증의 정도를 완화해 주지 않고 법관에게 요
건사항의 존재에 관하여 확신이 서지 않는다고 해서 입증되지 않은 것으로 본다면
이것이 바로 사회정의와 형평의 이념에 어긋난 사실인정이 될 것이다.[10]

그리고 판례는 성희롱 사건에서 피해자가 처하여 있는 특별한 사정을 충분히
고려하지 않은 채 피해자 진술의 증명력을 가볍게 배척하는 것은 정의와 형평의
이념에 입각하여 논리와 경험의 법칙에 따른 증거판단이라고 볼 수 없다고 한다.[11]
이는 사회정의와 형평에 따른 판단이라고 할 수 있다.

---

8) 大判 1992. 11. 27, 92다32821.
9) 大判 1984. 6. 12, 81다558; 大判 2013. 10. 11, 2012다111661; 大判 2016. 12. 29, 2014다67720
(그럼에도 관광단지 골프장에 뿌린 농약이 양식장의 어업피해의 원인이라고 입증되었다고 볼 수 없다고
하여 청구를 기각한 사안); 大判 2019. 11. 28, 2016다233538・233545(고속도로의 매연과 고속도로에 살
포된 제설제 성분이 과수원에서 검출되었고, 과수원에 손해가 발생하였으며, 과수원이 제설제의 확산 범
위 안에 있고 그 밖에 다른 피해 원인이 없다는 등의 사정을 이유로 도로공사의 가해행위와 과수원의 손
해 발생 사이의 인과관계를 인정한 사안).
10) 그러나 이러한 판례의 표현은 그 의미가 분명하지 않다. 앞서 소개한 판례들이 가해자가 유해한
원인물질을 배출한 사실(가해행위)과 그 유해 정도가 사회생활상 통상의 참을 한도를 넘는다는 사실, 유
해물질이 피해 물건에 도달한 사실, 피해자에게 손해가 발생한 사실에 관한 입증책임은 피해자가 부담한
다고 하면서 그 유해물질이 무해하다는 것을 증명하지 못하면 인과관계가 인정된다고 하는 것은 그 물질
이 일반적으로는 유해하지만 피해 물건에 생긴 손해와는 관계가 없다는 것을 증명하라는 것으로 보인다.
그렇다면 이는 그 사건에서는 인과관계의 문제가 아니라 가해자가 가해행위를 하지 않은 것에 해당한다.
11) 大判 2018. 4. 12, 2017두74702.

3. 증거계약

증거계약이란 넓은 의미로는 특정 소송사건에서 사실관계를 어떻게 정할 것인가에 관한 당사자간의 합의를 말하고, 좁은 의미로는 증거방법의 제출에 관한 당사자간의 합의를 말한다.12) 이러한 합의의 효력을 인정하면 법관의 자유심증은 제한을 받게 된다.

넓은 의미의 증거계약은 법관의 증거조사와는 관계가 없는 것이므로 증거계약이라고 볼 수가 없다. 어떤 사실을 다투지 않기로 하는 자백계약도 여기에 포함되는데, 그 유효성을 제한 없이 인정하는 견해와13) 유효하지만 간접사실에 관한 계약의 효력을 부정하는 견해가 있다.14) 그러나 그 합의에 따라 당사자들이 다투지 않으면 제288조에 의하여 그대로 재판상자백이 성립할 뿐이지 특별히 계약에 의하여 법관의 심증 형성을 제한하는 것은 아니다. 문제는 자백계약을 위반하여 당사자가 합의한 내용과 다른 사실을 주장하거나 상대방의 주장을 다투는 경우인데, 그래도 법원이 마치 재판상자백이 성립한 것처럼 사실을 인정해야 한다는 것은 무리이다.

좁은 의미의 증거계약에는 증거제출을 특정의 증거방법으로 제한하는 증거제한계약(증거방법계약), 사실의 확정을 제3자의 감정에 맡길 것을 내용으로 하는 중재감정계약, 어떤 사실이 입증되면 다른 사실이 입증된 것으로 보기로 합의하는 사실추정계약 등이 있다. 이들 중 증거제한계약은 법관이 당사자들이 제출한 증거만으로 심증을 형성한 경우에는 효력을 유지할 수 있을 것이지만 심증형성이 안 되어서 직권증거조사를 하게 되면 효력을 유지할 수 없을 것이다.15) 중재감정계약도 그 자체는 효력이 있으나 그 결과를 법관이 믿지 않으면 결국 직권증거조사를 할 수밖에 없을 것이므로16) 법관을 구속하는 효력은 없다. 사실추정계약은 증명력을 정하는 계약으로서 법관의 자유심증을 정면으로 침해하므로 효력이 없다고 보아야 한다.17) 이렇게 보면 결국 증거계약이 **증거방법을 선택하는 한에서는 효력이 인정**되지만,

---

12) 宋·朴, 515. 넓은 의미로 입증책임계약도 논의될 수 있겠으나, 입증책임은 사실확정 그 자체에 관한 것이 아니라 진위불명이 되었을 때의 법률 적용의 문제이기 때문에 증거계약과는 구별되어야 할 것이다.
13) 宋·朴, 517.
14) 강현중, 509; 이시윤, 564; 鄭·庚·金, 588. 金·姜, 519-520은 자백계약의 유효성을 인정하면서도 간접사실에 관한 자백계약은 부적법하고 단지 증거자료의 기능을 한다고 한다. 김홍엽, 714는 권리자백과 간접사실에 관한 자백이 무효라고 한다.
15) 김홍엽, 714; 宋·朴, 517; 이시윤, 564-565.
16) 大判 1991. 4. 26, 91다5556; 大判 1994. 4. 29, 94다1142.
17) 宋·朴, 517.

어떤 경우이든 법관의 심증형성을 제약할 수는 없으므로 논의의 실익이 크지 않다.

4. 자의적 판단의 방지

자유심증주의는 형식적인 증거법칙으로부터 자유롭게 판단하라는 의미이지 법관이 자의적으로 판단해도 된다는 의미가 아니다. 이런 의미에서 제202조가 사회정의와 형평의 이념에 입각하여 논리와 경험의 법칙에 따라 사실주장의 진실 여부를 판단해야 한다고 요구한 것이다.

이러한 추상적인 한계를 더 구체화하여 법관에게 판결이유를 상세히 쓰라고 요구하면 자의적 판단을 방지할 수 있다. 그 한 방법으로 판결이유에서 어느 증거에 의하여 어떤 사실을 인정하였는지(심증 형성의 경로)를 명시하도록 하자는 견해가 주장된다.[18] 이에 대하여 판결이유를 상세히 작성하는 것이 법관들에게는 큰 부담이 되므로 소송지연의 원인이 된다는 점을 들어 반대하는 견해도 있다.[19] 이 문제에 관하여는 소송의 적정과 신속 중에서 어디에 더 큰 가치를 두느냐에 따라 결론이 달라질 것이다. 앞에서도 여러 차례 강조한 바와 같이 소송의 생명은 적정한 재판에 있으므로 **판결이유에 심증형성의 경로를 명시**해야 한다는 견해가 타당하다. 어느 정도 상세하게 명시할 것인가에 관하여는 ① 인정한 사실과 그와 관련된 개별적인 증거자료를 채용하고 배척한 이유를 일일이 설명하도록 하는 방법, ② **인정한 사실**에 대하여 그 **근거로 채용한 증거를 적시**하게 하는 방법 및 ③ 인정한 사실관계와 그 근거가 된 증거자료를 한꺼번에 포괄적으로 열거하는 방법 등이 있을 수 있다.

실무에서는 일반적으로 세 번째 방법을 채택하고 있으며, 판결문의 간소화 방안도 추진하고 있다. 그러나 이러한 방법은 자칫 사실주장에 대한 증거판단을 빠뜨리거나 사실자료와 증거자료의 혼동을 초래할 가능성이 크고, 하급심 판결에서 가끔 보이듯이 전혀 납득할 수 없는 주먹구구식 재판이 나올 가능성도 배제할 수 없다. 그렇다고 첫째 방법을 택하는 것도 법관에게 지나친 부담을 주기 때문에 타당하지 않다. 특히 당사자들이 아무런 증거나 되는 대로 제출하는 경우에 법관이 일일이 그 배척하는 이유를 적는 것은 시간과 노력을 낭비하는 일이 된다. 그러므로 법관

---

18) 金·姜, 529; 方順元, 452; 宋·朴, 512.
19) 이시윤, 561. 다만 현재처럼 배척하는 증거를 명시하지도 않는 등 지나친 간략화는 법관의 이유설시 의무 위반이라고 지적한다. 그리고 서증의 진정성립이나 증거력과 관련하여 부분적으로 예외를 인정한다.

에게 지나친 부담을 지우지 않고 이러한 자의적이고 부정확한 판단을 방지하려면 두 번째 방법에 따라 판결이유를 작성하도록 하는 것이 타당하다.

판례는 초기부터, 어떤 증거에 의하여 어떤 사실을 인정한 것인가를 인식할 수 있는 정도로 **증거방법과 인정한 사실의 관계를 설시**함으로써 족하고 각 증거방법에 관한 취사의 이유를 적을 필요는 없다고 하였고,20) 근래에는 사실심법원이 그 자유심증에 의하여 증거가치를 판단함에 그것이 처분문서 등 특별한 증거가 아닌 한 이를 취사한다는 뜻을 설시하면 충분하고 증거가치 판단의 이유까지 설시할 필요는 없다고 한다.21)

그러나 경우에 따라서는 합리적인 이유를 설시하여야 한다고 요구하는 수가 있다. 예를 들면, 아무런 논리적인 과정의 설시 없이 피고의 증거 전체를 한마디로 모두 믿지 않는다고 배척하는 것,22) 입증책임을 진 당사자가 제출한 증거들의 신빙성을 의심할 만한 사정들이 존재하지 아니하고 상대방으로부터 반대증거도 제출된 바 없는데 법원이 그 증거 전부를 한 마디로 모두 믿지 않는다고 하여 배척하는 것23) 등은 부당하다고 한다.

그리고 진정성립이 인정된 처분문서의 증거력을 배척하는 경우,24) 공문서의 진정성립을 부정하는 경우,25) 앞에서 설명한 확정판결에서 인정한 사실과 달리 사실을 인정하는 경우, 이례적인 사실의 인정,26) 당사자가 자기에게 불리한 사실을 시인하는 취지로 날인까지 한 서신 내용의 신빙성 배척27) 등의 경우에는 납득할 수

---

20) 大判 1952. 8. 12, 4285민상69.
21) 大判 1998. 12. 8, 97므513 · 520, 97스12 등.
22) 大判 1985. 9. 24, 85다카644 · 645.
23) 大判 1992. 5. 26, 92다8293.
24) 大判 1962. 10. 11, 62다536 이후 일관된 태도이다.
25) 大判 1986. 6. 10, 85다카180: 문교부장관 명의로 된 원고 사찰재산에 관하여 매각을 허가한다는 내용의 문서로서 관인으로 보이는 인영까지 있어 그 방식이나 취지로 보아 공무원이 직무상 작성한 것으로 보이므로 특별한 사정이 없는 한 그 진정성립이 추정된다고 볼 것인데 원심이 다른 사정에 관하여 설시함이 없이 위 문서는 진정성립이 인정되지 아니하여 사실인정의 자료로 채택할 수 없다고만 판시한 것은 공문서의 진정성립에 관한 법리를 오해한 것이다.
26) 경매부동산을 경락받은 사람이 그 경락부동산에 전세를 들고 있는 사람에게 돌려주어야 될 전세금 지급채무를 그 부동산의 소유자로부터 인수하는 것(大判 1963. 11. 28, 63다697); 네 사람의 사망일자를 면장이 정확하게 기억하고 있다가 확인하여 준다는 것(大判 1977. 1. 11, 76다2171); 부동산 등 중요한 재산의 증여(大判 1978. 2. 28, 77다2137); 건축허가를 받은 토지소유자로부터 토지를 매수하여 자신의 비용으로 그 지상에 건물을 완공하여 분양하려 하는 사람이 토지에 대한 소유권이전등기만 하고 건축주명의를 토지매도인에게 그대로 남겨두는 것(大判 1993. 11. 23, 93다20689); 처가 남편이 부담하는 사업상의 채무를 남편과 연대하여 부담하기 위하여 남편에게 채권자와의 채무부담약정에 관한 대리권을 수여하는 것(大判 1997. 4. 8, 96다54942) 등이 여기에 해당한다.
27) 大判 1993. 5. 11, 92다3823.

있는 이유를 설시해야 한다고 본다.

Ⅱ. 상고이유

본래 상고심은 법률심이고, 사실인정은 사실심인 하급심의 전권사항이므로 항소심 판결이 적법하게 확정한 사실은 상고법원을 기속한다(제432조). 따라서 하급심에서 단순히 증거 취사나 사실인정을 잘못하였다는 것이 상고이유가 될 수는 없다. 다만 제432조에서 규정한 바와 같이 사실심에서의 사실 확정이 적법하지 않을 경우, 즉 위법한 절차로 사실을 인정한 경우에는 법률문제가 되어 상고이유가 된다. 그 밖에 자유심증주의의 한계를 이탈한 사실인정, 즉 논리칙과 경험칙에 맞지 않는 사실인정은 상고이유가 된다고 보는 것이 일반적이다.[28] 그러나 이는 표현상으로는 논리칙과 경험칙에 맞지 않고 자유심증주의를 일탈하였다고 하여 법률문제인 것 같이 보이나 어디까지나 사실인정 과정에서 생긴 문제이다. 이를 상고이유가 된다고 하면 법률심인 상고심이 사실인정에 개입하는 것이어서 부당하다.[29]

Ⅲ. 자유심증주의의 예외

민사소송법이 자유심증주의를 원칙으로 하면서도 구체적인 경우에 증거방법, 증거능력 또는 증거력에 관하여 규정을 두고 있다.

증거방법을 제한한 예로는, 대리권의 존재는 서면으로 증명해야 하고(제58조 1항, 제89조 1항), 소명방법은 즉시 조사할 수 있는 증거방법으로 제한한 것(제299조 1항) 및 변론 방식의 준수 여부의 증명은 변론조서만으로 제한한 것(제158조)[30] 등을 들 수 있다.

증거력을 제한한 것에는 공문서와 사문서의 진정성립의 추정(제356조, 제358조)과 기타 입증방해에 관한 규정들이 해당한다.

---

28) 大判 2018. 4. 12, 2016다223357은 비록 사실 인정이 사실심의 전권이라고 하더라도 사회정의와 형평에 입각하여 논리와 경험의 법칙에 따르지 않은 사실 인정은 위법이라고 하면서, 정확성이 담보되지 않은 재무제표를 믿고 원고의 채권이 모두 상계로 소멸하였다고 판단한 것은 자유심증주의의 한계를 벗어났다고 판시하였다.

29) 전에는 상고이유가 된다고 보았으나, 견해를 바꾼다. 경험칙 위반은 상고이유가 되지 않는다는 같은 견해로 金 · 姜, 503.

30) 제158조의 표제는 "조서의 증명력"이라고 되어 있으나, 그 내용은 증명력이 아니라 증거방법의 제한이다.

제 4 장   立證責任

제 1 절   立證責任의 槪念

입증책임(증명책임)은 두 가지 의미로 사용된다. 그 하나는 이른바 **주관적 입증책임**으로, 이는 변론주의 절차에서 다툼이 있는 사실을 주장한 당사자가 증거를 제출하지 않으면 증거가 없는 것으로 되고 따라서 주장 사실이 진실이 아닌 것으로 인정될 위험을 말한다. 이를 증거제출책임이라고도 하는데, 양 당사자가 모두 증거를 제출하였을 때에는 문제되지 않고, 특히 다음에 설명할 객관적 입증책임을 부담하는 당사자가 증거를 제출하지 않을 경우에 문제된다. 이 경우에 변론주의를 적용하면 법원은 일단 입증을 촉구하고, 그래도 제출하지 않으면 상대방 당사자가 제출한 반대증거를 조사할 필요도 없이 증거가 없다고 확정하게 된다.[1] 그러나 우리나라에서는 법원이 당사자가 신청한 증거에 의하여 심증을 얻을 수 없거나 기타 필요하다고 인정한 때에는 직권으로 증거조사를 할 수 있으므로(보충적 직권증거조사: 제292조) 주관적 입증책임은 법원이 누구에게 입증을 촉구할 것인지를 정하는 기준이 되고, 또 드문 일이지만 법원이 직권증거조사 없이 사실을 확정하려는 경우에 의미가 있을 뿐이다.

다른 하나는 **객관적 입증책임**으로, 이는 소송에서 증거조사의 결과 어느 사실의 존부가 확정되지 않을 때(진위불명 또는 입증불능) 그 사실이 존재하지 않는 것으로 취급하게 되는 당사자 일방의 불이익 내지 위험을 말한다. 보통 입증책임이라고 하면 이 객관적 입증책임을 가리킨다. 진위불명의 상태는 변론주의 절차뿐만 아니라 직권탐지주의 절차에서도 생길 수 있으므로 입증책임은 모든 절차에서 적용되는 원칙이다. 앞으로는 이것을 중심으로 설명한다.

대륙법에서는 본래 입증책임은 증거조사 결과 최종적으로 '진위불명'이 되었을 때에 누구에게 불이익을 입힐 것인가를 정하는 원칙이다. 따라서 이는 유동적인 것이 아니라 법률에 의하여 고정되어 있는 원칙이다. 주관적 입증책임도 결국 객관적

---

1) Jauernig/Hess[30] § 50 Rn. 7; Rosenberg-Schwab/Gottwald[18] § 116 Rn. 5.

입증책임과 그 분배 기준을 같이 하므로 고정되어 있는 원칙이다.

영미법에서는 증거와 관련된 당사자의 책임을 설득책임(burden of persuation) 과 증거제출책임(burden of producing evidence)으로 나눈다. 전자는 우리 법의 객 관적 입증책임에 해당한다고 할 수 있으나 후자는 우리 법의 주관적 입증책임 내 지 증거제출책임과는 내용이 다르다. 한 당사자가 입증하여 그의 주장사실이 진실 일 것이라는 개연성이 우월하게 되면 증거제출책임은 상대방에게 넘어가고, 다시 그 상대방이 그 주장사실이 진실일 것이라는 개연성이 우월해지도록 입증하면 증 거제출책임이 다시 넘어오는 것으로 한다. 따라서 영미법에서는 유동적인 입증책임 을 인정한다.

구체적인 소송의 진행 과정에서 생기는 이러한 유동적인 증거제출책임은 대륙 법에서도 문제될 수 있다. 입증책임을 누가 부담하든 자기가 주장한 사실에 대하여 입증을 하지 않으면 불리한 판단을 받게 되는 부담은 누구나 안게 되기 때문이다. 앞에서 본 주관적, 객관적 입증책임은 규범적인 것임에 반하여 이러한 의미에서의 증거제출책임은 사실적인 것이라고 할 수 있다.[2]

제 2 절 立證責任의 分配

I. 법률요건분류설

이 학설은 Rosenberg가 주장한 것으로, 기본적으로 각 당사자는 자기에게 **유리 한 법규의 요건에 해당하는 사실**에 대하여 입증책임을 부담한다는 견해이다.

1. 소송요건 해당 사실

소송요건에 관해서는 그것이 **직권조사사항**이면 그 존재가 원고의 소를 적법하 게 하므로 원고에게 유리한 것이어서 원고가 그 요건에 해당하는 사실에 관하여 입증책임을 진다. 그러나 임의관할 위반, 중재계약의 존재와 같은 **항변사항**이면 이 를 피고가 주장하여야 비로소 법원이 조사할 수 있으므로 그러한 사유가 존재한다

---

2) Rosenberg-Schwab/Gottwald[18] §116 Rn. 6 참조. 宋·朴, 538은 주관적 입증책임을 이러한 의 미로 사용한다.

는 점에 대하여 피고가 입증책임을 부담한다.

2. 법률요건에 해당하는 사실

실체법상의 법률요건에 해당하는 사실에 관하여는 각 사실이 어떠한 요건에 해당하는가에 따라 입증책임을 지는 이가 달라진다.

《사례 1》　　일찍이 남편을 잃은 乙에게는 죽은 남편에게서 자신도 모르게 상속한 임야가 있었다. 이를 안 甲이 시가 5천만원하는 그 임야를 헐값에 살 욕심이 나 乙에게 그 임야를 2천만원에 팔라고 하였다. 이에 乙이 얼른 동의하여 매매계약을 체결하였다. 그러나 甲이 매매대금을 지급하고자 하였으나 乙이 계약은 무효라고 주장하면서 대금의 수령을 거절하고 소유권이전등기 절차도 밟지 않았다. 甲은 매매대금을 공탁하고 소유권이전등기를 구하는 소를 제기하였다. 이 소송에서 乙은 이 임야의 매매는 무효라고 하면서, 乙이 남편 사후에 파출부로 일하면서 혼자 세 남매를 키우다가 몸이 병들어 더 이상 버틸 수가 없다고 생각하여 자식들을 고아원에 맡기고 병을 치료하면서 근근히 살아가고 있던 차에 甲에게서 청약을 받고 그 돈이 있으면 고아원에 맡긴 아이들을 데려올 수가 있겠다고 생각하여 얼른 승낙한 것이라고 주장하면서, 자기의 이러한 곤궁한 사정을 甲이 알고 이를 기화로 폭리를 취하려고 하는 것이라고 하였다. 이에 대해 甲이 乙은 재산이 많아서 전혀 곤궁하지 않고, 자식은 하나도 없으며, 파출부로 일하러 다니는 것도 곤궁해서가 아니라 제대로 된 직장에 따로 취직할 능력이 없어서 심심풀이로 하는 것이라고 주장하였다. 법원은 증거조사를 했는데도 어느 당사자의 진술이 진실인지를 알 수가 없었다. 이런 경우 법원은 매매계약의 효력을 어떻게 판단할 것인가?

(1) 권리발생사실

권리를 주장하는 당사자는 그 권리를 발생시키는 요건에 해당하는 사실, 즉 권리발생사실에 대하여 입증책임을 부담한다. 예를 들면, 소비대차계약에 기한 대여금반환청구를 하는 채권자는 그 청구권의 발생원인 사실인 계약체결 사실을 주장, 입증하여야 한다. 그리고 불법행위에 기한 손해배상 청구를 하는 피해자는 그 청구권의 발생요건 사실인 가해행위, 고의·과실, 손해발생, 인과관계 등에 대하여 입증책임을 진다.[1] 대체로 이러한 사실은 원고가 입증책임을 부담하지만 반드시 그런 것은 아니다. 예를 들어, 소극적 확인의 소에서는 권리의 존재를 주장하는 것은 피고이므로 권리발생사실은 피고가 입증책임을 지게 된다.[2]

---

[1] 大判 2023. 11. 30, 2022다280283: 사실을 적시함으로써 타인의 명예를 훼손하는 경우 원고가 청구원인으로 그 적시된 사실이 허위라고 주장하며 손해배상을 구하는 때에는 그 허위성에 대한 증명책임은 원고에게 있다.

(2) 항변사실

권리를 주장하는 당사자의 상대방 당사자는 권리행사에 응할 수 없음을 주장하므로 권리주장에 반대되는 사실을 주장하고 그에 대하여 입증책임을 진다. 앞에서 본 항변사실이 이에 해당한다. 구체적으로 보면, 불공정한 법률행위라든가 선량한 풍속위반, 통정허위표시 등과 같이 권리를 무효로 만드는 사실, 즉 **권리불발생사실**은 상대방이 이를 주장하고 그 진실임에 입증책임을 진다.3) 그리고 변제, 대물변제, 법률행위의 취소와 같이 일단 발생한 권리를 소멸시키는 사실, 즉 **권리소멸사실**도 이를 권리주장자의 상대방이 주장하고 그 진실임에 입증책임을 진다. 뿐만 아니라 기한의 유예, 정지조건의 존재 등과 같은 권리행사를 연기시키는 사실, 즉 **권리연기사실**에 대하여도 마찬가지로 권리주장자의 상대방이 이를 주장하고 입증하여야 한다. 이들은 모두 그 주장자에게 유리한 법규의 요건사항들이기 때문이다. 이러한 사실들에 입증책임을 부담하는 것은 보통 피고가 될 것이지만, 소극적 확인의 소에서는 원고가 입증책임을 부담한다. 〈사례 1〉에서 乙이 임야의 매매가 무효라고 주장하므로 일단 甲이 주장하는 매매계약 체결 사실은 자백한 것이 된다. 다음으로 乙이 주장한 폭리행위에 대하여는 이것이 항변사실로서 권리불발생사실이므로 乙이 입증책임을 진다. 그런데 이 사례에서는 甲이 부인하고 진위불명이 되었으므로 乙이 입증책임을 다하지 못한 것이 되어, 폭리행위가 없었던 것으로 확정된다.

3. 법규범에 따른 분배

법률요건분류설에 의하면 앞에서 설명한 것과 같은 기준이 설정되지만, 구체적인 경우에 법률이 어느 당사자에게 유리·불리를 따지지 않고 **정책적**으로 입증책임을 분배하도록 규정하는 수가 있다.

《사례 2》　　甲은 외아들이 명강대학교에 합격하자 학교 부근에 집을 지어 이사해야겠다고 생각하고는, 부동산중개소 "金母三遷"에 찾아가서 乙에게 150평에 7천만원 정도 하는 대지를 소개해 달라고 부탁하였다. 甲은 乙의 안내로 丙 소유의 대지를 구경한 뒤에 가격이 매우 싸다고 생각하여 매매계약을 체결하였다. 그 뒤에 알고 보니 매매 목적물이 乙이 보여 준 것과는 다른 대지로, 위치가 훨씬 나쁜 것이었다. 甲이 丙에

---

2) 大判 2016. 3. 10, 2013다99409: 유치권 부존재확인소송에서 유치권의 요건인 유치권의 목적물과 견련관계에 있는 채권의 존재는 피고가 주장·증명하여야 한다.

3) 판례는 위법성조각사유의 존재도 같이 취급하여 이를 주장하는 당사자(주로 피고)가 입증책임을 부담한다고 본다(大判 2014. 6. 12, 2012다4138; 위 2022다280283 판결).

게 해약하자고 말하였으나 丙이 듣지 않자 乙을 상대로 손해배상을 청구하는 소를 제기하였다. 소송에서 乙은 丙이 매매 목적 대지의 지번 금곡동 12를 금곡동 21이라고 가르쳐 주었기 때문에 다른 대지를 가리키게 된 것이라고 하면서 자기는 아무런 잘못이 없다고 주장하였다. 증거조사 결과 乙에게 잘못이 인정되는지 법원이 판단할 수가 없었다. 이때 甲은 승소할 수 있는가?

《사례 2a》　〈사례 2〉에서 甲이 乙을 상대로 계약불이행을 이유로 손해배상을 청구하였으면 甲이 승소할 수 있는가?

예를 들면, 민법 제750조와 제390조를 비교하면 고의·과실이 제750조에서는 **본문**에 포함되어 있는데, 제390조에서는 **단서**에 포함되어 있다. 이처럼 달리 규정한 것은 바로 입증책임의 분배를 달리한다는 것을 뜻한다. 즉 불법행위에 기한 손해배상청구권을 주장할 경우에는 가해자의 고의·과실을 포함한 법률요건사항에 대한 입증책임은 피해자인 채권자가 부담하지만,[4] 계약불이행에 기한 손해배상청구권을 주장할 경우에는 채무자가 자기에게 고의·과실이 없다는 점에 대하여 입증책임을 부담한다는 것이다.[5] 그러므로 〈사례 2〉에서는 甲이 불법행위를 주장하므로 乙의 과실의 입증책임은 甲이 부담하는데, 진위불명이 되었으므로 甲에게 불리하게, 즉 乙에게 과실이 없다고 인정된다. 그와 반대로 〈사례 2a〉에서는 甲이 계약불이행을 주장하였으므로 乙의 과실에 대한 입증책임은 乙이 부담한다. 그런데 乙에게 과실이 있었는지가 진위불명이 되었으므로 乙에게 불리하게, 즉 과실이 있다고 확정하게 된다. 판례는 나아가 채권자의 수령지체 중에라도 채무자가 목적 부동산을 제3자에게 양도하여 소유권이전등기의무가 이행이 불능이 되었으면 채무자는 손해배상채무를 부담하고, 이 경우에 채권자지체가 발생한 사실에 대한 증명책임은 채무자에게 있다고 한다.[6]

계약관계인 임대차의 목적물이 화재 등으로 인하여 소멸됨으로써 임차인의 목적물 반환의무가 이행불능이 된 경우에, 임차인은 이행불능이 자기가 책임질 수 없는 사유로 인한 것이라는 증명을 다하지 못하면 목적물 반환의무의 이행불능으로

---

4) 大判 2016. 3. 24, 2015다211425: 예금명의자가 자신의 명의로 실명확인 절차를 거친 예금계좌에서 금원을 인출한 행위라도 타인으로부터 보관을 위탁받은 금원을 영득할 의사로 인출한 경우에는 위법한 금원 횡령행위로서 불법행위를 구성하나, 예금명의자의 금원 인출행위가 위법하다는 점에 대한 입증책임은 불법행위를 주장하는 자에게 있다.

5) 大判 1985. 3. 26, 84다카1864(동업자 중 업무를 수행하지 않은 일부가 실제 업무를 수행한 나머지 동업자에게 이익금을 청구한 사건에서 원고들이 그 맡은 업무를 수행하지 않아서 부득이 제3자를 고용하여 업무를 대행케 하여 피고에게 생긴 손해액을 자동채권으로 하여 피고가 상계를 주장한 사안).

6) 大判 2016. 3. 24, 2015다249383.

인한 손해를 배상할 책임을 지고, 그 화재 등의 구체적인 발생 원인이 밝혀지지 아니한 때에도 마찬가지이고, 임대차 목적물을 반환할 수 있었어도 반환된 임차 건물이 화재로 인하여 훼손되었음을 이유로 손해배상을 구하는 경우에도 마찬가지이다.7)

같은 불법행위라도 서로 입증책임을 달리 하는 경우가 있다. 민법 제750조와 제756조, 제758조, 제759조를 비교하면 이를 알 수 있다. 일반 불법행위(민 제750조)와는 달리 사용자책임(민 제756조), 공작물 점유자의 책임(민 제758조), 동물 점유자의 책임(민 제759조)에서는 고의·과실이 단서에 규정되어 있고, 이는 바로 고의나 과실은 사용자, 점유자 등에게 입증책임이 있음을 나타내는 것이다.

판례는 부당이득에 관하여는 법률요건 사항의 분류를 그대로 따르지는 않는다. 당사자 일방이 자신의 의사에 따라 이행을 한 다음에 청구하는 이른바 급부부당이득의 경우에는 법률상 원인 없음에 대하여 민법 제741조의 형식대로 반환을 청구하는 당사자가 입증책임을 부담한다고 하는8) 반면, 타인의 권리를 침해하여 부당이득을 얻은 이른바 침해부당이득의 경우에는 이득자가 그 이익을 보유할 정당한 권원이 있음을 증명할 책임이 있다고 한다.9)

채무자가 채권자를 해치는 것을 알고 한 재산권상의 법률행위는 채권자가 그 행위의 취소 및 원상회복을 청구할 수 있는데(민 제406조 1항 본문), 수익자가 행위 당시에, 전득자가 전득 당시에 채권자를 해침을 알지 못한 경우에는 채권자가 취소를 구할 수 없다(민 제406조 1항 단서). 이 경우, 수익자나 전득자의 선의가 단서에 규정되어 있으므로 그에 대한 입증책임은 수익자나 전득자에게 있다.10)

채무자가 파산채권자를 해치는 것을 알고 한 행위는 파산관재인이 부인할 수 있는데(채회 제391조 1호 본문), 다만 수익자가 그 행위 당시 파산채권자를 해치게 된다는 사실을 알지 못한 경우에는 부인할 수 없다(채회 제91조 1호 단서). 이 경우에도 수익자의 선의가 단서에 규정되어 있으므로 그에 대한 입증책임은 수익자가 부담한다고 새긴다.11)

---

7) 大判 2023. 11. 2, 2023다244895.
8) 大判 2018. 1. 24, 2017다37324.
9) 大判 1988. 9. 13, 87다카205.
10) 大判 2006. 4. 14, 2006다5710과 大判 2006. 7. 4, 2004다61280은 수익자의 악의가 추정되므로 사해행위 당시에 수익자가 선의임을 인정하려면 객관적이고 납득할 만한 증거자료 등이 있어야 하고, 채무자의 일방적인 진술이나 제3자의 추측에 불과한 진술에만 터잡아 수익자가 선의였다고 단정해서는 안 된다고 하였다. 大判 2013. 4. 26, 2011다37001; 大判 2018. 4. 10, 2016다272311 등도 이를 수익자 등의 악의가 추정된다고 표현한다.
11) 大判 2011. 10. 13, 2011다56637·56644; 大判 2023. 9. 21, 2023다234553.

Ⅱ. 위험영역설

법률요건분류설은 통상적인 사건의 해결에는 타당하지만 현대 산업사회에서 자주 나타나는 새로운 현상에 적용하기에는 미흡한 점이 있다. 특히 공해(환경)사건, 의료책임사건, 제조물책임사건 등의 경우에 **증거의 편재**로 말미암아 고의·과실 및 인과관계에 관하여 피해자의 구제에 미흡하여 이른바 사회정의와 형평에 맞지 않는 결과를 초래할 가능성이 크다. 그렇기 때문에 입증의 정도를 완화하려는 개연성이론이 등장한 것이다. 그러나 이와는 다른 측면에서 법률요건분류설과는 달리 새로운 기준으로 입증책임을 분배하려는 학설이 등장하였다. 그중 대표적인 것이 독일에서 주장된 **위험영역설**이다. 이 견해에 의하면, 입증책임은 요증사실이 누구의 지배영역 내지는 책임영역(위험영역)에서 발생한 것인가에 따라서 분배를 해야 한다.12)

《사례 3》   甲은 허리가 아파서 정형외과 의사 乙에게 찾아가 진료받았다. 乙은 甲이 척추디스크라고 진단하고는 수술을 하였다. 일단 허리통증은 사라졌지만 수술을 한 지 한 달 뒤에 甲은 하반신이 마비되었다. 그러자 甲이 乙이 수술 중에 척추신경을 절단하여 마비가 온 것이라고 주장하면서 乙을 상대로 손해배상을 청구하는 소를 제기하였다. 법원이 증거조사를 아무리 해 보아도 수술 중에 乙이 甲의 척추신경을 절단했는지 여부를 알 수가 없었다. 이때 甲이 승소할 수 있는가?

이 사례에서 종래의 법률요건분류설에 의하면 乙이 甲의 척추신경을 절단했다는 점에 대하여 甲이 입증책임을 지는데, 진위불명이 되었으므로 甲에게 불리하게, 즉 乙이 절단하지 않았다고 인정될 것이다. 그러나 위험영역설에 의하면 乙이 수술을 하면서 신경을 절단했는지 여부는 乙의 지배영역(위험영역)에서의 일이므로 절단행위가 없었다는 점에 대하여 乙이 입증책임을 지게 된다. 그러므로 이 사례에서는 乙이 절단행위를 한 것으로 인정될 것이다. 이 사례와 같이 의료책임사건이나 제조물책임사건, 또는 공해(환경)사건과 같이 증거가 채무자 내지는 가해자 쪽으로 치우쳐 있어 소비자나 개인으로서는 권리를 보호받기가 대단히 어려워지는 경우에는 일반적으로 법률요건분류설에 의하는 것보다 위험영역설에 의하는 것이 더 타당한 결과를 낳을 수 있다.

---

12) Prölss, Beweiserleichterungen im Schadensersatzprozeß 1966, S. 65 ff.

그러나 이 이론이 항상 타당한 결과를 가져오는 것은 아니다. 위험영역설에 의하면 〈사례 2〉와 〈사례 2a〉에서 가해자의 고의·과실은 어느 경우에나 가해자의 위험영역에 속하므로 불법행위의 경우나 계약불이행의 경우를 가리지 않고 항상 가해자 내지 채무자가 입증책임을 진다. 그러나 이는 우리 민법이 의도한 바가 전혀 아니고 민법의 규율과 맞지도 않다. 일반 불법행위와 사용자책임, 공작물점유자의 책임, 동물점유자의 책임의 관계에서도 마찬가지의 문제가 생긴다. 그러므로 위험영역설은 타당하지 않다. 앞에서 본 증거의 편재로 인한 불합리는 입법으로 해결되어 있지 않으면 입증의 정도를 완화하거나 입증방해 등의 법리를 동원하여 해결하는 것이 가장 무난하다.

제 3 절 立證責任의 轉換

입증책임의 전환이란 일정한 요건사항에 대하여 일반적인 입증책임은 정하여져 있지만, 그에 대한 예외를 인정하여 **반대사실에 대한 입증책임을 상대방이 지도록** 하는 것을 말한다. 입증책임은 입법에 의하여 전환하는 것이 원칙이지만 오늘날 법해석에 의하여 전환시키려는 시도가 이루어진다. 입법에 의한 입증책임의 전환에는 법률상의 추정에 의한 것과 특별규정에 의한 것이 있다.

Ⅰ. 법률상의 추정

1. 의   의

추정이란 어느 사실에서 추측하여 다른 사실이나 권리를 인정하는 것을 말한다. 법률상의 추정은 경험칙을 입법에 반영하여 법규범으로 되어 있는 것을 적용하여 추정하는 것을 말한다. 법규정에 의하여 일정한 사실이 추정되는 경우도 있고(사실추정), 일정한 권리가 추정되는 경우도 있다(권리추정).

《사례 4》   乙은 甲으로부터 충남 옥천의 임야를 매입하여 등기까지 이전받아 2007년 5월 1일부터 채소를 경작하였는데, 매매대금을 지급하지 않아 甲이 계약을 해제하여 소유권을 상실하였다. 그런데도 甲은 그 임야뿐만 아니라 등기도 방치하여 두었고 乙은 계속 채소를 경작하였다. 2017년 7월 1일에 甲이 소유권에 기하여 위 임야의 인도를 구하는 소를 제기하였다. 이에 대하여 乙은 그 임야를 시효취득하였음을 주장하면서 자기가 2007년 5월 2일과 2017년 5월 1일에 그 임야를 틀림없이 점유하고 있었다고 주장하였다. 이때 甲이 乙의 시효취득이 인정되는 것을 막으려면 어떤 소송활동을 해야 하는가?

사실추정은 어떤 전제되는 사실이 있으면 법규정에 의하여 다른 사실이 추정되는 것을 말한다. 위 사례에서 乙이 주장한 두 시점에서의 점유가 인정되면 민법 제198조에 의하여 두 시점 동안 점유가 계속된 것으로 추정된다. 이러한 사실추정에 해당하는 것으로, 부의 친생자의 추정(민 제844조), 상호의 부정목적 사용의 추정(상 제23조 4항), 배서 시기의 추정(어 제20조 2항), 회생절차 개시 후와 파산선고 후의 법률행위의 추정(채회 제64조 2항, 제329조 2항), 지급불능의 추정(채회 제305조 2항), 친일반민족행위자 재산의 국가귀속에 관한 특별법상의 친일행위의 대가로 취득한 재산의 추정(이 법 제2조 2호)[1] 등이 있다.

권리추정은 어떤 전제사실이 있으면 일정한 권리가 있거나 권리가 일정한 상태에 있는 것으로 추정하는 것을 말한다. 예를 들어, 부부가 소유한 물건이지만 누구의 재산인지가 분명하지 않으면 부부의 공유로 추정하는 것(민 제830조 2항)이다. 권리추정에 해당하는 것에는, 점유자 권리의 적법 추정(민 제200조), 건물 공용부분의 공유 추정(민 제215조 1항), 경계표 등의 공유 추정(민 제239조), 공유지분의 균등 추정(민 제262조 2항), 업무집행 조합원의 대리권 추정(민 제709조) 등이 있다.

2. 효   과

법률상의 사실추정이 있으면 요건사실인 추정사실을 주장한 당사자는 추정되는 사실을 직접 증명할 수도 있지만 그보다 증명이 쉬운 전제사실을 입증하여 요건사실이 있는 것으로 추정받게 된다. 〈사례 4〉에서 乙이 시효취득을 인정받기 위하여 10년간의 점유를 주장하지만 10년간 하루도 빠짐 없이 계속 점유하였음을 일일이 입증할 필요가 없고, 2007년 5월 2일과 2017년 5월 1일에 그 임야를 점유하였다는

---

1) 이 법규정에 의하면 러·일전쟁 개전 시부터 1945년 8월 15일까지 친일반민족행위자가 취득한 재산은 친일행위의 대가로 취득한 재산으로 추정한다. 大判 2016. 12. 29, 2014다22789는 이 추정조항에 의한 추정력을 번복하기 위해서는, 재산의 취득시기가 러·일전쟁 개전 시부터 1945년 8월 15일까지 사이라는 전제사실에 대하여 법원의 확신을 흔들리게 하는 반증을 제출하거나, 또는 그 기간 동안에 취득한 재산은 친일행위의 대가라고 하는 추정에 반대되는 사실의 존재를 증명하여야 한다고 판시하였다. 이를 보면 판례가 재산 취득시기에 관하여는 친일재산임을 주장하는 당사자가, 친일행위의 대가 부분에 관하여는 상대방 당사자가 입증책임을 부담한다고 보았음을 알 수 있다.

사실만 주장, 입증하면 10년간의 점유 계속이 추정된다. 이때 상대방 당사자가 이러한 추정의 불이익을 면하려면 두 가지 방법이 있다. 하나는 전제되는 사실 자체를 다투어 입증하는 것이고, 다른 하나는 추정되는 사실의 반대사실을 주장, 입증하는 것이다.

첫째 방법은, 위 사례에서 甲은 乙의 점유가 2007년 5월이 아니라 그로부터 몇 해 뒤에 비로소 시작되었다고 주장, 입증하면 乙의 시효취득은 인정되지 않게 된다. 이때 甲은 乙이 주장한 전제사실을 부인한 것으로, 이때 甲의 입증은 반증이 된다. 따라서 甲으로서는 乙이 주장한 전제사실인 2007년 5월 1일부터 점유하였다는 사실에 대하여 법관의 확신이 서지 않도록 흔들어 놓기만 하면 반증이 성공하는 것이다.

둘째 방법은 상대방이 주장한 전제사실은 다투지 않고, 추정되는 사실과 반대사실을 주장, 입증하는 것이다. 위 사례에서 甲이 예를 들면 2012년 1월부터 2014년 11월까지 자기가 그 임야를 점유하여 사용하였다고 주장, 입증하는 것이다. 이때 乙의 점유가 계속되었는지 여부가 불명해지면 민법 제198조의 추정력에 의하여 점유는 계속되었다고 인정되므로 甲이 불리한 판단을 받게 된다. 즉, 법률상 추정 사실에 대하여는 상대방이 입증책임을 부담한다. 그러므로 甲이 중간에 자기가 점유하였음을 입증하는 것은 입증책임을 부담하는 사실에 대한 입증이므로 본증이고, 따라서 법관에게 확신을 줄 정도로 입증해야 한다. 이런 의미에서 법률상의 추정은 적어도 부분적으로나마 입증책임의 전환을 초래한다.

법률상의 권리추정의 경우도 사실추정과 마찬가지이다. 권리추정을 다투는 당사자는 추정된 권리와 양립하지 않는 권리상태를 발생시키는 원인사실을 주장, 입증하여 권리추정을 번복시킬 수 있다. 예를 들어 부부재산의 공유추정에 대하여 그 재산이 어느 일방의 특유재산임을 주장, 입증할 수 있다. 이때의 입증은 본증이다. 그리고 권리추정의 전제사실 자체를 다투어서 추정이 일어나지 못하게 할 수도 있는데, 이때의 입증은 반증이다.

3. 유사추정

법규정에 추정이라는 표현을 써도 엄격한 의미의 법률상 추정이 아닌 경우가 있다. 여기에는 잠정적 진실, 의사추정 및 증거법칙적 추정이 있다. 이들 중에서 잠정적 진실의 추정이 입증책임을 전환시킨다.

잠정적 진실이란 법률상 추정과는 달리 아무런 전제사실이 없는 경우, 즉 무조건의 추정이 있는 경우를 말한다. 예를 들면, 점유자의 소유의 의사, 선의, 평온 및 공연한 점유의 추정(민 제197조 1항), 상인 행위의 영업성 추정(상 제47조 2항), 어음 인수기재 말소시기의 추정(어 제27조 1항 2문) 등이 여기에 해당한다. 이러한 경우는 엄밀한 의미에서의 법률상 추정은 아니지만 잠정적으로 인정되는 사실에 대하여 다투는 자에게 입증책임을 지우는 규정으로, 결국 **입증책임의 전환**을 가져온다. 그러므로 예컨대 점유자의 자주점유 여부는 이를 다투는 당사자가 입증책임을 지게 되고 자주점유에 대한 반대사실을 본증으로 입증하여야 그 추정을 번복할 수 있다.[2] 타주점유였다고 주장하는 당사자가 외형적, 객관적으로 보아 점유자가 타인의 소유권을 배척하고 점유할 의사를 갖고 있지 아니하였던 것이라고 볼 만한 사정을 증명하면 자주점유의 추정은 깨어진다.[3]

의사추정은 사람이 어떤 의사를 가졌다는 사실 자체를 추정하는 것이 아니라, 의사표시의 내용이나 효과를 추정하는 것을 말한다. 이는 엄밀한 의미에서의 추정이 아니라 **의사표시를 해석**하는 규정이다. 예를 들면, 기한의 채무자 이익 추정(민 제153조 1항), 배상액 예정의 추정(민 제398조 4항), 채무자 자력 담보 기준시의 추정(민 제579조), 의무이행 기한의 추정(민 제585조) 등이 여기에 해당한다. 추정이란 표현을 쓰지 않았어도 실체법상의 해석규정과 보충규정인 임의규정도 여기에 해당한다고 본다.[4]

증거법칙적 추정은 실체법상의 요건사항과는 관계없이 자유심증에 대한 예외를 규정한 것이다. 문서의 진정 추정이 그것으로(제356조, 제358조), 이것을 번복하려면 반증으로 족하다고 본다.[5] 이에 대하여 이는 법률상의 추정이라고 보는 것이 옳다는 견해도 있다.[6] 뒤에 보는 바와 같이 이를 법률상의 추정이라고 보는 것이 타당하다.

---

2) 大判 1972. 10. 31, 72다1540.

3) 大判 2022. 5. 12, 2019다249428: 구체적으로는 타주점유를 주장하는 당사자가 점유자가 성질상 소유의 의사가 없는 것으로 보이는 권원에 바탕을 두고 점유를 취득한 사실을 증명하거나, 점유자가 진정한 소유자라면 통상 취하지 아니할 태도를 나타내거나 소유자라면 당연히 취했을 것으로 보이는 행동을 취하지 아니한 경우 등을 증명하면 된다.

4) 宋·朴, 552.

5) 宋·朴, 552; 大判 1970. 2. 24, 69다1628; 大判 1986. 9. 23, 86다카915; 大判 1995. 3. 10, 93다30129·30136; 大判 2018. 4. 12, 2017다292244.

6) 鄭仙珠, 문서의 증거력, 民事訴訟(III), 2000, 255-256.

Ⅱ. 특별규정

입증책임의 전환은 특별규정에 의하여도 생긴다. 앞에서 본 사용자, 공작물 등의 점유자 및 동물 점유자의 책임에 관한 규정들이 여기에 해당한다. 또한 자배법 제3조 단서에 의하여도 일반 불법행위(민 제750조)에 대한 입증책임의 전환이 이루어진다.

종전에 학설상 다투어져 왔던 **제조물책임**에 관하여는 제조물책임법의 제정, 시행으로[7] ① 제조업자의 제조물 공급 사실, ② 제조업자의 결함 발견의 가능성, ③ 공급 당시의 법령 위반 사실, ④ 원재료나 부품에 결함이 있는 경우 제조업자의 설계나 지시 여부 등에 관하여는 피고가 되는 제조업자가 이러한 사실들이 없었음을 입증하지 못하면 책임을 면하지 못하게(제책 제4조 1항) 되었다. 즉 가해행위의 존재, 고의 또는 과실의 유무에 관하여 입증책임을 전환한 것이다. 그리고 2017년의 법개정으로 피해자가 다음의 사실을 증명한 경우에는 제조물의 결함의 존재와 결함과 손해발생 사이의 인과관계를 법률상 추정하도록 하였다(제책 제3조의2): ① 그 제조물의 정상적 사용 상태에서 손해가 발생하였고, ② 그 손해가 제조업자의 지배 영역에 속한 원인에서 생겼으며, ③ 그 손해가 그 제조물의 결함 없이는 생기지 않음이 통상적이라는 점.

환경오염(공해)사건에 관하여도 환경정책기본법에서 환경오염의 피해에 대한 무과실책임을 인정하고(환기 제44조 1항) 환경오염의 원인자는[8] 고의나 과실 등의 귀책사유가 없더라도 피해를 배상하도록 하여[9] 과실 입증의 어려움을 해결하였고, 가해사업장이 분명하지 않은 경우에는 각 사업자가 연대하여 배상하도록 하여(환기 제44조 2항) 인과관계에 관한 입증책임을 전환하였다.

Ⅲ. 해석론에 의한 입증책임의 전환

앞에서 본 바와 같이 환경소송, 의료과오소송, 제조물책임소송 등 증거가 편재

---

7) 2000. 1. 12.에 제정하여 2002. 7. 1.부터 시행되고 있다.
8) 종전에는 책임의 주체를 '사업자'로 정하였으나, 2011년 7월 법개정으로 '원인자'로 확대하였다.
9) 大判 2017. 2. 15, 2015다23321; 大判 2018. 9. 13, 2016다35802; 大判 2020. 6. 25, 2019다292026・292033・292040.

한 경우에 입증책임을 해석상 전환시키자는 견해가 있다. 그리고 입증방해의 경우에도 방해한 이에게 입증책임을 전환하자는 견해가 있음도 보았다. 그러나 위에서 보았듯이 이들 중 이미 입법으로 입증책임을 전환한 것이 있고, 그러한 규정이 없는 부분은 모두 입증의 정도 완화, 자유심증 등으로 해결하면 되므로 굳이 획일적인 규율인 입증책임 전환을 논할 필요가 없다.10)

그러나 판례가 법률규정이 없음에도 불구하고 해석으로 법률상 추정과 같은 효과를 인정하여 결국 해석에 의한 입증책임의 전환을 인정한 경우가 있다.

1. 부동산 등기의 추정력

판례는 부당산등기는 그 존재 자체로부터 적법한 등기원인에 의하여 마쳐진 것으로 추정된다고 하면서, 그에 따라 타인에게 명의를 신탁하여 등기하였다고 주장하는 사람은 그 명의신탁 사실에 대하여 입증책임을 부담한다고 하며,11) 등기부에 기재된 것과 다소 다른 원인행위의 주장이 인정되지 않는 것으로는 그 등기의 추정력이 깨어지지 않는다고 하고,12) 등기가 원인 없이 마쳐진 것이라고 주장하는 쪽에서 등기의 무효사유를 입증할 책임을 진다고 하며,13) 등기는 효력존속요건이 아니어서 등기가 원인 없이 말소되었더라도 그 회복등기가 없어도 말소된 등기의 명의인은 적법한 권리자로 추정되므로 말소된 등기의 효력을 다투는 쪽에서 무효사유를 입증해야 한다고14) 판시한다. 나아가 소유권이전등기의 등기명의자는 전 소유자에 대하여서도 적법한 등기원인에 의하여 소유권을 취득한 것으로 추정되는 것이므로 이를 다투는 측에서 그 무효사유를 주장, 입증하여야 하는 것이라고15) 한다. 그리고 집합건물법이 정하는 구분점포에 관하여, 집합건물법 절차에 따라 적법하게 집합건축물대장에 등록이 이루어지고 그에 따라 구분등기가 마쳐진 구분점포에 대하여는 구분소유권의 요건을 갖추고 있다고 추정되고, 그와 다른 사실은 이를 그 사실을 주장하는 측에서 주장, 증명하여야 한다고 판시하였다.16)

---

10) 한충수, 454.

11) 大判 2015. 10. 29, 2012다84479; 大判 2017. 6. 19, 2017다215070.

12) 大判 1993. 5. 11, 92다46059; 大判 1997. 9. 30, 95다39526.

13) 위 95다39526 판결.

14) 大判 1982. 9. 14, 81다카923; 위 95다39526 판결.

15) 大判 1979. 6. 26, 79다741; 大判 1982. 6. 22, 81다791; 大判 1992. 4. 24, 91다26379 · 26386; 위 92다46059 판결.

16) 大決 2022. 12. 29, 2019마5500.

이 추정력이 번복된 예로는, 부동산소유권 이전등기 등에 관한 특별조치법에 의한 소유권이전등기의 추정력도 전 등기명의인으로부터 소유권을 승계취득하였음을 원인으로 하는 것이므로 그 전 등기명의인이 무권리자이기 때문에 그로부터의 소유권이전등기가 원인무효로서 말소되어야 할 경우와,[17] 소유권보존등기가 위 특별조치법에 의하여 마쳐진 것이 아닌 한 이 보존등기의 추정력은 등기명의인 이외의 자가 해당 토지를 사정 받은 것으로 밝혀진 경우,[18] 이전등기가 사망자 명의로 신청하여 이루어진 경우[19] 등을 들 수 있다.

판례의 이러한 태도는 법률의 규정이 없는 등기의 권리추정력을 해석으로 인정하여 법률상의 추정과 같은 결과를 인정하여 입증책임을 상대방에게 전환한 것이다.

2. 상표권 침해자의 과실 추정

판례는 타인의 상표권을 침해한 이는 그 침해행위에 대하여 과실이 있는 것으로 추정된다고 새긴다. 그에 따라 타인의 상표권을 침해한 이에게 과실이 없다고 하려면 상표권의 존재를 알지 못하였다는 점을 정당화할 수 있는 사정이 있다거나 자신이 사용하는 상표가 등록상표의 권리범위에 속하지 않는다고 믿은 점을 정당화할 수 있는 사정이 있다는 것을 주장, 증명해야 한다고 한다.[20] 그 근거로는 특허권, 실용신안권, 디자인권 침해의 경우에는 과실 추정 규정이 있는데(특 제130조, 실용 제30조, 디보 제65조 1항), 상표권에 관하여는 이러한 규정이 없지만 이들을 달리 볼 합리적인 이유가 없다는 것을 든다.

이러한 판례의 입장은 상표법과 비슷한 규율을 하고 있는 다른 법률에 있는 과실 추정 규정이 상표법에만 없는 것은 입법의 불비라고 보고, 이 공백을 메우기 위하여 다른 법률의 규정을 상표권 침해의 경우에 유추적용하여 결국 법률상 추정을 인정한 것과 같은 결과를 인정한 것이다. 이것도 결국 법해석에 의한 입증책임의 전환이 될 것이다. 이처럼 입법의 불비라는 특수한 사정이 있는 경우에 한하여 법해석에 의한 입증책임의 전환을 인정할 것이고, 이를 확대해석해서 유추적용에 의한 법률상의 추정을 일반적으로 인정해서는 안 될 것이다.

---

17) 大判 1990. 11. 9, 90다카16723.
18) 大判 2018. 1. 25, 2017다260117.
19) 大判 1983. 8. 23, 83다카597; 大判 2017. 12. 22, 2017다360·377; 大判 2018. 11. 29, 2018다200730. 이러한 경우에는 그 등기가 현재의 실체관계와 부합한다는 점에 관해 등기의 유효를 주장하는 자가 입증책임을 진다.
20) 大判 2013. 7. 25, 2013다21666.

3. 주주명부의 등재

판례 중에는 주주명부에 주주로 등재되어 있는 사람은 주주로 추정되고, 이를 번복하려면 그 주주권을 부인하는 측에 입증책임이 있다고 한 것이 있다.21) 여기서 말하는 추정이 무엇을 의미하는지 분명하지 않다. 이른바 사실상의 추정을 말한다면 주주권을 부인하는 측의 증명은 반증이 될 텐데, 입증책임이 부인하는 측에 있다는 것과 맞지 않다. 그렇다고 법규정이 없는데 법률상의 추정이라고 할 수도 없다. 그러면 해석에 의한 법률상의 추정을 말하는 것인가? 그러나 주주명부의 등재는 주주권을 창설하는 효력이 아니라 주주가 회사에 대한 관계에서 자신의 실질적 권리를 증명하지 않아도 주주의 권리를 행사할 수 있는 자격수여적 효력이 있을 뿐이므로 주주권의 부인은 반증으로 된다는 판례도 있음을22) 유의할 필요가 있다.

4. 공해사건에서의 인과관계

판례는 "가해자가 어떤 유해한 원인물질을 배출하고 그것이 피해물건에 도달하여 손해가 발생하였다면 가해자 측에서 그것이 무해하다는 것을 증명하지 못하는 한 가해행위와 피해자의 손해발생 사이의 인과관계를 인정할 수 있다."고 하면서 유해물질의 배출사실과 유해 정도가 참을 한도를 넘는다는 사실, 그 물질이 피해물건에 도달한 사실, 손해발생 사실 등의 증명책임은 여전히 피해자에게 있다고 밝혀,23) 인과관계에 관한 입증책임은 가해자에게 전환시키는 듯한 표현을 한다.24) 이러한 태도가 실제로 개연성설에 입각한 해석을 넘어서 입증책임을 전환시킨 것을 의미하는지는 분명하지 않다.

---

21) 大判 1985. 3. 26, 84다카2082; 大判 2007. 9. 6, 2007다27755; 大判 2010. 3. 11, 2007다51505; 大判 2016. 8. 29, 2014다53745.

22) 大判 1989. 7. 11, 89다카5345.

23) 大判 2013. 10. 11, 2012다111661(공항과 교량, 방조제 공사와 축사와 골프장 운영으로 인한 오염 등으로 어업생산량 감소 피해 부정); 大判 2016. 12. 29, 2014다67720(골프장 농약 살포로 인한 어업 피해를 부정); 大判 2019. 11. 28, 2016다233538(고속도로 매연과 염화칼슘 사용으로 인한 과수원 수확 감소 인정); 大判 2020. 6. 25, 2019다292026・292033・292040(경마공원 경주로에 뿌린 소금으로 인한 지하수 수질 오염과 농작물 피해 인정).

24) 그러나 가해자가 유해한 원인물질을 배출한 것을 전제로 하면서 가해자가 그 물질이 유해한 것이 아님을 증명한다는 것은 인과관계의 문제가 아니라 가해행위의 존부에 관한 문제이다. 실제 사안에서 인과관계의 존부, 즉 유해 물질이 피해자에게 도달하였는지가 문제됨에도 이처럼 배출 물질의 유해 여부, 즉 가해자가 유해물질을 배출하였는지가 증명의 대상인 것처럼 부정확하게 설시하였다.

제 5 장   證據調査節次

제 1 절   證據調査節次 一般

증거조사는 통상 당사자가 증거신청을 하면 법원이 그 채택 여부를 결정하고, 채택된 증거에 대하여 조사를 하여 심증을 형성하는 순서로 진행된다. 그러나 직권으로 증거조사를 할 때에는 당사자의 신청과정이 없다.

Ⅰ. 증거신청

1. 의   의

증거신청이란 당사자가 일정한 사실을 증명하기 위하여 **특정 증거방법을 적시하여 조사할 것을 법원에 신청**하는 소송행위이다. 변론주의 절차에서는 당사자의 증거신청이 없으면 다툼 있는 사실에 대하여 증거가 없는 것으로 인정될 수 있기 때문에 증거신청은 소송의 승패를 가름하는 중요한 소송행위가 된다.[1]

2. 방   법

증거를 신청할 때는 입증하려는 사실(**입증사항**)(제289조 1항), 특정 증거방법 및 입증사항과 증거방법의 관계(**입증취지**)를 **구체적으로 명시**하여야 한다. 증거신청의 남용을 막고 바로 증거조사에 착수할 수 있도록 하기 위한 조치이다. 그러므로 증인과 당사자신문의 경우에는 신문사항을, 감정의 경우에는 감정사항을 기재한 서면을 제출하여야 한다(규 제80조, 제101조). 이 점과 관련하여 입증사항을 정확히 특정하지 않고 증거신청을 하여 증거조사로써 구체적 사실관계를 찾아내려고 하는 행

---

1) 이 점을 강조하여 근래에 일본의 당사자권 이론의 영향을 받아 당사자의 증거제출권(입증권, 증명권)을 인정하려는 견해가 나타났다(金・姜, 493; 김홍엽, 632; 이시윤, 498-499; 鄭・庾・金, 546-548). 그러나 이처럼 당사자의 소송상의 활동가능성을 일일이 권리로 규정지을 필요가 없다. 이처럼 하려면 심지어는 공격방법제출권, 방어방법제출권 등까지 열거할 것인지 의문이다. 당사자의 민사소송상 지위는 포괄적으로 권리보호청구권으로 규정지면 된다. 입증권을 인정했다고 인용되는 大判 1997. 5. 30, 95다21365도 공시송달로 인한 불출석으로 자백간주가 되어 패소한 당사자는 절차상 부여된 권리를 침해당한 것이라고 판시한 것이지 입증권이라는 권리를 별도로 인정한 것이라고 볼 수는 없다.

위(이른바 **탐색적 입증, 모색적 증명**)가 허용되는지가 문제된다. 이러한 증거신청은 변론주의 절차에서는 허용되지 않는다. 일부 학설은 증거의 구조적 편재를 막기 위한 방법으로 소위 현대형 소송에서2) 제한된 범위에서 인정할 필요가 있다고 하나,3) 증거의 편재와 주장할 사실을 탐색하는 것은 직접 관계가 없고 제289조에도 위반되므로4) 타당하지 않다.

3. 시　기

증거신청은 실기한 공격·방어방법으로 각하되거나 준비절차 종결의 효과로 제출하지 못하는 경우를 제외하고는 변론종결시까지 할 수 있다. 이 신청은 변론기일 전에도 할 수 있는데(제289조 2항), 주로 변론준비절차나 변론준비기일에 하게 될 것이다.

4. 철　회

증거신청은 증거조사가 시작되기 전이면 자유로이 철회할 수 있다. 증거조사가 시작된 뒤에는 상대방도 유리하게 원용할 이익을 가지므로 상대방의 동의를 얻어야 하고, 증거조사가 끝난 뒤에는 이미 심증이 형성되었기 때문에 철회는 불가능하다.

5. 상대방의 증거항변

증거신청이 있으면 상대방 당사자에게 의견을 진술할 기회를 주어야 한다. 이때 상대방은 신청된 증거에 대하여 실기, 무가치, 불필요, 부적법 등의 증거항변을 할 수 있다.

Ⅱ. 증거결정

1. 의　의

당사자가 증거신청을 하면 법원이 그 증거방법을 조사할 것인지 여부를 결정하

---

2) 공해소송과 제조물책임소송, 의료과오소송 등을 '현대형 소송'이라고 부르는 이가 많다. 이러한 소송이 피해자가 가해행위나 과실, 인과관계 등을 입증하기 어렵고, 특히 증거가 주로 가해자 측에 치우쳐 있다는 공통점이 있으나, 이들을 '현대형' 소송이라는 모호한 내용과 외연을 가진 개념으로 부르는 것은 적절하지 않다.

3) 金·姜, 483; 김홍엽, 633; 이시윤, 499-500; 鄭·庚·金, 552.

4) 宋·朴, 554.

는데, 이를 증거결정이라고 한다. 당사자는 다툼 있는 사실에 대하여 **입증을 할 정당한 이익**이 있으므로 법원은 증거신청을 받아들이는 것이 원칙이다. 다만 증거능력이 없거나 부적법한 증거, 불필요하거나 조사가 불가능한 증거는 조사하여서는 안 될 것이므로 증거결정을 함에는 그 증거가 적법한지, 방식에 맞는지 및 그 증거방법을 조사하는 것이 필요한지 그리고 가능한지 여부 등을 고려하여 판단한다.

법원이 **배척하는 경우**로는, 증거조사가 부적법한 경우와[5] 신청이 실기하였거나 (제149조, 제285조), 입증사항을 적시하지 않은 경우(제289조 1항), 사건과 관계 없어서 불필요한 증거신청(제290조), 증인의 소재불명 등 부정기간의 장애가 있는 때(제291조) 등이다. 그 밖에 이미 입증의 취지와 일치하는 심증이 형성되어 증거조사가 불필요한 경우에도 배척할 수 있을 것이다. 그러나 입증취지와 반대되는 심증이 이미 형성되었다거나 조사도 하기 전에 증거방법이 믿을 만하지 않다고 한 각하는 사전예단을 전제로 한 것이므로 허용되지 않고,[6] 증거조사가 비경제적이라고 한 각하는 재판청구권의 침해이므로 허용되지 않는다.[7]

2. 묵시적 결정

법원이 증거신청을 채택하면 이를 채택한다는 증거결정을 하고, 증거신청을 배척하면 각하결정을 하는 것이 원칙이다. 실제로 당사자의 증거신청에 대하여 법원이 일일이 채부를 결정으로 판단해 주어야 하는지에 대하여는 논란이 있다. 신청한 증거를 채택한 경우에 별도로 채택한다는 결정을 할 필요 없이 증거조사의 일시와 장소를 고지하면 된다는 데에 이설이 없다. 그러나 **증거신청을 배척할 때**에 각하결정을 하지 않고 무시하여도 되는지에 관하여는 견해의 대립이 있다. 판례는 당사자가 신청한 증거로서 법원이 필요없다고 인정한 것은 조사하지 아니 할 수 있는 것이고 이에 대하여 반드시 증거채부의 결정을 하여야 하는 것은 아니라고 하였다.[8] 그러나 당사자가 증거신청을 하였음에도 불구하고 법원이 아무런 판단도 하지 않은 채 변론을 종결하면 당사자로서는 신청한 증거방법이 각하되었음을 변론종결시에 비로소 알게 되고, 이는 다른 증거방법을 마련할 기회를 박탈당하는 것이어서 타당하지 않다. 따라서 증거신청을 배척할 경우에는 **각하결정을 즉시 명시적으로**

---

5) 위법하게 수집한 증거방법 중 일정한 경우, 탐색적 입증 등이 그 예이다.
6) Jauernig/Hess[30] § 51 Rn. 14; Lüke[11] § 25 Rn. 4; BGH NJW 1994, 1350.
7) Lüke[11] § 25 Rn. 4.
8) 大判 1965. 5. 31, 65다159; 大決 1989. 9. 7, 89마694.

하는 것이 타당하다.9) 특히 법정외 증거신청이나 법정외 증거결정의 경우에는 변론기일에서와는 달리 채부를 간편하게 고지하는 방법이 없으므로 명시적으로 증거결정서를 작성하여 고지하여야 할 것이다.

3. 유일한 증거

본래 증거결정은 법원의 직권에 속하는 재량사항이지만 신청된 증거방법이 유일한 증거일 경우에는 이를 조사해야 한다(제290조 단서). 여기서 유일한 증거란 주요사실에 관하여 당사자가 신청한 단 하나뿐인 증거방법으로, 그 증거를 조사하지 않으면 그 주요사실에 대하여 아무런 증거방법이 없게 되는 것을 말한다. 사건 전체를 기준으로 유일한 증거인지 여부를 가리는 것이 아니다. **주요사실이 기준**이므로 간접사실이나 보조사실을 입증할 증거방법에는 제290조 단서가 적용되지 않는다. 그리고 유일 여부는 전 심급을 통하여 판단해야 한다.

　판례는 입증책임을 부담하는 당사자의 경우, 즉 본증의 경우만 유일한 증거를 조사하여야 함을 전제로, 상대방의 주장을 부인하는 당사자가 제출하는 증거는 반증이므로 유일한 증거라고 할 수 없다고 한다.10) 나아가 유일한 증거방법이라도 신청한 당사자의 고의나 태만으로 인하여 증거조사를 할 수 없게 된 경우에는 각하할 수 있다고 하며,11) 유일한 증거방법인 증인이 정당한 이유 없이 출석하지 않은 경우에도 이를 배척할 수 있다고 한다.12) 그 조사에 부정기간의 장애가 있는 경우에도 조사하지 아니할 수가 있으며,13) 법원이 증거조사가 필요 없다고 인정해도 이를 각하할 수 있다고 한다.14)

직권탐지주의에 의한 소송에는 유일한 증거의 규율(제290조 단서)이 적용되지 않는다는 견해가 있으나15) 이 경우에는 어차피 당사자의 증거신청이 큰 의미가 없으므로 유일한 증거신청 여부를 따지는 것도 별 의미가 없다. 판례는 행정소송에서 원고가 신청한 유일한 증거방법을 허용하지 아니함은 위법이라고 하여 역시 위 조

---

9) 方順元, 487; 宋·朴, 555; 이시윤, 504; 鄭·庚·金, 618. 강현중, 543은 증거조사를 하지 않을 때에는 되도록 빨리 각하결정을 해야 한다고 하면서도 묵시적 각하결정도 인정한다.

10) 大判 1959. 7. 16, 4291민상604; 大判 1962. 7. 19, 62다260; 大判 1976. 1. 27, 75다1703; 大判 1980. 1. 13, 80다2631 등. 판례와 같은 입장은 鄭·庚·金, 619. 이에 대하여 비판적인 견해는 金·姜, 535; 이시윤, 483.

11) 大判 1958. 4. 3, 4290민상844.

12) 大判 1962. 3. 29, 4292민상1532; 大判 1971. 7. 27, 71다1195.

13) 大判 1973. 12. 11, 73다711.

14) 大決 1959. 9. 18, 4292민재항164. 감정의 경우에 관하여는 大判 1959. 5. 15, 4291민상477.

15) 강현중, 543; 이시윤, 503-504; 韓宗烈, 683.

문을 적용한다.16) 2002년 개정 전에는 당사자신문이 보충적인 것이었으므로 이를 이유로 유일한 증거방법이라도 각하할 수 있다는 판례가 있었다.17) 그러나 이제는 보충성이 폐지되었으므로(제367조 참조) 각하할 수 없을 것이다.

Ⅲ. 보충적 직권증거조사

1. 취   지

변론주의 소송에서는 증거조사도 당사자의 신청이 있어야 하는 것이 원칙이므로 직권으로 증거를 조사하는 것은 허용되지 않는다. 그러나 변론주의가 적용된다고 하여 실체적 진실발견의 목표를 포기하고 형식적 진실로서 만족하려는 것은 아니다. 대등하지 못한 당사자들, 특히 법률 지식이 없는 당사자는 충분히 스스로 입증을 할 수가 없는데, 이 경우에는 변론주의가 제 기능을 하지 못한다. 이러한 **변론주의의 약점을 조절**하기 위하여 현행법은 보충적으로나마 직권증거조사를 가능하게 한 것이다.18)

《사례 1》   甲은 乙 소유의 가옥에 세들어 살고 있는데, 여름 장마에 지붕과 벽에서 물이 새어 나오고, 전선 불량으로 새어 나온 물에 합선이 되어 화재가 나 천장 일부가 타버렸다. 이에 甲이 우선 자기 비용으로 집수리를 대대적으로 하고는 뒤에 乙에게 그 비용 2,500만원을 청구하였다. 乙이 비가 샌 것은 甲이 일 없이 지붕에 올라가 기와를 밟아 깨었기 때문이고, 화재가 난 것도 甲이 다리미등 전열기를 과용했기 때문이라고 하면서 수리비를 지급하지 않았다. 이에 甲이 乙을 상대로 소를 제기하였다. 법원이 심리 결과 乙의 주장이 터무니 없는 것이라는 점은 밝혀냈다. 그러나 甲은 수리비가 2,500만원 들었다고만 주장하지, 집수리에 든 재료비, 인건비 등 각종 영수증을 보관해 두지 않아서 지급한 수리비가 구체적으로 정확히 얼마인지에 관하여는 입증하지 않고 있었다. 이 경우에 법원은 어떻게 심리할 것인가?

2. 보 충 성

직권증거조사를 보충적으로 할 수 있다는 것은 당사자가 신청한 증거의 조사를 마쳤음에도 불구하고 **심증이 형성되지 않았을 때**에 법원이 비로소 직권으로 증거를 조사할 수 있다는 의미이다. 따라서 법원은 당사자가 신청한 증거의 조사를 마

---

16) 大判 1955. 4. 25, 4287행상23.
17) 大判 1956. 11. 1, 4289민상452; 大判 1966. 9. 6, 66다1100.
18) 大判 1959. 7. 2, 4291민상336.

친 뒤에 직권조사 여부를 정한다. 이때 심증이 형성되지 않았다고 바로 입증책임 분배에 따라 재판하는 것이 사회정의와 형평에 맞지 않고, 당사자 스스로의 입증을 더 이상 기대하기 어려운 때에 비로소 직권으로 증거조사를 할 수 있다고 본다.[19] 그러나 구체적으로 어느 경우에 어느 정도 직권으로 증거조사를 할 것인가는 개개의 사건에 따라 법원이 얻은 심증의 정도에 비추어 정할 수밖에 없다.[20]

3. 석명(입증촉구)과의 관계

법원은 당사자의 입증이 충분하지 못한 때에는 석명권을 행사하여 입증을 촉구할 수 있다. 그것으로도 부족할 때, 즉 당사자가 신청한 증거로 심증을 얻지 못하거나 기타 필요한 경우에는 보충적으로 직권증거조사를 할 수 있다(제292조). 판례는 석명권을 행사하여 입증을 촉구하거나 직권증거조사를 하여야 한다고 하여[21] 마치 입증촉구와 직권증거조사가 같은 순위에 놓인 것처럼 표현하고 있지만, 입증촉구로 인한 당사자의 입증도 역시 **직권조사보다 선순위**에 있는 것이다. 증거조사를 직권으로 할지 여부는 법원의 재량사항이다.

판례는 금전채권이 인정되는 이상 그 구체적인 액수에 대하여 입증이 없으면 석명권을 행사하거나 직권으로 증거조사를 하여 그 액수를 확정해야 한다고 본다. 이행불능으로 인한 손해배상책임을 인정하였으면 그 수액을 명확하게 하기 위하여,[22] 조합재산의 2분의 1에 해당하는 금원을 반환받을 청구권이 인정되는 이상 그 수액을 밝히기 위하여서,[23] 가옥의 수리사실을 인정하였으면 그 수리비액에 대하여[24] 석명이나 직권으로 증거조사를 하여야 한다고 하였다. 판례는 과실상계에 관하여 피해자의 과실이 주장되었으면 그 과실이 있었는지에 관한 증거는 직권으로 조사해야 한다고 보고, 그 이유로 과실상계 규정은 공익에 관한 것임을 들었다.[25] 그러나 이러한 이유설명이 필요한지는 의문이고, 석명도 하지 않고 바로 직권증거조사를 해야 하는 것처럼 판시한 것은 타당하지 않다.

그러므로 〈사례 1〉에서 법원은 우선 甲에게 입증을 촉구하고 甲의 입증이 충분하지 않거나 입증을 못하고 있으면 직권으로 집수리의 공사를 담당한 회사나 기술

---

19) 이시윤, 505; 鄭·庚·金, 620.
20) 宋·朴, 558.
21) 大判 1959. 10. 22, 4291민상898; 大判 1963. 9. 5, 63다378.
22) 大判 1961. 7. 27, 4293민상445.
23) 大判 1963. 9. 5, 63다378.
24) 大判 1959. 10. 22, 4291민상898.
25) 大判 1962. 4. 26, 4294민상1069.

자를 증인으로 소환하여 甲이 들인 수리비 액수를 밝혀야 할 것이다.

Ⅳ. 증거조사의 실시

증거조사는 **수소법원의 법정**에서 **변론기일**이나 별도로 정해진 **증거조사기일**에 실시하는 것이 원칙이다.[26] 그러나 변론기일 전에도 변론준비절차에서 증거조사를 할 수 있고, 경우에 따라서는 법정외에서의 증거조사도 가능하다. 변론준비기일에 증거조사를 하였으면 변론준비기일조서(제283조 2항)에, 변론기일에 증거조사를 하였으면 변론조서에 이를 기재하고(제154조 2호, 3호), 별도로 증거조사를 하였으면 증거조서에 기재한다(제160조).

1. 기일전 증거조사

심리의 집중을 기하려면 기일 전에 미리 증거조사를 하는 것이 효과적이기 때문에 2002년 개정법은 변론준비절차에서 **변론의 준비**를 위하여 필요한 경우에는 증거결정뿐만 아니라(제281조 1항) 증거조사도 할 수 있도록 하고(제281조 3항 본문, 제289조 2항), 증인신문과 당사자신문은 예외적으로 제313조에서 정한 사유가 있는 경우에 한하여 허용한다(제281조 3항 단서). 변론기일에 들어서 비로소 증거신청, 증거결정, 증거조사를 하느라고 여러 차례 기일을 여는 폐단을 막기 위한 방법이다.

2. 법원 외 증거조사

수소법원은 필요하다고 인정할 때에는 법원 밖에서 증거조사를 할 수 있다(제297조 1항 전문). 여기서 필요한 경우란 주로 **현장검증**과 **임상신문**을 말한다. 이러한 기일은 변론기일이 아니고 단순한 증거조사기일이 되므로 당사자는 변론을 할 수 없고 공개할 필요도 없다. 이러한 증거조사는 수명법관이나 수탁판사에게 맡길 수 있다(제297조 1항 후문).

법정 밖에서의 증거조사의 한 모습으로 **외국에서의 증거조사**를 들 수 있다. 이때는 외교통상부장관을 경유하여 그 나라에 주재하는 우리나라 외교관에게 촉탁하거나, 역시 외교통상부장관을 경유하여 그 나라의 외무부장관을 거쳐 관할 공무소에 촉탁하는 방법으로 한다(제296조 1항). 외국에서 한 증거조사는 그 나라의 법률

---

26) 변론기일이 동시에 증거조사기일이 되는 것이 보통이다.

에 어긋나더라도 우리나라의 법률에 어긋나지 않으면 효력이 있다(제296조 2항).

법원 밖에서 한 증거조사의 결과는 당사자가 변론에서 진술(원용)해야 하는가에 관하여 견해의 대립이 있다. 이러한 증거조사를 직접주의의 예외라고 해석하여 법원이 당사자에게 의견진술의 기회를 주면 되고 원용은 필요하지 않다고 하는 견해가 있고,[27] 직접주의와 구술주의 요청을 이유로 원용해야 한다는 견해가 있다.[28] 수소법원이 직접 증거조사를 하는 것이 원칙임에도 필요한 경우에는 예외적으로 법원 밖에서 수명법관이나 수탁판사에게 맡기는 것이 어쩔 수 없다 치더라도 그 **결과는 당사자가 변론에서 진술**하도록 하는 것이 타당하다. 직접주의는 적정한 재판을 위하여 없어서는 안 되는 중요한 원칙으로 형식적으로 모양만 갖추면 되는 장식품이 아니다. 직접주의 없이는 변론의 집중이나 소송의 신속화가 모두 아무런 의미가 없는 것이다.[29] 그러므로 직접주의에 대한 예외를 넓히는 것은 타당하지 않다.

3. 당사자의 참여

증거조사를 할 때는 그 기일과 장소를 당사자에게 통지하여 출석할 기회를 주어야 한다(당사자공개주의)(제167조, 제297조 2항, 제381조).[30] 그러나 당사자가 반드시 출석하여야 증거조사를 할 수 있는 것은 아니고 결석해도 증거조사는 할 수 있다(제295조). 증거조사 결과에 대하여는 당사자에게 변론의 기회를 주어야 한다. 소액사건에서 직권으로 증거조사를 한 결과에 대하여 당사자의 의견을 들어야 한다(소심 제10조 1항 후문).

제 2 절 物的 證據方法의 調査

물적 증거방법에는 문서와 검증물, 정보수록물이 있다.

---

27) 金・姜, 539; 김홍엽, 641-642; 이시윤, 508; 鄭・庚・金, 623.
28) 강현중, 546; 方順元, 490; 宋・朴, 561.
29) Jauernig/Hess[30] § 51 Rn. 16.
30) 이를 당사자의 참여권이라 하여 당사자권의 하나로 파악하는 견해가 있으나, 앞에서도 지적한 바와 같이 소송에서의 당사자가 갖는 여러 이익이나 가능성들을 모두 권리로 파악할 필요는 없다(宋・朴, 561, 주2).

Ⅰ. 문서의 조사(서증)

1. 의   의

서증이란 **문서의 기재내용**을 증거자료로 삼으려는 증거조사를 말한다. 민사소송법에서 말하는 문서는 문자나 기호, 부호 등에 의하여 **작성자의 일정한 사상을 표현한 유형물**을 말한다. 예를 들어 편지, 계약서, 등기부, 영수증, 위임장 등이 전형적인 문서이다. 기호나 부호 등으로 사상을 표현해도 문서에 포함되므로 암호, 점자, 속기 등으로 기록한 것도 문서에 해당한다. 보통의 문서를 축소하여 보관하는 마이크로필름이나 마이크로피쉬 등도 문서에 해당함은 물론이다. 일정한 사상을 표현해야 하므로 문자나 부호로 되어 있어도 사상의 표현이 없는 명함, 문패, 지도, 악보 등은 문서가 아니다. 그리고 그 소송에서 작성자의 사상 내용이 문제되는 것이므로 사상의 표현이 있어도 신문, 잡지 등은 문서가 아니고 뒤에 설명할 검증물이 된다. 녹음테이프는 사상을 표현한 것이지만 문자나 부호로 되어 있지 않으므로 문서가 아니다. 위조문서는 그 내용이 아니라 외형 존재 자체가 자료가 되는 것이므로 역시 문서가 아니고 검증물이 된다.[1]

> 2002년 법 개정 전에는 경계표, 옷표, 짐표, 사진, 도면 등 나중에 징표로 삼기 위하여 만들어진 것을 준문서라 하여 문서에 준하여 취급하였다(개정전 제335조). 그리고 녹음테이프, 전자문서 등 각종 정보파일에 관하여는 일정한 규율이 없었다.[2] 그리하여 이들을 경우에 따라서 문서나 검증물로 취급하자는 이론이 등장했다. 예를 들면 컴퓨터에 기록되어 있는 내용도 인쇄하여 제출되면 문서로 취급하는 것은 물론, 인쇄하지 않아도 자기테이프, 디스크, CD-ROM 등에 저장된 것은 사람이 기계조작으로 바로 읽을 수 있으므로 문서로 다루었고, 전자영상매체는 그 정보의 내용 부분은 문서로, 영상, 음성의 부분은 검증물로 처리하는 것이 타당하다는 것이 일반적인 견해였다.

개정법에서는 전형적인 문서가 아닌 이러한 물건들에 대하여 일일이 법률로 규정하는 것이 마땅치 않다고 보아 이들에 대한 규율을 따로 대법원규칙으로 정하도록 하였다(제374조).

---

1) 판례 중에는 이를 서증처럼 다루어도 무방하다는 것이 있으나(大判 1979. 8. 14, 78다1283), 위조된 것이라 하여 제출한 문서는 거기에 기재된 사상 내용을 증거로 하려는 것이 아니므로 서증으로 제출한 것이라 할 수 없다고 한 것이 주류이다(大判 1991. 5. 28, 90다19459; 大判 1992. 7. 10, 92다12919).

2) 녹음테이프에 관하여는 검증물로 취급한다는 것이 판례였다(大判 1981. 4. 14, 80다2314).

2. 문서의 종류

(1) 공문서와 사문서

공문서는 공무원이 그 **직무상의 권한**에 기하여 작성한 문서를 말한다. 공무원이 작성하였어도 직무상 권한에 기하여 작성한 것이 아니면 공문서가 아니다. 공문서 중에서 공증권한을 가진 이가 작성한 문서를 공정증서라고 한다. 공무원이 발급한 고지서 등은 공문서에 준해서 취급할 수 있다.[3] 공문서 이외의 문서가 사문서이다.

공문서와 사문서의 차이점은 **공문서는 진정성립이 추정**되나(제356조), 사문서는 제출자가 그 진정성립을 입증해야 한다는(제357조) 데에 있다. 하나의 문서에 공문서 부분과 사문서 부분이 공존하는 수가 있다(공사병존문서). 사문서에 공무원이 직무상 일정한 사항을 기입해 넣은 경우인데, 등기필권리증에서 등기필 부분은 공문서이지만 매도증서 부분은 사문서이다. 내용증명우편도 내용증명은 공문서이지만 편지 자체는 사문서이고, 확정일자 있는 사문서도 마찬가지이다. 이러한 문서에서 공문서 부분이 성립하였다고 해서 사문서 부분의 진정성립이 추정되는 것은 아니다.[4]

(2) 처분문서와 보고문서

처분문서란 증명의 대상이 되는 법률행위, 의사표시 등 처분행위가 그 문서 자체로써 이루어진 것을 말한다. 어음 등의 유가증권, 납세고지서 등의 행정처분서, 해약통지서, 계약서, 각서 등이 여기에 해당한다. 판결서도 일정 내용의 판결이 있었다는 사실을 증명하는 한도에서는 처분문서가 된다.[5]

보고문서는 작성자가 경험한 사실, 판단, 느낌 등을 기재한 문서를 말한다. 예를 들면 상업장부, 가족관계등록부, 진단서, 영수증, 소송상 작성한 조서, 편지 등이 여기에 해당한다.[6] 판결서도 그 안에서 한 사실판단을 그 사실을 증명하기 위하여 이용하는 한도 내에서는 보고문서라고 볼 것이다.[7] 판례는 이러한 판결서를 사실

---

3) 大判 1972. 2. 22, 71다2269 · 2270.

4) 大判 1961. 11. 23, 4293민상825; 大判 1963. 1. 23, 67다1065; 大判 1989. 9. 12, 88다카5836; 大判 2018. 4. 12, 2017다292244 등 다수.

5) 大判(全) 1980. 9. 9, 79다1281; 大判 1980. 12. 23, 80다359; 大判 1989. 1. 17, 87다카2207 · 2208.

6) 大判 2010. 5. 13, 2010다6222: 계약서와 달리, 계약 체결의 경위를 설명한 문서는 작성자 자신의 법률행위에 관한 것이지만, 이는 계약의 체결경위에 관한 원고의 기억 또는 관념을 기재한 것일 뿐인 보고문서이고, 그로써 문제된 계약이 체결되었음이 증명되었다고 볼 수 없다.

7) 大判(全) 1980. 9. 9, 79다1281; 大判 1980. 12. 23, 80다359.

확인적 처분문서라고 하면서 그 성질은 보고문서라고 한다.8)

(3) 원본, 정본, 등본, 초본

원본은 일정한 사상을 표현하기 위하여 최초로 확정적으로 작성한 문서이고, **정본**은 원본에 갈음하기 위하여 공증권한 있는 공무원이 작성한 원본과 동일한 효력이 있는 등본이다. **등본**은 원본의 존재와 내용을 증명하기 위하여 공무원이 원본 내용을 그대로 전사한 사본인데, 그중 등본이라는 인증문을 부기한 것을 인증등본이라고 한다. **초본**은 원본 중 필요한 일부분을 원본과의 관계를 밝혀 발췌한 사본을 말한다.

문서의 제출이나 송부는 원본, 정본 또는 인증등본으로 하는 것이 원칙이다(제355조 1항). 단순한 **사본**만에 의한 증거는 요증사실을 증명하는 증거로서의 가치가 없고, 단지 그 사본이 존재한다는 사실을 증명할 수 있을 뿐이다.9) 특히 원본의 존재 및 원본의 성립의 진정에 관하여 다툼이 있고 사본을 원본의 대용으로 하는 데 대하여 상대방으로부터 이의가 있는 경우에는 사본으로써 원본을 대신할 수 없다.10)

다만, 동일한 내용인 원본의 존재와 원본의 성립의 진정에 관하여 다툼이 없고 그 정확성에 문제가 없기 때문에 사본을 원본의 대용으로 하는 데에 상대방으로부터 이의가 없는 경우에는 절차이의권리 포기 또는 상실되어 사본만의 제출에 의한 증거의 신청도 허용된다.11) 그리고 서증사본의 신청 당사자가 문서 원본을 분실하였다든가, 선의로 이를 훼손한 경우, 문서제출명령에 응할 의무가 없는 제3자가 해당 문서의 원본을 소지하고 있는 경우, 원본이 방대한 양의 문서인 경우 등 원본문서의 제출이 불가능하거나 곤란한 상황에서는 원본을 제출할 필요가 없지만, 그러한 경우라면 해당 서증의 신청당사자가 원본을 제출하지 못하는 것을 정당화할 수 있는 구체적 사유를 주장·증명하여야 한다.12)

반면에 사본을 원본으로 제출하는 경우에는 그 사본이 독립한 서증이 되지만, 그로써 본래의 원본이 제출된 것으로 인정되는 것은 아니다.13)

---

8) 大判(全) 2013. 5. 16, 2012다202819.
9) 大判 2014. 9. 26, 2014다29667.
10) 大判 2009. 3. 12, 2007다56524.
11) 大判 2002. 8. 23, 2000다66133.
12) 大判 2023. 6. 1, 2023다217534.
13) 大判 1999. 11. 12, 99다38224; 위 2000다66133 판결; 위 2007다56524 판결 등. 이러한 경우에는 증거에 의하여 사본과 같은 원본이 존재하고 또 그 원본이 진정하게 성립하였음이 인정되어야 한다.

3. 문서의 진정성립

《사례 2》　　乙의 교통사고로 부상을 당한 甲은 乙을 상대로 손해배상의 소를 제기하고, 부상의 정도를 증명하기 위하여 치료를 담당한 의사 丙의 진단서를 제출하였다. 이에 대하여.

(1) 乙은 丙의 진단서가 丙이 작성한 것이 아닌 것 같다고 하였다. 이때 법원은 어떠한 조치를 취할 것인가?

(2) 乙이 丙의 진단서가 丙이 작성한 것이 맞다고 진술하였다. 그러나 법원은 진단서가 丙이 작성한 것이 아니라는 의심을 갖고 있었다. 이때 법원은 그 진단서를 丙이 작성하였다고 인정해야 하는가?

문서가 **작성 명의인의 의사에 의하여 작성**된 것이고 타인에 의하여 위조된 것이 아니라는 것을 진정성립이라고 한다. 명의인이 직접 작성한 것이 아니라도 명의인의 승낙 하에 타인이 작성한 것이어도 진정성립을 인정할 수 있다. 진정한 문서만이 증거력을 가질 수 있으므로 문서의 진정성립은 형식적, 실질적 증거력의 전제가 된다.

(1) 문서 성립의 인부

서증이 제출되면 재판장이 상대방에게 그 문서의 진정성립을 인정할 것인지를 묻는다. 이때 상대방의 답변 태도를 인정, 침묵, 부지, 부인의 네 가지로 나눌 수 있다. 이를 '성립의 인부'라고 한다. 상대방이 인정한다고 진술하거나 침묵하면 재판상자백이나 자백간주의 법리가 적용되는지에 관하여 논란의 여지가 있다. 문서의 진정성립은 주요사실이 아닌 보조사실이어서 변론주의가 적용되지 않기 때문이다. 그러나 판례는 **자백의 법리**를 적용하여 그 문서의 진정성을 인정한다.[14] 나아가 판례는 진정성립에 관한 자백의 취소의 경우 보조사실이기는 하지만 주요사실에 관한 자백의 취소와 같이 취급해야 하고, 따라서 그 자백은 함부로 취소할 수 없다고 한다.[15]

---

14) 大判 1952. 1. 31, 4285민상111은 사문서의 성립에 당사자간 다툼이 없으면 이는 상대방이 그 서증의 진정성립에 관한 거증자의 주장을 자백한 것이므로 법원은 그 서증성립의 진부에 관한 심증여하에 불구하고 그 자백에 구속되어 그 형식적 증거력을 인정하여야 한다고 일반론을 설시하고는, 귀속농지에 관한 소송에서는 민사소송법 중 자백에 관한 규정이 적용되지 않으므로 피고가 사문서의 성립을 인정하더라도 법원은 이에 구속치 말고 다시 증거에 의하여 그 형식적 증거력을 인정한 후가 아니면 그 기재내용을 취택하여 판단자료에 병용할 수 없다고 하여, 소송상 청구의 내용에 따라 자백의 법리가 적용되는지 여부가 정해진다고 하였다. 이 판결이 진정성립과 형식적 증거력을 같이 보는 부분에 관하여는 뒤에 검토한다.

상대방이 부인이나 부지로 답하면16) 제출한 당사자는 그 문서의 **진정성립을 증명**해야 한다. 이때 입증책임은 그 문서를 제출한 당사자가 부담한다.17) 증명 방법에 제한은 없다. 변론 전체의 취지만으로 진정성립을 인정해도 되는가에 관하여 판례는 원칙적으로 긍정한다.18) 다만 임시주주총회 의사록의 진정성립에 관하여 당사자가 부지라고 하고 주주총회 개최사실 자체도 다투어 온 사건,19) 매도인이 서증인 자필내역서에 대하여 부지 또는 부인으로 다투면서 그 문서를 작성한 사실이 없다고 주장하고 있으며, 필적감정 결과 그 문서의 필적도 매도인의 필적과 다르다고 한 사건,20) 문서의 사본에 대하여 상대방이 부지로 다투고 있는 경우 그 원본의 존재와 진정성립이 문제된 사건21) 등에서는 변론 전체의 취지만으로 진정성립을 인정할 수 없다고 한다.

판례는 처분문서의 경우에 진정성립이 인정되면 그 기재내용을 부정할 만한 분명하고 수긍할 수 있는 반증이 없는 한 문서의 기재내용에 따른 의사표시의 존재와 내용을 인정해야 하므로22) 처분문서의 진정성립을 인정하려면 신중해야 한다고 본다.23) 또한 문서의 진정성립에 관하여 판단하기 전에 그 문서의 실질적 증거력 자체를 부정하는 심증을 이미 형성한 때에는 문서의 진부를 조사할 필요 없이 바로 그 증거력을 배척하여도 무방하다고 한다.24)

(2) 진정성립의 추정

문서가 **공문서**로 인정되면, 즉 문서의 작성 방식과 취지에 의하여 공무원이 직무상 작성한 것으로 인정한 때에는 바로 진정성립이 추정된다(제356조 1항). 이때의 추정을 사실상의 추정이라고 새기고, 상대방이 이를 다투려면 반증으로 추정을 뒤집어야 한다는 견해가 있다.25) 판례도 공문서가 위조나 변조되었다는 등 특별한 사

---

15) 大判 1988. 12. 20, 88다카3083; 大判 1991. 1. 11, 90다8244; 大判 2001. 4. 24, 2001다5654.
16) 부인하려면 그 이유를 구체적으로 밝혀야 한다(규 제116조).
17) 大判 1971. 4. 20, 70후43; 大判 1989. 1. 17, 86후6·12; 大判 1994. 11. 8, 94다31549.
18) 大判 1974. 7. 23, 74다119; 大判 1982. 3. 23, 80다1857; 大判 1993. 4. 13, 92다12070.
19) 大判 1990. 6. 26, 88다카31095.
20) 大判 1991. 11. 8, 91다26935.
21) 大判 1996. 3. 8, 95다48667.
22) 大判 2005. 5. 13, 2004다67264·67271; 大判 2018. 1. 24, 2015다69990.
23) 大判 2002. 9. 6, 2002다34666; 大判 2013. 8. 22, 2012다94728; 大判 2014. 9. 26, 2014다29667 (특히 문서의 소지자가 업무나 친족관계로 문서명의자의 위임을 받아 그의 인장을 사용하기도 한 경우).
24) 大判 1988. 4. 27, 87다카623.
25) 강현중, 571; 이시윤, 531; 전원열, 429; 鄭·庚·金, 646.

정이 있다고 볼 만한 반증이 있으면 추정이 깨어진다고 하여[26] 사실상의 추정으로 다룬다.

외국의 공문서라고 제출한 문서도 진정성립의 추정을 받으려면 제출한 문서의 방식이 외관상 외국의 공공기관이 직무상 작성하는 방식에 합치되어야 하고, 문서의 취지로부터 그 외국의 공공기관이 직무상 작성한 것이라고 인정되어야 한다(제356조 3항). 판례는 이러한 요건이 충족되는지 여부를 심사할 때에 해당 공문서를 작성한 외국에 소재하는 대한민국 공관의 인증이나 확인을 거치는 것이 바람직함을 전제로 하면서도 자유심증의 원칙상 다른 증거와 변론 전체의 취지를 종합하여 인정할 수 있다고 한다.[27] 그리고 현실적으로 공문서의 진정성립을 증명할 만한 증거를 확보하기 어려운 난민신청자가 제출한 외국의 공문서의 경우에는 반드시 엄격한 방법에 의하여 진정성립이 증명되어야 하는 것은 아니지만 적어도 문서의 형식과 내용, 취득 경위 등 여러 사정에 비추어 객관적으로 외국의 공문서임을 인정할 만한 정당한 이유가 있어야 한다고 본다.[28]

사문서의 경우에는 입증자가 그 성립의 진정을 증명해야 한다(제357조). 증명 방법에는 제한이 없으나[29] 특히 증언에 의할 경우에는 그 신빙성을 증언 내용의 합리성, 증인의 증언 태도, 다른 증거와의 합치 여부, 증인의 사건에 대한 이해관계, 당사자와의 관계 등을 종합적으로 판단해야 한다.[30] 본인이나 대리인의 서명이나 날인, 무인이 있으면 사문서는 진정한 것으로 추정된다(제358조).[31] 사문서의 이러한 추정도 법적증거법칙 내지는 사실상의 추정으로 보아 상대방의 반증으로 깨어진다고 보는 견해가 있다.[32]

판례는 이 규율을 단계를 나누어 본다. **첫 단계**로 서명이나 인영 자체의 진정성립이 인정되어야 하는데, 사문서에 날인된 작성 명의인의 인영이 그의 인장에 의하

---

26) 大判 2018. 4. 12, 2017다292244.

27) 大判 2016. 12. 15, 2016다205373.

28) 大判 2016. 3. 10, 2013두14269(방글라데시 카그라차리 법원의 판결문 하나는 다른 판결문의 요약본이라고 주장하였지만 전문에는 없는 형사처벌의 내용이 요약본에 나오고, 판사의 이름도 제각각 다르고 적용법조도 서로 다르다는 점 등을 들어 진정한 공문서로 추정될 수 없다고 판시).

29) 大判 2010. 2. 25, 2007다85980: 당사자가 부지라고 다투는 서증에 관하여 거증자가 특히 그 성립을 증명하지 아니한 경우라 할지라도 법원은 다른 증거에 의하지 아니하고 변론 전체의 취지를 참작하여 자유심증으로 그 성립을 인정할 수 있다.

30) 大判 1992. 1. 21, 91다33643; 大判 2015. 11. 26, 2014다45317; 大判 2016. 10. 27, 2014다72210.

31) 大判 2008. 2. 14, 2007다17222: 서명만 있고 날인이 되어 있지 않은 경우에 작성명의인이 그 서명이 자신의 자필임을 다투지 않으면 문서의 진정성립은 추정된다.

32) 전원열, 429; 鄭·庚·金, 647.

여 현출된 것이라면 특단의 사정이 없는 한 그 인영의 진정성립, 즉 날인행위가 작성명의인의 의사에 기한 것임이 추정된다고 하고, **둘째 단계**로 이를 바탕으로 제358조에 의하여 사문서의 진정까지 추정된다는 것이다.[33] 그리고 첫 단계에서의 인영의 진정 추정은 사실상의 추정이므로 반증으로 뒤집을 수 있다고 한다.[34] 그리하여 날인행위가 작성명의인 이외의 자에 의하여 이루어진 것임이 밝혀진 경우에는 문서제출자는 그 날인행위가 작성명의인으로부터 위임받은 정당한 권원에 의한 것이라는 사실까지 증명할 책임이 있다고 한다.[35]

판례는 또 서명이나 인영의 진정성립이 인정되면 그 문서 전체가 완성되어 있는 상태에서 작성 명의인이 그러한 서명·날인·무인을 하였다고 추정할 수 있을 것이며, 그 당시 그 문서의 전부 또는 일부가 미완성된 상태에서 서명날인만을 먼저 하였다는 등의 사정은 이례에 속한다고 볼 것이므로 완성문서로서의 진정성립의 추정력을 뒤집으려면 그럴 만한 합리적인 이유와 이를 뒷받침할 간접반증 등의 증거가 필요하다고 한다.[36] 즉 이 경우도 이른바 **사실상의 추정**으로 취급한다. 다만 작성명의인의 날인만 되어 있고 그 내용이 백지로 된 문서를 교부받아 후일 그 백지부분을 작성명의자가 아닌 자가 보충한 문서의 경우에는 문서제출자는 그 기재내용이 작성명의인으로부터 위임받은 정당한 권원에 의한 것이라는 사실까지 입증해야 한다.[37]

이에 대하여 문서의 진정성립의 추정은 **법률상의 추정**이라고 보는 견해가 있다.[38] 이 견해에 따르면 진정성립의 추정을 뒤집으려면 반증으로는 부족하고 반대사실의 증명이 있어야 한다. 독일에서도 문서의 진정성립의 추정은 §292 ZPO의 법률상의 추정으로 취급하는 것이 일반적이다.[39] 진정성립의 추정은 법률의 규정에 의해서 사실이 추정되는 것이므로 법률상의 추정으로 보는 것이 타당하다. 단순히 경험칙을 동원한 사실상의 추정을 위하여 법규정을 둘 필요는 없고, 사실상의 추정

---

33) 大判 1982. 8. 24, 81다684; 大判 1986. 2. 11, 85다카1009; 大判 1997. 6. 13, 96재다462.

34) 大判 2013. 8. 22, 2012다94728.

35) 大判 2003. 4. 8, 2002다69686; 大判 2009. 9. 24, 2009다37831.

36) 大判 1994. 10. 14, 94다11590(피고가 백지문서에 서명만 하여 교부하였다고 주장한 사안); 大判 2008. 1. 10, 2006다41204; 大判 2009. 5. 14, 2009다7762(문서상 피고 명의의 인영이 동일한데도 불구하고 원심이 피고가 직접 날인했다는 점에 대해서까지 원고에게 적극적인 증명을 요구한 사안).

37) 大判 1988. 9. 27, 85다카1397.

38) 鄭仙珠, 문서의 증거력, 民事訴訟(III), 2000, 252 이하.

39) Rosenberg-Schwab/Gottwald[18] §120 Rn. 17; Thomas-Putzo-Reichold[24] §437 Rn. 2; Anders-Gehle/Gehle[80] §440 Rn. 4.

이란 개념도 사용할 것이 못된다.

우리 판례가 사문서의 진정성립에 관하여 인영 자체의 진정성립의 추정을 별도의 단계로 취급하는 것은 그만큼 인영에 대한 신뢰가 확립되어 있지 않기 때문일 것이다. 어떻든 이를 두 단계로 나누어 문서의 진정성립을 추정하다보니 각각의 추정에 경험칙이 개입하는 모습을 띠게 된다. 그렇더라도 적어도 두 번째 단계, 즉 서명, 인영이 진정이면 문서의 진정성립이 추정된다는 부분은 경험칙의 적용이 아니라 법률의 규정에 의한 추정, 즉 법률상의 추정이라고 보는 것이 타당하다.

4. 문서의 증거능력

민사소송에서 문서의 증거능력에 관하여 특별한 제한은 없다. 소제기 후 계쟁 사실에 관하여 작성한 문서도 증거능력이 있고,[40] 문서의 사본,[41] 형사사건의 조서 등도 민사소송에서 증거능력이 있다.

5. 문서의 증명력

《사례 3》　甲은 乙에게 1억원을 월 2%의 이율로 대여해 주고 1년 뒤에 상환받기로 계약을 체결하고 즉시 乙에게 1억원을 지급하였고, 이에 대해 乙은 1억원을 지급받았다는 내용의 영수증을 작성하여 甲에게 교부하였다. 乙이 1년이 지나도 상환하지 않아서 甲이 乙을 상대로 대여금의 상환을 구하는 소를 제기하였다. 이에 대해서 乙이 甲으로부터 돈을 차입한 적이 없다고 주장하였다. 甲이 甲과 乙 명의로 작성된 계약서와 乙의 명의로 작성된 1억원을 받았다는 내용의 영수증을 증거로 제출했다. 그에 대하여 乙은 계약서와 영수증의 작성은 시인하면서도 계약체결과 금전차입을 모두 부인하였다. 이 경우 법원이 乙의 부인을 어떻게 평가할 수 있는가?

문서의 증명력은 문서가 진정성립한 것을 전제로 두 단계로 판단된다. 우선 그 문서의 외형에서 인정할 수 있는 것,[42] 즉 문서에 기재된 대로 작성명의인이 의사표시를 했다거나 그러한 법률행위를 했다는 점에 관한 것이고(형식적 증명력), 그 다음으로 문서의 내용 등에 관하여 법관이 해석하고 판단해서 얻은 증거가치, 즉 그 문서의 내용이 어느 정도 신빙성이 있는지에 관한 것이다(실질적 증명력).

---

40) 大判 1981. 9. 8, 80다2810(제3자가 작성한 사실확인서). 大判 1989. 11. 10, 89다카1596은 증거능력이 있음을 전제로, 원심이 믿을 수 없다고 배척한 것을 채증법칙 위반이라고 하여 파기한, 즉 증거력을 문제 삼은 사안이다.

41) 大判 1966. 9. 20, 66다636.

42) 鄭仙珠, 앞의 논문, 245.

(1) 형식적 증명력

형식적 증명력은 문서의 작성자가 **문서에 나타난 의사를 실제로 표시하였다는 것을 믿도록** 하는 신빙성이다.[43] 문서의 외형에서 작성명의인의 행위를 인정할 수 있다는 점에서 '형식적' 증명력이라고 한다. 우리 민사소송법은 문서의 증명력에 관하여 아무런 규정을 두고 있지 않으므로 법관의 자유심증에 따른다. 다만 문서가 진정으로 성립한 것이면 작성명의인이 그 의사표시를 했다는 것은 그 개연성이 매우 높고, 오히려 사건의 정형적 경과에 해당한다고 볼 것이다. 이런 의미에서 문서의 진정성립을 근거로 의사표시의 존재를 인정하는 것은 **표현증명**에 해당한다.[44] 따라서 이 증거력을 배제하려면 반증, 특히 간접반증으로 하면 된다. 작성명의인이 한 의사표시가 옳은지 그른지는 실질적 증거력에 해당하는 문제이다. 〈사례 3〉에서 계약서와 영수증의 진정성립을 乙이 인정하므로 그 다음 단계로 형식적 증거력이 문제된다. 우선 甲과 乙이 계약서에 기재된 내용의 의사표시를 했다는 것과 乙이 그 영수증에 적힌 내용의 표시를 했다는 것은 고도의 개연성으로 인정된다.

(2) 실질적 증명력

실질적 증명력은 문서 작성명의인이 한 **의사의 표시나 법률행위의 내용이 진실이라고 믿도록** 하는 신빙성, 즉 증거가치이다. 예를 들면 영수증을 발부한 채권자는 변제 사실을 인정하는 내용의 표시를 하였고 그 영수증이 진정한 것으로 인정되면 그러한 내용의 표시행위를 한 것으로 인정된다(형식적 증명력). 그러나 그 내용의 진실성, 즉 실제로 채무자가 변제를 한 것인지는 별개의 문제이다. 그 영수증을 증거방법으로 조사한 결과 변제사실이 인정되면 실질적 증거력이 있는 것이다. 만일 법관이 이를 믿지 않고 채무 변제를 인정하지 않으면 그 영수증은 형식적 증명력은 인정되지만 실질적 증명력은 없다.

문서 내용의 진실성에 관한 판단은 궁극적으로 법관의 자유심증(제202조)에 맡겨져 있다. 다만 그 문서가 처분문서인가 보고문서인가에 따라 차이가 있다.

(가) 처분문서

처분문서는 문서로써 일정한 처분행위를 한 것을 내용으로 하는 문서이므로 의사표시의 존재, 즉 형식적 증거력이 인정되면 그러한 처분행위를 실제로 하였다는

---

43) Anders-Gehle/Gehle[80] Vor § 415 Rn. 9.
44) 鄭仙珠, 앞의 논문, 251.

내용의 진실성, 즉 실질적 증명력이 인정되는 것이 통상일 것이다. 〈사례 3〉에서 계약서는 처분문서이므로 甲과 乙이 계약서에 적은 대로 의사표시를 하였다는 것이 형식적 증거력에 의하여 인정되므로 그러한 의사표시를 하였으면 계약을 체결하였다는 것이 거의 당연히 인정될 수 있을 것이다. 계약서에 적힌 내용대로 의사표시를 하였지만 계약서의 내용대로 계약이 체결되지 않았다는 것은 허위표시나 비진의표시가 아닌 한 거의 상정할 수가 없을 것이다. 이러한 점에서 처분문서의 경우에는 **형식적 증명력이 인정되면 특별한 사정이 없는 한 실질적 증명력도 인정할 것**이다.45) 그러므로 법원이 이를 부정하려면 그 이유를 분명히 설명하거나,46) 적절하고 분명한 반증이 있거나,47) 그 기재내용과 다른 특별한 명시적, 묵시적 약정이 있는 사실이 인정될 경우,48) 또는 그 문서에 기재된 내용이 객관적인 진실에 반하는 것으로 볼 만한 합리적인 이유가 있는 경우이어야49) 한다.

실질적 증명력이 인정되는 것은 문서에 기재된 법률적 행위의 존재와 그 내용에 한하고, 그 행위의 해석이나 의사의 흠결 등에 관하여는 증명력이 인정되지 않는다.50) 처분문서 작성자의 법률행위의 해석은 자유심증으로 판단할 수 있다.51)

처분문서라고 해도 그 의사표시의 내용이 부동문자로 인쇄되어 있는 경우에는 그 기재가 인쇄된 예문에 지나지 아니하여 이를 합의의 내용으로 볼 수 없는 경우도 있다. 이러한 경우에는 구체적 사안에 따라 당사자의 의사를 고려하여 그 계약 내용의 의미를 파악하고 그것이 예문에 불과한 것인지 아닌지를 판단하여야 한다.52)

(나) 보고문서

보고문서의 실질적 증거력은 여러 상황을 고려하여 **법원이 자유심증으로** 판단한다. 문서에 기재된 내용을 작성자가 적어 넣은 것은 형식적 증명력에 의하여 인정되나, 문서의 내용 자체가 진실인가 하는 점은 별개 문제이다. 작성자가 허위의 내용을 적을 수도 있기 때문이다.

---

45) 大判 2018. 1. 24, 2015다69990.
46) 大判 1964. 12. 29, 64다1333; 大判 1984. 1. 31, 83다카1034; 大判 1986. 1. 21, 84다카681.
47) 大判 1975. 2. 10, 74다1649 · 1650; 大判 2010. 11. 11, 2010다56616; 大判 2017. 2. 15, 2014다19776 · 19783.
48) 大判 1987. 5. 26, 85다카1046; 大判 1991. 7. 12, 91다8418; 大判 1996. 9. 10, 95누7239; 大判 2006. 4. 13, 2005다34643.
49) 大判 1995. 10. 13, 95누3398.
50) 金 · 姜, 558; 宋 · 朴, 583; 이시윤, 535; 鄭 · 庚 · 金, 648-649.
51) 大判 1991. 7. 12, 91다8418; 大判 1996. 9. 10, 95누7239.
52) 大判 1992. 2. 11, 91다21954; 大判 1997. 11. 28, 97다36231; 大判 2008. 3. 13, 2006다68209.

보고문서의 증명력은 공문서와 사문서 사이에 차이가 없는 것이 원칙이다. 그러나 판례는 공문서에 더 강한 증명력을 인정하는 것으로 보인다. 예를 들어, 공증인이나 공증사무취급이 인가된 합동법률사무소의 변호사가 작성한 공증문서,53) 변론조서,54) 등기부, 토지대장,55) 토지조사부, 임야대장 등에 기재된 사실도 강한 증명력을 가진다.

그리고 판례는 확정된 민사·형사판결에서 인정된 사실에 강한 증명력을 인정한다.56) 다만 형사판결에서 인정된 사실이라도 민사소송에서 제출된 다른 증거의 내용에 비추어 형사판결의 사실판단을 그대로 채용할 수 없다고 인정된 경우에는 이를 배척할 수 있음을 인정한다. 특히 형사소송에서의 무죄판결은 합리적인 의심을 배제할 정도의 확신을 가지게 하는 입증이 없다는 의미일 뿐이고 공소사실의 부존재가 증명되었다는 의미가 아님을 근거로 한다.57) 성희롱 관련 형사재판에서 성희롱 행위가 있었다고 인정하기 어렵다는 이유로 무죄가 선고, 확정되었더라도 이를 그대로 받아들여 행정소송에서 징계사유의 존재를 부정할 것은 아니라고 한 판례도 있다.58)

　　판례는 판결서와 달리 진도군 민간인 희생 국가배상청구 사건에서 '진실·화해를 위한 과거사정리위원회'가 작성한 조사보고서의 증명력은 인정하지 않는다. 조사보고서에서 인정한 사실이라고 해서 그대로 사실로 인정해서는 안 되고 참고인 등의 진술 내용을 담은 정리위원회의 원시자료 등에 대한 증거조사를 해야 한다고 판시하였다.59) 이와 같은 과거사정리위원회가 조사한 국민보도연맹 사건에서는 위 위원회의 조사보고서에 비록 전문진술이지만 기재된 진술이 비교적 구체적인 내용을 담고 있고 유품 발견이나 다른 참고인의 진술과의 일치 등으로 상당한 신빙성을 인정할 수 있으므로 조사보고서에서 인정

---

53) 大判 1994. 6. 28, 94누2046.

54) 大判 2001. 4. 13, 2001다6367.

55) 大判 2015. 7. 9, 2013두3658 · 3665: 공문서의 기재에 의문점이 있더라도 내용의 신빙성을 의심할 만한 특별한 사정을 증명할 다른 증거자료가 없으면 기재내용대로 증명력을 가진다.

56) 大判 1987. 5. 12, 84다카1956 등 다수.

57) 大判 2006. 9. 14, 2006다27055; 大判 2017. 9. 26, 2014다27425(형사소송에서 업무상 배임에 관하여 무죄판결을 받았으나 민사소송에서 업무상 배임행위에 적극 가담하였다고 인정); 大判 2022. 7. 28, 2019다202146(피고가 형사소송에서 분식회계를 공모하였음이 증명되지 않아 무죄판결을 받은 것과 민사소송에서 회계부정을 방지할 주의의무를 소홀히 하였음을 인정하는 것은 모순되지 않는다고 판시).

58) 大判 2018. 4. 12, 2017두74702. 민사책임과 형사책임은 지도이념과 증명책임, 증명의 정도 등에서 서로 다른 원리가 적용됨을 이유로 삼았다.

59) 大判(全) 2013. 5. 16, 2012다202819. 그 이유는 조사위원회의 희생자 조사와 인정 방법이 법원에서의 증거조사와는 전혀 다르고, 조사보고서에서 희생자 확인이나 희생 추정 결정의 근거로 내세운 것들이 구체성이나 신빙성 등에서 민사소송에서의 증거조사 결과 사실을 인정하는 정도에 현격하게 못미친다는 것이다.

한 사실을 함부로 배척하여서는 안 된다고 판시하였다.[60]

〈사례 3〉에서 乙이 작성한 영수증은 사문서인 보고문서에 해당한다. 乙이 그러한 내용을 적어 넣은 것이 인정되더라도, 따라서 형식적 증명력이 있어도, 실제로 그 내용대로 乙이 금전을 지급 받지 않았을 수도 있기 때문에 법원은 乙이 甲으로부터 금전을 지급받았는지를 자유심증으로 판단하게 된다.

6. 서증조사의 절차

서증의 조사도 원칙적으로 **당사자의 신청**으로 시작된다. 신청의 방법은 각 경우에 따라 다르다: ① 신청자가 소지하고 있는 문서는 직접 제출하면 되고, ② 타인이 소지하는 문서로 그 소지자가 제출의무 있는 경우에는 그에 대한 제출명령의 신청으로, ③ 소지자에게 제출의무가 없으면 그에게 문서송부촉탁을 신청하여, 그리고 ④ 송부촉탁도 어려우면 문서 소재 장소에서 서증조사를 신청하는 방법으로 한다.

(1) 직접제출

서증 신청자가 그 문서를 소지하고 있으면 법원에 제출하여야 한다(제343조 전단). 변론기일이나 변론준비절차에서 **현실로 제출**해야 한다. 소장이나 준비서면에 첨부했어도 그 서면이 진술된 것으로 간주되지 않고,[61] 서면을 진술한 것으로는 서증제출로 인정되지 않는다.[62] 제출하는 문서는 원본, 정본 또는 인증등본이어야 한다(제355조 1항).

원고가 제출한 서증에는 제출 순서에 따라 甲제○호증, 피고가 제출한 서증에는 乙제○호증, 당사자참가인이 제출한 서증에는 丙제○호증이라고 번호를 붙인다.

(2) 문서제출명령

타인이 소지하는 문서는 그 소지자에게 제출을 명할 것을 신청한다(제343조 후단). 이 방법은 그 소지자가 제344조에 의하여 제출의무가 있어야 가능하다.

---

60) 大判 2014. 5. 29, 2013다217467 · 217474.
61) 大判 1970. 8. 18, 70다1240.
62) 大判 1991. 11. 8, 91다15775.

(가) 문서제출의무

문서 소지자는 다음의 하나에 해당하는 문서를 제출할 의무가 있다(제344조 1항). 단 상업장부의 제출에는 이러한 요건이 필요 없다(상 제32조):

a) **소지인이 당사자로서 소송에서 스스로 인용한 문서:**   소송에서 자기를 위하여 인용하였으면 다른 당사자를 위하여도 그 문서를 제공하는 것이 공평하기 때문이다. 이러한 인용문서이면 설사 그 문서가 공무원이 그 직무와 관련하여 보관하거나 가지고 있는 문서로서(제344조 2항) 공공기관의 정보공개에 관한 법률 제9조에서 정하고 있는 비공개대상정보에 해당한다고 하더라도 특별한 사정이 없는 한 그에 관한 문서제출의무를 면할 수 없다.63)

b) **신청자가 인도·열람청구권을 가지는 문서:**   이 경우는 신청자의 실체법상 청구권으로 소지인이 어차피 인도하거나 열람시킬 의무가 있기 때문이다.

c) **신청자의 이익을 위하여 작성된 문서:**   여기에는 직접, 간접으로 신청자를 위하여 작성된 문서가 모두 포함된다. 예를 들면, 신청자를 수유자로 하는 유언서가 여기에 해당한다. 여기의 이익에는 소송상의 이익도 포함된다고 보아, 증거확보를 위한 문서도 해당된다고 새긴다.64)

d) **신청자와 소지인 사이의 법률관계에 관한 문서:**   여기에는 법률관계 자체를 기재한 문서뿐만 아니라 그 법률관계가 성립하는 과정에서 만들어진 문서도 포함된다고 새긴다.65) 그러므로 계약서뿐만 아니라 신청서, 청약서 등도 여기에 해당된다.

다만 이러한 문서 중에서 ① 제304조 내지 제306조에 열거한 대통령 등이 증언할 내용이 적혀 있는 문서로서 그 규정에 의한 동의를 얻지 않은 문서, ② 문서 소지자나 그 소지자와 친족 또는 이러한 관계에 있었던 사람 및 소지자의 후견인 또는 증인의 후견을 받는 사람에 관하여 형사처벌을 받을 염려가 있거나 치욕이 될 사항이 적혀 있는 문서, ③ 제315조에 적혀 있는 직무상 또는 기술이나 직업상 비밀에 속하는 사항이66) 적혀 있고 비밀을 지킬 의무가 면제되지 않은 문서 등에 관하여는 제출의무가 부과되지 않는다(제344조 1항 3호).67) 다만 전기통신사업자가 통

---

63) 大決 2008. 6. 12, 2006무82; 大決 2017. 12. 28, 2015무423.

64) 이시윤, 538; 반대 견해는 鄭·庚·金, 654.

65) 이시윤, 538; 전원열, 436. 반대는 鄭·庚·金, 654.

66) 大決 2015. 12. 21, 2015마4174: 직업의 비밀은 그 사항이 공개되면 직업에 심각한 영향을 미치고 이후 직업의 수행이 어려운 경우로서, 그 비밀이 보호할 가치가 있는 경우라야 문서의 제출을 거부할 수 있다.

67) 이 부분은 2002년 개정시에 추가되었다.

신비밀보호법이 제공을 금지하고 있는 통신사실확인자료에 대한 법원의 문서제출 명령을 거부할 수 있는지에 관하여 판례는 이러한 자료도 문서제출명령의 대상이 되므로 거부할 수 없다고 본다.[68]

e) **기타 문서를 제출하지 못할 특별한 사정이 없는 문서:** 종전에는 문서제 출의무가 인정되는 경우를 위에서 열거한 사유들로 한정하였기 때문에 특히 증거의 구조적 편재 현상을 막는 데에 지장이 많았다. 그리하여 2002년 개정법에서는 공무 원 또는 공무원이었던 사람이 그 직무와 관련하여 보관하거나 가지고 있는 문서,[69] 위의 ②와 ③의 사유가 있는 문서 및 오로지 소지인이 이용하기 위한 문서(일기, 가 계부, 개인적인 서신 등)를[70] 제외한 기타 모든 문서에 대하여도 제출의무를 인정하 였다(제344조 2항). 여기서 말하는 문서는 제344조 제1항에 해당하지 않는 문서를 말 하므로 이 제2항에 의하여 의무가 면제되는 문서라도 제1항에 의하여 의무가 부과되 는 문서이면 제출의무가 부과됨은 당연하다.

(나) 신청 및 심판

문서제출명령의 신청서에는 문서의 표시, 취지, 소지자, 입증사항 및 제출의무의 원인 등을 명시하여 기재하여야 한다(제345조). 문서제출명령에는 그 문서가 존재하 고, 신청의 상대방이 그 문서를 소지하고 있다는 것이 전제가 되는데, 상대방이 이 를 다툴 경우에는 신청자가 입증책임을 부담한다.[71]

이처럼 문서제출명령의 신청에서는 문서의 표시·취지 등을 명시하여야 하지만, 당사자로서는 상대방이 구체적으로 어떠한 문서를 소지하고 있는지 알기 어렵고, 관련 문서의 존재를 인식하고 있다고 하더라도 그 문서의 표시 및 취지 등을 특정

---

68) 大決(全) 2023. 7. 17, 2018스34. 다수의견은 통신비밀보호법이 법원의 촉탁에 의한 통신사실 확 인자료 제공을 허용하고 있음(이 법 제13조의2)을 주된 근거로 삼아 통신사실 확인자료가 문서제출명령 의 대상이 된다고 본다. 이에 대하여 소수의견은 민사소송법과 통신비밀보호법의 규범충돌이라고 하여 특별법인 통신비밀보호법이 우선되어야 한다고 본다.

69) 이는 국가기관이 보유·관리하는 공문서를 의미하고, 이러한 공문서의 공개에 관하여는 공공기관 의 정보공개에 관한 법률에서 정한 절차와 방법에 의한다(大決 2010. 1. 19, 2008마546).

70) 위 2015마4174: 문서가 오로지 문서를 가진 사람이 이용할 목적으로 작성되고 외부자에게 개시하 는 것이 예정되어 있지 않으며, 이를 개시할 경우 문서를 가진 사람에게 간과하기 어려운 불이익이 생길 염려가 있으면 여기서 말하는 자기이용문서에 해당한다. 大決 2016. 7. 1, 2014마2239: 주관적으로 내부 이용을 주된 목적으로 회사 내부에서 결재를 거쳐 작성한 문서일지라도, 신청자가 열람 등을 요구할 수 있는 사법상의 권리를 가지는 문서와 동일한 정보나 그 직접적 기초나 근거가 되는 정보가 그 문서의 기 재내용에 포함되어 있는 경우, 그 문서 자체를 외부에 개시하는 것은 예정되어 있지 않더라도 그 문서에 기재된 정보의 외부 개시가 예정되어 있거나 그 정보가 공익성을 가진 경우 등에는 그 문서를 내부문서 라는 이유로 자기이용문서라고 쉽게 단정할 것은 아니다.

71) 大決 1995. 5. 3, 95마415; 大決 2008. 4. 14, 2007마725.

하기 곤란하여 문서제출명령 신청을 할 수 없게 될 수도 있다. 특정 쟁점사항에 관한 문서가 존재한다면 이러한 사유로 문서제출명령 신청조차 못하게 되는 것은 부당하므로, 당사자가 문서제출명령을 신청하기 위하여 필요한 경우에는 문서의 취지나 증명하여야 할 사실을 개괄적으로 기재하여 그 대상이 되는 문서에 관한 정보의 공개를 신청할 수 있도록 하는 것이 타당하다.72) 그리하여 2002년 개정법에서는 신청인이 문서의 취지나 그 문서로 증명할 사실을 개괄적으로 표시하여 문서제출명령을 신청하고, 법원은 그에 따라 **상대방**에게 신청 내용과 관련하여 갖고 있는 문서나 그와 관련하여 서증으로 제출할 문서에 관하여 그 **표시와 취지 등을 적어 내도록** 명할 수 있도록 하였다(제346조). 이 제도가 도입되어 상대방이 소지하고 있는 문서를 확인할 방법이 없는 당사자도 문서제출명령을 활용할 수 있어서 입증활동에 도움을 얻을 수 있고 증거의 편재 현상으로 인한 어려움을 극복할 수 있을 것이다.

법원이 문서제출명령 신청이 이유 있다고 인정하면 결정으로 소지인에게 그 문서의 제출을 명할 수 있다. 그 신청이 문서의 일부에 대하여만 이유 있다고 인정한 때에는 그 부분만의 제출을 명하여야 하고, 제3자에 대하여 문서의 제출을 명하는 경우에는 제3자 또는 그가 지정하는 자를 심문하여야 한다. 그리고 법원은 문서가 제출의무 있는 문서인지를 판단하기 위하여 필요하다고 인정하는 때에는 문서 소지인에게 그 문서를 제시하도록 명할 수 있다. 이 경우 법원은 그 문서를 다른 사람이 보도록 하여서는 안 된다(제347조). 이 신청에 관한 재판에 대하여는 즉시항고가 가능하다(제348조).

제출의무가 있는 문서라도 법원이 서증으로 필요하지 않다고 인정할 때에는 제출명령신청을 받아들이지 않을 수 있음은 물론이다.73)

(다) 명령 불응 시의 효과

소송의 당사자가 제출명령을 받고 제출하지 않거나 사용방해의 목적으로 훼손 또는 사용할 수 없게 한 때에는 법원은 **문서에 관한 상대방의 주장을 진실한 것으로** 인정할 수 있다(제349조, 제350조). 여기서 진실로 인정할 수 있는 것이 무엇인가에 관하여 견해의 대립이 있다. 통설, 판례는 이를 법문대로 '문서에 관한' 상대방의 주장이라고 본다. 즉 문서의 성질, 성립 및 그 기재내용에 관한 주장을 진실로

---

72) 법원행정처, 民事訴訟法 改正案, 128-129.
73) 大決 2016. 7. 1, 2014마2239.

인정할 수 있지,[74] 문서로써 입증하려는 요증사실 자체를 진실이라고 인정한다는 의미가 아니다.[75]

그러므로 예를 들어, 신청자가 주장하는 내용의 문서가 존재한다는 사실을 인정할 수 있을 뿐이어서,[76] 피고가 원고로부터 받아간 측량수수료 영수증철을 제출하지 않으면, 피고가 그 영수증철을 소지하고 있다는 사실은 인정할 수 있지만 피고가 측량수수료 전액을 징수하였다는 사실을 인정할 수 있는 것은 아니다.[77] 그리고 출판사가 그 상업장부를 제출하지 않았다고 해서 상대방이 주장하는 부수만큼의 서적을 발간했다고 인정하는 것은 허용되지 않는다.[78]

다만, 소지인이 문서를 제출하지 않은 것이 입증사항의 판단에 변론 전체의 취지로 참작될 수는 있을 것이고, 결국 명령 불응으로 인하여 입증사항인 사실이 증명되었다고 인정하느냐 아니하느냐는 법원의 자유심증에 의하는 것이다.[79] 이러한 입장을 **자유심증설**이라고 한다. 이와 달리 요증사실 자체까지도 인정할 수 있다는 이른바 법정증거설이 주장되고,[80] 행정소송, 공해소송, 국가상대 손해배상소송 등과 같이 문서의 내용이 될 것이 상대방의 지배영역에 있는 경우에 한하여 제한적으로 요증사실도 증명되었다고 보자는 절충설도 주장된다.[81] 생각건대 법정증거설은 법문에 반하는 해석이고, 법관의 자유심증을 필요 이상으로 제한한다는 문제가 있다. 절충설도 마찬가지의 단점이 있는데다가, 요증사실도 입증되었다고 볼 경우와 그렇지 않다고 볼 경우의 구별 기준이 모호하므로 타당하지 않다. 모든 행정소송, 공해소송 및 국가상대 손해배상소송에서 증거가 상대방의 지배영역에 있다고 볼 수는 없는 것이다. 그리고 절충설이 염려하는 증거의 편재 현상은 2002년 개정법 제346조에 의하여 상당 부분 해결될 것이므로 이처럼 새길 이유가 없다. 그러므로 법원이 구체적인 경우에 따라 적절히 판단할 수 있는 자유심증설이 타당하다.

---

74) 大判 2015. 11. 17, 2014다81542: 문서제출자에게 상대방의 사용을 방해할 목적이 없었어도 훼손된 부분에 잔존 부분과 상반되는 내용의 기재가 있을 가능성이 인정되어 문서 전체의 취지가 제출한 당사자의 주장에 부합한다는 확신을 할 수 없게 된다면 그로 인한 불이익은 문서를 제출한 당사자에게 돌아간다.

75) 大判 1988. 2. 23, 87다카2490; 大判 1987. 7. 7, 87누13; 大判 1993. 11. 23, 93다41938; 大判 2008. 2. 28, 2005다60369 등 다수. 사용방해의 경우는 大判 1979. 11. 13, 79다1577.

76) 大判 1964. 9. 22, 64다515.

77) 大判 1967. 3. 21, 65다828.

78) 大判 1964. 9. 22, 64다515.

79) 大判 1976. 10. 26, 76다94.

80) 宋·朴, 590(대상 문서가 관청의 지배영역에 있을 경우).

81) 강현중, 587; 이시윤, 543.

제3자가 문서제출명령을 받고 불응한 경우에는 그로 인한 소송비용의 부담을 명하고 500만원 이하의 과태료에 처하는 제재를 가한다(제351조).

(3) 문서 송부 촉탁

문서소지자가 제출의무를 부담하지 않을 때에 그 문서를 **임의로 제출**하도록 하기 위한 서증제출의 방법이다(제352조). 주로 국가기관이나 법인이 보관하는 문서를 서증으로 이용하고자 할 때에 이용되는 방법이다. 그러나 예를 들어 주민등록등본, 등기부등본과 같이 신청자가 법령에 의하여 문서의 정본이나 등본의 교부를 청구할 수 있는 경우에는 이 방법을 이용할 수가 없다(제352조 단서).

송부촉탁된 문서가 사문서이면 그 진정성립이 인정되어야 증거로 할 수 있음은 물론이다. 소지인에게 제출의무가 없는 경우이므로 촉탁에 응하지 않더라도 제재방법은 없다. 촉탁을 받은 이가 당사자이면 이 경우에도 제350조(사용방해의 효과)가 적용된다. 그러나 문서 전부에 대하여 송부촉탁을 받은 피고가 일부만 보냈다고 해서 사용방해의 목적에서 훼기나 사용불능케 한 것으로 볼 수는 없다는 것이 판례이다.82)

(4) 문서 소재 장소에서의 서증신청

앞에서 설명한 어느 방법으로도 제3자가 소지한 문서를 제출받을 수가 없을 때에는 법원은 당사자의 신청으로 그 문서가 있는 장소에 가서 조사할 수 있다(규 제112조). 이는 종래 문서소재지에 가서 기록검증을 하던 관행이 있었는데, 이를 대체하는 법원 외에서의 증거조사 방법이다. 주로 형사사건의 수사기록 등이 대상이 된다.

Ⅱ. 검증물의 조사

1. 의   의

검증이란 법관이 직접 오관의 작용으로 **사물의 성질, 상태 또는 현상을 검사하여 얻은 인식을 증거자료로** 하는 증거조사이다. 그 대상이 되는 사물을 검증물이라고 한다. 토지나 건물의 현상을 파악한다든가, 사고현장이나 사고차량, 또는 상처부위, 불법행위에 사용된 연장 등을 직접 관찰하는 경우에 검증을 이용한다.

---

82) 大判 1973. 10. 10, 72다2329.

서증이 문서에 기재된 사상내용을 증거로 삼는 것임에 반하여, 검증은 검증물의 상황이나 특징을 조사하여 얻은 인식을 증거로 삼는 점에서 차이가 있다. 문서라도 그 내용이 아니라 필적, 상태 등을 조사하면 검증이 된다. 그러므로 위조문서라고 주장하여 제출하였으면 서증이 아니라 검증의 대상이 된다. 과거에 녹음테이프, 비디오테이프, 녹화필름 등의 조사는 그 내용을 증거로 삼는 점에서 서증과 비슷하나, 문자나 부호, 기호로 구성된 것이 아니므로 서증이 아니라 검증의 대상이라고 보았으나, 2002년 개정법에 의하여 별도로 대법원규칙으로 정하도록 하였다(제374조). 사람은 진술 내용을 증거로 하면 증인 등의 인증이 되나, 신체의 현상이나 특징 자체를 대상으로 하면 검증이 된다.

2. 검증절차

검증도 당사자의 **신청**에 의함이 원칙으로, 당사자는 검증의 목적을 표시하여서 신청하여야 한다(제364조). 검증물의 제출에는 서증에 관한 규정이 준용된다(제366조 1항). 그러므로 신청자가 소지한 검증의 목적물은 법원에 제출하여야 하고, 타인이 소지·지배하는 검증물의 경우에는 제출명령이나 송부촉탁을 신청한다. 사람의 신체가 검증물일 때에는 출석을 명할 수도 있을 것이다. 검증의 내용이 전문적 지식을 요하는 것이면 수명법관이나 수탁판사는 감정을 명하거나 증인신문을 할 수 있다(제365조). 당사자가 제출명령이나 출석명령에 불응하면 법원은 검증물에 관한 신청자의 주장을 진실한 것으로 인정할 수 있고(제366조 1항, 제349조), 제3자가 정당한 사유 없이 제출명령에 불응하면 200만원 이하의 과태료에 처한다(제366조 2항).

3. 검증수인의무

검증신청자가 검증목적물을 지배하고 있으면 검증에 별다른 문제가 없을 것이나, 타인이 지배하고 있으면 검증을 위하여 부동산에의 출입, 혈액의 채취, 신체검사 등 그의 생활영역을 침범해야 하는 수가 생긴다. 이때 검증물의 지배자가 검증을 수인할 의무가 있는가에 관하여 과거에는 아무런 규정이 없었으나 이는 일반적인 공법상의 의무라고 새기는 것이 보통이었다. 2002년 개정시에 이를 명문화하여 법원은 검증을 위하여 필요하면 검증할 장소인 남의 토지, 주거 등의 시설물에 들어갈 수 있고, 저항이 있으면 경찰공무원에게 원조를 요청할 수 있도록 하였다(제366조 3항).

Ⅲ. 정보수록물 등에 대한 증거조사

앞에서도 설명한 바와 같이 종전의 민사소송법에는 문서가 아닌 징표로 삼기 위한 물건에 대하여는 이를 준문서라 하여 서증에 관한 규정을 준용하였고(개정전 제335조), 녹음테이프, 컴퓨터 디스크 등 전자매체에 관하여는 아무런 규정이 없었다. 2002년 개정법에서는 이들에 관한 증거조사에 관하여 대법원규칙에서 정하도록 위임하였다(제374조). 그 취지는 과학 기술의 발달로 계속 새로운 정보매체가 등장하기 때문에 이들에 대한 규율을 법률로 하는 것은 잦은 개정의 필요성 때문에 적절치 않다고 보기 때문이다. 이에 따라 제정된 민사소송규칙에서는 이러한 정보수록물을 자기디스크 등에 기억된 문자정보, 녹음이나 녹화된 음성 또는 영상자료, 그리고 도면, 사진 등을 담은 문서 아닌 물건 등으로 분류하여 각기 다르게 규율하고 있다(규 제120조 이하). 최근에는 민사소송의 전자화를 더욱 촉진하기 위하여 '민사소송 등에서의 전자문서 이용에 관한 법률'을 제정하여 2011년부터 시행하게 되었다.

1. 자기디스크 등에 기억된 문자정보

컴퓨터 자기디스크나 광디스크, 그 밖에 이와 비슷한 정보저장매체(이를 자기디스크 등이라고 한다)에 기억된 문자정보에 대하여 증거조사를 할 경우에는 그 내용을 직접 인식하는 것은 일반적으로 불가능하고 화면이나 종이에 인쇄하여 출력하여 그 내용을 파악하는 수밖에 없다. 따라서 문자나 그 밖의 기호, 도면, 사진 등에 관한 정보에 대한 증거조사는 그 전자문서를 **모니터나 스크린 등을 이용하여 열람**하는 방법으로 할 수 있다고 인정하였다(전문 제13조 1항 1호). 경우에 따라서는 법정 등에서 이러한 문서를 쉽게 출력, 확인하기 어려울 수 있기 때문에 읽을 수 있도록 **출력한 문서를 제출**할 수 있도록 하였다(규 제120조 1항). 이렇게 되면 증거조사에서는 **서증**으로 취급하게 될 것이다.

자기디스크 등에 기록된 문서정보를 증거로 제출하는 경우에는 그 진정성립과 관련하여 입출력에 관한 사항이 명확하고 또한 사실로 인정되어야 그 출력 문서의 진정성립을 인정할 수 있을 것이다. 이러한 필요에서 증거조사를 신청한 당사자는 법원의 명령이나 상대방의 신청에 따라 자기디스크 등에 입력한 사람과 그 일시,

출력한 사람과 그 일시를 밝히도록 하였다(규 제120조 2항).

자기디스크 등은 그 내용을 쉽게 변경할 수 있고 출력할 때에도 특정 부분만을 선택하여 출력하는 등 인위적인 조작의 여지가 크다. 그러므로 출력 문서가 서증으로 제출된 경우에 그 자기디스크 등의 자료와 출력된 문서의 일치 여부 등에 관한 다툼의 여지가 많다. 이러한 경우에는 그 다툼은 전문가의 감정에 의하여 해결해야 할 것이다.

2. 음성 · 영상자료

녹음 · 녹화테이프, 컴퓨터용 자기디스크, 광디스크, 그 밖에 이와 비슷한 방법으로 음성이나 영상을 녹음 또는 녹화하여 재생할 수 있는 매체에 대한 증거조사는 이들 전자문서를 **청취하거나 시청**하는 방법으로 실시한다(전문 제13조 1항 2호). 이러한 조사의 성격은 **검증**에 해당할 것이다(규 제121조 2항 참조). 종래 녹음테이프에 대한 증거조사에 관하여는 검증설이 다수설이자 판례였는데, 이러한 입장을 따른 것이다.

이러한 증거를 조사할 경우에는 이를 신청하는 당사자가 음성이나 영상이 녹음 · 녹화된 사람, 녹음 · 녹화한 사람, 녹음 · 녹화를 한 일시와 장소를 밝혀야 한다. 그리고 법원이 명하거나 상대방이 요구한 때에는 테이프 등의 녹취서, 그 밖에 그 내용을 설명하는 서면을 제출해야 한다(규 제121조 1항, 3항).

3. 도면, 사진 등

도면, 사진 등은 문서가 아니고, 그 수록 기술도 다양하다. 그에 따라 도면, 사진, 그 밖에 정보를 담기 위하여 만들어진 문서 아닌 물건이 증거자료가 될 때에는 그 조사방법에 관하여는 각기 대상물과 입증의 목적에 따라 감정, 서증, 검증의 조사에 관한 절차에 따른다(규 제122조). 그리고 이러한 도면, 사진 등이 자기디스크 등에 기억된 것이면 이러한 매체에 기억된 문서정보에 관한 증거조사절차에 따른다(규 제120조 3항).

제 3 절 人的 證據方法의 調査

인적 증거방법에는 증인과 감정인, 당사자본인이 있다.

Ⅰ. 증인신문

1. 의 의

증인이란 소송에서 **과거에 자기가 경험한 사실**을 법원에 진술하는 제3자를 말한다. 증인의 이러한 진술을 증언이라 하는데, 증언으로부터 증거자료를 얻는 증거조사를 증인신문이라고 한다. 증인은 과거의 우연한 사실을 보고한다는 점에서 소송에 당하여 특별한 학식과 경험을 동원하여 판단한 것을 보고하는 감정인과 구별된다. 과거에 우연히 특별한 학식과 경험에 기하여 판단한 적이 있는 사실을 보고하는 이른바 감정증인도 과거의 경험을 단순히 보고하는 것이므로 증인이지 감정인이 아니므로 증인신문 절차에 따라 신문한다(제340조).

2. 증인능력

증인은 소송에서의 **제3자**이어야 하므로 당사자는 증인이 될 수 없고, 소송상 당사자와 같이 취급되는 당사자의 법정대리인이나 대표자, 관리인은 증인이 될 수 없다. 그러므로 이들 이외의 사람은 누구나 증인이 될 수 있다. 예를 들면 소송무능력자도 증인이 될 수 있고, 소송의 결과에 이해관계를 가진 선정자, 보조참가인, 채권자대위소송에서 채무자, 소송대리인 등도 증인이 될 수 있다. 공동소송에서 한 당사자는 다른 공동소송인에 대한 관계에서 자기의 청구와 관련이 없는 경우에는 증인이 될 수 있으나, 자기 청구와 관련이 있는 사항에 대하여는 당사자신문에 의하게 된다.

당사자나 법정대리인을 증인으로 신문하였더라도 절차이의권의 포기나 상실로 그 잘못이 치유될 수 있다.

3. 증인의 의무

우리나라 법원의 재판권에 복종하는 사람이면 누구나 증인으로 신문에 응할 공법상의 의무를 부담한다. 대통령 등 공무원의 직무상의 비밀에 대하여 신문하려면 그 본인이나 감독청의 동의를 받아야 한다(제304조 내지 제306조). 증인은 출석의무, 선서의무, 진술의무를 부담한다.

(1) 출석의무

출석요구를 받은 증인은 지정된 일시와 장소에 출석할 의무가 있다. 증인이 정당한 사유 없이 출석하지 않으면 법원의 결정으로 불출석으로 인하여 발생한 소송비용을 부담하고 500만원 이하의 **과태료**에 처하게 된다(제311조 1항).[1] 과태료의 재판을 받고도 정당한 사유 없이 다시 출석하지 않으면 결정으로 7일 이내의 **감치**에 처한다(제311조 2항). 감치는 그 재판을 한 법원의 재판장의 명령에 따라 법원공무원 또는 경찰공무원이 경찰서유치장, 교도소 또는 구치소에 유치하는 것을 말한다(제311조 4항). 이처럼 증인을 감치한 상태에서 증인신문 기일을 열어 증인신문을 하게 되고, 증인은 증언을 한 뒤에 석방된다(제311조 6항, 7항). 나아가 법원은 출석하지 않은 증인에 대하여 형사소송법의 절차에 따라 **구인**을 명할 수도 있다(제312조).

증인이 정당한 사유로 수소법원에 출석하지 못하거나 출석에 과다한 비용이 들 경우, 또는 그 밖의 상당한 이유가 있는 경우로서 당사자가 이의를 제기하지 않는 때에는 수명법관이나 수탁판사가 신문할 수 있다(제313조).

또한 증인이 ① 멀리 떨어진 곳이나 교통이 불편한 곳에 살고 있거나, 그 밖의 사정으로 법정에 직접 출석하기 어려운 경우와, ② 증인이 나이나 심신상태, 당사자나 법정대리인과의 관계, 신문사항의 내용, 그 밖의 사정으로 법정에서 당사자 등과 대면하여 진술하면 심리적인 부담으로 정신의 평온을 현저하게 잃을 우려가 있는 경우에는 비디오 등 중계장치나 인터넷 화상장치를 이용하여 신문을 할 수 있다(제327조의2 1항).[2]

---

1) 적법한 출석요구를 받은 증인만이 대상이 된다(大決 2008. 3. 24, 2007마1492).
2) 비디오 등의 중계장치 이용은 2016년 2월 법개정으로, 인터넷 화상장치 이용은 2021년 8월 법개정으로 허용되었다.

(2) 선서의무

증인은 증언을 할 때에 선서를 하여야 한다. 선서는 신문 전에 하는 것이 원칙이나 특별한 사정이 있으면 신문 후에도 할 수 있다(제319조). 그러나 증인은 자기나 자기의 친족 또는 이러한 관계에 있었던 사람 및 자기의 후견인 또는 자기의 후견을 받는 사람과 현저한 이해관계가 있는 사항에 관하여 신문을 받을 때에는 **선서를 거부**할 수 있다(제324조). 선서를 거부하는 이유는 소명하여야 하고, 이에 대하여 법원은 그 거부의 당부를 재판하며, 거부가 부당하다는 재판이 확정된 뒤에도 계속 거부하면 불출석의 경우와 같은 과태료에 처하게 된다(제326조).

그러나 16세 미만이거나 선서의 취지를 이해하지 못하는 이는 선서무능력자로 선서의무가 없다(제322조). 그리고 제314조에 의하여 증언거부권을 가진 증인이 증언을 거부하지 않은 경우에도 선서를 시키지 않을 수 있다(제323조). 선서하지 않은 증인의 증언도 증거자료로 함에는 지장이 없다. 다만 선서를 시키지 않은 사유를 조서에 적어야 한다(제325조).

(3) 진술의무

증인은 신문에 대하여 진술할 의무가 있다. 증인이 정당한 사유 없이 진술을 거부하면 그 당부를 재판하고(제317조), 거부가 부당하다는 재판이 확정된 뒤에 역시 증언을 거부하면 불출석의 경우와 같은 **과태료**의 제재를 받는다(제318조). 진술의무에 부수하여 재판장의 명에 따라 증인이 문자를 손으로 쓰거나 기타 행위를 할 의무도 부담한다(제330조).

증인은 일정한 경우에 **진술을 거부**할 수 있다(증언거부권). 첫째, 증인이나 증인과 밀접한 관계를 가진 이의 형사처벌이나 치욕을 초래할 위험이 있는 사항에 관한 것일 경우(제314조), 둘째, 신문사항이 공무상 또는 직업상 비밀에 속하는 사항일 경우이다(제315조). 증언을 거부한 증인은 그 사유를 소명하여야 하고(제316조), 법원은 그 사유가 옳은지를 당사자를 심문하여 재판한다(제317조 1항). 그 재판에 불복이 있으면 즉시항고를 할 수 있다(제317조 2항). 언론사 기자의 취재원도 제315조 제1항 2호의 직업의 비밀에 해당하는지는 논란이 있다.[3] 기자의 **취재원 보호도** 언론자유와의 관계에서 대단히 중요하지만, 우리나라의 일부 언론에서 오보, 추측

---

3) 취재원에 대한 증언거부권을 인정하는 견해는 김홍엽, 647; 宋·朴, 566; 鄭·庚·金, 632.

성 기사, 미확인 기사, 개인의 인격권을 침해하는 기사, 심지어는 모략성 기사까지 난무하는 현실을 보면4) 취재원이라고 무조건 보호하는 것은 타당하지 않다. 언론이 가지는 사회적 파급효과를 생각할 때 사건의 구체적 내용을 참작하여 선별적으로 보호하는 것이 타당하다.

4. 신문절차

(1) 신청과 출석요구

증인신문을 하려면 당사자가 증인을 지정하여 신청하고(제308조), 법원이 이를 채택하기로 결정하였으면 출석요구서를 송달한다. 출석요구서에는 당사자, 신문사항의 요지 및 불출석시의 제재를 기재하고(제309조), 그 외에도 불출석 사유 신고 안내 및 신고하지 않을 경우의 법률상 제재도 적어야 한다(규 제81조 1항).

(2) 증인신문 사항의 제출

법원은 효율적인 증인신문을 위하여 필요한 때에는 증인신문을 신청한 당사자에게 증언할 내용을 적고 증인이 서명날인한 증인신문서를 제출하게 할 수 있다(규 제79조). 증인신문서를 제출하지 않은 경우에 증인신문을 신청한 당사자는 **증인신문사항**을 적은 서면을 법원에 제출해야 한다(규 제80조 1항). 제출된 증인신문사항이 ① 개별적이고 구체적이지 않은 경우와, ② 증인을 모욕하거나 증인의 명예를 해치는 내용인 경우, ③ 유도신문 등 교호신문의 방식에 어긋나는 신문인 경우, ④ 의견의 진술을 구하는 신문, ⑤ 증인이 직접 경험하지 않은 사항에 관한 진술을 요구하는 신문을 내용으로 하면 재판장은 증인신문사항의 수정을 명할 수 있다(규 제80조 3항).

(3) 선 서

소환된 증인은 우선 선서를 하는 것이 원칙이다. 재판장은 선서의 취지를 밝히고 위증벌을 경고하고(제320조) 선서서에 의하여 선서를 시킨다(제321조 1항). 선서의 내용은 양심에 따라 숨김과 보탬이 없이 사실 그대로 말하고 만일 거짓말이 있으면 위증의 벌을 받기로 한다는 것으로(제321조 2항),5) 기립하여 엄숙히 해야 한다

---

4) 잘못된 제보나 음해성 제보를 그대로 보도하여 개인이나 기업을 결정적으로 파탄에 몰아넣은 사례를 흔히 볼 수 있다. 그런 경우에도 제보원을 보호하는 것은 수긍할 수 없다. 언론의 자유가 범죄행위의 도구로 이용되어서는 안 되기 때문이다.

5) 민사소송에서는 증인에게 증언거부권을 고지할 재판장의 의무는 인정되지 않으므로 이를 고지하

(제321조 4항).

(4) 신문의 방식

(가) 구술신문과 격리신문

증인은 구술로 진술하는 것이 원칙이고, 복잡한 숫자나 내용은 재판장의 허가를 얻어 서류를 보면서 진술할 수 있다(제331조). 그리고 한 기일에 2인 이상의 증인을 신문할 경우에는 각별로 신문하고, 아직 신문하지 않은 증인이 법정에 있으면 법정에 머무르게 할 필요가 인정되지 않는 한 퇴정시키고 신문한다(격리신문의 원칙: 제328조). 이것은 증인이 다른 증인의 진술을 듣고 그에 영향을 받아 왜곡되게 진술하거나 자유롭게 진술하지 못하게 되는 폐단을 막기 위함이다.

(나) 교호신문

《사례 1a》 〈사례 1〉에서 甲은 지붕에서 비가 샌 것은 그 가옥이 낡았기 때문이라는 점과 지붕을 수리하는 데 든 비용을 입증하기 위하여 지붕을 수리한 丙을 증인으로 신청하였다. 증인신문에서 甲의 신문에 丙이 그 가옥 지붕의 기와는 불량품인데다가 오래된 것이어서 손으로 건드리기만 해도 부서질 정도였으며, 甲으로부터 인건비로 300만원을 받았다고 증언하였다. 이에 대하여 乙은 丙을 신문하여 지붕 밑의 전선이 전혀 낡은 것이 아니었음을 입증하려고 한다. 이것이 허용되는가?

증인은 신청을 한 당사자가 먼저 신문하고(주신문) 다음에 상대방 당사자가 신문한다(반대신문: 제327조 1항). 주신문의 목적은 입증사항을 증명할 유리한 진술을 이끌어 내려는 것이고, 반대신문의 목적은 주신문에서 한 증인 진술의 신빙성을 깎아내리려는 데에 있다. 그러므로 **주신문**은 증명할 사항과 그에 관련된 사항에 관하여 신문하여야 하며, **반대신문**은 주신문에 나타난 사항 및 이에 관련된 사항과 증언의 신빙성에 관한 사항에 관하여 신문하여야 한다(규 제91조 1항, 제92조 1항). 위 사례에서 甲의 신문이 주신문, 乙의 신문이 반대신문이 된다. 甲의 신문은 입증취지에 맞는 적절한 것이지만, 乙의 반대신문은 주신문과는 관계 없는 다른 사실을 입증하려는 것으로 반대신문으로서의 한계를 벗어난 것이다. 따라서 이러한 반대신문은 허용되지 않는다. 반대신문이 끝난 뒤에 신청한 당사자가 다시 주신문을 할 수 있는데, 이를 재주신문이라고 한다. **재주신문**은 반대신문에 나타난 사항 및 이에 관련된 사항에 관하여 한다(규 제93조 1항). 그 뒤에 재반대신문, 재재주신문 등

지 않았더라도 증인이 위증을 하면 위증죄로 처벌받을 수 있다(大判 2011. 7. 28, 2009도14928).

이 계속될 수 있으나 이는 재판장의 허가를 받아야 한다(규 제89조 2항). 재판장은 당사자들의 신문이 끝난 뒤에 신문하는 것이 원칙이다(보충신문: 제327조 2항). 그러나 재판장은 이러한 신문의 순서를 바꾸는 것이 알맞다고 인정하면 당사자의 의견을 들어 바꿀 수가 있다(제327조 4항). 필요한 경우에는 재판장이 어느 때나 신문할 수 있다(개입신문: 제327조 3항). 합의부원은 재판장에게 고하고 신문할 수 있다(제327조 6항). 재판장은 정리된 쟁점별로 이러한 신문 순서에 따라 신문하게 할 수도 있다(규 제89조 3항).

《사례 1b》　〈사례 1a〉에서 甲은 丙을 신문하면서 묻기를, "증인은 2018년 7월에 원고가 사는 집을 수리한 적이 있지요?", "증인은 원고가 사는 집을 수리하면서 지붕에 올라가 보니 기와가 다 낡아서 여러 장이 부서져 있었고, 다른 기와도 손으로 건드리기만 해도 부서지는 것을 많이 보았지요?", "증인은 지붕을 수리하고 원고로부터 300만 원을 받은 것이 사실이지요?"라고 질문하였고 이에 대하여 丙은 계속 "예"라고만 대답하였다. 이러한 신문이 적절한가?

주신문에서는 유도신문을 해서는 안 된다(규 제91조 2항). 유도신문이란 신문에서 증인이 답할 내용을 신문자가 먼저 말하여 증인으로 하여금 "예"나 "아니오"로 답하게 하는 신문을 말한다. 유도신문이 허용되는 경우는 ① 증인과 당사자의 관계 등 준비적인 사항에 관한 신문과, ② 증인이 주신문자에 대하여 적대적 감정이나 반감을 보이는 경우, ③ 증인이 종전의 진술과 상반되는 진술을 하는 때에 그 종전 진술에 관한 신문의 경우, ④ 그 밖에 유도신문이 필요한 특별한 사정이 있는 경우 등이다.

증인신문은 개별적이고 구체적으로 하여야 하며, 신문이 ① 증인을 모욕하거나 증인의 명예를 해치는 내용인 경우, ② 유도신문 등 교호신문의 방식에 어긋나는 신문인 경우, ③ 의견의 진술을 구하는 신문, ④ 증인이 직접 경험하지 않은 사항에 관한 진술을 요구하는 신문을 내용으로 하면 재판장은 신문을 제한할 수 있다(규 제95조).

본래 교호신문제도는 당사자주의와 배심제를 전제로 한 영미법상의 제도로, 1961년 법 개정시에 우리 법에 도입된 것이다. 이러한 신문방식은 철저한 사전준비와 고도로 훈련된 신문 기술 및 주신문에서의 유도신문 금지 등 엄격한 절차 진행이 전제가 되어야 성공할 수 있다. 그러나 우리나라에 이 제도를 도입한 지 60여 년이 지난 오늘날에도 유도신문과 감정적 신문, 초점이 맞지 않는 신문 등이 횡행하여 이 제도가 정착되지 못하고 있다.6) 위 사례의 예가 전형적인 유도신문으로, 교호신문제도를 택하는 한 **주신문에서의 유도신문은 엄격히 금지**해야 할 것이다. 당사자 자신이 신청한 증인에 대하여 유도신문을 허용하면 이는 바로 위증을 방조하는 것밖에 되지 않기 때문이다. 현행법은 증인신문이 제대로 진행되도록 하기 위하여 신문이 중복되거나 쟁점과 관계가 없거나 기타 필요한 사정이 있으면 당사자의 신문을 제한할 수 있도록 하였다(제327조 5항). 유도신문은 이미 오래전부터 금지되어 있었지만(개정 전 규칙 제68조 3호) 거의 지켜지지 않았고, 현행 규칙은 이를 개선하기 위하여 위에서 본 바와 같이 더 구체적인 규정을 두었다(규 제91조 2항). 그러나 실무에서는 거의 개선이 되지 않고 있다.

교호신문제도가 장식적인 것에 그쳤다는 점을 인식하여 2002년 개정법은 재판장이 당사자들의 의견을 들어 신문 순서를 바꿀 수 있는 길을 열어 놓았다. 이는 재판장의 개입신문과 함께 대륙법식 **재판장 주도의 신문방식**을 확대하는 조치로 생각된다.

(5) 공정증서에 의한 증언

종래 실무에서 예를 들어 의사가 발행한 진단서나 치료비영수증 등 간단한 문서의 진정성립을 증언하기 위하여 의사가 출석하여 장시간을 허비하는 일이 많았다. 이를 시정하기 위하여 1990년 개정시에 독일민사소송법을 본받아(§ 377 IV ZPO) 서면에 의한 증언을 허용하는 규정을 신설하였다. 이에 의하면 법원은 사물의 형상이나 증명할 사항의 내용 등을 고려하여 서면에 의한 진술로 충분하다고 인정하는 때에는 증인으로 하여금 출석·증언에 갈음하여 신문할 사항에 대한 답변을 적은 서면을 내게 할 수 있다(제310조). 이 경우 출석요구서에는 서면을 제출할 수 있다는 취지와 제출기한 및 이때는 출석하지 않아도 된다는 취지를 기재한다. 증인이 제출한 서면은 문서이지만 서증이 아니고 증언의 효력을 가진다. 이러한 증언은 상대방의 반대신문의 기회를 빼앗는 것이므로 상대방의 이의가 있을 때에는 할 수 없도록 하였고, 기타 필요한 경우에는 출석하여 증언하게 할 수 있다(제310조 2항).

(6) 중계장치에 의한 신문

증인에 대한 증거조사 절차의 편리성과 효율성을 도모하기 위하여 2016년 2월

---

6) 교호신문에 대하여는 도입 초기부터 우리 현실에 맞지 않다는 비판이 있었다(李英燮, 292).

의 법개정으로 증인이 수소법원 법정에 직접 출석하지 않고 신문절차를 진행할 수 있도록 정보통신 기술을 활용한 원격 영상 신문절차를 도입하였다. 즉, 법원은 ① 증인이 멀리 떨어진 곳이나 교통이 불편한 곳에 살고 있거나 그 밖의 사정으로 법정에 직접 출석하기 어려운 경우와 ② 증인이 나이나 심신상태, 당사자나 법정대리인과의 관계, 신문사항의 내용, 그 밖의 사정으로 법정에서 당사자 등과 대면하여 진술하면 심리적인 부담으로 정신의 평온을 현저하게 잃을 우려가 있는 경우에 상당하다고 인정하는 때에 당사자의 의견을 들어 비디오 등 중계장치에 의한 중계를 통하여 신문할 수 있다(제327조의2 1항). 이러한 증인신문은 증인이 법정에 출석하여 이루어진 증인신문으로 본다(제327조의2 2항).

다만 법적 성질이 증인인 감정증인에 대한 비디오 등 중계장치 등에 의한 신문에 관하여는 감정인의 신문 절차에 따른다(제340조 단서).

Ⅱ. 감 정 인

1. 의 의

감정이란 법관의 지식과 경험을 보충하기 위하여 특별한 학식과 경험을 가진 제3자에게 그 전문지식을 이용하여 법규, 관습, 경험법칙의 존부와 이를 적용하여 얻은 자기 판단과 의견을 보고하게 하는 증거조사를 말한다.

감정인은 과거의 경험이 아니라 법원의 명령을 받고 감정을 한 후 그 결과를 보고한다는 점에서 증인과 다르다. 감정사항에 관하여 학식과 경험을 가진 사람이면 되고,[7] 특정의 사실에 관하여 경험한 것을 보고하는 증인과 다르므로 대체성이 있다. 그러므로 감정인은 법원이나 법관이 지정하고(제335조), 결격사유도 정해져 있으며(제334조 2항), 감정인에 대한 기피절차도 마련되어 있다(제336조, 제337조). 그리고 감정인이 불출석한다고 해서 감치하거나 구인할 필요도 없다(제333조 단서).

2. 감정사항

감정사항은 법규, 관습 및 경험법칙의 존부나 해석에 관한 것이다. 외국법이나 상관습법 등은 법관도 알기가 어렵기 때문에 감정이 필요한 경우가 있다. 그 밖에 사실판단에 대하여도 전문가로서의 의견을 구할 필요가 있으면 감정의 대상이 된

---

7) 이러한 사람은 감정의 의무가 있다(제334조 1항).

다. 사실판단에 대한 감정의 예로는 혈액형, 화재의 원인, 필적의 동일성, 정신장애의 유무 등을 들 수 있다.

3. 절   차

감정에는 증인신문의 규정이 준용되므로 **증인신문의 절차**에 의한다(제333조 본문). 그러므로 당사자의 신청에 의하여 감정을 하는 것이 원칙이다. 다만, 증인신문 절차 중에서 감치와 구인 절차 및 선서, 교호신문,8) 중계장치에 의한 신문에 관한 규정은 준용되지 않는다(제333조 단서).

감정인은 당사자가 아닌 법원, 수명법관, 수탁판사가 지정하되(제335조), 소송에서 쟁점이 된 사항에 관한 전문성과 필요성에 대한 판단에 따라 감정인을 지정하거나 감정촉탁을 한다.9)

신문은 **재판장**이 한다. 합의부원과 당사자는 재판장에게 알리고 신문할 수 있다. 당사자가 하는 신문이 중복되거나 쟁점과 관계가 없는 경우, 그 밖에 필요한 사정이 있으면 재판장이 이를 제한할 수 있다(제339조의2). 출석요구를 받은 감정인은 **선서**를 하고(제338조)10) 구술이나 서면에 의하여 공동 또는 각각 의견을 진술하고, 법원은 감정진술에 관하여 당사자에게 서면이나 말로 의견을 진술할 기회를 주어야 한다(제339조). 법원은 감정인이 ① 법정에 출석하기 어려운 특별한 사정이 있거나, ② 외국에 거주하는 경우에 상당하다고 인정하면 당사자의 의견을 들어 비디오 등 중계장치에 의한 중계를 통하여 신문하거나 인터넷 화상장치를 이용하여 신문할 수 있다(제339조의3 1항). 감정인은 필요한 때에는 법원의 허가를 얻어 타인의 토지, 주거, 관리 중인 가옥, 건조물, 항공기, 선박, 차량 기타 시설물 안에 들어갈 수 있고, 저항이 있으면 경찰의 원조를 구할 수 있다(제342조). 감정인은 감정을 다른 사람에게 위임할 수 없다(제335조의2 2항).

법원은 개인이 아닌 공공기관, 학교, 상당한 설비가 있는 단체, 외국 공공기관 등에 감정을 촉탁할 수 있다. 이 경우는 권위 있는 기관에 의한 감정으로 공정성,

---

8) 전에는 감정인도 증인처럼 교호신문을 하도록 하였으나, 2016년 2월의 법개정으로 교호신문 규정은 준용하지 않도록 하였다.

9) 법원이 토지 등의 손실보상액에 관하여 감정을 명하는 경우에 그 감정인으로 반드시 토지보상법에 따라 감정평가사나 감정평가법인을 지정하여야 하는 것은 아니다(大判 1991. 10. 11, 90누10087; 大判 1994. 4. 26, 93누13360; 大判 2002. 6. 14, 2000두3450; 大判 2021. 10. 14, 2017도10634).

10) 법원이 착오로 선서시키지 않고 진술한 서면은 증거능력이 없다. 그러나 당사자가 뒤에 이 서면을 서증으로 제출한 경우에는 증거로 삼을 수 있다(大判 2006. 5. 25, 2005다77848).

진실성 및 전문성이 보장된다고 보아 선서가 면제된다(제341조 1항). 이처럼 감정을 촉탁한 경우에 법원은 필요하면 촉탁받은 기관이 지정한 사람으로 하여금 감정서를 설명하게 할 수 있다. 이 경우에 설명할 사람이 법원에 출석하기 어려운 특별한 사정이 있거나 외국에 거주하는 경우에는 법원이 비디오 등 중계장치에 의한 설명을 하도록 할 수 있다(제341조 3항, 제339조의3).

동일한 감정인이 동일한 감정사항에 대하여 서로 모순되거나 매우 불명료한 감정의견을 내놓고 있는 경우에, 법원이 이 감정서를 증거로 채용하여 사실인정을 하려면, 특별히 다른 증거자료가 뒷받침되지 않는 한, 감정인에 대하여 감정서의 보완을 명하거나 감정증인으로의 신문방법 등을 통하여 정확한 감정의견을 밝히도록 하는 등의 적극적인 조치를 강구해야 할 것이다.[11]

동일한 감정사항에 관하여 복수의 감정인에게 신체감정을 촉탁한 경우에는 감정의 중복이나 누락이 있을 수 있으므로, 복수의 감정에 의하여 산정한 노동능력상실률을 반영할 때에는 중복이나 누락된 부분이 있는지를 세심히 살펴서 중복이나 누락이 있으면 필요한 심리를 더하여 이를 바로잡아 적정한 노동능력상실률을 산정해야 한다.[12]

감정인을 증인으로 신문하였거나 감정의견을 서증으로 제출한 잘못은 절차이의권의 포기나 상실로 치유될 수 있다.[13]

감정인은 감정사항이 자신의 전문분야가 아니면 법원에 감정인의 지정 취소를 요구하여야 하고, 다른 감정인과 공동으로 감정을 하여야 하는 경우에는 법원에 추가 지정을 요구하여야 한다(제335조의2 1항).

4. 감정결과의 채택 여부

감정의견을 판결의 자료로 삼을 것인가는 법원이 자유심증에 의하여 판단할 것이다. 감정결과는 **당사자가 원용하지 않아도** 법원이 증거로 할 수 있다는 것이 판례이다.[14] 그리고 감정의견은 그 감정결과가 경험칙에 반하거나 합리성이 없는 등

---

11) 大判 1994. 6. 10, 94다10955; 大判 2008. 3. 27, 2007다16519.
12) 大判 2020. 6. 25, 2020다216240(같은 머리부분 손상으로 인한 정신장해에 관하여 신경외과와 정신건강의학과, 신경과에서 각기 신체감정서를 받았음에도 이들이 중복감정이 아님을 전제로 노동능력상실률을 산정한 사안).
13) 大判 1965. 10. 26, 65다1660은 이의 여부에 관계 없이 서증으로 제출된 것을 사실 인정의 자료로 삼아도 적법하다고 한다.
14) 大判 1976. 6. 22, 75다2227; 大判 1994. 8. 26, 94누2718. 다만 판례 중에는 방론으로 당사자 쌍

의 현저한 잘못이 없으면 이를 존중해야 한다.[15] 감정은 법원이 어떤 사항을 판단함에 특별한 지식과 경험을 필요로 하는 경우 그 판단의 보조수단으로서 이를 이용하는 것이므로[16] 여러 개의 감정결과가 서로 상반될 때에는 어느 것을 채용해도 무방하고,[17] 감정방법 등이 논리와 경험칙에 반하거나 합리성이 없다는 등의 잘못이 없는 한 어느 감정결과를 채택할 것인지는 사실심의 전권에 속하며,[18] 일부 감정결과를 배척하는 이유를 설시할 필요도 없다는 것이[19] 판례이다. 소송 밖에서 전문가가 작성한 감정의견을 당사자가 제출한 경우에는, 그 의견이 법원의 감정 또는 감정촉탁에 의하여 얻은 것에 못지않게 공정하고 신뢰성 있는 전문가에 의하여 행하여진 것이 아니라고 의심할 사정이 있거나, 그 의견이 법원의 합리적 의심을 제거할 수 있는 정도가 되지 않는 경우에는 이를 쉽게 채용하여서는 안 된다.[20]

그러나 경험칙이나 논리법칙에 어긋난 감정결과를 채용하는 것은 허용되지 않는다.[21]

경험칙에 어긋난 경우의 예로는 피해자가 평생 의족과 휠체어를 사용해야 하는 경우 평생 개호가 필요하다는 감정결과는 배척하고 10세가 될 때까지만 개호가 필요하다고 한 감정결과를 채택한 것과,[22] 3~4년 전에 제조된 유행에 민감한 모조장신품의 가액이 하락하지 않고 오히려 물가상승률만큼 상승한다고 보는 것[23] 등을 들 수 있다.

논리법칙에 어긋난 경우의 예로는 아무런 설명 없이 동일 감정인의 필적감정결과 중에서 어느 것은 믿고 어느 것은 믿지 않는다거나,[24] 감정결과가 진료기록을 제대로 파악한 상태에서 이루어진 것인지에 대하여도 의문이 있는 경우에 진료기

방이 원용하지 않은 감정서를 증거로 한 것은 잘못이라고 설시한 것이 있다(大判 1971. 3. 23, 71다182·183).

15) 大判 2007. 2. 22, 2004다70420; 大判 2012. 11. 29, 2010다93790; 大決 2018. 12. 17, 2016마272; 大判 2019. 3. 14, 2018다255648.

16) 大判 1989. 3. 14, 86다카2731; 大判 1989. 6. 27, 88다카14076; 大判 2017. 6. 8, 2016다249557.

17) 大判 1971. 11. 23, 71다2091; 大判 1982. 6. 8, 81다13·14; 大判 1991. 8. 13, 91다16075; 大判 2008. 2. 28, 2005다11954 등 다수.

18) 大判 2002. 9. 24, 2002다30275; 大判 2018. 10. 12, 2016다243115.

19) 大判 1959. 8. 27, 4291민상430·431; 大判 1979. 8. 28, 79다1147; 大判 1989. 6. 27, 88다카14076.

20) 大判 2010. 5. 13, 2010다6222.

21) 大判 2008. 2. 28, 2005다11954.

22) 大判 1978. 6. 27, 78다788.

23) 大判 2010. 5. 13, 2010다6222.

24) 大判 1985. 9. 24, 84다카2309.

록에 명백히 반하는 부분만을 배척하고 합리적인 근거나 설명 없이 나머지 일부를 증거로 사용하는 것,[25] 20개의 시추공 중 시료가 채취되지 않은 10개를 제외하고 나머지 10개에서 채취된 시료만을 조사하여 매장 광물의 평균 품질을 판단한 것,[26] 사금광산의 채굴 가능한 순금량 계산에서 사금광산에 관한 기준을 적용하지 않고 석탄광산의 석탄량 계산에 적용되는 기준을 적용한 것[27] 등을 들 수 있다. 각 감정 결과의 감정방법이 적법한지 여부를 심리 조사하지 않고 어느 감정결과가 단순히 다른 감정결과와 상반된다는 것만을 이유로 배척하는 것도 허용되지 않는다.[28]

Ⅲ. 당사자신문

1. 의 의

당사자신문이란 당사자본인을 **증인과 같은 증거방법으로 하여 그 경험 사실을 진술케** 하여 이를 증거자료로 하는 증거조사를 말한다. 본래 당사자는 소송주체이 므로 당사자의 진술은 증거자료가 아니라 사실자료가 된다. 그러나 필요에 따라서 는 당사자의 진술을 증거자료로 하기 위하여 선서를 시키고 신문할 수 있다.

법정대리인과 그에 준하여 취급되는 **법인 등의 대표자**에 대한 신문도 당사자신 문절차에 의한다(제372조).

당사자가 소송주체로서 하는 진술과 당사자신문을 당하여 하는 진술을 혼동하 여서는 안 된다.[29] 당사자신문에서 상대방의 주장을 시인하는 진술을 해도 이는 증 거자료이지 사실자료가 아니기 때문에 재판상자백이 성립하는 것이 아니다.[30] 그리 고 법원이 석명하여 당사자에게 진술시키는 것도 당사자신문과 모습이 비슷하지만, 이것 역시 소송주체로서의 주장을 보충하는 것이지 증거자료가 아니다. 그리고 당 사자신문에서 당사자로서 한 주장사실과 모순되는 진술을 해도 전에 한 진술을 고 친 것이 되지 않는다. 과거에 실무에서 당사자로부터 요약진술서를 받아서 증거자 료로 삼는 수가 있었는데, 이는 당사자신문절차도 거치지 않고 당사자를 상대로 증

---

25) 大判 2008. 3. 27, 2007다16519.
26) 大判 1997. 2. 11, 96다1733.
27) 위 96다1733 판결
28) 大判 1992. 3. 27, 91다34561.
29) 독일에서도 이러한 우려 때문에 당사자 진술은 가급적 소송 초기에, 당사자신문은 소송 말기에 각기 분리해서 하는 것이 바람직하다고 한다(Jauernig/Hess[30] § 56 Rn. 10).
30) 大判 1964. 12. 29, 64다1189; 大判 1978. 9. 12, 78다879.

거조사를 한 것이어서 부적법하다. 2002년 개정법이 인정한 요약준비서면의 기재 내용도 소송주체로서의 진술, 즉 사실자료로 취급해야 할 것이다.

법정대리인과 그에 준하여 취급되는 법인 등의 대표자에 대한 신문도 당사자신문절차에 의한다(제372조).

2. 절 차

당사자신문에 관하여는 대체로 증인신문 규정들이 준용된다(제373조). 당사자신문은 직권으로도 할 수 있다(제367조). 당사자는 **출석, 선서, 진술의 의무**를 진다. 선서는 과거에는 임의적인 것이었으나 2002년 개정법으로 필수적인 것이 되었다. 당사자가 정당한 사유 없이 이 의무를 이행하지 않으면 법원은 신문사항에 관한 **상대방의 주장을 진실한 것으로 인정**할 수 있다(제369조).

여기서 정당한 사유란 법정에 나올 수 없는 질병, 교통기관의 두절, 관혼상제, 천재지변 등을 말하며, 그러한 정당한 사유의 존재는 그 불출석 당사자가 이를 주장·입증하여야 한다.[31)]

《사례 4》 甲과 乙이 소송을 하는데 甲이 약속어음에 배서한 것이 추심위임배서인지 여부가 쟁점이 되었다. 乙이 그 배서가 추심위임배서라고 주장하면서 甲을 신문할 것을 신청하여 법원이 甲을 출석시켰다. 乙이 제출한 신문사항에는 추심위임배서인지 여부를 밝히기 위한 질문이 하나 들어 있었는데, 그 내용은 "증인 丙의 경찰에서의 진술에 의하면, 甲의 장인이 1997년 4월 말 오후 1시경에 甲의 집에 찾아와서 문제의 5천만원 약속어음 1매의 배서란에 도장을 찍어주면 그 돈을 찾아서 갚아 주겠다고 해서 甲이 도장을 찍어 주었다고 하였는데, 맞습니까?"라는 것이었다. 그러나 甲이 신문에 응하지 않았고, 결국 법원은 변론을 종결하고 甲의 신문 불응을 이유로 제369조를 적용하여 甲의 배서가 추심위임배서라고 인정하였다. 이 사실인정이 적법한가?

여기서 법원이 진실이라고 인정할 수 있는 것은 상대방의 주장사실, 즉 요증사실 자체가 아니라 '**신문사항에 관한**' 상대방의 주장이다. 그러므로 이 사례에서 甲이 추심위임배서를 하였다는 乙의 주장을 진실로 인정하는 것이 아니라 甲이 신문에 응했더라면 신문했을 사항, 즉 장인이 추심위임을 받기 위하여 내민 약속어음에 甲이 도장을 찍은 적이 있다는 사실을 진실로 인정하여야 한다. 통상은 이런 사실이 인정되면 甲의 추심위임배서 사실이 인정되겠지만, 다른 소송자료에 의하여 부

---

31) 大判 2010. 11. 11, 2010다56616.

정되는 경우도 있을 수 있다. 그러므로 법원으로서는 이 사실을 인정하고 이로 미루어 甲의 배서가 추심위임배서임이 인정된다고 판시하는 것이 올바른 방법이다.[32]

당사자가 의무를 이행하지 않은 경우 증인과 다른 점은 과태료나 감치, 구인 등의 제재가 없다는 것이다. 그리고 허위진술을 하면 과태료의 제재를 받으나(제370조), 형사처벌은 받지 않는다.

당사자에 대하여 증인신문을 한 경우 당사자의 이의가 없으면 절차이의권의 포기, 상실로 잘못이 치유된다.[33]

당사자 신문에는 증인신문에 관한 규정 중 출석요구서 기재사항(제309조)과 수명법관이나 수탁판사에 의한 신문(제313조), 선서(제319조~제322조), 신문의 방식(제327조), 비디오와 인터넷을 통한 신문(제327조의2), 수기 등의 행위의무(제330조), 서류에 의한 진술 금지(제331조), 수명법관이나 수탁판사의 신문(제332조) 등이 준용된다(제373조).

3. 보충성의 폐지

종전에는 당사자신문에 보충성이 인정되어서 법원이 증거조사에 의하여 심증을 얻지 못한 때에 한하여 당사자신문을 할 수 있었다(개정전 제339조). 그러나 2002년 법개정으로 법원은 직권으로 또는 당사자의 신청에 따라 당사자 본인을 신문할 수 있다고 하여(제367조) 보충성을 폐지하였다. 그 이유로는 사실관계를 가장 잘 아는 사람은 역시 당사자 본인이라는 점, 보충성을 폐지하는 것이 진실 파악과 소송의 원활하고 신속한 진행에 도움이 된다는 점, 효율적인 쟁점 정리와 화해의 촉진을 위해 당사자신문이 필요하다는 점을 들기도 하고,[34] 증인신문과 당사자신문을 구별할 필요가 없다는 점을 들기도 한다.[35]

그러나 당사자신문의 보충성을 폐지하는 것은 타당하지 않다.[36] 사실관계를 가장 잘 아는 것이 당사자라고 하지만, 그렇기 때문에 민사소송법은 변론주의를 채택한 것이고, 당사자에게 소송주체로서 소송자료를 마련할 주도권을 준 것이다. 당사자를 증거방법으로 할 경우에는 당사자는 가장 나쁜 증거방법일 수밖에 없다. 당사

---

32) 大判 1990. 4. 13, 89다카1084.
33) 大判 1977. 10. 11, 77다1316; 大判 1992. 10. 27, 92다32463.
34) 법원행정처, 民事訴訟法 改正案, 142.
35) 宋·朴, 594.
36) 한충수, 493.

자가 신문을 당하여 하는 진술의 진실성을 확보하기 위하여 반드시 선서를 시킨다
고 하지만, 우리나라에서는 선서가 어떤 의미를 가진다는 관념이 없다. 이 점에서
선서는 신과의 약속이므로 반드시 지켜야 된다는 관념을 가진 서양과는 근본적으
로 다르다. 제3자인 증인의 경우도 선서를 시켜도 위증이 성행하는 판에 당사자에
게 선서를 시킨다고 효과가 있을 것으로는 생각되지 않는다. 당사자신문과 증인신
문을 구별할 필요가 없다는 것은 영미법체계에서는 몰라도 사실자료와 증거자료를
구별하는 대륙법체계와는 맞지 않다. 당사자신문의 보충성을 폐지하는 것은 객관적
인 자료를 찾지 않고 당사자의 말에만 매달리려는 경향을 부추길 것이고, 자칫 변
론주의를 무너뜨리고 소송주체인 당사자를 **조사의 객체로 전락**시킬 위험이 매우
크다.37) 개정안 이유서에서는 마치 소액사건에서의 경험을 당사자신문에 활용할 수
있을 것 같이 적고 있으나,38) 소액사건은 어디까지나 미미한 사건에 대하여 예외적
인 규율을 하는 것일 뿐 그 절차를 모범으로 삼을 것은 아니다.

제 4 절 證據保全節次

Ⅰ. 의   의

증거보전절차란 소송절차에서 행하여질 증거조사를 기다렸다가는 그 증거를 사
용하기가 어려워지거나 불가능해지는 긴급한 사정이 있을 때 미리 증거조사를 하
여 두는 절차를 말한다. 이 절차는 본안소송을 전제로 하여 그 소송에서 증거를 사
용하기 위한 절차이므로 본안소송에 부수된 절차이다. 그러나 본안절차와는 별도로
이루어지는 것이므로 이런 의미에서는 독립된 절차라고 볼 수 있다.

Ⅱ. 보전의 필요성

증거보전을 하기 위하여는 보전의 필요성이 있어야 한다. 보전의 필요성은 본안

---

37) 독일에서는 당사자신문을 둘로 나누어, 신청에 의한 것은 보충성을 인정하고(§ 445 ZPO), 직권에
의한 것은 엄격한 보충성은 없지만 법원이 당사자가 신청한 증거조사가 마땅치 않다고 생각될 때 하는
것으로 규정하였다(§ 448 ZPO). 어떤 경우이든 당사자신문의 인정으로 변론주의절차에 직권탐지주의가
밀고 들어와서는 안 된다고 경계하고 있다(Lüke[11] § 26 Rn. 26).

38) 법원행정처, 民事訴訟法 改正案, 142.

소송에서 증거조사를 할 때까지 기다렸다가는 그 증거를 쓸 수가 없게 되거나 증거로 쓰기가 어려워지기 때문에 **서둘러 증거조사를 해 둘 필요성**을 말한다. 예를 들면 증인이 될 이가 죽음에 임박하였다든가, 검증물이 부패할 우려가 있는 경우, 또는 보존기간이 지나서 곧 폐기될 공문서의 경우에 그 증거를 쓸 수가 없게 되는 경우가 여기에 해당한다. 여기서 증거로 쓰기가 어려워진다는 말은, 물리적인 어려움뿐만 아니라 증거로 쓰려면 경비가 현저히 증가하게 되는 경우도 포함한다. 이러한 증거보전의 필요성은 신청자가 소명해야 한다(제377조 2항).

Ⅲ. 절 차

증거보전절차는 원칙적으로 당사자의 신청으로 개시된다(제375조). 증거보전의 신청에는 상대방, 증명할 사실, 보전하려는 증거 및 증거보전의 사유를 밝혀야 한다(제377조 1항). 관할법원은 제소 후에는 그 증거를 사용할 수소법원이 되고, 제소 전이나 제소 후라도 급박한 경우에는 신문 받을 이나 문서 소지자의 거소 또는 검증 목적물의 소재지, 즉 증거방법의 소재지를 관할하는 지방법원이 관할한다(제376조). 소송계속 중에는 법원이 직권으로도 증거보전을 할 수 있다(제379조).

증거보전절차에는 급속을 요하는 경우가 아니면 당사자, 즉 신청인과 상대방을 소환하여 참여시켜야 한다(제381조). 본안소송 전에 먼저 증거조사를 하는 경우에 누구를 상대방으로 할지가 정하여지지 않은 경우도 있을 수 있다. 이런 경우에도 증거보전을 신청하는 것이 가능하다(제378조).

증거보전의 기록은 본안소송의 기록이 있는 법원에 송부하여야 한다. 증거보전 비용은 소송비용의 일부가 된다(제383조).

Ⅳ. 효 과

증거보전의 기록이 수소법원에 송부되어 변론에 나타나면 그 기록이 서증이 되는 것이 아니라 수소법원에서 증거조사를 한 것과 같은 효력이 생긴다. 그러나 제소 전 증거보전의 경우에 수소법원으로서는 직접 증거조사를 하지 않았기 때문에 심증형성에 지장이 생기는 경우도 있을 수 있다. 이러한 경우에 당사자가 증거보전절차에서 이미 신문한 증인에 대하여 다시 신문할 것을 신청하면 법원은 그 증인을 다시 신문해야 한다(제384조). 직접주의가 소홀히 되는 것을 막기 위한 규정이다.

증거보전의 결정에 대하여 상대방이 불복할 수 있다면 절차의 지연으로 증거보전의 목적을 달성하기가 어려워질 것이므로 이 결정에 대하여는 불복할 수 없도록 하였다(제380조). 그러나 증거보전신청을 기각한 결정에 대하여는 항고할 수 있다(제443조).

裁　判

제 1 장 序　論

소송에서 당사자들의 변론과 법원의 증거조사 등으로 사실관계를 확정할 수 있을 정도로 심리가 무르익으면, 법원은 변론을 종결하고 확정된 사실관계에 실체법 규범을 적용하여 판결을 선고하게 된다. 판결은 법원이 하는 재판의 일종으로, 소송에서 변론을 거친 심리 끝에 법원이 내리는 판단을 말한다. 법원이 하는 재판에는 판결 밖에도 결정과 명령이 있다.

제 1 절　裁判의 意義

재판은 **재판기관이 민사소송에 관하여 내리는 판단 내지는 의사표시**로서, 이것으로 일정한 법률효과가 발생되는 넓은 의미의 법률행위로서의 성질을 가진 소송행위이다.

재판기관에는 법원, 재판장, 수명법관, 수탁판사 등이 있다. 이들 중 누가 어떤 경우에 재판을 담당하는지는 뒤에 설명한다.

재판의 가장 중요한 내용은 소나 상소에 대한 판단인 판결이지만, 그 밖에 소송의 심판에서 파생되는 사항이나 강제집행에 관한 판단도 포함된다. 압류명령, 가압류·가처분명령, 전부명령, 추심명령, 부동산경매개시결정 등이 그것이다.

재판은 **법률행위로서의 성질**을 가지므로 변론의 청취, 증거조사 등 재판기관이 하는 사실행위와는 구별된다. 법원 서기의 행위나 집행관의 행위와 같은 재판기관 이외의 사람의 행위는 설령 그것이 판단의 내용을 가지더라도 재판이 아니다. 그리고 재판은 소송에서 심리한 결과로 나타나는 재판기관의 판단을 말하므로 소송절차 그 자체와는 구별된다.[1]

---

1) 일상생활에서 흔히 소송 자체나 소송에서의 심리를 재판이라고 하여 "재판 받는다"라든가 "재판 중이다"라는 표현을 쓰는 경우가 많으나 이는 정확한 용어 사용이 아니다.

제 2 절 裁判의 種類

재판의 종류는 여러 가지 기준으로 분류할 수 있다. 재판의 주체 및 형식에 따라 구별하면 판결, 결정, 명령으로 나누어지고, 사건을 매듭짓는 범위를 기준으로 나누면 종국적 재판과 중간적 재판으로 나누어진다. 그리고 재판의 내용과 효력에 따라 분류하면 명령적 재판, 확인적 재판 및 형성적 재판으로 나누어진다.

I. 판결 · 결정 · 명령

《사례 1》　　압류명령이 이름은 명령으로 되어 있으나 그 성질이 결정이라고 하는 이유는 무엇인가?

《사례 2》　　제1심 법원이 한 문서제출을 명하는 결정에 대하여 항소가 가능한가?

판결은 수소법원이 소나 상소에 대하여 변론을 거쳐 종국적인 판단을 하거나 그 결론을 좌우하는 주요 사항에 관한 중간적 판단을 하는 재판이다. 판결을 하려면 원칙적으로 반드시 변론을 거쳐야 하며(필수적 변론), 일정한 형식의 판결서를 작성하여야 하고, 선고라는 엄격한 방법으로 고지하여야 한다. 수소법원은 일단 판결을 선고하면 그것을 함부로 바꾸거나 취소할 수 없으며(기속력), 그러므로 판결에 대한 불복은 판결을 한 법원에 대하여 하는 것이 아니라 상급법원에 하여야 한다(항소, 상고).

결정은 절차의 진행에 관한 사항이나 절차에서 파생되는 사항, 부수적인 사항, 또는 강제집행에서 발생하는 사항에 관하여 법원의 판단이 필요할 때에 수소법원이 하는 재판이다. 주로 신속한 판단을 요하는 경우에 결정을 활용한다. 결정을 함에 변론에 의할 것인가는 임의적이며(임의적 변론: 제134조 1항 단서), 재판서를 작성할 필요가 없지만, 작성하더라도 이유 기재를 생략할 수 있고 법관의 서명도 기명으로 갈음할 수 있다(제224조 1항 단서). 선고는 필요 없고 알맞은 방법으로 고지하면 효력이 생긴다(제221조). 결정에는 판결과 같은 기속력이 없어서 그 법원이 스스로 고치거나 취소할 수 있고(예: 제222조),[1) 따라서 결정에 대한 불복도 그 결정을 한 법원을 상대로 이의를 제기하는 방법으로 한다. 다만 독립한 불복방법이 인정되어 있으면 항고를 제기할 수 있다. 주의할 것은 지급명령, 압류명령, 전부명령, 추심명령, 가압류·가처분명령 등은 법원이 하는 것이므로 그 성질이 결정이라는 점이다.[2]

　　명령은[3] 재판의 주체가 법원이 아닌 재판장, 수명법관, 수탁판사 등의 **개별 법관**이라는 점에서 결정과 차이가 있다. 예를 들면 재판장의 소장각하명령 등이 있다. 다만 소장각하명령은 특이한 점이 있다. 이는 재판장이 하는 것이어서 명령의 형식으로 하나 실질은 제기된 소에 대하여 종국적인 판단을 하는 것이라는 점에서 다른 명령과는 다르다. 이는 우리 법이 독일과 다르게 소장의 제출을 소제기로 보고 재판장에게 소장심사권을 부여하였기 때문에 생기는 체계상의 혼란이다.

　　이들의 차이점을 일목요연하게 표로 나타내면 아래와 같다.

	판　결	결　정	명　령
주　체	법원(합의부·단독판사)	법원(합의부·단독판사)	재판장, 수명법관, 수탁판사
사　항	소·상소에 의한 사건 자체에 관한 판단	소송지휘, 심리에 부수, 파생되는 사항 및 집행절차에 관한 사항	결정과 같음
성립절차	신중한 절차, 필수적 변론, 선고	간이·신속 절차, 임의적 변론, 적당한 고지 방법	결정과 같음
기 속 력	스스로의 판단에 기속됨	기속력 없음	결정과 같음
불복 신청	항소, 상고	동일심급 내의 이의; 항고	결정과 같음

　　〈사례 1〉에서 압류명령의 성질이 결정이라고 하는 것은 법원이 하는 재판이기 때문이다. 〈사례 2〉에서 문서제출을 명하는 결정(제347조)은 법원이 하는 것이기는 하나 그 성질이 판결이 아니고 결정이므로 항소에 의할 수는 없다. 이에 대한 불복

　　1) 다만 大決(全) 2014. 10. 8, 2014마667은 일단 성립한 결정은 취소나 변경을 허용하는 별도의 규정이 있다는 등 특별한 사정이 없으면 결정법원은 이를 취소, 변경할 수 없다고 한다.
　　2) 그 재판의 내용 때문에 용어를 이렇게 사용한다고 설명하는 것이 보통이다. 그러나 지급명령의 경우에는 그럴싸하지만 나머지 경우에는 오히려 뜻이 맞지 않아 오해의 염려가 있다. 예를 들어 압류명령의 경우 마치 채무자나 집행기관에게 무엇을 압류하라고 명령하는 것처럼 들리지만, 실은 그런 의미가 아니라 법원이 특정물을 압류하기로 결정한다는 내용이다. 그러므로 이 용어들을 그 성질에 맞게 결정으로 고치는 것이 바람직하다.
　　3) 독일에서는 명령이라는 용어를 쓰지 않고, 처분(Verfügung)이라는 말로 쓴다. 앞으로 참고할 일이다.

방법으로는 즉시항고가 인정되므로(제348조) 그에 의하여야 할 것이다.

Ⅱ. 종국적 재판과 중간적 재판

종국적 재판은 소송사건에 대하여 그 심급을 마무리 짓는 판단을 하는 재판을 말한다. 판결로는 종국판결이 있고, 결정으로는 소나 상소각하결정(제144조 4항), 소송비용액 확정결정(제110조)이 있다. 그리고 명령으로는 소장각하명령(제254조 2항)이 있다.

중간적 재판은 종국적 재판을 위한 전제문제에 관하여 심리 중에 별도로 하는 재판을 말한다. 판결로는 중간판결이 있고, 결정으로는 소변경 불허가의 결정(제263조), 실기한 공격·방어방법의 각하결정(제149조), 증거채부의 결정 등이 있다. 그들은 중간판결을 제외하면 대부분 소송지휘의 일환으로 이루어지는 경우가 많다. 중간적 재판에 대하여는 독립하여 불복하지 못하고 이를 전제로 한 종국적 재판에 대해 불복함으로써 상급심의 판단을 받게 된다(제392조).

Ⅲ. 명령적 재판, 확인적 재판, 형성적 재판

명령적 재판은 특정인에게 의무를 부과하거나 부작위를 명하는 내용의 재판이다. 이행판결 등이 여기에 속하는데, 그 특징은 강제력이 따른다는 점이다.

확인적 재판은 권리, 법률관계 또는 소송법상 법적 효과의 존부 확정이나 증서진부의 확인을 내용으로 하는 재판이다. 확인판결, 제척의 재판(제42조), 소송비용액 확정결정 등이 여기에 해당한다.

형성적 재판은 실체법이나 소송법상의 법률관계를 변동, 즉 발생, 변경 또는 소멸시키는 것을 내용으로 하는 재판이다. 형성판결, 기피재판, 전부명령, 매각허가결정 등이 여기에 속한다.

제 2 장 判 決

제 1 절 判決의 種類

판결은 그 판결로써 당해 심급이 종료되느냐에 따라서 중간판결과 종국판결로 나뉘고, 종국판결은 다시 여러 가지 기준에 의하여 분류될 수 있다.

Ⅰ. 중간판결

《사례 1》　　甲은 乙의 사기행각으로 부동산의 소유권을 상실하였다. 이에 甲이 乙을 상대로 5천만원의 손해배상을 청구하는 소를 제기하였다. 그러나 乙은 자신의 행위가 정당한 행위였으며, 甲이 입은 손해라고 해도 2천만원을 넘지 않을 것이라고 주장하였다. 법원이 심리하여 보니 乙의 행위가 교묘하여 불법행위 성립 여부도 불투명하였고, 그 손해액도 모호하여 한꺼번에 도저히 판단할 수 없었다. 이 경우 법원은 무엇부터 어떠한 형식으로 판단할 수 있는가?

《사례 2》　　甲은 乙을 상대로 소유권을 근거로 乙이 점유하고 있는 가옥을 인도할 것을 구하는 소를 제기하면서, 그 가옥은 자기가 상속한 것이라고 주장하고, 설사 상속이 아니라도 시효취득한 것이라고 주장하였다. 법원은 이 주장들을 한꺼번에 심리하여 판단해야 하는가?

《사례 3》　　甲은 乙을 상대로 대여금 반환청구를 하는 소를 제기하였다. 이에 대하여 乙은 甲의 채권이 이미 시효로 소멸하였다고 주장하고는 설사 소멸시효가 완성되지 않았어도 乙이 甲에 대하여 갖고 있는 대등액의 채권으로 상계한다고 주장하였다. 법원이 乙의 이러한 주장들에 대하여 한꺼번에 판단하여야 하는가 아니면 따로 판단할 수 있는가?

1. 의   의

중간판결은 **종국판결을 하는 준비**로서 실체법상이나 소송법상의 **부분적인 다툼**에 관하여 내리는 판결을 말한다(제201조). 〈사례 1〉에서처럼 심리가 복잡해질 때에는 별도로 판단할 수 있는 부분들을 일부씩 미리 판단하여 정리하여 둘 필요가 있

다. 그러므로 이러한 경우에는 우선 乙의 불법행위가 성립하는지 여부를 먼저 심리
하여 불법행위가 성립한다고 판단되면 이를 중간판결로 선고하여 두고, 다음에 손
해액에 관하여 심리를 하는 것이 편리할 것이다. 중간판결은 이러한 목적에서 인정
되는 것이다.

2. 중간판결을 할 수 있는 사항

다음과 같은 중간적 다툼이 있으면 법원은 중간판결을 할 수 있다. 이러한 중간
판결을 할 사항이 있을 때 중간판결을 할 것인지 여부는 법원의 재량이다.

(1) 독립한 공격 · 방어방법

이는 다른 공격 · 방어방법과 **분리 · 독립하여 심판**할 수 있고, 그것만으로써 실
체법상의 **법률효과를 좌우**할 수 있는 것을 말한다. 〈사례 2〉에서 甲이 주장하는 상
속과 시효취득은 서로 아무 관련이 없이 각기 독립하여 판단될 수 있고, 각기 그
자체로서 甲이 주장하는 법률효과를 좌우할 수 있는 독립한 공격방법이다. 〈사례
3〉에서 乙이 주장하는 시효소멸과 상계 역시 서로 아무 관련이 없이 각기 그 자체
로서 乙이 방어에 성공할지 여부를 좌우할 수 있는 독립한 방어방법이다. 이러한
사항들에 관하여는 법원이 각기 심리하여 중간판결을 할 수 있다.[1]

〈사례 2〉에서 법원은 상속이 인정된다고 중간판결을 하고 나서, 乙이 다른 점
유할 권리를 주장하였으면 이를 심리할 수 있다. 상속이 인정되지 않는다고 중간판
결을 하면 다음에 시효취득 여부를 심리할 수 있다. 그리고 〈사례 3〉에서는 우선
甲의 청구권이 시효소멸하였는지를 심리하여 소멸하지 않았으면 이를 중간판결로
선고하고 다음에 상계의 주장을 심리할 수 있다. 여하튼 독립한 공격 · 방어방법을
심리하여 그로써 심리가 종결되는 경우는 중간판결이 아니고, 종국판결이 되므로
심리가 계속되는 경우에만 중간판결이 가능하다.

《사례 1a》　　〈사례 1〉에서 乙이 위법한 가해행위를 하였고 이 행위는 乙의 고의에
의한 것이며, 甲에게는 손해가 발생하였고, 이 손해는 乙의 행위로 인한 것이라고 甲이
주장하였다. 그러나 乙은 甲의 주장을 부인하면서 특히 고의가 없었다고 주장하였다.
법원은 乙에게 고의가 있었다고 중간판결을 할 수 있는가?

---

1) 만일 甲의 청구가 소유권 확인을 구하는 것이면 소송물에 관한 이원설에 의하면 甲이 단순히 상
속, 시효취득 등 독립한 공격방법을 두 개 주장한 것이 아니고, 두 개의 소송물을 주장한 것이라고 보게
된다. 이때 상속에 관하여 먼저 판결한다면 이는 중간판결이 아니다.

여기서 문제되는 고의와 같은 법률효과의 개개의 요건사항의 주장은 중간판결의 대상이 아니다. 이는 그 자체로서 독립하여 甲의 청구를 이유 있게 하는 사항이 아니어서 독립한 공격방법이 되지 않기 때문이다.

(2) 중간의 다툼

이는 독립한 공격·방어방법을 제외한 기타의 **소송상의 다툼**, 즉 소송의 개시, 진행, 종료에 관한 다툼으로 이를 **해결하지 않으면 본안에 관한 판단을 할 수 없는 것**을 말한다. 주로 소나 상소의 적법 여부, 소취하의 유효 여부 등 소송요건에 해당하는 사항이 그것이다. 소나 상소가 적법하거나 소취하가 무효라고 판단되면 중간판결을 할 수 있으나, 반대의 판단을 하면 그 심급을 종결하거나 소송계속이 소멸하게 되므로 그렇지 않다.

중간판결도 판결이므로 이러한 사항 중에도 결정이나 명령으로 재판할 사항은 중간판결의 대상이 아니다. 예를 들어, 보조참가에 대한 이의에 대한 결정(제73조), 승계인에게 소송을 인수시키는 결정(제82조), 수계신청에 대한 결정(제243조), 청구변경을 불허하는 결정(제263조), 문서제출을 명하는 결정(제347조) 등이 그러하다.

(3) 청구의 원인

청구의 원인과 수액에 관하여 모두 다툼이 있을 때 먼저 **원인의 존재를 긍정**하는 판결을 할 수 있는데, 이것도 중간판결이다. 〈사례 1〉이 바로 이러한 경우이다. 청구원인의 존재를 부정하면 바로 청구기각판결을 하게 되므로 중간판결이 있을 수 없다.

3. 효 력

중간판결은 **기속력**이 있어서 그 판결을 선고한 법원이 이를 바꾸지 못하고, 종국판결을 할 때도 중간판결을 전제로 하여야 한다.

중간판결을 위한 변론이 종결될 때까지 제출할 수 있었던 공격·방어방법은 판결 후에는 제출할 수 없다. 그러나 중간판결은 종국판결이 선고될 때까지만, 즉 그 심급에서만 효력이 있기 때문에 항소심에서는 실기한 공격·방어방법이라고 하여 각하되지 않는 한 제출이 허용된다.

중간판결은 독립하여 불복의 대상이 되지 않는다. 중간판결에 대하여 불복이 있으면 그것을 전제로 한 종국판결에 대하여 항소·상고해야 한다(제390조, 제392조,

제422조).2)

Ⅱ. 종국판결

1. 의 의

종국판결이란 소나 상소에 의한 소송사건의 전부나 일부에 대하여 그 **심급을 완결**하는 판결이다. 법원은 소송의 심리가 충분히 성숙하여 판결을 할 수 있는 상 태가 되면 바로 종국판결을 해야 한다(제198조).

《사례 4》　　甲과 乙의 소송에서 제1심 법원이 甲의 제소는 소송요건 불비라고 하여 각하하였다. 이에 甲이 항소하였는데, 항소심 법원이 심리하여 보니 甲의 제소가 적법 하므로 제1심이 본안에 관하여 심리를 해야 마땅하다고 판단되어 그 사건을 제1심으로 환송했다. 이에 불복한 乙이 상고를 할 수 있는가?

《사례 5》　　甲과 乙의 소송이 상고심에 계속 중인데, 대법원이 항소심 판결이 잘못 되었다고 하여 이를 파기환송하였다. 그러나 대법원의 그 판단이 종전의 판례와 모순 되는 것이었다. 이때 甲이 재심의 소를 제기할 수 있는가?

과거에 판례는 항소심의 **환송판결**이 중간판결이라고 보아 〈사례 4〉와 같은 경 우에 상고가 불가능하다고 보았다. 그리고 상고심의 파기환송판결도 종국판결이 아 닌 중간판결이어서 환송 후에 환송 전 원심의 소송대리인은 그 심급에서 다시 소 송행위를 할 수 있으며,3) 그 판결은 재심의 대상이 될 수 없다고 하였다.4) 이는 종 국판결을 당사자의 불복이 없으면 그 사건을 종국적으로 종료시키는 판결로 보았 기 때문이었다. 그러나 대법원은 뒤에 판례를 변경하여 항소심의 환송판결은 종국 판결이므로 그에 대한 상고가 가능하다고 하였다.5) 그 뒤에 상고심의 파기환송판 결에 대하여는 이를 상고심의 심급을 이탈하게 하는 판결이라는 의미에서 종국판 결이라고 판시하여 종전의 판례를 변경하였다. 그러나 **재심의 대상**이 되는지 여부 에 관하여는 이러한 판결은 그 내용이 원심으로 하여금 다시 심리·판단하여 보라 는 것이므로 성질상 중간판결의 특성을 가지므로 '실질적으로 확정된 종국판결'이

---

2) 매각절차 속행명령도 중간적 재판이므로 이에 대한 불복은 종국적 재판에 대한 불복과 더불어 비 로소 상소가 가능하다(大決 1974. 2. 27, 74마8).
3) 大判 1959. 6. 25, 4291민상419.
4) 大判 1979. 11. 13, 78사20.
5) 大判(全) 1981. 9. 8, 80다3271.

라 할 수 없다고 하여 재심의 대상은 되지 않는다고 보았다.[6] 그러므로 판례에 따르면 〈사례 5〉의 경우에 甲은 재심의 소를 제기할 수가 없다.

그러나 이러한 판례의 태도는 타당하지 않다. 파기환송판결과 같이 형식적 확정력은 있으나 기판력이 없는 확정판결도 재심사유가 있을 때에는 이를 바로잡기 위하여 **형식적 확정력을 배제**할 필요가 있다. 판례대로 하면 중대한 잘못이 있는 대법원의 파기환송판결이 있어도 그로 인하여 불이익을 입은 당사자는 환송 후 원심의 판결을 기다려서 비로소 재심청구를 할 수 있다는 결과가 되는데, 이와 같은 우회적인 방법을 굳이 취해야 할 이유가 납득되지 않는다. 그리고 논리적으로 재심대상 판결은 환송 후의 항소심 판결이고, 따라서 항소심 법원이 재심사건의 관할법원이 되므로 사실상 대법원 판결에 대한 재심을 항소심법원이 다룬다는 이상한 결과가 될 것이다.

2. 종   류

종국판결은 소송을 완결하는 범위를 기준으로 하여 전부판결, 일부판결, 추가판결로 나눌 수 있고, 내용에 따른 분류로 소송판결과 본안판결로 나뉘고, 본안판결은 다시 여러 가지로 나뉜다. 여기서는 전자를 간략히 설명하고 후자를 중심으로 설명한다.

(1) 전부판결, 일부판결, 추가판결

전부판결은 같은 절차에서 심리되는 사건을 한꺼번에 완결시키는 종국판결이다. 청구가 하나일 때에 전부판결을 하는 것이 보통이고, 청구병합, 반소, 변론의 병합 등으로 여러 개의 청구를 같은 절차에서 심리한 경우에 이들에 대하여 동시에 재판하면 이것도 전부판결이 된다고 보는 것이 일반적이다.

일부판결은 같은 절차에서 심리되는 사건의 일부를 분리하여 먼저 완결하는 종국판결이다. 청구가 여러 개인 경우가 보통이겠지만, 하나의 청구라도 그것이 가분적이면 수액이 확정된 부분에 대하여도 가능하다고 본다. 청구가 여러 개인 경우 항상 일부판결이 가능한 것은 아니다. 선택적ㆍ예비적병합이나 필수적공동소송처럼 분리하면 일부와 잔부 사이에 모순이 생길 염려가 있으면 일부판결은 허용되지 않는다. 일부판결 뒤에 남은 부분에 대한 판결을 잔부판결(결말판결)이라고 한다.

---

6) 大判(全) 1995. 2. 14, 93재다27ㆍ34.

추가판결은 법원이 전부판결을 하였지만 객관적으로는 청구의 일부에 대하여 판단을 빠뜨린 경우에 이 누락부분에 대하여 하는 종국판결을 말한다. 일부판결을 한 뒤에 잔부에 대하여 하는 잔부판결과 혼동하여서는 안 된다.

(2) 소송판결과 본안판결

이를 표로 나타내면 다음과 같다:

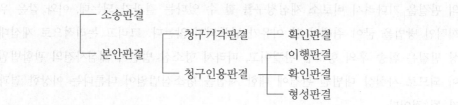

(가) 소송판결

이는 소송요건(상소요건 포함)의 흠결을 이유로 소나 상소를 부적법하다고 하여 각하하는 종국판결을 말한다. 본안에 관하여는 판단하지 않는 것이 특징으로, 이러한 점에서 소송종료선언과 소취하무효선언판결도 각하라는 형식은 아니지만 그 성질은 소송판결에 해당한다.

(나) 본안판결

이는 원고의 소송상청구가 실체법상 이유가 있는지를 판단하는 종국판결이다. 청구가 이유 없으면 청구기각판결을 하고, 이유 있으면 청구인용판결을 한다.[7]

(다) 이행판결

이행의 소에 대하여 원고의 청구를 인용하여 피고에게 일정한 이행(급부)이나 부작위를 명하는(이행명령) 판결이다. 확정되면 기판력과 집행력이 생기고, 확정 전이라도 가집행선고가 붙으면 바로 집행력이 생긴다.

(라) 확인판결

권리·법률관계의 존재나 부존재 또는 증서의 진부를 확인하는 판결이다. 이는 확인의 소에 대한 인용판결과 모든 종류의 소에 대한 기각판결이 여기에 속한다. 청구기각판결은 청구의 내용이 무엇이든 관계 없이 원고의 실체법상의 권리가 존

---

7) 상소의 경우에는 문제가 있다. 소송판결에 대한 상소심의 판결이 상소기각일 경우 이것이 '기각'이라는 형식을 취하고 있지만 본안판결이라고 볼 수는 없기 때문이다.

재하지 않는다고 확정하는 판결이므로 확인판결이 된다. 이 판결이 확정되면 기판력이 생긴다.

(마) 형성판결

형성의 소에 대하여 원고의 청구를 인용하여 법률관계를 발생·변경·소멸시키는 판결이다. 상소도 일종의 형성의 소이므로 상소심에서의 취소·파기판결도 여기에 속한다. 이 판결이 확정되면 형성력이 생긴다. 기판력도 인정되는가에 관하여는 학설 대립이 있으나 인정하는 것이 일반적이다.

제 2 절 判決의 宣告

법원이 판결을 선고하기 위하여는 먼저 판결의 내용을 결정하고, 다음에 판결서를 작성하여야 한다. 이 판결서에 기하여 법원이 판결을 선고하는 것이 원칙이다.

Ⅰ. 판결 내용의 결정

《사례 6》　합의부 관할인 소송에서 법원이 8월 25일에 변론을 종결하고 9월 8일에 판결의 내용을 합의하고 9월 12일에 판결을 선고하기로 하였다. 그러나 9월 1일자로 좌배석판사인 丙이 다른 곳으로 전임되고 丁이 부임하였다. 종전의 법관 甲, 乙과 丁이 판결의 내용을 결정할 수 있는가?

《사례 6a》　이 경우에 만일 丙과 丁의 인사이동이 판결 내용의 합의 뒤인 9월 10일이었으면 어떻게 되는가?

판결의 내용은 직접 그 사건의 기본적인 변론에 관여한 법관이 정하여야 한다(직접주의: 제204조 1항). 그러므로 〈사례 6〉과 같은 경우에는 丁은 그 판결에 관여할 수 없고, 변론을 재개하여 당사자로 하여금 변론의 결과를 진술하도록 한 다음에야 판결할 수 있다(제204조 2항). 그러나 〈사례 6a〉와 같이 판결의 내용이 이미 결정된 경우에는 다른 법관이 丙이 서명날인할 수 없는 사유를 기재하면 되므로(제208조 4항), 丁과는 아무런 관계가 없다.

《사례 6b》　〈사례 6〉에서 결국 판결의 내용을 정하려는데, 피고의 지급액에 관하여 甲은 3천만원, 乙은 4천만원, 丁은 4천5백만원으로 해야 한다고 주장하여 의견의 일치를 보지 못하였다. 이런 경우에는 피고에게 얼마를 지급하라고 판결할 것인가?

판결의 내용은 단독판사의 관할 사건이면 그 법관의 의견에 따라 결정되지만, 합의부의 경우에 의견이 일치하지 않으면 과반수의 의견으로 결정하는 것이 원칙이다(법조 제66조 1항). 그러나 의견이 셋 이상으로 갈려서 과반수가 되는 의견이 없을 경우에는 수액에서 가장 많은 금액을 주장하는 법관의 수에 점차 소액의 의견의 수를 더하여 과반수에 달하게 되면 그중 최소액의 의견에 따른다(법조 제66조 2항 1호). 그러므로 〈사례 6b〉에서 4천5백만원을 주장하는 사람이 하나, 그 다음 소액인 4천만원을 주장하는 의견이 하나이고 이를 더하면 두 사람이 되어 과반수가 되는데, 이때 최소액은 4천만원이므로 결국 이 법원은 피고에게 4천만원의 지급을 명하게 된다.

Ⅱ. 판 결 서

판결의 내용이 결정되면 법원은 선고 전에 판결서를 작성한다. 판결서에는 다음의 사항들을 기재하여야 한다(필수적 기재사항: 제208조).

1. 당사자와 법정대리인

소장과 마찬가지로 판결서에도 당사자를 기재하여야 하고, 법정대리인이 있는 사건이면 법정대리인도 기재하여야 한다. 누구인가를 특정할 수 있도록 기재하여야 하므로, 자연인은 성명을, 법인은 그 명칭을 기재하고 주소도 기재하는 것이 보통이다. 만일 당사자를 기재하지 않거나 특정할 수 없게 기재하면 판결의 효력에 영향이 있으나, 법정대리인의 경우는 소송수행자를 밝히고자 하는 것에 불과하므로 이를 기재하지 않거나 불분명하게 기재해도 판결의 효력에는 영향이 없다. 소송대리인이 있으면 기재하는 것이 통상이나, 이는 필수적인 것은 아니고 송달의 편의를 위한 것이다.

2. 주 문

판결 주문은 세 부분으로 구성된다. 소송상청구에 관한 판단이 주된 것이고, 소송비용의 부담에 관한 것과 가집행선고는 부수적 재판이다.

소송상청구에 관한 주문은 그 판결의 결론 부분으로, 소장의 청구취지에 대응된다. 주문은 그 내용상 청구취지나 상소취지에 대한 대답이라고 할 수 있다.

소송상청구에 대하여 판결이유에서 판단하였어도 주문에서 그에 관하여 아무런 판단을 하지 않으면 그 청구에 대하여는 재판한 것이 아니다. 따라서 이 경우에는 재판의 누락이 된다.[1]

《사례 7》　　판결의 주문을 다음과 같이 쓸 수 있는가?
① 피고는 원고에게 돈 4천만원과 이에 대한 연 1할 2푼의 비율에 의한 금원을 지급하라.
② 원고의 피고에 대한 돈 3천만원을 지급할 채무는 존재하지 않음을 확인한다.
③ 피고회사의 주주총회 결의는 취소한다.

주문은 내용이 짧고 명확해야 하고, 주문 자체로 내용을 알 수 있도록 기재해야 한다. 이는 주문이 바로 기판력의 범위를 정하는 기준이 되고, 강제집행도 주문에 따라 이루어지고 내용이 불명확하면 새로운 분쟁을 일으킬 위험이 있기 때문이다.

예를 들어, 판결 주문에서 "피고의 자동차들의 주차시간을 특별한 사정이 없는 한 06:00부터 22:00까지로 한정한다."라고 한 것은 '특별한 사정'이 무엇인지가 분명하지 않고 06:00부터 22:00 사이에 주차를 시작하였으면 22:00 이후에도 계속 주차를 할 수 있는지 여부 등이 불분명하여 분쟁이 다시 발생할 여지가 있다.[2]
특히 동시이행을 명하는 판결에서는 집행개시의 요건인 반대의무의 이행이나 이행제공 의무의 내용을 명확하게 특정하여야 한다. 그렇지 않으면 강제집행이 불가능하여 채권자로서는 동일한 소를 다시 제기하게 된다.[3]

주문이 불명확하여도 판결이유와 종합하여 그 내용을 특정할 수 있으면 무방하겠지만,[4] 그렇지 않으면 상소로 판결의 취소를 구할 수 있고,[5] 판결이 확정되어도

---

1) 大判 2004. 8. 30, 2004다24083. 이러한 일은 주로 청구병합에서 생긴다. 주문에서 판단을 누락한 부분은 상소심으로 이심되지 않고 원심에 남아 있으며, 따라서 상소의 대상이 되지도 않는다.
2) 大判 2006. 3. 9, 2005다60239.
3) 大判 2021. 7. 8, 2020다290804(반대의무의 이행으로 소송 당사자가 아닌 금융기관과 사이에 채무의 면책적 인수 합의나 금융기관에 대한 채무의 소멸을 명한 것이 원고의 의사만으로는 이행할 수 없는 것이어서 강제집행이 불가능하게 될 수 있어 잘못이라고 판시).
4) MüKoZPO/Musielak[6] § 313 Rn.19; Stein-Jonas/Althammer[23] § 313 Rn. 27.
5) 大判 2012. 12. 13, 2011다89910 · 89927은 주문의 일부라고 인정되는 별지 기재 사항에서 "빈 주차 면이 없을 경우 부득이 단지 외에 주차함을 원칙으로 하고"라고 한 것은 예외가 허용되는 경우가 구체적으로 밝혀져 있지 않고, "한시적 정차는 허용하나" 부분도 그 의미가 명확하지 않다고 하여 직권으로 판단하여 원심판결을 파기하였다. 大判 2018. 2. 28, 2017다270916도 원심판결의 주문이 피고는 원고에게 별지 3목록의 회계장부와 서류를 열람등사하도록 하라고 하였으나, 별지 3목록에서는 통장사본이 포함되지 않은 여러 서류를 구체적으로 열거하고 덧붙여 별지 2목록 기재 각 서류도 회계장부에 해당하면 그 범위에 포함된다라고 기재되어 있는데, 2목록에는 통장사본이 포함되어 있어서 판결주문으로는 통장사본이 열람등사의 대상이 되는지 여부가 불분명하여 이러한 주문은 명확성을 갖추지 못하였다고 판시

기판력이나 집행력 등의 효력이 생기지 않으므로,6) 효력 있는 판결을 받으려면 새로운 소제기가 필요하다.7)

다만, 주문의 명확성 여부가 상급심의 직권판단사항인지 직권조사사항인지에 관하여 판례는 상고심에서는 원판결 주문의 명확성을 직권으로 판단할 수 있다고 판시한 것도 있고,8) 주문이 특정되었는지 여부는 직권조사사항이라고 판시한 것도 있다.9) 주문의 특정 여부가 직권조사사항이라는 판시는 타당하지 않다. 직권조사사항은 법원이 조사할 때에 자료는 원칙적으로 변론주의에 의하여 당사자가 제출한 자료를 바탕으로 하는 것으로, 이 점에서 직권탐지에 의한 심리와는 명확히 구별된다.10) 소송요건 중 항변사항을 제외한 요건이 여기에 해당한다. 판결주문이 명확한지 여부는 이러한 사항과는 관계가 없다. 주문이 특정되지 않은 판결은 소송요건 불비처럼 부적법한 것이 아니라 판결로서의 효력이 없다. 상급심은 원판결의 주문이 명확하지 않아서 그 판결에 효력이 없는지 여부에 관하여 당사자의 주장이 없더라도 심리하여, 효력이 인정되지 않는다고 판단하면 직권으로 그 판결을 항소심에서는 취소하고 새로 재판하고, 상고심에서는 파기환송하여야 한다.11)

청구인용판결에서는 본안 주문은 청구취지와 같은 내용이 된다. **이행판결**에서는 "피고는 원고에게 돈 4천만원 및 이에 대한 2024년 5월 5일부터 완제일까지 연 1할 2푼의 비율에 의한 금원을 지급하라"라거나, "피고는 원고에게 별지 목록 기재의 건물을 인도하라"라고 기재한다.

특히 금전채무의 이행을 명하는 판결을 선고할 경우에 채무불이행으로 인한 손해배상액 산정의 기준이 되는 이율은 소장 등의 서면이 채무자에게 송달된 다음 날부터는 민법상의 이율을 적용하지 않고 대폭 올린 소송촉진등에 관한 특례법상

하였다.

6) Rosenberg-Schwab/Gottwald[18] § 60 Rn. 19; MüKoZPO/Musielak[6] § 313 Rn.19.

7) Stein-Jonas/Althammer[23] § 313 Rn. 27.

8) 大判 1983. 3. 8, 82누251(1978년도 양도소득세금 일정액과 방위세금 일정액의 부과처분의 취소를 구한 소송에서 항소심 판결이 주문에서 "원고가 취소를 구한 양도소득세금 일정액과 방위세금 일정액을 부과한 처분 중 과세표준금액 일정액을 초과하는 부분에 대응하는 양도소득세와 방위세에 관한 부분을 취소한다."고 판결하였고 이에 대하여 피고 세무서장이 상고한 사건에서, 대법원이 피고의 상고는 이유 없다고 하면서도 이와 같은 항소심 판결의 주문은 부과한 각 세금 중에서 어느 범위의 액을 취소한다는 것인지가 특정되지 않았다고 직권으로 판단하여 파기환송하였다.

9) 大判 2019. 3. 14, 2017다233849(이 판결에서는 내용이 다름에도 불구하고 위 82누251 판결을 참조하였다고 명시하였다.); 大判 2020. 5. 14, 2019므15302(가사비송에서 의무의 이행을 명하는 심판의 주문은 집행권원이 되기 때문).

10) Rosenberg-Schwab/Gottwald[18] § 77 Rn. 49.

11) BGHZ 5, 246; Rosenberg-Schwab/Gottwald[18] § 60 Rn. 19.

의 법정이율을 적용한다(소촉 제3조 1항).[12] 피고의 부당한 항쟁과 악의적 소송지연을 막으려는 취지이다. 따라서 채무자에게 이행의무를 인정한 사실심 판결이 선고되기 전까지 채무자가 그 이행의무의 존재 여부나 범위에 관하여 항쟁하는 것이 타당하다고 인정되는 경우에는 위 이율은 적용하지 않는다(소촉 제3조 2항).[13]

확인판결에서는 "원고의 피고에 대한 2020년 3월 31일 돈 5천만 원의 소비대차에 기한 채무는 존재하지 않음을 확인한다"라거나, "경기도 성남시 분당구 이매동 253번지 임야 1539제곱미터는 원고의 소유임을 확인한다"라고 기재한다.

형성판결에서는 "원고와 피고는 이혼한다"라거나, "2024년 3월 5일 위 주소지 소재 피고회사에서 개최한 주주총회에서 한 별지 기재의 결의를 취소한다"라고 기재한다. 그러므로 〈사례 7〉에 나타난 주문들은 그 내용이 특정되지 않아 부적법하다. 청구기각판결에서는 "원고의 청구를 기각한다"라고 하고, 소송판결에서는 "이 사건 소를 각하한다"라고 기재한다.

장래의 계속적, 반복적 지급을 명하는 판결의 경우에 의무의 종료일 표시가 문제된다. 종래 주문에서 '인도 완료일까지'나 '피고의 점유 상실일까지', '원고의 소유권 상실일까지' 등이 사용되었는데, 대법원은 인도 완료일이나 피고의 점유 상실일은 의무자인 피고의 임의이행과 관련되는 의무자측의 사정이어서 문제가 없으나, 원고의 소유권 상실일은 의무자인 피고가 좌우할 수 있는 성질의 것이 아니어서 바람직하지 않다는 의견을 밝힌 바 있다.[14]

3. 청구의 취지 및 상소의 취지

이들을 기재하도록 하는 것은 주문이 무엇에 대한 판단인가를 명확히 하려는 취지이다. 그러므로 청구취지나 상소취지를 그대로 기재하는 것이 원칙이겠으나, 원고의 청구를 전부 인용할 경우에는 청구취지는 주문과 같게 되므로 "주문과 같다"라고만 기재한다.

---

12) 소송촉진등에 관한 특례법상의 법정이율이 2019년 6월부터 12%로 조정되었다(소촉이율규정).

13) 大判 2020. 11. 26, 2019다2049(대법원의 환송판결에서 채무자의 주장이 받아들여진 적이 있는 경우).

14) 大判 2019. 2. 14, 2015다24432. 그러나 대법원이 사건의 결론과는 관계없는 사항에 관하여 판결에서 의견을 표시하는 것은 바람직하지 않다. 종래의 실무관행을 고치려면 실무제요에 기재하거나 다른 방법으로 시행하는 것이 타당하다.

4. 이 유

이는 왜 주문과 같은 판단에 이르렀는가를 설명하는 부분으로, 주문이 정당함을 인정할 수 있을 정도로 **당사자의 주장과 기타 공격·방어방법에 관하여 판단을 표시하여야 한다**(제208조 2항).

판결에 이유를 기재하도록 하는 법률의 취지는 법원이 증거에 의하여 인정한 구체적 사실에 법규를 적용하여 결론을 도출하는 방식으로 이루어진 판단과정이 불합리하거나 주관적이 아니라는 것을 보장하기 위하여 그 재판과정에서 이루어진 사실인정과 법규의 선정, 적용 및 추론의 합리성과 객관성을 검증하려고 하는 것이다. 따라서 판결의 이유는 그와 같은 과정이 합리적·객관적이라는 것을 밝힐 수 있도록 그 결론에 이르게 된 과정에 필요한 판단을 기재하여야 한다.[15]

당사자의 주장이나 공격·방어방법 전체에 관한 판단을 일일이 표시할 필요는 없다.[16] 사실을 인정함에는 어떠한 **증거**에 의하였는가를 표시하여야 하는데, 개별적인 사실과 증거의 연결을 알 수 있도록 기재하는 것이 바람직하다. 사실과 증거를 포괄적으로만 열거하면 판결이유에서 증거를 기재하는 의미가 없다. 증거를 채택하는 이유와 배척하는 이유까지 기재할 필요는 없다고 보는 것이 일반적이다.[17]

법률의 적용도 기재하여야 하나, 법의 적용이나 해석의 이론적 근거를 제시할 필요는 없다고 보는 것이 실무이다.[18] 그러나 이러한 태도가 법률의 발전에 유익한 것은 아니다.

판결이유가 불비되었거나 이유에 모순이 있을 때는 상고이유가 된다(제424조 1항 6호). 판결에 영향을 미칠 중요한 사항에 관한 판단누락은 재심사유가 된다(제451조 1항 9호). 판례는 당사자가 주장한 사항에 대한 구체적·직접적 판단이 표시되어 있지 않더라도 판결이유의 전반적인 취지에 비추어 그 주장을 인용하거나 배척하였음을 알 수 있는 정도라면 판단누락이라고 할 수 없다고 하고, 실제로 판단을 하지 않았더라도 그 주장이 배척될 경우임이 분명한 때에는 판결 결과에 영향이 없어

---

15) 大判 2021. 2. 4, 2020다259506.
16) 大判 2016. 1. 14, 2015다231894.
17) 이시윤, 645.
18) 이와 반대로 독일 법원, 특히 연방대법원의 판결이유는 마치 학술논문을 방불케 한다. 학설 대립이 있는 부분에 대하여 한 학설을 선택하면서 명확한 이유를 제시한다. 하급법원의 판결문에도 그런 것이 나타나는데, 전형적인 예로 LG Berlin NJW 1958, 833이 판결이유에서 소의 예비적 주관적 병합에 관한 Rosenberg의 긍정설을 조목조목 비판한 것을 볼 수 있다.

판단누락의 위법이 있다고 할 수 없다고 한다.[19) 그러나 판결이유 전체의 취지에서 주장에 대한 판단을 알 수 있는 경우에도 당사자에게 판결이유 전체의 취지를 이해하라고 요구하는 것이어서 타당하지 않지만, 나아가 실제로 판단을 하지 않은 경우에도 판결 결과에 영향이 없으면 판단누락의 위법이 없다고 한 판시는 판결서에 판결이유를 적도록 한 취지를 몰각하는 태도여서 부당하다.[20)

판결이유는 판결서의 필수적 기재사항이나, 판결하는 법관의 업무를 경감하기 위하여 일정한 경우에는 **이유의 기재를 생략**할 수 있도록 하였다: 제1심 판결 중 무변론판결과 자백간주에 기한 판결 및 피고가 공시송달로 기일통지를 받아 결석한 사건의 판결의 경우에는 청구를 특정함에 필요한 사항과 상계 주장에 관한 판단에 관한 사항만을 간략히 표시할 수 있다(제208조 3항). 항소심 판결에서는 제1심 판결을 인용할 수 있다(제420조). 그러나 판례는 공시송달 판결인 경우에는 제1심과 달리 주문이 정당하다는 것을 인정할 수 있을 정도로 당사자의 주장과 그 밖의 공격·방어방법에 관한 판단을 표시하여야 한다고 본다.[21) 심리불속행 및 상고이유서 부제출에 의한 상고기각판결에는 이유를 기재하지 않을 수 있다(상특 제5조 1항). 소액사건의 판결서에는 특히 필요한 경우가 아니면 이유를 기재하지 않는다(소심 제11조의2). 판결서와 같은 성격을 가졌다고 할 수 있는 배상명령에서도 원칙적으로 이유를 기재할 필요가 없다(소촉 제31조 2항 단서). 판결은 아니지만 결정과 명령에서는 이유의 기재를 생략할 수 있다(제224조 1항 단서).[22)

5. 변론종결 날짜

이는 기판력의 시간적 범위를 정하는 시점이기 때문에 명확히 할 필요가 있는 것이다. 무변론판결의 경우에는 판결선고 날짜를 기재한다.

---

19) 大判 2008. 7. 10, 2006재다218(이 판결에서 참조한 大判 1969. 6. 10, 68다1859는 판단누락이라도 결과에 영향이 없어 상고심에서의 파기사유가 되지 않는다는 것이어서 의미가 다르다); 大判 2012. 4. 26, 2011다87174; 大判 2016. 12. 1, 2016두34905; 大判 2018. 6. 15, 2017다248803·248810; 大判 2018. 7. 20, 2016다34281; 大判 2018. 10. 25, 2016다42800·42817·42824·42831 등 다수.

20) 여기서 판단누락이 위법한지 여부는 판단누락이 상소심에서 원판결 취소사유가 되는지 여부와는 구별되는 다른 문제임을 주의할 필요가 있다.

21) 大判 2021. 2. 4, 2020다259506. 항소심은 당사자의 불복신청의 범위에서 제1심 판결의 당부를 판단하는 것이라는 점을 근거로 한다.

22) 그 밖에 실무에서는 주로 교통사고사건에 관하여 판결문의 양식을 만들어 두고 거기에 각 사건마다 달라지는 부분을 기입하여 넣는 방법으로 판결서를 작성하기도 한다.

6. 법   원

이는 판결서에 서명날인하는 법관이 소속한 법원을 기재하는 것으로, 통상 판결을 하는 재판부까지 표시한다.

7. 법관의 서명날인

판결서에는 위에서 말한 사항들을 기재하고 관여 법관이 서명·날인하여야 한다. 다만 법관이 서명·날인하는 데에 지장이 있으면 다른 법관이 그 사유를 기재하고 서명·날인한다(제208조 1항, 4항).

Ⅲ. 판결의 선고와 송달

1. 판결의 선고

변론을 종결하면 가급적 조속한 시일 안에 판결을 선고하여야 한다. 이를 독려하기 위하여 법은 변론종결 후 2주일 내에 판결을 선고하고, 특별한 사정이 있어도 4주일을 초과할 수 없다고 규정하였다(제207조 1항).[23]

판결의 선고는 당사자를 심문하는 것이 아니므로 당사자가 출석해야 할 수 있는 것은 아니다(제207조 2항). 그리고 같은 이유에서 소송절차의 중단 중에도 할 수 있다(제247조 1항). 그러므로 법원이 적법하게 변론을 진행한 후 이를 종결하고 선고기일을 고지한 때에는 출석하지 않은 당사자에게도 그 효력이 있는 것이고, 그 당사자에 대하여 판결 선고기일 통지를 송달하지 아니하였다 하여도 위법이 아니다.[24] 만일 그 변론이 기일통지를 제대로 하지 않은 상태에서 진행된 것이면 그 기일에만 선고기일을 알리고 따로 선고기일 통지를 송달하지 않은 상태에서 선고하였으면 위법이다.[25]

종국판결은 제1심의 경우는 제소일로부터, 상소심의 경우에는 기록의 송부를 받은 날부터 5월 이내에 선고하여야 한다(제199조). 그러나 소액사건의 경우에는 변론을 종결하고 즉시 선고할 수 있다(소심 제11조의2). 여기의 기간도 지키지 않았다고 해서 판결의 효력에 영향을 주지 않으므로 훈시규정이라고 새긴다.[26]

---

23) 판례는 이를 훈시규정이라고 새긴다(大判 2008. 2. 1, 2007다9009).
24) 大判 1959. 2. 26, 4291민상471; 大判 1966. 7. 5, 66다882.
25) 大判 2003. 4. 25, 2002다72514.

판결 선고는 판결원본에 의하여 그 주문을 낭독하고, 필요하면 이유를 간략히 설명할 수 있다(제206조). 그러나 소액사건의 경우는 이유기재를 생략할 수 있지만, 반드시 이유를 구술로 설명은 해야 한다(소심 제11조의2). 이유 설명이라는 점에서는 통상의 사건보다 강화된 결과가 되었다.27)

2. 판결의 송달

판결을 선고하였으면 즉시 판결서를 법원사무관등에 교부하여야 한다(제209조). 그리고 이들은 판결서를 영수한 날로부터 2주일 내에 판결정본을 당사자에게 송달하여야 한다(제210조). 상고심에서 상고이유서 부제출이나(제429조) 심리불속행으로 인한 상고기각판결(상특 제4조)을 함에는(여기에는 이유를 기재하지 않을 수 있다) 선고를 할 필요가 없이 상고인에게 송달만 하면 효력이 생긴다(상특 제5조 2항).

판결이 송달되면 그날로부터 **상소기간**이 진행한다(제396조 1항 본문, 제425조). 그러나 판결이 송달되기 전에도 상소할 수 있는 것이지 송달되어야 비로소 상소할 수 있는 것은 아니다(제396조 1항 단서).

제 3 절 判決의 效力

판결이 선고되면 각 단계에 따라 여러 가지 효력이 생긴다. 판결이 확정되지 않았더라도 생기는 효력으로는 기속력이 있고, 확정된 뒤에는 형식적 확정력, 실체적 확정력(기판력), 집행력 및 형성력 등이 있다. 그러나 판결이 확정된 뒤에 생기는 효력은 소송종료 단계에서 설명하기로 하고 여기서는 기속력에 관하여 설명한다.

Ⅰ. 판결의 기속력

《사례 8》   민사단독판사로 근무하는 丙은 甲이 乙을 상대로 하는 손해배상청구사건의 판결에서 일용노동자의 가동연한을 55세라고 생각하고 판결을 선고하였다. 그 다음날 丙이 판례가 변경되었음을 비로소 알고 전날 한 판결의 내용을 고치고자 한다.

---

26) 大判 2008. 2. 1, 2007다9009.

27) 통상사건의 경우 과거에는 이유 설명이 필수적이었으나, 1990년의 개정시에 임의적인 것으로 완화하고 소액사건의 경우에는 역시 1990년 개정시에 이유기재를 하지 않는 것을 허용하면서 구술로는 반드시 설명하도록 조항을 신설하였다.

이것이 가능한가?

법원이 판결을 선고하고 나서 스스로 이를 고칠 수 있다고 한다면 재판의 신용이 떨어지고, 판결을 받은 당사자나 제3자의 법률관계가 불안해진다. 그러므로 판결이 확정되기 전이라도 일단 **선고된 판결**은 혹시 그 속에 잘못된 판단이 있어도 **판결한 법원이** 이를 함부로 **철회하거나 변경할 수 없도록** 해야 한다. 이러한 효력을 기속력이라고 한다.[1] 그러므로 판결에 대한 불복은 그 판결을 한 법원에 대하여 하여도 아무런 소용이 없고 상급법원에 대하여 하여야 하는 것이고, 이를 상소라고 한다. 이러한 기속력은 종국판결뿐만 아니라 중간판결에도 인정된다.[2]

Ⅱ. 판결의 경정

《사례 9》　　　민사단독판사로 근무하는 丙은 甲이 乙을 상대로 하는 손해배상청구사건의 판결에서 乙에게 900만원의 지급을 명한다고 생각하고 판결서를 작성하였으나 정작 甲과 乙이 받은 판결서에는 9,000만원을 지급하라고 되어 있었다. 乙이 이를 고치기 위하여 항소를 하여야 하는가?

판결을 한 법원은 기속력 때문에 스스로 한 판결을 변경할 수 없으나, 판결의 내용이 변경될 정도는 아닌 **단순하고 명백한 오기, 계산 착오** 등의 경우에까지 기속력의 적용을 받게 하여 일일이 상소에 의하여 불복하도록 하는 것은 매우 번거로운 일이다. 그리하여 이러한 경우에는 직권 또는 당사자의 신청에 의하여 결정으로 간단히 판결을 정정하거나 보충하여 강제집행이나 가족관계 등록부의 정정, 등기의 기재 등 이른바 넓은 의미의 집행에 지장이 없도록[3] 하였다. 이것이 판결의 경정이다(제211조).

경정신청을 한 당사자는 판결에 오기나 계산 착오 등의 잘못이 있음이 분명하다는 점을 소명하여야 하고, 이러한 소명이 없으면 법원은 신청을 기각할 수 있다.[4]

경정을 할 사유인 잘못에는 법원의 과실로 생긴 것뿐만 아니라 당사자의 청구나 감정인 등에 잘못이 있어 생긴 것도 포함된다.[5] 경정사유가 있는지 여부는 판

---

1) 기속력은 이 밖에도 법원 재판의 다른 법원에 대한 구속력을 뜻하기도 한다. 예를 들면 상급법원의 판단이 하급법원을 기속하고(제436조 2항), 이송재판이 이송 받은 법원을 기속하는 것(제38조) 등이 그러하다.

2) 중간판결에 대한 독자적인 불복방법은 인정되지 않음은 이미 설명하였다.

3) 大決 1999. 4. 12, 99마1486; 大決 2000. 5. 24, 98마1839; 大決 2020. 3. 16, 2020그507.

4) 大決 2018. 11. 21, 2018그636.

결문이나 조서 등에 그 사유가 명백하게 나타난 경우 뿐만 아니라 사후에 제출된 자료로써 알 수 있는 경우도 포함한다.[6]

법원이 경정결정을 하면 이는 원판결과 하나가 되어 판결을 선고한 때에 소급하여 효력이 생긴다. 〈사례 9〉에서의 잘못은 단순한 오기이므로 乙은 항소를 할 필요가 없고, 경정신청을 하면 된다.

판례가 경정결정을 한 예를 보면, 판결 주문에서 "별지 목록 기재의 부동산은…"이라고 하고는 정작 판결 말미에 별지목록을 붙이지 않은 것은 판결경정사유이지 상고이유가 아니라고 한 것이 있고,[7] 확정판결과 같은 효력이 있는 조정조서에서 법률에 위반하여 제곱미터 미만의 단수를 표시하여 면적을 표시한 것을 단수 이하를 없앰으로써 조정조서의 집행을 가능하게 만들도록 한 것이[8] 있으며, 소유권이전등기절차를 이행하라는 소송 중에 그 토지가 분할되었는데, 원고가 청구취지에서 부동산의 표시를 변경하거나 새로운 토지대장을 제출하는 등 아무런 자료도 제출하지 않았고, 그에 따라 원고의 청구를 인용하는 판결이 선고된 경우에, 경정대상 판결의 주문을 경정하더라도 판결의 내용을 실질적으로 변경하는 것이 아니라고 하여 경정을 불허한 원심 결정을 파기환송한 것이 있다.[9] 판례 중에는 원고가 청구를 변경하였는데 법원이 이를 간과하고 변경 전 청구에 대하여 판결하였음을 이유로 한 경정신청을 기각한 것은 잘못이라고 한 것이 있는데,[10] 이는 잘못이다. 청구의 변경을 간과하고 한 판결은 상소의 대상이지 경정의 대상이 아니다.

판례가 경정사유가 아니라고 한 예로는, 측량감정인의 잘못으로 실제 점유 부분 및 면적과 다르게 감정이 이루어졌음에도 당사자와 법원이 이를 모르고 그 감정결과에 따른 청구취지대로 판결이 선고된 경우에 판결경정으로 당사자의 점유면적을 증가시키는 내용으로 점유 부분과 면적의 표시를 고치는 것은 판결 주문의 내용을 실질적으로 변경하는 것이어서 허용되지 않는다고 한 것이 있다.[11]

경정결정은 그 판결을 한 법원이 하는 것이 원칙이다. 그러나 상소의 제기로 본안사건이 상소심에 계속한 경우에는 판결원본과 소송기록이 있는 상소심 법원도

---

5) 大決 1994. 5. 23, 94그10(원고가 착오로 등기부에 남아있는 지분보다 과다한 지분에 관하여 이전등기를 청구하였는데, 피고가 청구를 인낙하여 소장 기재대로 인낙조서가 작성된 경우); 위 98마1839 결정(감정인이 계산을 잘못하여 면적 표시를 잘못한 경우); 위 2020그507 결정(토지에 관한 소유권이전등기절차의 이행을 구하는 소송의 사실심 변론종결 전에 토지가 분할된 사실이 변론에 드러나지 않은 채 원고의 청구를 인용한 판결이 선고된 경우).

6) 위 98마1839 결정.

7) 大判 1989. 10. 13, 88다카19415.

8) 大決 2012. 2. 10, 2011마2177.

9) 위 2020그507 결정.

10) 大決 1981. 11. 6, 80그23.

11) 위 99마1486 결정.

경정결정을 할 수 있다. 다만 상소하지 않거나 상소가 취하되어 원판결이 확정된 부분이 있으면 이에 대하여는 상소심법원이 경정할 수 없을 것이다.12)

경정신청을 기각한 결정에 대하여는 통상적인 불복인 일반항고는 불가능하나, 그 결정에 재판에 영향을 미친 재판청구권 침해 등 헌법 위반이 있거나 재판의 전제가 된 명령, 규칙, 처분의 헌법이나 법률 위반 여부에 대한 판단이 부당함을 주장하여 대법원에 특별항고를 할 수 있다(제449조 1항).

판례는 여기서 판결경정신청을 기각한 결정에 헌법 위반이 있다고 하려면 신청인이 그 재판에 필요한 자료를 제출할 기회를 부여받지 못하였거나, 판결에 오류가 있음이 분명하여 판결이 경정되어야 하는 사안임이 명백함에도 불구하고 법원이 이를 간과하고 기각결정을 한 경우이어야 한다고 판시한다.13) 여기서 자료제출 기회를 부여받지 못한 경우에는 바로 재판청구권 침해에 해당할 것이지만, 경정되어야 할 사안이 명백함에도 불구하고 기각한 경우가 헌법상의 재판청구권과 직접 연결되는지는 의문이다.

제 4 절   終局判決의 附隨的 裁判

Ⅰ. 가집행선고

1. 의   의

《사례 10》   건축주 乙이 아무런 이유 없이 건축업자 甲에게 공사대금을 지급하지 않아서 甲은 공사대금의 지급을 구하는 소를 제기하여 승소하였다. 乙은 어떻게 하여서든지 소송을 오래 끌어서 甲을 지치게 한 후 적당히 화해를 하려는 생각으로 항소하였다. 이러한 항소를 막을 방법으로 어떠한 것이 있는가?

《사례 10a》   이 경우 乙이 대금을 지급하지 않고 있는 것이 甲의 시공에 중대한 잘못이 있기 때문인데 乙이 소송을 지연시키기 위하여 제1심에서 이를 주장하지 않고 항소심에서 비로소 주장하였다. 이러한 소송지연책을 막을 방법으로 어떠한 것이 있는가?

---

12) 大決 2008. 10. 21, 2008카기172.
13) 大決 2004. 6. 25, 2003그136; 위 2020그507 결정.

본래 판결의 내용대로 집행하려면 그 판결이 확정되어야 한다. 확정되지도 않은, 즉 뒤에 번복될 가능성이 있는 판결로 집행을 하면 집행을 당하는 채무자에게 부당한 손해를 줄 수가 있기 때문이다. 그러나 판결이 반드시 확정되어야만 집행이 가능하다고 하면, 〈사례 10〉의 경우와 같이 채무자가 사건을 적당히 끝내거나 강제집행을 지연시킬 목적으로 별다른 이유도 없이 상소하여 채권자의 권리 실현이 그만큼 지연된다. 그리고 〈사례 10a〉에서와 같이 당사자가 소송지연을 위하여 소송자료를 제때에 제출하지 않기 때문에 제1심에서 심리가 집중되지 않는 폐단이 생길 수 있다. 이러한 취지에서 현행법은 재산권의 청구에 관한 판결에는 원칙적으로 가집행선고를 하도록 규정한다(제213조 1항). 그렇게 되면 제1심판결에 기하여 바로 집행을 할 수 있기 때문에 소송지연을 위한 상소가 방지되며, 당사자들이 제1심에서 최선을 다하여 소송을 수행하게 된다. 그러므로 권리자의 **권리가 신속하게 실현**되며 **심리가 1심에 집중**된다.

여기서 말하는 가집행이란 잠정적인 집행이란 뜻으로 일단 집행은 되나 그 판결이 상소심에서 취소되면 효력을 상실하는 것을 말한다. 그리고 가집행선고는 미확정의 종국판결에 집행력을 부여하는 재판으로, 그 성격은 **형성적 재판**이다.

2. 요　건

《사례 11》　　甲은 사망한 乙과의 사이에 아직 채무가 정리되지 않은 것이 있다고 주장하여 乙을 피고로 하여 대여금 반환청구의 소를 제기하였다. 그러나 제1심 법원은 이러한 소는 부적법하다고 하여 각하하고는 여기에 가집행선고를 붙였다. 이것이 타당한가?

《사례 12》　　甲은 처인 乙의 부정행위로 더 이상 혼인관계를 유지할 수 없다고 판단하고 이혼청구의 소를 제기하였다. 법원이 심리하여 보니 乙의 상습적 부정행위가 인정되어 甲의 청구를 인용하는 판결을 선고하였다. 여기에 가집행선고를 붙일 수 있는가?

《사례 13》　　乙은 매달 500만원씩 임차료를 지급하기로 하고 甲의 토지를 임차하여 그 위에 토속주점 "밑빠진 독"을 지어 경영하고 있었다. 그런데 乙이 여러 달 임차료를 지급하지 않자 甲은 계약을 해지하고 건물철거와 토지인도를 구하는 소를 제기하였다. 법원이 심리하여 보니 甲의 청구가 이유가 있어 청구인용판결을 선고하고 동시에 가집행선고를 붙였다. 이러한 법원의 조치가 타당한가?

법원이 가집행선고를 하려면 다음의 요건이 갖추어져야 한다.

① 그 판결이 **집행할 수 있는 종국판결**이어야 한다. 가장 전형적인 것이 이행판결이다. 종국판결 중에서도 집행할 내용이 포함되지 않은 것에는 가집행선고를 붙일 수 없다. 대표적인 것이 청구기각이나 소각하판결이다. 그러므로 〈사례 11〉에서는 가집행선고를 붙일 수 없다.

결정과 명령은 고지되면 바로 집행력이 생기므로(민집 제56조 1호) 가집행 재판을 붙일 필요가 없다.

② **재산권상의 청구**에 관한 판결이어야 한다. 그러므로 〈사례 12〉와 같은 가족법상의 청구 등 비재산권상의 청구에 대하여는 가집행선고를 붙일 수 없다. 그리고 재산권상의 청구에 관한 판결이라도 확정되어야만 집행이 가능하다는 규정이 있을 때는 가집행선고를 붙일 수 없다. 그러한 예로 의사의 진술을 명한 판결은 확정되어야 그 판결로 집행된 것으로 보며(민집 제263조 1항), 공유물분할판결과 같은 실체법상의 법률관계를 변경하는 형성판결도 성질상 확정되지 않으면 법률관계의 변동이 전혀 일어나지 않으므로 가집행선고를 붙일 수 없다. 또한 이혼으로 인하여 명한 재산분할 판결이나 심판도 확정되기 전에는 금전지급의무의 이행기가 도래하지 않고 금전채권의 발생도 확정되지 않기 때문에 가집행선고의 대상이 될 수 없다.[1]

③ 가집행선고를 하면 안 될 **상당한 이유**가 없어야 한다. 그러한 '상당한 이유'는 가집행을 하면 패소자에게 회복할 수 없는 손해가 생기는 것을 뜻한다. 〈사례 13〉의 경우처럼 영업을 중단하고 건물을 철거해야 하는 경우는 뒤에 가집행이 취소되더라도 그 손해는 회복할 수가 없을 것이므로 가집행선고를 붙여서는 안 된다.

3. 가집행선고의 절차와 방식

가집행선고는 당사자가 이를 신청하지 않아도 **법원이 직권으로** 하는 것이 원칙이다. 그리고 불복신청이 없는 부분에 대하여 상소법원은 당사자의 신청이 있어야만 결정으로 가집행선고를 붙일 수 있다(제406조, 제435조[2]).

가집행선고는 판결주문에 표시한다(제213조 3항).

《사례 14》　　　甲이 그의 생부 乙에게 부양료청구를 하는 소를 제기하여 제1심에서 승소하면서 가집행선고까지 받았다. 이에 기하여 乙이 갖고 있는 순금 거북선 모형을

---

1) 大判 2014. 9. 4, 2012므1656.
2) 상고심의 경우 불복신청이 없는 부분에 대하여 하는 가집행선고는 상고되지 않아서 확정된 부분을 포함하지 않음은 물론이다.

압류, 경매하였다. 그러나 乙이 항소하였고 항소심에서는 제1심 판결을 취소하고 청구를 기각하는 판결이 선고되고 그 판결이 확정되었다. 乙이 그 손해를 전보받기 위하여 별도로 소를 제기하여야 하는가?

가집행선고는 판결이 확정되기 전에 집행하도록 하는 것이므로 상소심에서 판결이 취소·변경되어 결과적으로 집행이 잘못된 것으로 되면 채무자에게는 손해가 발생한다. 이러한 채무자의 손해를 담보하기 위하여 원고로 하여금 담보를 제공하게 할 수 있는데, 이를 **담보부가집행선고**라고 한다. 원고에게 담보 제공을 요구할 것인지는 법원이 재량으로 정하나, 상소심에서 판결이 취소·변경될 가능성이 보일 때에는 담보를 붙이도록 해야 할 것이다. 〈사례 14〉의 경우 제1심 법원이 담보부가집행선고를 하였으면 乙은 쉽게 손해를 전보받을 것이다. 담보제공을 조건으로 하지 않은 가집행선고를 무담보부가집행선고라고 하는데, 어음금이나 수표금청구에 대한 판결은 신속한 해결을 필요로 하므로 무담보부이어야 한다(제213조 1항 단서).

《사례 14a》 〈사례 14〉에서 乙이 일단 가집행을 당하면 손해가 많을 것을 염려하여 가집행을 면제받을 수 있는 방법이 있는가?

이러한 경우에 원고가 주장하는 채권 전액을 피고가 담보로 제공하면 굳이 판결이 확정되지도 않았는데 가집행을 실시하여 피고에게 손해를 줄 필요가 없을 것이다. 그러므로 법원은 가집행선고를 하면서 피고가 채권 전액을 담보로 제공하면 가집행을 면제받을 수 있음을 선고할 수 있다(제213조 2항).

4. 가집행선고의 효력

가집행선고가 있으면 그 판결은 즉시 **집행력**이 발생한다. 가집행에 관한 재판에 대하여는 독립하여 상소할 수 없다(제391조). 피고가 본안에 관하여 상소하더라도 집행은 정지되지 않는다. 가집행은 비록 잠정적인 것이라 하더라도 집행 자체는 채권자의 권리를 만족시킨다는 점에서 본집행과 차이가 없다. 다만 다음의 몇 가지 점에서 본집행과 차이가 있다.

《사례 15》 乙이 점유하고 있는 주택의 소유자 甲이 乙을 상대로 그 가옥의 인도를 구하는 소를 제기하여 승소하였고 이에 대하여 乙은 항소하였다. 그러나 甲은 가집행선고에 기하여 가옥을 인도 받았다. 항소법원은 甲이 이미 그 가옥을 인도받았음을 이유로 甲의 청구를 기각할 수 있는가?

가집행은 상급심에서 가집행선고가 붙은 본안판결이 취소되면 효력을 상실한다.
즉 **본안판결의 취소를 해제조건**으로 집행의 효력이 발생하는 것이다. 그리고 확정
적 집행이 아니므로 〈사례 15〉에서처럼 가집행된 결과까지 고려하여 상급심에서
본안판단을 하여서는 안 된다.[3] 가집행선고 있는 판결이 집행권원이 되기는 하지만
이를 근거로 해서는 재산명시신청이나 채무불이행자명부 등재신청은 할 수 없다.[4]

5. 가집행선고의 실효

가집행선고는 판결의 확정 전에 이루어지는 것이므로 그 자체나 본안판결이 **상
급심에서 취소·변경**되는 수가 있다. 이렇게 되면 가집행선고는 그 범위 안에서 효
력을 상실한다(제215조 1항). 가집행선고에 대한 불복도 본안의 재판에 대한 상소의
전부 또는 일부가 이유 있다고 판단되는 경우에만 이유 있다고 인정된다. 따라서
본안과 더불어 상소된 가집행선고의 재판에 비록 잘못이 있다 하더라도 본안에 대
한 상소가 이유 없다고 판단되는 때에는 가집행선고의 재판을 시정하는 판단을 할
수 없다.[5] 가집행선고가 실효되면 집행은 개시될 수 없고, 이미 집행이 개시되었어
도 집행의 정지 및 취소를 구할 수 있다(민집 제49조 1호, 제50조).

《사례 15a》   〈사례 15〉에서 항소심 법원이 제1심법원의 판결이 잘못되었다고 하여
이를 취소하고 청구기각판결을 선고하였다. 이때 乙은 甲에게 무엇을 청구할 수 있는
가?

가집행선고가 실효된 결과 원고는 피고에 대하여 원상회복과 손해배상 의무를
부담한다(제215조 2항). 이는 무과실책임이다. **원상회복**은 가집행의 결과 피고가 원
고에게 지급한 물건이나 금전을 반환하는 방법으로 한다. 이를 **지급물의 반환**이라
고 한다. 그 법적 성질은 부당이득의 반환이다.[6] 그러므로 〈사례 15a〉에서 乙은 그
가옥의 반환을 청구할 수 있다.

---

3) 大決 1990. 5. 22, 90므2633(부양료청구 사건에서 가집행선고에 의하여 금액을 지급한 경우); 大
判 1993. 10. 8, 93다26175·26182(가집행선고에 의하여 변제공탁을 한 경우); 大判 1995. 6. 30, 95다
15827(가집행선고된 원리금을 피고가 채권자에게 지급하고 항소를 제기한 경우); 大判 2009. 3. 26, 2008
다95953·95960(가집행으로 채권자가 배당을 받은 경우); 大判 2020. 1. 30, 2018다204787(가집행선고
이후 피고가 채무액을 지급한 경우에는 그 성격을 심리해야).

4) 이시윤, 726.

5) 大判 2010. 4. 8, 2007다80497.

6) 大判 2005. 1. 14, 2001다81320; 大判 2015. 2. 26, 2012다79866.

《사례 16》　　甲은 채무자 乙을 상대로 대여금반환청구의 소를 제기하여 제1심에서 가집행선고가 붙은 청구인용판결을 선고받았다. 乙이 항소하였으나 집행은 개시되어 乙의 소유인 가옥 한 채가 매각되어 丙이 매수인으로 소유권을 취득하였다. 그러나 항소심법원은 제1심 판결을 취소하고 甲의 청구를 기각하는 판결을 선고하였다. 乙은 그 가옥의 소유권을 회복할 수 있는가?

여기서 지급물이라 함은 가집행에 의하여 '**피고가 원고에게**' 지급한 **물건**만을 뜻하고, 이미 가집행에 의하여 취득한 제3자의 권리에는 영향을 미치지 않는다. 그리하여 〈사례 16〉에서처럼 가집행에 의한 매수인의 소유권 취득은 여전히 유효하고,[7] 가집행으로 인도받은 부동산을 제3자에게 임차하였을 경우에는 그 임차권에 아무런 영향이 없다.[8]

《사례 17》　　甲은 채무자 乙을 상대로 2천만원의 대여금반환청구의 소를 제기하여 제1심에서 가집행선고가 붙은 청구인용판결을 선고받았다. 乙은 항소하였으나 집행이 임박하여 위협을 느낀 乙이 甲에게 2천만원을 지급하였다. 항소심에서 심리 결과 제1심 판결이 잘못되었음을 알게 되어 그 판결을 취소하고 甲의 청구를 기각하는 판결을 선고하였다. 이때 乙이 2천만원의 반환을 청구할 수 있는가?

여기서 지급물은 반드시 '가집행의 결과' 원고에게 지급된 것에 한하지 않고, 가집행에 당하여 이를 면하기 위하여 피고가 원고에게 지급한 것도 임의변제가 아니라 여기서 말하는 지급물에 해당한다.[9] 따라서 〈사례 17〉에서 乙이 甲에게 지급한 2천만원도 반환받을 수 있다.

원고는 가집행과 상당인과관계가 있는 피고의 **모든 손해도 배상**해야 한다. 손해배상책임이 무과실책임이고 직권 선고를 원칙으로 하였다는 것을 이유로 정신적 손해를 포함시키는 것은 배상범위의 지나친 확대라는 견해가 있으나,[10] 이는 재산적 손해와 정신적 손해를 구별하지 않는 것을 전제로 하는 입장으로 타당하지 않다. 그러므로 〈사례 15a〉에서 乙은 가옥의 반환뿐만 아니라 가집행으로 인한 재산적, 정신적 손해를 모두 배상할 것을 청구할 수 있다.

이러한 지급물의 반환이나 손해배상청구는 당해 항소심 절차에서 할 수 있음은

---

7) 大判 1966. 5. 31, 66다377. 그리고 원고가 우연히 매수인이 되었더라도 마찬가지라는 것은 大判 1965. 8. 31, 65다1311 · 1312.

8) 大判 1981. 5. 26, 80다2591.

9) 大判 1982. 1. 19, 80다2626; 大判 1966. 7. 19, 66다906; 大判 1971. 6. 22, 71다929.

10) 이시윤, 728.

물론, 별소로 청구하여도 된다.[11] 그 절차 중에 하는 청구는 소송 중의 소로서 예비적 청구의 성질을 가진다. 그러므로 제1심 판결에 대한 피고의 항소를 기각할 경우에는 지급물 반환청구에 대하여 아무런 판단도 할 필요가 없다.[12] 그리고 가집행선고가 붙은 제1심 판결을 항소심에서 취소하여 지급물 반환청구를 인용하는 재판을 했어도 그 항소심 판결이 상고심에서 파기되면 지급물 반환을 명한 재판도 당연히 파기된다.[13] 이 청구의 성질이 반소라고 하는 견해가 있으나,[14] 반소라기보다는 가집행을 당한 채무자가 간소한 절차로 구제받을 수 있도록 허용한 것이라고 보는 것이[15] 타당하다. 법률심인 상고심에서는 지급물의 반환 신청이 원칙적으로 허용되지 않는다. 원판결을 파기하더라도 지급물의 반환을 명하려면 사실심리가 필요하기 때문이다.[16]

Ⅱ. 소송비용의 재판

1. 소송비용

소송을 하는 데에 법원과 당사자에게 비용이 들게 마련이다. 이러한 비용들은 당사자가 부담하는 것이 원칙이다. 이들 중에서 법원에 드는 비용으로 당사자가 국고에 납입하는 것을 재판비용이라고 하고, 당사자가 자신의 소송수행을 위하여 지출하는 비용을 당사자비용이라고 한다.

(1) 재판비용

재판비용에는 수수료인 인지액이 포함되고,[17] 기타 송달료, 공고비, 증인 등에

---

11) 大判 1967. 2. 7, 66다2039.

12) 大判 2005. 1. 13, 2004다19647.

13) 大判 1996. 5. 10, 96다5001; 大判 2005. 2. 25, 2003다40668; 大判 2017. 6. 19, 2015다237830. 이 2015다237830 판결에서 가집행의 원상회복 신청은 소송이 계속 중인 상태에서 신청을 하는 것으로서 본안판결이 '변경되지 않는 것'을 해제조건으로 하는 것이라고 하였다. 그러나 이는 본안판결이 '변경되는 것'을 해제조건으로 하는 것이라고 하였어야 한다.

14) 이시윤, 728; 鄭·庚·金, 886. 위 96다5001 판결은 이를 예비적 반소라고 하고, 김홍엽, 916은 가지급물 반환신청이 본안판결의 취소·변경을 조건으로 하는 부진정예비적 반소의 성질을 가진다고 설명한다.

15) 大判 1980. 11. 11, 80다2055.

16) 大判 2007. 5. 10, 2005다57691. 그러므로 지급물의 반환을 명하기 위하여 별도의 사실심리가 필요하지 않은 경우에는 허용될 것이다.

17) 소장에 붙일 인지액은 ① 소가가 1천만원 미만인 경우에는 소가에 1만분의 50을 곱하여 산출한 금액, ② 소가가 1천만원 이상 1억원 미만인 경우에는 소가에 1만분의 45를 곱하여 산출한 금액에 5천원을 가산한 금액, ③ 소가가 1억원 이상 10억원 미만인 경우에는 소가에 1만분의 40을 곱하여 산출한 금

지급하는 여비, 일당, 숙박비와 법관 등이 검증을 위하여 출장하는 여비, 일당, 숙박료 등이 있다. 이들은 당사자에게 예납시킬 수 있고, 예납을 명했을 때 당사자가 예납하지 않으면 법원은 증거조사 등 신청한 행위를 하지 않을 수 있다.

(2) 당사자비용

당사자비용에는 교통비, 숙박비, 서류작성료, 변호사보수 등이 포함된다. 이 중 변호사보수의 내용과 이를 소송비용에 포함시킬 것인지에 관하여 나라에 따라 차이가 있다.

독일에서는 원칙적으로 성공보수 약정의 효력을[18] 인정하지 않고, 예외적으로 성공보수로 약정하지 않으면 당사자가 경제적 어려움 때문에 소송을 할 수 없는 경우에 개별적으로 성공보수를 인정한다.[19] 독일과 프랑스에서는 보수 전액이 당연히 소송비용에 포함되는데, 이는 변호사보수가 객관화, 적정화되어 있기 때문에 가능한 일이다. 미국은 주에 따라 다르지만 대개는 소송비용에 포함시키지 않는다.

보수의 내용에 관하여 우리나라에서는 변호사보수를 착수금과 성공보수로 나누어서 받는 것이 관례이다.[20] 변호사보수 중 대법원규칙인 '변호사보수의소송비용산입에관한규칙'이 정하는 범위에서만 소송비용에 포함시킨다(제109조 1항).

보수규칙에서 정한 기준에 의하여 산정된 금액 범위 내에 있으면 명목이 무엇이든 모두 소송비용에 포함되므로, 당사자가 약정에 따라 부가가치세를 포함한 변호사보수를 지출하였으면 보수규칙의 범위 안에서는 상환의무를 부담하는 상대방에게 그 전부의 상환을 구할 수 있다.[21] 본안소송을 위임받은 변호사가 당사자를 대리하여 소송비용액 확정신청을 하면서 그 대가를 별도로 지급받거나 지급받기로 하였다면, 그 대가 역시 변호

액에 5만 5천원을 가산한 금액, ④ 소가가 10억원 이상인 경우에는 소가에 1만분의 35를 곱하여 산출한 금액에 55만 5천원을 가산한 금액이 된다(인 제2조 1항).

18) 여기서 성공보수란 성공해야 비로소 받을 수 있는 보수를 말한다. 따라서 경제적으로 어려운 사람도 일단 변호사 대리로 소송을 시작할 수 있다. 우리의 관행인 보수의 '일부'로서의 성공보수와는 다르다.

19) 전에는 성공보수 약정은 선량한 풍속 위반이라고 하여 무효라고 보았다(BGHZ 51, 290 등). 그러나 독일연방헌법원에서 예외를 인정하지 않는 금지는 헌법불합치라고 판시하여(BVerfG, 1 BvR 2576/04, vom 12. 12. 2006), 변호사보수법(RVG) 제4a조에서 이를 인정하는 규정을 두었다.

20) 大判(全) 2018. 5. 17, 2016다35833은 변호사의 소송위임 사무처리 보수에 관하여 변호사와 의뢰인 사이에 약정이 있는 경우 위임사무를 완료한 변호사는 원칙적으로 약정 보수액 전부를 청구할 수 있지만 여러 사정을 고려하여 약정 보수액이 부당하게 과다하여 신의성실의 원칙이나 형평의 관념에 반한다고 볼 만한 특별한 사정이 있는 경우에는 예외적으로 보수액을 감액할 수 있다고 본다. 다만, 이러한 보수 청구의 제한은 어디까지나 계약자유의 원칙에 대한 예외를 인정하는 것이므로, 법원은 그에 관한 합리적인 근거를 명확히 밝혀야 한다고 판시하였다.

21) 大決 2022. 1. 27, 2021마6871. 그러므로 당사자가 사업자로서 자기의 매출세액에서 공제하거나 환급받을 수 있는 것이면 부가가치세 상당의 소송비용은 상환을 구할 수 없다.

사 보수'(제109조 1항)에 포함될 수 있다. 다만 소송비용으로 인정할 수 있는 것은 본안 소송의 보수약정에 따른 보수액이 보수규칙에 따라 산정된 금액에 미치지 못하는 경우에 그 차액의 범위 내이다.[22]

그리고 중재판정에 대한 집행신청사건에서도 위 인지규칙 제16조 제1호 가목을 유추 적용하여 중재판정에서 인정된 권리 가액의 2분의 1을 기준으로 소가를 계산하고, 그에 따라 소송비용에 산입될 변호사보수를 산정할 수 있다.[23]

소송비용에 산입되는 변호사의 보수는 당사자가 보수계약에 의하여 지급한 또는 지급할[24] 보수액의 범위 내에서 각 심급단위로 소송목적의 값에 따라 산정하되, 제3자가 지급하는 경우에도 당사자가 지급한 것과 동일하다고 볼 사정이 인정되면 소송비용에 산입되는 변호사보수로 인정할 수 있다.[25] 청구취지를 변경한 경우에는 변경한 청구취지를 기준으로 하고, 항소심 또는 상고심의 소송목적의 값은 상소로써 불복하는 범위를 기준으로 하도록 되어 있다. 그러므로 항소인이 항소장 제출 이후 피항소인이 소송대리인을 선임하기 전에 불복신청의 범위를 감축한 경우 소송비용에 산입되는 변호사의 보수는 감축된 불복신청의 범위를 기준으로 산정하는 것이 타당하다.[26]

변호사가 여러 명인 경우에는 1인의 변호사가 대리하는 것으로 보아 계산한다 (제109조 2항). **공동소송**의 경우에 관하여 판례는 다음과 같이 산입해야 한다고 본다: ① 공동소송인이 공동으로 변호사를 선임하여 소송을 수행하는 경우에는 원칙적으로 공동소송인들의 각 소송목적의 값을 모두 합산한 총액을 기준으로 소송비용 산입에 관한 규칙 제3조에 따른 비율을 적용하여 산입할 변호사보수를 산정한다.[27] ② 수인이 각기 독립된 소로 제기하였지만 동일한 소송대리인을 선임하였다가 변론병합으로 공동소송이 된 경우에는 병합되기 전의 각 소송의 소송목적의 값을 기준으로 위 규칙 제3조에 의한 변호사 보수액을 각기 산정한 뒤에 이를 합산하는 방법으로 소송비용에 산입할 변호사보수액을 산정한다.[28] ③ 공동으로 변호

---

22) 大決 2023. 11. 2, 2023마5298.

23) 大決 2021. 10. 15, 2020마7667.

24) 大決 2020. 4. 24, 2019마6990: 소송비용에 산입되는 변호사의 보수에는 당사자가 보수계약에 의하여 사후에 지급하기로 약정한 것까지 포함된다.

25) 위 2019마6990 결정(당사자와 신탁재산 관련 소송의 수행 책임과 그 비용부담 등을 정한 신탁계약을 체결한 제3자가 변호사 보수를 지급한 사안).

26) 大決 2017. 2. 7, 2016마937.

27) 大決(全) 2000. 11. 30, 2000마5563; 大決 2017. 1. 20, 2016마1648.

28) 大決 2014. 6. 12, 2014마145.

사를 선임하여 소송을 수행한 공동소송인들이 승소하였는데, 이들 중 일부만이 변호사비용을 지급한 경우에는 상대방 당사자가 실제로 변호사비용을 지급한 공동소송인에게만 비용을 상환할 의무를 부담한다.[29)]

2. 소송비용의 부담

소송비용은 원칙적으로 그 **비용을 발생하게 한 원인제공자**가 부담한다.[30)] 그러므로 한 당사자가 전부패소하였으면 그 패소자는 자기가 들인 비용은 물론이고 상대방이 들인 비용도 그 원인을 제공하였기 때문에 양 당사자의 소송비용 전부를 부담하는 것이 원칙이다(제98조).

여기서 말하는 원인제공자에 소를 취하한 원고도 포함된다. 소송이 소취하로 끝나면 이는 소송이 재판에 의하지 않고 끝난 경우(제114조 1항)에 해당되고, 이러한 경우에는 패소자 부담에 준하여 소를 취하한 원고가 비용을 부담하는 것이 원칙이다(제114조 2항, 제98조 이하).[31)]

승소자라도 스스로 불필요한 행위를 하였거나 소송을 지연시킨 경우, 그리고 상대방에게 불필요한 소송행위를 시킨 경우에, 그로써 비용을 발생시키거나 증가시켰으면 그 부분의 비용을 부담시킬 수 있다(제99조, 제100조). 일부승소(즉 일부패소)의 경우는 법원이 재량으로 부담부분을 정할 수 있고, 사정에 따라서는 당사자 일방에게 전부 부담시킬 수도 있다(제101조). 그러나 실제로는 각자가 지출한 비용을 각자 부담하도록 하는 것이 관례이다. 그에 대하여 판례는 쌍방의 상소를 모두 기각할 경우에는 소송비용 부담의 불균형을 방지할 필요가 있을 때에는 각 당사자의 불복으로 인한 부분의 상소비용을 불복한 당사자가 각각 부담하도록 하거나, 쌍방의 상소비용을 합하여 이를 불복범위의 비율로 적절히 안분시키는 형태로 주문을 낼 필요가 있다고 한다.[32)] 화해한 경우에는 달리 정하지 않았으면 화해비용과 소송비용은 당사자 각자가 부담한다(제106조).

---

29) 大決 1992. 12. 28, 92두62; 大決 2020. 10. 30, 2020마6255.

30) 헌법재판에서는 증거조사 비용을 제외한 소송비용은 국가가 부담하는 것이 원칙이다(헌재 제37조 1항).

31) 大決 2020. 7. 17, 2020카확522.

32) 大判 2019. 4. 3, 2018다271657은 쌍방 상소인의 불복 범위에 차이가 크게 날 경우에는 불복범위가 적은 상소인에게 불리한 결과가 될 수 있다고 지적하면서, 당해 사건에 관해서 쌍방의 상고를 모두 기각하고 상고비용 중 원고의 상고로 인한 부분은 원고가, 피고의 상고로 인한 부분은 피고가 각 부담하기로 한다고 판시하였다.

공동소송인이 패소하면 소송비용을 균등하게 부담하는 것이 원칙이다. 그에 따라 판례는 판결주문에서 단순히 소송비용은 피고들의 부담으로 한다고 정하였으면 공동소송인들은 상대방에 대하여 균등하게 소송비용을 부담해야 한다고 본다.[33] 다만 공동소송인이 고유필수적공동소송이나 연대채무, 불가분채무관계에 있는 경우에는 연대하여 부담하도록 할 수 있고, 그 외의 경우 사정에 따라 다른 방법으로 부담시킬 수도 있다(제102조 1항).

보조참가로 인하여 생긴 소송비용도 일반 원칙(제98조~제102조)에 따라서 부담함이 원칙이고(제103조), 피참가인이 전부 승소한 경우에는 비용 부담 재판의 주문에 보조참가로 인한 부분을 특정하지 않았어도 패소한 당사자가 당연히 그 부분까지도 부담하는 것으로 볼 것이다.[34]

무권대리인의 부적법한 소를 각하한 때에는 그 무권대리인에게 비용을 부담시킨다(제108조). 이 경우 그 무권대리인이 판결 선고 전에 이미 사임하였더라도 판결정본을 송달하는 등의 방법으로 재판결과를 통지해서 불복할 기회를 주어야 한다.[35] 소송대리인이 그 대리권이나 소송행위에 필요한 권한을 받았음을 증명하지 못한 경우에도 무권대리로 취급되어 소송비용을 부담해야 하지만(제108조, 제107조 2항), 판례는 이러한 경우에 소송대리인에게 그 소송위임에 관하여 중대한 과실이 없다면 그 소송비용은 소송대리인에게 위임한 자가 부담하도록 하는 것이 상당하다고 한다.[36]

　　　민사조정법과 민사조정규칙에는 구체적인 절차비용 부담의 재판과 절차비용액 확정 절차에 관하여 아무런 규정이 없다. 그러므로 민사분쟁 당사자가 법원에 조정을 신청한 사건이 소송으로 이행하지 않은 채 조정신청의 취하 등으로 종료되는 경우에는 민사소송법의 조문을 유추적용하여, 그 조정절차비용에 변호사보수도 산입할 수 있을 것이다.[37]

위에서 설명한 것은 쌍방 당사자가 대립하는 대심적 구조(構造)인 절차에만 적용된다. 상대방이 없거나, 변론 없이 결정이나 명령으로 완결되는 재판과 같이 형

---

33) 大決 2001. 10. 16, 2001마1774; 大決 2017. 11. 21, 2016마1854. 이 판결들은 이러한 경우에 공동소송인들 상호간에 내부적으로 비용분담 문제가 생기면 그들 사이의 합의와 실체법에 의하여 해결되어야 한다고 한다.
34) 大決 2022. 4. 5, 2020마7530.
35) 大決 2016. 6. 17, 2016마371: 항소심법원이 항소를 각하하면서 무권대리인에게 항소 이후의 소송비용을 부담하도록 하는 경우에도 마찬가지이다.
36) 大判 1997. 7. 25, 96다39301; 위 2016마371 결정.
37) 大決 2022. 10. 14, 2020마7330.

식상 상대방이 있어도 서로 공격·방어를 할 수 있는 기회가 보장된 대심적 구조가 아닌 경우에는 소송비용은 그 재판을 신청한 당사자의 자기 부담이 되므로 법원이 굳이 그 비용부담자를 정할 필요가 없다.38) 앞에서 설명한 것처럼 변호사보수도 일부를 소송비용에 산입할 수 있는데, 이것도 대심적 구조에서만 가능함은 물론이다. 편면적 절차에서는 소송비용을 부담시킬 상대방이 없기 때문이다.

여기서 '대심적 구조'의 의미에 관하여 혼선이 있다. 판례 중에는 가압류이의 항고사건은 실질적으로 서로 대립하는 상대방이 소송에서 자기의 권리신장을 위하여 공격과 방어를 할 기회가 보장된 대심적 소송구조에 해당한다고 보아 항고심에서 신청인이 변호사를 선임하여 준비서면을 제출하였는데 피신청인이 항고를 취하한 사건에서 변호사보수를 소송비용에 산입해야 한다고 본 것이39) 있고, 본안사건에서 패소한 당사자가 상고장을 제출하고, 상고장이 피상고인에게 송달되지 않은 상태에서 피상고인이 상고심 소송대리인을 선임하고 보수를 지급하였고 그 뒤에 상고장각하명령으로 종결된 사건에서 이는 대심적 소송구조가 형성되기 전에 변호사보수를 지급한 것이므로 이를 상대방에게 부담시킬 수 없다고 판시한 것도 있다.40) 이 두 번째 판례는 문제가 있다. 피상소인은 상소장을 송달받기 전이라도 상소가 제기된 사실을 알 수 있고, 그에 따라 대리인을 선임하는 등 미리 소송을 준비하는 것이 보통이다. 소송위임을 받은 변호사가 상소장이 송달되기 전이라도 준비서면의 제출 등 소송행위를 하였으면 상소장각하명령으로 사건이 끝났어도 그 비용을 소송비용에서 제외하는 것은 타당하지 않다.

3. 소송비용의 담보

소송에서 원고가 패소하여 소송비용을 부담해야 함에도 이를 회피할 경우에 대비하여 피고의 신청으로 원고로 하여금 소송비용의 담보를 제공하도록 하는 것이 소송비용의 담보이다(제117조 이하).

그러한 염려가 있어서 **담보제공이 필요한 경우**로는, ① 원고가 국내에 주소나 사무소, 영업소를 두지 않은 때, ② 소장 등 소송기록으로 보아 청구가 이유 없음이 명백한 때 등이다(제117조). ③ 원고가 제공한 담보가 부족한 경우도 마찬가지이다. 담보제공이 필요한 경우에 법원이 직권으로41) 원고에게 담보제공을 명할 수도 있다(제117조 2항). 원고가 피고의 담보제공을 신청할 수는 없고,42) 이는 상소심에

---

38) 大決 1985. 7. 9, 84다카55.

39) 大決 2010. 5. 25, 2010마181(피신청인이 항고를 취하하여 재판에 의하지 않고 항고사건이 완결되었으므로 변호사보수를 소송비용에 산입할 수 없다고 한 원심 결정을 파기환송).

40) 大決 2019. 11. 29, 2019카확564.

41) 憲決 2016. 2. 25, 2014헌바366은 직권으로 담보제공을 명할 수 있도록 한 제117조 제2항은 합헌이라고 하였다.

서도 마찬가지이어서, 원고가 피상소인이 된다고 해서 담보제공 신청권이 생기는 것이 아니다.43)

담보제공을 신청한 피고는 원고가 담보를 제공할 때까지 소송에 응하지 않을 수 있다(제119조). 그러나 담보제공의 사유가 있음을 알고도 피고가 본안에 관하여 변론하거나 변론준비기일에서 진술한 경우에는 담보제공을 신청하지 못한다(제118조). 따라서 상소심에서는 상소심에서 새로이 담보제공의 원인이 발생하였거나 담보제공의 원인이 이미 제1심이나 항소심에서 발생되어 있었음에도 신청인이 과실 없이 담보제공을 신청할 수 없었던 경우에 한하여 소송비용 담보제공을 신청할 수 있다.44) 피고가 적법한 담보제공신청을 하였으면 원고의 담보제공이 없는 상태에서 본안에 관하여 변론이나 진술을 하였어도 담보제공신청의 효력이 상실되는 것은 아니다.45) 피고는 소송비용에 관하여 원고가 제공한 담보물에 관하여 질권자와 같은 권리를 가진다(제123조).

담보의 제공은 금전이나 법원이 인정하는 유가증권의 공탁, 또는 지급을 보증하겠다는 위탁계약을 맺은 문서를 제출하는 방법으로 하고, 당사자들 사이에 특별한 약정이 있으면 그에 따른다(제122조). 약정이 없으면 위 방법 중에서 법원이 재량으로 정하여 담보제공을 명할 수 있다.46)

담보를 제공할 기간 안에 원고가 이를 하지 않은 때에는 법원은 변론 없이 소각하판결을 한다(제124조).47)

4. 소송비용의 재판

법원은 종국판결의 **주문에서 직권으로** 소송비용의 부담도 정한다. 그 내용은 누가 어느 비율로 부담할 것인가를 정하는데, 그 심급의 비용 전부에 관하여 재판하는 것이 원칙이다(제104조 본문). 그러나 사정에 따라서는 일부판결이나 중간판결에서 비용의 재판을 할 수도 있다(제104조 단서).

---

42) 大決 2012. 9. 13, 2012카허15.

43) 大決 2017. 9. 14, 2017카담507.

44) 大決 2017. 4. 21, 2017마63(신청인이 제1심 판결을 받아보고 비로소 피신청인인 원고의 청구권이 시효로 소멸하여 그 청구가 이유 없음이 명백하다고 알게 되었을 가능성이 있다고 본 사안).

45) 大決 2018. 6. 1, 2018마5162.

46) 위 2018마5162 결정.

47) 憲決 2016. 2. 25, 2014헌바366은 이 경우 변론 없이 소각하판결을 하도록 한 제124조는 합헌이라고 하였다.

상급심에서 상소를 기각하거나 각하할 경우에는 그 심급의 비용에 관하여 재판하면 되나, 하급법원의 재판을 취소, 변경할 경우에는 그때까지의 비용을 합하여 판단해야 한다. 환송, 이송을 받은 법원이 재판할 경우에도 마찬가지이다(제105조).

소송비용 부담을 정하는 절차에서 소송비용 부담에 관하여 당사자들이 각자 부담하기로 하였다고 합의하였다는 사정은 당사자가 이를 주장, 증명하고 법원이 심판의 대상으로 삼을 사항이 아니다.[48]

소송비용의 재판 자체에 대하여 별도로 상소할 수는 없다(제391조, 제425조). 그러므로 본안에 대한 상소와 더불어 할 수밖에 없고, 본안 상소가 각하나 기각될 때에는 비용재판에 대한 불복에 관하여서는 판단하지 않는다는 것이 통설, 판례이다. 소송비용 부담의 재판을 받은 무권대리인이 그 재판에 대하여 불복할 경우에는 어떻게 해야 하는가? 무권대리인은 그 소송의 당사자가 아니어서 본안에 대한 상소와 더불어 상소하는 것은 불가능하다. 무권대리인이 대리한 당사자 본인들이 상소의 상대방이 될 수도 없다. 그러므로 무권대리인은 자기에게 비용부담을 명한 재판에 대하여 그 재판의 형식에 관계없이 즉시항고나 재항고로써 불복할 수 있다고 볼 것이다.[49]

보조참가의 피참가인이 일부 승소하였을 때에는 법원은 보조참가로 인한 부분을 특정하여 재판하여야 한다. 이 부분을 특정하지 않고 피참가인과 상대방 당사자 사이의 소송비용 부담 비율만 기재하였으면 재판의 누락이므로 누락한 법원이 직권이나 당사자의 신청으로 추가로 재판하여야 한다(제212조 2항).[50]

소송비용 부담 재판이 확정되면 구체적인 액수가 정해지지 않았어도 소송비용 상환청구권의 존재가 확정되고, 그에 따라 상환청구권의 소멸시효는 진행된다.[51]

5. 소송비용액의 확정

앞에서 설명한 소송비용의 재판에서는 그 부담자와 부담비율만을 정하고 구체적 수액은 정하지 않는 것이 보통이므로, 구체적 수액을 정하기 위한 별도의 절차가 필요하다. 이를 **소송비용액 확정절차**라 한다(제110조 이하). 이 절차는 제1심 수소법원이 관할하며,[52] 당사자의 신청에 의하여 결정으로 재판한다. 이 결정에 대하

---

48) 大決 2020. 7. 17, 2020카확522. 이는 소송비용액의 확정절차에서도 마찬가지이다.
49) 大判 1997. 10. 10, 96다48756; 大決 2016. 6. 17, 2016마371.
50) 大決 2022. 4. 5, 2020마7530.
51) 大決 2021. 7. 29, 2019마6152.

여는 즉시항고를 할 수 있다(제110조 3항). 소송비용 확정결정이 확정되면 기판력이 생긴다.53) 이 절차에서는 구체적 수액을 확정하기 위하여 당사자들이 비용계산서 등 지출한 비용의 소명에 필요한 자료를 제출해야 하고, 법원은 상대방에게 소명자료 제출을 최고하여야 한다(제110조 2항, 제111조 1항). 만일 당사자가 잘못된 자료를 제출하면 법원은 적극적으로 자료제출을 요구하거나 관련기관에 조사를 촉탁하는 등의 방법으로 시정하여야 한다.54) 각 당사자가 부담할 비용은 대등액에서 상계한 것으로 본다(제112조).

이 절차는 어디까지나 구체적 수액을 정하기 위한 것이므로 상대방은 신청인이 제출한 비용계산서의 비용항목이 소송비용에 속하는지 여부 및 그 수액에 대하여 의견을 진술하고 소명자료를 제출할 수 있을 뿐이고, 소송비용 상환의무의 존부 자체를 다투거나 법원이 이에 대하여 심리, 판단할 수는 없다.55) 그리고 소송비용부담 재판에서 확정한 상환의무 자체의 범위를 심리, 판단하거나 이를 변경할 수도 없다.56)

소송이 재판에 의하지 않고 끝난 경우나 참가 또는 이에 대한 이의가 취하된 경우에는 그 소송이 완결될 당시의 법원이 수액을 정하여 그 부담을 명한다(제114조).57) 여기서 재판에 의하지 않고 소송이 끝난 경우에는 소의 일부 취하나 청구의 감축도 포함된다. 그러므로 그 부분에 해당하는 소송비용을 상환받기 위하여는 위 규정에 의하여 일부 취하되거나 감축되어 그 부분만이 종결될 당시의 소송계속 법원에 종국판결과는 별개의 절차로서의 소송비용부담재판의 신청을 하고 그에 따라 결정된 소송비용의 부담자 및 부담액에 의한다.58)

공동소송인 중 일부만 소송비용액 확정을 신청한 경우에는 공동소송인 전원이 신청한 경우를 전제로 소송비용액을 계산한 다음 그중 당해 신청인이 상환받을 수 있는 금액에 대하여만 확정결정을 하여야 하고, 수인의 공동소송인 중 일부만을 상

---

52) 판례는 이를 전속관할이라고 한다(大決 2008. 6. 23, 2007마634). 상소심에 제기된 재심청구 사건의 판결에서 소송비용의 부담자만을 정하고 그 액수를 정하지 아니한 경우에도 그 소송비용액의 확정결정은 제1심 법원이 하여야 한다(大決 2008. 3. 31, 2006마1488).

53) 大決 2002. 9. 23, 2000마5257.

54) 大決 2014. 5. 29, 2014마329(사건 목적물인 건물이 아닌 토지의 가액을 소송목적의 값으로 기재하였음에도 법원이 아무런 조치를 취하지 않은 경우).

55) 大決 2008. 5. 7, 2008마482.

56) 大決 2017. 11. 21, 2016마1854.

57) 大決 1992. 11. 30, 90마1003.

58) 大決 2017. 2. 7, 2016마937.

대로 소송비용액 확정을 신청한 경우에도 공동소송인 전원을 상대로 신청한 경우를 전제로 소송비용액을 계산한 다음 그중 당해 피신청인이 부담하여야 할 금액에 대하여만 확정결정을 하여야 한다.59)

앞서 말한 소송비용 부담의 재판이 확정되면 소송비용 상환의무의 존재는 확정되지만 소송비용액상환의무는 소송비용액확정결정이 확정됨으로써 비로소 이행기가 도래하고, 채무자가 그 이행기가 도래하였음을 안 때로부터 지체책임을 진다.60) 그러므로 소송비용 부담재판이 확정될 당시에는 상환의무는 변제기가 도래하지 않으므로 비록 법원의 판결로 확정된 채권이지만 소멸시효기간이 10년으로 되는 것은 아니다(민 제165조 3항).61)

이 절차가 마련되어 있으므로 별도로 승소 당사자가 패소 당사자를 상대로 하는 소송비용지급청구의 소를 제기할 수는 없다. 즉, 권리보호자격이 인정되지 않는다.

6. 소송구조

소송비용은 패소 당사자가 부담하는 것이 원칙이지만, 누가 패소할지는 소송이 끝나야 알 수 있으므로 각 당사자는 먼저 각자의 소송비용을 지출해야 한다. 뿐만 아니라 법에서도 당사자에게 비용 예납을 요구하는 경우가 많으므로 소송을 하는 데에 비용을 지출할 자금능력이 부족하면 소송을 수행하기가 어렵다. 이러한 경우를 위하여 소송구조 제도가 마련되어 있다.

민사소송법이 변론주의를 원칙으로 채택하고 있으나, 이 원칙이 제대로 작동하기 위하여서는 법률전문가인 변호사의 대리가 필수적이다. 소송구조 제도는 변호사 보수를 지급할 능력이 부족한 이들이 소송을 하는 데에 지장을 주지 않도록 하는 제도이기도 하다. 그런 의미에서 소송구조 제도는 법원으로의 접근과 변론주의를 뒷받침하는 중요한 역할을 한다.

(1) 구조의 요건

소송구조를 받으려면 다음의 요건을 갖추어야 한다.

① 소송비용에는 널리 당사자가 그 소송의 준비와 소제기, 소송수행 등을 위하

---

59) 大決 2017. 1. 20, 2016마1648.
60) 大判 2008. 7. 10, 2008다10051.
61) 大決 2021. 7. 29, 2019마6152: 국가의 소송비용상환청구권은 금전의 급부를 목적으로 하는 국가의 권리로, 법원의 판결로 확정되었어도 국가재정법 제96조 제1항에 따라 시효기간이 5년임에 변함이 없다.

여 지출하여야 하는 모든 비용 일체를 포함한다. 변호사 보수도 포함됨은 물론이다.62)

② 구조를 받을 당사자에는 자연인은 물론이고, 법인도 포함된다.

③ 당사자가 소송비용을 지출할 자금능력이 부족할 것. 자금능력이 부족하다는 것은 위 소송비용을 지출하면 자기와 가족이 통상의 경제생활을 하는 데에 지장을 받는 것을 말한다. 법원에서는 국민기초생활보장법에 따른 수급자 및 차상위계층과 한부모가족지원법에 의한 지원대상자, 기초연금법에 따른 기초연금수급자, 장애인연금법에 따른 수급자, 북한이탈주민의 보호 및 정착지원에 관한 법률에 따른 보호대상자는 자금능력이 부족한 것으로 본다(소구예 제3조의2). 그 밖에도 이 예규는 법원이 당사자에게 변호사 선임을 명하거나 당사자가 법정에서 소송비용이 과중하다고 호소하는 경우를 소송구조제도의 이용이 적합하다고 판단되는 경우의 예로 든다(소구예 제2조 2항). 부족한 자금능력은 당사자를 기준으로 하는 것이 원칙이다. 그러나 미성년자의 경우에는 친권자의 자금능력을 참작하여야 할 것이다.63)

④ 패소할 것이 분명하지 않을 것(제128조 1항 단서). 1990년 법개정 이전에는 승소 가능성이 있을 것을 요건으로 하였으나, 소송구조의 범위를 넓히기 위하여 요건을 완화하였다. 따라서 패소할 것이 예상되어도 그것이 분명하지 않으면 구조를 받을 수 있게 되었다. 다만 패소할 것이 분명한 경우에는 소송구조 신청 자체에 필요한 소송비용과 구조 재판에 대한 불복신청(제133조)에 필요한 소송비용에 대하여도 소송구조를 하지 않는다(제128조 2항).64)

(2) 구조의 절차

소송구조 재판은 법원이 직권으로 할 수도 있고 당사자의 신청에 따라 할 수도 있다(제128조 1항). 관할법원은 그 사건에 관한 소송기록을 보관하고 있는 법원이다(제128조 4항).65) 소송구조로 소송이 지연되는 것을 막기 위한 규정이다.

당사자가 신청하는 경우에는 신청서를 제출하여야 한다(규 제24조 1항). 신청인은 구조의 사유를 소명하여야 한다(제128조 3항). 이를 위한 자료로 신청서에는 신

---

62) 金・姜, 714, 이시윤, 292, 鄭・庚・金, 1202.

63) 鄭・庚・金, 1210.

64) 이 규정은 국가나 공직자, 법관 등을 상대로 이유 없음이 명백한 청구를 반복적으로 하면서 소송구조까지 신청하여 소장각하를 늦추려고 획책하는 일을 방지하기 위하여 2023. 4.에 삽입되었다.

65) 大決 2017. 3. 26, 2016마1844. 소송기록을 보관하고 있는 법원은 소송완결 전에는 소송이 계속 중인 법원이나, 소송완결 후에는 제1심의 수소법원이다.

청인과 그와 같이 사는 가족의 자금능력을 적은 서면을 붙이도록 하였다(규 제24조 2항).66)

소송구조 신청이 있으면 그에 대한 기각 재판이 확정될 때까지 인지 첩부의무의 이행이 정지되거나 유예된다.67)

(3) 구조의 내용

구조의 구체적 내용으로는 ① 재판비용의 납입 유예와 ② 변호사 및 집행관의 보수와 체당금(替當金)의 지급 유예, ③ 소송비용의 담보 면제, ④ 기타 대법원규칙이 정하는 비용의 유예나 면제이다(제129조 1항 본문).68) 이러한 비용 전체에 대하여 소송구조를 하는 것이 원칙이나, 상당한 이유가 있는 때에는 위 내용 중 일부에 대하여서만 구조를 할 수도 있다(제129조 1항 단서). 이 사항 중에서 소송구조로 변호사나 집행관이 보수를 받지 못하는 경우에는 국고에서 상당한 금액을 지급한다(제129조 2항).

여기서 변호사 보수는 소송구조를 받을 사람을 위하여 소송을 수행한 대가를 의미하고, 상대방을 위한 변호사 보수까지 포함하는 것은 아니라는 것이 판례이다.69) 그러나 이는 부당하다. 소송구조에 변호사 보수를 포함한 취지가 판례가 이유로 든 특별한 경우에만 소송구조의 대상으로 삼겠다는 것이 아니다. 민사소송에 법률 전문가인 변호사가 대리하는 것은 특별한 일이 아니라 통상적인 일이고, 당사자가 부담하게 될 변호사 보수를 지급할 능력이 없는 당사자에게 구조를 허용하자는 것이 제도의 취지이다. 따라서 구조 신청자가 패소하면 부담하게 되는 상대방 변호사의 보수도 구조 대상으로 삼아야 할 것이다.

소송구조는 구조를 받은 사람에게만 효력이 있다. 따라서 소송승계가 있으면 승계인에게 법원이 미루어둔 소송비용을 납입하라고 명할 수 있다(제130조).

(4) 구조의 효과

우리법에서 구조는 소송비용의 납입을 미루어 주는 것이 원칙이고 소송비용의

---

66) 그러나 같이 사는 가족의 자금능력까지 고려하는 것은 당사자의 자금능력이 고려대상이라는 원칙과는 맞지 않는다.

67) 大決 2018. 5. 4, 2018무513.

68) 대법원규칙으로 정할 수 있도록 한 것은 융통성을 기하려는 것인데, 아직 특별히 규정한 것은 없다.

69) 大判 2017. 4. 7, 2016다251994. 그 이유로는 변호사 보수에 대한 소송구조는 쟁점이 복잡하거나, 당사자의 소송수행능력이 현저히 부족한 경우, 소송의 내용이 공익적 성격을 지니고 있는 경우에 소송수행 과정에서 변호사의 조력이 필요한 사건을 위해 마련된 것이라는 점을 든다.

면제는 허용되지 않는다. 그러므로 소송구조를 받은 사람이 패소로 확정되면 미루어진 비용을 납입해야 한다. 다만 이 경우에도 구조를 받은 사람에 대하여 구조취소결정이 있어야 그를 상대로 추심할 수가 있다. 구조를 받은 사람이 자금능력이 없어서 추심이 불가능하면 그 비용은 국고의 부담이 된다.[70]

구조를 받은 당사자의 상대방이 패소하여 비용을 부담하게 되면 국가가 상대방에게 직접 추심한다(제132조 1항). 이 경우에 변호사 또는 집행관은 소송구조를 받은 사람의 집행권원으로 보수와 체당금에 관한 비용액의 확정결정신청과 강제집행을 할 수 있다(제132조 2항).

(5) 구조의 취소

소송구조를 받은 사람이 자금능력이 있게 된 때에는 구조결정을 한 법원에 그 사실을 신고하여야 한다(규 제27조 2항). 이러한 경우나 구조를 받은 사람이 소송비용을 납입할 자금능력이 있다는 것이 판명된 경우에는 소송기록을 보관하고 있는 법원은 직권으로 또는 이해관계인의 신청에 따라 언제든지 구조를 취소하고, 납입을 미루어 둔 소송비용을 지급하도록 명할 수 있다(제131조).

구조결정을 취소하는 재판은 구조결정을 한 대상사건의 절차가 판결의 확정, 그 밖의 사유로 종료된 뒤 5년이 지난 때에는 할 수 없다(규 제27조 1항).

---

70) 鄭·庚·金, 1213.

제 **8** 편

上訴審 節次

제1장 上訴制度 一般論

　민사소송법은 법원의 재판에 대하여 당사자가 불복할 수 있는 여러 가지 방법을 마련하여 놓았다. 각종의 결정, 명령에 대한 이의, 판결에 대한 상소, 확정판결에 대한 재심청구와 확정판결과 같은 효력을 가진 조서에 대한 준재심, 제권판결에 대한 불복의 소 등이 그것이다. 그 밖에 다른 법률에 이와 유사한 것으로 규정된 것으로는 중재판정 취소의 소, 위헌제청신청 기각결정에 대한 헌법소원 등이 있다.

　이들 여러 제도는 일반적으로 불복절차라고 말할 수 있을 것인데, 국민의 권리가 재판기관의 잘못된 판단으로 침해되는 일이 없도록 하기 위하여 마련된 것이라는 공통점이 있다. 이들 중에서 재판이 확정되기 전에 당사자가 상급법원에 대하여 그 재판의 취소·변경을 구하는 것을 상소라고 한다. 이 상소의 특징은 재판의 형식적 확정력이 생기는 것을 뒤로 미루는 효과(연기적 효과)와 소송을 한 단계 높은 심급으로 이전시키는 효과(이심의 효과)를 모두 갖고 있다는 점이다. 여기에 해당하는 불복방법은 항소, 상고, 항고(재항고 포함)뿐이다. 여기서 항소와 상고는 모두 판결에 대한 불복방법이고, 항고는 결정과 명령에 대한 불복방법이다.

제1절 上訴制度의 目的

　상소제도의 일차적인 목적은 불복 있는 재판을 다시 검토함으로써 올바른 재판을 받을 수 있도록 당사자의 **권리를 구제**한다는 데에 있다. 잘못된 재판을 취소, 변경함으로써 당사자의 이익이 보호됨은 물론이고, 그러한 가능성이 있다는 자체로써 이미 재판기관은 더욱 신중하게 재판할 것이고, 이유를 기재하면서도 주의를 더많이 기울일 것이다. 이러한 점은 특히 항소제도에서 강하게 부각된다. 올바른 재판을 보장하는 것은 이러한 사익뿐만 아니라 공익에도 이바지한다. 자력구제의 금지는 당사자들이 올바른 재판을 받을 것이 상당한 정도 보장되어 있어야 제대로 실현될 수 있을 것이다. 그러한 보장이 없다면 재판과 재판기관에 대한 불신이 팽

배할 것이고 이는 다시 사회에서 자력구제를 확대시키는 결과를 초래할 것이다.

상소제도의 또 하나의 목적은 **법령 해석의 통일**에 있다. 상소제도는 심급제도와 불가분의 관계를 가지는데, 상급법원이 하급법원의 재판을 심사함으로써 하급법원은 상급법원의 법적 견해에 따르게 되고, 결국 전국의 모든 법원은 상고법원인 대법원의 판례를 따르게 될 것이다. 이렇게 하여 전국의 법원이 법령의 해석을 통일적으로 하게 될 것이다. 이 목적은 특히 상고제도에서 강하게 부각된다.

상소제도는 장점만을 가지는 것은 아니다. 상소로 인하여 비용이 더 들고, 법원의 업무가 가중되며, 절차의 종결을 지연시킨다. 그러므로 이는 권리 있는 당사자의 권리보호를 지연시킨다는 단점이 있다. 그리고 각 심급마다 서로 모순되는 재판을 하여 사법의 신뢰를 떨어뜨릴 수 있다는 문제점도 있다. 그러나 앞에서 말한 장점 때문에 이러한 단점들은 감수해야 하고, 가급적 이 단점들을 축소하는 제도를 마련하기 위하여 노력을 할 필요가 있다.

제 2 절 上訴의 適法要件

제1심에서의 소와 마찬가지로 상소에서도 '적법하다'는 것과 '이유 있다'는 것은 구별되고, 상소가 이유 있는지 여부는 그 적법성이 확정된 뒤에야 판단할 수 있다.

《사례 1》   甲은 乙을 상대로 3천만원의 지급을 구하는 소를 제기하였다. 그러나 제1심 법원이 심리하여 보니 甲이 이미 乙을 상대로 같은 원인으로 3천만원의 지급을 구하는 소를 제기하여 청구기각판결을 받고 항소하였다가 소를 취하한 적이 있음이 밝혀져 소각하판결을 선고하였다. 이에 甲은 항소하였는데, 항소법원이 보니 항소기간이 지난 뒤에 항소를 한 것이었다. 이때 항소법원은 어떠한 재판을 할 것인가?

상소법원은 상소의 적법성을 직권으로 조사하여, 부적법하다고 판단되면 상소를 각하해야 한다. 소가 부적법하다고 각하한 판결에 불복이 있을 경우에 그 소가 부적법하고 항소도 부적법하면 항소를 각하하게 된다. 즉 소의 적법 여부도 항소가 적법해야 심리의 대상이 된다. 〈사례 1〉에서 항소법원은 甲의 항소가 기간을 도과하여 부적법하다는 점을 먼저 판단하여야지,[1] 소가 부적법하다고 판단한 원심의

---

1) 항소제기 기간이 도과된 경우에는 그 항소는 부적법하지만 항소각하판결이 아닌 항소장각하명령을 하여야 한다(제399조 2항, 제402조 2항).

재판이 옳으므로 항소가 이유 없다는 판단을 먼저 하여서는 아니 된다. 이처럼 소의 적법성과 상소의 적법성은 구별하여야 한다. 상소심에서는 소의 적법 여부는 상소가 적법한 경우에 비로소 상소의 이유 내에서 심리된다.

항소, 상고, 항고에는 각기 적법요건이 있는데, 대체로 민사소송법은 항소를 중심으로 그러한 요건들을 규정하고 다른 상소에 관하여는 항소에 관한 규정을 준용하도록 하고 있다. 어떻든 이러한 여러 가지의 상소에 공통되는 적법요건을 추출하는 것이 가능하므로 여기서는 먼저 이 요건들을 살펴본다.

Ⅰ. 적극적 상소요건

1. 상소의 대상이 될 수 있는 것

마치 제소의 대상이 될 수 없는 것에 관하여는 소를 제기할 수 없는 것과 같이 상소의 **대상이 될 수 없는 재판**에 대하여 하는 상소는 부적법하다. 예를 들어, 중간판결, 상고심판결, 본안재판 중에 한 소송비용 재판 등이 그러하다. 그리고 상소 아닌 불복방법이 마련되어 있으면 그 방법으로 불복해야 하므로 그 재판은 상소의 대상이 아니다. 판결로 성립되지 않은 이른바 비판결은 상소의 대상도 되지 않는다. 그러나 판결은 아니지만 겉으로는 유효한 판결의 모습을 갖추고 있는 것은 정본이 작성되어 송달까지 된 경우이므로 그 외관을 제거할 필요가 있으므로 상소의 대상이 된다. 무효인 판결도 형식적 확정력이 발생할 수 있으므로 상소의 대상이 된다.[2]

2. 상소의 기간과 형식

《사례 2》   甲은 대구에서 乙이 운전하는 차에 치어 중상을 입어 자기의 주소지 법원인 서울남부지방법원에 8천만원의 손해배상을 구하는 소를 제기하였다. 그러나 서울남부지방법원이 乙의 과실이 입증되지 않았다 하여 청구기각판결을 선고하였고 판결정본이 2024년 3월 25일에 甲에게 송달되었다. 이에 甲은 불복하여 항소하려고 한다. 무엇을 어느 법원에 언제까지 제출하여야 하는가?

(1) 상소는 법이 정한 기간 내에 제기하여야 한다. 상소기간은 항소와 상고의 경우는 모두 **판결이 송달된 날부터 2주일**이고(제396조, 제425조),[3] 즉시항고와 특별

---

2) Rosenberg-Schwab/Gottwald[18] § 62 Rn. 18, 22.

항고는 재판의 고지가 있은 날부터 1주일이다(제444조, 제449조 2항). 보통항고는 기간의 제한이 없다. 이러한 상소기간이 도과하면 상소권이 소멸하여 그 뒤로는 상소할 수 없게 된다. 그러므로 〈사례 2〉에서 甲은 2024년 4월 8일까지 항소해야 한다.

항소가 항소기간을 넘긴 것이 분명한 때에는 원심재판장이 명령으로 항소장을 각하한다(제399조 2항). 그러므로 항소기간을 넘겼는지가 분명하지 않아서 심리를 해야 할 경우에는 항소심 재판장이 심리하여 기간을 넘겼으면 명령으로 항소장을 각하하여야 할 것이고, 항소장이 송달된 뒤에는 항소심법원이 심리하여 항소를 각하하여야 한다.

판례는 보조참가인이 항소를 제기한 뒤에 당사자가 항소를 포기하였고, 그 다음에 독립당사자참가인이 다시 항소장을 제출한 사안에서, 항소권 포기로 이미 제1심 판결이 확정된 뒤이므로 항소기간을 넘긴 것과 다를 바가 없으므로 제1심 재판장이 항소장을 각하한 것이 정당하다고 하였다.[4] 그러나 이러한 경우에는 항소기간을 넘겼는지가 분명하다고 볼 수는 없으므로 제1심 재판장이 항소장을 각하하는 것은 부당하다.

소송대리인이 여러 명 있을 때에는 항소기간은 그들 중 최초로 판결정본이 송달되었을 때부터 기산한다는 것이 판례이다.[5]

(2) 당사자가 그 책임 없는 사유로 상소기간 내에 상소를 제기하지 못하였으면 그 사유가 없어진 날부터 2주 이내에(제173조 1항) 상소를 할 수 있다(추후보완상소, 추완상소). 여기서 말하는 '**책임질 수 없는 사유**'에는 소장부본과 판결정본 등이 공시송달의 방법으로 송달되어 피고가 과실 없이 소송서류의 송달을 알지 못한 경우가 해당한다.[6]

> 판례는 소장부본과 판결정본 등이 공시송달된 경우에는 특별한 사정이 없는 한 피고가 과실 없이 그 판결의 송달을 알지 못한 것이고, 피고에게 과실이 있다고 할 수 있는 특별한 사정이란 피고가 소송을 회피하거나 이를 곤란하게 할 목적으로 의도적으로 송달을 받지 않았거나 피고가 소제기 사실을 알고 주소 신고까지 해 두고서도 그 주소로 송달되는 소송서류가 송달되지 못하도록 장기간 방치하였다는 등의 사정을 말한다고 한다.[7]

---

3) 그렇다고 판결의 송달 전에는 상소하지 못한다는 뜻은 아니다(제396조 1항 단서, 제425조).

4) 大決 2006. 5. 2, 2005마933. 항소심에서는 제399조 제2항을 엄격하게 해석해야 한다고 하여 제1심 재판장의 항소장 각하를 위법하다고 하였다.

5) 大決 2011. 9. 29, 2011마1335.

6) 大判 2013. 1. 10, 2010다75044 · 75051.

7) 大判 2021. 8. 19, 2021다228745: 소장부본이 이미 공시송달된 상태에서 제1심 법원이 피고에게

소송서류가 소송 진행 중에 송달 불능이 되어 공시송달이 된 경우는 여기에 해당하지 않는다. 처음부터 공시송달이 된 경우와 달리 소송 중에 공시송달이 된 경우에는 당사자가 소송진행 상황을 조사할 의무가 있기 때문이다.8)

판례는 당사자가 소송 진행 중에 수감되어 종전 주소로 공시송달이 된 경우에는 그 당사자는 송달장소를 변경할 신고의무를 부담하지 않으므로 과실 없이 판결의 송달을 알지 못한 것이 되어 추완상소를 할 수 있다고 한다.9)

그리고 추완상소 기간의 기산점인 '사유가 없어진 때'라 함은 공시송달로 판결정본이 송달된 경우에는 당사자나 소송대리인이 단순히 판결이 선고된 사실을 안 때가 아니고, 나아가 그 판결이 공시송달의 방법으로 송달된 사실을 안 때를 의미한다.10) 다른 특별한 사정이 없으면 통상의 경우 당사자나 소송대리인이 기록을 열람하거나 새로 판결정본을 받음으로써 그 사실을 알게 되었다고 볼 것이다.11)

판례는 여기서 말하는 '다른 특별한 사정'을 피고가 그 판결이 있었던 사실을 알았고 사회통념상 그 경위에 대하여 당연히 알아볼 만한 특별한 사정이 있었다고 인정되는 경우라고 보고, 그 경위에 대하여 알아보는 데 통상 소요되는 시간이 경과한 때에 그 판결이 공시송달의 방법으로 송달된 사실을 알게 된 것으로 추인하여 그 책임질 수 없는 사유가 없어졌다고 본다. 그 예로 당사자가 다른 소송의 재판절차에서 송달받은 준비서면 등에 당해 사건의 제1심 판결문과 확정증명원 등이 첨부된 경우와 제1심판결이 있었던 사실을 알게 된 후 그 대처방안에 관하여 변호사와 상담을 하거나 추완항소 제기에 필요한 해외 거주증명서 등을 발급받은 경우를 든다.12) 그와 달리 다른 소송에서 선임된 소송대리인이 그 소송절차에서 당해 사건의 판결문과 확정증명원 등이 첨부된 준비서면 등을 송달받은 것은 당사자가 직접 송달받은 경우와 같게 볼 수가 없다고 한다.13) 또한 단지 유체동산 압류집행을 당하였다거나 채권추심회사 직원과의 통화에서 사건번호의 특정도 없이 판결문에 기하여 채권추심을 할 것이라는 이야기를 들었거나, 금융기관으로부터 법원의 요청으로 계좌가 압류되었다는 문자 메시지를 받은 것도 여기에 해당하지 않는다고 본다.14)

전화로 연락하여 소장부본 송달에 관한 내용과 변론기일 등을 안내해 주었다는 정도의 사정만으로는 피고에게 책임을 돌릴 수 있는 특별한 사유가 있다고 단정할 수 없다.

8) 大判 2006. 3. 10, 2006다3844; 大判 2012. 10. 11, 2012다44730. 판례는 의무라고 표현하나 책임이라고 보아야 할 것이다.

9) 大判 2022. 1. 13, 2019다220618.

10) 大判 1994. 12. 13, 94다24299; 大判 2008. 2. 28, 2007다41560; 大判 2013. 1. 10, 2010다75044·75051; 大判 2022. 4. 14, 2021다305796.

11) 大判 2021. 3. 25, 2020다46601; 위 2021다305796 판결.

12) 위 2020다46601 판결.

13) 위 2021다305796 판결.

14) 위 2020다46601 판결.

(2) 상소는 방식에 맞게 제기하여야 한다. 상소를 함에는 **상소장**이라는 서면을 법원에 제출하여야 하는데, 제출할 법원은 상소법원이 아닌 **원심법원**이다(제397조 1항, 제425조, 제445조).15) 그러므로 〈사례 2〉에서 甲은 항소장을 서울고등법원이 아닌 서울남부지방법원에 제출하여야 한다. 만일 상소법원에 상소장을 제출하였으면 그 상소법원은 이를 원심법원에 송부한다.

《사례 2a》　　〈사례 2〉에서 甲이 2016년 4월 5일에 항소장을 서울고등법원에 제출하였다. 서울고등법원에서는 이를 2016년 4월 7일에 서울남부지방법원으로 송부하였고, 서울남부지방법원에는 4월 9일에 접수되었다. 甲의 항소는 적법한가?

이러한 경우에 판례는 원심법원에 송부된 때를 기준으로 항소기간을 준수하였는지 여부를 가려야 한다고 본다.16) 판례에 의하면 甲의 항소는 기간이 지나 부적법한 것이 된다. 그러나 본래 소송의 이송에서도 이송받은 법원에 처음부터 소송이 계속한 것으로 보는 것이고(제40조 1항), 특히 관할위반의 소제기의 경우에도 그러하다. 그런데 상소에서 상소장을 상소법원에 제출하는 것은 관할위반이 아니라 단순히 '제출'을 다른 곳에 한 것뿐이다. 판례처럼 처리하면 상소한 당사자에게 지나치게 불리하게 되어 타당하지 않다. 더구나 상소기간을 지켰는지 여부가 법원이 상소장을 얼마나 빨리 원심법원에 송부하였는지에 따라 좌우될 수가 있기 때문에, 이러한 처리는 부당하다. 상소장을 상소법원에 제출한 때에 상소를 제기한 것으로 보는 것이 타당하다.17)

상소장에는 적어도 (a) 당사자와 법정대리인, (b) 원재판의 표시, (c) 원재판에 대한 상소의 취지를 기재하여야 한다(제397조 2항, 제425조, 제443조). 그러므로 상소

---

15) 이 점은 독일민사소송법에서 상소법원에 제출하도록 한 것(§§ 518, 553 ZPO)과 다르다. 그 이유는, 원심법원이 스스로 잘못을 고칠 기회를 가지도록 하기 위한 것과, 원심재판장으로 하여금 상소장을 심사하도록 하기 위한 것으로 짐작된다. 과거에는 원심재판장에게 상소장 심사권을 주지 않았으므로 첫째 이유만이 근거가 될 수 있었다. 그러나 어차피 기속력 때문에 원심법원이 판결을 스스로 고치는 것은 불가능하고, 기껏해야 판결의 경정만이 가능할 것이므로 이러한 입법태도는 당사자들에게 혼란만 가져오는 것으로, 타당성에 의문이 있었다. 근래의 민사소송법 개정으로 원심재판장도 상소장심사권을 가지도록 하였으므로 이러한 규율이 의미를 가질 수 있다.

16) 大決 1985. 5. 24, 85마178; 大決 1987. 12. 30, 87마1028; 大判 2010. 12. 9, 2007다42907.

17) 판례는 서울고등법원에 제출해야 할 상고장을 서울지방법원에 제출하고, 접수과 공무원도 이를 간과하고 접수한 경우에는 예외적으로 상고장이 잘못 제출된 때를 기준으로 상고기간 준수 여부를 가려야 한다고 하였다(大決 1996. 10. 25, 96마1590). 그러나 서울민사지방법원 북부지원에 제출하였어야 할 항소장을 '서울민사지방법원 북부지청 민사과 귀중'이라고 기재한 봉투에 넣어 우편으로 제출하였고, 그 우편물이 서울지방검찰청 북부지청에 접수되었다가 북부지청에서 다시 서울민사지방법원 북부지원으로 송부하였는데, 그 사이에 항소기간이 도과한 사안에서 그 항소를 부적법하다고 판단한 원심 결정이 정당하다고 한 사례도 있다(大決 1987. 12. 30, 87마1028).

의 이유는 반드시 기재하여야 하는 것은 아니다.[18] 다만 상고에서는 상고장에 상고
이유를 기재하지 않았으면 소송기록 접수의 통지를 받은 날부터 20일 내에 상고이
유서를 제출해야 한다(제427조).

3. 상소의 이익(불복)

(1) 의 의

상소를 하려는 사람은 재판에 대하여 무엇이든 불복할 만한 것을 주장하여야
한다. 원심법원의 재판에 불복할 만한 내용이 없을 때, 즉 그 재판으로 불이익을
입어서 이를 **유리하게 변경할 필요나 가능성**이 없을 때에는 그 상소는 아무런 이
익이 없는 것이 된다. 이러한 이익은 상소에서의 권리보호이익이라고 할 수 있다.

《사례 3》 甲은 乙을 상대로 4천만원의 지급을 구하는 소를 제기하였고, 이에 대해
乙은 채무가 없다고 주장하여 청구기각판결을 신청하였다. 심리 끝에 제1심 법원이 乙
에게 4천만원의 지급을 명하는 판결을 선고하였다. 이에 대해 甲과 乙이 항소할 수 있
는가?

이 문제에서 법원이 甲의 소송상청구를 완전히 만족시키는 판결을 하였기 때문
에 甲은 이 판결에 대하여 불복할 것이 없다. 상소의 목적은 재판으로 입은 불이익
을 제거하려는 것인데, 甲은 판결로써 얻고자 하는 것을 다 얻었으므로 항소를 제
기할 아무런 까닭이 없다. 그러므로 甲이 항소한다면 이는 항소의 이익이 없는 것
으로 부적법하다. 그러나 乙은 채무가 전혀 없다고 주장하여 청구기각을 신청하였
기 때문에 그 신청에 비하여 판결의 내용이 불리하므로 항소로써 판결을 자기에게
유리하게 변경시킬 가능성이 있으므로 항소할 이익이 있다.

(2) 판단기준

(가) 형식적 기준

그런데 어떤 경우에 당사자에게 불복할 만한 것이 있다고 인정할 것인지를 정
하는 것은 그리 간단하지 않다. 〈사례 3〉에서처럼 보통은 각 당사자가 **법원에 신청
한 것과 판결의 주문을 비교**하면 상소의 이익이 있는지를 쉽게 알 수가 있다.

《사례 4》 甲은 乙에 대하여 4천만원의 금전채권이 있음을 확인해 달라고 제소하

---

18) 大決 2012. 3. 30, 2011마2508; 大決 2020. 1. 30, 2019마5599·5600.

여 전부 승소하였다. 그러나 甲은 항소심에서 이 청구를 이행청구로 바꾸기 위하여 항소를 제기하였다. 이 항소는 적법한가?

그러므로 이러한 사례에서도 甲은 4천만원의 금전채권 확인청구가 완전한 만족을 얻었기 때문에, 청구를 변경하겠다는 다른 목적은 있지만 '불복'할 것이 없기 때문에 항소의 이익이 없다. 이처럼 당사자의 신청과 판결의 주문을 비교하여 상소의 이익 유무를 인정하는 입장을 **형식적 불복설**이라고 한다.19)

판례 중에는 부동산의 가액반환을 청구하였는데 그 범위를 넘어 원물반환을 명하는 판결을 선고한 경우에 이는 전부승소에 해당하므로 상소의 이익이 없다고 한 것이 있다.20)

(나) 실질적 기준

《사례 5》 甲이 乙을 상대로 4천만원의 지급을 구하는 소를 제기하였다. 이에 대하여 乙은 주위적으로 채무가 없음을 주장하여 청구기각을 구하고, 예비적으로 乙도 甲에게 4천만원을 받을 것이 있다고 하여 상계항변을 하였다. 법원이 乙의 상계항변을 받아들여 甲의 청구를 기각하였다. 이에 대하여 乙이 항소할 수 있는가?

이 경우 판결의 주문은 乙이 신청한 대로 청구를 기각한 것이므로 형식적으로 보면 乙은 불복할 것이 없다. 그러나 乙의 주위적 신청과 예비적 신청 중 어느 것이 받아들여지느냐에 따라 乙에게는 현저한 차이가 난다. 이 문제에서처럼 乙의 상계항변이 받아들여지면 乙은 甲에 대하여 갖고 있던 4천만원의 채권을 잃는 결과가 되지만, 乙이 주위적으로 신청한 것처럼 乙의 채무가 존재하지 않는다고 하여 청구를 기각하면 乙은 채권을 그대로 가진 채 방어에 성공하게 된다. 특히 乙의 상계항변에 관한 법원의 판단은 그것이 판결이유에 기재되기는 하지만 기판력이 생기기 때문에 乙이 항소를 할 수 없다고 하면 다시 그 채권을 주장할 기회가 봉쇄되어 결정적으로 불리하게 된다. 이처럼 경우에 따라서는 실질적인 내용에 따라 불복할 사유가 있는지를 정하여야 한다. 이처럼 실질적인 이익의 유무를 기준으로 상소의 이익을 정하는 입장을 **실질적 불복설**이라고 한다.

---

19) 당사자의 신청과 판결주문이 겉으로는 같더라도 내용상 다른 소송물에 관한 판단일 경우에 상소의 이익이 있음은 물론이다. 원고가 매매를 원인으로 소유권이전등기를 구하였는데 법원이 양도담보를 원인으로 소유권이전등기를 명하는 주문을 낸 경우가 그 예이다(大判 1992. 3. 27, 91다40696).

20) 大判 2009. 5. 14, 2009다4947. 사해행위의 결과 근저당권이 변제로 말소되자 채권자가 사해행위의 취소 및 원상회복으로서의 가액배상청구를 한 사건에서 원판결이 가액배상의 범위를 넘어 원물반환을 명하자 원고가 부당하다고 주장하여 상고한 사안이다. 그러나 이 판결은 소송물의 동일성과 관련하여 타당성이 의심스럽다.

(다) 절충적 기준

통설과 판례는 양자를 결합하여 원칙적으로는 형식적 불복설에 의하되[21] 기판력 등의 판결의 효력 때문에 별소의 제기가 불가능한 경우에는 실질적 불복설에 따른다. 위의 예와 같이 피고가 주위적으로 청구기각을 신청하면서 예비적으로 상계항변을 하였는데 이 항변이 인정되어 청구기각 판결이 난 경우에 관하여 판례는 상소의 이익이 있다고 하였다.[22] 묵시적 일부청구에서 전부 승소한 원고가 뒤에 나머지를 청구하는 경우, 명시설에 의하면 기판력 때문에 잔부청구가 봉쇄되므로 이런 경우에도 항소의 이익을 인정해야 한다고 본다.[23] 그러나 긍정설을 취하면 잔부청구가 허용되므로 이처럼 궁색한 예외를 인정할 필요가 없다.

(라) 소각하판결의 경우

《사례 6》　　甲이 乙을 상대로 4천만원의 지급을 구하는 소를 제기하였다. 이에 대하여 乙은 채무가 없음을 주장하여 청구기각을 구하였는데, 법원이 심리 중에 甲에게 당사자능력이 없음을 이유로 소각하판결을 하였다. 이때 乙은 항소할 수 있는가?

여기서 乙이 방어에 성공한 것인지에 관하여 논란의 여지가 있다. 乙로서는 청구기각판결이 확정되면 다시 제소당하지 않지만 소각하판결의 경우는 甲이 소송요건을 구비하여 다시 제소할 가능성이 있으므로, 乙에게는 소각하판결보다 청구기각판결이 더 유리하다고 보아 항소의 이익을 인정하는 것이 일반적이다. 그러나 유리, 불리의 판단기준을 장래 있을지 없을지 확실하지 않은 두 번째 소송까지 고려해서 정하는 것은 문제가 있다. 이런 경우에는 신청과 주문의 유리, 불리를 따질 것이 아니라 각 당사자는 **적법한 판결을 받을 이익**이 있으므로 소송요건을 잘못 부정한 판결에 대하여 乙이 다툴 이익이 있다고 보는 것이 타당하다고 생각된다.

소를 각하당한 원고가 원심이 소각하판결이 아니라 청구기각판결을 하였어야 한다고 주장하는 것은 자기에게 불리한 사유를 상고이유로 삼는 것이므로 받아들일 수 없다고 한 판례가 있다.[24] 그러나 여기서는 유리·불리가 문제되는 것이 아니라 상고를 인용하더라도 어차피 청구를 기각당할 것이면 사실상 결과에 영향이

---

21) 판례는 상소인에게 불이익한지 여부는 재판의 주문을 표준으로 결정되는 것이고(大判 1982. 10. 12, 82다498 등 다수), 판결이유에 대한 불만은 상소이유가 되지 않는다고 한다(大判 1994. 12. 27, 94므895).

22) 大判 2018. 8. 30, 2016다46338·46345.

23) 이시윤, 890; 鄭·庚·金, 898; 大判 1997. 10. 24, 96다12276. 명시적 일부청구의 경우 청구취지 확장을 위한 항소의 이익은 인정할 수 없다고 한 판결: 大判 2010. 11. 11, 2010두14534.

24) 大判 1990. 12. 17, 90다카24021.

없다는 것을 이유로 삼는 것이 종래의 판례와 부합할 것이다. 그러나 근본적으로는 청구기각 부분은 상고이유가 되지 않는다고 하되, 소각하가 잘못이라는 점은 상고이유로 받아들이는 것이 타당할 것이다.

(마) 항소하지 않은 당사자

《사례 7》　甲이 乙을 상대로 4천만원의 지급을 구하는 소를 제기하였고 이에 대하여 乙은 채무가 없음을 주장하여 청구기각을 구하였다. 법원이 乙에게 3천만원을 지급하라는 판결을 선고하였다. 이에 대하여 乙만이 항소하였는데, 항소법원은 甲의 청구권 액수가 4천만원이라고 인정하고는 항소를 기각하였다. 이에 甲은 항소를 하지 않은 것을 후회하고 천만원을 더 받아내기 위하여 상고하였다. 이 상고가 적법한가?

《사례 7a》　〈사례 7〉에서 항소법원의 판결이 乙에게 2천만원을 지급하라고 명하는 것이면 甲은 상고할 수 있는가?

이러한 경우에 甲은 항소하지 않았기 때문에 제1심 판결에 대하여 불복할 것이 없다고 인정된다. 그러므로 〈사례 7a〉와 같이 항소심 판결이 제1심 판결보다 더 불리하면 당연히 甲은 상소의 이익을 갖지만, 〈사례 7〉에서와 같이 불리한 것이 아니면 그 판결에 대하여 불복할 것이 없다고 인정되므로 상고의 이익이 인정되지 않는다.[25)]

4. 상소이유

항소를 할 때에는 항소장이나 항소심에서 처음 제출하는 준비서면에 ① 제1심 판결 중 사실을 잘못 인정한 부분이나 법리를 잘못 적용한 부분과 ② 항소심에서 새롭게 주장할 사항, ③ 항소심에서 새롭게 신청할 증거와 그 입증취지, ④ ②와 ③을 제1심에서 제출하지 못한 이유를 적어야 한다(규 제126조의2 1항).

상고를 할 때에는 반드시 일정한 상고이유를 주장해야 한다. 즉 헌법이나 법률, 명령, 규칙의 위반이 있다는 것을 이유로 들어야 한다(제423조, 제424조). 상고이유를 적어내지 않거나 주장된 상고이유의 내용에 이러한 내용이 포함되어 있지 않으면 그 상고는 부적법하다.

---

25) 大判 1988. 11. 22, 87다카414·415; 大判 1992. 12. 8, 92다24431.

Ⅱ. 소극적 상소요건

상소가 적법하려면 당사자 사이에서 불상소합의나 상소취하의 합의가 있으면 안 되고, 상소권의 포기가 있어도 안 된다.

1. 불상소합의

불상소합의는 미리 일정한 법률관계에 기한 소송의 **심급을 제1심으로 한정하기로 하는 당사자 사이의 합의**를 말한다. 이러한 합의는 소송상 계약이다. 이러한 합의를 인정하는 것이 통설, 판례이다. 여기서 합의하는 것은 쌍방 당사자이므로 쌍방이 모두 항소하지 않을 것으로 합의하여야 한다. '미리' 합의한다는 것은 항소권이 발생하기 이전, 즉 제1심 판결 선고 전을 말한다. 항소권이 발생한 뒤에 하는 합의는 엄밀히 말하면 '미리' 합의하는 것이 아니므로 이미 발생한 상소권을 포기하기로 합의하는 것(상소권 포기계약)이지 불상소합의라고 볼 수는 없다.

민사소송법은 비약상고의 합의에 관하여만 규정하고(제390조 1항 단서), 불상소합의에 관하여는 규정하고 있지 않으나, 비약상고의 규정이 이를 전제로 한다고 새기는 것이 보통이다. 이 합의는 심급관할의 합의라는 성격을 가지며 따라서 그 요건은 관할의 합의(제29조)에 준한다(제390조 2항). 특히 직권탐지주의에 의하는 절차에서는 허용되지 않는다.

판례는 불상소합의는 반드시 서면에 의하여야 할 것이며, 그 서면의 문언에 의하여 당사자 쌍방이 상소를 하지 아니한다는 취지가 명백하게 표현되어 있어야 한다고 본다. 표시된 문언의 내용이 불분명하여 당사자의 의사해석에 관한 주장이 대립할 소지가 있고, 당사자의 의사를 참작한 객관적·합리적 의사해석과 외부로 표시된 행위에 의하여 추단되는 당사자의 의사조차도 불분명하면, 가급적 소극적 입장에서 그러한 합의의 존재를 부정할 수밖에 없다고 한다.[26]

불상소합의가 판결 선고 전에 있으면 당초부터 상소권이 발생하지 않으므로 판결은 선고와 동시에 확정된다. 판결 선고 뒤에 합의하였으면 그 합의가 성립된 시점에 판결이 확정된다. 이 경우는 항소권의 포기합의로 이미 발생한 항소권을 소멸시킨다고 보아야 할 것이다. 불상소합의나 포기합의가 있음에도 불구하고 제기한

---

26) 大判 2002. 10. 11, 2000다17803; 大判 2007. 11. 29, 2007다52317·52324.

항소는 부적법하다. 이러한 합의가 있었는지를 법원이 직권으로 조사하여야 한다고 보는 것이 판례이나,[27] 이는 어디까지나 당사자의 처분을 존중할 사항이므로 이 합의의 효력을 인정한다면 이는 항변사항이라고 보는 것이 타당하다.[28]

우리나라에서는 위에서 설명한 바와 같이 불상소합의의 효력을 인정한다. 그러나 이러한 설명에는 문제가 있다. 그 성격에 관하여 심급관할의 합의라고 하는데, 이는 심급관할이 전속관할이어서 합의의 대상이 아니라는 점과 상충된다. 그리고 부제소합의의 효력을 인정하는 것은 당사자들이 실체법상의 법률관계에 관하여 다투지 않겠다는 내용으로, 권리보호청구권의 포기라는 점과 실체법상의 법률관계에 관한 처분이라는 측면이 있어서 사적자치에 따른 당사자의 합의를 존중하여 그 효력을 인정할 여지가 있다. 이와 달리 불상소합의는 선고될 판결에 대하여 불복하지 않겠다고 합의를 하는 것인데, 제1심 재판만 받겠다거나, 불복하지 않겠다는 내용이 당사자들이 합의할 내용인지도 매우 의문이고, 심급관할은 공익적 이유로 관할합의가 허용되지 않는 전속관할이라고 하는 취지에도 위반된다. 따라서 민사소송법이 규정하지 않은 불상소합의는 인정할 것이 못된다.

2. 상소취하의 합의

당사자 사이에 상소취하의 합의가 있는데도 상소인이 상소취하서를 제출하지 않은 경우에 상대방은 이를 항변으로 주장할 수 있고, 이 경우에 상소심법원은 상소를 부적법하다고 하여 각하한다.[29]

3. 상소권의 포기

상소권은 당사자가 포기할 수 있으며(제394조), 이는 법원에 서면을 제출함으로써 한다(제395조 1항). 포기는 법원에 대한 단독행위로서 상대방의 수령을 필요로 하지 않고 서면이 법원에 접수되면 효력이 생기나, 법원은 포기서면을 상대방에게 송달하여야 한다(제395조 2항). 상소권의 포기는 상소 제기 전후를 불문하고 할 수 있으나, 판결 선고 전에는 아직 상소권이 발생하지도 않았으므로 이를 포기할 수 없다. 판결의 효력이 제3자에게 미치는 경우에는 포기할 수 없다.

---

27) 大判 1980. 1. 29, 79다2066. 이러한 입장에 찬성하는 견해는 宋·朴, 723. 이시윤, 888은 판례가 직권조사사항이라고 본다고 하나, 문맥으로 보아서 판례의 입장에 찬성하는 것으로 보인다.
28) 鄭·庚·金, 901.
29) 大判 2018. 5. 30, 2017다21411은 이 경우에 상소의 이익이 없다고 본다.

상소권의 포기로 그 당사자는 상소권을 상실한다. 그러므로 포기 후에 제기한 상소는 부적법하다. 포기는 법원에 대한 행위이므로 불상소합의와는 달리 법원은 이를 직권으로 조사하여 상소를 각하하여야 한다.

제 3 절 上訴의 效力

상소가 제기되면 법원의 재판은 확정되지 않고(연기적 효력, 확정차단의 효력) 그 소송은 상급심으로 이심된다(이심의 효력).

Ⅰ. 연기적 효력

상소가 제기되면 **원재판의 확정은 정지**된다. 그러므로 확정판결의 효력인 기판력과 형성력은 생기지 않고, 집행력은 가집행선고가 붙지 않으면 생기지 않는다. 즉시항고는 집행정지의 효력이 있으나(제447조) 통상항고의 경우에는 이러한 효력이 생기지 않는다(제448조 참조). 상소가 취하되거나 상소권의 포기가 있으면 원재판은 확정된다.

Ⅱ. 이심의 효력

상소가 제기되면 그 사건은 **상급법원으로 소송계속이 옮겨 간다**. 소송계속이 옮겨가는 시점은 상소장 제출시라고 보는 것이 타당하다. 그 범위에 관하여 다수설과 판례는 이른바 **상소불가분**의 원칙을 인정한다. 이는 하나의 청구에 대한 판결 중 일부나 수개의 청구에 대한 하나의 판결 중 일부에 대하여서만 불복이 있어 항소하여도 그 판결의 대상이 된 전체 사건이 모두 이심된다는 원칙이다. 불복의 대상이 아닌 부분까지도 이심된다고 보는 것은 원심재판의 일체성을 중시하고 당사자에게 재판 전체에 대하여 공격할 기회를 주기 위한 것이라는 점을 근거로 든다.[1] 그 결과 항소인은 항소심 변론종결 전에 항소신청의 범위를 불복하지 않은 범위로 확장할 수 있고, 피항소인은 불복하지 않은 부분에 대하여 부대항소를 할 수 있다

---

1) 宋·朴, 725.

고 한다. 여기서 경우를 나누어서 보기로 한다.

1. 청구가 하나인 경우

《사례 8》 甲이 乙을 상대로 4천만원의 지급을 구하는 소를 제기하였고, 이에 대하여 乙은 채무가 없음을 주장하여 청구기각을 구하였다. 법원이 乙에게 3천만원을 지급하라는 판결을 선고하였고 이에 대하여 甲만이 항소하였다. 이 경우에 甲이 불복하는 천만원 부분만 항소심에 계속하게 되는가, 아니면 4천만원의 청구가 모두 항소심에 계속하게 되는가?

상소의 제기에 의한 이심의 효력은 상소인의 불복범위와 관계없이 원재판의 전부에 대하여 발생한다. 그러므로 〈사례 8〉의 경우에 甲만이 항소하였기 때문에 항소법원은 甲의 불복부분인 천만원의 범위 안에서만 심판할 수 있지만, 그 부분만 항소심에 이심되는 것이 아니라 4천만원 청구가 모두 이심된다.[2]

2. 청구병합의 경우

《사례 9》 甲은 乙을 상대로 토지인도와 그 토지의 불법점유로 인한 손해배상을 구하는 소를 제기하였다. 법원이 토지인도청구는 인용하고 손해배상청구는 기각하였는데, 이에 甲이 기각부분에 대하여 항소하였다. 이 경우에 어느 청구가 항소심에 계속하는가?

이처럼 청구가 여러 개 병합되는 경우는 甲이 불복하지 않은 토지인도청구는 甲의 승소로 확정되고, 손해배상청구 부분만이 항소심에 계속할 것 같으나, 다수설과 판례는 이 경우에도 상소불가분이라고 하여 두 청구가 **모두 항소심에 이심**된다고 한다. 병합된 청구들 사이에 관련성이 있는 예비적병합이나 선택적병합뿐만 아니라 단순병합도 마찬가지로 취급한다.

《사례 10》 甲은 乙을 상대로 토지인도와 그 토지의 불법점유로 인한 손해배상을 구하는 소를 제기하였다. 법원이 두 청구를 모두 기각하였는데, 甲은 토지인도청구를 기각한 부분에 관하여서만 항소하였다. 항소심 계속 중에 甲이 항소신청의 범위를 손해배상청구 부분에까지 확장할 수 있는가?

《사례 9a》 〈사례 9〉에서 항소심에서 乙이 토지인도를 명한 부분에 대하여 다툴

---

2) 大判 2003. 4. 11, 2002다67321(심판 범위에 속하는 청구의 당부를 심리하기 위하여 그 청구권의 발생 등 당해 청구권의 전반에 대하여 심리하는 것은 부득이하다.); 大判 2013. 7. 11, 2011다18864; 大判 2020. 3. 26, 2018다221867.

기회가 있는가?

따라서 〈사례 10〉에서 甲이 항소의 대상으로 삼지 않은 손해배상청구 부분도 항소심에 계속하고 있으므로 甲은 항소취지를 그 부분에까지 확장할 수 있다. 〈사례 9a〉에서 두 청구 모두 항소심에 계속하므로 스스로 항소를 제기하지 않은 피고 乙도 패소부분인 토지인도를 명한 판결에 대하여 변론종결시까지 부대항소를 제기하여 원판결을 자기에게 유리하게 변경할 기회를 가지게 된다.

이러한 다수설, 판례와는 달리 청구의 단순병합의 경우에는 불복하지 않은 청구는 함께 이심되지 않고 별도로 남아 그에 대한 판결은 확정된다고 하는 견해가 있다.[3] 뒤에 검토하기로 한다.

3. 공동소송의 경우

공동소송 중에서 공동소송인 사이에 일치된 판결이 나올 필요가 없는 통상공동소송의 경우에는 공동소송인 독립의 원칙(제66조) 때문에 상소불가분이 적용될 여지가 없다.

필수적공동소송의 경우에는 절차의 분리가 허용되지 않으므로(제67조) 공동소송인 중 일부만 상소하여도 모든 공동소송인에 대한 관계에서 상소심에 이심된다.

4. 상고의 경우

판례는 항소심 판결 중에서 상고하지 않은 부분은 별도로 확정된다고 하고,[4] 제1심 판결 중에서 항소하지 않은 부분은 항소심 변론종결시까지 청구를 확장하지 않으면 항소심 판결 선고와 동시에 확정되어 소송이 종료되고, 그 밖에 상고된 부분만이 상고심의 심판 대상이 된다고 하여,[5] 상고의 경우에는 상소불가분을 적용하지 않는 것으로 보인다.

5. 검   토

우리 민사소송법에서 과연 상소불가분의 원칙이 인정된다고 볼 수 있는가? 청구가 하나뿐일 경우에는 판결이 형식적으로나 내용적으로 모두 1개뿐이므로 일부

---

3) 金 · 姜, 873-874.
4) 大判 1991. 9. 10, 90누5153.
5) 大判 1994. 12. 23, 94다44644.

에 대한 불복이 있어서 상소하더라도 전부가 이심되는 것은 당연하다. 이러한 결과는 굳이 상소불가분이라는 '원칙'을 내세우지 않고도 인정된다.

청구가 예비적으로나 선택적으로 병합된 경우에는 원고가 병합된 청구들 중에서 일부만 인용되면 만족한다는 것이므로 병합된 청구들에 대하여 모순 없는 재판(합일확정)이 필요하다. 그렇기 때문에 불복하지 않은 부분도 함께 이심되도록 할 필요성이 인정된다. 이처럼 함께 이심되는 것은 합일확정의 필요 때문이지 상소불가분이 원칙이기 때문이 아니다. 그리고 단순병합의 경우에는, 병합된 청구들이 법률상, 논리상 선후관계에 있어서 절차가 분리되면 부당한 결과가 될 수 있는 경우를 제외하고는 서로 아무런 관계가 없기 때문에 불가분적으로 이심된다고 볼 필요가 없다.

통상공동소송의 경우에 상소불가분이 적용될 여지가 없음은 물론이고, 필수적공동소송의 경우 함께 이심되는 것은 상소불가분 원칙 때문이 아니라 필수적공동소송의 특수성 때문이다.

이렇게 보면 상소불가분이 인정되는 경우는 단일한 청구와 청구의 예비적·선택적 병합의 경우뿐이다. 이러한 경우에도 상소불가분이라는 원칙 때문이 아니라 그 내용상 특성을 고려해서 함께 이심시킬 필요가 있기 때문이다. 결국 해석상 이 원칙을 내세워서 결과가 달라지거나 의미가 있을 수 있는 것은 단순병합의 경우뿐이다. 그러나 앞에서 설명한 바와 같이 이때도 병합된 청구가 서로 관련이 없는 때에는 함께 이심시킬 이유가 없다. 그러므로 상소불가분을 **일반적 원칙으로 인정하는 것은 부당**하다.[6] 이것을 일반적 원칙이라고 내세우고는 그것을 근거로 함께 이심시킬 필요가 없는 단순병합의 경우에까지도 모두 이심된다고 보는 것은 앞뒤가 뒤바뀐 논리이다.

Ⅲ. 상소심의 심판범위(당사자처분권주의)

《사례 8a》 〈사례 8〉에서 항소법원이 심리하여 보니 甲에게 청구권이 아예 없음이 밝혀졌다. 이때 항소법원은 원판결을 취소하고 甲의 청구를 기각하는 판결을 선고할 수 있는가?

---

6) 상소불가분의 원칙에 대한 상세한 검토는 郭喜卿, 上訴不可分의 原則에 관한 硏究 ─ 請求倂合의 境遇를 중심으로, 서울대학교 석사논문, 2005 참조.

상소가 제기되면 원재판의 전부에 대하여 이심의 효과가 생기지만, 그렇다고 하여 그 전부가 당연히 상소심의 심판범위에 포함되는 것은 아니다. 상소심은 처분권주의의 원칙상 **불복하지 않은 부분**에 대하여는 심판할 수 없다.[7] 〈사례 8a〉에서 乙이 항소하지 않고 甲만이 항소하였으므로 乙이 지급할 금액을 늘려달라고 하는 신청은 있어도 이를 줄여 달라거나 甲의 청구를 기각하라는 신청은 없다. 그러므로 항소심의 심판범위는 乙의 지급금액을 높일 것인지 여부에 한정된다. 항소심에서 법원이 乙이 지급할 금액을 3천만원보다 줄인다든가 甲의 청구를 기각하는 것은 그 심판의 범위를 벗어나는 것이 되어 허용되지 않는다. 즉 상소법원이 상소인에게 불리한 재판을 하는 것은 허용되지 않는다는 말이다. 이를 **불이익변경금지**라고 한다.

《사례 8b》　〈사례 8〉에서 乙도 항소하였으면 항소법원이 甲의 청구를 기각하는 판결을 할 수 있는가?

그러나 이 경우처럼 양 당사자가 모두 항소하였으면 乙의 지급액을 3천만원보다 늘리라는 신청과 줄이거나 아예 甲의 청구를 기각하라는 신청이 모두 존재하므로 항소법원은 어느 쪽으로도 판단할 수 있으므로 甲의 청구를 기각하는 판결을 할 수 있다.

판례는 불이익하게 변경된 것인지 여부는 기판력의 범위를 기준으로 한다고 인정하면서도 **동시이행의 판결**에서는 반대급부의 내용을 상소인에게 불리하게 변경하는 것은 불이익변경 금지에 반한다고 본다.[8] 그러나 반대급부에 대한 판

---

7) 大判 2006. 1. 27, 2005다16591・16607. 그러므로 원고가 일부승소하여 항소하고 피고는 항소하지 않은 경우에 항소심이 원고 패소 부분을 취소하고 청구를 인용하였으면, 제1심이 원고 청구를 인용한 부분에 대하여는 항소심 법원이 재판한 것이 아니므로 피고는 그 부분에 대하여 상고할 수 없다고 하였다. 大判 2009. 10. 29, 2007다22514・22521; 大判 2015. 10. 29, 2013다45037도 같은 취지이다. 원고가 일부승소하여 피고만 항소하여 항소심이 피고 패소부분 중 일부를 취소하고 그 부분의 원고 청구를 기각한 경우에도 제1심에서 원고가 패소한 부분은 상고 대상이 될 수 없다(大判 1998. 5. 22, 98다5357; 大判 2017. 12. 28, 2014다229023).

8) 大判 2005. 8. 19, 2004다8197・8203(제1심 판결에 의하면 원고가 피고 乙을 대위하여 3천만 원 가까이를 변제하면 피고 丙이 점유하는 부동산을 인도받을 수 있었고, 역시 피고 乙을 대위하여 3천여만 원을 변제하면 피고 丁이 점유하는 부동산을 인도받을 수 있었는데. 항소심 판결에 의하면 戊를 대위하여 3억7천여만 원을 변제해야 丙과 丁이 점유하는 부동산들을 인도받을 수 있게 된 사안); 大判 2022. 8. 25, 2022다211928(채무자 회사의 회생절차 개시결정이 있은 후, 그 관리인의 부인청구를 인용하는 결정이 나자 원고가 부인결정 이의의 소를 제기하였는데, 제1심이 원고는 부인권 행사에 따른 원물반환의 무가 있고, 원고가 주장한 공익채권 중 14억여 원이 인정되므로 원고는 피고로부터 위 14억여 원을 지급받음과 동시에 버스 30대와 부대시설 장치 일체를 인도하라고 판결하여 주위적 청구 일부를 인용하였고, 피고에게 원고로부터 위 원물반환을 이행받음과 동시에 원고에게 위 14억여 원을 지급할 것을 명하여 예

단은 소송상청구의 내용도 아니고 기판력이 생기는 것도 아니며 소송상청구의 내용에 대한 반대급부로 동시에 이행할 사항을 판단한 것에 불과하므로 여기에 처분권주의가 적용된다고 볼 수는 없다. 그러므로 이러한 경우는 불이익 변경이 아니다.

청구가 병합된 경우는 각 청구는 소송물이 다르므로 불이익 변경 여부는 따로 따져야 한다. 따라서 금전채무불이행의 경우에 발생하는 원본채권과 지연손해금채권을 청구한 경우, 불이익변경에 해당하는지 여부는 원금과 지연손해금 부분을 각각 따로 비교하여 판단하여야 한다.9) **예비적병합**에서 주위적 청구를 기각하고 예비적 청구를 인용하였을 때 피고만이 예비적 청구의 인용에 대하여 항소한 경우에 항소심의 심판 범위는 예비적 청구를 인용한 제1심 판결의 당부에 한정된다.10) 따라서 항소심 법원이 주위적 청구를 기각한 제1심 판결을 취소하고 이를 인용할 수는 없다.

상소한 당사자는 원판결을 자기에게 유리하게 변경할 것을 구하는 것이므로 상소법원은 상소가 이유 있으면 상소인에게 유리하게 원판결을 변경할 수 있지만 그 변경의 범위도 불복의 범위 안이어야 한다. '그 범위를 넘어서' 유리하게 변경하는 것도 역시 처분권주의에 위배된다(**초과이익변경금지**의 원칙).11)

《사례 11》　　甲은 乙을 상대로 A, B 두 필지의 토지에 대한 소유권확인의 소를 제기하여 A토지에 대하여는 청구기각판결을, B토지에 대하여는 청구인용판결을 선고받았다. 그러자 甲이 A토지에 대한 판결에 불복하여 항소하였다. 항소심 법원이 심리 결과 甲의 두 청구가 모두 확인의 이익이 없다고 판단하였으면 두 청구에 대하여 소각하 판결을 할 수 있는가?

이러한 원칙들은 처분권주의와 변론주의가 적용되는 절차나 사항에만 적용된다. 그러므로 직권탐지주의에 의하는 절차나 직권판단사항,12) 직권조사사항, 소송비용 재판, 가집행선고,13) 형식적 형성소송에는 적용되지 않는다. 위 사례에서 확인의 이

비적 청구를 일부 인용하였다. 이에 대하여 원고만이 항소하였는데, 항소심에서 원고의 공익채권은 11억여 원이 인정되고 버스 등의 원물반환이 불가능하거나 현저히 곤란하므로 원상회복으로 가액배상으로 42억 원을 지급하여야 하므로, 원고는 피고에게 30여억 원을 지급하라고 주위적 청구를 일부 인용하고, 예비적 청구는 기각한 사안).

　9) 大判 2009. 6. 11, 2009다12399.

　10) 大判 2002. 12. 26, 2002므852.

　11) 보통 이를 이익변경금지의 원칙이라고 하나, 오해를 낳을 수 있는 부정확한 표현이다.

　12) 원심에서 산정한 법정상속분의 오류를 시정하여 결과적으로 상소인에게 불이익하게 되는 경우가 여기에 해당한다(大判 1980. 11. 11, 80다284).

익은 직권조사사항이므로 A토지에 대한 판결뿐만 아니라 甲이 승소하여 불복하지
않은 B토지에 대한 판결도 취소하고 소각하판결을 할 수 있다.[14]

---

13) 大判 1998. 11. 10, 98다42141: 가집행선고는 당사자의 신청 유무에 관계 없이 법원이 직권으로
판단할 사항으로 처분권주의를 근거로 하는 민사소송법 제385조(개정법 제415조)의 적용을 받지 아니하
므로, 가집행선고가 붙지 아니한 제1심 판결에 대하여 피고만이 항소한 항소심에서 항소를 기각하면서
가집행선고를 붙였어도 불이익변경금지의 원칙에 위배되지 아니한다.
14) 大判 1995. 7. 25, 95다14817.

제2장 抗訴審 節次

제1절 總 說

Ⅰ. 항소의 의의

항소란 제1심 법원이 선고한 종국판결에 대하여 항소하는 당사자에게 유리하게 판결을 변경시키기 위하여 항소심 법원에 제기하는 불복 신청을 말한다. 항소하는 당사자를 항소인, 상대방을 피항소인이라고 한다.

항소의 대상은 제1심인 지방법원 단독판사나 지방법원 합의부의 판결이다. 지방법원 합의부의 제1심 판결에 대한 항소심은 고등법원이 관할한다. 지방법원 단독판사의 제1심 판결 중 소송목적의 값이 2억 원을 초과한 사건의 항소사건(단, 소송목적의 값에 관계없이 단독판사의 제1심 관할사건으로 규정된 사건은 제외)에 대하여는 고등법원이 관할하고, 그 이외 사건의 항소사건은 지방법원 본원 합의부(강릉지원 합의부 포함)가 관할한다.[1]

종국판결에 부수된 재판인 소송비용 재판이나 가집행선고와 중간판결에 대하여는 독립하여 항소할 수 없다(제391조, 제392조).

항소심은 제1심과 마찬가지로 사실심이므로 제1심의 법률의 해석, 적용뿐만 아니라 사실인정의 오류를 근거로도 불복할 수 있다.

Ⅱ. 항소심의 구조

항소심은 제1심의 종국판결에 대하여 불복신청이 있어서 이 불복신청이 이유 있는지, 즉 제1심 판결이 정당한지에 대하여 심리하는 것이다. 그렇기 때문에 제1심에서의 절차와 항소심에서의 절차 사이의 관계를 어떻게 설정할 것인지가 문제된다.

---

1) 상세한 것은 제3편 제1장 중 심급관할 부분 참조.

《사례 1》   甲은 乙의 운전 부주의로 교통사고를 당하여 손해를 입었음을 주장하여 乙을 상대로 손해배상을 구하는 소를 제기하였다. 제1심에서 甲은 乙이 가해행위를 하였고 그 행위가 乙의 운전 부주의에 의한 것이며, 손해가 발생하였고, 가해행위와 손해 발생 사이에 인과관계가 있음을 주장하였으나, 다른 사실들은 입증하였지만 乙의 운전 부주의를 입증하지 못하여 패소하였다. 이에 불복하여 甲이 항소를 제기하였다. 항소심에서 甲은 乙의 가해행위 등 모든 요건사항들을 새로이 주장하여야 하는가?

《사례 1a》   항소심에서 甲은 乙이 음주운전을 하였음을 새로이 주장할 수 있는가?

항소심에서 제1심의 소송진행이나 소송자료와는 관계 없이 독자적으로 절차를 처음부터 새로이 진행하도록 할 수도 있을 것이다. 이러한 형태를 복심제라고 하는데, 이 경우 당사자들은 처음부터 새로이 소송을 수행하는 것이 원칙이겠으나 제1심의 소송자료를 이용한다 하더라도 항소심에서 무제한하게 새로운 자료를 제출할 수 있게 될 것이다. 그러므로 복심제에 의하면 〈사례 1〉에서 적어도 형식적으로라도 甲은 모든 요건사항들을 새로이 주장해야 하고, 〈사례 1a〉에서 그러한 주장을 새로이 할 수 있음은 물론이다.

또한 항소심에서는 제1심의 판결이 정당한지를 심사하는 것에 국한하도록 할 수도 있을 것이다. 이러한 형태를 사후심제라고 하는데, 이 경우 당사자들은 항소심에서 새로운 소송자료를 제출할 수가 없다. 그러므로 이에 의하면 당사자들은 제1심에서 전력을 다하여 공격과 방어를 하지 않으면 안 된다. 사후심제에 의하면 〈사례 1〉에서 甲은 그러한 주장을 할 필요가 전혀 없고 〈사례 1a〉에서 그러한 주장은 할 수가 없게 된다.

위 양자를 절충한 중간 형태로서, 항소심에서는 제1심의 심리를 계속 이어서 하는 것으로, 즉 제1심의 소송자료를 바탕으로 하되 새로운 소송자료도 제출받아 함께 심리하는 형태가 있다. 이를 **속심제**라고 한다. 이에 의하면 제1심에서 일단 종결한 변론을 항소심에서 재개하여 계속 심리하는 것으로 된다. 그러므로 제1심에서의 소송행위는 그 효력이 유지되면서, 당사자는 새로운 공격·방어방법을 제출할 수 있으며 제1심에서의 주장, 진술을 변경하는 것도 원칙적으로 가능하다. 그러므로 〈사례 1〉에서 甲은 그러한 주장을 할 필요가 없고, 〈사례 1a〉에서는 그러한 주장을 할 수 있다. 속심제는 이처럼 항소심에서 새로운 소송자료를 제출하는 것이 가능하므로 제1심에서도 충분히 제출할 수 있었던 자료를 항소심에서 비로소 제출하여, 분쟁의 해결을 지연시키고 심리의 중점을 항소심으로 옮기는 폐단이 있을 수 있다.

우리 민사소송법은 속심제를 취하면서 이러한 폐단을 방지하기 위하여 실기한 공격·방어방법의 각하 등의 방법을 마련하였으나, 실제로 활용 정도는 미미하였고, 가집행선고가 그러한 역할을 하여 왔다. 2002년 개정법에서는 변론준비절차의 실권효를 항소심에까지 확대하므로 이러한 폐단이 많이 줄어들 것으로 기대된다.

제 2 절 抗訴의 提起

I. 항소 제기의 방식

1. 항소장의 제출

항소를 제기하려는 당사자는 제1심 판결정본이 송달된 날로부터 2주일 내에 항소장을 제1심인 원심법원에 제출하여야 한다(제396조, 제397조). 판결이 선고된 뒤이면 판결서의 송달 이전에도 항소장을 제출할 수 있다(제396조 1항 단서). 법원의 전산정보처리 시스템을 이용하여 전자문서로도 제출할 수 있다.

항소장을 항소심법원 등 원심법원 이외의 법원에 제출하면 받은 법원은 사건을 원심법원으로 이송하여야 한다. 이 경우 앞에서 말하였듯이 항소기간 준수 여부는 항소인이 처음에 항소장을 제출한 때를 기준으로 삼는 것이 타당하다.

2. 항소장의 기재사항

항소장에는 당사자와 소송무능력자의 법정대리인, 제1심 판결의 표시와 그 판결에 대한 항소의 취지를 기재하여야 한다(제397조 2항). 그 밖에 항소의 이유를 기재할 수도 있다.[1]

민사소송규칙에서는 항소장이나 항소심에서 처음 제출하는 준비서면에 다음 사항을 적을 것을 요구한다(규 제126조의2 1항): ① 제1심 판결 중 사실을 잘못 인정한 부분이나 법리를 잘못 적용한 부분, ② 항소심에서 새롭게 주장할 사항, ③ 항소심에서 새롭게 신청할 증거와 그 입증취지, ④ ②와 ③을 제1심에서 제출하지 못한 이유. 대법원규칙으로 사실상 항소이유서 제도를 도입한 셈이다.

---

1) 입법론으로 항소이유도 필수적 기재사항으로 하자는 주장이 있으나, 2주라는 짧은 항소기간에 항소이유를 제대로 써서 낼 수 있을지는 의문이다.

민사소송법 개정으로 2025. 3. 1.부터는 정식으로 항소이유서 제도를 실시하여, 항소인은 항소장에 항소이유를 적지 않았으면 항소법원에 항소기록이 송부되었다는 통지(제400조 3항)를 받은 날부터 40일 이내에 항소법원에 항소이유서를 제출하여야 한다(제402조의2 1항). 항소인은 이 제출기간의 연장을 신청할 수 있고 항소법원은 결정으로 한 번에 한하여 1개월 연장할 수 있다(제402조의2 2항).

항소장에는 소장에 붙이는 인지액의 1.5배의 인지를 붙이고(민인 제3조), 피항소인의 수만큼의 항소장 부본을 함께 제출하여야 한다.

Ⅱ. 항소장의 심사

항소장이 제출되면 제1심의 재판장은 항소장을 심사한다. 심사할 내용은 기재사항(제397조 2항)의 기재 여부와 인지의 첩부 여부로, 잘못이 있을 때에는 상당한 기간을 정하여 그 안에 흠결을 보정할 것을 명한다(제399조 1항).2) 만일 그 기간 내에 흠결을 보정하지 아니한 때와 항소기간을 도과한 것이 명백하면 명령으로 항소장을 각하해야 한다(제399조 2항).

항소장이 각하되지 않으면 제1심 법원의 사무관등은 소송기록에 항소장을 붙여서 항소법원으로 송부한다. 그 기간은 항소장이 제출된 때로부터 2주일 내에, 보정을 명한 경우에는 보정된 때부터 1주일 내이다(제400조). 항소기록을 송부받은 항소법원의 법원사무관등은 바로 그 사유를 당사자에게 통지하여야 한다(제400조 3항).3)

항소장에 흠결이 있는데도 원심 재판장이 보정을 명하지 않았으면 항소심 재판장이 보정을 명한다.4) 보정하지 않으면 역시 명령으로 항소장을 각하한다(제402조). 판례는 여기서 말하는 보정의 대상에 항소장 부본의 송달이 불가능한 경우도 포함된다고 새겨서 항소심 재판장이 피항소인의 주소를 보정할 것을 명해야 한다고 본다.5) 다만 소송기록에 다른 주소가 나타나 있으면 그 주소로도 송달을 시도해 보고 송달불능 여부를 판단하라고 한다.6)

---

2) 재판장은 법원사무관등으로 하여금 이 보정명령을 하도록 할 수 있다(제399조 1항 2문).

3) 제3항은 2025. 3. 1.부터 시행된다.

4) 항소심 재판장도 법원사무관등으로 하여금 이 보정명령을 하도록 할 수 있다(제402조 1항 2문).

5) 大決 1971. 5. 12, 71마317; 大決(全) 2021. 4. 22, 2017마6438. 이러한 판례의 태도는 소장과 항소장의 심사가 성격이 완전히 다르고, 소장과 항소장의 흠결의 내용이 다르고, 소장과 항소장의 각하 효과가 전혀 다르다는 점을 간과한 문제가 있다. 반대의견의 지적이 타당하다.

6) 大決 2011. 11. 11, 2011마1760은 단순히 항소장에 기재된 피항소인의 주소로 송달하였다가 수취인 불명이 된 것만으로 송달불능이라고 해서는 안 되며, 소송기록에 나타난 다른 주소로 송달을 시도해

항소심재판장의 항소장 각하 명령은 항소장이 피항소인에게 송달되기 전까지만 가능하고, 항소장이 송달되면 항소심법원과 당사자들 사이에 소송관계가 성립하여 재판장이 더 이상 단독으로 이 명령을 할 수 없다.7)

제1심이나 항소심 재판장의 항소장 각하명령에 대하여는 즉시항고를 할 수 있다(제399조 3항, 제402조 3항).

판례는 항소장 각하명령이 성립한 다음에 피항소인에게 고지되기 전에 항소인이 부족한 인지를 보정하였다고 하여 이미 성립한 각하명령이 위법하게 되거나 절차를 되돌려서8) 그 명령을 취소할 수 있는 것은 아니라고 본다.9)

Ⅲ. 항소의 효과

항소 제기로 제1심 판결의 확정은 미루어지고(연기적 효력, 확정차단의 효력), 사건의 소송계속은 항소심으로 이전된다(이심의 효력).

앞에서 자세히 언급하였듯이, 청구가 하나이면 일부에 대하여서만 불복이 있더라도 항소로 청구 전부가 이심된다. 청구가 병합된 경우, 병합된 청구가 모순 없는 재판이 필요한 예비적병합과 선택적병합의 경우는 일부 청구에 대하여만 불복이 있더라도 병합된 청구 전부가 이심되고, 서로 관계가 없는 단순병합의 경우에는 불복이 있는 청구만 이심된다고 볼 것이다.

공동소송의 경우, 통상공동소송에서는 불복이 있는 부분만 이심되고, 필수적 공동소송에서는 공동소송인 전부가 이심된다.

보아야 한다고 판시하였다.

7) 大決 1981. 11. 26, 81마275(그러므로 항소장이 피항소인에게 송달된 뒤에 변론기일 소환장 등이 송달되지 않아서 항소인에게 보정을 명한 경우에는 항소인이 그에 응하지 않는다고 재판장이 항소장 각하명령을 할 수 없다); 大決 2020. 1. 30, 2019마5599·5600(항소장이 독립당사자참가의 다른 당사자 중 일부에게라도 송달이 되어서 부분적으로 소송관계가 성립하면 항소심 재판장은 더 이상 단독으로 항소장 각하명령을 할 수 없다).

8) 판결문에서는 이를 '再度의 考案'이라는 우리가 쓰지 않는 일본의 용어로 표현하는데, 이는 삼가야 한다.

9) 大決 1969. 12. 8, 69마703; 大決 2013. 7. 31, 2013마670.

제 3 절 抗訴審의 審理

항소심에서 앞서 말한 항소장의 방식이 적법하고, 항소기간이 지켜졌으면, 그 다음에 항소의 적법성, 즉 항소의 요건 구비 여부를 심리하고 적법하다고 판단되면 본안에 관하여 심리를 한다.

I. 항소의 적법성 심리

항소장이 적식이면 항소장 부본을 상대방에게 송달하고 당사자들에게 기일을 통지한다. 항소법원은 우선 항소요건의 구비 여부를 조사한다. 요건이 불비되어 있을 경우 보정이 가능하면 변론을 열어 보정을 명하고, 그럼에도 불구하고 보정하지 않으면 법원은 항소각하판결을 한다. 보정할 수 없는 요건이 불비된 경우에는 변론 없이 항소를 각하할 수 있다(제413조).

보정이 불가능한 경우에는, 전부 승소한 당사자의 항소,[1] 소송계속 전에 이미 사망한 사람을 피고로 한 당연무효인 판결에 대한 항소[2] 등이 해당한다. 판례는 불항소의 합의가 있는 경우도 보정이 불가능하다고 하면서 이는 직권조사사항이라고 하나,[3] 당사자 사이의 합의에 효력을 인정하여 소극적 소송요건으로 삼았으면 그 합의의 효력을 주장할 것인지도 당사자의 의사에 따르는 것이 합리적이다. 그러므로 이는 항변사항이라고 보아야 하고, 보정과는 관계가 없다.

II. 본안 심리

1. 준비절차

항소가 적법하면 항소심 법원은 항소의 당부에 대한 심리를 진행한다. 항소심에서도 쟁점 정리 등을 위하여 필요하면 변론준비절차를 열 수가 있다. 그러므로 재

---

1) 大判 1973. 9. 25, 73다565; 大判 1979. 8. 28, 79다1299.
2) 大判 1971. 2. 9, 69다1741(소제기 전 사망); 大判 1994. 1. 11, 93누9606(소제기 전 사망); 大判 2015. 1. 29, 2014다34041(소장 송달 전 사망). 항소뿐만 아니라 상속인의 수계신청도 허용되지 않는다. 鄭·庚·金, 919, 주4는 소제기 전에 사망한 경우에도 상소를 허용할 것을 주장한다.
3) 大判 1980. 1. 29, 79다2066. 이시윤, 913과 鄭·庚·金, 919도 이를 따른다.

판장 등은 피항소인에게 상당한 기간을 정하여 항소장이나 항소인이 처음 제출한 준비서면에 적힌 항소이유에 대한 반박내용을 기재한 준비서면을 제출하게 할 수 있고(규 제126조의2 2항), 변론준비기일을 열 수도 있다. 특히 제1심에서 제대로 변론이 이루어지지 않은 사건들, 즉 무변론판결이나 공시송달 사건에서는 변론준비가 필요할 것이다. 뿐만 아니라 새로 공격·방어방법이 제출되어 이를 정리할 필요가 있는 사건이나 제1심에서 정리한 쟁점에 문제가 있는 경우 등도 여기에 해당한다.4)

2. 변   론

(1) 변론의 범위

변론은 항소인의 불복 범위 안에서 한다(제407조 1항). 처분권주의의 귀결이다. 그러므로 항소인은 변론에서 불복의 범위를 명확히 밝혀서 제1심 판결의 취소, 변경을 구하는 신청을 한다. 이에 대하여 피항소인은 항소의 각하나 기각을 신청하고, 필요한 경우에는 부대항소를 제기할 수도 있다.

항소인은 항소심 변론종결 때까지 불복의 범위를 변경할 수 있다. 불복의 범위를 확장하는 것이 가능함은 물론이고,5) 복수의 청구에 대하여 모두 불복 항소하였다가 일부의 청구에 대한 불복신청을 철회할 수도 있다. 이 경우는 항소의 일부 취하가 아닌 불복 범위의 감축이 된다.6)

(2) 제1심 변론의 속행

(가) 변론의 갱신

제1심 변론의 속행을 위하여 당사자는 제1심 변론의 결과를 진술하여야 한다(제407조 2항). 이 진술은 제1심의 자료를 항소심에 상정하는 것으로(변론의 갱신),7) 당사자가 사실상 또는 법률상 주장과 정리된 쟁점, 증거조사 결과의 요지 등을 진술하거나, 법원이 당사자에게 해당사항을 확인하는 방식으로 할 수 있다(규 제127조의2).

제1심에서 한 소송행위의 효력은 항소심에서도 유지된다(제409조).

---

4) 이시윤, 913.
5) 大判 2017. 1. 12, 2016다241249.
6) 위 2016다241249 판결.
7) 법관이 바뀐 경우 직접심리주의의 모습을 갖추기 위한 절차이다.

판례는 제1심에서의 당사자의 주장이 그대로 유지됨을 근거로 제1심에서의 주장을 항소이유로 특별히 지적하거나 심리에서 지적하지 않아도 항소심 법원은 당연히 그 주장을 받아들일 수 있고, 이는 직접주의나 변론주의에 어긋나거나 예상치 못한 재판을 한 것이라 할 수 없다고 한다.[8] 그러나 이는 검토가 필요하다. 문제가 되는 것은 제1심 법원이 배척한 당사자의 주장일 것이다. 제1심이 인정하지 않은 사실 주장을 그것이 불요증사실이 아닌 한 항소심 법원이 아무런 지적이나 언급 없이 뒤집는 것은 심리미진이다. 제1심의 사실 인정에 문제가 있으면 당연히 심리를 더 해야 한다. 법적 주장일 경우에는 제1심에서 배척하였고 항소심에서 아무도 문제삼지 않는 것을 법원이 이를 받아들여 판결하면 법적사항 지적의무 위반이 될 가능성이 있다.

제1심에서 변론기일에 당사자가 출석하였으면서 상대방이 주장한 사실을 다투지 않거나, 기일에 결석하여 자백간주된 사실도 항소심에서 그대로 유지된다. 그러나 재판상 자백과는 달리 자백간주된 사실은 당사자에 대한 구속력이 없으므로 당사자가 항소심 변론에 출석하여 다툴 수 있다.[9]

(나) 새로운 소송자료의 제출

당사자는 항소심 변론종결 때까지 제1심에서 제출한 자료를 보충, 정정하고, 나아가 새로운 공격·방어방법 등의 소송자료를 더 제출할 수 있다.[10] 새로운 소송자료는 제1심 변론종결 이후에 생긴 것에 한하지 않고 새로운 소송자료도 낼 수 있다. 다만, 민사소송규칙에서 항소장이나 항소심에서 처음 제출하는 준비서면에 새로운 소송자료를 제1심에서 제출하지 못한 이유를 적도록 하여(규 제126조의2 1항 4호), 제1심에서 제출할 수 있는 소송자료의 제출을 항소심으로 미루어 소송을 지연시키는 것을 막고자 한다.

제1심 변론준비절차는 항소심에서도 그 효력이 유지되므로 절차 종결의 실권효가 항소심에서도 유지되어(제410조) 그 범위에서 새로운 소송자료 제출이 제한된다.

제1심에서 이미 제출할 수 있었던 소송자료는 실기한 공격·방어방법으로 각하될 수 있다. 실기하였는지 여부는 제1심과 항소심의 경과 전체를 고려하여 판단하므로 항소심 첫 기일에 제출하여도 실기하였다고 판단될 수 있다.[11]

---

8) 大判 1996. 4. 9, 95다14572. 이 판결에서 '불의타'라고 표현하였으나 이는 부적절하다.
9) 大判 1968. 3. 19, 67다2677; 大判 1987. 12. 8, 87다368.
10) 이를 변론의 갱신권이라고 부르나, 이러한 가능성은 권리나 권한, 권능이 아니므로 적절하지 않다.
11) 大判 2014. 5. 29, 2011두25876(원고들이 토지면적 동의율 산정이 위법하다는 취지의 주장을 4차에 걸친 제1심 변론기일은 물론 항소심 1차 변론기일까지 하지 않다가 마지막인 2차 변론기일에서 비로소 위 주장을 한 것에 대하여, 위 주장의 당부를 판단하기 위하여 추가적인 증거조사가 필요하다는 이유로, 항소심 법원이 이를 각하한 것이 정당하다고 하였다.

(다) 소송 중의 소

항소심에서도 청구변경이나 반소, 중간확인의 소 등 소송중의 소와 참가 등이 가능하다. 특히 청구변경과 반소의 경우에는 소송절차를 현저히 지연시키지 않아야 한다는 요건(제262조 1항 단서, 제269조 1항)을 갖추어야 한다. 그 밖에도 반소청구는 항소심에서 비로소 소송계속이 생기므로 상대방의 심급의 이익을 해칠 우려가 있어서 이 우려가 없는 경우이거나 상대방의 동의가 있는 경우에 허용된다(제412조 1항). 상대방이 이의를 제기하지 않고 반소의 본안에 관하여 변론을 하면 반소에 동의한 것으로 본다(제412조 2항). 판례는 피고의 반소에 대하여 원고가 반소를 기각하라고 답변하였어도 이것만으로는 반소의 본안에 관하여 변론한 것으로 볼 수 없다고 한다.[12]

청구의 변경이나 반소, 중간확인의 소 등으로 항소심에서 새로 소송계속이 생긴 청구는 항소심 법원이 제1심으로 심판하게 된다.

Ⅲ. 부대항소

1. 의   의

부대항소는 항소권이 없는 피항소인이 항소인의 항소에 의하여 개시된 항소심 절차에서 항소심의 심판범위를 자기에게 유리하게 확장하려는 피항소인의 신청이다(제403조). 피항소인이 항소권이 없다고 함은 항소기간에 항소를 제기하지 않아서 항소권이 소멸한 경우를 말한다. 부대항소로써 피항소인은 불이익변경 금지의 적용을 배제할 수 있게 된다.[13]

여기서 항소하지 않은 피항소인의 뒤늦은, 항소와 유사한 신청을 허용하는 이유는 다음과 같다[14]: 첫째, 항소인이 항소기간 종료에 임박하여 갑자기 항소한 경우에 피항소인에게도 불복할 수 있는 기회를 주는 것이 공평하다. 둘째, 소송경제에 적합하다. 즉, 경험상 항소는 상대방이 항소를 제기한 경우에만 제기하려는 경우가 많은데, 부대항소를 인정하면 당사자들은 상대방이 항소를 제기할 것을 염려하여 미리 항소를 제기하는 낭비를 줄일 수 있다. 셋째, 피항소인은 항소인이 주장하는 항소이유를 알게 된 뒤에 비로소 맞대응을 할 수가 있기 때문에 피항소인에게 사

---

12) 大判 1991. 3. 27, 91다1783,1790.
13) Rosenberg-Schwab/Gottwald[18] § 138 Rn. 2.
14) Rosenberg-Schwab/Gottwald[18] § 138 Rn. 3, 5.

후에 기회를 줄 필요가 있다.15)

2. 법적 성격

부대항소는 항소의 일종이 아니라 그와 다른 **독자적** 성격의 제도라고 보는 것이 통설, 판례이다. 만일 이를 항소로 보면 항소권이 소멸한 뒤에는 제기할 수 없을 것이나, 항소권의 포기, 항소기간의 도과 등으로 항소권이 소멸한 당사자도 제기할 수 있으므로(제403조) 항소는 아니라고 보게 된다.

3. 요 건

(1) 주 체

부대항소는 **피항소인**이나 그 보조참가인이 항소인을 상대로 제기하여야 한다. 그러므로 스스로 항소를 제기한 이는 설사 상대방의 항소로 피항소인의 지위에 서더라도 부대항소를 할 수 없다고 보아야 한다. 이는 그 필요성이 없기 때문이다.

(2) 시 기

부대항소는 상대방 당사자의 적법한 항소로 소송이 항소심에 계속 중에, 그리고 **항소심 변론 종결 전**(제403조)에 제기해야 한다. 이미 항소권을 포기하였거나 항소기간이 도과하여 항소권이 소멸된 뒤에도 부대항소는 제기할 수 있다. 그러나 부대항소권 자체를 포기한 경우에는 부대항소가 불가능함은 물론이다.

(3) 항소의 이익(불복)의 구비 여부

《사례 3》　　甲은 乙에게 5천만원의 채권을 갖고 있는데, 그중 일부인 3천만원의 지급을 구하는 소를 제기하여 청구인용판결을 선고받았다. 이에 乙이 항소하였는데, 항소심에서 乙이 甲에게 3천만원의 채권을 갖고 있음을 주장하여 상계의 항변을 하였다. 이때 甲이 청구를 5천만원으로 확장하기 위하여 부대항소를 제기할 수 있는가?

---

15) 종래 우리나라에서는 피항소인에게 부대항소를 허용하는 이유를, 항소하지 않으면 항소한 상대방만이 제1심 판결을 유리하게 변경시킬 가능성을 가지고, 피항소인은 방어만을 할 수 있기 때문에 더욱 불리해지거나 기껏해야 제1심 판결과 같은 판결을 받게 되지, 그에게 유리하게 판결을 변경시킬 가능성이 없기 때문이며, 더구나 항소인은 항소심에서 항소의 범위를 확장시킬 수 있으나 피항소인에게는 그런 가능성이 전혀 없게 되는데, 이는 공평의 이상에 위반되므로 항소하지 않은 당사자에게도 그러한 기회를 주기 위하여 부대항소를 인정하는 것이라고 설명하였다. 그러나 피항소인이 이러한 불이익을 당하지 않으려면 애초에 스스로 항소를 제기할 기회가 얼마든지 있었음에도 불구하고 항소하지 않았으므로 이러한 이유는 타당하지 않다.

부대항소도 보통의 항소와 마찬가지로 불복, 즉 항소의 이익이 있어야 하는지가 문제될 수 있을 것이다. 그러나 이 제도를 인정하는 취지가 미처 항소하지 못한 당사자에게도 원판결을 유리하게 변경시킬 기회를 주자는 것으로, 비록 승소한 당사자도 청구를 확장하거나 반소를 제기하기 위하여 부대항소를 할 수 있는 것이므로 **불복은 요구되지 않는다**고 본다. 그러므로 〈사례 3〉에서 甲은 비록 제1심에서 전부 승소하였더라도 항소심에서 청구취지를 확장하는 청구변경을 위하여 부대항소를 할 수 있다.

《사례 3a》   〈사례 3〉에서 甲이 부대항소를 제기하지 않고 바로 청구금액을 5천만 원으로 확장할 수 있는가?

불복할 것이 없어 항소하지 않은 당사자는 항소심에서 자기에게 더 유리하게 청구를 변경하는 것은 원칙적으로 불가능하다. 이는 항소심에서의 심판 범위가 불복의 범위에 한정되는 불이익변경금지 때문이다. 그러나 일단 불복할 것이 없는 당사자도 부대항소를 할 수 있기 때문에 〈사례 3a〉에서처럼 항소심에서 바로 청구를 확장하는 것을 금지하는 것은 별로 의미가 없다. 그리하여 통설·판례는 이를 허용하되 항소를 제기한 상대방에게 불리하게 되는 범위에서는 그 법적 성격을 부대항소인 것으로 보자는 입장이다.[16] 그러나 이러한 태도에는 의문이 있다. 항소심에서 바로 청구취지를 확장하는 것을 허용하는 것이 어차피 부대항소가 허용되기 때문이라지만, 청구취지 확장이 허용되면 이는 더 간편한 권리실현방법이 인정되므로 부대항소는 일반적인 권리보호요건이 불비되어 부적법해진다. 그러면 다시 청구취지 확장을 허용한 근거가 사라진다는 문제가 생긴다. 따라서 이러한 경우에도 피항소인은 일단 부대항소를 하고 나서 **청구취지를 확장**하도록 하는 것이 타당할 것이다.

부대항소의 방식은 항소에 관한 규정에 의한다(제405조). 따라서 부대항소장을 제출하는 방식으로 한다. 그러나 판례는 피항소인이 항소기간이 지난 다음에 '부대항소장'이라는 표현이 없는, 제1심 판결보다 자신에게 유리한 판결을 구하는 서면을 제출하거나, 항소기간이 지난 뒤에 제1심 판결 중 자신이 패소한 부분에 불복하는 취지의 내용이 담긴 '항소장'을 제출하면 이를 부대항소로 볼 수 있다고 한다.[17] 일견 타당하지만, 이러한 경우에는 법원은 이러한 당사자에게 보정을 명하여 올바

---

16) 이시윤, 911; 大判 1992. 12. 8, 91다43015; 大判 2008. 7. 24, 2008다18376.
17) 大判 2022. 10. 14, 2022다252387.

른 서면의 제출을 유도하는 것이 원칙이다.

4. 효　　력

(1) 심판범위의 확장

부대항소가 제기되면 항소법원의 심판 범위가 그만큼 확장된다. 〈사례 3〉에서 부대항소가 없었으면 항소심은 乙의 불복에 따라 제1심 판결이 선고한 3천만원의 이행판결이 잘못된 것인가, 즉 원판결을 취소하고 甲의 청구를 아예 기각하거나 乙이 지급할 금액을 3천만원보다 감축하여 판결할 것인지를 심리하지, 乙이 3천만원보다 더 많이 지급하라는 판결을 할 것인지는 전혀 고려의 대상이 되지 않는다. 그러나 甲이 부대항소를 제기하였기 때문에 이제는 항소법원이 양쪽 모두를 심리하게 되는 것이다. 여기서 乙은 항소를 제기하여 오히려 원판결보다 더 불리한 판결을 받을 수가 있게 되었다.

(2) 항소의 취하 · 각하의 경우

《사례 3b》　　〈사례 3〉에서 甲의 부대항소로 乙이 오히려 불리한 판결을 받을 가능성이 생겼다. 乙이 불리한 판결을 받는 것을 막기 위하여 무엇을 할 수 있는가?

부대항소는 상대방이 제기한 항소에 얹혀서 제기되는 것이기 때문에 **주된 항소에 종속**되어 있다. 그러므로 항소가 취하되거나 부적법한 것으로 각하되면 부대항소도 그 효력을 잃는다(제404조). 〈사례 3b〉에서 乙이 물론 소송수행을 잘하여 승소하면 불리한 판결을 막을 수 있겠으나, 더 확실한 것은 항소의 취하이다. 그러면 부대항소도 효력을 상실하므로 乙이 더 불리한 판결을 받을 염려는 없게 된다.

(3) 독립부대항소

《사례 3c》　　〈사례 3b〉에서 甲이 항소기간 안에 부대항소를 제기하였으면 乙의 항소취하로 불리한 판결을 막을 수 있는가?

부대항소는 이미 항소할 수 없게 된 당사자가 상대방의 항소에 편승하는 것이 보통이고, 그러한 경우에 실익이 있지만, 아직 항소할 수 있을 때, 즉 항소기간이 지나기 전에도 부대항소는 가능하다. 이 경우에는 부대항소라도 독립한 항소로서의 요건도 갖추고 있기 때문에 항소인의 취하나 각하로 부대항소까지 효력을 잃도록 하는 것은 타당하지 않다. 그렇기 때문에 이러한 경우는 이를 독립부대항소라고 하여, **독립된 항소로 간주한다**(제404조 단서). 그러므로 〈사례 3c〉에서 乙이 항소를 취하하여도 甲의 부대항소가 당연히 실효하지는 않는다. 다만 甲의 부대항소는 독립한 항소로 취급되므로, 보통의 항소로서의 요건인 항소의 이익, 즉 불복이 있어야 한다.[18) 따라서 이 사례에서는 甲에게는 불복할 것이 없어 부대항소는 효력을 상실할 것이다.

제4절   抗訴審의 終局判決

항소심이 종국판결을 함에는 항소가 부적법하면 항소각하판결을 하고, 항소가 이유 없을 때에는 항소기각판결을 한다. 항소가 이유 있어 이를 인용할 때에는 원판결을 취소하고 사안에 따라 자판하거나 환송 또는 이송하는 판결을 한다. 그리고 항소심에서 비로소 소가 부적법하다고 판단할 경우에는 소각하판결을 해야 한다. 항소심은 기록을 받은 날로부터 5월 이내에 판결을 선고하여야 한다(제199조 단서).

Ⅰ. 항소각하판결

항소의 요건을 갖추지 못한 것으로 확정된 항소는 부적법하다. 그 요건들 중에서 항소장의 부적식과 항소장의 송달 불능의 경우에는 항소심재판장이 상당한 기간을 정하여 보정을 명하고(제399조 1항), 그 기간 내에 보정하지 않는 경우와 항소기간의 도과가 분명한 경우에는 명령으로 **항소장을 각하**한다(제399조 2항).[1)

이러한 사유 이외의 요건이 불비된 경우에는 **항소각하판결**을 한다. 흠결된 요건이 보정이 불가능한 경우에는 변론 없이 각하할 수 있고(제413조), 보정이 가능하면 변론을 열어서 보정의 기회를 주어야 할 것이다.

법원이 변론무능력자에게 변호사를 선임하라고 명하였는데도 선임하지 않을 경

---

18) 독일에서는 2001년 ZPO 개정으로 전에 §522 Ⅱ ZPO에서 규정하였던 독립부대항소를 폐지하였다. Vgl. Lüke[11] §35 Rn. 12.

1) 항소장 송달불능은 피항소인의 주소불명 등으로 항소장을 송달할 수 없게 된 경우로, 이때는 항소심 재판장이 항소인에게 주소 보정을 명한다. 항소인은 피항소인의 잘못된 주소를 바로 잡든가, 아니면 공시송달을 신청하여야 한다(大決 1991. 11. 20, 91마620·621 참조). 항소인이 이러한 보정행위를 하지 않으면 항소장이 각하된다. 그러나 주소보정을 명하지 않고 재판장이 직권으로 공시송달을 명하는 사례도 있다(大決 1990. 9. 10, 90마446 참조).

우에도 항소를 각하할 수 있으나, 이때에는 판결이 아닌 결정으로 한다(제144조 4항). 그리고 2025. 3. 1.부터는 항소이유서 제도가 시행됨에 따라 항소인이 항소이유서 제출기간 안에 항소이유서를 제출하지 않은 경우에는 항소법원이 결정으로 항소를 각하한다. 다만 직권조사사항이 있는 경우에는 각하하지 않는다(제402조의3 1항). 항소각하 결정에 대하여는 즉시항고가 가능하다(제402조의3 2항).

Ⅱ. 항소기각판결

항소법원이 변론을 거쳐 당사자가 제출한 새로운 공격·방어방법까지 참작하여 판단한 결과 **제1심 판결이 정당**하다고 인정한 때에는 항소(또는 부대항소)를 기각하여야 한다(제414조 1항).

《사례 4》　　甲이 乙을 상대로 4천만원의 대여금을 반환하라고 소를 제기하였는데, 이에 대하여 乙이 변제하였다고 주장하였다. 제1심 법원이 심리한 뒤 乙의 주장이 이유 있다고 하여 甲의 청구를 기각하는 판결을 하였다. 이에 甲이 항소하였고, 항소심에서 乙은 설사 변제하지 않았더라도 甲의 채권은 시효로 소멸하였다고 주장하였다. 항소법원이 심리한 끝에 乙이 변제한 것은 아니고 甲의 채권이 시효소멸하였다고 판단하였다. 이때 항소법원은 어떻게 판결할 것인가?

항소법원의 심리 결과 제1심 판결의 이유가 부당하더라도 다른 이유에 의하여 **결과적으로 원판결이 정당**한 것으로 되면 원판결을 취소하여서는 안 되고 항소를 기각하여야 한다(제414조 2항). 그러므로 〈사례 4〉에서 항소법원은 원고의 청구를 기각한 제1심 판결이 결과적으로 정당하므로 甲의 항소를 기각하여야 한다.

그러나 모든 경우에 그런 것은 아니다. 〈사례 4〉에서는 피고가 여러 개의 방어방법을 주장한 것인데, 이와 반대로 원고가 주장한 여러 개의 공격방법이 서로 다른 청구원인사실인 경우에는 소송물에 관한 이원설에 의할 때 청구병합이 된다. 이런 때는 법원이 병합의 형태에 따라 각각의 청구에 대하여 재판해야 하므로 제414조 제2항이 적용될 여지가 없다.

항소심에서 할 판결의 주문과 제1심 판결이 낸 주문이 형식적으로 일치하더라도 내용상 별개의 소송상 청구에 대한 판결인 경우에는 항소를 기각하여서는 안 된다. 판례는 선택적으로 병합한 두 청구 중 하나를 인용한 제1심 판결에 대하여 피고가 항소한 사건에서 원고가 제1심에서 심판되지 않은 청구를 주위적 청구로,

인용된 청구를 예비적 청구로 병합의 형태를 변경한 경우 법원이 주위적 청구를 먼저 심리하여 이유 있다고 인정하였으면 겉으로 보기에 같은 결론이 나오더라도 새로이 청구를 인용하는 주문을 선고할 것이고 항소를 기각해서는 안 된다고 하였다.2)

《사례 4a》　〈사례 4〉에서 乙이 설사 변제하지 않았더라도 乙이 甲으로부터 4천만 원을 받을 것이 있어 상계를 한다고 주장하였는데, 제1심 법원이 상계가 이유 있다고 하여 청구를 기각하였다. 변제의 주장이 받아들여지지 않은 것에 대하여 불복하여 乙이 항소하자, 항소법원은 심리 끝에 상계까지 갈 필요 없이 변제한 사실이 인정된다고 판단하였다. 이때 항소법원은 어떻게 판결할 것인가?

이 경우에 앞의 〈사례 4〉와 같이 결과적으로 甲의 청구가 기각되어야 한다는 점은 같다. 그렇다고 하여 이 경우에 乙의 항소를 기각하여서는 안 된다. 그것은 항소기각으로는 원판결이 취소되지 않고 그대로 유지되기 때문에 그 판결이 확정되면 乙이 상계권을 행사한 것으로 되기 때문이다.3) 상계의 항변에 관한 판단은 비록 판결이유에 나타나지만 기판력을 가지므로(제216조 2항) 이를 분명히 하기 위하여 항소법원은 원판결을 취소하고 변제를 이유로 한 청구기각판결을 하여야 한다. 그래야만 상계로써 乙의 채권이 소멸하였다고 기판력 있게 확정되는 것을 막을 수 있기 때문이다.

제1심이 청구를 기각하였고 원고가 항소하면서 청구를 추가한 경우에는 두 청구를 모두 배척하려면 제1심에서 기각한 청구에 대하여는 항소를 기각하고, 추가된 청구에 대하여는 청구를 기각하는 재판을 하여야 한다.4) 항소심에서 추가된 청구에 대하여는 실질적으로 제1심으로 재판한 것이고 기각할 항소가 없기 때문이다.

항소인의 항소가 이유 없더라도 항소를 일부 인용할 경우가 있다. 판례는 외화채권을 우리나라 통화로 환산하여 청구하는 경우 환산기준시점은 사실심 변론종결 당시이므로 제1심에서 기준으로 삼은 환율보다 항소심 변론종결 시점의 환율이 내려가서 우리나라 통화 액수가 감소하면 채무자의 항소를 일부 인용해야 한다고 한다.5)

---

2) 大判 2020. 10. 15, 2018다229625(불법행위를 원인으로 한 손해배상청구와 부당이득 반환청구를 병합한 사건의 항소심에서 항소를 기각한 것을 대법원이 직권으로 판단하여 파기자판한 사안).
3) 大判 2018. 8. 30, 2016다46338 · 46345는 이러한 경우에 기판력의 범위도 달라진다고 한다.
4) 大判 2021. 5. 7, 2020다292411(제1심에서 재산상 손해배상만을 구하다가 항소심에서 정신적 손해배상을 예비적 청구로 추가하여 이른바 부진정 예비적병합이 된 사안).
5) 大判 2007. 4. 12, 2006다72675. 환산 결과 액수가 증가하더라도 불이익변경 금지 때문에 증액하여 판결할 수는 없다.

Ⅲ. 항소의 인용

항소가 이유 있을 때, 즉 제1심 판결이 정당하지 아니한 때에는 제1심 판결을 취소한다(제416조). 여기서 항소가 이유 있다고 함은, 원판결이 부당하다고 인정하는 때(제416조)와 원판결의 성립 과정에 잘못이 있어 그 존재 자체에 의심이 있을 때, 즉 원판결의 절차가 법률에 위배된 때(제417조)를 말한다.

판례는 제1심 법원이 피고에게 소장부본만을 제대로 송달하고 최초의 변론기일 통지서뿐만 아니라 그 이후의 소송서류도 모두 요건 불비의 발송송달을 하여 피고가 변론기일과 판결선고기일에 참석할 기회를 주지 않고 판결한 것은 중대한 위법이므로 항소심 법원은 제1심 판결 전부를 취소하고 소송서류의 송달과 모든 변론절차를 새로 진행한 다음에 본안판단을 해야 한다고 판시하였다.[6]

제1심 판결을 취소하면 항소법원은 경우에 따라 다음과 같은 조치를 취하여야 한다.

1. 환　　송

이는 항소법원이 제1심 법원으로 하여금 변론과 재판을 하도록 사건을 되돌려 보내는 재판이다.

《사례 5》　　甲이 A사단의 대표 乙을 상대로 공사대금 지급을 구하는 소를 제기하였다. 그러나 법원은 乙이 아닌 A사단이 건축주라고 판단하여 乙이 피고적격이 없다는 이유로 甲의 소를 각하하였다. 甲이 항소하였는데, 항소법원의 심리 결과 건축주가 A가 아닌 乙이라고 판단되었다. 이때 항소법원은 어떻게 재판해야 하는가?

이 사례에서처럼 **제1심에서 소가 부적법하다고 하여 각하**하였지만 항소심의 심리 결과 소가 적법하다고 판단될 수가 있다. 이때 만일 항소법원이 본안에 관하여 심리하여 자판한다면 그 사건에서는 제1심에서 본안심리를 하지 않고 소송판결을 한 것이므로 본안에 관하여는 제1심이 없게 된다. 그러므로 이러한 경우에는 **본안에 관하여 제1심부터 거치도록** 하기 위하여 항소법원은 원판결을 취소하고 사건을 제1심으로 환송하여야 한다(제418조 본문). 환송받은 제1심 법원은 항소심 판결이 취소의 이유로 한 법률 및 사실에 관한 판단에 기속되어(기속력) 그와 다른 판단을

---

6) 大判 2004. 10. 15, 2004다11988.

할 수 없다(법조 제8조). 그러나 제1심에서 이미 본안판결을 할 수 있을 정도로 **충분히 심리가 성숙**한 경우에는 굳이 제1심으로 환송할 필요가 없다. 그리고 제1심에서 판단을 받는다는 심급의 이익은 사익에 속하므로 당사자들이 항소법원에서의 재판에 동의하면 역시 굳이 환송할 필요가 없다. 이러한 경우에는 항소법원이 스스로 심리하여 본안판결을 할 수 있다(제418조 단서).

제418조의 요건이 갖추어지지 않은 경우에도 항소법원이 제1심 판결을 취소하고 사건에 대하여 더 변론할 필요가 있으면 재량으로 제1심으로 환송할 수 있는지에 관하여는 견해의 대립이 있다. 이러한 임의적 환송을 긍정하는 견해는[7] 예를 들어 불법행위가 없다고 하여 손해액에 관하여는 전혀 심리하지 않고 기각하였는데, 항소심에서 불법행위를 인정하는 경우나 제1심에서 부당하게 청구변경을 불허하여 변경된 청구에 대하여 심판할 필요가 있을 경우에 이를 인정할 필요가 있다고 한다. 그러나 이러한 견해는 소송을 지연시키고 항소심이 속심이라는 점을 외면한 견해로 타당하지 않다.[8] 다만, 제1심에서 변론기일 통지서를 송달하지 않고 실질적 변론 없이 판결했거나 답변서 제출을 간과하고 무변론판결을 하는 경우와 같이 당사자에게 변론할 기회를 제공하지 않고 심리를 진행하여 판결을 선고한 절차의 위법이 있으면 항소심 법원은 원판결을 취소하고 제1심으로 환송하여야 할 것이다.

그러나 판례는 제1심법원에서 소장부본부터 그 뒤의 모든 소송서류를 적법하게 송달하지 않고 자백간주로 판결을 선고하였는데, 항소심법원이 모든 변론절차를 새로 진행하여 제1심판결을 취소하고 새로 판결한 사인에서 제1심판결을 취소한다고 반드시 사건을 제1심법원에 환송하여야 하는 것은 아니라고 판시하였다.[9] 또한 제1심에서 피고의 답변서 제출을 간과하고 무변론판결을 하였는데 항소심이 변론절차를 진행하고 피고의 항소를 기각한 사안에서, 항소심이 제1심 판결을 취소하지 않은 잘못이 있다고 하면서, 제1심판결을 취소한 다음에 심급의 이익을 고려하여 제1심법원으로 환송하거나 직접 다시 재판할 수 있다고 판시하기도 하였다.[10] 그러나 이 판례들은 제418조의 취지가 심급의 이익을 보장하려는 것이고, 그 한 예로 제1심의 소각하판결을 들고 있으며, 제418조 단

7) 金・姜, 895; 方順元, 648; 李英燮, 322.
8) 宋・朴, 741; 이시윤, 922; 鄭・庚・金, 924. 강현중, 988도 전체적으로 같은 취지이나 임의적 환송을 완전히 부정하지는 않고 단지 "반드시 사건을 제1심법원에 환송하여야 하는 것은 아니다"라고 하여 소극적인 입장을 취한다.
9) 大判 2013. 8. 23, 2013다28971. 그 논거로 항소법원은 소가 부적법하다고 각하한 제1심판결을 취소하는 경우에만 사건을 제1심법원에 필요적으로 환송하도록 규정하였다는 점을 들었다.
10) 大判 2020. 12. 10, 2020다255085.

서는 심급의 이익이 어느 정도 고려된 경우에 예외를 인정한 것이라는 점을 간과하고 있다. 제1심에서 당사자가 잘못 없이 변론의 기회를 갖지 못하였을 때에는 제418조를 유추적용하여야 할 것이다.

2. 자 판

항소심은 사실심이고 속심이므로 항소법원은 원판결의 내용에 잘못이 있을 경우에 **스스로 재판(자판)하는 것이 원칙**이다. 자판의 내용은 항소법원이 제1심 판결을 변경하고 나머지 부분은 취소하는 것으로 정하게 될 것이다.

(1) 처분권주의

여기에도 처분권주의가 적용된다. 그러므로 당사자가 항소나 부대항소로써 제1심 판결을 취소·변경할 것을 신청한 범위 안에서만 재판할 수 있다.

《사례 6》　　甲이 그의 남편 乙이 혼자 서울에 가 딴 살림을 차리고 가족의 생활비도 보내지 않기 때문에 더 이상 혼인을 유지할 수 없다고 하여 乙을 상대로 이혼과 5천만원의 위자료를 청구하는 소를 제기하였다. 이에 乙은 甲의 청구를 모두 기각하라고 신청하였다. 그러나 제1심 법원이 甲의 청구를 인용하여 이혼판결을 함과 동시에 乙은 甲에게 위자료 3천만원을 지급하라고 판결하였다. 이에 乙이 위자료 지급 판결 부분에 불복하여 항소하였는데, 항소법원이 심리하여 보니 甲의 청구가 모두 이유가 있고, 제1심 법원이 위자료를 너무 박하게 인정하였다고 판단되었다. 그리하여 乙에게 甲이 청구한 위자료 전액인 5천만원을 지급하라고 명하고자 한다. 이것이 가능한가?

당사자처분권주의에 의하여 항소심에서 원판결을 항소인에게 불이익하게 변경하는 것이 금지된다. 제1심 판결이 명한 3천만원의 지급에 대하여 불복이 있어 이를 줄이거나 기각하라고 乙이 항소하였는데 5천만원으로 증액하는 것은 불복신청의 범위를 넘는 것이어서 허용되지 않는다. 이를 **불이익변경금지**라고 한다는 것은 이미 설명하였다.

《사례 6a》　　〈사례 6〉에서 항소법원이 심리하여 보니 甲의 주장이 대부분 거짓이었다는 것이 밝혀졌다. 이 경우에 항소법원이 원판결을 취소하고 甲의 청구를 모두 기각한다는 판결을 할 수 있는가?

이 사례에서 乙이 항소한 것은 이혼판결이 아닌 위자료지급을 명하는 판결에 불복한 것이므로 비록 상소불가분의 원칙에 따라 두 청구 모두 항소심에 계속하지만 항소법원은 불복이 없는 이혼판결에 대하여는 이를 취소·변경할 수 없고 위자료 지급청구만을 이유 없다고 기각할 수 있을 뿐이다. 항소법원이 두 청구를 모두 기각하는 것은 항소한 乙에게 유리하게 변경하는 것이지만 역시 乙의 불복 범위를 넘기 때문에 허용되지 않는 것이다(**초과이익변경금지**).

(2) 소각하판결을 취소하고 청구를 기각할 수 있는지 여부

《사례 5a》 〈사례 5〉에서 제1심 법원이 乙이 이미 공사대금을 지급한 사실을 확정하였음이 밝혀졌다. 이 경우에 항소법원은 甲의 청구를 기각하는 판결을 선고할 수 있는가?

(가) 문제점

이 사례에서처럼 항소법원이 환송하지 않고 자판할 경우에 청구가 이유 없다고 하여 기각할 수 있는지가 문제된다. 이를 긍정하면 甲으로서는 소각하판결에 대하여 불복하여 항소하였는데 청구기각판결을 받은 결과가 된다. 소각하판결은 소송요건이 불비되었음을 이유로 하기 때문에 그 판결이 확정되어도 뒤에 불비된 소송요건을 갖추어서 다시 소송을 할 수 있다. 그러나 청구기각판결은 원고의 청구가 실체법상 이유가 없다, 즉 원고에게 청구권이 없다는 것을 확정하는 판결이므로 그 판결이 확정되면 원고는 다시는 같은 청구권을 주장하여 제소할 수가 없게 된다. 그러므로 항소한 甲에게는 소각하판결보다 청구기각판결이 더 불리한 판결이라고 볼 여지가 있다.[11] 여기서 항소법원이 甲의 청구를 기각하는 판결을 하는 것이 불이익변경이 아닌가 하는 문제가 생긴다.

(나) 학 설

이때 그럼에도 불구하고 청구기각판결을 할 수 있는지, 아니면 항소법원이 어떠한 판결을 할 것인지가 다투어진다. 판례는 항소기각판결을 해야 한다고 하고,[12] 학설은 판례를 지지하는 견해와[13] 제1심으로 환송해야 한다는 견해[14] 및 청구를

---

11) 그렇기 때문에 채권자가 자기의 채권을 보전하기 위하여 채무자의 권리를 소송의 방법으로 행사하는 이른바 채권자대위소송에서, 채권자대위권에 의하여 보전될 채권자의 채무자에 대한 권리가 인정되지 아니한 사건에서 원심법원이 소각하판결을 한 것에 대하여 상고하면서 그 소를 부적법한 것으로 보아 각하할 것이 아니라 원고의 청구를 기각하여야 하는 것이라고 주장한 것에 대하여 大判 1990. 12. 7, 90다카24021은, 원고가 소를 각하한 항소심판결에 대한 상고이유로 위와 같은 주장을 하는 것은 자신에게 오히려 불리한 사유를 주장하는 것이어서 상고이유로 받아들일 수 없다고 하였다.

12) 大判 1983. 12. 27, 82누491; 大判 1992. 11. 10, 92누374. 상고에 관하여는 大判 1994. 9. 9, 94다8037; 大判 2022. 3. 31, 2019므10581(항소심에서 유족급여 수급권을 주장하는 사실혼 배우자의 과거의 사실혼 관계 확인의 이익을 부정하여 각하한 것은 잘못이나 실체법상 사실혼 관계라고 인정할 수 없다고 판단되더라도 청구를 기각하는 것이 불이익 변경이라고 하여 상고를 기각한 사안).

13) 金·姜, 897.

기각해야 한다는 견해가15) 대립하고 있다.

항소기각설은 청구를 기각하면 불이익변경이 되므로 항소법원은 최소한 원판결을 유지해야 한다는 것을 이유로 한다. 그러나 이 견해를 따르면, 항소를 기각하고 그 판결이 확정되면 소송요건이 구비되었음에도 불구하고 이를 잘못 각하한 원판결이 그대로 확정되어 소송요건 불비임이 기판력 있게 확정되고, 원고에게 청구권이 없다는 점은 전혀 판단된 바가 없게 된다. 이렇게 법원이 판단한 것과 판결의 효력 사이에 괴리가 생기는 것은 바람직하지 않다. 〈사례 5a〉에서 항소법원이 이 견해에 따라 항소를 기각하여 그 판결이 확정되면 乙에게 피고적격이 없다는 제1심 법원의 잘못된 판단에 기판력이 생긴다. 더구나, 이런 경우에 甲으로서는 확정판결에 따라 이 요건의 흠결을 보충하여 피고적격이 없는 A를 피고로 하여 다시 소송할 수밖에 없고, 그렇게 되면 그 소송에서 다시 소각하를 당하는 불이익을 입게 될 것이다. 이러한 이유 때문에 항소기각설은 타당하지 않다. **환송설**도 청구기각은 불이익변경이고, 항소기각은 앞에서 본 바와 같은 괴리가 생긴다 하여 이를 피하기 위하여 주장된다. 이 견해에 의하면 항소기각설에 따를 때 생기는 폐단은 생기지 않는다. 그러나 이는 항소심에서 못하는 불이익변경을 제1심으로 미루는 것밖에 안 되므로 쓸데 없이 절차를 번거롭게 하는 문제점이 있다. 청구기각설에 의하면 항소인에게 불이익을 입힌다는 문제점이 지적된다.

(다) **결 론**

어떠한 형태로든지 청구기각할 사항이면 항소심에서 청구를 기각하는 것이 분쟁을 신속하고 타당하게 해결한다는 점에서 양 당사자 모두에게 이익이 된다. 그리고 제1심에서 소각하판결을 받은 원고는 오로지 특정 소송요건이 불비되었다고 판단받았을 뿐이지 주장할 만한 실질적인 법적 지위를 인정받은 바가 없다.16) 소각하판결을 받은 원고가 항소한 것은 소송요건이 구비되었음을 주장한 것인데, 항소법원에서 이를 받아들였으면 일단 원고의 불복은 인정한 것이 된다. 그러므로 그 다음 단계로 제418조 단서의 요건이 갖추어져 있으면 항소법원이 본안에 관하여 심

---

14) 註釋民訴(Ⅳ), 243(朴禹東).

15) 강현중, 993; 鄭·庚·金, 926. 이시윤, 925는 제418조 단서에 해당하면 청구기각하고 본문에 해당하면 환송해야 한다면서 스스로 이를 절충설이라 한다. 그러나 청구기각설도 제418조 단서의 요건이 충족될 것을 당연히 전제로 하는 것이므로 이 입장은 바로 청구기각설에 해당한다. 독일에서는 청구기각설이 다수설, 판례이다: Lüke¹¹ §35 Rn. 10; Rosenberg-Schwab/Gottwald¹⁸ §140 Rn. 10; BGHZ 23, 50; BGH JZ 1973, 216.

16) Lüke¹¹ aaO.

판하는 것이 당연하고, 그 결과야 어떻게 되었든 원고가 본안에 관하여 심판받을
기회를 가진다는 것 그 자체가 원고에게는 소각하판결을 받은 것보다 유리하다고
보는 것이 온당하다. 뿐만 아니라 유리, 불리는 당해 절차 안에서 판단해야지 다음
에 다시 소송할 경우까지 고려에 넣어 판단할 일은 아니다. 제418조 단서에는 원심
에서 본안심리가 이루어졌거나 당사자들의 동의가 있으면 본안재판을 할 수 있다
고 하였다. 그럼에도 불구하고 본안재판에서 청구를 기각할 수가 없다는 것은 결국
이 조문이 적용되는 것은 청구를 인용할 경우만이라는 의미인데, 만일 그렇다면 제
418조 단서를 이렇게 만들지는 않았을 것이다. 그리고 항소기각설이나 환송설에 의
하면 당사자가 동의하는 경우에도 본안재판을 할 수 있다고 한 규정이 아무런 쓸
모가 없게 된다. 그것은 항소심에서의 본안판결에서 청구기각을 할 수가 없다면 피
고가 동의한다는 것은 청구인용, 즉 자기에게 패소판결을 하는 것에 동의하는 꼴이
되므로 어느 피고도 동의를 하지 않을 것이기 때문이다. 따라서 **청구기각설**이 타당
하다.17) 하급심에서는 대법원과는 달리 이 견해를 지지하는 판결이 나오기 시작했
다.18)

3. 이 송

본래 항소심에서는 관할위반을 주장하지 못한다(제411조 본문). 그 취지는 제1심
에서 관할위반의 항변을 하지 않았으면 수소법원에 변론관할이 생기고(제30조), 관
할위반을 이유로 이송신청을 하였는데 법원이 이를 기각한 경우에는 즉시항고로써
불복할 수 있기(제39조) 때문이다.19) 그러나 이러한 이유는 공익을 이유로 한 **전속
관할**에는 통용되지 않으므로 제1심 재판이 이를 위반하였을 때에는 언제든지 취소
하여야 한다. 이때에는 원심법원으로 환송하지 않고 바로 제1심 관할법원으로 이송
하여야 한다(제419조).

---

17) 이 점에 관하여는 胡文赫, "旣判力에 저촉되는 提訴에 대한 裁判과 不利益變更 禁止", 民事判
例研究[XIX], 490 이하 참조. 한충수, 793도 같은 취지로 이해된다.

18) 서高判 2011. 3. 23, 2010나63173. 이 판결에 대하여 상고가 없어 그대로 확정되었다.

19) 이 점과 관련하여 판례는 관할위반을 이유로 한 이송은 법원의 직권사항이므로 당사자에게 신청
권이 없고, 따라서 법원은 그 신청에 대하여 재판할 필요가 없다고 보기 때문에, 제39조의 이송신청의 기
각결정은 관할위반의 경우에는 해당하지 않는다고 볼 여지가 있다. 그러나 그렇게 되면 당사자의 이송신
청에 대하여 법원이 부당하게 이를 무시한 경우에 즉시항고도 할 수 없고, 항소심에서 이를 주장하지도
못하게 되어 타당하지 않다. 그러므로 일단 당사자가 이송신청을 하였으면 법원은 그에 대한 판단을 해
야 한다고 보고, 기각결정에 대하여 불복하면 제39조의 즉시항고를 할 수 있다고 보는 것이 타당하다. 그
렇지 않으면 관할 위반의 경우에 신청 또는 직권으로 법원이 한 이송결정에 대하여는 즉시항고가 가능하
고, 신청에 대한 기각결정에 대하여는 불복방법이 없게 된다는 문제점이 생긴다.

IV. 소각하판결

항소심에서 비로소 원고의 **소가 부적법**, 즉 소송요건 불비라는 것이 밝혀지면 그 요건 불비가 보정되지 않는 한 소각하판결을 해야 한다. 소송요건은 본안재판의 요건으로 어느 심급에서건 부적법한 소에 대하여 법원이 본안재판을 해서는 안 되기 때문이다.

제1심에서 일부승소한 원고가 항소를 제기하였어도 항소심에서 소각하판결을 할 수 있다. 소송요건은 본안재판요건이므로 그 구비 여부를 심리하면서 제1심 판결의 내용이 무엇이었는가, 누가 항소를 제기하였는가는 고려할 필요가 없다.

V. 항소심의 가집행선고

항소심에서는 제1심에서 이미 가집행선고를 붙인 판결을 유지하면서 새삼 가집행선고를 할 필요가 없다. 그러므로 항소심이 가집행선고를 하는 경우는 **제1심에서 가집행선고를 하지 않은 경우**에 한한다. 그러한 예로 제1심에서 청구기각판결이 선고되었는데, 항소심에서 이를 취소하고 청구인용판결을 하는 경우를 들 수 있다.

제1심에서 청구인용판결을 하면서 가집행선고를 붙이지 아니 한 경우에는 어떻게 될 것인가? 만일 제1심 판결에 대하여 피고가 전부 불복하여 항소하였으나 이유가 없어 항소기각판결을 하면 그와 동시에 제1심 판결에 대하여 가집행선고를 붙일 수 있을 것이다. 피고가 일부에 대하여만 불복이 있어 항소하든가 일부승소한 원고가 항소하면 어떻게 되는가?

《사례 7》   甲이 乙에게 5천만원을 받을 채권이 있어 소를 제기하였는데, 제1심에서 가집행선고 없이 3천만원의 청구를 인용하는 판결을 받았다. 이에 甲이 항소하였다. 乙이 필요 이상으로 절차를 지연시키고 있고, 어쩌면 부대항소를 제기할지도 모른다고 생각한 甲이 우선 제1심에서 인용된 3천만원이라도 먼저 받아야겠다는 생각을 했다. 甲에게는 어떠한 방법이 있는가?

이러한 경우에 甲은 항소심에서 제1심 판결 중 아무도 불복하지 않는 부분에 대한 가집행선고를 신청할 수 있고, 이에 대하여 법원은 결정으로 가집행선고를 할 수 있다(제406조). 이를 허용하는 것은 두 가지 이유가 있다. 하나는 어차피 아무도 불복하지 않는 부분에 관하여는 그대로 확정될 것이므로 미리 가집행을 허용해도 무방하다는 것과, 피고가 부대항소를 제기하거나 새로운 방어방법의 제출로 소송지연을 획책하는 경우 원고를 보호할 필요가 있다는 것이 그 이유이다. 이러한 경우에는 제1심이 가집행선고를 붙이지 않았으므로 굳이 항소심 법원이 직권으로 가집행선고를 할 필요는 없고, 당사자의 신청이 있을 경우에만 선고하도록 하였다. 그리고 이 선고는 제1심 판결을 신속하게 집행하려는 취지이고, 반드시 항소심의 종국판결과 함께 할 필요가 없으므로 따로 결정으로 하도록 규정한 것이다.

제 5 절 抗訴의 取下

원고가 처분권주의에 의하여 소송계속을 소급적으로 소멸시키는 소취하를 할 수 있는 것처럼, 항소인도 처분권주의에 의하여 항소심에의 소송계속을 소급적으로 소멸시켜서 제1심 판결의 효력을 유지시키는 행위를 할 수 있다. 이를 항소취하라고 한다.

I. 방식과 요건

《사례 8》 甲은 임차인 乙을 상대로 가옥 두 채의 명도를 구하는 소를 제기하였다. 청구의 원인은 A 가옥에 대하여는 임대차계약을 해지하였음을, B가옥에 대하여는 임대차계약 만료를 이유로 하였다. 제1심 법원이 A가옥에 관한 청구는 기각하고, B가옥에 관하여는 청구를 인용하였다. 이에 乙이 항소하였고 항소심 계속 중에 甲이 A가옥에 대한 판결에 불복하여 부대항소를 제기하였다. 이에 乙이 만일 甲의 부대항소가 인용되면 항소를 취하한다는 내용의 항소취하서를 제출하였으나 甲은 이에 동의하지 않았다. 이 항소취하가 적법한가?

항소를 취하하려면 서면으로, 즉 **항소취하서**를 법원에 제출하여야 하나, 변론이나 준비절차에서는 **구술**로 할 수 있다(제393조 2항, 제266조 3항). 항소취하에 소취하에 관한 제266조 제2항은 적용되지 않으므로 상대방의 동의는 필요 없다. 그러나 항소장을 피항소인에게 송달한 다음에는 취하서도 그에게 송달해야 한다. 그리고 항소 취하의 의사표시가 법원에 도달하면 바로 취하의 효과가 발생하므로 취하에는 조건을 붙일 수 없다. 따라서 〈사례 8〉에서 甲이 동의하지 않은 것은 乙의 항소취하에 아무런 영향이 없다. 그리고 甲의 부대항소가 인용되면 항소를 취하한다는 것은 조건부 취하로서, 이는 효력이 없다.

《사례 8a》   〈사례 8〉에서 항소법원이 甲의 부대항소는 인용하여 원판결을 취소하고 가옥을 명도할 것을 乙에게 명하였고, 乙의 항소는 기각하는 판결을 선고하였다. 이 경우에 乙이 항소를 취하할 수 있는가?

항소취하를 항소심의 종국판결이 선고된 이후에도 할 수 있다면 특히 상대방이 부대항소를 제기한 경우에 항소인이 재판의 결과를 보고 불리한 것이면 항소를 취하하여 상대방의 부대항소를 무위로 돌릴 수가 있을 것이다. 항소취하에는 상대방의 동의가 없어도 되므로 이를 남용할 가능성이 더욱 크다. 그렇기 때문에 이러한 폐단을 어느 정도 막고자 항소는 **종국판결이 있을 때까지** 취하할 수 있도록 하였다(제393조 1항). 〈사례 8a〉에서 이미 종국판결이 선고되었는데 乙이 항소를 취하하는 것을 허용하면 甲은 예상치 못한 손해를 입게 되므로 이는 허용되지 않는다.

항소심에서 당사자 쌍방이 두 번 결석하거나 출석하더라도 변론하지 않은 경우에 1월 내에 기일지정을 신청하지 않거나 이 신청으로 새로 정한 기일에 결석하면 항소취하로 간주된다(제268조 4항, 1항, 2항, 3항).

판례는 항소의 취하는 항소의 전부에 대하여 하여야 하고, 일부취하는 효력이 없다고 하면서 병합된 수개의 청구 전부에 대하여 불복한 항소에서 그중 일부의 청구에 대한 불복신청을 철회하였더라도 항소 자체의 효력에 아무런 영향이 없다고 한다.[1] 학설에도 항소의 일부취하는 항소불가분의 원칙에 의하여 무효라는 견해가 있다.[2] 그러나 앞서 설명한 바와 같이 항소불가분은 원칙으로 인정할 수 없으므로 이러한 견해는 타당하지 않다. 특히 청구의 단순병합은 서로 관련이 없는 청구들을 하나의 소송절차에 묶은 것인데, 그중 일부에 대한 제1심 판결에만 불복이 있어도 전부 항소한 효과를 인정하고, 항소심에서 병합된 일부의 청구에 대한 항소를 취하할 수도 없다고 하는 것은 명백한 처분권주의 위반이다.

---

1) 大判 2017. 1. 12, 2016다241249는 항소의 일부취하는 단지 불복의 범위를 감축하여 심판의 대상을 변경하는 효과를 가져오는 것에 지나지 아니하고, 항소인이 항소심의 변론종결시까지 언제든지 서면 또는 구두진술에 의하여 불복의 범위를 다시 확장할 수 있기 때문이라고 한다.

2) 鄭·庚·金, 912.

Ⅱ. 효   과

항소가 취하되면 처음부터 항소가 제기되지 않은 것으로 되어 **항소심 절차는 종료**된다(제393조 2항, 제267조 1항). 그러므로 이미 항소기간이 지나간 다음에는 항소취하로 원판결은 확정된다. 항소기간이 경과하기 전에 항소를 취하한 경우에는 아직 판결이 확정되지 않아서 항소기간 내에 다시 항소를 제기하는 것이 가능하다.[3] 항소를 취하하면 부대항소도 효력을 상실하나, 독립부대항소의 경우에는 그러하지 않다(제404조 단서).

항소취하의 유효성에 대하여 다툼이 있으면 법원이 심리하여 효력이 없다고 인정하면 심리를 계속하고, 유효라고 인정하면 소송종료선언을 한다.[4]

항소취하로 간주된 경우의 효력도 항소취하의 경우와 같음은 물론이다. 항소취하 간주는 법원의 재판이 아니므로 이에 대한 상고는 불가능하다. 항소가 취하된 것으로 간주하게 된 절차에 적법한 송달이 없었다는 등의 잘못이 있으면 이 잘못을 이유로 기일지정신청을 하여 항소취하 간주의 효력을 다투어야 할 것이다.[5]

---

3) 大判 2016. 1. 14, 2015므3455.
4) 상고취하의 경우에 관하여는 大判 2008. 4. 10, 2007다28598. 원고 종중의 대표자가 상고하였는데 새 대표자가 상고를 취하한 사건에서 원고 소송대리인이 새 대표자 선임 결의는 무효라고 주장하였으나 이를 인정할 아무런 자료가 없다고 하여 배척하고 소송종료선언을 하였다.
5) 大判 2019. 8. 30, 2018다259541.

제 3 장 上告審 節次

제 1 절 上告制度의 의의와 목적

하급법원의 종국판결에 당사자가 불복하면 대법원에 그 당부의 판단을 구하는 상소를 제기할 수 있는데, 이를 상고라 한다. 대부분의 경우에 상고는 고등법원이나 지방법원 합의부가 항소심으로서 선고한 종국판결에 대하여 하게 된다(제422조 1항). 그리고 제1심 판결에 대하여 당사자들 사이에서 사실관계에 대하여는 별로 다툼이 없으나 법률문제에 관하여서만 판단을 받아보고자 할 경우에는 항소심을 거치지 않고 바로 대법원에 상고할 수 있다. 이를 **비약상고**라고 한다. 비약상고는 제1심 법원이 선고한 종국판결에 대하여 양쪽 당사자가 상고할 권리를 유보하고 불항소합의를 한 때에 한하여 할 수 있으며(제422조 2항, 제390조 1항 단서), 이 합의는 서면으로 하여야 한다(제390조 2항, 제29조 2항).[1] 그 밖에 특허사건에 관하여는 특허심판원의 심판에 불복하는 사건을 고등법원급의 특허법원이 전속관할로 재판하므로(특 제186조) 이 법원의 판결에 대하여 상고할 수 있고(법조 제14조), 중앙해양안전심판원의 재결에 대하여도(해심 제74조 1항) 상고할 수 있다.

두 번째 사실심인 항소심과는 달리 상고심에서는 항소심 판결을 **오로지 법률적인 관점**에서만 심사하는 것이 원칙이다. 한 나라의 사법제도의 일부를 이루는 심급제도는 각 나라마다 구체적 사정을 고려하여 정책적으로 판단하여 결정한다. 그리하여 나라에 따라서는 제1심만을 사실심으로 하는 곳도 있고, 우리나라와 같이 항소심까지 사실심으로 하는 곳도 있다. 그러나 각국에 공통되는 현상은 적어도 상고심은 법률심으로 한다는 점이다. 그리고 상고심 법원은 전국에 하나만을 두어 그곳에 심리가 집중되도록 한다는 점에서도 각국이 공통된다.[2]

상고제도의 제1차적 목적은 잘못된 항소심 판결을 고쳐서 당사자의 권리를 구

---

1) 大判 2017. 5. 11, 2017두33145・33152.
2) 독일에서는 재판권(Gerichtsbarkeit)이 통상재판권, 행정재판권, 재정재판권, 사회재판권, 노동재판권 등으로 분리되어 있어 각 분야마다 상고법원이 설치되어 있으나, 적어도 각 재판권 안에서 상고법원은 하나뿐이다.

제하자는 데에 있다. 그렇기 때문에 항소심 판결에 아무리 잘못이 있어도 이에 당사자가 불복하지 않으면 그 판결이 상고심의 심판 대상이 될 수가 없는 것이다. 그러나 상고제도는 또 다른 중요한 목적을 갖고 있다. 상고제도가 단순히 당사자의 권리구제를 위한 것뿐이라면 앞에서 본 바와 같이 상고심을 법률심으로 하고 상고를 하나의 상고법원에 집중시킬 필요가 없을 것이다. 상고심을 이처럼 만든 것은 전국의 각 법원에서 한 법령해석이 통일되지 않으면 법의 해석·적용에서 혼란이 올 것이기 때문에 상고법원으로 하여금 이를 통일시키고, 새로운 법률문제가 나올 때 통일적인 해석을 냄으로써 법을 형성해 나아가도록 하기 위함이다. 그러므로 결국 상고제도의 목적은 당사자의 **권리구제와 통일적인 법형성과 법령해석**이라고 할 수 있다. 이 두 가지 목적이 서로 조화를 이루도록 하기 위하여 사실확정에 관한 잘못을 탓하는 상소는 항소심까지로 제한하고 상고심을 법률심으로 한 것이다.

상고심이 **법률심**이므로 원판결이 정당한지 여부를 법률적 측면에서만 심사한다. 그러므로 상고심은 **사후심**의 구조를 가지며, 당사자는 새로운 청구, 새로운 사실주장이나 새로운 증거방법을 제출할 수 없다.[3] 그리고 항소심 변론 종결 이후에 생긴 사실도 상고심에서 주장할 수 없다. 상고법원은 원판결의 적법한 사실인정에 기속된다(제432조). 다만 예외적으로 직권조사사항을 조사하기 위하여 필요한 경우에는 새로운 사실을 참작하고 증거조사도 할 수 있다.

제 2 절   上告의 提起

상고심 절차는 상고의 제기로 시작된다. 상고심 절차에는 항소심 절차에 관한 규정이 준용되고(제425조), 항소심 절차에는 제1심 절차에 관한 규정이 준용되므로(제408조), 결국 상고심에는 특별한 규정이 없으면 항소심과 제1심 절차에 관한 규정이 준용된다. 그 외에도 특별법으로 상고심절차에 관한 특례법이 적용된다.

---

3) 大判 1998. 1. 23, 97다38305: 상고심에서는 원심에서 한 자백을 취소하거나 새로운 주장을 할 수 없다.

Ⅰ. 상고장의 제출

상고는 상고기간 안에 상고장을 원심법원에 제출함으로써 한다(제425조, 제397조). 상고장에는 당사자와 법정대리인, 항소심 판결의 표시와 그 판결에 대한 상고의 취지를 기재한다(제425조, 제397조 2항). 상고기간은 원판결, 즉 항소심 판결 송달 후 2주간이다(제425조, 제396조). 2주간의 기간을 지켰는지 여부는 상고장을 원심법원에 접수한 시점을 기준으로 한다.[1] 상고장에는 소장의 2배 액수의 인지를 붙여야 한다(민인 제3조).

Ⅱ. 상고장의 심사

상고장은 먼저 항소심 재판장이 심사한다. 필수적 기재사항과 인지의 첨부 등 방식을 지켰는지를 조사하여 흠결이 있으면 기간을 정하여 보정명령을 발하고, 기간 안에 보정하지 않으면 명령으로 상고장을 각하한다(제425조, 제399조 1항, 2항). 보정명령은 법원사무관 등이 할 수도 있다.

상고기간을 지나 상고가 제기된 때에는 원심 재판장은 보정 없이 명령으로 상고장을 각하한다(제425조, 제399조 2항). 원심 재판장의 상고장 각하명령에 대하여는 즉시항고를 할 수 있다(제425조, 제399조 3항).

이러한 흠결이 있음에도 원심 재판장이 상고장을 각하하지 않은 때에는 소송기록을 송부받은 뒤에 상고심 재판장이 상고장을 심사하여 흠결이 있으면 보정을 명하고(이 경우도 법원사무관 등이 보정을 명할 수 있다), 보정하지 않거나 상고기간을 지나 상고를 제기한 때에는 상고장을 각하한다(제425조, 제402조).

Ⅲ. 소송기록의 송부와 접수 통지

상고장에 형식적 흠결이 없으면 원심법원의 법원사무관 등은 상고장이 제출된 날부터 2주 안에 소송기록에 상고장을 붙여 상고법원에 보내야 하고, 원심 재판장

---

1) 大判 1981. 10. 13, 81누230(상고장을 대법원에 바로 제출하였다가 다시 원심법원에 송부하여 상고기간을 도과한 사안). 통상적인 사건에서는 이처럼 처리하는 것이 원칙이겠으나, 상고인이 법을 모르고 상고기간 안에 상고장을 대법원에 제출한 경우에는 예외를 인정하는 것이 타당하다.

이 흠결의 보정을 명하였으면 그 흠이 보정된 날부터 1주 이내에 기록을 보내야 한다(제425조, 제400조). 항소장이 판결정본 송달 전에 제출된 경우에는 항소기록 송부기간은 판결정본이 송달된 날부터 2주이고, 원심 재판장등이 상고장의 보정을 명한 경우에는 판결정본의 송달 전에 그 흠결이 보정되었으면 송달된 날부터 2주, 송달된 뒤에 흠결이 보정되었으면 보정된 날부터 1주이다(규 제135조, 제127조).

소송기록이 원심법원에 남아 있는 동안에는 사건에서 파생되는 부수적 사건, 예를 들어 집행정지 신청, 소송구조 신청 등의 관할권은 원심법원이 가진다. 상고의 취하나 소취하도 원심법원에 대하여 한다.

상고법원이 소송기록을 송부 받으면 상고법원의 법원사무관 등은 바로 그 사유를 적은 서면을 당사자에게 송달하는 방법으로 통지하여야 한다(제426조, 규 제132조).

Ⅳ. 상고이유서

상고인이 상고장에 상고이유를 기재하는 수도 있지만, 상고기간이 2주에 불과하므로 법률심인 상고심에 상고이유를 제대로 적어내는 것은 매우 어렵다. 상고장에 상고이유를 적어내지 못하였으면 상고인은 소송기록의 접수 통지를 받은 날부터 20일 안에 상고법원에 상고이유서를 제출하여야 한다(제427조).

상고이유는 구체적으로 다음과 같이 적어야 한다: ① 법령 위반을 이유로 한 상고이유에 해당 법령의 조항이나 내용과 그에 위반되는 사유를 밝혀야 한다. 그 법령이 소송절차에 관한 것이면 그에 위반되는 사실을 적어야 한다(규 제129조). ② 절대적 상고이유(제424조 1항)로 규정된 사유를 이유로 삼는 때에는 그 조항과 이에 해당하는 사실을 밝혀야 한다(규 제130조). ③ 판례 위반을 상고이유로 삼는 경우에는 그 판례를 구체적으로 밝혀야 한다(규 제131조).[2]

> 판례가 부적법한 상고이유라고 판단한 사례로는 다음과 같은 것이 있다: 상고장에 원심판결에는 소멸시효에 관한 법리를 위반한 잘못이 있다고만 기재하고, 상고이유서에는 단순히 종전 원심에서의 주장을 원용하겠다고만 쓴 경우,[3] 원심에서의 준비서면 기재

---

2) 大判 1983. 11. 22, 82누297: 비록 상고인이 상고이유서를 제출하였다 하더라도 그 내용이 심판대상인 원심판결의 어떤 점이 법령에 어떻게 위반되었는지에 관한 구체적이고도 명시적인 이유설시가 없는 때에는 상고이유를 제출하지 아니한 것으로 취급될 수밖에 없다; 大判 2004. 10. 28, 2003다65438·65445; 大判 2014. 7. 24, 2013다55386 등 다수.

3) 大判 2010. 9. 9, 2010다24435·24442·24459·24466·24473·24480·24497.

내용을 단순히 원용한 경우,[4] 상고심에서 비로소 새로 하는 주장을 상고이유로 삼은 경우,[5] '원심은, 원고들이 제1심 및 제2심에서 제출한 소장, 각 준비서면, 항소이유서 등에 설시한 바와 같이, 헌법상 조세법률주의, 평등의 원칙, 재산권보장의 원칙, 관련 지방세법 위반 등 주장에 관하여 법령해석의 위반을 함으로써 판결에 영향을 미친 위법사유가 있다'고 한 다음 원심 기록 일체를 빠뜨리지 않고 정독한 후 판단하여 달라고 기재한 경우,[6] 상고이유서에 몇 명의 피해자들의 관계와 건강상태만 기재한 경우,[7] 원판결에 사실오인 내지 채증법칙 위배가 있다고만 쓴 상고이유,[8] 상고이유서 대신에 제출한 억울한 사정을 호소한 진정서,[9] 원판결이 금액을 잘못 계산하였다면서 자기에게 불리한 주장을 한 상고이유[10] 등.

상고이유는 상고이유서 제출 기간 안에 제출된 것만 인정된다. 기간을 지나서 제출한 상고이유는 이미 제출한 상고이유를 보충하는 보충서로서의 의미만 가질 수 있으므로 새로운 주장을 하는 것은 적법한 상고이유가 될 수 없다.[11]

상고이유서 제출 기간은 법정기간이지만 불변기간은 아니다. 그러므로 기간이 경과된 후라도 상고이유서가 제출되면 기간의 신장(제172조 1항)을 인정하여 상고이유서를 적법한 것으로 처리할 수 있고,[12] 당사자가 책임질 수 없는 사유로 제출기간을 지나친 경우에 추후보완은 허용되지 않는다.[13]

V. 부대상고

부대항소와 마찬가지로 피상고인은 상고에 얹어서 원심판결을 자기에게 유리하게 변경할 것을 신청하는 부대상고를 할 수 있다. 다만 상고심의 특성상 부대항소와는 몇 가지 차이가 있다. 전부 승소한 당사자는 부대항고를 할 수 없다.[14] 상고

---

4) 大判 2008. 2. 28, 2007다52287.
5) 大判 2008. 11. 27, 2008다40847.
6) 大判 2008. 1. 24, 2007두23187.
7) 大判 1999. 4. 23, 98다41377.
8) 大判 1974. 5. 28, 74사4.
9) 大判 1981. 5. 26, 81다494.
10) 大判 1983. 6. 28, 82다카1767.
11) 大判 1998. 3. 27, 97다55126.
12) 憲決 2008. 10. 30, 2007헌마532는 신장 가능성을 이유로 상고이유서 제출기간 20일이 재판청구권 침해가 아니라고 한다. 그러나 기간의 신장은 거의 휴면화되었다는 지적이 있다(이시윤, 943, 주2).
13) 大決 1981. 1. 28, 81사2.
14) 大判 2015. 10. 29, 2014다75349는 전부 승소한 피고의 부대상고를 각하하면서 부대상고가 아닌 일반 상고의 이익이 없음을 이유로 하였다.

심에서 청구변경이나 반소가 허용되지 않기 때문이다. 그리고 판례는 부대상고의 제기 및 그 상고이유서의 제출기간은 항소심의 변론종결 시점에 대응하는 상고이유서 제출기간의 만료시라고 보는 것이 상당하다고 한다.15)

제 3 절　審理不續行

I. 상고심 절차의 변천

앞에서 본 바와 같이 우리나라의 상고제도는 당사자의 권리구제도 그 목적으로 하여 대륙식 포괄주의를 채택하고 있다. 그런데다가 당사자들은 당연히 재판은 세 번 받을 수 있는 것으로 생각하여 특별히 상고할 이유가 없는 경우에도 대법원에 상고하는 경우가 많았다. 그리하여 불과 14인이라는 소수의 법관으로 구성된 대법원은 감당하기 어려운 양의 사건을 처리하여야 했고, 그 때문에 중요한 사건을 다루어서 법령해석의 통일을 기하고 법을 발전시켜 나아가야 한다는 상고심의 사명을 제대로 수행할 수가 없게 되었다. 뿐만 아니라 폭주하는 사건을 처리하기에 급급한 나머지 개개 사건의 심리에도 소홀하게 되어 정작 당사자의 권리구제도 제대로 하지 못하는 결과가 되었다.

이러한 상황을 개선하기 위하여 1980년에 소송촉진 등에 관한 특례법으로 상고이유를 헌법 위반과 대법원 판례 위반으로 대폭 제한하고, 그러한 이유가 없을 경우에는 중대한 법령 위반이 있는 경우에 한하여 대법원의 허가를 받아서 상고할 수 있도록 하는 이른바 **허가상고제도**를 채택하였다. 이 제도에 대하여는 특히 재야 법조계에서 국민의 재판 받을 권리를 침해한 위헌인 법률이라는 격렬한 비판이 가해졌다. 1990년 민사소송법 개정시에 정부는 위 특례법에 규정된 이 제도를 정착시키고 다른 소송절차에도 적용하기 위하여 민사소송법에 흡수하여 규정하는 내용의 개정안을 마련하여 국회에 제출하였다. 그러나 국회 심의과정에서 이 제도를 아예 폐지하기로 하여 결과적으로 상고제한은 철폐되었다.

---

15) 大判 1968. 9. 17, 68다825; 大判 1969. 7. 8, 68다882·883·884·885; 大判 1980. 6. 24, 80다801·1415; 大判 1981. 9. 8, 80다2442,2443; 大判 2015. 4. 9, 2011다101148 등 다수. 그러나 이 같은 소송절차에서 재판청구권과 관련된 기간을 법령으로 규정하지 않고 해석으로 정하는 것은 바람직하지 않다. 특히 상고심에서 변론을 열기로 한 사건에서도 이 기준을 적용할 것인지 의문이다.

그러자 바로 대법원의 업무량이 다시 격증하게 되었고, 이에 상고제도 개선의 필요성을 절감한 대법원은 사법개혁의 일환으로 1994년에 남상고 여과장치로 심리불속행제도를 마련하여, 그 결과 상고심절차에관한특례법이 제정되었다.

Ⅱ. 심리불속행 제도의 취지

이 제도는 과거의 허가상고 제도가 국민의 재판 받을 권리를 박탈한다고 비판받았던 점을 감안하여 일단 상고는 가능하도록 하되 실질적으로 법률심으로서의 상고심에 걸맞는 상고이유를 주장하지 않을 때에는 심리를 계속하지 않고 이유를 기재함이 없이 판결로 상고를 기각할 수 있도록 함으로써 무익한 상고로 인한 대법원의 부담을 줄이자는 취지에서 만들어졌다.

《사례 5》   甲이 乙을 상대로 대지에 대한 소유권보존등기 말소를 구하는 소를 제기하였다. 이에 乙이 위 대지를 매수하였다고 주장하고, 설사 매수가 인정되지 않더라도 위 대지를 시효취득하였음을 이유로 위 소유권보존등기가 실체적 권리관계에 부합하는 유효한 등기라고 항변하였다. 항소법원이 乙의 위 매수주장에 부합하는 증거들이 있음에도 불구하고 이를 믿지 아니하여 매수사실을 인정하지 않고, 시효취득 주장을 받아들여 위 대지에 관한 원고의 소유권보존등기말소청구를 기각하였다. 이에 乙이 원판결이 자기의 매수주장을 받아들이지 아니하였음을 이유로 하여 상고를 제기하였다. 이에 대하여 대법원은 어떻게 재판할 것인가?

《사례 5a》   〈사례 5〉에서 乙이 시효취득을 주장하지 않고, 매수사실만을 주장하였는데, 항소법원이 이를 인정하지 않고 甲의 청구를 인용하였다. 이에 乙이 상고이유로 매수 주장에 부합하는 증거들이 있음에도 불구하고 이를 믿지 않은 것이 잘못이라고 주장한 경우에는 대법원이 어떻게 판단할 것인가?

《사례 5b》   〈사례 5〉에서 乙이 상고이유로 甲도 매수사실을 인정하는 진술을 하였음에도 불구하고 항소법원이 이를 무시하고 매수사실을 인정하지 않았다고 주장한 경우에는 대법원이 어떻게 판단할 것인가?

이 제도의 이론적 배경은 다음과 같다[1]:

현재 민사소송법상 인정된 상고심의 재판 형식은 두 가지가 있다. 그 하나는 상고에 관한 형식적인 절차가 제대로 갖추어져 있지 않기 때문에 상고를 각하하는 형식판단이고, 다른 하나는 상고이유가 구체적으로 타당한지의 여부를 판단하여 타당할 경우에는

---

1) 權誠, "濫上告 濾過를 위한 審理 不開始制度", 法曹 1994년 4월호, 34면 이하.

원판결을 파기하고, 타당하지 않은 경우에는 상고를 기각하는 실질적 판단이다. 그러나 상고의 형식과 내용은 세 가지로 분류된다. (a) 형식적인 상고의 요건을 갖추지 못한 부적법한 상고. 〈사례 5〉가 이런 경우로, 불복할 것이 없어 상고이익이 인정되지 않기 때문이다. (b) 비록 상고의 형식적인 요건은 갖추고 있으나 법률상 정하여진 상고이유가 실질적으로는 포함되어 있지 않은 상고. 〈사례 5a〉가 이런 경우로, 단순히 사실인정을 잘못하였음을 이유로 하기 때문이다. (c) 상고로서의 형식적인 요건도 갖추고 있고, 법률상 정하여진 상고이유의 주장도 갖추고 있는 실질이 있는 상고. 〈사례 5b〉가 이런 경우로, 자백의 구속력에 반하는 위법이 있다고 주장하기 때문이다.

이처럼 상고의 형식·내용은 세 가지인데 재판의 형식은 두 가지여서 종래 실질적 상고이유의 주장이 포함되어 있지 않은 상고에 대하여도 실질이 있는 상고와 같은 형식으로 재판하였다. 즉 제2유형의 외형상의 상고에 대하여도 제3유형의 상고에 대한 재판형식인 상고기각판결을 하였던 것이다. 그리하여 상고기각의 판결을 하더라도 거기에는 법률상 정하여진 상고이유가 포함되어 있지 않은 경우와 그 상고이유는 포함되어 있으나 그 이유가 타당하지 않은 경우가 섞여 있었다. 이 모든 사건에 대하여 상고심이 기록을 검토하고 판결서에 이유까지 기재하며 판결하였기 때문에 대법원의 업무 부담이 과중하였던 것이다. 사실 대법원이 기록을 검토하고 판결이유까지 기재하여 판결을 선고할 필요가 있는 사건은 세 번째 유형의 사건이고, 두 번째 유형의 사건에는 그럴 필요성이 없는 것이 대부분이다. 이러한 두 번째 유형의 상고에 대하여 상고심이 할 수 있는 재판의 유형을 새로 창안해 낸 것이 바로 심리불속행 제도이다. 이는 **상고이유에 법률이 정한 상고이유가 실질적으로 포함되어 있지 않을 경우**에 심리를 더 이상 계속하지 않고 판결로 상고를 기각하는 제도이다. 이러한 판결에는 이유를 기재하지 않아도 되고, 선고도 할 필요 없이 송달만 하면 효력이 생기도록 하여(상특 제5조) 대법원의 부담을 줄이도록 하였다.

Ⅲ. 적용범위

이 제도는 민사소송, 가사소송, 행정소송, 특허소송에서 상고, 재항고, 특별항고의 사건(상특 제2조, 제7조) 및 가압류·가처분에 관한 판결에 대한 상고(상특 제4조 2항)에 적용된다.

심리불속행을 이유로 한 상고기각판결은 대법원이 원심법원으로부터 상고기록을 송부받은 날로부터 4월이 지난 뒤에는 하지 못한다(상특 제6조 2항). 상고한지 상당한 기간이 지나면 당사자에게 대법원이 심리를 할 것이라는 기대가 생기므로 이를 보호하려는 배려에서 이처럼 정하였다.

이러한 판결은 대법원의 부에서 재판하는 경우에만, 그리고 그 부의 대법관 중에서 반대의견이 없는 경우에만 가능하다(상특 제6조 1항). 대법관 중 한 사람이라도 반대의견이 있으면 심리를 속행하여야 한다.

Ⅳ. 심리불속행 사유

상고법원은 상고이유에 다음 사항 중 하나라도 포함되어 있지 않으면 심리를 속행하지 않기로 하고 상고기각 판결을 한다(상특 제4조 1항):

① 원심판결이 헌법에 위반하거나 헌법을 부당하게 해석하였음, ② 원심판결이 명령·규칙 또는 처분의 법률 위반 여부에 대하여 부당하게 판단하였음, ③ 원심판결이 법률·명령·규칙 또는 처분에 대하여 대법원판례와 상반되게 해석하였음, ④ 법률·명령·규칙 또는 처분에 대한 해석에 관하여 대법원판례가 없거나 대법원판례를 변경할 필요가 있음, ⑤ 제1호 내지 제4호 외에 중대한 법령 위반에 관한 사항이 있음, ⑥ 민사소송법상의 절대적 상고이유 중에서 판결이유에 잘못이 있는 경우를 제외한 사유가 있음.

가압류·가처분에 관한 판결에 대하여는 상고이유에 관한 주장이 위 ① 내지 ② 의 사유가 포함되지 않으면 심리불속행에 기한 상고기각판결을 한다(상특 제4조 2항).

여기서는 실제로 자주 문제가 되는 ⑤의 중대한 법령 위반의 의미를 검토한다. 중대한 법령 위반이 추상적이어서 해석으로 기준을 세울 필요가 있다. 학설은 대립하고 있다. 제1설은 상고심의 기능과 일반적 상고이유를 더 좁히려는 입법취지에 비추어 법해석의 통일이나 법 발전과 직결되는 중요한 실체법과 소송법상의 문제를 포함하고 있거나, 원판결을 그대로 유지하면 정의와 형평에 현저히 위반하는 것을 말한다고 본다.[2] 제2설은 법령의 위반으로 승패가 바뀔 정도가 되면 중대한 위반이라고 본다.[3] 심리불속행 제도는 민사소송법상의 일반적 상고이유의 심리와는 성격이 다르다. 일반적 상고이유는 상고법원이 그 이유가 있는지, 즉 원심판결에 실제로 법령 위반이 있는지를 심리하여, 위반이 있으면 원심판결을 파기하고, 없으면 상고를 기각하는 사유이다. 그러나 심리불속행 심리에서는 중대한 법령 위반이 실제로 있느냐가 아니라, 그러한 주장이 상고이유에 포함되어 있느냐를 조사하는 것이다. 그렇기 때문에 심리 기간도 4개월로 제한한 것이다. 따라서 일반적 상고이유보다 더 제한적으로 새길 필요가 없다.

---

2) 이시윤, 945; 전원열, 754.
3) 鄭·庚·金, 947.

중대한 법령 위반에 경험칙 위반과 채증법칙 위반도 포함되는지에 관하여 통설은 입법자의 의사를 근거로 긍정한다.4) 그러나 이러한 사항은 형식적으로는 법률문제라고 보이지만 실질은 사실 인정의 과정에서 불거지는 문제이다. 상특법 제4조 제1항 제6호가 이유불비와 이유모순을 심리속행 사유에서 제외한 취지에는 이러한 사실 인정의 과정에서의 법령 위반은 제외한다는 취지가 포함되었다고 새기는 것이 타당할 것이다. 그러므로 이러한 사유는 상고이유에서 주장하였더라도 상특법 제4조가 규정한 다른 사유의 주장이 포함되어 있지 않으면 심리불속행으로 처리할 것이다.5)

그리고 ①~④와 ⑤의 관계에 관하여 ⑤가 중심적인 심리속행 사유이고 ①~④는 그 예시라고 설명하기도 하나,6) 대법원 판례와 관련된 ③과 ④는 법령 위반과 관계가 없다. ③은 판례를 법원(法源)으로 인정하지 않는 우리 법제에서 법령 위반이라고 볼 수 없고, ④는 법령 위반과는 관계가 없는 사유이기 때문이다.

상고이유의 주장이 이러한 사유들을 포함하고 있더라도 그 주장 자체로 보아 이유가 없거나, 원심판결과는 관계가 없는 주장이거나, 또는 원심판결에 영향이 없을 때에는 역시 심리불속행을 이유로 상고기각판결을 한다(상특 제4조 3항).

V. 심리불속행 사유의 조사

위 사유는 상고이유에 관한 본안심리의 속행을 결정하는 요건이므로 상고의 소송요건의 성격이 있고, 무익한 상고나 상고의 남용을 방지하려는 공익적 필요에 따른 것이므로 이는 항변사항이 아니라 직권조사사항이다. 그러므로 상고사건의 본안인 민사소송법상의 상고이유의 심리 이전에 적법하게 제출한 상고이유에 위 사항이 기재되어 있는지를 조사하여야 한다.

심리불속행 사유의 조사는 대법원이 원심법원으로부터 상고기록을 송부받은 날로부터 4개월 이내에 하여야 한다. 조사가 미진하더라도 이 기간이 지난 뒤에는 심리불속행에 기한 상고기각 판결을 하지 못하고(상특 제6조 2항) 통상의 상고심 절차가 진행된다. 상고한 지 상당한 기간이 지나면 당사자에게 대법원이 심리를 할 것

---

4) 이시윤, 946; 전원열, 754; 鄭·庚·金, 947.

5) 반대로 채증법칙 위반이 심리속행 사유에 포함된다고 새기고는 제6호에서 제외하고 있는 이유모순, 이유불비도 포함시키는 견해도 있다(鄭·庚·金, 947).

6) 이시윤, 945; 전원열, 754.

이라는 기대가 생기므로 이를 보호하려는 배려에서 이처럼 정하였다.

Ⅵ. 심리불속행 재판

위의 사유에 해당하는 상고이유의 주장이 없으면 심리를 속행하지 않기로 하는 상고기각 판결을 하여야 한다. 이는 내용상으로는 상고심의 본안인 상고이유를 심리할 요건이 불비되었다는 판단이므로 소송판결로 상고각하에 해당할 것이다. 그러나 형식상으로는 기각판결이므로 본안판결이라고 할 수밖에 없다.[7]

심리불속행에 기한 상고기각 판결에는 몇 가지 특이한 점이 있다. ① 판결에 이유 기재를 생략할 수 있도록 하였다(상특 제5조 1항). 상고법원의 부담을 덜겠다는 입법 취지인데, 적어도 상고이유에 어떤 문제가 있는지는 이유로 밝혀야 할 것이다. ② 판결의 선고가 필요 없고, 상고인에게 송달하여 효력이 생긴다(상특 제5조 2항). 이것도 명색이 판결인데 결정처럼 선고 없이 효력을 발생시키는 것은 공개의 원칙을 위반한 무리한 입법이다. ③ 심리불속행에 기한 상고기각은 대법원 소부에서 전원의 의견이 일치한 경우에만 할 수 있다(상특 제6조 1항).

심리불속행에 기한 상고기각을 받으면 상고인은 납부 인지액의 1/2에 해당하는 금액을 환급 받을 수 있다.

조사 결과 심리불속행 사유가 없으면 별도의 재판 없이 상고법원은 상고이유에 관한 본안심리에 들어간다.

제 4 절　上告理由

상고심은 원심의 사실 인정을 기초로 하여 원판결이 법령을 위반하였는지 여부만을 심사하는 것이 원칙이다. 그러므로 상고를 제기하는 이는 원판결에 대한 **불복을 주장**하고 그와는 별도로 상고이유로 **법령 위반을 주장**하여야 한다. 상고인은 상고장이나 상고이유서에서 상고이유를 특정하여 원심판결의 어떤 점이 법령에 어떻게 위반되었는지에 관하여 구체적이고도 명시적인 이유를 설시하여야 한다. 상고인이 법령위반에 관하여 구체적인 상고이유를 설시하지 않으면 상고이유서를 제출하

---

7) 이시윤, 947.

지 않은 것으로 취급하게 되어,1) 그 상고는 부적법하다. 이것은 상고이유를 법령위반으로 '제한'한 것이 아니라 법률심인 상고심의 성질상 당연한 요청이고 따라서 법령위반의 주장이 상고의 적법요건으로 되는 것이다.

앞에서 언급한 바와 같이 사실인정은 사실심인 하급법원의 전권사항이어서 상고법원은 **원판결의 적법한 사실인정에 기속**된다. 따라서 항소법원이 사실인정을 잘못했다고 주장하여 상고하는 것은 부적법하다. 여기서 당사자가 불복하려는 것이 법률문제인지 사실문제인지를 구별하는 것이 매우 중요하다. 판례는 예를 들면 과실상계 사유에 관한 사실인정이나 그의 비율을 정하는 것과2) 과다한 지체상금이나 과다한 손해배상 예정액의 감액사유에 관한 사실인정이나 그 비율을 정하는 것,3) 손해배상 사건에서 책임제한이나 감경 사유에 관한 사실인정이나 그 비율을 정하는 것은4) 형평의 원칙에 비추어 현저히 불합리하다고 인정되지 않는 한 사실심의 전권에 속하며, 불법행위로 입은 비재산적 손해에 대한 위자료 액수는 사실심 법원이 여러 사정을 참작하여 재량에 의하여 확정할 수 있다고5) 하였다.

이러한 상고이유로는 민사소송법에 일반적 상고이유(제423조)와 절대적 상고이유(제424조)가 규정되어 있고, 그와는 별도로 심리불속행의 재판을 받지 않기 위하여 상고이유에 포함되어 있어야 하는 사항들이 상고심절차에 관한 특례법에 규정되어 있다(상특 제4조 1항).

우리나라는 대륙법계에 속하여 상고제도의 목적에 당사자의 권리구제도 포함시켜 상고이유를 비교적 널리 인정한다. 그 때문에 상고심의 판단을 받을 만한 가치가 없는 사건에도 상고가 제기되어 상고법원인 대법원의 업무 부담이 감당할 수 없을 정도로 커졌다. 이를 줄이기 위해 특별법으로 여러 가지의 상고제한을 시도하였으나(예: 허가상고제도) 결과적으로는 성공을 거두지 못하고, 오늘날은 심리불속행으로 일차적으로 무익한 상고를 거르는 제도를 시행하고 있다.

---

1) 大判 1983. 11. 22, 82누297; 大判 1999. 4. 23, 98다41377; 大判 2001. 3. 23, 2000다29356·29363; 大判 2017. 5. 31, 2017다216981.
2) 大判 1992. 9. 25, 92다20477에서 大判 2008. 3. 27, 2008다1576; 大判 2018. 2. 13, 2015다242429에 이르기까지 일관된 태도이다.
3) 大判 2017. 5. 30, 2016다275402; 大判 2017. 7. 11, 2016다52265; 大判 2018. 10, 12, 2015다256794; 大判 2018. 11. 15, 2016다244491; 大判 2020. 11. 26, 2020다253379; 大判 2021. 11. 25, 2017다8876.
4) 大判 2007. 11. 30, 2006다19603(회사 이사의 손해배상액 제한 사유); 大判 2020. 4. 29, 2014다11895(손해배상 예정액의 감액 사유); 大判 2022. 5. 12, 2021다279347(회사 이사의 손해배상액 제한 사유).
5) 大判 2018. 7. 26, 2018다227551; 大判 2020. 12. 24, 2017다51603.

Ⅰ. 일반적 상고이유

상고는 판결에 영향을 미친 헌법·법률·명령 또는 규칙의 위반이 있음을 이유로 하는 때에 한하여 할 수 있다(제423조).

《사례 1》   甲과 丙의 혼인에 대하여 앙심을 품은 乙이 甲은 혼인 전에 丁이라는 남자와 동성연애를 하였고, 丙은 자기와 동거생활을 했었다고 헛소문을 퍼뜨려 甲과 丙이 모두 직장 동료들과 친척들에게 손가락질을 받게 되었다. 이에 甲과 丙은 공동으로 乙을 상대로 명예훼손으로 인한 정신적 손해의 배상으로 각기 5천만원의 지급을 구하는 소를 제기하였다. 항소법원이 심리 끝에 甲·丙의 청구가 이유 있다고 인정하면서도, 남자는 사회생활을 하는 관계로 명예훼손으로 인한 정신적 고통이 더 크다고 할 수 있으므로 丙보다 甲의 정신적 손해가 더 크다고 하여 乙은 甲에게는 5천만원을, 丙에게는 2천만원을 지급하라고 판결하였다. 이에 대하여 丙이 상고할 수 있는가?

《사례 2》   甲은 건축업자 乙과 3층의 주택을 설계하여 짓도록 하는 내용의 도급계약을 체결하였다. 건물 완공 후 3개월 뒤에 이 건물이 붕괴되고 말았기 때문에 甲은 막대한 손해를 입어 乙을 상대로 손해배상을 구하는 소를 제기하였다. 항소법원은 甲이 乙의 설계나 시공상의 잘못을 입증하지 못했으므로 乙의 과실이 인정되지 않는다고 하여 甲의 청구를 기각하였다. 이 판결에 대하여 甲이 상고할 수 있는가?

1. 헌법 위반

원판결이 헌법에 위반되었다고 함은 **판결의 내용 자체가 위헌**인 경우도 포함함은 물론이다.[6] 그러므로 〈사례 1〉의 경우 판결의 내용이 헌법상의 평등조항(헌 제11조 1항)에 위배되는 것으로 상고이유가 된다.

　　판례는 건물 소유자가 근저당권자를 상대로 채무부존재 확인을 구하고 근저당권의 양수인의 담보권 실행을 위한 경매신청으로 개시된 경매절차 정지를 신청하였고 원심법원이 그 경매절차 정지 신청을 받아들인 사안에서 대법원이 근저당권 양수인을 상대로 담보권의 효력을 다투는 소를 제기한 바가 없는데도 그 양수인의 경매절차를 정지하는 잠정처분을 한 것은 근저당권의 양수인의 적법한 절차에 따른 재판을 받을 권리를 침해한 것으로서 헌법 위반이라고 하였다.[7]

---

6) 법원의 판결은 헌법재판소의 위헌심사의 대상이 되지 않으므로(헌재 제68조 1항) 판결의 내용 자체가 위헌일 경우에는 위헌심사 제청이 불가능하다. 그러나 근래의 헌법재판소의 판례는 법원의 재판이 헌법재판소에서 위헌이라고 한 법조항을 적용하여 선고한 것이면 헌법소원의 대상이 될 수 있다고 하여(憲決 1997. 12. 24, 96헌마172·173) 헌법재판의 길을 열어 놓았고, 그 당부에 관하여 논란이 벌어지고 있다.

7) 大決 2012. 8. 14, 2012그173.

상고이유로서의 헌법 위반은 대부분은 **위헌인 법률·명령·규칙을 적용하여 재판**한 경우일 것이다. 법원이 적용할 **법률이 위헌**이라고 생각하면 직권이나 당사자의 신청에 의한 결정으로 헌법재판소에 제청하여 그 심판에 의하여 재판한다(헌 제107조 1항). 이 제청은 대법원만이 아니라 하급법원도 할 수 있으므로 어느 심급에서나 바로 헌법재판소로의 제청이 가능하다. 그럼에도 불구하고 원심법원이 이 제청을 않고 그 법률을 합헌이라고 하여 이를 적용한 경우에 대법원에 상고할 수 있다. 이때 불복은 헌법재판소에 제청하라는 내용이 될 것이다. 그러나 **명령·규칙·처분**이 헌법에 위반된 여부가 재판의 전제가 된 때에는 대법원이 이를 최종적으로 심사할 권한을 가지므로(헌 제107조 2항) 이들이 위헌이라고 주장하면 그 자체로 상고이유가 된다.

2. 법률 위반

여기서 말하는 법률은 성문법률에 한하지 않고 법률과 대등한 효력을 가진 관습법과 국제조약이나 협정, 준거법이 된 외국법 등이 모두 포함된다.

원판결이 법률에 위반되었다고 함에는 두 가지 경우가 있다. 그 하나는 원판결이 **적용한 명령, 규칙이 법률에 위반**된 것임에도 이를 적용하여 재판한 경우이다. 명령·규칙·처분이 법률에 위반된 여부가 재판의 전제가 된 때에는 대법원이 이를 최종적으로 심사할 권한을 가지므로(헌 제107조 2항) 이들이 위법이라고 주장하면 그 자체로 상고이유가 된다.

다음으로, 원판결이 **법률 적용을 잘못하거나 법률의 해석을 잘못**한 경우이다. 법률의 적용을 잘못하였다는 것은 적용할 법률을 잘못 선택하거나 구체적인 사건이 적용된 법률의 법률요건에 해당하는지 여부에 관한 판단을 잘못한 것을 말한다. 예를 들면 법률이 개정된 것을 모르고 개정 전 법률을 적용하는 것이나 외국법을 적용할 사건에 국내법을 적용한 것이 전자의 예이고, 불법행위에 관한 규정을 적용할 것을 부당이득에 관한 규정을 적용한 경우가 후자의 예이다.

법률위반에는 원판결이 실체법상의 법률판단을 잘못한 경우와 절차상의 위법이 포함된다. **실체법의 적용**은 법원의 직권사항이고, 법률의 올바른 적용은 법원의 직책이고 의무이므로 **상고법원이 직권으로 판단**하여야 한다. 그러므로 이 부분은 상고인의 상고이유에 구속되지 않는다(제434조). 상고법원이 상고이유에 구속되지 않고 직권으로 조사하여야 하는 사항은 이 밖에도 일반적인 직권조사사항이 있다. 대부분의 소송요건이 여기에 해당한다.

절차상의 위법은 원심의 절차가 절차법규를 위반하여 이루어진 경우를 말한다. 예를 들어 당사자를 소환하지도 않고 변론을 진행시킨 경우가 여기에 전형적으로 해당한다. 그 밖에도 얼핏 보면 단순히 사실인정을 잘못한 경우로 상고이유가 되지 않을 것 같으나 상고이유로 인정되는 것들이 있다. 당사자가 주장하지 않은 사실을 인정하였다든지(변론주의 위반), 당사자의 주장에 불명료한 점이 있음에도 불구하고 석명하지 않았다든지(석명의무 위반), 증거법칙에 위반하여 사실을 인정한 경우 등이 그러하다. 〈사례 2〉의 경우는 乙의 과실은 甲이나 乙이 따로 입증하지 않아도 표현증명의 법리에 따라 인정되므로 증거법칙 위반으로 상고이유로 삼는 것이다.[8]

이러한 사항들 중에서 임의법규 위반은 절차이의권의 포기나 상실로 치유되므로 상고이유가 되지 않는 경우가 대부분일 것이고, 강행법규 위반이라도 그 위반 여부는 원심 판결에서 쉽게 발견할 수가 없기 때문에 앞에서 말한 직권조사사항을 제외하고는 당사자가 **상고이유로 주장한 경우에 한하여 조사**한다(제431조).

3. 명령 · 규칙 위반

제423조는 명령, 규칙의 위반만을 열거하였지만, 그에 한하지 않고 지방자치단체의 조례, 보통거래약관의 조항, 법인의 정관 및 경험법칙도 여기에 포함된다고 보는 것이 일반적이다. 이 경우의 소송상 취급은 앞에서 설명한 법률 위반의 경우와 같다.

4. 판결에 미친 영향

《사례 3》   甲이 乙에게 충남 당진에 있는 토지를 매도하였다. 매매계약시에 乙의 대리인이라는 丙이 계약을 체결하였다. 그러나 약속한 날에 乙이 대금을 지급하지 않아 甲이 독촉하였더니 乙은 그러한 사실을 전혀 몰랐다면서 작년에 丙에게 오로지 당진에 있는 임야를 매도하라고 부탁하였을 뿐이고 지금은 아무 관계도 없다고 주장하였다. 이에 甲이 乙을 상대로 매매대금과 손해배상금의 지급을 구하는 소를 제기하였다. 소송 중 乙은 丙이 무권대리인이므로 아무런 지급 책임이 없다고 주장하였다. 제1심 법원에서 청구기각 판결을 받은 甲이 항소하였고, 항소법원은 丙의 행위는 권한을 넘

---

8) 이 사례에서 불법행위로 인한 손해배상이면 입증책임과 관련된 문제는 발생하지 않는다. 계약불이행으로 인한 손해배상 청구인 경우에는 원판결은 입증책임 분배를 잘못하였다고 할 수도 있으나, 이는 진위불명의 상태에 빠진 뒤에 비로소 문제된다. 그러므로 그 이전 심증형성의 단계에 적용되는 표현증명 법리의 위반이 우선적으로 상고이유가 되는 것이다.

은 표현대리임을 이유로 청구를 인용하였다. 이에 대하여 乙이 상고하면서 丙의 행위는 무권대리이며, 설사 무권대리가 아니라도 대리권 소멸 후의 표현대리이므로 원판결에는 잘못이 있다고 주장하였다. 대법원이 심리 결과 무권대리는 아니지만 권한 소멸 후의 표현대리라고 판단하였다. 이 경우 대법원이 파기환송할 것인가?

원판결에 앞에서 설명한 법령위반이 있더라도 **결과적으로 판결의 결론에 영향이 없으면 상고이유는 없는 것**으로 된다(제414조 2항, 제425조). 그러므로 예를 들면 청구를 기각한 원판결의 이유에서 설시한 법률 해석이 잘못되거나 잘못된 법규를 적용하였더라도 결론에서 이러한 잘못이 없었어도 어차피 청구를 기각할 것으로 판단되면 상고법원은 원판결을 파기하지 않고 상고를 이유 없다고 하여 기각한다.9) 〈사례 3〉이 바로 그러한 전형적인 예이다. 권한을 넘은 표현대리거나 권한소멸 후의 표현대리이거나 乙이 책임을 지는 것은 마찬가지이기 때문이다.

5. 재심사유

재심사유는 모두 법령 위반에 해당하므로, 당연히 상고이유에 포함된다고 보는 것이 일반적이다. 제451조 제1항의 재심사유 중에서 판결법원 구성의 위법(제1호)과 관여할 수 없는 법관의 재판 관여(제2호), 대리권 흠결(제3호)은 절대적 상고이유와 동일하므로 절대적 상고이유가 된다. 그 밖의 재심사유는 일반적 상고이유로 인정된다.

제451조 제1항 제4호 내지 제7호의 사유를 상고이유로 주장하려면 같은 조 제2항에 따라 처벌받을 행위에 대하여 유죄 확정판결 등을 받은 사실도 주장하여야 하는지에 관하여 이를 긍정하는 견해가 있다.10) 그러나 재심절차는 판결의 확정 뒤에 시작될 수 있는 것이므로 재심 대상 판결과 관련된 범죄의 유죄확정판결을 요구할 수 있지만, 현재 진행 중인 소송에서 관련된 범법자가 유죄의 확정판결을 받은 뒤에는 이미 상고기간이 지났을 가능성이 크고, 이는 우연적 사정으로 상고의 적법 여부가 좌우되는 것이어서 타당하지 않다.

---

9) 大判 2016. 10. 27, 2016다235091(원고가 어음에 관하여 제권판결을 받을 수 없는 상태이고 피고도 제권판결과 관련된 주장을 한 적이 없음에도 불구하고 원심이 원고에 대하여 제권판결을 받지 않았다는 이유를 들어 원고의 주장을 배척한 잘못이 있으나, 원심이 원고의 주장을 배척한 주된 사유는 원고가 그 어음을 소지하고 있지 않아서 정당한 어음상의 권리자로 볼 수 없다는 것이고 이 판단은 정당하므로 원심이 변론주의에 위반하였더라도 판결 결과에 영향을 미친 잘못이라고는 할 수 없다고 판시).

10) 이시윤, 940; 鄭·庚·金, 937.

Ⅱ. 절대적 상고이유

1. 의 의

일반적 상고이유는 판결의 결과를 좌우하는 것이어야 하는데, 앞에서도 설명한 바와 같이 절차규정 위배는 그로 인하여 판결의 결과에 영향을 미쳤는지가 분명하지 않은 경우가 많다. 그러나 중대한 사항에 위배가 있을 때에도 이처럼 인과관계가 있을 것을 요구한다면 중대한 잘못이 있는 판결이 인과관계가 인정되지 않는다고 하여 그대로 확정될 수가 있다. 이러한 위험을 방지하기 위하여 **절차법에 대한 중대한 위반**이 있으면 굳이 **판결의 결과에 영향을 미치지 않았더라도** 상고이유가 있는 것으로 보도록 하였다. 이러한 사항을 절대적 상고이유라고 한다.

2. 상고이유

절대적 상고이유는 제424조에 규정되어 있다. 그에 의하면 다음의 사유가 있으면 상고이유가 있는 것으로 한다:

(1) 법률에 따라 판결법원을 구성하지 아니한 때

판결법원이 법원조직법과 민사소송법의 규정대로 구성되지 않은 경우를 말한다. 예를 들면, 법관의 자격이 없는 사람이나 정식으로 법관으로 임용되지 않은 재판연구원이 재판부의 구성원이 된 경우와 하급심에서 합의부를 4~5인으로 구성하거나, 합의부의 1인이 장애가 있다고 하여 판사 2인으로만 합의부를 구성한 경우이다. 그 밖에 기본적 변론(제204조 1항)에 관여하지 않은 법관이 변론의 갱신 없이 판결에 관여하는 경우도 포함된다.

그 밖에 독일에서처럼 시각장애나 청각장애로 검증 등 심리를 제대로 수행하지 못하는 법관과[11] 심지어는 변론 중에 잠이 들었거나 피곤하여 변론을 제대로 들을 수 없는 상태인 법관, 변론 중에 다른 일에 정신이 팔린 법관, 또는 잠시 자리를 뜬 법관도 포함시킬[12] 수 있을 것이다. 그중에서 시각장애나 청각장애의 경우 앞으로는 의술과 과학기술의 발달로 극복할 수 있기를 기대한다.

---

[11] 법관에게 이러한 장애가 있다는 사실 자체로 절대적 상고이유가 된다는 의미가 아니다.

[12] MüKoZPO/Krüger⁶ § 547 Rn 7; Stein-Jonas/Jacobs²³ § 547 Rn. 11; Rosenberg-Schwab/Gottwald¹⁸ § 143 Rn. 37.

(2) 법률에 따라 판결에 관여할 수 없는 판사가 판결에 관여한 때

제척사유(제41조)가 있거나 기피재판(제43조)을 받은 법관, 파기환송심에서 원심 판결에 관여한 법관(제436조 3항) 등이 여기에 해당한다. 제1심 재판에 관여한 법관 이 항소심에 관여한 것은 제척사유가 있는 경우에 포함된다.

(3) 전속관할에 관한 규정에 어긋난 때

전속관할이 정해진 사건에서 관할권 없는 법원이 판결한 경우이다. 전속관할은 공익적 사유로 특정 법원에만 관할권을 인정한 것이기 때문이다. 이 점에서 상급심 에서 하급심의 관할위반을 주장하지 못하는 임의관할과 다르다(제425조, 제411조).

(4) 법정대리권, 소송대리권 또는 대리인의 소송행위에 특별수권의 흠결이 있는 때[13]

(가) 대리권 흠결

법정대리인이나 소송대리인으로 소송을 수행한 이에게 대리권이 없는 경우는 물론이고, 소송대리인이 특별수권 없이 한 소송행위와 소송무능력자가 법정대리인 없이 소송행위를 한 경우가 여기에 해당한다. 법인 등의 대표자는 법정대리인에 준 하므로 대표권 없는 자가 대표로서 소송행위를 한 경우도 포함된다.[14] 당사자가 무 권대리 행위를 추인하였으면 여기에 해당하지 않음은 물론이다.

(나) 대리권 흠결에 준하는 재판청구권의 침해

본래 절대적 상고이유는 제한적으로 새겨야 하므로, 여기에 열거되지 않은 일반 적인 재판청구권(법적심문청구권)의 침해는 절대적 상고이유의 해당 요건에 맞는 것이 아니면 일반적 상고이유에 포함시켜야 할 것이다.[15] 그러나 제4호의 경우에는 그 입법목적이 '당사자는 자기 이익을 스스로 또는 제3자를 통하여 주장할 수 있 도록 보장하여야 한다'는 데에 있고, 이러한 주장 기회가 절차의 흠결로 막히는 것 은 재판청구권 내지 법적심문청구권 침해의 극단적인 경우이므로 대리권 흠결과

---

13) 판례는 소송의 처음부터 공시송달의 방법으로 송달되어 피고가 소송계속을 전혀 모른 상태에서 판결을 받은 경우에 관하여 피고는 당사자로서 절차상 부여된 권리를 침해당하였으므로, 이러한 경우는 당사자가 대리인에 의하여 적법하게 대리되지 않았던 경우와 마찬가지로 보아 이 규정을 유추적용할 수 있다고 한다(大判 2011. 4. 28, 2010다98948). 이 사안은 상고기간 내에 피고가 상고하였으므로 뒤에 설 명하는 추후보완상고의 문제는 아니다.
14) 大判 2014. 3. 27, 2013다39551(원고가 피고회사의 적법한 대표이사 아닌 자를 대표이사로 표시 를 정정하여 적법한 대표자가 소송서류를 송달받지 못하여 변론기일에 출석하지 못하게 된 사안).
15) Stein-Jonas/Jacobs[23] § 547 Rn. 7.

유사한 사안에 제4호를 유추적용하여 절대적 상고이유에 포함시키는 것이 타당할 것이다.16)

이러한 사유에는 도산사건에서 소송능력은 있지만 당사자적격, 즉 소송수행권을 상실한 당사자가 파산관재인이나 회생관리인 없이 소송을 수행한 경우와17) 관재인이나 관리인 아닌 자가 소송을 수행한 경우,18) 당사자가 법인으로서의 당사자능력이 없거나 당사자의 부존재, 성명도용소송19)에도 불구하고 절차를 진행시킨 경우,20) 당사자의 사망으로 인한 소송절차의 중단을 간과하고 판결이 선고되어 상속인이 절차에 관여하지 못한 경우,21) 공시송달로 인하여 당사자가 변론기일에 출석하지 못한 경우가22) 해당된다.

이 중에서 공시송달로 인한 불출석은 제한적으로 새겨야 할 것이다. 본래 이러한 사안에 제4호를 유추적용하는 취지가 당사자가 적법하게 소장을 송달받지 못하거나, 구술변론 기일통지를 받지 못하였다는 등의 사유로 절차에 참여하지 못한 경우를 배려하려는 것인데, 공시송달 자체는 적법한 송달방법이므로 당사자가 책임질 수 없는 사유로 공시송달을 받은 경우로 한정해야 할 것이다.

(5) 변론공개의 규정에 어긋난 때

판결의 기본이 되는 변론을 정당한 사유 없이 공개하지 않은 경우이다. 법률상 변론을 공개하지 않을 사유가 있거나 수소법원의 수명법관이 법정 외에서 하는 증거조사(제297조)는23) 여기에 해당하지 않는다.

---

16) Stein-Jonas/Jacobs^{23} § 547 Rn. 16; MüKoZPO/Krüger^6 § 547 Rn. 13. 그러나 Rosenberg-Schwab/Gottwald^{18} § 143 Rn. 43에서는 송달받지 못하였다는 등의 사유는 포함시키지 않는다.

17) MüKoZPO/Krüger^6 § 547 Rn. 13.

18) Thomas-Putzo/Reichold^{24} § 547 Rn. 7.

19) 이시윤, 938; 鄭·庚·金, 935.

20) Rosenberg-Schwab/Gottwald^{18} § 143 Rn. 43; MüKoZPO/Krüger^6 § 547 Rn. 13. 법문에 이 사항이 언급되어 있지 않은 것은 법률위반 사유가 됨이 명백하기 때문이라고 한다(Stein-Jonas/Jacobs^{23} § 547 Rn. 16).

21) 이시윤, 938; 鄭·庚·金, 935; 大判 1995. 5. 23, 94다28444.

22) 大判 1997. 5. 30, 95다21365(제1심에서 승소한 원고가 항소기간이 지난 이후의 피고의 추후보완 항소로 인한 항소심부터의 공시송달로 인하여 항소심 소송계속 사실을 전혀 모르고 있어서 출석하지 못하여 패소한 사안); 大判 2011. 4. 28, 2010다98948(피고가 소장부터 항소심까지의 모든 소송서류가 공시송달되어 변론할 기회를 얻지 못한 사안); 大判 2012. 4. 13, 2011다102172(원고가 항소장부터 항소심의 모든 소송서류가 공시송달되어 출석하지 못한 사안).

23) 大判 1971. 6. 30, 71다1027: 수명법관에 의하여 수소법원 외에서 증인을 신문하거나 또는 현장검증 및 기록검증을 할 경우에는 반드시 공개심리의 원칙이 적용되지 아니한다.

(6) 판결에 이유를 밝히지 아니하거나 이유에 모순이 있는 때

(가) 이유 불비

판결에 이유를 밝히지 않은 것에는 이유를 전혀 기재하지 않거나, 이유의 일부를 누락하거나, 이유의 일부라도 명확하지 않은 경우를 모두 포함한다.[24) 따라서 중요한 사항에 대한 판단을 누락한 것도 포함된다.

판례는 이유 불비나 판단 누락에 대하여 매우 관대한 태도를 보인다.

> 판례는 판결이유에 주문에 이르게 된 경위가 명확히 표시되어 있는 이상 관계 법률이 위헌이라는 당사자의 주장을 판단하지 아니하였다는 사정만으로 판결에 이유를 명시하지 아니한 위법이 있다고 할 수 없다고 하였다.[25) 또한 당사자의 주장이나 항변에 대한 판단은 반드시 명시적으로만 하여야 하는 것이 아니고 묵시적 방법이나 간접적인 방법으로도 할 수 있으므로[26) 당사자의 주장에 대한 구체적, 직접적 판단이 없더라도 판결이유의 전반적 취지에 비추어 그 주장을 인용하거나 배척하였음을 알 수 있는 정도이거나,[27) 실제로 판단하지 않았더라도 그 주장이 배척될 것이 분명한 경우임이 분명하면 판결 결과에 영향이 없으므로 상고이유로서의 판단누락에 해당하지 않는다고 하였다.[28) 대법원의 판결이유에 관하여도 같은 태도이다.[29)

판례의 이러한 판시는 적절치 않다. 판결이유를 묵시적, 간접적인 방법으로 쓸 수 있다는 것은 법원 편의만 생각하고 재판을 받는 당사자를 무시한 발상이다. 판결은 추상적인 법규를 구체적 사건에 해석, 적용해서 구체적으로 그 법규의 의미를 밝히는 것이다. 당사자로 하여금 그 판결이유의 전반적 취지를 알아서 파악하라는 것은 있을 수 없는 일이다. 그리고 실제로 판단하지 않았지만 판결 결과에 영향이 없다는 부분은 제425조에 의하여 준용되는 제414조 제2항과 일반적 상고이유에 관한 제423조의 문제이다. 이 경우는 판단누락에 해당하는 위법이 있지만[30) 결과에

---

24) 大判 1995. 3. 3, 92다55770; 大判 2006. 5. 26. 2004다62597.

25) 大判 1995. 3. 3, 92다55770; 大判 2006. 5. 26. 2004다62597.

26) 위 92다55770 판결; 위 2004다62597.

27) 大判 2019. 1. 31, 2016다215127.

28) 大判 2012. 4. 26, 2011다87174; 大判 2017. 4. 7, 2016다55462; 大判 2018. 6. 15, 2017다248803·248810; 大判 2018. 7. 20, 2016다34281; 大判 2019. 9. 26, 2017두48406; 大判 2019. 10. 17, 2018다300470; 大判 2020. 6. 11, 2017두36953.

29) 大判 2008. 7. 10, 2006재다218(재심 대상 대법원 판결의 경우). 大判 2017. 6. 15, 2013다8960에서도 같은 판시를 하고 있으나, 그 사건은 대법원의 판단누락이 문제된 것이 아니다.

30) 大判 2002. 12. 26, 2002다56116은 이 점을 명확하게 밝혔다. 그와는 반대로 大判 2019. 1. 31, 2017다289903은 당사자가 주장한 사항에 대한 구체적·직접적인 판단이 판결 이유에 표시되어 있지 않았더라도 판결 결과에 영향이 없다면 판단누락의 위법이 있다고 할 수 없다고 하였다(이처럼 2002다

영향이 없다고 분명히 해야지, 판결 결과에 영향이 없으므로 판단누락이 아니라고 거꾸로 이유를 붙여서는 안 된다. 더구나 뒤에서 언급하듯이 판단누락은 결과에 영향이 있을 것을 전제로 하는 일반적 상고이유가 아니라, 판결 결과와는 관계없이 일정 사유가 있으면 상고이유가 있는 것으로 보는 절대적 상고이유의 하나이다. 절대적 상고이유인 판단누락을 부정하면서 판결 결과에 영향이 없음을 근거로 드는 것은 절대적 상고이유인 판단누락에 일반적 상고이유에 관한 제423조를 적용하는 것인데, 이는 명백한 법적용의 오류이다.

판례는 상대방의 소송대리인이 무권대리인이라고 주장하였으나 항소심 법원이 그에 관하여 판단하지 않아서 판단누락을 이유로 상고한 사건에서 소송대리권의 존재는 소송요건으로서 법원의 직권조사사항이므로, 이에 관한 당사자의 주장은 직권발동을 촉구하는 의미밖에 없으므로 대리권 흠결의 주장에 대하여 판단하지 아니하였더라도 판단 누락을 상고이유로 삼을 수 없다고 하였다.31) 여기서 한 가지 주의할 것은 이러한 판단은 소송대리인에게 대리권이 있다고 판단되는 경우에 할 수 있고, 만일 대법원이 그 대리인이 무권대리인이라고 판단하면 이는 제424조 제1항 4호의 대리권 흠결에 해당하므로 상고이유가 있는 것으로 판단하게 될 것이다.

또한 판례는 이유불비에 관하여 단순히 이유의 일부를 빠뜨리거나 이유의 어느 부분을 명확하게 하지 아니한 정도가 아니라 판결에 이유를 전혀 기재하지 아니한 것과 같은 정도가 되어 당사자가 상고이유로 내세우는 법령 위반 등의 주장의 당부를 판단할 수도 없게 되었다면 그와 같은 사유는 당사자의 주장이 없더라도 법원이 직권으로 조사하여 판단할 수 있다고 할 것이라고 하여32) 상고이유 주장에 대한 예외를 인정하였다.

(나) 이유 모순

이유 모순은 이유는 기재하였지만 이유의 문맥에 모순이 있어 일관성이 없어서 법원의 사실 인정과 법규 해석이 판결의 주문과 어떻게 연결되는지가 명확하지 않은 것을 말한다. 이유 자체의 앞뒤가 맞지 않거나, 주문과 이유가 모순되는 경우,33)

56116 판결과 다른 내용을 설시하면서 이 판결을 참조판결로 들었다).

31) 大判 1994. 11. 8, 94다31549. 이는 대법원의 일관된 태도이다(大判 1990. 4. 27, 88다카25274·25281; 大判 1990. 11. 23, 90다카21589; 大判 1990. 12. 21, 90다카22056 등).

32) 大判 2005. 1. 28, 2004다38624. 가처분 이의 사건에서 피보전권리의 존부에 관하여 별도로 이유를 적지 않고 본안에 관한 판단을 인용하고만 사안에서 이는 판결에 이유를 전혀 기재하지 않은 정도에 해당한다고 보았다.

33) 大判 1984. 6. 26, 84다카88·89(판결이유에서는 자동차 사고로 피고1과 피고2가 원고에게 배상

같은 사항을 판결 본문과 별지에서 다르게 기재한 경우,34) 과실상계를 인정한 제1심 판결의 이유를 그대로 인용하면서 제1심보다 원고의 과실을 무겁게 인정한 경우35) 등이 여기에 해당한다.

(다) 이유불비, 이유모순에 관한 문제점

여기서 문제되는 것은 제6호의 사유가 있을 때에 판결의 결과에 영향을 미쳐야 상고이유가 있는 것으로 되는가이다. 판례는 대부분 "판결의 결과에 영향이 미쳤으므로"라는 표현을 달아 상고이유가 있다고 인정한다.36) 사실 이유불비, 이유모순 등의 사유가 있는 경우에는 제424조 제1항이 규정한 다른 경우와는 달리 판결의 결과에 영향이 없는데도 불구하고 굳이 상고이유가 있는 것으로 할 필요는 없다. 그렇다면 이러한 사유를 절대적 상고이유로 규정한 것은 **입법상의 과오**라고 생각된다.

《사례 4》   甲이 乙과 소송을 하면서 항소심에서 乙의 소송대리인 丙은 소송대리권이 없는 사람이라고 주장하였다. 그러나 항소법원은 이에 대하여 아무런 판단을 하지 아니하였다. 甲이 이것을 탓하여 상고하였다. 대법원은 甲의 상고를 이유 있다고 판단할 수 있는가?

이 사례에서 甲은 丙이 무권대리인이라고 주장하였는데도 항소법원이 그 주장에 대하여 판단하지 않았다는 점을 상고이유로 하고 있다. 이는 제424조 제1항 6호에 해당하는 것으로 인정되는 이른바 판단 누락을 주장한 것이다. 판례는 이러한 경우에 소송대리권의 존재는 소송요건으로서 법원의 직권조사사항이므로, 이에 관한 당사자의 주장은 직권발동을 촉구하는 의미밖에 없으므로 대리권 흠결의 주장에 대하여 판단하지 아니하였더라도 판단 누락을 상고이유로 삼을 수 없다고 하였다.37) 여기서 한 가지 주의할 것은 이러한 판단은 丙에게 대리권이 있다고 판단되

할 총액이 871만 원이라고 확정하고 피고1은 871만 원을, 피고2는 354만 원의 상계항변이 인정되어 517만 원을 각자 지급할 의무가 있다고 판시하고, 주문에서는 피고1과 피고2가 해당 금액을 각 지급하라고 하여 결과적으로 원고에게 합계 돈 1,388만 원을 지급하라고 명한 것이 된 사안).

34) 大判 1989. 1. 17, 88누674(세무서의 과세처분이 적법한지를 판단하면서 이유에서 종합소득세가 801만 원, 방위세가 14만 원이라고 설시하고 판결에 첨부된 별지 세액산출근거표에는 종합소득세는 3,038만 원, 방위세는 696만 원이라고 기재한 사안).

35) 大判 1974. 6. 11, 73다1753; 大判 1980. 7. 8, 80다597.

36) 이를 요구하는 표현을 쓰지 않은 판례도 있으나(大判 1989. 5. 23, 88다카8675; 大判 1989. 2. 14, 87다카820) 그 내용은 실제로 판결 결과에 영향을 미친 경우이다. 대부분의 경우에 이 표현을 사용한다(예를 들면, 大判 1994. 12. 9, 94다36629; 大判 1989. 9. 12, 88다카28761 등).

37) 大判 1994. 11. 8, 94다31549. 이는 대법원의 일관된 태도이다(大判 1990. 4. 27, 88다카25274 · 25281; 大判 1990. 11. 23, 90다카21589; 大判 1990. 12. 21, 90다카22056 등).

는 경우에 할 수 있고, 만일 대법원이 丙이 무권대리인이라고 판단하면 이는 제424
조 제1항 4호의 대리권 흠결에 해당하므로 상고이유가 있는 것으로 판단하게 될
것이다.

Ⅲ. 소액사건에서의 상고이유

소액사건의 경우는 상고이유를 더욱 제한하여, ① 법률·명령·규칙·처분의 헌
법 위반 여부와 명령·규칙·처분의 법률 위반 여부에 관한 판단이 부당한 때 및
② 대법원 판례와 상반되는 판단을 한 때만 상고할 수 있도록 하였다(소심 제3조).
그러나 판례는 이러한 상고이유 제한을 완화하여, 소액사건이라도 구체적 사건에
적용할 법령의 해석에 관한 **대법원 판례가 없는 상황**에서 같은 법령의 해석이 쟁
점으로 되어 있는 다수의 소액사건들이 하급심에 계속하고 있고 각 법원마다 엇갈
리는 판단을 하는 사례가 나타난 경우에는 대법원이 상고를 받아들여 실체법의 해
석, 적용에 관한 잘못에 관하여 직권으로 판단할 수 있다고 한다.[38] 단지 소액사건
이라는 이유로 대법원이 그 법령해석에 관하여 판단하지 않고 사건을 종결하면 국
민생활의 법적 안전성을 해친다는 것을 근거로 하였다. 대법원이 가진 법령해석의
통일이라는 기능에 충실한 타당한 해석이다.

---

38) 大判 2004. 8. 20, 2003다1878(단지 소액사건이라는 이유로 대법원이 그 법령해석에 관하여 판단
하지 않고 사건을 종결하면 국민생활의 법적 안전성을 해친다는 것을 근거로 하였다. 국민건강보험법 제
53조 제1항에 규정된 '제3자'의 범위 및 자동차손해배상보장법 제9조 제1항과 상법 제724조 제2항에 의
하여 피해자에게 직접 손해배상책임을 지는 책임보험자가 위 제3자에 포함되는지 여부가 문제된 사안에
서 이 문제에 관하여 종전에 대법원 판례가 없다고 하여 상고를 받아들였다); 大判 2015. 3. 26, 2012다
48824(대통령의 긴급조치권 행사가 국가배상법 제2조 제1항에서 말하는 공무원의 고의 또는 과실에 의
한 불법행위에 해당하여 국가배상책임이 인정되는지 여부 및 소멸시효 완성 여부에 관하여 대법원판례가
없고, 하급심의 판단이 엇갈리고 있는 상황이라는 점을 들어서 상고를 받아들였다); 大判 2017. 3. 16,
2015다3570(집합건물의 일종인 일정 규모 이상 공동주택의 입주자대표회의가 공용부분 변경에 관한 업
무를 처리할 권한 및 구분소유자들에게 그 업무처리로 인한 비용을 청구할 권한을 가지는지 여부가 쟁점
인 사건에서, 이에 관하여 대법원판례가 없고, 하급심의 판단이 엇갈리고 있는 상황이라는 점을 들어 상
고를 받아들였다).

제 5 절   上告審에서의 심리

Ⅰ. 상고이유서와 답변서

상고인이 제출한 상고이유서는 상고법원이 바로 그 부본이나 등본을 상대방에게 송달하여야 하고, 상대방은 송달 받은 날부터 10일 이내에 답변서를 제출할 수 있다. 상대방이 제출한 답변서의 부본이나 등본은 상고인에게 송달한다(제428조). 피상고인의 답변서 제출이 필수적인 것은 아니므로 답변서 제출기간을 지키지 않았다고 상고인의 상고이유에 대한 자백간주의 불이익을 입힐 수는 없다.

상고이유서와 답변서는 30쪽 이내로 작성하여 제출하여야 한다(규 제133조의2). 방대한 자료를 제출하여 소송을 지연시키고 논점을 흐려 법관의 판단을 흔들려는 시도를 차단하는 고육지책이다.

Ⅱ. 심리의 범위

1. 불복의 범위

상고심도 상소 일반의 법리에 따라 불복의 범위에 한정해서 심리한다. 따라서 상고이유에서 주장한 사항에 한하여, 불복 범위 안에서 원판결이 정당한지 여부를 심리한다(제431조). 그에 따라 불이익변경 금지의 원칙도 적용되어 원판결을 변경하더라도 불복신청의 범위 안에서 변경할 수 있다(제425조, 제407조).

그러나 소송요건 등의 직권조사사항은 불복 범위의 제한을 받지 않는다(제434조).

2. 법 률 심

상고심은 법률심이고, 사실 인정은 사실심 법원의 전권사항이어서 원심 판결이 적법하게 확정한 사실은 상고법원을 기속한다. 따라서 상고심 법원은 원심 재판의 법해석이나 법적용의 오류를 심리할 수 있을 뿐, 원재판의 사실판단의 당부는 심리할 수 없다(제432조).

그에 따라 당사자들도 상고심에서는 본안에 관한 새로운 사실의 주장이나[1] 증거신청을 할 수 없고, 새로운 청구를 추가할 수도 없다. 그러므로 청구의 변경이나[2] 중간확인의 소, 반소, 당사자변경도[3] 허용되지 않는다.

그러나 소송요건 등의 직권조사사항의 조사를 위한 사실 인정은 제한을 받지 않는다(제434조).

3. 판단의 기준 시점

상고심은 사후심이므로 항소심 재판에 법의 해석이나 적용의 오류가 있는지를 심리하는 것이 임무이다. 따라서 **본안**에 관하여는 사실심 변론종결이 그 기준시점이어서 그 이후인 상고심 절차에서는 새로운 소송자료를 주장하거나 제출할 수 없고, 제출하였어도 심리의 대상으로 삼을 수 없다.

(1) 학 설

소송요건 등 직권조사사항의 요건 구비 여부 판단의 기준시점에 관하여서는 모든 심급에서 사실심 변론종결 때라는 견해와 상고심에서 사실심 변론종결 이후에 생긴 사실은 상고심 심리 종료 때라는 견해가 대립되어 있다.

사실심 변론종결 때라고 하는 견해를[4] 따르면 예를 들어, 항소심 변론종결 당시에 소송요건 등이 구비되지 못하였으면 상고심에서 구비되더라도 요건 불비로 취급하여야 한다고 보고, 항소심 변론종결 당시에 소송요건 등이 구비되었으면 상고심 절차 중에 소송요건 등이 불비되더라도 소를 부적법 각하할 수가 없다고 보게 된다.

사실심 변론종결 때가 원칙이나 그 시점 이후에 새로 생긴 사실의 경우에는 상고심 심리 종료 때라고 하는 절충설에[5] 의하면 사실심 변론종결 후에 생긴 사실로 변론종결 시에 불비된 소송요건 등이 구비되었거나, 구비되었던 소송요건 등에 흠결이 생긴 경우에 상고심이 이를 고려하여 요건 구비 여부를 판단하는 것이 타당하다고 본다.

---

1) 大判 1995. 5. 26, 94누7010.
2) 大判 1996. 11. 29, 96누9768(청구취지의 정정, 변경을 불허); 大判 1997. 12. 12, 97누12235(청구취지와 청구원인의 정정, 변경을 불허)
3) 大判 1991. 10. 8, 89누7801(피고 보조참가인을 피고로 추가하고 청구취지와 청구원인을 변경하려는 신청을 불허).
4) 이시윤, 224.
5) 鄭·庚·金, 423-424.

(2) 판 례

판례는 사실심 변론종결 시를 기준으로 한 것도 있고, 상고심 심리 종료 때를 기준으로 삼아 상고심에서 불비된 소송요건 등의 보정을 인정한 것과 직권으로 조사하여 요건 불비라고 판단한 것도 있다.

사실심 변론종결 시를 기준으로 한 판례로는 법률상 일정 기간이 지난 이후에 소를 제기할 수 있음에도 항소심 변론종결 때까지 그 기간이 지나지 않고 상고심에 이르러 비로소 기간이 지났더라도 제소기간 위반의 흠결이 치유된 것으로 볼 수 없다고 하여 파기환송한 것이 있다.[6] 그 뒤에 다수의 판결에서 종중의 당사자능력의 유무는 소송요건으로서 사실심 변론종결 시를 기준으로 판단하여야 한다고 하였다.[7]

상고심 심리 종료 때를 기준으로 한 판례로는, 대리권이나 대표권의 흠결이 있어도 상고심에서 적법한 대리인이나 대표자의 추인으로 소급적으로 그 흠결이 보정된다고 하였고,[8] 후소송에 기판력이 미치는 확정판결의 존재도 상고심에서 당사자들이 주장, 입증할 수 있고, 상고법원이 직권으로도 조사할 수 있다고 하였다.[9] 당사자적격에 관한 사항도 당사자가 상고심에서 비로소 주장, 입증할 수 있다고 하였다.[10] 소의 이익이 상고심 절차 중에 소멸한 경우에도 그 소는 부적법하다고 하였고,[11] 확인의 이익 등 소송요건이 사실심 변론종결 이후에 흠결되거나 흠결이 치유된 경우에 상고심은 이를 직권으로 조사하여 참작하여야 한다고 하였다.[12]

---

6) 大判(全) 1977. 5. 24, 76다2304(1973년 당시의 국가배상법에 따라 배상심의회의 배상금지급 결정을 거친 뒤에 한하여 손해배상의 소를 제기할 수 있으나 배상결정을 신청한 날부터 3개월이 지난 뒤에는 위 결정을 받지 않고도 소를 제기할 수 있었는데(제9조), 원고가 소를 제기하여 항소심에서 변론종결 때까지 3개월이 지나지 않았음에도 본안판결을 하였고, 상고한 이후에 비로소 3개월이 지난 사안). 당시 16인의 대법원판사 중 5인의 소수의견은 소송요건은 사건 종결시까지 구비하면 된다고 하였다. 그 뒤에 국가배상 사건에서 같은 취지의 판결로는 大判 1995. 8. 25, 94다34562가 있다.

7) 大判 1991. 11. 26, 91다30675; 大判 1991. 11. 26, 91다31661; 大判 1994. 9. 30, 93다27703; 大判 1997. 12. 9, 97다18547; 大判 2010. 3. 25, 2009다95387; 大判 2013. 1. 10, 2011다64607.

8) 大判 1969. 6. 24, 69다511(소송대리권 없는 자의 소송행위의 추인); 大判 1985. 1. 22, 81다397(무권대리인의 소송행위의 추인); 大判 1996. 11. 29, 94누13343(무권대리인 소송행위의 추인); 大判 1997. 3. 14, 96다25227(대표권 없는 자의 소송행위의 추인); 大判 2001. 7. 27, 2001다5937(후견인의 제소에 대한 친족회 동의의 보정); 大判 2010. 3. 25, 2009다95387(대표권 없는 자의 행위의 추인).

9) 大判 1989. 10. 10, 89누1308(청구기각 판결의 기판력이 미치는 사안); 大判 2011. 5. 13, 2009다94384・94391・94407(소유권확인 청구를 기각한 확정판결의 기판력이 미치는 사안); 그러나 大判 2017. 11. 14, 2017다23066은 후소송 항소심 변론종결 당시에 전소송이 소송계속 중이어서 후소송이 중복소송으로 부적법하고, 상고심 계속 중에 전소송의 판결이 확정되어 권리보호이익도 없다고 하여 모호한 태도를 취하였다.

10) 大判 2008. 9. 25, 2007다60417(사실심 변론종결 이전에 압류・추심명령을 받은 채권자의 당사자적격); 大判 2018. 12. 27, 2018다268385(압류・추심명령을 받은 채권자의 당사자적격).

11) 大判 2003. 1. 10, 2002다57904(근저당권설정등기 말소청구 사건의 상고심 절차 중에 근저당권의 실행을 위한 경매에서 경락을 원인으로 설정등기가 말소된 사안).

12) 大判 2020. 1. 16, 2019다247385; 大判 2022. 10. 27, 2017다14581・14598・14604・14611・14628・14635・14642・14659; 大判 2022. 10. 27, 2017다9732・9749・9756(근로자 지위의 확인을 구

(3) 검 토

소송요건의 구비 여부를 판단하는 기준시점을 사실심 변론종결 시로 하자는 견해나 절충설은 법원의 모든 판단의 기준시점이 사실심 변론종결 때가 원칙이라는 점을 강조한다. 그러나 소송요건의 조사가 사실심에서 충분히 되지 않아서 상고심에서 비로소 소송요건 불비가 밝혀지거나, 상고심 절차 중에 발생한 사실로 소송요건 구비 여부에 변동이 생길 수 있다. 상고심에서 하는 항소심의 본안판결에 대한 상고의 인용이나 기각판결도 본안재판이므로 이러한 판결을 하려면 소송요건이 구비되어야 함은 사실심과 다를 것이 없다.[13] 그리고 불비된 소송요건이 상고심에 이르러 추인 등으로 구비된 경우, 사실심 변론종결 때를 기준으로 하면 문제가 생긴다. 추인 등으로 소가 적법하게 되었음에도 불구하고 소를 각하한 원심판결을 유지하여 상고를 기각하거나, 원심에서 당시의 소송요건 불비를 간과하였으면 상고심에서 소각하 판결을 할 것이다. 그러면 원고는 다시 소를 제기하여야 한다. 그러나 이런 경우에는 소송요건이 구비되었음을 이유로 환송판결을 하는 것이 소송경제상 타당하다. 따라서 소송요건 구비 여부 판단의 기준시점을 굳이 사실심 변론종결 때라고 볼 필요는 없으며, 상고심의 심리 종결 시가 기준이 된다고 보는 것이 타당하다.

Ⅲ. 심리의 방법

1. 서면심리

상고법원은 상고인의 상고장과 상고이유서, 피상고인의 답변서, 그 밖의 소송기록만으로 변론 없이 판결할 수 있다(제430조). 이처럼 상고심을 임의적 변론절차로 규정한 것은 상고심이 법률심이고 사후심이어서 상고이유에서 지적한 항소심 판결의 법적용이나 법해석의 오류 유무를 심리할 뿐이므로 사실 인정을 위하여 필수적인 변론을 열 필요가 없기 때문이다.[14]

상고이유서와 답변서와 같은 서면 이외에도 공익과 관련된 사항에 관하여 국가

하는 소송에서 상고심 절차 중에 정년을 맞은 사안. 그러나 이 경우 근로자 지위에 있는지 여부는 본안 판단 사항이므로 사실심 변론종결 때를 기준으로 삼았어야 했다.).

13) Rosenberg-Schwab/Gottwald[18] § 94 Rn. 40 f.; MüKoZPO/Becker-Eberhard[6] vor § 253 Rn. 16.

14) 이시윤, 950과 鄭·庚·金, 944는 임의적 변론을 택한 이유가 상고심의 과중한 부담을 덜기 위한 것이라고 하나, 이는 부차적 이유일 것이다.

기관과 지방자치단체가 대법원에 재판에 관한 의견서를 제출할 수 있고, 대법원은 이들에게 의견서를 제출하도록 요청할 수 있다(규 제134조 1항). 공익에 관한 사건에서는 대법원의 재판이 외교나 국방, 산업, 통상, 보건, 의료 등 법원이 알기 어려운 해당 분야에 미치는 영향과 그 분야의 전문성과 특수성을 고려할 필요가 있을 수 있기 때문이다. 대법원의 재판이 국내의 공익이나 국제관계에 미치는 파장까지 고려하여 단순한 법논리나 법해석만으로 재판을 하는 폐쇄적인 관점에서 벗어나려는 시도라고 생각된다.[15)]

2. 변 론

2002년 개정법은 상고법원이 소송관계를 분명하게 하기 위하여 필요한 경우에는 특정 사항에 관하여 변론을 열어 참고인의 진술을 들을 수 있도록 하였다(제430조 2항). 법리상 치열한 공방이 있는 사건이나, 국가 전체에 영향을 미치는 중요한 사건, 집단적 이해관계가 첨예하게 대립된 사건 등에 변론을 열어 해당 분야의 전문가인 참고인의 의견을 듣는 제도이다.

참고인의 진술을 듣는 경우에는 당사자를 참여시켜야 하고, 참고인의 진술의 요지는 조서에 적어야 한다(규 제134조).

이에 따라 대법원은 '대법원에서의 변론에 관한 규칙'을 제정하여 2003년 10월 24일부터 시행하고 있다. 이에 따르면 변론을 효율적, 집중적으로 진행하기 위하여 필요한 경우에 당사자에게 기한을 정하여 변론준비를 명하고(제2조), 변론의 요지를 적은 준비서면을 제출하도록 하며(제3조), 당사자나 이해관계인, 관련 학회나 단체의 의견을 들어 참고인을 지정하여 진술을 들을 수 있다. 재판장과 관여 대법관은 필요하면 언제든지 참고인에게 질문할 수 있다(제5조 2항). 참고인의 진술에 대하여 당사자는 의견을 진술할 수 있다(제5조 6항).

당사자는 제출한 준비서면의 주요 내용을 강조하고 명확하게 하는 방향으로 변론한다(제5조 1항).

변론을 열더라도 당사자가 미리 제출한 상고이유서, 답변서 등이 상고심에서는 준비서면의 성격이 아니어서 이를 꼭 변론에서 진술하거나 원용할 필요는 없다. 따라서 변론기일에 당사자가 결석하더라도 미리 제출한 준비서면 등에 적힌 대로 진술한 것으로 간주하는 규정(제148조)과 쌍방 당사자의 불출석으로 인한 상소취하

---

15) 이시윤, 951은 당사자주의의 한계 극복의 의미가 있다고 평가한다.

간주의 규정(제268조 4항 단서)은 적용되지 않는다.16)

제 6 절 上告審의 判決

상고심은 기록을 받은 날부터 5월 이내에 종국판결을 하여야 한다(제199조 단서). 그러나 심리불속행 사유가 있어 상고를 기각할 경우에는 4월 이내에 하여야 한다(상특 제6조 2항).1) 이는 4월 이내에 심리불속행을 이유로 한 상고기각을 하지 못하였을 때에는 심리를 속행하여야 한다는 의미이므로 다른 판결선고기간과 같이 단순한 훈시규정이 아니다.

상고심 판결에도 **불이익변경금지**가 적용되어 피상고인이 부대상고를 하지 않은 한 상고인에게 원판결보다 불리한 재판을 할 수 없다. 판례 중에는 항소심의 소각하판결을 파기환송해야 하는데 환송 후에 청구기각판결을 받을 것이 예상되면 파기환송판결이 불이익변경이 되기 때문에 파기환송할 수 없고 원심을 그대로 유지할 수밖에 없다며 상고를 기각한 것이 있다.2) 불이익변경 여부는 항소심 판결과 상고심 판결을 비교하여 정하는 것이지 항소심 판결과 환송 후 예상되는 항소심 판결을 비교하여 정하는 것이 아니다. 뿐만 아니라 환송 후 항소심에서 당사자들의 공격이나 방어방법이 바뀌어서 청구기각이 아닌 다른 판결이 나올 가능성이 얼마든지 있기 때문에 파기환송을 하면서 미리 항소심 판결을 예측하여 불이익변경 여부를 정하는 것은 해서는 안 되는 일이다.

상고심 판결은 그 내용이 어떠하든 선고와 동시에 확정된다.

I. 소각하판결과 상고각하판결

소송요건은 법원의 직권조사사항이므로 대법원도 스스로 심리할 수 있다. 대법원이 원고의 소가 **소송요건 불비**라고 판단한 때에는 항소심으로 하여금 원고의 소가 부적법하다 하여 각하하는 판결을 하도록 환송할 필요가 없이 스스로 소각하판결을 할 수 있다.3)

---

16) 이시윤, 951; 鄭·庚·金, 944.
 1) 이 기간은 상고사건이 대법원에 전자적인 방법으로 이관된 날부터 기산한다(전문 제14조 2항).
 2) 大判 2012. 3. 29, 2011다106136.

상고가 상고요건을 갖추지 못하여 부적법한 경우에는 변론 없이 상고를 각하하는 판결을 한다. 다만 상고가 상고제기기간이 지난 뒤에 제기된 것이면 재판장이 상고장을 각하한다(제425조, 제402조 2항, 제399조 2항).

Ⅱ. 상고기각판결

상고가 **이유 없다**고 인정할 때(제425조, 제414조)와 상고인이 기간 내에 상고이유서를 제출하지 않은 때(제429조) 및 상고이유에 상특법 제4조의 사유가 포함되어 있지 않을 때에는 판결로 상고를 기각한다. 상고이유에서 주장하는 원판결의 잘못이 인정되어도 다른 이유에 의하여 원판결이 결과적으로 정당한 때에도 상고를 기각한다(제425조, 제414조 2항).

판례는 항소심에서 전소송의 소각하판결에서 판시한 소송요건 불비를 그대로 둔 채 다시 소를 제기하였으므로 기판력에 저촉된다고 인정하면서 소각하판결이 아닌 청구기각판결을 한 것은 잘못이지만, 그렇다고 이 판결이 확정되어도 청구 본안에 대하여 기판력이 생기는 것은 아니므로 파기할 사유는 아니라고 하였다.[4]

Ⅲ. 상고의 인용

상고가 이유 있다고 인정되면 항소심 판결이 잘못된 것이므로 이 판결을 파기하여야 한다. 그리하여 사안에 따라서 원심법원으로 환송하든가, 원심과 동등한 다른 법원에 이송하는 것이 보통이고, 일정한 요건이 갖추어지면 스스로 재판(자판)한다.

1. 환송 또는 이송

(1) 의 의
원판결이 잘못되었을 때에는 사실심리를 다시 하여야 하는 경우가 대부분이다. 이 경우에 대법원은 스스로 사실심리를 할 수가 없기 때문에 사실심 법원인 항소법원으로 사건을 되돌려 보내야 한다. 항소법원 중 어느 법원으로 보내야 하는가에

---

3) 大判 1987. 12. 22, 85누599; 大判 1988. 8. 9, 86누889; 大判 1988. 4. 25, 87다카1280; 大判 1993. 3. 12, 92누11039 등.
4) 大判 1994. 6. 14, 93다45015.

관하여는 두 가지 경우가 있을 수 있다. 항소심 판결을 한 법원으로 되돌려 보내는 경우와 다른 항소심 법원으로 보내는 경우가 그것이다. 일반적으로는 **항소심 판결을 한 법원**이 그 사건에 대한 관할법원일 것이므로 그 법원으로 보내야 한다. 이를 환송이라 한다. 다만 주의할 것은 여기서 항소심 판결을 한 원심법원이란 좁은 의미, 즉 민사소송법상의 법원을 가리키는 '항소심 판결을 한 재판부'를 말하는 것이 아니라 법원조직법상의 법원을 말한다. 그것은 환송 후에는 환송 전 항소심 재판에 관여한 법관은 관여하지 못하므로(제436조 3항) 환송 후에는 다른 재판부가 이를 담당하여야 하기 때문이다. 그러나 이것이 불가능한 경우가 있다. 예를 들면 환송받을 법원에 합의부가 1개여서 어차피 환송전 원심을 담당했던 법관들이 다시 재판하게 된다든가, 환송받을 법원의 법관들이 그 사건에 관하여 제척이나 기피되어 재판부를 구성할 수가 없는 경우가 그러하다. 이럴 때는 사건을 동등한 심급의 다른 법원으로 보낼 수밖에 없다. 이를 이송이라 한다. 이러한 판결의 성질이 종국판결이라고 통설·판례가 본다는 점은 앞에서 설명하였다.

원판결이 소송요건 불비를 이유로 한 소각하인 경우 그 이후에 소송요건 불비가 치유된 경우에 원판결에 잘못이 없더라도 상고심은 소송요건 불비의 치유를 인정하여 원판결을 파기하고 항소심으로 환송(또는 이송)한다.[5]

(2) 환송(이송)판결의 효과

(가) 항소심 법원에의 소송계속

환송(이송)판결이 선고되면 그 사건은 환송(이송) 받은 법원에 계속하게 된다. 따라서 환송(이송) 받은 그 사건을 다시 변론에 의하여 심판하여야 한다(제436조 2항). 이 변론은 환송 전의 변론을 재개하여 속행한다는 의미를 가지는데, 담당 법관이 바뀌게 되므로 **변론갱신**의 절차(제204조 2항)를 거쳐야 한다.

파기환송 후의 항소심의 심판범위는 **환송된 부분에 국한**된다. 상고기각된 부분과[6] 자판한 부분은 이미 확정되어 소송이 종료하였기 때문이다. 어느 당사자도 불복신청을 하지 않은 부분, 즉 원고의 청구를 일부 인용한 환송 전 원심판결에 한 당사자만이 패소부분에 대하여 불복하여 상고하였고 상고심에서 상고를 받아들여

---

5) 大判 2007. 11. 29, 2007다63362. 압류 및 추심명령을 받은 채권의 채권자가 채무자를 상대로 한 이행소송에서 항소심 법원이 당사자적격이 불비되었다고 하여 소각하 판결을 하였는데, 판결 선고 뒤에 압류가 해제되고 추심도 포기한 사안.

6) 大判 1969. 12. 30, 69다295; 大判 1995. 3. 10, 94다51543; 大判 1998. 4. 14, 96다2187.

파기환송한 경우에, 환송 후 원심의 심판범위는 환송 전 원심에서 당사자가 패소한 부분에 한정되고, 환송 전 원심판결 중 불복이 없었던 부분은 이미 확정되었으므로 심판범위에 포함될 수 없다.[7] 만일 항소심이 이런 부분까지 심리, 판단하여 다시 상고되면 상고심은 이 부분을 파기하고 소송종료선언을 한다.[8]

변론에서는 심판범위 안에서는 변론준비절차 종결의 실권효에 저촉되거나 실기한 공격 · 방어방법이라고 하여 각하되지 않는 한 그 심급에서 허용되는 **모든 소송행위**를 할 수 있다. 따라서 새로운 공격 · 방어방법을 제출할 수 있고, 반소, 중간확인의 소, 청구의 변경 등의 소송 중의 소도 가능하며, 피항소인의 부대항소도 가능하다. 그에 따라 환송 전의 판결보다 상고인에게 불리한 결과가 생길 수도 있다.[9]

《사례 6》　　甲은 乙을 상대로 제소하여 소송을 수행 중인데, 항소심에서 변호사 丙에게 소송위임을 하여 대리하도록 하였다. 그러나 甲이 패소하자 丙의 소송대리가 믿음직하지 못하다고 생각한 甲이 새로 변호사 丁을 선임하여 상고심에서 대리하도록 하였다. 대법원이 항소심 판결을 파기환송하여 사건이 다시 항소심에 계속하게 되었다. 항소법원이 기일소환장을 丙에게 송달하였으나 丙이 이 사실을 甲에게 알리지 않아 甲이 변론기일에 결석하였다. 이 경우에 甲이 결석으로 인한 불이익을 입게 되는가?

환송 후의 절차를 항소심 변론이 재개되어 속행되는 것으로 보기 때문에 판례는 환송전 원심에서의 **소송대리권**이 환송으로 부활한다고 본다.[10] 따라서 〈사례 6〉의 경우 그 송달은 적법하고 따라서 甲은 기일 불출석의 불이익을 입게 된다는 것이다. 그리고 변호사가 대리한 항소심판결이 상고심에서 파기, 환송되면 그 변호사는 환송 후 사건의 소송사무까지 처리하여야만 비로소 위임사무의 종료에 따른 보수를 청구할 수 있다고 한다.[11] 그러나 이는 원심과 상고심에서 계속 같은 소송대리인이 대리하였다면 모르되, 상고심에서 다른 대리인에게 수권하였으면 전 소송대리인에 대한 신뢰관계는 소멸하였다고 보는 것이 타당할 것이다. 그리고 환송 후의 항소심 절차가 엄밀한 의미에서의 환송 전 변론의 재개인지도 의문이다. 그것은 환송 전과 후에 다른 법관이 사건을 심판하도록 되어 있기 때문이다(제436조 3항). 그

---

7) 大判 1970. 2. 24, 69누59; 大判 1991. 5. 24, 90다18036; 大判 2013. 7. 11, 2011다18864; 大判 2014. 6. 12, 2014다11376 · 11383; 大判 2020. 3. 26, 2018다221867.

8) 大判 1991. 9. 10, 90누5153; 大判 1994. 12. 23, 94다44644; 大判 1995. 3. 10, 94다51543.

9) 大判 1991. 11. 22, 91다18132; 大判 2014. 6. 12, 2014다11376 · 11383.

10) 大判 1984. 6. 14, 84다카744.

11) 大判 2016. 7. 7, 2014다1447. 수임인은 위임사무를 완료하여야 보수를 청구할 수 있으므로 변호사의 위임사무는 특약이 없는 한 항소심판결이 송달된 때에 종료되므로, 변호사는 항소심판결이 송달되어야 그에 따른 보수를 청구할 수 있다는 점을 전제로 하고 있다.

리고 대법원의 파기환송판결은 종국판결인 점을 고려하더라도 상고 전 항소심과 환송 후의 항소심은 다른 심급이라고 보아야 한다. 그러므로 환송으로 소송대리권이 당연히 부활한다고 보는 것은 타당하지 않다.12) 판례는 지나치게 형식논리에 치우쳐 타당하지 않은 결론을 낸 것이다.

(나) 기속력

a) 의 의: 환송(이송) 받은 법원은 상고법원이 파기의 이유로 한 법률상 및 사실상의 판단에 기속된다(제436조 2항 단서).13) 그 이유는 하급법원이 대법원의 판단과 다른 판단을 하는 것을 허용하면 사건이 어느 한 쪽이 견해를 바꿀 때까지 상하급심을 오르내리는 폐단이 생길 수 있기 때문에 이를 막기 위함이다. 기속력은 이러한 취지에서 인정되는 효력이다.14)

b) 발생범위

《사례 7》 아파트 졸부 乙이 법대 여학생인 甲에게 사법시험에 합격하면 자기 소유의 아파트를 한 채 주겠다고 약속하였다. 노부모를 모시고 내내 월세살이를 한 甲이 乙을 훌륭한 인품의 자선사업가로 알고 이에 응하여 열심히 공부하였다. 시험에 합격한 甲이 乙에게 아파트의 소유권을 이전하라고 요구하자 乙이 노총각 아들인 丙과 혼인할 것을 새로이 요구하였다. 이를 甲이 거절하자 乙이 아파트를 주겠다는 약속은 없었던 것으로 한다고 선언하였다. 이에 甲이 乙을 상대로 아파트 소유권이전등기를 구하는 소를 제기하였다. 항소심까지는 甲이 승소하였으나 상고심에서 이 증여계약은 서면에 의한 것이 아니므로 乙의 해제가 유효하다고 인정되어 파기환송되었다. 이때 항소법원은 대법원의 파기환송 판결에 불구하고 乙의 해제는 신의칙 위반이라고 하여 甲의 청구를 인용할 수 있는가?

《사례 7a》 〈사례 7〉에서 甲이 환송 뒤에야 증여계약서를 발견하여 항소법원에 제출하였다. 이 경우에는 항소법원이 대법원의 파기환송 판결에 불구하고 甲의 청구를 인용할 수 있는가?

환송(이송) 받은 법원이 기속되는 것은 대법원이 한 사실상 판단과 법률상 판단이다. 여기서 **사실상 판단**이라 함은 대법원이 '할 수 있는' 사실상 판단을 말한다.

---

12) 이시윤, 953; 鄭·庚·金, 953.

13) 이러한 점에서 판결을 선고한 법원이 스스로 그 판결을 고칠 수 없다고 하는 의미의 기속력과는 다른 효력이다.

14) 통설이다. 이러한 입장을 특수효력설이라고 하지만 기속력은 제436조 제2항 단서에 근거하여 인정되는 효력이라고 하면 되므로 굳이 '특수한' 효력이라고 할 필요가 없다. 기속력의 성질에 관하여 중간판결설, 기판력설 등을 소개하기도 하나, 중간판결설은 파기환송판결이 종국판결이기 때문에, 그리고 기판력설은 합리성이 없으므로 고려의 가치가 없다.

상고심은 법률심이므로 대법원은 본안에 관한 사실판단은 하지 않는다. 대법원이 할 수 있는 것은, 그 밖의 사실판단, 즉 직권조사사항에 대한 사실판단, 절차 위배를 판단할 때에 인정한 사실, 재심사유에 관한 사실판단에 국한되고, 이러한 판단에 기속력이 생긴다. 본안에 관한 사실판단을 하였더라도 이 판단에는 기속력이 없으므로15) 항소법원은 변론을 열고 증거를 조사하여 새로운 사실을 인정할 수 있고,16) 그 결과 파기환송 판결에서 승소한 당사자가 다시 패소할 수가 있다. 〈사례 7a〉에서 대법원은 증여계약이 서면으로 체결되지 않은 것을 전제로 하여 乙의 해제가 유효라고 판단하였다. 그러나 환송 뒤에 항소심에서 甲이 계약서를 제출하였으므로 항소법원은 그 계약이 서면으로 체결된 것이라고 자유로이 인정할 수가 있는 것이다. 환송판결에서 파기이유로 하지 않은 부분에서 부수적으로 지적한 사항에도 기속력은 생기지 않는다.17)

법률상의 판단은 법령의 해석과 적용상의 견해를 뜻한다. 여기에는 경험법칙의 인정, 의사표시의 해석과 같은 사실관계를 확정하기 위한 법률적 해석도 포함된다. 상고심이 법률심이므로 대법원의 법률판단에 환송(이송) 받은 항소법원이 기속되는 것은 당연하다. 그러므로 〈사례 7〉에서 대법원이 증여계약이 민법 제555조에 의하여 정당하게 해제되었다고 인정하였는데, 항소법원이 그와 달리 신의칙 위반을 내세워 그 해제가 효력이 없다고 보아서는 안 된다.

그러나 새로운 변론과 증거조사의 결과 사실관계가 달라져서 법률판단도 달리하여야 하는 경우에까지 기속력이 미치는 것은 아니다. 이런 경우에는 항소법원은 대법원이 파기 이유로 한 법률판단과 다른 판단을 할 수 있다.18) 〈사례 7a〉에서 甲이 계약서를 제출하여 서면에 의한 증여계약임이 밝혀졌으므로 민법 제555조가 적용되지 않아 항소법원은 해제가 효력이 없다고 판단할 수 있다. 그 밖에도 환송(이송) 뒤에 대법원이 판단한 사항에 관하여 판례가 변경되었거나, 법령이 개정되었으면 기속력이 없다고 새기는 것이 보통이다. 그러므로 환송판결을 선고한 이후에 그 기초가 된 법률조항을 헌법재판소가 위헌이라고 선언하여 그 법률조항의 효력이 상실된 때에는 그 범위에서 기속력은 미치지 않는다.19)

---

15) 大判 2000. 4. 25, 2000다6858.
16) 예컨대, 大判 1992. 9. 14, 92다4192; 大判 2008. 2. 28, 2005다11954.
17) 大判 1997. 4. 25, 97다904; 大判 2008. 2. 28, 2005다11954.
18) 大判 1992. 9. 14, 92다4192; 大判 1994. 9. 9, 94다20501.
19) 大判 2020. 11. 26, 2019다2049(대법원이 구 민주화운동보상법 제18조 제2항의 취지가 적극적 및

판례는 여기서 말하는 '**법률상의 판단**'에는 상고법원이 명시적으로 설시한 판단 뿐만 아니라 파기이유로 한 부분과 논리적, 필연적 관계가 있어서 상고법원이 **파기이유의 전제**로서 당연히 판단하였다고 볼 수 있는 법률상의 판단도 포함된다고 본다.20)

c) 미치는 범위:　환송(이송) 뒤의 항소심 판결에 대하여 다시 상고한 경우에 환송판결의 기속력이 **재상고된 뒤의 대법원에도 미치는지**가 문제이다. 판례는 과거에 상고법원이 파기이유로 한 법률상의 판단은 항소심뿐만 아니라 재상고된 뒤의 상고법원도 기속하므로 당해 사건에 관하여 상고법원도 그와 다른 견해를 취할 수 없고, 이 경우 종전의 대법원판례와 배치되는 내용의 파기환송판결이 전원합의체가 아닌 소부에서 행해졌다고 하더라도 파기이유로 한 법률상의 판단은 하급심 및 재상고심을 모두 기속한다고 보았다.21) 그 뒤에 대법원은 판례를 변경하여, 기속력은 재상고심에서도 인정되나 전원합의체가 종전 환송판결이 한 법률상의 판단을 변경할 필요가 있다고 인정하는 경우에는 그에 기속되지 않는다고 판시하였다.22) 형식논리에 매여서 잘못된 판결에 심급을 초월한 기속력을 인정하는 것은 부당하다. 환송판결을 변경할 필요가 인정되는 경우에는 재상고심에서 전원합의체의 심리로 이를 변경하는 것이 타당할 것이다.

2. 자　　판

상고심이 항소법원으로 사건을 환송(이송)하는 것은 앞에서도 설명한 바와 같이

소극적 손해에 대한 보상금이 지급되면 정신적 손해를 비롯한 피해 일체에 대해 재판상 화해가 성립한 것으로 간주한다고 새기고 파기환송하였는데, 그 뒤에 헌법재판소가 이 규정이 정신적 손해에 대한 배상을 못하게 한 것이 위헌이라고 판단한 사안).

20) 大判 1991. 10. 25, 90누7890. 파기환송판결에서 파기이유로 설시한 부분 자체의 해석상 그 판단 안에 내포되어 있었던 법률상의 판단에 이를 인정한 경우이다. 그러나 大判 2012. 3. 29, 2011다106136 은 이를 확대적용하여, 채권자대위소송에서 피대위채권에 관하여 대법원이 판단한 것은 소송요건인 피보전채권이 인정된다는 것을 전제로 한 것이므로 환송 후 항소법원이 피보전채권이 인정되지 않는다고 하여 부적법한 소라고 판단한 것은 기속력에 반하여 위법하다고 하였다. 그러나 이는 우선, 피보전채권이 소송요건이라고 한 것이 부당하고, 둘째, 피보전채권이 존재한다고 대법원이 심리하여 판단한 적이 없고, 본안에 관한 판단에 소송요건 판단이 논리적 전제가 되는 것도 아니므로 파기의 이유로 한 법률상 판단에 이것이 포함된다고 할 수 없다. 상고법원은 상고이유에 관하여 판단하기 때문에 아무리 소송요건이 직권조사사항이라고 해도 상고인이 이를 지적하지 않으면 판단하지 않을 가능성이 많다. 그렇기 때문에 이러한 사항에도 기속력이 생긴다고 하는 것은 부당하다.

21) 大判(全) 1981. 2. 24, 80다2029. 특히 大判 1995. 8. 22, 94다43078은 나아가 대법원의 제1차 환송판결과 제2차 환송판결이 서로 저촉되는 경우에는 제2차 환송판결에 의하여 환송받은 원심으로서는 제436조 제2항의 규정에 의하여 제2차 환송판결의 법률상의 판단에 기속된다고 하였다.

22) 大判(全) 2001. 3. 15, 98두15597. 이 점에 관한 심도 있는 비교법적 논의는 比較法實務研究會, 判例實務研究[Ⅳ], 2000, 267면 이하 참조.

사실심리를 하지 못하기 때문이다. 그러므로 **더 이상 사실심리를 할 일이 없는 경우**에는 상고법원이 스스로 재판해야 한다. 그러한 경우로 제437조는 ① 더 이상 사실심리를 할 필요가 없을 정도로 항소심에서 사실심리가 되어서 상고법원이 그 사실에 의하여 법령적용의 위반을 고쳐서 재판하기에 충분한 경우와 ② 법원의 권한에 속하지 않는 사건이라고 판단하여 파기하는 경우를 들고 있다.

《사례 8》　　　甲이 乙에게 5천만원에 해당하는 서적을 판매하였으나 乙이 대금을 제때에 지급하지 않아 4년을 기다리다가 매매대금 지급을 구하는 소를 제기하였다. 그 소송에서 乙은 상인인 甲이 판매한 상품의 대가이므로 甲의 채권은 시효로 소멸하였다고 주장하였고, 그에 대하여 甲은 자기가 상인이 아니라고 주장하였다. 제1심 법원은 甲의 청구를 기각하였으나 항소법원에서는 甲의 청구를 인용하면서 乙이 부당항쟁을 하였다 하여 소장 송달일로부터 완제에 이르기까지 연 2할의 지연이자의 지급을 명하였다. 乙이 상고하였고 대법원은 乙이 처음부터 부당하게 항쟁한 것은 아니라고 판단하여 지연이자의 지급을 명한 부분을 제외하고는 항소심 판결이 정당하다고 판단하였다. 이때 대법원은 어떤 판결을 할 것인가?

이러한 사례에서 대법원이 판단한 것은 甲에게 청구권이 있다는 항소심 판결이 정당하나, 지연이자 계산에서 소촉법 제3조를 적용하면서 乙이 제1심에서는 승소하였다는 점에 비추어 적어도 항소심 판결이 선고될 때까지는 부당하게 항쟁한 것이 아니므로 그 이후부터나 고율의 이자 지급을 명해야 하는데, 처음부터 고율의 이자를 지급하라고 명한 것이 잘못이라는 것이다. 이 잘못을 고치는 데에 굳이 사건을 항소심으로 환송하여 다시 심리할 필요가 없이, 바로 대법원이 항소심 판결 선고시까지는 통상의 법정이율대로, 그 이후는 연 12%의 이율로[23] 지연이자를 지급하라고 판결하면 되는 것이다.[24] 근래 판례는 항소심에서 주위적 청구를 기각한 제1심 판결에 대하여 항소를 한 원고가 항소심에서 새로 예비적 청구를 추가한 사안에서 항소심 법원이 항소를 기각하고 예비적 청구를 인용할 경우임에도 제1심 판결에서 기각한 부분 중 예비적 청구에 상당하는 금액 부분만을 취소하고 이 금액의 지급을 명하는 것은 잘못이라고 판시하면서 이러한 경우에는 대법원에서 자판하기에 충분하다고 하여 항소를 전부 기각하고 예비적 청구를 인용하는 판결을 하였다.[25]

---

23) 소촉법 제3조 1항과 "소송촉진 등에 관한 특례법 제3조 제1항 본문의 법정이율에 관한 규정"에 의하면 현재 법정이율은 연 12%이다.
24) 大判 2017. 3. 30, 2016다253297.
25) 위 2016다253297 판결. 종전에는 웬만하면 파기환송을 하였을 사안이다. 대법원의 이러한 태도는 매우 바람직하다.

《사례 9》 甲은 乙을 상대로 과거에 甲이 乙의 가옥에 전세들어 살았음을 확인할 것을 구하는 소를 제기하였다. 항소심까지는 심리 결과 그러한 사실이 인정되지 않는 다고 하여 甲의 청구가 기각되었다. 甲이 상고하여 대법원이 심리하여 보니 이는 과거 의 법률관계를 확인하라는 청구이므로 확인의 이익이 없다고 판단되었다. 이 경우 대 법원은 어떻게 판결할 것인가?

이 사례는 대법원이 甲의 소가 **소송요건 불비**라고 판단한 경우이다. 소송요건 은 법원의 직권조사사항이므로 대법원도 스스로 심리할 수 있다. 그러므로 이러한 사례에서는 甲의 소가 부적법하다 하여 각하하는 판결을 하도록 항소심으로 환송 할 필요가 없이 스스로 각하판결을 할 수 있다.

우리 판례는 주로 이처럼 지연이자 계산을 잘못한 경우와[26] 소각하판결을 하는 경우[27]에 파기자판하는 것이 실정이다. 제1심에서 한 청구를 심판한 뒤에 항소심에 서 선택적으로 병합된 다른 청구를 심판한 결과 같은 내용의 주문이 나간다고 하 여 항소를 기각한 원판결을 취소하면서 환송하지 않고 제1심과 같은 내용의 주문 으로 자판한 경우도 있다.[28]

제1심에서 선택적으로 병합된 불법행위로 인한 손해배상청구와 부당이득 반환 청구 중 법원이 손해배상청구를 인용하였고, 그에 대하여 피고가 항소한 사건에서 원고가 병합의 형태를 변경하여 부당이득 반환을 주위적 청구로, 손해배상을 예비 적 청구로 하였고, 항소심 법원이 부당이득 반환이 이유 있다고 판단하였으나 결론 은 제1심 판결의 주문과 동일하다고 하여 선고한 항소기각 판결에 대하여 대법원 이 직권으로 파기하고 같은 내용의 주문으로 자판하기도 하였다.[29]

---

26) 大判 1988. 10. 11, 85다카693; 大判 1988. 9. 20, 86다카430; 大判 1987. 12. 22, 87다카1458; 大 判 1987. 12. 8, 87다카1104 등.
27) 大判 1987. 12. 22, 85누599; 大判 1988. 8. 9, 86누889; 大判 1988. 4. 25, 87다카1280; 大判 1993. 3. 12, 92누11039 등.
28) 大判 2006. 4. 27, 2006다7587 · 7594.
29) 大判 2020. 10. 15, 2018다229625.

제 4 장   抗告와 再抗告

제 1 절   決定과 命令에 대한 不服

I. 이의와 항고

법원의 재판 중에서 판결에 대한 불복신청이 항소와 상고이고, 결정과 명령에 대하여는 동일 심급에서 이의로 불복할 수 있다. 예를 들면, 피고경정결정에 대한 이의(제260조 4항), 수명법관이나 수탁판사의 재판에 대한 이의(제441조 1항), 즉시항고를 할 수 없는 집행법원의 재판에 대한 이의(민집 제16조 1항), 명시명령에 대한 이의(민집 제63조), 배당표에 대한 이의(민집 제151조, 제256조), 가압류·가처분결정에 대한 이의(민집 제283조, 제301조) 등이 있다.[1] 이러한 이의의 특색은 그 재판을 한 법원이나 법관(또는 그가 속한 합의부)이 스스로 그 당부를 판단한다는 점으로, 이의를 제기하였다고 해서 그 부분이 이심되는 것이 아니다.

법원의 결정과 법관의 명령에 대하여 법률의 규정에 의하여 독립한 불복방법으로 인정된 것이 항고이다. 이는 주로 판결절차에 부수, 파생되는 사항이나 절차적인 사항에 대하여 법원이나 법관이 한 재판에 대해 일일이 항소, 상고로 불복하게 하여 절차를 번잡하게 만드는 것보다는 간략한 절차인 항고로 불복하도록 하는 것이 합리적이라는 이유에서 인정된다.

II. 항고의 종류

넓은 의미의 항고에는 여러 종류가 있고, 이들은 각기 분류 기준에 따라 달리

---

[1] 민사소송법에서 이의는 여러 가지 의미로 사용된다. 결정과 명령에 대한 불복방법 이외에, 법원의 재판이 아닌 사실행위로서의 조치에 대한 이의, 법원사무관등이나 집행관, 관리인 등의 조치에 대한 이의(제223조, 민집 제34조, 민집 제16조, 민집 제170조 2항), 제소의 의미를 갖는 이의(집행법상의 각종 이의의 소, 제472조 2항), 타인의 신고나 신청에 대한 부동의로서의 이의(제73조, 제260조 4항, 제266조 6항, 제412조 2항), 법원 재판 전에 하는 의견진술로서의 이의(제310조, 민집 제120조 2항), 제3자의 불복방법으로서의 이의(민집 제86조) 등이 있다.

분류된다.

1. 최초항고와 재항고

최초항고는 제1심 법원의 결정이나 명령에 대하여 불복하는 항고로서 판결에 대한 항소에 상응한다. 재항고는 최초항고에 대한 항고법원의 결정 또는 고등법원이나 항소법원의 결정, 명령에 대한 불복을 말하며,[2] 항소법원의 판결에 대한 상고에 상응한다. 그러므로 최초항고에는 항소에 관한 규정이 준용되고 재항고에는 상고에 관한 규정이 준용된다(제443조). 좁은 의미의 항고는 최초항고를 뜻한다.

2. 통상항고와 즉시항고

통상항고는 항고기간의 제한이 없는 항고로서, 소송절차에 관한 신청을 기각한 결정, 명령에 대하여 불복이 있으면 언제나 제기할 수 있다.[3] 즉시항고는 기간의 제한(1주일의 불변기간)이 있는 항고로서(제444조), 법률에서 즉시항고를 할 수 있음을 규정한 경우에 한하여 가능하다.[4] 즉시항고는 집행정지의 효력이 있다(제447조).

3. 일반항고와 특별항고

특별항고는 불복을 신청할 수 없는 결정, 명령에 대하여 재판에 영향을 미친 헌법 위반이 있거나 재판의 전제가 된 명령이나 규칙, 처분의 헌법이나 법률 위반에 대한 판단이 부당함을 이유로 대법원에 제기하는 항고를 말하고(제449조), 그 밖의 항고를 일반항고라고 한다. 특별항고는 예를 들어 재판이 확정된 뒤에 하게 되는 것으로, 이는 재심과 비슷한 비상불복방법이고 상소의 개념에 포함되는 것은 아니다. 판례는, 상대방이 채권을 압류하고 전부명령을 받은 것에 대하여 청구이의의 소를 제기하고 이를 본안으로 하는 잠정처분으로 강제집행정지를 신청하였다가 제1심 법원이 기각결정을 하자 이에 대하여 항고를 한 사건에서, 본래 잠정처분의 신청을 기각하는 결정에 대하여는 불복이 허용되지 않으므로 이에 대하여 제기한 이 항고는 특별항고로 보아 처리할 수밖에 없다고 하였다.[5]

---

2) 고등법원, 항소법원의 결정과 명령에 대한 불복은 먼저 최초항고가 없었어도 재항고라고 한다는 의미이다. 이런 점에서 '재항고'라는 용어가 적절하다고는 생각되지 않는다.

3) 즉시항고가 항고기간의 제한이 있는 항고인 점에 비추어, 통상항고는 단순항고라고 표현하는 것이 더 적절하다고 생각된다.

4) 통설이다. 그러나 판례는 직권에 의한 담보제공명령(제117조 2항)이 있을 경우 명문의 규정은 없으나 제121조를 유추적용하여 즉시항고를 할 수 있다고 한다(大決 2011. 5. 2, 2010부8).

제 2 절 抗告의 對象

결정과 명령에 대하여 불복이 있다고 하여 어느 것이든 항고의 대상이 되는 것은 아니다. 성질상 상소가 가능하고, 법률이 인정하는 경우에 한하여 항고가 허용된다.

Ⅰ. 항고가 허용되는 재판

민사소송법은 통상항고에 대하여는 항고가 허용되는 경우를 일반적으로 규정하고, 즉시항고에 대하여는 허용되는 경우를 개별적으로 규정한다.

1. 소송절차에 관한 신청을 배척한 결정과 명령(제439조)

소송절차에 관한 신청은 절차의 개시나 진행 등에 관한 신청으로, 이에 대하여 법원 또는 재판장이 결정이나 명령으로 재판하는 것을 말한다. 관할지정신청(제28조), 기일지정신청(제165조 1항), 소송인수신청(제82조), 소송수계신청(제243조), 담보취소신청(제125조), 공시송달신청(제194조), 증거보전신청(제377조) 등을 기각하거나 각하한1) 결정과 명령에 대하여 항고할 수 있다.

절차에 관한 신청이라도 법원의 직권사항에 관한 것이면 법원이나 재판장이 배척했어도 항고할 수 없다. 이때의 신청은 법원의 직권발동을 촉구하는 의미를 가진 것에 불과하기 때문이다. 그러므로 기일변경신청을 받아들이지 않고 처음에 정한 기일에 변론을 연 것에 대하여는 항고할 수 없다.2) 그리고 증거신청각하결정이나 실기한 공격·방어방법의 각하결정과 같이 필수적 변론을 거친 결정과 명령에 대하여도 항고가 불가능하다. 이는 종국판결의 전제가 되는 사항에 관한 판단으로 종국판결과 함께 불복의 대상이 되기 때문이다.

절차에 관한 신청에 대한 재판에 대하여만 항고가 가능한데, 판례는 여기에 해

---

5) 大決 2005. 12. 19, 2005그128.
1) 제439조는 기각한 경우만을 규정하나, 반드시 기각에만 국한할 것이 아니고 각하도 포함한 배척의 의미로 새기는 것이 보통이다.
2) 大決 2008. 11. 13, 2008으5.

당하지 않은 판결경정신청을 기각한 결정에 대하여는 항고가 불가능하고 특별항고를 해야 한다고 본다.3) 그러나 판결경정신청은 절차에 관한 재판이므로 항고가 불가능하다고 보는 것은 타당하지 않다.

그리고 신청을 배척한 재판에 대하여만 항고가 가능하므로 신청을 인용한 공시송달명령, 소송인수결정, 가처분결정, 변론재개결정이나 기일지정명령,4) 인지보정명령 등에5) 대하여는 항고할 수 없다.

2. 형식 위배의 결정과 명령(제440조)

예를 들어 판결로 재판할 사항과 같이 결정이나 명령으로 재판할 수 없는 사항임에도 불구하고 결정이나 명령으로 재판한 경우에는 항고로써 취소를 구할 수 있다.

3. 강제집행절차에 관한 결정과 명령

집행절차에서는 결정이나 명령으로 재판하는 것이 원칙이므로 그에 대한 불복은 이의나 항고에 의하게 된다. 여기서 항고에 의한다 함은 특별한 규정이 있는 경우에 한하여 즉시항고로써 불복하는 것을 뜻한다(민집 제15조). 그에 따라 강제집행법 도처에 즉시항고를 할 수 있다는 규정을 두고 있는데, 유일하게 '항고'라고만 표현한 곳이 경락허부에 대한 항고(개정전 제642조)이었다. 이에 대하여 판례는 이 항고도 즉시항고임을 전제로, 경락허가결정에 대한 불복방법으로서는 즉시항고만이 인정되고 이의의 방법은 허용되지 아니하므로 이의신청이라는 제목으로 불복신청서를 제출하였어도 이를 즉시항고로 보아 처리할 것이라고 하였다.6) 그러나 2002년 제정된 민사집행법 제130조에서는 여전히 '항고'라고 표현하면서 그 제5항에 즉시항고도 규정하고 있어 매각허가(개정전 경락허가)에 대한 항고를 통상항고로 파악한 것으로 보인다.

4. 기타 개별적으로 항고가 허용된 결정과 명령

앞에서도 보았듯이 통상항고에 관하여는 일반적인 규정만을 두고, 개별적인 경

---

3) 大決 1971. 7. 21, 71마382; 大決 1984. 3. 27, 84그115; 大決 1995. 6. 19, 95그26; 大決 1995. 7. 12, 95마531; 大決 2004. 6. 25, 2003그136; 大決 2011. 10. 28, 2011그184.

4) 大決 2008. 5. 26, 2008마368.

5) 大決 1995. 6. 30, 94다39086 · 39093

6) 大決 1994. 7. 11, 94마1036.

우에는 즉시항고를 인정하였다. 특히 판결절차에서 즉시항고를 인정한 경우는 다음 과 같다:

이송결정 및 이송신청 각하결정(제39조), 제척·기피신청을 배척하는 결정(제47 조 2항), 필수적공동소송인 추가결정(제68조 6항), 참가허부결정(제73조 3항), 제3자에 대한 비용상환결정(제107조 3항), 소송비용액 확정결정(제110조 3항), 소송비용 담보 신청에 관한 결정 및 담보취소결정(제121조, 제125조 4항), 소송구조에 관련된 재판 (제133조), 변론무능력자에 대한 각하결정(제144조), 소장각하명령(제254조), 피고경정 결정(제261조), 증언 거부에 대한 재판(제317조 2항), 감정인 기피신청 기각결정(제337 조 3항), 문서제출의 신청에 관한 결정(제348조), 증거법상 제재로서의 과태료 결정 (제302조, 제311조 8항, 제360조 3항, 제363조 2항, 제366조 2항, 제370조 1항), 항소장각하 명령(제399조 3항, 제402조 3항), 항소심 가집행선고 신청에 대한 기각결정(제406조 2 항), 지급명령에 대한 이의신청 각하결정(제471조 2항), 지급명령신청서 각하결정(제 473조 2항), 공시최고 불허결정(제478조 1항), 제권판결신청을 각하한 결정 및 제권판 결에 부가한 제한 또는 유보(제488조).

Ⅱ. 항고할 수 없는 결정과 명령

결정과 명령 중에서 성질상 항고가 허용되지 않는 것과 특히 불복이 금지된 재 판, 다른 불복신청방법이 인정되어서 항고를 인정할 필요가 없는 경우 등에는 항고 가 인정되지 않는다.

성질상 항고가 허용되지 않는 것으로는 대법원의 결정과 명령을 들 수 있다.[7] 판결절차에서 특히 불복이 금지된 경우로는 관할지정결정(제28조 2항), 제척·기피 결정(제47조 1항, 제337조 3항), 증거보전결정(제380조), 가집행신청을 기각한 항소심 의 결정(제406조 2항), 지급명령각하결정(제465조 2항), 지급명령신청 사건을 소송절 차에 부치는 결정(제466조 2항), 재심 또는 상소보완신청에 의한 집행정지결정(제500 조 3항) 등이 있다. 위헌 여부 심판의 제청에 관한 결정에 대하여는 항고를 제기하 지 못한다(헌재 제41조 4항). 따라서 민사소송 중에 한 위헌심판 제청 신청을 기각한 결정에 대하여도 민사소송에 의한 항고나 재항고를 할 수 없다.[8]

---

7) 大決 1984. 2. 7, 84그6은 대법원의 결정이나 명령에 대하여는 특별항고를 제기하지 못한다고 한다.
8) 大決 2009. 1. 19, 2008부4.

이의와 같은 별도의 불복방법이 인정된 경우로는, 수명법관이나 수탁판사의 명령(제441조 1항), 지급명령(제470조), 가압류나 가처분 신청을 인용한 결정(민집 제283조, 제301조) 등을 들 수 있다.9)

제 3 절 抗告節次

I. 항고의 제기

원재판에 의하여 불이익을 받은 당사자, 참가인 또는 기타 제3자는 항고할 수 있다. 항고를 제기하려면 항고장을 작성하여 원심법원에 제출하여야 한다(제445조). 통상항고의 경우에는 항고기간이 정해져 있지 않지만 즉시항고는 재판의 고지가 있은 날부터 1주일 내에 하여야 한다(제444조). 항고장에는 민사소송등인지법 제11조에 따라 인지를 붙여야 한다.

항고절차는 항소나 상고와는 달리 양 당사자의 대립구조가 아니라 편면적 불복절차이다. 그러므로 피항고인을 정할 필요가 없고, 항고장을 상대방에게 송달할 일도 없다.

항고를 할 수 있는 시점에 관하여 과거에 판례는 항고를 하려면 그 대상인 결정이나 명령에 효력이 생겨야 하는데, 결정과 명령은 상당한 방법으로 고지해야 효력이 생기므로(제221조 1항), 아직 고지하지 않아 효력이 생기지 않은 시점에서는 항고할 수 없다고 하였다.1) 그러나 뒤에 태도를 변경하여 결정이나 명령이 성립하기만 하면 항고가 가능하다고 보고, 결정 등의 원본이 법원사무관등에게 교부되면 성립하므로 그 이후에는 고지 이전이라도 항고가 가능하다고 하였다.2)

---

9) 그렇기 때문에 판례는 그 인용결정이 항고법원에 의하여 행하여진 경우라 하더라도 이에 대하여 제442조에 의한 재항고나 제444조의 즉시항고로는 다툴 수 없다고 하였다(大決 2008. 5. 13, 2007마573).

1) 大決 1983. 3. 29, 83스5. 大決 2008. 3. 13, 2007스57도 이를 전제로 한다. 제1심 재판장의 항소장각하명령에 대하여 재항고한 사안으로 이 명령이 고지된 이후에 재항고를 제기하였는지 심리해야 한다고 판시하였다.

2) 大決(全) 2014. 10. 8, 2014마667.

Ⅱ. 항고제기의 효력

1. 재판의 경정

항고가 제기되면 원심법원은 항고의 당부를 심사할 수 있고, 항고가 이유 있다고 인정하면 스스로 그 재판을 고칠 수 있다(재판의 경정: 제446조).[3] 경정의 내용으로는 오기나 오산의 경정뿐만 아니라 재판의 취소, 변경도 포함한다. 법령 위반은 물론이고 사실인정의 잘못도 고칠 수 있고, 이를 위하여 변론을 열거나 당사자를 심문하고, 새로운 증거조사도 할 수 있다.

항고가 부적법한 경우에도 원심법원이 경정하는 것이 가능한지가 문제될 수 있다. 적법한 항고만이 경정의 대상이 된다고 하여 이를 부정하는 견해가 있으나,[4] 항고가 이유 있으면 부적법 여부를 따질 필요 없이 원심법원은 재판을 경정할 수 있다고 보는 것이 타당하다.[5] 그것은 어차피 결정과 명령은 기속력이 없어서 부적법한 항고라도 원재판이 확정 전이면 원심법원에게 스스로 고칠 기회를 제공할 수 있기 때문이다.[6]

경정결정을 하면 항고의 목적이 달성되어 항고절차는 종료된다. 다만 경정결정에 대한 항고가 가능하다.

2. 이 심

원심법원이 항고가 이유 없다고 인정하면 사건을 항고법원에 송부한다(제443조 1항, 제400조 1항). 이로써 사건이 항고법원으로 이심된다. 2002년 개정법에서는 의견서 첨부를 요구하지 않는다(개정전 제416조 2항 참조).

3. 집행정지 등

항고의 대상이 되는 결정이나 명령이 집행이 가능한 것이면 결정이나 명령의 고지로 바로 집행력이 생긴다. 이런 재판에 대한 통상항고에서는 항고에 관한 법원

---

3) 실무에서 이를 '재도(再度)의 고안(考案)'이라고 하는 수가 있으나 우리 법률에서 쓰지 않는 일본의 용어를 우리가 쓰는 것은 부적절하다.

4) 김홍엽, 1207-1208; 이시윤, 963; 鄭·庚·金, 966.

5) Anders-Gehle/Hunke[80] §572 Rn. 4; Lüke[11] §38 Rn. 3; Rosenberg-Schwab/Gottwald[18], §148 Rn. 19; Stein-Jonas/Jacobs[23] §572 Rn. 7 등 독일의 통설이다.

6) Stein-Jonas/Grunsky[20] §571 Rn. 2.

의 결정이 있을 때까지 원심 재판의 집행을 정지하거나 필요한 처분을 명할 수 있다(제448조). 항고로써 당연히 집행정지의 효과가 생기는 것은 아니다. 그러나 즉시항고는 집행정지의 효력이 있다(제447조).

Ⅲ. 항고심의 심판

항고절차는 편면적 불복절차이고, 결정으로 재판하는 절차이므로 반드시 변론을 열어야 하는 것은 아니다(제134조 1항 단서). 변론을 열지 않는 경우에 항고법원은 항고인이나 다른 이해관계인, 참고인 등을 심문할 수 있다(제134조 2항). 상대방을 심문할 필요는 없으나, 그에게 불리한 재판을 고지할 경우에는 의견진술의 기회를 주어야 할 것이다. 그렇지 않으면 법적심문청구권을 침해한 것이 된다.

판례는 항고사건의 심리에서 변론을 열거나 이해관계인 등을 심문할 것인지 여부는 항고법원이 자유재량으로 정할 수 있으므로 서면심리만으로 재판(결정)하였더라도 위법은 아니라고 한다.[7]

항고심의 절차에는 항소심에 관한 규정이 준용된다(제443조 1항). 그러므로 항고법원의 심판범위는 불복신청의 한도로 제한되고, 항고인은 새로운 소송자료를 제출할 수 있으며 불복신청의 범위도 확장 또는 변경할 수 있다. 제3자의 참가도 가능하며, 항고인은 항고를 취하할 수도 있다. 상대방이 있으면 부대항고도 할 수 있다.

항고법원은 항고가 요건을 갖추지 못하였으면 각하하고, 항고가 이유 없거나 결과적으로 원재판이 타당할 경우에는 항고를 기각한다. 항고가 이유 있다고 인정되면 원재판을 취소하고 스스로 재판하는 것이 원칙이다(제443조 1항에 의한 항소심 절차의 준용).[8] 그러나 특별한 규정이 있는 경우에는 원심법원에 환송할 수도 있다. 이때 원재판에 관여한 법관도 환송 후의 재판에 관여할 수 있다.[9]

---

7) 大決 1994. 7. 30, 94마1107(항고인에게 입증의 기회를 주지 않은 경우); 大決 2001. 3. 22, 2000마6319; 大決 2020. 6. 11, 2020마5263. 그러나 항고절차가 임의적 변론절차라는 것이 변론이나 심문의 실시 여부가 반드시 법원의 '자유'재량이라는 의미인지는 의문이다.

8) 大判 1971. 10. 11, 71다1805; 大決 2008. 4. 14, 2008마277.

9) 大決 1975. 3. 12, 74마413.

제 4 절 再 抗 告

I. 의 의

재항고는 항고법원의 결정, 고등법원·항소법원 또는 특허법원의 결정 및 명령에 대하여 불복하여 대법원에 제기하는 항고를 말한다. 재항고는 이들 재판에 영향을 미친 헌법, 법률, 명령 또는 규칙의 위반이 있음을 이유로 하는 때에 한하여 제기할 수 있다(제442조).

엄밀히 말하면 '재항고'라고 하면 항고를 제기한 뒤에 항고심 재판에 대하여 다시 불복하는 것을 말할 것이나, 고등법원이나 항소법원의 결정 및 명령에 대하여 불복하는 것도 비록 그것이 처음 하는 항고라도 재항고에 포함시켜서 결국 재항고란 대법원에 제기하는 항고를 의미하게 되었다.

II. 재항고의 대상

1. 항고법원의 각하·기각결정

항고법원이 항고를 부적법하다고 하여 각하하였거나 이유 없다고 하여 기각하였을 경우에는 재항고할 수 있다(제439조 참조). 그러나 항고를 인용하여 원재판을 경정하였으면 그로 인하여 불이익을 받은 상대방이나 기타 이해관계인은 그 내용이 항고에 적합할 경우에 한하여 재항고할 수 있다. 그러므로 기피신청을 각하하였거나 기각한 결정에 대하여 항고법원이 원결정을 취소하고 기피사유가 있다고 결정하였으면 그에 대하여는 불복신청이 불가능하므로(제47조 1항) 재항고도 허용되지 않는다.

2. 고등법원, 항소법원 및 특허법원의 결정·명령

고등법원이 항소심으로서 내린 결정이나 명령에 대하여도 재항고가 가능하다. 항소법원은 고등법원을 제외한, 즉 지방법원 항소부를 말한다. 특허법원은 특허사건의 제1심 관할법원으로 고등법원급에 해당한다. 이 법원들은 항고로 인하여 그 사건을 심판한 것이 아니라는 공통점이 있다. 그러므로 이러한 법원이 내린 결정이나 명령은 항소심에서 처음 내려진 결정, 명령을 뜻하므로 이에 대한 항고는 재항고라기보다는 최초의 항고로서의 성질을 가진다. 그럼에도 불구하고 이 법원들의 결정과 명령에 대한 불복은 심급제도상 대법원의 관할이 될 수밖에 없으므로 이를 재항고라고 한 것이다(제442조, 법조 제14조).

Ⅲ. 절   차

재항고절차에는 상고의 규정이 준용된다(제443조 2항). 그러므로 재항고장을 원심법원에 제출하고, 이유서는 재항고기록의 접수통지를 받은 날부터 20일 이내에 제출하여야 한다. 다만 이유서 제출은 즉시항고의 경우에만 필수적인 것으로 새긴다.[1] 재항고에는 상고심절차에관한특례법도 준용되므로(상특 제7조), 재항고이유가 중요한 법령 위반에 해당하지 않으면 심리불속행으로 기각결정을 하게 된다(상특 제4조 참조).

제 5 절   特別抗告

Ⅰ. 의   의

특별항고는 불복을 신청할 수 없는 결정이나 명령에 대하여 대법원에 제기하는 항고이다(제449조 1항). 이것은 통상적으로는 불복이 허용되지 않는 재판에 대하여 특별한 구제방법을 인정한 것이므로 통상의 상소에 포함되지 않는다.

Ⅱ. 특별항고대상

불복을 신청할 수 없는 결정과 명령이 대상이 된다. 여기서 불복을 신청할 수 없다는 것은 우선 재판이 형식적으로 확정되어서 불복이 불가능한 경우를 말한다. 대법원의 결정이나 명령에 대하여는 특별항고를 제기하지 못한다.[1] 대법원 재판장

---

1) 方順元, 678; 宋·朴, 780; 李英燮, 339.
1) 大決 1992. 10. 22, 82ㄱ23; 大決 1984. 2. 7, 84ㄱ6; 大決 1992. 10. 20, 92재두21.

의 재항고장 각하명령에 대하여도 마찬가지이다.[2]

다음으로, 법규정에 의해 불복신청이 금지된 경우 및 해석상 불복이 인정되지 않는 경우도 포함한다. 판례는 이에 따라 판결경정사유가 있는데도 경정신청을 배척한 것은 특별항고 사유가 된다고 본다.[3] 그러나 판결경정신청은 절차에 관한 신청이므로 통상항고가 허용된다고 보는 것이 타당하다. 판례는 집행문 부여에 대한 이의에 관한 재판에 대하여는 집행에 관한 이의나 즉시항고가 허용되지 않으므로 불복절차가 없어서 특별항고만이 허용된다고 새긴다.[4]

불복방법이 따로 마련되어 있는 결정이나 명령에 대하여는 특별항고가 허용되지 않는다.[5] 피고경정신청(제260조)을 기각하는 결정에 불복이 있는 원고는 통상항고(제439조)를 제기할 수 있으므로 특별항고를 제기할 수 없다.[6] 위헌제청신청 기각결정은 그에 대하여 별도로 항고를 할 수는 없지만 본안에 대한 종국재판에 대한 상소로써 상소심에서 심판을 받게 되는 중간적 재판의 성질을 가지므로, 특별항고의 대상이 되는 불복을 신청할 수 없는 결정에는 해당되지 않는다.[7] 인지보정명령도 마찬가지이다.[8]

그러나 관할위반에 기한 이송은 당사자에게 신청권이 없으므로 그 신청에 대한 기각결정에 대하여 불복방법이 없어도 그 결정은 신청인에게 아무런 불이익을 주는 것이 아니므로 그에 대한 특별항고는 부적법하다.[9]

Ⅲ. 특별항고이유

특별항고의 대상이 되는 결정이나 명령에 재판에 영향을 미친 헌법 위반이 있거나, 재판의 전제가 된 명령·규칙·처분의 헌법이나 법률의 위반 여부에 대한 판단이 부당하다는 것이 이유가 되어야 한다(제449조 1항). 결정이나 명령에 대하여 재판에 영향을 미친 헌법 위반이 있다는 것은 결정이나 명령의 절차에서 헌법 제27조

---

2) 大決 1994. 8. 11, 94그25.

3) 大決 1992. 9. 15, 92그20 등 다수.

4) 大決 1997. 6. 20, 97마250; 大決 2008. 8. 21, 2007그49; 大決 2017. 12. 28, 2017그100.

5) 大決 1997. 11. 11, 96그64.

6) 大決 1997. 3. 3, 97으1.

7) 大決 2009. 1. 19, 2008부4.

8) 大決 2009. 3. 27, 2009그35. 인지보정명령에 따른 인지를 보정하지 아니하여 소장이나 상소장이 각하되면 이 각하명령에 대하여 즉시항고로 다툴 수 있기 때문이다.

9) 大決 1996. 1. 12, 95그59.

등에서 규정하고 있는 적법한 절차에 따라 공정한 재판을 받을 권리가 침해된 경우를 포함한다.10) 그 예로는 판결경정신청의 신청인이 그 재판에 필요한 자료를 제출할 기회를 얻지 못한 상태임에도 법원이 경정신청을 기각한 결정을 했다든가, 자료에 의하여 판결에 잘못이 있음이 분명하여 판결을 경정해야 하는 사안임이 명백한데도 법원이 이를 간과하고 기각결정을 하였다는 등의 사정이 있어야 한다.11)

명령이나 규칙, 처분의 헌법이나 법률의 위반 여부에 대한 판단이 부당하다는 것에는 그 재판 자체가 법률, 명령이나 규칙을 위반하였거나 판례에 반하는 경우는 포함되지 않는다.12) 헌법이나 법률에 위반하는지 여부는 그 결정이나 명령 당시의 헌법이나 법률을 기준으로 판단해야 한다.13)

Ⅳ. 절　차

결정이나 명령의 고지가 있은 날부터 1주일의 불변기간 안에 원재판을 한 법원에 신청한다(제449조 2항, 3항). 신청인이 특별항고라고 표시하지 않고 항고법원을 대법원으로 적지 않았어도 성격상 특별항고이면 항고장을 접수한 법원은 이를 특별항고로 취급하여 소송기록을 대법원에 송부해야 한다.14) 반대로 통상항고를 하면서 특별항고로 표시했어도 이를 통상항고로 취급하여 관할법원으로 이송해야 한다.15)

특별항고가 제기된 경우에는 원심법원이 스스로 경정결정을 할 수 없다. 통상의 절차에 의하여 불복을 신청할 수 없는 결정이나 명령에 대하여 특별히 대법원에 위헌이나 위법의 심사권을 부여한 특별항고 제도의 취지에 맞지 않기 때문이다.16)

특별항고는 그 성질에 반하지 않는 한 상고에 관한 규정을 준용한다(제450조). 상고심절차에 관한 특례법도 준용되므로(상특 제7조) 특별항고가 그 사유에 해당하지 않으면 대법원은 이유를 붙이지 않고 결정으로 재항고를 기각한다.

---

10) 大決 1999. 7. 26, 99마2081; 大決 2004. 6. 25, 2003그136; 大決 2008. 10. 24, 2008그162; 大決 2009. 5. 20, 2009그70; 大決 2020. 3. 16, 2020그507.
11) 위 2003그136 결정; 大決 2017. 8. 21, 2017그614(경정신청의 대상이 이행권고결정인 경우도 마찬가지); 위 2020그507 결정.
12) 위 2007그49 결정; 大決 2008. 10. 23, 2007그40; 大決 2014. 5. 26, 2014그502; 위 2017그100 결정.
13) 大決 1989. 11. 6, 89그19.
14) 大決 1997. 6. 20, 97마250; 大決 1999. 7. 26, 99마2081; 大決 2014. 1. 3, 2013마2042; 大決 2016. 6. 21, 2016마5082.
15) 大決 1997. 3. 3, 97으1.
16) 大決 2001. 2. 28, 2001그4.

제 **9** 편

訴訟의 終了

민사소송을 종료시키는 사유는 여러 가지가 있다. 법원의 종국판결에 대하여 더 이상 다툴 방법이 남아 있지 않게 되면 그 판결은 확정되고 소송은 종료된다. 이것이 가장 전형적인 소송종료 사유이다. 그러나 판결이 확정되기 전이라도 당사자 쌍방이나 어느 일방이 소송을 종료시키기를 원하면 소송이 종료될 수 있다. 원고가 소를 취하하거나 청구를 포기하면 소송은 종료되고, 피고가 원고의 청구를 인낙해도 소송은 종료된다. 그리고 원고와 피고가 소송 중에 화해를 하여도 그로써 소송은 종료된다. 여기서는 이들을 차례대로 설명해 가기로 한다.

이 밖에도 소송 중에 원고·피고인 두 회사가 합병한다든지, 승계인 없는 당사자의 소멸 등 이당사자대립의 구조가 소멸되어 소송계속이 소멸하는 경우도 있다.

법률상 소송은 종료되었으나 구체적으로 당사자 사이에서 소송이 종료되었는지가 불분명한 경우가 있을 수 있다. 이러한 경우에 이를 분명히 밝히기 위하여 법원이 판결로써 소송종료선언을 할 수 있다.

제 1 장 判決의 確定

법원의 종국판결에 대하여 상소 없이 상소기간이 도과한다든가 상고심에서 판결이 선고된다든가 하면 이제는 더 이상 그 판결에 대하여 불복할 방법이 남아 있지 않게 된다. 이처럼 종국판결이 취소·변경될 가능성이 없게 된 상태를 판결이 확정되었다고 한다. 판결이 확정되면 그로부터 여러 가지 효력이 생기는데, 여기에는 형식적 확정력, 실체적 확정력(기판력)이 있고 기타 판결의 구체적 내용에 따라 집행력, 형성력 등이 생기기도 한다.

제 1 절 形式的 確定力

Ⅰ. 의   의

법원의 종국판결이 당해 절차에서 더 이상 **불복할 방법**이 남아 있지 않게 되면 그 판결은 그 절차 안에서는 취소·변경될 가능성이 없다. 이러한 상태를 판결이 확정되었다고 하는데, 이는 그 자체로는 판결의 구체적 내용에 따른 효력이 아니고 단지 취소나 변경될 수 없다는 형식적 효력이므로 형식적 확정력이라고 한다.

Ⅱ. 판결의 확정시기

종국판결은 경우에 따라 선고와 동시에 확정되는 것, 상소기간이 만료한 때에 확정되는 것, 상소기간이 경과하기 전에 확정되는 것, 다른 판결이 확정된 때에 확정되는 것 등이 있다.

1. 상소가 없는 경우

《사례 1》　　甲은 乙을 상대로 소유권이전등기를 구하는 소를 제기하였다. 제1심 법원이 1995년 3월 15일에 甲의 청구를 인용하는 판결을 선고하고 그 판결정본이 甲에게는 같은 달 23일에, 乙에게는 같은 달 25일에 송달되었다. 그러나 甲과 乙이 모두 항소하지 않았다. 이 판결은 언제 확정되었는가?

이 경우에서처럼 법원의 종국판결에 양 당사자 모두 상소하지 않으면 그 판결은 **상소기간 만료시**에 확정된다. 상소기간은 2주이고, 판결정본의 송달시부터 진행되므로 이 사례에서 항소기간은 3월 25일로부터 2주가 경과한 4월 8일에 만료하고 따라서 그때에 판결은 확정된다.

2. 상소가 취하된 경우

《사례 1a》 〈사례 1〉에서 乙이 항소를 제기하였다가 5월 3일에 항소를 취하하였다. 이 판결이 확정되었는가, 그리고 확정되었으면 언제 확정되었는가?

당사자가 일단 상소를 제기하면 판결은 확정되지 않고 상급심으로 이심된다. 그러나 **상소기간이 경과된 뒤**에 상소를 취하하면 상소의 효력이 소급적으로 소멸하므로 결국 상소하지 않은 것으로 되어 원판결은 확정된다. 그 확정 시기는 역시 상소하지 않은 것으로 되기 때문에 상소기간 만료시가 되어,[1] 이 사례에서는 앞에서와 같은 결과가 된다. 이 사례와 달리 **상소기간이 경과하기 전**에 상소를 취하한 경우에는 상소취하가 아닌 상소기간 경과로 판결이 확정되는 것이어서 상소기간 내에 다시 상소를 제기하는 것이 가능하다.[2]

3. 항소심판결이 선고된 경우

《사례 1b》 〈사례 1〉에서 乙이 항소를 제기하였는데, 항소법원이 1995년 5월 15일에 항소각하판결을 선고하였고 그 판결이 같은 달 23일에 甲과 乙에게 송달되었는데 이에 대하여 아무도 불복하지 않았다. 제1심 판결은 언제 확정되었는가?

《사례 1c》 〈사례 1b〉에서 乙의 항소에 대하여 항소법원이 1995년 8월 17일에 항소각하판결을 선고하였고, 이 판결이 같은 달 25일에 甲과 乙에게 송달되었는데, 이에 대하여 아무도 상고하지 않았다. 이 경우에 제1심 판결과 항소심 판결은 각각 언제 확정되는가?

법원의 판결에 대하여 항소가 있었으나 그 항소가 기각되거나 각하되면 원판결의 정당성이 확인되지만 그렇다고 원판결이 바로 확정되는 것은 아니다. 항소를 기각하거나 각하한 판결에 대하여 다시 불복이 있을 수 있기 때문이다. 그러므로 이

---

1) 大判 2017. 9. 21, 2017다233931.
2) 大判 2016. 1. 14, 2015므3455.

기각이나 각하판결 자체가 확정되어야 그로써 원판결의 정당성이 확정적으로 인정된다. **항소기각판결**을 하면 항소가 이유 없다고 하여 원판결을 유지한다는 판결이므로 이 판결이 확정되면 그 시점에 원판결도 확정된다. 그러나 **항소각하판결**은 그것이 확정되면 항소가 없었던 것과 같은 결과가 되므로 원판결은 항소각하판결이 확정되는 시점이 아니라 원판결에 대한 항소기간이 만료하는 때에 확정된다.[3] 항소장각하명령이 있을 경우에도 이에 대하여 즉시항고가 가능하므로 항소각하판결과 같이 취급된다. 그러므로 〈사례 1b〉에서는 제1심 판결에 대한 항소기간 만료시에, 〈사례 1c〉에서는 항소기각판결이 확정되는 시점에 원판결이 확정된다. 상소를 인용한 판결에서는 원판결이 취소·변경되는 것이므로 상소심판결과 별도로 원판결이 확정된다는 일은 있을 수 없다.

단순병합된 청구 중 일부에 관한 판결에 대해서만 항소한 경우, 나머지 부분도 항소심에 이심되기는 하지만 항소취지의 확장이 없는 이상 그 부분은 항소심 판결의 선고와 동시에 확정된다는 것이 판례이다.[4] 제1심에서 청구의 일부를 인용한 경우에도 그 판결에 대하여 원고만이 그 패소 부분에 대한 항소를 제기하고 피고는 항소나 부대항소를 제기하지 않았으면 제1심 판결 중 원고 승소 부분은 항소심의 심판대상에서 제외됨으로써 항소심 판결의 선고와 동시에 확정된다. 따라서 원고가 승소 확정된 부분에 대하여 상고를 제기하는 것은 부적법하다.[5]

4. 상고심판결

《사례 1d》 〈사례 1〉에서 乙이 항소를 제기하였고 이에 대하여 항소법원이 1995년 8월 17일에 항소를 인용하여 청구기각판결을 선고하였다. 이에 대하여 甲이 상고를 제기하였는데, 상고법원은 甲의 상고가 이유 없다고 하여 1996년 2월 5일에 상고기각판결을 선고하였다. 甲과 乙은 같은 달 15일에 판결정본을 송달받았다. 항소심과 상고심의 판결이 각기 언제 확정되었는가?

---

3) 상소를 제기하였으나 상소각하판결이나 상소장각하명령이 있으면 원판결이 상소기간 만료시에 확정된다고 설명하는 경우가 있으나(鄭·庚·金, 802), 이는 마치 상소심의 재판이 확정되지 않아도 원판결이 확정된다는 의미로 오해할 여지가 있다.

4) 大判 1994. 12. 23, 94다44644; 大判 2006. 4. 27, 2006두2091. 본소청구와 반소청구가 병합된 경우에도 마찬가지이다. 그러므로 항소심이 항소의 대상이 된 반소청구에 대하여 판결을 하면서 항소로 불복하지 않은 본소청구에 대한 제1심 판결까지 취소하고 새로 재판하는 것은 허용되지 않는다. 이러한 판결은 무의미한 것으로 상고의 대상이 되지도 않으므로 이에 대한 상고도 부적법하다(大判 2008. 6. 26, 2008다24791·24807).

5) 大判 2008. 3. 14, 2006다2940.

항소심에서 하는 항소기각판결은 그에 대한 항소기간이 만료되어야 확정되고, 따라서 원판결도 그때 확정된다. 이와 달리 상고심에서의 **상고기각판결**은 그에 대한 불복방법이 없으므로 선고와 동시에 확정되고 원판결도 그와 동시에 확정된다. 〈사례 1d〉에서 항소심판결도 1996년 2월 5일에 확정되는 것이다. 상고를 일부 인용하여 파기환송하고 일부를 기각한 경우에는 상고기각된 부분은 확정되므로 환송 후 항소심의 심판 대상이 되지 않는다. 같은 상고심 판결이라도 이와는 다른 모습을 보이는 것이 **상고를 인용하는 판결**이다.

《사례 1e》   〈사례 1d〉에서 대법원은 甲의 상고를 이유 있다고 인용하여 1996년 2월 5일에 항소심 판결을 파기환송하였다. 이때 어느 판결이 언제 확정되는가?

상고심의 판결은 그 내용이 기각인가 인용인가를 묻지 않고 그 판결 자체는 선고와 동시에 확정된다. 이 점은 상고기각이나 파기자판에서는 의문의 여지가 없다. **파기환송판결**에 대하여는 과거에 우리 판례가 이를 중간판결이라고 보고 별도의 확정력을 인정하지 않고, 이 판결은 재심의 대상도 되지 않는다고 보았다. 그러나 뒤에 판례를 변경하여 이를 종국판결이라고 보았기 때문에[6] 이제는 그 판결 자체는 선고와 동시에 확정된다고 말할 수 있게 되었다.[7] 파기환송판결로 사건을 환송받은 항소법원은 사건을 다시 심리하여야 하므로 이러한 경우에 확정되는 것은 상고심의 환송판결뿐이고 항소심 판결은 확정되지 않는다. 〈사례 1e〉에서 파기환송판결만이 1996년 2월 5일에 확정된다.

5. 불상소합의나 상소권포기가 있은 경우

불상소합의가[8] 판결 선고 전에 있으면 당초부터 상소권이 발생하지 않으므로 판결은 선고와 동시에 확정된다. 판결 선고 뒤에 합의하였으면 그 합의가 성립된 시점에 판결이 확정된다. 상소권을 포기하면 그때에 판결이 확정된다. 판결 선고 전에 포기하는 것이 허용되지 않기 때문에 포기로 인하여 선고와 동시에 확정되는 일은 없다.

---

6) 大判(全) 1995. 2. 14, 93재다27 · 34.

7) 다만 이 판결은 종국판결이라고 하면서도 그 내용은 원심으로 하여금 다시 심리 판단하여 보라는 것이므로 종국적인 판단을 유보한 것이어서 기판력 등이 생기지 않고, 이런 의미에서 재심의 대상이 되는 '실질적으로 확정된 종국판결'이라고는 할 수 없다고 판시하여 재심대상에서는 제외하였다.

8) 앞에서 설명한 대로 불상소합의는 효력이 없다고 보아야 하나, 여기서는 일단 통설, 판례에 따라 유효하다고 전제하고 설명한다.

Ⅲ. 판결확정증명

《사례 1f》　〈사례 1〉에서 甲은 송달받은 판결정본을 들고 5월 15일에 등기소에 가서 이전등기신청을 하였다. 등기소에서 이 서류를 보고 이전등기를 할 수 있는가?

판결이 확정되면 그에 기하여 당사자는 후소송에서 기판력을 주장하거나 소송 밖에서 가족관계 신고나 등기신청 등을 할 수 있다. 그러나 판결이 확정되더라도 당사자가 갖고 있는 것은 판결 확정 전에 송달받은 판결정본뿐이므로 그로써는 판결이 확정되었는지를 알 수가 없다. 그러므로 이러한 경우에 판결확정증명이 필요하다. 당사자는 소송기록을 보관하고 있는 법원에 신청하여 이 증명을 교부받을 수 있다(제499조). 소송기록은 제1심 법원이 보관하는 것이 원칙이나(제421조, 제425조), 그 사건의 일부만이 확정된 경우에는 아직 계속 중인 법원에 기록이 있을 것이다.

Ⅳ. 소송의 종료

판결이 형식적으로 확정되면 그 소송은 종료된다. 형식적 확정력이 생기면 그에 따라서 그 판결의 내용적 효력이 생기게 되는데, 모든 확정판결에 기판력이 생기고, 그 판결의 내용에 따라서 이행판결에는 집행력, 형성판결에는 형성력이 생긴다.

제 2 절　旣 判 力

Ⅰ. 제도적 의의

앞에서 본 형식적 확정력은 법원의 종국판결에 대하여 더 이상의 불복방법이 남아 있지 않은데도 소송이 끊임 없이 계속되는 것을 방지하는 역할을 한다. 그러나 형식적 확정력은 기본적으로 당해 절차 안에서 불복하는 것을 차단하는 효력이므로 그것만으로는 당사자들이 새로운 소송으로써 또 다시 분쟁을 하는 것은 막지 못한다. 만일 한 번 소송을 하여 그 소송이 형식적으로 확정된 판결로써 종료되었는데도 다시 소송을 해서 법원이 새로이 재판을 하게 된다면 이는 법적 평화와 법

적 안정성을 심각하게 해치는 일이 된다. 뿐만 아니라 모순되는 재판이 생길 염려
도 있다. 이러한 폐단을 방지하려는 것이 기판력이다. 즉, 기판력은 **확정판결의 법
적 안정성**을 위한 제도이다.[1]

여기서 기판력(또는 실체적 확정력)이라 함은 **형식적으로 확정된 판결이 주로
후소송 법원에 대하여 가지는 구속력**을 말하는 것으로,[2] 항상 형식적 확정력을 전
제로 한다. 판결에 기판력이 생기면 그 판결의 정당성에 대하여 어느 당사자도 더
이상 다툴 수 없게 된다. 만일 후소가 전소송 확정판결의 기판력에 저촉되면 후소
는 소송요건 불비가 되어 부적법해지고, 따라서 판결로 각하 당하게 된다.

《사례 2》   甲은 乙을 상대로 대여금 5천만원을 반환할 것을 구하는 소를 제기하였
다. 이 소송에서 甲은 온 집안을 다 뒤졌으나 乙에게 금전을 대여한 사실을 입증할 차
용증을 찾지 못하여 결국 청구를 기각하는 판결이 선고되었고, 이에 甲은 어차피 차용
증을 찾지 못하면 항소해도 소용이 없다고 생각하여 항소를 하지 않았다. 그 뒤 甲이
우연히 그의 처 몰래 깊숙히 숨겨 놓은 통장 사이에서 차용증을 발견하여 다시 같은
내용의 소를 제기하였다. 이때 법원이 어떤 재판을 하여야 하는가?

이 사례에서처럼 패소한 당사자는 그 판결을 뒤집기 위하여 새로운 증거자료를
찾았다거나 다른 이유를 들어 다시 소송을 하려고 할 것이다. 그러나 법원이 이를
받아들여 본안심리를 하여 새로이 재판한다면 소송이 반복되고 우리의 법적 생활
은 안정되지 않게 된다. 이를 막기 위하여 그 정도의 사유로는 새로이 소송을 하여
확정된 판결을 뒤집지 못하도록 할 필요가 있다. 그러므로 이러한 경우에 후소송의
법원은 새로 제출된 증거자료를 고려함이 없이, 즉 본안심리 없이 바로 소각하판결
을 하여야 한다.

---

1) 大判 1987. 6. 9, 86다카2756; 大判 2018. 3. 27, 2015다70822. 이에 대하여 일본에서 주장되는
절차보장설은 소송 과정에서 당사자들에게 절차가 보장되었기 때문에 기판력이 인정된다고 한다. 그러나
이 견해는 소송과정에서 당사자들에게 일일이 절차가 보장되었는지를 따져서 기판력을 인정할지 여부를
판단한다는 것은 기판력 제도를 무의미하게 만드는 것이고, 다른 한편으로는 절차만 보장되면 판결 내용
의 타당 여부는 무관하다고 할 수도 있어서 타당하지 않다. 鄭·庾·金, 812도 같은 견해이다.

2) Lüke[11] § 32 Rn. 1. 흔히 기판력을 정의하면서 大判 1960. 11. 3, 4292민상656을 인용하여 판결
의 기판력이라 함은 확정판결 효력의 일종으로서 그 재판에 포함된 구체적인 법적 효과에 대한 선언의
규준성을 말하는 것인바 그 판단의 대상이 된 구체적인 권리관계에 대하여 그 기판력의 효과를 받은 당
사자간에 또다시 다툼이 되었을 경우 법원은 위 확정판결과 저촉되는 판단은 할 수 없고 또 당사자도 위
판결과 저촉되는 주장을 할 수 없도록 하는 효력이라고 하는데, 이는 뒤에 설명하는 모순금지설을 전제
로 한 개념정의라는 점을 주의하여야 한다.

Ⅱ. 기판력 있는 재판 등

1. 확정된 종국판결

(1) 본안판결

본안판결이 확정되면 기판력이 생긴다. 그 내용이 청구인용이든 기각이든 관계가 없다. 이행판결과 확인판결에 기판력이 생김은 물론이다.

형성판결에 관하여는 논란이 있다. 형성판결이 확정되면 이미 그에 따라 법률관계가 변동되기 때문에 따로 기판력을 인정할 필요가 없다는 부정설과 형성요건이 구비되어 있었다거나 원고가 법률관계의 변동을 구할 권리를 가지고 있었다는 점에 기판력을 인정할 필요가 있다는 긍정설이 있다.

《사례 3》　　　甲은 그의 처 乙과 자식들을 버려두고 다른 지방에 가서 과부 丙과 살림을 차려 놓고 즐거운 나날을 보내고 있었다. 이에 甲을 설득하여 되돌아 오도록 노력하다 지친 乙이 甲을 상대로 이혼청구의 소를 제기하여 승소확정판결을 받아 이혼하였다. 그러나 뒤에 甲이 자기는 丙과 살림을 차린 적이 없었고, 乙에게 조금 소홀한 점이 없지 않았지만, 이는 외지에 나가 열심히 돈을 벌어 내집을 장만하기 위한 것이었기 때문에 그러한 사유는 乙이 감수할 의무가 있는데, 이를 참지 못하고 乙이 이혼소송을 하여 이혼당하게 되었다고 주장하면서 이는 乙이 불법행위를 한 것이라고 하여 그로 인한 재산적, 정신적 손해배상을 구하는 소를 제기하였다. 이 소가 적법한가?

형성판결에 기판력을 인정하지 않으면 나중에 그 소송의 피고가 뒤에 형성요건이 구비되어 있지 않았음을 주장하여 손해배상을 청구하는 것이 가능해진다. 〈사례 3〉에서 확정된 형성판결이 乙에게 재판상이혼을 청구할 형성권이 있음을 (즉 형성요건이 구비되었음을) 확정하여 이혼판결을 하였는데, 후소송에서 乙에게 그러한 재판상이혼청구권이라는 형성권이 없었다고 주장하여 손해배상청구를 하면 전소송 확정판결의 주문에서 판단한 것이 후소송의 선결문제가 된다. 만일 기판력이 인정되지 않으면 확정판결이 후소송에서 아무런 구속력이 없어서 전소송 이혼판결이 부당하다고 주장하고 후소송 법원도 이를 받아들일 수 있게 될 것이다. 이러한 폐단을 방지한다는 의미에서도 기판력을 인정할 필요가 있다고 생각된다.[3] 판례도 긍정설을 취한다.[4]

---

3) 강현중, 344; 金·姜, 653; 이시윤, 218; 田炳西, 645; 전병서, 강의, 488; 鄭·庚·金, 819; Jauernig-Hess[30] §65 Rn. 8.

(2) 소송판결

소송판결에도 기판력을 인정할 필요가 있는지에 관하여 논란의 여지가 있으나, 통설·판례는 구체적인 소송요건이 불비되었다고 판단한 부분에 기판력이 생긴다고 본다.5) 그러므로 그 불비된 소송요건에 관하여 아무런 변화가 없는데도 후소송에서 법원이 소송요건이 갖추어졌다고 판단할 수 없다. 그리고 그 불비된 소송요건을 보정하지 않은 채 다시 소를 제기하면 소송요건 불비로 각하된다.6)

소송요건의 흠결을 보완하여 다시 소를 제기하면 기판력에 저촉되지 않음은7) 물론이다. 판례는 민주화보상법에서 보상금 지급에 신청인이 동의하면 재판상 화해가 성립한 것으로 본다는 규정 때문에 손해배상청구 소송에서 기판력 저촉으로 소각하 판결을 받아 확정된 후에, 헌법재판소의 결정으로8) 위 규정의 내용 중 정신적 손해에 관한 부분이 위헌으로 효력을 잃은 뒤에 다시 정신적 손해배상을 청구하는 소는 기판력에 저촉되지 않는다고 하였다.9)

소송요건 불비를 이유로 들면서 소각하판결이 아닌 청구기각판결을 한 경우에는 그 판결이 확정되어도 청구 본안에 관하여 판단한 것이 아니므로 본안에 관해서는 기판력이 생기지 않는다.10)

《사례 4》 乙은 그의 처 丙과 자식들을 버려두고 다른 지방에 가서 과부 甲과 살림을 차려 놓고 즐거운 나날을 보내고 있었다. 甲은 乙과의 생활이 법으로 인정받지 못하는 것이어서 항상 불안하게 생각하고 있었다. 이를 근본적으로 해결해야겠다고 마음 먹은 甲이 乙과 丙을 상대로 乙·丙이 이혼할 것을 구하는 소를 제기하였다. 甲의 소가 당사자적격이 없다고 하여 각하판결을 받고 그 판결이 확정된 뒤에 甲이 다시 같은 내용의 소를 제기하였다. 이 후소가 적법한가?

---

4) 행정청의 위법한 처분의 취소나 변경을 구하는 소송에서 원고 청구를 인용한 확정판결은 당사자 간에 기판력이 있는 것이므로 그 당사자인 행정청으로서는 그 판결의 사실심 변론종결 이전의 사유를 내세워 확정판결과 저촉되는 새로운 처분을 할 수 없고 그러한 처분을 하였다면 그 새로운 처분은 명백하고도 중대한 하자가 있는 행정행위로서 당연 무효이다(大判 1980. 7. 22, 80다839).

5) 大判 1996. 11. 15, 96다31406: 각하된 사건에서 문제되었던 실체법상의 권리의무의 존부에 기판력이 미치는 것이 아니다.

6) 자연마을이 당사자능력 흠결로 소각하 판결을 받아 확정되었어도 뒤에 이를 보정하여 당사자능력을 갖추어서 다시 소를 제기하였으면 기판력의 제한을 받지 않는다(大判 2003. 4. 8, 2002다70181).

7) 大判 2003. 4. 8, 2002다70181.

8) 憲決 2018. 8. 30, 2014헌바180 등.

9) 大判 2023. 2. 2, 2020다270633.

10) 大判 1994. 6. 14, 93다45015.

이 사례에서처럼 **당사자적격**이 없는 이가 원고가 되어 소제기하여 각하되었을 경우에 그가 다시 소를 제기하면 당사자적격 불비라는 판단에 생긴 기판력에 저촉된다. 이렇게 하면 후소송에서 다시 당사자적격 유무를 심리하여 그 결과가 뒤집어지는 것을 방지할 수 있다.

여기서 한 가지 주의할 것이 있다.

《사례 5》 16세인 甲이 乙의 불법행위로 손해를 보았다고 주장하여 乙을 상대로 손해배상을 구하는 소를 제기하였다. 법원이 소송능력의 흠결을 보정하라고 명하였으나 甲의 친권자들이 전혀 소송에 관여하지 않고 있어서 소각하판결을 하였고 그것이 확정되었다. 그 뒤에 다시 甲이 乙을 상대로 제소하였으나 甲은 17세였다. 이때 법원은 어떠한 조치를 취할 것인가?

이 경우에 甲의 후소는 전소송 판결의 기판력에 저촉되는가? 전소송 판결의 기준시점에 소송요건이 불비되었다는 판단에 기판력이 생기는 것이므로 그 기준시점 이후에 상황이 변하는 경우에는 기판력에 관한 문제가 아니다. 만일 〈사례 5〉에서 후소가 기판력에 저촉된다면 법원은 바로 소각하판결을 할 것이나, 후소송에서 甲이 여전히 미성년자임은 후소송에서의 사정이지 전소송에서 확정해 둔 것이 아니므로 이때에는 법원이 보정을 명하여야 할 것이다.

판례는 **채권자대위소송**에서 피보전채권이 인정되지 않아서 소각하판결을 받은 뒤에 채권자가 채무자를 상대로 전소송의 피보전채권을 청구하는 소를 제기한 경우에 전소송의 소각하판결의 기판력이 후소송에 미치지 않는다고 한다.[11] 그러나 채권자대위소송은 소송담당이 아니고 피보전채권의 존재를 소송요건이라고 하는 것도 타당하지 않음은 앞에서 이미 설명하였다. 전소송에서는 피보전채권의 존재가 대위권의 법률요건이므로 청구기각판결을 했어야 했고, 이는 원고에게 대위권이 없다는 판단을 한 것이고, 그 법률요건 중 하나인 피보전채권이 인정되지 않는다는 판단은 판결이유 중의 판단이므로 그 판단에는 기판력이 생기지 않는다. 따라서 후소로써 전소송의 피보전채권을 청구하는 것은 전소송 확정판결의 기판력에 저촉되지 않는다. 그러므로 후소송에서는 채권자의 채권의 존부에 관하여 본안 심판을 할 수 있을 것이다. 다만 같은 채권의 존재를 부정한 전소송 확정판결의 증명력으로 후소송에서 기각판결을 할 가능성이 크다고 할 것이다.[12]

---

11) 大判 2014. 1. 23, 2011다108095. 논거는 밝히지 않았다.
12) 판례의 입장에 따라 대위소송이 소송담당이라고 볼 경우, 피보전채권의 존재를 부인한 판결은

(3) 환송판결

상소법원의 환송판결이 형식적으로 확정되면 기판력이 생기는지가 문제된다. 우리 판례는 종전에 환송판결을 중간판결이라고 하던 태도를 변경하여 이제는 종국판결이라고 본다.13) 그러면서도 적어도 대법원의 환송판결은 중간판결의 특성을 가지므로 기판력이 생기지 않고 재심의 대상도 되지 않는다고 하였다. 이러한 태도에 의하면 대법원의 환송판결은 그 선고와 동시에 형식적 확정력은 생기되 기판력은 없는 것으로 된다. 그 근거로는 환송판결에는 소송물에 대한 종국적인 재판이 포함되어 있지 않다는 점을 든다.14)

환송판결에서 원판결의 잘못에 관하여 판단한 것은 **기속력**만으로도 뒤에 당사자가 다투는 것을 막을 수 있고 대부분 원판결의 법률적 잘못을 지적하는 판단이기 때문에 굳이 기판력을 인정할 필요는 없을 것이다. 그렇다고 판례처럼 **재심의 대상**이 되지 않는다고 볼 필요는 없다. 재심이 형식적 확정력도 배제하는 것이라고 보기 때문이다.

2. 결정과 명령

결정과 명령은 대부분 소송의 진행과 관련된 사항에 관한 판단으로 절차 내에서 효력이 생기는 것에 불과하므로 기판력이 인정될 여지가 없다. 그러나 소송비용에 관한 결정(제110조, 제114조)과 같이 실체관계를 종국적으로 판단하여 그 효과가 소송 밖에도 미치는 것에는 기판력이 인정된다.15)

보전절차에서의 확정판결은 피보전권리를 종국적으로 확정하는 것이 아니므로 그 판단에 기판력이 생길 여지는 없다. 그러나 뒤에 같은 사실, 같은 요건하에 제기되는 신청에 관하여 다시 심판할 수 없다는 의미에서의 기판력은 인정된다. 그리고 소액사건에서의 확정된 이행권고결정은 확정판결과 같은 효력이 있으나(소심 제5조의7 1항), 여기서 기판력은 제외된다.16)

소각하의 형식이지만 그 내용은 피보전채권의 부존재를 판결주문으로 판단한 것이 된다. 따라서 그 판단에는 기판력이 인정되어야 하고, 전소송이 소송담당이었으므로 그 판결의 기판력이 채무자에게도 미친다고 볼 것이다. 그러므로 같은 내용의 청구를 하는 후소 청구는 그 기판력에 저촉된다고 보는 것이 논리적일 것이다.

13) 大判(全) 1995. 2. 14, 93재다27・34.
14) Lüke[11] § 32 Rn. 5.
15) 大決 2002. 9. 23, 2000마5257.
16) 大判 2009. 5. 14, 2006다34190. 확정된 이행권고결정에 관하여는 그 결정 전에 생긴 사유도 청

3. 확정판결과 동일한 효력이 있는 것

법원의 재판은 아니지만 확정판결과 동일한 효력이 있어 기판력이 인정되는 것에는 청구의 포기, 인낙 및 화해조서(제220조), 민사조정조서(민조 제29조), 조정에 갈음하는 결정(민조 제30조), 가사조정조서(가소 제59조), 중재판정(중 제35조),17) 확정파산채권에서의 채권자표의 기재(채회 제460조, 제535조), 회생채권자표나18) 회생담보권자표의 기재(채회 제168조), 개인회생채권자표의 기재(채회 제603조 3항) 등이 있다. 이들 중 화해조서와 각종의 조정조서의 경우에는 제한적으로 기판력을 인정하자는 견해도 있으나 해석론으로는 타당하지 않다. 이 점은 뒤에 설명한다.

4. 외국법원의 확정판결 등의 재판

외국법원의 확정판결은 국내에서 당연히 효력이 인정되는 것은 아니므로 그 판결이 있음에도 불구하고 국내에서 다시 소송을 한다 하여 법적 안정성이 깨어진다든가 효력이 상호 모순되는 재판들이 존재한다든가 하는 문제는 생기지 않는다. 그러나 외국법원의 판결 중에도 그것이 우리나라에서 **승인되어 효력을 가지는 것**이 있으면 기판력을 인정하여야 한다. 그렇지 않으면 이 경우에도 역시 법적 안정성이 깨어지고 모순되는 재판이 병존할 염려가 있기 때문이다.

외국법원의 결정 등 재판 중에서 확정판결과 동일한 효력이 인정되는 것에도 확정판결과 마찬가지로 기판력이 인정되어 승인의 대상이 될 수 있다(제217조 1항).19)

(1) 승인의 요건

외국법원의 확정재판 등은 다음의 **요건**을 모두 갖추어야 승인된다(제217조 1항). 이 요건의 충족 여부는 법원이 직권으로 조사한다(제217조 2항). 그 판결에 기하여 집행을 하려면 우리 법원에서 집행판결을 받아야 하지만(민집 제26조), 이때는 그 외

구에 관한 이의의 소에서 주장할 수 있기(소심 제5조의8 3항) 때문이다.

17) 중재판정으로 집행을 하려면 집행법원의 집행결정을 받아야 한다. 종래에는 이 재판을 판결로 하였으나, 2016. 5. 29. 중재법 개정으로 결정으로 재판하도록 하였다(중 제37조 1항).

18) 大判 2014. 6. 26, 2013다17971: 확정된 회생채권을 회생채권자표에 기재한 때에는 그 기재는 확정판결과 동일한 효력이 있으므로 계속 중이던 회생채권에 관한 소송은 소의 이익이 없어 부적법하게 된다.

19) 2014. 5. 20. 민소법 개정으로 승인의 대상이 확대되었다. 그 이유는 각국과의 FTA등의 발효로 국내기업의 국제적 거래가 증가하고, 그에 따라 외국에서의 소송에서 불이익을 당하는 경우가 많아질 것에 대비하여 외국법원의 판결뿐만 아니라 그와 같은 효력이 인정되는 결정 등의 재판도 승인 대상에 포함시킬 필요가 있다는 것이다. 여기서는 법문에 따라 확정판결과 합쳐서 '확정재판 등'이라고 부르기로 한다.

국판결의 당부를 심리하지 않고[20] 형식적 요건만을 심리하여 선고한다(민집 제27조).

(가) 승인의 대상이 되는 것은 외국법원의 확정재판 등이다. 여기서 재판의 확정은 형식적 확정력이 생겼음을 말한다.[21]

(나) 우리나라의 법령이나 조약에 따른 국제재판관할의 원칙상 그 외국법원의 **국제재판관할권**이 인정되어 있어야 한다.

(다) **패소한 피고**가 정상적인 송달을 받았다든가 하여 제대로 **응소할 기회**를 가졌어야 한다. 즉 피고가 소장이나 그에 준하는 서면 및 기일통지서나 명령을 적법한 방식에 따라 방어에 필요한 시간 여유를 두고 송달받았거나, 송달받지 않았더라도 응소하였어야 한다.[22] 과거에는 패소한 피고가 우리나라 국민일 것을 요구하였으나, 2002년 개정으로 그 제한을 없앴다.

해당 국가의 법률에서 정한 응소기간을 단축하여 기일통지를 한 경우는 정상적인 송달이라고 할 수 없다.[23] 관할위반의 항변을 하기 위하여 출석한 것은 응소라고 볼 수 없고, 공시송달, 보충송달, 우편송달 등은 정상적인 송달에 해당하지 않는다는 것이 종전의 판례였으나,[24] 보충송달은 당사자에게 실제로 송달될 가능성이 높다는 이유로 정상적인 송달에 포함시키는 것으로 판례가 변경되었다.[25]

(라) 그 확정재판 등의 내용과 소송절차에 비추어 그 확정재판 등의 승인이 우리나라의 **선량한 풍속 기타 사회질서**에 위반되지 않아야 한다. 여기서 선량한 풍속 기타 사회질서는 민법 제103조에서 말하는 것을 포함함은 물론이다.

《사례 6》 건설기술자 甲은 처와 일남일녀의 자녀와 함께 단란한 가정을 꾸려 가고 있었다. 하루라도 빨리 내집을 마련하려면 중동지방의 건설현장에 가야 된다고 생

---

20) 大判 2015. 10. 15, 2015다1284: 외국의 확정재판 등을 승인한 결과가 선량한 풍속이나 그 밖의 사회질서에 어긋나는지를 심리한다는 명목으로 실질적으로 확정재판 등의 당부를 전면적으로 재심사하는 것은 허용되지 않는다.

21) Rosenberg-Schwag/Gottwald[18] § 158 Rn. 36; MüKoZPO/Gottwald[6] § 328 Rn. 70.

22) 大判 2013. 2. 15, 2012므66 · 73(미국 Oregon주의 소송에서 소장을 원고의 어머니가 피고에게 동대구역에서 교부하였으므로 송달은 부적법하지만 피고가 Oregon주 법원에 출석하여 응소한 사안); 大判 2016. 1. 28, 2015다207747(한국에서 종마 목장을 운영하는 피고가 미국 국적의 원고에게 암말을 매도하기로 한 약정을 위반하자 원고가 켄터키주의 순회법원에 채무불이행으로 인한 손해배상을 청구한 사건에서 소장 등의 송달이 미국법에 따른 적법한 방식으로 이루어지지 않아도 피고가 소송대리인을 선임 및 개임을 하고 소송서류를 실제로 받아 응소를 한 사안).

23) 大判 2010. 7. 22, 2008다31089: 미국 워싱턴주법이 워싱턴주 밖에 주소를 둔 피고에게 60일의 응소기간을 부여하도록 규정하였음에도 불구하고 원고가 이러한 규정을 따르지 아니하고 워싱턴주 밖에 주소를 둔 피고에게 20일의 응소기간만을 부여한 소환장을 송달한 사안.

24) 大判 1992. 7. 14, 92다2585; 大判 2009. 1. 30, 2008다65815.

25) 大判(全) 2021. 12. 23, 2017다257746.

각한 甲이 중동파견을 신청하여 중동지방의 A국에 가서 근무하기 시작했다. 그러던 어느 날 甲이 승용차를 운전하고 가다가 그곳 고위 공무원인 丙을 치어 사망케 하였다. 그 나라의 법에 따라 가해자인 甲에 대한 처분은 피해자측인 丙의 처 乙에게 맡겨졌다. 乙이 甲을 처벌하는 대신 데리고 살기를 원하여 甲은 乙과 중동식으로 혼인을 하게 되었다. 처음에는 호기심으로 순순히 응한 甲이 한두 해 시간이 지나자 고향에 두고 온 처자식 생각이 나서 그곳에서 빠져 나올 궁리를 한 끝에 중혼을 이유로 혼인취소청구의 소를 제기하였다. 그러나 A국의 법원은 일부다처제도가 인정되는 그 나라의 법상 중혼은 혼인취소사유가 되지 않는다고 청구를 기각하였고 그 판결이 확정되었다. 도저히 참기 어렵다고 생각한 甲이 한국에 와서 가정법원에 다시 중혼을 이유로 하여 혼인취소청구의 소를 제기하였다. 甲의 이 소가 A국 법원 확정판결의 기판력에 저촉되는가?

이 사례에서와 같이 외국 판결이 **축첩제도**를 인정한 경우에는 그 판결의 내용이 우리나라의 선량한 풍속에 위반되므로 그 효력을 인정할 수가 없다. 여기서 말하는 사회질서는 그 밖에도 국가의 일반질서 내지는 법제도를 뜻한다고 새긴다(이를 공서라고 한다). 판례는 외국법원의 판결이 우리 법원의 확정판결의 **기판력에 저촉되는 것**도 이 요건에 저촉된다고 본다.[26] 미국 법원의 class action에서 한 판결효력의 주관적 범위에는 그 소송에 참가하지 않은 피해자도 포함되는데, 우리나라에서는 증권관련 집단소송을 제외하고는 그 피해자에 대한 판결의 효력을 인정할수 없을 것이다.[27] 외국법원의 확정재판 등을 승인한 결과 피고가 파산하게 된다는 사정은 승인을 거부하거나 제한할 사유가 되지 않음은 물론이다.[28]

특히 **손해배상에 관한 확정재판** 등의 승인에는 그 재판 등이 우리나라의 법률이나 우리나라가 체결한 국제조약의 기본질서에 현저히 반하는 결과를 초래하지 않을 것을 요건으로 한다(제217조의2 1항). 이는 **징벌적 손해배상**과 같이 손해전보의 범위를 초과하는 배상액의 지급을 명한 외국법원의 확정재판등의 승인을 적정한 범위로 제한하기 위하여 규정한 것으로,[29] 우리나라에서 2011년 3월에 시행된 하도급거래 공정화에 관한 법률을 필두로 여러 특별법으로[30] 징벌적 손해배상을

---

26) 大判 1994. 5. 10, 93므1051·1068. 동일 당사자 간의 동일 소송물에 관하여 우리나라에서 판결이 확정되었는데 외국 법원에서 다시 확정판결을 받은 사안이다.

27) 독일에서도 같다: MüKoZPO/Gottwald[6] §328 Rn. 129.

28) 大判 2015. 10. 15, 2015다1284.

29) 위 2015다1284 판결.

30) 2014년 시행된 기간제 및 단시간근로자 보호등에 관한 법률과 2015년 시행된 신용정보법, 같은 해의 개인정보보호에 관한 법률, 2016년 시행된 정보통신망 이용촉진 및 정보보호에 관한 법률, 같은 해의 대리점거래의 공정화에 관한 법률, 2017년 시행된 가맹사업거래의 공정화에 관한 법률, 2018년 시행의 제조물책임법 등이다.

인정하고 있는 데에 따른 입법조치이다. 따라서 징벌적 손해배상을 명하는 미국법원의 판결은 우리나라에서 일반적으로 인정되는 손해액을 초과하는 부분은 승인될수 없을 것이고,31) 우리나라에서 특별법으로 인정하는 징벌적 배상액을 초과하는 경우에도 그 초과 부분은 승인할 수 없을 것이다. 그러므로 미국법원 판결이 손해배상을 명하는 내용이라도 당사자가 실제로 입은 손해를 전보하는 배상을 명한 것이면 그 판결의 승인을 제한할 수 없다.32) 이 요건을 심리할 때에는 외국법원이 인정한 손해배상의 범위에 변호사보수를 비롯한 소송과 관련된 비용과 경비의 포함여부와 그 범위도 고려해야 한다(제217조의2 2항).

판례는 우리나라 법제에 외국재판에서 적용된 법령과 동일한 내용을 규정하는 법령이 없다는 이유만으로 바로 그 외국재판의 승인을 거부할 것은 아니라고 하면서, 공정거래법에 이미 사업자의 부당한 공동행위 등에 대해 실제 손해액의 3배 범위 내에서 손해배상을 허용함으로써 이 법이 규율하는 영역에 손해전보의 범위를 초과하는 손해배상을 허용하는 제도를 도입하고 있음을 근거로 이 법에서 손해전보의 범위를 초과하는 손해배상을 허용하지 않는 불공정 거래행위에 대해서 초과배상을 명한 하와이주 법원의 판결을 승인해야 한다고 하였다.33)

그러나 이는 타당하지 않다. 어떤 법률의 여기저기에서 3배 배상 등의 규정을두고 있다고 해서 그 법률을 해석, 적용할 때 그 법률이 적용되는 모든 영역에서 3배 배상 등을 인정하는 것이 그 법률의 태도라고 적당히 해석하고 넘어갈 일이 아니다. 공정거래법은 부당한 공동행위와 불공정 거래행위라는 서로 다른 유형의 행위를 구별하고 전자에게만 3배 배상을 허용하도록 규정하고 있다. 그럼에도 불구하고 법이 명백히 3배 배상 등의 초과배상을 허용하지 않는 불공정 거래행위에 대한외국 법원의 초과배상 판결을 승인하는 것은 우리 입법의 취지를 몰각시키는 일이다. 같은 사건이라도 국내 법원에서 1억원의 배상 판결을 할 사안인데 외국에서 초과배상 판결을 받아오면 이를 승인하는 것이 공서에 맞다고 할 수는 없다.

외국 판결의 내용이 공서위반인지 여부를 판단할 때에는 그 판결을 승인한 결

---

31) 다만 하도급거래 공정화에 관한 법률 제35조 2항에서 징벌적 손해배상을 인정하고 있기 때문에 이러한 사건에서는 미국법원의 판결이 승인될 수 있을 것이다. 대륙법 체계와 관계없는 징벌적 손해배상 제도를 도입하자는 주장이 많으나 국내에서 이를 인정하면 미국에서 대한민국 국민이나 기업이 이런 손해배상을 명한 판결을 받았을 경우에 국내에서 이를 승인할 수밖에 없게 된다는 문제가 생길 것이다.
32) 위 2015다1284 판결.
33) 大判 2022. 3. 11, 2018다231550.

과가 우리나라의 공서에 위반되는지를 따져야 한다. 이는 판결의 승인은 기판력 등 판결의 효력을 인정하는 것이므로 당연하다. 따라서 주문에서 판단한 내용이나 그 주문에 직접 영향을 미친 이유 중의 판단에 공서 위반이 있으면 승인을 거부할 수 있다. 그리고 승인 결과, 즉 주문의 판단에 영향이 없는 이유 중의 판단에는 기판 력 등의 효력이 생기지 않으므로 우리나라 공서에 위반하는 내용이 들어 있다고 해서 승인을 거부할 것은 아니다.[34]

판례는 외국 판결의 주문뿐만 아니라 이유와 외국 판결을 승인할 경우 발생할 결과까지 종합하여 공서 위반 여부를 판단해야 한다고 한다. 그리하여 일제 때 강 제징용을 당한 사람들의 손해배상과 임금 청구 사건에서 당시의 일본의 한국 지배 를 합법적이라 보고 그 당시의 법률을 적용한 일본 법원의 확정판결은 승인할 수 없으므로 우리나라 법원에 다시 소를 제기한 것은 일본 확정판결의 기판력에 저촉 되지 않는다고 판시하여[35] 일본의 확정판결을 승인한 원심판결을 파기환송을 하였 고, 이 사건의 재상고심에서도 원심법원이 대법원의 파기환송의 취지를 따라 승인 없이 실체심리를 한 것이므로 잘못이 없다고 판시하였다.[36] 그러나 일본의 판결이 피해자인 원고들의 청구를 기각한 것은 가해 회사의 손해배상책임을 일단 인정하 면서도 소멸시효의 완성과 청구권협정, 재산권조치법 등의 효력을 근거로 한 것이 고, 당시의 법령을 적용한 것은 그 판결의 주문에서 판단한 사항과 직접적인 관련 이 없는 판결이유 중의 방론에 불과하므로[37] 이를 이유로 승인을 거부한 것은 타 당하지 않다.[38]

외국법원이 도산절차에서 한 **면책재판**도 이를 승인하기 위해서는 이 요건을 충 족하여야 한다. 여기서 대한민국의 선량한 풍속이나 그 밖의 사회질서에 어긋나는 경우란 외국법원의 면책재판 등에 따른 면책적 효력을 국내에서 인정하게 되면 국 내 채권자의 권리나 이익을 부당하게 침해하는 등 그 구체적 결과가 선량한 풍속 이나 그 밖의 사회질서에 어긋나는 경우 등도 포함된다.[39]

---

34) 호문혁, "외국판결의 공서위반 판단의 대상에 관한 연구 – 강제징용 사건 관련 대법원 판결에 대 한 검토를 중심으로 –", 법학평론 제6권(2016. 4), 60 이하.

35) 大判 2012. 5. 24, 2009다22549; 大判 2012. 5. 24, 2009다68620. 2014년 개정법 제217조의2가 이 판례의 내용을 반영한 것으로 보인다.

36) 大判(全) 2018. 10. 30, 2013다61381. 2012년 대법원판결이 승인을 거부한 것이 잘못이었고, 그를 따른 항소심판결이 잘못이라고 지적한 상고이유에 대하여서는 아무런 판단 없이 동문서답을 한 것이다.

37) 예를 들어, 大阪高等裁判所 2002. 11. 19. 선고, 平成 13년 제1859 판결.

38) 이 판결들에 대한 상세한 검토는 호문혁, 위 논문, 72 이하.

39) 大決 2010. 3. 25, 2009마1600. 구 회사정리법상의 속지주의를 믿고 외국에서의 도산절차에 참가

(마) **상호의 보증**이 있거나 우리나라와 그 외국법원이 속하는 나라의 승인요건
이 **균형**을 이루거나 **실질적으로 차이**가 없어야 한다. 여기서 상호보증의 의미에 관
하여 종전에는 그 국가가 우리나라에서 외국판결을 승인하는 요건과 대등하거나
그보다 관대한 요건으로 우리나라 법원의 확정판결의 효력을 승인하는 것을 뜻한
다고 보는 것이 일반적이었다. 그러나 이 요건은 판결의 실질적 내용에 관한 것이
아니고 오로지 국제관계에서 우리나라가 체면상 손해를 보지 않겠다는 입장에서
요구되는 것이다. 오늘날 국제관계가 점점 긴밀해지고 있으므로 상호의 보증을 엄
격하게 요구할 필요는 없다고 생각된다. 그러므로 가급적 이 요건은 넓게 새기는
것이 타당하다.

그리하여 2014년 개정법은 상호의 보증뿐만 아니라 우리나라와 그 외국에서의
승인요건이 현저히 균형을 상실하지 않고 중요한 점에서 실질적으로 차이가 없는
경우도 포함시켰다. 이는 근래의 대법원 판례의[40] 해석을 입법에 반영한 것이다.
또한 상호의 보증은 외국의 법령, 판례 및 관례 등에 의하여 승인요건을 비교하여
인정되면 충분하고 그 외국에서 구체적으로 우리나라의 같은 종류의 판결을 승인
한 사례가 없더라도 실제로 승인할 것이라고 기대할 수 있는 상태이면 충분하다고
볼 것이다.[41]

우리 판례는 과거에 미국 법원의 판결에 대하여 미국은 외국판결의 효력을 일
절 승인하지 않으므로 상호 보증이 없다고 하였으나,[42] 뒤에 태도를 바꾸어 New
York 주법원은 판례로써 외국판결이 사기로 획득된 것이거나 공서에 반한다거나
재판관할권의 흠결이 없으면 외국판결에 대하여 실질심사를 하지 않고 그 효력을
그대로 승인하고 있다고 하여 New York 주법원의 판결을 승인하였다.[43] 그리고
미국 Oregon주는 법규정이 없지만 법원의 예양(禮讓)에 의하여 우리나라와 크게
다르지 않은 기준으로 외국법원의 판결을 승인하고 있으므로 Oregon 주법원의 판

하지 않았다가 채무자회생법에서 속지주의를 폐지하여 국내 채권자가 불이익을 받게 된 사안.

40) 大判 2004. 10. 28, 2002다74213; 大判 2009. 6. 25, 2009다22952; 大判 2013. 2. 15, 2012므66 ·
73.

41) 大判 2016. 1. 28, 2015다207747(켄터키주에서는 외국판결의 승인과 집행은 보통법에 기초한 예
양의 원칙에 근거하여 시행하는데, 승인요건이 우리법과 중요한 점에서 실질적으로 거의 차이가 없어 켄
터키주가 우리나라의 같은 종류의 판결을 승인할 것으로 기대할 수 있다고 봄이 타당하다); 위 2002다
74213, 2009다22952, 2012므66 · 73 판결. 판례는 국가배상법 제7조에서 외국인의 국가배상청구권의 발
생요건으로 정한 상호의 보증에 관하여서도 똑같은 판시를 하면서 이 판결들을 인용하고 있다.

42) 大判 1971. 10. 22, 71다1393.

43) 大判 1987. 4. 14, 86므57, 58; 大判 1989. 3. 14, 88므184, 191.

결도 상호보증이 있다고 하여 승인하였으며,44) 같은 이유로 캐나다 Ontario 주법원의 판결도 승인하였다.45) 미국 California 연방법원에서 한 합의각서와 독점적 라이센스 계약에 따른 특정이행명령의 승인과 집행이 문제된 사안에서 우리 판례는 외국의 비금전판결의 승인 및 집행을 허용하는 조건이 우리나라의 민사소송법이 정한 것보다 전체로서 과중하지 아니하고, 중요한 점에서 실질적으로 거의 차이가 없는 정도여서 California 법원이 우리나라의 같은 종류의 판결을 승인할 것이라고 기대할 수 있어서 상호보증이 있다고 하였다.46) 그러나 호주 법원의 판결에 대하여는 상호보증이 없다고 하여 승인을 거부하였다.47)

(2) 승인의 효과

외국법원의 판결이 우리나라에서 승인되면 기판력, 집행력, 형성력 등 국내 법원의 확정판결과 같은 효력이 인정된다. 이행판결의 경우에는 이를 토대로 집행판결을 받아 강제집행을 할 수 있다(민집 제27조 2항 2호).

이처럼 확정판결과 같은 효력이 인정되는 외국법원의 판결이 있음에도 불구하고 같은 당사자 사이에 같은 내용의 소가 다시 제기되면 그 소는 외국법원의 확정판결의 기판력에 저촉되어 부적법하므로 우리나라 법원에서는 그 소를 각하하여야 한다(국사 제11조 3항).48)

외국법원의 판결이 우리나라에서 승인되지 못하면 기판력뿐만 아니라 확정판결의 다른 효력인 집행력, 형성력 등도 인정되지 않는다.

《사례 7》   미국인 甲이 한국인 乙의 고의 방화로 시가 10만불하는 가옥이 전소되는 손해를 입었다. 甲이 乙을 상대로 손해배상청구소송을 하여 미국의 A법원에서 물적 손해액 10만불, 위자료 10만불, 징벌적 배상액 30만불, 합계 50만불의 손해배상을 명하

---

44) 위 2012므66 · 73 판결.
45) 위 2009다22952 판결.
46) 大判 2017. 5. 30, 2012다23832: 캘리포니아주 연방법원은 보통법(common law)에 기초한 예양의 일반원칙에 근거하여, ① 외국법원이 해당 사건에 관하여 인적 · 물적 관할권을 가지고 있고, ② 피고가 해당 외국법원의 소송절차에서 적정한 송달과 적법절차에 따라 공정하게 재판을 받았으며, ③ 재판결과가 기망에 의하여 부정하게 취득되지 않았고, ④ 미국 또는 캘리포니아주의 공공질서에 어긋나지 않는 경우에는 외국 비금전판결의 승인 · 집행을 허용하고 있다.
47) 大判 1987. 4. 28, 85다카1767: "호주국의 보통법상으로는 외국 판결 자체를 승인하는 것이 아니라 외국판결에 의하여 확정된 의무의 존재를 인정하는 것이고, 따라서 이를 집행하기 위하여는 그것을 청구원인으로 하여 일반 소송절차에 따라 소를 제기하고 새로운 판결을 받아야 하므로, 형식적 심판만으로 외국판결을 승인하고 있는 우리나라와는 상호 보증이 존재하지 아니한다."
48) 국내사건에서처럼 전소송 확정판결이 기각판결이면 기각, 인용판결이면 각하해야 한다는 판례의 태도는 더 이상 통용될 수 없다.

는 확정판결을 받았다. 甲이 乙의 미국내 재산에 대하여 집행을 하여 10만불을 받았고, 나머지 40만불을 받기 위하여 서울에 있는 乙의 재산에 대하여 집행하려고 서울중앙지 방법원에 집행판결을 신청하였다. 서울중앙지방법원은 집행판결을 해 주어야 하는가?

이 문제에서 甲이 집행하려고 하는 채권액 40만불 중에서 30만불은 우리 법제 도의 징벌적 손해배상제도와는 다른 법분야의 징벌적 손해배상을 명하는 부분이어 서 미국의 판결 중 이 부분은 우리나라의 공서 위반이므로 승인될 수가 없을 것이 다.49) 따라서 서울중앙지방법원은 나머지 10만불 부분에 대하여만 집행판결을 해 줄 수 있다.50) 즉 이러한 경우에는 집행력이 배제된다.

집행판결을 구하는 소도 민사소송법에 따른 **소송요건**을 갖추어야 함은 물론이 다. 따라서 외국법원에서 당사자능력을 인정받은 다수인의 집단이 이행판결을 받아 우리나라에서 집행을 하려고 해도 우리법상 당사자능력이 인정되지 않으면 집행판 결을 구하는 소는 부적법하다.51) 이 경우 결과적으로는 외국법원의 이행판결로 집 행을 할 수 없어서 승인을 거부한 것처럼 되나, 승인의 거부가 아니라 소송요건 불 비이므로 부득이하다.

Ⅲ. 기판력의 본질

기판력이 가지는 구속력이 어떠한 내용, 어떠한 성질을 가지는 것인가에 관하여 는 오래전부터 다툼이 있었다. 얼핏 생각하면 법원이 확정판결로써 당사자 사이의 권리·법률관계를 확정하였으면 그 내용대로 실체법상의 법률관계가 만들어진다고 생각할 수 있을 것이다. 그러나 이는 그렇게 간단한 문제가 아니다. 그리하여 실체 법설, 구체적 법규설, 소송법설 등이 대립하여 왔다. 구체적 법규설은 실체법설의 아류로서 오늘날 고려의 가치가 없으므로 여기서는 실체법설과 소송법설을 설명한 다.52)

---

49) 宋·朴, 439.

50) 서東支判 1995. 2. 10, 93가합19069는 미국의 손해배상판결에 징벌적 손해배상을 명하는 부분이 잠재적으로 내포되어 있다고 하여 비정상적으로 고액인 부분을 제외한 나머지 부분에 대하여만 제한적으 로 승인하였다.

51) 大判 2015. 2. 26, 2013다87055: 호주국에서 우리나라식의 번호계를 운영한 사람들이 그중 한 명 을 상대로 이행판결을 받아 피고의 우리나라 재산에 대하여 집행을 하려고 한 사안에서, 호주에서는 번 호계의 당사자능력을 인정받아 승소하였으나 우리나라에서는 집행판결을 구하는 소에서 당사자능력이 없 다고 하여 각하판결을 한 것이 정당하다고 판시하였다.

52) 기판력의 본질에 관하여는 金漢洙, 旣判力理論에 관한 硏究 ― 本質에 관한 論議를 中心으로―, 서울대학교 석사학위논문, 1991 참조.

1. 실체법설

이 견해에 의하면 판결이 형식적으로 확정되면 실체법적인 효력을 갖게 되어, **판결의 내용대로 실체법상의 법률관계가 형성**된다고 본다. 그리하여 그 판결이 정당하면 기존의 법률관계에 변동이 없지만, 기존의 법률관계와 일치하지 않는 판결이면 그 판결의 내용대로 법률관계가 변경된다고 한다. 그러므로 이 견해에 의하면 모든 잘못된 판결은 형성판결이 되고, 그에 따라 실체적 법률관계가 변경되므로 결과적으로 부당한 판결이란 있을 수가 없다는 결론이 된다. 기판력이 후소송 법원을 구속하는 것은 바로 확정판결의 내용대로 실체법상의 법률관계가 형성되었기 때문이라고 한다. 그러나 이 견해는 기판력이 당사자 사이에만 생기고 당사자에게만 미친다는 법의 내용을 무시하였고 소송판결의 기판력을 설명하지 못한다는 단점이 있다. 오늘날 이 견해를 취하는 학자는 거의 없다.

2. 소송법설

소송법설에 의하면 기판력은 실체법적인 상황에 아무런 영향을 미치지 않고 오로지 **소송상의 효과만**을 내는 것이라고 한다.[53] 그에 따르면, 예를 들어 물건인도판결이 확정되었더라도 그 판결이 실체적 법률관계에 영향을 미쳐 점유자가 상대방에게 물건을 인도해야 할 실체적 의무가 새로 생긴다거나 정당한 점유권원이 소멸하여 그 때부터 그 물건에 대한 점유가 실체법상 위법하게 되어 불법행위가 되는 것은 아니다.[54] 그러므로 후소송에서 전소송 원고가 불법점유를 이유로 손해배상을 구하는 소를 제기하면 법원이 앞선 물건인도판결을 근거로 바로 불법행위를 인정하여서는 안 되고, 불법행위의 성립요건에 관하여 심리하고 피고의 손해배상책임 성립 여부에 관하여 판단하여야 한다.[55] 판결이 일단 확정되면 뒤에 다시 소송계속이 있을 경우에 전소송 확정판결이 후소송 법관을 구속하는 효력이 있을 뿐이라는 것이다. 그 구속의 내용이 무엇인가에 관하여 모순금지설과 반복금지설, 절충

---

53) 大判 2018. 4. 26, 2017다288115는 병원의 의료과실로 식물인간이 되어 병원을 상대로 한 소송에서 이미 손해배상의 승소판결을 받은 환자 측이 환자가 예측된 여명기간을 넘어 생존하여 추가로 발생한 치료비를 청구한 사건에서 후소청구가 전소송 확정판결의 기판력에 저촉되어 소송법상 허용되지 않더라도 해당 청구권이 실체법상 소멸하는 것은 아니라고 하면서, 병원의 계속된 진료 행위는 환자 측의 손해의 전보에 불과하므로 병원의 앞선 판결 이후의 치료비 청구를 인정하는 것은 잘못이라고 하였다.

54) 大判 2019. 10. 17, 2014다46778.

55) 위 2014다46778 판결.

설이 대립하고 있다.

모순금지설에 의하면 형식적으로 확정된 판결은 후소송 법원의 판단을 내용적으로 구속하여 후소송 법원은 확정판결의 내용과 모순되는 재판을 할 수 없다는 것을 전제로 한다. 그리하여 전소송과 후소송의 소송물이 같으면 법원은 어차피 전소송 확정판결과 같은 판결을 할 수밖에 없는데, 그럼에도 불구하고 다시 소송을 하는 것은 소의 이익이 없다. 따라서 후소는 소송요건 불비가 되어 부적법각하를 면치 못한다고 한다.56) 즉 이 견해는 일단 다시 소송하는 것을 허용함을 전제로 하되, 어차피 같은 판결을 받을 수밖에 없으므로 소의 이익이 없다고 설명하므로 기판력의 존재를 독자적인 소송요건으로 파악하지 않고 권리보호요건에 의지하여 설명한다.57)

반복금지설은 기판력을 일사부재리(ne bis in idem)의 원칙을 실현하는 것이라고 보아 소송의 반복 자체를 금지하는 것이라고 한다. 이는 모순금지설과는 달리 기판력의 존재를 독자적인 소극적 소송요건으로 본다.58)

절충설은 모순금지설과 반복금지설 어느 하나만으로는 기판력의 작용을 완전히 설명할 수 없고 양자는 상호 보완하는 관계에 있다고 보아, 후소송 법원은 전소송과 후소송의 소송물이 동일한 경우에는 반복금지로, 기판력 있는 사항이 별개의 소송물을 대상으로 하는 후소송에서 선결적으로 작용하는 경우에는 모순금지로 파악해야 한다는 견해이다.59)

우리 **판례**는60) 확정판결의 주문에 포함된 법률적 판단의 내용은 그 이후 그 소송당사자의 관계를 규율하는 새로운 기준이 된다고 전제하고, 동일한 사항이 소송상 문제가 되었을 때 당사자는 이에 저촉되는 주장을 할 수 없고 법원도 이에 저촉되는 판단을 할 수 없는 기속력을 의미한다고 판시하여 모순금지설의 입장을 분

---

56) Lüke¹¹ § 32 Rn. 3; 韓宗烈, 471; 한충수, 561.

57) 이것이 본래 독일에서의 모순금지설의 내용이다.

58) 강현중, 703; 金·姜, 662; 이시윤, 657; 전원열, 498; 鄭·庾·金, 810. 반복금지설을 지지하는 입장을 취하면서도 소송요건에 관한 설명에서 "기판력 있는 판결이 존재하지 않을 것"을 요건으로 열거하지 않고 권리보호자격에서 "승소확정판결이 없을 것"을 열거하는 모순된 태도를 보이는 경우가 있다(이시윤, 236; 전원열, 240).

59) 김용진, 545; 田炳西, 638. 宋·朴, 434도 양설을 융합하는 입장에서 파악하는 것이 필요하다고 한다. 전병서, 강의, 468은 大判(全) 1995. 4. 25, 94다17956의 별개의견을 원용하면서 기판력에 관한 이론은 현재 기판력의 정당화 근거론으로 나아가고 있으므로 법적 안정이라는 제도적 측면과 공평의 관념에 기초한 자기책임의 측면에서 근거를 찾는 이원적 파악이 필요하다고 한다.

60) 우리 판례의 해석과 흐름에 관한 상세한 고찰은 함석천, 기판력의 효력과 소(訴) 각하, 사법 제43호(2018. 3.), 525 이하 참조.

명히 하였다.61) 그러나 같은 원고가 다시 소를 제기하여 후소 청구가 기판력에 저촉될 때, 원고의 전소 청구 중 일부가 인용된 경우에 전소송에서 인용된 부분은 후소송에서 각하하여야 하고, 전소송에서 기각된 부분은 후소송에서 기각해야 하며,62) 그에 따라 전소송에서 승소 확정판결을 받은 원고가 다시 같은 청구를 하는 소를 제기한 경우에는 권리보호이익이 없어서 부적법하다고 하고,63) 전소송에서 청구기각된 뒤 원고가 다시 소를 제기한 경우에는 기판력에 저촉된다고 하면서 기각판결을 하여 왔다.64) 그러나 판례에 따르면 **인용판결**이 확정된 뒤에 같은 원고가 다시 소를 제기하면 후소가 부적법해지고, **기각판결**이 확정된 뒤에 다시 소를 제기하면 기각의 본안판결을 함으로써 후소가 적법함을 인정한다는 말이 되는데, 어느 경우에나 후소가 기판력에 저촉됨에도 불구하고 이처럼 달리 취급하는 것은 타당성이 없고,65) 본래의 모순금지설과도 관계가 없다.66)

생각건대 어느 견해에 의하거나 기판력에 저촉되는 후소가 부적법하여 각하된다는 점에는 차이가 없고 그 근거의 설명에서 차이가 있을 뿐이다. 모순금지설은 설명 방법이 복잡하다는 문제가 있고 반복금지설은 이론이 논리적이고 간단 명료하다는 장점이 있다. 그러나 법학을 비롯한 사회과학에서 설명이 복잡한 것이 반드시 단점이 되는 것은 아니고 논리적이고 간단 명료한 것이 반드시 타당하다고는 할 수 없다. 특히 뒤에 설명하는 바와 같이 전소송과 후소송이 소송물이 다른 경우에도 기판력이 후소송에 일정한 작용을 하는데, 이런 경우는 분명히 절차의 반복이 아님에도 기판력이 작용한다는 점을 반복금지설은 설명하지 못한다. 그리고 시효중단의 필요가 있거나 판결의 원본이 멸실되어 집행권원을 다시 얻을 필요가 있을 때에는 후소가 적법해지는데, 이는 분명히 절차의 반복이기 때문에 반복금지설로는 제대로 설명이 안 된다. 절충설은 반복금지설의 약점을 보완하는 의미는 있다. 그

---

61) 大判 1960. 11. 3, 4292민상656; 大判 1987. 6. 9, 86다카2756; 大判 2020. 5. 14, 2019다261381. 다만, 여기에서 쓴 '기속력'은 적절한 용어가 아니다. 본래 기속력은 자기 구속력을 의미하므로 당사자의 주장에 대하여는 쓸 수 없기 때문이다.

62) 大判 1979. 9. 11, 79다1275.

63) 大判 2016. 9. 28, 2016다13482.

64) 大判 1989. 6. 27, 87다카2478. 이 판결은 이러한 기각판결은 본안판결이고 따라서 제1심법원이 이러한 기각판결을 했어도 여기에 제418조 본문을 적용할 수는 없다고 하였다.

65) 오정후, 확정판결의 기판력이 후소에 미치는 영향, 민사소송 제18권 제2호(2015), 246; 함석천, 앞의 논문, 539.

66) 우리나라에서는 이러한 판례의 입장을 모순금지설이라고 소개하고는, 이에 대하여 경우를 나누어 달리 취급하는 것은 타당하지 않다고 비판하는 수가 있다(이시윤, 657; 鄭·庚·金, 810). 그러나 판례의 이러한 태도는 본래의 모순금지설과는 다른 출처 불명의 독자적인 견해일 뿐이다.

러나 하나의 기판력제도를 그 작용하는 상황에 따라서 달리 설명하는 것은 기판력
의 본질에 관한 논의라기보다는 작용의 측면을 본 것이고, 전소송과 후소송의 소송
물이 모순된 반대관계인 경우를 설명하기 어렵다는 약점이 있다. 이러한 경우까지
무리 없이 설명하는 모순금지설이 타당하다.67)

Ⅳ. 기판력의 범위

판결의 효력과 관련하여서는 법원이 한 어느 판단에 그 효력이 생기는가, 언제
까지 생긴 사유에 그 효력이 생기는가, 그리고 누구에게 그 효력이 미치는가 하는
문제들이 생긴다. 이 문제들을 하나씩 보기로 한다.

1. 객관적 범위

여기서는 법원이 판결로써 한 판단의 어느 부분에 기판력이 생기는가, 그 판단
에 생긴 기판력이 후소송에서 어떤 범위의 사항에 미치는가 하는 것들이 문제된다.

(1) 기판력이 생기는 판단
(가) 원 칙

《사례 8》   甲은 乙이 점유하고 있는 가옥이 자기의 소유인데 乙이 임차인으로서
차임을 지급하지 않아 임대차계약을 해지하였다고 주장하여 乙을 상대로 그 가옥의 인
도를 청구하는 소를 제기하였다. 이에 대하여 乙은 그 가옥이 자기 소유이며, 설사 자
기 소유가 아니라고 하더라도 甲의 임대차 해지는 부당한 것이라고 주장하여 청구기각
을 신청하였다. 법원은 甲이 소유자가 아니므로 가옥인도청구권도 없다고 하여 청구기
각판결을 선고하였고, 그 판결이 확정되었다. 그러나 뒤에 甲이 다시 같은 원인을 근거
로 乙을 상대로 가옥인도청구를 하는 소를 제기하였다. 이때 법원은 甲의 청구를 인용
하는 것이 가능한가?

《사례 8a》   〈사례 8〉에서 뒤에 甲이 乙을 상대로 그 가옥이 자기 소유라고 주장하
여 소유권확인의 소를 제기하였다. 이때 법원이 甲의 청구를 인용할 수 있는가?

a) 주문에서 한 판단: 판결에서 그 사건에 관하여 한 법원의 판단은 판결서
의 두 부분에 나타난다. 판결의 주문과 이유가 그것이다. 이유에는 당사자들의 공
격·방어방법, 증거자료 등 소송자료와 법적 주장에 관한 판단을 표시한다. 이를 기

---

67) 함석천, 앞의 논문, 541.

초로 결론을 내게 되는데, 이 결론은 주문에 표시된다. 판결의 **기판력은 주문에서 판단한 것에만** 생기고(제216조 1항), 이유 중의 판단에는 생기지 않는 것이 원칙이다. 〈사례 8〉에서 전소송 법원은 판결이유에서 甲이 소유자가 아니며 따라서 가옥인도청구권이 없다는 판단을 하였고, 그에 기하여 주문에서 甲의 청구를 기각한다고 하였다. 이 주문은 바로 甲의 가옥인도청구가 이유 없다, 즉 甲에게는 가옥인도청구권이 없다는 것을 나타낸 것이다. 이 두 판단 중에서 기판력이 생기는 것은 주문에서의 판단, 즉 甲에게 가옥인도청구권이 없다는 판단이다. 그러므로 뒤에 甲이 다시 자기가 소유자임을 근거로 가옥을 인도하라고 제소하는 것은 전소송의 소송물과 같은 청구를 한 것이어서 기판력에 저촉된다. 그리고 이유 중의 판단, 즉 甲이 소유자가 아니라는 판단에는 기판력이 생기지 않으므로 〈사례 8a〉의 경우에는 甲의 소가 적법하다. 그러므로 법원이 심리의 결과에 따라서는 甲이 소유자라고 인정하여 청구를 인용할 수가 있다. 비슷한 예로, 부동산에 관한 피고 명의로의 소유권이전등기가 원인무효임을 주장하여 원고가 등기말소를 구하는 소를 제기하였다가 청구기각의 확정판결을 받은 경우에, 원고는 기판력 때문에 그 부동산에 관한 소유명의를 회복할 방법은 없더라도 소유권이 원고에게 없음에 기판력이 생긴 것이 아니므로 원고는 소유권을 부인하는 등기명의인을 상대로 소유권확인의 소를 제기하여 승소할 수 있다.68)

농지분배처분을 받아 그 토지에 대한 분배받을 권리가 있음을 원인으로 한 소유권이전등기청구에 대하여 원고들의 수분배권 상실을 이유로 청구를 기각한 확정판결의 기판력은 원고들의 소유권이전등기청구권이 부존재한다는 점에만 생기고, 그 전제가 되는 분배처분의 무효나 수분배권의 존부에 관한 판단에는 생기지 않는다. 따라서 피고의 불법행위로 수분배권을 상실하였음을 이유로 한 원고들의 손해배상청구의 소에서 법원이 원고의 청구를 인용하는 데에 아무런 지장이 없다.69)

이행판결의 주문에서 변론종결 이후 기간까지의 지급의무의 이행을 명한 장래이행판결의 기판력은 그 주문에서 밝힌 기간까지의 청구권의 존부에 관판 판단에 기판력이 생긴다.70)

---

68) 大判 2002. 9. 24, 2002다11847. 조정조서의 예로는 大判 2017. 12. 22, 2015다205086. 이 판결들은 확인의 이익이 인정된다고 설시하나, 이는 소송요건인 확인의 이익의 문제가 아니라 실체법상의 문제이다.

69) 大判 2021. 4. 8, 2020다219690. 이 사안에서 전후 두 소송에서 모두 수분배권 유무가 청구원인을 이루는 법률관계일 뿐이므로 어차피 기판력은 문제되지 않는다.

70) 大判 1999. 3. 9, 97다58194; 大判 2011. 10. 13, 2009다102452; 大判 2019. 8. 29, 2019다215272.

주문에서 판단하지 않은 청구에 대하여는 아예 재판이 없으므로 기판력이 생기지 않는다. 단순병합의 경우에 병합된 청구 중에서 일부에 대하여 재판하지 않으면 일부판결이 되고 재판하지 않은 청구에 대하여는 추가로 판결해야 하므로 이 부분에 기판력이 생길 여지는 없다. 예비적병합의 경우 주위적 청구를 기각하고 다른 청구에 대하여 아무런 재판을 하지 않은 경우는 재판누락이 된다. 주위적 청구를 인용한 경우에 나머지 청구에 대하여는 재판하지 않는다. 이 경우 원고가 예비적으로 병합했던 것을 별소로 다시 청구하면 주위적 청구를 인용한 확정판결의 기판력에 저촉되는가? 만일 이를 긍정하면 주위적 청구에 대한 인용판결이 예비적 청구에 대한 기각판결과 같은 효력을 가진다고 보는 것인데, 이를 인정할 필요는 없다. 이러한 경우에는 병합된 청구들 사이의 관련성을 근거로 실체법적 판단을 하면 될 것이다. 선택적병합의 경우도 마찬가지이다.

b) 근 거: 기판력은 주문에서 판단한 부분에 한하여 생기도록 하였기 때문에 〈사례 8a〉에서 보듯이 전소송에서 당사자들이 그 가옥의 소유자가 누구냐를 놓고 다투었고, 법원도 그 쟁점에 관하여 심리하여 甲이 소유자가 아니고, 따라서 甲은 가옥인도청구권도 없다고 판단하여 甲의 청구를 기각하였는데도 불구하고 뒤에 甲이 소유권확인의 소를 제기하여 승소할 가능성이 생긴다. 그리하여 결과적으로 모순되어 보이는 두 개의 판결이 존재하는 것으로 된다. 이러한 문제점이 생김에도 불구하고 법이 주문의 판단에만 기판력이 생기도록 한 것은 소송에서의 쟁점을 명확히 하고 그 쟁점에 심리를 집중하도록 하는 데에 있다. 만일 〈사례 8〉에서 甲과 乙이 다투어서 법원이 판결이유에서 심리・판단한 부분에 다 기판력이 생긴다면 당사자들은 소송과정에서 법원의 판단을 받을 가능성이 있는 모든 쟁점, 즉 여기서는 甲과 乙 중 누가 소유자인가, 甲과 乙 사이에 임대차관계가 있는가, 甲의 임대차계약 해지가 정당한가 하는 모든 문제에 관하여 다시는 소송을 할 수가 없게 될 것이다. 그러면 당사자들로서는 그 모든 문제에 관하여 최선을 다하여 공격과 방어를 하게 된다. 뿐만 아니라 그 과정에서 당사자들은 각기 자기 주장을 이유 있게 하기 위하여 그를 뒷받침하는 다른 사실적, 법적 주장을 할 것이고 그 각각에 대하여 법원이 판결이유에서 판단하면 거기도 기판력이 생길 것이다. 이렇게 하다 보면 당사자들의 공격과 방어의 범위, 즉 법원의 심판의 범위가 크게 확대된다. 본래 당사자들이 추구하던 소송의 목적이 흐려지고 소송은 엉뚱한 문제로 번져 나가게 된다. 본래 이 소송에서 甲이 구하는 것은 가옥을 인도받겠다는 것이고 이를 두고 甲과 乙이 다투었

으며 다른 주장들은 각 당사자들의 주장을 이유 있게 하기 위하여 한 것에 불과하므로 **법원의 심리와 당사자들의 공격·방어를 본래의 청구인 가옥인도청구가 이유 있는지에 집중되도록** 해야 할 것이다. 이러한 이유에서 기판력은 원고의 청구취지에 대응하는 판결주문에서 판단한 것에만 생기도록 한 것이다.

(나) 예외 ─ 상계의 항변

《사례 9》　甲은 乙에게 건축비 5천만원의 지급을 청구하는 소를 제기하였다. 이에 대하여 乙은 甲에게 대여한 금액이 3천만원이어서 이를 받아야겠다고 주장하였다. 법원이 甲과 乙의 주장을 모두 인정하여 乙은 甲에게 2천만원을 지급하라고 판결하였고, 그 판결이 확정되었다. 뒤에 乙이 甲을 상대로 전소송에서 주장한 3천만원의 대여금반환을 청구하는 소를 제기하였다. 법원은 어떻게 판결할 것인가?

이 사례는 전소송에서 피고 乙이 상계항변을 한 경우인데, 여기서 전소송 판결의 주문에는 乙의 상계항변이 이유 있다고 한 판단도 나타나지 않고, 甲은 乙에게 3천만원을 지급하라고 명하지도 않았다. 다만 판결이유에서 乙의 3천만원 상계항변이 이유 있다고 하여 이를 근거로 甲의 청구액에서 3천만원을 뺀 나머지를 지급하라고 판결하였을 뿐이다. 그러므로 원칙대로 한다면 乙의 상계항변에 관한 판단에는 기판력이 생기지 않을 것이고, 따라서 〈사례 9〉에서 乙이 별소로 자동채권을 주장하여도 이는 기판력에 저촉되지 않을 것이다. 그러나 이렇게 되면 후소송에서 乙이 승소하는 수가 생기고 결국 乙은 이중의 만족을 얻게 된다.

《사례 9a》　〈사례 9〉에서 전소송 판결 확정 후 甲이 乙의 상계항변은 잘못된 것이라고 주장하여 乙을 상대로 3천만원의 부당이득반환청구의 소를 제기하였다. 이 경우에 법원은 어떻게 판결할 것인가?

그리고 상계항변에 관한 판단에 기판력이 없다고 하면 〈사례 9a〉에서 甲의 소는 적법하고, 심리 결과에 따라서는 후소송 법원이 甲의 청구를 인용하여 전소송 판결이 유명무실해질 우려가 있다. 이러한 문제점을 해결하기 위하여 제216조 제2항은 예외적으로 판결이유에서 판단한 것이라도 상계로 주장한 청구(자동채권)의 성립의 판단에 기판력이 생기도록 하였다.[71]

---

71) 이는 상계항변을 법원이 인용한 결과가 판결의 주문에 계산상 나타나게 되어 있으므로 판결의 주문에서 판단하였다고 볼 수도 있으나, 주문만 보아서는 2천만원의 인용이 상계한 결과 때문인지, 아니면 甲의 청구 자체로 일부만이 이유가 있다고 판단한 결과 때문인지를 알 수가 없다. 따라서 이 경우에도 '판결이유 중의 판단에 기판력이 생긴' 것에 해당한다.

전소송에서 상계항변을 배척한 경우에도 뒤에 별소로 제기하면 거꾸로 그 자동
채권이 인정되어 전소송 판결이 유명무실하게 된다.

《사례 9b》 〈사례 9〉에서 법원이 甲의 청구는 일부만이 이유 있고 乙은 甲에 대
하여 채권을 갖고 있지 않다고 판단하여 乙은 甲에게 2천만원을 지급하라고 판결하여
그것이 확정되었다. 뒤에 乙이 甲을 상대로 전소송에서 주장하였던 3천만원의 대여금
을 반환하라는 소를 제기하였다. 이 경우에 법원은 어떻게 판결할 것인가?

이 사례에서 외형상 결과는 〈사례 9〉와 똑같으나 그 내용은 전혀 다르다. 乙이
甲에게 지급해야 하는 2천만원은 乙의 甲에 대한 채권을 상계한 결과가 아니므로
乙의 3천만원 채권이 존재하지 않는다고 판단한 것이 판결 주문에 전혀 나타나 있
지 않다. 그렇다고 그 판단에 기판력이 인정되지 않으면 이 경우처럼 乙이 다시 제
소하는 것이 허용되고, 결국 **전소송에서의 판단이 무의미하게 되며, 분쟁이 반복되
는 폐단**이 생긴다. 이것을 방지하기 위하여 상계를 주장한 청구의 '불성립'의 판단
에도 기판력이 생기도록 한 것(제216조 2항)이다.

《사례 9c》 〈사례 9〉에서 법원이 乙의 자동채권의 존재는 인정하지만 甲의 청구를
이유 없다고 판단할 경우에는 어떠한 판결을 할 것인가?

이러한 경우에 법원이 甲더러 乙에게 3천만원을 지급하라고 판결하는 것은 불
가능하다. 乙의 상계항변이 소송물이 되는 것이 아닌데다가 甲의 채권이 인정되지
않아 두 당사자의 채권이 상계적상에 있지도 않기 때문이다. 따라서 법원은 乙의
상계항변에 관하여는 판단하지 않고 甲의 청구를 기각하게 된다.[72] 乙의 항변에
대한 이러한 판단에 기판력이 생기지 않음은 물론이다.

그러면 피고가 상계항변으로 주장한 자동채권(반대채권)에 관한 판단은 그 채권
전액에 관하여 기판력이 생기는가?

《사례 9d》 〈사례 9〉에서 甲이 청구한 건축비 채권이 2천만원이었는데, 乙이 3천
만원의 대여금채권으로 상계하였지만 그것이 배척되어 甲이 2천만원을 지급받으라는
판결이 확정되었으면 乙이 3천만원을 청구하는 후소에 대하여 법원이 어떻게 판단할
것인가?

---

72) 大判 2018. 8. 30, 2016다46338・46345.

이러한 사례에서 乙의 채권액이 3천만원이지만 상계로써 대항한 금액은 2천만원이므로 법원도 그 범위에서만 배척한 것이고 따라서 기판력도 2천만원의 액수로 상계한 것에 대한 판단에만 생긴다(제216조 2항). 그러므로 이 사례에서 2천만원 부분은 기판력에 저촉되어서, 법원은 나머지 천만원 부분에 관하여만 심판할 수 있다.

상계항변에 관하여 판결이유에서 판단하였다고 해서 모두 기판력이 생기는 것은 아니다. 상계 주장의 대상이 된 **수동채권이 소송물로서 심판되는 소구채권이거나 그와 실질적으로 동일하다고 보이는 경우**에 한한다. 이 경우에는 상계를 주장한 반대채권과 그 수동채권을 기판력의 관점에서 동일하게 취급하여야 할 필요성이 인정되기 때문이다.[73] 그러므로 상계 주장의 대상이 된 수동채권이 동시이행의 항변으로 행사된 채권일 경우에는 그러한 상계 주장에 대한 판단에는 기판력이 발생하지 않는다.[74]

법원이 소송상 청구한 수동채권의 전부나 일부의 존재를 인정하는 판단을 하고 피고의 상계항변에 대한 판단에서 피고가 주장한 반대채권(자동채권)의 존재를 인정하지 않아 상계항변을 배척하는 판단을 한 경우에 기판력이 발생하는 범위는 어떻게 되는가? 판례는 법원이 반대채권의 존재를 인정하였더라면 상계에 관한 실질적 판단으로 나아가 수동채권의 상계적상일까지의 원리금과 대등액에서 소멸하는 것으로 판단할 수 있었을 반대채권의 원리금 액수의 범위에서 기판력이 발생하고 반대채권의 액수가 소구채권의 액수보다 큰 경우에도 마찬가지라고 본다.[75]

그리고 피고가 2개 이상의 반대채권을 주장하였는데, 법원이 그중 하나의 반대채권만 인정하여 수동채권의 일부와 대등액에서 상계하는 판단을 하고 나머지 반대채권들은 모두 부존재한다고 판단한 경우에 이 나머지 반대채권의 부존재 판단의 기판력의 범위는 어떻게 되는가? 판례는 부존재한다고 판단한 반대채권들은 수동채권 중 상계로 소멸한 부분과 관련이 없으므로 기판력이 발생하는 전체 범위는 상계를 마친 후의 수동채권 원금의 잔액을 초과할 수 없다고 본다.[76] 예를 들어 원고가 5천만원을 청구하였고, 피고가 2천만원과 4천만원 두 개의 채권으로 상계하겠다고 주장하였는데, 법원이 피고의 2천만원의 반대채권만 인정하여 상계한 경우, 수동채권의 잔액이 3천만원이므로 피고의 4천만원 채권 중 부존재한다고 기판력 있게 판단된 부분은 3천만원이 된다는 것이다.

---

73) 위 2016다46338 · 46345 판결.

74) 大判 2005. 7. 22, 2004다17207: 이처럼 해석하지 않으면 동시이행항변이 상대방의 상계의 재항변에 의하여 배척된 경우에 그 동시이행항변으로 행사된 채권을 나중에 소송상 행사할 수 없게 되어 민사소송법 제216조가 예정하고 있는 것과 달리 동시이행항변으로 행사된 채권의 존부나 범위에 관한 판결이유 중의 판단에 기판력이 생기는 결과에 이르기 때문이다.

75) 위 2016다46338 · 46345 판결.

76) 위 2016다46338 · 46345 판결.

상계항변에 관한 판단에 기판력이 생기는 결과, 이미 확정판결에서 이 판단을 하였으면 나중에 다른 소송에서 그 자동채권을 주장하여 청구하는 것은 기판력에 저촉된다. 판례는 상계항변이 받아들여졌을 경우에는 다른 소송에서의 자동채권 청구는 소의 이익이 없어 부적법하므로 각하할 것이라고 한다.[77]

(2) 기판력이 미치는 범위

(가) 동일한 소송물

전소송 법원이 확정판결의 주문으로써 판단한 부분에 생긴 기판력이 후소송에서는 어느 범위에 미치는가? 판결주문은 소송상청구에 대한 대답이라고 할 수 있으므로 원칙적으로 전소송의 소송상청구, 즉 소송물의 범위 안에서 기판력이 생기고, 따라서 후소송에서 **전소송의 소송상청구와 동일한 청구**를 하면(소송물의 동일) 후소는 기판력에 저촉되어 부적법해지고, 소송물이 다르면 후소는 기판력에 저촉되지 않는다.

《사례 10》　　甲은 乙에게 꾸어준 돈 4천만원을 받게 해 달라고 소를 제기하였으나 청구기각판결을 선고받고 그 판결이 확정되었다. 그 뒤 甲은 乙이 물품매매대금 4천만원을 지급하지 않고 있다고 주장하여 역시 4천만원의 지급을 구하는 소를 제기하였다. 이 후소가 적법한가?

이러한 경우에 전소송 확정판결의 주문으로 판단된 것은 甲이 乙에게 4천만원의 지급을 구할 청구권이 없다는 점이고, 그 부분에 기판력이 생겼다. 甲이 후소로써 역시 乙에게 4천만원을 청구하였기 때문에 후소가 전소송 판결의 기판력에 저촉되는 것 같으나, 이는 별개의 사실관계에 기하여 별개의 청구권을 주장한 것이므로 소송상청구가 다르다. 그러므로 甲의 후소는 기판력에 저촉되지 않는다.

전소송과 후소송의 **소송물이 같은지 여부**는 소송물이론에 따라 결론이 달라질 수 있을 것이나, 여러 학설 중에서 이원설이 타당함은 이미 설명한 바이다. 특히 일원설이나 상대적 소송물론을 주장하는 이들도 기판력의 범위를 정함에는 이원설에 의한다. 본래 기판력이란 판결이 형식적으로 확정되었으면 그 내용이 부당하더라도 법적 안정성을 위하여 그대로 구속력을 갖도록 하는 제도이기 때문에 기판력의 범위를 넓히면 부당하게 패소한 당사자는 그만큼 법의 보호를 받을 기회를 박

---

77) 大判 2010. 8. 26, 2010다30966·30973. 판례의 태도로 보아 상계항변이 배척되었으면 별도의 자동채권 청구는 기각을 할 것으로 보인다. 그러나 이미 설명한 바와 같이 이는 타당하지 않다.

탈당한다. 따라서 **기판력의 범위는 가급적 좁게** 잡는 것이 사법도 국민에 대한 법률 서비스라고 보는 현대 자유국가의 이념에 맞는 것이다.

판례는 소송물이론 중 구실체법설을 취하고 있음은 이미 설명하였다. 그에 따라 심지어는 전소송과 후소송에서 원고가 주장하는 실체법상 권리가 동일하면 청구취지가 달라도 기판력에 저촉된다고 본다.

그 예로, 채무자가 그 소유 부동산을 제3자에게 매도하여 소유권이전등기까지 마치자 채권자가 채권자취소권을 행사하여 수익자인 제3자를 상대로 이전등기 말소의 소를 제기하여 승소확정 판결을 받았는데, 이 소송의 사실심 변론종결 직전에 수익자가 금융기관에 근저당권을 설정하여 위 이전등기 말소의 이행이 곤란해졌다. 이에 채권자가 다시 수익자를 상대로 채무자에게 소유권이전등기를 이행하라고 청구하는 소를 제기하였다. 이에 대하여 대법원은 이러한 경우에

"(채권자의) 원상회복청구권은 사실심 변론종결 당시 채권자의 선택에 따라 원물반환과 가액배상 중 어느 하나로 확정된다. 채권자가 일단 사해행위취소 및 원상회복으로서 수익자 명의 등기의 말소를 청구하여 승소판결이 확정되었다면, 어떠한 사유로 수익자 명의 등기를 말소하는 것이 불가능하게 되었다고 하더라도 다시 수익자를 상대로 원상회복청구권을 행사하여 가액배상을 청구하거나 원물반환으로서 채무자 앞으로 직접 소유권이전등기절차를 이행할 것을 청구할 수는 없으므로, 그러한 청구는 권리보호의 이익이 없어 허용되지 않는다. … 그런데도 원심은 … 이 사건 소는 권리보호이익이 없어 부적법하다는 피고의 본안전항변을 배척하였으니, 이러한 원심판단에는 확정판결의 기판력과 권리보호이익에 관한 법리를 오해하여 판결 결과에 영향을 미친 잘못이 있다."

라고 판시하여,78) 청구취지가 다르더라도 실체법상의 권리가 동일하면 후소는 기판력에 저촉된다고 보았다.79)

그러나 본래 구실체법설에서도 소송물의 동일성을 청구취지와 청구원인, 법적 관점이 모두 동일해야 소송물이 동일하다고 보는 입장이다. 이러한 사안에서는 소송물이 다름을 무시하고 기판력에 저촉된다고 볼 것이 아니라 채권자취소권을 이미 행사한 것을 전제로 하고, 원상회복청구권의 실체법상 문제로 다루었어야 했다.

판례는 원고 자신이 진정한 상속인이고 타인에게 넘어간 소유권이전등기는 무효라고 주장하여 제기한 소유권말소등기의 소를 제기하였다가 이는 상속회복청구의 소에 해당하는데 제척기간이 경과하였으므로 기각한다는 판결이 확정된 뒤에, 위 타인에게 이루어진

---

78) 大判 2018. 12. 28, 2017다265815.

79) 근래에 판결문에서 기판력에 저촉되는 것을 권리보호이익이 없다고 표현하는 것을 자주 본다. 그러나 권리보호이익, 정확하게는 권리보호자격에는 '기판력에 저촉되지 않을 것'만이 들어있는 것이 아니다. 법적으로 무엇이 문제인지를 적어도 상고심 판결에서는 정확하게 지적할 필요가 있다.

소유권이전등기는 나중의 보존등기에서 이루어진 것인데, 이는 중복등기로 무효이므로 소유권이전등기를 말소하라고 청구하는 소를 제기한 사건에서, 이는 청구기각이 확정된 전소송과 청구원인을 달리하는 것이어서 전소송 기판력에 저촉하지 않는다고 하였다.[80]

또한 판례는 전소 청구와 같은 내용의 청구인 것으로 보이더라도 그 내용이 전소송 확정판결의 내용을 전제로 하고 청구취지에 조건을 붙인 경우에 후소 청구는 전소송 확정판결의 기판력에 저촉되지 않는다고 한다. 전소송에서 채무의 변제를 이유로 양도담보를 위한 소유권이전등기의 회복을 청구하였다가 채무변제가 인정되지 않아 기각된 뒤에, 후소로써 위 피담보채무의 변제를 조건으로 위 소유권이전등기의 회복을 청구한 사안에서 이같이 판시하였다.[81]

판례는 소유권이전등기를 명한 확정판결에 기재된 등기의무자의 주소가 등기기록에 기록된 등기의무자의 주소와 다르고 주민등록 등·초본에 의하여 피고와 등기의무자가 동일인임을 증명할 수가 없는 경우라도 피고의 주소가 등기기록상 주소로 기재된 판결을 받기 위하여 전소송의 상대방이나 그 포괄승계인을 상대로 동일한 소유권이전등기청구의 소를 다시 제기하는 것은 기판력에 저촉된다고 한다.[82]

여기서는 소송물의 동일성에 관하여 논란의 여지가 있는 몇 가지 사항에 관하여 살펴보기로 한다.

a) 잔부청구의 문제

《사례 11》　甲은 乙에 대하여 이행기가 완성된 5천만원의 대여금 반환채권을 갖고 있는데, 우선 3천만원이 필요하여 乙에게 청구하였으나 乙이 변제하지 않았다. 甲은 乙을 피고로 하여 3천만원의 지급을 구하는 소를 제기하면서 본래 채권액이 5천만원이라고 밝혔다. 이에 대하여 乙은 채무가 없다고 다투었다. 법원은 乙에게 2천만원의 지급을 명하는 판결을 선고하였고, 그 판결이 확정되었다. 뒤에 甲은 청구하지 않았던 2천만원의 지급을 구하는 소를 제기하였다. 이 소가 적법한가?

금전이나 대체물의 지급을 청구할 채권에 관하여 채권자가 임의로 그중 일부를 분할하여 청구하여 확정판결을 받은 뒤에 나머지 부분을 청구하는 것이 전소 일부청구에 대한 판결의 기판력에 저촉되는지 여부가 문제된다.[83] 이에 관하여는 여러 학설이 대립하고 있다.[84]

---

80) 大判 2011. 7. 14, 2010다17064.
81) 大判 2014. 1. 23, 2013다64793. 이 판결에서는 이를 장래이행 청구라 하고 전소송 변론종결 뒤에 새로 생긴 사정이라고 하여 기판력의 시적 범위 문제인 것처럼 판시하였다. 그러나 그 내용을 보면 전소송과 청구취지가 다를 뿐만 아니라 확정판결의 내용과 모순되는 것을 청구하는 것도 아님을 알 수 있다.
82) 大判 2017. 12. 22, 2015다73753. 피고와 등기의무자가 동일인임을 증명할 수 있는 자료를 등기관에게 제출하는 절차를 밟으면 되기 때문이다.
83) 일부청구가 문제되는 이유에 관하여는 이미 중복소제기에서 설명하였다.
84) 학설, 판례에 관한 상세한 것은 胡文赫, "一部請求와 旣判力", 사법행정 92. 3, 72면 이하 참조.

① 일부청구긍정설: 이는 기판력은 항상 원고가 청구한 부분에 대한 판단에만 생긴다는 것을 전제로, 후소로 채권의 나머지를 청구하는 것은 기판력에 저촉되지 않아서 언제나 긍정된다는 견해이다. 본래 채권액이 얼마이건 법원은 원고가 청구한 부분에 관해서만 심판하는 것이고(처분권주의), 법원이 심판하여 판결주문으로 판단한 부분에만 기판력이 생기는 것은 당연하다는 것을 근거로 한다. 독일의 다수설·판례이고 우리나라의 소수설이다.85) 이 견해에 의하면 〈사례 11〉에서 甲의 후소는 기판력에 저촉되지 않아 적법하다.

② 일부청구부정설: 이는 채권의 일부와 잔부 사이에 이들을 나눌 수 있는 식별 기준이 있을 경우에는 별문제이나, 하나의 채권을 단순히 수량적으로 분할해서 청구하는 경우에는 비록 일부청구라 하더라도 그에 대한 판결의 기판력은 나머지 부분에도 미친다고 보는 견해이다. 그리하여 채권자가 후소로 잔부청구를 하는 것은 기판력에 저촉된다고 한다. 그 근거로는 분쟁해결의 공권성과 일회성에 비추어 국가제도인 사법제도를 원고의 자의로 여러 차례 이용하는 것은 인정할 수 없고, 채권의 일부를 청구하면 그중 어느 일부인지가 특정되지 않기 때문에 어차피 법원은 채권 전체의 존부에 대하여 심리한다는 점 등을 든다.86) 또한 이 부정설을 더욱 철저화하여 일부청구를 인정하는 예외까지도 부정하고 항상 잔부청구는 기판력에 저촉된다고 하는 견해도 주장된다. 그 근거는 청구한 일부와 잔부의 식별 기준이 있더라도 언제나 한 번의 소송으로 그 채권의 존부를 확정해 두어야 분쟁해결의 일회성을 달성할 수 있다는 점을 든다.87) 이 견해에 의하면 〈사례 11〉에서 甲의 후소 잔부청구는 전소 일부청구에 대한 확정판결의 기판력에 저촉되어 부적법해진다.

③ 절충설 I (명시설):   이는 일부청구를 하는 당사자가 그 청구가 일부청구임을 밝힌 경우에는 그 일부만이 소송물이 되고 그에 관한 확정판결의 기판력은 잔부청구에는 미치지 않지만, 일부청구임을 명시하지 않았으면 그 청구는 채권 전체를 주장한 것으로 보아, 채권 전부가 소송물이 되고, 따라서 잔부청구는 전소송 판결의 기판력에 저촉된다고 한다.88) 그 근거로는 전소송에서 일부청구임을 명시하지 않고

---

85) 方順元, 605; 李英燮, 194; 註釋民訴(中)<金詳源>, 146.

86) 金·姜, 304 이하는 중복된 소제기 금지와 관련하여 사건의 동일성은 소송물의 내용을 이루는 권리법률관계가 같은 경우까지 확대되어야 한다며 일부청구부정설의 입장을 취하여 잔부청구는 당연히 중복된 소제기에 해당한다고 하고, 金·姜, 680은 기판력 문제에 대해서도 같은 입장을 취한다.

87) 金洪奎, "一部請求의 訴訟上의 取扱", 損害賠償法의 諸問題, 1990, 817 이하.

88) 김홍엽, 365, 866; 이시윤, 683; 田炳西, 665; 전병서, 강의, 477, 주27; 전원열, 526; 鄭·庚·金, 317; 한충수, 577. 강현중, 361은 불법행위로 인한 손해배상청구와 같이 손해 전체를 정확히 파악하기 어

있다가 후소로써 그것이 일부청구라고 주장하는 것은 신의칙(금반언)에 반한다는 점, 채권자의 분할청구의 자유와 분쟁해결의 일회성을 조화시켜야 한다는 점 및 기준이 명확하다는 점을 든다. 그 밖에 일부청구임을 명시하지 않았는데, 뒤에 잔부청구를 허용하면 모든 소송에서 원고의 청구가 일부청구로 될 수 있고, 피고는 항상 뒤에 잔부청구가 따라 올 것을 예상해야 한다는 문제점이 있다는 것을 들기도 한다.

우리 판례는 전소송에서 일부청구임을 명시하여야 후소의 잔부청구가 기판력에 저촉되지 않는다고 하여 이 견해를 지지한다.89) 다만 명시의 방법으로는 전체 채권액을 특정하여 그중 일부만을 청구하고 나머지는 유보한다고 밝힐 필요는 없고, 일부청구하는 범위를 특정하여 전체 금액의 일부를 우선 청구한다는 것을 밝히면 된다고 한다.90) 법원이 일부청구임을 명시하였는지를 판단할 때에는 소장, 준비서면 등의 기재뿐만 아니라 소송의 경과도 함께 살펴볼 것을 요구한다.91) 그리고 재판상 화해가 확정판결과 같은 효력이 있다고 하면서 확정된 화해권고결정의 '청구의 표시'란에 원고의 채권 중 일부를 유보하는 취지를 명시하지 않았으면 나중에 별소로 나머지를 청구하는 것은 기판력에 저촉된다고 한다.92)

이 견해를 따르면 〈사례 11〉에서 甲이 전소송에서 그 청구가 일부청구임을 명시하였으므로 후소 청구에는 기판력이 미치지 않게 되어 적법하다. 만일 명시하지 않았으면 후소 청구는 기판력에 저촉될 것이다.

④ 절충설 Ⅱ(청구인용 여부를 기준으로 삼는 견해): 이는 전소 일부청구가 전부 인용되었으면 잔부청구는 기판력에 저촉되지 않지만, 일부청구가 전부 기각되거나 일부라도 기각되었으면 잔부청구는 기판력에 저촉된다는 견해로 독일의 소수설

─────────────

려운 경우에는 명시설을 따르고, 계약상 채권이나 그 불이행으로 인한 손해배상채권과 같이 단순히 수량적으로 분할이 가능한 채권에서는 잔부청구를 부정한다.

89) 大判 1976. 9. 14, 76다1593; 大判 2000. 2. 11, 99다10424. 심지어는 소송비용확정결정에까지 이런 입장을 고수한다(大決 2002. 9. 23, 2000마5257). 그러나 이 결정은 본안재판과는 성질이 다르다고 보아야 하므로 타당하지 않다. 다만 실제로 일부청구임을 명시하지 않았더라도 원고가 법률관계를 잘못 알고 있어서 일부만을 청구한 경우에 이를 명시한 것으로 보아준 경우도 있다(大判 1994. 1. 14, 93다43170).

90) 大判 1986. 12. 23, 86다카536. 그러나 大判 1988. 10. 11, 87다카1416은 사실심 변론종결에 근접한 시점까지의 치료비라고 밝혀서 청구한 것을 일부청구로 명시하였다고 볼 수 없다고 하였다. 大判 2016. 6. 10, 2016다203025는 전 소송 중에 너무 적게 청구하였다고 청구를 확장하려고 하였으나 청구취지 변경으로 인정되지 못하여 청구취지가 처음 기재한 금액으로 정해졌고 그 부분에서 전부 승소한 원고가 후소로써 인정받지 못한 나머지 청구를 한 사안에서 전 소송에서 일부청구임을 명시하였다고 인정하였다.

91) 大判 2016. 7. 27, 2013다96165.

92) 大判 2014. 4. 10, 2012다29557. 전 소송에서 청구취지에 일부청구임을 명시하지 않은 사건이 조정으로 끝난 경우도 같이 취급한다(大判 2008. 12. 24, 2008다6083 · 6090).

이다.93) 그 근거는 일부청구가 전부 인용되었다는 것은 원고인 채권자가 더 청구할 여지가 남아 있다는 것을 뜻하지만, 일부청구가 전부 기각된 것은 원고의 청구권 자체가 부정되었음을 뜻하고, 일부 기각된 것은 인용된 부분이 원고 채권액의 상한을 그은 것을 뜻한다고 본다는 데에 있다. 이 견해에 의하면 〈사례 11〉의 경우 전소송에서 甲의 청구가 일부 기각되었으므로 그 판결의 기판력이 후소에 의한 잔부청구에 미쳐 후소는 부적법해진다.

⑤ 절충설 Ⅲ(두 절충설을 절충한 견해): 이는 명시적 일부청구의 경우에는 기판력이 잔부청구에 미치지 않고, 묵시적 일부청구에서는 원고가 전소송에서 전부 승소하였으면 잔부청구에 기판력이 미치지 않지만 적어도 일부라도 기각당했으면 잔부청구는 기판력에 저촉된다는 견해이다.94) 이에 의하면 〈사례 11〉은 명시적 일부청구의 경우이므로 잔부청구는 기판력에 저촉되지 않는다.

⑥ 검 토: **부정설**은 사법상의 사적자치의 원칙과 소송법상의 처분권주의를 무시한 이론일 뿐만 아니라, 분쟁해결의 일회성에 이바지하기 위하여 당사자가 사적자치를 포기해야 한다는 이론이어서 타당성이 없다.

명시설은 특히 묵시적 일부청구의 경우에 처분권주의에 의한 법원의 심판 범위보다 기판력의 범위가 넓어진다는 기본적인 문제를 안고 있다. 원고가 일부청구임을 명시하지 않았다고 잔부청구를 일률적으로 부정하는 것은 구체적 타당성을 잃는 경우가 있을 수 있다.95) 판례는 명시하지 않은 일부청구에 대한 판결의 기판력이 잔부청구에도 미친다고 하기 때문에 잔부청구가 차단된다는 문제점을 스스로 인식하여, 묵시적 일부청구에서 전부 승소한 원고가 청구취지 확장을 위하여 항소하는 것을 항소의 이익이 있다고 본다.96) 명시설을 취하여 생긴 문제점을 해결하기 위하여 항소의 이익에 관한 형식적 불복개념을 수정하는 무리를 범할 수밖에 없는 것이다. 원고가 일부청구임을 명시하지 않은 행위를 "피고에게 그 이상의 채무는 없다"는 의사를 표시한 것이라고 새기는 것은 원고의 의사를 무시한 월권적인 해석이다. 이 견해는 일부청구이면 처음부터 이를 밝혀서 심판의 범위를 명확히 하고

93) Zeiss-Schreiber, Rn. 581, zit. Rosenberg-Schwab/Gottwald¹⁸ § 155 Rn. 16.
94) Jauernig/Hess³⁰ § 63 Rn. 11 f.; 宋·朴, 449.
95) 그 예로 전소송의 사실심 변론종결 당시까지 소유권이전을 소구할 수 있는 공유지분의 범위를 정확히 알 수 없어 결과적으로 전소송에서 일부공유지분에 관한 청구를 하지 못한 경우에 관하여, 판례는 이를 일부청구임을 명시한 경우와 마찬가지로 취급할 수는 없으므로 전소송의 확정판결의 기판력이 그 잔부청구에 미친다고 하였다(大判 1993. 6. 25, 92다33008).
96) 大判 1997. 10. 24, 96다12276.

상대방에게 헛된 신뢰를 주지 않도록 해야 한다는 취지로 보이나, 채무자인 피고가 자기의 채무액이 얼마인지는 누구보다도 잘 알고 있을텐데, 원고가 그중 일부만 청구하였다고 해서 피고의 채무액이 그만큼 축소된 것이라고 믿는다는 것도 바람직하지 않은데, 더구나 그 신뢰를 보호하기까지 하는 것은 더욱 타당하지 않다. 이 견해는 상대방의 신뢰보호라는 목적에 기판력을 이용하려는 것인데, 본래 기판력제도는 법적 안정성을 위하여 법원이 확정적으로 판결한 부분에 구속력을 인정하려는 것이지, 상대방의 신뢰를 보호하려는 것이 아니다. 결국 이 견해는 기판력과는 관계 없는 목적을 위하여 기판력을 남용하는 것으로 타당하지 않다.

청구인용 여부를 기준으로 하는 견해는 기판력의 본질에 관한 소송법설과 판결 주문에서 판단한 것에만 기판력이 생긴다는 원칙과 어긋난다. 일부청구에 대한 기각판결이 확정되면 그 실체법상 청구권 중 청구된 일부의 존재만이 심판의 대상이 되었고 따라서 그 부분만이 부정된 것이지 전체가 부정된 것이라고 보아서는 안된다. 뿐만 아니라 이 견해는 기판력의 본질에 관한 실체법설을 따른다는 인상이 짙다.

결론적으로 일부청구긍정설이 타당하다. 긍정설의 문제점이라고 지적되는 일부청구 뒤의 잔부청구가 소송제도의 남용이 될 수 있다는 점은 다음과 같이 해결된다: 간략한 절차로 진행되는 소액사건을 만들기 위한 일부청구는 이미 금지되어 있다(소심 제5조의2). 그 밖에 일부청구 뒤의 잔부청구가 특히 소송제도의 남용이라고 보일 때에는 구체적인 사정을 심리하여 권리보호이익을 부정하면 된다. 부정설이나 절충설은 처분권주의를 규정한 제203조를 위반한 해석이다. 제203조는 구체적인 경우에 무시해도 무방한 막연한 일반원칙을 선언한 것일 뿐이라고 착각한 것으로 보인다.

b) 토지의 특정 일부에 대한 소유권이전등기청구와 일정 지분의 소유권이전등기청구

《사례 12》   甲은 乙 소유의 임야 3천평 중 남쪽의 2/3 부분(①부분)을 매수하였다고 주장하여 그 부분에 대한 소유권이전등기를 구하는 소를 제기하였다가 위 임야의 일부를 매수하기로 한 계약을 체결한 사실은 인정되지만 甲이 주장하는 ①부분을 매수한 사실을 인정할 증거가 없다는 이유로 기각판결을 받아 그 판결이 확정되었다. 그 뒤에 甲은 위 매매계약의 내용이 위 임야 전체의 2/3 지분을 매수한 것이라고 주장하여 그 지분에 대한 소유권이전등기를 구하는 소를 제기하였다. 甲의 이 후소가 적법한가?

민법상으로는 특정 물건의 지분권은 그 물건 전체의 양적인 일부분이라고 파악하고 있다. 따라서 어느 토지의 소유권이전등기청구소송의 소송물과 그 토지의 일정 지분의 소유권이전등기청구소송의 소송물의 관계를 후자가 전자의 양적 일부분이라고 보게 된다. 그리하여 지분에 대한 소유권이전등기청구는 전체에 대한 소유권이전등기청구의 일부청구로 취급하게 될 것이다. 이렇게 보면 토지 전체에 대한 이전등기소송에서 패소한 당사자가 다시 지분에 대한 이전등기를 구하는 소를 제기하면 이는 기판력에 저촉된다고 보게 될 것이다. 위 사례처럼 전소가 토지의 특정 일부에 대한 소유권이전등기청구이고 후소가 일정 지분에 대한 소유권이전등기청구이면 전소송에서 이전등기청구의 대상이 되었던 특정 일부 중 일정 지분 부분은 기판력에 저촉된다고 보게 된다. 과거에 판례는 이러한 취지로 판시한 것도 있었고,97) 이와 달리 이러한 경우에는 두 청구의 청구취지가 다르므로 기판력에 저촉되지 않는다고 판시한 것도 있었다.98) 대법원은 1995년에 전원합의체 판결로써 후자로 입장을 정리하였다.99)

얼핏 보면 민법 이론상 전자의 견해가 타당하다고 보일 것이나 소송물의 동일 여부를 판단하는 데에 실체법적으로 후소송에서 주장하는 권리가 전소송에서 판단된 권리의 일부라는 점만이 고려의 대상이 되는 것은 아니다. 판례가 설시한 바와 같이 두 청구는 청구취지가 서로 다르다. 그리고 **토지의 일부분**에 대하여 매매계약을 체결했다는 사실과 **토지 전체의 일정 지분**에 대하여 매매계약을 체결했다는 사실은 서로 다른 사실관계이다. 위 사례에서 전소송에서는 甲이 ①부분을 매수하였는가 여부가 문제되었고, 후소송에서는 甲이 전체 토지의 2/3 지분을 매수하였는지 여부가 문제되므로 주장하는 권리도 서로 다르고 다툼의 대상이 된 목적물도 서로 다르다. 두 소송에서 법원은 甲이 매수한 것이 토지의 특정 2/3 부분인지 아니면 전체의 2/3 지분인지를 판단하면 된다. 따라서 甲의 후소 중 ①부분의 2/3 지분은 기판력에 저촉된다고 판단할 일이 아니다.100) 만일 기판력에 저촉된다고 한다면 후소송 법원이 甲의 청구 전체가 이유 있다고 판단하더라도 ①부분의 2/3 지분은 기판력에 저촉되므로 각하해야 하고, 토지의 나머지인 1/3부분의 2/3 지분에 대해서만 청구를 인용하게 될 것이다. 결국 전체 토지의 2/9에 해당하는 지분만이 인용될

97) 大判 1974. 3. 12, 73다1474.
98) 大判 1974. 2. 26, 73다1955; 大判 1980. 7. 22, 80다445; 大判 1992. 4. 10, 91다45356·45363.
99) 大判(全) 1995. 4. 25, 94다17956.
100) 한충수, 575.

수 있다는 말이다. 여기서 문제되는 것은 甲이 특정부분 2/3에 대한 이전등기를 받을 수 있는가 아니면 전체의 2/3 지분권에 대한 이전등기를 받을 수 있는가인데도 불구하고 논리조작을 거치다 보니 2/9의 지분권 이전등기를 받으라고 재판받게 된다는 것은 엉뚱한 일이 아닐 수 없다. 따라서 소송법 이론에 따라 위의 경우에는 소송물이 다르다고 보는 것이 타당하다.

c) 소유권이전등기말소청구와 진정명의 회복을 위한 이전등기청구

《사례 13》　甲이 그 소유 토지를 乙에게 증여하였고, 乙은 다시 丙에게 이를 매도하여 각기 소유권이전등기가 이루어졌다. 그러나 뒤에 甲이 증여의 의사표시는 강박에 의한 것으로 이를 취소하였다면서 乙, 丙으로 이루어진 각 이전등기는 원인무효라고 주장하여 그 말소를 구하는 소를 제기하였다. 법원은 강박을 인정할 수 없다고 판단하여 甲의 청구를 기각하였고, 그 판결이 확정되었다. 뒤에 甲은 다시 丙을 상대로 소유권이전등기를 청구하면서 증여의 취소로 자기가 진정한 소유자이므로 진정명의를 회복하기 위한 것이라고 주장하였다. 甲의 이 후소가 적법한가?

본래 진정명의 회복을 위한 이전등기 청구는 잘못 이전된 등기의 말소에 갈음하여 판례에 의하여 편의상 인정된 것이다.101) 그러므로 말소등기 청구와 실질적으로 동일한 목적을 달성하려는 것이므로 동일한 소송물이라고 볼 여지가 있다. 그러나 말소등기와 이전등기는 부동산등기법상 전혀 다른 종류의 등기이고 소송에서의 청구취지도 전혀 다르므로 소송물이 다르다고 볼 수도 있다. 그러므로 위 사례에서 甲의 후소가 전소송 청구기각판결의 기판력에 저촉되는지에 관하여 논란의 여지가 있다. 종래 판례는 양 청구의 소송물이 서로 다르다고 하여 기판력에 저촉되지 않는다고 보아왔다. 그러나 최근에 태도를 변경하여 양 청구는 "실질적으로 그 목적이 동일하고, 두 청구권 모두 소유권에 기한 방해배제청구권으로서 그 법적 근거와 성질이 동일하므로 그 **소송물은 실질적으로 동일**한 것"이라고 하여 후소인 이전등기청구가 기판력에 저촉된다고 보았다.102)

진정명의 회복을 위한 이전등기는 권리변동의 과정이 등기부에 정확하게 반영되지 못하더라도 권리를 회복하려는 이의 편의를 위하여 인정한 것이다. 특히 잘못된 이전등기가 있은 후 여러 차례 등기가 이전된 경우에 이를 회복하려는 권리자

---

101) 大判(全) 1990. 11. 27, 89다카12398. 이에 관한 상세한 검토는 朴鍾贊, 眞正名義回復을 위한 所有權移轉登記請求訴訟에 관한 硏究, 2004, 서울대학교 석사학위논문 참조.
102) 大判(全) 2001. 9. 20, 99다37894; 大判 2003. 3. 28, 2000다24856(이 판결에서는 기판력이 진정명의 회복을 위한 이전등기청구에뿐만 아니라, 확정된 전소의 말소등기청구권의 존재 여부를 선결문제로 하는 근저당권설정등기 등의 말소등기청구에도 미친다고 하였다); 大判 2009. 1. 15, 2007다51703.

는 그동안 등기명의자였던 다수인을 찾아내어 그들을 상대로 전부 소송을 해야 하는 번거로움을 덜어 준다는 장점이 있다. 그러므로 진정명의 회복을 위한 이전등기 자체는 이를 인정하는 것이 의미가 있다고 볼 것이다. 그러나 이는 등기부 기재가 권리변동의 과정을 정확하게 반영하지 못하게 만든다는 결점이 있으므로 제한적으로, 부득이한 경우에 한하여 인정하는 것이 타당하다. 이미 그동안의 등기명의인을 찾아내어 말소등기소송을 한 원고에게 다시 진정명의 회복을 위한 이전등기청구를 허용할 필요성이 있는지 의심스럽다. 이런 의미에서 이 점을 부각시킨 새로운 판례가 수긍되는 점이 있다. 그러나 이를 소송물의 동일성 내지 기판력의 문제로 다루어 소송물이 동일하므로 기판력에 저촉된다고 보는 것은 논리상 무리가 있다. 아무리 동일한 목적을 위한 청구라 하더라도 엄연히 청구취지가 다르기 때문에 소송물이 동일하다고 볼 수는 없기 때문이다.103) 이는 **말소등기청구권을 부정한 확정판결의 증명력**을 이유로 특단의 사정이 없는 한 원고가 진정명의인이 아니라고 보아 청구를 기각하는 것이 타당할 것이다.104)

d) 소송물이 동일하여 기판력이 미쳐도 후소가 적법한 경우: 판결이나 그와 같은 효력이 있는 조서의 **내용이 특정되어 있지 않아서** 집행이 불가능한 경우에는 동일한 소송물이라도 다시 소를 제기하는 것을 허용할 필요(권리보호의 자격)가 있다.105) 그러므로 이러한 경우에는 후소가 기판력에 저촉되어 부적법하다고 해서는 안 된다.

판결이나 조서로 확정된 채권의 **소멸시효 완성이 임박**하면 다시 시효중단을 위하여 소를 제기할 필요가 있으므로 이런 경우도 후소가 부적법하다고 해서는 안된다.106) 판례는 이러한 경우에는 전소송 확정판결이나 조서의 기판력이 후소송에

---

103) 한충수, 574는 이러한 점을 인식하여 판결의 모순방지라는 기판력의 작용 측면에서 후소를 불허할 것이라고 한다.

104) 말소등기청구권이 부정된 다음에 소유권확인소송에서 승소할 가능성도 있는데, 이런 경우에는 새로이 소유권이 확정되었으므로 다시 제소하여 말소등기를 청구할 수 있을 것이다. 이때에는 기판력 있게 확정된 대로 소유권이 있음을 전제로 후소송에서 등기청구에 관하여 다시 재판할 것이다.

105) 大判 1965. 2. 3, 64다1387(화해조서에 기재된 화해조항에 토지의 분할 부분이 특정되지 않아서 뒤에 이를 특정하여 소유권이전등기의 소를 제기한 사안); 大判 1998. 5. 15, 97다576589(판결의 내용이 특정되지 않은 사안); 大判 1995. 5. 12, 94다25216(화해조서 내용의 불특정). 大判 1992. 4. 10, 91다45356·45363에서는 화해조서 내용의 불특정인 경우에 집행불능과 청구취지가 다르다는 점을 이유로 하여 기판력에 저촉되지 않는다고 하였다.

106) 大判 2001. 2. 9, 99다26979. 이 판결은 이러한 법리는 어디까지나 그 시효를 중단하여 권리를 그대로 유지시킬 실익이 있는 경우에 한하여 타당한 것이고, 그것을 그대로 유지하는 것이 아무런 실익이 없는 경우에는 그 시효중단을 위한 후소는 소의 이익이 없다고 한다.

미친다고 인정하여 후소송 당사자는 확정판결이나 조서의 내용과 모순되는 주장을 할 수 없고,107) 법원도 모순된 재판을 할 수 없으므로 법원은 요건사항이 있는지 여부에 관하여 다시 심리할 수가 없다고 한다.108) 만일 피고가 후소송에서 전소송에서의 권리관계를 다투려면 먼저 전소송의 확정판결에 대하여 추완항소의 방법으로 그 기판력을 소멸시켜야 할 것이다.109)

전소송의 변론종결 이후에 생긴 변제나 면제, 상계 등 새로운 사정을 이유로 실체관계를 심리하는 것은 기판력의 시적 범위 밖이므로 가능함은 물론이다.110) 그러므로 피고가 전소송 변론종결 이후에 변제 등 채권을 소멸시키는 행위를 하였음이 인정되면 원고의 청구를 기각하는 것은 당연하다. 그러나 변론종결 이후에 법률의 개정으로 이자율이 달라진 것은 판결의 효력에 영향이 없으므로 변경된 이자율을 반영하여 지급액을 변경하는 것은 허용되지 않는다.111)

전소송 판결이 확정된 뒤 10년이 지난 다음에 소를 제기한 경우에는 어떻게 되는가? 이미 10년의 시효기간이 경과했으므로 시효중단을 구할 이익이 없어서 부적법하다고 하여 소를 각하할 것이 아니다. 채무자인 피고가 시효완성의 항변을 하는지에 따라서 본안판단을 해야 한다.112)

최근의 대법원 판결은 방론에서 시효중단을 위한 이행의 소 제기로 2중의 집행권원이 생긴다는 등의 문제점을 들어 채권자의 청구권 자체에 대한 확인의 소도 허용되어야 하고, 나아가 전소송 판결로 확정된 채권의 시효를 중단시키기 위한 재판상의 청구가 있다는 점에 대하여만 확인을 구하는 형태의 이른바 '새로운 방식의 확인소송'도 허용되어야 하며, 채권자는 세 가지 형태의 소송 중 자신의 상황과 필요에 더 적합한 것을 선택할 수 있다고 보아야 한다고 설명하였다.113) 이는 사실관계 확인의 소여서 권리보호자격이 없다. 이러한 형태의 소는 엄밀히 말하면 원고가 ① 시효중단을 위한 소를 제기하였

---

107) 大判 1998. 7. 28, 96다50025. 다만 전소송의 변론종결 후에 생긴 새로운 사유가 있으면 이를 이유로 기판력에 의하여 확정된 법률효과를 다툴 수 있다고 한다.

108) 大判 1998. 6. 12, 98다1645(전소송인 약속어음금 청구소송에서 원고의 피고에 대한 약속어음채권이 확정된 이상 원고의 약속어음의 소지 여부를 다시 심리할 수는 없다); 大判 2018. 4. 24, 2017다293858(양수금 청구소송에서 당시 양도받은 원고의 채권이 확정된 이상 채권을 전전 양도받은 원고의 후소송에서 처음의 채권양도의 대항요건 구비 여부를 다시 심리할 수 없다); 大判(全) 2018. 7. 19, 2018다22008(보증보험회사의 구상금청구소송에서 원고의 구상금채권이 확정된 이상 나중 소송에서 피고가 채무를 부담하지 않는다는 주장은 심리할 수 없다).

109) 大判 2013. 4. 11, 2012다111340. 이 판결에서는 전 소송에서 소장부본과 판결정본 등이 공시송달이 되어 피고가 책임질 수 없는 사유로 응소할 수 없었더라도 마찬가지라고 하였다.

110) 위 96다50025 판결; 大判 2019. 1. 17, 2018다24349; 大判 2019. 8. 29, 2019다215272.

111) 大判 2003. 7. 11, 2003다19572; 위 2019다215272 판결.

112) 위 2018다24349 판결.

113) 大判(全) 2018. 10. 18, 2015다232316.

음을 ② 확인한다는 판결을 구하는 것인데, ②의 판결을 구하는 것도 소이므로 2개의 소를 제기한 청구의 병합이다. 그러나 ①의 소는 어떤 종류의 소인지가 특정되지 않아서 청구취지 불특정이고, ②의 소는 사실 확인을 구하는 소이어서 두 청구 모두 부적법하다. 뿐만 아니라 이처럼 사건 자체의 쟁점이 아니고 법규의 해석과도 무관한 새로운 입법에 해당할 사항에 관하여 대법원이 미리 방침을 결정하여 제시하는 것은 우리 법체계에서 허용되지 않는다.[114)]

판결 원본이 멸실되어 강제집행에 필요한 집행문을 받을 수 없게 된 경우에도 역시 동일한 소를 다시 제기할 이익이 인정된다.[115)] 이러한 경우에도 후소송에 기판력이 미쳐서 모순되는 주장과 재판을 할 수가 없을 것이다.

(나) 모순된 반대관계

《사례 14》　甲은 乙로부터 토지를 매수하였음을 이유로 소유권이전등기절차를 이행할 것을 구하는 소를 제기하여 승소판결을 받고 그 판결이 확정되었다. 그 판결에 따라 이전등기를 필한 뒤에 乙이 甲을 상대로 甲에게 그 토지를 매도한 적이 없기 때문에 그 이전등기는 원인무효라고 주장하여 그 등기의 말소를 구하는 소를 제기하였다. 이에 대하여 법원은 어떻게 판결할 것인가?

앞에서 설명한 대로 후소송의 소송물이 전소송과 같으면 후소는 기판력에 저촉된다. 그렇다고 반드시 전·후 소송의 소송물이 같아야만 후소가 기판력에 저촉되는 것은 아니다. 〈사례 14〉에서는 전소송의 소송물은 甲의 소유권이전등기절차의 이행청구이고, 후소송의 소송물은 乙의 소유권이전등기 말소청구이므로 분명히 서로 소송물이 다르다. 그렇다고 이 경우에 전소송 판결의 기판력이 후소송에 미치지 않는다고 하면 乙의 후소는 적법하고, 심리 결과에 따라서는 乙의 청구가 인용되어 새로운 사정이 생긴 것도 아닌데 소유권이전등기가 도로 말소되어 전소송 확정판결을 정면으로 뒤엎는 수도 있다. 바로 이러한 폐단을 막자는 것이 기판력 제도의 취지이다. 그러므로 이처럼 **전소송과 후소송의 소송물이 정면으로 모순된 반대관계**인 경우에는 후소는 전소송 확정판결의 기판력에 저촉된다고 보고[116)] 소각하 판결을 하여야 한다. 오히려 이런 경우가 판결의 안정성을 위하여 기판력이 필요한 가장 전형적인 예가 될 것이다.[117)]

---

114) 이에 대한 상세한 비판은 호문혁, "셀카소송과 셀카봉판결 ― 대법원 2018. 10. 18. 선고 2015다232316 전원합의체 판결을 보고 ―," 법률신문 2019년 3월 21일자 11면 참조.

115) 大判 1981. 3. 24, 80다1888·1889(이러한 사정이 없어서 소의 이익이 없다고 한 사안).

116) 大判 2009. 3. 12, 2008다36022.

117) 앞에서 언급한 반복금지설에 의하면 이런 경우는 반복이 아니므로 후소송에 기판력이 미친다는

그러나 얼핏 보기에 모순된 반대관계인 것으로 보이지만 달리 취급해야 하는 경우도 있다.

《사례 15》　　甲은 자기가 소유하는 조선시대 고가구인 관복장을 乙이 빌려 갔는데, 乙이 소유권을 주장한다고 하여 乙을 상대로 소유권확인의 소를 제기하였다. 이에 대하여 乙은 그 관복장은 3년 전에 乙이 甲의 부친에게 빌려 준 것이라고 주장하였다. 심리 끝에 법원이 청구기각판결을 하여 확정되었다. 뒤에 乙이 여전히 같은 사실을 주장하여 甲을 상대로 소유권확인의 소를 제기하였다. 법원은 이 소를 어떻게 처리할 것인가?

《사례 15a》　　만일 甲이 전소송에서 인용판결을 받아 확정되었으면 어떻게 되는가?

이러한 경우에 전소송의 소송물은 甲의 소유권확인청구이고 후소송의 소송물은 전소송 피고 乙의 소유권확인청구이므로 모순된 반대관계인 것으로 보인다. 그러나 전소송 확정판결은 甲이 소유자가 아니라는 점만을 확인했지, 乙이 소유자라고 적극적으로 인정한 것이 아니다. 그러므로 乙의 후소는 甲의 전소송 기판력에 저촉된다고 하여서는 안 된다. 만일 전소송에서 甲이 승소하였으면 乙의 후소는 전소송 확정판결과 모순되므로 기판력에 저촉될 것이다. 이 경우에는 전소송, 후소송의 소송물이 아니라 전소송 **확정판결의 내용과 후소송의 소송물이 모순된 반대관계**인 때에 기판력에 저촉된다고 보는 것이다.

건물의 소유권이전등기 말소를 구하는 전소송에서 패소한 피고가 뒤에 원고를 상대로 건물의 인도와 차임 상당의 부당이득 반환을 구하는 경우는 모순된 반대관계가 아니므로 이 후소는 기판력에 저촉되지 않는다.[118]

(다) 기판력 있는 재판이 선결문제가 되는 후소송

《사례 15b》　　〈사례 15〉에서 甲의 소에 대하여 심리 끝에 법원이 청구인용판결을 하여 확정되었다. 뒤에 甲은 소유권에 기하여 그 관복장을 반환할 것을 구하는 소를 제기하였다. 이에 대하여 乙은 여전히 같은 사실을 주장하여 자기가 그 관복장의 소유자이므로 이를 甲에게 인도할 의무가 없다고 하면서 甲의 청구를 기각하라고 주장하였다. 법원은 새로 乙이 소유자라고 인정하여 甲의 청구를 기각할 수 있는가?

전소송과 후소송이 소송물이 같지 않지만 전소송 판결이 후소송의 판단을 구속하는 또 하나의 예가 바로 〈사례 15b〉와 같은 경우이다. 전소송의 소송물은 관복

것을 설명하기 어렵다.
118) 大判 2014. 10. 30, 2013다53939.

장의 소유권확인청구인데, 후소송의 소송물인 관복장 인도청구가 인용되려면 甲에게 소유권이 인정되어야 하므로 **전소송의 소송물이 후소송 소송물의 선결문제**가 되어 있다. 이러한 경우에 전·후 소송의 소송물이 다르다고 하여 간단히 전소송 확정판결의 기판력이 후소송에 미치지 않는다고 하면 후소송에서 甲이 소유자가 아니라고 하여 인도청구가 기각되는 수가 생긴다. 이렇게 되면 결국 전소송에서 甲이 소유자라는 확정판결은 유명무실하게 된다. 판결의 안정성을 확보하자는 기판력 제도의 취지상 이러한 결과는 허용할 수 없으므로 이 경우에도 전소송 판결의 기판력이 후소송에 미친다고 보아야 한다. 다만 이 경우는 후소가 부적법한 것이 아니라 후소송 법원이 **전소송 판결의 내용과 모순되는 판단을 해서는 안 되는 내용상의 구속**을 받는다. 따라서 후소송에서는 그 관복장의 소유자가 甲이라는 점을 전제로 하여 재판하여야 한다.119)

(라) 기판력 있는 재판과 모순되는 후소송 당사자의 주장

기판력은 후소송에서 법원의 판단뿐만 아니라 당사자의 주장에도 구속력이 있어서, 당사자가 기판력 있는 판결의 주문에서 판단한 사항과 모순되는 주장이나 항변을 후소송에서 할 수가 없다. 그럼에도 당사자가 이러한 주장이나 항변을 할 경우에는 기판력에 저촉된다. 판례도 기판력 있게 주문에서 판단한 내용의 구속력은 후소송에서 피고로서 하는 항변에도 미친다고 한다.120)

또한 판례는 채권자가 채무자를 상대로 청구하여 승소확정판결을 받았으면 채권자의 **대위소송**에서 제3채무자는 채권자의 청구권의 존재를 다툴 수 없다고 한다.121) 이 판례의 의미가 무엇인지가 문제된다. 채권자의 피보전채권의 존재는 대위소송에서의 선결문제이기 때문임을 근거로 하는 것으로 볼 수는 없을 것이다. 후소송의 피고인 제3채무자는 기판력의 주관적 범위에 포함되지 않기 때문이다. 판례처럼 대위소송에서 피보전채권의 존재는 원고의 당사자적격, 즉 소송요건의 문제로 본다면 이는 직권조사사항으로, 제3채무자가 다툴 수 있는지 여부를 굳이 따질 필요는 없을 것이다. 그러나 피보전채권의 존재를 소송요건으로 볼 것이 아니라 법률

---

119) 기판력의 이러한 효력도 역시 모순금지설로는 잘 설명이 되나, 반복금지설로는 설명이 되지 않는다. 이 점을 보더라도 모순금지설이 타당함을 알 수 있다.

120) 大判 1987. 6. 9, 86다카2756은 전소송에서 전세금반환을 청구하였다가 기각판결을 받아 확정된 원고가 후소송에서 피고가 되어 위 전세금반환청구권을 내세워 동시이행의 항변을 한 사안에서 이 주장은 기판력에 저촉된다고 하였다.

121) 大判 1998. 3. 27, 96다10522; 大判 2007. 5. 10, 2006다82700·82717; 大判 2014. 7. 10, 2013다74769.

요건으로 보아서 대위권의 법률요건 중 하나에 대한 확정판결이 있기 때문에 다른 사정이 없는 한 이 확정판결의 기판력으로 후소송 법원이 피보전채권의 존재를 부정할 수 없다고 보는 것이 타당할 것이다.

(3) 판결이유의 구속력

《사례 16》   甲이 자기 소유의 가옥을 乙이 무단 점거하고 있다고 주장하여 乙을 상대로 가옥명도청구의 소를 제기하였다. 법원이 심리 결과 그 가옥의 소유자가 甲임을 인정하여 乙에게 그 가옥을 명도할 것을 명하는 판결을 선고하였고, 그 판결이 확정되었다. 그 뒤에 乙이 그 가옥이 자기의 소유라고 주장하여 甲을 상대로 소유권확인의 소를 제기하였다. 이에 법원이 그 가옥의 소유자가 甲이 아닌 乙이라고 하여 乙의 청구를 인용하는 판결을 선고하고, 그 판결이 확정되었다. 이때 다시 乙이 甲을 상대로 가옥인도청구의 소를 제기하였다. 이 소가 적법한가?

(가) 문제점

앞의 〈사례 8a〉나 이 문제에서 본 바와 같이 심리의 효율성을 위하여 판결이유에는 기판력이 생기지 않도록 하였기 때문에 실질적으로 서로 **모순되는 판결이 나올 가능성**이 생긴다. 특히 당사자들이 주요 쟁점으로 다투었고 법원도 심혈을 기울여 심리한 사항인데, 단지 그 부분이 판결주문이 아닌 이유에서 판단되었다고 하여 기판력이 인정되지 않고, 후소송에서 반대되는 결과가 된다면 그런 경우 역시 실질적으로 전소송 판결이 유명무실하게 된다. 〈사례 16〉에서 법원이 乙의 청구를 인용하여 그 판결이 확정되면 甲은 그 가옥을 인도받기만 하고 소유권은 없는 것이 되며, 乙이 다시 소유권을 근거로 甲을 상대로 가옥명도청구를 하는 것은 기판력의 시적 범위 밖이어서 첫 번째 소송의 기판력에 저촉되지 않는다. 이 마지막 소송에서 법원은 乙이 소유자라는 확정판결에 구속되어 다른 사정이 없는 한 乙의 명도청구를 인용할 수밖에 없다(후소의 선결적 법률관계). 그렇게 되면 甲이 받은 첫 번째 판결은 완전히 유명무실하게 된다.

(나) 학 설

이러한 문제점을 인식하여 판결이유 중의 판단에 어떤 형태로든 구속력을 인정하려는 학설들이 등장하였다.

a) Zeuner의 이론: 독일에서는 Zeuner가 전소송 확정판결의 판결이유 중의 판단이라도 후소송 소송물과 의미관련이 성립하면 기판력을 인정해야 한다는 **의미관련이론**을 제창하였다.122) 이 이론에 의하면 매도인이 매매대금지급을 청구하여 승소

확정판결을 받은 경우에 매수인이 매매계약에 기하여 매도인을 상대로 매매목적물 인도를 청구하면 그 소송에서 매매계약이 유효라는 전소송 판결이유 중의 판단이 후소송 소송물과 의미관련이 있으므로 매매계약이 유효라는 판단에 기판력을 인정해야 한다는 것이다.

b) Henckel의 이론: Henckel은 전소송 확정판결의 이유에서 판단한 것과 후소송 소송물이 **동일한 경제적 가치**를 가지는 것이면 전소송 판결이유 중의 판단에 기판력을 인정해야 한다는 이론을 주장했다.[123] 이에 의하면 전소송 소송물이 소유권에 기한 이전등기말소청구이고 후소송 소송물이 소유권확인청구이면 전소송 판결이유에서 판단한 소유권의 유무가 후소송 소송물과 경제적으로 동일한 가치를 가졌으므로 전소송에서의 소유권 유무에 관한 판단에 기판력을 인정해야 한다는 것이다. 어느 이론에 의하나 〈사례 16〉에서 전소송 판결이유 중에서 한 甲이 소유자라는 판단에 기판력이 생기고 이것이 두 번째 소인 乙의 소유권확인청구에 미치게 된다. 따라서 乙의 소는 각하될 것이고, 그에 따라 乙이 거꾸로 가옥 인도를 청구하는 것은 불가능하다.

c) **쟁점효이론:** 판결이유에 기판력을 인정하려는 이러한 이론들과 달리 일본에서는 이른바 쟁점효이론이 주장된다. 이에 의하면 판결이유 중의 판단이라도 그것이 **소송상 중요한 쟁점**으로 되어 당사자가 다투고 법원도 이에 대하여 실질적으로 심리하였으면 그 쟁점에 대하여 내린 판단에 쟁점효라는 구속력을 인정하자는 것이다.[124] 이에 의하면 〈사례 16〉에서 乙의 소유권확인청구에는 쟁점효가 미쳐서 제소가 불허되므로 그 소송에서 각하되었을 것이고, 따라서 乙이 거꾸로 가옥명도를 청구하는 것은 불가능하다.

d) **신의칙설:** 그 밖에 우리나라에서는 신의칙설이 주장되는데, 그 내용은 이러한 문제를 기판력이나 쟁점효와 같은 판결 효력으로 해결할 일이 아님을 전제로 하여, 전소송에서의 당사자 주장을 토대로 판결이 확정되었는데, 후소송에서 자신이 **전소송에서 한 주장과 모순되는 주장**을 하면 이는 '선행행위와 모순되는 거동'으로서 허용되지 않는다는 것이다.[125] 이 이론에 의하면 〈사례 16〉에서 乙 자신의 모순

---

122) Zeuner, Die objektiven Grenzen der Rechtskraft im Rahmen der rechtlicher Sinnzusammenhänge, 1959.

123) Henckel, Prozeßrecht und materielles Recht, 1970, S. 173 f.

124) 新堂幸司가 창시한 학설이다.

125) 김홍엽, 869 이하; 이시윤, 687.

되는 거동은 없으므로 두 번째와 세 번째 소송이 가능하다.

e) **판 례**: 우리 판례는 확정된 형사판결이나[126] 민사판결의 이유에서 확정한 사실관계는 후소송에서 동일한 사실관계가 문제될 경우에 특별한 이유가 없으면 이를 뒤집지 못한다는 태도를 보인다. 즉 확정판결의 **판결서는 강력한 증명력**을 가진다고 본다. 그리하여 결과적으로 전소송 확정판결의 이유 중의 판단에 사실상의 구속력이 생긴다. 후소송 법원이 전소송 확정판결의 이유 중의 판단과 다른 판단을 하려면 당사자들의 주장이 달라졌다든가 새로운 증거방법이 제출되었다든가, 아니면 확정판결의 기준시 이후에 새로운 사정이 생겼다는 점을 인정하여야 하고 이것이 판결이유에서 명확히 설시되어야 한다.[127] 이러한 판례에 의하면 〈사례 16〉에서 특별한 다른 사정이 없으면 후소송 법원은 여전히 甲이 소유자라고 인정하여야 하며, 따라서 전소송 판결의 내용이 사실상 번복되는 것이 방지된다. 이러한 입장을 **증명력설**이라고 하여도 무방할 것이다.

(다) 검 토

판결이유의 판단 중 일정한 사항에 기판력을 인정하자는 **독일의 이론들**은 이를 위하여 중간확인의 소를 인정하고 있다는 점을 소홀하게 생각하고 있다. 소송물의 선결문제에 관하여 기판력을 얻어 두고자 하는 당사자는 중간확인의 소를 이용하면 되고 따로 기판력을 인정할 필요는 없다고 생각된다.[128]

쟁점효이론은, 판결이유 중의 판단에도 구속력을 인정함으로써 우리 법과 정반대의 접근방법을 가진 미국 민사소송법에서 논의되는 쟁점실권효(issue preclusion)와 부수적 금반언(collateral estoppel)의 효력을 토대로 한 것이다.[129] 이는 기본적으로 우리 법이 취하고 있는 독일법 체제와는 맞지 않고, 무엇이 주요 쟁점으로 다투어진 것에 포함되느냐를 판단할 기준이 명확하지 않기 때문에 결국 이를 인정하면 심리의 핵심이 흐려지는 폐단이 생길 수 있어서 타당하지 않다.

신의칙설은 굳이 판결의 효력으로 문제를 해결할 필요가 없다는 인식을 전제로

---

126) 大判 2021. 10. 14, 2021다243430: 확정된 양식명령의 사실인정을 배척하는 경우에도 특별한 사정이 있어야 한다.

127) 예컨대 大判 1990. 5. 22, 89다카33944(민사재판); 大判 1990. 12. 7, 90다카21886(형사재판) 등. 그렇다고 하여 확정판결에서의 사실판단을 배척할 경우에 그 배척하는 구체적인 이유를 일일이 설시할 필요는 없다(大判 2010. 8. 19, 2010다26745 · 26752).

128) 앞에서 든 Zeuner의 의미관련이론의 예와 같은 경우 중간확인의 소로 해결되지는 않는다. 이러한 경우에는 우리 판례의 증명력설에 의하여 해결될 것이므로 역시 별도로 기판력을 인정하는 이론을 세울 필요가 없다.

129) 宋 · 朴, 454 참조.

한다는 점에서는 타당성이 있다. 그러나 당사자는 상대방의 주장이나 입증에 따라서, 그리고 자신이 마련할 수 있는 증거방법이 무엇인가에 따라서 여러 가지 태도를 취할 수 있고 이는 성실한 소송수행을 위한 것이라면 허용하는 것이 당연하다. 전후 모순되는 소송행위라고 하여 신의칙 위반으로 일률적으로 불허하는 것은 신의칙은 신중하게 최후의 방법으로 동원되어야 한다는 원칙으로 보더라도 타당하지 않다. 더구나 일반적으로 문제되는 것은 당사자가 전후 양소송에서 모순되는 진술을 하는 것이 아니라 〈사례 16〉과 같이 확정판결이 있음에도 불구하고 계속 자기 주장을 관철시키려고 하는 데에 있는 것이므로 신의칙설은 별다른 기여를 하지 못한다.

우리 판례가 취하고 있는 **증명력설**이 우리 법체계에도 잘 어울리고 확정판결에 신뢰를 부여하면서도 구체적인 상황에 따라 타당성 있는 결론을 낼 수 있다는 점에서 타당하다고 생각된다. 아무리 확정판결의 이유에서 주요한 쟁점으로 판단한 사항이라 하더라도 후소송에서 상황이 변하면 달리 판단할 수 있어야 하기 때문이다.130)

2. 시적 범위

(1) 기판력의 차단효

《사례 17》   甲은 乙로부터 토지를 매수하였음을 이유로 乙을 상대로 소유권이전등기를 청구하는 소를 제기하였다. 이 소송에서 乙은 매매계약 체결 사실을 다투었고, 甲은 매매계약의 체결을 입증하지 못하여 패소하고 그 판결이 확정되었다. 소송이 끝나고 한 달 뒤에 甲은 계약서를 발견하여 다시 乙을 상대로 매매를 이유로 한 소유권이전등기 청구의 소를 제기하였다. 이 소는 적법한가?

이미 판결이 확정되었는데, 뒤늦게 **전 소송에서 제출하였어야 할 공격·방어방법을 제출하면서 새로이 소송을 하는 것**은 기판력에 의하여 차단된다.131) 공격·방어방법이란 당사자들이 자기의 신청을 이유있게 하기 위하여 법원에 제출하는 일체의 소송자료로서 사실주장, 증거신청 등이 모두 포함된다. 당사자가 전 소송에서

---

130) 다만 판례는 확정된 형사판결도 뒤의 민사사건에서 법원을 사실상 구속하고, 확정된 민사판결도 뒤의 형사사건에서 법원을 사실상 구속하는 것으로 보나, 이는 두 법영역의 원리가 다르므로 제한적으로 보아야 할 것이다. 특히 형사판결의 증거력을 인정하는 것은 '민사사건의 형사화'를 부채질할 우려가 있다.

131) 大判 2014. 3. 27, 2011다49981: 전소송에서 토지거래허가 구역 내에 있는 토지의 매수를 이유로 소유권이전등기의 소를 제기하였으나 변론종결 전에 이미 그 토지가 토지거래허가 구역에서 해제되었음에도 불구하고 이를 주장하지 않아서 기각판결을 받은 원고가 구역 해제를 주장하여 다시 소유권이전등기의 소를 제기한 사안.

알 수 있었거나 알고도 이를 주장하지 않았던 사항만이 포함되는 것이 아니다.[132] 그러므로 〈사례 17〉에서는 비록 판결이 확정된 뒤에 새로운 증거자료를 발견했다 하더라도 이를 근거로 또다시 매매를 이유로 제소하는 것은 전소송 확정판결의 기판력에 저촉된다.

　　판례는 전소송에서 토지거래허가구역 내에 있는 토지의 매수를 이유로 소유권이전등기의 소를 제기하였으나 변론종결 전에 이미 그 토지가 토지거래허가구역에서 해제되었음에도 불구하고 이를 주장하지 않아서 기각판결을 받은 원고가 구역 해제를 주장하여 다시 소유권이전등기의 소를 제기한 사안에서 후소는 기판력에 저촉된다고 하면서 전소송에서 토지거래허가구역에서 해제되었음을 알지 못하여서 전소송에서 주장하지 못하였다는 사정은 영향이 없다고 하였다.[133]

　　약속어음의 소지인이 어음요건의 일부를 흠결한 이른바 백지어음에 기하여 어음금 청구의 소를 제기하였다가 위 어음요건의 흠결을 이유로 청구기각의 판결을 받고 위 판결이 확정된 후 위 백지 부분을 보충하여 완성된 어음에 기하여 다시 같은 피고에 대하여 어음금 청구의 소를 제기하는 것은 전소송 판결의 기판력에 의하여 차단된다고 본다.[134]

　　부당이득반환청구에서 법률상 원인 없는 사유가 되는 계약의 불성립, 취소, 무효, 해제 등은 단순한 공격방법에 지나지 않으므로 이들 중 어느 사유를 주장하여 패소하고 뒤에 다른 사유를 주장하여 제기한 소를 기판력에 저촉된다고 한다.[135]

이와는 달리 판례는 파산선고를 받은 채무자에게 면책결정이 확정되었는데, 파산채권자의 채무이행소송에서 채무자가 면책결정을 받은 사실을 전혀 진술하지 않아 면책된 채무의 이행을 명하는 판결이 선고되어 확정된 경우에는 강제집행에서 면책된 사실을 주장하여 청구이의의 소를 제기하는 것은 이행판결의 기판력에 저촉되지 않는다고 한다.[136] 면책결정은 채무가 아닌 책임을 소멸시키는 것이어서 채무의 존부나 범위 확정과는 관계가 없고, 이행판결의 확정으로 생긴 기판력은 면책결정으로 인한 책임 소멸에 미치지 않기 때문이다.

여기서 주의할 것이 있다.

---

132) 大判 2022. 7. 28, 2020다231928.
133) 大判 2014. 3. 27, 2011다49981.
134) 大判 2008. 11. 27, 2008다59230. 약속어음의 소지인이 전소송의 사실심 변론종결일까지 백지보충권을 행사하여 어음금의 지급을 청구할 수 있었음에도 위 변론종결일까지 백지 부분을 보충하지 않았기 때문이다.
135) 위 2020다231928 판결.
136) 大判 2022. 7. 28, 2017다286492. 판례는 민집 제44조에도 불구하고 이 같은 경우의 구제방법으로 집행권원이 생긴 이후에 발생한 사유를 이유로 하는 청구이의의 소를 인정한다.

《사례 17a》 〈사례 17〉에서 甲이 전소송 판결 확정 후에 乙을 상대로 다시 소를 제기하면서 그 부동산을 20년간 점유하여 시효취득한 것이라고 주장하였다. 이 후소는 적법한가?

〈사례 17〉처럼 후소가 기판력으로 차단되는 것은 전소송과 후소송의 **소송물이 같은 경우**이다. 아무리 전소송에서 주장할 수 있었던 것이라도 후소송에서의 새로운 주장으로 소송물이 달라지면 후소송에 기판력이 미치지 않는다. 甲이 소유자라고 주장하면서 그 근거로 내세우는 소유권 취득원인인 매수, 시효취득 등도 공격방법에 속하는 것은 틀림 없다. 그러나 이들은 단순한 공격방법이 아니라 청구원인을 구성하는 사실로, 소송물의 동일성의 식별 기준인 사실관계에 해당한다. 매수로 인하여 소유권을 취득한 것과 시효취득한 것은 전혀 다른 사실관계이고, 소송물에 관한 이원설을 취하면 이때 소유권이전등기를 청구하면서 매수를 주장하는 경우와 시효취득을 주장하는 경우는 소송물이 다르게 된다. 그러므로 〈사례 17a〉에서 전소송과 후소송은 서로 소송물이 달라 전소송 판결의 기판력이 후소송에 미치지 않는다.

(2) 기판력의 표준시

(가) 사실심 변론종결시

그러면 법원이 언제까지 참작할 수 있었던 사항에 기판력이 생기는가?

《사례 17b》 〈사례 17〉에서 패소한 甲이 다시 乙을 상대로 판결이 확정된 뒤의 매매를 원인으로 한 소유권이전등기를 청구하는 소를 제기하였다. 이 소는 전소송의 기판력에 저촉되는가?

《사례 18》 甲이 乙을 상대로 토지의 소유권확인의 소를 제기하여 청구인용판결을 받았고 그 판결이 확정되었다. 그런데 이번에는 乙이 甲을 상대로 소유권이전등기를 청구하는 소를 제기하면서, 전소송이 끝난 뒤에 乙이 甲으로부터 그 토지를 매수하였다고 주장하였다. 법원이 乙의 청구를 인용할 수 있는가?

〈사례 17〉에서는 甲이 이미 전소송에서 주장하였던 매수사실을 다시 주장하여 제소하였고, 그 부분은 이미 법원이 심리하였기 때문에 그 후소가 기판력에 저촉된 것이다. 전소송에서 법원이 참작할 수 없었던 결정적 증거자료인 계약서를 후소송에서 비로소 제출하였더라도 그 정도의 새로운 소송자료 제출로 소송물이 달라지는 것은 아니어서 기판력에 의하여 차단되는 것이다. 그러나 〈사례 17b〉에서는 같은 매수사실을 원인으로 하는 같은 소유권이전등기 청구의 소라도, 구체적으로 보

면 전소송에서 주장했던 매수사실과 후소송에서 주장한 매수사실은 전혀 다른 사
실관계이고 후소송의 매수사실은 전소송 판결의 확정 뒤에 발생한 것으로서 전소
송에서 심판할 수가 없었다. 그러므로 이러한 새로운 사실을 주장하여 다시 제소하
는 것을 막아서는 안 된다. 이러한 사정은 〈사례 18〉에서도 마찬가지이다. 전소송
에서 甲이 소유자로 확정되었는데 후소로써 乙이 소유권이전등기를 청구하는 것은
전소송 소송물이 후소송의 선결적 법률관계가 된다고 하여 법원이 甲이 소유자라
는 것을 근거로 乙의 청구를 기각할 것으로 보인다. 그러나 乙의 주장은 전소송 종
료 후에 甲으로부터 그 토지를 매수하였다는 것이다. 이러한 사실은 전소송에서 법
원이 심판할 수가 없는 것이므로 이를 이유로 새로 소송하는 것이 허용되어야 하
고, 이 후소에는 기판력이 미치지 않는다.

당사자의 주장을 법원이 심판할 수 있는 최종적인 시점은 변론의 종결이다. 판
결이 선고되기 전이라도 이미 변론이 종결되었으면 당사자는 그 이후의 사정을 주
장할 수 없고, 법원도 그 사정을 고려할 수가 없기 때문이다. 그 시점은 각 심급의
법원을 기준으로 보면 그 심급의 변론종결시이고, 전체 심급을 통틀어서 보면 법률
심인 상고심에서는 이러한 사정을 고려하는 것이 불가능하므로 사실심 변론종결시
가 될 것이다. 그렇기 때문에 **기판력의 기준시점을 사실심 변론종결시**라고 한다.
다만 2002년 법개정으로 새로 인정된 무변론판결(제257조)의 경우에는 변론종결이
없으므로 판결의 선고시가 기준이 될 것이다.

(나) 새로운 사정

후소로써 전소송에서 심판할 수 없었던 새로운 사정을 주장하는 것은 기판력이
미치는 범위 밖이다.

a) 법률요건의 구비

이처럼 후소를 가능하게 하는 새로운 사정은 반드시 새로운 사실관계의 주장만
을 뜻하지는 않는다.

《사례 19》　　乙은 甲에 대하여 2001년 4월 3일이 이행기인 금전채무를 부담하고 있
었다. 甲이 乙을 상대로 이 채무를 이행하라고 소를 제기한 것은 2000년 10월 24일이
었는데 법원이 아직 이행기가 도래하지 않았고 미리 청구할 필요도 인정되지 않는다고
하여 청구를 기각하여 그 판결이 확정되었다. 甲은 기다렸다가 2001년 5월 3일에 다시
같은 청구를 하는 소를 제기하였다. 후소가 적법한가?

이 문제에서는 후소로써 별개의 사실관계를 주장하였다기보다는 사실관계는 같

으나 다만 甲의 청구권이 인정되기 위한 요건이 전소송에서는 불비되었던 것이 시간의 경과로 이 소송에서는 구비된 것이라고 보아야 할 것이다. 그러므로 이 경우는 **법적 상황이 변동**되었다고 볼 것이다. 이러한 경우에도 후소가 전소송 판결의 기판력을 받지 않음은 물론이다.

이와 유사한 경우로 다음의 사례들을 들 수 있다:

① 소유권이전등기청구소송에서 피고가 이미 타인에게 등기를 이전하여 이행불능이라고 하여 원고의 청구가 기각당하였는데, 그 판결이 확정된 뒤에 피고가 그 제3자를 상대로 이전등기말소청구소송을 하여 승소하여 등기명의를 회복하였으면, 그 뒤에 원고가 같은 청구를 하여 제소하더라도 전소송 확정판결의 기판력에 저촉되지 않는다.137)

② 군복무 중 상관의 구타로 부상을 입은 원고가 손해배상청구를 하였으나 다른 법령에 의하여 보상받을 수 있다는 이유로 기각되어 그 판결이 확정되었는데, 뒤에 원고의 부상 정도가 보상을 받을 수 있는 공상에 해당하지 않는다고 하여 보상이 거부되자 다시 국가배상을 청구한 사안에 관하여 이를 기판력의 표준시 이후에 발생한 사정이라고 보았다.138)

③ 단독상속인이라고 주장하여 소유권확인을 구하였다가 공동상속인이라고 하여 상속분에 해당하는 부분을 제외하고 청구를 기각당한 원고가 뒤에 상속재산분할협의가 있었다는 이유로 분할협의 내용에 따른 나머지 상속분의 소유권확인을 구한 것은 비록 상속재산분할협의의 효과가 전소송 변론종결 전으로 소급해도 이는 변론종결 후에 발생한 사유에 해당한다.139)

b) 권리의 소멸

《사례 20》　甲이 乙을 상대로 대여금 반환청구의 소를 제기하여 승소판결을 받아 확정되었다. 이에 乙이 판결의 내용대로 甲에게 지급하였다. 그럼에도 불구하고 甲이 강제집행을 개시하였다. 이때 乙은 어떤 방법으로 구제받을 수 있는가?

판결이 확정된 뒤에 새로운 사정이 생기는 것은 대부분 변제등으로 채권이 소멸하는 경우이다. 〈사례 20〉에서와 같이 기판력의 표준시 이후에 변제등으로 채권이 소멸하였음에도 불구하고 확정판결에 기하여 강제집행이 실시되는 경우가 있을 수 있다. 이때에는 기판력의 표준시 이후에 발생한 사유를 들어 집행력을 배제하는 제도인 청구이의의 소를 제기하여 구제받을 수 있다(민집 제44조).

---

137) 大判 1995. 9. 29, 94다46817.
138) 大判 1998. 7. 10, 98다7001. 이런 경우가 변론종결 후에 발생한 새로운 사정인지는 의문이다. 차라리 권리보호이익을 긍정하는 것이 이론상 더 명쾌하였을 것이다.
139) 大判 2011. 6. 30, 2011다24340.

c) 추가된 치료비

치료비 등 적극적 손해에 대한 배상으로 일시금 지급을 명한 판결이 확정되었는데 기판력의 표준시 이후에 추가적으로 발생한 치료비등 손해를 배상하라고 청구하는 것도 새로운 사정에 속한다. 판례는 새로운 손해가 전소송에서 예상할 수 없었던 것이고 그 배상청구를 포기했다는 사정이 없으면 별개의 소송물이라고 보아 기판력에 저촉되지 않는다고 한다.[140] 그러나 피해자가 기대여명보다 일찍 사망한 경우에 이미 일시금으로 배상받은 치료비등을 부당이득으로 반환을 청구하는 것은 기판력에 저촉된다고 한다.[141]

d) 선결적 법률관계에 관한 판결

여기서 말하는 변론종결 후의 새로운 사정에 확정판결에서 선결적 법률관계로 판단한 부분에 대하여 후소송의 판결주문에서 반대로 판단한 확정판결도 포함되는지가 문제된다. 즉, 제1차 소송에서 판결이 확정된 뒤에 그 판결에서 전제로 하였던 선결적 법률관계 자체를 소송상청구로 삼은 제2차 소송에서 반대되는 판단을 한 판결이 확정된 경우에 제3차 소송에서 이 판결을 전제로 하여 제1차 소송의 결과를 뒤집으려고 제3차 소송을 시작한 경우에는 어떻게 되는가?

예를 들어 앞서 든 예와 같이 甲이 소유권에 기하여 자기가 소유자라고 다투는 乙을 상대로 가옥인도청구를 하여 승소한 뒤에, 乙이 甲을 상대로 소유권확인의 소를 제기하여 인용판결을 받아 확정되었고, 乙이 다시 소유권을 근거로 甲을 상대로 가옥인도청구를 하는 것은 어떻게 되는가?

乙의 세 번째 청구는 첫 소송의 甲의 소송상청구와 모순된 반대관계여서 기판력에 저촉된다고 볼 수 있으나, 두 번째 소송의 소송상청구가 세 번째 소송의 소송상청구의 선결적 법률관계여서 두 번째 확정판결의 기판력에 구속된다고도 볼 수 있다. 즉 세 번째 소송의 법원은 첫 번째 확정판결의 기판력 저촉을 이유로 소를 각하할 것인지 두 번째 확정판결의 내용에 구속되어 乙의 인도청구를 인용할 것인지가 문제된다. 이러한 경우에는 단순히 다른 소송에서 법적 판단이 달라진 경우가 아니라 소송상청구의 직접적인 선결적 법률관계의 존부가 달라진 것이기 때문에

---

140) 大判 1980. 11. 25, 80다1671(전소를 묵시적 일부청구로 보아 후소를 기판력에 저촉된다고 한 원판결을 파기한 사안); 大判 2007. 4. 13, 2006다78640(피해자가 전소송에서 예상한 것보다 오래 살아서 치료비 등 적극적 손해가 더 발생한 사안).

141) 大判 2009. 11. 12, 2009다56665(기대여명을 13년이라고 평가하여 배상을 명했는데 실제로 4년 만에 사망한 사안).

변론종결 후의 새로운 사정이라고 보아 첫 번째 확정판결의 기판력에는 저촉되지 않고 두 번째 확정판결의 기판력을 받는다고 봄이 타당할 것이다.

판례는 새로운 사정에는 새로운 법적 평가 또는 그와 같은 법적 평가가 담긴 다른 판결이 나왔다는 등의 사정은 포함되지 않는다고 한다. 즉, 乙과 丙의 매매계약이 유효임을 전제로 甲의 丙에 대한 건물인도청구를 기각한 확정판결이 난 뒤에 甲이 다시 丙을 상대로 건물인도청구의 소를 제기하는 것은, 비록 그 사이에 乙이 丙을 상대로 매매계약무효확인청구를 하여 인용하는 확정판결을 받았어도 첫 확정판결의 기판력에 저촉된다고 판시하였다.[142] 이 사안은 얼핏 보면 위의 선결적 법률관계에 관한 사안과 비슷해 보이지만, 두 번째 소송의 당사자가 첫째와 셋째 소송의 당사자와 달라서 두 번째 확정판결의 기판력이 세 번째 소송에는 미치지 않는 경우이다.

(3) 시적 범위와 소송물

앞에서 본 사례들에서 후소가 전소송 변론종결 이후의 새로운 사정을 이유로 한 것은 기판력의 시적 범위 밖이어서 기판력이 미치지 않는다고 하였다. 그러나 이 사례들을 자세히 보면 반드시 시적 범위를 따지지 않더라도 전소송의 변론 종결 이후에 새로이 발생한 사실관계를 이유로 하는 후소는 어차피 전소송과는 전혀 다른 사실관계에 기한 것이므로 소송물이 다르다. 소송물이 다르다는 것은 후소가 기판력의 객관적 범위 밖이라는 말이 되므로 굳이 시적 범위로 문제삼지 않더라도 해결된다. 그러므로 기판력의 시적 범위가 의미 있는 것은 새로운 사실관계 없이 이행기의 도래와 같은 **상황 변화가 생긴 경우**라고 할 수 있다.

(4) 표준시 이후의 형성권 행사

(가) 문제점

《사례 21》　　　甲이 乙에게 고려청자 한 점을 3천만원에 팔아 청자를 인도하고 대금은 매달 300만원씩 10개월에 나누어 지급받기로 하였다. 乙이 대금을 지급하지 않고 있어 甲이 소를 제기하였다. 이에 대해 乙은 그 청자가 요새 만든 모조품이라는 것을 알았으면서도 소송에서는 본래 그 청자가 자기 할아버지 소유였는데, 할아버지가 일제 말에 북간도로 이사가면서 친구인 甲의 할아버지에게 보관을 부탁한 것이므로 자기의 소유물이라고 주장하였다. 법원이 甲의 청구를 인용하는 판결을 선고하고 그 판결이

---

142) 大判 2016. 8. 30, 2016다222149.

확정되었다. 甲이 그 판결을 집행권원으로 강제집행을 시작하자 乙은 甲에게 속아 그 계약을 체결하였음을 이유로 계약을 취소한다면서 청구이의의 소를 제기하였다. 乙의 이 청구가 인용될 수 있는가?

이 사례와 같이 **변론종결 이전에 이미 발생한 형성권**을 소송 중에 행사하지 않고 **판결 확정 뒤에 행사하여 소송을 하는 것**이 가능한지가 문제된다. 통설·판례는 상계권의 행사를 제외한 취소권, 해제권, 매수청구권 등의 형성권 행사는 일반적으로 기판력의 실권효를 받는다, 즉 이러한 형성권을 행사하고 이를 전제로 소를 제기하는 것은 기판력에 저촉된다고 한다. 그 근거로는 법률행위의 무효사유도 기판력에 의하여 차단되는데 그보다 효력이 약한 취소, 해제 등의 사유가 차단되지 않으면 균형이 맞지 않다는 점을 든다. 그러므로 통설·판례에 의하면 〈사례 21〉에서 乙의 청구이의의 소에서 법원은 청구를 인용할 수 없게 된다. 상계권의 경우에 관하여는 항상 기판력에 의하여 차단되지 않는다는 견해와[143] 전소송에서 상계적상에 있음을 알고도 행사하지 않았으면 실권된다는 견해가[144] 대립한다.

(나) 검 토

기판력이 무효사유를 차단하기 때문에 그보다 효력이 약한 취소사유도 당연히 차단한다고 보는 것은 타당하지 않다. 형성권은 권리자가 의사표시를 함으로써 비로소 법률관계가 변동되는 것이므로 취소, 해제 등의 의사표시를 하지 않은 이상 법률관계는 효력을 유지한다. 그러나 무효는 누가 무효임을 주장해야 비로소 무효가 되는 것이 아니라 처음부터 효력이 없는 것이다. 소송에서의 변론주의로 인하여 당사자가 무효사유를 주장하지 않으면 법원이 이를 재판에 고려할 수 없으므로 소송상으로는 형성권을 행사하지 않은 경우와 같다고 볼 수도 있겠으나, 이 경우 역시 차이가 있다. 법률행위가 무효인지 여부의 판단은 사실문제가 아니라 법률판단이다. 예를 들면 첩계약은 무효인데, 첩계약에 해당하는 내용의 계약을 체결하였다는 사실은 당사자가 주장해야 법원이 고려할 수 있지만, 일단 그 사실이 주장되면 그 계약이 무효라는 점은 당사자가 주장해야 법원이 인정하는 사항이 아니다. 그리고 무효사유는 불공정한 법률행위, 선량한 풍속 기타 사회질서에 위반되는 법률행위, 불가능을 목적으로 하는 법률행위 등 대부분 분쟁관계에서 법률행위의 목적이

---

143) 강현중, 734; 金·姜, 675; 김홍엽, 848-849; 方順元, 610-611; 宋·朴, 461; 한충수, 568; 大判 1966. 6. 28, 66다780.
144) 李英燮, 193; 이시윤, 674.

나 내용으로 바로 나타나기 때문에 당사자가 주장하지 않아서 법원이 고려하지 않는다는 일은 거의 없다. 그러나 형성권의 행사는 이와 전혀 다르다. 상대방으로부터 사기를 당해서 계약을 체결하였다는 사실을 진술만 하면 법원이 그 계약이 취소되었다고 판단할 수 있는 것이 아니다. 당사자가 취소나 해제사유가 있으면 소송 중에 반드시 취소나 해제의 의사표시를 할 의무를 부담하는 것이 아니고, 형성권자가 그 권리를 행사할지 여부는 권리자가 결정할 일이지 법원이 강요할 일이 아니다. 그러므로 전소송에서 당사자가 취소나 해제를 하였다고 주장하였고 법원이 그에 관하여 가부간 판단하였으면 모르되, 형성권을 행사한 적이 없음에도 기판력에 의하여 차단된다고 하는 것은 형성권 행사기간을 소송법이 단축하는 결과가 되어 타당하지 않다. 기판력 **표준시 이후에 형성권을 행사하면 그때 비로소 법률관계가 변동**되고, 이는 표준시 이후에 새로 발생한 사정이므로 기판력이 거기까지 미친다고 해서는 안 된다. 그러므로 〈사례 21〉에서 법원은 乙의 계약 취소가 이유 있는지를 심리하여 그 청자가 모조품이면 乙의 청구를 인용해야 할 것이다.

(5) 변론종결 이전의 법률관계

《사례 24》   甲은 乙이 대여금을 변제하지 않는다고 주장하여 乙을 상대로 대여금 반환청구의 소를 제기하였다. 그러나 법원이 심리하여 보니 1996년 2월 28일에 甲이 乙에게 그 채무는 이행할 필요가 없다고 통고한 사실이 밝혀져서 甲의 청구를 기각하여 그 판결이 확정되었다. 그러나 甲은 乙이 1996년 2월 28일까지의 이자도 지급하지 않고 있다고 주장하여 그 이자를 지급할 것을 구하는 소를 제기하였다. 甲의 후소는 기판력에 저촉되는가?

사실심 최종 변론종결 이전에 있었던 법률관계는 두 측면에서 문제될 수 있다. 첫째는 변론종결 이전에 주장할 법률관계나 제출할 증거자료를 근거로 다시 동일한 소를 제기할 수 있는가 하는 문제이다. 이는 기판력의 표준시점 이전의 문제이므로 이러한 후소는 기판력에 저촉됨은 물론이다. 그러므로 예를 들어, 채무자가 채무 일부를 변제하였음에도 불구하고 전소송에서 이 사실이 인정되지 않아 채무액 전부를 지급하라는 확정판결을 받았으면 집행을 당해서 일부 변제한 부분에 대하여 청구이의의 소를 제기해도 받아들여지지 않는다.[145]

---

145) 大判 2018. 3. 27, 2015다70822도 같은 취지이다. 특히 청구이의의 소는 확정판결의 변론종결일 이후의 사정을 이유로 하는 경우에만 허용되며, 이러한 경우에 채권자가 일부 변제를 받고 전부 청구를 하는 소를 제기하여 승소하고 강제집행까지 하는 것이 권리남용에도 해당하지 않는다고 판시하였다.

둘째는 전에 존재한 법률관계가 변론종결 당시에 이미 소멸한 경우이다. 기판력이 생기는 것은 표준시인 변론종결 당시의 원고의 청구가 이유 있는지에 대한 판단이다. 그러므로 전에 법률관계가 존재하였더라도 변론종결 당시에 이미 소멸하였으면 법률관계는 부존재한다고 판단하게 된다. 〈사례 24〉에서 甲의 전소 청구가 기각된 것은 그 때문이다. 그렇다고 하여 甲과 乙 사이에 소비대차라는 법률관계가 존재한 적이 없다고 판단한 것은 아니기 때문에 전에 소비대차 관계가 있었음을 전제로 하는 후소 청구는 기판력에 저촉되지 않는다.

3. 주관적 범위

이는 확정판결의 기판력이 누구에게 미치는가, 즉 기판력이 미치는 사람의 범위를 말한다.

(1) 상대성의 원칙

《사례 25》　　　甲은 조선백자를 한 점 갖고 있었는데, 乙이 그 백자가 자기 소유라고 주장하면서 달라고 졸랐다. 이에 불안을 느낀 甲이 乙을 상대로 그 백자에 대한 소유권 확인의 소를 제기하였다. 법원은 심리 끝에 甲의 청구를 인용하는 판결을 선고하였고 그 판결이 확정되었다. 그러나 뒤에 丙이 甲을 상대로 소유권에 기하여 그 백자의 인도를 청구하는 소를 제기하였다. 후소송의 법원이 丙의 청구를 인용할 수 있는가?

기판력은 그 소송의 당사자 사이에서만 생기고, 뒤에 그 당사자들 사이에서 다시 소송이 계속할 때만 후소송에 미치게 되는 것이 원칙이다(제218조 1항). 그러므로 전소송에서 당사자로 관여하지 않았던 **제3자에게는 기판력이 미치지 않는다**. 이를 기판력의 상대성이라고 한다.

〈사례 25〉에서 甲·乙 사이의 전소송 확정판결의 기판력은 甲·丙 사이의 후소송에 미치지 않는다. 그러므로 후소송 법원은 전소송 판결에서 甲이 소유자라고 확정한 것에 구속됨이 없이 재판할 수 있고, 심리 결과에 따라서는 전소송 판결과는 달리 丙이 소유자라고 판단하고 이를 전제로 丙의 인도청구를 인용할 수 있을 것이다. 만일 이를 실체법적인 시각에서 전소송 판결이 甲이 소유자라고 확정하였으므로 甲은 그 소유권을 모든 사람에게 주장할 수 있고, 따라서 후소송 법원이 丙에 대한 관계에서도 甲이 소유자라고 판단할 구속을 받는다면 丙은 甲과 소유권을 다툴 기회가 전혀 없었는데도 불구하고 소유권 주장을 못하게 된다. 이는 그 자체로도 부당할 뿐 아니라 丙의 재판청구권을 침해한 것이 된다. 이러한 이유에서 기판력은 당사자에게만 효력이 있는 것으로 한 것이다.

따라서 그 소송의 법정대리인, 소송대리인, 보조참가인 등은 물론 통상공동소송인에게도 기판력은 미치지 않는다. 그리고 법인등 단체가 당사자로서 받은 판결의 기판력은 그 단체의 대표자나 구성원에게 미치지 않고,146) 주채무자가 받은 판결의 기판력은 보증인에게 미치지 않는다.147) 법인의 하부조직을 상대로 받은 이행판결의 기판력은 그 소송의 당사자가 아닌 법인에게는 미치지 않으므로, 설령 집행절차 단계에서 그 하부조직이 별개의 독립된 비법인사단이 아닌 것으로 판명되었어도 기판력의 범위에 준하는 집행력도 미치지 않는다.148)

(2) 기판력의 확장

예외적으로 전소송의 당사자가 아닌 사람에게 기판력이 미치도록 규정된 경우가 있다.

(가) 변론종결(또는 판결선고) 후의 승계인

a) 취 지

《사례 26》   甲은 乙에게 토지를 매도하고 소유권이전등기를 하여 주었는데, 乙이 잔대금을 지급하지 않는다고 하여 계약을 해제하고 이전등기의 말소를 구하는 소를 제기하였다. 법원은 甲의 청구가 이유 없다고 하여 이를 기각하였고 그 판결이 확정되었다. 그 뒤에 乙은 그 토지를 丙에게 매도하여 소유권이전등기를 하여 주었다. 이에 甲이 이번에는 丙을 상대로 乙로의 이전등기가 원인무효임을 이유로 丙으로의 이전등기의 말소를 구하는 소를 제기하였다. 이 후소에 대하여 법원은 어떻게 판결할 것인가?

《사례 26a》   〈사례 26〉에서 乙이 丙에게 소유권을 이전한 것이 甲·乙 사이의 소송의 변론이 종결되기 이전이라면 어떻게 되는가?

《사례 27》   甲은 乙이 점유하고 있는 조선백자가 자기의 소유라고 주장하여 인도청구의 소를 제기하여 승소확정판결을 받았다. 그러나 乙은 甲에게 인도하지 않고 이러한 사정을 아는 丙에게 팔았다. 丙은 앞의 판결에 기한 강제집행으로 인하여 甲에게 점유를 넘겨주게 되었다. 이에 丙은 자기가 소유자임을 내세워 甲을 상대로 그 백자의 인도를 구하는 소를 제기하였다. 丙의 이 소가 기판력에 저촉되는가?

---

146) 이 점과 관련하여 영미법상의 법인격부인이론을 들여와 판결의 효력을 확장하자는 주장이 있으나 우리 법의 체제와는 맞지 않는다(宋·朴, 462).

147) 大判 2015. 7. 23, 2014다228099.

148) 大判 2018. 9. 13, 2018다231031.

변론종결 후에 소송에서 다툼의 대상이 된 권리·법률관계를 승계한 제3자에게
도 기판력이 미친다(제218조 1항). 만일 이를 인정하지 않으면 역시 전소송 **확정판
결이 무용지물**이 되기 때문이다. 〈사례 26〉에서 전소가 후소의 선결적 법률관계임
에도 불구하고 전·후 소송에서 당사자가 다르다고 하여 기판력이 미치지 않는다
고 하면 후소송 법원이 甲의 청구를 인용하여 乙로부터 丙에게로 이전된 등기를
말소하라고 판결할 수 있을 것이고, 그러나 甲에게서 乙로 이전된 등기는 전소송
판결 때문에 말소되지 않고 남아 있게 된다. 이러한 결과는 甲은 등기명의를 회복
하지도 못하면서 丙으로의 이전등기만 말소하게 되어 아무런 이익도 없이 남의 법
률관계에 간섭한 것이 된다. 〈사례 27〉에서도 만일 丙의 제소가 기판력에 저촉되지
않는다고 하면 법원이 丙의 청구를 인용할 가능성이 생기고 그러면 전소송의 확정
판결이 쓸모가 없게 된다.

　　판례는 대금분할의 방법으로 공유물분할을 명한 확정판결의 변론이 종결된 뒤(변론
없이 한 판결의 경우에는 판결을 선고한 뒤) 해당 공유자의 공유지분에 관하여 소유권이
전청구권의 순위보전을 위한 가등기가 마쳐진 경우, 대금분할을 명한 공유물분할 확정판
결의 효력은 변론종결 후의 승계인(제218조 1항)에 해당하는 가등기권자에게 미쳐서 가
등기상의 권리는 매수인의 대금 완납으로 소멸하였다고 한다.[149) 그러나 공유물분할 판
결의 확정으로 생긴 형성력으로 새로운 법률관계가 생겨서 이미 공유지분권이 모두 소멸
하였고 위 가등기상의 권리도 소멸하였다고 보면 되는데, 아직 본등기도 하지 않은 가등
기 권리자를 굳이 승계인이라고 인정하여 기판력의 주관적 범위를 언급하는 것은 적절하
지 않다.

여기서 승계인에게 기판력이 미친다는 것은 후소 청구가 전소송 확정판결의 기
판력을 받는 **객관적 범위 안에 포함**되는 것을 전제로 한다.[150) 그렇지 않은 경우에
는 어차피 승계인에게 기판력이 미치지 않는 것이다.[151) 판례는 동일한 채권에 대
해 압류·추심명령을 받은 복수의 채권자들 중 일부가 추심금 소송을 하여 받은
판결의 기판력은 그 소송의 변론종결일 이전에 별도로 압류·추심명령을 받은 다
른 채권자들에게 미치지 않는다고 한다.[152)

---

149) 大判 2021. 3. 11, 2020다253836.
150) 大判 2020. 5. 14, 2019다261381: 토지 소유권에 기한 물권적청구권을 원인으로 하는 가등기말
소청구소송에서 청구를 기각한 판결이 확정된 경우, 이 소송의 사실심 변론종결 후에 근저당권을 취득한
제3자는 변론종결 뒤의 승계인에 해당하지 않고, 청구를 기각한 확정판결의 기판력은 그 제3자의 근저당
권에 기한 물권적 청구권을 원인으로 한 가등기말소청구소송에 미치지 않는다.
151) 大判 2014. 10. 30, 2013다53939.
152) 大判 2020. 10. 29, 2016다35390(다른 추심채권자들은 기판력이 미치는 주관적 범위에 포함되지

채권자의 변론종결 후의 승계인이 채무자를 상대로, 또는 채권자가 채무자의 변론종결 후의 승계인을 상대로 확정판결에 따라 강제집행을 하려면 승계집행문을 받아야 하는데(민집 제31조 1항), 승계가 법원에 명백한 사실도 아니고 채권자가 승계를 증명하지 못할 때에는 승계집행문 부여의 소를 제기해서 승계집행문을 부여받도록 되어 있다(민집 제33조). 만일 원고가 승계집행문 부여의 소를 제기하지 않고 승계인을 상대로 다시 소로써 청구하면 이 후소는 기판력에 저촉되어 부적법하다. 이러한 승계인에게 기판력이 미치기 때문이다.

그럼에도 불구하고 판례 중에는 종전 원고가 승계인을 상대로 소를 제기한 경우에 피승계인인 피고가 승계를 부정하면서 다투고 있고, 이미 상당한 정도의 심리가 이루어졌으면 이제 와서 소를 각하하고 굳이 원고로 하여금 승계집행문 부여의 소를 제기하도록 하는 것은 당사자들에게 가혹하고 소송경제에도 맞지 않는다고 하여 이러한 소의 권리보호이익을 부정하기 어렵다고 하여 소를 각하한 원심판결을 파기환송한 것이 있다.[153] 그러나 이는 기판력을 무용지물로 만들 뿐만 아니라 더 직접적인 권리실현 방법이 마련되어 있음에도 제기한 소는 권리보호자격이 없다는 권리보호요건을 망각한 것으로 판례로 인정해서는 안 될 판결이다.

《사례 27a》   〈사례 27〉에서 乙이 丙에게 그 백자를 판 것이 변론 진행 중이었다면 어떻게 되는가?

《사례 27b》   〈사례 27a〉에서 소송 중에 乙이 백자의 양도 사실을 진술하지 않았고, 丙이 후소송에서 비로소 이를 주장하면 어떻게 되는가?

이처럼 변론종결 뒤의 승계인에게는 기판력이 미치는데, 그러면 변론을 종결하기 전의 승계인은 여기에 포함시키지 않은 까닭이 무엇인가? 변론을 종결하기 전에 승계가 있으면 포괄승계로 소송 중에 당사자가 변경되든가, 승계참가나 인수참가로써 당사자를 변경하여 승계인으로 하여금 당사자가 되도록 할 수가 있기 때문에 굳이 기판력을 문제삼을 필요가 없다. 〈사례 26a〉에서 토지 소유권의 양도와, 〈사례 27a〉에서 그 백자의 양도가 변론 종결 전이므로 소송 중에 당사자를 변경할 가능성이 생기고 따라서 굳이 기판력이 丙에게 미친다고 할 필요는 없다. 만일 甲이 양도 사실을 알고도 피고를 바꾸지 않았으면 그 불이익은 甲이 입게 된다.

b) **변론종결 이후 승계의 추정:**   그런데 당사자 변경 없이 승계인에게 기판

않는다는 점을 주된 이유로 들었다).
  153) 大判 2022. 3. 17, 2021다210720. 판례공보스터디 민사판례해설. Ⅲ-하 참조.

력이 미치지 않도록 하기 위하여 〈사례 27b〉에서처럼 뒤에 가서야 이미 변론 종결 전에 승계하였다고 주장하는 수가 있다. 이처럼 상대방의 소송수행을 방해하는 행위 는 허용할 수 없으므로 제218조 제2항이 당사자가 변론종결 때까지 승계사실을 진술하지 않으면 기판력을 받도록 하기 위하여 변론종결 후에 승계한 것으로 추정한다고 규정하였다. 따라서 〈사례 27b〉에서는 丙이 변론 종결 전에 양수하였음을 본증으로 입증하지 못하면 丙의 후소는 기판력에 저촉된다. 그런데 여기서 양도 사실을 진술해야 하는 것이 승계인인 丙인가, 아니면 피승계인인 乙인가에 관하여 견해가 대립된다. 승계인이 진술해야 한다는 견해는 피승계인이 진술하지 않았다고 해서 승계인에게 불이익을 주는 것은 타당하지 않다는 점을 논거로 든다.154) 피승계인이 진술해야 한다는 견해는 제218조 제2항이 진술할 사람을 당사자라고 규정하였다는 점을 근거로 한다.155) 여기서 누가 진술하여야 하느냐라는 문제가 무엇을 뜻하는지를 명백히 밝힐 필요가 있다. 승계인설을 취한다고 해서 피승계인은 양도의 사실을 진술했지만 승계인이 진술하지 않았다고 추정의 불이익을 입힌다든가, 피승계인설을 취한다고 해서 승계인은 양도사실을 진술했지만 피승계인이 이를 진술하지 않았기 때문에 추정의 불이익을 입힌다는 의미는 아닐 것이다. 누구든지 승계를 진술하였으면 참가(제81조)나 인수(제82조)로 당사자가 변경될 것이기 때문이다. 결국 아무도 진술하지 않았을 경우가 문제되는데, 그렇다면 어느 견해에 따르나 차이가 없게 된다. 다만 변론종결 전에 승계하였다는 주장사실을 누가 입증하여야 하느냐가 문제될 수 있을 것이나, 이 경우도 후소송에서 이를 주장하는 당사자가 입증하는 것이 당연할 것이다. 〈사례 27b〉에서 아무도 양도 사실을 진술하지 않았으므로 결론은 같다.

c) 고유의 공격·방어방법을 가진 승계인:　또 하나의 문제는 변론 종결 후의 승계인이 상대방 당사자에 대하여 자기 고유의 공격·방어방법을 가질 경우에도 승계인에게 기판력이 미치는가 하는 점이다.

《사례 28》　보석상을 하는 甲이 혼인을 앞둔 乙에게 다이아몬드 반지를 하나 팔았다. 그러나 乙이 그 반지에 박힌 다이아몬드에 흠이 있다고 트집을 잡으면서 대금 지급을 차일 피일 미루자 甲이 계약을 해제하고 반지를 돌려달라고 요구하였다. 乙이 이

---

154) 方順元, 614; 宋·朴, 466; 李英燮, 197. 金·姜, 692는 입장을 명확히 밝히지 않고 있으나 문맥상 이와 같은 입장으로 보인다.
155) 이시윤, 697; 田炳西, 681; 전병서, 강의, 485; 鄭·庚·金, 857.

를 거절하자 甲은 乙을 상대로 반지의 반환을 청구하는 소를 제기하였다. 법원은 청구를 인용하였고, 그 판결이 확정되었다. 그 직후에 乙은 이러한 사정을 전혀 모르는 丙과 약혼식을 올렸고, 그 자리에서 반지를 丙에게 약혼 예물로 주었다. 이에 甲이 강제집행을 하려고 한다. 丙에게는 어떠한 구제방법이 있는가?

《사례 28a》   〈사례 28〉에서 甲이 집행을 하지 않고 丙을 상대로 그 반지를 반환할 것을 청구하는 소를 제기하였다. 법원은 어떻게 판단할 것인가?

이 점에 관하여 기판력은 미치지만 자신의 고유의 권리나 이익을 주장하여 집행을 배제할 수 있다고 보는 견해(**형식설**)가 있다.[156] 이에 의하면 〈사례 28〉에서 丙은 기판력은 받지만 반지에 대한 인도집행에 당하여 청구이의의 소로써 그 반지의 소유권을 선의취득하였다고 주장하여 집행을 면할 수 있으므로 결국 丙은 보호받는다는 것이다. 그러나 이 견해에 의하면 〈사례 28a〉와 같은 경우에 甲·乙 사이의 판결의 기판력이 甲·丙 사이의 소송에도 미치므로 甲의 소는 반지의 소유자가 丙임을 근거로 하여 기각당하는 것이 아니라 기판력에 위반한 제소로 각하될 것이다. 그러나 이러한 결론은 타당하지 않다. 丙은 기판력의 기준 시점 이후에 원시취득한 사람이므로 기판력의 시적 범위를 벗어난 것이다. 그러므로 丙과 같은 사람에게는 기판력도 미치지 않는다고 보아야 할 것이다(**실질설**).[157]

d) 채권적 청구권의 경우

《사례 29》   甲은 乙로부터 부동산을 매수하였는데 乙이 이전등기를 하여 주지 않아 소를 제기하여 승소확정판결을 받았다. 그런데 변론종결 이후에 乙은 丙에게 그 부동산을 팔고 소유권이전등기를 하여 주었다. 甲이 丙을 상대로 이전등기의 말소등기를 청구하는 소를 제기하였다. 이때 법원은 甲의 청구를 인용해야 하는가?

이 사례에서처럼 전소송 소송물이 채권적 청구권인 경우에는 변론종결 후의 승계인 丙은 전소송의 당사자인 甲과 양립할 수 있는 지위에 있으므로 **기판력을 받지 않는다.** 그러므로 甲이 乙을 대위하여 말소등기를 청구해도 甲이 乙을 상대로 하여 얻은 확정판결과는 관계없이 법원이 심리할 수 있다. 즉 이러한 경우에는 전소송의 변론종결 후에 전소송의 피고로부터 소유권이전등기를 경료받은 후소송 피고는 전소송의 기판력이 미치는 변론종결 후의 제3자에 해당한다고는 할 수 없

---

156) 田炳西, 681. 이시윤, 696은 입장을 명확히 하지는 않지만 이 견해를 다수설로 소개하는 등을 볼 때 같은 입장을 취하는 것으로 보인다. 강현중, 755는 형식설을 집행의 배제가 아닌 기판력의 배제라고 설명한다.

157) 김홍엽, 882; 方順元, 614; 李英燮, 196.

다.158)

원고가 피고를 대위하여 승계인을 상대로 말소등기를 청구해도 원고가 전소송에서 얻은 확정판결과는 관계없이 법원이 심리할 수 있다. 즉 이러한 경우에는 변론종결 후의 승계인에게도 기판력이 미치지 않는다.159)

채권계약에 의한 통행권에 관한 소송의 변론 종결 후에 그 토지를 특정승계한 사람도 변론종결 후의 승계인에 해당하지 않는다.160)

그러나 전소송 변론종결 후에 채무자의 채무를 소멸시켜 당사자인 채무자의 지위를 승계하는 면책적 채무인수를 한 경우에는 인수인은 변론종결 후의 승계인으로 인정된다.161) 변론종결 이후의 채권양수인이 기판력을 받는 경우에 변론종결 이후의 양수 여부를 판단할 때의 양수 시점은 양도인과 양수인이 채권양도를 합의한 때가 아니라 대항요건(민 제450조)을 갖춘 때라는 것이 판례이다.162)

2002년 개정법으로 신설된 무변론판결의 경우에는 변론종결이 따로 없으므로 판결선고시가 기준 시점이 된다.

(나) 목적물의 소지인

당사자나 변론종결 후의 승계인, 즉 기판력을 받는 이를 위하여 청구의 목적물을 소지한 자에게도 기판력이 미친다(제218조 1항). 여기서 목적물이란 일반적으로 집행의 대상이 되는 물건을 뜻하는 것이 아니라, 특정물 인도청구소송에서 그 **인도의 대상이 되는 물건**을 가리킨다. 목적물의 소지 시기는 변론종결 전후를 따지지 않는다. 여기서 소지자는 누구를 말하는가?

《사례 30》　　甲은 乙이 점유하고 있는 조선시대의 분청사기 화병을 자기의 소유라고 주장하여 인도청구의 소를 제기하여 승소확정판결을 받았다. 그러나 乙은 이미 이 화병을 귀중품 보관업을 하는 丙에게 갖다 맡겼다. 甲은 丙을 상대로 인도집행을 할 수 있는가?

《사례 30a》　　〈사례 30〉에서 乙이 변론 중에 화병을 전당포 영업을 하는 丙에게 갖다 주고 500만원을 빌려 썼다. 甲이 다시 丙을 상대로 화병을 인도할 것을 구하는

---

158) 大判 1969. 10. 23, 69사80; 大判 1980. 11. 25, 80다2217; 大判 1993. 2. 12, 92다25151.
159) 大判 1997. 5. 28, 96다41649. 이를 소송물이론으로 설명하는 수가 있으나(이시윤, 695), 소송물이 아니라 당사자의 문제이다.
160) 大判 1992. 12. 22, 92다30528.
161) 大判 2016. 9. 28, 2016다13482.
162) 大判 2020. 9. 3, 2020다210747. 다만, 원심판결이나 이 판결에서 변론종결 후의 채권양수인이 기판력을 받는지 여부에 관하여는 전혀 언급이 없다.

소를 제기할 필요가 있는가? 만일 丙을 상대로 제소했을 때 후소송 법원이 甲의 청구를 인용할 수 있는가?

〈사례 30〉에서 丙은 乙과의 임치계약에 의한 **수치인**으로서 乙을 위하여 목적물을 소지하는 사람이다. 비록 수치인으로서의 권리의무가 있고 그 나름대로 점유할 권원을 갖고는 있으나 그 점유 자체가 乙을 위한 것이다. 따라서 甲·乙 사이의 판결의 기판력이 丙에게도 미친다. 이와 같은 지위에 서는 이로는 운송인, 창고업자, 관리인 등이 있다.163) 이와는 달리 〈사례 30a〉의 경우에는 丙이 **질권자**로서 점유하는 것이어서164) 전소송의 당사자인 乙을 '위하여' 점유하는 이라고 볼 수가 없다. 그러므로 丙은 목적물의 소지인의 지위가 아니라 점유의 승계인의 지위를 가진다. 그러나 丙은 전소송 변론 중에 점유를 이전받았으므로 기판력이 丙에게는 미치지 않고 집행력도 미치지 않는다. 甲이 丙으로부터 화병을 인도받으려면 새로이 丙을 상대로 소유권에 기한 인도청구를 하는 소를 제기해야 할 것이다. 그 소송에서 만일 丙이 질권을 선의취득하였다고 인정되면 甲의 인도청구는 좌절될 것이다. 전소송에서 만일 甲이 패소한 경우라면 굳이 丙이 질권을 선의취득하였다고 주장할 필요도 없을 것이다. 통설은 **임차인**도 여기서 말하는 '목적물 소지인'에 해당하지 않는다고 한다. 이는 임대인을 위하여 점유하는 자가 아니라, 질권자와 마찬가지로 '자기를 위하여' 점유하는 자로, 그에 대한 판결의 효력은 점유의 이전이 문제될 뿐으로, 앞에서 본 목적물 점유의 승계인에 해당한다. 그러므로 임차인이 임대인의 상대방에게 대항할 수 있는 자이면 보호받지만, 그렇지 못하면 기판력을 받을 것이다.

(다) 소송담당의 경우의 권리귀속 주체

a) 일반적인 소송담당: 남의 법률관계에 관하여 자기의 이름으로 소송을 수행한 이는 소송담당자로서 당사자이지만 그 판결의 효력은 그 권리의무의 귀속주체에게도 미친다(제218조 3항). 그러므로 파산관재인이 소송을 수행하여 확정된 판결의 기판력은 파산자에게도 미친다. 따라서 뒤에 파산관재인이 동일한 내용의 소를 제기하는 것뿐만 아니라 파산자가 복권된 뒤에 동일한 내용의 소를 제기하는 것도

---

163) 그런데 〈사례 30〉에서 묻는 것은 기판력에 관한 것이 아니라 집행력의 문제이다. 이처럼 흔히 기판력의 주관적 범위라고 설명되는 것 대부분이 확정판결의 후소송에서의 작용 내지 효력이라고 할 기판력보다는 집행력이라는 측면에서 쓸모가 있다. 대개는 승소한 원고가 승계집행문을 받아 누구에게까지 집행할 수 있느냐 하는 것이 문제되고, 그 집행력의 전제로 기판력의 범위가 이야기 되는 것이다.

164) 여기서 乙이 그 물건의 소유자가 아니라는 점은 丙의 질권 취득에 장애가 되지 않는다. 丙이 질권을 선의취득하였기(민 제343조, 제249조) 때문이다.

모두 기판력에 저촉된다. 소송담당에 속하는 것이 무엇인가에 관하여는 앞에서 설명하였으므로 되풀이하지는 않겠으나, 문제는 채권자대위소송이다.

　b) **채권자대위소송:**　이것은 앞에서 설명한 바와 같이 소송담당이 아니라고 보나, 통설과 같이 이를 소송담당이라고 보더라도 문제는 있다.

첫째, 대위소송의 기판력이 채무자에게 미치는가 하는 문제를 보자.

《사례 31》　은행 甲은 乙에게 5천만원을 대여하였는데, 상환 기일이 지나도록 乙이 반환하지 않고 있었다. 甲이 알고 보니 丙이 乙에게 이미 이행기가 지난 5천만원의 채무를 부담하고 있었다. 이에 甲은 丙을 상대로 乙에게 5천만원을 지급할 것을 청구하는 소를 제기하고 이 사실을 乙에게 통지하였다. 이 소송에서 청구기각판결이 확정되었는데, 뒤에 乙이 丙을 상대로 같은 채무의 이행을 구하는 소를 제기하였다. 법원은 어떻게 판단할 것인가?

채권자대위소송을 수행하는 채권자를 소송담당자라고 보지 않으면 채무자는 기판력을 받지 않는다. 이에 의하면 〈사례 31〉에서 乙의 제소가 기판력에 저촉되지 않는다. 그러나 채권자를 소송담당자로 보는 통설에 의하면 여기에 제218조 제3항이 적용되어서 채무자에게 기판력이 미치게 된다. 〈사례 31〉에서 乙의 제소는 甲·丙 사이의 전소송 판결의 기판력에 저촉될 것이다.

우리 판례는 앞에서 설명한 바와 같이 과거에는 채무자에게는 기판력이 미치지 않는다고 하였다가, 뒤에 태도를 바꾸어서 채무자가 어떠한 사유로든 채권자와 제3채무자 사이에 **소송이 계속하는 사실을 알았으면** 채무자에게도 기판력이 미치나, 이를 알지 못하였을 때에는 채무자에게는 기판력이 미치지 않는다는 입장을 취하였다.165) 이러한 판례의 태도에 의하면 〈사례 31〉에서 채무자 乙이 甲·丙 사이의 소송계속 사실을 알았으므로 그 확정판결의 기판력이 乙에게도 미쳐서 乙의 제소는 기판력에 저촉된다. 판례는 그 근거로 ① 민법 제405조와 비송사건절차법 제84조([개정 전], 현행 제49조)에 의하여 대위권에 의한 제소의 고지로 채무자는 그 권리를 처분할 수 없게 되므로 이 경우에는 채권자가 채무자의 권리를 관리·처분할 권능을 갖고 소송을 수행하므로 소위 소송신탁(즉 소송담당)의 경우에 해당한다고 보아 제218조 3항 규정이 적용된다는 점, ② 만일 채무자에게 기판력이 미치지 않는다고 하면 제3채무자는 여러 채권자들과 채무자로부터 반복적으로 소송을 당할 위험이 있다는 점, ③ 성실한 당사자라면 채권자대위권에 의한 소송의 원고와 피고

---

165) 大判(全) 1975. 5. 13, 74다1664.

는 정정당당히 채무자에게 그 제소사실을 알려야 하고, 또 알고도 이에 협력 않고 불리한 판결을 받은 채무자에게 불이익을 주더라도 권리 위에 잠자는 채무자를 돕지 않는 것이어서 불공평하다고 할 수 없다는 점, ④ 그리고 채무자가 모르는 사이에 확정된 판결의 효력은 채무자에게 미치지 않는다고 해석하여 채무자보호에도 소홀하지 않게 한다는 점 등을 든다.

이러한 판례의 태도가 구체적 타당성을 기하기 위한 것이라는 점은 평가할 만하다. 그러나 여기에는 납득하기 어려운 점이 있다. 우선 채무자에게 고지하면 채무자의 처분이 금지되고 대위소송은 소송담당이 된다는 것을 근거로 하면서 채무자에게 기판력이 미치는 것은 '어떤 사유로 인하였든' 채무자가 안 경우라고 하는 것은 문제가 있다. 즉 고지 없이 안 경우에도 기판력이 미친다는 것인데, 이런 경우에도 대위소송이 소송담당이 된다고 보는 것은 일관성이 없고 법적 근거가 없다. 다음으로 임의적 소송담당도 아닌 법정소송담당에서 채무자가 소송계속을 알았는지 여부에 따라 소송담당이 되는지 여부가 결정된다는 것도 매우 이상한 논리일 뿐만 아니라 **제218조 제3항에 위반되는 해석**이다. 따라서 판례가 그 취지를 살리려면 채무자에게 기판력이 미치는 경우를 고지와 같은 법에 규정된 절차를 밟아 채무자가 소송계속 사실을 알았을 경우로 한정하여야 이론상 앞뒤가 맞는다. 이렇게 하더라도 본래 소송고지에는 참가적 효력이 생긴다는 원칙(제86조)과 맞지 않게 된다.

둘째, 대위소송의 기판력이 다른 채권자에게 미치는지가 문제된다.

《사례 31a》   〈사례 31〉에서 乙이 제소한 것이 아니라 乙의 다른 채권자인 丁이 자기의 채권을 보전하기 위하여 丙을 상대로 甲과 같은 청구를 하는 소를 제기하였다. 丁의 이 소가 적법한가?

우리 판례는 이러한 경우에 앞에서 본 판례의 논리를 확대하여 채무자가 전소송인 대위소송의 계속을 알았기 때문에 기판력을 받을 경우에는 그 효력이 후소를 제기한 채권자에게도 미쳐서 후소는 기판력에 저촉되고, 반대로 채무자가 대위소송의 계속을 알지 못하여 기판력을 받지 않을 경우에는 후소송의 채권자도 기판력을 받지 않는다고 한다.[166] 따라서 판례대로 하면 이 문제에서 乙이 甲・丙 사이의 소송계속 사실을 알아서 그 판결의 기판력을 받으므로 乙의 채권자 丁에게도 기판

---

166) 大判 1994. 8. 2, 93다52808.

력이 미치고 그의 후소는 부적법하다. 그러나 이처럼 甲·丙 사이의 판결의 효력이 그 소송과는 아무런 관계가 없는 다른 채권자인 丁에게까지 미친다고 보는 것은 아무런 **법적 근거도 없이 제3자의 소송가능성을 박탈**하는 것이어서 부당하다. 제 218조 제3항은 "타인을 위하여 원고나 피고가 된 자에 대한 확정판결은 그 타인에 대하여도 효력이 있다"고 규정하지, "그 타인을 위하여 원고가 되려는 제3자에게까지 효력이 있다"고 규정하고 있지 않다. 丁의 입장에서는 甲·丙 사이의 소송계속이 자기와는 아무 관계가 없는 것이고, 나아가 乙이 그 사실을 알았는지 여부에 따라 아무 관계도 없는 丁에게 기판력이 미치는지 여부가 결정된다는 것은 있을 수 없는 일이다. 이는 채권자가 자기의 대위권을 행사한다는 점을 무시하고 피대위채권의 주장만을 소송물로 보기 때문에 생기는 엉뚱한 결과이다.

셋째, 채무자의 제3채무자에 대한 소송에서의 기판력이 채권자에게 미치는가?

《사례 31b》　〈사례 31〉에서 乙이 먼저 丙을 상대로 5천만원을 지급할 것을 구하는 소를 제기하여 기각판결을 받아 확정되었다. 뒤에 甲이 丙을 상대로 같은 채무의 이행을 구하는 소를 제기하였다. 법원은 어떻게 판단할 것인가?

이러한 경우에 판례는 과거에 대위청구가 이유가 없게 되어 기각될 것이라고 판시하였으나,[167] 나중에 태도를 바꾸어 먼저 소송과 나중 소송이 당사자만 다를 뿐 실질적으로 동일한 소송이라 하여 후소송인 甲의 대위소송에 기판력이 미친다고 본다.[168] 그러나 이러한 태도도 잘못된 것이다. 이러한 경우 대위소송을 하는 채권자는 변론종결 후의 승계인이나 목적물 소지자에 해당하지 않으므로 제218조 제1항이 규정한 기판력을 받는 이에 해당하지 않는다. 대위소송이 후소송이므로 제 218조 제3항이 적용될 사안도 아니다. 그럼에도 불구하고 대위소송을 하는 채권자에게 기판력이 미친다고 보는 것은 아무런 법적 근거 없이 기판력의 주관적 범위를 확장하는 것이다. 근래의 판례 중에는 이러한 경우에 채권자는 채무자를 대위하여 채무자의 권리를 행사할 당사자적격이 없는 것이라고 판시한 것도 있다.[169] 그러나 이 판례도 부당하다. 민법 제404조의 해석상 요구되는 "채무자가 제3채무자에 대한 채권을 행사하지 않을 것"이라는 대위권의 법률요건을 소송요건으로 만들기

---

167) 大判 1977. 6. 28, 76다1121.
168) 大判 1979. 3. 13, 76다688; 大判 1981. 7. 7, 80다2751.
169) 大判 1992. 11. 10, 92다30016; 大判 1993. 3. 26, 92다32876. 大判 2009. 3. 12, 2008다65839 에서 당사자적격이 없다고 명언하지는 않았지만 앞의 92다30016 판결을 인용하는 것으로 보아 이 판결도 같은 태도인 것으로 보인다.

때문이다. 이러한 사안은 이미 채무자가 채권을 행사하였으므로 채권자대위권의 **법률요건이 불비된 경우**에 해당한다. 그러므로 법원은 채권자(甲)의 대위권이 인정되지 않는다는 이유로 청구를 기각하는 것이 옳다. 다만, 채무자가 제3채무자를 상대로 한 소송에서 소각하 판결을 받았으면 제대로 권리행사를 한 것이 아니어서 채권자가 대위권을 행사하는 데에 문제가 없다.[170]

(라) 소송탈퇴자

소송수행 중에 제3자가 그 소송에 당사자로 개입하면 기존의 당사자 중 어느 일방이 그 소송에 남아 있을 필요가 없는 경우가 있다. 예를 들면 채무자 乙이 채무 변제의 의사와 자력은 있으나 甲과 丙 중에서 누가 채권자인지를 몰라 甲의 소에 응소하고 있을 때 丙이 당사자로 참가하여 乙을 상대로 청구하면 乙은 甲과 丙 중에서 승소한 이에게 변제하면 그만이므로 그 소송에서 탈퇴하면 된다. 이러한 경우에는 탈퇴자는 확정판결의 효력을 받게 된다(제80조 단서, 제82조 3항).

(마) 기타의 경우

a) 확정판결의 기판력이 당사자 아닌 일정한 범위의 **이해관계인인 제3자에게 한정적**으로 미치는 경우가 있다. 예를 들면 파산채권 확정을 위한 소송의 확정판결과 확정된 채권조사확정재판은 파산채권자 모두에게 미치고(채회 제468조), 회생채권 및 회생담보권의 확정에 관한 소송의 확정판결과 확정된 채권조사확정재판은 회생채권자, 회생담보권자, 주주, 지분권자 모두에 대하여 미치고(채회 제176조), 개인회생채권 확정을 위한 소송의 확정판결과 개인회생채권조사 확정재판은 개인회생채권자 모두에게 미치며(채회 제607조), 추심의 소의 판결이 소환을 받은 채권자에게 미친다(민집 제249조 4항).

b) **형성판결의 기판력**에 관하여는 혼란이 있다. 형성판결이 확정되면 그 내용대로 권리관계가 변동되므로 그 소송의 당사자에게만 효력이 미친다고 해서는 안 되는 경우가 많다.

《사례 32》　　주식회사 乙의 주주인 甲은 乙의 주주총회에서 영업을 다른 회사에 양도하기로 결의한 것이 결의 정족수에 미달하였다고 주장하여 결의취소의 소를 제기하여 승소하였고 그 판결이 확정되었다. 이에 다른 주주인 丙이 다시 같은 내용의 소를 제기하였다. 법원이 심리를 해 보니 그 주주총회의 결의가 정족수 미달이 아니었다. 법

---

170) 大判 2018. 10. 25, 2018다210539(채무자인 비법인사단이 사원총회 결의 없이 제기한 소라는 이유로 받은 각하판결이 확정된 사안).

원이 丙의 청구에 대하여 어떻게 판단할 것인가?

《사례 32a》   〈사례 32〉에서 甲의 청구를 기각한 판결이 확정되었으면 어떻게 되는
가?

〈사례 32〉의 경우에 만일 甲·乙 사이의 전소송 판결의 효력이 후소송에 미치
지 않는다고 하면 먼저 소송에서 乙회사 주주총회의 결의가 확정적으로 취소되었
는데 뒤의 소송에서는 그 결의가 유효한 것으로 인정되는 수가 생긴다. 그러나 이
러한 일은 있을 수가 없으므로 전소송 확정판결의 효력이 후소송에도 미친다고 해
야 하고, 따라서 전소송의 당사자 아닌 제3자에게도 효력이 미친다고 해야 한다.
그러므로 〈사례 32〉에서 후소송 법원은 乙의 주주총회 결의가 정족수 미달이 아니
어서 아무런 흠이 없다고 판단되더라도 이미 전소송 확정판결의 효력을 뒤집어서
위 결의는 유효라고 판단할 수는 없다. 다만 여기서 말하는 '효력'이 무엇인가는 문
제가 있다. 일반적으로는 기판력이 제3자에게 확장되는 경우라고 설명하나, 이는
정확하지 않다. 여기서 제3자에게 미치는 것은 **형성판결의 형성력**이지 기판력이 아
니다. 형성판결의 경우에도 역시 기판력은 당사자에게만 미치는 것이 원칙이다.[171]
그러므로 〈사례 32〉에서 법원은 丙의 제소에 대하여 이를 기판력에 저촉된다고 판
단하여 소각하를 할 것이 아니라, 이미 그 주주총회 결의는 확정판결로써 취소되었
기 때문에 丙의 청구는 이유가 없다고 판단해야 한다.

확정판결이 형성의 소에 대한 기각판결이면 이는 확인판결이므로 형성력은 문
제되지 않고, 기판력이 제3자에게 미치지 않음은 당연하다. 그러므로 〈사례 32a〉에
서 법원은 결과와는 관계 없이 본안심리를 하여 판결할 수 있다. 보통은 전소송 확
정판결의 증명력으로 정족수 미달이라고 판단하게 될 것이나 이 사례처럼 별도의
증거조사로 달리 판단된 경우에는 그에 따라 재판할 수 있다.

---

171) Jauernig/Hess[30] § 65 Rn. 6; Lüke[11] § 30 Rn. 4; Stein-Jonas/Leipold[20] § 325 Rn. 8. 우리의
판례도 이 점을 인정한다: "취소한 행정처분의 취소를 구하는 소에서 그 승소의 형성판결은 형성권존재
확인인 점에 관하여 기판력이 생기고 형성의 효과를 생기는 점에서 창설력을 생기는 것으로서 위 기판력
은 당사자 간에 효력이 생기고 창설력은 일반 제3자에 대하여도 효력이 생기나 그 청구를 기각하는 판결
은 창설력을 생치 않고 형성권부존재확인의 효과만이 생긴다"(大判 1960. 8. 31, 4291행상118).

제 3 절 判決의 내용에 따른 效力

판결이 형식적으로 확정되면 그 내용에 따른 효력이 생긴다. 그 판결이 이행판결이면 그 내용대로 강제집행을 할 수 있다는 집행력이 생기고, 형성판결이면 그 내용대로 법률관계가 변동된다는 형성력이 생긴다. 그 밖에 부수적 실체법적 효력, 반사적 효력 등이 거론된다.

I. 집 행 력

집행력이란 판결주문에서 피고에게 명하여진 **이행의무를 국가의 집행기관을 통해서 강제적으로 실현할 수 있는 효력**을 말한다. 판결이 선고되더라도 확정되기 전에는 이로써 집행할 수는 없다. 상소로 인하여 그 판결의 효력이 소멸할 수 있기 때문이다. 그러나 오늘날 재산권상의 소송에서 이행판결에는 원칙적으로 가집행선고를 붙이도록 하고 있으므로(제213조 1항) 미확정판결에도 집행력이 광범위하게 인정되어 있는 셈이다.

집행력이 인정되는 것은 **이행판결**이라는 것이 통설이다. 확인판결과 형성판결에는 피고에게 이행을 명하는 내용이 포함되어 있지 않다고 보기 때문이다.[1] 의사의 진술을 명하는 판결이 확정되면 그 판결로 의사표시를 한 것으로 보므로(민집 제263조 1항) 그 집행으로 의사표시에 따른 법률효과가 발생한다.[2]

확인판결이나 형성판결로써 호적에의 기재를 신청하거나 등기의 변경을 신청하고, 또는 집행기관에게 집행의 정지, 취소를 구할 수가 있는데, 이처럼 강제집행 이외의 방법으로 판결 내용에 맞는 상태를 실현시키는 효력을 넓은 의미의 집행력이라고 한다. 그러나 본래 집행이라는 말 자체가 강제집행을 줄인 것이므로 이런 의미로 집행력이라는 표현을 쓰는 것은 적당하지 않다.

---

1) 그러나 적극적 확인판결을 의사진술을 명하는 판결로 보면 민사집행법 제263조 1항에 의하여 그 판결로써 집행된 것으로 보게 될 것이다.
2) 大判 2020. 11. 26, 2016다13437: 근로기준법 제25조 제1항에 따라 사용자는 해고 근로자를 우선 재고용할 의무가 있으므로 해고 근로자는 사용자가 우선 재고용의무를 이행하지 않으면 사용자를 상대로 고용의 의사표시를 갈음하는 판결을 구할 사법상의 권리가 있고, 판결이 확정되면 사용자와 해고 근로자 사이에 고용관계가 성립한다.

집행할 내용이 담긴 결정이나 명령은 확정되지 않았더라도 고지함으로써 바로 집행력이 생긴다(민집 제56조 1호).

집행력의 범위는 기판력과 같다고 본다.

Ⅱ. 형 성 력

형성의 소를 인용한 형성판결이 확정되면 판결의 내용대로 **권리·법률관계가 변동하는 효과**가 생긴다. 이를 형성력이라 한다. 형성력은 기판력과 다음의 점에서 차이가 난다:[3] ① 기판력은 기존의 법률관계에 대한 선언적 효력임에 반하여 형성력은 기존의 법률관계를 변동시키는 **창설적 효력**이다. ② 기판력 있는 판결은 부당한 것일 수 있으나, 형성력 있는 판결은 엄밀히 말하여 부당할 수가 없다. 형성판결의 내용대로 법률관계가 변동되므로 법률관계와 맞지 않는 판결이 있을 수 없기 때문이다. ③ 기판력은 현재의 법률관계를 확정짓는 것임에 반하여, 형성력은 **장래의 법률관계**를 결정짓는 것이 원칙이다. 그러므로 형성판결로써는 예컨대 혼인관계가 해소되었다고 확정할 수는 없다. 다만 형성판결 중에서 친생부인판결(민 제846조), 인지청구(민 제863조)를 인용하는 판결 등은 소급효가 있다. ④ 기판력은 당사자와 그 승계인에게만 미치는 것이 원칙이지만, 형성력은 **제3자에게** 미친다(대세효). 형성판결의 효력이 제3자에게 미치는 것은 판결에 의하여 법률관계가 변동되었기 때문이고, 후소송에서의 모순금지나 반복금지 때문이 아니므로 이 효력을 기판력의 확장이라고 보는 것은 잘못이다. 형성력은 판결뿐만 아니라 다른 국가의 행위에 의하여도 발생하고, 그 내용이 법률관계 내지 상태를 변경하는 것이기 때문에 제3자에게 효력이 미치는 것이다. ⑤ 기판력은 소송상의 효력임에 반하여, 형성력은 **실체법상의 효력**이다.[4] 그렇기 때문에 기판력에 관하여는 소송법이 규정을 두어 규율하고, 형성력에 관하여는 각기 해당하는 실체법에서 규율한다. 그 예로 회사법상의 형성판결의 효력을 상법에서 규율하는 것을 들 수 있다.

　　판례 중에는 인지청구소송에서 확정판결에 의하여 친자관계가 창설되었으므로 패소한 피고가 뒤에 친생자관계 부존재확인의 소로써 이를 다툴 수 없다고 하여 원심의 소각하 판결을 유지한 것이 있다.[5] 판시 표현으로는 인지청구를 인용한 형성판결의 형성력

---

3) Jauernig/Hess[30] § 65 Rn. 1 ff. 참조.
4) 다만 소송상의 형성판결은 여기에 해당하지 않는다.

때문에 이를 다투는 친생자관계 부존재 확인의 소가 부적법하다고 판단한 것으로 보인다. 그러나 친자관계가 창설된 형성력으로 실체법상 친자관계가 인정된 것이므로 후소 청구인 친생자관계 부존재 확인청구는 실체법상 이유가 없다고 하여 기각하는 것이 옳았을 것이다.

Ⅲ. 기타 파생적 효력

1. 법률요건적 효력

법률의 규정이 확정판결의 존재를 실체법이나 소송법의 효과를 발생시키는 요건으로 삼고 있는 경우에는 확정판결이 하나의 법률요건의 구실을 한다. 이를 법률요건적 효력이라고 한다. 실체법상의 요건이 되는 예로는 중단된 시효의 진행(민 제178조 2항), 단기시효의 전환(민 제165조 1항), 수탁보증인의 사전구상권(민 제442조 1항 1호), 공탁물회수권의 소멸(민 제489조 1항), 소유권보존등기신청권의 발생(부등 제130조 2호, 제131조 2호) 등을 들 수 있다. 소송법상의 요건이 되는 예로는 참가적 효력의 발생(제77조)을 들 수 있다.

2. 제3자에 미치는 효력

확정판결은 기판력이 미치는 당사자나 승계인 등 제3자 이외의 타인들에게도 일정한 내용의 영향을 미친다. 예를 들어 어느 물건의 소유자가 甲이라는 판결이 확정되면 그 소송의 당사자들은 기판력 때문에 다시 제소하면 부적법하게 된다는 효력을 받는다. 그 밖의 제3자들은 기판력은 받지 않지만 甲이 소유자임을 인정하고 그를 토대로 법률관계를 맺어 나가게 된다. 이는 그 확정판결로 인하여 甲이 실질적으로 그 물건의 소유자가 된다는 것을 의미한다. 기판력의 본질에 관한 실체법설에 의하면 이러한 효력이 모두 기판력의 내용에 포함되겠지만, 오늘날의 통설인 소송법설에 의하면 이는 기판력과는 별도의 효력이 된다. 이러한 실제적인 실체법상의 효력의 성질이 무엇인가에 관하여는 의견이 분분하다.

(1) 반사적 효력설

확정판결의 제3자에 대한 실체법적 효력을 반사적 효력이라고 보는 견해가 우리나라에서 주장된다. 그에 의하면 반사적 효력은 판결을 받은 당사자와 특수한 의

---

5) 大判 2015. 6. 11, 2014므8217.

존관계에 있는 제3자에게 이익 또는 불이익으로 영향을 미치는 판결의 효력을 말하며, 이는 기판력과는 달리 그 이익을 받을 자의 원용에 의하여 비로소 고려된다고 한다.6) 그 예로는 주채무자와 채권자 사이의 소송에서 주채무자가 승소하면 보증인이 그 결과를 원용하여 보증채무이행을 거절할 수 있다거나, 합명회사가 받은 판결의 효력은 그 사원에게도 미치는 것을 든다. 이 견해를 따르는 이들은 우리 판례도 반사적 효력을 인정한다고 하지만, 그 예로 드는 판례는 모두 채무자가 제3채무자를 상대로 소송하여 확정판결을 받은 뒤에 채권자가 대위소송을 하는 사안인데, 그중에서 반사적 효력을 인정한다고 명언하는 것은 없고, 오히려 '동일소송' 여부를 기준으로 삼거나,7) 제3자의 제소가 기판력에 저촉됨을 명언하고 있어,8) 이러한 효력을 기판력과 구별되는 반사적 효력으로 본다는 의식은 없는 것으로 보인다.9) 특히 판례는 채권자와 주채무자 사이의 확정판결의 기판력이 보증인에게 미치지 않음을 근거로, 보증채무의 부종성에도 불구하고 보증인이 주채무자의 승소판결을 원용하여 보증채무 이행을 거절할 수는 없다고 하여 반사적 효력을 부정하였다.10)

그러나 이 견해는 정작 소송당사자는 기판력을 받아 소송법적 효력만을 받는데, 직접 당사자가 아닌 제3자가 반사효라는 실체법적 효력을 받는 것은 주객이 전도되었다는 점에 난점이 있다. 과거에 독일에서도 이 이론이 주장되었으나 이러한 비판을 받아 사라졌고, 오늘날 반사적 효력이란 말은 앞에서 본 법률요건적 효력과 같은 의미로 사용한다.11)

(2) 기판력확장설

이 견해는 제3자의 법적 지위가 당사자의 법적 상태에 좌우되는 경우(의존관계)에는 기판력이 그 제3자에게 확장되는 것을 긍정할 수 있다고 한다. 예를 들어 제3자가 기판력으로 확정된 채무관계에 들어와서 병존적으로 채무를 인수하거나, 그

---

6) 강현중, 768 이하; 金・姜, 655; 宋・朴, 470; 이시윤, 706. 鄭・庾・金, 874는 반사적 효력을 인정할 것인지는 앞으로 더 검토해 보아야 한다고 한다.

7) 大判 1979. 3. 13, 76다688.

8) 大判 1975. 8. 19, 74다2229; 大判 1992. 5. 22, 92다3892.

9) 이 판결들의 명언에도 불구하고 그 의미를 채무자가 제3채무자를 상대로 소송을 하여 이미 확정판결을 받았으면 채권자에게는 실체법상 대위권이 발생하지 않는 것이라고 새긴다면, 그것은 반사적 효력이 아니라 법률요건적 효력에 해당할 것이다.

10) 大判 2015. 7. 23, 2014다228099.

11) Jauernig/Hess³⁰ §61 Rn. 10; Lüke¹¹ §30 Rn. 1. 이시윤, 705는 반사적 효력이 법률요건적 효력의 일종이라고 한다.

채무를 위하여 보증을 서거나, 담보물권을 설정한 경우에는 비록 기판력의 주관적 범위에 관한 법규정에 포함되어 있지는 않지만 주채무관계를 확정한 판결의 기판력이 그 제3자에게도 미친다고 본다.[12] 이 견해의 결정적인 약점은 명문의 규정에 반하여 기판력을 확장시킨다는 점이다.

(3) 기판력의 제3자효설

이 견해는 기판력이 원칙적으로 당사자에게만 미친다고 하더라도 제3자가 그 판결을 존중할 것을 기대하는 것이 정당하다는 전제에서 출발하여, 이른바 '상대적 확정의 절대적 통용'을 인정하자고 한다. 그리하여 당사자 사이에서 확정된 권리·법률관계는 제3자도 그 자체로서 승인하여야 한다고 한다. 즉 제3자는 기판력 있게 확정된 권리를 자기 것이라고 주장하는 것은 허용되지만, 기존의 당사자 사이에서 누가 권리자인가에 관하여는 확정판결의 내용을 승인하여야 한다는 것이다. 이러한 제3자효는 확정판결의 내용과 어긋나는 내용의 권리를 자기를 위하여 주장해도 아무런 지장이 없다는 점에서 기판력의 제3자에 대한 확장과는 구별된다고 한다.[13]

이 이론은 제3자가 다른 소송에서 판결로 확정된 권리를 실체법적 법률요건으로 받아들여야 하며, 법원은 이러한 권리관계를 가급적 기정 사실로 받아들여서 모순 없이 판단하는 것이 바람직하다는 것이다. 이러한 효력을 하나의 소송법적 효력이라고 본다면, 제3자는 그 소송에서 자기 주장을 펼 기회를 갖지 않았음에도 불구하고 이러한 구속력을 받게 되어 부당하다. 이러한 효력을 인정하려면 적어도 법적인 근거가 있어야 할 것이다. 그러므로 타인 사이에서 받은 판결은 오로지 그 내용 자체로써 실체법상 연관이 있는 하나의 기정 사실로 받아들이는 것에 그쳐야 할 것이다.[14]

(4) 검 토

확정판결의 제3자에 대한 효력에 관한 위와 같은 논쟁은 기판력의 본질을 실체법설로 설명하면 일어나지 않는 문제이다. 이를 소송법설로 설명하다 보니까 여기

---

12) Blomeyer[2] § 93 Ⅲ. Stein-Jonas/Leipold[20] § 325 Rn. 92 ff.는 원칙적으로 실체법적 의존관계가 있어도 기판력의 주관적 범위를 법규정보다 더 확장하는 것은 반대하면서도 이러한 개별적인 경우에 확장을 긍정한다.

13) Schwab, Rechtskrafterstreckung auf Dritte und Drittwirkung der Rechtskraft, ZZP 77, 124, 160.

14) Rosenberg-Schwab/Gottwald[18] § 157 Rn. 36.

에 포함되지 않는 부분들이 생겨서 여러 가지 기교적이고 무리한 설명을 하게 된 것이다. 소송법설의 설명이 당사자 사이에서의 기판력을 설명하는 데에는 간명하고 논리적이기는 하나, 바로 그렇기 때문에 이처럼 설명에 공백이 생기는 것이다. 이런 의미에서 앞으로 실체법설을 재평가할 필요가 있다고 생각된다. 그러나 실체법설을 취할 경우에는 기판력의 주관적 범위에 제한이 없게 되어 소송절차에 참여하여 심문의 기회를 가진 사람에게만 판결의 효력이 생긴다는 절차법상의 원칙을 유지할 수 없게 된다는 문제가 있다. 그렇기 때문에 특정 당사자 사이에서 판결이 확정되면 그 당사자들은 기판력을 받고, 다른 사람들은 특별한 권리침해나 분쟁이 없는 한 그 판결의 내용을 사실상 존중하여 거래를 계속하여 나가고, 다른 소송을 담당한 법원도 확정된 판결의 내용을 존중하도록 하는 **강한 증명력을 인정**하면 충분할 것으로 생각된다.

제 4 절 變更의 訴

I. 의의와 필요성

《사례 22》　甲은 자기 소유의 토지에 乙이 무단으로 도로를 만들어 사용하고 있기 때문에 乙을 상대로 그 토지의 임료 상당액인 월 33만원씩의 장래의 부당이득금 반환을 청구하는 소를 제기하여 승소확정판결을 받았고, 乙로부터 매달 33만원을 지급받고 있었다. 그러나 그로부터 5년이 지난 뒤에 지가와 임료가 현저히 상승하여 임료가 무려 월 287만원으로 치솟았다. 甲이 乙을 상대로 새로이 상승분 월 254만원을 추가로 지급할 것을 소송상 청구하려면 어떠한 방법을 이용할 수 있는가?

변경의 소는 정기금의 지급을 명한 판결이 확정된 뒤에 그 액수산정의 기초가 된 사정이 현저하게 바뀜으로써 당사자 사이의 형평을 크게 침해할 특별한 사정이 생긴 때에 장차 지급할 정기금 액수를 바꾸어 달라고 청구하는 소를 말한다(제252조).

위 사례처럼 정기금의 지급을 명한 확정판결이 있은 뒤에 경제사정의 변동으로 추가적으로 더 많은 청구를 하는 것을 어떻게 취급할 것인가에 관하여 과거에 논란이 있었다. 판례는 이를 명시적 일부청구 뒤의 잔부청구로 파악하여 전소송 판결의 기판력이 그 일부청구에서 제외된 차액에 상당하는 후소 청구에는 미치지 않는다고 판시하였다.[1] 그

---

[1] 大判(全) 1993. 12. 21, 92다46226. 해고무효를 이유로 임금지급을 청구한 사안에 관하여는 大判 1999. 3. 9, 97다58194.

러나 이는 일부청구 뒤의 잔부청구가 아니라 전부청구 뒤의 추가청구이므로 이러한 판례 이론은 견강부회에 불과하였다. 그리고 이 판결의 별개의견이 주장한 것처럼 이러한 사정변경을 기판력의 표준시 이후에 새로 생긴 사정이라고 하여 후소가 기판력에 저촉되지 않는다고 보는 것도 무리가 있었다. 이러한 문제를 입법으로 해결하기 위하여 2002년 개정법이 독일민사소송법을 본받아 변경의 소를 인정하는 규정을 신설하였다. 이 규정을 해석하는 데에는 그 모범이 된 §323 ZPO의 해석론을 참고할 필요가 있다.[2]

Ⅱ. 법적 성질

변경의 소는 장래 지급할 정기금채무에 대하여 이미 확정된 판결의 내용을 변경하는, 즉 이미 생긴 집행권원을 변경할 것을 구하는 소이므로 **소송상 형성의 소**에 해당한다. 청구의 내용에 따라서는 이행의 소나 확인의 소의 성격도 동시에 가질 수가 있다.

Ⅲ. 소 송 물

변경의 소에서 원고의 **소송상청구의 내용**은 정기금채무 이행을 명한 판결을 변경하라는 것과 그 변경된 내용에 따라 이행판결이나 확인판결을 해 달라는 것이다. 〈사례 22〉에서 갑은 매달 추가로 254만원을 더 지급하라는 판결을 신청하였는데, 이것이 확정판결의 변경 신청과 함께 이행판결을 신청한 것이다. 만일 제소 목적이 이제 실직하였으니 부양료를 더 내지 못하겠다는 것이면 전소송 확정판결을 변경하여 부양료지급의무가 없다고 확인하는 판결을 신청하였을 것이다.

이를 어떻게 새길 것인가에 관하여 독일에서 견해가 갈린다. 변경의 소의 소송물이 전소송 소송물과 같다는 것이 다수설이다.[3] 장래의 정기금의 이행을 명한 판결은 장래의 이행 전체를 명한 것이고 따라서 기판력도 장래에 미친다는 것을 전제로 법관의 예상이 빗나가는 일이 발생하면, 변경의 소로써 새로운 사실을 주장하는 것이 아니라, 전소송 판결이 잘못되었음을 주장하는 것이라고 본다. 그러므로

---

2) §323 ZPO는 우리 법 제252조보다 훨씬 상세하나, 가장 큰 차이는 독일 규정에는 변경의 소의 대상이 되는 판결이 반드시 확정판결이어야 한다는 표현이 없다는 점이다. 그렇기 때문에 확정되지 않은 판결에 대하여도 이 소가 가능하다고 본다.

3) Rosenberg/Schwab[14] §159 Ⅱ 2; Stein-Jonas/Leipold[20] §323 Rn. 34; Stein-Jonas/Althammer[23] §323 Rn. 27; Zöller/Vollkommer[25] §323 Rn. 27. 우리나라에서는 김홍엽, 855; 이시윤, 678; 전원열, 521.

이 견해는 변경의 소를 재심의 소와 성질이 비슷하다고 본다. 이와 반대로 변경의 소는 새로운 청구취지와 새로운 사실관계를 주장하는 것이므로 전소송과는 소송물이 다르고 전소송 기판력의 표준시 이후의 사정에 의한 것이므로 기판력을 건드리는 것이 아니라고 하는 견해도 있다.[4]

생각건대 장래의 정기금 지급을 명한 판결이 장래에 향하여 효력이 있음은 물론이다. 그러나 변경의 소에서 원고가 청구하는 것은 전소송 **확정판결에서 명한 급부의 내용을 장래를 향하여 변경해 달라고 하는 것**이지 전소송 확정판결을 고쳐서 정기금 채무를 소급하여 변경해 달라는 것이 아니다. 그러므로 변경의 소의 소송물은 전소 소송물과 같을 수가 없다. 재심의 경우에는 본래의 소송상청구에 대하여 잘못된 재판이 있었으므로 이를 고쳐서 본래의 소송상청구에 맞추어서 재판해 달라고 신청하는 것이므로 본래의 소송과 재심소송의 소송물이 같다고 볼 수가 있다. 그러나 변경의 소에서는 본래의 소송상청구와 같은 청구를 다시 하는 것이 아니다. 소송물의 동일성은 소송법설에 의하여 판단되어야 하지, 예를 들어 두 소가 같은 부당이득반환청구권이나 부양청구권을 주장하는 것이라고 해서 소송물도 같다고 판단할 일이 아니다. 그러므로 두 소의 **소송물이 다르다**고 보는 것이 타당하다.

Ⅳ. 소송요건

1. 전소송 제1심 판결법원에 소를 제기할 것

전소송 확정판결이 항소심 판결이나 상고심 판결이더라도 변경의 소는 제1심 법원의 전속관할이다(제252조 2항). 변경의 소에서는 변경된 상황에 대한 심리가 이루어져야 하므로 편의상 제1심 법원의 관할로 규정하였다.[5]

2. 전소송 확정판결의 기판력을 받는 당사자일 것

변경의 소는 기본적으로 같은 당사자 사이에서 정기금 채권채무관계를 조정하려는 것이므로 확정판결을 받은 당사자와 변경의 소의 당사자는 동일해야 한다. 다만 법률관계가 제3자에게 승계되고 그 제3자에게 기판력이 미치는 수가 있으므로 기판력을 받는 제3자도 변경의 소의 당사자가 될 수 있다.[6]

---

4) Rosenberg-Schwab/Gottwald[18] § 159 Rn. 4; MüKoZPO/Gottwald[6] § 323 Rn. 9.
5) 이 점에서도 전소송 판결의 잘못을 탓하여 고치려는 재심소송과 그 취지가 다르다.

3. 정기금채권에 대한 기판력 있는 확정판결이 있을 것

우리 법의 규정상 변경의 소는 확정판결의 기판력을 배제하여 집행권원의 내용을 변경하려는 것이므로 기판력 있는 확정판결이 있을 것이 요구된다. 그러나 변경의 소를 이용할 필요성은 확정판결과 동일한 효력이 인정되는 법원의 다른 재판이나 화해조서, 인낙조서 등에 관하여도 있을 수 있다. 따라서 확정판결과 동일한 효력이 있는 것에 대해서도 변경의 소를 인정하는 것이 타당할 것이다.

또한 변경의 대상이 되는 판결은 정기금채권에 관한 판결이어야 한다. 여기서 말하는 정기금에는 부양료, 장기간에 걸친 치료비, 일실이익, 임료 상당의 부당이득금 등 다양한 내용이 있을 수 있다. 정기금판결을 할 수 있는 사안에서 법원이 일시금 판결을 한 경우에도 변경의 소 규정을 유추적용하여 이를 허용할 것이라는 견해가 있다.[7] 원고가 일시금 청구를 해도 법원이 정기금 판결을 할 수 있고 그 반대도 가능하다는 것이 논거이다. 그러나 이는 명문의 규정에 반하는 법규 적용이다.[8] 이러한 경우는 사정변경을 근거로 한 실체법상의 청구권이 인정되면 그에 터잡아 추가청구를 하는 것이 타당할 것이다.

4. 기타 일반적인 소송요건을 갖출 것

당사자능력, 중복소제기 금지, 기판력 등 일반 소송요건이 적용됨은 당연하다.

V. 본안요건 — 변경청구권

변경의 소에서 원고의 청구를 인용하여 확정판결을 변경하려면 '변경청구권'이 인정되어야 할 것이다. 이 청구권이 인정되기 위한 법률요건이 '현저한 사정변경'이다. 그러므로 법원이 심리한 결과 현저한 사정변경이 인정되지 않으면 청구를 기각하게 된다.

---

6) 大判 2016. 6. 28, 2014다31721은 토지의 소유자가 토지의 무단점유자를 상대로 한 부당이득반환소송에서 확정된 정기금판결에 대하여 그 소송의 변론종결 이후에 토지의 소유권을 취득한 사람이 변경의 소를 제기한 사안에서, 새 소유자는 기판력을 받는 사람이 아니므로 그 소는 부적법하다고 하여 소를 각하하였다.

7) 이시윤, 677.

8) 김홍엽, 857.

1. 변경청구권

변경의 소로써 정기금채권액을 증감하라는 청구를 하게 되는데, 이 권리가 실체법상의 청구권인가 아니면 변경의 소를 제기할 수 있는 단순한 소권인지가 문제될 수 있다. 그러나 이러한 사정변경이 있을 때 당사자 사이에서 굳이 소로써만 증감을 청구할 수 있는 것은 아니다. 실체법상으로도 소송 밖에서 증감을 청구할 권리를 인정할 수 있다. 즉, **사정변경으로 인한 실체법상의 변경청구권**이 인정된다고 볼 것이다. 변경의 소로써 집행권원의 배제와 함께 변경청구권을 주장하는 것이라고 보는 것이 타당할 것이다.

2. 현저한 사정변경

(1) 사정변경은 정기금 지급을 명한 판결에서 **액수 산정의 기초로 삼았던 객관적 상황의 변경**을 말한다. 예를 들면, 부동산 가격이나 임료의 상승, 부양의무자의 성실한 노력에도 불구한 실직, 부양권리자의 건강상태의 변화, 부양의무자와 부양권리자 쌍방의 수입이나 재산의 변화 등을 들 수 있다. 그리고 일반적인 경제상황의 변화나 생계비의 증가 등도 여기에 포함된다. 이처럼 주로 사실적 상황의 변화가 여기에 해당할 것이나, 법률의 개정, 판례의 변경과 같은 법률적 상황의 변경도 여기에 포함된다.[9]

(2) 현저한 사정변경이란 사정변경의 정도와 기간 등을 고려했을 때 더 이상 방치하는 것이 당사자 사이의 **형평을 크게 해치는 결과**가 되는 것을 말한다(제252조 1항). 어느 정도가 현저한 것인가에 관하여 독일에서는 10%의 변화가 있으면 된다고 하나, 우리나라와는 물가상승률, 이자율 등 경제 사정이 매우 다르므로 이를 참고할 일은 아니다. 현저한지 여부는 변경의 정도뿐만 아니라 그 기간도 고려에 넣어서 판단해야 하다. 예를 들어 임료가 100% 상승했더라도 그것이 2년 사이에 상승하였으면 현저한 변경이라고 할 수 있으나 10년 사이에 그만큼 상승하였으면 현저하다고 보기가 어려울 것이다. 그 정도의 상승은 우리나라에서 쉽게 예견할 수 있기 때문이다.[10]

---

9) Rosenberg-Schwab/Gottwald[18] § 159 Rn. 25; MüKoZPO/Gottwald[6] § 323 Rn. 70.
10) 판례는 약 10년 사이에 임료 상당액이 2.9배 상승한 경우에 관하여 현저한 사정변경이 있었다고 할 수 없다고 하였다(大判 2009. 12. 24, 2009다64215).

(3) 사정변경이 사후적인 것이어야 한다. 즉 전소송 **사실심 변론종결 이후에 생긴** 사정변경이어야 한다. 제252조는 전소송 판결이 확정된 뒤에 사정변경이 생길 것을 요구하는 듯한 표현을 하고 있으나 전소송 사실심 변론종결 이후의 사정은 재판에서 고려할 수가 없다는 소송법 일반 원칙에 비추어 위와 같이 새겨야 할 것이다. §323 Ⅱ ZPO는 이 점을 명시하고 있다. 이런 규정에도 불구하고 독일 판례는 변론종결 이전에 생긴 사유라도 당사자들이 주장하지 않아서 판결에서 고려할 수 없었던 경우도 포함된다고 새긴다.11) 그러나 우리 법에서는 확정판결이 있을 것을 요구하므로 독일 판례처럼 너그럽게 허용하면 이 제도가 남용되고 기판력이 유명무실해질 우려가 있다.

사정변경이 예상하지 못하였을 것이 요구되는가에 관하여는 논란의 여지가 있다. 독일에서는 예상했더라도 변경의 소를 허용하는 것이 일반적이지만,12) 우리 법에서는 '특별한 사정'이 있을 것을 요구하므로 원칙적으로 **예상하지 못한** 사정변경이 있을 경우에 비로소 이 소를 허용하는 것이 타당하다. 전소송 판결시에 예상할 수 있었던 사정변경은 이미 그 재판에서 고려되었을 것이기 때문이다.

(4) 현저한 사정변경의 주장·입증책임은 변경의 소를 제기한 원고가 부담한다. 그러므로 원고가 현저한 사정변경을 주장하지 않았거나 입증하지 않으면 그러한 사정변경이 없었던 것으로 인정하여 청구를 기각하게 된다. 변경의 소에서 현저한 사정변경을 주장하지 않으면 소가 부적법하다고 보는 견해가 독일에 있으나,13) 이는 소송요건과 본안요건의 혼동이므로 타당하지 않다. 이에 대하여 피고가 종전의 판결을 유지할 근거가 될 다른 사정을 주장하면 그러한 사정에 대한 입증책임은 피고가 진다.

Ⅵ. 심판의 범위

변경의 소에서 수소법원이 심판할 수 있는 범위가 무엇인지도 문제된다. 전소송 확정판결이 심리, 확정한 사항에 기속되어 오로지 정기금채권의 액수의 변경을 위한 심리만 할 수 있는지, 아니면 새로이 사실관계와 실체법상의 법률관계를 심리하

---

11) Vgl. Rosenberg-Schwab/Gottwald[18] §159 Rn. 27.
12) MüKoZPO/Gottwald[6] §323 Rn. 68; Gottwald, Abänderungsklage, Unterhaltsanspruch und materielle Rechtskraft, FS Schwab, 1990, S. 152 f.
13) Rosenberg-Schwab/Gottwald[18] §159 Rn. 22; MüKoZPO/Gottwald[6] §323 Rn. 51.

고 정기금 액을 결정할 수 있는지에 관하여 독일에서는 견해가 갈린다. 그러나 확정판결을 전제로 한 우리 법에서는 **정기금 산정을 제외한 부분**, 예를 들면 손해배상소송에서 불법행위의 존재, 인과관계의 존재, 과실상계 등에 대하여는 전소송 확정판결과 **다른 판단을 할 수 없다**고 보는 것이 타당할 것이다.[14] 이것은 전소송 확정판결의 기판력 때문이 아니다. 이 제도의 목적이 전소송 확정판결의 잘못을 고치려는 것이 아니고 사정의 변경으로 부당하게 된 정기금을 조정하려는 것이기 때문이다. 따라서 설사 전소송 확정판결의 사실인정이나 법 적용에 잘못이 있더라도 이를 고쳐서 처음부터 새로 심판하듯이 하는 것은 허용되지 않는다.[15]

VII. 재 판

변경의 소가 이유 있을 경우에는 종전의 확정판결을 변경하여 변경된 사정에 맞추어 정기금 액수를 **증액 또는 감액**하는 판결을 한다. 물론 이 제도는 '장차 지급할' 정기금 액수를 변경하려는 것이므로 소급적으로 증감된 정기금의 지급을 명할 수는 없다. 정기금 변경판결에도 가집행선고(제213조)를 붙인다.

변경판결에서 '언제부터' 증감된 액의 정기금을 지급하라고 명할 것인지, 즉 여기서 말하는 '장차'가 어느 시점인지가 문제된다. 변경의 소를 제기한 시점, 소송계속이 발생한 시점(즉 소장 송달시), 변경의 소 사실심 변론종결 시점 및 변경판결의 확정 시점 등이 문제될 수 있을 것이다. 이 점에 관하여 제252조는 명시하고 있지 않으나 §323 III ZPO와 같이 **변경의 소제기 시부터**라고 새기는 것이 타당할 것이다. 이 시점이 변경청구권을 소송상 행사한 시점이기 때문이다.

정기금 변경 판결이 있더라도 종전 집행권원이 소멸하는 것은 아니다. 기준 시점까지 이행되지 않은 채무의 집행을 위해서 필요하기 때문이다. 다만 변경의 소 제기 이후에도 계속 종전 집행권원으로 집행이 된다면 부당하므로 제소가 있으면 강제집행을 일시 정지할 수 있도록 하였다(제501조).

---

14) 법원행정처, 民事訴訟法 改正案, 86.
15) 大判 2016. 3. 10, 2015다243996는 종전 확정판결의 결론이 위법, 부당하다는 등의 사정을 이유로 정기금의 액수를 바꾸어 달라고 하는 것은 허용될 수 없다고 한다. 이 판결은 그 근거로 변경의 소는 판결 확정 뒤에 발생한 사정변경을 그 요건으로 한다는 점을 들고 있으나 이는 시간적 범위의 문제가 아니라 현저한 사정변경에 해당하지 않기 때문이라고 해야 할 것이다.

Ⅷ. 다른 절차와의 관계

1. 잔부청구 및 추가청구

〈사례 22〉의 경우에 앞에서 설명한 바와 같이 종전 판례는 이를 일부청구 뒤의 잔부청구로 취급하였으나 앞으로는 변경의 소를 이용하여 해결하게 될 것이다.

《사례 23》   甲은 국도에서 승용차를 운전하고 가다가 중앙선을 침범하여 질주하던 乙의 차와 충돌하여 장파열과 대퇴부골절상을 입어 장기간 병원에 입원하여 치료를 받게 되었다. 甲은 乙을 상대로 한 치료비청구소송에서 승소하여 매달 100만원씩 받고 있었다. 그러나 치료 중에 이 사고로 인한 정신적 충격 때문에 정신이상 증세가 와서 별도로 정신질환 치료를 받게 되었다. 甲은 乙을 상대로 매달 지급액을 200만원으로 올려달라고 소송을 할 수 있는가?

변경의 소를 인정하는 개정안을 마련한 측에서는 변경의 소는 전소송 판결의 기판력이 후소청구에도 미치는 것을 전제로 해서 이러한 사례의 경우에는 후소송의 소송물이 전소송과는 별개이므로 이러한 후소 청구에는 전소송 확정판결의 기판력이 미치지 않고, 따라서 변경의 소가 아니라 일반적인 추가청구를 할 수가 있다고 본다.16) 그러나 변경의 소에 의한 추가청구도 어차피 소송물이 다르므로 이들을 구별할 실익이 없다. 〈사례 23〉의 경우, 예상치 못한 새로운 질병의 발생이 단순히 정기금의 증감 여부를 판단할 사항에 불과한지가 문제되나, 이러한 경우도 신체상해로 인한 적극적 손해라는 점에서는 차이가 없으므로 변경의 소를 인정하는 것이 타당하다.

2. 청구이의의 소

집행권원에 기한 강제집행에 당하여 실체법상의 법률관계를 들어 집행을 면할 수 있는 방법으로 청구이의의 소가 있다. 예를 들면 집행권원이 생긴 이후에 변제 등으로 채권이 소멸하였으면 이 소로써 집행을 면하게 된다. 변경의 소는 사후에 청구원인이 되는 사실관계가 변경된 경우에, 청구이의의 소는 사후에 발생한 권리

---

16) 법원행정처, 民事訴訟法 改正案, 87. 김홍엽, 857; 이시윤, 678도 같은 취지이다. 이 견해는 후유장애가 추가로 발생한 경우에는 그 손해가 예상하지 못한 것이고 그 부분 청구를 포기한 바가 없을 경우에는 비록 그 전 소송에서 그에 관한 청구의 유보가 되어 있지 아니 하였다 하더라도 그 부분에 대한 손해배상의 청구는 위 전 소송의 소송물과 동일성이 없는 별개의 소송물로서 전 소송의 기판력에 저촉되지 않는다고 한 大判 1980. 11. 25, 80다1671을 따른 것이다.

소멸항변이나 권리불발생항변을 할 상황이 생긴 경우에 이용하는 것이므로 개념상
으로는 서로 명백히 구별된다. 그러나 예를 들어 정기금채무자의 채무액을 예기치
않게 반으로 감액할 필요가 생긴 경우, 사실관계의 변경과 채무의 일부 소멸을 동
시에 주장할 수 있기 때문에 그 구별이 반드시 쉽지는 않다. 그렇기 때문에 독일
판례는 공통된 관할법원이 있으면 이들을 예비적으로 병합하는 것을 인정하고, 두
원인이 각기 인정될 때는 단순병합도 인정한다.[17]

---

17) Vgl. MüKoZPO/Gottwald[6] § 323 Rn. 32.

제 2 장 訴의 取下

제 1 절 訴取下의 의의

소취하란 원고가 제기한 소의 전부나 일부를 철회하는 법원에 대한 단독적 소송행위이다. 원고가 소를 취하하면 소송계속이 소급적으로 소멸하여 소송은 종료된다(제267조 1항). 민사소송은 반드시 법원의 확정판결로 종료하는 것은 아니다. 그 소송사건에 관하여 법원의 판결이 확정되기 이전에라도 어느 일방 당사자나 쌍방 당사자가 더 이상 소송을 수행하기를 원치 않으면 소송은 종료한다. 그러한 사유 중 원고가 소송수행을 원치 않는 경우의 하나로 소취하가 있다.

《사례 1》   甲은 길거리에서 영화 촬영을 하는 것을 목을 빼고 바라보며 걷다가 역시 그 광경을 쳐다보며 오토바이를 몰고 가던 乙과 부딪쳐 넘어져서 팔이 부러지고 코뼈가 깨졌을 뿐만 아니라 의식을 잃어 열흘 동안 병원에 입원해 있어야 할 정도로 중상을 입었다. 치료비로 800만원이 든 甲은 乙에게 그 치료비의 배상을 청구하고 나아가 보름 뒤에 실시되는 변호사시험에 응시하지 못하게 되어 정신적 고통이 극심하다고 하여 위자료 3천만원을 청구하는 소를 제기하였다. 소송 중에 알고 보니 乙은 짜장면 집에서 먹고 자면서 배달원으로 일하는 혈혈단신의 고아이기 때문에 소송을 해서 승소판결을 받아 보아야 아무런 쓸모가 없을 것 같아 소송을 그만두고자 한다. 이때 甲은 어떠한 태도를 취할 수 있겠는가?

이러한 경우에 甲이 소송을 그만두려는 것은 자기가 패소할 위험이 있어서가 아니라 승소해도 당장은 乙에게 책임재산이 없어 채권을 실현시킬 수가 없기 때문이다. 뒤에 乙에게 재산이 생기면 그때 다시 손해배상을 청구할 기회가 생긴다. 그러므로 甲으로서는 乙에 대한 권리를 포기하거나 처분하지 않고 그냥 소송을 종결지으려 할 것이다. 이렇게 하려면 甲이 소를 취하하면 된다.

소취하는 원고가 제기한 소, 즉 **재판의 신청을 철회하는 행위**이다. 즉 소취하는 재판의 신청을 철회하는 것일 뿐, 소로써 주장하였던 실체법상의 청구권과는 아무 관련이 없다.

《사례 1a》　　〈사례 1〉에서 소송 중에 乙의 처지를 불쌍하게 생각한 甲이 아예 乙에게 아무런 청구를 하지 않는 것이 좋겠다고 생각하였다. 이런 경우는 甲이 어떠한 태도를 취할 수 있는가?

이러한 경우에 甲은 두 가지 태도를 취할 수 있다. 乙에게 아무런 청구도 하지 않는 방법으로 여기서 말하는 소취하를 택할 수도 있고, 실체법상의 청구권을 행사하지 않겠다고 결정할 수도 있을 것이다. 만일 甲이 이 방법을 취한다면 이는 다음에 설명할 청구의 포기가 된다.

소취하는 **법원에 대한 단독행위**이다. 원고가 피고와 소를 취하하기로 합의하는 것은 소취하계약이지 소취하가 아니다. 그리고 이는 같은 취하라는 용어로 표현해도 상소의 취하와는 구별해야 한다. 앞에서도 본 바와 같이 상소를 취하하면 원판결이 확정되나, 상소심에서 소를 취하하면 아예 처음부터 소를 제기하지 않은 것과 같이 되어 원판결도 없었던 것으로 된다.

제 2 절　訴取下의 要件

I. 소취하의 대상

《사례 1b》　　〈사례 1〉에서 乙의 형편을 안 甲이 치료비는 현실적으로 지급된 것이므로 어쩔 수 없이 청구하지만 위자료를 당장 청구하는 것은 실현 가능성이 없다고 생각하여 그 부분에 대하여 청구하는 소를 취하하려고 한다. 이것이 가능한가?

소취하는 하나의 소송물의 전부나 일부에 대하여도 할 수 있고, 수개의 소송물 중 일부에 대하여도 할 수 있다(제266조 1항). 〈사례 1b〉의 경우는 병합된 청구중 하나에 대하여 소취하하는 것으로 이것이 가능함은 물론이다. 공동소송에서 공동원고 중 한 사람이 취하하거나 공동피고 중 한 사람에 대한 소를 취하하는 것도 고유필수적공동소송 이외의 경우에는 가능하다.

《사례 1c》　　〈사례 1〉에서 제1심 소송 진행 중에 乙의 형편을 안 甲이 치료비는 현실적으로 지급된 것이므로 어쩔 수 없이 전액을 청구하지만 위자료는 전액을 당장 청구하는 것이 실현 가능성이 없다고 생각하여 그 부분에 대한 청구액을 천만원으로 줄였다. 그로부터 3년 뒤에 乙에게 재산이 생긴 것을 안 甲이 위자료 중 나머지 2천만원을 청구하는 소를 제기하려고 한다. 이것이 가능한가?

이 경우에는 甲이 **청구 금액을 감액한 것**이 형식상 소의 일부취하인지, 아니면 청구의 일부포기인지가 뚜렷이 나타나지 않기 때문에 어느 쪽에 해당하는지가 문제된다. 만일 일부취하이면 뒤에 취하한 부분을 청구하는 재소가 가능하지만(제267조 2항), 일부포기인 경우에는 재소가 불가능하다. 일부취하라 하더라도 피고의 동의가 필요할 것이고, 또한 제1심에서 본안판결을 받고 항소심에서 청구금액을 감축하면 다시 확장하더라도 재소금지(제267조 2항)가 적용될 것이다. 판례와 다수설은 원고의 의사가 분명하지 않을 경우에는 원고에게 유리한 일부취하로 취급하는 것이 타당하다고 한다.[1] 그러나 이처럼 청구금액의 감축을 일부포기로 보는 것은 물론이고 일부취하로 보는 것도 원고의 소송수행을 불필요하게 제한하게 되어 타당하지 않다. 청구금액의 감축도 **청구변경**이라고 보는 것이 타당하다. 그러므로 〈사례 1c〉의 경우에는 재소금지 규정이 적용될 여지가 없어서 다시 소를 제기하는 것이 가능하다고 보게 된다.

취하의 대상이 되는 소송물에는 제한이 없다. 민사소송과는 여러 가지 면에서 다른 원칙이 지배하는 가사소송, 행정소송[2] 등에서도 소취하는 자유롭다.

II. 소취하의 시기

《사례 1d》 〈사례 1〉에서 甲의 청구를 모두 인용하는 판결이 확정되었다. 그럼에도 불구하고 乙이 甲에게 손해를 배상하지 않았다. 乙의 사정이 어렵다는 것을 비로소 안 甲이 소송을 한 것을 후회하고 소를 취하해야겠다고 마음먹었다. 甲이 소를 취하할 수 있는가?

소는 소송이 계속하는 중이면 언제든지 취하할 수 있다(제266조 1항). 따라서 제1심뿐만 아니라 상소심에서도 취하할 수 있다. 그러나 본안판결을 선고받고 상소심에서 취하한 경우에는 뒤에 재소금지의 불이익을 입을 수가 있다(제267조 2항). 〈사례 1d〉에서처럼 판결의 확정, 화해·포기·인낙조서의 작성 등으로 소송계속이 소

---

1) 大判 1983. 8. 23, 83다카450. 이러한 경우에는 본래 그 부분에 관하여 일부판결을 할 수 있을 정도로 특정성을 가지는 경우에는 일부취하를 인정할 수 있으나 그러한 특정성이 없는 경우에는 일부포기로 볼 것이라는 견해도 있다(宋·朴, 476).
2) 이러한 소송을 민사소송 학계에서는 직권탐지주의 절차라고 하나, 예를 들어 행정소송에 관하여 오히려 행정법 학계에서는 이를 원칙적으로 변론주의 절차라고 한다는 점을 주의할 필요가 있다.

멸한 뒤에는 취하할 대상이 없으므로 소취하는 불가능하다.

Ⅲ. 피고의 동의

《사례 1e》　〈사례 1〉에서 甲이 제소하자 乙도 사법연수원에 다니는 고등학교 동창생, 법무사, 변호사 등을 찾아 다니면서 상담한 결과 충분히 승산이 있다고 판단하였다. 乙은 변론기일에 출석하여 甲의 청구를 기각할 것을 신청하면서, 자기도 甲과의 충돌로 코뼈가 깨지는 부상을 입어 100만원의 치료비가 들었고, 오토바이가 부서져 고치는 데 80만원이 들었으며, 이 사고 당시 甲이 길을 가다말고 "아, 저 배우 멋있다!"고 탄성을 지르며 갑자기 乙이 운전하는 오토바이를 보지도 않고 그 앞으로 뛰어들어 충돌한 것이므로 전적으로 甲의 잘못이라고 주장하였다. 이에 甲이 소송이 만만치 않을 것 같다는 생각이 들어 소를 취하하였다. 이 소취하가 효력이 있는가?

원고의 소취하는 법원에 대한 단독행위이지만 그렇다고 하여 피고는 아무런 영향을 미칠 수가 없다고 하면 그 소송의 승패에 중대한 이해관계를 가진 피고가 본안판결을 받는지 여부가 일방적으로 원고에 의하여 정해지기 때문에 부당하다. 피고가 아직 그 소송에 응소하지 않았다면 원고가 일방적으로 소를 취하해도 무방하나 〈사례 1e〉에서처럼 피고가 승소하기 위하여 많은 노력을 들여 준비를 하고 본안에 관하여 응소하였는데, 원고가 일방적으로 소취하를 하면 피고의 그동안의 노력이 헛수고가 되고 본안판결로써 분쟁관계를 결말지으려는 피고의 기대가 무산되고 만다. 그러므로 소송에서는 **피고도 본안판결을 받을 이익**을 갖게 된다. 이러한 피고의 이익을 보호하기 위하여 피고가 본안에 관하여 응소하였으면, 즉 준비서면을 제출하였거나 변론준비기일에서 진술하였거나 변론을 한 경우에는 피고의 동의가 없으면 소취하는 효력이 없다고 하였다(제266조 2항).

《사례 1f》　〈사례 1e〉에서 乙이 변론기일에 출석하여 단지 甲의 제소가 관할 위반이므로 관할법원으로 이송할 것을 신청하였다. 이 경우에는 甲의 소취하가 유효한가?

피고의 동의가 있어야 원고의 소취하가 유효한 것은 **피고가 본안에 관하여 응소한 경우**에 한하므로 이 사례에서처럼 절차상의 주장을 한 것에 불과한 경우에는 피고의 동의가 없어도 원고의 소취하는 유효하다. 이와 같이 취급되는 것에 피고가 소각하판결을 신청한 경우, 기일 변경에 동의한 경우가 있다.

《사례 1g》 〈사례 1e〉에서 乙이 본안 변론을 하면서 甲의 제소는 부적법하므로 각하할 것도 함께 신청하였다. 이 경우에도 乙이 동의하여야 甲의 소취하가 유효한가?

이 사례는 피고가 소각하와 청구기각을 모두 신청한 경우이나, 청구기각 신청은 소의 적법성을 전제로 하는 것이므로 소각하 신청이 주위적 신청이고 청구기각 신청은 예비적 신청이라고 새겨야 한다. 따라서 비록 乙이 본안에 관하여 변론하였지만 이 응소는 확정적인 것이 아니므로 역시 피고의 동의가 없어도 소취하는 유효하다고 보는 것이 일반적이다.[3]

소취하가 유효하려면 피고의 동의가 있어야 한다는 것은 피고의 이익을 보호하려는 것이므로 **피고의 이익과 무관한 경우**에는 동의가 없어도 된다고 새긴다. 예를 들어 원고가 중복소제기이기 때문에 소를 취하하는 경우에는 피고의 이익이 침해되는 것이 아니므로 동의는 필요 없다.[4] 그리고 반소는 청구나 방어방법과 관련되어 있기 때문에 본소가 취하된 다음에 반소를 취하함에는 원고의 동의가 필요하지 않다(제271조).

IV. 소송행위로서의 요건

소취하와 그에 대한 동의는 소송행위이므로 소송행위가 갖추어야 하는 일반적인 요건들을 구비하여야 한다. 당사자가 소송능력을 갖추어야 하며, 대리인은 특별수권이 있어야 한다(제56조 2항, 제90조 2항).[5] 고유필수적공동소송의 경우에는 취하나 동의가 불리한 행위이므로 공동으로 취하하거나 공동으로 동의를 하여야 효력이 있다(제67조 1항).

취하는 소송행위이므로 일반 법률행위와 다른 특징이 있다. 그러므로 소취하에는 **조건이나 기한**을 붙일 수 없다.

《사례 1h》 〈사례 1〉에서 소송 중에 乙이 甲에게 찾아와 한 달 안에 요구하는 금액을 다 줄테니 소송을 그만하자고 제의하였다. 그 말을 믿은 甲이 소를 취하하였는데,

---

3) 宋·朴, 478; 이시윤, 596; 大判 1968. 4. 23, 68다217·218.

4) 宋·朴, 478; 大判 1968. 9. 17, 67누77.

5) 소취하에 대한 동의에 대해서는 특별수권을 요구하지 않는 견해가 있다(宋·朴, 478; 이시윤, 596, 주4; 大決 1984. 3. 13, 82므40). 그러나 앞서도 언급한 바와 같이 소송계속은 피고에게도 중대한 이해관계가 있는 것이므로 대리인이 피고 모르게 소취하에 동의함으로써 소송계속을 소멸시켜 실체법적 해결을 불가능하게 만들고 뒤에 재소를 당할 여지를 남겨 두는 것은 타당하지 않다(李英燮, 260).

乙은 약속을 지키지 않았다. 소취하를 후회한 甲이 취하를 취소하고 소송을 계속하려고 한다. 이것이 가능한가?

소송행위에는 민법상의 **착오**와 **하자 있는 의사표시**에 관한 규정(민 제109조, 제110조)이 적용되지 않는다고 새기는 것이 일반적이다. 그러나 소취하를 착오나 하자 있는 의사표시임을 이유로 취소하거나 무효를 주장할 수 있는가에 관하여는 견해가 나누어진다. 판례의 주류적 입장은 이를 허용하지 않는데,6) 학설에는 형사상 처벌할 타인의 행위로 인하여 소취하가 이루어진 것으로 제451조 제1항 5호의 재심사유에 해당할 만큼의 충분한 가벌성이 있으면 무효나 취소를 주장할 수 있다고 하면서, 다만 이때는 제456조에 정한 제척기간 내에 이를 하여야 하지만, 제451조 제2항의 요건인 유죄 확정판결은 요건으로 하지 않는다는 것이 있다.7) 소취하의 경우 실체적 법률관계를 확정한다는 효과는 전혀 없다는 특성상 소송절차의 안정이라는 절차법의 요청을 지나치게 강조할 필요가 없다. 비록 소취하가 소송행위이지만 그것이 착오나 하자있는 의사표시로 이루어졌고 원고가 소송을 계속 유지할 이익을 가지는 경우에는 이를 취소할 수 있도록 함으로써 잘못된 의사표시를 한 원고를 보호하여야 할 것이다.8) 〈사례 1h〉가 그러한 전형적인 예이다.

제 3 절 訴取下의 절차

Ⅰ. 소취하의 방법

소의 취하는 **서면**으로 하여야 한다. 다만, 변론 또는 변론준비기일에서 구술로써 할 수 있다(제266조 3항). 원고가 소취하서를 제출한 경우에 그것이 소장을 송달한 후이면 소취하서를 상대방에 송달하여야 한다(제266조 4항). 구술로 소취하를 하는 경우에 상대방이 기일에 출석하지 아니하였으면 변론 또는 변론준비기일의 조서의 등본을 송달하여야 한다(제266조 5항). 이는 피고에게 동의할 것인지를 묻고

---

6) 판례 중에는 제1심에서 승소한 원고가 항소심에서 타인의 강요·폭행에 의하여 소취하서를 제출한 경우에 그 소취하는 무효라고 한 것이 있다(大判 1985. 9. 24, 82다카312-314).

7) 이시윤, 597; 전원열, 568. 한편 田炳西, 581은 제451조 2항의 유죄확정판결의 존재를 요건으로 하여야 한다고 한다. 강현중, 633은 종국판결 선고 이후와 이전을 구분하면서 종국판결 선고 이후에 소를 취하한 경우에는 유죄의 확정판결 등이 필요하고 선고 이전의 경우에는 필요하지 않다고 한다.

8) 鄭·庚·金, 731.

피고가 쓸데없이 소송 준비를 하는 것을 막자는 취지이다.

법원이 **소취하를 권하는 석명**을 할 수 있다는 견해가 있다. 명백히 무모한 소송을 하는 것을 재판장이 석명으로 가르쳐 주어 그 취하 여부를 자기 판단에 맡길 필요가 있다는 것이다.[1] 그러나 명백히 이유 없는 청구라도 기각판결을 함으로써 당사자 사이의 법률관계를 궁극적으로 확정지어 주는 것이 법원의 본연의 임무이지, 소취하를 종용하여 재소의 여지를 남겨 두는 것이 법원의 임무가 아니다. 이미 이유 없다는 것이 명백하여졌거나 부적법한 것이 보정불능이라고 밝혀졌으면 이에 대한 재판을 하는 것이 옳은 태도이다.

Ⅱ. 취하에 대한 동의의 방법

소취하에 대한 피고의 동의도 서면이나 구술로 할 수 있다. 피고가 동의 여부에 관하여 아무런 반응을 보이지 않으면 불확정한 상태가 계속될 것이다. 이러한 상황을 방치할 수가 없으므로 피고가 일정한 기간 안에 이의를 제기하지 않으면 동의한 것으로 보게 된다. 원고가 소취하서를 제출한 경우에, 그것이 송달된 날로부터 2주일 내에 상대방이 이의를 하지 아니한 때에는 취하에 동의한 것으로 본다. 원고가 변론이나 변론준비기일에서 구술로 취하한 경우에는 상대방이 기일에 출석하였으면 소취하한 날로부터, 상대방이 기일에 출석하지 아니한 때에는 조서의 등본이 송달된 날로부터 2주일 내에 상대방이 이의하지 아니한 때에도 같다(제266조 6항).

Ⅲ. 소취하에 관한 다툼

소취하가 있었는지 여부가 다투어지거나 소취하의 외관이 있을 경우에 그것이 효력이 있는지 여부가 다투어질 때에는 소취하가 없었다거나 무효라고 주장하는, 즉 소취하의 효력을 다투는 당사자가 기일지정신청을 한다. 법원이 심리하여 소취하가 유효라고 판단하면 소송종료선언을 하고, 무효라고 판단하면 변론을 속행한다. 변론을 속행할 때에는 중간판결로 소취하의 무효를 판단하여도 되고, 종국판결 이유 중에서 함께 판단하여도 될 것이다(규 제67조 3항, 4항).

---

1) 이시윤, 595.

제 4 절 訴取下의 效果

I. 소송계속의 소급적 소멸

1. 소송의 종료

《사례 2》　　의료기계 도매상 甲과 소매상 乙이 초음파기기 매매계약을 체결하고 乙이 1998년 5월 31일까지 대금을 지급하기로 하였다. 乙이 대금을 지급하기를 막연히 기다리기만 하던 甲이 2001년 5월 15일에 乙을 상대로 매매대금 지급청구의 소를 제기하였다. 그러나 甲이 패소하여 항소하였다. 그러나 항소심에서 지금 소송을 하는 것이 불리하다고 판단한 甲이 소를 취하하였다. 뒤에 甲이 乙에 대하여 청구하면 乙이 시효소멸을 주장할 수 있는가?

소가 취하되면 처음부터 소송계속이 없었던 것으로 되어 소송이 종료된다(제267조 1항). 그러므로 법원은 소송을 더 이상 진행시켜서는 안 되고, 판결도 하여서는 안 된다. 재판상의 청구, 즉 제소를 전제로 했던 시효중단의 효력도 소급적으로 소멸하므로(민 제170조) 〈사례 2〉에서 상인인 甲의 채권은 3년의 단기시효기간(민 제163조 6호) 만료 직전에 제소하여 일단 시효가 중단되었으나, 소취하로 시효가 중단되지 않은 것으로 되어 결국 甲의 채권은 소멸하였다고 인정된다.

《사례 2a》　　〈사례 2〉에서 제1심 판결은 어떠한 효력을 가지는가?

소취하로 소송계속이 소급적으로 소멸하므로 취하 이전에 있었던 판결도 없었던 것으로 된다. 그러므로 이 문제에서 甲이 패소한 판결은 아무런 효력도 없는 부존재 상태가 된다.

이러한 소송종료의 효과는 피고의 동의가 필요한 경우에는 동의가 있은 때, 동의가 필요 없는 때에는 취하서의 접수시, 또는 구술에 의한 진술시에 생긴다.

2. 사법상 법률행위에 미치는 영향

《사례 2b》　　〈사례 2〉에서 제1심에서 乙이 매매 목적물에 중대한 흠이 있음을 한 달 전에 발견하였다는 이유로 계약을 해제한다고 하였고, 이것이 인정되어 甲이 청구기각 판결을 받았다. 甲이 항소한 뒤에 소를 취하하였으면 매매계약은 여전히 유효한가?

소송 중에 당사자들이 한 최고, 해제·해지, 취소, 상계 등 사법상의 의사표시나 법률행위도 소취하로 소급적으로 소멸한 것으로 되는지가 문제될 수 있다. **사법상의 행위는 효력을 유지**한다는 것(사법행위설)이 통설이다. 소취하로 소급적으로 소멸하는 것은 소송계속뿐이고, 이러한 사법상의 법률행위등이 소송계속을 전제로 하는 것도 아니므로 그 행위의 효력이 소취하로 영향을 받을 까닭이 없다. 이러한 점은 〈사례 2b〉를 보더라도 자명하다. 여기서 엄연히 계약해제의 의사표시가 있었음에도 불구하고 매매계약이 여전히 유효하다고 보는 것은 타당하지 않다. 상계를 한 경우에도 마찬가지이다. 피고가 상계를 하면 상계적상에 있었던 자동채권과 수동채권이 모두 소멸한다. 원고가 뒤늦게 소취하를 해도 이미 소멸한 채권을 부활시키는 효력이 있다고 인정할 수는 없다.

3. 소송비용

소취하로 소송계속은 처음부터 없었던 것으로 되지만, 현실적으로 든 소송비용까지 없어지는 것은 아니다. 그러므로 이 비용을 누가 얼마를 부담할 것인가를 정하는 문제는 남는다. 이는 법원이 당사자의 신청에 따라 결정으로 정하되(제114조), 원칙적으로 취하한 원고가 비용 전부를 부담한다. 다만 예를 들어, 피고의 변제로 원고가 소를 취하한 경우에는 피고에게 부담시키는 것이 타당할 것이다.

Ⅱ. 재소금지

1. 제도의 취지

앞에서도 설명한 바와 같이 소취하는 소송물의 내용을 이루는 권리나 법률관계에 대하여 당사자도 아무런 처분을 함이 없고 법원도 아무런 확정적 재판을 함이 없이 단순히 소송을 종료시켜 처음부터 소송이 없었던 것으로 하는 제도이다. 따라서 소를 취하한 원고가 다시 제소하는 것을 막을 까닭이 없다. 이는 설사 원고가 제1심에서 판결을 선고받고 나서 소를 취하하였더라도 그 판결이 소멸하는 것은 마찬가지이므로 달리 볼 필요가 없다.

그럼에도 불구하고 제267조 제2항은 본안종국판결이 있은 뒤에 소를 취하하였으면 동일한 소를 다시 제기할 수 없다고 규정하였다. 그 취지는 판결을 하는 데에 들인 법원의 노력이 소취하로 말미암아 쓸모 없게 되므로 법원의 종국판결이 농락당하는 것을 방지하기 위한 제재적 조치라고 설명하는 것이 보통이다.[1] 그러나 '판결의 농락 방지'는 권위주의적 표현이고, 정확하게 말하면 **재소권의 남용 방지**라고 해야 할 것이다.[2] 농락 방지를 위한 '제재적 조치'라는 표현도 재소를 모두 선제적 제재의 대상으로 삼겠다는 의미여서 적절하지 않다. 판결의 농락 방지가 목적이라면 아예 소취하 자체를 금지하는 것이 논리적일 것이다.

2. 입 법 론

소취하와 청구포기를 명확하게 구별하는 법제에서는 소취하와 재소를 자유롭게 허용하고, 양자를 엄밀하게 구별하지 않는 법제에서는 소송계속이나 응소 이후에는 소를 취하하지 못하도록 하고, 이를 허용하더라도 그 후의 재소를 금지하고 있다.[3] 그러나 우리나라와 일본에서는 소취하와 청구포기를 엄격하게 구별하고, 소취하를 자유롭게 허용하면서 본안판결 선고 후의 재소는 금지하고 있다. 뒤에서도 보는 바와 같이 이 규정을 두어 일률적으로 규율하기 때문에 여러 가지 문제가 발생한다. 차라리 재소금지 규정을 두지 않고 재소권을 남용한다고 보일 구체적 사정이 있을 때는 그 소를 권리보호이익이 없다고 하여 각하하는 것이 타당할 것이다.

3. 재소금지의 요건

금지되는 재소란 취하된 소와 동일한 소를 말한다. 동일한 소가 되려면 당사자와 소송물이 동일해야 한다. 이 점에서는 중복소제기와 기판력에서 말하는 동일한 소와 같다. 그러나 이들과는 법적 규율의 취지가 다르기 때문에 구체적 문제에서는 달리 새겨야 하는 경우가 많다. 그렇기 때문에 '권리보호이익의 동일'도 그 요건으로 열거하는 것이 보통이다.

(1) 당사자가 동일할 것

전소송의 원고가 전소송의 피고를 상대로 다시 소를 제기하는 것은 허용되지

---

1) 方順元, 535; 이시윤, 600; 宋·朴, 481. 그 밖에 무용의 소송심리의 반복으로 전후 판결의 모순을 초래할 염려가 있다는 점을 열거하는 견해도 있다(金·姜, 578). 그러나 소취하로 전소송에서 한 본안판결은 존재하지 않게 되었으므로 전후 판결의 모순은 있을 수가 없으므로 이것도 재소금지의 취지가 될 수가 없다.

2) 大判 2021. 5. 7, 2018다259213은 원심판결인 서高判 2018. 7. 20, 2017나2066788에서 통상적 설명에 따라 '종국판결이 농락당하는 것을 방지하기 위한' 규정이라고 한 것을 '다시 동일한 분쟁을 문제 삼아 소송제도를 남용하는 부당한 사태를 방지할 목적'이라고 표현을 바꾸었다.

3) 상세한 내용은 胡文赫, "先決的 法律關係와 再訴禁止", 민사판례연구[XⅢ] (1991) 참조.

않는다. 전소송과 후소송의 원고, 피고가 바뀌면 금지되는 재소가 아니다. 만일 전소송 원고와 재소 원고가 동일인은 아니지만 전소송이 기판력 있는 재판이나 조서로 종료되었더라면 그 **기판력을 받았을 제3자**인 경우에는 재소라고 하여 금지할 여지가 있다. 이러한 경우로 문제되는 것에 승계인과 채권자대위소송, 선정당사자 등이 있다.

(가) 승계인

《사례 3》　　甲은 경기도 평택에 임야를 소유하고 있는데, 乙이 이를 점유하고 과수원을 경영하고 있었다. 甲이 乙에게 그 임야를 인도하라고 요구하였으나 乙은 시효취득을 주장하면서 이를 거부하였다. 甲이 소를 제기하였으나 제1심에서 청구기각 판결을 받자 소를 취하하였다. 그 뒤 甲이 사망하고 그의 유일한 상속인 丙이 다시 乙을 상대로 그 임야의 인도를 구하는 소를 제기하였다. 이 소가 적법한가?

《사례 3a》　　〈사례 3〉에서 丙이 甲의 상속인이 아니고 甲으로부터 그 임야를 매수한 사람이면 어떻게 되는가?

취하된 전소 원고의 승계인이 소를 제기하는 것이 재소인가 하는 점이 문제될 수 있다. 이 경우에는 원고는 다르지만 실질적으로 같은 소라고 볼 여지가 있기 때문이다.[4] 승계인에게는 일반승계와 특정승계를 구별하지 않고 모두 재소가 금지된다고 보는 견해가 있고,[5] 특정승계인에게는 언제나 재소금지가 적용되지 않는다는 견해도 있다.[6] 그러나 일반승계인과 특정승계인을 구별하여 특정승계인이 전소송 원고의 남용행위에 가담한다는 특별한 사정이 없는 한 **재소금지를 적용받지 않는다**고 하는 것이 타당할 것이다.[7] 〈사례 3〉에서 丙은 甲의 상속인으로 일반승계인

---

4) 大判 2021. 5. 7, 2018다259213은 채권자 甲이 채무자 乙의 제3채무자 丙에 대한 정산금채권을 압류하고 추심소송을 수행하다가 항소심에서 소를 취하한 뒤에 乙에 대한 다른 채권자 丁이 같은 정산금채권을 압류하여 추심의 소를 제기한 사안에서, 압류 및 추심명령을 얻은 丁은 피압류채권의 추심권한만을 취득한 것으로 피압류채권 자체를 승계한 것은 아니고, 丁의 추심의 소는 자기의 甲에 대한 채권의 집행을 위한 소이므로 재소금지에 해당하지 않는다고 한 원심판결을 정당하다고 판시하였다. 다만 이 판결은 원심판결 중 丁에게 새로운 권리보호이익이 발생한 것이라는 부분까지 그대로 인용한 것은 타당하지 않다. 권리보호이익이나 재소의 정당한 사유가 문제되기 이전에 丁이 승계인이 아니므로 원고의 동일성이 없다는 것을 이유로 밝혔어야 했다.

5) 강현중, 636; 方順元, 536; 李英燮, 262. 이것이 판례의 태도이기도 하다. 일단 특정승계인도 포함한다고 본 것은 大判 1969. 7. 22, 69다760; 大判 1981. 7. 14, 81다64·65. 鄭·庚·金, 736은 원칙적으로 소취하의 원고와 그의 특정승계인을 동일시하는 입장을 취하면서, 특정승계인이 소취하에 대한 책임이 없고 다시 소를 제기할 새로운 필요성도 있어서 전소와는 소의 이익을 달리 하는 경우에는 후소가 허용된다고 한다.

6) 한충수, 513.

7) 이시윤, 601; 宋·朴, 482.

이다. 이런 경우에 甲과 丙의 지위는 다를 것이 없으므로 丙이 다시 제소하는 것은 '사실상 동일한 소'라고 볼 수밖에 없다. 그러나 〈사례 3a〉에서 丙은 그 임야의 매수인에 불과하여 그의 지위를 甲과 동일시할 아무런 이유가 없다. 소를 취하한 것은 매도인인 甲인데 그것 때문에 매수인 丙이 소송을 하지 못한다고 하는 것은 부당하다.[8] 재소금지가 어디까지나 소취하권 내지 재소권의 남용 방지에 있으므로 남용과는 관계없는 특정승계인의 재소를 막아서는 안 된다.

(나) 채권자대위소송

《사례 4》   甲이 乙로부터 토지를 매입하였다. 그러나 乙이 소유권이전등기를 하여 주지 않아 알아 보니 그 사이에 丙이 서류를 위조하여 乙로부터 丙으로 등기를 이전하여 갔다. 이에 甲은 丙을 상대로 그 이전등기를 말소할 것을 구하는 소를 제기하였다. 제1심에서 甲이 승소하였고 丙이 항소하였다. 그러던 중 甲이 더 이상 이 문제에 신경을 쓸 수가 없다고 생각하여 乙과의 매매계약을 해제하고 소를 취하하였다. 그 뒤 乙이 스스로 등기명의를 되찾아와야겠다고 생각하여 丙을 상대로 이전등기의 말소를 구하는 소를 제기하였다. 이 소가 적법한가?

여기서 甲이 丙을 상대로 한 소송이 채권자대위소송이다. 이러한 사례처럼 채권자가 대위소송을 수행하다가 본안판결을 받고 소취하한 경우에 채무자가 제소하면 재소금지에 저촉되는지가 문제된다. 다수설[9]과 판례는 채무자가 **대위소송의 계속을 알았으면** 그도 재소금지의 효과를 받는다고 한다. 그 근거에 관하여 판례는 소송계속을 채무자가 알았으면 대위소송에서의 판결의 기판력이 채무자에게 미친다는 판례를 들면서 "이에 미루어 재소의 경우에도 그와 같이 취급하는 것이 상당하다"는 점을 든다.[10] 이러한 입장에 의하면 〈사례 4〉에서 乙의 제소는 재소금지에 저촉되어 부적법하게 된다. 그러나 이러한 입장은 타당하지 않다.[11] 기본적으로 채권자대위소송이 소송담당이 아니라고 본다면 기판력이나 재소금지의 효력이 채무자에게 미칠 가능성은 없게 된다. 대위소송이 소송담당임을 인정하더라도 이와 같은 다수설, 판례의 태도는 법적 안정을 위한 **기판력**으로 인한 후소의 차단과 소취하 및 재소의 남용을 방지하고자 하는 **재소금지를 혼동**하여 양자를 같은 기준으로 취급하는 잘못을 범하고 있다. 그리고 이를 따르면 채권자가 필요 이상으로 채

---

8) 大判 1998. 3. 13, 95다48599·48605도 같은 취지이다.

9) 강현중, 636. 이시윤, 601; 鄭·庚·金, 736-737은 입장이 명확하지 않으나 문맥으로 보아 다수설과 판례의 견해를 따르는 것으로 보인다.

10) 大判 1981. 1. 27, 79다1618·1619; 大判 1996. 9. 20, 93다20177·20184.

11) 金·姜, 579; 宋·朴, 482.

무자의 권리관계를 휘젓는 결과가 된다. 타인인 채권자가 경솔하게 한 소취하의 효과를 채무자가 고스란히 받아서 스스로는 소송을 할 수가 없게 된다는 것은 부당하다.12) 〈사례 4〉를 보면 乙의 소를 각하하는 것이 부당함을 쉽게 알 수가 있을 것이다.

(다) 선정당사자

선정당사자가 소를 취하한 경우에 선정자가 하는 재소도 허용되지 않는다는 것이 일반적 견해이다.13) 선정당사자가 소송을 수행하여 받은 확정판결의 기판력이 선정자에게 미침은 물론이다. 그러나 선정당사자가 소를 취하한 경우에도 판결이 확정된 경우와 같이 취급하여 전 소송에서의 선정자가 뒤에 제소하는 것을 금지된 재소로 봄은 문제가 있다. 선정자가 스스로 제소하는 것이 특별히 재소권을 남용한다는 사정이 없는 한 이를 **일률적으로 막을 필요는 없을 것**이다.

(2) 소송물이 동일할 것

(가) 판단기준

《사례 5》　　甲은 경기도 평택에 임야를 소유하고 있는데, 乙이 이를 점유하고 과수원을 경영하고 있었다. 甲이 소유권에 기하여 그 토지의 인도를 구하는 소를 제기하였다가 乙이 시효취득을 주장하는 바람에 제1심에서 패소하고 소를 취하하였다. 그 뒤 甲이 다시 그 토지인도청구의 소를 제기하면서, 甲이 乙에게 과수원에 투자한 돈 3500만원을 지급하고 乙은 바로 그 토지를 인도하기로 약정하였는데, 乙이 돈만 받고 인도하지 않는다고 주장하였다. 甲의 후소가 적법한가?

취하된 전소와 재소의 소송물이 동일한지 여부는 무엇을 기준으로 소송물을 결정하는가에 따라 달라진다. **소송물이론** 중 구실체법설에 의하면 같은 내용의 청구라도 실체법상 다른 법적 관점을 주장하면 소송물이 다르므로 재소금지에 저촉되지 않는다. 소송법설은 법적 관점이 다르더라도 소송물이 같을 수 있다고 하는 견해로, 그중 일원설에 의하면 청구취지만 같으면 소송물이 동일하다고 보게 되어 재소금지에 저촉된다. 그러나 이원설에 의하면 청구취지뿐만 아니라 청구원인으로 주장된 사실관계까지 같아야 재소금지에 저촉된다고 본다. 〈사례 5〉에서 취하된 전소는 소유권에 기한 인도청구이고 재소는 계약의 이행으로서의 인도를 구하

---

12) 한충수, 515도 같은 결론이다.
13) 이시윤, 601; 宋·朴, 482; 한충수, 514. 鄭·庚·金, 736도 명확하진 않으나 이와 같은 견해로 보인다.

는 것이므로 청구취지는 같으나 법적 관점이 다를 뿐만 아니라 위 내용의 계약을 체결하였다고 하는 것과 소유자라는 것은 주장된 사실관계가 다르다. 그러므로 구 실체법설과 이원설에 의하면 소송물이 다르기 때문에 재소금지에 저촉되지 않고, 일원설에 의하면 소송물이 같아서 재소금지에 저촉된다. 앞에서 이미 설명한 바와 같이 이원설이 타당하므로 여기서도 재소금지에 저촉되지 않는다고 보는 것이 타당할 것이다.

(나) 확대적용

판례는 이 요건을 확대하여 소송물이 동일하지 않은 경우에도 재소금지에 위반된다고 보는 경우가 있다.

《사례 6》 甲은 학교법인 乙이 경영하는 호세대학교에서 정치학교수로 재직하면서 교수협의회를 구성하여 교수들의 봉급인상을 위한 운동을 전개하였다. 이에 乙법인이 "甲은 교수로서의 본분을 망각하여 학교 안에서 노동운동을 하였으며, 휴강이 잦고 교수회의에도 거의 참석하지 않으며, 학생들 사이에서 무능교수라고 낙인찍혀 있다"는 것을 이유로 甲을 면직처분하였다. 이에 甲이 乙을 상대로 면직처분무효확인의 소를 제기하였다. 제1심에서 청구기각판결을 받은 甲은 항소를 한 후 소를 취하하였다. 3년 뒤에 전국 각 대학에서 교수협의회가 활성화되자 기회가 왔다고 생각한 甲이 乙의 면직처분이 무효임을 전제로 면직처분이 있은 뒤 현재까지의 급여를 지급할 것을 청구하는 소를 제기하였다. 법원에서 어떤 재판을 할 것인가?

《사례 6a》 〈사례 6〉에서 甲이 소취하도 하지 않고 항소도 하지 않아 청구기각판결이 확정되었다면 후소송의 법원은 어떤 재판을 할 것인가?

〈사례 6〉에서 전소송의 소송물이 면직처분무효확인청구이고 후소송의 소송물이 면직처분이 무효임을 전제로 한 임금지급청구이다. 그러므로 전소송 소송물이 후소송 소송물의 **선결적 법률관계**로 되어 있는 경우이다. 만일 甲이 전소로써 제기하였던 면직무효확인청구를 다시 후소송에서 소송물로 삼았다면 재소금지에 저촉될 것이다. 그러나 이 사례에서는 재소금지 때문에 후소로써 다시는 소구할 수 없는 법률관계를 선결문제로 하는 다른 소송상청구를 하고 있다. 이러한 경우에도 후소가 재소금지에 저촉될 것인지가 문제된다. 판례는 이러한 경우에는 "비록 소송물은 다르지만 원고는 전소의 목적이었던 권리 내지 법률관계의 존부에 대하여는 다시 법원의 판단을 구할 수 없는 관계상" 재소금지에 저촉된다고 하였다.[14] 학설로도 이

---

14) 大判 1989. 10. 10, 88다카18023.

를 따르는 것이 다수이다.[15]

그러나 다수설, 판례는 여기서도 **기판력과 재소금지를 혼동**하고 있다. 기판력의 경우에는 〈사례 6a〉처럼 전소송 소송물이 후소송의 선결적 법률관계인 경우에 소송물이 다르다고 하여 후소송에서 아무런 영향을 받지 않는다고 하면 확정판결이 유명무실해져서 기판력 제도가 추구하는 법적 안정성이 무너진다. 그렇기 때문에 비록 소송물은 다르지만 전소송 확정판결이 후소송 법원의 판단을 구속하도록 하는 것이다. 그러나 재소금지는 법적 안정을 위한 것이 아니라 법원의 본안판결을 받아보고 소취하한 자가 함부로 재소하는 것, 즉 재소권의 남용을 막자는 취지에 불과하다. 따라서 양 소송의 소송물이 다른 경우까지 굳이 이 제재를 가하는 것은 적용 범위의 부당한 확대이다. 더구나 〈사례 6a〉에서처럼 기판력이 문제되는 경우에는 후소송 법원이 소를 각하하는 것이 아니라 후소 청구에 관한 본안판결을 할 때 전소송 확정판결을 전제로 하여 판단해야 한다는 내용적 구속을 받음에 지나지 않는다. 그러나 〈사례 6〉의 경우에 재소금지를 적용하면 후소 제기 자체가 금지되므로 소각하판결을 받게 된다. 이렇게 되면 원고에게는 전소송에서 소취하한 것이 패소판결이 확정된 경우보다 더 불리한 취급을 받는다는 납득할 수 없는 결과가 된다. 따라서 취하된 전소송의 소송물이 재소 소송물의 선결적 법률관계일 때에는 재소금지를 적용하지 않는 것이 타당하다.[16]

전소송의 제1심에서 상계항변을 제출하여 본안판결을 받았다가 항소심에서 상계항변을 철회한 것은 소취하가 아니라 소송상 방어방법의 철회에 불과하므로 재소금지가 적용되지 않음은 물론이다.[17]

(3) 재소를 허용할 만한 정당한 사정이 없을 것

《사례 7》   甲은 채무자 乙을 상대로 7천만원을 지급할 것을 구하는 소를 제기하였다. 제1심 법원이 甲의 청구를 인용하는 판결을 선고하자, 乙이 甲을 방문하여 이자 500만원을 먼저 지급하고는 원금은 3개월 뒤에 갚겠다고 하면서 소를 취하해 달라고 사정하였다. 이 말을 믿은 甲이 다음 날 소취하서를 제출하였고 이에 乙이 동의하였다. 그러나 6개월이 지나도록 乙이 채무를 변제하지 않아 甲이 다시 乙을 상대로 7천만원을 지급할 것을 구하는 소를 제기하였다. 甲의 이 소가 적법한가?

---

15) 강현중, 636; 金·姜, 579; 김홍엽, 753; 方順元, 537; 李英燮, 262; 鄭·庚·金, 737.
16) 宋·朴, 483; 이시윤, 602; 田炳西, 586; 한충수, 515.
17) 大判 2022. 2. 17, 2021다275741.

취하된 전소와 다시 제기한 소가 아무리 당사자가 동일하고 소송물이 동일하여
도 원고가 **다시 소를 제기할 만한 사정**이 있으면 이 재소를 부적법하다고 하여서
는 아니 된다. 〈사례 7〉이 바로 그러한 경우로, 만일 이때까지도 재소금지에 저촉
된다고 하면 재소권의 남용을 막으려는 법제도가 채무자의 속임수에 농락당하는
모습이 된다. 따라서 일단 제267조 제2항의 요건인 '동일한 소'에 해당하여도 원고
가 재소할 정당한 사정이 있으면 이를 허용하여야 할 것이다.[18] 여기에 재소를 허
용할 정당한 사정의 구체적 예로는 다음을 들 수 있다.

(가) 부적법한 전소를 취하한 경우

소송 중에 승계참가 등이 있어서 중복소송이 된 경우에 소송관계를 간명하게
정리하기 위하여 항소심에서 전소를 취하한 경우에는 후소를 유지할 정당한 이익
이 있으므로 후소는 재소금지에 저촉되지 않는다.[19]

소가 부적법하였으나 법원이 이를 지나쳐 보고 본안판결을 한 경우에 소를 취
하하였으면 뒤에 소송요건을 갖추어서 다시 소를 제기할 정당한 이익이 있다고 볼
것이다.

《사례 8》　　甲은 乙, 丙, 丁 세 사람이 합유하는 토지를 매입하였으나, 이들이 등기
명의를 이전하여 주지 않아 乙과 丙을 상대로 소유권이전등기청구의 소를 제기하였다.
제1심 법원이 매수 사실이 인정되지 않는다고 하여 청구를 기각하였고, 이에 대하여
甲은 항소하였다. 항소심에서 丁이 피고에서 누락된 것을 깨달은 甲이 소를 취하하고
다시 乙, 丙, 丁 세 사람을 피고로 한 소를 제기하였다. 甲의 이 소가 적법한가?

이러한 경우는 고유필수적공동소송이어서 甲이 합유자 전원을 피고로 삼아야
함에도 불구하고 丁을 누락시켰고, 이를 깨달은 것은 항소심이므로 필수적공동소송
인의 추가(제68조)도 허용되지 않는다. 따라서 부적법한 소를 취하하고 소를 적법한
상태로 만들어서 재소하는 것을 허용할 사정이 있는 것이다.[20]

---

18) 이 요건을 '권리보호의 이익이 동일할 것'이라고 표현하는 것이 보통이다. 그러나 여기서 말하는
권리보호이익이 소송요건에서 말하는 엄밀한 의미의, 즉 권리보호자격과 구별되는 권리보호이익에 해당
하는지가 의문이고, 특히 이행의 소에서는 원고가 권리자라고 주장만 하면 권리보호이익이 인정되기 때
문에 그 동일성을 따지는 것이 현실적으로 의미가 없다. 따라서 이를 '재소를 허용할 정당한 사정'이라고
표현하는 것이 더 적절할 것이다. 大判 2021. 5. 7, 2018다259213은 '소제기를 필요로 하는 정당한 사정'
이라고 표현한다.

19) 大判 2021. 7. 29, 2018다230229.

20) 大判 1957. 12. 5, 4290민상503.

(나) 소취하 이후에 실체법상의 상황이 변동된 경우

원고가 소취하한 뒤에 실체법상의 권리나 법률관계 내지는 법적 상황이 변동되어 다시 제소할 상황이 되면 역시 재소를 허용할 사정이 있다고 해야 할 것이다.

《사례 9》　　甲이 乙로부터 토지를 매입하였으나, 乙이 이전등기를 하여 주지 않아 소유권이전등기청구의 소를 제기하였다. 제1심에서 승소한 甲은 항소심에서 토지거래허가를 받지 않은 것이 문제가 되자 소를 취하하였다. 그 후 토지거래허가를 받은 뒤에 甲이 다시 같은 내용의 제소를 하였다. 甲의 소가 부적법한가?

이러한 경우에는 甲의 전소는 부적법한 것은 아니었으나 청구가 이유 없는 상황이었다가, 뒤에 청구권 행사에 아무런 장애가 없게 된 뒤에 제소하는 것으로, 이를 막을 이유는 없는 것이다.[21] 이행을 유예해 주고 소를 취하하였다가 새로운 이행기가 도래한 뒤에 다시 제소하거나, 이행기가 도래하지 않은 채무의 이행을 청구하는 소를 제기하였다가 취하한 뒤에 이행기가 도래한 뒤에 다시 소를 제기하는 경우가 여기에 해당할 것이다.

(다) 소취하의 전제가 된 약정의 불이행, 해제 또는 실효

원고와 피고가 일정한 내용의 약정을 하고 원고가 소취하를 하였지만, 피고가 그 약정을 이행하지 않거나, 약정이 해제, 실효된 경우에는 원고의 재소를 허용할 필요가 있을 것이다. 〈사례 7〉의 경우가 여기에 해당한다.

《사례 10》　　甲은 자기 소유 토지를 乙이 당분간 빌려서 사용하겠다고 하면서 이를 위하여 등기가 필요하다고 하여 이를 허락하고 서류에 도장을 찍어 주었다. 그러나 뒤에 알고 보니 乙이 甲의 토지에 지상권설정등기를 하여 두었다. 이에 甲이 乙을 상대로 지상권설정등기말소를 구하는 소를 제기하여 제1심에서 승소하였다. 항소심에서 乙이 甲을 설득하여 지상권 존속기간 중 매달 100만원씩 지급하고 매년 물가상승률에 따라 지급 금액을 인상해 줄테니 지상권을 인정해 달라고 하여 그렇게 하기로 약정하고 甲이 소를 취하하였다. 그러나 뒤에 乙이 한 푼도 甲에게 지급하지 않아서 甲이 乙을 상대로 소송을 하려고 한다. 이때 甲은 어떠한 청구를 할 수 있는가?

이 경우에 甲은 두 가지 방법을 생각할 수 있을 것이다. 하나는 지상권을 인정하기로 한 약정을 해지하고 지상권설정등기말소의 소를 다시 제기하는 것이고, 다른 하나는 乙이 위반한 약정을 이행하라고 제소하는 것이다. 어느 방법을 택하느냐는 甲이 결정할 것이다. 판례도 이러한 사안에서 약정을 해제한 경우에 재소를 인

---

21) 大判 1997. 12. 23, 97다45341.

정하였다.22)

(라) 소송의 목적이 다른 경우

전소송에서 소를 취하한 당사자와 재소 원고가 다르더라도 서로 기판력을 미칠 수 있는 관계이면 금지된 재소가 될 것이지만, 전·후소송의 법적 근거나 목적이 다른 경우에는 재소를 허용할 정당한 사유가 인정될 것이다.

판례는 집합건물의 구분소유자가 정당한 권원 없이 공용부분이나 대지를 점유하여 사용한 사람을 상대로 부당이득 반환소송을 하다가 본안 종국판결을 받은 뒤에 소를 취하하였더라도 관리단이 다시 같은 내용의 소를 제기한 경우에는 재소금지에 저촉되지 않는다고 하였다.23) 구분소유자의 소송은 자신의 지분권에 관한 사용·수익의 실현이 목적이고, 관리단의 소송은 구분소유자의 공동이익의 실현이 목적이라는 점을 근거로 하였다.

(4) 본안종국판결 선고 후의 취하일 것

본안판결이 난 뒤에 소를 취하한 경우이어야 한다. 따라서 소송판결인 소각하판결이 있은 뒤에 소를 취하하였으면 재소가 금지되지 않는다. 본안판결이 원고 패소인 청구기각판결인 경우가 많겠으나, 청구인용판결이어도 관계가 없다.

본안판결 전에 소취하를 한 경우에는 혹시 뒤에 법원이 이를 간과하고 판결을 선고하더라도 재소금지가 적용되지 않는다.

판례는 본안에 관한 종국판결이 있은 뒤에 항소심에서 '원고는 소를 취하하고 피고는 이에 동의한다'는 화해조항이 있는 화해권고결정이 확정되어 소송이 종료된 경우에 원고가 다시 소를 제기하는 것은 소를 취하한 경우와 마찬가지로 재소금지에 저촉된다고 한다.24) 그러나 이는 타당하지 않다. 원고는 피고와 소취하의 합의를 하였는데, 그것이 화해조항에 들어갔기 때문에 소송이 종료된 것이지 소취하로 소송계속이 소급적으로 소멸된 것이 아니다. 소취하의 합의만으로는 소송계속이 소멸하지 않으므로 이것을 소취하로 소송이 종료된 것과 같이 취급하여서는 안 된다.25)

---

22) 大判 1993. 8. 24, 93다22074.

23) 大判 2022. 6. 30, 2021다239301.

24) 大判 2021. 7. 29, 2018다230229. 이 판결에 대한 전반적인 비판은 문영화, '원고는 소를 취하하고, 피고는 이에 동의한다'는 내용의 화해권고결정의 효력, 민사소송 제27권 2호, 85쪽 이하.

25) 소취하의 효과로 소송계속이 소급적으로 소멸하였다고 보고 재소금지 저촉을 인정한 것으로 보이는데, 이는 확정된 화해권고결정도 소멸하였다는 말이 된다는 점을 의식하고 이런 판시를 하였는지도 의문이다. 상세는 호문혁, "화해권고결정의 오용과 남용", 법률신문 2023. 12. 3.자 참조.

(5) 소취하 후에 현실로 재소를 제기할 것

민사소송법 제267조 제2항은 "소를 취하한 사람은" "같은 소를 제기하지 못한다"고 규정하고 있다. 그러므로 '현실로 소를 취하한' 이가 그 뒤에 '현실로 다시 소를 제기하는' 것을 금지하는 것이다. 따라서 단순히 계속 중인 소송을 유지하고 있다든가 소송계속 중의 청구변경 등은 여기에 포함시켜서는 아니 된다. 만일 이러한 경우까지 금지하는 재소에 포함시킨다면 재소권의 남용을 막자는 취지의 범위를 넘어 재소금지가 지나치게 확대된다. 실제로 학설, 판례가 금지되는 재소라고 인정한 경우들을 검토하여 본다.

(가) 중복소제기의 경우

원고가 중복소제기여서 **부적법한 후소를 취하**한 경우에 전소송의 운명이 어떻게 되는가에 관하여 견해가 대립하고 있다.

《사례 11》 甲은 乙이 꾸어 간 돈 7천만원을 약속한 날이 지나도 갚지 않아 乙을 상대로 대여금반환청구의 소를 乙의 주소지인 수원지방법원에 제기하였다. 소송 중에 차라리 자기의 주소지에서 소송을 하는 것이 더 낫겠다는 생각을 한 甲이 집에서 가까운 서울남부지방법원에 같은 내용의 청구를 하는 소를 제기하였다. 남부지법에서 甲의 청구를 인용하는 판결을 선고하였고 이에 대하여 乙이 항소하였다. 甲은 뒤늦게 사법시험 공부를 하는 조카에게서 서울에서 한 제소가 중복소제기여서 부적법하다는 말을 듣고 후회하여 이 소를 취하하였다. 이러한 사실을 알게 된 수원지방법원은 다시 甲의 청구를 인용할 수 있는가?

우리 판례는 이러한 경우에 제267조 제2항을 적용하여 전소를 부적법하다고 각하한다. 후소를 취하한 뒤에 전소를 유지하는 것은 소취하 후의 재소에 해당한다는 것이다.[26] 그러나 이는 타당하지 않다. 중복소제기의 경우 부적법한 것은 후소이지 전소가 아니다. 부적법한 후소를 취하하면 전소는 아무런 영향을 받지 않고 그대로 적법한 상태로 남아 있다고 보아야지, 부적법한 후소를 취하하고 나니 적법한 전소를 유지하는 것도 부적법하게 된다고 하는 것은 부당한 소권 박탈이다.[27]

(나) 항소심에서 청구를 교환적으로 변경한 경우

통설, 판례는 원고가 항소심에서 청구를 교환적으로 변경하고 나서 소멸한 청구를 다시 되살리는 것을 금지된 재소라고 한다.[28]

---

26) 大判 1967. 3. 7, 66다2663; 大判 1967. 7. 18, 67다1042; 大判 1967. 10. 31, 67다1848.
27) 宋·朴, 483.

《사례 12》　　甲은 乙에게서 금전을 차용하면서 담보조로 아파트 한 채의 소유자 명의를 乙로 이전하여 주었다. 뒤에 차용한 돈을 모두 갚은 甲이 乙에게 등기를 다시 넘겨 줄 것을 요구하였으나 乙은 들은 척도 하지 않았다. 甲이 乙을 상대로 소유권이전등기를 청구하는 소를 제기하여 제1심에서 패소하였다. 甲이 항소하였고, 항소심에서 청구를 乙로의 소유권이전등기의 말소를 구하는 것으로 바꾸었다. 소송 진행 중에 다시 乙을 상대로 하는 소유권이전등기청구를 추가하여 말소등기청구에 예비적으로 병합하였다. 법원이 이 청구에 대하여 재판할 수 있는가?

이러한 경우에 판례, 통설은 항소심에서 甲이 소유권이전등기청구를 말소청구로 바꾼 것은 청구의 교환적 변경인데, 그 성격은 **신청구의 추가적 병합과 구청구의 취하가 결합**된 것이라고 본다. 즉 구청구인 이전등기청구는 취하되었다고 보는 것이다. 따라서 구청구인 이전등기청구를 다시 추가하는 것은 항소심에서 소취하를 한 뒤에 재소하는 것이라고 보아 부적법하다고 한다.

이러한 통설, 판례는 두 가지 점에서 잘못을 범하고 있다. 첫째, 청구의 교환적 변경의 성격을 신청구의 추가적 병합과 구청구의 취하가 결합된 것으로 본 것은 문제가 있다. 교환적 변경의 법적 성격은 다름 아니라 제262조가 규정하고 있는 **청구의 변경일 뿐**이다. 소취하와 같은 다른 제도를 끌어다 설명할 필요가 없다. 만일 청구변경에 관하여 아무런 법규정이 없다면 다른 제도를 끌어다 성격 규명을 할 필요가 있겠지만, 제262조가 있는 이상 그 요건을 갖추면 청구의 변경이 되고 그 원칙적 모습으로 교환적 변경이 인정되는 것이다. 따라서 교환적 변경에 소취하가 포함되어 있다고 보는 것은 타당하지 않다.[29] 둘째, 원고의 이러한 소송수행은 승소하기 위한 최선의 노력을 기울이는 것으로, 법원의 판결을 농락하려거나 소취하 내지는 **재소를 남용할 의도가 전혀 없다**. 그러나 통설, 판례는 이러한 원고의 주관적 사정을 무시하고 형식논리에 치우쳐 재소금지의 본래 취지와는 아무런 관계도 없는 사안에 제267조 제2항을 적용하여 원고의 아무런 악의 없는 소송수행에 느닷없이 족쇄를 채운 잘못을 범하고 있다.[30]

교환적 변경에 소취하가 포함되어 있다고 보면 채권자취소소송 진행 중에 채무자에 대한 회생개시 결정으로 관리인이 소송을 수계하여 청구취지를 부인청구로

---

28) 강현중, 637; 金·姜, 580; 김홍엽, 757; 이시윤, 603-604; 鄭·庚·金, 739; 大判 1967. 10. 10, 67다1548; 大判 1987. 11. 10, 87다카1405.

29) 한충수, 513. 상세한 것은 뒤의 청구변경 참조.

30) 한충수, 513도 재소금지의 적용대상이 아니라고 한다. 이러한 폐단은 법원의 석명과 엄격한 의사해석에 의하여 방지할 수 있다는 견해가 있으나(이시윤, 604), 근본적인 해결책이 아니다.

변경하였다가 상급심에서 회생절차가 폐지되어 다시 채권자가 소송을 수계하여 청구취지를 다시 사해행위 취소로 변경한 경우에 재소금지에 저촉된다고 볼 것이나, 판례는 이는 채무자회생법에 따른 당연한 조치로서 재소금지에 저촉되지 않는다고 하였다.[31] 청구의 교환적 변경의 법적 성격을 유지하려다 나온 궁색한 해결책이다.

따라서 이러한 부당한 결과를 피하기 위하여라도 재소금지를 적용하는 것은 현실로 소취하를 하고, 뒤에 현실로 다시 소를 제기한 경우에 한정하여야 할 것이다.

4. 재소금지의 효과

(1) 소각하판결

재소금지는 법률상의 **제소금지사유**이므로, 제소가 여기에 해당되면 그 소는 권리보호자격이 없어 소송요건 불비가 되어 부적법하고, 법원은 이를 직권으로 조사하여 소각하판결을 하여야 한다.

(2) 소권의 소멸

재소가 금지되는 결과, 그 당사자는 더 이상 같은 소송물에 관하여 제소할 수가 없게 된다. 그러나 이로써 실체법상의 권리가 소멸하는 것은 아니다. 제소가 불가능하므로 **자연채무**의 상태로 남게 된다. 따라서 채무자의 임의변제를 수령하여도 부당이득이 되지 않으며, 상계의 자동채권으로 삼을 수 있다. 반대로 채권의 존부가 다투어질 때 상대방은 채무부존재확인의 소를 제기할 이익이 인정된다.

이러한 해석론은 논리적으로는 흠잡을 여지가 없지만 실제로는 권리행사에 현저한 장애를 초래하게 된다는 문제점이 있다.

《사례 11a》 〈사례 11〉에서 수원지방법원이 판례에 따라 甲의 소를 각하하였다. 그러자 甲은 더 이상 항소해야 소용이 없다고 생각하고는 이로써 乙이 채무를 면하게 된 것은 부당이득을 취한 것이라고 하여 부당이득반환청구의 소를 제기하였다. 법원이 원고의 청구를 인용할 수 있는가?

이 경우에 판례는 재소금지로 인하여 甲이 제소할 가능성은 없어졌지만 실체법상의 권리가 소멸한 것은 아니므로 乙이 채무를 면하지 않았고, 따라서 부당이득도 성립하지 않는다고 보아 청구를 기각한다.[32] 그러나 이는 소권뿐만 아니라 실체법

---

31) 大判 2022. 10. 27, 2022다241998.
32) 大判 1969. 4. 22, 68다1722.

상 권리까지도 사실상 박탈하는 결과가 되어 타당하지 않다.33) 여기서 법원이 원고에게 권리가 있다고 확정해 준 것도 아니므로 원고는 계속 불안한 지위에 놓이게 되고, 상계를 할 기회가 오기를 기다리거나 임의변제라는 채무자의 선처를 기대할 수밖에 없다. 그러나 이러한 결과는 매우 부당하다. 그렇다고 재소금지로 인하여 실체법상의 권리가 소멸했다고 새길 수도 없는 일이다. 기본적으로는 이러한 일이 발생하지 않도록 재소금지의 원칙을 확대적용하지 말아야 하며,34) 부당이득의 법리를 재고해 볼 필요도 있을 것이다.

제 5 절 訴取下의 看做

원고가 소취하 행위를 하지 않았어도 소가 취하된 것으로 보는 경우가 있다. 첫째, **당사자 양쪽이 두 번 불출석**한 경우이다. 변론기일에 양쪽 당사자가 모두 불출석하거나 출석하더라도 변론하지 않으면 재판장은 다시 변론기일을 정하여 양쪽 당사자에게 통지해야 한다. 두 번째 기일에도 양쪽 당사자가 출석하지 않거나 변론하지 않은 경우에는 당사자가 1월 이내에 변론기일 지정을 신청하지 않으면 소는 취하된 것으로 본다.1) 그리고 변론기일 지정을 신청했지만 그 새로 지정된 기일에 양쪽이 다시 불출석해도 그 소는 취하된 것으로 본다(제268조). 변론준비절차에도 이에 관한 규정이 준용되므로(제286조) 소취하 간주가 있을 수 있다. 다만, 당사자가 변론준비기일에 출석하지 않으면 변론준비절차를 종결하여야 하므로(제284조 1항), 양쪽 당사자가 변론준비기일에 두 번 결석한다는 일은 거의 없을 것이다. 그러나 법원이 변론준비를 계속할 상당한 이유가 있어서(제284조 1항 단서) 준비기일을 다시 지정하여 당사자들에게 통지한 경우에는 두 번 불출석이 있을 수 있다.

문제가 되는 것은 양쪽 당사자가 변론준비기일에 한 번, 변론기일에 한 번 결석한 경우에도 소를 취하한 것으로 간주되는가 하는 점이다. 이러한 상황은 변론준비

---

33) 재소금지가 청구포기가 불가능한 소송에는 적용되지 않는다는 것이 통설이다. 그 이유는 재소금지로 청구포기를 인정한 것과 같은 결과가 된다는 점을 든다. 그러나 이러한 설명은 재소금지가 되어도 실체법상 권리는 전혀 영향을 받지 않는다는 설명과 모순된다. 청구포기의 효과가 기판력일 뿐이라고 하더라도 재소금지는 기판력과 같은 내용적 구속력은 없는 전혀 다른 효과이기 때문에 이를 같이 보는 것은 일관성이 없다.

34) 〈사례 11〉과 〈사례 11a〉를 보면 재소금지의 원칙을 확대적용하는 것이 얼마나 위험한가를 알 수 있다.

1) 실무에서는 이를 쌍불취라고 한다.

기일에 양쪽 당사자가 출석하지 않은 경우에 재판장이 변론기일을 지정하여 당사자들에게 통지한 경우에 생길 수 있는데, 여기서 재판장이 변론기일을 지정하는 것은 제268조 제1항이 말하는 '다시' 기일을 정하는 것이 아니라 변론준비기일을 종결하고 새로 최초의 변론기일을 정하는 것이다. 뿐만 아니라 변론준비기일과 변론기일은 그 본질이 전혀 다르다.2) 따라서 이들을 혼동하여 두 종류의 기일에 걸쳐서 불출석한 것을 소취하로 간주하면 안 된다. 하급심 실무에서 이 점에 관하여 혼선이 있었는데 최근에 판례가 이와 같은 입장을 밝혀서3) 정리가 되었다.

둘째, **피고를** 잘못 지정하여 이를 **경정한 경우**에는 구피고에 대하여는 소를 취하한 것으로 본다(제261조 4항).

셋째, 법원이 화재, 사변 기타 재난으로 **소송기록을 멸실** 당한 경우에 6월 이내에 소장을 제출하지 않으면 소의 취하로 본다(법원재난에기인한민형사사건임시조치법 제2조, 제3조).

제 6 절 訴取下契約

소취하계약은 소송 밖에서 원고가 소를 취하하기로 체결한 약정을 말하며, 이를 소취하합의라고도 한다. 원고가 소송 중에 피고와 소취하를 하기로 합의하는 것은 대체로 소송 밖에서 양 당사자 사이에 화해가 이루어졌기 때문인 경우가 많다. 그러나 이 화해가 법원에서 진술되어 화해조서가 작성되지 않은 이상 소송법상으로는 아무런 효과가 나타나지 않는다.

이 소취하계약의 법적 성격에 관하여는 사법행위설과 소송행위설이 대립하고 있다. **사법행위설**에 의하면 원고는 이 계약의 이행으로 소를 취하할 의무를 부담하며, 이 계약을 위반하여 소송을 유지하더라도 부제소특약에 위반한 제소와 마찬가지로 권리보호자격이 부정되어 원고는 소각하판결을 받게 된다.1) **소송행위설**에 의하면 이 계약의 목적이 소송계속의 소멸에 있으므로, 이 계약의 성립이 소송 중에

---

2) 개정법이 변론준비절차에서 서증 등에 대한 증거조사까지 허용한 것은 그 자체로 실제상 큰 문제를 일으키지는 않는다 하더라도 이로써 변론준비기일과 변론기일의 차이를 모호하게 하여 체계상의 혼란과 혼동을 초래하는 문제점이 있다.

3) 大判 2006. 10. 27, 2004다69581.

1) 大判 1982. 3. 9, 81다1312(단순한 소취하합의); 大判 2005. 6. 10, 2005다14861(재판상화해로 소취하 합의). 이 판결들은 권리보호이익이 없다고 표현하나 정확하지 않다.

확인되면 바로 소송계속의 소멸이라는 소송법적 효과가 발생하고 법원은 소송종료 선언으로 사건을 처리하게 된다. 생각건대 소송행위설이 원고의 소취하행위가 없어도 바로 소송계속의 소멸이라는 효과를 인정하는 것은 당사자들의 의사에도 맞지 않고, 설명이 지나치게 기교적이다. 소취하계약을 체결하였으면 원고가 계약 내용의 이행으로 소를 취하할 의무를 부담한다고 보는 것이 당사자들의 의사에도 맞는 자연스러운 해석이다.[2] 원고가 합의에 위반하여 소송을 유지하는 경우에 피고가 손해배상청구권을 갖는 것을 사법행위설에 의하여야 설명할 수 있다.

소취하계약은 사법행위이므로 소를 취하하기로 한 합의의 의사표시에도 민법이 적용되어 법률행위의 내용의 중요부분에 착오가 있으면 그 의사표시를 취소할 수 있고(민 제109조), 취소한 자는 그 법률행위의 내용에 착오가 있었다는 사실과 착오가 없었으면 그 의사표시를 하지 않았을 것이라는 점을 증명하여야 한다.[3]

---

2) 다만, 계약에 위반하여 소송을 유지하는 것이 신의칙 위반이고, 권리보호이익의 흠결이라고 설명하는 것(이시윤, 594)은 잘못이다. 이러한 행위는 계약불이행이고 신의칙과는 아무런 관계가 없는 것이며, 권리보호이익이 아닌 권리보호자격의 흠결이다(한충수, 518). 이에 대하여 소송을 유지하는 것은 단순한 계약상의 의무위반을 넘어서는 반윤리적인 행위이므로 신의칙의 문제가 된다고 설명하는 수가 있다(이시윤, 594, 주7). 그러나 계약상의 의무위반이 반윤리적이면 계약법 원리가 아닌 신의칙이 적용되고, 반윤리적이라고까지 볼 정도가 아니면 계약법이 적용된다는 뜻인지 의문이다.

3) 大判 2020. 10. 15, 2020다227523·227530.

제 3 장 裁判上和解

제 1 절 意義와 性質

I. 의의와 종류

재판상화해는 **법관의 면전에서 양당사자가 소송물에 관하여 상호 일부씩 양보하여 합의한 결과를 진술하는 행위**를 말한다. 재판상화해가 성립하면 법원이 화해조서를 작성하여 확정판결과 같은 효력이 생긴다. 사법상의 화해계약도 당사자들이 상호 양보하여 합의한다는 점은 같으나 법원 밖에서 사인 사이에 체결하는 것이므로 집행력이 없고 그 내용에 따른 권리를 실현시키려면 이행의 소를 제기할 수밖에 없다는 점에서 차이가 있다.

재판상화해에는 소송계속 전에 당사자들이 지방법원 단독판사 앞에서 하는 제소전화해와 소송계속 중에 수소법원에서 하는 소송상화해가 있다. 양자는 그 시점이 소송계속 발생 전이냐 후이냐에 따라 구별된다.

II. 법적 성질

재판상화해는 법원 앞에서의 행위이고 기판력과 경우에 따라서는 소송종료라는 소송법상 효과가 발생하므로 소송행위로서의 성질을 가진다고 보인다. 반면에 재판상화해의 내용은 사법상화해가 주된 것이므로 사법상의 행위라는 측면도 있다. 여기서 재판상화해의 법적 성질이 무엇인가에 관하여 다툼이 있다.

《사례 1》　 甲은 乙의 토지 위에 무허가 가건물을 지어 음식점 "암소가든"을 운영하고 있었다. 어느 날 乙이 그 암소가든 건물이 자기 소유이니 甲은 이를 인도하라고 요구하였다. 이에 불안해진 甲이 법원에 제소하여 암소가든 건물이 甲의 소유임을 확인하는 판결을 해 달라고 신청하였다. 그러나 변론기일에 甲과 乙이 암소가든 건물의 소유권은 乙이 가지는 것으로 하고 암소가든의 영업은 甲이 계속하기로 합의했다고 진술하여 화해조서를 작성하고 소송이 끝났다. 그 뒤 甲이 다시 암소가든 건물의 소유권확

인을 구하는 소를 제기하여 주장하기를 앞에서 한 화해는 乙이 그러한 내용으로 화해
해 주지 않으면 건물을 불살라버리겠다고 협박하여 마지못해 한 것이어서 그 화해를
취소한다고 주장하였다. 甲의 제소는 적법한가?

1. 사법행위설

재판상화해는 법관 앞에서 하는 행위로 법원사무관등이 이를 조서에 기재한다
는 특색이 있지만 그 성질은 **민법상의 화해계약**(민 제731조)과 같다고 보는 견해이
다. 이 견해에 따르면 재판상화해에 사회질서 위반등 무효사유나 사기, 강박 등 취
소사유가 있으면 민법 규정에 따라 그 효력을 다툴 수 있다고 한다.1) 이는 재판상
화해에 기판력을 인정하지 않는 이론이다. 따라서 위 사례에서 甲의 취소로 재판상
화해는 효력을 상실하고 甲의 제소는 적법한 것이 된다.

과거의 판례 중에는 소제기 전에 지방법원(단독판사)에서 한 화해는 순전히 사
법상의 계약인 성질을 가진 것으로서, 사법상 무효 원인이 있는 경우에 그 화해는
당연히 무효라고 하여 이 견해를 취한 것이 있었다.2)

2. 소송행위설

이 견해는 재판상화해는 그 요건과 효과가 소송법에 의하여 규율되는 **순수한
소송행위**라고 한다. 그러므로 재판상화해는 사법상의 화해계약과는 전혀 다르고,
사법상의 규율도 받지 않으므로, **사법상의 의사표시에 관한 규정도 적용되지 않는
다**고 한다. 그러므로 재판상화해에 재심사유가 있으면 준재심(제461조)에 의하여 화
해를 취소, 변경할 수 있지만 그렇지 않은 한 취소, 변경이 불가능하다고 한다.3)
이 견해에 의하면 위 사례에서 강박에 의한 의사표시는 재심사유가 아니므로 소송
행위의 효력에 영향이 없고, 화해는 여전히 유효하며 따라서 甲의 제소는 화해조서
의 기판력에 저촉되어 부적법하다.

1961년에 당시 제431조(현행 제461조)가 개정되어 준재심의 대상에 제220조의
조서가 포함됨에 따라4) 우리 판례가 재판상화해에는 기판력이 있으므로 화해계약

1) 다만 착오를 이유로 취소하는 것은 불가능할 것이다(민 제733조).
2) 大判 1959. 9. 24, 4291민상318.
3) 金·姜, 592-593(소송행위설 중 합동행위설); 김홍엽, 770-771(제한적 소송행위); 方順元, 549;
宋·朴, 492; 한충수, 526.
4) 법 개정 이전에도 개별적으로는 소송행위설을 취한 판례가 있었다. 大判 1960. 9. 29, 4291민상
511은 화해조서는 확정판결과 동일한 효력이 있음이 민사소송법 제206조(당시)에 명시되어 있는 바이므

에 의한 의무불이행을 이유로 화해계약을 해제하는 것은 불가능하고 재심사유가 있을 때에만 준재심으로써 이를 취소시킬 수 있다고 하여[5] 소송행위설을 취한 이래로 우리 판례의 주류를 이루고 있다.

3. 절 충 설

(1) 양행위병존설

재판상화해에는 사법상의 화해계약과 소송행위의 두 행위가 겹쳐져 외관상 하나의 행위로 나타난 것일 뿐이므로 **양 행위**는 각기 해당 법에 의하여 **독립적으로 규율**된다는 견해이다. 이 견해에 의하면 위 사례에서 재판상화해에 포함되어 있는 사법상의 화해계약은 취소되지만 소송행위인 화해의 소송법적 효과는 그대로 남아 있기 때문에 甲의 후소는 부적법한 것이 된다.

(2) 양행위경합설(양성설)

재판상화해는 사법상의 화해계약과 소송행위라는 두 가지의 행위가 경합된 하나의 행위로서, **두 행위의 성격을 모두** 가진다는 견해이다. 이에 의하면 재판상화해가 효력이 있으려면 소송법상으로 흠이 없어야 함은 물론, 사법상으로도 아무런 하자가 없어야 한다. 따라서 화해행위에 사법상의 무효·취소사유가 있으면 당사자는 이를 주장하여 재판상화해의 효력을 다툴 수 있다. 위 사례에서 甲이 강박에 의한 의사표시라고 하여 화해를 취소한다고 주장하므로 법원은 강박 유무를 심리하여 그 사실이 인정되면 재판상화해는 흠이 있는 것으로 판단하고, 나아가 甲이 소유자인지 여부를 심리한다. 이 견해도 사법행위설과 같이 재판상화해에 기판력이 생기지 않음을 전제로 한다.

4. 비 판

앞에서 기존의 각 학설들의 대립 양상을 살펴보았다. 여기서는 각 학설의 문제점을 검토하기로 한다.

사법행위설은 재판상화해가 조서에 기재되어야 효력이 생긴다는 점과, 소송상화해의 경우에 화해로 당사자들이 소송을 종료시키는 행위를 할 의무를 부담하는 것

로 재심의 소로써 취소 또는 변경하지 않는 이상 당사자는 그 화해의 취지에 상반되는 주장을 할 수 없다고 하였다.

5) 大判(全) 1962. 2. 15, 4294민상914.

이 아니라 바로 소송이 종료한다는 점을 설명하기 어렵다.

소송행위설은 일반론으로서는 재판상화해에 일정한 흠결이 있어도 재심사유에 해당하지 않으면 그 효력을 다툴 수 없다고 하여 부당한 결과를 가져 온다는 문제점이 있다. 이 견해에 의하면 화해에 기판력을 인정하는 결과가 되는데, 법원이 심리하고 재판하지 않은 사항에 기판력을 인정하는 것은 위험하다. 뿐만 아니라 재판상화해의 내용은 그 실질이 사법상의 화해계약임을 간과한 잘못이 있다. 사법상 화해의 내용이 없는 재판상화해란 하자 있는 의사표시로 인한 것일 뿐, 정상적 제도로서는 존재할 수가 없다.6) 더구나 민법상 화해계약이 체결되면 그 내용대로 새로운 법률관계가 성립하고 종전의 법률관계는 소멸하는데(창설적 효력: 민 제732조), 소송행위설을 관철하면 재판상화해에는 이러한 효력이 없다고 보아야 할 것이다. 그러나 이러한 결과는 누가 보더라도 부당하므로7) 소송행위설을 취할 수가 없다.

절충설 중 **병존설**은 사법상의 효과와 소송법상의 효과를 별개로 다루기 때문에 결국 소송행위설과 같은 문제점이 생긴다. **양성설**은 화해의 효과를 불안정하게 한다는 문제점은 있으나, 이는 어차피 법원이 심판한 사항이 아니라는 점에서 크게 문제삼을 일은 아니다. 그 반면에 화해에 흠결이 있을 때 이를 구제할 수 있는 길을 열어 구체적 타당성을 기할 수 있다는 것이 큰 장점이다. 특히 제소전화해의 경우 의사의 흠결이 있을 가능성이 크기 때문에 더욱 구체적 타당성이 중요하다.

이러한 점에서 **양성설(양행위경합설)이 타당**하다.8) 양성설은 우리 현행법과 맞지 않다는 약점이 있다. 제461조가 화해조서를 준재심의 대상으로 삼은 이상 화해조서에 재심사유가 없는 한 그 효력을 다투는 것은 불가능하다. 이는 화해조서에 기판력을 인정한다는 의미가 되고, 화해에 의사표시의 흠결이 있어도 이를 이유로 취소할 수가 없다. 따라서 재판상화해의 성질이 소송행위라고 볼 수밖에 없다는 것이다. 그러나 화해의 성질을 양성설로 설명한다고 반드시 기판력을 부정할 논리필연성은 없다고 생각된다.9) 재판상화해에 사법행위로서의 성질도 있기 때문에 창설

---

6) 이시윤, 618.

7) 판례는 소송행위설을 취하면서도 "제소전화해는 당사자간의 사법상의 화해계약이 그 내용을 이루는 것이며 화해는 창설적 효력을 가지는 것이니 화해가 이루어지면 종전의 법률관계를 바탕으로 한 권리의무관계는 소멸해 버리는 것"이라고 한다(大判 1977. 6. 7, 77다235). 大判 1988. 1. 19, 85다카1792와 大判 1992. 5. 26, 91다28528, 大判 2017. 4. 7, 2016다251727도 제소전화해의 창설적 효력을 인정한다.

8) 강현중, 651; 이시윤, 618; 田炳西, 602; 鄭·庚·金, 755.

9) 전병서, 강의, 452, 주18도 이와 같은 맥락에서 화해의 효력과 관련한 구제방법의 선택은 합목적적 고려에 의해 결정되어야 하고 법적 성질론에 전적으로 의존할 것이 아니라고 한다.

적 효력 내지 형성력이 있지만 제461조에 의하여 기판력은 인정된다고 설명할 수도 있을 것이다. 뒤에서 설명할 제한기판력설도 양성설을 전제로 한다.

제 2 절 訴訟上和解

I. 의   의

소송상화해는 소송계속 중에 당사자 쌍방이 변론기일에 각자의 신청에서 일부씩 양보하여 합의한 결과를 법원에서 진술하여 소송을 종료시키는 행위를 말한다.

소송계속 중에 이루어진다는 점에서 제소전화해와 구별되고, 쌍방 당사자가 상호 양보하여 합의한다는 점에서 청구의 포기·인낙과 다르다. 본안에 관한 처분행위가 포함된다는 점에서 단순히 소송을 종료시키기로 하는 소취하합의와 다르고, 제3자가 개입하지 않는다는 점에서 조정이나 중재와 다르다.

소송상화해는 판결에 의한 분쟁해결과는 달리 당사자 사이에 감정적인 앙금을 남기지 않는다는 점에서 이상적인 분쟁해결방안이라고 인정된다. 또한 법원의 업무부담을 줄여 주고 분쟁을 신속하게 해결해 준다는 점에서도 실무에서 화해를 많이 권장하고 있다.[1] 그러나 아직 **법치주의**가 제대로 기능하지 못하는 우리나라에서 화해를 강력히 권장하는 것은 문제가 있다. 이는 민사소송의 목적을 **권리보호**에 두지 않고 분쟁해결에 두는 사고방식을 전제로 한다. 화해가 효과적인 분쟁해결 방안이 될지는 모르지만 법과 정의에 따른 권리보호 방안은 아니기 때문이다. 그러므로 사안의 내용상 가족이나 친지간의 소송이어서 판결로 승패를 판가름하는 것이 바람직하지 않은 경우에 소송 중에 화해를 권고하는 것이 타당하다. 그렇지 않은 사안에서, 특히 당사자들이 화해할 자세를 보이지 않는 사안에서 법원이 화해를 강권하여서는 안 될 것이다. 법원의 강권에 의한 화해도 취소사유가 될 수 있으며(민 제110조 2항), 소송상화해를 남용하면 법치주의에 치명상을 입힐 위험이 있다.[2]

---

1) 이를 강조하기 위하여 2002년 개정법은 화해권고결정 제도를 신설하였다(제225조 이하).
2) Jauernig/Hess[30] § 48 Rn. 30.

II. 요 건

1. 당사자에 관한 요건

계속 중인 소송의 당사자가 소송상화해의 당사자가 되는 것은 당연하다. 그 밖에 제3자도 화해에 참가하여 화해당사자가 될 수 있다. 이들 당사자는 당사자능력, 소송능력 등 소송당사자에게 요구되는 소송요건들을 갖추어야 한다. 필수적공동소송의 경우 화해는 당사자에게 불리한 일부양보가 포함되어 있으므로 공동소송인 전원이 함께 하여야 효력이 있다(제67조 1항). 대리인은 특별수권을 얻어야 화해할 수 있다(제56조 2항, 제90조 2항 2호).

2. 내용에 관한 요건

(1) 당사자에게 처분권이 있는 사항

《사례 2》   甲은 경기도 성남시에서 유흥음식점 "하마주점"을 경영하고 있었다. 어느 날 경기도지사 乙이 유흥음식점 영업시간을 오후 10시까지로 제한하는 조치를 취하였다. 이에 甲은 경기도지사 乙을 상대로 영업시간제한처분 취소청구의 소를 제기하였다. 소송 중에 甲과 乙은 다음과 같은 내용의 화해를 하였다고 법원에서 진술하였다: "경기도지사 乙은 甲에게만 특별히 밤 12시까지 영업을 하도록 허가한다. 그러나 甲은 오후 10시 이후에는 접대부를 두지 않는다." 법원은 이 화해를 조서에 기재하고 소송을 종료시킬 수 있는가?

당사자에게 처분권이 없는 사항에 관하여는 당사자가 임의로 양보, 즉 포기할 수 없으므로 소송상화해는 불가능하다. 사적 법률관계에 관한 것이면 당사자에게 처분권이 있으나, **공법상의 법률관계**는 당사자에게 처분권이 없으므로 화해의 대상이 되지 않는다. 이 사례에서 성남시의 영업시간제한처분은 행정처분이고 소송물인 그 처분의 취소청구도 공법상의 법률관계에 관한 것이므로 甲이나 성남시가 일부양보할 사항이 아니다. 그러므로 이러한 행정소송에서는 화해가 불가능하다. 선거소송도 마찬가지이다.

일반적으로 **가사소송**에서도 화해할 수 없다고 하는 것이 원칙이나, '다류사건'은 그 내용이 손해배상청구이므로 화해할 수 있다. 그리고 이혼사건에서도 화해가 허용된다고 보는 것이 일반적이며,[3] 판례로는 양육자지정소송에서도 일정 시점에 양

---

3) 宋・朴, 493; 이시윤, 620; 大判 1987. 5. 26, 85므41.

육자를 바꾸도록 합의한 화해도 가능하다고 보았다.[4]

회사관계의 형성소송에서 화해를 허용하면 형성력이 제3자에게 미치므로 일부 권리자가 임의로 타인의 법률관계를 처분하는 것이 되므로 화해는 허용되지 않는다고 본다.[5] '법원의 판결을 취소한다'는 식의 화해나 조정도 당사자들이 처분할 수 있는 사항이 아니어서 무효이다.[6]

청구의 포기나 인낙, 소취하를 하기로 하는 소송상 화해가 적법한가? 그 과정에서 포기나 인낙, 취하의 의사표시를 하여 그에 해당하는 조서를 작성하면 화해가 성립할 여지가 없다. 포기나 인낙, 취하를 '하기로 합의'를 하여 화해조서를 작성하면 합의로서의 효력을 발생할 뿐이므로 포기나 인낙, 취하의 효력이 없고, 쌍방 당사자 모두의 양보가 존재하지 않으므로 소송상화해의 요건이 불비되어 화해로서의 효력도 없어서 이러한 화해는 부적법하다고 볼 것이다.

특히 화해로 소취하의 효과를 내려는 것은 화해를 오용(誤用)하는 것이고,[7] 설사 '화해'라는 이름을 붙여서 소취하와 그에 대하여 동의하기로 합의를 하였어도 이는 소취하의 합의이지 화해나 소취하라고 할 수가 없다. 그 내용이 소취하의 합의일 뿐이고, 피고의 소취하 동의가 화해의 본질적 요소인 양보가 아니기 때문이다.

판례는 소취하합의를 내용으로 하는 화해가 소취하와 마찬가지여서 재소금지가 적용된다고 하는데,[8] 이는 소취하와 그에 대한 동의가 화해의 대상이 됨을 전제로 한다. 그러면 소송이 종료되는 것이 소취하합의의 효과인지 화해의 효과인지가 불분명해진다.

소송은 소취하 합의만으로는 종료하지 않는다. 그럼에도 소송이 종료되었다면 그것은 화해의 효력으로 볼 수밖에 없다. 그러나 이러한 화해는 상호 양보의 요건을 갖추지 못하여 효력이 없다. 만일 원고가 소를 취하하고 피고가 원고에게 채무의 일부를 이행하기로 합의하였으면 상호 양보가 있어서 화해가 효력이 있을 수 있다. 그러나 이 경우에는 실제로 소를 취하하고 금전을 지급한 것이 아니라 그렇게 하기로 합의한 것이어서 원·피고 모두 이행이 남아있다. 이러한 화해가 효력이 있어서 소송계속이 소멸한다면 원고

---

4) 大判 1992. 1. 21, 91므689.

5) 大判 2004. 9. 24, 2004다28047(이 판결은 본래 조정조서에 관한 것이나 화해조서도 함께 언급하고 있다). 소송상화해가 허용되는지 여부를 직권탐지주의 절차인가 변론주의 절차인가에 따라 구분하려는 견해가 있다(이시윤, 619~620). 그러나 행정소송이 직권탐지주의에 의한다는 점을 행정법 학계에서는 인정하지 않고, 판례는 행정소송뿐만 아니라 가사소송도 기본적으로는 변론주의 절차라고 본다. 더구나 직권탐지주의 절차가 아님이 명백한 회사관계 형성소송의 경우에는 이 기준이 맞지 않다. 그러므로 절차의 원칙을 기준으로 삼는 것은 적당하지 않다.

6) 大判 2012. 9. 13, 2010다97846. 재심소송 중에 성립한 조정조항 중에 "재심대상 판결 및 제1심 판결을 각 취소한다"라는 내용이 포함된 사안이다.

7) Stein-Jonas/Münzberg^{22} § 794 Rn. 10.

8) 大判 2021. 7. 29, 2018다230229.

는 취하할 소가 더 이상 존재하지 않아서 소취하가 불가능하다.

소취하 합의를 소취하의 의사표시로 보아서 원고가 화해과정에서 한 소취하의 의사표시와 피고의 그에 대한 동의로 소가 취하되었다고 하면 화해는 아무런 의미가 없다. 이미 소송계속이 소급적으로 소멸하여 화해의 대상이 없어졌기 때문이다.

이러한 문제점들은 포기나 인낙의 경우에도 마찬가지여서 이들을 화해의 내용으로 삼는 것은 부적법하다고 볼 것이다.

상소의 취하나 포기를 내용으로 하는 화해는 원판결을 확정시키고 소송을 종료시키는 효과가 있어 화해로서 유효하지만,[9] 쌍방의 양보 요건은 갖추어야 할 것이다.

(2) 양당사자의 상호 양보

화해의 본질상 당연한 요건이다. 어느 일방만 양보하면 청구의 포기나 인낙이지 화해가 아니다. 양보의 내용에는 제한이 없다. 청구금액에 관하여 중간선에서 합의하는 것뿐만 아니라, 예를 들어 피고가 원고의 청구액 전액을 지급하기로 해도, 원고가 지급일을 유예하여 주면 상호 양보한 것이어서 인낙이 아닌 화해가 된다.

(3) 강행법규나 사회질서의 위반

《사례 3》 甲은 남편 乙이 단란주점 "요화궁"을 운영하는 丙의 꼬임에 빠져 함께 살림을 차리자 乙과 丙을 상대로 1억원의 위자료를 청구하는 소를 제기하였다. 소송 중에 甲은 乙, 丙과 다음의 내용으로 합의하였다: "甲은 乙과 丙의 동거관계를 인정하고 차후 일절 법적으로 문제삼지 아니한다. 乙은 그 월급의 50%를 甲에게 계속적으로 지급한다. 丙은 단란주점 수입의 20%를 매달 甲에게 지급한다." 이를 법원에서 진술하여 소송상화해를 성립시킬 수 있는가?

《사례 3a》 〈사례 3〉에서 화해조서가 작성되었다. 그 뒤 丙이 그 화해가 무효임을 주장하여 채무부존재확인의 소를 제기하였다. 이 소가 적법한가?

실체법상 화해의 내용이 강행법규나 사회질서 위반이면 그 화해가 무효임은 물론이다(민 제103조, 제104조). 그런데 그러한 내용의 소송상화해도 무효라고 할 수 있는지가 문제된다. 이에 관하여 학설은 화해의 내용이 강행법규에 반하거나 사회질서에 위반하여서는 안 된다고 하는 점에서는 일치하나, 이러한 결론은 양성설에 입각하여서만 가능하고 소송행위설을 취하면 무효가 아니라는 취지로 설명하는 입장이 있는가 하면,[10] 소송행위설을 취하면서 이러한 화해는 허용되지 않지만, 일단

---

9) MüKoZPO/Wofsteiner⁶ § 794 Rn. 59.
10) 이시윤, 620.

성립한 화해는 당연무효는 아니고 준재심으로 구제된다고 보는 입장이 있다.[11] 생각건대 여기서는 **화해의 성립과 성립된 화해의 효력을 구별**하여 보아야 한다. 〈사례 3〉의 경우에 법원이 이러한 내용의 소송상화해를 받아들여 화해조서를 작성하여서는 안 됨은 물론이다.[12] 다만 〈사례 3a〉와 같이 어떤 경로에 의하든 일단 화해조서가 작성된 경우에 관하여 양성설에 의하면 화해조서의 효력을 다툴 수 있다고 함에 반하여 소송행위설에 의하면 기판력 때문에 재심사유 이외의 사유를 들어 그 효력을 다툴 수 없다고 보는 것이다.[13] 소송상화해 자체는 소송행위와 사법행위의 성질을 다 갖고 있지만 제461조에 의하여 화해조서의 효력을 다투지 못할 뿐이다.

(4) 조건부화해

《사례 4》　　甲은 乙에게 대여한 5천만원의 반환을 구하는 소를 제기하였다. 소송 중에 甲과 乙은 "乙은 甲에게 4천만원을 2001년 9월 15일까지 지급한다. 甲의 채권을 담보하기 위하여 乙의 가옥에 甲으로의 소유권이전등기 가등기를 하고, 만일 위 지급기일까지 乙이 위 금액을 지급하지 않으면 본등기를 이행한다"라는 내용으로 합의하였다. 법원이 이러한 내용의 화해조서를 작성할 수 있는가?

《사례 5》　　甲은 丙으로부터 양도담보로 소유권을 이전받은 건물을 丙의 채무의 이행기가 도래하기 전에 乙에게 매도하였는데, 乙이 중도금을 지급하지 않아 중도금과 잔금의 지급을 구하는 소를 제기하였다. 변론에서 乙은 소유권 취득이 불안하기 때문에 대금을 더 이상 지급할 수 없으므로 등기를 이전해 달라고 주장하였다. 甲과 乙은 "丙이 이행기가 도과할 때까지 그 채무를 이행하지 않으면 乙은 甲에게 중도금과 잔금을 지급하고 甲은 乙에게 소유권이전등기를 이행한다. 다만 丙이 이행기에 채무를 이행하면 이 화해는 효력을 잃는다"는 내용으로 합의하였다. 법원이 이러한 내용의 화해조서를 작성할 수 있는가?

소송상화해에 조건을 붙이는 것이 가능한가에 관하여는 화해의 내용에 조건을 붙이는 경우와 화해 효력의 존속에 조건을 붙이는 경우로 나누어 보는 것이 보통

---

11) 宋·朴, 493.

12) 趙宜然, 裁判上和解의 法的 性質에 대한 研究, 서울대학교 석사학위논문, 2001, 72면. 소송행위설을 취하는 우리 판례도 〈사례 3〉과 같은 사안에서 소송상화해를 성립시킬 수 있다고 판시한 것이 아니다. 뒤에서 보는 바와 같이 주로 폭리행위, 사기·강박에 의한 의사표시 등 그 흠결이 외관상 뚜렷이 드러나지 않는 사안에서 이미 화해조서를 작성하였으면 뒤에 그 내용에 잘못이 있다고 주장하여 제소하는 것을 기판력을 이유로 차단하고 있을 뿐이다.

13) 大判 2014. 3. 27, 2009다104960·104977은 부동산실명법에 위반된 명의신탁 약정이 무효이긴 하나 명의신탁을 인정하는 내용의 조정조서가 작성된 경우에 그 조서를 무효라고 할 수 없고 확정판결과 동일한 효력이 있다고 한다. 그리하여 그 조서에 터잡아 이루어진 소유권이전등기를 무효라고 주장하여 말소하라고 청구하는 것은 조서의 기판력에 저촉된다고 하였다.

이다.

화해의 내용에 조건을 붙이는 것은 허용된다고 보는 것이 일반적이다.[14]

〈사례 4〉에서 화해의 내용 중 乙의 본등기이행의무는 금전지급채무 불이행을 정지조건으로 하여 인정된 것이다. 그러므로 乙이 금전을 지급하면 채무 이행으로 가등기를 말소할 것이고, 지급하지 않으면 甲 명의로의 본등기를 이행하게 될 것이다. 여기에는 아무런 문제가 없다.

화해의 효력 존속에 조건을 붙이는 것이 허용되는지에 관하여는 혼선이 있다. 이것이 허용되면 〈사례 5〉에서 甲의 소유권이전등기 이행과 乙의 금전지급이 화해의 내용인데, 만일 丙이 채무를 이행하지 않으면 화해의 내용대로 이행할 것이지만 만일 丙이 채무를 이행하면 이 소송상화해는 효력이 없어지게 된다. 그러므로 이 화해는 丙의 채무이행을 해제조건으로 유효한 것이 된다. 재판상화해에 이와 같은 이른바 실권조건을 붙이는 것이 허용되는가 여부는 화해의 본질에 관한 학설에 따라 결론을 달리 한다고 설명한다. 즉 사법행위설, 절충설 등에서는 재판상화해에 사법상의 화해계약이 포함되어 있으므로 이러한 화해도 가능하다고 본다.[15] 그리고 소송행위설에 의하면 소송행위의 확정성과 절차의 안정성을 이유로 조건부 화해는 인정되지 않고, 그렇다고 소송상화해 전체가 무효로 되는 것이 아니라 해제조건만 무효로 되는 것으로, 소송상화해는 조건 없는 화해로서의 효력이 있다고 한다.[16] 판례는 소송행위설을 취하면서도, 화해조항 자체에 그 화해의 효력을 상실시킬 수 있는 조건이 있을 때에는 조건성취로써 화해는 당연히 실효되며, 그 실효의 주장은 재심에 의할 필요 없이 언제나 소송 외에서도 할 수 있고,[17] 당사자는 화해 성립 전의 법률관계를 다시 주장할 수 있다고[18]한다. 생각건대 소송상화해의 성질과는 관계 없이 실권조건을 붙이는 것을 허용하는 판례가 타당하다.[19]

화해의 효력 자체에 실권조건을 붙인 것은 화해행위에 무효·취소사유가 있는 경우와는 구별하여야 한다. 무효, 취소의 경우에는 일단 그 사유가 고려되지 않은 상황에서 화해조서가 작성되어 확정판결과 동일한 효력이 생긴다. 그렇기 때문에

---

14) 宋·朴, 496; 이시윤, 620-621; 鄭·庚·金, 757. 大判 1986. 8. 19, 84다카1792는 이것이 가능하다는 점을 전제로 한다.

15) 鄭·庚·金, 757.

16) 方順元, 554; 宋·朴, 496.

17) 大判 1965. 3. 2, 64다1514 등.

18) 大判 1996. 11. 15, 94다35343.

19) 鄭·庚·金, 757.

사후에 화해의 무효, 취소를 주장할 수 있는지가 재판상화해의 성질과 관련하여 문제된다. 그러나 조건부 화해의 경우에는 처음부터 화해의 내용으로 조건이 포함되고 그 내용대로 확정판결과 동일한 효력이 생기기 때문에 사후에 비로소 무효, 취소가 된다는 일은 생기지 않는다. 그러므로 소송상화해에 실권조건을 붙이는 것이 허용되는가는 화해의 성질과 직접 관계는 없다.

3. 절차에 관한 요건

(1) 화해의 방식

소송상화해는 기일에 당사자 쌍방이 출석하여 구술로 진술하는 것이 원칙이다. 2002년 개정법은 결석한 당사자가 제출한 답변서 기타 준비서면에 공증사무소의 인증을 받은 화해의 의사표시가 있을 경우 출석한 상대방 당사자가 그 화해의 의사를 받아들이면 화해가 성립한 것으로 보도록 하였다(제148조 3항). 기일의 종류는 변론기일, 증거조사기일, 변론준비기일 등 무엇이어도 상관 없다.

당사자들의 화해 진술이 있으면 법원이나 법관은 그 요건을 심리하여 요건이 구비되었으면 법원사무관등에게 그 내용을 조서에 기재하도록 한다(제154조 1호). 이로써 소송상화해는 효력이 생긴다.

(2) 화해의 시기

소송상화해는 소송계속 중이면 언제나 할 수 있다. 상고심과 수명법관이나 수탁판사에 의한 증거조사기일에서도 가능하다. 각종 결정절차 개시 후 그 기일에서도 화해가 가능하나, 보전절차에서는 소송계속이 생긴 것이 아니므로 화해가 불가능하다.[20] 법원은 소송의 정도에 불구하고 화해를 권고하거나 수명법관, 수탁판사에게 권고하도록 할 수 있다(제145조 1항).

Ⅲ. 효   력

화해조서는 확정판결과 동일한 효력이 있다(제220조). 그러므로 우선 화해조서의 작성으로 소송이 종료하고 소송계속이 소멸한다. 기판력을 인정할 것인가에 관하여는 견해의 대립이 있다. 그 밖에 조서의 내용에 따라 집행력, 형성력이 인정된다는

---

20) 大決 1958. 4. 3, 4290민재항121.

데에는 이설이 없다.

여기서 **화해조서**가 무엇을 뜻하는지가 문제된다. 2002년 개정법 제220조에 의하면 "화해를 변론조서나 변론준비기일조서에 적으면 그 조서는 확정판결과 같은 효력이 있다"고 하여 이 조서를 화해조서라고 하는 것으로 보인다. 그러나 민사소송규칙에 의하면 기일의 조서에는 화해가 있다는 취지만을 적고 별도의 용지에 화해조항 등을 적은 화해조서를 따로 작성하도록 하였다(규 제31조). 이렇게 되면 확정판결과 같은 효력이 생기는 것은 기일조서이고 화해조서는 다만 그 내용을 분명하게 하기 위하여 작성되는 것이라고 새기거나, 아니면 재판상화해로서 효력이 생기는 것은 화해조서이지만 효력발생시점은 기일조서에 적은 때라고 새길 수밖에 없을 것이다. 어느 쪽도 문제가 있다. 규칙 제정시에 종전 규칙을 무심코 답습한 것으로 보인다.

1. 소송의 종료

소송상화해로써 소송이 종료한다. 당사자들이 화해를 할 때 주로 실체법상의 권리주장을 상호 양보하여 새로운 법률관계를 형성할 뿐만 아니라 그로써 소송을 종료하려는 것도 주목적의 하나이다. 소송상화해가 이러한 소송상의 목적에서 이루어지는 것이기 때문에 단순한 사법행위가 아니라 소송행위로서의 성질도 가진다고 보는 것이다(양성설).

2. 기 판 력

소송상화해에 기판력을 인정할 수 있는지 여부는 소송상화해의 법적 성질에 관한 학설에 따라 결론을 달리 한다. 사법행위설이나 양성설을 따르면 화해에 무효·취소사유가 있다고 주장하여 그 효력을 다툴 수 있다. 이러한 결과는 기판력을 인정하는 것과는 모순되므로 결국 소송상화해에는 기판력이 생기지 않는다고 본다. 반면에 소송행위설에 의하면 화해에 무효·취소사유가 있어도 그것이 재심사유에 해당하지 않는 한 이를 주장하여 화해의 효력을 다툴 수 없게 되므로 기판력을 인정하게 된다. 화해조서에 기판력을 인정하면 사기, 강박으로 인한 화해라도 재심사유가 존재하지 않는 한 그 효력을 다툴 수가 없게 된다는 문제점이 생긴다. 법원이 신중하게 심리하여 판결한 사항이 아닌데도 불구하고 이와 같은 강력한 효력을 인정하는 것은 아무리 그것이 법원 앞에서 이루어진 소송상화해라고 하더라고 구체적 타당성을 지나치게 해치는 것이어서 타당하지 않다. 그러므로 이론상으로는 양성설이 타당하고 따라서 기판력은 인정하지 않는 것이 타당하다.

그러나 현행법은 제461조에서 화해조서도 준재심의 대상으로 삼기 때문에 화해조서에 재심사유가 존재하지 않는 한 그 효력을 다툴 수가 없다. 이 때문에 화해조서에 기판력을 인정할 수밖에 없다. 이에 대하여 양성설의 입장에 서면서 제461조도 고려하여, 화해에 무효·취소사유가 없으면 기판력을 인정하고 그러한 사유가 있으면 기판력을 인정하지 말자는 절충적 견해(제한적 기판력설)가 주장된다.[21] 그러나 본래 기판력은 그 판결이 오판인 경우라도 뒤에 이를 번복하는 일이 없도록 하여 법적 안정을 기하자는 제도이므로, 판결이나 화해가 정당한 것인 경우에 한하여 기판력을 인정하고 부당하면 기판력을 부정한다는 것은 기판력의 개념이나 제도의 취지와 전혀 맞지 않는 이론이다.[22]

양성설에 입각하여 제461조에도 불구하고 기판력을 인정할 수 없다는 견해도 있다.[23] 그 논거의 핵심은 재심이나 준재심 제도는 직접적으로 형식적 확정력을 배제하기 위한 제도이므로 제461조가 반드시 기판력을 인정하는 규정이라고 단정할 수 없고, 만일 제461조가 기판력을 인정하는 규정이라면 이는 헌법 제27조 위반이라는 점이다. 재심이나 준재심이 형식적 확정력을 배제하기 위한 제도임은 타당한 지적이다. 재심사유가 있으면 형식적 확정력을 배제하기 때문에 재심에서 변론을 재개하여 심리를 속행하는 것이 가능하다. 그러나 어차피 종전의 소송에 이어서 심리하는 재심에서는 기판력은 문제되지 않는다. 기판력은 기본적으로 같은 소송물에 대하여 새로 소를 제기하는 경우에 그 후소송에 미치는 효력이기 때문이다. 일반적으로 판결에 형식적 확정력이 생기면 그에 따라 실체적 확정력인 기판력이 생긴다. 그러므로 재심사유가 없는데 새로 소를 제기하면 기판력에 저촉되는 것이다. 화해조서의 경우에도 재심사유가 없어서 준재심의 소가 아닌 새로운 소를 제기하면 바로 기판력이 문제되는 것은 마찬가지이다. 재심사유가 있을 경우에만 조서의 확정력을 배제하는 제461조의 취지가 바로 그것이다. 그리고 제461조가 기판력을 배제하는 규정이라면 재판청구권을 침해하는 위헌이라는 주장도 무리이다.[24]

입법론으로는 제461조에서 조서를 삭제하는 것이 타당하다고 보나,[25] 현행법의

---

21) 강현중, 658; 이시윤, 623-624; 田炳西, 608; 전병서, 강의, 454-455.
22) 李英燮, 206.
23) 鄭·庚·金, 761-762.
24) 憲決 1996. 3. 28, 93헌바27는 위헌이 아니라고 판시하였다.

해석론으로는 무조건적으로 기판력을 인정할 수밖에 없다. 판례는 당사자 사이에 화해가 이루어지고 뒤에 그와 모순되는 내용의 화해가 다시 이루어져도 먼저 화해에 기판력이 생겼으므로 나중 화해로 인하여 그 효력이 상실되거나 내용이 변경되는 것이 아니라고 하였다.26)

논리적으로는 양성설을 취하면 기판력을 인정할 수가 없을 것이나, 우리 법은 한편으로는 사법상의 화해에 창설적 효력을 인정하여 내용상 사법상 화해를 포함한다고 볼 수밖에 없는 소송상화해에서도 **창설적 효력**을 인정하지 않을 수가 없게 된 반면, 다른 한편으로는 재판상화해에 **기판력**을 인정하고 있다. 따라서 무제한기판력설이 타당하다.27)

3. 집 행 력

화해조서의 내용이 당사자가 일정한 급부를 이행할 것을 정한 것이면 그 조서는 **집행권원**이 되고 그로써 강제집행을 할 수 있다(민집 제56조). 집행력의 범위는 집행력 있는 판결과 같다. 예를 들어 화해성립 후의 승계인에게 기판력이 미칠 뿐만 아니라(제218조 1항) 집행력도 미친다. 그러므로 승계인에 대하여는 새로이 판결을 얻거나 화해조서를 작성할 필요 없이 승계집행문을 얻어(민집 제31조) 강제집행을 할 수 있다. 소송당사자 아닌 제3자가 화해에 참가한 경우 그 제3자도 화해당사자가 되므로 집행을 하거나 집행을 당할 수 있다.

4. 형성력(창설적 효력)

화해조서의 내용은 당사자 쌍방이 양보하여 결정한 것이므로 종래의 당사자 사이의 법률관계와 일치하지 않는다. 그러므로 화해는 기존의 법률관계를 변동시키는 효과, 즉 창설적 효력이 있다(민 제732조). 화해의 성질에 관한 소송법설을 관철하여 이러한 효력은 단순히 실체법상의 효력이고, 소송상화해는 오로지 소송행위일 뿐이므로 화해조서에는 민법상의 창설적 효력이 생기지 않는다고 하는 것은 결국 화해조서를 유명무실하게 만들 뿐이므로 타당하지 않다. 이행판결과 확인판결의 경우에는 기본적으로 기존의 법률관계에 대한 확인이 바탕에 깔려 있기 때문에 기판력(이

---

25) 1990년 민사소송법 개정안에서는 제431조에서 '조서'를 삭제하였지만 국회 심의과정에서 되살려 놓았다. 2002년의 법개정에서도 이 점은 개선되지 않았다.
26) 大判 1994. 7. 29, 92다25137; 大判 1995. 12. 5, 94다59028.
27) 전원열, 584.

행판결의 경우에는 집행력도)으로 만족해도 무방하다. 그러나 화해조서의 경우에는 그 기본 내용이 기존의 법률관계를 변동시키는 것이므로 이러한 실체법적 효과를 무시할 수 없다. 그러므로 재판상화해에 실체법상의 **화해계약이 포함**되어 있음을 부정할 수 없는 것이다(양성설). 소송행위설을 취하는 판례도 소송상화해가 당사자 간의 사법상의 화해계약이 그 내용을 이루는 것이면 화해는 창설적 효력을 가져 화해가 이루어지면 종전의 법률관계를 바탕으로 한 권리의무관계는 소멸한다고 하여 창설적 효력을 인정한다. 다만 재판상화해 등의 창설적 효력이 미치는 범위는 당사자가 서로 양보를 하여 확정하기로 합의한 사항에 한하며, 당사자가 다툰 사실이 없었던 사항은 물론 화해의 전제로서 서로 양해하고 있는 데 지나지 않은 사항에 관하여는 그러한 효력이 생기지 않는다고 한다.[28] 이러한 법률관계는 민사조정법상의 조정의 경우에도 마찬가지로 적용된다.[29]

Ⅳ. 화해의 효력을 다투는 방법

화해조서에 확정판결의 무효사유인 사망자를 상대로 한 화해나 조서기재사항의 불특정 등의 잘못이 있으면 화해가 무효인 것은 물론이다.[30] 이러한 **당연무효 사유**를 주장하면 기일지정을 신청한다. 심리 결과 법원이 무효사유가 없다고 인정하면 판결로 소송종료선언을 해야 한다.[31] 그 밖의 사유로 화해조서의 효력을 다툴 수 있는지가 문제이다. 앞에서도 설명한 바와 같이 화해조서는 확정판결과 동일한 효력이 있고(제220조), 이를 다투는 방법으로 준재심을 규정하고 있으므로(제461조) 재심사유가 존재하지 않는 한 그 효력을 다툴 수는 없다. 이 점은 소송상화해의 성질을 양성설로 설명하면 모순되는 점이 있으나 이는 입법정책으로 그와 같이 정해진 것이라고 볼 수밖에 없다.

---

28) 大判 2001. 4. 27, 99다17319; 大判 2019. 4. 25, 2017다21176.
29) 위 2017다21176 판결.
30) 宋·朴, 496.
31) 大判 2000. 3. 10, 99다67703. 조정조서의 경우도 마찬가지이다(大判 2001. 3. 9, 2000다58668).

V. 화해권고결정

1. 의　의

화해권고결정은 법원, 수명법관 또는 수탁판사가 소송계속 중인 사건에 대하여 **직권으로 화해내용을 정하여 그대로 화해할 것을 권고**하는 결정을 하는 것을 말한다(제225조). 이 제도는 2002년 법개정시에 신설한 것이다. 종래 법관이 기일에 구술로 화해권고(제145조)를 해도 당사자들이 화해에 응하지 않는 일이 빈번하였는데, 그 이유가 주로 미세한 부분에서 의견이 일치하지 않거나 화해보다 유리한 판결을 받을 것이라는 막연한 기대 때문이었다고 한다. 이런 경우에는 법원이 명시적이고 공개적인 판단에 따라 화해권고 재판을 하고 그에 불복이 있을 경우에만 소송절차를 계속할 수 있게 하여 화해의 성공 가능성을 높일 수 있다고 보아 이 제도를 신설한 것이다.[32] 종래 이와 비슷한 기능을 한 민사조정법에서 인정한 수소법원 조정은 별도로 조정절차를 거치는 등 절차가 복잡했기 때문에 더 편리하고 융통성 있는 제도를 마련한 것이다.[33]

2. 내　용

화해권고결정의 내용은 법원이나 수명법관, 수탁판사가 청구취지의 범위 안에서 결정한다. 처분권주의에 따른 당연한 귀결이다. 이 결정은 당사자의 이익 등 모든 사정을 참작하여 사건의 공평한 해결에 기여할 내용이어야 한다(제225조 1항).

구체적으로 이 결정에 어떠한 내용을 포함시킬 수 있을지가 문제된다.[34] 그 소송의 소송물을 포함시킬 수 있음은 당연하다. 소송물이 아닌 **다른 권리나 법률관계**도 포함시킬 수 있는지에 관하여 판례는 이를 긍정하면서 교통사고로 인한 손해배상청구 사건에서 화해권고결정에 이와 서로 밀접한 관련이 있는 보험금청구권도 포함시킬 수 있다고 판시하였다.[35] 이런 경우와 달리 본래의 소송물과 관계가 없는 다른 내용의 청구를 포함시키는 것은 청구취지의 범위를 완전히 벗어나는 것이어서 허용되지 않는다고 보아야 한다.

---

32) 법원행정처, 民事訴訟法 改正案, 52.
33) 법원행정처, 民事訴訟法 改正案, 53.
34) 호문혁, "화해권고결정의 오용과 남용", 법률신문 2023. 12. 3.자 참조.
35) 大判 2008. 2. 1, 2005다42880.

소취하 합의를 내용으로 하는 화해권고결정이 가능할까? 판례는 청구취지와는 아무 관련이 없는 소취하 합의를 화해권고결정의 내용으로 인정하여, 항소심에서 "원고가 소를 취하하고 피고는 이에 동의한다"는 내용의 화해권고결정이 확정되면 당사자 사이에서 소취하합의로서의 효력이 생기므로 재소금지 규정(제267조 2항)이 적용된다고 본다.36)

그러나 이 판결처럼 화해권고결정의 내용에 따라 소취하의 합의로 마치 소가 실제로 취하된 것과 같은 효력을 인정하는 것은 불가능하다. 소취하의 합의가 있다고 해서 바로 소가 취하되는 것이 아니라, 그 합의에 따라 원고가 소취하를 하고, 역시 합의에 따라 피고가 동의를 해야 비로소 소취하의 효과가 나기 때문이다. 판례는 법원을 향한 단독행위인 소취하와 당사자 사이의 계약인 소취하 합의를 구별하지 못하고 있다. 그렇다고 그 소송이 화해권고결정의 확정으로 종료가 된다고 본다면, 이미 소송이 종료되었으므로 소취하 합의를 실행할 대상이 없어진 상황이 된다. 결국 소취하 없이 그냥 소송이 종료되고 만 상태가 되어 소취하 합의가 아무런 의미가 없게 된다. 법원이 보기에 중복소제기 등의 문제가 있어 소취하가 필요하면 이런 법적 문제를 지적하여 소취하를 유도할 일이지 화해권고결정으로 해결할 일이 아니다.

판례는 심지어 **소송요건**도 화해권고결정의 내용으로 포함시킨다. 원고의 '당사자적격이 없음을 확인한다'는 내용의 화해권고결정이 확정되면 사실상 소가 각하된 것과 동일한 효력이 발생하였다고 하였다.37) 당사자적격은 당사자들이 처분할 수 있는 사항이 아닌 법원의 직권조사사항인 소송요건인데, 이것을 화해조항에 넣을 수는 없다. 법원이 직권으로 조사하여 당사자적격이 없다고 판단하면 소를 각하하여야 한다. 그럼에도 이런 재판을 하지 않고 화해의 내용으로 소송요건 불비를 당사자에게 확인을 시키는 것도 있을 수 없는 일인데, 그래 놓고는 당사자의 의사표시로 소각하의 효과가 난다는 전대미문의 판시를 한 것이다.

형성판결과 같은 내용으로 화해권고결정을 할 수 있는지에 관하여 판례는 형성판결의 효력을 개인 사이의 합의로 창설할 수는 없으므로 이러한 내용의 재판상 화해를 하더라도 판결을 받은 것과 같은 효력은 생기지 않으므로,38) 이러한 내용의 화해권고결정도 그 내용에 따른 효력이 생기지 않는다고 한다.39)

3. 절   차

화해권고결정은 소송이 계속 중인 사건에 대하여 수소법원이나 수명법관, 수탁판사가 할 수 있다(제225조 1항). 소송계속이 있어야 하므로 보전절차에서는 화해권

---

36) 大判 2021. 7. 29, 2018다230229.
37) 大判 2019. 7. 25, 2019다212945.
38) 大判 2012. 9. 13, 2010다97846(당연무효라고 판시); 大決 2022. 6. 7, 2022그534.
39) 위 2022그534 결정: "이 사건 집행권원에 기한 강제집행을 불허한다."는 내용의 화해권고결정은 형성의 소인 청구이의의 소의 대상이므로 확정되더라도 강제집행을 못하게 하는 효력은 생기지 않는다며 그 효력을 인정한 원심결정을 파기환송.

고결정을 할 수 없다. 그럼에도 불구하고 판례는 보전절차에서도 화해권고결정을 할 수 있다고 한다.[40) 보전절차에서 본안에 관한 화해권고는 할 수 있고, 이렇게 성립한 화해는 소송계속이 생기기 전이므로 제소전화해가 된다. 화해권고와 화해권 고결정을 혼동하면 안 된다.

화해권고결정을 하면 그 결정 정본이나 화해권고결정을 기재한 조서를 당사자에게 **송달**해야 한다(제225조 2항).

송달받은 당사자는 2주일 안에 **이의신청**을 할 수 있다(제226조 1항). 이의신청을 함에는 이의신청의 취지 등 일정 사항이 기재된 이의신청서를 작성하여 법원에 제출해야 한다(제227조).[41) 이의신청이 법령상의 방식에 어긋나면 법원 등이 보정을 명하고, 그 흠을 보정하지 않거나 보정할 수 없는 사항인 경우 및 신청권이 소멸한 뒤의 것임이 명백한 경우에는 법원 등이 결정으로 이를 각하한다(제230조).[42) 다만 2주일의 기간이 불변기간이므로(제226조 2항) 추후보완이 가능할 것이다.[43) 이의신청은 취하할 수도 있고(제228조) 신청권을 사전에 포기할 수도 있다(제229조).

적법한 이의신청이 있으면 소송은 화해권고결정 이전의 상태로 되돌아가고, 그 이전에 한 소송행위의 효력이 유지된다(제232조).

4. 효   력

화해권고결정에 대하여 유효한 이의신청이 없으면 이 결정은 **재판상화해와 같은 효력**을 가진다(제231조). 따라서 기판력이 생기고, 그 기준시는 그 결정이 확정된 때이다.[44) 그 밖에도 결정의 내용에 따라 집행력, 형성력(창설적 효력) 등이 생길 것이다.

창설적 효력의 범위는 당사자가 서로 양보를 하여 확정하기로 합의한 사항에 한하며, 당사자가 다툰 사실이 없었던 사항은 물론 화해의 전제로서 서로 양해하고 있는 데 지나지 않은 사항에 관하여는 그러한 효력이 생기지 않는다. 판례는 다툼이 없었던 권리관계에도 그 화해권고결정의 효력이 생기려면 특별한 사정이 없는

---

40) 大決 2022. 9. 29, 2022마5873.

41) 大判 2011. 4. 14, 2010다5694는 제출한 서면 전체적으로 보아 화해권고결정이 표시되고 이의를 신청하는 취지가 기재되면 충분하며, 준비서면이라는 명칭을 사용하여도 상관 없다고 한다.

42) 앞의 2010다5694 판결: 먼저 제출한 준비서면에 이의신청의 취지가 기재되었으면 나중에 제출한 이의신청서가 기간을 지나 법원에 도착했어도 기간이 지났다고 볼 것은 아니다.

43) 법원행정처, 民事訴訟法 改正案, 53.

44) 大判 2012. 5. 10, 2010다2558.

한 그 권리관계가 화해권고결정사항에 특정되거나 그 결정문 중 청구의 표시 다음
에 부가적으로 기재됨으로써 화해권고결정의 기재내용에 의하여 그 권리관계가 되
었다고 인정할 수 있어야 한다고 본다.[45]

5. 적용에서 주의할 점

이 제도의 취지가 당사자들이 미세한 부분에서 합의하지 못하고 있거나, 아무런
근거 없이 승소하리라는 기대를 갖고 있을 때에 화해를 성사시키기 위한 것이므로
이 결정을 내릴 것인지 여부를 판단할 때 이러한 취지에 어긋나지 않도록 하여야
할 것이다. 단순히 심리나 판결서 작성의 부담을 덜기 위하여 이 제도를 이용하여
서는 안 된다.

소송에서 당사자나 대리인들은 종래 구술에 의한 법원의 화해권고에 대하여도
상당한 부담을 느껴온 것이 사실이다. 그 권고에 응하지 않을 때에는 불리한 판결
을 받게 될 염려를 한 것이다. 법관도 화해권고에 한 당사자가 응하지 않을 때에
그에 대하여 좋지 않은 감정을 가질 가능성이 있다. 구술에 의한 화해권고에도 그
러했거늘 법관이 화해권고 재판까지 했는데 당사자들이 이의를 할 때는 상당한 **강
박을 느낄 가능성**이 더욱 크다. 이러한 상황에서는 화해를 성사시키는 것이 진정한
분쟁해결방법으로서의 화해의 장점이 발휘되었다고 볼 수가 없다. 특히 당사자가
이의신청의 취하나 포기를 한 것이 법관의 무언의 압력으로 부담감을 느꼈기 때문
이라면 법원에 대한 불신감만 팽배해질 우려가 있다. 그러므로 법관이 화해권고결
정을 할 때는 매우 신중해야 할 것이다.

제 3 절 提訴前和解

I. 의 의

제소전화해는 민사분쟁을 소송을 거치지 않고 해결되도록 하기 위하여 지방법
원 단독판사 앞에서 이루어지는 재판상화해를 말한다. 소송계속 전에 소송을 예방

---

45) 大判 2017. 4. 13, 2016다274966; 大判 2017. 4. 26, 2017다200771(조정을 갈음하는 결정은 당사
자 사이에 합의가 성립되지 아니한 경우에 조정담당판사나 수소법원이 직권으로 당사자의 이익이나 그
밖의 모든 사정을 고려하여 신청취지 내지 청구취지에 반하지 않는 한도에서 사건의 공평한 해결을 위하
여 하는 결정이므로, 그 효력이 소송물 외의 권리관계에 생기는지 여부는 더욱 엄격하게 보아야 한다).

하기 위하여 이루어진다는 점에서 소송상화해와 다르다. 법적 성질은 소송상화해와 같다고 보는 것이 통설이다. 그러나 소송을 방지하기 위한 행위가 소송행위로서의 성질을 가지는지에 관하여서는 의문이 있을 수 있다.[1] 법원에서 이루어져서 화해조서가 작성된다는 점에서 사법상의 화해와 다르다.

제소전화해는 분쟁이 발생한 경우에 소제기 전에 법원에서 상호 양보하여 합의하여 분쟁을 종결시킨다는 점에서 신속하고 궁극적인 분쟁해결 방법이며, 이른바 재판외 분쟁해결절차(ADR) 중에서 중요한 의미를 지닌다. 그러나 실제로는 당사자 사이에서 이미 합의된 내용에 기판력과 집행력을 부여받기 위하여 이용되는 일이 많다. 즉 금전채권 등에만 이용할 수 있는 공정증서의 대용으로 활용되고 있는 것이다. 뿐만 아니라 채권자가 경제적 약자인 채무자를 상대로 폭리행위를 하고 이를 집행권원으로 만들어 두기 위하여 제소전화해를 악용하기도 하였다. 또 법률을 잘 모르는 상대방을 속여 대리인 선임권을 위임받아 제소전화해를 성립시켜 부당한 이익을 얻는 방법으로 악용하기도 하였다. 이러한 문제점 때문에 재판상화해의 법적 성질에 관하여 소송행위설이 비판받았고, 제한기판력설이 등장하였으며, 심지어는 이 제도를 폐지해야 한다는 주장도 나왔다.[2] 이러한 폐단을 시정하기 위하여 1990년 민사소송법 개정시에 제소전화해를 위하여 대리인의 선임권을 상대방에게 위임할 수 없고, 법원은 필요한 경우에 대리권의 유무를 조사하기 위하여 당사자 본인 또는 법정대리인의 출석을 명할 수 있도록 하였다(제385조 2항, 3항).

II. 화해절차

1. 화해사항

제소전화해를 할 사항은 **민사분쟁**이 있는 사항이다. 그러므로 공법상의 분쟁에 관하여는 제소전화해를 할 수 없다. 구체적인 다툼이 없어도 화해를 할 수 있는가에 관하여는 견해가 대립된다. 장래분쟁설은 현재 구체적으로 다툼이 없어도 화해를 신청할 당시에 예측할 수 있는 장래의 분쟁 발생 가능성이 있으면 화해를 신청

---

1) 제소전화해가 사법행위임을 주장한 견해는 趙宜然, 앞의 논문, 44면 이하.
2) 예를 들어, 宋·朴, 498. 鄭·庚·金, 769는 이 제도는 폐지하고 독일법상 변호사화해(Anwalts-vergleich)의 도입을 검토해야 한다고 한다. 이 제도는 소제기 전이나 후에 양 당사자의 변호사가 법원 밖에서 합의를 하여 그 내용에 따라 집행권원을 만드는 제도이다(§§ 796a-c ZPO). 그러나 이 제도의 전제로 독일에서처럼 재판상화해에 기판력을 인정하지 않도록 하고, 필수적 변호사대리를 인정하는 제도적 보완이 있어야 우리나라에 도입할 수 있을 것이다.

할 수 있다고 한다.3) 현실분쟁설은 그와 반대로 현실의 분쟁이 있을 때에 한하여 화해신청을 할 수 있다고 한다.4) 제소전화해의 예방적 권리보호 기능으로 보아 이론상으로는 장래분쟁설에 일리가 있으나, 분쟁이 현실화되지 않았는데 경제적 강자가 거래관계에 있는 약자를 압박하기 위한 수단으로 이를 악용하는 수가 많고,5) 현행법이 화해의 신청시에 '다투는 사정'을 명시할 것을 요구하므로 **현실분쟁설**이 타당하다.

2. 신　　청

민사상의 쟁의에 관하여 제소전화해를 하려는 이는 청구취지, 청구원인과 다투는 사정을 명시하여 화해의 신청을 한다(제385조 1항). 이 신청은 서면이나 구술로 할 수 있다(제161조). 관할법원은 신청 상대방의 보통재판적 소재지 법원으로, 청구금액의 고하를 막론하고 단독판사의 직무관할에 속한다(법조 제7조 4항).

화해신청에도 소에 관한 규정이 준용되므로(제385조 4항), 소제기와 마찬가지로 시효중단의 효과가 생긴다고 보는 것이 타당하다.6)

3. 화해기일

법원은 화해신청의 요건 및 방식을, 특히 대리권의 유무를 조사하고, 필요하면 당사자나 법정대리인의 출석을 명할 수 있다(제385조 3항). 요건이나 방식에 흠결이 있으면 결정으로 신청을 각하한다. 이에 대하여 불복이 있으면 신청인은 항고할 수 있다.

적법한 신청이 있으면 법원은 화해기일을 정하여 신청인과 상대방을 출석하게 한다. 법원은 제소전화해의 폐단을 방지하기 위해서라도 당사자들의 화해의사와 다툼의 존재 등 요건을 꼼꼼히 심리해야 한다. 그 결과 이 기일에 화해가 성립되면 화해조서를 작성하고(제386조) 사건이 종결된다.

화해가 성립되지 않으면 법원사무관등에게 그 사유를 조서에 기재하도록 하고 사건을 종결한다. 당사자 일방이 기일에 출석하지 않으면 화해가 성립하지 않은 것으

---

3) 宋·朴, 498.

4) 강현중, 666; 김홍엽, 791; 이시윤, 629.

5) 실제로 상가임대차에서 건물 소유자가 임차인들과 임대차계약을 할 때 제소전화해에 동의할 것을 요구하는 일이 비일비재하다. 그럼에도 불구하고 법원에서는 내용에 관한 심리 없이 형식적으로 임차인들에게 화해할 의사가 있는지만 물어보고 조서를 작성해 준다. 임차인들로서는 그 상가에 입점해야 하는 약자의 입장이어서 문제를 제기할 수가 없는 상황은 전혀 고려하지 않는 것이 현실이다.

6) 宋·朴, 499; 이시윤, 629; 李英燮, 207. 반대는 方順元, 554.

로 볼 수 있다(제387조 2항). 화해불성립조서등본은 당사자에게 송달해야 한다(제387
조 3항).

4. 소제기신청

화해가 불성립하면 당사자는 위 등본이 송달된 날부터 2주일 내에 소제기신청
을 할 수 있다(제388조 1항, 3항). 적법한 소제기신청이 있으면 화해신청을 한 때에
소가 제기된 것으로 본다(제388조 2항).

Ⅲ. 효   과

제소전화해조서는 소송상화해와 마찬가지로 **확정판결과 동일한 효력**이 있다(제
220조). 이 효력을 번복시키려면 재심사유(제451조 1항)가 있을 때 **준재심**(제461조)으
로 다투는 수밖에 없다. 이는 기판력을 인정한다는 의미이다. 제한기판력설의 입장
에서는 화해에 흠결이 있으면 기판력을 인정하지 않으므로 재심사유에 해당하지
않더라도 그 효력을 다툴 수 있다고 하나, 이는 기판력의 개념과 맞지 않음은 앞에
서 지적하였다.

문자 그대로 '제소전'화해이므로 소송을 종료시키는 효력은 있을 수 없다.

그 밖에 집행력, 형성력(창설적 효력) 등이 인정됨은 소송상화해와 같다. 판례는
특히 제소전화해의 경우에 관하여 화해의 창설적 효력을 이유로 하여 제소전화해
로 종전의 법률관계에 기한 권리의무는 소멸한다고 하여, 양성설에 의하는 것으로
보이는 태도를 취하기도 한다.[7]

소멸하는 종전의 법률관계의 범위에 관하여는 소송상 화해의 경우와 마찬가지
로 당사자 간에 다투어졌던 권리관계에만 한정되고, 당사자가 다툰 사실이 없었던
사항이나 다툼과는 관계가 없는 사항,[8] 화해의 전제로서 서로 양해하고 있는 사항
에는 영향이 없다.[9]

---

7) 大判 1981. 9. 8, 80다2649; 大判 1992. 5. 26, 91다28528 등.
8) 大判 2022. 1. 27, 2019다299058(계약갱신 가능성을 염두에 둔 임대차계약관계에서 "임차인은 임
대차기간 만료일에 임대인으로부터 보증금을 반환받음과 동시에 점포를 임대인에게 인도한다"는 내용으
로 제소전화해를 하였지만, 임차인이 임대차기간 만료 전에 계약의 갱신을 요구한 사안에서 화해의 창설
적 효력이 계약 갱신에는 미치지 않는다고 판시).
9) 大判 1997. 1. 24, 95다32273; 大判 2013. 2. 28, 2012다98225; 大判 2017. 4. 7, 2016다251727.

제 4 장 請求의 抛棄와 認諾

제 1 절 槪 念

I. 의 의

청구의 포기는 원고가 변론이나 준비절차에서 법원에 대하여 자기의 **소송상 청구가 이유 없음을 자인**하는 일방적 진술을 말한다. 청구의 인낙은[1] 피고가 변론이나 준비절차에서 법원에 대하여 자기에 대한 원고의 청구가 이유 있음을 자인하는 일방적 진술을 말한다. 이러한 진술을 조서에 기재하면 이로써 소송은 종료하고, 확정판결과 동일한 효력이 생긴다.[2] 이들은 모두 당사자가 자기에게 불리한 진술을 하여 소송을 종료시킨다는 점에서 요건과 효과가 동일하다.

(1) 청구의 포기·인낙은 **법원에 대한 진술**이다. 그러므로 소송 밖에서 상대방이나 타인에게 이러한 의사표시를 해도 실체법상의 효과는 생길 수 있지만 소송법상의 효과는 생기지 않는다.

(2) 청구의 포기·인낙은 **소송상청구(소송물) 자체를 불리하게 처분하는 진술**이다. 그렇기 때문에 법원은 더 이상 심리할 필요 없이 바로 소송을 종결시키는 것이다. 이 점에서 소송상청구에 대하여는 아무런 처분을 함이 없이 소송을 종료시키는 소취하와 구별된다. 그리고 같은 불리한 진술이라도 공격방법이나 방어방법으로서의 사실주장 또는 권리주장에 대한 불리한 진술은 포기·인낙이 아니라 자백이나 권리자백이 된다.

(3) 청구의 포기·인낙은 **무조건적 진술**이다. 이로써 바로 소송이 종료하므로

---

1) 2002년 법 개정 시 대법원의 개정안에서는 이를 청구의 '수용'으로 변경하고자 하였으나 법무부에서 다시 인낙으로 고쳤다.
2) 독일 민사소송법에서는 포기나 인낙이 있으면 법원이 판결을 선고하여(포기판결, 인낙판결) 소송을 종료시킨다.

조건이나 기한을 붙일 수 없다. 예를 들어, 원고의 청구를 인정하지만 아직 이행기가 도래하지 않았다는 진술은 그 자체로 소송을 종료시킬 수가 없는 것이어서 인낙으로 인정되지 않는다. 다만 가분청구의 일부에 대하여 포기나 인낙하는 것은 무방하다. 그 부분에 한하여 소송이 종료할 수가 있기 때문이다.

(4) 청구의 포기·인낙은 일방적 진술인 **단독행위**이다. 원고가 일방적으로 완전히 양보한 것이 포기이고, 피고가 일방적으로 완전히 양보한 것이 인낙이다. 이 점에서 양 당사자가 상호 양보하여 합의한 소송상화해와 다르다.

Ⅱ. 법적 성질

청구의 포기·인낙의 법적 성질에 관하여는 재판상화해의 성질에서와 마찬가지로 사법행위설, 소송행위설, 양행위병존설, 양행위경합설(양성설) 등이 주장되어 왔다. 재판상화해와는 달리 소송행위설이 통설이다. 이에 의하면 포기와 인낙은 실체법상의 권리의무를 처분하는 행위가 아니고 단지 소송상의 청구를 인정 또는 부정하는 관념의 표시에 불과하다고 한다. 나아가 포기, 인낙의 의사표시에 흠결이 있거나 강행법규 위반이 있어도 무효, 취소를 주장할 수 없다고 한다. 판례도 일찍이, 즉 포기·인낙조서에 준재심이 인정되기 전부터 소송행위설을 취하였다.3) 생각건대 재판상화해의 경우와는 달리 제461조에도 불구하고 포기와 인낙에 사법행위로서의 성질을 인정할 필요는 없다고 본다. 그러므로 이들을 **소송행위**라고 보아도 무방하다.

다만 인낙이 단순한 관념의 표시라고 하면 인낙조서에 집행력이 생기는 것을 설명하기가 곤란하다. 실체법상의 권리의무 인정이 아니라 단순히 원고의 청구를 승인하는 소송행위에 불과한데 실체법상의 권리를 실현시키고 의무이행을 강제하는 집행력이 생길 수 있는지 의문이다.

---

3) 大判 1957. 3. 14, 4289민상439. 大判 2022. 3. 31, 2020다271919는 청구의 인낙은 소송상 행위로서 이를 조서에 기재한 때에는 확정판결과 동일한 효력이 발생되어 그로써 소송을 종료시키는 효력이 있을 뿐이고, 실체법상 채권·채무의 발생 또는 소멸의 원인이 되는 법률행위라 볼 수 없다고 판시하였다.

제 2 절 要　件

Ⅰ. 당사자에 관한 요건

포기, 인낙의 당사자는 당사자능력, 소송능력 등 일반적인 소송행위의 유효요건과 당사자에 관한 소송요건들을 갖추어야 한다. 대리인에 의한 경우에는 특별수권이 필요하다(제56조 2항, 제90조 2항 2호).

Ⅱ. 소송물에 관한 요건

(1) 청구는 **특정**된 것이어야 한다. 즉 청구가 그 취지 및 원인으로 특정할 수 있는 것에 한하여 포기, 인낙이 가능하다. 포기, 인낙의 대상이 특정되지 않으면 효력이 생긴다고 볼 수가 없기 때문이다.

(2) 당사자에게 **처분권**이 있는 사항이어야 한다. 청구의 포기와 인낙은 소송물의 처분이므로 처분권이 있는 사항에 관하여만 포기와 인낙이 허용된다. 그러므로 행정소송과 선거소송에서는 원고가 소송물을 임의로 처분할 수 없으므로 포기·인낙이 불가능하다. 가사소송에 관하여는 청구인낙이 허용되지 않는다(가소 제12조 단서). 청구포기는 허용되는지에 관하여 견해의 대립이 있으나, 법규정이 의식적으로 인낙만을 제외하였으면 포기는 허용한다고 보는 것이 타당하다.1) 회사관계소송에서는 청구인용판결에 대세효가 인정되므로, 그와 동일시되는 인낙은 허용되지 않는다고 보는 것이 통설이다.2)

(3) 특히 **인낙**의 경우에는 청구의 **내용이 적법**하여야 한다. 즉 인낙의 대상이 되는 청구는 강행법규나 선량한 풍속, 기타 사회질서 위반의 내용이어서는 안 된

---

1) 강현중, 644; 金·姜, 609-610; 宋·朴, 487. 반대 견해는 方順元, 545; 이시윤, 610; 전원열, 591; 鄭·庾·金, 746.

2) 판례도 "청구의 인낙은 당사자의 자유로운 처분이 허용되는 권리에 관하여만 허용되는 것으로서 회사법상의 주주총회결의의 하자를 다투는 소나 회사합병무효의 소 등에서는 인정되지 아니 하므로, 이와 같이 법률상 인정되지 아니하는 권리관계를 대상으로 하는 청구인낙은 그 효력이 없다고 할 것이다"라고 한다(大判 1993. 5. 27, 92누14908).

다. 도박채권의 경우와 같이 청구 자체는 적법해도 그 원인이 되는 행위가 위법일 때에 인낙이 허용되는지 여부에 관하여 긍정설이 있다.[3] 피고가 예를 들어 소유자로 등기되어 있지 않은 원고의 소유권을 인낙하는 것과 같이 형식상, 절차상 이유로 실체법적으로 효력이 생기지 않는 권리를 인낙하는 경우에는 그 효력을 인정할 수 있을 것이다.[4] 그러나 선량한 풍속, 기타 사회질서에 위반하거나 법률상 금지되는 원인행위에 기한 법적 효과의 인낙은 이를 부정하는 것이 타당하다.[5] 긍정설은 인낙의 효력이 당사자 간에만 미치므로 이러한 것을 허용해도 제3자에게 영향을 줄 염려가 없다는 점을 근거로 든다. 그러나 제3자에게 영향을 미치는지 여부와는 관계없이 이러한 내용의 인낙은 사해소송이나 탈법행위의 수단으로 악용될 우려가 있기 때문에 허용하지 않는 것이 타당하다. 인낙의 의사표시를 하면 그 내용을 인낙판결로 선고하는 독일과 달리 조서 작성으로 소송계속을 소멸시키는 우리나라에서는 그 효력의 인정에 더욱 신중해야 한다. 그러므로 이러한 내용의 인낙의 진술이 있어도 법원은 이를 받아들여 조서를 작성해서는 안 된다.

(4) 인낙의 경우에 소송상청구에 **조건이 붙지 않아야** 한다. 특히 청구의 예비적 병합에서 피고가 예비적 청구에 대하여 인낙하는 것은 허용되지 않는다. 설사 인낙하여 그것이 조서에 기재되더라도 인낙으로서의 효력이 없다. 예비적 청구는 주위적 청구가 이유 없을 때에만 비로소 판단의 대상이 되고,[6] 이러한 인낙은 원고의 처분권을 침해하기 때문이다.

Ⅲ. 일반적 소송요건

소가 일반적인 소송요건을 갖추어야 함은 물론이다. 포기와 인낙은 확정판결과 동일한 효력이 있으므로 소송요건이 불비인 소송에서는 포기나 인낙을 할 수 없다.
관할위반, 중복소제기나 소의 이익이 흠결된 경우에는 포기나 인낙을 할 수 있다고 보는 견해도 있다.[7] 그러나 이러한 주장은 실익이 없거나 정확하지 않다. 관할위

---

3) 김홍엽, 765-766; 이시윤, 611; 전원열, 592.
4) Rosenberg-Schwab/Gottwald[18] § 133 Rn. 48; Stein-Jonas/Althammer[23] § 307 Rn. 36;
5) 강현중, 644; 宋·朴, 487; 鄭·庚·金, 747; Anders-Gehle/Hunke[80] § 307 Rn. 13; Stein-Jonas/Althammer[23] § 307 Rn. 34.
6) 大判 1995. 7. 25, 94다62017.
7) 강현중, 645; 方順元, 544; 李英燮, 211.

반에서 문제가 되는 것은 피고가 (임의)관할 위반의 항변을 한 경우이다.8) 피고의 항변에도 불구하고 굳이 포기나 인낙을 할 수 있다고 보는 것은 무리이다. 법원이 중복소제기임을 알았으면 바로 변론을 종결하고 소각하판결을 할 것이므로 포기나 인낙을 할 여지가 없다. 법원이 아직 중복소제기임을 알지 못한 상태에서 포기나 인낙을 하였으면, 어차피 소송계속이 소멸하므로 아무런 문제가 없다. 소의 이익이 없을 경우에도 마찬가지로 법원이 소를 각하할 것이므로 포기, 인낙을 할 여지가 없다. 다만 소익의 존부를 심사하는 과정에서 포기, 인낙이 가능한지가 문제될 수 있다. 소의 이익 심리가 본안심리 못지 않게 오래 걸리는 수가 많기 때문이다. 앞에서 설명한 대로 소익을 부진정소송요건으로 보아 청구기각과 같은 포기는 허용하되, 청구인용과 같은 인낙은 승패가 뒤바뀔 염려가 있으므로 허용하지 않는 것이 타당하다.

제 3 절 節 次

Ⅰ. 시 기

청구의 포기와 인낙은 변론기일뿐만 아니라 변론준비기일에도 할 수 있다(제220조). 소송계속 중이면 어느 심급에서나 할 수 있다. 이러한 진술은 사실에 관한 진술이 아니라 법적 효과에 관한 진술이므로 상고심에서도 허용된다.

Ⅱ. 방 식

포기나 인낙은 그 소송의 각종 기일에 출석한 당사자가 구술로 진술하는 것이 원칙이다. 변론기일, 증거조사기일, 화해기일, 변론준비기일이 모두 여기에 해당한다.

기일에 하는 포기나 인낙의 진술은 현실적인 진술이어야 한다. 포기나 인낙의 진술을 적은 서면을 제출한 것으로는 포기나 인낙을 인정할 수 없다. 그러므로 이러한 서면을 제출한 당사자의 결석으로 인한 진술간주로 포기나 인낙을 인정해서는 안 된다.1) 다만 2002년 개정법에서는 당사자가 포기나 인낙의 의사표시가 적혀 있는 답

---

8) 항변이 없으면 변론관할이 생겨 관할위반이 치유된다.
1) 宋·朴, 488. 大判 1993. 7. 13, 92다23230: 피고가 원고의 청구를 인낙하는 취지를 기재한 준비서면을 제출하여 그 준비서면이 진술 간주되었다고 하더라도 피고가 변론기일에 출석하여 구술로써 인낙

변서나 그 밖의 준비서면을 제출하고 불출석하여 진술간주가 되는 경우, 그 서면이 공증사무소의 인증을 받은 것이면 포기나 인낙이 성립한 것으로 본다(제148조 2항). 그렇다고 하여 서면에 의한 포기, 인낙을 일반적으로 인정하는 것은 타당하지 않다.

Ⅲ. 조서의 작성

청구의 포기·인낙의 진술이 있으면 법원은 그 요건의 구비 여부를 조사하여 요건이 구비되지 않았으면 심리를 속행한다. 요건이 구비되었으면 조서에 그 진술을 기재한다. 이는 통상 변론조서와 같은 당해 기일의 조서에 기재하는 것이다.

제 4 절 效 果

청구의 포기나 인낙이 성립하면 확정판결과 동일한 효력이 생긴다(제220조). 포기는 청구기각의 확정판결과, 인낙은 청구인용의 확정판결과 같은 효력이 생기는 것이다. 2002년 법 개정 전부터 이러한 효력이 생기는 시점이 문제되었다. 포기나 인낙의 의사표시가 있으면 이를 변론조서에 기재하고 뒤에 포기·인낙조서를 별도로 만들었기 때문에 어느 조서에 기재한 때에 효력이 생기는지가 분명하지 않았다. 현행법은 "청구의 포기·인낙을 변론조서·변론준비기일조서에 적은 때에는 그 조서는 확정판결과 같은 효력을 가진다"라고 하고는(제220조) 그 표제에서 이 조서를 **포기·인낙조서**라고 하였다. 그러나 민사소송규칙에서는 별도의 포기·인낙조서를 작성해야 한다고 규정하여(규 제31조) 문제가 여전히 남아 있다. 특히 포기나 인낙의 의사표시를 한 뒤에 조서작성 전에는 이를 철회하는 것이 가능하다고 하는 것이 통설인데 여기서 말하는 조서가 제220조가 말하는 조서인가 아니면 규칙 제31조가 말하는 조서인가 하는 문제가 생긴다. 판례는 전부터 변론조서에 기재되면 바로 포기, 인낙의 효과가 발생한다고 보았고,[1] 학설로는 제220조의 조서를 말한다고 밝힌 견해가 있는가 하면,[2] 막연히 조서작성 전이라고만 서술한 경우도 있다. 짐작

___

하지 아니 한 이상 인낙의 효력은 발생하지 않는다.

1) 大判 1969. 10. 7, 69다1027; 大決 1962. 6. 14, 62마6.

2) 강현중, 645는 이에 대해 직접 언급하지는 않지만, 변론조서에 관한 민사소송법 제154조, 제155조, 제160조에 따른 조서 기재 이전에 청구, 인낙의 진술을 철회할 수 있다고 하여 철회가능성의 기준이 되

하건대 민사소송규칙을 개정하면서 모법의 표현이 바뀐 것을 간과하고 종래의 규정을 그대로 유지하여 이런 결과가 된 것으로 보인다. 법률에 맞게 규칙도 개정하여 포기, 인낙을 기재한 변론조서나 변론준비기일조서를 포기·인낙조서라고 하는 것이 타당할 것이다.

Ⅰ. 소송종료

소송상청구 중에서 포기나 인낙이 성립한 부분에 관하여는 소송이 종료된다. 이를 간과하고 심리가 속행되었으면 당사자의 이의에 의하거나 법원의 직권으로 소송종료선언을 한다.3) 소송비용은 패소나 다름 없는 포기나 인낙의 진술을 한 당사자가 부담하는 것이 원칙이다.

Ⅱ. 기판력, 집행력 및 형성력

포기·인낙조서는 **확정판결과 동일한 효력**이 있고 그 흠결은 준재심에 의하여서만 주장할 수 있으므로 결국 이러한 조서에는 기판력이 인정된다. 포기조서에 집행력이나 형성력이 생길 여지는 없다. 인낙조서는 그 청구의 내용이 이행청구이면 집행력이, 형성청구이면 형성력이 생긴다.

인낙이 있으면 그에 따라 실체법상 권리의무가 발생하는지에 관하여, 인낙은 피고가 원고의 주장을 승인하는 소송상 행위로서 실체법상 채권채무의 발생원인이 되는 법률행위라 볼 수 없다고 하여 인낙의 내용에 따른 이행을 하지 않거나 이행이 불능으로 된 경우에 이를 이유로 인낙 자체를 해제하거나 실효시킬 수가 없고,4) 그로 인해서 손해배상청구권이 발생하는 것도 아니라고 본다.5)

포기와 인낙에 기판력이 인정되므로 그 효력이 생긴 뒤에는 그 행위에 흠결이 있어도 **준재심**에 의하여서만 효력을 다툴 수 있다. 그러므로 실체법상의 무효나 취소사유를 주장하거나, 포기·인낙의 무효확인청구나 기일지정신청을 하여 효력을 다툴 수는 없다.

는 조서는 제220조의 변론조서라고 전제하고 있다.
3) 이시윤, 613.
4) 이시윤, 614.
5) 宋·朴, 489; 大判 1957. 3. 14, 4289민상439.

제**10**편

複數의 訴訟

여기서 복수의 소송이라 함은 소송물이나 소송주체가 복수인 경우를 말한다. 소송물이 복수인 경우로는 청구의 병합, 청구의 변경, 중간확인의 소, 반소를 말하고, 소송주체가 복수인 경우로는 각종 공동소송과 참가를 말한다. 그리고 엄밀한 의미에서의 소송주체의 복수는 아니지만 이것과 밀접한 관계가 있기 때문에 여기서 함께 다룰 것으로 당사자 변경이 있다. 복수의 소송물은 원고, 피고가 한 사람씩이고 소송물만 복수인 경우도 있고, 당사자가 복수이기 때문에 자연스럽게 소송물도 복수가 되는 수도 있다.

이들 복수의 소송형태는 소송 개시 때부터 복수인 경우도 있고, 소송계속 중에 후발적으로 복수가 되는 경우도 있다. 청구의 변경, 중간확인의 소, 반소, 참가 등이 후자에 해당한다. 청구의 병합과 공동소송은 처음부터 복수의 소송으로 개시되는 경우가 많지만, 소송 중에 다른 형태의 복수소송이 생겨 결과적으로 병합되는 경우도 많다. 청구의 병합은 청구변경, 중간확인의 소 등으로 후발적으로 생길 수가 있고, 공동소송도 제3자가 기존 당사자 중의 어느 일방에 공동소송인으로 참가하면 후발적으로 발생한다.

제 1 장 複數의 請求

제 1 절 請求의 倂合

Ⅰ. 서 설

1. 의 의

청구의 병합은 원고가 **여러 개의 청구를 하나의 소로써** 제기하는 것을 말한다. 여러 개의 소송상청구를 하면서 하나의 소를 제기하므로 하나의 절차로 심리가 이루어진다. 청구는 소의 객관적 측면이므로 청구의 병합을 소의 객관적 병합이라고도 한다.

청구의 병합을 인정하면 기왕에 발생한 당사자들 사이의 법적 분쟁을 하나의 절차로 해결할 수 있어 소송경제를 기할 수 있다. 그리고 병합된 청구들 사이에 서로 일정한 관계가 있으면 하나의 절차로 심판하여 서로 모순된 재판이 나오는 것을 방지할 수도 있다.

2. 청구의 병합과 소송물론

청구병합이 하나의 절차에 복수의 소송물에 관하여 소송계속이 생긴 것이므로 소송물이 여러 개임을 전제로 한다.[1] 각 청구 사이에 명백히 아무런 관계가 없을 때에는 문제가 없으나, 각 청구가 사실상 또는 법률상 서로 관련된 경우에는 소송물이 복수인지 아니면 공격방법이 복수인 것에 불과한지가 문제된다. 이에 관하여는 소송물이론에 따라 결론을 달리 하게 된다.

《사례 1》　　甲은 乙을 상대로 "IMF아파트 상가건물 A동"에 대한 소유권이전등기를 청구하는 소를 제기하였다. 甲은 청구원인에서 그 건물을 乙로부터 매수하였다는 주장을 하면서 그 건물을 시효취득하였다는 주장도 하였다. 이 소송에서 소송물은 몇 개인가?

---

1) 大決 2017. 8. 25, 2014스26: 민법 제826조 제1항은 부부 간의 부양협조의무의 근거를, 제833조는 이 의무이행의 구체적인 기준을 제시한 조항이므로, 원고가 주위적으로 제833조에 의한 생활비용분담 청구를 하고, 예비적으로 제826조 제1항에 기해 부양료 청구를 하였어도 이들은 별개의 청구가 아니다.

이러한 사례에서 매수와 시효취득의 주장은 공격방법으로 청구원인에서 주장된다. 매수와 시효취득은 전혀 다른 사실관계로 이들을 각기 주장하면 공격방법이 복수가 됨은 물론이고 나아가 두 개의 청구원인사실을 주장한 것이 된다. 그러므로 일원설에서는 청구취지만을 기준으로 소송물을 식별하므로 당연히 소송물은 하나라고 보고 청구의 병합이 아니라 공격방법의 복수에 불과하다고 본다. 그러나 이원설에서는 청구원인의 사실관계도 소송물 식별의 기준으로 삼으므로 이 경우는 소송물이 2개이고 따라서 청구병합을 인정하게 된다. 구실체법설에 의하면 이 사례에서는 청구원인사실이 다르고 적용 법규범이 다르므로 소송물이 2개라고 보고 따라서 청구가 병합되었다고 본다.

여기서 주의할 것은 소송물 식별의 기준이 되지 않는 사실관계인 공격방법은 여러 개를 주장해도 청구병합이 될 수 없다는 점이다.

《사례 2》　甲은 乙에게 매도하여 인도한 컴퓨터 1대를 반환하라고 청구하는 소를 제기하였다. 청구원인에서 甲이 매매계약시 매도의 의사표시를 한 것이 착오로 인한 것이었다는 주장도 하고, 乙로부터 사기를 당하여 팔았다는 주장도 하였다. 이 경우 청구병합이 인정되는가?

이 사례에서 소송물 결정의 기준이 되는 사실관계는 甲이 乙과 매매계약을 체결하고 뒤에 매도의 의사표시를 취소하였다는 것이고, 그 근거가 되는 취소사유는 단순한 공격방법에 불과하다. 그러므로 이처럼 여러 개의 사실을 주장해도 소송물은 하나이고 단지 공격방법이 복수일 뿐이다.

청구권경합이 인정되는 경우와 같이 청구취지와 사실관계가 모두 같고 단지 법률적 관점이 다른 경우에는 공격방법으로서의 법률적 주장만이 다르다. 이런 경우에는 구실체법설만이 청구병합을 인정하고 소송법설에서는 공격방법이 복수일 뿐이라고 본다.

청구의 병합에서도 이원설이 기준으로 되어야 함은 앞에서 설명하였다.

3. 청구병합의 발생원인

청구병합은 원고가 처음에 제소시부터 복수의 청구를 하나의 절차에 묶는 원시적병합이 보통일 것이다. 그 밖에 이미 계속 중인 소송에서 새로운 청구가 추가되는 후발적병합도 있을 수 있다. 그러한 경우로는 법원이 변론을 병합한 경우(제141조), 청구의 추가(소의 추가적 변경), 중간확인의 소(제264조), 당사자참가(제79조, 제

83조) 등이 있다. 반소는 그로써 복수의 청구가 후발적으로 하나의 절차에 묶이게 되지만 원고가 청구를 병합하는 통상의 청구병합과는 다르다.

Ⅱ. 청구병합의 모습

청구의 병합은 병합된 각 청구 사이의 관계에 따라 단순병합과 선택적병합, 예비적병합의 모습으로 나타난다.

1. 단순병합

《사례 3》　　甲은 컴퓨터 백신연구소를 차린 乙에게 시설비로 1억원을 빌려 주고, 컴퓨터 10대를 5천만원에 매도하였고 乙은 매매대금과 대여금을 모두 1년 뒤에 갚기로 하였다. 그러나 1년이 지난 뒤에도 乙이 지급하지 않자 甲이 1억 5천만원을 청구하는 소를 제기하였다. 법원은 乙에게 1억 5천만원을 지급하라는 판결을 할 수 있는가?

원고가 여러 개의 청구를 병합하여 각 청구에 대하여 **다른 청구와 관련 없이 무조건적**으로 재판할 것을 구하는 모습의 병합이다. 병합된 한 청구에 대한 재판 결과가 다른 청구에 아무런 영향을 주지 않는 것이 보통이다. 〈사례 3〉이 전형적인 단순병합의 예이다. 甲은 1억원의 대여금과 5천만원의 매매대금을 합하여 청구하고 있는데, 대여금청구를 인용하거나 기각하는 것이 매매대금지급청구에 아무런 영향이 없다.

《사례 4》　　甲은 동양화가 乙에게 5천만원을 지급하고 금강산 만물상 그림을 그려 달라고 부탁하였다. 乙이 금강산 여행을 하고 와서 그림을 완성하였음에도 불구하고 甲에게 인도하지 않자 甲이 乙을 상대로 소를 제기하면서 그림인도청구와 나중에 집행시에 그림을 받을 수 없게 될 경우에 대비한 대상청구를 병합하였다. 법원은 두 청구를 모두 인용할 수 있는가?

《사례 4a》　　〈사례 4〉에서 집행시가 아니라 소송 중에 이행불능이 될 경우를 대비하여 대상청구를 한 경우에는 법원이 두 청구를 모두 인용할 수 있는가?

단순병합 중에는 병합된 청구가 **서로 일정한 관련**이 있는 것도 있다. 예를 들면 소유권확인청구와 소유권에 기한 목적물인도청구를 병합하거나 매매계약무효확인청구와 인도목적물의 반환청구를 병합한 경우, 뒤의 청구는 앞의 청구가 인용될 것을 전제로 한 것이다. 이러한 경우는 서로 연결되어 있지만 두 청구 중 하나만 청구하는 것이 아니므로 선택적병합이나 예비적병합이 아니라 단순병합이다.2) 〈사례 4〉에서와 같이 목적물인도청구와 인도 불능 시에 대비하여 대상청구를 병합하는 것도 마찬가지이다. 이는 목적물인도판결이 확정된 뒤에 집행불능이 될 경우를 대비하여 장래이행의 소를 병합한 것이므로 두 청구가 양립 가능하여 단순병합이 된다.3) 제권판결 불복의 소와 제권판결의 취소를 전제로 하는 수표금 청구를 병합하는 것은 양립가능한 경우이므로 단순병합이다. 그러나 판례는 이러한 형성의 소는 판결이 확정됨으로써 비로소 권리변동의 효력이 발생하므로 이를 전제로 하는 이행소송 등을 병합할 수 없다고 한다.4)

그러나 〈사례 4a〉와 같이 변론종결시를 기준으로 하여 이미 이행불능이 될 것을 대비한 대상청구는 현재이행의 소이고, 이는 인도청구와 양립이 불가능하므로 단순병합이 아니라 예비적병합이다.5)

2. 선택적병합

《사례 5》 甲은 컴퓨터 백신연구소를 차린 乙에게 3년 기한으로 컴퓨터 10대를 빌려 주었다. 그러나 1년이 채 안 되어 乙의 과실로 컴퓨터가 모두 타버렸다. 甲은 乙에게 손해배상으로 5천만원을 청구하는 소를 제기하면서 청구원인으로 계약불이행과 불법행위를 주장했다. 법원이 심리 끝에 계약불이행과 불법행위가 모두 성립한다고 판단하였다. 이때 법원은 어떻게 판결할 것인가?

《사례 1a》 〈사례 1〉에서 법원은 두 개의 청구를 다 인용하는 판결을 할 수 있는가?

《사례 3a》 〈사례 3〉에서 甲이 1억원의 대여금반환을 명하거나 아니면 5천만원의 매매대금지급을 명하는 판결을 구한다고 청구할 수 있는가?

양립할 수 있는 여러 개의 청구를 병합하여 그중 어느 하나라도 인용되면 원고

---

2) 다만, 이러한 경우에 뒤에 설명하는 바와 같이 독일의 학설, 판례는 원고가 선결적 청구의 기각을 해제조건으로 붙여서 다른 청구를 예비적으로 병합하는 것을 허용하고 이를 '부진정 예비적병합'이라고 한다.

3) 大判 1960. 5. 19, 4292민상719; 大判 1975. 7. 22, 75다450. 大判 1975. 5. 13, 75다308은 물건의 인도를 구하고 그 집행불능인 경우에 대비하여 금전으로 손해배상청구를 하는 경우 그 문언을 '인도 불능일 때에는' 또는 '인도하지 않을 때는'이라고 기재하는 예가 있으나 이는 '집행불능의 때'의 의미로 보아야 할 것이라고 하였다. 大判 2011. 8. 18, 2011다30666·30673은 이러한 경우에 원고가 예비적병합이라고 했어도 단순병합으로 취급해야 하고 따라서 원고가 주위적 청구라고 한 것을 인용하더라도 예비적 청구라고 한 것에 대하여 판단을 해야 한다고 하였다.

4) 大判 2004. 1. 27, 2003다6200; 大判 2013. 9. 13, 2012다36661.

5) 大判 1962. 6. 14, 62다172는 이러한 유형의 병합을 인정한다.

가 만족하겠다는 모습의 병합이다. 원고가 병합된 여러 개의 청구들 사이에 **심판순서를 정하지 않고, 어느 한 청구가 인용되는 것을 해제조건으로 여러 개를 청구하여 이들을 병합**한 것이다.[6] 주로 경제적으로 동일한 목적을 가져서 모두 인용할 수는 없는 양립가능한 여러 개의 청구를 병합한 경우에 나타난다.

　이러한 모습의 병합을 인정할 것인지에 관하여 논란이 있다. 원고가 병합한 청구가 실체법상 선택채권인 경우나 임의채권인 경우에는 선택적병합을 인정하는 데에 문제가 없다.[7] 그와는 달리 **청구권경합**에서 소송물이론 중 구실체법설을 취할 경우 〈사례 5〉와 같이 두 청구권을 하나의 소로써 주장하면 선택적병합이 된다.[8] 그러나 소송법설을 취하면 이러한 내용의 선택적병합은 인정되지 않는다. 소송물이 하나뿐이기 때문이다. 〈사례 1〉의 경우에 매수와 시효취득이라는 각기 다른 사실관계를 주장하여 소유권이전등기를 구하므로 이원설에 의하면 청구병합이 된다. 이때 〈사례 1a〉에서 두 청구의 목적은 소유권이전등기를 받고자 하는 것으로 공통되므로 법원이 두 청구 모두를 인용할 수는 없다. 두 청구는 양립이 가능하고[9] 원고가 두 청구의 순위를 정하지 않고 하나의 청구에 대하여서만 재판해달라고 신청하였으면, 결국 법원이 이유 있다고 판단하는 한 청구만을 인용할 수 있는 선택적병합이 된다.[10] 그러나 일원설에 의하면 청구는 하나뿐이므로 청구병합이라고 인정하지 않는다. 앞에서 본 바와 같이 이원설이 타당하므로 이러한 경우에 선택적병합을 인정할 수 있다.[11] 이러한 사례에서는 원고가 동일한 경제적 목적을 추구하는 것이어서 이러한 병합이 적법하다고 인정해도 무방할 것으로 생각된다. 그러나 〈사례 3a〉처럼 아무런 관계 없는 2개의 청구를 선택적으로 병합하는 것은 **소송물을 특정하지 않은 것**에 불과하므로 부적법하다.[12]

---

　6) 大判 2018. 6. 15, 2016다229478.

　7) Rosenberg-Schwab/Gottwald[18] §98 Rn. 24.

　8) 大判 2014. 5. 29, 2013다96868(지연손해금의 지급을 청구하면서 대여금 청구라는 주장과 사기를 원인으로 한 손해배상 청구라는 주장을 모두 한 경우); 大判 2018. 2. 28, 2013다26425(채무불이행을 원인으로 한 청구와 불법행위를 원인으로 한 청구를 병합한 경우).

　9) 甲이 乙로부터 매수한 사실이 있는데, 그와 병행해서 甲이 장기간 그 물건을 소유의 의사로 평온, 공연하게 점유하였으면 두 사실이 모두 인정될 수 있을 것이다.

　10) Lüke[11] §40 Rn. 4.

　11) 실무에서는 같은 금액을 어음채권과 그 원인인 대여금채권에 기하여 청구하는 경우처럼 양립하는 청구를 병합했을 때에도 예비적병합으로 처리하나(이시윤, 738, 주3 참조), 타당하지 않다.

　12) 독일의 이원론자들은 사실관계가 다르면 소송물이 복수이므로 선택적병합의 개념은 인정하면서도, 이는 소송물이 특정되지 않아서 부적법하다고 한다(Jauernig/Hess[30] §88 Rn. 8; Lüke[11] §40 Rn. 4; Rosenberg-Schwab/Gottwald[18] §98 Rn. 25; MüKoZPO/Becker-Eberhard[6] §260 Rn. 22, 25).

3. 예비적병합

《사례 6》　甲은 컴퓨터 백신연구소를 차린 乙에게 컴퓨터 10대를 5천만원에 매도하고, 컴퓨터는 당일에 인도하고 매매대금은 1개월 뒤에 받기로 하였다. 그러나 1개월이 지나도록 乙이 대금을 지급하지 않자 甲은 매매대금 5천만원의 지급을 구하고, 만일 매매계약이 무효라고 인정되는 경우에 대비해서 컴퓨터를 반환할 것을 구하는 소를 제기하였다. 이때 법원이 5천만원 지급청구에 대한 재판을 하지 않고 컴퓨터반환을 명하는 판결을 선고할 수 있는가?

예비적병합은 하나의 소로써 여러 개의 청구를 하면서 그 여러 청구에 법원의 재판 순위를 정하여 두는 병합을 말한다. 예를 들어 〈사례 6〉에서처럼 선순위로 매매대금 지급을 청구하고 그 청구가 배척될 경우를 대비해 후순위로 목적물반환을 청구하는 것이 예비적병합이다. 여기서 선순위의 청구를 주위적 청구라고 하고 후순위의 청구를 예비적 청구라고 한다. 이 경우 법원은 주위적 청구를 인용하면 예비적 청구에 대하여는 재판하지 않고, 주위적 청구를 각하 또는 기각할 경우에 비로소 예비적 청구에 대하여 재판할 수 있다. 즉 예비적 청구는 **주위적 청구의 인용을 해제조건**으로 하여 주위적 청구에 병합된 것이다. 이러한 조건은 **당사자 사이에서는 확고하게 소송계속이 생긴 것을 전제로 하는 소송내의 조건**으로, 절차의 안정을 해치지 않는다고 하여 허용된다.

판례는 주위적 청구의 일부의 인용만을 해제조건으로 하는 것, 즉 주위적 청구에서 기각된 일부에 해당하는 액수 범위 내의 예비적청구를 병합하는 것도 허용된다고 한다.[13] 이와 달리 주위적청구 자체의 일부를 별도로 예비적으로 청구하는 병합은 부적법하다.

예비적병합은 원고가 하나의 경제적 목적을 달성하기 위하여 할 수 있는 청구가 여러 개 있을 때 어느 청구를 해야 승소할 수 있을지 확신이 없는 경우에 주로 그중 더 유리한 청구를 주위적 청구로 하고 불리한 청구를 예비적 청구로 하여 한번의 소송으로 권리보호를 받으려고 할 때에 쓸모가 있다. 만일 이러한 병합이 인

---

13) 大判 1996. 2. 9, 94다50274. 大判 2002. 9. 4, 98다17145도 주위적 청구가 전부 인용되지 않을 경우에는 주위적 청구에서 인용되지 아니한 수액 범위 내에서의 예비적 청구에 대해서도 판단하여 주기를 바라는 취지로 불가분적으로 결합시켜 제소할 수도 있는 것이라고 하여 같은 취지로 판시하였다. 나아가 大判 2002. 10. 25, 2002다23598은 뒤에서 설명할 판례상의 부진정 예비적병합의 경우에 관하여 같은 취지의 판시를 하면서 주위적 청구의 일부만 인용되는 경우에 나아가서 예비적 청구를 심리할 것인지 여부는 당사자의 의사해석에 달린 문제이므로 그 의사가 분명하지 않은 경우에는 석명해야 한다고 판시하였다.

정되지 않으면 원고로서는 승소할 확신이 없으면서 하나의 청구만 하게 되고, 여기서 패소하면 다시 제소해야 하는 번거로움이 있다.

Ⅲ. 청구병합의 요건

1. 일반적 요건

청구병합이 적법하기 위하여는 병합된 각 청구가 모두 일반적 소송요건을 구비하고 있어야 함은 물론이다. 그 밖에 적법한 병합이 되기 위한 병합요건도 갖추어야 한다. 일반적인 병합요건은 다음과 같다.

(1) 동일 종류의 절차

병합된 여러 개의 청구가 같은 종류의 절차에 의하여 심판될 수 있어야 한다(제253조). **다른 종류의 절차**에 의할 사건, 예를 들면 민사본안사건과 보전절차사건, 민사사건과 비송사건, 일반민사사건(재산상의 청구)과 가사소송사건은 병합될 수 없다. 이와는 달리 가사소송사건과 가사비송사건은 병합이 허용된다(가소 제14조 1항). 예를 들어 이혼청구와 재산분할청구의 병합이 가능하다. 민사사건과 행정사건은 일반적으로 절차의 원칙이 다르므로 병합할 수 없지만, 행정소송에서 그 사건과 관련된 손해배상 등 민사상의 청구를 병합하는 것은 가능하다(관련청구의 병합: 행소 제10조).

재심청구에 통상의 민사상 청구를 병합할 수 있는지에 관하여 논란이 있다. 판례는 병합할 수 없다고 하나,[14] 통설은 제1심에서의 병합은 긍정한다. 판례는 아무런 논거를 들지 않고, 긍정설은 분쟁해결의 일회성과 관련청구의 병합을 허용하는 다른 제도와의 균형을 근거로 들거나,[15] 소송경제를 들기도 한다.[16] 상소심에서 새로운 청구를 병합하는 것은 관련 민사청구의 심급의 이익을 박탈하므로 허용되지 않지만, 재심법원이 제1심인 경우에는 재심절차에 특별한 성격이 부여되는 것도 아니므로 굳이 병합을 막을 이유가 없다.

제권판결에 대한 불복의 소(제490조 2항)와 중재판정취소의 소(중 제36조)에 다른 민사청구를 병합하는 것도 허용하는 것이 통설이다.

---

14) 大判 1971. 3. 31, 71다8; 大判 1997. 5. 28, 96다41649.
15) 이시윤, 733.
16) 鄭·庚·金, 993.

(2) 공통의 관할권

병합청구의 수소법원에 각 청구에 대한 관할권이 있어야 한다. 이 요건은 사실
상 **전속관할**의 경우에 의미가 있다. 임의관할의 경우에는 관련청구의 재판적이 인
정되므로(제25조 1항) 관할권 없는 청구가 병합되어도 수소법원에 관할권이 생기므
로 문제되지 않는다.

2. 각종의 병합에 특유한 요건

단순병합의 경우에는 별도의 요건이 요구되지 않는다. 선택적병합과 예비적병합
에서는 병합된 각 청구 사이의 관계가 문제된다. 즉 병합된 청구들의 양립 가능 여
부 및 관련성 요부가 그것이다.

(1) 선택적병합

앞에서 설명한 바와 같이 선택적병합에 관하여는 소송물이론에 따라 그 인정
여부가 달라지는데, 구실체법설은 타당하지 않으므로 법률적 관점을 여러 개 주장
함에 따른 선택적병합은 인정할 것이 아니다.[17] 예를 들어, 시효취득과 매매를 원
인으로 한 소유권이전등기청구들처럼 사실관계를 여러 개 주장한 경우에는 이원설
에 따라 선택적병합이 인정됨도 앞에서 설명하였다. 청구취지를 변경하지 않고 새
로운 사실을 청구원인으로 추가한 경우는 선택적병합이 된다.[18] 이때 각 청구 사이
에는 **청구취지**가 같거나 **경제적 목적**이 동일하다는 **관련성**이 있어야 선택적병합으
로 인정된다.[19] 이들 청구가 각기 **양립 가능하되 모두 인용될 수는 없는** 것이어야
함은 물론이다.[20] 아무 관계가 없어서 모두 인용할 수 있는 수개의 청구를 선택적

---

17) 大判 2018. 2. 28, 2013다26425는 선택적병합인지 예비적병합인지는 병합청구의 성질을 기준으로
판단하여야 한다고 하면서, 원고가 주위적으로 채무불이행을 원인으로 한 손해배상청구를 하고 예비적으
로 불법행위를 원인으로 한 손해배상청구를 한 사안에서, 두 청구는 모두가 동일한 목적을 달성하기 위
한 것으로서 어느 하나의 채권이 변제로 소멸한다면 나머지 채권도 그 목적 달성을 이유로 동시에 소멸
하는 관계에 있으므로 선택적병합 관계에 있다고 판시하였다. 이를 청구의 병합으로 인정하였음은 판례
가 여전히 구실체법설을 취하고 있음을 뜻한다.

18) 大判 2010. 5. 13, 2010다8365: 제1심판결 선고 전의 명예훼손행위를 이유로 손해배상청구를 하
였으나 피고가 그 내용이 진실이라고 믿을 만한 상당한 이유가 있다는 이유로 청구를 기각당한 원고가
그 항소심에서 청구취지를 변경하지 않은 채 피고가 제1심판결 선고 후 행한 새로운 명예훼손행위를 청
구원인으로 추가하였다면 이는 다른 특별한 사정이 없는 한 피고의 새로운 명예훼손행위를 원인으로 하
는 손해배상청구를 선택적으로 병합하는 취지라고 볼 것이다.

19) 大判 2008. 12. 11, 2005다51495(아무 관계없는 4개의 사건으로 발생한 각 손해의 배상청구를 병
합하면서 그중 일부만 인정해 달라고 청구한 경우 이를 단순병합으로 본 사안).

20) 大判 2014. 4. 24, 2012두6773: 공익사업을 위한 토지 등의 취득 및 보상에 관한 법률 제74조에

으로 병합하는 것은 소송물의 불특정이므로 부적법하다. 그리고 양립이 가능한 청구를 관련성이 있다는 이유로 예비적으로 병합하여 법원의 심판에 순위를 붙이는 것도 부적법하다고 보아야 한다.[21]

(2) 예비적병합

(가) 양립 가능성

a) **진정 예비적병합**   예비적으로 병합된 각 청구는 양립 불가능한 것이어야 하는가? 예비적으로 병합되는 여러 개의 청구는 양립할 수 없는 경우가 보통이다. 이를 '진정 예비적병합'이라고도 한다. 통설은 예비적병합이 되려면 병합된 청구들이 양립 불가능하여야 한다고 본다. 예컨대 5천만원을 청구하고 만일 그것이 허용되지 않으면 그 일부인 3천만원이라도 청구한다는 경우처럼 주위적 청구가 예비적 청구를 흡수하는 관계인 경우는[22] 병합이 법률적으로 아무 의미가 없다. 그리고 〈사례 3a〉에서 甲이 1억원의 대여금반환을 청구하되 그것이 이유 없을 경우에는 5천만원의 매매대금 지급을 청구하는 경우나, 토지의 소유권확인청구에 예비적으로 그 토지의 지적도의 정정신청에 대한 승낙 의사의 진술을 청구하는 것처럼[23] 두 청구가 양립할 수 있고 기초 사실관계가 아무런 관련성이 없을 경우는 두 청구의 관계는 단순병합이 될 수 있을 뿐이어서 예비적병합은 인정되지 않는다.[24] 학설로도 양립 불가능해야 예비적병합이 된다고 보는 견해가 많다.[25]

b) **판례상 부진정 예비적병합**   그와 반대로 판례는 일찍이 선택적병합의 관계

따른 잔여지의 수용 청구와 제73조에 따른 잔여지의 가격 감소로 인한 손실보상청구는 양립이 불가능하므로 선택적병합이 허용되지 않는다.

21) 大判 2022. 5. 12, 2020다278873(피고가 기본수수료 지급 기준에 관한 약관을 원고에게 일방적으로 불리하게 개정하여 원고가 지급받지 못하게 된 금액을 주위적으로는 약관의 무효를 근거로 부당이득반환을 청구하고 예비적으로 공정거래법상의 불이익 제공을 원인으로 하여 손해배상을 청구한 사안에서 이는 선택적병합으로 다루어야 한다고 판시).

22) 大判 2017. 2. 21, 2016다225353(주위적으로 토지 전체의 소유권확인청구를, 예비적으로 같은 토지의 일부의 소유권확인청구를 한 사안); 大判 2017. 10. 31, 2015다65042(제1 예비적 청구를 양적으로 일부 감축하여 제2 예비적 청구를 한 사안).

23) 위 2016다225353 판결.

24) 그러므로 당사자가 아무런 관련이 없어서 단순병합으로 해야 할 청구를 예비적으로 병합한 경우에 법원이 주위적청구를 인용하고 예비적청구에 대하여 아무런 재판을 하지 않았으면, 그렇다고 해서 단순병합이 예비적병합으로 되는 것이 아니고, 재판하지 않은 청구는 여전히 원심에 남아있다(大判 2009. 12. 24, 2009다10898).

25) 宋·朴, 603; 이시윤, 737; 田炳西, 716; 鄭·庚·金, 1008-1009. 이와 달리 전병서, 강의, 504는 서로 양립하는 청구라도 당사자의 의사를 전제로 그 필요성과 합리성에 따라 예비적병합으로 다룰 수 있다고 하는 제한적 긍정설을 취한다.

에 있는 청구라도 원고가 한 청구를 먼저 심리하고 그 청구가 이유 없을 때에는 다른 청구를 심리해 달라는 취지로 청구를 병합하여 이를 예비적 청구취지라고 이름붙인 경우에는 예비적 청구로서 요건을 갖추지 못했다고 하여 각하할 것이 아니라 원고가 원하는 대로 심판해 주어야 한다고 판시한 적이 있었다.26) 그러면서도 한 편으로는 성질상 선택적병합 관계에 있는 두 청구에 관하여 원고가 예비적병합으로 순위를 붙여 청구하여도 법원은 그 법적 성질에 따라 선택적병합으로 심판하여야 한다고 보기도 하였다.27) 그 뒤에 판례는 논리적으로 양립할 수 있는 수개의 청구라 하더라도 당사자가 심판의 순위를 붙여 청구를 할 합리적 필요성이 있는 경우에는 당사자가 붙인 순위에 따라서 당사자가 먼저 구하는 청구를 심리하여 이유가 없으면, 다음 청구를 심리하여야 할 것이라고 판시하고,28) 이를 **부진정 예비적병합**이라고 하면서 이것도 진정한 예비적병합과 마찬가지로 규율할 것이라고 하였다.29) 판례에 의하면 결국 양립 불가능한 청구를 선택적으로 병합할 수는 없고 예비적으로만 병합할 수 있으며,30) 양립 가능한 청구는 선택적으로 병합하는 것은 물론, 예비적으로 병합하는 것도 가능하게 된다. 그러므로 양립 불가능이 예비적병합의 요건이라고 볼 필요는 없다는 말이 된다.

판례 중에는 주위적으로 재산상 손해배상을 청구하면서 그 손해가 인정되지 않을 경우에 예비적으로 같은 액수의 정신적 손해배상을 청구하는 경우에 부진정 예비적병합의 요건인 합리적 필요성이 있다고 한 것이 있다.31) 그러나 재산적 손해배상 청구와 정신적 손해배상 청구는 별개이고 두 청구가 서로 아무 관련이 없으므로 이는 단순병합이 될 수 있을 뿐이다. 두 종류의 손해 중 어느 하나를 배상받아도 다른 손해의 배상에는 아무 영향이 없기 때문이다. 단지 두 청구의 액수가 같다

---

26) 大判 1966. 7. 26, 66다933. 원고가 주주총회 결의 부존재 확인청구를 하고 예비적 청구라 하여 주주권의 존재 확인청구를 병합시킨 사례이다.

27) 大判 2014 5. 29, 2013다96868; 大判 2018. 2. 28, 2013다26425.

28) 大判 2002. 2. 8, 2001다17633. 원고가 제1순위로 청약권의 준공유자로서 보존행위 내지 관리행위로 매매대금의 지급과 상환으로 매매를 원인으로 한 소유권이전등기절차의 이행청구를 하고, 제2순위로 자신의 지분권에 관하여 매매대금의 지급과 상환으로 매매를 원인으로 한 소유권이전등기절차의 이행청구를 한 사례로, 양 청구는 크기가 달라 순서를 붙여서 청구할 합리적인 필요성이 인정된다고 하였다. 宋·朴, 604도 합리적 필요성을 요건으로 순서를 붙이는 것을 인정한다.

29) 大判 2002. 9. 4, 98다17145. 다만, 大判 2014. 5. 29, 2013다96868은 성질이 선택적병합인데 원고가 예비적병합 형태로 한 경우에 대하여, 병합의 형태가 선택적인지 예비적인지는 당사자의 의사가 아니라 병합청구의 성질을 기준으로 판단해야 된다고 하였다.

30) 大判 1982. 7. 13, 81다카1120.

31) 大判 2021. 5. 7, 2020다292411.

고 해서 경제적 목적이 같아지는 것이 아니므로 합리적 필요성이 인정될 수 없다. 이들은 예비적이나 선택적으로 병합하더라도 이는 소송물 불특정에 불과하다.

그러나 병합의 형태를 소송에서 이처럼 원고의 의사에 따라 정하는 것이 타당한지 매우 의심스럽다. 특히 그 법적 성질이 소송물 불특정에 해당하는 선택적병합인 것을 원고가 순서를 정해 주었다고 법원이 그대로 따를 필연적 이유는 없다.

c) **강학상 부진정 예비적병합** 판례가 말하는 부진정 예비적병합과는 달리, 본래의 의미의 부진정 예비적병합은 주위적청구가 인용될 경우를 위해서 그 다음 단계의 청구를 예비적으로 병합한 것을 말한다. 즉 주위적청구의 기각이나 각하를 해제조건으로 예비적청구를 병합하는 것을 말한다. 전형적인 예가 물건의 인도 등 어떤 행위의 이행판결을 구하면서 청구가 인용되었으나 피고가 이행판결의 내용대로 이행하지 않을 경우를 대비해서 손해배상 판결을 구하는 청구를 병합하는 경우나,[32] 소유권 확인 등 권리·법률관계의 확인을 청구하면서 이 주위적청구가 받아들여질 것을 대비해서 물건 인도청구를 예비적으로 병합하는 경우가[33] 여기에 해당한다.[34] 이러한 경우는 병합된 두 청구가 양립이 가능하여 단순병합으로 할 수도 있으나, 원고가 해제조건을 붙여서 병합할 수도 있다. 통상의 예비적병합과는 달리 병합되는 형태는 해제조건부인 예비적병합이지만 해제조건이 성취되지 않으면, 즉 주위적청구를 인용하면 단순병합의 경우처럼 두 청구 모두에 대하여 재판하게 된다.[35] 주위적청구를 기각하면 해제조건이 성취되어 예비적청구는 재판할 필요가 없다는 점, 즉 예비적청구는 해제조건부라는 점에서 통상의 예비적병합과 공통점이 있다.

이러한 형태의 부진정 예비적병합은 독일의 학설과 판례가 소송경제를 근거로[36] 인정하는 것으로, 우리 판례가 말하는 부진정 예비적병합과는 완전히 다르다. 이들을 구별하기 위하여 전자를 '강학상' 부진정 예비적병합, 후자를 '판례상' 부진정 예비적병합이라고 일컬을 수 있을 것이다.

(나) 관련성

병합된 청구들 사이에 일정한 관련성이 있어야 한다. 여기서 관련성이라 함은, 통상의 예비적병합에서는 병합된 청구들이 법률적으로 또는 경제적으로 **동일한 목**

---

32) Rosenberg-Schwab/Gottwald[18] § 65 Rn. § 33 f.; Jauernig/Hess[30] § 88 Rn. 14.
33) Stein-Jonas/Roth[23] § 260 Rn. 21.
34) 소유권확인청구와 물건 인도청구의 병합은 중간확인의 소를 이용할 수도 있을 것이다.
35) MüKoZPO/Becker-Eberhard[6] § 260 Rn. 16.
36) Stein-Jonas/Roth[23] § 260 Rn. 21.

적을 추구하는 관계에 있어서 한 청구가 인용되면 원고가 만족을 얻어서 다른 청구에 대하여는 재판할 필요가 없는 것을 말한다. 앞에서 본 바와 같이 〈사례 1b〉에서 두 청구는 비록 법률적 근거와 사실관계를 달리 하지만 경제적 목적이 동일하므로 관련성이 인정된다.

강학상 부진정 예비적병합에서의 관련성은 병합된 두 청구가 양립이 가능하지만 선·후 관계로 서로 밀접하게 관련된 두 청구에 대하여 한꺼번에 재판을 받아 모순 없이 권리보호를 받을 수 있다는 점을 말한다.

이와는 달리, 양립할 수 있으면서 이러한 관련성도 없는 청구들을 병합하면 단순병합으로 취급해야 할 것이다.[37] 그러므로 그중 어느 하나의 청구만 인용할 경우에는 나머지 청구는 기각해야 하고, 인용한 부분에 대하여 피고만이 항소한 경우에는 불복의 대상이 된 부분의 판결만이 상소심의 심판 대상이 된다.[38] 만일 나머지 청구에 대하여 판결하지 않았더라도 그 병합이 원고가 정한 대로 예비적병합이나 선택적병합이 되는 것이 아니고 판결하지 않은 청구 부분은 상소심으로 이심되지 않는다.[39]

Ⅳ. 절차와 심판

1. 병합요건의 조사

법원은 앞에서 본 병합요건이 구비되었는지를 직권으로 조사한다. 병합요건은 청구병합에 특유한 소송요건이기 때문이다. 요건이 불비되었을 때에는 분리하여 심판하고, 불비된 요건이 전속관할 위반인 경우에는 관할법원으로 이송한다. 청구병합이 원시적병합인 경우에는 병합요건을 심리한 후에 일반적인 소송요건을 조사한다.

2. 병합청구의 심리

병합된 수개의 청구는 **동일 절차에서 심리**하는 것이 원칙이다. 그러므로 변론이나 증거조사는 같은 기일에 공통으로 하게 된다. 여기서 얻은 소송자료는 각 청구

---

37) 大判 2009. 5. 28, 2007다354(저작재산권 침해를 이유로 손해배상을 청구하고 나중에 이 청구가 인용되지 않는 범위에서 저작인격권 침해를 원인으로 한 손해배상 청구를 예비적으로 병합한 사안).
38) 大判 2008. 12. 11, 2005다51471. 판결 받은 모든 청구가 상소심으로 이심되는 것을 전제로 한다.
39) 大判 2008. 12. 11, 2005다51495; 大判 2008. 12. 11, 2006다5550.

에 공통적으로 소송자료가 된다. 기일에 일부 청구에 대하여서만 심리하는 **변론의 제한**은 가능하다. **변론의 분리**는 청구들 사이에 아무런 관계가 없는 단순병합에서는 허용되지만, 병합된 청구들이 조건부로 소송이 계속하는 선택적병합과 예비적병합에서는 허용되지 않는다. 변론의 분리로 각 청구가 별개의 절차로 심리되면 병합된 청구 사이의 관련성이 무의미해지기 때문이다.

3. 종국판결

(1) 단순병합의 경우

법원은 병합된 청구 모두에 대하여 재판하여야 한다. 병합된 청구 사이에 관련성이 없는 단순병합의 경우에도 하나의 절차로 심리하였으면 **하나의 종국판결**로 재판하는 것이 원칙이다. 그러나 그중 한 청구에 대하여 판결할 수 있을 정도로 심리가 성숙하였으면 일부판결을 할 수 있다. 만일 어느 청구에 대하여 **판결을 누락**시켰으면 누락된 청구 부분은 그 법원에 계속하여(제212조) **추가판결**의 대상이 된다. 판결이 누락되었는지 여부는 주문을 기준으로 판단한다. 이유에서 판단하였어도 주문에 아무런 판단이 나타나 있지 않으면 판결을 누락한 것이다.[40] 전부판결의 일부에 대하여 상소한 경우와는 달리, 일부판결에 대하여 상소하면 상소한 부분에만 이심의 효력이 생긴다.[41]

(2) 선택적병합의 경우

선택적병합의 경우에 법원이 병합된 청구 중에서 **어느 것이든 이유 있으면** 그에 대한 청구인용판결을 할 수 있다. 이때 나머지 청구에 대하여는 굳이 판단할 필요가 없다. 해제조건이 성취되었기 때문이다. 반면에 병합된 청구가 **모두 이유 없을 때**에는 병합된 청구 모두에 대하여 기각판결을 하여야 한다. 이때 만일 일부의 청구에 대하여 판결을 하지 않으면 그 판결은 위법한 판결이 된다.[42] 선택적병합의 경우에는 수개의 청구가 하나의 소송절차에 불가분적으로 결합되어 있어서, **선택적 청구 중 하나만을 기각하는 일부판결**은 선택적병합의 성질에 반하는 것으로서 법률상 허용되지 않기 때문이다.[43] 따라서 이 경우에는 상소로 구제해야 하고, 추가

---

40) 大判 2004. 8. 30, 2004다24083; 大判 2009. 5. 28, 2007다354.
41) 앞의 2005다51495 판결; 2007다354 판결(따라서 누락된 부분은 상소의 대상이 되지 않는다고 판시).
42) 大判 2017. 10. 26, 2015다42599.
43) 大判 1998. 7. 24, 96다99; 大判 2018. 6. 15, 2016다229478.

판결을 할 사항은 아니다. 이 경우에 판단의 누락에 준하여 취급하여 상소로 구제해야 한다는 견해가 있다.44) 이 견해는 결론은 정당하나, 하나의 청구에 대한 판결을 누락시킨 것을 판단누락에 준하여 취급하는 것은 문제가 있으므로, 병합된 한 청구에 대한 **재판누락**임에는 틀림이 없지만 위법판결이므로 **상소로 구제**한다고 보는 것이 타당하다.45)

제1심에서 병합된 청구 중 하나에 대하여 심판한 경우에 항소심에서는 임의로 제1심에서 심판하지 않은 청구를 선택하여 재판할 수 있다. 제1심에서 심판한 청구에 대하여 먼저 심판해야 하는 것은 아니다. 그 결과 제1심과 같은 내용의 주문을 내게 된다고 하여 항소를 기각해서는 안 된다. 제1심 판결을 취소하고 — 비록 같은 내용이라도 — 새로운 주문을 내야 한다.46)

항소심에서 선택적병합인 수개의 청구를 모두 기각하거나 소를 각하한 경우에 상고심에서 선택적 청구 중 어느 하나의 청구에 관한 상고가 이유 있다고 인정할 때에는 이유 있다고 인정된 청구에 관한 원심판결만이 아니라 원심판결 전부를 파기하여야 한다.47)

제1심에서 원고의 청구가 기각되었고, 항소한 원고가 항소심에서 청구를 선택적으로 병합하였는데 한 청구가 이유 있다고 인정될 경우에는 제1심 판결을 취소하고 이유 있다고 인정한 청구를 인용하는 주문을 내어야 한다.48)

(3) 예비적병합의 경우

(가) 주위적 청구를 인용한 경우

통상의 예비적병합에서는 이때에 적어도 그 심급에서는 예비적 청구에 붙은 해제조건이 성취되었다고 판단하므로 예비적 청구에 대하여는 판결할 필요가 없다. 강학상 부진정 예비적병합에서는 해제조건이 성취되지 않았으므로 병합된 두 청구 모두에 대하여 판결하여야 한다.

---

44) 이시윤, 741.
45) 같은 취지는 鄭·庚·金, 1013. 후술하는 예비적병합의 경우를 참조.
46) 大判 1992. 9. 14, 92다7023; 大判 2006. 4. 27, 2006다7587·7594.
47) 大判(全) 1993. 12. 21, 92다46226(항소심에서 전부 각하한 사안); 大判(全) 2012. 1. 19, 2010다95390(항소심에서 전부 기각한 사안); 大判 2018. 6. 15, 2016다229478.
48) 大判 2021. 7. 15, 2018다298744(제1심 판결 전체를 취소하지 않고 그 판결 중 원심이 인용한 청구 금액에 해당하는 금액 부분을 취소하고 피고에게 그 금액의 지급을 명한 원심 판결을 파기한 사안).

(나) 주위적 청구를 기각한 경우

이때에는 예비적 청구에 대하여 재판해야 한다. 이 경우에 예비적 청구를 반드시 인용해야 하는 것은 아니며, 이것도 이유 없으면 원고의 청구를 모두 기각할 수 있음은 물론이다.

주위적 청구에 대하여 일부기각한 경우에는 원고가 주위적 청구의 일부를 특정하여 그 부분이 인용될 것을 해제조건으로 하여 그 부분에 대하여만 예비적 청구를 하였다는 등의 특별한 사정이 있다면 모르되, 그렇지 않으면 예비적 청구에 대하여 판단할 필요는 없다.49)

다만, 강학상 부진정 예비적병합의 경우에는 해제조건이 성취되었으므로 예비적 청구에 대하여 판결할 필요가 없다.

(다) 예비적 청구에 대한 재판누락의 경우

주위적 청구에 대하여만 기각판결을 하고 예비적 청구에 대하여는 아무런 판결을 하지 않은 경우에는 선택적병합의 경우와 마찬가지로 위법한 판결이므로 상소로 구제할 것이다. 이 점에 관하여 종래 판결누락설과 판단누락설이 있다. **판결누락설**은 병합된 청구 중 일부에 대하여 재판하지 않은 것이므로 누락된 부분은 상소의 대상이 되지 않고 원심에 남아 추가판결의 대상이 된다고 한다.50) **판단누락설**은 병합된 청구 전체가 상소의 대상이 되므로 비록 청구에 대한 재판이 누락되었어도 이를 공격·방어방법에 대한 판단을 누락한 경우와 같이 취급하여 위법한 판결로 보고 상소로써 구제받아야 한다고 한다.51)

판례는 과거에 누락된 예비적 청구 부분은 아직 원심에 소송이 계속 중이라 할 것이므로 이 부분에 대한 상고는 그 대상이 없어 부적법하다고 하였다.52) 그러나 뒤에 태도를 변경하여, 예비적병합은 수개의 청구가 불가분적으로 결합된 것이라고 전제하고 주위적 청구를 배척하면서 예비적 청구에 대하여 판단하지 아니하는 판결을 한 경우에는 그 판결에 대한 상소가 제기되면 판단이 누락된 예비적 청구 부분도 상소심으로 이심이 되고 그 부분이 재판의 누락에 해당하여 원심에 계속 중이라고 볼 것은 아니라고 하였다.53) 나아가 이른바 판례상의 부진정 예비적병합의

---

49) 大判 2000. 4. 7, 99다53742.

50) 한충수, 632-633. 이 견해는 선택적병합의 경우에도 추가판결을 해야 한다는 입장이다.

51) 이시윤, 741.

52) 大判 1981. 4. 14, 80다1881·1882; 大判 1989. 9. 26, 88다카10647; 大判 1992. 10. 13, 92다18283; 大判 2000. 1. 21, 99다50422.

경우에도 이처럼 취급하는데,[54] 이는 예비적병합이 아니므로 두 청구가 모두 이심된다고 볼 일이 아니다.

　두 입장에는 모두 문제점이 있다. 판결누락설에 의하면 병합된 청구의 심리가 분리되고,[55] 추가판결은 법원이 직권으로 해야 하는데 그럼에도 불구하고 판결을 하지 않고 있으면 소송관계가 어떻게 되는지가 불분명해진다. 특히 그 판결에 대하여 아무도 상소하지 않았을 경우에 기각된 주위적 청구에 관하여는 기판력이 발생하고, 판결을 받지 않은 예비적 청구는 아직 소송계속 중인 것으로 된다. 그러므로 이때 만일 원고가 오래 뒤에 예비적 청구와 같은 청구를 하는 별소를 제기하면 중복소제기가 된다는 문제가 발생한다. 판단누락설에 따르는 것은 한 개의 소송상청구에 대하여 판결하지 않은 것을 공격·방어방법에 대한 판단을 누락한 것과 같이 취급하는 것은 명백한 개념 혼동이고, 판결을 받지 못한 청구가 상소심에 가서 판결을 받게 되더라도 심급의 이익을 침해당하는 것이 된다. 그리고 아무도 상소하지 않으면 판결은 확정되지만 재판받지 않은 예비적 청구에 대하여는 기판력이 생기지 않고 이를 주장하여 다시 소를 제기할 수가 있게 된다.[56]

　두 견해를 비교하여 보았을 때 당사자의 구제를 위해서는 다시 소송을 할 수 있도록 허용하는 판단누락설의 결론이 더 타당하다고 생각된다. 그러나 청구에 대한 판결누락을 판단누락으로 취급하는 것은 부당하므로 이를 수정하여 다음과 같이 새기면 될 것이다. 즉, 이 경우 판단누락이 아니고 **판결 누락**이지만 예비적병합의 특성상 그 자체가 **심리의 불가분성에 위반**된 위법한 판결이어서 **상소의 대상**이 된다.[57] 만일 아무도 상소하지 않았으면 판결은 확정되고, 누락된 청구에 대하여는 소송계속도 소멸하므로 이 청구는 별소로써 주장할 수 있다.[58]

---

　53) 大判(全) 2000. 11. 16, 98다22253. 大判 2002. 9. 4, 98다17145(이러한 판결이 위법하기 때문); 大判 2017. 3. 30, 2016다253297; 大判 2017. 6. 29, 2017다218307.

　54) 大判 2021. 5. 7, 2020다292411.

　55) 이를 주장하는 한충수, 633은 두 청구가 모두 이심되면 당사자가 재판누락을 알지 못해서 누락된 청구부분을 다투지 않을 경우에는 그 부분에 대하여 판단을 받을 기회를 상실한다고 한다. 그러나 판결이 누락되었음에도 불구하고 당사자가 이를 모른다는 것은 생각할 수 없고, 혹시 그런 경우가 있더라도 그 부분을 다투지 않은 것은 자기 책임이다. 그리고 이심설이 주장하는 청구 상호간의 불가분성은 어디에도 근거를 찾기 어렵다고도 하나, 불가분성의 근거는 명확하다: 선택적병합과 예비적병합이 모두 해제조건부 병합이라는 점이다.

　56) 다만 판단누락설을 취한 98다17145 판결은 이런 경우 상소를 하지 않고 다시 한 소제기는 권리보호이익이 인정되지 않는다고 하였다. 그러나 이는 권리보호이익을 부당하게 확대 적용하는 것이다.

　57) 鄭·庚·金, 1014도 같은 취지라고 생각된다.

　58) 전에는 판결의 누락이라고 보고 추가판결의 대상이 된다고 보았으나 견해를 바꾼다. 상세한 논의는 胡文赫, "豫備的 請求에 대한 裁判漏落과 權利保護要件", 民事判例研究 [XXVI], 2004, 523면 이하

(4) 항소심의 재판

선택적병합에서 병합된 청구 중 하나를 인용하면 나머지에 대하여 판단하지 않게 된다. 해제조건이 성취되었기 때문이다. 이에 대하여 피고가 항소하면 판단 받지 않은 청구에 대하여도 **이심의 효과**가 생기고, 병합된 두 청구 모두 항소심의 심판 대상이 된다.59) 제1심에서 인용한 청구를 항소심에서 기각하면 제1심에서 재판하지 않은 청구에 대하여 재판해야 한다. 제1심 인용판결에 대하여 피고만 항소하였다고 해서 그 인용 부분만이 항소심의 심판 대상이라고 보면 안 된다.60) 항소심 법원은 제1심에서 재판하지 않은 청구가 여럿일 경우에는 임의로 선택하여 인용할 수도 있다. 이 경우 결과적으로 제1심 판결과 주문이 같아진다고 해서 항소기각판결을 해서는 안 된다.61)

《**사례 6a**》   〈사례 6〉에서 법원이 乙은 甲에게 5천만원을 지급하라는 판결을 선고하였다. 이에 대하여 乙이 항소하였다. 항소심이 심리 결과 매매계약이 무효라고 판단하였다. 이때 항소심은 컴퓨터를 반환하라고 乙에게 명하는 판결을 할 수 있는가?

예비적병합에서는 주위적 청구를 인용하면 해제조건이 성취되었으므로 예비적 청구에 대하여는 판단하지 않는다. 이에 대하여 피고가 항소하면 판단받지 않은 예비적 청구 부분도 항소심으로 이심된다. 〈사례 6a〉에서 예비적 청구인 컴퓨터 반환 청구에 대하여는 제1심에서 판단한 바 없지만 이는 조건부병합이기 때문이다. 항소심에서 주위적 청구를 기각하는 판결을 함으로써 비로소 예비적 청구에 대하여 재판할 가능성이 생겼으므로 예비적 청구에 대하여는 제1심 재판이 없어도 항소심에서 바로 판결할 수 있는 것이다. 청구기각 판결을 받고 항소한 원고가 항소심에서 비로소 예비적 청구를 추가하였는데, 법원이 주위적 청구가 이유 없다, 즉 항소가 이유 없다고 판단한 경우에는 항소심법원은 원고의 항소를 이유 없다고 기각하고 예비적 청구에 대하여 제1심으로서 재판하여야 한다.62)

예비적병합에서 주위적 청구를 기각하고 예비적 청구를 인용한 원판결에 대하

참조.

59) 大判 2014. 5. 29, 2013다96868.

60) 大判 2010. 5. 27, 2009다12580.

61) 선택적병합의 경우에 관하여 大判 1992. 9. 14, 92다7023은 이를 인정한다.

62) 大判 2017. 3. 30, 2016다253297: 항소심에서 새로 추가한 예비적 청구를 인용할 경우에는 제1심 판결에서 기각한 부분 중 예비적 청구에 상당하는 금액 부분만을 취소하고 이 금액의 지급을 명할 것이 아니라 항소를 전부 기각하고 예비적 청구를 인용하는 판결을 해야 한다.

여 피고가 예비적 청구의 인용에 불복하여 항소한 경우에도 불복이 없는 주위적 청구에 대한 부분도 항소심으로 이심된다. 이 경우에 주위적 청구 부분은 불이익변 경금지 때문에 심판의 대상이 되지는 않는다는 것이 판례이다.63)

(5) 상고심의 재판

상고심에서의 재판에서 항소심과 다른 특이한 문제가 있다. 선택적병합이나 예 비적병합의 경우에 항소심에서 병합된 청구를 모구 기각하였을 때 상고심 법원이 병합된 청구 중에서 한 청구를 기각한 것이 잘못되었다고 판단한 경우 파기의 범 위가 어떻게 되는가 하는 점인데, 선택적병합의 경우에 판례는 원심판결 전부를 파 기하여야 한다고 본다.64) 성질상 선택적 관계에 있는 청구를 당사자가 심판의 순위 를 붙여 예비적으로 병합(판례상의 부진정 예비적병합)한 경우에도 같다고 본다.65) 심리의 불가분성 때문이다. 예비적병합의 경우에도 마찬가지로 새겨야 할 것이다.

제 2 절 請求의 變更

I. 서 설

1. 의 의

청구의 변경은 청구취지 또는 청구원인의 변경, 즉 **소송상청구(소송물)의 변경** 을 말한다. 이를 흔히 소의 변경이라고도 한다. 소의 요소에는 소송주체도 포함되 므로 법원이나 당사자의 변경도 개념상으로는 소변경에 포함될 수 있을 것이다. 그 러나 우리 법은 소송주체의 변경은 이송, 참가, 승계 등 다른 제도로 규율하고 소 변경은 청구변경에 한하는 것으로 규정하였다(제262조 1항).

소송 중에 청구를 변경하는 것은 절차를 불안하게 하는 측면이 있다. 그러나 소 송 중에 상황이 변화된 경우에도 원고로 하여금 처음에 한 청구를 유지하도록 강 요한다면 법원의 재판이 분쟁상황과 어긋나 권리보호의 실질을 기할 수 없다. 차라

---

63) 大判 1995. 1. 24, 94다29065. 宋·朴, 609도 같은 견해이다.
64) 大判(全) 1993. 12. 21, 92다46226; 大判(全) 2012. 1. 19, 2010다95390; 大判 2018. 6. 15, 2016 다229478.
65) 大判 2022. 3. 31, 2017다247145.

리 청구를 변경하여 종래의 심리 결과를 이용하면서 새로운 청구를 심리하도록 하면 소송경제상 합리적일 것이다.[1] 이러한 이유에서 소송법에서 청구변경제도를 두었다.

2. 변경의 요소

민사소송법은 청구의 취지 또는 원인의 변경을 청구의 변경이라고 규정하였으므로 이들 중 어느 하나라도 변경하면 청구변경이 된다. 여기서 청구변경의 개념과 관련하여 논란이 되는 부분이 있다.

(1) 청구취지

청구취지의 변경은 원칙적으로 청구변경이 된다. 이행의 소를 확인의 소로 바꾼다든가 하는 소의 종류의 변경, 매매대금청구를 매매목적물반환청구로 바꾸는 것과 같은 심판의 대상이나 내용의 변경 등이 청구변경이 됨은 물론이다. 청구취지를 변경하면 소송물도 변경됨을 뜻하기 때문이다. 그리고 불분명하거나 잘못 기재한 청구취지를 고치는 청구취지의 정정이 청구변경과 관계가 없음도 물론이다.[2] 문제는 청구취지를 확장하거나 감축하는 경우이다.[3]

《사례 1》　　甲은 乙로부터 노트북 컴퓨터를 400만원에 구입하기로 계약을 체결하였다. 그 뒤 乙로부터 아무 소식이 없자 甲이 乙을 상대로 하여 매매대금 400만원의 지급과 상환으로 컴퓨터의 인도를 구하는 소를 제기하였다. 소송 중에 甲은 매매대금을 지급할 필요가 없다고 판단하여 컴퓨터 인도를 구하는 것으로 청구취지를 바꾸었다. 이를 청구변경이라고 할 수 있는가?

《사례 2》　　甲은 아파트 매매대금 중 계약금을 제외한 5천만원 중 중도금 3천만원의 지급을 구하는 소를 제기하였다. 그 뒤에 잔금 2천만원을 마저 청구하기 위하여 청구취지를 5천만원으로 늘렸다. 이를 청구변경이라고 할 수 있는가?

《사례 3》　　甲은 乙로부터 노트북 컴퓨터를 400만원에 구입하기로 계약을 체결하였

---

1) 金・姜, 737; 宋・朴, 605.

2) 大判 2008. 2. 1, 2005다74863: 소장에서 심판을 구하는 대상이 불분명한 경우 이를 명확하게 하기 위하여 청구취지를 보충・정정하는 것은 청구의 변경에 해당하지 아니한다.

3) 독일 민사소송법은 청구원인의 변경 없이 청구취지만을 확장하거나 감축하는 것은 소변경으로 보지 않는다고 규정한다(제264조 2호). 그러나 주의할 것은 이들이 개념상 소변경이 아니라는 의미가 아니라, 이러한 경우에는 소변경으로 규율하지 않겠다, 즉 소변경의 요건을 갖출 것을 요구하지 않는다는 의미이다. 그러므로 청구의 확장과 질적 감축은 아무런 제한 없이 허용되는 소변경이라고 본다(Jauernig/Hess[30] § 41 Rn. 1 ff.; Rosenberg-Schwab/Gottwald[18] § 100 Rn. 1 ff.).

다. 그 뒤 乙로부터 아무 소식이 없자 甲이 乙을 상대로 하여 컴퓨터의 인도를 구하는 소를 제기하였다. 소송 중에 甲은 매매대금 400만원의 지급과 상환으로 컴퓨터 인도를 구하는 것으로 청구취지를 바꾸었다. 이를 청구변경이라고 할 수 있는가?

《사례 4》　甲은 아파트 매매대금 중 중도금과 잔금 5천만원의 지급을 구하는 소를 제기하였다. 그 뒤에 잔금 2천만원은 아직 이행기가 도래하지 않았음을 깨닫고 청구취지를 3천만원으로 줄였다. 이를 청구변경이라고 할 수 있는가?

(가) 청구취지의 확장

여기에는 〈사례 1〉과 같이 상환이행청구에서 단순이행청구로 바꾸는 것과 같은 질적 확장이 있고, 〈사례 2〉와 같이 금전청구 금액을 늘리는 양적 확장이 있다. 질적 확장이 **청구의 변경**임은 다툼이 없다. 양적 확장은 단지 이행명령의 상한을 늘인 것에 불과하고 청구변경이 아니라는 견해가 있으나,[4] 오늘날 통설은 청구의 추가적 변경이라고 하여 청구변경의 한 모습으로 파악한다.

(나) 청구취지의 감축

감축에도 〈사례 3〉과 같이 단순이행청구를 상환이행청구로 바꾸는 것과 같은 질적 감축이 있고, 〈사례 4〉와 같이 금전청구에서 금액을 줄이는 양적 감축이 있다. 청구 감축의 성격에 관하여 통설은 청구변경이 아니라고 하면서, 일부포기나 일부취하가 되지만 원고의 의사가 분명치 않으면 **일부취하**로 볼 것이라고 한다. 판례는 청구금액의 감축은 소의 일부취하이지 청구의 일부포기가 아니라고 하여 통설과 같은 견해를 취한다.[5] 원고가 명백히 의사를 표시하지 않은 경우에 일부포기로 보아서는 안 된다는 점에서는 통설이 타당하다. 원고가 포기의 의사표시를 하지도 않았는데 소송 중에 감축한 부분에 대하여 포기조서를 작성해야 하고 그 부분에는 기판력이 생길 것이기 때문이다. 〈사례 4〉에서 청구를 2천만원 줄인 것을 청구의 포기로 보아서는 안 된다는 것이 분명히 드러난다.

그러나 청구취지의 감축을 일부취하로 보는 통설에는 문제가 있다. **질적 감축**에서 단순이행청구를 상환이행청구로 바꾼 것이 소의 어느 부분을 취하한 것인지 분명하지 않다. 이는 원고가 구하는 이행의 내용이 완화된 것뿐이어서 청구 중 어느 한 부분을 취하하였다고 보는 것은 매우 어색하므로 청구변경이라고 보는 것이 간명하다. 〈사례 3〉에서 甲이 종전 청구의 어느 부분을 취하했다고 구별하여 볼 수는

---

4) 李英燮, 243.
5) 大判 1983. 8. 23, 83다카450.

없고 단순히 청구의 내용을 줄여서 바꾸었다고 보는 것이 타당하다. **양적 감축**의 경우는 일부취하로 볼 여지가 있지만, 그러면 상대방의 동의가 필요할 것이다(제266조 2항).

질적·양적 감축에서 모두 원고가 청구를 항소심에서 다시 원상태로 복귀시키려고 해도 소취하 후의 재소금지(제267조 2항)에 저촉되어 불가능하게 된다. 〈사례 4〉에서 소송 중에 잔금채권의 이행기가 도래하여 다시 청구를 확장하는 것이 불가능하게 된다. 그러나 이러한 경우 모두 원고로서는 소송수행 중에 승소하기 위하여 여러 가지 방법을 모색하는 것일 뿐, 청구의 어느 부분에 대하여 소송계속을 소멸시키겠다는 의사를 표현한 것이라고 볼 수는 없다. 청구의 감축을 일부취하로 보는 것은 원고의 소송수행을 필요 이상으로 제한하게 되어 타당하지 않다. 그러므로 이러한 경우에도 **청구변경**이라고 보아야 할 것이다.

(2) 청구원인

청구원인에는 원고의 소송상 청구의 근거가 되는 법률적 관점(적용 법규의 주장)과 사실 주장이 포함된다. 그러므로 청구원인의 변경에는 법률적 관점의 변경과 사실 주장의 변경이 있을 수 있다.

(가) 법률적 관점의 변경

청구취지와 사실 주장을 그대로 두고 법률적 관점만 변경하는 것이 청구변경이 되는지에 관하여는 다툼이 있다.

《사례 5》　　甲은 乙이 운전하는 택시를 타고 가다가 乙이 교통사고를 내는 바람에 중상을 입어서 乙에게 치료비 3천만원을 청구하는 소를 제기하였다. 청구원인으로 乙이 운전 중에 졸다가 화물트럭을 추돌하는 불법행위로 인하여 내장파열과 팔과 다리의 골절상을 입었고 그 치료비로 3천만원이 들었다고 주장하였다. 소송 중에 甲은 청구원인을 乙의 운송계약 불이행으로 바꾸었다. 이것이 청구변경인가?

소송물의 특정 기준에 관한 **구실체법설**에 따르면 주장된 권리·법률관계도 소송물 특정의 기준이 되므로 이 경우에 소송물이 변경되어 청구변경이 된다. 그러나 권리·법률관계를 소송물 특정의 기준으로 보지 않는 **소송법설**은 이를 단순히 공격방법으로서의 법률적 주장의 변경이므로 청구변경이 아니라고 본다. 〈사례 5〉에서 구실체법설에 의하면 청구변경이 되지만, 소송법설에 의하면 청구변경이 되지 않는다. 소송법설이 타당함은 앞에서 설명한 바와 같다.

(나) 사실 주장의 변경

청구취지를 그대로 둔 채 사실 주장만을 바꾸는 것이 청구변경이 되는지도 문제된다. 원고가 주장하는 사실은 단순한 공격방법으로서의 개별적 사실과 식별설에 의한 청구원인사실, 즉 사실관계로 나눌 수 있다.

a) **단순한 공격방법으로서의 사실:** 이는 소송상청구를 식별하게 하는 **사실관계의 내용을 이루는 개별적 사실**로, 그것이 달라지더라도 소송상청구의 동일성에는 영향이 없는 것을 말한다.

《사례 5a》 〈사례 5〉에서 소송 중에 甲은 청구원인을 乙이 한눈을 팔다가 축대를 받아 교통사고가 난 것이라고 바꾸었다. 이것이 청구변경인가?

이 사례에서 乙의 과실의 구체적 내용이 여기에 해당한다. 하나의 교통사고로 인한 손해배상청구에서 사고의 원인이 졸음운전이건 부주의 운전이건 소송상청구에는 아무런 영향이 없다. 그러므로 이처럼 사실주장을 바꾸어도 이는 단순히 공격방법을 변경한 것에 불과하고 소송상청구의 변경을 초래하지 않는다. 또 다른 예로는 가등기에 기한 본등기청구를 하면서 그 등기원인을 매매예약완결이라고 주장하면서 가등기의 피담보채권을 처음에는 대여금청구권이라고 주장하였다가 나중에는 손해배상채권이라고 주장한 경우를 들 수 있다. 이 경우에 가등기에 기한 본등기청구의 등기원인은 위 주장의 변경에 관계 없이 매매예약완결이고, 위 가등기로 담보되는 채권이 무엇인지는 공격방법에 불과하기 때문이다.[6] 판례는 원고가 매매계약해제를 원인으로 대금반환청구를 하였다가 매매계약무효에 의한 부당이득으로서 매매대금에 상당하는 금전의 반환을 청구한다는 예비적 청구를 추가한 경우에 이를 청구의 추가적 변경임을 인정하였다.[7] 그러나 하나의 사실에 기하여 계약을 해제하였다고 주장하였다가 계약 무효 주장을 추가하였으면 이는 공격방법을 예비적으로 추가한 것에 불과하다고 보는 것이 옳을 것이다.

b) **사실관계:** **소송상청구의 동일성을 식별하게 하는 사실관계**를 변경하는 것이 청구변경에 해당하는지에 관하여는 다툼이 있다.

---

6) 大判 1992. 6. 12, 92다11848.

7) 大判 1962. 3. 29, 4294민상858. 이를 전제로 매매계약의 해제나 무효를 원인으로 하는 본건청구는 모두 부당이득의 전제하에 지급물의 반환을 청구하고 있는 것이므로 청구의 기초에 변경이 있다고 볼 수 없다고 하였다.

《사례 6》   甲은 乙을 상대로 경기도 용인시 소재의 나대지 3천평의 소유권이전등기를 구하는 소를 제기하였다. 제소시에는 등기원인을 매매라고 하였다가 소송 중에 시효취득의 주장을 추가하였다. 이것이 청구변경인가?

소송물 식별의 기준에 관한 **일원설**에 의하면 사실관계는 소송물 특정의 기준이 되지 않으므로 이 경우도 단순한 공격방법의 변경에 불과하고 청구변경은 되지 않는다.8)

〈사례 6〉에서 甲이 매매를 주장하다가 시효취득을 주장하여도 청구취지는 동일하므로 청구변경이 아니라는 것이다.9) 그러나 **이원설**에 의하면 청구취지가 같아도 전혀 다른 사실관계에 의한 것으로 '다른 사건'이므로 청구도 변경되었다고 본다.10) 이원설이 타당함은 이미 설명하였고, 판례도 이를 별개의 청구를 추가시킨 것이므로 청구변경이라고 한다.11) 확인의 소에서 권리의 취득원인을 달리 주장하는 경우도 일원설은 공격방법의 변경이라고 보나,12) 이원설에 따라 청구변경이 된다고 보는 것이 타당하다. 이것과 구별하여야 할 것이 **하나의 계약의 내용을 달리 주장**하는 경우이다. 등기원인을 대물변제에서 양도담보로, 분재(分財)에서 증여로 바꾸는 것이 만일 다른 사실관계에 기한 것이 아니라 계약의 내용을 달리 주장한 것에 불과하다면 청구변경이 아니라고 할 것이다.13)

II. 청구변경의 모습

청구를 변경하는 방법에는 기존의 청구를 새로운 청구로 교환하는 것과 기존의 청구에 새 청구를 추가시키는 것, 기존의 청구를 감축하는 것이 있다. 청구의 변경이 어느 것에 해당하는지가 분명하지 않으면 법원은 석명해야 한다.14)

---

8) 다만 금전지급이나 대체물인도청구에서는 사실관계의 변경이 청구변경이 된다고 본다(이시윤, 745).

9) 이시윤, 745.

10) 宋·朴, 611.

11) 大判 1997. 4. 11, 96다50520.

12) 이시윤, 745.

13) 大判 1959. 12. 10, 4291민상614와 大判 1969. 1. 21, 68므43은 각기 이러한 경우에 청구변경이라고 보았다. 이에 대한 의문 제기는 宋·朴, 612. 그러나 판결문에서 구체적 사실관계를 알 수가 없기 때문에 타당성을 논할 수는 없다.

14) 大判 1967. 7. 4, 67다766; 大判 1987. 6. 9, 86다카2600; 大判 1994. 10. 14, 94다10153; 大判 1995. 5. 12, 94다6802.

1. 교환적 변경

교환적 변경은 기존의 청구에 갈음하여 새로운 청구를 하는 것을 말한다.

《사례 7》 甲은 乙에게 빌려 준 라이카 카메라를 반환할 것을 구하는 소를 제기하였다. 소송 중에 乙이 그 카메라를 물에 빠뜨려 못쓰게 만든 것을 알고 그 카메라의 가격에 상당하는 금 2,100만원을 지급할 것을 구하는 청구로 바꾸었다.

이 사례에서 甲은 기존의 청구인 목적물 반환청구를 나중에 전보배상청구로 변경하였다. 이 경우 카메라 반환청구에 갈음하여 2,100만원 지급을 청구한 것이므로 이 청구에 대하여서만 법원이 재판하면 된다.

《사례 7a》 〈사례 7〉에서 乙이 동의하여야 교환적 변경이 이루어지는가? 그리고 乙이 동의하지 않으면 어떻게 되는가?

교환적 변경의 **법적 성질**에 관하여 이를 고유의 청구변경이 아니라고 보는 것이 다수설, 판례이다. 이에 의하면 **신청구의 추가적 병합과 구청구의 취하가 결합**된 것이 교환적 변경이라고 한다.[15] 그 결과 판례는 피고의 항소로 인한 항소심에서 교환적 변경이 있었으면 제1심 판결은 교환적 변경에 의한 소취하로 실효되고, 항소심의 심판 대상은 오로지 새로운 청구가 되어 항소심이 사실상 제1심으로 재판하는 것이 된다고 하여, 그 뒤에 피고가 항소를 취하한다 하더라도 항소취하는 그 대상이 없어 아무런 효력을 발생할 수 없다고 한다.[16] 뿐만 아니라 학설은 구청구의 취하가 포함되어 있으므로 피고가 응소한 뒤에는 피고의 동의를 얻어야(제266조 2항) 청구가 교환적으로 변경된다고 보고, 피고의 동의가 없으면 신청구를 추가하여 병합되는 추가적 변경이 된다고 한다.[17] 그러므로 이 견해에 의하면 〈사례 7a〉에서 乙이 동의하여야 카메라 반환청구가 취하되고, 乙이 동의하지 않으면 법원은 두 청구에 대하여 모두 심리하여야 한다. 그러나 판례와 일부 학설은 청구의 교환적 변경에서도 변경 전후의 청구의 기초사실의 동일성에 영향이 없으므로 취하에 준하여 피고의 동의를 얻을 필요가 없다고 함으로써[18] 구청구의 소멸을

---

15) 강현중, 810; 金·姜, 738; 김홍엽, 950; 宋·朴, 612; 이시윤, 745; 전원열, 607; 鄭·庚·金, 1019; 李英燮, 245; 大判 1980. 11. 11, 80다1182; 大判 1987. 6. 9, 86다카2600; 大判 1987. 11. 10, 87다카1405; 大判 2003. 1. 24, 2002다56987; 大判 2017. 2. 21, 2016다45595.

16) 大判 1995. 1. 24, 93다25875.

17) 강현중, 810; 이시윤, 746; 李英燮, 245; 韓宗烈, 575.

소취하와 완전히 같이 취급할 수 없음을 보이고 있다. 이 견해에 의하면 乙이 동의하지 않아도 카메라 반환청구는 취하된다.

그러나 이러한 견해들은 타당하지 않다. 교환적 변경이 오히려 **청구변경의 전형적인 모습**이고,[19] 제262조가 요구하는 요건을 모두 갖출 것이 요구되는 것도 이 교환적 변경이다. 청구를 교환적으로 변경하는 원고의 의사는 소송 중 어느 한 부분을 종료시키려는 데에 있지 않고 다른 청구로써 소송을 계속 수행하려는 데에 있다. 판례도 이를 인정한다.[20] 그러므로 앞에서 본 바와 같이 소취하를 전제로 하여 항소취하의 대상이 없다든가 피고의 동의가 필요하다든가 하는 논의는 형식논리만을 추구한 결과이다. 교환적 변경을 다수설, 판례처럼 파악하는 것은 우리 법에 청구변경 제도가 없다면 그 법적 성격을 규정짓기 위하여 필요할지 모른다. 그러나 우리 법에 엄연히 청구변경에 관한 규정이 있어, 그 요건과 효과가 규율되고 있으므로 청구의 교환적 변경을 이 규정에 따라 규율하면 된다.[21] 그 법적 성격도 청구변경이라고 하면 그만이지 굳이 다른 제도를 끌어들여 구소 취하가 포함되었다느니, 피고의 동의를 얻어야 하느니 마느니 따질 필요가 없다. 제262조에서 피고의 동의를 요구하지 않으므로 피고의 동의는 필요 없다고 보면 되고,[22] 소송은 제1심에서부터 계속 진행된 것이므로 항소를 취하하면 제1심 판결이 확정된다고 보면 된다.

2. 추가적 변경

추가적 변경은 처음의 청구에 **별개의 청구를 추가**하는 형태의 청구변경을 말한다. 추가적 변경으로 청구의 병합이 후발적으로 발생한다. 병합 형태로는 단순병합과 선택적병합, 예비적병합이 있으므로 추가된 청구가 이들 중 어느 한 형태로 병

---

18) 大判 1962. 1. 31, 4294민상310; 方順元, 336; 鄭·庚·金, 1027.

19) 예를 들어, Lüke[11] § 15 Rn. 5는 청구변경의 내용에 관하여 청구변경으로 원래 주장했던 소송상 청구가 새로운 청구로 교환된다고 설명하고, Rosenberg-Schwab/Gottwald[18] § 100 Rn. 1과 Schilken[6] Rn. 746에서는 청구변경으로 소송상청구가 교환되거나 부가된다고 설명한다.

20) 大判 1975. 5. 13, 73다1449: 청구의 변경을 하는 당사자는 자기가 법원에 대하여 요구하고 있는 권리 또는 법률관계에 대한 판단을 구하는 것을 단념하여 소송을 종료시킬 의도로 청구를 변경하였다고는 볼 수 없다.

21) 한충수, 638.

22) 상세한 것은 胡文赫, 先決的 法律關係와 再訴禁止, 민사판례연구[XⅢ] (1991) 및 梁鎭守, 請求의 交換的 變更에 관한 硏究, 서울대학교 석사학위논문, 2005 참조. 이에 대하여 피고의 구청구에 대한 기각판결을 받을 이익이라는 절차권이 도외시된다는 비판이 있으나(이시윤, 746), 제262조가 청구기초의 동일성을 요구하므로 특별히 문제될 것이 없다.

합될 것이다. 이런 의미에서 추가적 변경은 **청구병합의 한 모습**이지 고유의 청구변경이라고 볼 수가 없다. 다만 병합 후에도 이제까지의 절차를 이용하여 계속 심리한다는 점에서 제262조의 요건을 요구하게 되는 것이다.

예비적병합의 경우, 반드시 추가되는 청구가 예비적 청구가 되는 것은 아니다. 기존의 청구를 예비적 청구로 하고 추가된 청구를 주위적 청구로 하는 것도 가능하다. 제1심에서 단독판사가 관할하는 사건에 청구의 추가적 변경으로 소송물가액이 단독판사의 사물관할 범위(2억원)를 넘으면 사건을 합의부로 이송한다. 다만 변론관할이 생길 수는 있다.

청구금액을 증액하는 경우와 같이 단순히 청구취지를 확장하는 경우도 청구의 추가적 변경이다. 즉, 종전 청구와 확장된 청구는 소송상청구(소송물)가 다른 것이다. 그러나 이 경우 청구금액이 추가되었다고 해서 청구가 병합되었다고 볼 수는 없을 것이다.

3. 청구의 감축

청구를 감축하는 것도 청구취지의 변경이므로 **청구의 변경**이다. 이에 대하여 청구의 일부취하라거나 일부포기라는 견해도 있으나, 원고의 의사가 취하나 포기임이 분명하다면 모르되 그렇지 않은 경우에는 단순한 청구변경이라고 보는 것이 타당함은 앞에서 설명하였다.

Ⅲ. 요 건

청구의 변경을 인정하는 것은 앞에서 설명한 바와 같이 적절한 권리보호와 소송경제를 꾀하기 위함이다. 그러나 청구변경을 함부로 허용하면 오히려 소송이 지연되고 피고는 응소에 곤란을 겪으며, 특히 항소심에서의 청구변경은 심급의 이익을 박탈하는 수가 있다. 이러한 문제들을 조화롭게 해결하기 위하여 청구변경도 일정한 요건을 갖추어야 허용되는 것으로 하였다.

1. 소송이 사실심에 계속하고 변론종결 전일 것

청구의 변경은 기존의 소송이 계속 중이어야 가능하다. 소장부본이 피고에게 송달되기 전에는 원고가 자유롭게 소장의 기재를 변경하여 청구를 교환하거나 추가할 수 있다. 그러나 이는 청구변경의 개념에 들어가지 않는다. 변론종결 후에는 이미 심리가 종결된 뒤이므로 청구변경이 불가능하다. 청구변경신청이 있더라도 법원이 이미 종결한 변론을 재개할 필요가 없다.

항소심에서도 청구변경이 가능하다. 이때 상대방의 동의가 필요 없다.[23] 새 청구에 대하여는 제1심이 결여되었다는 문제는 있지만, 다음에 보는 바와 같이 청구의 기초에 변경이 없는 한에서 청구변경이 허용되므로 실질적으로는 제1심에서 심리를 받은 것과 다르지 않다고 본다. 제1심에서 본안판결을 받고 항소심에서 원고가 청구를 신청구로 교환적으로 변경하고 뒤에 구청구를 다시 부활시키는 것은 **재소금지**(제267조 2항)에 저촉된다는 것이 통설, 판례이다. 그러나 이러한 견해가 재소금지의 남용이어서 부당함은 이미 설명하였다.

《사례 8》   甲은 乙에 대하여 9천만원의 금전채권을 갖고 있는데, 6천만원을 청구하는 소를 제기하여 제1심에서 청구인용판결을 받았다. 이때 甲이 청구를 9천만원으로 늘리기 위하여 항소를 제기할 수 있는가?

전부승소한 원고가 **청구변경만을 위하여 항소**하는 것은 항소의 이익이 없다.[24] 〈사례 8〉처럼 묵시적 일부청구를 한 원고가 채권의 잔부까지 청구를 확장하기 위하여 항소하는 것도 허용되지 않는다. 이러한 경우에 일부청구에 관한 명시설을 따라 판결이 확정된 뒤에 잔부청구에까지 기판력이 미쳐서 잔부를 청구할 수가 없게 됨을 염려하여 예외적으로 항소를 허용하여야 한다고 주장하는 견해가 있다.[25] 그러나 앞에서도 논한 바와 같이 일부청구 긍정설이 타당하고, 이에 의하면 판결 확정 뒤에도 잔부청구를 위한 제소가 가능하므로 이처럼 구차스런 예외를 인정할 필요가 없다.

전부패소한 피고가 항소하면 원고는 항소심에서 청구를 확장할 수 있다는 것이 통설이다. 판례는 부대항소를 하지 않고 바로 청구를 확장할 수 있다고 하였다가,[26] 근래에는 이러한 경우는 원고가 부대항소를 한 것으로 의제된다고 한다.[27]

---

23) 통설이다. 교환적 변경의 경우에 피고의 동의가 필요하다고 주장하는 이들도 항소심에서의 청구변경에서는 일반적으로 피고의 동의가 필요하지 않다고 본다. 이처럼 달리 취급하고자 하는 이유에 관해서는 아무런 설명이 없다.

24) 宋・朴, 613.

25) 이시윤, 750; 鄭・庚・金, 1027.

26) 大判 1957. 11. 14, 4290민상129; 大判 1969. 10. 28, 68다158.

27) 大判 1992. 12. 8, 91다43015; 大判 1995. 6. 30, 94다58261.

그러나 원고가 부대항소를 제기하여 청구를 확장하여야 할 것이다.

상고심에서는 혹시 변론이 열린다 해도 사실심리를 하는 것이 아니므로 청구변경이 불가능하다. 그렇기 때문에 판례는 상고심에서 법률상 청구의 변경을 할 사유가 생기면 부득이 청구변경과 그에 따른 심리를 위하여 원심판결을 파기하고 환송할 수밖에 없다고 한다.28)

2. 청구의 기초에 변경이 없을 것

변경 전의 청구와 새로운 청구가 그 기초를 같이 해야 한다. 특히 **교환적 변경**에서 기존의 청구에 대하여 심리 중에 기초가 전혀 다른 청구로 변경하는 것은 청구변경이라기보다는 구소를 취하하고 그와는 관계 없는 신소를 제기하는 것이다. 이것은 별개의 소를 제기하는 것이므로 기존의 절차를 이용하도록 할 이유가 없다. **추가적 변경**의 경우, 기초가 전혀 다른 청구를 덧붙이는 것은 청구의 추가적 병합이므로 청구병합으로 처리할 일이다. 만일 이를 청구변경이라고 한다면 항소심에서도 허용할 것이나, 이는 소송상청구에 대하여 제1심이 없을 뿐만 아니라 청구의 기초도 동일하지 않기 때문에 허용될 수 없다. 그러므로 별소 제기로 처리하여 후발적으로 청구를 병합한 것이라고 볼 것이다.

(1) 청구기초 동일성의 의미

청구기초의 동일성이 무엇을 뜻하는가에 관하여 여러 학설이 대립하고 있다. 이익설에 의하면 청구를 특정 권리주장으로 하여 법률적으로 구성하기 전의 사실상의 분쟁이익 자체가 동일함을 뜻한다고 한다.29) 사실설에는 사건의 동일 인식을 표시하는 기본적 사실관계가 동일한 것을 말한다는 사실관계설과30) 신청구와 구청구의 사실자료 사이에 심리의 계속적 시행을 정당화할 정도의 일체성과 밀착성이 있는 것을 말한다는 사실자료설이 있다.31) 그리고 병용설은 소송자료가 공통되고 주요한 쟁점이 같으며 양 청구가 사회적으로 동일하거나 연속적인 분쟁에 관한 것이라고

---

28) 大判 2022. 10. 27, 2022다241998(채권자가 사해행위 취소를 구하는 채권자취소소송을 수행 중에 채무자의 회생개시결정이 내려져 채권자를 수계한 회생관리인이 부인권을 행사하여 소송을 진행하다가 소송이 상고심에서 상고이유서 제출기간이 지나기 전에 회생절차가 폐지되자 대법원이 종전 채권자의 수계를 허가한 뒤에 청구의 변경을 위하여 파기환송한 사안).

29) 李英燮, 244; 金·姜, 739-740; 김홍엽, 953.

30) 方順元, 333.

31) 이시윤, 747.

보이는 경우를 말한다고 본다.32) 이 학설들 중에서 **사실자료설**이 청구변경의 취지에 가장 적합한 입장으로 타당하다고 생각된다. 청구변경을 허용하는 이유가 신·구청구 사이에 사실자료가 공통된 경우에 구청구에서의 사실자료를 계속 이용하면서 새로운 청구를 하는 것이 소송경제에 적합하고 피고의 방어에도 지장을 주지 않을 것임을 고려한 것이기 때문이다. 이익설은 분쟁관계의 이익이 동일해도 사실자료가 다르면 청구변경을 허용하는 것이 소송경제에 맞지 않으므로 타당하지 않고, 사실관계설과 병용설을 따르더라도 사실자료가 다름에도 불구하고 청구변경을 허용할 수는 없을 것이므로 그 기준은 결국 사실자료의 동일성에 귀착될 것이다.

판례는 일관하여 "동일한 생활사실 또는 동일한 경제적 이익에 관한 분쟁에서 그 해결 방법에 차이가 있음에 불과한 청구취지 및 청구원인의 변경은 청구의 기초에 변경이 없다고 할 것"이라고 하여33) 사실관계설과 이익설을 취하는 것 같은 표현을 하나, 그 의미는 분명하지 않다.

(2) 청구의 기초가 동일한 경우

청구의 기초가 동일하다고 보아 청구변경을 허용할 경우를 유형별로 나누어 보면 다음과 같다.

(가) 청구취지만을 변경한 경우

청구원인은 동일한데 청구취지만을 바꾸는 경우에 청구기초가 동일함은 물론이다. 청구의 **추가적 병합**이 여기에 해당할 것이다.

《사례 9》 甲은 乙로부터 금전을 차입하고 乙의 명의로 그 소유의 아파트의 소유권이전등기를 하여 주고 甲이 대여금을 완제할 때까지 그 이자 대신에 乙이 그 아파트에서 살도록 하였다. 뒤에 甲이 대여금을 반환하였는데도 불구하고 乙이 등기명의를 돌려주지도 않고 아파트를 반환하지도 않았다. 이에 甲은 乙을 상대로 소유권이전등기말소를 청구하는 소를 제기하였다. 제1심에서 패소한 甲이 항소하고 항소심에서 乙에게 아파트의 인도를 구하는 청구를 추가하고자 한다. 이것이 허용되는가?

이러한 사례에서 소유권이전등기 말소청구를 이유 있게 하기 위하여 甲이 주장하는 사실은 양도담보계약의 체결과 대여금의 반환일 것이다. 그리고 아파트 인도청구를 이유 있게 하기 위하여 甲이 주장하는 사실은 대여금의 이자를 지급하는

---

32) 鄭·庚·金, 1025.

33) 大判 1987. 7. 7, 87다카225; 大判 1998. 4. 24, 97다44416; 大判 2009. 3. 12, 2007다56524.

대신에, 대여금 반환을 해제조건으로 乙로 하여금 그 아파트에서 거주하도록 허용하였다는 점이다. 이러한 두 사실은 기본적으로 양도담보의 설정과 채무의 이행이라는 공통된 사실을 바탕으로 하기 때문에 청구의 기초가 동일하다. 그렇기 때문에 아파트 인도청구를 추가하는 것은 단순한 청구의 추가적 병합이 아닌 청구변경으로, 항소심에서도 가능한 것이다.[34]

그 밖에 같은 원인에 기하여 청구취지를 수량적으로 확장한 경우,[35] 건물인도청구를 소유권확인청구로 바꾸는 경우[36] 등에서 청구의 기초가 동일하다고 인정된다.

(나) 한 청구가 다른 청구의 변형물 또는 부수물인 경우

신·구청구가 적용 법규범이 달라지고 주장 사실에 약간의 변화가 있어도 신·구 양 청구 중 하나가 다른 것의 변형된 것이거나 부수적인 것이면 청구의 기초가 동일하다고 본다.

《사례 10》　甲은 乙이 점유하고 있는 고려시대 목조불상이 자기 소유라고 하여 인도청구를 하는 소를 제기하였다. 소송 중에 이미 乙이 그 불상을 태워버린 것을 안 甲이 인도청구 대신에 손해배상청구로 바꾸고자 한다. 이것이 가능한가?

이 사례에서 인도청구와 손해배상청구는 모두 甲이 불상의 소유권을 주장하여 이를 기초로 소유물반환청구권이 있다거나 있었다고 주장하는 사건이다. 여기서 목적물의 멸실을 이유로 한 전보배상청구는 본래의 소유물반환청구권이 변형된 것이므로 청구의 기초가 동일하다.[37] 여기서 청구의 법적 근거가 민법 제213조에서 민법 제750조로 바뀐다거나, 목적물 멸실 등의 사실 주장이 추가되어도 청구의 기초에는 영향이 없다고 보는 것이다. 토지인도청구를 하다가 그 토지 위에 있는 철조망 철거청구를 추가하는 경우와[38] 가옥인도청구에서 임료상당의 손해금을 추가하

　34) 大判 1960. 5. 26, 4292민상279.

　35) 판례는 원고가 A, B 부동산의 소유권확인을 구함과 동시에, 피고 甲에게는 A부동산에 대하여, 피고 乙에게는 B부동산에 대하여 각 그 명의의 소유권보존등기의 말소 및 그 토지의 인도를 구하다가, 항소심에서 제1심에서 청구하지 아니하였던 피고 乙에 대하여 A부동산의 소유권보존등기의 말소 및 그 토지의 인도를 추가하여 청구하는 것은 B부동산에 대한 그것과 동일 원인에 기인하는 수량적 청구의 확장에 불과하여 청구의 기초에 변경이 있다고 볼 수 없다고 하였다(大判 1984. 2. 14, 83다카514). 또한, 보험회사가 교통사고 피해자 1인에게 피해를 변제하고 피보험자의 공동불법행위자를 상대로 구상금청구를 하는 소송에서 항소심에 이르러 같은 사고의 다른 피해자에게도 손해를 배상한 뒤 그에 대한 구상금청구를 위해 청구취지를 확장하는 것을 허용하였다(大判 1992. 10. 23, 92다29962).

　36) 大判 1966. 1. 25, 65다2277.

　37) 大判 1957. 8. 8, 4290민상306·307.

　38) 大判 1962. 2. 28, 4294민상656.

는 경우39) 등에서는 추가된 청구가 본래 청구에 부수된 것으로 청구의 기초에 변경이 없다고 본다.

(다) 동일한 생활사실이나 경제적 이익에 관한 분쟁에서 소송물만 다른 경우

사실상 동일한 사실관계나 경제적 이익에 관한 분쟁이지만 청구원인에서 법률적 주장을 바꾸고 청구취지를 바꾸면 소송물은 달라진다. 이 경우에도 청구의 기초는 변경이 없는 것으로 된다.

《사례 11》　　甲은 乙로부터 임야를 매수하기로 계약을 하고 매매대금을 지급하였다. 그러나 乙이 소유권이전등기를 이행하지 않아서 甲은 소유권이전등기를 구하는 소를 제기하였다. 소송 중에 甲은 매매계약의 해제를 주장하면서 대금반환을 구하는 청구로 변경하였다. 이것이 허용되는가?

이 사례에서 甲의 두 청구는 비록 소유권이전등기청구와 대금반환청구로 그 적용 법규범과 청구취지가 서로 다르지만, 특정 토지의 매매를 둘러싼 분쟁에서 나온 것으로 넓게는 동일한 생활사실관계에 해당한다. 이러한 경우에는 청구의 기초가 공통되므로 청구변경이 허용된다.40) 판례가 이와 같은 경우로 다루는 것에는 어음금청구를 어음의 위조를 이유로 한 손해배상청구로 바꾸는 경우,41) 원고가 분양받은 아파트를 건설회사와 피고가 공모하여 화해조서를 만들어 피고에게 소유권이전등기를 하였음을 이유로 그 말소청구를 하다가 제1심에서 피고가 건설회사의 원고에 대한 채무를 인수하고 그 아파트로 대물변제하였다고 하여 소유권이전등기청구로 변경한 뒤, 항소심에서 다시 청구원인을 피고로부터의 매수로 변경한 경우,42) 명의신탁해지를 원인으로 한 소유권이전등기절차의 이행을 구하는 청구를 전에 한 소유권이전등기가 원인무효의 등기임을 전제로 그 말소를 구하는 청구로 교환적 변경을 한 경우,43) 소유권을 전제로 한 토지인도청구를 점유사용권에 의하여 소유자를 대위하여 하는 토지인도청구로 변경한 경우,44) 압류 및 전부명령에 터잡아 제

---

39) 大判 1964. 5. 26, 63다973.

40) 大判 1972. 6. 27, 72다546. 이 사안에서는 원고가 당초 피고에 대하여 매매계약에 기하여 부동산에 대한 소유권이전등기절차 이행청구와 그 부동산의 인도청구의 소를 제기하였다가 뒤에 그 부동산에 대한 매매계약이 합의 해제되고 계약체결시에 지급한 계약금을 반환하기로 약정하였다는 이유로 계약금을 반환하라는 취지의 청구를 예비적으로 병합하였다. 이에 대하여 동일한 생활사실 또는 동일한 경제적 이익에 관한 분쟁에서 그 해결방법에 차이가 있음에 불과하다고 하여 청구변경을 허용하였다.

41) 大判 1996. 10. 21, 64다1102.

42) 大判 1997. 4. 25, 96다32133. 이러한 사례는 사실관계는 다르지만 경제적 이익이 동일한 경우이다.

43) 大判 1987. 10. 13, 87다카1093.

44) 大判 1960. 8. 18, 4292민상898.

3채무자인 피고를 상대로 전부금의 지급을 청구하다가 피고가 다른 압류 및 전부명령 채권자에게 피전부채권을 무단변제하여 입은 손해배상을 구하는 청구로 변경한 경우,45) 압류·전부명령의 불허를 구하다가 1차 예비적 청구로 압류 및 전부명령의 무효확인청구를, 2차 예비적 청구로 불법집행으로 인한 손해배상청구를 추가하는 경우46) 등이 있다.

(라) 적용할 법규범에 관한 주장만을 바꾸는 경우

청구취지와 청구원인의 사실관계는 동일한데 법률적 관점만을 바꾸는 경우에 관하여는 소송물 이론에 따라 결론이 달라진다. 구실체법설에 의하면 청구의 기초에는 변경이 없는 청구의 변경이 된다. 소송법설에 의하면 단지 공격방법으로서의 법률적 주장만이 바뀌고 소송물은 바뀌지 않으므로 청구변경이 아니므로 청구기초의 변경은 문제가 되지 않는다.

(3) 청구의 기초가 변경되는 경우

판례가 청구의 기초에 변경이 있어 청구변경을 허용하지 않은 사례들을 보면, 원고가 제1심에서 피고의 원고에 대한 미완성건물에 관한 건축공사 도급 보수금 채권의 부존재확인을 구하고 그 후 항소심에서 그 건물의 원고 소유권확인과 공사비 초과지불금 반환을 청구하는 것으로 변경한 경우,47) 약속어음금 청구를 하다가 뒤에 전화가입명의변경 신청으로 바꾸는 경우,48) 특정 부동산에 관한 서울관재국장과 타인 사이의 임대차계약의 취소를 구하다가 그 후 청구를 변경하여 같은 부동산에 관한 서울관재국장과 다른 타인 사이의 임대차계약의 취소를 구하는 경우49) 및 체납처분인 압류처분의 취소를 구하는 소송에서 압류해제신청에 대한 보류처분의 취소를 구하는 것으로 소송물을 바꾸는 경우50) 등이 있다.

---

45) 大判 1988. 8. 23, 87다카546.
46) 大判 1966. 1. 31, 65다1545.
47) 大判 1957. 9. 26, 4290민상230. 이처럼 분쟁의 대상이 된 목적물이 같아도 청구취지와 청구원인의 사실관계가 다른 청구로 변경하는 것은 소송물이 바뀌므로 개념상 청구변경에 속하지만 이러한 경우에는 청구의 기초가 변경되므로 청구변경이 허용되지 않는다.
48) 大判 1964. 9. 22, 64다480. 그 급부의 목적물이 전혀 다를 뿐만 아니라 두 청구를 심판할 사실자료도 아무 공통성이 없는 것이어서 청구의 기초에 변경이 있는 것이라고 아니할 수 없다고 판시하였다.
49) 大判 1963. 2. 21, 62누231: 각 임대차계약은 별개의 행정처분이므로 청구의 기초에 변경이 있다.
50) 大判 1979. 5. 22, 79누37: 피고의 1976. 4. 6. 자의 압류처분과 피고의 1977. 1. 31. 자의 압류해제신청에 대한 보류처분은 전자는 국세징수법 제24조 제1항에서 말하는 납세자가 독촉장을 받고 지정된 기한까지 국세와 가산금을 완납하지 아니하거나 납기전에 납부의 고지를 받고 지정된 기한까지 완납하지 아니한 때 등의 요건이 있을 때에 납세자에 대한 체납처분이고 후자는 국세징수법 제50조 및 제53조에 의하여 체납자 아닌 제3자가 압류재산에 대한 소유권을 주장하여 압류해제신청을 한데 대한 보류처분이

(4) 청구기초 동일성의 소송상 취급

원고가 청구의 기초가 동일하지 않은 청구변경을 하려는 경우에 피고가 동의하거나 아무런 이의를 제기하지 않으면 청구변경이 허용되는가에 관하여 논란이 있다. **공익적 요건설**은 청구의 기초가 동일해야 한다는 것은 변경 전의 소송자료가 변경 후의 소송에 이용될 것을 고려하기 위한 요건으로 소송지연을 막으려는 것이므로 피고의 이의가 없어도 청구변경을 허용해서는 안 된다고 한다.51) **사익적 요건설**은 이 요건은 피고의 방어의 이익을 보호하려는 것이므로 피고의 이의가 없으면 청구변경을 허용할 것이라고 한다. 사익적 요건설이 통설, 판례이다.52) 생각건대 제1심에서는 사익적 요건설에 따라도 무방하나, **항소심**에서는 구청구와 아무런 공통성이 없는 새로운 청구를 청구변경의 이름을 빌려 비로소 심리하도록 하는 것은 전속관할인 심급관할에 위반된다. 항소심에서 청구변경을 허용하는 것은 청구기초의 동일성이 전제가 되었기 때문이다. 그러므로 공익, 사익 여부를 떠나 피고가 동의하는 경우에는 청구변경을 허용하되 제1심으로 이송해야 할 것이다.

3. 절차를 현저히 지연시키지 않을 것

청구의 변경으로 소송이 현저히 지연되는 경우에도 청구변경을 허용하면 이 제도가 소송지연책으로 악용될 우려가 있다. 구청구에 대한 심리가 거의 마무리되고 신청구에 대하여 장기간의 새로운 사실심리가 필요하면 청구변경을 불허하고(제262조 1항 단서), 새로 소를 제기하도록 하는 것이 합리적일 것이다. 전형적인 예가 변론을 종결하고 판결을 선고하기 전에 비로소 청구변경을 신청하거나, 항소심 변론종결시에 새 청구를 추가하여 새로이 심리를 해야 하는 것 등이다.

《사례 12》　甲은 乙에 대하여 약속어음금 청구의 소를 제기하고 그 청구원인으로 금전채권의 지급을 위하여 乙이 약속어음을 발행하였고 적법히 제시하였음에도 불구하고 지급을 하지 않는다고 하였다. 그 소송이 2회에 걸쳐 상고심으로부터 항소심에 환송된 뒤에 항소심 변론종결시에 비로소 약속어음금 청구를 원인관계에 의한 청구로 변경하겠다고 신청하였다. 이러한 청구변경이 허용되는가?

므로 각각 그 처분의 상대방과 이유를 달리하는 별개 독립의 처분이라고 할 것이므로 위 원고의 청구의 변경은 청구의 기초에 변경이 있다.

51) 方順元, 334-335.

52) 판례는 피고가 이의하지 않으면 절차이의권을 상실한다고 본다(大判 1966. 12. 20, 66다1339; 大判 1982. 1. 26, 81다546; 大判 1992. 12. 22, 92다33831; 大判 2011. 2. 24, 2009다33655).

이러한 사례에서는 약속어음금 청구에 대한 심리에서는 원인관계에 관하여는 거의 심리를 하지 않았을 것이므로 청구변경으로 심리를 새로 시작하게 된다. 이는 절차를 현저히 지연시키는 것이 된다.[53] 또 다른 예로는, 공동피고 중 일부에 대하여 제1심에서 전혀 문제되지 않은 사실을 항소심에서 예비적 청구원인으로 추가한 경우도 이를 심리하려면 종전의 소송자료를 거의 이용할 수가 없고 새로운 심리를 해야 하기 때문에 소송을 현저히 지연시킨다고 본다.[54]

반면 아무리 청구변경이 늦게 이루어져도 **이제까지의 소송자료를 대부분 활용**하여 심리를 마칠 수 있으면 절차를 현저히 지연시키는 것이 아니다.

《사례 12a》 〈사례 12〉에서 변론종결시에 어음채권에 대한 이자청구를 추가한 경우에는 청구변경이 허용되는가?

이러한 경우에는 특별히 더 심리할 것이 없어서 절차가 거의 지연되지 않을 것이므로 청구변경이 허용될 것이다. 판례는 1994년 9월에 제소한 원고가 항소심에 이르러 1997년 5월에 신청구를 추가한 사례에서 종전의 소송자료를 대부분 이용할 수 있기 때문에 소송절차를 현저히 지연케 한다고 할 수도 없다고 판시하였다.[55]

이 요건은 절차 지연을 막기 위한 것이므로 공익적 요건이다. 그러므로 피고의 이의가 있는지 여부를 가려 허용 여부를 결정할 일이 아니다.

Ⅳ. 절 차

1. 신 청

청구변경은 원고의 신청이 있어야 이루어질 수 있다(처분권주의). 청구변경은 청구의 취지나 원인을 변경함으로써 이루어진다. 청구변경은 서면으로 해야 하는가? 제262조 제2항은 청구취지의 변경은 서면에 의하여야 한다고 규정하여[56] 청구원인의 변경은 구술로도 할 수 있는 것으로 새길 여지를 남겼다. 이에 대하여 학설은 **청구원인의 변경**도 서면으로 해야 한다는 견해(서면설)와[57] 구술로 해도 무방하다

는 견해(구술설)로58) 나뉘고, 판례는 일찍부터 구술로 할 수 있다고 하였다.59) 생각
건대 서면설은 청구변경이 신소 제기라는 점을 염두에 둔 것으로 보이나, 청구원인
의 변경도 청구기초가 동일한 범위 내에서 가능하므로 **구술로도 충분**하다고 보는
것이 타당하다. 청구취지를 변경하는 것은 명확성을 요하므로 서면으로 하여야 할
것이지만, 청구변경은 신소 제기가 아니므로 청구원인의 변경까지 소장과 같은 서
면으로 할 것을 요구할 필요는 없다고 생각된다. 판례는 나아가 구술에 의한 청구
취지의 변경은 절차상의 잘못은 있지만 상대방이 이의하지 않으면 절차이의권이
상실된다고 하여60) 제262조 제2항을 완화하여 적용하고 있다.

2. 송   달

청구변경을 신청한 서면은 상대방에게 송달해야 한다(제262조 3항). 상대방에게
방어의 기회를 주기 위함이다. 판례는 청구의 추가적 변경에서 추가된 청구의 소송
계속의 효력은 그 서면을 상대방에게 송달하거나 변론기일에 이를 교부한 때에 생
긴다고 본다.61) 청구변경으로 인한 시효중단, 기간준수의 효과는 청구변경의 서면
을 제출한 때에 발생한다(제265조).

3. 신청에 대한 재판

청구변경을 신청한 경우에 법원은 그 적법 여부를 심리한다. 그 적법 여부는 청
구변경의 소송요건이므로 법원의 **직권조사사항**이다. 변경 신청이 단순히 청구취지
의 정정이나 공격방법의 변경이면 법원은 심리를 속행하면 된다. 당사자 사이에 청
구변경 여부에 관하여 다툼이 있으면 중간판결이나 종국판결의 이유에서 판단한다.

(1) 요건이 흠결된 때

개념상 청구변경에 해당하지만 그 요건이 갖추어지지 않았을 때에는 법원은 직
권이나 상대방의 신청에 의하여 청구변경 불허의 결정을 한다(제263조). 이 결정은
중간적 재판이므로 이에 대한 별도의 불복방법은 없고 이를 전제로 한 종국재판에
대하여 상소로 다툴 수 있다.62)

---

57) 方順元, 336; 李英燮, 245; 鄭·庚·金, 1028.
58) 강현중, 817; 金·姜, 742; 김홍엽, 958; 이시윤, 751.
59) 大判 1956. 3. 15, 4289민상51; 大判 1961. 10. 19, 4293민상531.
60) 大判 1965. 5. 4, 65다446; 大判 1993. 3. 23, 92다51204 등 일관된 판례이다.
61) 大判 1992. 5. 22, 91다41187.

항소심이 제1심의 변경불허 결정이 부당하다고 판단하면 원심의 결정을 취소하고 변경을 허용하여 변경된 청구에 대하여 심리할 수 있다.

(2) 요건이 구비된 때

청구변경의 요건이 구비되어 적법한 경우에 법원은 굳이 청구변경을 허가한다는 재판을 할 필요가 없이 변경된 청구에 대하여 심리를 진행하면 된다. 그러므로 교환적 변경의 경우에는 새 청구만이 심판의 대상이 되고, 추가적 변경의 경우에는 청구의 병합으로 다룬다. 다만 그 적법 여부에 관하여 당사자 사이에 다툼이 있을 때에는 중간적 재판이나 종국판결의 이유에서 판단할 수 있을 것이다. 청구변경을 허가한다는 재판에 대하여는 불복할 수 없다고 새기는 것이 일반적이다.63)

항소심에서 청구를 교환적으로 변경하였으면 항소로써 불복한 제1심판결은 실효되고 항소심의 심판 대상은 새로운 청구로 바뀐다. 이 경우에 항소심이 사실상 새로운 청구에 대한 제1심으로 심판하게 되고, 제1심판결이 있다는 것을 전제로 한 항소각하판결은 할 수 없게 된다.64) 교환적 변경이 있었으나 새 청구가 이유 없다고 판단될 경우, 법원은 청구를 기각해야지 항소를 기각해서는 안 된다.65) 그리고 제1심이 원고의 청구를 일부 인용한 데 대하여 쌍방이 항소하였고 항소심에서 소가 교환적으로 변경된 경우, 항소심이 제1심이 인용한 금액보다 추가로 인용할 때에 제1심판결 중 항소심이 추가로 인용하는 부분에 해당하는 원고 패소부분을 취소한다거나 피고의 항소를 기각한다는 주문표시를 하여서는 안 된다.66) 교환된 구청구에 관하여는 소송계속이 소멸하고 새 청구에 대하여만 재판할 수 있기 때문이다.

항소심에서 청구를 **추가적으로 변경**하였으나 병합된 청구가 모두 이유가 없다고 판단될 때는 항소인이 불복한 청구에 대하여는 항소를 기각하지만, 항소심에서 새로 추가된 청구는 항소의 대상이 아니므로 이 부분은 청구기각을 하여야 한다.67) 판례는 이와 같은 취지에서 항소심에서 청구금액만을 확장한 경우에도 항소기각이라고만 주문을 표시해서는 안 되고 항소심에서 확장한 부분에 대하여 별도로 청구

---

62) 大判 1992. 9. 25, 92누5096.

63) 반대는 方順元, 338.

64) 大判 2018. 5. 30, 2017다21411.

65) 大判 1997. 6. 10, 96다25449 · 25456.

66) 大判 2009. 2. 26, 2007다83908.

67) 大判 2007. 8. 23, 2006다28256: 병합된 청구 전체에 대하여 항소기각 판결을 하더라도 추가된 청구에 대한 재판누락이므로 항소심에 계속 중이어서 상고의 대상이 아니다.

를 기각하라고 한다.[68] 청구금액을 확장한 경우는 소송상 청구가 추가된 것이 아니라 금액만 확장되어서 소송상 청구는 하나뿐이지만 항소기각으로 처리하여 확정되면 확장되기 이전 금액의 청구를 기각한 제1심 판결에만 기판력이 생기므로 이처럼 나누어서 판결하여야 한다.

(3) 청구변경을 간과한 재판

《사례 13》　　甲은 乙에게 빌려 준 고려자기를 반환할 것을 구하는 소를 제기하였다. 제1심 소송 중에 乙이 그 고려자기를 깨뜨린 것을 알고 그 자기의 가격에 상당하는 금 5천만원을 지급할 것을 구하는 청구로 바꾸었다. 제1심 법원이 乙은 甲에게 그 고려자기를 반환하라는 판결을 선고하였고 이에 대하여 甲이 항소하였다. 항소심 법원은 어떻게 재판할 것인가?

《사례 14》　　甲은 乙을 상대로 甲으로부터 乙로 경료된 임야의 소유권이전등기의 말소를 구하는 소를 제기하였다. 제1심 계속 중에 甲은 그 임야의 인도를 구하는 청구를 추가하였다. 제1심 법원이 임야인도청구에 대하여는 재판하지 않고 소유권이전등기의 말소를 명하는 판결을 선고하였다. 이에 대하여 甲은 항소하였다. 항소심 법원은 어떻게 재판할 것인가?

법원이 청구변경을 적법하다고 인정하면서도 변경전 청구에 대하여 재판한 경우에 원고는 상소로 그 취소를 구할 수 있음은 물론이다. 이때 상소심 법원은 어떻게 재판할 것인지가 문제된다. 이에 대하여 변경된 청구는 원심에 계속 중이므로 원심법원이 추가판결을 해야 한다고 보는 것이 일반적이다.[69] **추가적 변경**의 결과 단순병합이 된 경우에는 이러한 결론은 타당하다고 생각된다. 그러나 추가적 변경의 결과 선택적병합이나 예비적병합이 된 경우에는 앞에서 본 바와 같이 판결을 누락한 청구도 원심에 남아있지 않고 함께 상소심으로 이심된다고 보아야 한다. 그리고 **교환적 변경**의 경우는 구청구와 신청구의 별도 취급은 교환적 변경을 신청구의 추가적 병합과 구청구의 취하로 취급하려는 것이므로 타당하지 않다. 항소심에서도 청구변경이 허용된다는 점에서 굳이 원심법원이 추가판결을 할 필요 없이 항소심 법원이 원판결을 취소하고 변경된 청구에 대하여 재판하면 될 것이다. 이는 원심법원이 변경된 신청구에 대한 재판을 누락한 것이 아니라 청구하지 아니한 소

68) 大判 2017. 7. 11, 2017다15218.

69) 宋·朴, 618; 한충수, 642. 이시윤, 753은 이에 덧붙여 교환적 변경의 경우 상소심이 구청구에 대한 소송종료선언을 해야 하고, 추가적 변경의 경우는 상소심이 원판결을 취소, 변경할 여지는 없이 원심법원이 추가판결을 해야 한다고 설명한다.

송물에 대하여 재판한 것으로 보아야 할 것이기 때문이다.[70] 그러므로 〈사례 13〉에서 항소심 법원은 원판결을 취소하고 5천만원 지급청구에 대하여 심판하면 되고, 〈사례 14〉에서 항소심 법원은 원심이 판결한 부분은 원고가 전부승소한 청구이므로 항소의 이익이 없다고 하여 항소를 각하하고, 원고는 원심법원에 추가판결을 신청해야 할 것이다.

V. 효   과

청구를 교환적으로 변경하면 구청구의 소송계속이 소멸하고 신청구에 대하여 소송계속이 생긴다. 추가적 변경의 경우에는 추가된 신청구에 대하여 새로 소송계속이 생기고 본래 청구의 소송계속에 영향이 없다. 이때에는 청구병합이 후발적으로 생긴다.

청구변경으로 인한 **시효중단, 기간준수의 효과**는 청구변경의 서면을 제출한 때에 발생한다(제265조). 교환적 변경에서 구청구에 의한 시효중단의 운명은 어떻게 되는가? 판례는 대위청구를 한 채권자가 뒤에 그 채권을 양수했음을 이유로 직접청구로 교환적 변경을 한 사안에서 다수설, 판례에 따라 구청구인 대위청구의 소는 취하된 것이라고 보면서도 이러한 경우에는 동일한 소송물에 대한 권리의무의 특정승계가 있었을 뿐이고, 이 경우 원고는 권리 위에 잠자는 자로 볼 수 없다고 하여 대위청구로 인한 시효중단의 효력이 소멸하지 않는다고 하였다.[71]

이 판결의 결론에는 수긍이 가나 소취하가 포함되어 있다고 하면서 특정승계가 있었다고 인정하여 시효중단의 효력은 소멸하지 않는다는 것은 자체 모순이다. 교환적변경은 통상의 청구변경이어서 소취하는 포함되지 아니한다고 보면 이런 모순이 생기지 않는다. 그리고 채권자대위소송을 소송담당이라고 하면 오히려 청구는 변경되지 않고 피대위채권의 특정승계가 발생하여 원고가 동일 인물이지만 법적으로는 소송담당자에서 자기 청구를 하는 채권자로 변경된다고 보게 될 것이다. 이런 점에서도 이 판결은 종전의 판례와 맞지 않다. 이러한 경우가 교환적변경이 된다는 것은 채권자대위소송을 채권자가 자기의 채권자대위권을 행사하는 것이라고 보아야 설명이 된다. 청구취지는 본래의 피대위채권의 청구임에 변함이 없으나 청구원

---

70) 이는 제1심 법원이 처분권주의에 위반하여 원고가 신청하지 않은 청구에 대하여 재판했을 때 원고가 신청한 청구가 추가판결의 대상이 된다고 보지 않는 것과 같은 이치이다.

71) 大判 2010. 6. 24, 2010다17284.

인의 법적 주장이 채권자대위권에서 직접 채권의 행사로 변경되고, 사실관계도 피대위채권의 승계라는 새로운 사실로 변경되므로 소송물이 달라지기 때문이다. 이 경우 소송물이 변경되었더라도 시효중단된 채권의 청구에는 변동이 없으므로 당연히 시효중단의 효과는 지속되는 것이다. 일반론으로도 교환적 변경에서 구청구와 신청구가 실체법적으로 동일한 법적 이익을 추구하는 것이면 '권리 위에 잠자는' 사람이 아니어서 시효중단의 효력은 유지된다고 보는 것이 타당하다.72)

제 3 절   中間確認의 訴

Ⅰ. 의   의

중간확인의 소는 소송계속 중에 본래의 청구에 대한 선결적 법률관계의 존부를 확정하여 줄 것을 청구하여 추가적으로 제기하는 소이다(제264조).

《사례 1》   乙이 甲 소유의 가옥을 무단으로 점거하자 甲은 소유권에 기하여 가옥 인도청구를 하였다. 그 소송에서 乙은 그 가옥이 자기 소유라고 주장하였지만 甲의 청구를 인용하는 판결이 확정되었다. 甲에게 그 가옥을 인도한 乙이 甲을 상대로 소유권 확인을 구하는 소를 제기하여 승소확정판결을 받았다. 이러한 사태를 막기 위하여 甲이 무엇을 하였어야 하는가?

《사례 2》   甲은 乙에게 5억원을 대여하고 매달 이자를 천만원씩 받기로 하였다. 乙이 6개월간 이자를 지급하지 않아서 甲은 이자 지급을 구하는 소를 제기하였다. 乙이 소비대차 사실을 부인하였지만 甲이 그 소송에서 승소확정판결을 받아서 집행까지 마쳤다. 6개월 뒤에 乙이 또 이자를 지급하지 않자 甲이 다시 제소하였는데, 이번에는 소비대차관계가 인정되지 않는다고 하여 패소하였다. 이러한 사태를 막기 위하여 甲이 무엇을 하였어야 하는가?

〈사례 1〉에서 甲의 가옥인도청구는 甲이 소유자라는 것이 전제되어 있고, 乙은 자기가 소유자라고 다투었다. 즉 그 가옥의 소유자가 누구인지가 이 사건 소송물의 선결문제가 되어 있다. 첫 번째 소송에서 법원이 甲이 소유자라고 인정하여 인도청구를 인용하였지만 甲이 소유자라는 판단에는 기판력이 생기지 않으므로 두 번째

---

72) 梁鎭守, 앞의 논문, 62면 이하.

소송에서 甲이 패소하는 결과가 나올 수 있다. 〈사례 2〉에서 甲의 이자지급 청구는 甲, 乙 사이에 소비대차관계가 있다는 것이 전제되어 있고, 乙은 금전대차 사실을 다투었다. 첫 번째 소송에서 소비대차가 인정되어 甲의 청구가 인용되었지만 소비대차가 존재한다는 법률관계 판단에는 기판력이 생기지 않아서 두 번째 소송에서 甲이 패소한 것이다. 이와 같이 판결이유 중의 판단에 기판력이 인정되지 않기 때문에 생기는 판결의 모순을 방지하고 분쟁을 한꺼번에 해결하기 위하여 인정된 것이 중간확인의 소이다. 위 사례에서 甲은 소송계속 중에 그 절차를 이용하여 가옥의 소유권확인이나 소비대차관계의 확인을 구하는 소, 즉 중간확인의 소를 제기하였으면 법원이 甲이 소유자, 또는 채권자라는 것도 주문으로 판결하였을 것이고, 그 판단에 기판력이 생기므로 두 번째 소송에서 甲이 낭패를 보는 일이 방지된다.

원고로서는 중간확인의 소를 제기하지 않고 별도로 소유권확인의 소를 제기할 수도 있지만, 별개의 절차에서 심리하면 모순되는 결과가 나올 수가 있기 때문에 계속 중인 소송을 이용하는 중간확인의 소가 더 바람직할 것이다.

중간확인의 소는 피고도 제기할 수가 있다고 보는 것이 일반적이다. 〈사례 1〉에서 전 소송계속 중에 乙이 그 가옥에 대한 소유권확인을 구하는 중간확인의 소를 제기하는 것도 가능하다. 이 경우는 반소의 모습이 되므로 이러한 소를 **중간확인의 반소**라고도 한다.

Ⅱ. 요 건

1. 확인의 대상

(1) 선결적 법률관계일 것

계속 중인 소송의 소송물의 전부나 일부에 대하여 선결적인 법률관계에 대하여 확인청구를 하여야 한다. 예를 들어 임료청구소송에서의 임대차관계, 이자청구소송에서 원본채권, 물건인도청구소송이나 등기말소청구소송에서 소유권 등이 여기에 해당한다.

이러한 관계는 그 **소송에서 현실화된 것**이어야 확인의 대상이 된다. 추상적으로는 선결관계이지만 실제로 그 소송에서 선결문제로 다루어질 기회가 없는 경우라면 확인의 대상이 아니다. 예를 들어, 본래의 소가 취하, 각하 등으로 본안판단을 받지 못하는 경우, 또는 선결관계의 유무와는 관계 없이 다른 이유로 청구기각을 받는 경우 등은 중간확인의 소로서는 부적법하다. 그러므로 별도의 확인의 소로서의 요건을 갖추었으면 독립된 소로 취급하여 심리하면 되고, 그렇지 못하면 소각하 판결을 하여야 한다.

통상의 확인의 소와 마찬가지로 확인의 대상이 되는 것은 **법률관계**이므로 선결적 사실관계는 여기에 해당하지 않는다.

(2) 다툼이 있는 법률관계일 것

선결적 법률관계에 대하여 당사자 사이에 다툼이 있어서 그에 대한 판단이 본소의 판결을 좌우하는 것이어야 한다. 다툼이 없으면 어차피 확인의 소로서 확인의 이익을 갖추지 못하므로 부적법하다.[1] 현재 다툼이 없어도 장래 다툴 것이 예상되는 경우에도 허용된다.[2] 현재 다투어지는 법률관계이어야 하므로 과거의 법률관계는 확인의 대상이 되지 않는다.

2. 절차상의 요건

(1) 본소송이 사실심에 계속하고, 변론종결 전일 것

선결적 법률관계에 관하여 심리하려면 그 기초가 되는 사실의 유무를 심리해야 하므로 상고심 계속 중에는 중간확인의 소를 제기할 수 없다. 소송이 사실심에 계속하면 충분하므로 항소심에서도 가능하다. 항소심에서 제기하면 형식상으로는 제1심을 결하게 되지만 어차피 선결적 법률관계이므로 사실상 제1심에서부터 심리가 된 상태일 것이므로 부당할 것이 없다. 2002년 개정법은 항소심에서의 반소에서 심급의 이익을 해칠 우려가 없으면 상대방의 동의도 필요 없다고 하므로(제412조), 피고가 제기하는 중간확인반소는 원고의 동의가 필요 없을 것이다.

사실심의 변론종결 이후에는 중간확인의 소를 제기할 수 없다. 중간확인의 소를 제기하면 그에 대한 판단에 기판력이 생기므로 변론종결 후에 제기한 중간확인의 소에 대하여 심리 없이 그대로 판결할 수는 없기 때문이다.

(2) 전속관할 위반이 아닐 것

수소법원에 중간확인의 소에 대한 토지관할권이 없어도 병합청구재판적에 의하

---

1) 이에 대하여 확인의 이익은 소송상 다툼이 있고 선결관계에 있는 것으로 당연히 충족되므로 별도의 확인의 이익이 필요 없다고 한다(김홍엽, 963; 이시윤, 755). 그러나 이러한 설명은 사족에 불과하고 오히려 중간확인의 소에는 확인의 이익이 요구되지 않는다는 오해를 불러일으킬 우려가 있다.

2) 이시윤, 755.

여 수소법원에 관할권이 생기므로(제25조 1항) 임의관할의 경우에는 토지관할 위반의 문제는 생기지 않는다.3) 수소법원에 사물관할권이 없는 경우에도 병합심리의 필요상 관할권을 인정할 것이다. 본소를 단독판사가 관할하고 있는데 합의부의 사물관할에 속하는 중간확인의 소가 제기되면 병합된 두 청구를 모두 합의부로 이송하는 것이 원칙일 것이다. 다만, 사물관할은 대법원 규칙 자체가 매우 신축적으로 운용할 수 있도록 규정하고 있기 때문에 큰 의미는 없다.

전속관할 위반인 경우에 중간확인의 소는 병합요건을 갖추지 못하였으므로(제264조 1항 단서) 수소법원은 관할법원에 이송하여야 할 것이다.4)

(3) 본소와 같은 종류의 절차에 의할 것

본소 청구와 중간확인청구는 병합하여 심리하게 되므로 다른 종류의 절차에 의하는 사건에 관하여는 중간확인의 소를 제기할 수 없다. 그러므로 물건인도청구소송에서 선결적 법률관계로 친자관계의 존부가 문제되는 경우, 그 심리 자체는 민사소송 중에 하더라도 그 존부확인을 소로써 구할 때에는 그 자체가 가사소송이 되므로 병합심리가 불가능하다. 행정처분의 효력이 민사소송의 선결문제가 된 경우에 민사법원에서 이를 심리할 수 있음을 전제로, 이 절차에 행정청의 참가(행소 제17조), 직권심리(행소 제26조) 등 행정소송법의 규정을 준용한다(행소 제11조).5) 이는 예외적으로나마 다른 종류의 절차를 병합하는 것을 허용하는 취지이므로 행정처분무효확인을 구하는 중간확인의 소를 허용할 수 있을 것이다.6)

---

3) 수소법원은 제264조에 의하여 중간확인의 소에 대한 관할권을 당연히 갖게 된다고 하는 견해가 있으나(김홍엽, 964; 이시윤, 756), 제264조는 관할권을 인정하는 규정이 아니므로 정확하지 않다.

4) 이 경우 독립의 소로서의 요건을 갖추었으면 관할법원으로 이송한다는 견해가 있다(김홍엽, 964; 宋·朴, 620; 이시윤, 756). 그러나 수소법원은 병합요건으로서의 전속관할권 유무를 심리할 수는 있어도, 전속관할 위반인 사건의 다른 소송요건을 심리할 권한은 없다. 독립의 소로서의 요건을 갖추었는지 여부는 이송받은 관할법원이 심리할 사항이다.

5) 이와는 달리 가사소송법은 가사사건과 민사사건의 병합을 가사조정의 경우에만 인정한다(가소 제57조 2항).

6) 이시윤, 756. 이러한 취지를 판시하였다고 인용되는 大判 1966. 11. 29, 66다1619는 1984년에 행정소송법이 전면 개정되기 이전의 판결로, 그 취지가 민사소송 중에 선결문제로 행정처분이 무효인지를 심리판단할 수 있다고 판시한 것은 분명하나, 행정처분무효확인을 구하는 중간확인의 소를 인정한다는 것인지는 분명하지 않다.

Ⅲ. 심　판

1. 절　차

중간확인의 소의 제기도 통상의 제소이므로 소장에 준하는 서면을 제출하여야 하고, 법원은 이를 상대방에게 송달하여야 한다(제264조 2항, 3항). 서면을 제출한 때에 시효중단 등의 실체법적 효과가 생기고, 송달시에 그 청구에 관하여 소송계속이 생긴다.

소송대리인이 있을 때 중간확인의 소를 제기하려면 **특별수권**이 있어야 하는지가 문제된다. 통설은 원고가 제기하는 경우에는 소의 추가적 변경에 준하므로 특별수권이 필요 없고, 피고가 제기하는 경우에는 반소의 제기에 준하므로 특별수권이 필요하다고 본다(제90조 2항 1호 참조). 그러나 같은 중간확인의 소를 누가 제기하는가에 따라 소송대리인에게 특별수권이 필요한지가 좌우되는 것은 타당하지 않다. 피고가 제기하는 경우를 중간확인의 반소라고 하지만 통상의 반소와 성격과 내용이 같지 않다. 통상의 반소는 본소와 견련관계가 있는 범위 내에서 완전히 새로운 청구를 하는 것임에 반하여, 중간확인의 소는 본소 심리에서 어차피 심리되는 선결문제이지만 그 판단에 기판력을 얻기 위하여 인정되는 것이다. 그러므로 통상의 반소의 경우처럼 굳이 특별수권을 요구할 이유가 없다. 통설은 중간확인의 소를 반소나 청구변경에 의지하여 설명하고자 하나, 이는 제264조가 인정하는 독자적인 제도이므로 반소에 관한 규정에 구애될 것이 아니라 나름대로 합리적으로 새겨야 할 것이다.

2. 재　판

중간확인의 소는 본소의 선결문제에 관한 것이지만 단순한 공격방법이나 방어방법이 아니므로 그에 대한 재판은 중간판결이 아니라 **종국판결인 중간확인판결**이다. 중간확인의 소로써 청구가 병합되므로, 법원은 우선 병합요건을 심리하여 요건이 불비되었으면 독립한 소로 취급하고 그것이 불가능하면 각하판결을 할 것이다. 병합요건이 갖추어졌으면 본소청구와 병합심리하여 하나의 전부판결을 선고하는 것이 원칙이다. 중간확인판결을 먼저 하는 일부판결은 변론을 분리시키기 때문에 바람직하지는 않지만 이론상 불가능한 것은 아니다.

제 4 절 反　訴

I. 의　의

반소는 소송계속 중에 피고가 그 절차를 이용하여 원고를 상대로 하여 제기하는 소를 말한다. 반소제기로 소송 중에 청구가 추가적으로 병합된다. 이때 원고는 반소피고가 되고 피고는 반소원고가 된다. 원고와 제3자를 반소피고로 하는 것은 허용되지 않으나, 이들이 고유필수적공동소송의 관계에 있으면 필수적공동소송인의 추가가 되므로 허용된다.[1)]

반소제도는 원고가 피고를 상대로 청구를 병합하여 소송할 수 있다는 점에 대응하여 피고도 원고의 청구와 관련된 청구를 하도록 허용하는 것이 공평하다는 점 (무기대등)과, 서로 관련성이 있는 양 당사자의 청구를 동일한 절차에서 함께 심리함으로써 소송경제를 달성하고 모순된 소송결과를 방지할 수 있다는 점을 고려하여 인정된 제도이다.[2)]

《사례 1》　　甲은 乙에게서 승용차를 매입하였는데, 乙이 승용차를 넘겨줄 생각을 않고 있어서 乙을 상대로 승용차의 인도를 구하는 소를 제기하였다. 乙은 甲이 매매대금을 지급하지 않았기 때문에 승용차를 인도할 수 없다고 주장하였다. 이때 법원이 甲은 乙에게 매매대금을 지급하라고 판결할 수 있는가?

《사례 1a》　　〈사례 1〉에서 乙이 甲의 대금 미지급을 주장하고 甲을 상대로 매매대금지급을 구하는 소를 제기하면 어떻게 되는가?

반소는 피고가 원고의 청구에 대하여 단순한 방어에 그치지 않고 적극적으로 소송상청구를 하는 것이다. 〈사례 1〉에서 乙이 甲의 매매대금 미지급을 주장한 것은 방어방법인 동시이행의 항변을 한 것으로, 그것이 성공하면 법원은 乙에게 甲의 대금지급과 상환으로 승용차를 인도하라고 판결할 것이다. 판결의 내용대로 집행이 되면 결국 乙은 대금을 지급받을 수 있게 되지만 법원이 바로 甲에게 대금지급을

---

1) 大判 2015. 5. 29, 2014다235042 · 235059 · 235066.
2) Stein-Jonas/Roth[23] § 33 Rn. 1. 이시윤, 757은 원고가 소송 중에 청구를 변경할 수 있다는 것과 균형을 맞추기 위하여 반소를 인정하였다고 하는데, 이 점은 청구의 추가적병합에 대해서만 타당하고 다른 종류의 청구변경과는 관계가 없다.

명할 수는 없고, 이러한 판결이 乙의 대금청구권을 실행하기 위한 집행권원이 되는 것도 아니다. 〈사례 1a〉에서는 乙이 방어방법의 주장에 머물지 않고 적극적으로 甲을 상대로 소송상청구를 하는 반소를 제기하였으므로 법원은 그 청구에 대하여 별도로 주문으로 답하게 될 것이다.

Ⅱ. 반소의 모습

반소에는 단순반소와 예비적 반소가 있다. **단순반소**는 원고의 본소청구 결과와 관계 없이 피고가 원고를 상대로 제소하는 것이다. 〈사례 1a〉가 그러한 경우로, 甲의 승용차인도청구가 인용되거나 기각되는 것과는 상관 없이 매매대금의 지급을 구하는 반소이다.

예비적 반소에는 두 가지가 있다. 그 하나는 우선 원고의 청구기각을 구하고, 원고의 본소 청구가 인용되는 것에 대비하여 반소청구를 하는 것이다. 이 경우에는 반소가 원고의 본소청구의 기각을 해제조건으로 제기되는 것이다. 다른 하나는 반소 자체에서 청구가 예비적으로 병합되는 것이다. 이때는 주위적 반소의 청구인용을 해제조건으로 예비적 반소가 제기되는 것이다.

피고가 제기한 반소에 대하여 원고가 다시 반소를 제기하는 것을 **재반소**라고 하는데, 절차를 복잡하게 한다는 문제점은 있으나 통설은 관련성이 있는 청구들을 한꺼번에 해결할 수 있다는 장점을 들어 이를 허용한다.

Ⅲ. 요   건

1. 본소가 소송계속 중이고 사실심 변론종결 전일 것

(1) 본소의 소송계속

반소는 본소 계속 중에 제기하는 소이므로 본소에 의한 소송이 계속 중이어야 한다는 점은 당연하다. 이 요건은 반소제기의 요건이지 반소의 존속요건이 아니므로 반소제기 후에 본소가 취하 또는 각하, 청구의 포기·인낙, 소송상화해 등으로 소송계속이 소멸하여도 단순반소의 존속에는 영향이 없다.

(2) 사실심 변론종결 전

반소에 대하여 법원은 사실심리를 하여야 할 것이므로 사실심 변론 종결 전에만 반소 제기가 가능하다(제269조 1항). 변론종결 후, 또는 상고심에서 반소를 제기하는 것은 부적법하다.[3] 반소를 제기하여 법원이 변론을 재개하면 그 흠결은 치유되지만[4] 법원은 반드시 변론을 재개하여야 하는 것도 아니다.

항소심에서 반소를 제기하려면 상대방의 심급의 이익을 해칠 염려가 없거나 상대방의 동의가 있어야 한다(제412조). 종전에는 심급의 이익을 해칠 염려에 관하여는 규정하지 않았지만 학설이 이를 인정하였는데, 2002년 개정법에서 이를 추가하였다. **심급의 이익을 해칠 염려가 없는 경우**란 반소청구의 기초를 이루는 실질적인 쟁점이 제1심에서 본소의 청구원인 또는 방어방법과 관련하여 충분히 심리가 된 것을 말한다.[5] 그러한 경우의 예로는 중간확인의 반소, 본소와 청구원인이 같은 반소, 제1심에서 충분히 심리된 본소의 청구원인이나 항변과 관련된 반소[6] 및 항소심에서 기존의 반소에 예비적 반소를 추가하는 경우를 든다.[7] 결론적으로는 타당한 해석이라고 생각되지만, 예비적 반소의 추가는 피고의 반소에서의 청구변경이므로 반소제기의 요건 구비 여부가 아닌 청구변경의 요건 구비 여부를 조사하여야 할 것이다.[8] 상대방의 심급의 이익과는 관계 없이 **상대방이 동의**해도 반소를 제기할 수 있다. 그리고 상대방이 이의를 제기하지 않고 반소의 본안에 관하여 변론한 때에는 동의한 것으로 본다(제412조 2항). 항소심에서 원고가 반소청구의 기각을 신

---

3) 가집행선고가 실효된 경우에 하는 가지급물반환청구(제215조)는 사실심리가 필요 없으면 상고심에서도 허용된다고 보는 견해가 있다(김홍엽, 916; 宋·朴, 624; 이시윤, 764). 이러한 해석 자체는 타당하나(大判 1980. 11. 11, 80다2055; 大判 1995. 12. 12, 95다38127), 이를 예외적으로 상고심에서도 반소를 제기할 수 있는 경우로 설명하는 것은 문제가 있다. 이것은 반소라고 볼 수가 없기 때문이다. 大判 1980. 11. 11, 80다2055는 사실심리가 필요하므로 상고심에서는 가지급물반환을 청구할 수 없다고 판시하면서, "가집행에 의하여 집행을 당한 채무자로 하여금 본안심리절차를 이용하여 그 신청의 심리를 받을 수 있는 간이한 길을 터놓아 반소 또는 차후 별소를 제기하는 비용, 시간 등을 절약하게 만들어 놓은 제도"라고 함으로써 이 청구는 반소가 아님을 분명히 하였다.

4) 이시윤, 765.

5) 大判 2005. 11. 24, 2005다20064·20071.

6) 大判 1996. 3. 26, 95다45545·45552·45569(제1심에서 원고의 건물철거 및 부지인도청구에 대하여 피고가 관습상의 법정지상권을 주장하는 항변을 제출하여 심리하였고, 피고가 항소심에서 법정지상권설정등기절차의 이행을 구하는 반소를 제기한 사례); 大判 1997. 10. 10, 97다7264·7271·7288·7295·7301(피고가 원고에 대하여 분양계약상의 권리를 주장할 수 있는지가 제1심에서 심리된 뒤 항소심에서 피고가 그 권리를 행사하는 반소를 제기한 사례); 大判 1999. 6. 25, 99다6708·6715(임대차계약이 해지되었다는 피고의 방어방법이 제1심에서 심리된 뒤 항소심에서 피고가 임대차 해지를 이유로 그 주택의 명도를 구하는 반소를 제기한 사례).

7) 宋·朴, 624; 이시윤, 764-765. 이것과 구별할 것이 항소심에서 피고가 원고의 청구가 인용될 경우에 대비하여 제기한 예비적 반소이다. 이 경우에 관하여 판례는 원고가 반소 제기에 대하여 동의하지 않고 본소와 반소의 각 청구원인이 서로 다르므로 원고의 심급의 이익을 해할 우려가 있으므로 부적법하다고 하였다(大判 1994. 5. 10, 93므1051).

8) 大判 1969. 3. 25, 68다1094·1095도 이러한 취지를 판시하였다.

청하였을 뿐이면 그 내용은 본안에 관한 진술이지만 그것만으로는 본안에 관한 변론이라고 볼 수는 없을 것이다.[9)]

2. 반소청구가 본소와 관련성이 있을 것

여기서 반소청구가 관련성이 있어야 할 대상은 본소청구 또는 본소의 방어방법이다(제269조 1항 단서). 여기서 관련성이라 함은 양자가 **법률상, 사실상 공통성**이 있음을 말한다. 관련성을 요구하는 것은 반소를 본소와 병합하여 심리하는 것이 의미 있을 정도의 관계를 가지는 것으로 제한하여 반소가 남발되는 것을 방지하고자 하는 취지이다.

(1) 본소청구와의 관련성

《사례 2》   甲은 매매를 원인으로 甲으로부터 乙에게 소유권이전등기가 된 건물은 甲의 소유이고 甲이 乙에게 매도한 바 없는데도 소유권이전등기가 되었다고 주장하여 그 소유권이전등기의 말소등기절차를 이행하라는 청구를 하였다. 이에 대하여 乙은 甲의 청구를 기각할 것을 구하면서 만일 乙의 그 건물에 대한 소유권이전등기가 원인무효로서 말소된다고 하더라도 乙은 그 건물이 건립되어 있는 대지의 소유자임에도 불구하고 甲이 아무 권한 없이 그 대지 위에 위 건물을 소유하여 그 대지에 대한 乙의 점유를 불법침해하고 있다는 것을 원인으로 위 건물의 철거를 청구하는 반소를 제기하였다. 乙의 반소가 적법한가?

《사례 3》   甲은 임대차계약을 해지하고 전기와 수도를 차단해도 임차인 乙이 퇴거하지 않자 乙을 상대로 건물인도청구의 소를 제기하였다. 이에 대하여 乙은 甲의 단전, 단수로 손해를 입었다고 주장하여 손해배상청구를 하는 반소를 제기하였다. 이 반소가 적법한가?

여기에는 다음과 같은 경우가 있다.

(가) 동일한 법률관계의 추구

원고의 이혼청구에 대하여 피고가 이혼청구를 하는 경우가 여기에 해당한다.

(나) 청구원인사실의 공통

원고가 매매를 원인으로 소유권이전등기를 청구하고, 피고가 매매를 이유로 대금지급을 청구하는 경우가 여기에 해당한다.

---

9) 大判 1991. 3. 27, 91다1783 · 1790.

(다) 청구 목적물의 공통

〈사례 2〉가 여기에 해당한다. 이 경우는 본소청구의 원인사실은 원인 없이 소유권이전등기가 넘어갔다는 것이고 반소청구의 원인사실은 甲이 불법으로 乙의 토지를 점유하였다는 것으로, 원인사실이 서로 다르지만 목적물이 같기 때문에 관련성이 인정된다.10) 특정 가옥에 대하여 원고가 소유권확인을 청구하는데 피고가 그 가옥에 대한 임차권확인을 청구하는 경우, 그리고 원고가 점유권에 기하여 점유방해배제의 본소청구를 하고 피고가 그 물건의 소유권에 기하여 인도를 구하는 반환청구를 하는 경우도11) 여기에 해당한다.

(라) 분쟁 발생원인의 공통

〈사례 3〉이 여기 해당한다. 이 경우에 본소청구의 원인사실은 임대차의 종료이고 반소청구의 원인사실은 甲의 단전, 단수라는 불법행위이므로 두 사실이 서로 다르다. 그러나 甲의 乙에 대한 인도청구를 둘러싸고 일어난 분쟁이라는 점에서 공통점이 있어서 관련성이 인정된다.12) 교통사고로 원고가 손해배상청구를 하고, 이에 대하여 역시 같은 교통사고를 이유로 피고가 손해배상청구를 하는 경우도 마찬가지이다. 본소는 乙의 가해행위가, 반소는 甲의 가해행위가 원인사실이지만 교통사고라는 분쟁의 발생원인은 교통사고로 동일하므로 관련성이 인정된다.

(2) 본소 방어방법과의 관련성

《사례 4》　甲은 乙의 부동산에 대하여 담보로 가등기를 받았는데, 乙이 변제하지 않았다고 주장하여 본등기를 청구하는 소를 제기하였다. 이에 乙은 변제하였다고 항변하다가 변제를 이유로 가등기말소를 구하는 반소를 제기하였다. 이 반소가 적법한가?

방어방법과 관련성이 있다는 것은 **본소청구에 대한 피고의 항변사유와 그 대상이나 발생원인에서 법률상, 사실상의 공통점**이 있는 것을 말한다. 반소로써 피고의 항변사유를 전제로 한 청구를 하는 것이 보통이다. 위 사례에서 乙이 주장한 변제는 방어방법으로서의 항변이고 이를 전제로 뒤에 가등기 말소를 구하는 반소를 제기한 것이므로 방어방법과 관련성이 있다. 원고의 건물철거 및 부지인도청구에 대하여 피고가 관습상의 법정지상권을 주장하는 항변을 제출하고, 나아가 법정지상권

---

10) 大判 1962. 11. 1, 62다307 참조.
11) 大判 1957. 11. 14, 4290민상454 · 455는 이러한 경우 점유의 소송에서는 점유할 수 있는 권리인 본권에 관한 이유에 기하여 재판할 수 없는 것이므로 두 청구를 모두 인용할 수 있다고 하였다.
12) 大判 1967. 3. 28, 67다116 · 117 · 118 참조.

설정등기절차의 이행을 구하는 반소를 제기한 경우,13) 원고의 대여금 청구에 대하여 피고가 상계항변을 하고 수동채권을 초과하는 자동채권 부분의 지급을 구하는 반소를 제기한 경우, 원고의 가옥인도청구에 대하여 피고가 유치권을 주장하면서 피담보채무의 이행을 구하는 반소를 제기한 경우 등이 여기에 해당한다.

반소와 관련된 방어방법은 **늦어도 반소제기와 동시에 적법하게 제출**되어 법원의 심리 대상이 되어야 한다. 그러므로 실기한 방어방법으로 각하된 항변을 전제로 한 반소는 부적법하다. 이와 관련하여 상계금지 채권에 대한 상계항변과 같이 실체법상 항변이 허용되지 않는 경우에 반소도 부적법하다고 보는 견해가 있다.14) 그러나 여기서 방어방법이 적법하게 제출되어야 한다는 것은 제출 자체가 적법하여 **법원의 심리 대상이 된 것**을 말하지 실체법상 적법하여야 된다는 의미가 아니다. 상계금지 채권을 자동채권으로 하여 상계하는 것은 실체법상으로 부적법하지만, 그렇다고 소송에서 상계의 주장이 각하되는 것이 아니라, 실체심리의 결과 이유 없어 배척된다. 그러므로 이러한 경우 상계가 인정되지 않으므로 이를 전제로 한 반소청구도 실체법상 이유 없는 것이 된다.

3. 반소청구가 본소절차를 현저히 지연시키지 않을 것

반소가 소송지연책으로 남용되는 것을 막기 위하여 1990년 개정시에 추가한 요건이다. 반소가 관련성 등 다른 요건을 다 갖추었어도 반소청구를 심리하기 위해 절차가 현저하게 지연될 경우에는 반소가 부적법하다(제269조 1항). 여기서 '현저한 지연'이란 반소제도의 취지가 소송경제를 도모한다는 점도 있으므로 반소로 병합심리하는 것이 **별소에 의하는 것보다 나을 것이 없을 정도**가 되어야 할 것이다. 그러므로 어느 정도 지연되더라도 별소에 의한 해결보다 신속하고 경제적이면 반소를 각하해서는 안 될 것이다.

4. 반소가 다른 법원의 전속관할에 속하지 않을 것

반소청구의 관할법원은 본소 소송계속 법원이다(제269조 1항). 그러나 이는 임의관할을 전제로 한 것으로, 다른 법원이 반소에 대하여 전속관할권을 가지면 본소 수소법원에 반소를 제기할 수 없다. 본래 항소심에서의 반소제기는 전속관할인 심

---

13) 大判 1996. 3. 26, 95다45545·45552·45569.
14) 김홍엽, 971-972; 이시윤, 762.

급관할 위반이어서 불가능하겠지만, 병합의 필요성과 관련성 때문에 예외적으로 상대방의 심급의 이익을 침해하지 않거나 상대방의 동의를 요건으로 본소 소송계속 법원인 항소법원에 반소의 관할권을 인정하였다(제412조).

단독판사가 본소에 대하여 심판할 때 합의부 사건에 해당하는 반소가 제기되면 본소를 심리하던 단독판사는 본소와 반소를 합의부에 이송해야 한다(제269조 2항).

5. 반소가 본소와 같은 종류의 절차에 의할 것

반소는 계속 중인 본소와 병합심리하므로 같은 종류의 절차에 의해야 한다. 결과적으로 청구병합이 이루어지는데, 서로 다른 종류의 절차에 의하는 청구를 병합하는 것은 불가능하기 때문이다. 보전절차, 독촉절차, 행정소송 및 가사소송은 민사소송과 종류가 다르다.15) 청구이의의 소와 같은 강제집행법상의 소송절차는 민사소송과 종류가 다르지 않다.16)

Ⅳ. 절차와 심판

1. 반소의 제기

반소에는 본소에 관한 규정이 준용되므로(제270조) 소장에 준하여 반소장을 작성하여 제출한다. 이때 반소를 제기하는 피고를 반소원고로, 상대방인 원고를 반소피고로 표시한다. 다만 소액사건에서는 구술로 인한 제소가 가능하므로(소심 제4조) 구술로 하는 반소제기도 가능하다.

2. 요건의 조사

반소가 적법하려면 반소요건과 일반 소송요건을 모두 갖추어야 하므로 법원은 이들이 구비되었는지 조사하여야 한다.

반소요건이 구비되지 못한 경우에 반소를 각하해야 한다는 판례가 있으나,17) 통설은 반소가 독립된 소로서의 요건을 갖추었으면 본소와 분리하여 심판할 것을 주장한다. 판례의 각하설은 반소요건이 반소의 적법요건임을 전제로 하고, 반소가

---

15) 이혼청구와 이혼으로 인한 위자료청구는 모두 가사소송법의 적용을 받는 가사소송이므로 병합이 가능하다. 일반적인 위자료청구와는 다르다는 점을 주의하여야 한다.

16) 宋·朴, 627.

17) 大判 1965. 12. 7, 65다2034·2035.

부적법하므로 각하한다는 형식논리만을 따른 것이다. 그러나 반소요건이 적법요건이지만, 이는 어디까지나 '반소'로서 적법하기 위한 요건이지, 독립의 소로서의 적법요건이 아니다. 그러므로 반소요건이란 오히려 **'반소로서 본소에 병합할'** 요건을 뜻한다.[18] 이렇게 보아야 당사자의 이익과 소송경제도 고려할 수 있다. 그러므로 분리하여 심판하는 것이 타당하다(분리심판설). 분리하여 심리하면 독립의 소가 되므로 관할위반 여부를 별도로 심리한다. 관할위반으로 판단되면 변론관할이 생기지 않은 한 관할법원으로 이송하여야 한다. 항소심에서의 반소가 반소요건을 갖추지 못하였으면 당연히 심급관할 위반이 되므로 제1심 관할법원으로 이송할 것이다.

반소요건 중에서 전속관할, 절차의 지연 및 절차의 종류 등은 공익적 요건이나, 관련성은 사익적 요건이므로 이 요건이 불비된 경우 상대방이 절차이의권을 행사하지 않으면 흠결은 치유된다. 판례도 반소피고가 반소요건의 불비를 주장함이 없이 변론을 하였으면 흠결은 치유된다고 본다.[19]

일반적 소송요건이 불비되면 보정이 없는 한 반소는 부적법 각하된다.

3. 본안심판

본소와 반소는 관련성이 있는 청구를 병합한 것이므로 **심리도 병합**하여 하고 판결도 하나의 **전부판결**로 하는 것이 원칙이다. 그렇지 않으면 심리의 중복과 재판의 모순이 나올 염려가 있다. 그러나 병합심리로 인하여 심리의 복잡과 지연의 염려가 있는 **특별한 사정**이 있으면 변론의 분리나 일부판결도 가능하다고 새기는 것이 보통이다.[20] 병합심리를 요구하는 이유를 고려할 때, 앞에서 본 특별한 사정이 있을 뿐만 아니라 심리가 중복되거나, 모순된 재판이 나올 염려가 없을 경우에 한한다고 새기는 것이 타당할 것이다.

반소청구에 관하여도 청구변경이 가능하다. 이 경우 청구변경의 일반적 요건을 (제262조) 갖추어야 함은 물론이다.[21]

---

18) 이시윤, 766.

19) 大判 1968. 11. 26, 68다1886·1887. 이 판결은 "원고가 피고의 반소청구에 대하여 이의를 제기함이 없이 변론을 한 경우에는 반소청구의 적법여부에 대한 책문권을 포기한 것으로 보아야 한다"고 하여 반소요건 모두가 절차이의권의 대상이 된다는 듯한 표현을 하고 있다. 그러나 관련성 이외의 요건은 공익적임이 명백하므로 관련성에 관한 판시라고 짐작된다.

20) 金·姜, 756; 김홍엽, 977; 이시윤, 766.

21) 大判 2012. 3. 29, 2010다28338·28345: 같은 사실관계에 터잡아 영업손실액 상당의 손해배상을 청구하는 반소를 제기했다가 뒤에 이를 와인 손상에 따른 손해배상청구로 교환적 변경을 한 사안.

한 개의 전부판결을 하더라도 본소와 반소에 대하여 각각의 판결주문을 내야한다. 하나의 전부판결의 일부에 대하여 상소하면 전부판결에 포함된 전체가 확정되지 않고 상소심에 이심된다. 반소에 대한 재판을 누락하였으면 상소하더라도 반소 부분은 원심에 남고 본소 부분만 상소심에 이심된다.22)

본소청구의 기각을 해제조건으로 한 예비적 반소에서 본소청구가 기각되면 반소청구에 대하여 재판할 필요가 없다.23) 예비적 청구가 본소청구의 기각을 해제조건으로 하였기 때문이다. 이 경우 제1심에서 본소청구를 기각한 것을 항소심에서 취소하고 본소청구를 인용하면 항소심은 예비적 반소에 대하여도 재판해야 한다.24)

4. 본소의 취하와 반소

본소가 취하되어도 적법하게 제기된 반소의 소송계속에는 영향이 없다. 그러므로 반소청구의 교환적 변경도 가능하다.25)

본소가 취하되었으면 피고는 원고의 동의 없이 반소를 취하할 수 있다(제271조). 원고가 본소는 스스로 취하해 놓고 그로 인하여 유발된 반소만의 유지를 상대방에게 강요하는 것은 공평치 못하다고 보기 때문이다. 그러나 본소가 각하된 경우에는 반소의 취하가 효력이 있으려면 원고의 동의를 얻어야 한다. 본소가 원고의 의사로 소멸한 것이 아니기 때문이다.26)

---

22) 그러므로 반소에 대한 재판이 없다는 이유로 상소하는 것은 그 대상이 없어 부적법하다(大判 1989. 12. 26, 89므464).

23) 大判 2006. 6. 29, 2006다19061 · 19078. 설사 재판을 했더라도 그 판결은 무효라고 하였다.

24) 大判 2006. 6. 29, 2006다19061 · 19078.

25) 大判 1970. 9. 22, 69다446.

26) 大判 1984. 7. 10, 84다카298.

제 2 장   複數의 訴訟主體

제 1 절   共同訴訟

I. 의의와 종류

공동소송은 1개의 소송절차에 원고나 피고가 2인 이상인 소송형태를 말한다. 공동소송은 소의 병합이 주관적인 측면에서 이루어진 것이므로 이를 소의 주관적 병합이라고도 한다.[1] 이때 수인의 원고 또는 피고를 공동소송인이라고 한다.

공동소송은 수인의 당사자 사이에 일정한 공통점이 있을 때 한꺼번에 심리함으로써 소송경제를 기할 수 있고, 권리구제를 모순 없이 할 수 있다는 장점이 있다. 그러나 공동소송인이 다수일 때에는 위와 같은 장점이 사라지고 오히려 절차가 복잡해지고 소송이 지연될 수 있다는 단점도 갖고 있다. 이를 해결하기 위하여 우리 민사소송법은 선정당사자 제도를, 특별법에서 증권관련집단소송 제도를 두고 있고, 외국의 입법례에서는 단체소송이나 대표당사자소송(집단소송), 표본소송 등의 제도를 마련해 놓고 있다.

공동소송인 사이에서 승패를 같이 할 필요가 없는 공동소송을 통상공동소송이라 하고, 승패를 같이 해야 하는, 즉 합일확정이 필요한 소송을 필수적공동소송이라고 한다. 필수적공동소송 중에서 그 합일확정이 실체법적 근거에 의한 경우, 즉 실체법상 공동으로만 당사자적격이 인정되는 경우를 고유필수적공동소송이라 하고, 소송법적 근거에 의한 경우, 즉 반드시 공동으로 당사자가 되어야 하는 것은 아니지만 기왕에 공동소송인이 되었으면 승패를 같이해야 하는 경우를 유사필수적공동소송이라고 한다.

---

1) 이 점에서 청구가 병합된 경우인 소의 객관적 병합과 대비된다.

Ⅱ. 공동소송의 발생과 해소

공동소송은 처음 소제기 때부터 수인의 원고나 피고가 당사자가 되어서 이루어지는 수가 있고(원시적 발생), 제소 뒤에 후발적으로 발생하는 수도 있다. 후발적 발생원인으로는 제1심에서 필수적공동소송인을 추가하거나(제68조), 한 당사자의 소송을 공동상속인 등 수인이 수계한 경우(제233조 이하), 수인의 승계인이 소송을 인수한 경우(제82조), 공동소송적 당사자참가(제83조), 당사자가 다른 소송의 변론을 병합한 경우(제141조), 추심소송에서 피고가 채권자를 공동원고로 소환하도록 신청한 경우(민집 제249조 3항) 등을 들 수 있다. 그 밖에 회생절차나 파산절차에서 이의채권에 관한 소송이 수인의 이의자에 의하여 수계된 경우(채회 제172조 1항, 제464조)가 있다.

공동소송은 공동소송인의 일부에 대한 소송관계가 일부판결에 의하여 종결되거나, 일부 당사자만이 화해, 포기 또는 인낙한 경우 및 변론의 분리로 해소된다.

Ⅲ. 통상공동소송

1. 의   의

통상공동소송은 **공동소송인 사이에서 승패를 같이 할 필요가 없는** 공동소송을 말한다. 공동소송인들이 각기 별도로 소송을 해도 아무런 지장이 없지만 그들의 청구 상호간에 제65조에서 정한 관계가 있어서 동일 절차에서 함께 소송을 할 수가 있는 경우이다. 이를 보통공동소송 또는 단순공동소송이라고도 한다. 이때는 각 공동소송인의 또는 각 공동소송인에 대한 청구를 한 절차에서 심판하므로 **청구병합**이 생긴다.

《사례 1》   甲과 丙은 乙이 운전하는 차에 치어 중상을 입었다고 주장하여 함께 乙을 상대로 손해배상으로 치료비를 청구하는 소를 제기하였다. 법원은 심리 결과 甲은 중상을 입어 손해가 발생했다고 인정하여 甲의 청구를 인용하고, 丙은 찰과상을 입었음에 불과하다고 판단하여 丙의 청구를 기각할 수 있는가?

이 사례에서 甲과 丙이 乙에 대하여 손해배상을 청구하는 것은 그들 사이에 동일한 사건에 의한 손해가 발생하였다는 공통점이 있을 뿐이고, 그들 사이에서 판결의 효력이 미치는 것도 아니고 실체법상 동일한 결론이 나와야 하는 것도 아니므로 그들이 승패를 같이 해야 할 이유가 없다. 그러므로 甲에게는 실제로 손해가 발생했지만 丙은 아무런 부상을 입지 않아 손해가 없다고 법원이 판단하면 甲의 청구를 인용하고 丙의 청구는 기각할 수 있음은 당연하다. 이러한 관계의 공동소송이 통상공동소송이다. 이러한 경우에 원고는 공동소송으로 할 것인지 단독소송으로 할 것인지를 자유롭게 정할 수 있다.

2. 병합요건

통상공동소송이 허용되기 위한 요건에는 앞서 본 바와 같이 청구병합의 요건인 객관적 요건과 당사자들이 한 절차에 병합되기 위한 주관적 요건을 갖추어야 한다. 이들 요건도 소송요건에 포함되지만 요건이 갖추어지지 않았으면 소가 부적법해지는 것이 아니라 **병합이 부적법**한 것에 불과하다. 그러므로 법원은 소각하판결을 할 것이 아니라 이들을 분리하여 심리하여야 한다. 주관적 병합요건은 직권조사사항이 아니라 항변사항이므로 피고의 항변이 있어야 고려하게 된다.[2]

(1) 주관적 요건

공동소송이 되려면 수인의 당사자들 사이에서 다음에 열거하는 관계 중의 어느 하나가 성립하여야 한다(제65조).

(가) 권리나 의무의 공통

《사례 2》   甲은 乙과 丙에게 자기가 소유하고 있는 건물을 일부씩 임대하였는데 몇 년 뒤에 乙과 丙이 각기 그 건물 전체가 자기 소유라고 주장하였다. 甲은 乙과 丙을 공동피고로 하여 소유권확인의 소를 제기할 수 있는가?

이러한 사례는 동일 물건에 대한 소유권확인의 소를 수인의 피고를 상대로 제기한 것으로 乙과 丙을 상대로 동일한 권리를 주장하는 것이므로 이 요건에 해당한다.

공유관계는 공유자들 각자가 보존행위를 할 수 있음은 물론이고(민 제265조 단

---

2) 이 요건이 모든 공동소송에 공통되는 요건이라고 설명하거나 필수적공동소송도 이 요건을 갖추어야 한다는 견해가 있으나(이시윤, 770; 전원열, 626-627; 鄭·庚·金, 1052-1053), 필수적공동소송에서는 이 요건들 중 일부만이 문제되는 것이므로 그렇게 볼 필요가 없다. 宋·朴, 630-631; Jauernig/Hess[30] § 81 Rn. 2; Rosenberg-Schwab/Gottwald[18] § 48 Rn. 5 ff. 등이 모두 통상공동소송의 요건으로 설명한다.

서), 공유자 사이에서 소유권이 지분의 형식으로 공존하는 것뿐이고 그 처분권이 공동에 속하는 것이 아니므로(민 제263조), 반드시 공유자 전원을 공동소송인으로 할 필요가 없고 설사 공유자 전원을 당사자로 하여 제소하였다고 하더라도 소송의 목적이 공동소송인의 전원에 대하여 합일적으로 확정될 필요가 없는 것이다. 그러므로 공유관계에 관한 공동소송은 통상공동소송인 것이 원칙이다. 판례는, 공동상속재산의 지분에 관한 지분권존재확인을 구하는 소송,3) 공유자들의 지분권에 기하여 보존행위로 제기하는 공유물 인도청구소송,4) 부동산의 공유자인 공동상속인들을 상대로 한 소유권보존등기말소 및 소유권확인소송,5) 공유자들을 상대로 한 소유권이전등기청구소송,6) 아파트 구분소유자들의 하자보수에 갈음한 손해배상을 청구하는 소송7) 등이 여기에 해당한다고 본다. 이들을 통상공동소송이라고 보는 이유는 공유자의 청구나 공유자에 대한 청구는 **실체법상 각자의 지분권을 그 근거로** 한다는 점에 있다.8)

판례는 건물의 공유자들에 대하여 토지 소유자가 철거청구를 하는 소송도 통상공동소송이라고 한다.9) 그러나 공유물 전체를 대상으로 하면서 그 지분권만큼만 철거하라는 청구는 있을 수가 없고, 공유물 전체의 처분이나 변경을 구하는 소송이라고 보아야 한다. 판례는 철거의 대상이 공유자의 지분권이 아니라 하나의 건물이라는 점을 파악하지 못한 것으로 보인다. 건물 철거로 소유권이나 지분권이 소멸하는 것은 소유권이나 지분권을 철거했기 때문이 아니라 소유의 대상인 건물(소유물)이 없어져서 소유권과 지분권이 소멸하는 것이다. 공유건물이 철거되면 일부 지분권만 소멸하는 것이 아니라 모든 공유자의 지분권이 소멸하는 것이다. 따라서 '실체법상' 공유자 중 일부만이 당사자가 될 수는 없고, 이는 고유필수적공동소송이라고 해야 할 것이다.10)

---

3) 大判 2010. 2. 25, 2008다96963·96970.

4) 大判 1968. 11. 26, 68다1675; 大判 1969. 3. 4, 69다21. 이 판결들은 이러한 소송이 통상공동소송이라고 판시한 것이 아니라 각 공유자가 단독으로 제소할 수 있다고 한 것이다. 그러나 그 취지에서 수인의 공유자가 함께 소송을 할 경우에는 통상공동소송이 된다는 의미임을 알 수 있다.

5) 大判 1972. 6. 27, 72다555.

6) 大判 1965. 7. 20, 64다412; 大判 1994. 12. 27, 93다32880·32897.

7) 大判 2012. 9. 13, 2009다23160.

8) 공유자에 대한 소유권의 이전등기청구는 필수적공동소송으로 보아야 한다는 견해가 있다(이시윤, 780). 그러한 청구가 공유물 자체에 대한 이전등기나 말소등기를 구하는 것이라고 하더라도 실체법상 피고가 된 공유자들의 지분 부분에 대한 청구라고 볼 수도 있으므로 굳이 필수적공동소송이라고 볼 필요는 없을 것이다.

9) 大判 1969. 7. 22, 69다609; 大判 1993. 2. 23, 92다49218.

(나) 권리나 의무가 동일한 사실상과 법률상 원인에 기인한 때

〈사례 1〉에서 甲과 丙은 동일한 교통사고로 인하여 손해배상청구권을 가졌다고 주장하므로 이는 동일한 사실상 원인에 기인한 때에 해당한다. 이와 같은 것으로 한 사람의 피해자가 수인의 가해자를 피고로 하여 손해배상청구소송을 하는 경우가 있다. 이 부진정연대채무 관계는 법률상 양립할 수 없는 관계가 아니므로 예비적 또는 선택적 공동소송이 아니라 통상공동소송이 된다.11) 양도가 무효라고 하여 양수인과 전득자를 공동피고로 하여 경료된 각 이전등기의 말소를 구하는 경우는 양도계약의 무효라는 동일한 법률상 원인에 기한 경우가 된다. 채권자가 주채무자와 연대보증인을 공동피고로 하여 소송하는 경우에도 공동소송이 가능한데,12) 이는 원고와 피고 사이에서 청구원인사실의 주요 부분이 일치하는 관계에 있기 때문이다.

(다) 권리나 의무가 같은 종류이며 사실상과 법률상 같은 종류의 원인에 기인한 때(제65조 후문)

《사례 3》　　甲은 그가 소유한 상가건물의 각 부분을 乙, 丙 및 丁에게 임대하였는데, 이들이 차임을 지급하지 않았다. 甲이 이들을 공동피고로 하여 차임지급청구의 소를 제기할 수 있는가?

이 사례에서 甲과 임차인 乙, 丙 및 丁의 관계는 권리의무가 동일한 것도 아니고 동일한 사실상, 법률상 원인에 기한 것도 아니다. 이들 사이에는 별개의 임대차계약이 체결되었고, 각 임차인의 채무불이행은 다른 임차인들과 아무런 관계가 없다. 이와 같은 예로 각각의 어음발행인을 상대로 어음금을 청구하는 경우, 상인이 같은 종류의 물건에 대한 판매대금을 수인의 매수인에 대하여 청구하는 경우, 수인에 대한 주금납입청구 등을 들 수 있다.

이 요건은 제65조 전문의 요건보다 훨씬 완화된 것으로, 법률적 취급도 달리 한다. 이 요건에 해당하는 공동소송에는 관련재판적이 인정되지 않고(제25조 2항), 이 요건에 해당하는 다수인들은 공통의 이해관계가 있는 것이 아니므로 선정당사자를 선정할 수 없다.

---

10) 이시윤, 780.

11) 大判 2009. 3. 26, 2006다47677; 大判 2012. 9. 27, 2011다76747.

12) 大判 1960. 7. 28, 4293민상34. 이때 판결 주문은 주채무자와 연대보증인은 연대하여 채무를 이행하라고 명할 것이다. 주채무자와 보증인의 경우도 통상공동소송이 된다고 본다(宋・朴, 631).

(2) 객관적 요건

통상공동소송에는 공동소송인과 상대방 사이에 청구병합이 수반되므로 **청구병합의 요건**도 갖추어야 한다. 즉 각 청구는 동종의 소송절차에서 심리될 수 있어야 하고, 수소법원에 각 청구에 대한 공통의 관할권이 인정되어야 한다. 제65조 전문의 경우에는 관련재판적이 인정되므로 공통의 관할권은 바로 인정될 것이나, 다른 법원에 전속관할이 있는 청구가 있으면 요건불비가 될 것이다.

3. 심   판

(1) 공동소송인 독립의 원칙

통상공동소송은 단지 독립된 여러 개의 소송을 병합하여 한꺼번에 변론하고 증거조사를 한다는 의미만이 있을 뿐이다. 그러므로 각 공동소송인의 소송행위나 그에 대한 소송행위 및 그 1인에 관한 사항은 다른 공동소송인에게 아무런 영향을 미치지 않는다(제66조). 이를 달리 표현하면 한 공동소송인에 관한 사항은 다른 공동소송인에게 **유리하게도, 불리하게도 작용하지 않는다.** 이를 공동소송인 독립의 원칙이라 한다.

《사례 4》　　甲은 그의 채무자인 乙과 연대보증인 丙을 상대로 채무 이행을 청구하는 소를 제기하였다. 소장이 乙에게는 2002년 3월 2일에, 丙에게는 3월 7일에 송달되었다. 이 소송은 언제부터 계속하는가?

《사례 4a》　　〈사례 4〉에서 법원에 출석한 乙이 자기는 서울 주재 미국 외교관이라고 주장하였다. 법원이 甲의 乙에 대한 소는 각하하고 丙에 대하여는 본안판결을 할 수 있는가?

《사례 4b》　　〈사례 4〉에서 乙은 甲에 대하여 채무를 부담하지 않았다고 주장하였는데, 丙은 乙이 채무를 부담하였고 자기가 乙을 위하여 연대보증계약을 한 것이 사실이라고 진술하였다. 법원은 乙의 채무를 부정하고 丙의 채무를 인정할 수 있는가?

《사례 4c》　　〈사례 4〉에서 변론기일에 丙은 한 번도 출석하지 않았다. 법원이 乙과 丙이 모두 채무를 지지 않았다고 판단할 수 있는가?

《사례 4d》　　〈사례 4〉에서 법원은 乙에 대한 청구가 이유가 있다고 판단하였으나, 아직 연대보증계약의 존부에 대하여는 판단이 서지 않았다. 이때 먼저 甲의 乙에 대한 청구를 인용하는 판결을 할 수 있는가?

(가) 공동소송인의 지위

각 공동소송인은 자신의 소송관계에서만 당사자이고 다른 공동소송인의 소송관계에 대하여는 제3자이다. 그러므로 다른 공동소송인의 대리인이 될 수 있고, 참가 및 소송고지도 할 수 있다. 다른 당사자의 사실관계가 자기가 관련된 사실관계에서 중요한 것이 아니면 증인도 될 수 있다.

(나) 소송계속

각 공동소송인에 대한 소송계속은 각 공동소송인 별로 소장이 피고에게 송달될 때 발생한다. 다른 소송과 동시에 발생하는 것이 아니다. 〈사례 4〉에서 소송계속의 효과는 乙에 대하여는 3월 2일에, 丙에 대하여는 3월 7일에 생긴다.

(다) 소송요건

소송요건은 공동소송인마다 별도로 조사하여야 한다. 공동소송인 중에서 한 당사자에게 소송요건이 갖추어지지 않았으면 그 부분만 소를 각하한다. 〈사례 4a〉에서 법원은 乙에 대한 소만을 각하할 수 있다.

(라) 소송행위

각 공동소송인은 자기의 소송을 수행할 뿐, 다른 공동소송인의 소송에 대하여는 아무런 행위도 할 수 없다. 그러므로 각 공동소송인은 개별적으로 공격방법이나 방어방법을 제출할 수 있음은 물론이고 그 내용이 서로 모순되어도 무방하다. 그러므로 공동소송인 사이에서 한 당사자가 다투는 것을 다른 당사자가 자백할 수도 있다. 〈사례 4b〉에서 丙의 자백은 乙에게는 영향이 없으므로 채무의 존부에 대하여 각기 상반되게 판단할 수 있다.13) 각 당사자는 청구를 포기하거나 인낙할 수 있고, 화해, 소나 상소의 취하, 상소의 제기 등을 할 수 있다. 이러한 행위의 효력은 그 행위를 한 당사자에게만 미치고 다른 공동소송인에게는 미치지 않는다.

(마) 소송의 진행

동일한 절차에서 심리하려는 것이 공동소송제도이므로, 각 공동소송인에 대하여 공통의 기일을 정하고 변론과 증거조사를 함께 하는 것이 원칙이다. 이를 절차진행의 통일이라고 한다. 이로써 사실상 재판의 통일을 기할 수 있다. 그러나 각 공동소송인에게 생긴 사항은 다른 공동소송인에게 영향이 없으므로 공동소송인의 일부

---

13) 이때 丙의 자백이 乙에 대한 관계에서 자백의 효과는 없지만 변론 전체의 취지로 법관의 심증 형성에 영향을 줄 수는 있다. 다만 실체법상 보증채무의 부종성이 참작될 수는 있다. 그렇다고 하여 이러한 공동소송이 필수적공동소송이 되는 것은 아니다.

가 기일, 기간을 게을리 하더라도 다른 공동소송인에게 영향이 없고, 그에게 중단, 중지의 사유가 생기면 그 효과는 다른 공동소송인에게 미치지 않게 되어 소송진행은 분리된다. 〈사례 4c〉에서 丙은 결석으로 자백간주의 불이익을 받지만, 이것이 乙에게는 영향이 없다. 그러므로 법원은 적어도 丙의 채무를 부정할 수는 없다.

(바) 법원의 재판

법원은 공통의 변론과 증거조사를 실시하였으면 모든 공동소송인에 대하여 전부판결을 하는 것이 원칙이다. 그러나 공동소송인 사이에서 승패를 같이 할 필요가 없고, 공동소송인 중의 일부에 대한 심리를 마쳤으면 그 부분을 분리하여 일부판결을 하는 것도 가능하다. 그러므로 〈사례 4d〉에서 법원은 乙에 대하여만 먼저 청구인용판결을 할 수 있다.

(2) 공동소송인 독립 원칙의 완화 문제

《사례 4e》　　〈사례 4〉에서 乙이 변제를 주장하면서 甲이 발부한 영수증을 증거로 제출하였다. 이에 대하여 丙은 乙이 이미 변제하였다고 주장은 하면서도 乙이 제출한 영수증에 대하여는 아무런 언급도 하지 않았다. 법원은 그 영수증을 증거로 하여 丙의 채무도 소멸하였다고 판단할 수 있는가?

《사례 4f》　　〈사례 4〉에서 乙이 변제를 주장하면서 甲이 발부한 영수증을 증거로 제출하였다. 이에 대하여 丙은 변론에서 아무런 진술도 하지 않고 있었다. 법원은 丙도 乙의 변제를 주장한 것으로 인정할 수 있는가?

(가) 증거공통 여부

공동소송은 병합심리를 하므로 증거조사도 함께 하고 그에 따라 증거조사 결과 얻은 심증이 공동소송인 사이에 공통되는 경우가 많다. 이에 따라 한 공동소송인이 제출한 증거를 다른 공동소송인이 이를 원용하지 않더라도 공통된 증거자료로 사용할 수 있는가 하는 것이 문제된다. 이를 긍정하는 것이 증거공통의 원칙으로 통설이 인정한다. 이 원칙에 의하면 〈사례 4e〉에서 법원은 영수증을 丙을 위한 증거로도 사용할 수 있다. 그 근거로는 공동소송인 사이의 재판의 통일을 든다. 특히 제65조 전문의 경우 재판의 모순, 저촉이 매우 부자연스럽다는 것이다.

그러나 통상공동소송인 사이에서 판결이 합일적으로 나와야 할 필연적인 이유가 없음에도 불구하고 재판의 통일을 염두에 두는 것은 대단히 비법률적인 이론이다. 그리고 소송법에서 원용(援用)이란 한 당사자가 다른 당사자의 소송행위를 끌어다 자기도 그 행위를 하겠다는 의사표시이다. 한 공동소송인이 제출한 증거를 다른 공동소송인이 원용한다는 것은 다른 공동소송인도 그 증거조사를 신청한다는 말이다. 그러므로 원용 없이 공통된 증거자료로 사용한다는 것은 증거신청 없이 증거조사의 대상으로 삼거나 증거조사의 결과를 신청하지 않은 당사자의 사건에도 활용한다는 말이다. 필수적공동소송이나 독립당사자참가에서와 같이 한 당사자의 소송행위의 효력이 다른 당사자에게도 미친다는 법규정이 없음에도 불구하고 원용 없이도 증거자료로 사용하는 것은 법규정에 정면으로 위반된 법해석이다.

다만 법원은 보충적으로나마 직권으로 증거조사를 할 수 있으므로 한 공동소송인에 대한 증거가 불충분할 때 다른 공동소송인이 제출한 증거를 법원이 직권으로 심증형성의 자료로 사용할 수 있으므로 **결과적으로 증거공통**이 될 수는 있을 것이다. 그러므로 원용하지 않은 공동소송인에 관한 증거가 충분할 때에는 직권증거조사가 허용되지 않으며, 증거공통도 적용되지 않는 것이다. 그리고 한 공동소송인이 자백한 경우 등에는 변론주의가 적용되어 이 원칙이 적용되지 않는다.

(나) 주장공통 여부

공동소송인 중의 일부가 공동소송인 전체에 유리한 주장을 했을 때 다른 공동소송인이 이를 원용하지 않아도 주장한 것으로 인정할 수 있는가, 즉 주장공통의 원칙을 인정할 것인가에 대하여 다툼이 있다. 이를 긍정하는 견해에 의하면 〈사례 4f〉에서 丙도 乙의 변제를 주장한 것으로 취급한다는 것이다. 그 근거로는 乙의 변제항변이 인정되면 甲의 乙에 대한 청구는 기각되지만 이 원칙을 인정하지 않으면 丙에 대한 관계에서는 주채무의 존재를 인정하는 것으로 될 수 있으므로 부당하다는 것이다. 그러므로 공동소송인의 일부의 주장이 다른 공동소송인에게 이익이 되는 한 그에게도 주장의 효력이 미치는 것으로 보자고 한다.[14]

그와 반대로 주장공통의 원칙을 부정하는 견해도 있다.[15] 판례도 부정설을 따라서 다른 공동피고들의 주장 사실을 공시송달로 기일을 통지받아 불출석한 피고도 주장한 것으로 취급해서는 안 된다고 하였고,[16] 다른 피고들의 주장 사실을 불출석으로 자백간주된 피고도 주장한 것으로 볼 수 없다고 하였다.[17] 부정설이 타당하다. 긍정설은 **변론주의를 무시**한 주장일 뿐만 아니라[18] 당사자가 명백히 주장하

---

14) 강현중, 844; 方順元, 198; 이시윤, 774.
15) 김홍엽, 986; 宋·朴, 633; 李英燮, 98; 전원열, 632; 한충수, 658.
16) 大判 1994. 5. 10, 93다47196.
17) 大判 1997. 2. 28, 96다53789.

거나 원용하지도 않았는데, 이를 주장한 것으로 보자는 것은 **소송법률관계를 불투명하게** 만들어 상대방 당사자가 대응할 기회를 박탈할 위험이 있다.

(3) 이른바 이론상 합일확정소송

《사례 5》   甲은 자기 소유의 부동산에 대하여 乙이 서류를 위조하여 이전등기를 마치고 이를 丙에게 소유권을 이전하고, 丙은 다시 丁에게 소유권을 이전하였다고 주장하여 乙, 丙과 丁을 상대로 각기 이전한 소유권이전등기를 말소할 것을 구하는 소를 제기하였다. 법원은 피고들에 대하여 승패를 같이 하는 판결을 하여야 하는가?

공동소송 중에는 법률상 합일확정하도록 되어 있지는 않으나 구구한 판결이 나오면 논리적으로 납득이 되지 않거나 원고가 본래의 목적을 달성할 수 없는 경우가 있다. 이러한 내용의 공동소송을 이론상 합일확정소송이라고 한다. 이러한 공동소송은 필수적공동소송이 되어야 합리적인 결론을 얻을 수 있다는 의미이다. 〈사례 5〉에서 만일 甲이 피고들 중에서 어느 한 사람에 대하여서라도 패소하면 등기명의를 회복하려는 목적을 이룰 수가 없으므로 피고들 중 일부에 대하여 승소하더라도 아무런 의미가 없게 된다. 그 밖에 판결의 결과가 구구해서는 논리적으로 납득할 수 없는 경우로, 수인의 연대채무자에 대한 소송, 동일 어음의 수인의 배서인에 대한 상환청구소송, 공동점유물의 인도청구소송 등을 들 수 있다. 이러한 소송을 어떻게 취급할 것인가에 대하여 논란이 있었다. 과거에 이를 필수적공동소송으로 보자는 견해가 있었으나, 오늘날은 통상공동소송으로 취급하되 증거공통의 원칙과 주장공통의 원칙을 인정하여 사실상 모순되는 판결이 나오는 것을 방지하면 된다고 보는 것이 일반적이다.[19] 이를 **통상공동소송**으로 보는 것이 타당하나 논리적 모순을 방지하기 위하여 증거공통이나 주장공통을 인정하자는 것은 타당하지 않다. 심리를 병합하여 모순되는 결과를 방지하는 것으로 충분하다.

판례는 이를 통상공동소송으로 보고 〈사례 5〉와 같은 사안에서 피고 중 일부가 인낙한 것을 무효라고 본 원심판결을 파기하고, "수인의 피고에 대한 원고의 청구가 목적·수단의 관계에 있다는 한 가지 이유만으로써 소송의 목적이 공동소송인

---

18) 긍정설은 〈사례 4f〉와 같은 경우에 乙의 채무의 존부에 관하여 상반된 판단을 하는 것은 "역사적 사실은 하나밖에 있을 수 없다는 논리의 귀역"이라고 한다(이시윤, 774). 그러나 이러한 사고방식은 소송에서 법관은 역사적 사실을 모르지만 이를 발견하려고 최선을 다할 뿐이라는 소송법의 기본 원리에 대한 귀역이다. 만일 어떤 법관이 자기가 인정한 사실을 두고 "역사적 사실은 하나밖에 있을 수 없다"라고 한다면 이는 오만한 자세이다.

19) 宋·朴, 645; 이시윤, 783 등.

의 전원에 대하여 합일적으로 확정될 경우라고는 볼 수 없다 할 것이다. 왜냐하면 당사자가 자주적으로 분쟁을 해결할 수 있게 마련인 변론주의가 적용되는 소송에서는 우연히 수개의 청구가 공동으로 제소되거나 또는 병합심리되었다고 하여 본래부터 당사자가 가지고 있었던 자주적인 해결권이 다른 공동소송인들 때문에 제한이나 간섭을 받는다는 논리는 생각할 수 없기 때문이다"라고 판시하였다.[20] 그리고 이러한 경우에 각 공동소송인의 행위는 다른 공동소송인에 아무런 영향이 없다고 하여, 한 공동소송인의 자백은 유효하고 상대방의 주장을 다툰 다른 공동소송인에 대하여는 반대의 판단을 할 수 있다고 하였다.[21] 판례는 이러한 문제점을 인식하고 최후의 등기명의자만을 상대로 한 진정등기명의 회복을 위한 이전등기청구를 허용하였다.[22] 공동점유자에 대한 인도소송에 대하여도 이는 통상공동소송이라고 하였다.[23]

Ⅳ. 필수적공동소송

1. 의   의

필수적공동소송은 공동소송인들이 승패를 같이 해야 하는, 즉 **합일확정되어야 하는** 공동소송을 말한다. 합일확정되어야 하는 근거는 실체법과 소송법에 있다. 실체법을 이유로 승패가 같이 되어야 하는 경우는 그 권리의무의 주체들이 반드시 공동소송인이 되어야 하고, 소송법을 이유로 승패를 같이 해야 하는 경우는 그들이 반드시 공동소송인이 되어야 하는 것은 아니지만, 기왕에 공동소송인이 되었으면 그들 사이에서 승패가 같이 나야 한다. 전자를 고유필수적공동소송이라 하고, 후자를 유사필수적공동소송이라고 한다.

2. 고유필수적공동소송

《사례 6》   甲은 乙과 혼인하였는데, 남편 乙이 집에 들어오는 날이 반 정도밖에 되지 않았다. 이상해서 알아보니 乙은 호적을 이중으로 만들어 두고 丙과 또 혼인하였다. 甲은 乙과 丙의 혼인의 취소를 구하는 소를 제기하려는데, 남편 乙은 개입시키고

---

20) 大判 1961. 11. 16, 4293민상766·767. 비슷한 사안에 대하여 大判 1991. 4. 12, 90다9872도 이러한 소송은 보통공동소송이며, 공동소송인 사이에서 모순되는 결론이 나오는 것은 부득이하다고 하였다.
21) 大判 1971. 2. 9, 70다232.
22) 大判(全) 1990. 11. 27, 89다카12398.
23) 大判 1966. 3. 15, 65다2455.

싶지 않아 丙만을 피고로 하려고 한다. 이것이 가능한가?

고유필수적공동소송은 여러 사람이 **실체법상 공동의 이해관계**를 가졌기 때문에 그 사람들이 **공동으로만 당사자적격**이 인정되어서 공동소송이 법률상 강제되는 필수적공동소송을 말한다. 그러므로 그 사람들 중 일부만이 당사자가 되면 그 소는 부적법해진다. 이를 실체법상의 필수적공동소송이라고도 한다. 〈사례 6〉에서 취소의 대상이 되는 것은 乙과 丙의 혼인이므로 乙과 丙이 공동피고가 되어야 한다. 그렇지 않으면 丙만을 피고로 하여 甲이 승소하거나 乙과 丙을 상대로 별도로 소송을 하여 乙에게는 패소하고 丙에게는 승소하는 경우가 생길 수 있다. 이렇게 되면 乙, 丙 사이의 혼인은 丙에게서만 취소되고 乙에게는 그대로 유효하다는 해괴한 결과가 된다. 이러한 결과는 실체법상 용납되지 않으므로 乙과 丙이 반드시 공동피고가 되어야 하는 것이다.

고유필수적공동소송은 다음과 같은 경우에 인정된다.

(1) 합유관계소송

실체법상 합유물을 처분, 변경하거나, 합유지분을 처분함에는 **합유자 전원의 동의**가 있어야 한다(민 제272조, 제273조). 그러므로 이러한 내용의 소송에서는 합유자 전원이 공동으로만 소송수행권, 즉 당사자적격이 있다.[24] 합유인 조합재산에 관한 소송,[25] 공동광업권을 목적으로 하는 소송(광 제17조 5항, 제30조 2항),[26] 수탁자가 수인 있는 경우의 신탁재산에 관한 소송,[27] 특허권 등 공업소유권을 공유할 경우의 심판청구,[28] 공동명의의 각종 허가권이나 면허권에 관한 소송[29] 동업약정에 따라 동업자 공동으로 토지를 매수한 뒤의 소유권이전등기청구소송,[30] 수인의 유언집행

---

24) 大判 2015. 9. 10, 2014다73794·73800: 합유부동산에 대한 명의신탁 해지를 원인으로 한 소유권이전등기청구소송은 조합재산인 합유물의 처분에 관한 소송으로서 합유자 전원에 대하여 합일적으로 확정되어야 하는 고유필수적공동소송이다.

25) 大判 2012. 11. 29, 2012다44471. 건설회사와 재건축정비사업조합이 상호 출자하여 공동으로 사업을 경영할 것을 약정한 조합계약을 체결하였는데, 건설회사 단독으로 분양대금청구를 한 사안에서 이는 부적법하다고 하였다.

26) 공동광업권출원인은 조합계약을 한 것으로 보고(광 제17조 5항), 공동광업권자들은 그 지분을 다른 공동광업권자의 동의 없이는 양도하거나 조광권 또는 저당권의 목적으로 할 수 없다(광 제30조 2항). 광업법 제30조 제1항에는 "광업권을 共有하는 자"라고 표현하였지만 그 규율은 합유로 하고 있다.

27) 이때는 합유로 본다(신 제45조).

28) 여기서도 공유라고 하면서 필수적공동소송과 같이 규율한다(특 제139조 2항 이하).

29) 공동면허 명의자의 상호관계는 민법상의 조합으로서 합유적 관계에 있고(大判 1993. 7. 13, 93다12060), 공유수면매립면허의 공동명의자는 그 권리를 합유한다(大判 1991. 6. 25, 90누5184).

30) 大判 1994. 10. 25, 93다54064는 이 경우 그 토지는 동업자들을 조합원으로 하는 동업체에서 토

자에게 유증의무의 이행을 구하는 소송31) 등이 여기에 해당한다.

(2) 총유관계소송

실체법상 재산권이 총유일 때에는 그 권리자가 당사자가 되려면 **권리자 모두가 참여**해야 당사자적격이 있다. **비법인사단**의 재산관계에 관한 소송은 사단 자체에 당사자능력이 인정되지만, 대표자가 없을 경우에는 당사자능력이 인정되지 않으므로 구성원이 당사자가 되어야 하는데, 이때 재산관계는 총유이므로(민 제275조 1항) 고유필수적공동소송이 된다.

(3) 제3자가 개시한 가사소송과 형성소송

〈사례 6〉과 같은 제3자가 제기하는 혼인무효·취소의 소에서는 부부를 공동피고로 해야 하고(가소 제24조 2항), 친자관계부존재확인의 소에서는 부모와 자를 공동피고로 해야 한다.32) 부를 정하는 소(민 제845조)의 경우에는 관련 당사자로 등장할 수 있는 이가 子와 母, 모의 배우자 및 모의 전배우자가 되는데, 누가 제소하느냐에 따라 공동피고가 달라진다(가소 제27조).

집합건물에서 구분소유자가 제기하는 관리인 해임의 소(집건 제24조 2항)는 관리인을 선임한 관리단과 관리인 사이의 법률관계 해소를 목적으로 하는 형성의 소이므로 두 사람을 모두 피고로 하는 고유필수적공동소송이다.33)

(4) 형식적 형성소송

공유물분할소송은 고유필수적공동소송이므로 원고가 되는 공유자가 다른 모든 공유자를 피고로 하여 소를 제기해야 한다.34) 그러므로 사실심 변론종결 전에 공유자의 지분이 이전된 경우에는 변론종결 때까지 승계참가(제81조)나 소송인수(제82조)

지를 매수한 것이므로 그 동업자들은 토지에 대한 소유권이전등기청구권을 준합유하는 관계에 있으므로 그 매매계약에 기하여 소유권이전등기의 이행을 구하는 소를 제기하려면 동업자들이 공동으로 하지 않으면 안 된다고 하였다.

31) 大判 2011. 6. 24, 2009다8345. 유언집행자를 지정하거나 지정위탁한 유언이나 유언집행자를 선임한 법원에 의한 임무의 분장이 있었다는 등의 특별한 사정이 없는 한, 유증 목적물에 대한 관리처분권은 유언의 본지에 따른 유언의 집행이라는 공동의 임무를 가진 수인의 유언집행자에게 합유적으로 귀속되고, 그 관리처분권 행사는 과반수의 찬성으로써 합일하여 결정하여야 함을 이유로 들었다.

32) 大判 1987. 5. 12, 87므7.

33) 大判 2011. 6. 24, 2011다1323.

34) 大判 1968. 5. 21, 68다414·415; 大判 2003. 12. 12, 2003다44615·44622; 大判 2014. 1. 29, 2013다78556; 大判 2017. 9. 21, 2017다233931. 그러나 소송 외에서의 공유물의 분할계약을 원인으로 하여 피고들에 대하여 각각 지분이전등기절차를 구하는 소송은 필수적공동소송이 아니다(大判 1969. 4. 29, 68다1924).

등의 방법으로 그 일부 지분권을 이전받은 자가 소송당사자가 되어야 하고, 그렇지 않으면 소 전부가 당사자적격 불비로 부적법하게 된다.35) 판례는 원고 공유자가 사실심 변론종결 이전에 공유물 전체를 처분하여 소유권이전등기를 마치고, 이를 다른 공유자들이 추인한 경우에도 당사자적격 불비가 된다고 하였으나,36) 이런 경우는 소송 중에 당사자 전원이 실체법상 공유자의 지위를 상실하게 되었으므로 고유필수적공동소송의 요건이 불비되어 당사자적격이 없게 된 경우와 달리 청구를 기각하는 것이 타당하다.

공유자측이 인접토지의 소유자를 상대로 경계확정의 소를 제기할 때에는 공유자 전원이 원고가 되어야 한다는 견해가 있다.37) 판결의 결과가 구구하게 나와서는 안 된다고 보기 때문인 것으로 보인다. 그러나 이 경우는 소유권확인이나 소유권이전등기의 청구와는 달라서 공유자 중의 1인이 청구한다고 해서 그의 지분에 한해서 경계가 정해진다는 일은 있을 수 없다. 그러므로 1인이 청구하더라도 공유물 전체의 경계가 정해지는 것이다. 그 소송에서 당사자가 되지 않은 공유자는 그 판결의 효력을 받으므로 이런 경우는 유사필수적공동소송이라고 보는 것이 타당할 것이다.

(5) 복수의 소송담당자

복수의 제3자가 선정당사자, 파산관재인이나 회생절차의 관리인이 되어 당사자로서 소송을 수행하는 경우가 있다. 이러한 경우도 **소송수행권을 합유**한다고 보아 고유필수적공동소송이 된다. 판례는 이들 중 일부가 죽거나 자격을 잃으면 나머지 담당자가 수계절차를 밟을 필요 없이 그대로 소송을 수행할 수 있다고 한다.38)

(6) 공유관계소송

앞에서도 설명한 바와 같이 공유관계란 하나의 물건에 대하여 수인이 각자 지분을 가지고 있는 관계에 불과하므로 통상공동소송인 것이 원칙이지만, 공유지분이 아닌 **공유물 자체의 처분이나 변경**은 공유자 전원이 하거나 전원의 동의를 얻어야 하므로(민 제264조) 이를 목적으로 하는 소송은 공유자 전원이 당사자가 되는 고유

---

35) 大判 2014. 1. 29, 2013다78556; 大判 2022. 6. 30, 2020다210686·210693.
36) 위 2020다210686·210693.
37) 김홍엽, 990; 이시윤, 778.
38) 大判 2008. 4. 24, 2006다14363. 복수의 파산관재인의 경우로, 선정당사자에 관한 제54조를 유추적용한 결과이다.

필수적공동소송이다. 앞에서 본 공유물철거소송이 여기에 해당한다.

판례는 공유관계 자체를 근거로 하는 청구는 고유필수적공동소송이 된다고 보았다. 그리하여 수인이 공동으로 부동산을 매수하여 그 목적물 전체에 대한 권리취득의 등기절차를 청구할 때는 매수자 전원이 공동으로 청구하여야 한다고 하였고,39) 복수 채권자 전원을 공동매수인으로 하는 매매예약을 체결하고 그에 따른 소유권이전등기청구권 보전의 가등기를 경료한 경우에 매매예약완결권의 행사에 따른 가등기에 기한 소유권이전등기의 이행을 구하는 소의 제기는 채권자 전원이 하여야 한다고 보았다.40) 이주자택지공급계약의 청약권을 공동상속한 상속인들은 그들이 준공유하는 청약권을 공동으로만 행사할 수 있다 하여 청약에 대한 승낙의 의사표시를 구하는 소송에서 준공유자 전원이 원고가 되어야 한다고 판시하였다.41)

그러나 근래에 앞서 본 공동매수인의 매매예약 완결권에 관하여서는 판례를 변경하여, 수인의 채권자가 공동으로 매매예약완결권을 가지는 관계인지 아니면 채권자 각자의 지분별로 별개의 독립적인 매매예약완결권을 가지는 관계인지는 매매예약의 내용에 따라야 하고, 매매예약에서 그러한 내용을 명시적으로 정하지 않은 경우에는 여러 가지 사정을 종합적으로 고려하여 판단하여야 한다고 하였다.42) 이로 미루어 공유관계 자체를 근거로 하는 다른 공동소송의 사례에서도 앞으로 판례가 변경될지 여부가 주목된다.

판례는 나아가 공유물 방해제거청구에서 각자가 지분권에 기하여 단독으로 청구할 수 있지만, 공유자가 공유관계 자체에 의거하여 방해제거를 청구하였을 경우에는 공유자 전원의 공동청구가 필요하다고 하였고,43) 공유물 전체에 대한 소유관계 확인도 이를 다투는 제3자를 상대로 공유자 전원이 하여야 하는 것이지 공유자 일부만이 그 관계를 대외적으로 주장할 수 있는 것이 아니라고 하였다.44)

그러나 이러한 판례의 태도는 의문이다. **방해제거청구**의 경우, 청구취지는 동일

---

39) 大判 1960. 7. 7, 4292민상462. 그 이유를 大判 1961. 5. 4, 4292민상853은 그러한 청구는 공유자 단독으로 할 수 있는 보존행위가 아니며 공유권리관계는 공유자 전원에 대하여 합일적으로만 확정되어야 할 것이라고 설명한다.

40) 大判 1985. 5. 28, 84다카2188(그 이유로는 이러한 내용의 제소는 매매계약완결권의 보존행위가 아니라 처분행위라 할 것이므로 복수채권자의 전원 아닌 몇 사람만으로서는 이를 할 수 없는 것이라는 점을 들었다); 大判 1987. 5. 26, 85다카2203.

41) 大判 2003. 12. 26, 2003다11738.

42) 大判(全) 2012. 2. 16, 2010다82530. 이로써 앞에 소개한 84다카2188, 85다카2203 판결 등을 변경한다고 하였다.

43) 大判 1961. 12. 7, 4293민상306·307.

44) 大判 1994. 11. 11, 94다35008. 이 내용은 공유자 중의 1인이 다른 공유자의 지분권 확인을 구하는 것은 확인의 이익이 없다고 판시하면서 방론으로 설시한 것이다. 같은 취지는 김홍엽, 999.

하고 사실관계도 다를 것이 없으므로 소송물이 같은데 단지 법적 구성을 지분권에 기한 청구로 하는가 공유관계 자체에 기한 청구로 하는가에 따라 당사자가 달라져야 한다는 것은 납득하기 어렵다. 방해제거청구는 어디까지나 보존행위이므로 그 법적 근거가 무엇이든지 각 공유자가 단독으로 제소할 수 있으며, 2인 이상의 공유자가 공동소송을 하더라도 이는 통상공동소송이 될 것이다. 그리고 **공유물 전체에 대한 소유권확인**도 공유자 일부가 타인의 지분을 대외적으로 주장하여 새로운 법률관계를 형성하거나 그 물건을 처분하려는 것이 아니라 단지 공유물의 소유권에 대한 법적 불안을 제거하려는 것일 뿐이다. 그러므로 이러한 청구도 보존행위에 해당하므로 각 공유자가 단독으로 할 수 있다고 보아야 한다.

3. 유사필수적공동소송

《사례 7》　　주식회사 乙의 주주인 甲은 자기들도 모르는 사이에 乙의 주주총회에서 자산을 매각하기로 하였다는 사실을 듣고 알아보니 주주총회 소집통지도 없이 대주주 몇 명이 모여서 그러한 결의를 하고 마치 적법한 소집절차를 거쳐와 의결 정족수에 맞추어 결의를 한 것처럼 서류를 꾸민 것이었다. 甲은 乙의 주주총회 결의를 취소시키기 위하여 혼자서 제소할 수 있는가?

《사례 7a》　　〈사례 7〉에서 甲은 乙의 다른 주주인 丙, 丁과 함께 제소하였다. 이때 甲, 丙, 丁이 승패를 달리할 수 있는가?

유사필수적공동소송은 실체법상으로 권리행사나 의무이행을 공동으로 할 필요가 없기 때문에 개별적으로 당사자가 되는 것이 가능하지만, 일단 공동소송인이 되었으면 **소송법상 이유**로 승패를 같이 해야 하는 공동소송을 말한다. 여기서 '소송법상 이유'란 한 당사자에 대한 판결의 효력이 다른 사람에게도 미치기 때문임을 말한다. 〈사례 7〉에서 甲은 乙회사의 다른 주주와 함께 원고가 될 필요가 없다. 실체법이 개인 주주도 제소할 수 있다고 규정하기 때문이다(상 제376조). 〈사례 7a〉에서 甲이 혼자 소송을 하여서 승소판결을 받으면 그로써 乙의 주주총회결의는 취소가 되므로 이제는 그 결의는 더 이상 존재하지 않게 된다. 이러한 판결의 형성력은 당연히 같은 회사의 주주인 丙에게도 미친다. 丙이 개별적으로 소송을 한 경우에 그 효과가 역시 甲에게 미침은 물론이다. 그러므로 甲과 丙이 공동소송을 할 경우에 승패가 달라져서는 판결이 서로 저촉된다는 문제가 생기므로 이들은 승패를 같이 해야 하는 것이다.

여기서 제3자에게 미치는 판결의 효력이 **기판력과 형성력**을 뜻함은 물론이다. 회사설립무효소송(상 제184조), 회사합병무효소송(상 제236조), 주주총회결의취소소송 (상 제376조), 주주총회 부당결의 취소·변경소송(상 제381조) 등 대부분의 회사관계 형성소송과 주주총회결의 무효·부존재확인소송에서45) 원고가 승소하면 판결의 대세적 효력 때문에 원고가 될 수 있는 이들 사이에서 판결의 충돌이 일어날 가능성이 있으므로 원고가 복수이면 유사필수적공동소송이 된다.46) 혼인무효·취소의 소 역시 그에 대한 청구인용판결은 형성판결로 대세적 효력이 있으므로 이를 복수의 제3자가 제기할 경우에는 유사필수적공동소송이 된다.47)

그 밖에 판결의 반사적 효력도 포함된다는 것이 일반적인 견해이다. 그 예로는 복수의 압류채권자가 공동으로 수행하는 추심소송(민집 제249조)을 들 수 있다. 그러나 이러한 경우는 반드시 법률상 다른 채권자에게 일정한 효력이 미친다고 볼 필요가 없다. 더구나 반사적 효력은 학문적으로 그 개념이나 성격이 정착된 것도 아니다. 이러한 경우에는 공동으로 변론과 증거조사를 하기 때문에 사실상 통일된 결과가 나오게 되며, 혹시 변론이 분리되어 어느 한 채권자의 소송이 먼저 종료하여 그 판결에 기판력이 생기면 그 판결서의 증명력에 의하여 역시 통일된 결과가 나오게 될 것이다.

《사례 8》　乙에게 각기 채권을 가지고 있다고 주장하는 甲과 丁은 함께 그들의 채권을 보전하기 위하여 乙의 채무자인 丙을 상대로 乙에게 채무를 이행할 것을 구하는 소를 제기하였다. 乙이 이 사실을 모르는 상태에서 甲과 丁의 청구가 모두 인용되었다. 이에 대하여 丙은 甲의 청구를 인용한 판결에 대하여서만 항소를 제기하였다. 항소심은 丁의 청구에 대하여도 심판할 수 있는가?

《사례 8a》　〈사례 8〉에서 항소심 계속 중에 乙이 丙의 신청으로 증언을 하여 비로소 대위소송 계속 사실을 알게 되었다. 이때 법원이 甲의 청구를 기각할 수 있는가?

여러 명의 채권자에 의한 **채권자대위소송**에 관하여는 혼란이 있다. 학설은 이를 유사필수적공동소송이라고 보는 것이 일반적이고, 그중에는 반사효가 제3자에게 미

---

45) 이 소송이 확인소송인지 형성소송인지에 관하여 다툼이 있으나, 무효 또는 부존재확인판결이 제3자에게도 효력이 미친다는 점(상 제380조, 제190조)에서는 어느 견해를 취하나 차이가 없다.

46) 大判(全) 2021. 7. 22, 2020다284977(주주총회결의 부존재 또는 무효 확인소송은 유사필수적공동소송이라고 판시). 다만 이 판결의 다수의견에 대한 별개의견은 이러한 소송은 통상공동소송이라고 주장하였으나, 소송법과 소송제도의 기본에 맞지 않는 주장이다.

47) 그러므로 이 경우는 원고 측에는 유사필수적공동소송이, 피고 측에는 고유필수적공동소송이 된다.

치기 때문에 유사필수적공동소송이라고 보는 것이 있다.48) 이에 따르면 〈사례 8〉에서 피고 丙의 甲에 대한 항소는 丁에 대하여도 효력이 있어서(제67조 2항) 항소심은 丁의 청구에 대하여도 재판해야 한다.

판례는 그 소송계속을 채무자가 알았으면 채무자도 기판력을 받으므로 유사필수적공동소송으로 본다.49) 이는 채무자가 몰랐으면 통상공동소송이 된다는 의미가 될 것이다. 판례에 따르면 〈사례 8〉에서 乙이 제1심에서는 대위소송의 계속을 몰랐으므로 통상공동소송이다. 따라서 丙의 항소는 丁에게는 해당되지 않아 丁의 청구를 인용한 판결은 확정되고, 항소심에서는 甲과 丙 사이의 소송만 계속한다. 뿐만 아니라 판례는 명시적 일부청구를 하는 채권자대위소송 중에 다른 채권자가 기존 채권자의 청구금액을 초과하지 않는 청구를 하여 공동소송참가를 하는 것은 두 소의 소송물이 동일하여 중복되므로 합일확정의 필요성이 인정된다고 한다.50)

그러나 어느 견해도 타당하지 않다. 채권자대위소송에서 여러 명의 채권자들이 반드시 승패를 같이 할 이유가 없다. 그것은 피대위채권에 관해서는 결론이 같이 나더라도 피보전채권의 내용과 그 존부에 관한 판단은 각기 다르게 날 수 있으므로 일부 채권자는 인용판결을 받고, 일부 채권자는 기각판결을 받는 것이 가능하기 때문이다.51) 그러므로 여러 **채권자의 대위소송은 통상공동소송**이라고 하는 것이 타당하다. 수인의 채권자 사이에 반사적 효력이 미치므로 유사필수적공동소송이라고 볼 필요도 없다. 앞에서 본대로 이러한 경우는 변론과 증거조사의 공통 및 판결서의 증명력으로 모순되는 재판이 방지된다. 더구나 판례는 '채무자가 소송계속을 알았으면' 유사필수적공동소송으로 보는데, 이처럼 채무자의 주관적 사정에 따라서 수인의 채권자들의 관계가 좌우된다는 것은 있을 수 없는 일이다.52) 우선 다른 채

---

48) 이시윤, 782.

49) 大判 1991. 12. 27, 91다23486. 이 판결은 채무자가 기판력을 받는데 왜 채권자들이 필수적공동소송이 되는지에 대하여는 설명하지 않고 있다. 다만 그 뒤에 나온 채무자가 그 대위소송 계속을 알았으면 한 채권자에 대한 판결의 기판력이 다른 채권자에게도 미친다고 한 판례(大判 1994. 8. 2, 93다52808)와 종합하면 다른 채권자에게 기판력이 미치기 때문이라고 본 것으로 설명할 수 있을 것이다.

50) 大判 2015. 7. 23, 2013다30301·30325. 그러나 이는 피고에 대한 원고와 참가인의 청구금액을 합해도 피대위채권을 초과하지 않으므로 원고와 참가인의 청구가 중복되지 않고, 따라서 합일확정의 필요성을 인정하는 것은 타당하지 않다. 오히려 이 참가는 공동소송참가의 요건을 갖추지 못하여 부적법하다고 본 원심판결이 타당하다.

51) 이는 앞의 당사자적격 부분에서 설명하였듯이 대위소송에서 피보전채권의 존재가 소송요건이 아니라는 것을 전제로 한 결론임은 물론이다.

52) 예를 들어 채무자 乙이 채권자 甲과 丁이 공동으로 대위소송하는 것을 전혀 몰랐으면 甲과 丁의 공동소송은 통상공동소송이 된다. 그러나 이 사실을 乙이 알았으면 필수적공동소송이 될 것이다. 이는 납득할 수 없다. 그리고 甲이 원고인 사실은 몰랐지만 丁이 원고라는 것만 알았을 경우에 어떤 결과가 될

권자도 대위소송의 판결의 기판력을 받는다는 것부터가 잘못이고, 그것도 채무자가 알았으면 기판력을 받는다고 하는 것은 더욱 수긍할 수 없다. 〈사례 8a〉에서 판례에 따르면 제1심과는 달리 유사필수적공동소송이 된 항소심에서의 판결 효력이 이미 확정판결을 받은 丁에게도 미치게 되므로 만일 항소심 법원이 甲의 청구를 기각하는 판결을 하면 판결의 모순 저촉이 생기게 된다. 그렇다고 이미 丁에 대한 판결이 확정되었다 하여 기각할 甲의 청구를 인용할 수도 없는 노릇이다.

4. 필수적공동소송의 심판

필수적공동소송에서도 각 공동소송인은 개별적으로 소송행위를 할 수 있다. 즉 그들이 모든 소송행위를 공동으로 해야 하는 것은 아니다. 그러나 통상공동소송과 달리 공동소송인들은 승패를 같이 해야 하므로 이를 보장하는 범위에서 심리와 재판의 통일이 요구된다. 이를 위하여 심리에서는 소송자료의 통일과 소송 진행의 통일이 요구된다. 구체적으로 본다.

(1) 소송요건 조사

일반적인 소송요건은 각 당사자별로 조사한다. 조사 결과 일부 당사자에게 소송요건 불비가 있으면 **고유필수적공동소송**에서는 공동소송인 전원이 당사자가 되지 않으면 당사자적격이 없으므로 소 자체를 각하하게 된다. **유사필수적공동소송**의 경우에는 소송요건이 불비된 당사자의, 또는 그 당사자에 대한 소만을 분리하여 각하하게 될 것이다. 고유필수적공동소송인이 될 이를 누락시키고 제소한 경우에는 당사자적격 불비로 각하해야겠지만 예외적으로 **당사자의 추가**가 인정된다. 즉 이러한 경우에는 법원이 원고의 신청으로 제1심 변론종결시까지 당사자의 추가를 허가할 수 있는데, 추가되는 당사자가 원고 측일 경우에는 추가되는 원고의 동의를 얻어야 허가할 수 있다(제68조).

(2) 소송자료의 통일

필수적공동소송에서는 재판이 합일적으로 내려져야 한다. 그렇기 때문에 당사자들의 소송자료 제출도 통일적이어야 한다. 승패를 같이 할 공동소송인들 사이에서 주장이 상반된다든가 그중 일부만이 자백, 포기, 인낙 등을 하면 재판이 합일적으

것인가?

로 이루어질 수가 없다. 하지만 수인의 당사자들의 행위를 억지로 통일시킬 수는 없는 일이므로 민사소송법은 각 당사자들의 소송행위의 효과를 규율하여 소송자료의 통일을 꾀하고 있다.

(가) 공동소송인 1인의 행위

공동소송인 중의 1인이 한 소송행위는 그것이 **공동소송인 모두에게 이익이 되는 것일 때에만 효력**이 있다(제67조 1항). 그러므로 공동소송인 중 일부가 변론기일에 출석하였으면 결석한 공동소송인도 출석한 것과 같은 효과가 생겨서 기일 불출석의 불이익을 입지 않고, 상대방의 주장에 대해 1인만이 부인이나 항변을 하면 다른 공동소송인이 아무런 진술을 않아도 부인이나 항변을 한 효과가 생긴다.

이와 반대로 공동소송인 중의 1인이 한 **불이익한 소송행위**는 아무런 효력이 없다. 이러한 행위는 전원이 함께 하여야 효력이 생긴다. 그러므로 공동소송인 중의 일부가 자백, 청구의 포기·인낙, 소송상화해 등을 하더라도 그 효과는 생기지 않는다. 일부의 기일 결석은 일부의 출석이므로 전원이 출석한 것과 같은 효과가 생긴다. 소의 취하도 고유필수적공동소송에서는 전원이 하여야 효력이 생긴다. 공동 원고 중 일부가 당사자로 남아 있는 것은 당사자적격 상실을 의미하기 때문이다. 그러나 유사필수적공동소송에서는 공동소송인의 일부가 소를 취하하면 다른 공동소송인에게 영향이 없이 취하한 당사자에 대하여서만 소송계속이 소멸한다.[53]

일반적인 소취하와 같이 볼 수 없는 것이 **재심의 소의 취하**이다. 이는 통상의 소취하처럼 소송계속을 소급적으로 소멸시키는 것에 불과한 것이 아니라 확정된 종국판결에 대한 불복의 기회를 상실하게 하는 것이므로 다른 유사필수적공동소송인에게 불리한 행위이다. 따라서 재심의 소취하는 공동소송인 전원이 함께 하여야 효력이 있고 이는 공동소송적 보조참가의 경우도 마찬가지이다.[54]

(나) 상대방의 소송행위

공동소송인의 상대방이 한 소송행위는 공동소송인 중의 **일부에 대하여만** 하더라도 언제나 전원에게 효력이 생긴다(제67조 2항). 만일 그렇게 하지 않으면 변론기

---

53) 이를 이유로 유사필수적공동소송에서 일부가 기일에 결석하면 결석한 당사자에 대하여서만 쌍불취하가 가능하다는 주장이 있다(김홍엽, 1006; 이시윤, 784-785). 그러나 쌍불취하하는 기일 불출석의 효과가 생기는 것을 전제로 하는 것인데, 유사필수적공동소송에서 일부가 결석해도 출석한 효과가 생기기 때문에 이 견해는 타당하지 않다(한충수, 701).

54) 大判 2015. 10. 29, 2014다13044: 재심의 소에 공동소송적 보조참가인이 참가한 후에는 피참가인이 재심의 소를 취하하더라도 공동소송적 보조참가인의 동의가 없는 한 효력이 없다. 이는 재심의 소를 피참가인이 제기한 경우나 통상의 보조참가인이 제기한 경우에도 마찬가지이다.

일에 공동소송인의 일부가 결석하면 상대방은 아무런 행위도 할 수가 없기 때문이다. 유리한 행위건 불리한 행위건 차이가 없다. 그러므로 공동소송인 중 일부가 결석하면 출석한 당사자가 한 유리한 소송행위는 결석 당사자도 한 것으로 되지만, 상대방이 소송행위를 할 때는 공동소송인 전원이 출석한 것과 같으므로 그는 준비서면에서 예고하지 않은 사실도 주장할 수가 있게 된다(제276조). 이런 경우에는 결석한 당사자는 방어의 기회를 갖지 못하게 된다.

(3) 소송진행의 통일

판결을 합일적으로 하려면 소송이 공동소송인 사이에 제각각 진행되어서는 안된다. 소송이 통일적으로 진행되도록 하기 위하여는 법원이 기일 지정 및 당사자출석통지를 공동소송인 전원에게 통일적으로 하고, **변론, 증거조사를 같은 기일에실시**하여야 한다. 그러므로 변론의 분리도 허용되지 않는다. 소송 중에 공동소송인중 일부에 중단이나 중지의 원인이 생기면 절차가 **전원에 대하여 중단, 중지**된다(제67조 3항).

판결도 같은 기일에 **하나의 전부판결**로 선고하여야 한다. 일부판결은 허용되지않고, 착오로 일부판결을 했어도 이는 전부판결로 보아야 하고 그 판결에 당사자로표시되지 아니한 다른 당사자도 그 판결에 대하여 상소를 제기할 수 있다.55) 추가판결은 할 수가 없음은 물론이다.

상소기간은 판결정본이 송달되어야 진행하므로 각 공동소송인에게 별개로 만료된다. 그러나 **상소**는 유리한 행위이므로 한 공동소송인이 제기하면 모든 공동소송인에게 효과가 미치므로56) 결국 필수적공동소송인 전원에게 상소기간이 만료하는것은 가장 늦게 송달받은 공동소송인에게 상소기간이 만료하는 시점이다.57) 그러므로 이때까지는 판결이 확정되지 않는다.58) **상소하지 않은 필수적공동소송인도 상소심으로 이심**되어 상소심에서 당사자가 된다.59) 이때 상소하지 않은 당사자의 상소

---

55) 서高判 1983. 3. 25, 82나308.

56) 大判 2010. 12. 23, 2010다77750(공동피고 18인에 대하여 소를 제기하였다가 패소하자 공동피고 중 5인만을 상대로 항소를 제기한 사안).

57) 이와 관련하여 공동소송인 전원에게 상소기간이 만료하기 전에는 이미 상소기간을 도과한 당사자도 상소를 제기할 수 있다고 하는 견해가 있다(宋・朴, 644). 그러나 이는 상소기간이 공동소송인에게 각별로 진행된다는 원칙을 무시하는 것이어서, 상소기간이 만료하지 않은 공동소송인만이 상소할 수 있다고 보는 것이 타당하다.

58) 大判 2017. 9. 21, 2017다233931: 상소기간이 만료한 일부 당사자에 대한 판결 부분이 분리, 확정되는 것도 아니다.

59) 그러므로 항소하지 않은 당사자를 제외하고 나머지 당사자들에 관해서만 심판하는 것은 위법이다

심에서의 지위에 관하여는 과거에 상소인설과 피상소인설이 있었으나 오늘날에는
상소인도 피상소인도 아닌 상소심 당사자로 보는 것이 일반적이다(상소심당사자설).
이에 의하면 상소심의 심판범위는 실제로 상소한 당사자의 상소취지에 의하여 정
하여지고, 상소인만이 인지를 붙이고, 패소시에 상소비용을 부담한다. 판례도 이 견
해를 취하고 있다.60)

V. 특수한 모습의 공동소송

공동소송의 모습으로 종래 논의되던 것으로 추가적 공동소송과 예비적 공동소
송, 선택적 공동소송 등이 있다.

1. 당사자의 추가

소송계속 중에 제3자가 스스로 당사자로서 소송에 참가하여 공동소송이 되거나
기존의 당사자가 제3자에 대한 소를 추가적으로 병합하여 공동소송이 되는 경우를
말한다. 이는 당사자의 의사에 의하여 후발적으로 공동소송이 성립하는 경우이다.
이를 소의 주관적 추가적 병합이라고도 한다.

《사례 9》　乙과 丙의 혼인이 중혼임을 이유로 丙의 부인 甲이 乙을 피고로 하여
혼인취소의 소를 제기하였다. 소송 중에 甲이 丙을 피고로 추가할 수 있는가?

당사자의 추가가 허용되는 예로는 공동소송참가(제83조)와 고유필수적공동소송
인의 추가(제68조)가 있고,61) 그 밖에 승계인의 참가시(제81조) 피참가인이 이를 다
투지 않는 경우와 승계인의 소송인수(제82조)가 추가적인 경우에도 추가적 공동소
송이 성립한다. 〈사례 9〉는 고유필수적공동소송인의 추가에 해당하므로 제68조에
의하여 甲이 丙을 피고로 추가할 수 있다.

문제는 이러한 **법규정이 없는 경우**에도 추가적 공동소송을 허용할 수 있는가
이다.

(大判 2011. 2. 10, 2010다82639).

60) 大判 1993. 4. 23, 92누17297은 이러한 당사자를 단순히 피고라고만 표시하고 상고비용은 실제로
상고한 피고에게만 부담시켰다. 이러한 태도는 실무상 정착되어 있는 것으로 보인다(大判 1995. 1. 12,
94다33002 및 이 사건의 항소심판결인 大田地判 1994. 5. 27, 93나7523 참조).

61) 大判 2015. 5. 29, 2014다235042·235059·235066: 피고가 반소를 제기하면서 원고 이외의 제3
자도 반소피고로 삼는 것은 원고와 제3자가 고유필수적공동소송의 관계에 있을 경우에만 허용된다.

《사례 10》　　甲이 버스회사 乙의 버스를 타고 가다가 교통사고로 부상을 입었음을 이유로 乙을 상대로 손해배상의 소를 제기하였다. 甲과 함께 그 버스를 타고 가던 丙이 이 소송에 원고로 참가하여 乙을 상대로 손해배상을 청구할 수 있는가?

이러한 경우에는 丙은 당사자로 참가하여 甲과 丙은 통상공동소송인의 관계(제 65조)에 서서 공동원고가 될 것이다. 즉 공동소송참가가 된다. 그러나 우리 법은 공동소송참가는 필수적공동소송이 될 경우에만 허용하므로(제83조), 추가적 병합을 인정하면 법규정에 반하는 결과가 된다. 제3자를 피고로 끌어들이는 것, 즉 제3자에 대한 소를 추가적으로 병합제기하는 것도 생각할 수 있으나 필요한 경우는 필수적 공동소송인의 추가로 이미 입법화되었고, 다른 경우는 법규정에 위반하거나 입법론으로 생각할 수 있을 뿐, 해석론으로 인정하는 것은 무리이다. 따라서 원칙적으로 이러한 **임의적 추가적 병합**은 인정하지 않는 것이 타당하다. 이를 찬성하는 학설도 있으나,[62] 판례도 법에 규정되지 않은 추가적 병합은 허용하지 않는다.[63]

2. 예비적 공동소송

(1) 의 의

공동소송인들 사이에 **각 청구**가 서로 **양립할 수 없고** 그 청구들 사이에 **순위가 정해져** 있는 공동소송을 말한다. 이를 소의 주관적 예비적병합이라고도 한다. 복수의 원고들 사이에서 그 청구가 주위적, 예비적으로 병합된 경우도 있을 수 있으나, 복수의 피고들이 예비적으로 병합되는 것이 통상이다.

《사례 11》　　甲은 乙의 대리인이라고 하는 丙과 매매계약을 체결하고 물건을 인도하였다. 그러나 乙이 매매대금을 지급하지 않아서 乙을 상대로 매매대금 지급을 구하는 소를 제기하면서, 만일 丙이 무권대리인일 경우에는 乙에 대한 청구가 기각될지도 모른다고 생각하여 이에 대비하기 위하여 丙에 대하여 매매대금 지급을 청구한다고 하였다. 이에 대하여 법원은 어떻게 심판할 것인가?

《사례 12》　　甲은 丙으로부터 乙에 대한 매매대금채권을 양도받았는데, 乙은 알지도 못하는 甲에게 돈을 줄 수는 없다고 주장하면서 변제하지 않고 있었다. 이에 甲이 그

---

62) 宋·朴, 652; 이시윤, 798.

63) 大判 1993. 9. 28, 93다32095. 다만 大判 1998. 1. 23, 96다41496은 추가적 병합은 허용되지 않는다고 하면서도 기왕에 피고를 추가적으로 병합하고 기존의 피고에 대한 소를 취하하여 제1심 법원이 이를 받아들여 심리하여 본안판결까지 하였으면 이는 마치 처음부터 신 피고를 상대로 별도로 제소한 것과 마찬가지이므로 추가적 변경의 적법 여부를 문제삼을 수 없다고 하였다. 그러나 이는 형식은 신당사자의 추가적 병합과 구당사자에 대한 소취하이지만 실질적으로 당사자의 교환적 변경이므로 다른 문제라고 생각된다.

이행을 구하는 소를 제기하려는데 만일 채권양도가 효력이 없다고 법원이 인정하면 패소할 것이 염려되어 丙과 공동으로 제소하여, 우선 甲이 청구하고 만일 甲이 채권자가 아니라고 하면 丙이 청구한다고 하였다. 이에 대하여 법원은 어떻게 심판할 것인가?

〈사례 11〉처럼 매수인을 상대로 청구를 하면서도 대리인에게 대리권이 없을 경우에는 대리인에게 청구를 해야 하기 때문에 매수인만을 피고로 하면 자칫 패소할 염려가 있는 경우에, 매수인과 대리인을 모두 피고로 하되, 그들 사이에 순위를 정하여 청구하면 하나의 법률관계에 기한 소송을 한꺼번에 해결할 수 있게 된다. 그리고 〈사례 12〉처럼 채권양도가 있었지만 그 양도가 유효인지가 불분명할 때 양수인만이 채무자를 상대로 소송을 했다가 채권양도가 효력이 없다고 하여 기각당할 우려가 있다. 이런 때에도 예비적 공동소송을 인정하면 양수인이 주위적 원고, 양도인이 예비적 원고가 되어 소송하여 한꺼번에 분쟁을 해결할 수가 있다.

2002년 개정법 제70조에 의하여 신설된 특수한 공동소송에는 이러한 내용의 예비적 공동소송이 포함되어 있다. 본래의 예비적 공동소송은 주위적 피고에 대한 청구가 인용되는 것을 해제조건으로 하여 예비적 피고에 대한 청구를 인용하라고 청구하는 것이다. 즉 예비적 피고에 대한 소송계속에 해제조건이 붙은 것이다. 그러나 개정법상의 예비적 공동소송은 공동소송인 모두에게 판결을 해야 한다고 규정하였기(제70조 2항) 때문에 우리 법상의 예비적 공동소송은 단지 심판의 순위만 정하였을 뿐 소송계속에 해제조건이 붙지는 않았다고 볼 수밖에 없다.

(2) 입법론

이러한 형태의 공동소송을 허용할 것인지에 관하여 과거에 논란이 많았다.[64]

긍정설은 이를 인정하면 재판의 모순이나 저촉을 피할 수 있고 분쟁을 한꺼번에 해결할 수 있다는 점을 들어 이를 허용할 것이라고 하였다. 이를 인정하지 않으면 한 번의 소송으로 끝낼 수 있는 것을 두 번 소송해야 하므로 소송경제에 반하고, 두 번째 소송에서 반드시 승소하리라는 보장이 없기 때문에 경우에 따라서는 양쪽에 대하여 모두 패소할 수 있는데, 이렇게 되면 판결이 모순되는 수가 생긴다는 것이다. 이러한 폐단을 막기 위하여 이 제도를 인정할 필요가 있다고 주장하였다.

부정설은 이러한 제도를 인정하면 예비적 당사자의 지위가 불안하고, 이 제도를 인정해도 재판의 모순이 생기는 것은 마찬가지이며, 특히 상소심에서는 심리가 복잡하고 당사자의 소송활동이 모순에 빠지는 일이 생긴다고 하여 이러한 제도는 허용할 수 없다고 주장하였다. 판례는 부정설의 입장이었고,[65] 독일에서도 학설은 대립하고 있었으나

---

64) 이에 관한 상세한 소개와 검토는 胡文赫, 訴의 豫備的 主觀的 倂合, 연구(Ⅰ), 172면 이하 참조.

판례는 부정설을 취하였다.66)

예비적 공동소송에는 많은 문제점이 있음에도 불구하고 우리나라에서는 2002년 개정 법에서 이것을 인정하였다. 그러면서 공동소송인 모두에 대하여 판결을 해야 한다고 규정하여 반드시 예비적 공동소송뿐만 아니라 선택적 공동소송도 포함할 수 있는 내용이 되었다. 결국 본래의 예비적 공동소송과는 사뭇 다른 내용의 정체 불명의 특수한 형태의 공동소송을 인정한 셈이 되었다. 이에 의하면 예비적 당사자도 판결을 받게 되어 얼핏 보면 그의 소송상 지위가 안정된 것 같지만 이는 일종의 **투망식 공동소송**으로 매우 위험한 제도이다. 더구나 제70조의 표제에는 선택적 공동소송까지 인정하는 것처럼 되어 있는데, 예비적 공동소송보다 투망식 소송을 더욱 조장하는 선택적 공동소송까지 인정하는 것은 소송법의 기본 원리를 망각한 입법이라 아니할 수가 없다.67) 해석론으로 그 부작용을 최대한 막을 수밖에 없다.

(3) 요 건

예비적 공동소송이 인정되려면 공동소송의 일반 요건 이외에 다음의 요건을 갖추어야 한다.

(가) 청구의 법률상 양립 불가능

원고 측의 공동소송인 경우에는 그들 중 일부의 청구가 다른 공동원고의 청구와 법률상 양립할 수 없어야 한다. 피고 측의 공동소송인 경우에는 그들 가운데 일부에 대한 청구가 다른 공동피고에 대한 청구와 법률상 양립할 수 없어야 한다.

여기서 법률상 양립할 수 없다는 것은 공동소송인 중 일부가 권리자나 의무자이면 **나머지 공동소송인은 같은 권리자나 의무자가 될 수 없음**을 뜻한다. 〈사례 11〉에서 보는 바와 같이 丙에게 대리권이 있으면 乙이 매매대금 채무를 부담하고, 丙이 무권대리인이면 丙이 채무를 부담하며, 법률상 乙과 丙이 모두 같은 내용의 채무를 부담할 수는 없는 경우이다. 〈사례 12〉에서 채권자가 甲이면 丙은 채권자가 아니고, 채권자가 丙이면 甲은 채권자일 수가 없다. 여기서 법률상 양립 불가능을 어떻게 새길 것인가에 관하여 여러 견해가 있다.

a) **학 설** 학설은 법률상 양립 불가능의 해석에서 다음과 같이 다양한 모습으로 나타난다. ① 병합된 두 청구 중 어느 하나가 인용되면 법률상 다른 청구는 기

---

65) 大判 1972. 11. 28, 72다829; 大判 1982. 3. 23, 80다2840; 大判 1984. 6. 26, 83누554 · 555; 大判 2002. 11. 8, 2001두3181 등.

66) 긍정설을 조목조목 비판한 대표적인 판례는 LG Berlin, Urt. v. 14. 11. 1957, NJW 1958, 834.

67) 대법원에서 마련한 개정안의 예비적 공동소송에 대한 비판적 검토는 李完根, 豫備的 共同訴訟에 관한 硏究, 서울대학교 석사학위논문, 2001 참조.

각될 관계에 있어야 하며, 사실상 양립할 수 없는 경우는 해당되지 않는다는 견해,68) ② 주로 법률 규정으로 인하여 당사자가 동시에 권리자 또는 의무자가 될 수 없게 되는 경우인데, 사실관계 여하에 따라 법률적으로 양립할 수 없는 경우 및 사실상 양립 불가능한 경우도 포함된다는 견해,69) ③ 법률상 양립불가능이란 양 피고에 대한 청구가 청구 자체로 보아 승패를 달리하는 관계라는 뜻이며, 법률상 양립 불가능의 원인은 법률상의 것이거나 또는 사실상 원인에 기인한 것이거나 불문한다는 견해,70) ④ 법 제70조는 공동소송인 중 한 사람의 승소는 다른 공동소송인의 필연적인 패소를 법률상 보장하는 경우를 전제로 한다는 견해,71) ⑤ 공동소송인 가운데 어느 한 쪽의 또는 어느 한 쪽에 대한 청구원인사실이 다른 한 쪽의 또는 다른 한 쪽에 대한 청구에서는 항변사실로 되는 경우로서, 주장 자체로 청구가 법률상 서로 양립할 수 없는 경우이고, 여기에는 소송법상 서로 양립할 수 없는 경우도 포함하지만 사실상 양립할 수 없는 경우는 제외된다고 하는 견해72) 등이 주장된다.

구체적으로 양립 불가능 여부가 문제되는 사례에 관한 학설의 양상을 보면 다음과 같다: ① 계약의 당사자가 누구인지 불분명한 경우에 양립이 가능하다고 보는 데에 반대 견해는 없다. 이러한 경우에는 예비적 공동소송을 허용할 수 없다고 보는 것이 일반적이다. ② 불법행위에서 가해자가 누구인지 불분명한 경우에 각 가해자에 대한 청구가 양립 불가능이 아니라고 보는 것이 일반적이다.73) ③ 단체와 단체의 대표자 중 누가 피고가 될 것인지가 불확실한 경우에 대하여는 이들에 대한 청구를 법률상 양립 불가능이라고 보는 견해가74) 있고 이를 부정하는 견해가75) 있다. ④ 채권양도가 있는 경우, 양수인의 청구와 양도인의 청구가 양립 불가능하고, 채무인수가 있는 경우 채무자에 대한 청구와 구채무자에 대한 청구가 양립 불가능하여 예비적 공동소송이 될 수 있다는 점에는 이견이 없다. 채권양도의 경우에 관하여 양립 불가능을 인정하면서 이것이 사실상 양립 불가능이라고 보는 견해도 있다.76) ⑤ 공작물 점유자와 소유자에 대한 청구가 법률상 양립 불가능이라는 점에

---

68) 이시윤, 791; 김용진, 847.
69) 김홍엽, 1013 이하.
70) 宋·朴, 648.
71) 韓忠洙, 402.
72) 鄭·庚·金, 1070.
73) 김홍엽, 1016; 이시윤, 791; 田炳西, 789; 전병서, 강의, 552; 鄭·庚·金, 1070.
74) 김홍엽, 1016; 田炳西, 788; 전병서, 강의, 551; 鄭·庚·金, 1070.
75) 韓忠洙, 402-403.
76) 김홍엽, 1015.

도 이견이 없다. ⑥ 계약의 상대방이 본인을 주위적 피고로 하고 무권대리가 될 경우를 대비하여 대리인을 예비적 피고로 한 경우에도 법률상 양립 불가능이라는 점에도 이견이 없다.

위에서 열거한 구체적 사례 중에서 이견 없이 양립 불가능이라고 인정되는 것은 채권양도의 경우 양수인과 양도인의 청구, 채무인수에서 신·구 채무자에 대한 청구, 공작물 점유자와 소유자에 대한 청구의 경우와 본인과 대리인에 대한 청구의 경우뿐이다. 다른 사례에 대하여는 양립 불가능의 요건을 엄격하게 해석하는 견해와 이 요건을 넓게 해석하는 견해의 대립이 있다.

b) **판 례**   판례는 법률상 양립 불가능의 일반적 판단 기준에 관하여 다음과 같이 판시하였다:

> "동일한 사실관계에 대한 법률적인 평가를 달리하여 두 청구 중 어느 한 쪽에 대한 법률효과가 인정되면 다른 쪽에 대한 법률효과가 부정됨으로써 두 청구가 모두 인용될 수는 없는 관계에 있는 경우나, 당사자들 사이의 사실관계 여하에 의하여 또는 청구원인을 구성하는 택일적 사실인정에 의하여 어느 일방의 법률효과를 긍정하거나 부정하고 이로써 다른 일방의 법률효과를 부정하거나 긍정하는 반대의 결과가 되는 경우로서, 두 청구들 사이에서 한 쪽 청구에 대한 판단 이유가 다른 쪽 청구에 대한 판단 이유에 영향을 주어 각 청구에 대한 판단 과정이 필연적으로 상호 결합되어 있는 관계를 의미하며, 실체법적으로 서로 양립할 수 없는 경우뿐 아니라 소송법상으로 서로 양립할 수 없는 경우를 포함하는 것으로 봄이 상당하다."[77]

구체적으로 피고 측의 예비적 공동소송에서 법률상 양립 불가능하다고 인정한 경우로는,

① 당사자적격자의 불확실: 아파트 입주자들이 동대표로 선임된 이를 상대로 동대표 지위 부존재확인을 구하는 소를 제기하여 소송 진행 중에 아파트 입주자대표회의를 예비적 피고로 추가한 경우나,[78] 은행의 임원 개인과 은행 중 누구에게 퇴직금 지급을 청구해야 할지를 잘 모르는 경우,[79] 구급차 운용자가 병원을 경영하는 의료원인지 구급센터인지를 몰라 의료원을 주위적 피고로, 구급센터를 예비적 피고로 손해배상청구를 한 경우.[80]
② 실체법상 법률행위의 효력 유무의 불확실: 피고 1이 원고에게 소유권이전등기의무를 부담하고 있음에도 불구하고 피고 2에게 이전등기를 한 것은 무효라고 주장하여 원고

---

77) 大決 2007. 6. 26, 2007마515.
78) 위 2007마515 결정.
79) 大判 2008. 4. 10, 2007다86860.
80) 大判 2015. 6. 11, 2014다232913.

가 피고1을 대위하여 피고 2를 상대로 소유권이전등기 말소의 소를 제기하면서 그 이전
등기가 무효가 아니라고 인정될 경우에 대비하여 그렇게 되면 피고1의 이전등기 의무가
이행불능이 된다고 하여 피고 1을 상대로 전보배상을 청구하는 경우와 같이 한 경우.81)

③ 청구원인사실의 존부가 불확실: 신용카드로 매수한 차량을 인도받지 못한 원고가
주위적으로는 카드회사가 자동차판매회사에게 차량 대금을 지급하였을 것을 전제로 자동
차판매회사를 상대로 계약불이행 책임을 묻고, 카드회사가 자동차판매회사에게 대금을
지급하지 않았을 경우에 대비해서 카드회사에 대하여 할부금 지급채무 부존재 확인과 이
미 납부한 할부금의 반환을 구하는 청구를 한 경우82) 등이 있다.

또한 원고 측에 예비적 공동소송을 인정한 것으로는, 집합건물법상 아파트 건설
사업 주체에 대한 하자보수청구권에 갈음하는 손해배상청구를 주위적으로 아파트
입주자대표회의가 하고 예비적으로 구분소유자가 원고로 병합된 사안에서 예비적
공동소송을 인정한 것이 있다.83) 이것은 누가 무슨 권리를 가지는지를 몰라 원고
측에 예비적 공동소송을 하는 경우이다.

원고가 예비적 공동소송 형태로 소를 제기하였으나 판례가 양립이 가능하다고
하여 통상공동소송으로 취급한 예로는 피고들이 부진정 연대채무를 부담하는 경우
가 있다.84)

c) 검 토   학설은 대체로 법률상의 양립 불가능으로 제한하자는 입장과 사실
상의 양립 불가능도 포함하자는 입장으로 나뉜다. **사실상의 양립 불가능을 포함하자
는 입장**은 법률상 불가능과 사실상 불가능의 구별이 쉽지 않고, 당사자의 편의와 분
쟁의 1회적, 통일적 해결을 위하여 포함시키는 것이 타당하고, 택일적인 사실인정이
문제되는 경우에도 공동소송인의 1인의 법률효과를 긍정하고 다른 공동소송인의 법
률효과를 부정하면 법률상 양립 불가능이라고 할 수 있다고 한다. 그러나 두 불가능
의 구별이 쉽지 않은 것은 사실상 불가능을 포함시켜 적용범위를 확대할 논거가 될
수 없다. 사실상 양립 불가능도 법률효과를 좌우하므로 법률상 양립 불가능에 속한
다는 주장은 결국 판결에 영향을 미칠 모든 사항을 포함하자는 것으로 이는 **법률문
제와 사실문제를 혼동한 주장**이다. 판례가 이런 기준에 따르기 때문에 심지어는 피
고적격자가 누구인지가 모호한 경우까지 여기에 포함시키게 되는 것이다. 택일적인

---

81) 大判 2008. 3. 27, 2005다49430.
82) 大判 2008. 7. 10, 2006다57872.
83) 大判 2012. 9. 13, 2009다23160. 항소심이 입주자대표회의는 사업주체를 상대로 하자보수를 청구
할 수는 있지만 그에 갈음한 손해배상을 청구할 권리는 없다고 하여 입주자대표회의의 청구를 기각하고
구분소유자들의 청구를 일부 인용하였는데, 대법원이 이 판단을 수긍하였다.
84) 大判 2012. 9. 27, 2011다76747. 직접점유자와 간접점유자를 공동피고로 한 사안이다.

사실 인정이 문제되는 경우에는 통상공동소송으로도 변론 병합 때문에 실질적으로 심리의 불통일을 예방할 수가 있다. 사실상의 양립 불가능도 포함하여 예비적 공동 소송을 널리 인정하고 제도의 남용 문제는 원고의 주장을 제한하고 금반언, 소권남 용 등의 원칙을 적용하여 해결하면 된다는 견해도 있으나,[85] 소송에서 원고 주장 제 한의 의미와 근거 및 그 기준이 모호하고 실제 소송에서 적용할 가능성이 거의 없 다. 이 제도의 남용은 금반언과는 별로 관계가 없다. 소권남용 원칙의 적용은 설사 이것이 실체법적 의미가 없는 소송법상의 원칙이라고 하더라도 일반조항으로의 도피 를 조장하는 주장이어서 타당성이 없다.

판례는 법률상 양립 불가능을 폭넓게 인정한다. 사실상의 양립 불가능의 경우뿐 만 아니라 소송요건인 당사자적격자를 잘 알지 못하는 경우와 원고가 사실관계를 잘 알지 못하여 누구를 피고로 삼을지를 특정하지 못한 경우, 누가 무슨 권리를 가 지는지를 잘 몰라서 예비적 원고까지 동원하는 경우까지 양립 불가능에 포함시킨 다. 그러나 이러한 경우처럼 원고가 사실관계를 잘 모르거나 누가 적격자인지를 모 르는 경우, 누가 권리자인지를 모르는 경우 등은 이른바 투망식 소송으로, **당사자 불특정이므로 부적법**하지 법률상 양립 불가능 여부를 따질 상황이 아니다. 예비적 공동소송이 이러한 경우에 쓰라는 제도가 아니다.

본래 예비적 공동소송이 당사자 불특정이 될 가능성이 큰 것임에도 불구하고 우리 민사소송법이 제70조에서 이를 인정한 것은 원고가 주장한 복수의 당사자의 법률관계가 '일정한 관련성'이 있어서 본래 청구가 기각될 때에 다른 청구가 인용될 수 있는 관계에 있어서, 소송을 두 번 할 필요 없이 한 번만 하여 권리를 실현할 수 있도록 원고에게 편의를 제공하려는 것이다. 여기서의 일정한 관련성을 법문이 '법률상 양립 불가능'이라고 표현하였는데, 이 개념이 매우 넓게 해석될 여지가 있 어서 문제가 된다. 이러한 예비적 공동소송은 원고의 당사자 특정의 부담을 덜어주 어 자칫 아무나를 상대로 하는 이른바 투망식 소송을 허용할 위험이 있다. 그러므 로 예비적 공동소송은 그 요건을 매우 엄격하게 해석하여 적용 범위를 좁힐 필요가 있다. 이를 위하여서는 '법률상 양립 불가능'의 의미를 문제되는 **복수의 '법률관계' 사이의 '일정한 관련성'으로 제한**할 필요가 있다. 여기서 '일정한 관련성'이란 원고 가 예비적 공동소송으로 소를 제기하거나 예비적 당사자를 추가할 '실체법상의 필

---

85) 권혁재, "예비적·선택적 공동소송의 포섭범위", 인권과 정의 379호(2008. 3.), 143면.

요'를 말한다고 새길 것이다. 즉, **실체법 규정상 'A가 아니면 B가 인정되는' 양립 불가능한 상황이 '예정'되어 있는 경우**를 말한다. 구체적 예를 들면 다음과 같다:86)

① 양도인이 채권양도의 통지를 하지 않은 것이 드러나면 채권자는 양수인이 아니라 양도인이다(민 제450조); ② 대리권의 존부나 본인의 추인 여부에 따라 본인이 책임을 지거나 무권대리인이 책임을 지게 된다(민 제135조); ③ 대리인의 현명행위 여부에 따라 책임귀속 주체가 달라진다(민 제115조); ④ 채권자의 승낙 여부에 따라 채무를 인수한 제3자나 본래의 채무자가 의무자가 된다(민 제454조); ⑤ 공작물 점유자가 주의의무를 게을리 하지 않았으면 소유자가 손해를 배상하게 된다(민 제768조); ⑥ 이해관계 없는 제3자가 채무자를 위하여 변제하였을 때 그것이 채무자의 의사에 반하는지 여부에 따라 변제의 유효 여부가 좌우되어 제3자가 채권자를 상대로 부당이득 반환을 구할 것인가, 채무자에게 구상권을 행사할 것인가가 문제된다(민 제469조 2항).

이와 달리 계약 상대방이 누구인지가 불분명하다는 이유로 예비적 공동소송을 허용할 것은 아니다. 민법 제390조는 특정 당사자 1인을 전제로 한 규정으로, 그 특정 당사자에게 책임이 귀속되는지 여부에 따라 법률효과가 발생하거나 발생하지 않을 뿐이지, 그 특정 당사자에게 법률효과가 발생하지 않으면 다른 누군가에게 법률효과가 발생하게 됨을 예정하고 있지 않다.87) 이러한 경우는 '법률상' 양립 불가능에 해당하지 않는다. 그리고 피고적격자가 회사 임원 개인인지 회사인지가 불분명한 경우는 법률상 양립 불가능과 관계가 없다. 이러한 경우에 예비적 공동소송으로 소를 제기하였어도 법원이 어느 한 쪽 피고에 대하여 당사자적격이 없다고 하여 각하하면 그만이고 양립 불가능에 해당하는지를 따질 필요가 없는 것이다. 이러한 경우는 모두 공동소송인들이 주위적 당사자와 예비적 당사자의 관계로 묶일 관련성이 있는 것이 아니다. 이들은 법률적으로 서로 아무 관계가 없는 이들이므로 예비적 공동소송으로 묶는 것은 **당사자 불특정에 불과**하다.

(나) 공동소송인 사이의 주위적, 예비적 관계

예비적 공동소송이라고 하는 것은 원고측이나 피고측에서 공동소송인 사이에 주위적, 예비적 관계가 있어야 한다. 여기서 주위적, 예비적 관계란 원고측의 경우에는 1차적으로 주위적 원고가 청구하는 것으로 하고 만일 그 청구가 이유 없을 때에는 2차적으로 예비적 원고가 청구한다는 의미이다. 〈사례 12〉에서 甲과 丙이

---

86) 이 부분은 김지산·이현진, "민사소송법 제70조 소정의 예비적·선택적 공동소송의 요건 — 대법원 2007. 6. 26. 2007마515 결정을 중심으로 —", 民事訴訟 16권 2호(2012), 369면 참조.
87) 김지산·이현진, 앞의 논문, 369~370면.

이러한 관계에 있다. 피고측의 경우에는 1차적으로 주위적 피고에게 청구하고 그 청구가 이유 없을 때에는 2차적으로 예비적 피고에게 청구한다는 의미이다. 〈사례 11〉에서 乙과 丙이 이러한 관계에 있다.

이처럼 당사자가 예비적으로 병합되어 있다는 것이 법적으로 어떠한 의미인지가 문제된다. 본래의 예비적병합은 앞에서도 설명한 바와 같이 공동소송인의, 또는 공동소송인에 대한 청구가 해제조건부로 병합되어 있다는 의미이다. 즉 주위적 원고의 청구가 인용될 것을 해제조건으로 예비적 원고가 청구하든가, 주위적 피고에 대한 청구가 인용될 것을 해제조건으로 예비적 피고에게 청구하는 것을 말한다. 그러므로 만일 주위적 청구가 인용되면 예비적 원고의 청구나 예비적 피고에 대한 청구는 소송계속이 소멸하는 것이어서 그러한 예비적 청구에 대한 판결은 할 수가 없게 되는 것이다. 다시 말하면 공동소송인의, 또는 공동소송인에 대한 소송계속이 해제조건부라는 말이다.

그럼에도 불구하고 제70조 제2항이 모든 공동소송인에 대하여 판결해야 한다고 규정하였기 때문에 우리 법상으로는 〈사례 11〉에서는 乙에 대한 청구를 인용하면서 丙에 대한 청구는 기각해야 하고, 〈사례 12〉에서는 甲의 청구를 인용하면서 丙의 청구는 기각해야 한다. 따라서 이 경우에는 해제조건부란 의미에서의 '예비적'이란 말의 의미가 전혀 달라진다. **소송계속은 모든 공동소송인에게 무조건적으로 생기고 다만 해제조건부로 청구인용판결을 구한다는 의미**가 될 것이다. 즉 개정법은 종전에 알지 못하던 새로운 형태의 공동소송을 창설한 셈이다.

주위적 피고에 대한 청구 자체가 청구의 예비적병합이고 주위적 피고에 대한 주위적 청구가 배척될 경우에 대비하여 예비적 피고에 대한 청구를 병합할 수가 있다. 이 경우 법원이 주위적 피고에 대한 주위적 청구를 배척하고 예비적 청구에 대하여 심리하면서 예비적 피고에 대한 청구를 함께 심리하는 것도 가능하다.[88] 이때 그 두 청구가 양립가능하면 두 피고가 예비적 공동소송 관계가 아니라 통상공동소송이 된다.[89]

---

[88] 大判 2014. 3. 27, 2009다104960·104977. 甲이 丙으로부터 부동산을 매수하면서 乙에게 명의신탁을 하여 丙이 乙에게 소유권이전등기를 하여 주었는데, 뒤에 甲이 명의신탁을 해지하였다고 하면서 乙에게 소유권이전등기를 청구하고, 명의신탁이 무효가 될 경우에 대비하여 丙을 대위하여 乙을 상대로 丙에게서 乙로 이전된 소유권이전등기를 말소하라고 청구하고, 丙을 상대로는 甲에게 소유권이전등기를 청구한 사안이다.

[89] 大判 2009. 3. 26, 2006다47677(부진정연대채무의 경우); 大判 2015. 6. 11, 2014다232913.

(4) 다른 제도와의 차이

예비적 공동소송에는 필수적공동소송에 관한 규정이 준용되므로 서로 공통되는 면이 있다. 그리고 같은 공동소송인 사이지만 승패는 반대로 나기 때문에 서로 이해가 상반되는 면이 있고 따라서 세 당사자 사이가 서로 이해 상반하는 관계에 설 수 있다는 점에서는 독립당사자참가와 공통되는 면이 있다. 그러나 예비적 공동소송은 본래 통상공동소송인 것을 소송을 한 번만 해서 권리보호를 받을 수 있다는 원고의 편의를 위해서, 그 목적 때문에 필수적공동소송의 규정을 준용하도록 한 것에 불과하다. 여기서는 이들과의 차이점을 구체적으로 살펴본다.

(가) 필수적공동소송과의 차이

예비적 공동소송은 이들이 반드시 공동소송인으로만 당사자적격이 인정되는 것이 아니라 각자 따로 소송해도 아무 지장이 없으므로 이와 비슷한 것이 유사필수적공동소송일 것이다. 그러나 양자는 그 차이가 매우 크다. 필수적공동소송에서는 공동소송인 사이에 승패를 같이 하여야 하나, 예비적 공동소송에서는 공동소송인 사이에 **승패가 반대로** 나는 것이 통상이다. 이러한 점에서 예비적 공동소송은 오히려 독립당사자참가와 더 가깝다고 할 수 있다. 제70조가 필수적공동소송의 규정을 준용하도록 한 것은 이 제도가 필수적공동소송과 비슷하기 때문이 아니라 독립당사자참가와 비슷하기 때문에 그와 유사하게 규율하기(제79조 2항 참조) 위한 것이다.[90]

(나) 독립당사자참가와의 차이

〈사례 12〉에서 예비적으로 결합되어 있는 공동원고 甲과 丙은 서로 대립하는 관계가 아니라 **협력관계**에 있을 것이다. 이들이 대립관계에 있다면 甲이 주위적 원고, 丙이 예비적 원고가 되어 함께 제소하였을 리가 없다. 〈사례 11〉에서도 공동피고 乙과 丙은 비록 둘 중의 한 피고가 채무를 이행하라는 판결을 받으면 다른 피고는 승소할 수 있다는 점에서는 이해관계가 상반되지만, 이들이 협력하여 甲이 누구에게도 채권이 없다고 주장하는 것이 얼마든지 가능하다. 그러나 독립당사자참가의 경우에는 참가인과 일방 당사자 사이에 이러한 협력관계란 있을 수가 없다. 가장 기본적인 차이점은 예비적 공동소송은 **공동소송인 사이에는 아무런 청구가 없지만**, 독립당사자참가의 경우에는 참가인이 양 당사자에게 독자적인 청구를 한다는

---

90) 법원행정처, 民事訴訟法 改正案, 108.

점이다. 2002년 법 개정으로 편면적 참가가 가능해졌지만, 그렇다고 참가인이 청구를 하지 않은 당사자와 협력관계에 있을 수는 없다. 예비적 공동소송에서 공동소송인이 서로 이해 상반되는 측면이 있다고 해서 이를 막연히 세 당사자가 상호 견제하여 소송을 수행하는 정립(鼎立)관계에 있는 것으로 보아서는 안 된다. 그러므로 예비적 공동소송에 필수적공동소송의 규정을 준용해도 그 구체적인 내용은 독립당사자참가의 경우와는 다를 수밖에 없다.

(5) 심리와 재판

(가) 필수적공동소송 규정의 준용

예비적 공동소송은 어떤 유형의 공동소송에 속하는가? 이는 **본래 통상공동소송**에 속하는 것이다. 각 공동소송인 사이에 승패가 같게 나지 않고, 각자가 받은 판결의 효력이 다른 공동소송인에게 미치지 않기 때문이다. 뿐만 아니라 각자 따로 소송해도 아무런 지장이 없다. 그러나 제70조 제1항은 필수적공동소송에 관한 규정을 준용하도록 하였다. 통상공동소송으로 취급하면 절차가 분리되어 이들이 공동소송으로 함께 묶여서 소송하는 의미가 상실되는데 이를 막고, 재판의 모순 저촉을 방지하기 위한 것이다. 필수적공동소송에 관한 규정인 제67조 내지 제69조를 준용하나, 예비적 공동소송에서는 공동소송인 사이에서 승패가 정반대로 나고[91] 주위적 당사자와 예비적 당사자 사이에서는 아무런 청구가 없다는 점에서 세 당사자 사이의 분쟁관계를 일거에 통일적으로 해결할 필요성도 독립당사자참가보다는 그 강도가 약하다. 그러므로 공동소송인이 승패를 같이 할 것을 전제로 한 규정, 즉 소송행위의 통일을 위한 규정은 준용되지 않고 소송진행의 통일, 즉 절차의 분리를 막는 규정만이 적용된다고 새길 것이다. 이 점에서 뒤에 설명할 독립당사자참가와 다르다. 제70조 제1항 단서는 이러한 취지의 규정이라고 해석된다.[92]

a) 소송행위의 불통일

《사례 11a》 〈사례 11〉에서 乙과 丙이 모두 매매계약 체결 사실이 있었음과 대금을 지급하지 않았음을 시인하였다. 이때 법원은 매매계약 체결과 대금 미지급을 인정해야 하는가?

《사례 11b》 〈사례 11〉에서 乙이 丙에게 그 물건 매수를 위한 대리권을 수여하였

---

91) 예비적 공동소송이라고 해서 공동소송인들 사이에서 항상 승패가 반대로 나는 것은 아니다. 〈사례 11〉의 경우에 심리 결과 甲의 매도 사실 자체가 인정되지 않으면 두 청구가 모두 기각될 것이다.

92) 한충수, 676도 같은 취지이다.

다고 진술하였고 丙도 자기는 대리인으로 계약을 한 것이라고 진술하였다. 이에 대하여 법원은 어떻게 판단할 것인가?

《사례 11c》   〈사례 11〉에서 丙이 자기는 乙로부터 대리권을 수여받은 적이 없고, 단순히 乙의 대리인을 사칭했을 뿐이라고 진술하였고, 乙도 丙에게 물건을 매수하라고 시킨 적이 없다고 진술하였다. 이에 대하여 법원은 어떻게 판단할 것인가?

《사례 12a》   〈사례 12〉에서 乙이 채권이 양도되기 전에 이미 丙에게 매매대금을 지급하였다고 주장하였고, 丙이 이를 시인하는 진술을 하였다. 이에 대하여 법원은 어떻게 판단할 것인가?

공동소송인 중 한 사람이 한 **유리한 행위**는 다른 사람에게 영향이 없다. 한 공동소송인이 출석했다고 결석한 공동소송인도 출석한 것으로 볼 이유가 없다. 이런 경우에는 결석한 당사자는 기일 불출석의 불이익을 받는다고 새겨야 할 것이다.

공동소송인 중 한 사람이 한 **불리한 행위**도 효력이 있다. 공동소송인 중의 한 사람이 청구의 포기·인낙을 하거나 화해 또는 소취하를 하더라도 그 행위는 효력이 있다(제70조 1항 단서).[93] 다만 이러한 행위를 하는 당사자 자신과 관련된 소송상청구를 처분하는 것에 한한다. 선순위에 있는 다른 공동소송인의 소송관계를 처분하는 내용이 포함되어서는 안 된다. 그러므로 공동원고의 한 사람이 포기하면 나머지 원고와 피고 사이에서 소송이 진행될 것이다.

다만 인낙의 경우에는 경우를 나누어서 보아야 한다. 주위적 피고가 인낙하거나 피고가 주위적 원고의 청구를 인낙하는 것은 아무 문제가 없다. 예비적 피고가 인낙하거나 피고가 예비적 원고의 청구를 인낙할 수 있는지가 문제된다. 예비적 공동소송에서 예비적 청구는 주위적 청구에 대한 인용판결을 해제조건으로 청구인용판결을 구하는 것이라는 기본구조를 고려해 보면 청구인용판결과 같은 결과를 낳는 청구인낙도 주위적 청구에 관한 아무런 판단이 없는 상태에서는 할 수 없다고 보는 것이 타당할 것이다. 만일 예비적 피고가 인낙을 하여 그것이 조서에 기재되더라도 인낙으로서의 효과를 인정하여서는 안 될 것이다.[94] 재판상화해의 경우에는 그 내용에 일부 양보를 포함하므로 인낙의 경우와 같이 취급하는 것이 타당하다.

---

93) 그러므로 법원이 주위적 피고에 대한 청구를 인용하고 예비적 피고에 대한 청구에 대한 판결을 하지 않았더라도, 주위적 피고가 항소하였고 항소심에서 원고가 주위적 피고에 대한 소를 취하하면 원고의 예비적 피고에 대한 청구는 그대로 남아 심판의 대상이 된다(大判 2018. 2. 13, 2015다242429).

94) 청구의 예비적병합에 관한 大判 1995. 7. 25, 94다62017 참조. 예비적 당사자도 인낙할 수 있다는 견해는 한충수, 677.

재판상화해와 같은 효력이 있는 조정에 갈음하는 결정의 경우에 관하여 판례는 일부 공동소송인이 이의를 하더라도 원칙적으로 이의하지 않은 공동소송인에 관하여는 그 결정이 확정되지만, 분리 확정하면 형평에 반하거나 이해상반으로 이 제도의 목적에 위배되는 결과가 될 경우에는 그 결정은 모든 공동소송인에 대하여 확정되지 않는다고 하였다.95) 그리고 **화해권고결정**의 경우에도 마찬가지로 취급하고, 공동소송인 모두가 분리확정에 이의가 없다고 진술하여도 마찬가지라고 하였다.96)

공동소송인 중 한 사람이 한 **자백**도 효력이 있다고 볼 것인지가 다투어진다. 공동소송인 모두가 자백해야 효력이 있다는 견해가 있고, 한 당사자의 자백이 다른 공동소송인에게 유리하면 효력이 있다는 견해도 있다. 그러나 자백은 공동소송인 각자가 할 수 있다고 보아야 할 것이다.97) 여기서는 필수적공동소송의 경우와 달리 무엇을 자백이라고 볼 것인지부터 문제가 된다. 〈사례 11a〉처럼 공동소송인에게 공통적으로 불리한 사실을 시인하는 것이 자백이 된다고 생각하기가 쉽다. 여기서 공통적으로 시인한다는 것이 무엇을 뜻하는가? 丙이 유권대리인인지 무권대리인인지는 모르지만 하여튼 甲으로부터 물건을 매수하였고 대금은 지급하지 않았다는 진술일 것이다. 그러나 이처럼 주체가 빠진 진술은 완전한 진술도 아니고 완전한 자

---

95) 大判 2008. 7. 10, 2006다57872. 신용카드회사인 예비적 피고가 자동차판매회사인 주위적 피고에게 원고가 카드로 지급한 대금을 지급하였음을 전제로 주위적 피고를 상대로 채무불이행책임을 묻고, 예비적 피고가 주위적 피고에게 대금을 지급하지 않았을 경우에 대비하여 예비적 피고를 상대로 채무부존재 확인과 이미 지급한 할부금의 반환을 청구한 사안이다. 조정에 갈음하는 결정의 내용은 예비적 피고가 원고에게 금전을 지급하고, 그 외에는 채권관계가 존재하지 않는다는 것이었다. 이에 대하여 원고와 주위적 피고는 이의하지 않았는데 예비적 피고가 이의하였다. 이 경우 원고와 주위적 피고 사이에서는 채권관계가 없다는 내용의 결정이 확정되었다고 본다면 경우에 따라 원고의 예비적 피고에 대한 청구가 배척될 수도 있고 그렇게 되면 당초에 원고가 예비적 피고를 병합시킨 것이 아무 의미가 없게 된다. 위 판결은 이를 이유로 삼은 것으로 보인다. 그러나 그 결정에 대하여 원고가 이의를 제기하지 않았으므로 조정에 갈음한 결정이 원고와 주위적 피고 사이에서 확정되었다고 보아도 무방하였을 것이다. 이는 원고와 주위적 피고 사이에서 같은 내용의 소송상화해를 하거나 원고가 주위적 피고에 대한 청구를 포기해도 별다른 문제가 없음을 미루어보면 쉽게 알 수 있다.

96) 大判 2015. 3. 20, 2014다75202(채권자 甲이 채무자 乙을 주위적 피고로, 대리인 丙을 예비적 피고로 대여금반환청구를 한 사건에서 원심은 丙이 甲에게 대여금을 반환하고 甲의 乙에 대한 청구와 丙에 대한 나머지 청구를 포기한다는 내용의 화해권고결정을 하였고, 이에 대하여 丙만 이의를 제기한 사안에서 분리 확정은 허용되지 않는다고 하여 모든 당사자가 소송으로 복귀한다고 판시); 大判 2022. 4. 14, 2020다224975(원고가 서울 강동구를 사업시행자로 생각하여 주위적 피고로, 서울시가 사업시행자일 경우를 대비하여 서울시를 예비적 피고로 하여 부당이득금 반환을 청구하였는데, 제1심에서 원고의 강동구에 대한 주위적 청구를 인용하고 서울시에 관하여는 판단하지 않았고, 이에 대하여 강동구만 항소하였다. 항소심에서 예비적 피고 서울시는 원고에게 일정 금액을 지급하고, 원고는 강동구에 대한 청구를 포기한다는 내용의 화해권고결정을 하였고, 이에 대하여 예비적 피고인 서울시만 이의를 제기하였다. 이에 원심은 원고의 강동구에 대한 청구 부분은 분리확정되었다고 보고 서울시가 항소한 것처럼 취급하여 항소를 기각한 사안에서 분리확정이 허용되지 않는다고 판시).

97) 한충수, 677.

백도 아니다. 만일 乙이 매수 사실은 인정하지만 丙이 대리권 없이 매수하였다고 진술했으면 자기는 매수하라고 위임한 적이 없고 丙이 멋대로 매수했다는 말이므로 자백이 아니라 乙이 매수하였다는 甲의 주장에 대한 부인에 불과하다. 乙이 자백한다면 그것은 〈사례 11b〉의 경우일 것이다. 이러한 진술은 피고들에게 공통적으로 불리한 것이 아니므로 공동으로 진술해야 효력이 있다고 할 필요가 없다. 그러므로 乙의 자백의 구속력을 인정해서 乙이 매수인으로 채무를 진다고 인정해도 아무런 지장이 없다. 〈사례 11c〉의 경우에도 丙이 자백하였으므로 그 내용대로 丙이 무권대리인이라고 인정하여야 할 것이다. 만일 乙은 유권대리라고 주장하고 丙은 무권대리라고 주장하면 어떻게 되는가? 이때는 두 피고가 모두 자백했지만 어느 것도 자백으로서의 효력은 없다고 볼 것이다. 〈사례 12a〉에서 丙의 자백은 채권자가 누구이든 乙의 채무가 소멸되었다는 내용이므로 甲에게도 불이익이 될 수 있다. 그러나 이를 이유로 그 자백의 효과를 부정할 필요는 없다. 丙의 자백으로 인하여 甲, 丙의 청구가 모두 기각되는 수가 생기겠지만 이것이 잘못되었다고 말할 수는 없는 것이다.

《사례 12b》 〈사례 12〉에서 소송 중에 乙이 丙에 대하여 갖고 있는 대등액의 채권으로 상계한다고 주장하였다. 이때 법원은 어떻게 심리할 것인가?

상대방이 일부 공동소송인에 대하여 한 소송자료 제출행위도 그 공동소송인에게만 효력이 생긴다. 예를 들어 〈사례 12b〉에서 乙이 丙에 대하여 상계한 것은 甲과는 아무 관계가 없다. 따라서 법원은 甲의 청구가 이유 있다고 판단하면 상계항변을 무시하고 乙에게 채무 이행을 명할 것이고, 甲의 청구가 이유 없고 丙이 채권자라고 판단하면 乙의 상계를 고려하여 재판할 것이다.

b) 소송진행의 통일: 예비적 공동소송에서는 소송 진행은 통일적이어야 한다. 즉 공동소송인 사이에서 절차가 분리되어 별도로 진행되어서는 안 된다. 그러므로 공동소송인 중 일부에 절차의 **중단, 중지** 사유가 있으면 절차 전체가 중단, 중지된다(제67조 3항의 준용).

《사례 11d》 〈사례 11〉에서 甲의 乙에 대한 청구는 기각되고 丙에 대한 청구가 인용되었다. 이에 대하여 丙이 항소하였다. 이때 乙에 대한 청구를 기각한 판결은 확정되는가?

공동소송인의 **일부가 상소**하면 모든 공동소송인에 대한 판결이 확정되지 않고 상소심으로 이심된다.98) 이 경우에도 절차가 분리되어서는 안 되기 때문이다. 〈사례 11d〉에서 丙의 항소는 자신에 대한 판결을 취소하고 甲의 청구를 기각할 것을 신청하라는 내용이지만, 甲이 한번의 소송으로 권리를 실현할 수 있다는 편의를 위해서 乙에 대한 청구와 丙에 대한 청구를 예비적으로 병합한 것이므로 甲의 乙에 대한 청구기각판결도 확정되지 않고 세 당사자가 모두 항소심에 올라간다. 그렇더라도 제1심에서 전부승소한 피고는 항소의 이익이 없어 항소할 수 없다.99)

상고심에서 원판결을 **파기환송**할 경우에도 모든 당사자에 대한 원판결이 파기환송된다. 주위적 원고와 예비적 원고의 청구를 모두 기각한 항소심 판결 중 주위적 원고의 청구를 기각한 부분에 잘못이 있어 파기환송할 경우라도 예비적 원고에 대한 기각판결도 파기된다.100)

c) 상소심의 심리: 항소심에서 당사자들은 어떻게 소송을 수행할 것인가?

《사례 11e》   〈사례 11d〉에서 甲과 乙은 무엇을 주장할 것인가?

〈사례 11e〉에서 丙의 항소로 제1심 판결이 취소될 가능성이 생겼다. 이를 막아야 할 사람이 제1심에서 완전 승소한 乙과 부분적으로 승소했다고 볼 수 있는 甲이다. 乙은 원판결이 옳다고 주장할 것이다. 甲도 丙의 항소에 대하여 방어적 입장에 있으므로 일단 원판결이 옳다고 주장해야 한다. 그러나 이렇게 되면 甲이 주위적 피고 乙에 대한 청구를 기각한 원판결이 옳다는 주장을 하는 것이어서 乙을 주위적 피고로 한 것이 무의미해진다. 이런 상황에서는 제1심에서의 **주위적, 예비적 청구의 관계**가 유지될 수가 없다.

甲은 항소심에서도 예비적 공동소송 관계를 유지하려면 주위적으로 乙에 대한 청구를 기각한 판결이 잘못되었다고 주장하고, 예비적으로 丙의 항소가 이유 없다고 주장해야 할 것이다. 즉, 甲은 일단 乙에 대한 관계에서는 원판결이 잘못되었다고 주장하고 만일 그렇지 않다면 丙의 항소 역시 이유 없다고 주장하게 된다. 제1심에서와는 달리 원판결이 옳은지 그른지, 즉 원판결을 취소할 것인지 아닌지를 판

---

98) 大判 2008. 3. 27, 2006두17765; 大判 2011. 2. 24, 2009다43355; 大判 2014. 3. 27, 2009다104960·104977.

99) 앞의 2009다43355 판결.

100) 大判 2009. 4. 9, 2008다88207(항소심에서 매수인인 주위적 원고의 청구에 대한 피고의 상계항변을 받아들여 청구를 기각하고 예비적 원고는 매수인이 아니라고 하여 그 청구를 기각하였다. 이에 대하여 두 원고가 모두 상고하였는데, 상고심에서는 주위적 원고의 상고를 이유 있다고 받아들이고 예비적 원고의 상고는 이유 없다고 판단한 사안).

가름하는 항소심에서 甲이 이처럼 앞뒤가 맞지 않는 주장을 할 수 있는지 의문이
다. 뿐만 아니라 항소심 법원이 甲이 이렇게 주위적, 예비적으로 순서를 정하여 하
는 주장에 구속된다고 볼 수도 없다. 丙의 항소가 무조건이기 때문이다. 甲의 이러
한 주장은 결국 항소심에서는 법원의 판단에 따라 판결해 달라는 의미밖에 갖지
못하고 예비적 공동소송을 인정한 취지는 희석되고 만다.

이때 **항소심 법원의 심판 범위**는 어떻게 되는가?

《사례 11f》　　〈사례 11d〉에서 항소심 법원이 丙이 유권대리인이라고 판단하였다. 이
때 법원은 어떠한 판결을 할 것인가?

丙의 항소는 자신에 대한 판결을 취소하고 甲의 자신에 대한 청구를 기각할 것
을 신청하는 것이므로 〈사례 11f〉에서 법원은 丙에 대한 청구를 인용한 원판결을
취소할 것이다. 여기서 항소심 법원이 원판결의 乙에 대한 청구를 기각한 부분도
취소하고 청구를 인용하는 판결을 선고할 수 있는지가 문제된다. 만일 이를 인정하
면 丙의 항소가 자신에 대한 청구인용판결을 취소할 뿐만 아니라 다른 당사자인
乙에 대한 판결까지도 바꾸라고 요구하는 것이 되는데, 丙에게 그러한 권능을 인정
할 수는 없을 것이다. 예비적 공동소송은 본질적으로 통상공동소송이기 때문이다.
더구나 甲은 원판결에 대하여 항소하지 않았다. 그러면서 丙의 항소에 대하여는 원
판결이 옳다고 주장할 것이다. 이는 乙에 대한 기각판결도 옳다고 주장한 것이 된
다. 이런 상황에서 항소심 법원이 乙에 대한 기각 부분까지 취소하고 이를 인용판
결로 바꿀 수 있도록 하는 것은 문제가 있다. 그러나 제70조의 해석상 이를 긍정할
수밖에 없다.

《사례 11g》　　〈사례 11〉에서 甲의 乙에 대한 청구가 인용되고, 丙에 대한 청구는
기각되었다. 이에 대하여 乙이 항소하였다. 항소심 법원이 乙의 항소를 받아들여 乙에
대한 청구를 기각하고 丙에 대한 청구를 인용할 수 있는가?

이 사례에서 항소할 사람은 乙밖에 없다. 丙은 승소하였고, 甲은 주위적 피고에
대하여 승소하였으므로 예비적 피고에 대한 청구를 기각했다고 해서 항소할 수는
없다. 이럴 때 甲이 항소하지 않았다고 해서 丙에 대한 청구를 인용할 수가 없다면
甲의 청구는 모두 기각될 수밖에 없다. 이러한 결과는 예비적 공동소송에 필수적공
동소송의 규정을 준용한 취지를 말살시키므로 결국 甲의 항소가 없어도 원판결 전
체를 취소하고 새로 판결하는 것을 허용할 수밖에 없다.

(나) 재 판

판결도 같은 기일에 공동소송인 전원에 대하여 선고하여야 한다(제70조 2항). 일부판결은 허용되지 않는다.[101]

예비적 공동소송의 요건이 불비된 경우에 어떤 판결을 할 것인지가 문제된다. 소의 주관적 예비적병합을 부적법하다고 본 과거의 판례는 주위적 피고에 대한 청구에 대하여는 본안판단을 하고 예비적 피고에 대한 청구를 부적법하다고 하여 각하하였다.[102] 예비적 공동소송을 입법으로 인정한 뒤의 판례로는 두 피고에 대한 청구가 양립이 가능하다고 하여 통상공동소송으로 취급한 것이[103] 있다. 생각건대 예비적으로 병합된 청구들이 경제적으로 동일한 목적을 달성하려는 것인데 사실상 양립 불가능의 경우처럼 단지 피고를 제대로 특정하지 않은 것이면 피고 불특정으로 소 전체를 각하할 것이다. 만일 병합된 청구들이 내용이 서로 달라서 양립이 가능하여 통상공동소송으로 취급할 여지가 있으면 예비적병합의 요건 불비이므로 통상공동소송으로 다루되, 통상공동소송의 요건도 갖추지 못하였으면 변론을 분리하여 심판하는 것이 타당할 것이다.

원고 측이 공동소송인 경우, 주위적 원고의 청구가 이유 있으면 이에 대해 청구인용판결을 하고 예비적 원고의 청구는 기각하게 된다. 반대로 주위적 원고의 청구가 이유 없고 예비적 원고의 청구가 이유 있으면 주위적 원고의 청구를 기각하고 예비적 원고의 청구를 인용할 것이다. 물론 두 원고의 청구가 모두 이유 없으면 청구를 모두 기각하게 된다. 원고가 예비적으로 병합되었으므로 두 원고의 청구가 모두 이유 있는 경우란 있을 수 없다.

피고 측이 공동소송인 경우에는 주위적 피고에 대한 청구가 이유 있으면 이를 인용하고 예비적 피고에 대한 청구를 기각할 것이다. 주위적 피고에 대한 청구가 이유 없고 예비적 피고에 대한 청구가 이유 있으면 주위적 피고에 대한 청구는 기각하고 예비적 피고에 대한 청구를 인용한다. 이때도 물론 원고가 어느 피고에 대

---

101) 大判 2008. 4. 10, 2007다36308: 일부 공동소송인에 대한 판결이나 남겨진 자를 위한 추가판결은 허용되지 않는다.

102) 大判 1982. 3. 23, 80다2840(채권자가 제3채무자를 상대로 전부금의 지급을 구하면서 전부채권이 인정되지 않을 경우를 대비하여 채무자를 상대로 예비적으로 피전부채권을 청구하는 소를 병합한 사안); 大判 1984. 6. 26, 83누554·555(경기도를 상대로 폐천부지 교환처분 취소를 청구하고 예비적으로 국가를 상대로 소유권이전등기를 청구한 사안); 大判 1993. 5. 11, 92수150(선거소송에서 선거관리위원장을 주위적 피고로, 당선자를 예비적 피고로 삼은 사안).

103) 大判 2012. 9. 27, 2011다76747.

하여도 권리자가 아니라고 판단되면 모든 청구를 기각할 수 있다. 모든 피고에 대한 청구가 이유 있는 경우 역시 있을 수 없다.

예비적 공동소송에서 일부 공동소송인에 관한 청구에 대하여만 판결을 하면 이는 일부판결이 아니고 흠이 있는 전부판결에 해당한다. 그 판결에서 누락된 공동소송인은 이러한 잘못을 시정하기 위하여 상소로써 다투어야 한다.104) 판결을 받은 공동소송인도 불리한 판결에 대하여 상소할 수 있음은 물론이다. 어느 경우이든 공동소송인 중 일부가 상소하면 판결을 받지 않은 다른 공동소송인에 관한 청구 부분도 확정이 차단되고 상소심에 이심되어 심판의 대상이 된다.105)

3. 선택적 공동소송

선택적 공동소송은 수인의 당사자의 청구나 수인의 당사자에 대한 청구에 대하여 **법원이 선택하여 그중 하나를 인용**해 줄 것을 구하는 공동소송이다. 본래 선택적병합은 각 청구가 양립 가능한 경우에 인정하는 것이 보통이다. 그러나 2002년 개정법은 제70조에서 예비적 공동소송과 함께 이를 인정하면서 각 청구가 **양립이 불가능**한 경우로 한정하고 있다.

선택적 공동소송의 요건과 법률상의 취급은 예비적 공동소송과 동일하다. 다만 원고의 청구에 순위를 정하지 않은 점에서 차이가 있다. 그러므로 법원은 어느 원고의 청구나 어느 피고에 대한 청구라도 그 하나가 이유 있다고 판단하면 나머지 원고의 청구나 나머지 피고에 대한 청구는 기각한다. 예비적 공동소송에서는 주위적 청구가 기각되면 예비적 청구가 인용되더라도 원고는 상소할 이익이 있다고 보지만, 선택적 공동소송의 경우에는 어느 청구라도 인용되면 원고는 상소할 이익이 없다고 보게 된다.

예비적 공동소송에서 양립불가능을 넓게 새기는 판례나 일부 학설에 의하면 선택적 공동소송에도 같은 기준을 적용할 것으로 짐작된다. 그러나 이 경우는 명백한 당사자 **불특정**으로 부적법하다고 보아야 한다.

선택적 공동소송은 원고가 주위적 당사자를 특정하지 않아도 된다는 점에서 예비적 공동소송보다 더 많이 이용될 수 있을 것으로 보이는데, 그만큼 남용될 가능

---

104) 大判 2008. 3. 27, 2005다49430. 다만 이 판결에서는 일부 공동소송인에 대한 판결을 하지 않은 것이 판단유탈이라고 하나, 그 성질은 판결 누락이라고 하는 것이 타당하다.
105) 大判 2018. 2. 13, 2015다242429.

성도 매우 높은 제도이다. 물론 아무나 선택적으로 당사자로 삼을 수 있는 것이 아니라 각 청구가 양립 불가능한 경우에 한한다는 제한이 있지만, 이 제도는 본래 원고가 소송상청구와 당사자를 특정하지 않으면 그 소는 부적법하다는 소송법의 기본 원칙을 무시하고 인정한 제도이다. 이러한 제도는 원고에게는 편리하지만 이를 당하는 피고들에게는 매우 불리한 제도이다. 예비적 공동소송도 당사자들의 불안한 지위, 절차의 복잡, 당사자들의 모순된 행위 등 문제점이 많기 때문에 인정해서는 안 될 제도였지만, 예비적 공동소송을 인정하면서 더 나아가 선택적 공동소송까지 덩달아 인정한 것은 **입법적인 과오**이다. 이러한 제도는 없애는 것이 마땅하다.

제 2 절   集團的 被害救濟 訴訟

I. 집단적 피해구제절차의 필요성

하나의 사고로 다수의 피해자가 발생했을 때와 같이 공동의 이해관계가 있는 다수자가 가해자를 상대로 권리구제를 위한 소송을 하는 방법은 여러 가지가 있다. 종래부터 인정된 전통적인 방법이 공동소송이다. 그러나 그 피해자들이 모두 공동소송인이 되어 소를 제기하고 변론기일에 출석하여 변론하는 것은 매우 번잡스럽다. 소송수행을 단순화하는 방법으로 이들이 공동으로 소송대리인을 선임할 수가 있다. 그러면 다수의 원고들이 모두 변론기일에 출석하여 변론할 필요가 없어서 절차가 매우 간소화된다. 그러나 이들이 모두 당사자이므로 각 당사자에 대한 소송요건을 일일이 조사해야 한다는 등 절차가 번거롭다는 단점은 여전히 존재한다.

뿐만 아니라 피해자들은 손해가 크지 않으면 권리실현에 별다른 관심을 보이지 않는다든가 권리실현을 포기하는 수가 많고, 손해가 크더라도 가해자인 기업을 상대로 한 소송을 수행할 엄두를 내지 못하기 때문에 가해자들이 민사상 아무런 제재를 받지 않고 같은 불법행위를 계속 저지르는 수가 많다.

그렇기 때문에 다수의 피해자들이 효과적으로 권리를 실현하고 대규모 피해를 일으키는 가해자의 불법행위를 방지하는 효과적인 방법을 소송법 분야에서도 마련할 필요가 있다. 이러한 방법으로 우리나라 법에서는 선정당사자와 증권관련집단소송, 소비자단체소송, 개인정보 단체소송 등의 제도를 실시하고 있다.

II. 입 법 례

집단적 분쟁관계를 규율하는 제도로서 외국의 입법례로는 미국법의 대표당사자
소송과 독일법의 단체소송이 있다. 그리고 이들을 모범으로 하여 우리나라에서 집
단소송법 제정을 준비하다가 우선 시급하다고 판단된 증권관련집단소송법을 먼저
제정하여 시행하고 있다. 증권관련집단소송과 비슷한 기능을 하는 제도로 독일법상
표본소송과 표본확인소송이 있다.

1. 대표당사자소송

대표당사자소송(class action)은 다수의 피해자로 구성된 집단(class)이 ① 전원이
소송에 참여하기에는 너무 숫자가 많고, ② 그 집단에 공통되는 법적 문제나 사실문제가
존재하고, ③ 대표자의 청구나 방어가 그 집단의 청구나 방어에서 전형적인 것이고, ④
대표자가 그 집단의 이익을 공정하고 적절하게 보호할 수 있는 경우에 그 집단에 소속된
대표자로 하여금 그 집단 전원을 위하여 소송을 수행하도록 하는 소송의 형태이다(미국
연방민사소송규칙 제23조).[1] 선정당사자제도와 다른 점은 집단의 구성원의 개별적 수권
내지 선정절차가 필요 없다는 점과 법원의 후견적 감독에 따르는 직권적 절차의 기능을
한다는 점이다.

이 소송에서는 소가 제기되면 법원이 직권으로 그 사건이 대표당사자소송으로 유지
되어야 할 것인지를 심리하여 이를 긍정할 경우에는 대표당사자소송으로 인증한다. 경우
에 따라서는 피해자집단 중의 일부나 특정 쟁점에 대해서만 인증할 수도 있고, 몇 개의
집단으로 나눌 수도 있다. 법원은 피해자집단의 구성원에게 통지를 한다. 법원은 절차를
진행하면서 직권으로 각종의 결정과 명령을 할 수 있고 대표당사자와 상대방 사이에서
화해, 취하 등이 있어도 법원의 허가를 얻어야 한다. 판결은 법원으로부터 통지를 받은
구성원에게만 효력을 미치고, 통지를 받은 구성원 중에서도 제외신청을 한 구성원에게는
미치지 않는다. 승소판결을 받은 피해자 집단의 구성원은 각자의 몫을 입증하여 배상금
을 지급받는 것이 원칙이다.

2. 단체소송

독일의 단체소송(Verbandsklage)은 단체의 구성원이 소속 단체에 소송수행을 담당
시키는 임의적 소송담당의 형태도 있으나, 주로 논의되는 것은 부정경쟁방지법(UWG)과
약관법(AGBG)에 규정된 것으로, 이 법률들에 의하여 당사자적격이 부여된 영업자단체
나 소비자단체가 전체 영업자나 소비자를 위하여 소송을 하는 형태이다. 선정당사자나

---

1) 대표당사자소송에 관한 비교적 상세한 설명은 宋·朴, 175 이하 참조.

대표당사자소송과 다른 점은 개인이 다수의 개인의 선정으로 당사자적격을 갖는 것이 아니라 단체 자체가 당사자적격을 가진다는 점이다.

이러한 단체소송에서 원고가 되는 단체는 가해자의 위법행위를 금지시키는 부작위청구를 할 수 있다. 오늘날 단체소송에서 손해배상청구도 인정할 것인지가 논의되고는 있으나 불법행위법상 각자의 손해액에 따라 정확하게 배상하도록 하는 대륙법체계에서는 무리라는 것이 일반적인 견해이다. 단체가 승소한 판결의 효력은 단체 이외에도 미치는 대세적 효력을 가진다. 그러므로 부작위를 명하는 판결이 확정되면 단체의 구성원 이외의 사람도 그 부작위 명령을 원용하는 혜택을 받게 된다.

3. 표본절차

독일법상 표본절차(Musterverfahren)는 자본시장 투자자들이 집단적으로 손해를 입었을 때 이를 효율적으로 배상받을 수 있도록 '자본시장법상의 분쟁에 관한 표본절차법(Gesetz über Musterverfahren in kapitalmarktrechtlichen Streitigkeiten = KapMuG)'으로 2005년 11월 1일부터 시행된 특별법상의 제도이다.[2] 이 법률은 본래 한시법으로 제정하였으나 유효기간을 몇 차례 계속 연장하여 현재는 2024. 8. 31.까지 유효하다(§ 28 KapMuG).

부적절한 자본시장정보 제공을 이유로 손해배상의 소를 제기하면 원고나 피고의 신청으로 표본절차가 시작되는데,[3] 여기서 신청인은 손해배상청구권의 요건의 구비 여부를 확정짓거나 법률문제를 구명할 것(확인목표)을 요구한다(§ 2 I KapMuG). 수소법원은 이러한 신청을 공고하여 다른 피해자가 참여하도록 기회를 준다. 신청인이 10명이 되면 수소법원이 이 사건이 표본절차의 대상임을 확정하여 이를 수소법원의 상급 고등법원에 보내는 결정을 한다. 이로써 수소법원의 절차는 중단되고 다른 사건의 절차도 중지된다(§ 7 KapMuG). 고등법원에서는 이를 받아 제소목록에 기재하여 공고한다. 그에 따라 각 수소법원은 계속 중인 소송을 중지한다. 고등법원은 청구액 등을 참작하여 직권으로 표본원고를 지정하고, 다른 신청인들은 보조참가인과 같은 지위에 서게 된다(§ 12 KapMuG). 고등법원은 민사소송법에 따라 확인목표에 관하여 심리하여 결정으로 재판한다(§ 14 KapMuG). 고등법원에서 표본재판으로 확정한 것은 수소법원을 기속하는데(§ 16 KapMuG), 기속력은 주문뿐만 아니라 이유에서의 판단에도 생기고 다른 신청인에게도 미친다. 다른 소송의 원고들은 확인목표를 긍정한 재판에 터잡아 소송을 수행할 수 있다. 표본절차가 종료되면 중지된 다른 소송이 수소법원인 각 지방법원에서 속행된다. 이 소송에서 표본재판

---

[2] 이 제도를 만든 계기는 2000년 경 독일텔레콤주식회사가 주식을 발행하면서 잘못된 정보를 제공하여 그 주식을 매입한 17,000여명이 손해를 입었고, 그 때문에 2,650개의 손해배상 청구의 소가 제기된 사태였다. 당시 관할법원인 Frankfurt지방법원의 상사부에서 원고들이 첫 변론기일을 지정받는 데에만 약 3년이 걸렸다고 한다(Jauernig/Hess[30] § 83a Rn. 2).

[3] 절차에 관한 설명은 Jauernig/Hess[30] § 83a Rn. 3 ff. 참조.

에 따라 화해가 성립될 수도 있다.

4. 표본확인소송

독일에서는 소비자 보호를 위해서 민사소송법을 개정하여 2018년 11월부터 표본확인 소송(Musterfeststellungsprozess) 제도를 시행하고 있다.[4] 일정한 자격요건을 구비한 소비자단체가 원고로서의 당사자적격을 가지고 피해 소비자 10인의 청구를 근거로 고등 법원에(§ 119 III GVG) 확인의 소를 제기할 수 있다. 청구의 내용은 소비자와 기업 사이 의 청구권이나 법률관계의 성립이나 불성립을 위한 사실상 및 법률상 요건의 존재나 부 존재(확인대상)의 확인을 구하는 것이다(§ 606 I ZPO). 집단적 분쟁에서 공통된 선결문 제를 별도의 확인의 소로써 확정하여 다수자의 소송에서 통일적이고 효율적인 해결을 얻 기 위한 제도이다.

이 확인의 소의 제기를 제소등록부에 기재하여 공고한다(§ 607 I ZPO). 피해 소비자 들은 제소등록부에 등록을 위하여 확인대상에 연관된 청구권이나 법률관계를 신고한다(§ 608 I ZPO). 공고 후 2개월 동안 적어도 50인의 소비자가 신고를 해야 요건이 구비된다 (§ 606 III 3 ZPO). 이 확인의 소에 소송계속이 생기면 소송물이 동일한 피고와 동일한 확인대상, 동일한 생활사실관계에 관한 다른 표본확인의 소제기는 허용되지 않는다(§ 610 I ZPO). 그리고 신고한 소비자도 소송계속 중에는 피고를 상대로 소송물이 동일한 확인 대상과 생활사실관계에 기한 소를 제기할 수 없다(§ 610 III ZPO).

신고한 소비자에게 유리하거나 불리하게 재판상화해를 할 수 있는데, 이 화해는 법원 의 허가를 얻어야 한다. 허가를 얻은 화해는 화해에서 탈퇴한 신고 소비자가 30% 미만 이면 효력이 생긴다(§ 611 ZPO).

표본확인소송의 공고 전에 같은 확인대상과 생활사실관계에 해당하는 소를 제기한 소비자가 제소등록부에 신고하였으면 법원은 표본확인소송의 종료나 재판의 확정시까지 그 절차를 중지시킨다(§ 613 II ZPO).

표본확인판결은 선고한 뒤에 제소등록부에 공고하여야 한다(§ 612 I ZPO). 확정된 표본확인판결은 신고한 소비자와 피고 사이의 소송이 확인대상과 생활사실관계가 같으면 그 소송을 담당한 법원을 기속한다(§ 613 I ZPO). 즉 표본확인판결에서 확정한 사실관계 와 법률관계를 전제로 재판을 해야 한다.

고등법원의 표본확인판결에 대하여는 상고를 할 수 있고, 이때는 항상 상고허가 사유 에서 말하는 근본적 의미가 있는 것으로 한다(§ 614 ZPO).

---

4) 이 제도는 폭스바겐 배기가스 조작사건을 계기로 만들었다(Lüke, § 45 Rn. 1).

Ⅲ. 선정당사자

1. 의 의

선정당사자제도는 공동의 이해관계가 있는 다수자가 권리능력 없는 사단의 실체를 갖추지 못하여 그 자체로 당사자능력을 인정받지 못할 경우에 그 다수자 중에서 전원을 위하여 당사자가 될 이를 선정하여 선정된 당사자의 소송수행으로 다수의 선정자가 판결의 효력을 받도록 하는 제도이다(제53조). 이 선정된 당사자를 선정당사자라고 한다.

《사례 1》　　풍수(豊水)마을에 사는 주민 甲등 170명은 그 마을을 관통하여 흐르는 개천을 막아 만든 저수지의 둑이 무너져 집과 논밭이 쓸려나가는 피해를 입었다. 이에 甲등 170명은 저수지 시공회사 乙을 상대로 손해배상을 청구하는 소를 제기하려고 한다. 이들이 모두 일일이 소송에 관여하지 않고 손해배상을 받을 수 있는 방법으로 어떠한 것이 있겠는가?

이 사례에서 甲등 170명이 모두 공동소송인이 되어 변론기일에 출석하여 변론하는 것은 매우 번잡스럽다. 이러한 문제를 해결하기 위하여 고안된 것이 선정당사자제도이다. 그러므로 이 제도는 집단적인 법률관계에서 생기는 **다수인의 소송관계를 단순화시켜 신속하고 경제적인 권리구제**를 이루기 위한 취지에서 인정된 것으로, 일본법의 제도를 우리가 받아들인 것이다.

2. 법적 성격

다수인이 당사자를 선정하면 선정당사자만이 당사자가 되고 선정자들은 소송밖에 머물러 있게 된다. 즉 선정자들이 **소송수행권을 선정당사자에게 부여**하는 것이다.

《사례 1a》　　〈사례 1〉에서 甲을 제외한 피해자들이 변호사 자격을 가진 甲에게 소송대리권을 수여하였다. 이때 원고는 누구인가?

《사례 1b》　　〈사례 1〉에서 甲등 170인이 甲을 당사자로 선정하였다. 이 소송에서 원고는 누구인가?

《사례 1c》　　〈사례 1〉에서 피해자 170인의 실체법상 손해배상청구권은 누구에게 귀속하는가?

선정당사자는 당사자의 지위를 가진 채로 타인에게 소송수행을 위임하는 소송 대리권의 수여와는 근본적으로 다르다. 〈사례 1a〉에서 피해자들이 甲에게 소송대리권을 수여한 것은 그들이 당사자로 남아 있다는 것을 전제로 한다. 그러므로 170인 모두가 원고인 것이다. 그러나 〈사례 1b〉에서 피해자들이 甲을 당사자로 선정한 것은 그들은 소송 밖에서 남아 있고 甲만을 당사자로 등장시킨 것이다. 그러므로 여기서는 甲만이 원고가 된다. 이때 甲은 공동피해자들로부터 소송수행권, 즉 당사자적격을 부여받은 지위에 선다. 甲은 소송수행권만을 부여받았지 피해자들로부터 실체법상의 손해배상청구권을 양수한 것이 아니므로 실체법상의 권리자로서 당사자적격을 가진 것은 아니다. 그러므로 이는 제3자의 소송담당이 된다. 그중 파산관재인처럼 법률의 규정에 의하여 당연히 소송담당자가 된 것이 아니라 실체법상의 권리자들의 의사표시에 의하여 소송담당자가 된 것이므로 **임의적 소송담당**이 된다.

3. 선정의 요건

선정당사자 소송에서는 당사자능력, 소송능력 등 일반적인 소송요건 이외에 특유의 요건을 갖출 것이 요구된다.

(1) 선정자에 관한 요건

(가) 다수자가 있을 것

여기서 다수자의 범위에는 제한이 없으므로 이론상 2인 이상이면 여기에 해당할 것이지만 그 숫자가 많을수록 효용가치가 있을 것이다. 다수자가 사단법인이나 비법인사단을 구성하면 그 사단 자체에 당사자능력이 인정되므로 선정당사자 제도는 해당되지 않는다. 민법상 조합의 경우는 그 자체에 당사자능력이 인정되지 않으므로 이 제도를 이용하는 것이 가능하다.

(나) 다수자가 공동의 이해관계를 갖고 있을 것

공동의 이해관계가 있다는 것은 **공동소송인이 될 관계**에 서 있으면서 **주요한 공격·방어방법을 공통**으로 하는 경우를 말한다. 여기에는 고유필수적공동소송이 될 관계와 소송에서 문제되는 권리나 의무가 공통인 경우가 포함됨은 물론이다. 그들 사이에서 사실상 또는 법률상 원인이 공통된 경우에도 공격 또는 방어방법이 공통될 것이므로 선정당사자가 대표하여 소송을 수행하는 데에 무리가 없다. 그러나 사실상 또는 법률상 **원인이 같은 종류**에 불과한 경우에는 공격 또는 방어방법이 공통되지 않으므로 선정당사자가 타인의 소송을 수행할 수가 없다. 그러므로 이러한 경우에는 선정당사자제도를 이용하는 것이 허용되지 않는다.5) 앞에서 본 〈사례 1〉의 경우에는 동일한 사실상의 원인에 기인한 것이므로 이 요건에 해당된다. 공동의 이해관계가 있는지는 원고의 청구원인사실로 보아 판단하면 된다고 보는 견해가 있지만6) 피고가 선정당사자인 경우에는 피고의 방어방법도 고려하는 것이 타당할 것이다.

(2) 선정에 관한 요건

(가) 공동의 이해관계 있는 자 중에서 선정할 것

선정당사자는 반드시 공동의 이해관계가 있는 다수자 중에서 선정해야 한다. 이는 제53조 제1항이 명시하고 있다. 제3자에게 소송을 맡기려면 다수자가 공동대리인을 선임해야 할 것이다. 제3자를 당사자로 선정하는 것을 인정하면 변호사대리의 원칙(제87조)을 잠탈할 우려가 있다. 제3자가 선정당사자가 된 경우에 원고측이면 소를 각하할 것이고, 피고측이면 소송계속 후에 선정되는 것이 통상일 것이므로 법원은 보정을 명하고, 보정에 응하지 않으면 당사자를 선정하고 소송에서 탈퇴한 선정자들을 당사자로 취급할 것이다.

(나) 특정 소송에 관하여 선정할 것

선정은 구체적인 특정 소송에 한하여 이루어져야 한다. 하나의 집단에 관련된 온갖 소송에 관하여 일반적으로 소송수행권을 주는 식의 선정은 허용되지 않는다. 그 정도의 조직적 활동을 하는 단체이면 비법인사단으로 취급하는 것이 나을 것이다.

4. 선정행위

(1) 선정행위의 성질

선정당사자의 선정은 각 선정자가 피선정자에게 소송수행권을 수여하는 **단독적 소송행위**이다. 합동행위라는 견해도 있으나7) 선정행위는 선정자 각자가 하는 개별

---

5) 大判 1997. 7. 25, 97다362; 大判 1999. 8. 24, 99다15474; 大判 2007. 7. 12, 2005다10470. 이시윤, 800은 이러한 경우에도 특별히 쟁점에 공통성이 있으면 한정적으로 공동의 이해관계를 인정하자고 한다. 그러나 사실상 법률상 원인이 같은 종류에 불과한 때에는 쟁점의 공통성은 여기서 말하는 주요한 공격·방어방법의 공동에 해당한다고 할 수 없다.

6) 이시윤, 800.

7) 方順元, 177.

적 행위이므로 단독행위라고 보는 것이 타당하다.

선정행위는 **소송수행권을 수여**하는 것을 내용으로 하는 소송행위이다. 그러므로 선정자들은 소송능력을 갖추어야 하고, 소송무능력자는 법정대리인이 대리하여 선정행위를 하여야 한다.

선정행위는 요식행위는 아니지만, 이를 서면으로 증명하여야 하므로(제58조 1항 2문) 그 방법으로 선정서를 작성한다.

(2) 선정의 방법

《사례 1d》　〈사례 1〉에서 피해자 중 90인은 甲을 선정하는 데에 찬성, 70인은 丙과 丁을 선정하는 데에 찬성하고, 나머지 10인은 당사자를 선정하는 것을 반대하였다. 이 소송에서 당사자는 누구인가?

《사례 2》　주식회사 乙이 주주총회 소집통지도 없이 대주주 몇 명이 모여서 회사의 자산을 매각하기로 결의를 하고 마치 적법한 소집절차를 거쳐 의결 정족수에 맞추어 결의를 한 것처럼 서류를 꾸몄다. 이에 서울 지역의 주주 甲등 150명과 인천 지역의 주주 丙등 120명이 각기 甲과 丙을 당사자로 선정하여 甲과 丙 공동명의로 주주총회결의 취소의 소를 제기하였다. 이때 법원이 甲의 청구는 인용하고 丙의 청구는 기각할 수 있는가?

선정은 **각자가 하는 행위**이므로 다수결로 결정하는 것이 아니다. 선정당사자에 반대하는 이들은 다른 이를 당사자로 선정하거나 스스로 당사자로 소송을 할 수 있다. 그러므로 〈사례 1d〉에서 甲이 다수자 집단의 과반수의 득표를 하여 다수자 전체의 당사자로 선정되는 것이 아니라 甲은 90인의 선정당사자, 丙과 丁은 공동으로 70인의 선정당사자가 되고, 나머지 10인은 스스로 당사자로 소송을 수행하게 된다. 이때 丙과 丁은 동일한 선정자로부터 공동으로 당사자가 되도록 선정되었으므로 반드시 공동소송이 되어야 하고 승패를 같이 해야 한다. 그러므로 이 경우는 고유필수적공동소송이 된다. 甲, 丙·丁 및 10인의 당사자들 사이는 어떠한 공동소송이 되는가? 이에 관하여 통상공동소송이 된다는 견해가 있으나,[8] 구체적인 소송관계에 따라 달리 정할 일이다.[9] 〈사례 1d〉에서는 공동피해자의 소송이므로 통상공동소송이 될 것이나, 〈사례 2〉에서는 甲과 丙에 대한 판결의 효력이 서로에게 미치므로 유사필수적공동소송이 될 것이다.

---

8) 강현중, 881; 金·姜, 788.
9) 宋·朴, 174-175; 이시윤, 801; 鄭·庚·金, 1080-1081.

선정은 소송계속의 전후와 심급을 불문하고 할 수 있다. 소송계속 후에 선정할 경우에는 선정자들은 그 소송에서 당연히 탈퇴하게 된다(제53조 2항). **특정한 심급으로 제한하여 선정**하는 것이 가능한지에 관하여 견해가 대립된다. 이를 긍정하는 것이 다수의 견해이다.10) 판례는 심급을 제한한 선정을 인정하면서도 심급의 제한이 명백하지 않으면 제한이 없는 것으로 새길 것이라고 본다.11) 생각건대 선정행위가 소송의 개시부터 종료까지 소송수행권을 부여하는 의미를 가진다고 볼 필요가 없다. 어차피 항소심에서 비로소 선정하는 것도 가능하고 선정의 취소도 가능하므로 굳이 한 심급으로 제한해서 선정하는 것을 막을 이유는 없다. 다수설이 타당하다.

(3) 선정의 취소, 철회, 변경

선정행위는 언제나 취소할 수 있다. 선정자 일부가 취소하고 스스로 당사자가 되어 소송을 수행할 수도 있고, 선정자 전원이 선정당사자의 전부나 일부에 대한 선정을 취소할 수도 있고, 취소 후에 새로운 당사자를 선정할 수도 있다. 선정의 철회는 선정자들이 스스로 상소를 제기하는 등의 방법으로 묵시적으로도 할 수 있다. 이 경우 선정을 철회한 것인지 여부가 분명하지 않으면 석명권을 행사하여 선정자들의 진정한 의사를 밝혀야 할 것이다.12)

5. 선정당사자의 지위

(1) 선정당사자의 권한

선정당사자는 임의적 소송담당에 의한 당사자이므로 당사자로서의 소송행위를 모두 할 수 있다. 그러므로 상소의 제기,13) 소취하, 청구포기·인낙, 재판상화해, 부제소합의도14) 아무런 **제한 없이** 할 수 있다.15) 이 점에서 소송대리인이 일정한 행위에 특별수권이 필요한 것과 다르다. 소송행위뿐만 아니라 자신과 선정자들을 위한 공격이나 방어에 필요한 사법상의 행위도 선정자의 개별적인 동의 없이 할

---

10) 이를 부정하는 견해는 이시윤, 801.
11) 大決 1995. 10. 5, 94마2452는 선정된 자가 당사자로서 소송의 종료에 이르기까지 소송을 수행하는 것이 선정당사자 제도의 본래의 취지라고 하였으나, 大判 2003. 11. 14, 2003다34038은 처음부터 심급을 한정하여 선정하는 것도 허용되지만 선정행위 시에 심급의 제한에 관한 약정 등이 없으면 선정의 효력은 소송 종료시까지 계속된다고 하였다.
12) 大判 2015. 10. 15, 2015다31513.
13) 위 2015다31513 판결.
14) 소취하와 부제소합의를 인정한 것은 大判 2012. 3. 15, 2011다105966.
15) 민사조정에서는 대표당사자가 조정안의 수락, 취하, 대리인 선임 등은 스스로 할 수 없다(민조 제18조 4항).

수 있다.16) 그 사건에 관한 강제집행, 보전처분에 관한 소송행위도 할 수 있다.

(2) 선정당사자의 자격상실

선정당사자는 사망과 선정의 취소에 의하여 그 자격을 상실한다.

동일한 선정자들이 선정한 복수의 **선정당사자 중 일부**가 사망하거나 사임으로 자격을 상실하더라도 소송절차는 중단되지 않고 다른 선정당사자가 선정자 총원을 위하여 소송행위를 할 수 있다(제54조). 이 점에서 통상의 고유필수적공동소송과 다르다.

선정당사자 자신을 상대로 한 **소가 취하**되거나 그에 대한 **판결이 확정**되면 선정당사자는 더 이상 공동의 이해관계를 갖지 않으므로 당사자로서의 자격을 상실한다.17) 따라서 선정당사자가 선정자들을 위하여 상고하였지만 자신은 상고하지 않은 경우에는 선정당사자는 그 지위를 상실하고 상고심의 당사자는 상고한 선정자들이 된다.18)

6. 선정자의 지위

(1) 선정 후의 소송상 지위

소송계속 후에 당사자들이 선정당사자를 선정하면 선정자들은 소송에서 당연히 **탈퇴**하고(제53조 2항) 선정당사자만이 당사자로서 소송수행권을 가진다.

소송계속 전에 선정한 경우에 선정자들은 여전히 소송수행권을 가지고 소송에 참여할 수 있는가, 아니면 소송수행권을 상실하는가에 관하여 견해의 대립이 있다. 적격유지설은 선정자가 선정당사자의 독주를 막을 수 있도록 소송수행권을 유지한다고 새긴다.19) 적격상실설은 선정당사자 제도가 소송의 간소화를 위하여 마련된 제도라는 것을 이유로 한다.20) 선정자가 스스로 소송을 수행할 필요를 느끼면 선정을 취소하면 되므로 **적격상실설**이 타당하다. 적격유지설은 소송대리인이 있을 경우

---

16) 大判 2003. 5. 30, 2001다10748; 앞의 2011다105966 판결. 다만 변호사인 소송대리인과 사이에 체결하는 보수약정은 소송위임에 필수적으로 수반되어야 하는 것은 아니므로 선정당사자가 그 자격에 기한 독자적인 권한으로 행할 수 있는 소송수행에 필요한 사법상의 행위라고 할 수 없고, 따라서 선정당사자가 선정자로부터 별도의 수권 없이 변호사 보수에 관한 약정을 하였다면 선정자들이 이를 추인하는 등의 특별한 사정이 없는 한 선정자에 대하여 효력이 없다(大判 2010. 5. 13, 2009다105246).

17) 大判 2006. 9. 28, 2006다28775; 大判 2015. 10. 15, 2015다31513.

18) 大判 2007. 5. 31, 2005다44060.

19) 方順元, 180; 이시윤, 803; 李英燮, 78; 鄭・庚・金, 1081.

20) 강현중, 882; 金・姜, 789; 宋・朴, 176.

에 당사자가 가지는 경정권을 유추하고자 하나, 선정당사자는 소송대리인이 아닐 뿐만 아니라 소송계속 후에 선정하는 경우와 달리 취급할 필요가 없으므로 타당하지 않다.

선정 후에 선정자가 별소를 제기하면 중복소제기가 된다.[21]

(2) 판결의 선정자에 대한 효력

선정당사자가 받은 판결(또는 판결과 동일한 효력이 있는 조서)의 효력은 **선정자에게도 미친다**(제218조 3항, 제220조). 그러므로 판결이 확정된 뒤에 선정자가 동일한 청구를 하는 소를 제기하면 기판력에 저촉된다. 선정당사자가 이행판결을 받았으면 그 판결의 집행력이 선정자에게 미치므로 그에 기하여 선정자를 위한, 또는 선정자에 대한 강제집행을 할 수 있다. 이 경우는 선정자는 당사자로 표시되지 않으므로 승계집행문을 받아야 한다(민집 제31조, 제25조).

7. 선정당사자의 자격 흠결

선정당사자에게 자격이 있는지 여부는 당사자적격의 문제로, **직권조사사항**이다. 자격이 없는 자를 선정하거나 자격을 상실한 경우에는 법원은 그 **흠결의 보정을** 명한다(제61조, 제59조). 여기서 보정이라 함은 새로 당사자를 선정하거나, 선정당사자의 자격증명을 제출하거나, 선정자들이 추인하는 것을 말한다. 이때 제59조 후단까지 준용하여 지연으로 인하여 손해가 생길 염려가 있을 때에는 일시 소송행위를 하게 할 수 있다는 견해가 있다.[22] 그러나 제59조 후단이 적용되는 것은 보정 전후에 당사자가 바뀌지 않는 경우이다. 선정당사자에게 자격이 없으면 새로 당사자를 선정할 수도 있는데 이런 상황에서 당사자적격 없는 이에게 일시 소송행위를 하게 하는 것은 타당하지 않다.

보정에 응하지 않으면 그 소는 부적법하다 하여 각하한다. 자격 흠결을 모르고 판결한 경우에는 상소할 수 있지만 재심으로 다툴 수는 없다. 이 판결은 선정자에게 효력을 미치지 않으므로 무효가 된다.

---

21) 적격을 상실함에도 불구하고 중복소제기라고 하는 것은 모순된다는 취지의 비판이 있다(이시윤, 803, 주1). 그러나 여기서 적격유지 여부는 선정당사자가 수행하는 소송에서 적격을 유지하는가에 관한 것이므로 중복소제기를 인정하는 데에 지장이 없다.

22) 宋·林, 177; 이시윤, 804.

Ⅳ. 증권관련집단소송

1. 의   의

증권관련집단소송이란 증권의 매매, 그 밖의 거래과정에서 다수인에게 피해가 발생한 경우에 그중의 일부가 **대표당사자**가 되어 피해자 집단의 구성원 전원을 위하여 수행하는 **손해배상청구소송**을 말한다(증집 제2조 1호).

다수의 피해자를 구제하기 위한 제도로 피해자의 일부가 당사자가 되어서 소송을 수행한다는 점에서 선정당사자와 공통점이 있다. 그러나 다음의 점에서 **선정당사자와는 구별**된다: ① 선정당사자는 공동소송인이 될 사람들이 당사자를 선정하여 당사자가 되는데, 이 소송에서는 대표당사자가 손해배상청구권자의 의사표시 없이 법원의 허가를 얻어 피해자 모두를 위하여 소송을 수행한다. ② 선정당사자를 이용할 본안사건에는 아무런 제한이 없으나, 이 소송에서는 증권의 거래과정에서 발생한 손해의 배상을 구하는 소송에 한정된다. ③ 선정당사자는 판결의 효력을 받는 사람이 선정자로 특정되어 있으나 이 소송에는 판결의 효력을 받는 사람이 막연히 피해자 집단으로만 되어 있어서 구체적으로 특정되어 있지 않다. ④ 선정당사자의 경우에는 승소하면 각자의 청구액이 특정되어 있으므로 그대로 집행하면 되지만, 이 소송에서는 불특정 다수인의 손해를 한꺼번에 배상받는 것이므로 승소하여 집행을 하더라도 나중에 별도의 분배절차가 필요하다.

이러한 소송은 증권시장에 상장된 기업의 분식회계 등의 불법행위로 다수의 소액투자자들이 손해를 입은 경우에 일반 민사소송으로는 배상청구가 어렵기 때문에 이들의 집단적 손해를 효율적으로 구제하고 나아가 기업경영의 투명성을 높이기 위한다는 명분에서 인정한 것이다(증집 제1조).

2. 집단소송의 절차

(1) 소제기와 소송허가신청

이 집단소송을 수행하려는 이는 소를 제기하면서 우선 대표당사자가 되기 위하여 소송허가신청서도 제출하여야 한다. 소장에는 일반적인 필수적 기재사항 외에 대표당사자(즉 원고)가 되려는 이를 기재하고 원고측의 소송대리인, 총원의 범위 등도 기재하여야 한다(증집 제8조). 허가신청서에는 소장 기재사항 이외에 대표당사자가 되려는 이와 소송대리인의 경력, 허가신청의 취지와 원인, 변호사 보수에 관한 약정 등을 기재하여야 한다(증집 제9조).

(2) 법원의 조치

소장과 소송허가신청서가 접수되면 법원은 그 내용 중에서 다음의 사항을 공고하여야 한다(증집 제10조 1항): ① 집단소송의 소가 제기되었다는 사실, ② 총원의 범위, ③ 청구취지와 청구원인의 요지, ④ 대표당사자신청서를 제출하라는 사실.

법원은 처음에 소를 제기한 이와 대표당사자가 되겠다고 신청한 이들 중에서 총원의 이익을 대표하기에 가장 적합한 이를 **대표당사자로 선임**한다. 이 재판은 결정으로 한다(증집 제10조 4항). 여기서 가장 적합하다는 것은 집단의 구성원으로서의 대표당사자 개인이 이 소송으로 말미암아 얻을 수 있는 경제적 이익이 가장 크다는 등의 사유를 예로 들 수 있다(증집 제11조 1항). 최근 3년간 3건 이상의 집단소송에 대표당사자나 소송대리인으로 관여한 사람은 대표당사자나 원고의 소송대리인이 될 수 없다(증집 제11조 3항).

(3) 법원의 소송허가

법원은 소송허가신청에 대하여 다음 요건을 구비하였는지를 심리한다(증집 제12조 1항): ① 구성원이 50인 이상이고 원인행위 당시 기준으로 구성원이 보유한 유가증권의 합계가 발행 증권 총수의 1만분의 1 이상일 것, ② 증집 제3조 제1항에서 규정한 손해배상청구(증권신고서와 투자설명서, 사업보고서, 분기보고서 등의 허위기재, 미공개 중요 정보의 이용, 시세조종, 감사인의 부실감사 등으로 말미암은 손해의 배상청구)로서 법률상, 사실상의 중요한 쟁점이 모든 구성원에게 공통될 것,[23] ③ 피고는 주권상장법인이거나 코스닥상장법인일 것(증집 제3조 2항, 자본시장과 금융투자업에 관한 법률 제9조 15항), ④ 집단소송이 총원의 권리실현이나 이익보호에 적합하고 효율적일 것, ⑤ 소송허가신청서와 첨부서류에 흠결이 없을 것.

---

23) 大決 2016. 11. 4, 2015마4027: 증권관련집단소송법은 증권관련 집단소송이 집단소송이라는 특수한 절차로 진행되어야 할 필요가 있는지를 판단하는 절차인 소송허가절차와 그 집단소송의 본안소송절차를 분리하고 있으므로, 소송허가절차에서 대표당사자가 소명할 대상은 소송허가요건이고, 본안소송절차에서 다루어질 손해배상책임의 성립 여부 등은 원칙적으로 소송허가절차에서 심리할 대상이 아니다. 다만 법원은 '증권관련집단소송법 제3조 제1항 각호의 손해배상청구로서 법률상 또는 사실상의 중요한 쟁점이 모든 구성원에게 공통될 것'이라는 소송허가요건이 충족되는지를 판단하는 데에 필요한 한도 내에서 손해배상청구의 원인이 되는 행위 등에 대하여 심리를 할 수 있다.

대표당사자는 허가신청의 **이유를 소명**해야 하고, 법원은 소를 제기한 이와 피고를 심문하여 결정으로 허가 여부에 관하여 재판한다(증집 제13조). 허가신청이 같은 법원에 여럿 제출된 경우에는 법원은 병합하여 심리하고, 각기 다른 법원에 제출된 경우에는 그 법원들에 공통되는 바로 위 상급법원이 이 소송을 심리할 법원을 정한다(증집 제14조).

법원은 위의 요건과 대표당사자, 소송대리인의 요건이 갖추어졌으면 **결정으로 집단소송을 허가**한다(증집 제15조 1항). 소송불허가결정에 대하여는 대표당사자가 즉시항고를 할 수 있고, 불허가결정이 확정되면 처음부터 소제기가 없었던 것으로 본다(증집 제17조).

(4) 절차상의 특례

이 집단소송법은 민사소송법에 대한 특별법으로, 다음과 같은 여러 가지 특례를 규정한다: ① 필수적 변호사대리(증집 제5조 1항), ② 직권증거조사(증집 제30조), ③ 구성원과 대표당사자에 대한 직권신문(증집 제31조), ④ 직권에 의한 문서제출명령 등(증집 제32조), ⑤ 증거보전요건의 완화(증집 제33조), ⑥ 손해액 산정기준 완화(증집 제34조 2항), ⑦ 소취하, 상소취하, 화해, 청구포기, 쌍불취하, 상소권포기 등의 제한(증집 제35조, 제38조), ⑧ 손해배상방법의 다양성(증집 제36조 2항), ⑨ 기판력의 주관적 범위의 확대(증집 제37조).

(5) 분배절차

대표당사자가 승소하여 집행권원을 얻었으면 패소한 회사가 스스로 이행하지 않으면 지체없이 **강제집행**으로 권리를 실현시켜야 한다(증집 제40조 1항). 이 집행은 통상의 **금전채권**을 실현하기 위한 집행절차에 따른다.

대표당사자가 손해배상으로 금전 등을 취득하였으면 이를 보관하고(증집 제40조 2항) 분배절차에 들어간다. 분배에 관한 법원의 처분, 감독 및 협력 등은 집행법원이 아닌 제1심 수소법원의 전속관할이다(증집 제39조).

법원은 분배관리인을 선임하고(증집 제41조 1항), 분배관리인은 분배계획안을 만들어(증집 제42조) 법원의 인가를 받아서(증집 제46조) 분배를 실시한다. 우선 구성원에게 **분배계획**을 고지하고(증집 제47조), 기간을 정하여 **권리신고**를 받아서 이를 확인하고(증집 제49조) **분배금**을 나누어준다. 일반적인 집행에서의 배당과는 달리 이 절차에는 피고 회사의 다른 채권자가 개입할 여지가 없다. 분배관리인은 분배하고 나머지가 있으면 공탁하고(증집 제51조) 분배보고서를 법원에 제출한다(증집 제52조). 그 이후에 나머지 금전은 피고에게 지급한다(증집 제55조).

3. 평 가

이 제도는 오래전부터 준비해 오던 집단소송법안 중에서 증권관련사건만을 따로 먼저 입법화한 것이다. 그 과정에서 미국의 class action 제도를 많이 본따 오려고 시도한 것으로 보인다. 일부 학자들은 이 제도를 주주권의 커다란 신장이라는 점에서 획기적 의의가 있다고 긍정적으로 평가하기도 한다.[24]

그러나 우리 법에 있는 선정당사자 제도에 대한 세밀한 검토 없이 이처럼 막연히 외국의 법제도를 모방하여 도입하는 것은 바람직하지 않다. 그리고 외국의 제도를 도입하더라도 우리의 법제도와 호환성이 있는 제도를 도입하든가, 호환성이 없는 제도는 호환성을 갖추도록 변형하여 도입하였어야 하는데 그 점에 관하여 아무런 검토 없이 도입한 것은 ― 그것도 제대로가 아니라 이상하게 변형시켜 도입한 것이다 ― 입법적인 과오이다.

구체적, 개별적인 검토는 여기서 생략하더라도[25] 특히 소송을 하기 위하여 **법원의 허가**를 얻어야 한다는 발상이 우리 법체계 어디에서 나온 것인지 알 수가 없다. 집단소송이 일정한 요건을 갖추어야 적법하다고 한다면 그것을 소송요건으로 삼아서 법원이 직권으로 조사하여 요건을 갖추지 못하였으면 판결로 소를 각하하면 되는 것이다.

법원의 심리를 허가결정절차와 본안절차로 분리하여 진행하도록 하여 심각한 소송지연을 초래한 것도 문제이다. 실제로 대법원에서 한 첫 본안판결이 처음 소제기 겸 소송허가신청을 하고 9년 뒤에 이루어진 것을[26] 보아도 소송지연이 얼마나 심한지를 쉽게 알 수 있다.

그리고 **법원이 대표당사자를 선임**하도록 한 것도 매우 기이한 제도이다. 당사자

---

24) 이시윤, 809.

25) 이 법에 대한 세밀한 검토는 오정후, "증권관련집단소송법에 대한 민사소송법적 고찰", 증권법연구 제5권 1호(2004. 6.), 255면 이하 참조.

26) 大判 2020. 2. 27, 2019다223744 사건은 2011년에 소를 제기하면서 소송허가신청을 한 사건에 대하여 제1심에서 2013년 9월에 허가결정을 하였고, 항고심에서는 2015년 2월에 항고를 기각, 2016년 11월에 대법원에서 재항고 기각으로 허가결정이 확정되었다. 그 뒤에 제1심부터 본안심리를 시작하여 2020년 2월에 대법원의 상고기각 확정판결이 선고되었다.

는 법원이 선임하는 것이 아니고, 당사자로 나선 자가 적절하지 않으면 당사자적격이 없다고 하여 보정을 명하든가 소를 각하하면 되는 것이다. 또한 소를 제기하는 이는 대표당사자가 아니라 대표당사자가 되기를 원하는 사람으로 되어 있다. 대표당사자는 나중에 법원이 소를 제기한 사람과 다른 신청자 중에서 선임하는 것이다. 거기다가 그 당사자가 될지도 불분명한 제소자가 소송대리인까지 선임하도록 되어 있다. 이러한 점들은 우리의 소송제도를 심각하게 혼란, 훼손시킬 가능성이 있다.

이런 이물질 같은 제도가 우리 소송제도 한 구석에 자리잡고 나면 이것을 발판으로 해서 계속적으로 엉뚱한 제도들이 생겨날 것이 불을 보듯이 뻔하다. 실제로 아래에 소개한 소비자단체소송과 개인정보 단체소송이 그러한 예이다. 주주권을 신장시키는 것은 좋은 일이지만 우리 법체계에 맞게 제도를 만들어야 할 것이다. 이 제도의 목적이라고 선언한 기업의 투명성 강화(증집 제1조)는 법체계가 제대로 짜여져 있는 우리나라에서는 행정법적으로나 형사법적 방법으로 달성할 것이지 새로운 민사소송제도를 만들어 해결할 일이 본래 아니다.

V. 소비자단체소송

1. 의 의

소비자단체소송이란 사업자가 법규를 위반하여 소비자의 생명이나 신체, 재산에 대한 권익을 직접적으로 침해하고 그 침해가 계속되는 경우에 법령이 정한 일정 기준에 맞는 단체가 그러한 **침해행위의 금지나 중지**를 청구하는 소송이다(소기 제70조). 2006년 9월 27일에 전면 개정된 소비자기본법에 의하여 신설되었고 2008년 1월 1일부터 시행된 새로운 소송형태이다.

다수의 피해자를 구제하기 위한 소송제도의 하나로 독일의 단체소송(Verbands - klage)을 모범으로 한 소송이다. 비슷한 취지의 증권관련집단소송과는 ① 피해자 다수가 집단을 이루어 대표당사자로 하여금 소를 제기하도록 하는 것이 아니라 일정한 요건을 갖춘 단체가 원고가 된다는 점, ② 청구의 내용이 손해배상이 아니라 부작위 내지 금지라는 점에서 차이가 있다.

소비자단체소송을 규율하는 소비자기본법 제70조 이하의 규정은 민사소송법에 대한 특별법이므로 이 법에 규정되지 않은 사항에는 민사소송법이 적용된다(소기 제76조 1항).

2. 원고적격

소비자단체소송에서 원고가 될 수 있는 단체는 다음 중 하나에 해당하여야 한다(소기 제70조).

(가) 공정거래위원회에 등록된 소비자단체로, ① 정관에 따라 상시적으로 소비자의 권익증진을 주된 목적으로 하고, ② 회원 수가 1천 명 이상이며, ③ 등록한지 3년이 경과한 단체.

공정거래위원회에 소비자 단체로 등록하려면 다음의 요건을 모두 갖추어야 한다(소기 제29조 1항): ① 물품등의 규격, 품질, 안전성, 환경성에 관한 시험, 검사 및 가격 등을 포함한 거래조건이나 거래방법에 관한 조사, 분석과 소비자의 불만 및 피해를 처리하기 위한 상담, 정보제공 및 당사자 사이의 합의의 권고의 업무를 수행할 것, ② 물품 및 용역에 대하여 전반적인 소비자 문제를 취급할 것, ③ 대통령령이 정하는 설비와 인력을 갖출 것(전산장비와 사무실, 5명 이상의 상근 인력), ④ 비영리민간단체지원법 제2조의 다음 요건을 모두 갖출 것: 사업의 직접 수혜자가 불특정 다수일 것, 구성원 상호간에 이익분배를 하지 아니할 것, 사실상 특정 정당 또는 선출직 후보를 지지·지원할 것을 주된 목적으로 하거나, 특정 종교의 교리전파를 주된 목적으로 설립·운영되지 아니할 것, 상시 구성원수가 100인 이상일 것, 최근 1년 이상 공익활동실적이 있을 것, 법인이 아닌 단체일 경우에는 대표자 또는 관리인이 있을 것.

(나) 대한상공회의소와 중소기업협동조합중앙회, 전국 단위의 경제단체로서 대통령령이 정하는 단체, 즉, 사업자 등을 회원으로 한 민법상 사단법인으로서 정관에 따라 기업경영의 합리화 또는 건전한 기업문화 조성에 관한 사업을 수행하는 법인 중 공정거래위원회가 정하여 고시하는 법인과 사업자 등을 회원으로 한 민법상 사단법인으로서 정관에 따라 무역진흥업무를 수행하는 법인 중 공정거래위원회가 정하여 고시하는 법인(소비자기본법시행령 제63조).

(다) 비영리민간단체지원법상의 비영리민간단체로서 다음의 요건을 갖춘 단체: ① 법률상, 사실상 동일한 침해를 입은 50인 이상의 소비자로부터 단체소송을 요청받을 것, ② 정관에 소비자의 권익증진을 단체의 목적으로 명시한 후 최근 3년 이상 이를 위한 활동 실적이 있을 것, ③ 단체의 상시 구성원 수가 5천명 이상일 것, ④ 중앙행정기관에 등록되어 있을 것.

3. 침해행위의 금지나 중지의 요청

소비자단체가 소를 제기하기 전에 침해행위를 하는 사업자에게 침해행위의 금지 또는 중지를 서면으로 요청해야 한다(소기 제73조 2항 2호, 제74조 1항 3호).

그 서면에는 다음 사항을 기재한다(소단규 제7조): ① 단체의 명칭, 주소 및 대표자의 이름, ② 연락처, ③ 사업자의 이름 또는 명칭 및 주소, ④ 소비자기본법 제74조제1항제3호에 따른 요청이라는 취지, ⑤ 침해행위의 내용 및 금지·중지의 대상.

이러한 법적 규율은 소비자단체가 단순히 소비자를 위하여 소를 제기할 권한만을 가지는 것이 아니라 침해행위를 하는 사업자를 상대로 소송 밖에서 **금지나 중지를 청구할 실체법상 권리**를 인정한다는 것을 의미한다. 그러므로 이러한 단체의 소제기는 실체법상 부작위청구권의 침해를 근거로 한 것이라고 이론 구성을 할 수 있을 것이다.

4. 소 제 기

소장은 별개의 서면으로 작성한 소송허가신청서와 함께 제출한다(소단규 제3조). 소장에는 원고와 그 소송대리인, 피고, 청구의 취지와 원인을 기재한다(소단규 제4조).27)

5. 관   할

단체소송은 피고의 주된 사무소나 영업소가 있는 곳, 주된 사무소나 영업소가 없을 때에는 주된 업무담당자의 주소가 있는 곳(토지관할)의 지방법원 본원 합의부(직무관할)가 관할한다(소기 제71조 1항). 외국 사업자의 경우에는 국내에 있는 이들의 주된 사무소나 영업소, 업무담당자의 주소가 기준이 된다(소기 제71조 2항). 이 관할은 **전속관할**이다.

6. 원고 측 필수적 변호사대리

단체소송의 원고는 변호사를 소송대리인으로 선임해야 한다(소기 제72조). 증권관련집단소송과 마찬가지로 다수인의 이해관계가 걸린 중대한 사안이므로 원고측

---

27) 일반 민사소송에서는 소장의 기재사항이 법률로 규정되어 있는데(제249조), 소비자단체소송에서는 대법원규칙에서 규정하는 것은 체계상 맞지 않다. 대법원규칙에 민사소송법에 우선해서 적용되는 특별법 노릇을 시키는 모습이 되었다.

에 필수적 변호사대리를 적용한 것이다. 따라서 피고측에는 필수적 변호사대리가 적용되지 않는다.

7. 소송허가

(1) 신 청

단체소송의 원고가 되는 단체는 소장과 함께 소송허가신청서를 제출해야 한다(소기 제73조).[28] 신청서에는 당사자와 원고 소송대리인, 허가신청의 취지와 원인, 사업자의 권리침해행위의 범위, 침해행위의 금지, 중지의 서면 요청 일자를 기재한다(소기 제73조 1항, 소단규 제4조). 그리고 원고 단체가 요건에 맞는다는 소명자료, 사업자에게 금지나 중지를 요청한 서면과 그에 대한 사업자의 의견서 등을 첨부한다(소기 제73조 2항).

첨부서류는 구체적으로 다음과 같다(소단규 제6조):

(가) 공정거래위원회에 등록한 소비자단체는 ① 단체의 정관, ② 단체의 정회원 수가 1천명 이상임을 소명할 수 있는 자료, ③ 법 제29조에 따라 소비자단체로 등록한 사실 및 등록일자를 소명하는 서면.

(나) 전국 단위의 경제단체로서 소비자기본법시행령 제63조에 따라 재정경제부장관이 고시하는 단체는 소송허가신청서에 그 사실을 소명하는 서면.

(다) 비영리단체(소기 제70조 3호)는 ① 단체의 정관, ② 법 제28조에 규정된 업무 등 소비자의 권익증진과 관련된 최근 3년 간의 활동실적, ③ 단체의 상시 구성원 수가 5천명 이상임을 소명할 수 있는 자료, ④ 중앙행정기관에 등록되어 있음을 소명하는 서면, ⑤ 소제기를 요청한 소비자의 이름, 주소와 연락처(전화번호·팩시밀리번호 또는 전자우편주소 등을 말한다. 다음부터 같다), ⑥ 제5호의 소비자들이 단체소송을 요청한 서면(각 소비자별 침해의 내용과 서명 또는 날인을 포함하여야 한다).

(2) 법원의 심사

법원은 우선 허가신청서를 심사한다. 그 기재사항과 첨부할 서류에 흠이 있으면 재판장은 보정을 명한다. 원고가 보정명령에도 흠을 보정하지 않으면 법원은 결정

---

28) 소송허가는 증권관련집단소송법에 등장한, 그러나 우리 소송법 체계와는 맞지 않는 제도이다. 더구나 소비자단체소송에서는 엄격한 요건을 갖춘 단체만이 소를 제기할 것이 전제가 되어 있고, 그러한 단체에 금지나 중지청구를 할 권리까지 주고는 따로 소송허가를 받으라는 것은 타당하지 않다. 우리 소송법 체계에 한번 침투한 소송허가라는 이물질이 어디까지 번져 나갈지 우려된다.

으로 단체소송을 불허가한다(소단규 제8조).

허가신청서 부본은 소장 부본과 함께 피고에게 송달한다(소단규 제9조).

법원은 필요한 경우 원고의 대표자나 피용자, 회원, 구성원, 피고와 소비자 등을 심문할 수 있다(소단규 제10조).29)

(3) 법원의 허가

법원은 다음 요건이 갖추어졌는지를 심리하여 이 요건이 모두 갖추어진 경우에 한하여 결정으로 단체소송을 허가한다(소기 제74조 1항): ① 물품등의 사용으로 소비자의 생명, 신체 또는 재산에 피해가 발생하거나 발생할 우려가 있는 등 다수 소비자의 권익 보호 및 피해 예방을 위한 공익상 필요가 있을 것,30) ② 소송허가신청서 기재사항에 흠결이 없을 것, ③ 원고 단체가 사업자에게 소비자권의 침해행위를 금지, 중지할 것을 서면으로 요청한 후 14일이 경과하였을 것.

소송허가결정서 및 소송불허가결정서에는 ① 원고와 그 소송대리인, ② 피고, ③ 주문, ④ 이유를 기재하고 결정을 한 법관이 기명날인하여야 한다(소단규 제11조 1항). 불허가결정서의 이유에는 흠결이 있는 소송허가요건을 명시해야 한다(소단규 제11조 2항). 허가결정서나 불허가결정서의 등본을 당사자에게 송달하여야 한다(소단규 제11조 3항).

허가 또는 불허가 결정에 대하여는 즉시항고를 할 수 있다(소기 제74조 2항).

소송불허가결정이 확정된 때에는 단체소송에 의한 소가 제기되지 아니한 것으로 본다(소단규 제11조 4항).

8. 절차의 중지

원고의 소송대리인 전원이 사망 또는 사임하거나 해임된 때에는 원고가 새로운 소송대리인을 선임할 때까지 소송절차가 중지된다. 이 경우 법원은 원고에게 1개월 이상의 기간을 정하여 변호사를 선임할 것을 명하여야 한다. 원고가 이 명령을 받

---

29) 원고의 대표자나 회원, 구성원, 피고 등을 심문하는 것은 이해할 수 있다. 당사자이거나 그 구성원이기 때문이다. 그러나 소송허가 단계에서 피용자나 소비자를 '심문'한다는 것이 무엇을 의미하는 것인지 분명하지 않다. 이러한 제3자는 당사자와 같이 심문의 대상이 되는 것이 아니라 본안심리에서 증거방법으로 '신문'의 대상이 되어야 할 것이다. 더구나 법률도 아닌 대법원규칙으로 이러한 사항을 함부로 규정하는 것은 타당하지 않다.

30) 이 사항을 소송허가의 요건으로 삼는 것은 납득할 수 없다. 이는 청구를 '이유 있게' 하는 사유이지 소송을 '할 수 있게' 하는 사유가 아니다. 이러한 사유는 원고가 주장만 하면 되고 실제로 그러한 사유가 있는지는 본안에서 심판할 일이다. 소송허가 단계에서 실체심리를 다 하겠다는 것인지 의문이다.

고도 정해진 기간 내에 변호사를 선임하지 아니한 때에는 법원은 결정으로 소를 각하하여야 한다.[31] 이 결정에 대하여는 즉시항고를 할 수 있다(소단규 제12조).

9. 변론의 병합[32]

동일한 법원에 청구의 기초와 피고인 사업자가 같은 여러 개의 소비자단체소송이 계속 중인 때에는 이를 병합하여 심리하여야 한다. 다만, 심리상황이나 그 밖의 사정을 고려하여 병합심리가 타당하지 않은 때에는 병합하지 않아도 된다(소단규 제15조).

10. 청구의 변경

원고가 청구의 기초가 바뀌지 아니하는 한도 안에서 청구의 취지 또는 원인을 바꿀 때에는 소송허가를 받을 필요가 없다(소단규 제14조).

11. 공동소송참가

원고적격이 있는 단체는 소송허가를 받아 이미 계속 중인 단체소송에 공동소송인으로 참가할 수 있다. 참가하는 단체는 사업자에게 사전에 금지나 중지를 요청하지 않아도 무방하다(소단규 제13조).

12. 보전처분

단체소송의 허가결정이 있으면 민사집행법에 따른 보전처분도 가능하다(소기 제76조 2항). 여기서 이용되는 보전처분은 소비자의 피해가 확대되는 것을 방지하거나 피해의 발생을 예방할 가처분이 될 것이다.

13. 확정판결의 효력

청구기각판결이 확정되면 **다른 단체**는 동일한 사안에 관하여 소송을 할 수 없다. 다음의 경우에는 예외이다: ① 판결이 확정된 후 그 사안과 관련하여 국가나

---

31) 소각하 재판이 확정되면 소송이 종료하는데 이러한 사유에 대한 재판은 결정으로 하는 것이 아니다. 더구나 이러한 사항을 대법원규칙으로 규정하는 것은 큰 문제이다.

32) 변론의 병합, 청구변경, 공동소송참가 등에 관한 특칙을 대법원규칙으로 규정하는 것도 적절하지 않다. 법률과 규칙을 혼동해서는 안 된다. 헌법 제108조가 소송에 관한 절차에 관한 규칙 제정권을 대법원에 주었다고는 하나, 법의 기본 원칙을 무시하고 소송절차에 관한 모든 사항을 규칙으로 정할 수 있다는 의미라고 착각해서는 안 된다.

지방자치단체가 설립한 기관에 의하여 새로운 연구결과나 증거가 나타난 경우, ②
기각판결이 원고의 고의로 인한 것임이 밝혀진 경우(소기 제75조). 기판력의 주관적
범위를 다른 단체에까지 확대한 것으로 해석된다. 그러나 이러한 예외사유는 기판
력의 내용과는 전혀 맞지 않는 것으로, 이 효력을 기판력이라고 해도 괜찮은지 의
문이다. 소송법적 관점에서 제대로 검토하고 한 입법인지 매우 의심스럽다.

청구인용판결이 확정된 경우에 관하여는 아무 규정이 없으므로 민사소송법상의
기판력 규정에 의하여 규율될 것이다.

VI. 개인정보 단체소송

2011년에 제정된 개인정보보호법에서 앞서 본 소비자단체소송과 비슷한 개인정
보 단체소송을 규정하였다.

개인정보에 관한 분쟁을 조정하기 위하여 '개인정보 분쟁조정위원회'를 두고(정
보 제40조), 집단적 분쟁이 생겼을 경우에는 국가나 지방자치단체, 개인정보보호단
체 및 기관, 정보주체, 개인정보처리자가 이를 분쟁조정위원회에 일괄적인 분쟁조
정을 의뢰하거나 신청하여 조정절차를 밟도록 하였다(정보 제49조). 그러나 개인정
보처리자가 이러한 집단분쟁조정을 거부하거나 조정의 결과를 수락하지 않으면 일
정 단체가 법원에 권리침해 행위의 금지나 중지를 구하는 소를 제기할 수 있도록
하였다(정보 제51조).

이 소송에서는 소비자 단체소송에서와 비슷한 전속관할, 필수적 변호사대리, 소
송허가, 판결의 효력에 관하여 특별규정을 두고(정보 제52조~제56조), 이 법에 규정
되지 않은 사항에 대하여는 민사소송법을 적용한다(정보 제57조). 소비자단체소송과
같은 문제점이 있는 입법이다.

제 3 절   第三者의 訴訟參加

I. 개   관

소송은 법적 이해 당사자인 원고와 피고가 수행하고, 제3자는 그 소송에 아무런

법적 이해관계가 없는 경우가 대부분이다. 그러나 소송은 원고가 피고를 지정하여 제소함으로써 그 당사자 사이에서만 이루어지기 때문에 다툼의 대상이 된 법률관계의 이해당사자를 모두 포함하지 못하는 수도 있다. 그렇기 때문에 이해관계를 가진 제3자도 소송에 참여하여 자신의 권리를 주장하거나 권리를 보호받을 수 있는 기회를 가지도록 할 필요가 있는데, 이러한 필요에 응하는 것이 소송참가 제도이다.

소송참가에는 기존 당사자를 돕기 위하여 참가하는 경우와 참가인이 직접 당사자가 되기 위하여 참가하는 경우로 나누어진다. 앞의 참가를 보조참가라 하고, 뒤의 참가를 당사자참가라 한다. **보조참가**에는 단순히 법률상의 이해관계 때문에 일방 당사자를 돕기 위하여 참가하는 일반적 보조참가와, 판결의 효력을 받지만 당사자적격이 없어서 당사자참가를 할 수 없는 이가 참가하는 공동소송적 보조참가가 있다. **당사자참가**에는 참가자가 기존의 당사자 한 편에 서는 것이 아니라 독립된 지위에서 참가하는 독립당사자참가와 기존의 당사자와 공동소송인이 되어 참가하는 공동소송참가가 있다. 이와 관련하여 당사자가 그 소송에 이해관계를 가지는 제3자에게 소송계속을 통지하여 참가의 기회를 제공하고 일정한 효력을 미치게 하는 **소송고지** 제도가 있다.

Ⅱ. 보조참가

1. 의   의

보조참가는 타인 사이의 소송계속 중에 그 소송의 결과에 관하여 법률상 이해관계를 가진 제3자가 당사자의 **일방의 승소를 보조**하기 위하여 참가하는 것을 말한다(제71조).

《사례 1》 甲은행은 丙에게 사업자금 3억원을 대여해 주고 사위 丙의 부탁을 받은 乙과 연대보증계약을 했다. 丙이 이행기에 변제하지 않자 甲이 乙을 상대로 보증채무의 이행을 구하는 소를 제기하였다. 이때 丙이 乙의 승소를 위하여 무엇을 할 수 있는가?

이 사례에서 丙은 乙의 승소를 돕기 위하여 여러 가지 소송자료를 제공할 수도 있겠으나, 소송 밖에서 할 수 있는 행위에는 한계가 있고, 특히 乙이 소송을 성의 없이 수행할 경우에는 이를 막을 방법이 없다. 이러한 경우에는 丙이 참가하여 직접 방어행위를 할 필요가 있다. 丙이 참가하는 경우 丙을 보조참가인이라 하고, 乙

을 피참가인이라고 한다.1)

보조참가인은 자기의 이름으로 소송상청구를 하거나 청구를 당하는 이가 아니므로 당사자가 아니다.2) 그리고 보조참가인은 피참가인의 승소를 보조한다는 점에서 대리인과 비슷한 역할을 하지만 피참가인이 아닌 자기의 이름으로 소송활동을 한다는 점에서 대리인과 다르다. 그리고 참가인은 자기를 위한 소송대리인도 선임할 수 있다. 위 사례에서 丙이 참가해도 甲이 丙을 상대로 소송상청구를 하는 것이 아니므로 丙은 피고가 아니고, 乙의 이름이 아닌 丙 자신의 이름으로 참가하여 방어행위를 하므로 乙의 대리인도 아니다.

2. 참가의 요건

(1) 타인 사이에 소송이 계속 중일 것

《사례 1a》 〈사례 1〉에서 항소심 판결이 乙에게 송달된 다음 날 丙이 참가를 신청하였다. 이 참가가 적법한가?

(가) 보조참가는 타인 사이의 소송에 참가하는 것이므로 '**타인 사이**'에서 소송이 계속 중이어야 한다. 자기가 당사자인 소송에서 자기나 상대방 당사자를 위하여 참가할 수는 없다. 그러므로 참가인이 소송 중에 상속 등으로 인하여 당사자가 되면 보조참가는 소멸한다. 통상공동소송에서는 공동소송인 상호간에 독립된 타인의 지위에 있으므로 공동소송인 중의 한 사람이 다른 공동소송인이나 상대방을 위하여 보조참가하는 것이 가능하다.

(나) '**소송계속 중**'이어야 하므로 소장부본의 송달 이후 소송의 종료 이전에는 언제나 참가할 수 있다. 항소심은 물론, 상고심에서도 참가할 수 있고, 추후보완상소나 재심과 같이 일단 소멸한 소송계속이 다시 부활한 경우에도 참가할 수 있다. 그러므로 〈사례 1a〉에서 항소심 판결의 송달로 항소심의 심급은 종결되었지만 아직 소송은 계속 중이므로 丙은 참가하여 상고를 제기할 수 있다.

(다) 참가할 수 있는 절차는 **판결절차**를 말한다. 그 밖에 독촉절차나 보전절차와 같이 판결절차로 전환될 수 있는 절차에 참가가 가능하다는 데에는 이견이 없

---

1) 보조참가인을 종당사자, 피참가인을 주당사자라고도 하나, 이러한 표현을 쓰면 보조참가인을 당사자의 일종으로 오인할 우려가 있다.

2) 그러므로 당사자가 아닌 보조참가인으로 참가한 이를 상대로 손해배상청구를 하는 것은 부적법하다(大判 1989. 2. 28, 87누496).

다. **결정절차**에도 보조참가가 가능한지에 관하여는 견해의 대립이 있다. 긍정설은 쌍방에 절차보장의 요구가 있으므로 결정이 보조참가인의 권리상태에 법률상 영향을 줄 관계에 있으면 보조참가의 규정을 준용할 것이라고 한다.[3] 부정설은 대립당사자의 구조를 가지는 결정절차에는 보조참가가 허용되나, 이러한 구조를 가지지 못하는 결정절차에는 허용되지 않는다고 한다.[4] 판례는 결정절차인 부동산매각허가결정에 대한 항고, 재항고 사건에서 대립당사자의 구조를 가지지 못하는 절차이므로 보조참가가 허용되지 않는다고 한다.[5] 생각건대, 결정으로 재판할 절차라도 **상대방**이 있어서 이해관계가 대립하는 경우에는 제3자가 법률상 이해관계가 있을 수 있으므로 보조참가를 허용하는 것이 타당하고, 부동산매각허가결정에 대한 불복절차와 같이 일방 당사자가 상대방이 없이 법원의 결정에 대하여 항고나 재항고를 하는 경우에는 보조참가가 허용되지 않는다고 보는 것이 타당하다.[6]

(2) 소송 결과에 대하여 법률상 이해관계(참가의 이유)가 있을 것

《사례 1b》 〈사례 1〉에서 乙의 아들 丁이 乙이 소송에서 져서 살고 있는 주택이 경매되면 자기가 모시고 살아야 할 것을 염려하여 참가신청을 하였다. 이 참가가 적법한가?

(가) '**소송 결과**'에 대하여 이해관계가 있어야 한다는 것은 재판의 결과가 직접적으로 참가인의 권리, 의무에 영향을 주는 것을 말한다. 재판의 주문에서 판단한 것에 대한 이해관계에 한하고 그 이유에서 판단한 것에 대한 이해관계는 여기에 해당하지 않는다.[7] 따라서 하나의 교통사고로 인한 수인의 피해자가 공동원고가 되었을 때에는 공동원고 사이에서는 각 판결주문으로 판단한 것에는 이해관계가 없고, 가해자인 피고의 불법행위가 성립한다는 판단에 대하여는 이해관계가 있을 수 있지만, 이는 판결이유 중의 판단이므로 '소송 결과'에 대한 직접적 이해관계가 아니다.

여기서 '**영향을 준다**'는 것은 판결의 기판력이나 집행력이 참가인에게 미치는

---

3) 강현중, 892; 이시윤, 821; 鄭·庚·金, 1097.
4) 金·姜, 800; 김홍엽, 1051; 方順元, 206; 宋·朴, 656.
5) 大決 1973. 11. 15, 73마849; 大決 1994. 1. 20, 93마1701.
6) 긍정설과 부정설의 내용을 자세히 보면 대립되는 견해인지가 의문이다.
7) 이에 대하여 판결이유의 판단에 관한 이해관계가 있을 경우에도 보조참가를 허용해야 한다는 견해가 있다(강현중, 895). 이는 판결이유 중의 판단에 쟁점효를 인정하는 것을 전제로 한 것으로, 쟁점효 자체를 인정할 수 없으므로 타당하지 않다.

경우와 재판의 결과 참가인의 법률관계나 법률상 지위를 좌우할 수 있는 경우를 포함한다.8) 그러나 기판력이 미치는 경우는 공동소송적 보조참가가 될 것이다. 〈사례 1〉에서 乙이 패소하여 甲에게 보증채무를 이행하게 되면 丙에게 구상권을 행사할 것이므로 丙은 乙의 승소 여부에 영향을 받는다. 간접적 영향인 파급효과가 미치는 것은 해당하지 않는다.9)

(나) 소송결과에 대하여 '**법률상**'의 이해관계가 있어야 한다. 여기서 법률상 이해관계에는 재산상의 관계뿐만 아니라 가족법상, 공법상의 관계도 포함된다. 사실적 또는 감정적 이해관계를 이유로 하는 보조참가는 허용되지 않는다. 〈사례 1b〉에서 丁이 乙의 승소에 대하여 가지는 이해관계는 사실상의 이해관계이므로 丁의 참가는 부적법하다.10)

　판례는 원고가 건물을 원시취득하였음을 주장하여 소유권에 기한 방해배제청구로 피고에 대하여 건축주 명의변경절차의 이행을 구하는 소송에서 참가인이 원고가 이 소송에서 패소하면 매매계약이 해지되는 것을 조건으로 하여 원고로부터 이 건물을 매수하였음을 이유로 보조참가한 경우에 법률상의 이해관계를 인정하였고,11) 가압류권자인 원고가 채무자 겸 매각 부동산의 소유자인 피고를 상대로 구상금을 청구한 소송의 판결 결과에 따라 원고와 피고가 임의경매절차에서 배당받을 금액이 달라지고, 그에 따라 피고가 배당받을 잉여금에 대하여 압류 및 추심명령을 받은 피고 보조참가인이 추심할 수 있는 금액도 달라진다고 하여 참가인의 참가이유가 있다고 인정한 것도 있다.12) 또한 공동불법행위로 손해배상책임을 지는 자들은 피해자가 제기한 손해배상청구의 소에 대한 판결의 결과에 법률상 서로 영향을 받으므로(민 제760조) 법률상의 이해관계를 가진다고 하여 가해자는 다른 공동불법행위자의 소송에서 피해자를 위하여 보조참가를 할 수 있다고 한다.13) 채권자취소소송이 계속 중에 채무자에 대한 회생절차가 개시되어 관리인이 소송을 수계하고 부인의 소로 변경한 경우에 종전에 채권자취소의 소를 제기한 회생채권자는 소송결과에 이해관계를 갖고 있어 관리인을 돕기 위하여 보조참가를 할 수 있다고 인정하기도 한다.14)
　그리고 무효인 법률관계에 대한 이해관계는 사실상의 이해관계라고 하여 참가할 수

8) 大判 2017. 6. 22, 2014다225809.
9) 大判 1997. 12. 26, 96다51714(대학입시 합격자의 등록금환불소송에 다른 대학들이 보조참가를 신청한 경우).
10) 大判 1958. 11. 20, 4290민항161.
11) 大判 2007. 4. 26, 2005다19156.
12) 大決 2014. 5. 29, 2014마4009.
13) 大判 1999. 7. 9, 99다12796. 그러나 이런 경우는 참가인의 법적 지위가 피참가인에 대한 관계가 아니라 상대방에 대한 관계라는 점에서 보조참가의 본래의 목적에 맞지 않다는 문제가 있다.
14) 大決 2021. 12. 10, 2021마6702(소송결과가 채무자의 재산의 증감에 직접적인 영향을 미치는 등 회생채권자의 법률상 지위에 영향을 미친다고 볼 수 있기 때문).

없다고 본다.15)

(다) 보조참가가 타인 사이의 소송에 참가할 수 있는 유일한 방법이어야 하는 것은 아니다. 독립당사자참가(제79조)나 공동소송참가(제83조)가 가능하더라도 보조참가는 허용된다.

(3) 소송절차를 현저히 지연시키지 않을 것

참가 이유는 인정되더라도 보조참가를 소송지연의 수단으로 삼는 것을 막기 위하여 2002년 개정법에서 새로 추가한 요건이다. 보조참가를 소송지연의 수단으로 삼는 방법으로는 보조참가인이 필요 없는 소송자료를 다수 제출한다든가, 통상의 법정에서는 재판을 진행할 수 없을 정도의 다수인이 보조참가 신청을 하는 것이다. 이를 해결하기 위하여 보조참가로 인하여 소송이 현저히 지연될 경우에는 보조참가 신청을 각하하도록 한 것이다.16)

(4) 소송행위로서의 요건을 갖출 것

보조참가의 신청과 참가 후의 행위는 소송행위이므로 소송행위를 유효하게 할 요건을 갖추어야 한다. 그러므로 당사자능력을 갖추어야 하고, 소송능력이 없는 이는 법정대리인이 대리하여야 한다.

3. 참가절차

(1) 참가신청

보조참가를 하려면 서면이나 구술로 참가하려는 소송이 계속한 법원에 신청하여야 한다. 신청을 함에는 참가의 취지와 이유를 명시해야 한다(제72조 1항). 참가취지에서는 참가하려는 소송사건과 피참가자를 밝히고, 참가이유에서는 소송의 결과에 대한 법률상 이해관계를 밝혀야 한다.

참가신청서를 제출한 경우에는 이를 당사자 쌍방에게 송달하고(제72조 2항), 구술로 참가신청을 한 경우에는 이를 기재한 조서를 송달한다.

참가신청은 참가하여 할 소송행위와 동시에 할 수 있다(제72조 3항). 즉, 참가신청과 동시에 상소 제기, 지급명령에 대한 이의신청, 보완상소나 재심의 소제기를

---

15) 大判 2000. 9. 8, 99다26924(어업권의 명의신탁관계).

16) 법원행정처, 民事訴訟法 改正案, 103.

할 수 있다. 그러므로 〈사례 1a〉에서 丙은 참가신청을 하면서 상고를 제기할 수 있다.

(2) 참가신청에 대한 재판

참가신청이 있으면 참가인의 당사자능력, 소송능력 등의 일반적 소송요건은 직권으로 조사한다. 그러나 **참가의 이유**에 대하여는 당사자의 **이의**가 있으면 참가인은 이를 소명하고 법원은 참가의 이유를 심리하여 허용 여부를 결정하면 된다(제73조 1항). 당사자가 참가에 대하여 이의 없이 변론하거나 변론준비기일에서 진술하면 이의권을 상실하므로(제74조), 이 경우 참가인은 법원의 허가결정이 없어도 소송행위를 할 수 있다.[17] 그러나 법원이 직권으로 참가이유를 심사하거나 직권조사사항을 조사한 후에 참가를 불허하는 결정을 할 수 있음은 물론이다.

참가이유에 대한 심사는 법원이 **직권으로도** 할 수 있다. 즉 당사자의 이의가 없어도 법원이 참가인에게 참가이유를 소명하도록 명할 수 있다(제73조 2항).

참가의 허부는 법원이 결정으로 재판하고, 이 결정에 대하여는 즉시항고를 할 수 있다(제73조). 당사자가 이의를 신청해도 참가인은 참가 불허 결정이 확정될 때까지 소송행위를 할 수 있다. 참가 불허 결정이 확정되면 그때까지 한 참가인의 소송행위는 당사자가 원용하지 않는 한 효력이 없어진다(제75조 2항).

(3) 참가의 종료

참가인은 언제나 피참가인이나 상대방 당사자의 동의 없이 **참가신청을 취하**할 수 있다. 이때 참가인이 한 소송행위도 그 효력을 상실하는지에 관하여 견해의 대립이 있다. 효력이 유지된다는 견해는 참가신청을 취하해도 참가적 효력(제77조)을 면하지 못한다는 점을 근거로 이미 참가인이 한 소송행위는 당사자의 원용 여부와 무관하게 그 효력이 유지되며 법원도 이를 재판자료로 삼을 수 있다고 한다.[18] 그러나 소송에 참가하지 않아도 소송고지로 참가적 효력은 받게 되므로 이 점은 근거가 될 수 없다. 참가인이 취하하기 전에 한 소송행위는 **소급적으로 효력을 상실**하는 것이 원칙이지만 이를 당사자가 **원용**하면 효력이 유지된다고 보는 견해가[19] 타당하다.

---

17) 大判 2017. 10. 12, 2015두36836.
18) 김홍엽, 1056; 方順元, 209; 이시윤, 825.
19) 宋·朴, 660; 鄭·庚·金, 1101.

4. 보조참가인의 지위

《사례 1c》   〈사례 1〉에서 丙이 제1심 중에 乙의 승소를 돕기 위하여 보조참가하였다. 소송 중에 乙이 보증계약을 체결한 적이 없다고 주장하자, 甲이 丙을 증인으로 신청하였다. 법원은 丙을 증인으로 채택할 수 있는가?

《사례 1d》   〈사례 1c〉에서 소송 중에 乙이 보증계약을 체결한 적이 있다고 시인하는 진술을 하였다. 이때 丙이 자기는 채무를 부담한 적이 없으므로 보증계약 같은 것은 있을 수 없다고 주장하였다. 이 주장이 받아들여질 수 있는가?

《사례 1e》   〈사례 1〉에서 丙이 참가하여 乙의 승소를 도왔음에도 불구하고 甲의 청구를 인용하는 판결이 선고되었다. 乙은 그 판결에 승복할 생각으로 잠자코 있었다. 이때 丙이 항소를 제기할 수 있는가?

《사례 1f》   〈사례 1c〉에서 소송 중에 乙이 결석한 기일에 丙이 출석해서, 乙이 甲에게 3억원을 각 1억원씩 3년에 나누어 지급하기로 하는 소송상화해를 하고자 한다. 법원이 이 화해를 받아들일 것인가?

(1) 소송의 제3자

참가인은 피참가인의 승소를 돕기 위하여 참가한 것이고 상대방에게 청구를 하거나 상대방으로부터 청구를 당하는 지위에 있지 않다. 그러므로 참가인은 그 소송에서 당사자가 아니라 제3자의 지위에 있다. 참가인은 소송비용 재판 외에는(제103조) 자기 이름으로 판결을 받지 않고, 증인이나 감정인이 될 수 있다. 참가인이 사망하거나 소송능력을 상실해도 절차는 중단되지 않는다. 〈사례 1c〉에서 丙은 증인이 될 수 있다. 이 경우는 참가인 자격이 아니라 증인으로서 선서를 한 사람이므로 비록 乙의 승소를 돕기 위하여 참가했어도 증인신문을 받아야 한다.

(2) 참가인의 독자성

참가인은 **자기의 법률상의 이해관계** 때문에 참가한 사람이므로 소송활동에서 어느 정도 독자성을 가진다. 법원은 참가인에게 당사자와 마찬가지로 기일 통지와 송달 등을 하여야 한다. 참가인이 **기일에 출석**하면 피참가인이 기일을 준수한 효과가 생긴다.

참가인은 공격, 방어, 이의, 상소 기타 피참가인의 **승소에 필요한 일체의 행위**를 자기 이름으로 할 수 있다(제76조 1항 본문). 그러므로 사실 주장, 증거 신청, 법률적 주장, 상소 제기 등 행위를 모두 할 수 있다. 참가인이 이러한 행위를 하면 피참가인이 한 것과 같은 효과가 생긴다.

(3) 참가인의 종속성

참가인은 피참가인이 **승소하도록 돕는** 사람이므로 피참가인과의 관계에서 종속적인 지위에 선다. 그러므로 참가인이 할 수 있는 행위에는 제한이 있어 다음과 같은 행위는 할 수 없다.

(가) 피참가인도 할 수 없는 행위

참가시의 **소송 진행 정도**로 보아 피참가인도 할 수 없는 행위를 말한다(제76조 1항 단서). 예를 들면 자백의 취소, 실기한 공격 또는 방어방법의 제출, 피참가인의 상소기간 경과 후의 상소 등[20]이 여기에 해당한다. 이러한 행위는 참가인도 할 수 없다. 〈사례 1d〉에서 丙이 보증계약 체결을 부인한 것은 乙이 한 자백을 취소하는 행위로서 乙도 이를 취소하려면 그 자백이 진실이 아니라는 점과 착오로 인한 것이라는 점을 입증해야 하므로 참가인은 계약 체결을 부인할 수 없다.

(나) 피참가인의 소송행위와 저촉되는 행위

피참가인이 하는 적극적 행위와 모순되는 행위를 참가인은 할 수 없다(제76조 2항). 피참가인이 한 사실 주장과 모순되는 주장을 하는 것, 피참가인이 상소권을 포기한 뒤에 상소하는 것 등이 여기에 해당한다. 참가인이 먼저 한 행위도 피참가인이 그것과 반대되는 행위를 하면 참가인의 행위는 효력을 잃는다.[21] 피참가인이 분명한 태도를 보이지 않는 행위는 여기에 해당하지 않는다. 피참가인이 명백히 다투지 않은 사실을 참가인이 다투는 것,[22] 피참가인이 상소하지 않은 경우에 참가인이 상소하는 것 등은 피참가인의 행위와 저촉되는 것이 아니다. 그러므로 〈사례 1e〉에서 乙이 적극적으로 항소권을 포기하지 않았으므로 丙의 항소는 乙이 항소하지 않은 것과 저촉되지 않는다.

(다) 피참가인에게 불리한 행위

참가인은 피참가인의 '**승소**'를 **돕기 위하여** 참가하였으므로 피참가인에게 불리한 행위는 할 수 없다. 소취하, 청구의 포기·인낙, 상소의 포기·취하 등이 여기에 해

---

20) 大判 1969. 8. 19, 69다949; 大判 2007. 9. 6, 2007다41966.

21) 보조참가인이 항소를 했어도 피참가인은 항소를 포기하거나 취하할 수 있고, 그로써 참가인의 항소는 효력을 잃는다(大判 2010. 10. 14, 2010다38168).

22) 大判 2007. 11. 29, 2007다53310: 피참가인의 소송행위와 저촉된다는 것은 참가인의 소송행위가 피참가인의 행위와 명백히 적극적으로 배치되는 경우를 말한다.

당한다. 소송상화해는 피참가인의 일부 양보가 포함되므로 역시 불리한 행위에 포함된다. 그러므로 〈사례 1f〉에서 丙의 화해는 허용되지 않는다. 재판상자백은 소송의 결과에 직접적인 불이익을 초래하지는 않지만 피참가인의 승소를 돕는 행위가 아님은 분명하고 오히려 패소를 초래할 가능성이 큰 행위이므로 허용되지 않는다.[23]

(라) 소송상 청구를 처분하는 행위

참가인은 피참가인을 '**보조하기 위하여**' 참가하는 것이지 피참가인의 소송을 지배하기 위하여 참가한 것이 아니다. 그러므로 소송을 종료시키는 등의 소송상 청구를 처분하는 행위는 할 수 없다. 앞서 본 자백을 제외한 불리한 행위가 여기에도 해당하고, 나아가 청구변경, 반소, 중간확인의 소 등 소송 중의 소도 제기할 수 없다.

(마) 피참가인의 권리의 행사

참가인은 피참가인의 **실체법상의 권리**를 행사할 수 없다. 이 점에서 대리인과 다르다. 권리 행사가 소송 수행에서 필요한 것이라도 마찬가지이다. 그러므로 참가인이 피참가인의 채권으로 상계한다든가 피참가인이 가지는 취소권, 해제권, 해지권 등을 행사할 수는 없다. 다만 참가인이 피참가인과의 관계에서 채권자대위권을 행사하거나(민 제404조), 연대채무자(민 제418조 2항)나 보증인(민 제434조)으로 상계하는 것은 실체법상 인정되므로 무방하다. 그리고 권리행사 자체가 아니라 피참가인이 소송 밖에서 이미 실체법상의 권리를 행사하였지만 이를 소송에서 주장하지 않는 경우에, 그 권리행사 사실을 참가인이 주장할 수 있음은 물론이다.

5. 판결의 참가인에 대한 효력

(1) '판결의 효력'의 의미

《사례 2》   乙이 丙으로부터 중국 송나라 시대의 청자를 5천만원에 매수하였다. 그러나 甲이 그 청자가 자기의 소유물이라고 주장하여 乙을 상대로 청자의 인도를 청구하는 소를 제기하였다. 이 소송에 丙이 乙의 승소를 돕기 위하여 참가하여 그 청자는 甲의 소유가 아니라 丙의 소유물이었는데 이를 乙에게 판 것이라고 주장하였다. 그러나 甲의 청구를 인용하는 판결이 선고, 확정되었다. 그 뒤 乙이 丙을 상대로 청자 매매대금 5천만원을 반환할 것을 청구하는 소를 제기하였다. 이 소송에서 丙은 그 청자가

---

23) 이 점에 관하여 필수적공동소송과의 균형상 종된 지위에 있는 보조참가인이 자백을 할 수 없음은 당연하다고 설명하는 수가 있으나, 보조참가인의 자백이 허용되는지 여부를 필수적공동소송의 경우에 비추어 정하는 것은 아무 의미가 없다. 필수적공동소송인 중 일부의 자백이 효력이 없다고 하는 것은 판결의 합일확정을 위한 것이고, 보조참가인이 자백할 수 없다는 것은 승소보조라는 목적 때문이다. 자백은 허용된다는 반대 견해는 李英燮, 102.

자기 소유가 틀림 없는데도 乙이 주장과 입증을 제대로 하지 못하여 패소한 것이라고 주장하였다. 이 주장을 법원이 받아들일 수 있는가?

보조참가인이 참가한 소송에서 법원의 재판은 참가인에게도 효력이 있다(제77조). 여기서 '효력'이 무엇을 말하는지에 관하여는 기판력설, 참가적 효력설 및 신기판력설이 주장된다. 기판력설은 제77조가 참가인과 피참가인 사이에서 재판의 효력이 생기지 않는 일정한 경우를 열거하고 있는 것을 설명할 수 없으므로 타당하지 않다.[24] 근래에 일본의 소수설을 도입한 것이 신기판력설인데, 이는 참가인과 피참가인 사이에는 참가적 효력이 생기고 참가인과 상대방 당사자 사이에는 기판력이나 쟁점효가 생긴다고 한다. 그러나 쟁점효는 우리 법상 인정할 수 없음은 이미 설명한 바가 있고, 참가인에게 기판력이 미친다고 보는 것도 부당함은 위에서 지적하였다. 제77조의 규정의 내용으로 볼 때 이 효력은 기판력과는 다른 특수한 효력인 **참가적 효력**으로 보는 참가적 효력설이 타당하다.[25] 이 견해에 의하면 甲과 乙 사이의 전소송에서의 확정판결이 丙에게도 미치는 효력은 기판력이 아니라 乙과 丙 사이에 생기는 특수한 효력으로, 확정판결에서 청자의 소유자가 丙이 아니라 甲이라고 한 판단이 丙에게 미쳐 후소송에서 丙이 자기가 그 소유자라고 주장할 수가 없게 된다는 것이다.

(2) 참가적 효력의 취지

《사례 2a》 〈사례 2〉에서 丙이 청자가 자기 소유라고 주장하였음에도 불구하고 乙이 丙이 소유자가 아니라는 것을 알았다고 진술하여 결국 甲의 청구를 인용하는 판결이 선고, 확정되었으면 법원이 丙의 주장을 받아들일 수 있는가?

참가적 효력은 참가인과 피참가인 사이에서의 **책임 분담**을 꾀하자는 취지에서 인정된 것이다. 즉 참가인이 승소를 도왔음에도 불구하고 피참가인이 패소한 경우에 서로 패소의 책임을 전가하지 못하도록 하려는 제도이다. 그렇기 때문에 참가적 **효력은 피참가인이 패소한 경우**에만 생긴다. 〈사례 2〉에서 丙은 乙을 도와서 함께 소송을 하였음에도 불구하고 패소한 뒤에 패소의 책임을 전적으로 乙에게만 전가하여 자기의 불이익을 면하려는 주장을 하는 것이다. 丙이 乙을 도와 함께 소송을

---

24) 오늘날은 아무도 지지하지 않는다.

25) 김홍엽, 1064; 宋·朴, 667; 이시윤, 828; 鄭·庚·金, 1105; 大判 1988. 12. 13, 86다카2289; 大判 1965. 4. 27, 65다101.

수행하고 나서 이처럼 책임을 전가하고 판결이 부당하다고 다투면서 乙의 청구에 응하지 않는 것을 막으려는 것이 참가적 효력을 인정한 취지이다.

그렇기 때문에 참가인이 소송수행에서 제약을 받아 피참가인의 패소에 대하여 **책임을 분담시킬 수가 없는 경우**에는 참가인에게 참가적 효력이 미치지 않는다(제77조). 그러한 사유로는 앞에서 설명한 참가인이 할 수 없는 행위 이외에 ① 피참가인이 참가인의 소송행위를 방해한 경우, 예를 들면 참가인이 제출하려는 증거방법을 피참가인이 숨겨 둔 경우와, ② 참가인이 할 수 없는 행위를 피참가人이 고의·과실로 하지 않은 경우, 예를 들면 참가인이 모르고 있는 사실이나 증거방법을 제출하지 않은 경우, 또는 참가 전에 이미 피참가인이 소송자료를 늦게 제출하여 각하된 경우 등이 여기에 해당한다. 다만, 참가인이 참가적 효력을 면하려면 만일 참가인이 위 행위들을 할 수 있었으면 피참가인이 승소할 수 있었을 것을 주장, 입증해야 할 것이다. 〈사례 2a〉에서 丙의 소유권 주장이 乙의 자백으로 효력이 없게 되었고 그 때문에 乙이 패소하였으므로 丙은 이를 주장, 입증하여 참가적 효력을 받지 않을 수가 있다. 즉, 법원은 乙의 丙에 대한 청구를 기각할 수가 있다.

(3) 참가적 효력의 범위

참가적 효력은 **피참가인과 참가인 사이**에서만 생기고 상대방 당사자와의 사이에는 생기지 않는다.[26] 앞에서도 설명한 바와 같이 패소 당사자 측의 공평한 책임분담을 위하여 인정하는 효력이기 때문이다.

참가적 효력은 판결주문에서 판단한 부분뿐만 아니라 **판결이유** 중의 사실관계나 법률관계에 관한 판단에도 생긴다. 즉, 전소송 확정판결의 결론의 기초가 된 사실상·법률상 판단으로서 보조참가인이 피참가인과 공동이익으로 주장하거나 다툴 수 있었던 사항에 생긴 참가적효력이 참가인과 피참가인 사이의 후소송에 미쳐서 전소송의 판단과 다른 판단을 받을 수가 없게 된다.[27] 그러나 전소송 확정판결의 필수적인 요소가 아니어서 결론에 영향을 미칠 수 없는 부가적이나 보충적인 판단이나 방론 등에는 생기지 않는다.[28] 이 점에서 참가적 효력의 객관적 범위가 기판력보다 넓다. 〈사례 2〉에서 소송물은 목적물인 청자의 인도청구이고 기판력도 甲의 인도청구권을 인정한 부분에만 생기고 청자의 소유자가 甲이라는 판단에는 생기지

---

26) 大判 1971. 1. 26, 70다2596; 大判 1974. 6. 4, 73다1030.
27) 大判 1997. 9. 5, 95다42133; 大判 2020. 1. 30, 2019다268252.
28) 위 95다42133 판결.

않는다. 그러나 참가적 효력은 청자의 소유자가 丙이 아니라 甲이라는 판단에도 생기고 따라서 乙의 제소에서 참가적 효력 때문에 丙의 소유권 주장이 인정될 수가 없는 것이다. 다른 예로는, 수급인 甲이 도급인 丙의 부당한 지시로 공사를 재시공하게 되었다고 하여 추가된 비용의 지급을 구하는 소송에 공사 설계를 한 乙이 甲측에 보조참가를 하였으나 재시공이 乙의 설계 잘못 때문이라는 이유로 甲이 패소하여 그 판결이 확정되면 기판력은 丙에게 추가비용 지급 의무가 없다는 판단에 생기지만, 乙이 설계를 잘못하여 추가비용이 생겼다는 판단에는 참가적 효력이 생긴다. 그러므로 뒤에 甲이 계약불이행을 이유로 乙에게 손해배상을 청구하면 후소송 법원은 참가적 효력 때문에 乙의 설계에 잘못이 없다고 인정할 수가 없게 된다.29)

6. 공동소송적 보조참가

(1) 의 의

공동소송적 보조참가는 보조참가 중에서 **판결의 효력이 참가인에게도 미치는 경우**를 말한다. 과거에는 명문의 규정이 없었지만 해석상 인정되었는데 2002년 개정법에서 새로 규정을 두었다(제78조). 이는 판결의 효력을 받는 제3자가 당사자적격이 없어 당사자참가는 할 수가 없는 경우에 쓸모가 있는 제도이다.

(2) 인정되는 경우

공동소송적 보조참가가 인정되는 경우를 세분하면 참가인에게 판결의 기판력이 미치는 경우와 형성력이 미치는 경우가 있다.

기판력이 미치는 경우로는 제3자의 소송담당에서 권리귀속 주체의 보조참가를 들 수 있다. 파산관재인의 소송에 파산선고를 받은 이가,30) 회생관리인의 소송에 회생채무자가, 또는 선정당사자의 소송에 선정자가 참가하는 경우가 여기에 해당한다. 채권자대위소송에 채무자가 참가하는 경우에 관하여 통설은 대위소송이 소송담당임을 전제로 하여 공동소송적 보조참가라고 본다. 그러나 대위소송은 채권자가 자기의 대위권을 행사하는 것이므로 소송담당이 아니며, 따라서 채무자는 통상의 보조참가를 할 수 있다.

형성력이 미치는 경우로는 가사소송, 행정소송, 회사관계소송, 선거소송 등에서

---

29) 大判 2020. 1. 30, 2019다268252.

30) 大判 2012. 11. 29, 2011다109876은 통상의 보조참가뿐만 아니라 공동소송적 보조참가도 할 수 있다고 한다.

의 제3자의 참가를 들 수 있다. 이들은 형성판결로 인하여 생기는 대세적 효력인 형성력을 받게 되므로 이들의 참가는 공동소송적 보조참가가 된다.

(3) 참가인의 지위

공동소송적 보조참가인은 통상의 보조참가인보다 **독자성**이 강하고, 필수적공동소송인에 준하는 지위를 가진다. 그러므로 필수적공동소송에 대한 특칙(제67조, 제69조)이 준용된다(제78조). 그중에서도 유사필수적공동소송에 준하는 성격을 지닌다.31) 따라서 ① 참가인과 피참가인은 서로의 행위와 저촉되는 행위를 할 수 있으나(제67조 1항 참조).32) 참가인과 피참가인 모두에게 유리한 행위만 효력을 가진다.33) 이런 점에서 참가인의 소송행위가 피참가인의 소송행위에 어긋나는 경우 효력이 없다는 규정(제76조 2항)은 적용되지 않는다. ② 참가인에게 소송절차의 중단, 중지의 사유가 발생해도 절차가 중단, 중지된다(제67조 3항 참조). ③ 참가인의 상소기간은 독자적으로 계산된다. ④ 참가인과 피참가인이 원심에 대해 불복하는 부분을 서로 달리하여 각기 상고한 경우, 피참가인만이 불복한 부분에 대하여 참가인은 '상고하지 않은 참가인'의 지위에 선다.34)

그러나 이러한 특례를 제외하고는 참가인은 보조참가인의 지위에 있으므로 참가 당시의 소송정도에 따라야 하고, 참가할 때의 소송의 진행 정도에 따라 피참가인이 할 수 없는 소송행위를 할 수 없다(제76조 1항 단서).35) 그리고 본소송의 절차

---

31) 大判 2013. 3. 28, 2011두13729.

32) 행정소송에서 피참가인이 상고를 취하하거나 상고권을 포기해도 이미 보조참가인이 한 상고의 효력에는 영향이 없고(大判 1967. 4. 25, 66누96; 大判 2017. 10. 12, 2015두36836), 보조참가인이 제기한 재심의 소를 피참가인이 취하해도 참가인에 대한 관계에서는 효력이 없다(大判 1970. 7. 28, 70누35).

33) 위 2011두13729 판결: 피참가인이 참가인의 동의 없이 한 소취하는 참가인에게 불이익이라고 볼 수가 없으므로 유효하다; 大判 2015. 10. 29, 2014다13044: 보통의 소취하와는 달리 재심의 소의 취하는 확정된 종국판결에 대한 불복의 기회를 상실하게 하여 더 이상 확정판결의 효력을 배제할 수 없게 하는 행위이므로, 확정판결의 효력이 미치는 공동소송적 보조참가인에 대하여는 불리한 행위이다. 따라서 재심의 소에 공동소송적 보조참가인이 참가한 후에는 피참가인이 재심의 소를 취하하더라도 공동소송적 보조참가인의 동의가 없는 한 효력이 없다. 이는 재심의 소를 피참가인이 제기한 경우나 통상의 보조참가인이 제기한 경우에도 마찬가지이다.

34) 大判 2020. 10. 15, 2019두40611(따라서 피참가인만이 불복한 부분에 대하여 피참가인의 상고이유서 제출기간이 지난 다음에 참가인이 새로운 내용을 주장하는 것은 적법한 기간 내에 제출된 상고이유의 주장이라고 할 수 없다).

35) 大判 2018. 11. 29, 2018므14210(친생자 부인소송에서 패소한 피고의 자가 이미 사망한 전소송 피고를 재심청구인으로 하여 공동소송적 보조참가를 하여 재심의 소를 제기한 사안에서 피참가인인 재심청구인은 당사자능력이 없음을 이유로 각하); 大判 2020. 10. 15, 2019두40611(피참가인만 상고를 한 경우에 참가인은 상고이유서를 제출할 수 있지만, 상고이유서 제출기간을 지켰는지 여부는 피참가인을 기준으로 하므로 피참가인의 상고이유서 제출기간이 지난 다음에 참가인이 상고이유서를 제출하였으면 적법한 기간 내에 제출한 것으로 볼 수 없다).

나 소송상 청구를 처분하는 행위도 할 수 없다.

7. 소송고지

(1) 의 의

소송고지는 소송이 계속 중에 그 소송에 참가할 이해관계가 있는 제3자에 대하여 소송계속 사실을 통지하는 것을 말한다(제84조). 이는 고지를 받는 이해관계인에게 소송에 **참가할 기회**를 주려는36) 목적과, 만일 참가하지 않더라도 **참가적 효력**을 미치도록 하려는 목적을 아울러 가진 제도이다. 소송고지는 단순히 소송이 계속한다는 사실의 통지이고 참가를 최고하는 의사의 통지는 아니다.

(2) 요 건

(가) 타인 사이의 소송계속

여기서 소송계속이란 **판결절차**나 **독촉절차**가 국내 법원에서 진행중인 것을 말한다. 항소심뿐만 아니라 상고심에서도 고지가 가능하다.

(나) 고지할 수 있는 자

소송고지는 계속 중인 소송의 당사자(당사자참가인을 포함한다), 보조참가인 및 이들로부터 고지를 받은 자가 할 수 있다(제85조 2항). 소송고지는 **고지자의 권한**이지만, 법률상 **고지의무**를 지는 이들이 있다. 추심의 소를 제기한 채권자(민집 제238조), 이사의 책임을 추궁하는 대표소송의 제소자인 주주(상 제404조 2항)가 있고, 이와 같은 성질을 가진다고 보는 것이 대위권을 행사하면서 통지를 해야 하는 채권자(민 제405조 1항), 회사설립무효·취소의 소가 제기된 경우에 공고해야 하는 회사(상 제187조) 등이다. 고지의무를 지는 이가 고지하지 않은 경우에 소송 진행에는 아무런 영향이 없고, 뒤에 판결이 확정되었을 때에 고지를 받을 이에게 참가적 효력이 미치지 않는다.

(다) 고지를 받을 자

고지는 그 소송에 참가할 수 있는 제3자에게 한다. 여기서 참가란 당사자참가와 보조참가를 말하지만, 소송고지가 고지를 받고도 참가하지 않은 이해관계인에게 참가적 효력을 미치고자 하려는 제도이므로 주로 보조참가의 경우에 의미가 있다.

---

36) 여기서 참가는 반드시 보조참가만을 뜻하는 것은 아니다.

(3) 절 차

소송고지를 하려면 고지이유와 소송의 진행 정도를 기재한 고지서를 법원에 제출하여야 한다(제85조 1항). 고지이유에는 고지를 하는 원인과 고지받은 자가 참가할 이유를 구체적으로 표시하고, 소송의 정도에는 현재의 진행단계, 즉 심급과 변론 또는 증거조사 등 진행 중인 절차를 표시한다.

고지서가 제출되면 법원은 방식의 준수 여부를 조사하고 방식에 맞지 않으면 보정을 시킨다. 방식에 맞는 고지서는 고지 받을 자와 상대방 당사자에게 송달해야 한다(제85조 2항). 적법한 송달이 있어야 소송고지의 효과가 생긴다.[37] 공시송달도 무방하다는 견해가 있으나,[38] 실제로 고지될 가능성이 거의 없는 공시송달로 고지 받은 자에게 참가적 효력을 미치도록 하는 것은 무리라고 생각된다. 고지방식에 흠결이 있어도 뒤에 고지 받은 자가 소송에 참가한 뒤나 나중에 고지자와 소송을 할 때 지체 없이 이의하지 않으면 절차이의권이 상실되어 그 흠결은 치유된다.

(4) 효 과

(가) 소송법상 효과

a) 참가적 효력: 제77조가 적용되는 경우에 고지 받은 자는 고지를 받고 그 소송에 참가한 경우는 물론이고 **참가하지 않아도** 참가한 경우와 같이 취급되어[39] 참가적 효력을 받는다(제86조, 제77조). 고지 받은 자가 참가한 것으로 간주되는 시점은 '**참가할 수 있었을 때**'이다. 고지 받은 자가 참가를 미루어 뒤늦게 참가해도 마찬가지이다. 참가적 효력을 받는 결과 고지 받은 자는 그 소송에서의 **판결에서 판단한 것에 반하는 주장**을 할 수 없게 된다. 더 구체적으로 말하면, 전소송 확정판결의 결론의 기초가 된 사실상, 법률상의 판단 중에서 고지 받은 자가 보조참가를 하여 상대방에 대하여 고지자와 공동이익으로 주장하거나 다툴 수 있었던 사항에 관한 판단에 반하는 주장을 뒤의 소송에서 고지 받은 자가 고지자를 상대로 할 수 없다는 의미이다. 그러므로 고지자와 고지 받은 자 사이에서 이해가 대립되는 사항에 관하여는 참가적 효력이 생기지 않는다.[40]

---

37) 소송고지를 신청한 것만으로는 고지의 효과가 생기지 않는다(大判 1975. 4. 22, 74다1519).

38) 宋·朴, 712.

39) 그렇다고 피고지자가 당연히 소송에 참가하게 되는 것은 아니다. 그러므로 변론기일을 피고지자에게 통지할 필요가 없다(大判 1962. 4. 18, 4294민상1196).

40) 大判 1986. 2. 25, 85다카2091.

b) **기판력의 확장 문제:** 소송고지로 가사소송과 채권자대위소송에서 기판력의 주관적 범위가 확장되는 경우를 인정하는 견해가 있다.[41] **가사소송**에서 청구기각 판결이 확정되었을 때 다른 제소권자에게 이미 소송고지가 되어 있으면 이들이 다시 제소할 수 없게 되므로(가소 제21조 2항) 이들에게 기판력이 미치게 된다는 것이다. 그러나 가사소송법 제21조 제2항은 청구기각 판결이 확정된 때에는 다른 제소권자는 참가할 수 없었음에 정당한 사유가 없으면 다시 소를 제기할 수 없다는 내용으로, 소송고지와 직접 관련이 없다. 이 조문은 가사소송에서 청구인용판결은 형성판결이어서 형성력이 제3자에게 미치지만 기각판결은 단순한 확인판결이어서 기판력이 당사자 사이에만 미친다는 점을 고려하여 피고가 여러 제소권자에게 여러 차례 시달리는 것을 막기 위한 예외적 규정이다. 다른 제소권자가 설사 소송고지를 받았어도 참가하지 못한 데에 정당한 사유가 있었으면 소제기가 가능하다고 새길 수 있는 것이다.

채권자대위소송에서 소송계속을 채무자가 알았으면 기판력이 채무자에게 미친다는 판례와[42] 학설에 의하면 소송고지가 기판력의 확장 사유가 될 수 있을 것이다. 그러나 이러한 해석은 아무런 법적 근거가 없다는 점은 이미 설명하였다. 더구나 판례는 소송고지로 알린 경우뿐만 아니라 어떠한 사유로든 채무자가 알았으면 기판력이 채무자에게 미친다고 하므로 심지어는 전화나 편지로 알리기만 해도 그러한 행동이 기판력 확장사유가 된다는 결론이 된다. 참가적 효력도 소송고지가 있어야 미치는데 기판력이 이런 식으로 확장된다는 것은 있을 수 없는 일이다.

(나) 실체법상 효과

소송고지는 민법에 직접 시효중단 사유로 규정되어 있지 않다. 그러나 소송고지는 고지자가 패소하면 고지받은 자에게 청구하기 위한 것이므로 민법상 시효중단 사유인 최고(민 제174조)의 효력을 인정할 수 있다.[43] **최고로 인한 시효중단**의 효과는 6월 안에 제소 등 권리행사를 하지 않으면 없어지는데, 이 경우는 6월의 기산점을 그 소송의 종료시로 본다.[44] 그 밖에 어음과 수표의 배서인이 다른 배서인과 발행인을 상대로 한 상환청구소송에서 소송고지를 시효중단사유로 인정한다(어 제80조, 수 제64조).

---

41) 김홍엽, 1075; 이시윤, 838-839.

42) 大判(全) 1975. 5. 13, 74다1664 등.

43) 이시윤, 839. 강현중, 909; 김홍엽, 1079-1080; 鄭·庚·金, 1117; 大判 2009. 7. 9, 2009다14340도 같은 취지일 것이다. 大判 1970. 9. 17, 70다593도 이를 전제로 하고 있다.

44) 宋·朴, 713; 이시윤, 839; 위 2009다14340 판결.

Ⅲ. 공동소송참가

1. 의 의

공동소송참가란 계속 중인 소송에서 당사자 사이에 선고될 판결의 효력을 받을 제3자가 원고나 피고의 공동소송인으로 참가하는 형태의 당사자참가를 말한다(제83조).

이 참가는 판결의 효력을 받는 제3자의 참가라는 점에서는 공동소송적 보조참가와 같으나 단순히 보조참가인이 아닌 당사자로서 참가한다는 점에서 차이가 있다. 그리고 계속 중인 소송의 한쪽 당사자와 공동소송인이 된다는 점에서 독립된 지위에 서는 독립당사자참가와 다르다.

2. 참가의 요건

(1) 타인 사이에 소송이 계속 중일 것

소송이 항소심에 계속 중에 참가할 수 있다는 점에는 아무런 이설이 없다. **상고심**에서도 참가할 수 있는가에 관하여는 다툼이 있다. 판례는 상고심에서는 참가할 수 없다는 입장이고,45) 통설은 상고심에서도 참가를 허용하여야 한다고 본다.46) 이 경우는 어차피 참가하지 않더라도 판결의 효력을 받을 지위에 있는 제3자이므로 상고심에서라도 참가하여 원판결의 법적 판단에 대하여 자기에게 유리한 주장을 할 기회를 주어야 할 것이다. 특히 항소심에서 패소한 당사자 측에 참가하는 제3자는 이로써 파기환송판결을 받아 항소심에서 새로운 공격이나 방어를 할 기회를 얻을 수 있을 것이다. 다만 이 경우에는 참가와 동시에 상고를 제기하든가 상고인의 상고이유서 제출 기간 내, 또는 피상고인의 답변서 제출 기간 내에 참가하여 이유서나 답변서를 제출해야 상고심이 참작하게 된다.

(2) 소송의 목적이 당사자 일방과 참가인 사이에 합일적으로 확정될 경우일 것

이는 참가인과 그 참가로 인하여 공동소송인이 되는 당사자가 필수적공동소송이 될 경우, 즉 그 **판결의 효력이 참가할 제3자에게도 미치는 것**을 말한다.47) 여기

---

45) 大判 1961. 5. 4, 4292민상853.
46) 전원열, 662는 부정설이다.
47) 大判 1986. 7. 22, 85다620. 같은 취지에서 판례는 특허심판절차에 참가한 이해관계인에 대하여,

서 '판결의 효력'이라 함은 **기판력**과 **형성력**을 말한다. 반사적 효력이 미치는 경우에 관하여는 견해의 대립이 있다.[48] 이는 유사필수적공동소송에서 반사적 효력이 미치는 이들 사이에도 합일확정의 필요가 인정되는가에 따라 달리 볼 수 있을 것이다. 반사적 효력은 그 개념과 법적 성격이 아직 정립되었다고 할 수가 없고, 대부분 사실상 모순되는 결과가 나오면 납득하기 어려운 경우에 반사적 효력을 인정하는 것으로 보인다. 그러나 이러한 경우를 필수적공동소송에 포함시키는 것은 부당하다. 판례는 학교법인의 이사회결의무효확인의 소에 제3자는 공동소송참가를 할 수 없다고 한다.[49]

판례는 명시적 일부청구를 하는 **채권자대위소송** 중에 다른 채권자가 기존 채권자의 청구금액을 초과하지 않는 청구를 하여 공동소송참가를 하는 것은 두 소의 소송물이 동일하여 중복되므로 합일확정의 필요성이 인정되어 참가가 적법하다고 한다.[50] 그러나 이에 따르면 첫 번째 대위청구가 묵시적 일부청구이면 두 청구의 소송물이 달라서 참가가 부적법하다는 결론이 되는데 이처럼 첫째 청구에서 일부청구임을 밝혔는지 여부에 따라 참가신청의 적법 여부를 좌우되게 하는 것은 부당하다.

고유필수적공동소송인의 일부가 탈락되었을 때도 이 참가가 허용되는지에 관하여 이를 부정하는 견해가 있으나,[51] 통설은 긍정한다. 이러한 경우를 위하여 제68조에서 필수적공동소송인의 추가를 규정하여 적어도 제1심에서는 당사자적격 불비로 각하되는 일은 막을 수 있게 되었다. 그러나 항소심 이상에는 제68조가 적용되지 않으므로 참가를 별도로 인정할 필요성이 있다. 고유필수적공동소송인이 될 이의 당사자참가가 일반적으로 허용되더라도 제1심에서의 당사자 추가와 당사자 참가의 관계가 문제될 수 있다. 그러나 두 제도는 본질적으로 다른 것이 아니므로 어떤 형태를 취하든지 관계없을 것이다.

공동신청인이 될 지위에 있는 참가인과 당사자 사이에는 민사소송법 제63조(개정 전)의 규정이 준용되어 이 참가는 민사소송법 제76조(개정 전) 소정의 공동소송참가라고 해석함이 상당하다고 판시하였다(大判 1973. 10. 23, 71후14).

48) 긍정설은 이시윤, 858. 부정설은 宋·朴, 709-710.
49) 大判 2001. 7. 13, 2001다13013.
50) 大判 2015. 7. 23, 2013다30301·30325.
51) 李英燮, 116.

(3) 일반적 소송요건을 갖출 것

당사자참가 신청은 실질상 소제기와 같은 성격이므로 일반적 소송요건을 갖추어야 한다. 특히 문제되는 것은 당사자적격이다. **당사자적격**이 없으면 판결의 효력을 받는 지위에 있어도 당사자참가는 할 수 없고 공동소송적 보조참가를 할 수밖에 없다. 파산관재인의 소송에서의 파산선고를 받은 이처럼 법정소송담당에서 소송수행권을 상실한 실체법상의 법률관계의 주체가 여기에 해당한다.

채권자대위소송에서의 채무자, 선정당사자소송에서의 선정자, 추심위임피배서인의 소송에서의 배서인 등은 당사자적격을 잃지는 않았지만 이들이 참가하면 중복소제기가 된다는 견해가 있다.[52] 그러나 이는 일률적으로 단정지을 것이 아니라 개별적으로 검토해야 한다. **채권자대위소송**의 경우 사실심에서 채무자가 참가하면 채무자가 스스로 권리를 행사하는 것이 되어 채권자의 대위권 행사는 민법상의 법률요건 불비가 되어 채권자의 청구를 기각해야 할 것이다. **선정자의 당사자참가**는 바로 선정자가 스스로 당사자가 되려는 것이므로 선정행위의 취소가 될 수 있다. 이때에는 법원이 선정행위의 취소 여부를 석명하여 취소의 의사가 없음이 확인되면 공동소송적 보조참가로 취급할 수 있을 것이다. 만일 취소의 의사표시를 한 것으로 인정되면 참가인에게는 판결의 효력이 미치지 않아 선정당사자와 참가인은 통상공동소송인이 된다. 이때는 공동소송참가와 공동소송적 보조참가의 요건이 모두 불비되므로 참가신청을 각하해야 할 것이다. 어느 경우에도 중복소제기의 문제가 아니다. **배서인의 참가**도 중복소제기라고 할 수 없다. 피배서인의 제소 후에 배서인이 별소를 제기한다면 중복소제기가 될 수 있지만 피배서인의 소송에 참가하는 것은 그로써 필수적공동소송이 되므로 두 청구 사이에 판결의 모순, 저촉이 생길 수가 없다. 그러므로 이런 경우는 중복소제기라고 볼 이유가 없다.

제3자의 소송담당의 경우에 본래의 **권리귀속 주체**는 당사자적격이 없기 때문에 공동소송참가를 할 수 없다는 견해도 있다.[53] 그러나 같은 법정소송담당이라도 파산관재인과 같이 법률상 권리귀속 주체가 자기의 법률관계에 대한 관리·처분권을 상실하여 당사자적격도 상실한 경우에만 그러하고, 여전히 자기의 법률관계에 대한 관리·처분권을 갖고 있는 경우에는 제3자가 소송담당을 하여 당사자가 되었더라

---

52) 이시윤, 858. 宋·朴, 710은 당사자적격도 없고 중복소제기도 된다고 한다.
53) 宋·朴, 710. 이 견해는 중복소송도 된다고 본다.

도 당사자적격을 상실하는 것이 아니라고 보는 것이 타당할 것이다. 그러므로 예를 들어, 주주의 대표소송에서(상 제403조) 회사는 공동소송적 보조참가뿐만 아니라 공동소송참가도 할 수 있다고 새기는 것이 타당하다.54) 어느 참가에 속하는 것인지는 참가인이 정하는 대로 따르면 된다.55)

3. 참가절차

참가신청의 방식에는 보조참가에 관한 제72조가 준용된다. 그러므로 참가의 취지와 이유를 명시하여 타인 사이의 소송이 계속 중인 법원에 신청하여야 한다. 그러나 이 참가는 보조참가와는 달리 '당사자로서' 참가하는 것이므로 원고측이면 소제기, 피고측이면 청구기각판결의 신청에 해당하는 것이어서 소장이나 답변서에 준하여 서면으로 제출하는 것이 통상이다. 참가취지에는 어떠한 내용의 판결을 구하는지, 어느 당사자에 공동소송인으로 참가하는지를 기재해야 하고, 참가이유에는 소송의 목적이 한 당사자와 합일확정의 관계에 있다는 것을 그 근거와 함께 기재해야 할 것이다.

참가신청은 소제기와 마찬가지므로 기존의 당사자가 이의를 제기할 수 없다. 참가신청이 있으면 법원은 직권으로 그 요건 구비 여부를 조사하고 요건이 흠결되었으면 종국판결로 각하한다. 다만 요건이 흠결되었어도 보조참가나 공동소송적 보조참가의 요건을 갖추었으면 이러한 참가로 취급할 수 있다.

4. 참가의 효과

참가가 허용되면 피참가인과 참가인은 필수적공동소송 관계에 서게 되므로 제67조가 적용된다. 이들 사이에서는 승패를 같이 하므로 이해관계의 대립이 없어서 공동으로 소송대리인을 선임하는 것도 가능하다.56)

---

54) 판례는 상법 제404조 1항에서 규정하는 참가는 공동소송참가라고 한다(大判 2002. 3. 15, 2000다9086). 이 판결을 판례가 회사가 대표소송의 원고측에 참가하는 것은 공동소송참가이지 공동소송적 보조참가가 아니라고 판시하였다고 소개하는 이가 있으나(이시윤, 832), 이 판결은 상법 제404조 1항이 규정한 참가의 성격을 판시한 것이지 회사는 공동소송적 보조참가를 할 수 없다고 판시한 것은 아니다.

55) 공동소송적 보조참가로 취급할 것인지 여부는 법령의 해석으로 정할 것이지 당사자의 신청 방식으로 정할 것이 아니라는 견해가 있다(이시윤, 831). 이 견해는 참가인이 보조참가를 했을 때 통상의 보조참가인지 공동소송적 보조참가인지를 판단할 때에는 타당하다. 이 점은 판례도 인정한다(大判 1962. 5. 17, 4294행상172). 그러나 당사자적격이 있는 이가 당사자로서 참가할 것인지 보조참가를 할 것인지는 스스로 정할 수 있다고 보는 것이 타당하다.

56) 大判 1962. 12. 6, 62사21.

IV. 독립당사자참가

1. 의　　의

독립당사자참가는 타인 사이에서 계속 중인 소송에 기존의 원고와 피고 또는 그중 일방을 상대방으로 하여 그 소송의 소송물과 관련된 청구를 하여 참가하는 것을 말한다(제79조).

《사례 1》　　甲이 자기의 조부가 경기도 포천군 소재 임야를 사정받아 소유하였는데 乙이 아무런 근거도 없이 소유권보존등기를 하고는 소유자 행세를 한다고 주장하면서 乙을 상대로 소유권확인의 소를 제기하였다. 甲과 乙이 그런 소송을 수행중인 것을 안 丙이 그 임야는 자기의 조부가 사정받은 것이라고 주장하여 자기가 그 임야의 소유자라는 것을 확정짓고 乙 명의로 되어 있는 보존등기를 말소시키고자 한다. 丙은 어떠한 절차를 밟을 수 있는가?

이 사례는 통상의 소송과는 달리 甲, 乙, 丙 세 사람이 임야의 소유권을 두고 다투는 경우이다. 이때 丙은 甲, 乙 사이의 소송을 기다려 승소한 당사자를 상대로 소를 제기할 수도 있겠으나, 이는 두 차례의 소송을 거치는 것이어서 소송경제에 맞지 않고, 만일 丙이 승소한다면 甲, 乙 사이의 소송은 쓸모 없는 것이 되고 만다. 그러므로 세 사람 사이에 발생한 법적 분쟁은 이를 한꺼번에 통일적으로 해결하는 것이 바람직하다. 이러한 필요에서 만든 제도가 독립당사자참가이다.[57] 즉 丙은 甲을 상대로 소유권확인을 구하고 乙을 상대로는 보존등기말소와 소유권확인을 구하면서 그 소송에 참가하면 된다. 그러면 법원은 그 임야의 소유자가 세 당사자 중 누구인지를 하나의 판결로써 확정해 줄 수 있다. 만일 甲이 소유자라고 판단되면 甲의 청구를 인용하고 丙의 청구는 모두 기각할 것이고, 乙이 소유자라고 판단되면 甲과 丙의 청구를 모두 기각할 것이며, 丙이 소유자라고 판단되면 甲의 청구는 기각하고, 丙의 청구를 모두 인용할 것이다. 이렇게 함으로써 세 당사자 사이의 분쟁을 한꺼번에 해결할 수 있다. 이 제도는 일본에서 프랑스, 이탈리아 등의 참가제도를 참고하여 만든 것을 우리 법이 받아들인 것이다.

독립당사자참가는 '당사자'로서 참가한다는 점에서 기존의 당사자의 승소를 돕는 데에 불과한 보조참가와 구별된다. 그리고 당사자로서 참가를 하더라도 기존의

---

57) 이를 독립참가 또는 권리자참가라고도 한다.

어느 일방 당사자와 공동소송이 되지 않고 독립된 제3의 당사자가 된다는 점에서 공동소송참가와 구별된다.

2. 소송의 구조

독립당사자참가소송은 세 당사자가 서로 대립한다는 점에서 일반적인 두 당사자 대립 소송과 다른 모습을 보인다. 이러한 참가소송에서 각 당사자 사이의 소송관계를 어떠한 구조로 파악할 것인가에 관하여 여러 학설이 대립하고 있다. 과거에는 참가인이 기존의 당사자 일방과 필수적공동소송인이 된다는 공동소송설과, 기존의 소송과 참가인의 기존의 원·피고 쌍방을 피고로 하는 주참가소송이 병합된 것이라고 보는 주참가병합소송설이 주장된 바가 있었으나, 이 견해들은 현행법과 맞지 않으므로 현재는 주장하는 이가 없다. 오늘날 의미 있는 학설로는 1개소송설과 병합설이 있다.

(1) 1개소송설(3면소송설)

이 견해는 독립당사자참가소송에서 원고, 피고 및 참가인 세 당사자가 서로 대립하는 **3면적인 '1개의' 소송관계**가 성립한다고 본다. 전통적인 두 당사자 대립구조의 예외로서 세 당사자들이 솥발 같이 서로 대립하는 관계(鼎立)에 서 있음을 솔직히 인정하는 것이 타당하다고 한다. 이 견해에 의하면 독립당사자참가소송에 필수적공동소송에 관한 제67조가 준용되는 것은 세 당사자가 3면적인 하나의 소송관계에 있기 때문에 어느 당사자를 제외하고 재판할 수는 없기 때문이라고 한다. 우리나라의 다수설이다. 편면적 참가의 경우는 2면적 소송관계가 성립한다고 할 것이다. 다수의 판례도 이 견해를 취하는 듯한 표현을 쓰고 있다.[58]

(2) 병합설(3개소송병합설)

이 견해는 독립당사자소송은 동일한 법률관계에 관하여 원고와 피고, 참가인과 원고, 참가인과 피고 사이에 **각기 성립한 3개의 소송이 병합**된 형태라고 한다. 이 견해에 의하면 제67조의 준용은 세 당사자 사이에서 동일한 법률관계를 둘러싼 분쟁을 통일적으로 해결할 필요성 때문이라고 본다. 이 견해를 지지하는 견해가 있

---

58) 예를 들어, 大判 1980. 7. 22, 80다362·363은 "3면적 소송관계를 하나의 판결로써 모순 없이 일시에 해결할 수 있는 경우", 大判 1974. 6. 11, 73다374·375는 "3면소송의 당사자"라는 표현을 쓴다. 다만 편면적 참가가 허용되므로 3면소송이라는 표현보다는 1개소송이라는 표현이 더 적절하다.

고,59) 과거의 판례 중에 이 견해를 취한 듯한 표현을 쓴 것이 있다.60) 편면적 참가의 경우는 2개의 소송이 병합된 것으로 본다.

(3) 검 토

병합설에 대하여는, 독립당사자참가소송은 참가인이 본소송 당사자의 소송수행을 견제하면서 이들에 대한 자기의 청구를 관철하려는 것인데, 이 학설로는 이러한 구조를 설명하기 어렵고, 3개 소송이 동일 법률관계에 관하여 병합되었다는 점만으로는 제67조가 준용되는 근거를 설명할 수가 없다는 비판이 가해진다.61)

1개소송설에 대하여는, 독립당사자참가소송이 1개의 소송관계라면 원고의 소취하나 참가인의 참가신청 취하 및 이들에 대한 각하판결 또는 한 당사자의 탈퇴 자체가 허용되지 않거나, 허용될 경우는 그로써 세 당사자 사이의 소송계속이 모두 소멸되어야 할 것인데, 이러한 것은 법이 예정하고 있지 않다는 점으로 볼 때(제80조 참조) 3면소송이라는 것은 단지 세 당사자 사이의 분쟁을 한꺼번에 통일적으로 해결할 필요성이 있다는 점을 강조한 비유적 표현에 불과하다는 비판이 가해진다.

1개소송설은 동일한 법률관계에 관한 세 당사자 사이의 분쟁을 한꺼번에 통일적으로 해결하려는 것이 독립당사자참가소송이라는 점을 강조하였다는 점에서는 의의가 인정된다. 그러나 어차피 참가인은 기존의 원·피고 사이에 이미 성립한 소송에 참가하는 것이고, 뒤에서 보는 바와 같이 원고가 소를 취하하거나 소가 각하되면 그 소송은 참가인의 원·피고에 대한 공동소송으로 남게 된다.62) 참가인도 그 신청을 취하하거나 법원이 각하하면 원·피고 사이의 소송만 남게 된다. 기존의 원·피고 중 한 당사자가 탈퇴하면 역시 그 소송은 남아 있는 당사자와 참가인 사이의 소송으로만 남게 된다. 이러한 점을 고려하면 독립당사자참가소송이 '하나의' 3면적 소송관계라는 것은 별다른 의미가 없는 표현이다. 오히려 **세 개의 소송이 병합**되었다고 보는 것이 현실적인 파악이다. 병합설에 대하여는 필수적공동소송에 관한 제67조가 준용되는 근거를 설명하지 못한다는 비판이 가해지나, 독립당사자참가

---

59) 이시윤, 841; 전원열; 653; 한충수, 756-758.

60) 大判 1958. 11. 20, 4290민상308-311은 "그 소송에 참가하여 당사자가 됨으로써 원고와 피고간 참가인과 원고간 참가인과 피고간에 각 소송관계가 성립하고 이 삼자간의 법률관계가 일개의 판결에 의하여 통일적으로 결정될 뿐"이라고 하였고, 大判 1961. 11. 23, 4293민상578·579는 "원·피고간의 분쟁 외에 참가인 대 원고, 참가인 대 피고간의 분쟁을 1개의 판결로서 해결하며"라고 하였다.

61) 김홍엽, 1082, 주1; 宋·朴, 676 참조.

62) 통설이다. 반대견해인 李英燮, 114는 3면소송설에 투철한 입장인 것으로 보인다.

는 단순히 세 개의 소송이 병합된 것이 아니라 '동일한 법률관계'를 둘러싼 세 개의 소송이 병합된 것이라고 보므로 여기서 당연히 한꺼번에 통일적으로 재판할 필요성은 생기는 것이고, 그렇게 하기 위하여는 제67조가 준용될 필요가 인정된다. 그러므로 이러한 비판은 타당하지 않다.

판례에 대하여는 통상 1개소송설을 따른다고 보지만, 이 점은 판결문에 나타난 표현만을 보고 판단할 일은 아니다. 뒤에 보는 바와 같이 판례는 본소의 취하나 각하 또는 참가신청의 취하나 각하 뒤의 소송의 잔존을 인정하는데, 이것이 과연 1개소송설의 입장인지 의문이다.

3. 참가의 요건

(1) 타인간에 소송이 계속 중일 것

(가) '**타인간**'에 소송이 계속 중이어야 하므로 본소송의 당사자는 독립당사자참가를 할 수 없다. 보조참가인은 당사자가 아니므로 참가할 수 있다. 그러나 판례는 독립당사자참가인은 그의 상대방 당사자인 원·피고의 어느 한 쪽을 위하여 보조참가를 할 수는 없으므로 보조참가는 종료한다고 보고,[63] 독립당사자참가를 하면서 예비적으로 보조참가를 하는 것도 허용되지 않는다고 한다.[64] 통상공동소송에서는 한 공동소송인이 다른 공동소송인과 상대방 사이의 소송에 독립당사자참가를 하여도 무방하다.

(나) 여기서 계속 중인 '소송'이란 원칙적으로 **판결절차**를 말한다. 그러므로 제3자가 기존의 당사자들에게 청구를 하면서 참가할 여지가 없는 강제집행절차, 증거보전절차, 제소전화해절차, 공시최고절차, 중재절차는 여기에 해당하지 않는다. 독촉절차는 채무자의 이의제기로 판결절차로 넘어가므로(제472조 2항) 이의제기 이후에는 참가의 다른 요건이 구비되면 참가할 수 있다고 본다.[65] 보전절차에 관하여는 민사소송에서의 집행절차에 해당하는 보전집행절차에는 참가할 수 없지만, 판결절차에 해당하는 보전명령절차에는 참가할 수 있다고 본다.[66] 그러나 이러한 절차들은 신속하게 진행되고, 제3자가 그 단계에서 참가할 중대한 이해관계를 갖는 경우가 드물기 때문에 논의의 실익은 별로 없다.

---

63) 大判 1993. 4. 27, 93다5727·5734.
64) 大判 1994. 12. 27, 92다22473·22480.
65) 반대는 方順元, 220.
66) 宋·朴, 678.

《사례 1a》　〈사례 1〉에서 丙이 甲을 상대로 그 임야의 소유권확인청구를 하고 乙을 상대로 乙 명의로 되어 있는 보존등기말소를 청구하면서 참가하고자 한다. 甲, 乙 사이의 소송이 상고심에 계속 중인 경우에도 참가가 허용되는가?

《사례 1b》　〈사례 1a〉에서 甲, 乙 사이에서 재심소송이 진행 중일 때에도 丙이 참가할 수 있는가?

《사례 1c》　〈사례 1a〉에서 丙이 제1심에서 참가하였다. 이때 역시 그 임야의 소유권을 주장하는 丁이 그 소송에 참가하면서 甲과 丙을 상대로는 소유권확인청구를, 乙을 상대로는 보존등기말소청구를 하였다. 丁의 참가가 적법한가?

판결절차에서 **사실심**에 참가할 수 있음은 물론이다. 사실심 변론종결 후에는 법원이 변론을 재개하지 않는 한 참가는 부적법하다. 상고심에도 참가할 수 있는지에 관하여는 견해가 대립한다. 소극설은 당사자참가는 실질적으로 소제기에 해당하므로 법률심인 상고심에서는 할 수가 없다고 본다.[67] 적극설은 상고심에 참가하여 원판결이 파기환송되면 그때 사실심리를 받을 기회가 생기며, 당사자 가운데 누구도 상고하지 않음으로써 참가인을 해칠 판결을 확정시키는 것을 막기 위해서도 참가를 허용할 것이라고 한다.[68] 그러나 참가인은 상고심에서 참가하더라도 법률심에서 어차피 참가로써 원판결을 파기시킬 방법은 없으므로 상고심 자체에서는 참가할 이익이 없다. 참가하려면 환송 뒤에 참가하는 것이 타당하다. 그러므로 〈사례 1a〉에서 丙은 참가할 수 없고 항소심 판결이 파기환송(이송)되는 것을 기다려서 참가할 수 있다.

재심절차에도 참가할 수 있다. 다만 재심소송에서의 심리는 그 내용상 재심사유의 유무를 심리하는 단계와 재심사유가 있을 때 본안을 심리하는 두 단계로 구분되므로 참가를 하더라도 두 번째 단계에 참가하는 것이 된다.[69] 〈사례 1b〉에서 丙은 참가할 수 있지만 재심사유 유무를 심리하는 단계에서는 아무런 주장과 입증을 할 것이 없을 것이다.

참가할 본소송의 형태는 문제되지 않는다. 반소, 중간확인의 소, 공동소송 등에 모두 참가할 수 있다. 독립당사자참가소송에 다른 사람이 참가하는 것(중첩적 참가)도 무방하다. 〈사례 1c〉에서 丁의 참가는 적법하다. 이 경우 각 당사자 사이의 소

---

67) 김홍엽, 1083; 方順元, 220; 宋·朴, 679; 大判 1961. 11. 23, 4293민상717; 大判 1977. 7. 12, 76다2251, 77다218; 大判 1994. 2. 22, 93다43682·51309.
68) 강현중, 914; 金·姜, 821; 이시윤, 842; 李英燮, 110; 鄭·庚·金, 1129-1130; 韓宗烈, 315.
69) 大判 1994. 12. 27, 92다22473·22480.

송법률관계가 어떻게 되는가? 판례는 제2의 참가인이 본소송의 원·피고를 상대로만 청구를 하고 제1의 참가인에게는 아무런 청구를 하지 않으면 제1의 참가인과 제2의 참가인 사이에는 아무런 소송관계가 성립하지 않는다고 한다.[70] 제2의 참가인이 제1의 참가인에게 청구를 하였으면 그들 사이에서도 소송관계가 성립하지만, 아무런 청구도 하지 않은 경우에는 소송관계가 성립하지 않는 것은 당연하다.[71] 〈사례 1c〉에서 丁은 丙에게도 청구를 하였으므로 이 경우 甲, 乙, 丙, 丁 사이에 소송관계가 성립한다.

민사소송이 아닌 절차에서 독립당사자참가가 불가능한 경우가 있다. 행정소송에서는 행정청만 피고가 될 수 있기 때문에 원고에게도 청구해야 하는 독립당사자참가는 허용되지 않는다는 것이 판례이다.[72] 그러나 2002년 법 개정으로 편면적 참가가 허용되므로 행정소송에서도 참가가 허용될 여지가 생겼다.

(2) 참가의 이유가 있을 것

제79조는 참가이유를 두 가지로 정하고 있다. 그 하나가 소송의 목적의 전부나 일부가 자기의 권리임을 주장하는 것이고 다른 하나가 소송의 결과에 의하여 권리의 침해를 받을 것을 주장하는 것이다.

(가) 권리주장

참가인이 본소송의 목적으로 되어 있는 법률관계가 기존 당사자의 권리가 아니라 **자기의 권리라고 주장**하는 경우이다(권리주장참가). 그러므로 원고가 주장하는 권리와 참가인이 주장하는 권리가 **양립 불가능**이어야 한다.[73] 〈사례 1〉의 경우처럼 소유권과 같은 대세적 효력이 있는 권리에 관한 분쟁이 전형적인 경우이다. 그러나 채권 등 상대권에 관한 분쟁에도 참가가 가능하다.

《사례 2》　　　甲은 乙로부터 지리산 자락에 있는 임야를 5천만원에 매입하여 대금을

---

70) 大判 1958. 11. 20, 4290민상308-311; 大判 1963. 10. 22, 62다29.

71) 판례가 3면소송을 넘는 다면소송은 허용하지 않고 있다거나, 참가인 사이에서의 청구를 허용하지 않는다거나, 제2참가인의 제1참가인에 대한 청구는 부적법 각하해야 한다고 본다는 등으로 판례를 소개하는 수가 있으나, 이는 정확하지 않다. 앞에서 든 판례는 모두 참가인 사이에서는 아무런 청구를 하지 않은 사안에 관한 것으로, 판례도 그러한 경우에는 참가인들 사이에서는 소송관계가 성립하지 않는다고 하였을 뿐이다. 특히 4290민상308-311 판결은 참가인들 사이에 아무런 청구가 없는데도 불구하고 법원이 참가인들 사이에서 소유권이전등기 절차를 명한 것은 잘못이라고 하였는데, 이는 처분권주의에 충실한 당연한 판결인 것이다.

72) 大判 1956. 2. 14, 4288행상56; 大判 1957. 10. 11, 4290행상63; 大判 1970. 8. 31, 70누70·71.

73) 大判 2017. 4. 26, 2014다221777·221784.

다 지급했다고 주장하면서 乙을 상대로 소유권이전등기를 청구하는 소를 제기하였다. 그 소송에 丙이 참가하면서 甲, 乙 사이의 매매계약에서 진정한 매수인이 甲이 아닌 丙이라고 주장하여 甲을 상대로는 소유권이전등기청구권 확인청구를, 乙을 상대로는 소유권이전등기를 청구하였다. 丙의 참가가 적법한가?

《사례 2a》　〈사례 2〉에서 丙이 그 임야를 이미 매수하였다고 별도의 매수사실을 주장하는 경우에는 丙의 참가가 적법한가?

〈사례 2〉에서 甲과 丙이 서로 자기가 乙과의 매매계약에서 진정한 매수인이라고 주장하므로 甲의 청구와 丙의 청구는 서로 양립할 수가 없다. 이러한 경우에는 세 당사자 사이의 분쟁이 한꺼번에 통일적으로 해결될 수가 있으므로 참가가 허용된다.[74]

　판례는 그 밖에 원고의 중도금채권 주장에 대하여 참가인이 그 채권의 양수인이라고 주장하는 경우,[75] 원고와 참가인이 서로 자기가 피고에 대한 진정한 명의신탁자라고 주장하여 명의신탁 해지를 이유로 소유권이전등기를 청구하는 경우,[76] 원고와 참가인이 같은 점유사실에 기해서 시효취득을 주장하면서 참가인이 원고에게 단지 관리를 위탁했을 뿐이라고 주장한 경우[77] 등에 관하여 어느 한 쪽의 청구권이 인정되면 다른 한 쪽의 청구권은 인정될 수 없는 것으로서 각 청구가 서로 양립할 수 없는 관계에 있으므로, 독립당사자참가 신청은 적법하다고 판시하였다.

그러나 〈사례 2a〉에서는 甲과 丙이 乙과 각기 별개의 매매계약을 체결하였으므로(이른바 이중양도), 두 당사자 모두가 乙에 대하여 소유권이전등기청구권을 가진다. 그러므로 甲과 丙의 주장이 모두 진실인 경우에 법원은 甲의 청구 인용을 이유로 丙의 청구를 기각할 수는 없고, 두 청구를 모두 인용해야 한다. 그 결과 누구든 먼저 등기를 이전받는 당사자가 소유권을 취득하고 다른 당사자는 매도인에 대하여 손해배상을 청구하든가 부당이득 반환을 청구하는 수밖에 없다.

그 외에도 판례는 다음의 경우에 양립 불가능을 부정한다:

　채무자 丙과 물상보증인 丁이 각자의 부동산에 丙을 위하여 乙은행에게 근저당권을 설정하여 주었고, 丁이 같은 부동산에 甲에게 2번 근저당권을 설정하여 주었는데, 乙은행이 먼저 丁의 부동산을 경매하여 담보채권 전액을 회수한 사안에서, 甲은 丁이 물상보

74) 大判 1988. 3. 8, 86다148-150, 86다카762. 이시윤, 843-844는 이러한 경우도 부동산 2중양도의 한 유형인 것처럼 설명하면서 이 입장을 절충설이라고 하나, 이는 2중양도가 아니다.
75) 大判 1991. 12. 24, 91다21145 · 21152.
76) 大判 1995. 6. 16, 95다5905 · 5912.
77) 大判 1996. 6. 28, 94다50595 · 50601.

증인으로 丙에게 구상권을 취득함과 동시에 변제자 대위에 의하여 丙의 부동산에 대하여 1번 근저당권을 취득하였고, 자신은 丁 소유이던 부동산에 대한 후순위 저당권자로서 丁에게 이전된 1번 근저당권으로부터 우선하여 변제 받을 수 있다고 주장하면서 乙은행을 상대로 1번 근저당권설정등기의 이전을 청구하는 소를 제기하였다. 이에 대하여 丙은 丁이 취득한 구상권은 자기가 丁에게 가진 다른 채권과 상계하여 소멸하였음을 주장하여 乙은행을 상대로 1번 근저당권설정등기의 말소를 구하면서 참가를 신청하였다. 이에 대하여 판례는 참가인 丙이 주장하는 권리는 甲이 주장하는 권리와 서로 다른 권리여서 양립이 가능하다고 하여 참가신청을 각하하였다.[78]

원고가 피고를 상대로 양수도계약에 따라 그 지급보증을 위하여 발행된 20억 원의 약속어음금의 지급을 구하고, 예비적으로 양수도계약을 해제하면서 그 원상회복 불능에 따른 가액배상으로 20억 원의 지급을 구하는 소송이 계속 중에, 참가인이 피고에 대하여는 위 20억 원의 채권을 양수하였음을 주장하여 그 20억 원의 지급을 구하고, 원고에 대하여는 피고의 위 20억 원의 채무를 연대보증하였다는 이유로 그 연대보증채무의 이행을 구하면서 독립당사자참가를 하였다. 이에 대하여 대법원은 참가인의 원고에 대한 연대보증채무 이행청구는 원고의 청구와 양립이 가능하여 권리주장참가의 요건을 갖추지 못하였고, 별도로 사해방지참가의 요건을 갖추었다고 볼 자료도 없다고 하여 원고에 대한 청구에 대하여 본안판단을 한 제1심 판결을 취소하고 이 부분 참가의 소를 각하하였다.[79]

이처럼 원고와 참가인의 청구가 양립하는 경우에는 세 당사자 사이의 분쟁이 한꺼번에 통일적으로 해결될 수가 없으므로 독립당사자참가 제도의 취지와 부합할 수가 없다. 이러한 참가는 허용하여서는 안 된다.[80]

(나) 사해방지

참가인이 소송의 결과로 인하여 **권리의 침해를 받을 것을 주장**하는 경우에도 참가할 수 있다(사해방지참가).

《사례 3》 甲은 乙로부터 경기도 용인의 임야를 매수했다고 주장하여 乙을 상대로 소유권이전등기절차의 이행을 구하는 소를 제기하였다. 그러자 乙이 속해 있는 丙종중이 참가를 신청하면서 甲과 乙을 상대로 그 임야에 대한 매매계약 무효확인을 청구하고 乙에 대하여는 명의신탁 해지를 원인으로 소유권이전등기절차의 이행을 청구하였다. 丙종중은 주장하기를, 위 임야는 乙의 부친에게 명의신탁해 둔 丙종중의 재산인데, 甲과 乙이 이 사실을 알면서도 위 임야를 착복하여 丙종중을 해칠 목적으로 서로 통모하여 위 임야에 대한 매매계약을 체결한 다음, 甲이 乙을 상대로 본소를 제기하고, 乙은 본소의 소송수행 과정에서 甲의 주장사실을 모두 인정함으로써 甲이 승소판결을 받도

---

78) 大判 2017. 4. 26, 2014다221777 · 221784.
79) 大判 2022. 10. 14, 2022다241608 · 241615.
80) 강현중, 915; 김홍엽, 1089; 이시윤, 843; 鄭 · 庚 · 金, 1125. 반대설은 宋 · 朴, 681.

록 획책하고 있다고 하였다. 丙종중의 참가가 적법한가?

이러한 경우에는 丙이 참가하여 매매계약의 무효확인을 받고 등기명의를 회복함으로써 甲과 乙이 통모하여 丙의 재산을 사취하는 것을 막을 수 있다. 이러한 점에서 사해방지참가는 통정허위표시(민 제108조 1항), 채권자취소권(민 제406조)과 그 취지를 같이 한다.

다만, 원고의 피고에 대한 청구의 원인행위가 사해행위라고 하여 원고를 상대로 사해행위 취소를 청구하면서 참가하는 것은 부적법하다는 것이 판례이다. 채권자취소권을 행사하여 사해행위의 취소와 함께 수익자나 전득자로부터 책임재산의 회복을 명하는 사해행위 취소의 판결을 받아도 그 취소의 효과는 채권자와 수익자나 전득자 사이에만 생기고 채권자와 채무자 사이에서는 아무런 영향이 없다는 상대적 효력 때문에 그러한 참가신청은 사해방지의 목적을 달성할 수 없기 때문이라고 한다.[81)

사해방지참가에서는 원고의 청구와 참가인의 청구가 서로 **양립되어도 무방**하다는 것이 통설, 판례이다.[82) 위 사례에서 甲의 소유권이전등기청구와 丙의 소유권이전등기청구는 실체법상 각기 이유 있다고 인정될 수 있어, 양립이 가능하다. 그러므로 만일 丙의 참가가 권리주장참가라면 부적법하다고 판단받게 될 것이다. 그러나 이러한 경우에도 통모로 인한 사취를 방지할 필요성이 있으므로 사해방지참가로서는 적법하다고 보는 것이다.[83)

사해방지참가의 이유가 되는 '**권리침해**'가 무엇을 뜻하는가에 관하여는 학설이 대립한다. ① 판결효력설은 기존의 원·피고 사이의 판결의 효력, 즉 기판력이나 반사적 효력이 참가인에게 미쳐서 그 소송을 방치하면 참가인의 권리가 침해되는 경우에 한하여 사해방지참가가 인정된다고 한다.[84) ② 이해관계설은 널리 원·피고 사이의 소송의 결과로 사실상 권리침해를 받는 경우도 참가를 인정하려는 입장이다. ③ 사해의사설은 원·피고가 그 소송으로써 참가인을 해칠 의사, 즉 사해의사를 갖고 있다고 인정될 경우에는 참가를 허용한다는 견해이다. 우리나라의 다수

---

81) 大判 2014. 6. 12, 2012다47548·47555.
82) 판례는 과거에 권리주장참가와 사해방지참가를 구별함이 없이 양립불가능을 그 요건으로 하였으나(예컨대, 大判 1982. 12. 14, 80다1872·1873), 大判 1990. 4. 27, 88다카25274·25281에서부터는 사해방지참가에서는 양립 가능한 경우에도 참가를 인정한다.
83) 大判 1990. 7. 13, 89다카20719·20726.
84) 方順元, 221; 李英燮 111; 韓宗烈, 318.

설이다. **판례**는 "원고와 피고가 당해 소송을 통하여 **제3자를 해할 의사**를 갖고 있다고 객관적으로 인정되고, 그 소송의 결과 **제3자의 권리 또는 법률상의 지위가 침해될 염려**가 있다고 인정되는 경우"에는 사해방지참가가 인정된다고 본다.[85] 사해의사의 판단 기준으로는 원고가 주장한 사실이 허위라는 의심이 들거나, 원고의 소제기가 권리의 실현이나 법률상의 지위 확보를 위한 것이라기보다는 피고에 대한 다른 권리자를 배제하려는 데에 더 중점이 있다는 점에 입증이 있을 것을 요구한다.[86]

판결효력설에 대하여는 참가를 인정하는 범위가 너무 좁다는 비판이 가해지고, 이해관계설은 범위가 넓고 보조참가의 요건과의 구별이 분명치 않다는 단점이 있다고 한다. 사해의사설에 대하여는 사해의사가 있었음을 엄격히 요구하면 참가의 기회가 봉쇄된다고 염려하기도 한다.[87] 그러나 판결효력설이 판결의 반사적 효력까지 포함시키는데, 반사적 효력의 개념이 아직 정립되지 않았으므로 허용범위가 매우 넓어질 수 있고, 그렇게 되면 이해관계설과 큰 차이가 없다. 사해의사설이 타당하다는 것이 다수설이지만, 사해의사만 인정되고 실제로 권리침해를 초래할 염려가 없는 경우에는 참가를 인정할 필요가 없을 것이다. 그런 점에서 **판례가 내세우는 기준**이 가장 현실적이고 타당하다. 〈사례 3〉에서 丙종중은 그 임야에 대한 소유권이전등기가 甲에게로 경료되면 丙은 그 임야의 소유권을 상실하게 되므로, 법원이 심리하여 甲과 乙의 통모 사실과 乙의 소극적 응소사실이 인정되면 객관적으로 사해의사를 인정할 수 있으므로 '권리침해'의 요건을 충족한다.

(3) 본소송의 원·피고 쌍방이나 어느 일방에 대하여 청구할 것(참가취지)

(가) 내 용

참가인은 본소송의 당사자에 대하여 청구를 하는 **참가취지**를 진술해야 한다. 쌍방에 대한 청구가 동일한 내용일 수도 있고 다른 내용일 수도 있다. 즉, 원·피고 모두에 대하여 소유권확인을 구할 수도 있고, 원고에 대하여는 소유권확인을, 피고에 대하여는 소유권이전등기말소를 구할 수도 있다.

(나) 청구의 상대방

《사례 4》   甲은 乙이 소유자로 등기되어 있는 건물을 매수하였다고 주장하여 乙을 상대로 소유권이전등기절차의 이행을 청구하는 소를 제기하였다. 그러나 丙이 그 소송

---

85) 大判 1990. 4. 27, 88다카25274·25281; 大判 1990. 7. 13, 89다카20719·20726 등 다수.
86) 大判 2001. 9. 28, 99다35331·35348.
87) 宋·朴, 683-684.

에 참가하면서 丙이 乙에게 그 건물을 매도하였는데, 乙이 매매대금을 지급하지 않아 계약을 해제하였다고 주장하여, 乙에 대하여 그 건물의 소유권이 丙에게 있음을 확인하라는 청구를 하고 甲에 대하여는 아무런 청구를 하지 않았다. 丙의 참가신청이 적법한가?

참가인이 본소송의 원고와 피고 쌍방에게 모두 청구를 할 수도 있고, 그중 일방에 대하여만 청구를 해도 무방하다(제79조 1항). 일방 당사자에게만 청구하는 것을 **편면적 참가**라고 하는데, 2002년 법 개정 이전에는 이를 허용할 것인지에 관하여 논란이 있었다.

판례는 독립당사자참가는 쌍면적 참가임을 전제로 편면적 참가는 부적법하다고 보았고,[88] 학설은 이를 인정하는 것에 찬성하고 있었다.[89] 그러나 실제로 판례가 편면적 참가라 하여 불허한 사례들 대부분이 참가취지가 원고의 청구와 양립할 수 있는 경우이기 때문에 부적법한 사례들이다.[90] 2002년 개정법에서 학설을 받아들여 편면적 참가를 허용하였다.

그러므로 〈사례 4〉의 경우 편면적 참가이긴 하지만 甲의 소유권이전등기 청구는 乙이 현재 소유자임을 전제로 하는 것이므로 丙의 소유권확인청구와는 양립할 수가 없다.[91] 원고의 청구와 양립 불가능한 참가취지이므로 비록 편면적 참가이지만 개정법에 의하여 丙의 참가신청이 받아들여질 수 있게 되었다.[92] 이처럼 **양립 불가능**을 요건으로 하면 편면적 참가를 허용해도 3자 사이의 분쟁을 한꺼번에 통일적으로 해결한다는 독립당사자참가의 취지에 어긋나지 않게 된다.

사해방지참가의 경우에도 편면적 참가가 허용되는지가 문제이다. 사해방지참가는 기존의 원고와 피고가 참가인을 해치기 위하여 공모하여 소송을 하는 것을 막기 위한 참가이므로 이들을 모두 상대로 하여 참가하는 것이 타당할 것으로 생각된다.

(4) 청구병합의 요건을 갖출 것

독립당사자참가로 인하여 하나의 절차에서 여러 개의 청구를 병합하여 심판하

---

88) 大判 1962. 7. 19, 62다93. 판례는 나아가 원고를 상대로는 단지 청구를 기각하라고 신청했을 뿐인 경우에도 부적법하다고 보았다(大判 1966. 11. 29, 66다1525 · 1526; 大判 1992. 8. 18, 92다18399 · 18405).

89) 반대는 方順元, 224.

90) 大判 1962. 7. 19, 62다93; 大判 1966. 11. 29, 66다1525 · 1526 등.

91) 丙의 계약 해제로 소유권이 丙에게 당연히 복귀한다고 보기 때문이다.

92) 편면적 참가를 둘러싼 여러 문제점에 관한 상세한 검토는 金昶亨, 片面的 獨立當事者參加에 관한 研究, 서울대학교 석사논문, 2005 참조.

게 되므로 청구병합의 요건도 갖추어야 한다. ① 참가인의 청구가 본소 청구와 같은 종류의 절차에 의하여 심판될 수 있는 것이어야 한다. 통상의 민사소송절차에 참가하면서 일방 당사자에게 행정소송 사항인 공법상의 의무 이행청구를 하거나93) 가사소송에 의할 청구를 하는 것은 부적법하다. ② 참가인의 청구가 본소청구와 다른 법원의 전속관할에 속하여서는 안 된다.

(5) 일반적 소송요건을 갖출 것

참가신청은 소제기와 같으므로 당사자능력, 당사자적격, 중복소제기, 기판력 등에 관한 일반적인 소송요건을 갖추어야 함은 당연하다.

2002년 법개정 이후에는 편면적 참가가 허용되므로 어느 일방에 대한 청구가 소송요건 불비로 부적법하여도 그 부분만 각하하고 참가신청 자체는 적법하다고 인정한다.94)

판례는 과거에 본소송의 당사자 중 일방에 대한 청구가 그 **주장 자체로도 이미 이유가 없는 경우**에도 참가취지가 부적법하다고 보았다.95) 이 경우도 편면적 참가로 보았던 것으로 짐작된다. 그러나 주장 자체로 이유가 없는 것은 소송요건 불비가 아니라 청구를 기각할 사유일 뿐만 아니라 편면적 참가도 아니다. 이러한 경우에도 참가인의 청구가 원고의 청구와 양립 불가능하면 참가신청 자체는 적법하다고 보아야 한다.

---

93) 大判 1995. 6. 30, 94다14391 · 14407. 원고가 민사소송으로 한국토지개발공사를 상대로 이주택지 분양권 확인청구를 한 본소송에 참가인이 원고에 대하여는 자기가 분양권자라는 확인을, 피고에 대하여는 이주자택지분양을 청구한 사안에서 대법원이 원고의 청구와 참가인의 신청을 모두 각하하면서, 원고가 행정소송사항인데 민사소송으로 잘못 제소하였고, 참가인의 청구 중 피고에 대한 것은 원고의 민사소송에 행정소송 사항의 청구를 하면서 참가한 잘못이 있다고 하였다.

94) 大判 2009. 12. 24, 2009다75635 · 75642는 원고가 피고에게 부동산의 일정 지분권을 매수하였음을 주장하여 그 부분의 소유권이전등기를 청구하였는데, 참가인이 피고에 대하여는 참가인이 매수인임을 주장하여 참가인에게 등기를 이전할 것을 청구하고 원고에 대하여는 원고에게는 지분권이전등기청구권이 없음을 확인하라고 청구한 사건에서, 참가인의 원고에 대한 청구는 확인의 이익이 없어 부적법하므로 각하할 것이므로 이 부분에 대하여 본안재판을 한 것은 잘못이라고 판시하였다.

95) 60년대에는 주로 매매계약만 체결하고 소유권이전등기를 경료받지 못한 매수인이 참가하면서 일방 당사자에 대하여 소유권확인청구를 한 경우에 이는 참가인의 주장 자체로도 소유권이 인정되지 않으므로 참가는 부적법하다고 한 사례가 많았다(大判 1965. 7. 20, 65다698–670; 大判 1966. 7. 19, 66다896; 大判 1969. 3. 25, 68다2435 · 2436 등). 근래에는 참가인이 일방 당사자와 명의신탁관계에 있음을 이유로 타방 당사자에게 소유권이나 근저당권의 확인청구를 한 경우에 대외적으로는 수탁자가 권리자이므로 이러한 청구는 주장 자체로 이유가 없으므로 참가가 부적법하다고 한 사례가 자주 등장한다(소유권의 경우: 大判 1994. 12. 27, 92다49362 · 49379; 大判 1995. 8. 25, 94다20426 · 20433. 근저당권의 경우: 大判 1999. 5. 28, 98다48552 · 48569).

4. 참가소송의 절차

(1) 참가신청

참가신청에 관하여는 보조참가에 관한 규정인 제72조가 준용된다(제79조 2항). 그러므로 참가의 취지와 이유를 명시하여 본소송이 계속하는 법원에 신청하여야 한다. 참가신청은 소제기의 성질을 가지므로 소액사건을 제외하면 서면으로 작성하여 제출하여야 한다. 참가신청은 참가인으로서 할 수 있는 소송행위와 같이 할 수 있다. 그러므로 참가인은 참가하면서 항소를 제기할 수도 있다. 참가신청서 부본은 본소송의 당사자들에게 송달해야 한다.

참가신청으로 소제기와 마찬가지로 실체법상으로는 시효중단, 기간준수의 효과가, 소송법상으로는 소송계속의 효과가 생긴다. 그러므로 참가 뒤에 본소송의 한 당사자를 상대로 같은 내용의 청구를 별소로 제기한 경우에는 중복소제기가 되고, 본소송의 당사자는 참가인을 상대로 반소를 제기할 수 있다.

(2) 참가신청에 대한 요건 조사

(가) 참가요건

참가신청이 있으면 법원은 먼저 참가요건을 **직권으로 조사**한다. 참가요건이 불비되어 있으면 보정을 명하고 보정이 불가능하거나 보정에 응하지 않을 때에는 참가를 부적법하다고 하여 각하할 것이다. 그러나 독립당사자참가로서는 요건이 불비되었지만 참가신청의 일부 취하로 보조참가로서의 요건을 갖추었으면 보조참가로 전환할 수 있고,96) 독립의 소로서의 요건을 갖추었으면 별개의 소송으로 심리하든가, 공동소송의 요건(제65조)도 구비되었으면 통상공동소송으로 심리할 수도 있을 것이다.

참가요건에 대한 조사에서는 그 참가가 권리주장참가인지 사해방지참가인지를 확인해야 한다. 어느 쪽인지 분명하지 않으면 석명권을 행사하여 이를 분명하게 한 뒤에 참가요건의 구비 여부를 심리해야 한다.97)

참가신청에 대하여 기존 당사자들이 **이의를 제기**할 수 있는가에 관하여는 견해

---

96) 大判 1960. 5. 26, 4292민상524는 참가인이 원고에 대하여 청구기각을 구하였기 때문에 부적법하지만, 피고에 대한 참가를 취하하였기 때문에 참가인의 원고에 대한 신청, 즉 원고의 청구를 기각하라는 신청만이 남아있게 된 사안이다.

97) 大判 1994. 11. 25, 94다12517 · 12524.

가 대립한다. 부정설은 참가신청은 소제기와 성질이 같으므로 피고에 해당하는 기존의 당사자들이 이의를 제기한다는 것은 무의미하다고 본다.[98] 긍정설은 참가에 대하여 중대한 이해관계를 가지는 본소송의 당사자들을 보호할 필요가 있으므로 이의를 제기하면 선결문제로서 참가의 적부를 판단해야 한다고 본다.[99] 보조참가와는 달리 본소송의 당사자의 보호는 참가요건에 대한 법원의 직권 조사로 충분하므로 부정설이 타당하다.

(나) 소송요건

법원은 참가에서의 각 청구가 일반적 소송요건을 갖추었는지 여부를 직권으로 조사하고 갖추지 못한 경우에는 보정을 명하고 보정하지 않거나 보정할 수 없는 경우에는 판결로 참가신청을 각하한다. 앞에서도 설명한 바와 같이 일방에 대한 청구의 소송요건 불비로 편면적 참가가 될 수 있는 경우에는 편면적 참가로 받아들일 것이다.

(3) 본안심판

독립당사자참가는 세 당사자 사이의 동일한 법률관계를 둘러싼 분쟁을 한꺼번에 통일적으로 해결하려는 제도이므로 **본안에 대한 심리와 재판이 통일적**으로 이루어져야 한다(합일확정). 이를 위하여 필수적공동소송에 관한 제67조를 독립당사자참가소송에 준용한다(제79조 2항). 세 당사자 사이의 법률관계가 합일확정될 필요가 있어도 실체법상 함께 소송을 하는 것이 강제되지는 않으므로 유사필수적공동소송의 법리가 준용될 것이다. 다만 필수적공동소송과 합일확정의 필요성은 동일하지만 그 내용은 전혀 다르다. 필수적공동소송의 경우는 합일확정의 필요성이 공동소송인 사이에 판결의 효력이 서로 미치므로 승패를 같이 해야 한다는 것을 의미하는데 반하여, 독립당사자참가에서는 세 당사자 모두가 자기를 제외하고 다른 두 당사자 사이에서만 판결이 이루어지는 것을 견제할 필요가 있어서 한꺼번에 재판해야 한다는 것을 뜻한다.

(가) 소송자료의 통일

《사례 5》 甲은 乙로부터 청계산 자락에 있는 임야를 1억원에 매입하여 대금을 다 지급했다고 주장하면서 乙을 상대로 소유권이전등기를 청구하는 소를 제기하였다. 그

---

98) 강현중, 921; 宋・朴, 687; 이시윤, 848; 鄭・庚・金, 1131.
99) 金・姜, 824; 方順元, 225.

소송에 丙이 참가하면서 甲, 乙 사이의 매매계약에서 진정한 매수인이 甲이 아닌 丙이라고 주장하여 甲을 상대로는 소유권이전등기청구권 확인청구를, 乙을 상대로는 소유권이전등기를 청구하였다. 변론에서 甲이 매수인이라는 주장을 乙이 시인하였다. 법원은 甲이 매수인이라고 인정해야 하는가?

《사례 5a》 〈사례 5〉에서 甲은 丙의 청구에 대하여 다투고 있는데, 乙이 丙의 청구가 이유 있다고 인낙하는 진술을 하였다. 법원은 인낙조서를 작성하고 소송을 종료시킬 수 있는가?

독립당사자참가소송에 제67조가 준용되는 결과, 한 당사자의 다른 당사자에 대한 소송행위는 그 행위를 한 당사자와 제3의 당사자의 **이익을 위하여서만 효력**이 생기고, 자신에게 불리한 행위는 행위의 상대방을 제외한 두 당사자가 함께 하여야 효력이 생긴다. 〈사례 5〉에서 乙이 甲의 주장에 대하여 한 행위는 乙과 丙에게 이익이 될 때에만 효력이 생긴다. 그러나 乙의 행위는 재판상자백으로 丙에게는 불리하므로 효력이 생기지 않고, 따라서 법원에 대한 구속력도 생기지 않는다.100) 乙과 丙이 일치하여 甲의 주장에 대하여 자백하여야 비로소 재판상자백으로서의 효과가 생긴다. 〈사례 5a〉에서도 乙의 인낙은 甲에게 불리하므로 효력이 없고,101) 이것이 효력이 있으려면 甲과 乙이 함께 인낙해야 한다. 마찬가지 이유에서 청구의 포기와 상소취하도 한 당사자가 단독으로 할 수 없고, 소송상화해는 세 당사자가 함께 하여야 한다.102) 본안에 대하여 아무런 영향이 없는 소취하나 참가신청의 취하는 원고나 참가인이 단독으로 할 수 있음은 물론이다.

(나) 소송진행의 통일

합일확정을 보장하기 위하여 법원은 독립당사자참가소송에서 기일을 공통으로 지정하여 모든 당사자에게 통지해야 하고 변론을 분리할 수 없다.103) 한 당사자의 기일지정신청으로(예: 제268조 2항) 기일을 지정하려면 모든 당사자에 대하여 기일을 지정해야 한다. 세 당사자 중 어느 한 당사자에게 절차의 중단 또는 중지의 원인이 생긴 때에는 당사자 전원에게 절차가 중단 또는 중지된다(제67조 3항의 준용).

---

100) 大判 2009. 1. 30, 2007다9030 · 9047: 독립당사자참가에서 두 당사자 사이의 소송행위는 나머지 1인에게 불이익이 되는 한 두 당사자 간에도 효력이 발생하지 않으므로, 참가인이 원·피고에 대하여 아파트에 대한 관리업자로서의 지위의 확인을 구하고 있는데 피고는 원고가 그 아파트에 대한 관리업자의 지위에 있다는 점에 대하여 다투지 않는다고 진술하더라도 그 진술은 효력이 없고 법원을 기속하지도 않는다.
101) 두 당사자 사이에서 한 인낙은 효력이 없다는 판례: 大判 1964. 6. 30, 63다734.
102) 大判 2005. 5. 26, 2004다25901 · 25918: 두 당사자가 하는 소송상화해는 허용되지 않는다.
103) 大判 1995. 12. 8, 95다44191.

그러나 상소기간 등 소송행위를 위한 기간은 개별적으로 진행한다.

(다) 본안판결

《사례 5b》 〈사례 5〉에서 법원이 심리한 결과 우선 甲의 청구가 이유 없다는 결론을 내렸다. 이때 법원이 먼저 甲의 청구를 기각하는 판결을 선고할 수 있는가?

《사례 5c》 〈사례 5b〉에서 법원이 甲의 청구를 기각한다는 판결을 선고하였다. 법원이 뒤에 丙의 청구를 인용하는 판결을 추가할 수 있는가?

본안의 종국판결은 세 당사자 사이의 분쟁을 한꺼번에 통일적으로 해결하는 내용이어야 하므로 **하나의 전부판결**로 원고의 본소청구와 참가인의 청구 모두에 대하여 재판하여야 한다. 그러므로 일부판결은 허용되지 않는다. 〈사례 5b〉에서 법원이 甲의 청구에 대하여만 판결하는 것은 허용되지 않는다. 뿐만 아니라 판례는 〈사례 5c〉처럼 누락된 丙의 청구에 대하여 추가판결을 하는 것도 허용하지 않는다.104) 이러한 경우에는 상소하여 판결을 취소하고 환송하도록 할 것이다.

(라) 상 소

a) 이심의 범위: 패소한 당사자가 상소하면 그 효과는 **모든 당사자**에게 미친다(제67조 2항의 준용).

《사례 5d》 〈사례 5〉에서 제1심 법원이 甲의 청구를 인용하고 丙의 청구를 모두 기각하였다. 이에 대하여 乙이 항소하였고 丙은 아무런 행동을 하지 않았다. 이때 丙의 청구도 항소심으로 이심되는가?

《사례 5e》 〈사례 5d〉에서 乙이 아닌 丙이 항소하였다. 이 경우에는 어느 부분이 항소심으로 이심되는가?

〈사례 5d〉에서 乙의 항소는 종국판결 중 甲의 청구를 인용한 부분에 대한 항소이고 丙의 乙에 대한 청구를 기각한 부분에 대한 항소는 물론 아니다. 그러나 乙이 항소한 효과는 甲과 丙에게 모두 미치므로 판결 중 丙의 청구를 기각한 부분도 확정이 차단되고 항소심으로 이심된다. 〈사례 5e〉에서는 甲과 乙에 대한 청구가 모두 기각된 丙이 항소하였으므로 甲, 乙이 모두 항소심으로 이심되고, 따라서 판결 중 甲의 乙에 대한 청구를 인용한 부분도 확정되지 않고 이심된다(이심설).105)

---

104) 大判 1991. 3. 22, 90다19329; 大判 1995. 12. 8, 95다44191.

105) 다수설, 판례이다. 특히 大判 2007. 12. 14, 2007다37776·37783. 판례 중에 피고측이 통상공동소송인 경우에 그들 중 일부만이 상소한 경우에는 그 상소한 피고에 대한 관계에서만 3면소송이 상소심에 계속하는 것이고 상소하지 아니한 피고에 대한 관계에서의 3면소송은 상소기간 도과로써 종료(확정)

학설로서는 불복하지 않은 당사자에 대한 관계는 분리하여 확정된다는 견해(분리확정설)가 있다.106) 그러나 이 견해를 따르면 〈사례 5d〉에서는 丙의 청구를 기각한 판결이 확정되고 항소심에서는 甲, 乙 사이의 소송만 계속하게 되고, 〈사례 5e〉에서는 乙이 항소하지 않았으므로 甲의 乙에 대한 청구인용판결은 확정되고, 丙의 甲과 乙에 대한 청구를 기각한 부분만 항소심으로 이심된다. 생각건대 이처럼 분리확정을 인정하면 독립당사자참가를 인정한 취지가 몰각되고 말 것이다. 〈사례 5d〉의 경우 항소심에서 甲이 아닌 丙이 그 임야의 매수인이라고 판단하더라도 제1심 판결을 취소하고 甲의 청구를 기각할 수밖에 없을 것이다. 특히 〈사례 5e〉에서는 丙의 항소가 성공하여 항소심이 청구를 인용하면 세 개의 청구가 모두 인용되는 결과가 되는데, 이래서는 동일한 법률관계에 관한 세 당사자 사이의 분쟁을 한꺼번에 통일적으로 해결한다는 독립당사자참가의 본질에 어긋난다. 뿐만 아니라 분리확정설은 제67조 제2항에도 맞지 않으므로 타당하지 않다. 판례는 참가신청이 각하된 경우 다른 당사자가 상소하였으나 참가인이 상소하지 않으면 참가인에 대한 각하판결이 분리하여 확정되며,107) 참가신청이 각하된 참가인이 상소기간이 도과한 다음에 부대상소를 한 경우에도 마찬가지여서 부대항소도 부적법하다고 한다.108) 참가요건에 관한 판단은 합일확정의 대상이 아니라고 본 것으로 생각된다.

b) 상소심의 심판 범위: 상소심의 심판 범위에는 **처분권주의에 의한 제한**이 적용되지 않는다.

《사례 5f》 〈사례 5d〉에서 乙만 항소하였음에도 불구하고 항소심 법원이 제1심 판결을 취소하고 丙의 甲과 乙에 대한 청구를 인용하는 판결을 선고할 수 있는가?

이 사례에서 통상의 소송에서처럼 항소심의 심판 범위가 乙의 불복에 제한된다면 법원이 제1심 판결이 잘못되었다고, 즉 甲이 아닌 丙이 진정한 매수인이라고 판단하더라도 甲의 乙에 대한 청구를 기각할 수 있을 뿐이다. 이는 독립당사자참가제도의 취지에 반하므로 이러한 경우에는 항소심 법원은 제1심 판결을 취소하고 丙의 청구를 모두 인용하는 판결을 할 수 있다고 보아야 한다. 그 결과 乙로서는

된다고 한 것이 있다(大判 1974. 6. 11, 73다374). 이 판결은 세 당사자 사이의 일부만이 분리 확정될 수 있는지 여부와는 성질을 달리 하는 사안에 관한 것이다.

106) 李英燮, 演習 56, 62 이하.

107) 大判 1972. 6. 27, 72다320 · 321; 大判 1992. 5. 26, 91다4669 · 4676.

108) 大判 2019. 8. 30, 2018다224132.

甲에 대한 패소판결에 대하여 항소를 제기하였는데 丙에 대한 패소판결을 받은 것으로 이는 불복의 범위를 벗어난 다른 재판을 받은 것이다. 경우에 따라서는 항소인에게 더 불리한 결과가 되어 불이익변경금지에 저촉되는 수가 있겠지만 이는 부득이하다. 판례는 독립당사자참가에서도 상소심의 심판 대상은 상소취지에 나타난 불복범위에 한정된다고 하여, 원고의 피고에 대한 청구를 인용하고 참가신청을 각하한 제1심 판결에 대하여 참가인만이 항소한 사건에서 참가가 부적법하다는 이유로 참가인의 항소가 이유 없다고 하여 이를 기각하면서 참가인이 불복하지도 않은 본소 청구까지 심리하여 원고의 청구를 기각하는 판결을 한 것은 잘못이라고 하였다.[109] 그러나 세 당사자 사이에서 합일확정의 필요가 있는 경우에는 상소하지 않은 당사자에게 더 유리한 내용으로 판결이 변경될 수도 있다고 한다.[110]

c) 상소하지 않은 패소 당사자의 지위: 독립당사자참가소송에서는 세 당사자 중에서 한 당사자가 승소하고 나머지 두 당사자는 패소하는 것이 보통이다. 이때 패소한 당사자 모두가 상소하면 그들이 상소인이 되고 승소한 당사자가 피상소인이 되며, 패소 당사자 중 한 사람이 상소하면 그가 상소인이 된다. 그러면 패소하고도 상소하지 않은 당사자의 지위는 상소인에 속하게 되는가 아니면 피상소인에 속하게 되는가?

《사례 5g》 〈사례 5〉에서 제1심 법원이 甲의 청구를 인용하고 丙의 청구를 모두 기각하였다. 이에 대하여 丙만이 항소하였다. 이때 乙이 항소를 취하할 수 있는가?

《사례 5h》 〈사례 5g〉에서 丙의 항소가 이유 없다고 하여 항소를 기각하는 판결이 선고되었다. 이때 乙이 항소비용을 부담하게 되는가?

만일 그러한 당사자가 상소인의 지위에 서게 된다면 〈사례 5g〉에서 乙은 항소인이 되므로 항소취하도 가능하고, 〈사례 5h〉에서 항소가 실패한 것으로 되어 항소비용을 부담할 것이다. 만일 乙이 피항소인이 된다면 〈사례 5g〉에서 乙은 항소를 취하할 수 없고, 〈사례 5h〉에서는 乙도 항소의 상대방으로 승소하였으므로 항소비용을 부담하지 않을 것이다.[111]

---

109) 大判 2007. 12. 14, 2007다37776·37783. 같은 취지로 심판범위를 불복범위로 제한한 판례는 大判 1974. 2. 12, 73다820·821. 다만 이 판결에서 항소심에서 참가를 각하한 것이 심판 범위를 넘어섰다고 한 것은 소송요건 판단은 항소심의 심판 범위와 상관 없다는 점을 간과한 것으로 보인다.

110) 大判 2007. 10. 26, 2006다86573·86580; 大判 2022. 7. 28, 2020다231928. 이와 같이 변경할 수 있는 것은 참가인의 참가신청이 적법하고 나아가 합일확정의 요청상 필요한 경우에 한한다.

111) 상소법원이 상소비용을 별도로 판단할 필요가 있는 것은 상소를 기각, 또는 각하할 때에 한한다.

이에 관하여는 여러 가지 학설이 대립하고 있다. ① 상소인설은 패소한 두 당사자는 승소 당사자에 대한 필수적공동소송인과 유사한 지위에 선다고 보아 제67조 제1항을 준용, 한 당사자의 상소로 다른 당사자도 상소한 것이 된다고 본다.112) ② 피상소인설은 세 당사자는 상호 대립, 견제의 관계에 있으므로 패소 당사자 중 한 사람이 상소하는 것은 나머지 두 당사자 모두를 상대방으로 하는 것이라고 보아, 제67조 제2항을 준용, 그들이 모두 피상소인이 된다고 한다.113) ③ 상대적 이중지위설은 독립당사자참가소송의 특수성을 감안하여 상소인과 피상소인의 지위를 겸한 특수한 지위에 선다고 한다.114) ④ 상소심당사자설은 합일확정의 필요상 패소하고 상소하지 않은 당사자에 대하여는 판결의 확정이 차단되고 상소심에 이심되는 것에 그치므로 상소인도 피상소인도 아닌 상소심당사자의 지위에 설 뿐이라고 한다.115)

상소인설에는 상소를 제기하지 않은 당사자를 상소인으로 보는 것이 지나친 의제이고, 상소가 이유 없으면 상소도 않고 상소비용을 부담해야 하며, 실제로 상소한 당사자가 단독으로 상소를 취하할 수 없도록 한다는 등의 문제가 있다. 피상소인설은 상소인이 다른 패소 당사자에게는 아무런 상소의 이익이 없음에도 그를 상소의 상대방으로 삼게 된다는 문제를 안고 있다. 상대적 이중지위설은 설명이 지나치게 기교적이며 상소인설과 피상소인설이 가지는 결점을 모두 가지고 있다.116) 상소심당사자설은 이러한 당사자가 구체적으로 상소심에서 어떤 지위에 서는지에 관하여 명확한 설명을 하기 어렵다는 단점은 있으나, 세 당사자 사이의 소송이 합일확정되어야 한다는 필요에서 판결이 상소하지 않은 당사자에게 유리하게 변경될 수도 있

원판결을 취소하거나 변경할 때에는 소송의 총비용에 관하여 재판하기 때문이다(제105조).

112) 大判 1964. 6. 30, 63다734는 두 당사자 사이에서 한 인낙은 효력이 없다고 판시하면서 일반론으로 "한 당사자가 종국판결에 대하여 상소를 하면 판결 전체의 확정은 차단되어 그 상소의 효력은 '다른 한 당사자'에게 대하여도 미친다 할 것이다"라고 하였다.

113) 方順元, 233; 李英燮, 114; 李在性, "獨立當事者參加訴訟과 民事訴訟法 제63조의 準用", 辯護士, 7집, 162면; 한충수, 733-734.

114) 金·姜, 827.

115) 강현중, 925; 宋·朴, 692-693; 이시윤, 853; 鄭·庚·金, 1134-1135; 韓宗烈, 324. 大判 1981. 12. 8, 80다577은 원고와 참가인의 청구를 모두 기각한 판결에 대하여 원고만이 항소하였고, 참가인이 항소심에서 참가신청을 취하하였지만 피고가 이에 동의하지 않은 사건에서, 항소심이 참가인을 당사자로 취급하지도 않은 것은 잘못이라고 하면서 "참가인들도 항소심에서의 당사자라고 할 것임에도 불구하고"라는 표현을 썼다. 이 판결을 상소심당사자설을 취한 판례라고 인용하는 것이 보통이나 전체 문맥상으로는 의문의 여지가 있다.

116) 宋·朴, 692; 이시윤, 853. 鄭·庚·金, 1134는 실제로 하나의 상소밖에 없으므로 상대적 이중지위설을 받아들일 수 없다고 한다.

고 불리하게 변경될 수도 있다는 점을 고려하면, 꼭 상소인이나 피상소인 어느 한쪽에 자리를 매길 필요는 없다고 본다. 이런 점에서 일단은 상소심당사자설이 무난하다. 이 입장에 따르면 〈사례 5g〉에서 乙은 항소인이 아니므로 항소를 취하할 수가 없고, 〈사례 5h〉에서 乙은 항소인도, 피항소인도 아니므로 항소비용을 부담하지 않을 것이다. 더 근본적으로는 어차피 제67조의 준용으로 세 당사자의 소송관계가 모두 상소심으로 이심되고 상소심에서도 세 당사자 사이의 분쟁을 한꺼번에 통일적으로 해결해야 하므로 누가 상소인이고 누가 피상소인에 속하는지를 따지는 것이 의미가 있는지 의문스럽다. 이런 의미에서도 **상소심당사자설**이 무난하다.

판례는 항소나 부대항소를 하지 않은 당사자의 청구도 항소심으로 이심은 되지만 그 청구에 대하여 제1심 판결을 취소하거나 변경할 필요가 없는 경우에는 그 청구의 당부를 반드시 판결주문에서 선고할 필요는 없다고 보고, 그 상태에서 판결이 확정된다면 취소, 변경되지 않은 제1심판결의 주문에 그대로 기판력이 발생한다고 한다.117) 이러한 당사자를 상소인이나 피상소인으로 보지 않는다는 의미라고 생각된다.

5. 독립당사자참가소송의 해소

독립당사자참가소송은 원고, 피고, 참가인 사이의 소송이지만 어느 한 당사자가 그 소송에서 탈락하거나 빠져 나가면 전통적인 이당사자대립소송으로 바뀌게 된다.

《사례 5i》 〈사례 5〉에서 丙이 참가신청을 취하하였는데 이에 대하여 甲, 乙이 모두 동의하였다. 이때 甲, 乙 사이의 소송관계는 어떻게 되는가?

《사례 5j》 〈사례 5〉에서 甲이 소를 취하하였는데 이에 대하여 乙과 丙이 모두 동의하였다. 이때 丙의 소송관계는 어떻게 되는가?

(1) 참가신청의 취하 또는 각하

참가인은 참가신청을 취하할 수 있다. 그 성질은 **소취하에 해당**하므로 소취하에 관한 규정이 유추적용된다. 그러므로 본소송의 당사자들이 참가에 응소한 경우, 즉 본안에 관하여 준비서면을 제출, 변론준비기일에서 진술, 또는 변론한 경우에는 쌍방 당사자의 동의가 있어야 취하의 효력이 생긴다(제266조 2항).118) 취하 뒤에는 원

---

117) 大判 2022. 7. 28, 2020다231928.
118) 大判 1981. 12. 8, 80다577.

고, 피고 사이의 본소송만 남게 된다. 그러므로 〈사례 5i〉에서는 甲과 乙 사이의 소송으로 되돌아가게 된다. 참가가 각하된 경우에도 마찬가지이다.

참가인이 **일방 당사자에 대한 청구만 취하**할 수 있는가? 편면적 참가가 가능하므로 세 당사자 사이의 분쟁을 한꺼번에 통일적으로 해결하는 데에 지장이 없으면 일방에 대한 취하를 인정할 것이다. 다만 이때에는 취하된 참가신청의 상대방의 동의가 필요할 것이다.[119]

본소송의 **일방 당사자만 취하에 동의**한 경우에도 참가신청 자체의 취하로서는 효력이 생기지 않지만, 세 당사자 사이의 분쟁을 한꺼번에 통일적으로 해결할 수 있는 내용이면 편면적 참가로서 인정할 여지가 있을 것이다.

참가신청을 취하하면 참가소송의 계속이 소급적으로 소멸하므로 참가인이 제출한 증거방법에 대하여는 잔존 당사자들이 원용하지 않는 한 법원은 그에 대하여 판단할 필요가 없고 각하된 경우도 마찬가지이다.[120]

(2) 본소의 취하 또는 각하

참가 뒤에도 원고는 소를 취하할 수 있고, 법원은 그 소가 부적법하면 각하할 수 있다. 소취하에는 다른 당사자들이 응소하였으면 기존 소송의 피고뿐만 아니라 참가인의 동의도 필요하다.[121]

본소가 취하 또는 각하된 때 **참가신청의 운명**은 어떻게 되는가? 이때는 참가신청의 요건인 '타인 사이의 소송계속'이 소멸하였으므로 참가의 목적이 상실되어 참가신청도 소멸한다는 견해가 있다.[122] 〈사례 5j〉에서 丙의 참가신청도 없었던 것으로 되어 甲, 乙, 丙 사이의 소송관계는 모두 소멸한다는 것이다. 이 견해는 세 당사자 소송을 공동의 운명체로 취급하는 3면소송설에 충실한 결론을 내고 있다. 본래 소송요건이나 참가요건은 변론종결시를 기준으로 그 구비 여부를 판단하는 것이므로 변론종결 이전에 본소가 취하나 각하되면 참가요건이 불비된다. 그런 점에서 이 견해는 매우 논리적이다. 그러나 본소의 취하나 각하로 어차피 독립당사자참가소송

---

119) 宋·朴, 693은 이러한 경우에도 쌍방의 동의가 필요하다고 한다.

120) 참가신청을 각하한 경우, 참가인이 제출한 증거자료에 대한 판단을 할 필요가 없다고 한 판례가 있는가 하면(大判 1962. 5. 24, 61다251·252), 이미 증거조사를 마쳤을 때에는 증거로 사용해도 무방하다고 한 판례가 있다(大判 1971. 3. 31, 71다309·310). 앞의 판례는 법원이 판단해서는 안 된다는 것이 아니라 판단할 필요가 없다는 것이므로 이들이 상충되는 것으로는 보이지 않는다.

121) 大決 1972. 11. 30, 72마787.

122) 李英燮, 114; 韓宗烈, 325; 大判 1966. 2. 15, 65다2442.

은 해소되는 것이며, 참가신청이 독립의 소로서의 요건을 갖추었으면 그대로 참가인의 원·피고를 상대로 한 **공동소송으로 남게** 된다고 보는 것이 타당하다.[123] 그러므로 〈사례 5j〉에서 丙의 청구로 인한 소송계속은 그대로 유지되어 甲, 乙을 공동피고로 하는 소송이 성립한다. 이러한 점에서도 3개소송병합설이 더 타당하다고 생각된다.

(3) 본소송 당사자의 소송탈퇴

《사례 5k》 〈사례 5〉에서 乙은 甲과 丙 중 한 사람에게 소유권이전등기를 해 줄 의사는 있는데, 누가 진정한 매수인인지를 잘 몰라서 甲의 제소에 응소하고 있었다. 丙이 그 소송에 참가함에 따라 乙로서는 甲, 丙 중 승소한 사람에게 등기를 이전해 주면 그만이므로 더 이상 소송에 남아 있을 필요가 없게 되었다. 乙이 소송을 할 필요 없이 그 소송의 판결의 효력을 받기 위한 방법으로 무엇이 있는가?

이 사례에서처럼 제3자의 참가로 기존 당사자 중에서 더 이상 소송에 남아 있을 필요가 없게 되는 수가 있다. 이러한 경우에 그 당사자는 상대방과 참가인 사이의 소송의 결과에 승복하기로 하고 소송에서 탈퇴하면 된다(제80조). 한 당사자의 탈퇴로 독립당사자참가소송은 본소송의 남은 당사자와 참가인 사이의 이당사자대립소송이 된다.

(가) 요 건

a) **소송계속 중 제3자가 참가할 것:** 참가인의 **참가는 적법하고 유효**한 것이어야 한다. 그렇지 않으면 탈퇴 후 참가가 각하되고 아무런 해결 없이 소송계속 전체가 소멸하기 때문이다. 문제는 제1심에서 한 당사자가 탈퇴하였는데 항소심에서 참가가 부적법하다고 하여 각하되는 경우이다. 이때는 탈퇴가 효력이 없다고 보고 사건을 제1심으로 환송하는 것이 타당할 것이다.

탈퇴는 권리주장참가에 한정되는가, 아니면 사해방지참가에서도 탈퇴가 허용되는가? 제80조에는 '자기의 권리를 주장하기 위하여' 참가한 경우만 규정하고 있어 권리주장참가에서만 탈퇴가 허용되는 것으로 되어 있다. 이 규정을 확장해석하여 사해방지참가에서도 피고가 소송수행의 의욕이 없고 소극적 태도로 일관할 때에는 탈퇴를 허용할 것이라는 견해가 다수설이다.[124] 그러나 사해방지참가에서는 그 취

---

123) 강현중, 927; 金·姜, 829; 方順元, 229; 宋·朴, 694; 이시윤, 854; 鄭·庚·金, 1136. 大判 1991. 1. 25, 90다4723는 더 나아가 "당사자참가인의 참가 요건 구비를 더 이상 거론할 필요가 없는 것"이라고 판시하였다.

지상 탈퇴는 생각하기 어렵다. 참가인의 주장대로 본소송이 사해소송이면 피고가 소극적일 이유가 없고, 참가인의 사해소송 주장이 잘못된 것이면 더구나 피고가 탈퇴할 이유가 없다. 뿐만 아니라 사해방지참가는 원고의 본소청구와 참가인의 청구가 양립 가능해도 허용되는데, 이러한 경우에 탈퇴를 허용할 수는 없을 것이다. 그러므로 탈퇴는 **권리주장참가에만 허용**된다는 법규정에 충실하게 새기는 것이 타당하다.125)

b) 상대방 당사자의 승낙을 얻을 것: 탈퇴는 상대방 당사자에게 이해관계가 크므로 그의 승낙을 얻어야 한다(제80조). **참가인의 승낙**도 얻어야 하는가에 관하여는 탈퇴로 참가인의 이익이 해쳐질 염려는 없으므로 이를 부정하는 것이 통설이다. 나아가 상대방이 예측하지 못한 손해를 입을 염려가 없을 경우에는 상대방의 승낙조차 필요 없다는 견해가 있다.126) 그러나 상대방이 승낙하지 않는데 손해를 입을 염려가 없다고 하여 법원이 탈퇴를 허용하는 것은 무리이고, 승낙 여부의 의사표시를 하지 않을 때에는 법원이 석명을 하여 그 의사를 밝혀 그에 따라 처리하면 될 것이다. 승낙이 없음에도 탈퇴를 허용하려면 손해 발생 염려의 유무를 법원이 별도로 심리해야 하는데, 이는 법원과 당사자들에게 필요 없는 부담을 주는 것이다. 상대방의 승낙은 법규정에 명시되어 있는 것으로 소송법 규정을 그처럼 자의적으로 축소해석해서는 안 된다.

(나) 탈퇴절차

탈퇴는 서면으로 신청하는 것이 원칙이다. 그러나 변론기일이나 변론준비기일에 구술로 할 수도 있다. 탈퇴에 관하여 당사자 사이에 다툼이 있으면 변론을 열어 심리하여, 탈퇴가 무효이면 소송을 속행할 것이고, 탈퇴가 유효이면 탈퇴조서를 작성하여 나머지 당사자들 사이의 소송만 진행시키면 된다.

---

124) 강현중, 928; 金・姜, 830; 김홍엽, 1103; 이시윤, 856; 鄭・庚・金, 1138.

125) 宋・朴, 695.

126) 이시윤, 856. 鄭・庚・金, 1138은 탈퇴에 의하여 상대방에게 특히 불이익을 주는 일이 없으므로 상대방의 승낙을 받을 필요가 없다고 한다.

제 4 절 當事者의 變更

I. 의의와 종류

당사자의 변경은 넓은 의미로는 소송계속 중에 기존의 당사자가 다른 당사자로 교체되거나 기존의 당사자에 추가하여 새로운 당사자가 소송에 참가하는 것을 말한다. 그러므로 당사자 변경에는 독립당사자참가와 공동소송참가가 모두 포함될 수 있다. 좁은 의미로는 **기존의 당사자가 다른 당사자로 교체되는 것**을 말한다.

당사자변경은 소송 중에 실체법상의 법률상 지위 내지는 법률관계에 변동이 일어나서 본안적격자, 즉 실체법상의 권리자나 의무자가 변경되고 그에 따라 당사자가 변경되는 경우가 있고, 그러한 사유 없이 기존 당사자의 의사에 의하여 당사자를 변경시키는 경우가 있다. 전자를 소송승계, 후자를 임의적 당사자변경이라고 한다. 소송승계에는 실체법 규정상 당연히 발생하는 포괄적 승계로 권리주체가 변경되어 당사자의 지위가 교체되는 포괄승계와, 당사자의 법률행위로 인하여 실체법상 법률관계의 주체가 바뀌어 당사자도 변경되는 특정승계가 있다.

II. 임의적 당사자변경

1. 의 의

임의적 당사자변경은 기존 당사자의 **실체법상 지위의 승계 없이 당사자의 의사에 따라** 기존의 당사자를 새로운 당사자와 교체하거나 새로운 당사자를 추가하는 것을 말한다.

《사례 1》　학교법인 丙이 운영하는 사립대학교의 교수 甲은 丙의 이사장 乙을 상대로 밀린 봉급의 지급을 구하는 소를 제기하였다. 제1심에서 피고적격이 없다고 하여 소각하판결을 받은 甲이 항소한 뒤에 피고를 乙에서 丙으로 변경하겠다고 신청하였다. 이 신청이 받아들여질 수 있는가?

《사례 1a》　〈사례 1〉에서 甲이 제1심에서 피고를 丙으로 변경하겠다고 신청한 경우에는 어떻게 되는가?

이 사례에서 甲은 피고를 이사장 乙이 아닌 법인 丙으로 지정했어야 한다. 이때 甲이 乙을 丙으로 변경하면 이는 법률관계의 승계 없이 당사자를 바꾸는 것이므로 임의적 당사자변경이 된다.

임의적 당사자변경과 비교할 수 있는 것이 **당사자 표시정정**이다. 표시정정은 당사자의 동일성이 유지되는 것을 전제로 하지만, 당사자변경은 당사자의 동일성이 달라진다는 점에서 근본적인 차이가 있다. 과거에 우리 판례는 사망한 사람을 모르고 피고로 했다가 그 상속인으로 바꾸는 경우처럼 사실상 당사자가 달라지는 경우에도 당사자확정 단계에서 상속인을 피고로 보고 표시정정을 허용했다. 그러나 이는 당사자변경의 필요성이 인정되지만 임의적 당사자변경을 일반적으로 불허하고 있었기 때문에 이를 피하기 위한 수단으로 당사자의 '추정적 의사'를 내세워 그와 같이 처리했던 것이다.[1]

비법인사단과 같은 단체의 구성원을 바꾸더라도 그로 말미암아 별개의 단체가 된다면 모르되 단체의 동일성이 유지되는 한 이는 당사자변경에 해당하지 않음은 물론이다.[2] 비법인사단의 실체는 바뀌지 않고 법적 성격에 관한 당사자의 주장만 바뀌는 경우에도 당사자 변경이 아니다.[3]

2. 허용 여부

본래 소송은 원고와 피고를 확정해 놓고 원고의 소가 적법한지, 그리고 확정된 원고의 피고에 대한 청구가 이유 있는지를 심리하는 절차이다. 소송에서는 **절차의 안정**이 대단히 중요하므로 소송 중에 당사자를 함부로 변경하는 것은 절차를 불안정하게 한다는 문제가 있다.

판례는 임의적 당사자변경을 허용하지 않고,[4] 나아가 당사자의 변경을 초래하는 표시정정 신청은 그 실질이 임의적 당사자변경이라고 하여 허용하지 않고 있다.[5]

---

1) 1990년 소송법 개정시에 도입된 피고의 경정제도(제260조, 제261조)로 인하여 이제는 그러한 무리한 해석을 할 필요가 없어졌다.

2) 大判 2008. 5. 29, 2007다63683: 쓰레기 매립장 설립에 대하여 주민들의 권익보호를 위하여 그 주민의 일부로 구성된 단체의 경우, 그 구성원에 세입자를 추가로 포함시킨 사안.

3) 大判 2008. 10. 9, 2008다45378: 원고 단체가 고유의 의미의 종중이라고 주장하다가 뒤에 종중유사단체라고 법적 주장을 바꾼 경우는 임의적 당사자변경이 아니다.

4) 판례는 종중의 공동선조를 변경하는 것은 당사자인 종중의 실체를 변경하는 것으로 임의적 당사자변경이 되어 허용되지 않는다고 한다(大判 1994. 10. 11, 94다19792; 大判 1996. 11. 26, 96다32850).

5) 법인을 대표자 개인으로 변경하려는 표시정정(大判 1957. 5. 25, 4289민상612·613), 종회의 대표자 개인을 종회로 고치기 위한 표시정정(大判 1996. 3. 22, 94다61243), 권리능력 없는 사단인 부락의 구성원 중 일부가 원고인 소송에서 원고의 표시를 부락으로 정정하는 것(大判 1994. 5. 24, 92다50232), 원

그러나 학설은 임의적 당사자변경을 허용하는 것이 통설이다.6) 그 논거는 원고가 당사자적격을 혼동하면 종래의 소를 취하시키거나 각하하여 새로 소를 제기하도록 해야 하는데, 이는 당사자들과 법원에 모두 불편하고 비경제적이라고 한다. 이러한 학설의 입장을 부분적으로 받아들여서 1990년 민사소송법 개정시에 **피고의 경정**(제260조, 제261조)과 **필수적공동소송인의 추가**(제68조)를 규정하였다. 그러므로 이러한 법규정의 요건에 맞는 임의적 당사자변경은 적법하다고 보게 된 것이다.7)

3. 법적 성질

임의적 당사자변경에 의하여 당사자를 교체하거나 추가할 경우 어떠한 요건을 갖추어야 하고, 새로운 당사자는 어느 범위에서 이미 이루어진 소송관계의 영향을 받는지가 문제된다. 이는 임의적 당사자변경의 법적 성질을 어떻게 파악하느냐에 따라 달라진다.

(1) 소변경설

소를 제기할 때 당사자도 특정해야 하므로 당사자를 변경하는 것도 소변경이 된다는 견해이다. 독일 제국법원의 일관된 판례이고,8) 연방대법원의 주류적인 입장이다.9) 이 견해에 의하면 〈사례 1〉에서 甲이 피고를 丙으로 변경한 것은 소변경이 되고 따라서 소변경의 요건을 갖추어야 한다.

당사자변경을 소변경으로 보면 종래의 소송이 새 당사자에 의하여 계속 수행되고 절차를 반복할 필요가 없다는 장점이 있다. 그러나 새 당사자는 자기와는 관계가 없는 구 당사자의 소송수행의 결과를 받게 된다는 결점이 있다. 그리고 소변경으로 보더라도 그에 관한 제262조를 적용할 수 없다. 제262조는 당사자가 아닌 청

고를 원고의 父로 표시를 정정하는 것(大判 1970. 3. 10, 69다2161), 새로운 당사자의 추가를 위한 표시정정(大判 1980. 7. 8, 80다885), 원고들이 상고 후에 상고하지 않은 원고 중 한 사람을 상고인으로 추가하려는 표시정정(大判 1991. 6. 14, 91다8333) 등이다.

6) 독일에서는 이를 인정하는 것이 통설, 판례이다. Jauernig/Hess[30] § 86 Rn. 9 ff.; Lüke[11] § 8 Rn. 2 ff.; Rosenberg-Schwab/Gottwald[18] § 42 Rn. 13 ff. 등이 임의적 당사자변경이 인정됨을 전제로 설명한다. 독일의 판례도 이것이 적법함을 전제로 그 법적 취급을 다루고 있다.

7) 그러나 이러한 입법으로 모든 문제가 해결되었다고 볼 수는 없다. 특히 피고의 경정의 요건에 맞지 않는 경우에 일반론으로 임의적 당사자변경을 허용할 것인지에 관하여 논란의 소지가 남아 있기 때문이다.

8) 예컨대 RGZ 157, 377.

9) 예컨대 BGHZ 65, 268; BGH NJW 1988, 128. 그리하여 독일 판례에서는 청구변경의 요건인 당사자의 동의 여부 및 변경의 적절성에 관하여 논란이 많다.

구의 변경을 규율하기 위한 조문이기 때문이다. 그러므로 소변경으로 보더라도 이를 법적으로 어떻게 규율할 것인가에 관하여는 아무런 기준이 없다.

(2) 복합설

임의적 당사자변경은 새 당사자에게는 새로운 소제기이고 소송에서 빠져 나가는 당사자에게는 소취하가 복합되었다고 본다. 이 견해는 독일의 Kisch가 주장한 것이[10] 일본을 통하여 우리나라에 도입되어 다수 학자의 지지를 받고 있다.[11]

그러나 이 견해에 의하면 절차가 단절되어 종전의 소송의 결과가 쓸모 없어지고 새 당사자가 새로 소송을 수행해야 한다는 문제가 생긴다. 뿐만 아니라 신소 제기이므로 항소심에서는 허용되지 않고, 구소의 취하와 신소 제기의 적법성, 즉 소송요건에 관한 법원의 판단이 독립된 불복의 대상이 되어 절차가 분리될 위험성이 있고,[12] 어느 한 쪽의 요건이 불비될 때 두 개의 소송이 계속하거나 아예 소송계속이 다 없어지는 수가 생긴다. 〈사례 1〉에서 甲이 항소심에 이르러 丙에 대하여 새로 소를 제기하고 乙에 대한 소는 취하하는 것으로 된다. 그러나 항소심에서 丙에 대하여 소를 제기한다는 것은 있을 수가 없으므로 이러한 당사자변경은 부적법하게 된다. 〈사례 1a〉에서는 丙에 대한 신소 제기가 제1심에서 이루어지므로 이 점에서는 적법하다고 볼 수 있으나 법원은 乙에 대한 소취하와 丙에 대한 신소 제기의 요건을 모두 조사하여 그 허부를 판단해야 한다. 만일 법원이 乙에 대한 소취하는 적법한데 丙에 대한 제소가 부적법하다고 판단하면 소송계속은 소멸하게 된다. 반대의 경우에는 乙과 丙에 대한 소송이 모두 계속하게 된다. 이러한 형태를 당사자변경이라고 할 수는 없을 것이다.

(3) 독자제도설

이 견해는 임의적 당사자변경은 다른 제도에 의존하여 설명할 필요 없이 그 나름대로의 독자적인 요건과 효과를 가진 제도로, **기존 당사자의 의사에 따라 당사자를 변경시키는 단일한 행위**라고 본다. 특수행위설이라고도 한다. 임의적 당사자변경에 관한 법규정이 없는 독일에서도 이 견해가 다수설이다. 이 견해를 처음 주장한 de Boor는 구체적인 경우를 나누어 종전 당사자와 새 당사자의 동의 필요 여부

---

10) Kisch, Parteiänderung im Zivilprozeß, 1912.
11) 金·姜, 840; 김홍엽, 1118; 이시윤, 863; 李英燮, 117.
12) Rosenberg-Schwab/Gottwald[18] § 42 Rn. 19.

를 논하고 있고,13) 다수의 학자들이 그 견해를 따른다.14)

이 견해에 의하면 종전의 소송과 변경 후의 소송에 연속성이 유지된다는 장점이 있다. 그러나 항소심에서 당사자를 변경하게 되면 새 당사자가 자기와는 관계 없이 진행된 소송의 결과를 그대로 받게 된다는 문제점이 있다. 이를 해결하기 위하여 독일의 이 견해는 심급별로, 변경되는 당사자 별로 동의가 필요한지 여부를 세밀히 따져서 제시하고 있다.

이 견해를 우리나라에서 취하면 임의적 당사자변경은 제260조와 제68조가 규정한 독자적인 제도라고 설명할 수 있을 것이다. 뒤에 설명하는 바와 같이 위 규정에 의하면 연속성도 유지되고 새 당사자가 불이익을 받는 일도 상당 부분 방지될 수 있을 것이다. 이를 규율할 법규정이 있음에도 불구하고 소변경, 소취하 및 제소 등의 다른 제도를 끌어다가 설명을 할 이유가 없다는 점에서도 이 견해가 타당하다.15) 제260조와 제68조가 복합설에 따른 규정이라고 하는 것이 다수설이나, 어떤 제도에 관한 법규정을 신설하고 그것이 다른 제도의 성질을 가진 것이라고 설명할 일은 아니다.

4. 피고의 경정

(1) 취 지

민사소송법은 1990년 개정으로 당사자의 교환적 변경에 해당하는 피고의 경정을 규정하였다(제260조, 제261조). 원고가 피고를 잘못 지정한 것이 명백한 경우에 피고를 적격자로 교체함으로써 각하판결을 받고 새로 제소해야 하는 노력, 시간 및 비용의 **낭비를 막고자 하는 취지**에서 인정한 것이다. 본래 당사자의 교환적 변경은 원고에게도 있을 수가 있지만 피고 측에 효용이 크다는 점을 고려한 것으로 보인다.

(2) 요 건

(가) 원고가 피고를 잘못 지정한 것이 명백할 것

여기서 '**잘못 지정**'했다는 것은 〈사례 1〉처럼 법률의 무지로 누구를 피고로 삼아야 할지를 잘못 판단하여 피고를 지정하거나, 피고로 하려는 이가 사망한 것을

---

13) de Boor, Zur Lehre vom Parteiwechsel und vom Parteibegriff, 1941.

14) Jauernig/Hess[30] § 86 Rn. 16; Lüke[11] § 8 Rn. 6; Rosenberg-Schwab/Gottwald[18] § 42 Rn. 20; Stein-Jonas/Schumann[20] § 264 Rn. 100; Stein-Jonas/Roth[23] § 263 Rn. 48 등.

15) 한충수, 742.

모르고 피고로 지정한 것을 말한다. 이는 실체법상 피고로 삼아야 할 이, 즉 **본안 적격자를 잘못 판단한** 것을 말한다.[16] 그리고 법인격의 유무에 관하여 착오를 일으 킨 경우도 잘못 지정한 것에 포함된다.[17]

판례는 1순위 상속인이 상속을 포기한 것을 모르고 그를 피고로 삼은 경우에 피고가 사망한 것을 모르고 피고로 지정한 경우와 마찬가지로 피고의 표시정정으 로 고칠 수가 있다고 하였다.[18] 그러나 이 경우는 상속을 포기하여 피고로서의 이 른바 본안적격이 없는 이를 피고로 삼은 경우여서 피고경정 규정이 적용되는 전형 적인 사례이다. 이를 피고가 사망한 경우와 같이 취급하는 것은 잘못이다.

잘못 지정한 것이 **'명백'하다는** 것은 청구취지나 청구원인의 **'기재 내용 자체'로 보아** 잘못 지정한 것을 판단할 수 있는 경우를 말한다. 심리 도중에 피고의 태도나 증거조사의 결과에 따라 비로소 원고가 피고를 바꾸겠다는 것은 그 필요 여부를 법원이 본안심리를 하여야 판단할 수 있는 것이므로 여기에 해당하지 않는다.[19]

《사례 2》 강원도 불화마을 주민 50명이 인근 야산에 과수원을 만들어 운영하기로 하고 乙로부터 그 산을 공동으로 매입하여 대금을 지급하였다. 그러나 乙이 소유권이 전등기를 차일피일 미루자 마을 주민 중 甲등 법과대학 졸업생 5명이 乙을 상대로 소 유권이전등기를 구하는 소를 제기하였다. 제소 후에 甲등 5인은 원고를 불화마을로 고 쳐 줄 것을 신청하였다. 법원이 이 신청을 받아들일 수 있는가?

제260조는 원고에 대하여는 규정하지 않지만, 당사자능력이나 적격이 없는 이 가 원고로 나선 경우에는 피고의 경우와 마찬가지로 원고도 변경할 필요성이 있다. 〈사례 2〉에서 마을 주민의 일부가 비법인사단인 자연마을 자체의 소송을 수행할 권한이 없고, 마을 자체를 원고로 하거나 주민 전체가 원고가 되어야 하므로, 만일 당사자변경을 허용하지 않으면 원고들의 소는 각하되고 뒤에 비법인사단으로서 마 을 명의로 새로 제소해야 한다는 번거로움이 따른다. 그렇기 때문에 제260조를 확 장해석하거나 제68조 제1항 단서를 유추적용하여 **원고의 경정**도 허용하는 것이 타 당하다.[20] 판례 중에는 〈사례 2〉와 비슷한 사건에서 원고들이 마을 이름으로 표시

---

16) 이를 흔히 당사자적격자를 잘못 판단한 경우라고 하나, 잘못된 표현이다. 당사자적격자는 원고의 주장에 의하여 정해지기 때문이다.

17) 大決 1997. 10. 17, 97마1632.

18) 大判 2009. 10. 15, 2009다49964.

19) 大決 1997. 10. 17, 97마1632.

20) 이시윤, 864.

정정을 신청한 데 대하여 당사자의 동일성을 해하는 표시정정이므로 허용되지 않는다고 한 것이 있고,[21] 이를 원고 측의 변경을 불허하는 듯한 판례라고 소개하는 수가 있다.[22] 그러나 이 판결은 원고들의 당사자변경 신청에 대한 것이 아니므로, 이를 원고측의 변경을 불허하는 판례라고 새길 필요는 없다.

(나) 제1심 변론종결 전에 신청할 것

제260조는 새 당사자의 심급의 이익을 보장하기 위하여 당사자변경은 제1심으로 한정하였다. 그러므로 〈사례 1a〉에서의 변경신청은 적법하나, 〈사례 1〉의 변경신청은 부적법하다.

(다) 변경 전후의 소송상청구가 같을 것

당사자를 변경하여 소송상청구의 내용이 달라지면 전혀 다른 사건이 된다. 이런 경우에는 굳이 기존의 절차를 이용한 당사자변경을 허용할 필요가 없고, 이를 허용하면 원고의 자의적인 투망식 소송이 될 위험이 크기 때문이다. 소송의 연속성을 인정하는 독자제도설에서는 당연한 요건이다.

(라) 피고의 동의

피고가 본안에 관하여 응소한 때, 즉 준비서면을 제출하거나 변론준비기일에서 진술 또는 변론을 한 뒤에는 피고의 동의를 얻어야 한다(제260조 1항). 피고가 경정신청서를 송달 받은 날부터 2주일 내에 이의를 하지 않으면 동의한 것으로 본다(제260조 4항).

(3) 절 차

경정신청은 소액사건을 제외하고는 서면으로 해야 한다(제260조 2항). 기존의 피고에게 소장을 송달한 뒤이면 신청서를 송달해야 한다(제260조 3항). 독자제도설에 의하면 경정 전후의 소송에 연속성이 있으므로 신청서에 따로 인지를 붙일 필요가 없다.[23]

경정신청에 대하여 법원은 결정으로 허가 여부의 재판을 한다. 본래 피고를 잘못 지정하였다는 것은 피고에게 당사자능력이 없다든가 당사자적격이 없기 때문일 것이므로 소송요건의 불비에 해당한다. 이 경우에는 보정이 불가능하므로 법원은

---

21) 大判 1994. 5. 24, 92다50232.
22) 이시윤, 864, 주5.
23) 복합설은 이 점을 소송물의 동일성이 유지된다는 점에 근거하여 설명한다.

보정을 명할 필요 없이 소각하판결을 하게 될 것이나, 원고의 편의와 소송경제를 위하여 당사자변경을 인정하는 것이다. 피고에게 소장이 이미 송달되었으면 경정허부 결정도 피고에게 송달해야 한다(제261조 1항). 신청을 허가한 결정 정본과 소장의 부본은 새 피고에게도 송달해야 한다(제261조 2항). 이렇게 하여 새 피고가 자기가 피고가 되었다는 것을 알고 소송의 내용도 파악할 수 있게 된다. 이 경정허가 결정에 대하여는 피고의 동의가 없었다는 이유로만 즉시항고를 할 수 있고(제261조 3항), 기각결정에 대하여는 통상항고(제439조)만 할 수 있다.24)

(4) 경정의 효과

경정허가결정이 있으면 **종전의 피고에 대한 소는 취하된 것**으로 본다(제261조 4항). 이는 종전의 피고에 대하여는 소송계속이 소멸한다는 의미이다. 새 피고에 대한 **시효중단, 또는 기간준수의 효과**는 경정신청서를 제출한 때에 발생한다(제265조). 새로운 피고에 대하여 비로소 권리를 행사한 것이기 때문이다. 다만 사망한 사람을 죽은 줄 모르고 피고로 삼았을 경우나 상속을 포기한 줄 모르고 포기한 상속인을 피고로 삼은 경우에는 다른 상대방에 대한 다른 권리를 경정신청시에 비로소 행사한 것이 아니라 계속 승계된 같은 권리를 소제기 때에 이미 행사한 것이므로 처음 소장을 제출한 때에 시효가 중단된 것으로 보는 것이 타당하다.25) 새 피고에 대한 **소송계속의 효과** 발생 시점에 관하여는 규정하고 있지 않으나, 제265조로 미루어 볼 때 소제기 시로 소급한다고 보기는 어렵고, 경정허가결정이 송달된 때라고 보아야 할 것이다.

5. 필수적공동소송인의 추가

(1) 취 지

고유필수적공동소송에서 공동소송인이 될 당사자를 누락시킨 경우에는 당사자 적격이 없어서 그 소는 부적법하여 각하된다. 이 경우 원고는 누락된 당사자를 필수적공동소송인으로 묶어 새로 제소해야 하는 불이익을 받게 된다. 이를 막기 위하

---

24) 大決 1997. 3. 3, 97으1에서는 통상항고만이 가능하고 특별항고를 할 수 없으므로, 설사 항고인이 '특별항고장'이라는 서면을 대법원에 제출했어도 법원은 이를 통상항고로 취급해서 관할법원에 이송해야 한다고 판시하였다.

25) 앞의 2009다49964 판결과 大決 2006. 7. 4, 2005마425가 이러한 경우를 표시정정으로 처리한 이유가 피고의 경정으로 처리하면 원고의 권리가 시효로 소멸하기 때문인 것으로 보이는데, 상속의 경우에 제265조의 적용을 배제하면 이러한 문제는 해결된다.

여 민사소송법은 1990년 개정시에 필수적공동소송인을 추가하는 것을 허용하도록
규정하였다.

(2) 요 건

제68조에서는 단순히 필수적공동소송인 중 일부가 누락된 경우라고 규정하나,
이 제도의 취지가 당사자적격 불비로 각하되는 것을 막자는 것이므로 **고유필수적**
공동소송의 경우로 한정된다. 그러므로 유사필수적공동소송이나 통상공동소송이 되
는 경우에 당사자 추가는 허용되지 않는다.[26]

피고뿐만 아니라 원고의 추가도 가능하다. 원고를 추가할 때는 추가되는 원고의
동의가 있어야 한다(제68조 1항 단서). 원고측의 고유필수적공동소송에서는 본래 공
동원고의 의사의 합치로 함께 제소할 수 있는 것이므로 당연한 요청이다.[27]

(3) 절 차

추가 신청은 소액사건을 제외하고는 서면으로 한다. 이에 대하여 법원은 그 허
가 여부를 결정으로 재판한다. 허가결정은 모든 당사자에게 송달하고, 추가되는 당
사자에 대하여는 소장부본도 송달해야 한다(제68조 2항).

허가결정에 대하여는 추가될 원고의 동의가 없었음을 이유로 하는 경우에 한하
여 즉시항고가 허용된다(제68조 4항). 기각결정에 대하여는 즉시항고를 할 수 있다
(제68조 6항).

(4) 효 과

추가결정이 있으면 처음 소제기 시에 추가된 당사자와의 사이에 소가 제기된
것으로 본다(제68조 3항). 이는 소송법상의 효과뿐만 아니라 실체법상의 효과도 소
급한다는 것을 뜻한다.

소송계속의 효과가 소급하므로 종전의 공동소송인의 행위 중에서 유리한 소송
행위는 효력이 있고, 불리한 행위는 추가된 당사자가 이를 원용하지 않는 한 효력
이 없다고 보아야 한다(제67조 1항).

---

26) 大判 1993. 9. 28, 93다32095는 통상공동소송에서 공동소송인 추가는 허용되지 않는다고 판시한다.
27) 이를 신당사자의 절차보장을 위한 것이라고 하는 견해가 있으나(이시윤, 866), 절차보장을 동원할
필요는 없다. 본래는 동의 없이 추가해도 적법하지만 절차보장을 위하여 동의를 요구하는 것이 아니라, 누
락된 원고적격자가 동의하지 않으면 원천적으로 제소가 불가능하므로 동의를 요구하는 것이기 때문이다.

Ⅲ. 소송승계

1. 의의와 종류

소송승계는 소송계속 중에 소송의 목적인 **권리 또는 의무가 승계되어 양수인이 양도인에 갈음하여 당사자가 되어 소송을 인계받는 것**을 말한다. 법률관계가 승계되어 권리의무의 주체가 변경됨으로 인하여 종전의 당사자가 계속 소송을 수행하는 것이 불가능한 경우가 있다. 종전 당사자가 사망한 경우가 그 예인데, 이때는 상속인이 당사자가 되어 소송을 수행하는 것이 적절하다. 그리고 특정 법률관계가 승계된 경우에 양도인이 계속 소송을 수행하면 성의 없는 소송수행으로 양수인에게 손해를 끼칠 우려가 있다. 그러므로 법률관계가 승계된 경우에는 양수인 내지 승계인이 소송을 인계받아 수행하는 것이 가장 합리적일 것이다. 이러한 이유에서 소송승계가 인정되는 것이다.

소송승계에는 당사자의 사망으로 인한 상속과 같은 사유로 실체법상 포괄적 승계가 발생하여 당사자도 변경된다고 보는 포괄승계와, 계쟁물에 관한 권리나 의무가 승계되어 당사자를 변경하게 되는 특정승계가 있다. 특정승계에는 다시 승계인이 스스로 기존 소송에 참가하는 참가승계와 기존 소송의 당사자가 승계인으로 하여금 그 소송을 인수하도록 하는 인수승계가 있다.

소송의 목적인 권리나 의무가 양도 가능한 것이어야 승계가 가능함은 물론이다. 예를 들면 이혼으로 인한 재산분할청구권은 그 행사 여부가 청구인의 인격적 이익을 위하여 그의 자유로운 의사결정에 전적으로 맡겨진 권리로서 행사상의 일신전속성을 가지므로 승계가 불가능하고, 따라서 수계의 대상이 아니고, 채권자대위권의 목적이 될 수도 없고 파산재단에도 속하지 않는다.[28]

2. 특정승계

(1) 의 의

앞에서도 설명한 바와 같이 특정승계는 소송계속 중에 소송의 목적인 특정 권리나 의무가 타인에게 승계되어 이에 따라 당사자를 변경하는 것을 말한다.[29]

---

28) 大判 2023. 9. 21, 2023므10861·10878.

29) 이를 소송물양도라고도 한다. 그러나 여기서 양도의 대상이 된다고 말하는 소송물은 본래 구실체법설에서 말하는 소송상청구의 청구원인이 되는 실체법상의 권리, 법률관계를 의미하는데, 소송물이론에

《사례 3》　　甲은 자기의 토지 위에 무단으로 건물을 지어 '무릉여관'을 운영하고 있는 乙을 상대로 건물철거를 구하는 소를 제기하였다. 소송계속 중에 乙이 그 건물을 채권자 丙에게 대여금을 반환하는 대신에 丙에게 증여하였다. 이때 甲이 건물철거를 관철시키기 위하여 소송에서 무엇을 할 수 있는가?

《사례 3a》　　〈사례 3〉에서 乙은 자기가 철거를 명하는 판결을 받지 않기 위하여 무엇을 할 수 있는가?

《사례 3b》　　〈사례 3〉에서 丙이 그 건물의 철거를 명하는 판결이 선고되지 않도록 하기 위하여 무엇을 할 수 있는가?

〈사례 3〉에서 甲이 건물 소유자인 乙과 철거소송을 하던 중에 그 건물의 소유자가 丙으로 바뀌었다. 이런 경우에 甲이 피고를 계속 乙로 놓아두면 나중에 승소확정판결을 얻어도 실체법상 철거의무자는 乙이 아닌 丙이므로 乙에게 철거를 명한 판결은 쓸모가 없다.[30] 그러므로 甲으로서는 피고를 丙으로 변경할 필요가 있다. 이를 위하여 丙에게 소송을 인수시키면 된다(제82조). 〈사례 3a〉에서 역시 피고를 乙로 놓아두면 이미 철거대상 건물의 소유자가 아닌 乙이 철거를 명하는 판결을 받을 수 있다. 이를 피하기 위하여 乙은 역시 丙에게 이 소송을 인수시킬 수 있다. 한편 〈사례 3b〉에서 丙은 자기 소유가 된 건물의 철거소송에 자기가 참여하지 않고 소송이 진행된다면 방어의 기회를 잃을 수가 있으므로 스스로 승계를 주장하여 그 소송에 당사자로 참가할 수 있다(제81조).

(2) 입법 원칙

로마법과 독일 보통법에서는 소송의 엄격한 형식성을 유지하고 소송 중에 법률관계의 변동으로 생기는 혼란을 막기 위하여 다툼의 대상이 된 권리의 양도나 의무의 인수 자체를 금지하였다.[31] 이를 양도금지원칙이라고 한다.

독일법은 실체법상의 양도는 자유롭게 허용하되, 그것이 소송에는 아무런 영향을 미치지 못하도록 하였다(§ 265 ZPO). 이를 **당사자항정**(恒定)**원칙**이라고 한다. 이렇게 되면 양도인은 실체법상의 권리자나 의무자가 아니면서 당사자로 남아있으면서 타인을 위하여 소송을 수행하므로 소송담당자가 된다.

서 소송법설을 취하면서 이러한 표현을 쓰는 것은 적절하지 않다.

30) 사실심 변론 종결 뒤에 丙이 양수하였으면 丙에게도 기판력과 집행력이 미치지만(제218조 1항, 민집 제31조 1항), 이 경우는 양도 시점이 변론 종결 전이므로 丙에게 기판력과 집행력이 미치지 않는다.

31) Jauernig/Hess[30] § 87 Rn. 6 참조.

그리고 우리 법은 실체법상의 양도를 허용할 뿐만 아니라 그에 따른 실체법상의 권리자나 의무자의 변경을 소송에 반영시켜 양수인에게 소송을 승계시키도록 하였다. 이를 소송승계원칙이라고 한다.

당사자항정원칙은 절차의 안정은 기할 수 있으나 권리관계의 주체가 아닌 양도인이 무성의하게 소송을 수행하여 승계인에게 손해를 줄 우려가 있다. 우리 법이 택한 소송승계원칙은 실체법상의 본안적격자가 당사자가 된다는 장점은 있으나, 양도행위가 자주 있으면 그때마다 당사자를 변경하는 등의 번거로움이 따르고 양도사실을 모르고 지나치면 소송한 것이 수포로 되고 만다. 이러한 약점을 극복하기 위하여 우리 법은 변론종결시까지 승계를 진술하지 않았으면 변론종결 후에 승계한 것으로 추정하여(제218조 2항) 승계 사실을 은폐한 자에게 기판력을 미치도록 하였다. 그 밖에 소송 중에 양도를 하는 것을 막기 위하여 처분금지가처분, 또는 점유이전금지가처분제도를 이용할 수도 있다.

(3) 승계의 대상인 권리와 의무

특정승계는 구체적인 소송에서 다투어지고 있는 **개별적 권리나 의무 자체의 승계**를 말한다. 여기의 '승계'에는 매매와 같은 임의적 처분, 매각 등 집행처분, 변제자대위와 같이 법률상 당연히 이전하는 경우 등이 모두 포함된다. 그 권리의 취득이 법률상 원시취득이어도 무방하다. 권리나 의무의 양적 일부승계뿐만 아니라 저당권을 설정받은 경우와 같이 질적 일부승계도 포함된다.

《사례 4》 甲은 乙로부터 강릉에서도 명당자리에 있다고 소문난 '오죽헌고시원' 건물을 매입하였는데 乙이 소유권이전등기를 해 주지 않아 이전등기를 청구하는 소를 제기하였다. 그러나 乙은 그 건물을 丙에게 다시 팔고 소유권이전등기를 해 주었다. 이때 甲은 피고를 丙으로 바꿀 수 있는가?

승계의 대상이 되는 권리나 의무는 **소송상청구의 기초가 된 권리나 의무**를 말한다. 당해 소송의 소송상청구와 관계없는 다른 권리나 의무는 여기에 해당하지 않는다.[32] 판례에 의하면 〈사례 4〉와 같은 경우에 丙이 乙로부터 소유권이전등기채무 자체를 인수한 것이 아니라 단순히 소유권이전등기를 받은 경우에는 승계인이 아니고,[33] 손해배상채권을 양수한 자는 승계인이 될 수 있으며,[34] 청구이의소송의

---

32) 그러므로 건물철거소송에서 그 건물에 대한 말소등기청구를 위하여 제3자의 인수를 신청한 것은 부적법하다(大判 1971. 7. 6, 71다726).

계속 중 그 소송에서 집행력 배제를 구하고 있는 집행권원에 표시된 청구권을 양수한 자는 소송의 목적이 된 채무를 승계한 것이므로 위 청구이의의 소에 참가승계를 할 수 있다.35) 〈사례 4〉에서 丙은 乙로부터 그 부동산을 매수하고 소유권이전등기를 넘겨 받았을 뿐, 甲이 주장하는 乙의 소유권이전등기채무를 인수한 것, 즉 '소송의 목적'을 승계한 것이 아니다. 그러므로 丙은 승계인이 아니라고 보는 것이 당연하다. 이것과 구별해야 하는 것이 〈사례 3〉이다. 여기서 甲은 소유권에 기해서 乙을 상대로 방해배제청구권을 행사하는 것이고, 이는 대세적 효력이 있는 물권적 청구권이므로 乙로부터 증여받은 丙도 철거청구의 상대방이 된다. 이런 의미에서 丙이 승계인이 되는 것이다. 철거소송 중에 제3자에게 임대한 경우도 마찬가지이다. 손해배상채권도 단순한 채권에 불과하지만 소송상청구의 기본이 되는, 즉 소송의 목적인 권리이므로 그 자체를 양수하면 승계인이 된다. 우리 판례는 결국 그 소송의 목적이 된 권리나 의무 자체가 승계된 경우에는 모두 양수인을 승계인으로 인정하고 있음을 알 수 있다. 이러한 판례의 태도가 타당하다.36)

(4) 승계의 방식

특정승계가 있을 때 승계인을 소송에 참여시키는 방법에는 두 가지가 있다. 그 하나는 승계인으로 하여금 그 소송에 들어와 소송의 당사자가 되도록 하는 것으로, 이를 인수승계라고 한다(제82조). 〈사례 3〉에서 원고 甲이 丙을, 〈사례 3a〉에서 피고 乙이 丙을 끌어들여서 丙이 피고가 되도록 하는 것이다. 다른 하나는 승계인이 자발적으로 그 소송에 참가하여 당사자가 되는 것으로, 이를 참가승계라고 한다(제81조). 〈사례 3b〉에서 丙이 그 건물을 증여받았는데, 乙의 무성의한 소송수행으로 그 건물이 철거될 염려가 있으므로 새 권리자인 丙이 스스로 당사자로 참가하는 것이다.

(가) 인수승계

인수승계는 타인 사이에 **소송이 사실심에 계속 중**, 즉 사실심 변론종결 전에 할

---

33) 大決 1983. 3. 22, 80마283.

34) 大判 1990. 11. 13, 90다카2304.

35) 大判 1983. 9. 27, 83다카1027.

36) 우리 판례가 구실체법설에 따라 권리, 의무의 법적 성질에 따라 달리 취급한다고 소개하는 견해가 있다(이시윤, 872). 즉 판례가 채권적 청구권에 기한 소송 중에 계쟁물을 취득한 경우에는 취득자가 승계인에 포함되지 않지만, 물권이나 물권적 청구권에 기한 소송 중에 계쟁물을 양수한 자는 승계인에 포함시킨다는 것이다. 그러나 이는 소송물이론과 관계가 없다.

수 있다. 법률심인 상고심에서는 승계사실 등을 심리할 수 없으므로 허용되지 않는다. 사실심 변론종결 후의 승계인에게는 기판력이 미치므로 변론을 재개하여 승계시킬 필요가 없다.

승계의 목적인 권리, 의무에 대하여는 앞에서 설명한 바와 같다. 특히 인수승계에서는 **면책적 채무인수**의 승계인이 인수하면 구채무자는 채무자의 지위를 상실하므로 교환적 인수가 될 것이다. 전형적인 인수승계이다. 그러나 **중첩적 채무인수**의 경우도 소송의 목적인 채무 자체를 인수한 것이면 승계인으로 하여금 인수하도록 할 수 있다. 이때는 구채무자가 채무자의 지위를 상실하지 않고 인수인이 당사자로 추가되므로 추가적 인수가 될 것이다.

인수승계는 **종전 당사자가 신청**해야 한다. 신청할 수 있는 당사자에 피승계인은 포함되지 않는다는 견해가 있으나,[37] 피승계인도 승계인에게 소송을 인수시키고 소송수행의 부담을 덜 이익이 있으므로 신청권이 있다고 보는 것이 타당하다.[38]

인수신청이 있으면 법원은 당사자와 인수신청의 대상이 된 제3자를 심문하여(제82조 2항), 결정으로 재판한다. 인수를 허가하려면 제3자가 승계인인지를 심리하여야 하는데, 승계인 여부는 신청의 이유로 삼은 사실관계의 **주장 자체를 기준으로 판단**한다. 그러므로 주장 자체로 승계사실이 없음이 드러나지 않는 한 그 신청을 인용할 것이다. 그 제3자가 실제로 승계하였는지에 관한 판단은 본안판단이므로 본안심리 결과 승계하지 않았음이 밝혀지면 청구를 기각하면 된다.[39]

인수를 허가하는 결정으로 제3자는 피승계인의 당사자로서의 지위를 이어 받아 절차가 속행된다. 그러므로 새 당사자는 그때까지의 **소송의 결과**를 유리한 것이든 불리한 것이든 **모두 넘겨 받는다**. 종전 당사자 사이에서의 소제기의 효과인 시효중단, 기간준수의 효과도 그대로 받게 된다(제82조 3항, 제81조). 인수허가결정은 중간적 재판이므로 독립하여 불복할 수는 없고, 이를 전제로 한 종국판결에 대한 불복으로 할 수 있다.[40] 인수신청 각하결정에 대하여는 항고할 수 있으므로(제439조) 종국판결에 대한 불복으로 상소심에서 그 취소를 구할 수는 없다.[41]

---

37) 金・姜, 853; 李英燮, 120.
38) 강현중, 949; 宋・朴, 707; 이시윤, 876.
39) 大判 2005. 10. 27, 2003다66691.
40) 大決 1981. 10. 29, 81마357.
41) 항고로서 불복을 신청할 수 있는 재판에 대하여는 별도로 항고로 불복할 것이고 그 사건 자체의 종국판결에 대한 항소로써 불복할 수 있는 것이 아니다(제392조 단서). 판례는 항소심에서 인수신청을 각하한 경우 종국판결에 대한 상고로써 각하결정의 잘못을 주장하는 것은 상고심 법원의 판단대상이 되

(나) 참가승계

a) 참가인, 참가절차: 참가승계는 승계인이 스스로 기존 소송에 참가하는 것이므로 보통은 **권리의 승계인**이 자기가 권리자라고 주장하여 참가할 것이다. 그러나 **의무의 승계인**도 타인에게 소송을 맡기는 것보다 스스로 소송에 참가하여 방어를 하는 것이 유리하다고 생각할 수 있으므로 참가승계를 할 수 있다.42) 참가승계는 타인 사이의 소송계속 중에 할 수 있다. 이 경우에도 **사실심 변론종결 전**에만 할 수 있다고 새기는 것이 타당하다. 판례도 법률심인 상고심에서는 참가승계를 할 수 없다고 한다.43)

《사례 5》 甲이 자기가 소유하는 가옥을 乙에게 임대하였는데, 임대차 기간이 끝났음에도 불구하고 乙이 나가지 않자 가옥명도를 구하는 소를 제기하였다. 소송계속 중에 甲이 그 가옥의 소유권을 丙에게 양도하였다. 이에 丙이 그 소송에 참가하여 乙을 상대로 가옥명도청구를 하였다. 이에 대하여 甲은 그 가옥의 소유자가 丙이라고 인정하였다. 이때 丙이 甲에게도 따로 청구를 하여야 하는가?

《사례 5a》 〈사례 5〉에서 甲이 丙과의 매매계약을 해제하였기 때문에 丙이 소유자가 아니라고 주장하였다. 이때 丙이 甲에게 따로 청구를 해야 하는가?

《사례 5b》 〈사례 5〉에서 丙이 그 가옥의 1/2의 공유지분을 취득하였으면 甲에게도 청구를 해야 하는가?

《사례 5c》 〈사례 5〉에서 甲이 丙의 승계사실을 인정하고 소송에서 탈퇴하려고 하는데 乙이 동의하지 않아 소송에 남아 있다. 이때 丙이 甲에게도 청구를 해야 하는가?

b) 편면적 참가: 참가승계는 독립당사자참가의 방식에 의하여 기존 소송에 참가하게 된다(제81조). 여기서 참가승계와 독립당사자참가의 관계, 즉 참가승계를 하면서 독립당사자참가와 마찬가지로 기존의 원고와 피고에게 각기 자기 청구를 할 수 있는가 하는 점이 문제된다. 참가승계는 참가인이 기존 당사자의 지위를 승계하였다고 주장하는 경우이므로 경우를 나누어 보아야 한다. 기존 당사자(피승계인)와 참가인 사이에 **이해가 대립하지 않으면** 승계참가인이 피승계인에 대하여 청구할 필요가 없어서 편면적 참가가 된다. 〈사례 5〉에서 甲과 丙 사이에서 아무런 이해대립이 없으므로 丙은 甲에게 청구를 할 필요가 없다. 그러나 기존 당사자가 승계사실을 다투

지 않는다고 하였다(大判 1995. 6. 30, 95다12927).

42) 이러한 이유에서 1990년의 개정법에서 의무의 승계인도 참가승계를 할 수 있도록 하였다(제81조).

43) 大判 1995. 12. 12, 94후487; 大判 2012. 11. 29, 2012다44471.

면 기존 당사자들과 참가인 사이에 **이해가 대립**하여 독립당사자참가와 같은 소송구조가 된다. 따라서 〈사례 5a〉에서 丙의 참가로 세 당사자 사이에 대립관계가 생기고 이들 사이의 분쟁을 한꺼번에 통일적으로 해결하기 위하여는 丙이 甲을 상대로 소유권확인청구를 할 필요가 있다. 판례는 편면참가를 허용하는 법개정 전부터 참가승계에서 피승계인이 승계 사실을 다투지 않으면 세 당사자 사이에서 한꺼번에 해결해야 할 분쟁이 없으므로 기존의 피승계인의 상대방에 대하여만 청구하여 참가하는 것이 적법하다고 판시하였다.44) 편면적 참가를 허용한 2002년 법개정 이후에는 편면적 참가승계도 적법함은 물론이다.

참가승계가 있을 경우에 피승계인은 그 소송에서 상대방의 동의를 얻어 탈퇴할 수 있다. 그러나 상대방이 동의를 하지 않아 소송에 남아 있어야 할 경우에는 형식상으로는 세 당사자가 존재하나 승계인과 피승계인 사이에 이해 대립이 없다. 이때의 모습은 참가인이 피참가인에 대하여 청구할 것이 없으므로 편면적 참가승계가 된다. 그러므로 〈사례 5c〉에서 丙이 甲에게 청구를 할 필요가 없다.

이에 관하여 과거의 판례는 원고인 피참가인이 손해배상채권을 양도하고 양수인이 승계참가신청을 하자 탈퇴하려고 하였지만 피고가 동의하지 않아 소송에 남아있는 경우에 판례는 원고와 참가인은 통상공동소송이라고 보았다.45) 그러나 대법원은 뒤에 판례를 변경하여 원고인 피참가인이 참가승계인의 승계를 다투지 않더라도 소송에 남아있으면 피참가인과 참가인 사이에는 독립당사자참가와 마찬가지로 필수적공동소송에 관한 제67조가 적용된다고 판시하였다. 참가승계의 경우에도 소송에 남아있는 원고의 청구와 참가인의 청구가 모두 인용될 수가 없으므로 두 청구가 양립불가능임을 근거로 하였다.46)

c) **참가승계의 효력:** 참가승계를 하면 시효중단, 기간준수 등의 소제기 효과가 처음 **소제기 때로 소급**하여 참가인에게도 미친다(제81조). 뿐만 아니라 그때까지 **소송이 진행한 상태**에서 그대로 이어받으므로 이미 선고된 중간판결의 효과, 구 당

---

44) 大判 1969. 12. 9, 69다1578; 大判 1977. 7. 26, 77다503. 大判 1991. 1. 29, 90다9520・9537은 이를 전제로 하여 원고의 소송대리인이 원고참가승계인의 소송대리인이 되어도 쌍방대리가 아니라고 하였다.

45) 大判 2004. 7. 9, 2002다16729.

46) 大判(全) 2019. 10. 23, 2012다46170. 大判 2022. 6. 16, 2018다301350: 제1심 판결에서 승계참가인의 청구에 대하여만 판단하고 참가를 다투지 않으면서도 소송에 남아 있는 피참가인인 원고의 청구에 대하여 판단하지 않았고 이에 대하여 원고가 항소하자 원심에서 원고의 항소가 부적법하다고 하여 각하한 사안에서, 대법원은 원심판결을 파기하고 자판하면서 소유권을 상실하였다는 이유로 재1심 판결을 변경하여 원고의 청구를 기각하였다.

사자 본인신문의 효과, 변론과 증거조사 등의 **효과를 그대로 받게** 된다. 그렇다고 하여 승계한 상태를 유지하는 범위 안에서만 소송수행을 하여야 하는 것은 아니다. 승계한 권리와 청구의 기초가 바뀌지 않는 한에서는 청구변경이 가능하고, 새 청구가 반드시 승계한 것이어야 하는 것은 아니다.47)

(5) 종전 당사자의 지위와 탈퇴

특정승계인이 당사자가 되면 종전의 당사자는 승계사실에 다툼이 없으면 더 이상 실체법상 권리자나 의무자가 아니다. 이러한 경우에는 피승계인은 당사자로 남아 있을 필요가 없으므로 그 소송에서 탈퇴할 수 있다. 누구를 상대로 소송을 하는가는 당사자에게 중대한 문제이므로 소송에서 탈퇴하려면 상대방 당사자의 동의를 얻어야 한다(제80조, 제82조 3항). **판결의 효력은 탈퇴한 당사자에게도** 미친다(제80조 단서).

특정승계가 있더라도 종전의 당사자가 승계의 효력을 다투거나 일부승계 또는 추가적 인수를 한 경우에는 종전 당사자가 **탈퇴하지 않는다.** 이때 승계의 효력을 다투는 경우에는 독립당사자참가와 같은 구조가 되고, 그 밖의 경우에는 승계인과 피승계인의 공동소송이 된다. 권리의무의 일부만을 승계한 경우에도 승계에 다툼이 없으면 두 당사자는 공동소송인이 된다. 〈사례 5b〉에서 甲과 丙은 공유자로 丙이 참가했다고 해서 그들 사이에서 甲이 승계 사실을 다투지 않는 한 이해가 대립할 이유가 없으므로 3면적 소송관계가 성립하는 것은 아니다.

특정승계가 있어도 소송에서 승계참가나 소송인수 등의 **절차를 밟지 않으면** 승계인이 소송당사자가 되지 못함은 물론이다. 이러한 절차 없이 피승계인이 여전히 당사자로 남아 있으면 피승계인은 권리자나 의무자가 아니므로 그에 대하여는 실체법적 판단을 할 것이다. 승계인이 당사자로 등장하지 않으면 고유필수적공동소송에서 당사자적격 상실로 소가 부적법해지는 수가 있다.48) 이럴 경우는 바로 소각하를 할 것은 아니고 승계인이 승계참가나 소송인수를 하여 당사자가 될 기회를 주어야 할 것이다.

---

47) 大判 2012. 7. 5, 2012다25449.
48) 大判 2014. 1. 29, 2013다78556: 공유물 분할청구의 소에서 원고의 지분 일부를 양수한 두 사람 중 일부가 승계참가나 인수승계를 하지 않은 사례에서 공유자 전원이 당사자가 되지 못하였다고 하여 부적법하게 된다고 하면서 다시 심리하라고 파기환송하였다. 소각하의 파기자판을 하지 않은 것은 승계인이 승계참가나 소송인수를 하여 당사자가 될 기회를 주어야 하기 때문이었을 것이다.

3. 포괄승계

(1) 의 의

포괄승계는 **실체법상 포괄적 승계원인**이 있을 때에 법률상 소송당사자가 승계인으로 변경되는 것을 말한다. 포괄적 승계가 발생하면 소송절차는 중단되는 것이 통상이나 양자가 반드시 일치하는 것은 아니다. 당사자가 소송능력을 상실하거나 법정대리권이 소멸하면 절차가 중단되어도 당사자는 여전히 변경되지 않은 상태로 존속하므로 포괄적 승계가 발생하지 않고(제235조), 소송대리인이 있는 경우에는 포괄적 승계가 있어도 절차는 중단되지 않는다(제238조).

(2) 원 인

법률관계가 포괄적으로 승계되어 당사자가 변경되는 원인으로는 다음 여러 가지가 있다.

(가) 당사자의 사망

당사자가 사망하면 상속이 개시되고(민 제997조), 소송절차는 중단된다(제233조 1항). 이때 **상속인, 상속재산관리인, 수증자, 유언집행자** 등이 절차를 수계하여 승계인이 된다. 그러나 권리의무가 일신전속적인 것이어서 상속의 대상이 되지 않는 것이면 당사자의 지위가 승계되지 않고 소송은 종료한다. 예를 들면, 단체의 정관에 따른 의사결정기관의 구성원이 그 지위에서 단체를 상대로 그 의사결정기관이 한 결의의 존재나 효력을 다투는 소송 중에 사망한 경우가 그러하다.[49] 상속의 대상이 되는 권리의무라도 상속인이 **상속을 포기**한 때에는 승계는 이루어지지 않는다. 그러므로 상속포기기간 내에는 상속인이 수계할 수 없다(제233조 2항). 포기기간 내에 상속인이 수계한 것은 부적법하지만 그 기간 내에 상속인이 포기하지 않았거나 상대방이 절차이의권을 포기하였으면 이러한 절차상의 잘못은 치유된다.[50]

(나) 법인 등의 합병에 의한 소멸

법인 기타 사단, 재단이 합병으로 소멸하면 절차는 중단된다. 이때는 합병으로 인하여 설립되거나(신설합병의 경우) 합병 후에 존속하는(흡수합병의 경우) 법인 기

---

49) 大決 1981. 7. 16, 80마370(학교법인의 이사); 大判 2004. 4. 27, 2003다64381(종교단체의 임원); 大判 2019. 2. 14, 2015다255258(주식회사의 이사); 大判 2019. 8. 30, 2018다224132(종교단체 의사결정기관의 구성원).

50) 절차이의권 포기의 경우: 大判 1951. 9. 4, 4282민상154. 포기기간 도과: 大判 1964. 5. 26, 63다974; 大判 1995. 6. 16, 95다5905 · 5912.

타 사단, 재단이 절차를 수계하여 승계인이 된다(제234조).

　　법인이나 기타 사단, 재단 등의 권리의무가 법률의 규정에 의하여 새로 설립된 법인 등에 승계되는 경우에도 특별한 사유가 없는 한 계속 중인 소송에서 그 법인의 법률상 지위도 새로 설립된 법인 등에 승계되므로 새로운 법인 등이 소송절차를 수계하여야 한다.[51]

　　(다) 당사자인 수탁자의 임무종료

　　신탁으로 인한 수탁자가 소송당사자가 된 경우에 그의 임무가 종료하면 절차는 중단되고, **새로운 수탁자**가 절차를 수계하여(제236조) 당사자의 지위를 승계한다. 여기서 임무의 종료란 **신탁법의 규정에 의한 임무 종료**를 말한다. 즉, 수탁자가 사망하거나, 파산, 성년후견, 한정후견의 심판을 받은 때, 수탁자인 법인이 해산한 때(신 제11조), 수탁자의 자격상실(신 제12조), 수탁자의 사임(신 제13조), 수탁자의 해임(신 제15조), 신탁의 목적 달성 및 달성 불가능(신 제55조), 신탁의 해지(신 제56조) 등이다. 명의신탁의 해지는 신탁법에 의한 신탁이 아니므로 포함되지 않는다.[52]

　　(라) 소송담당자의 자격상실

　　파산관재인, 회생관리인, 유언집행자,[53] 선장 등이 **해임되거나 사망한 경우**가 여기에 해당한다. 이때는 절차가 중단되고 교체된 새로운 담당자가 수계하여 당사자의 지위를 승계한다(제237조 1항). 동일한 선정자들이 **수인의 선정당사자**를 선정한 때에는 그중 일부가 사망하거나 자격을 상실해도 나머지 선정당사자들이 소송을 수행할 수 있으므로 절차에 영향이 없다. 그러나 수인의 선정당사자 전원이 사망하거나 자격을 상실한 때에는 절차가 중단되고, 새로 선정된 당사자나 선정자 총원이 직접 소송을 수계하여 당사자의 지위를 승계한다(제237조 2항).

　　채권자대위소송의 채권자, 채권질의 질권자, 추심소송의 채권자, 대표소송을 하는 주주(상 제403조 3항) 등은 여기에 해당하지 않는다고 보는 것이 일반적이다. 그 근거에 대하여는 이들이 자기의 권리나 지위에 기하여 소송을 하는 것임을 들기도

---

51) 大判 2022. 1. 27, 2020다39719: 종전 대규모점포 등의 관리자가 건물의 유지·관리 업무를 수행하여 오던 중 다른 대규모점포 등 관리자가 새로 대규모점포 등을 유지·관리하게 되더라도, 종전 관리자가 이미 취득하거나 부담하게 된 권리의무는 특별한 사정이 없는 한 종전 관리자에게 그대로 귀속되므로 종전 관리자의 미납 관리비의 지급을 구하는 소송이 계속 중 새로운 관리자가 신고절차를 마쳤다는 사정만으로 소송절차가 중단되어 수계절차가 이루어져야 한다고 할 수 없다.

52) 大判 1966. 6. 28, 66다689: 이러한 경우에는 신탁자가 참가승계인이 되어 제79조에 의한 참가를 할 수 있고, 명의수탁자는 소송에서 탈퇴할 수 있을 뿐이다.

53) 유언집행자가 소송담당자인가에 관하여 학설대립이 있다는 점은 앞에서 설명하였다.

한다.54) 그러나 이들 중 소수주주를 제외한 다른 권리자는 소송담당자가 아니므로 본래부터 여기에 해당하지 않는다. 이때에 누가 절차를 수계하여 당사자의 지위를 승계하는가? 예를 들어 대위소송의 채권자가 사망하였을 때 상속인이 수계하는 것이 당연하다. 만일 채권자가 소송담당자라면 채무자의 다른 채권자나 채무자 자신이 수계해야 할 것이나, 이는 있을 수 없는 일이다. 이러한 점을 보더라도 이러한 경우는 **자기 권리를 행사**하는 것이므로 소송담당으로 보아서는 안 된다.

(마) 파산의 선고 또는 해지

당사자가 파산선고를 받으면 파산재단에 관한 소송절차는 중단되고 **파산관재인**이 절차를 수계하여 승계인이 된다. 수계가 있기 전에 파산절차가 해지되면 파산선고를 받은 이가 당연히 절차를 수계한다(제239조). 수계가 있은 뒤에 해지되면 절차는 중단되고 파산선고를 받은 이가 수계하여 승계인이 된다(제240조).

(3) 소송상의 취급

《사례 6》　甲이 乙을 상대로 대여금반환청구소송을 하던 중 乙이 사망하였다. 乙에게는 상속인인 丙과 丁이 있다. 앞으로 이 소송에서 피고는 누구인가?

《사례 6a》　〈사례 6〉에서 乙에게는 소송대리인 변호사 戊가 있어서 소송이 그대로 진행되었고 법원이 乙에게 대여금을 반환하라는 판결까지 선고하였다. 이 판결이 효력이 있는가?

소송 중에 위에서 열거한 포괄적 승계 원인이 발생하면 승계인이 당사자가 된다는 것이 통설이다. 그러므로 〈사례 6〉에서 丙과 丁이 피고가 된다고 본다. 그러나 승계인이 바로 소송을 수행할 수 있는 것은 아니므로 승계인을 당사자로 삼기 위한 수계절차를 밟게 된다. 수계신청은 승계인 자신이 할 수도 있고 상대방 당사자가 할 수도 있다(제241조).

법원은 승계인인지 여부를 직권으로 조사하여 **승계인이 아니라고 판단**되면 결정으로 수계신청을 기각한다(제243조 1항). 수계를 인정하고 절차를 진행하다가55) 승계인이 아님이 밝혀진 경우(**참칭승계인**)에 관하여 판결로 승계인에 대한 소를 각하해야 한다는 견해가 있다.56) 판례는 이러한 경우에 수계재판을 취소하고 신청을

---

54) 宋·朴, 381; 鄭·庚·金, 710.
55) 판례는 수계신청이 이유 있으면 별도의 재판 없이 절차를 속행할 수 있다고 한다(大判 1984. 6. 12, 83다카1409).
56) 강현중, 941; 이시윤, 869.

각하해야 한다고 본다.57) 그러나 어느 입장도 타당하지 않다. 소를 각하해야 한다는 견해는 진정승계인에 대한 관계에서는 여전히 절차가 중단된 상태라고 보면서 참칭승계인에 대하여는 소각하판결을 해야 한다고 하나,58) 이는 소송승계가 하나의 절차의 연속이라는 점을 간과한 것이어서 타당하지 않다. 판례가 수계신청을 각하해야 한다고 본 것은 기각해야 한다는 제243조 제1항의 規定에 위배된다. 수계신청이 일단 이유 있다고 판단하면 당사자를 승계인으로 변경하고 절차를 진행하지만, 그 판단이 잘못되었음이 밝혀지면 **수계시킨 조치를 취소하고 결정으로 수계신청을 기각**하는 것이 타당하다.59)

포괄적 승계가 있더라도 피승계인에게 **소송대리인이 있으면** 절차가 중단되지 않는다(제238조). 즉 소송대리인은 승계인의 수계 없이 종전 당사자의 이름으로 계속 소송을 수행할 수 있고, 법원은 판결까지 선고할 수 있다고 보는 것이 일반이다.60) 그리하여 그 판결에 기하여 강제집행을 하려면 **승계집행문**(민집 제31조)을 부여받아야 한다고 본다. 다만 파산선고와 파산절차 해지로 인한 승계의 경우에는 소송대리인의 유무와 관계없이 절차는 중단된다(제239조, 제240조 참조). 〈사례 6a〉에서 절차는 중단되지 않으므로 법원은 피고를 乙로 둔 채 이행판결을 선고한 것이다. 하지만 피고는 당연히 丙과 丁이 되었으므로 이러한 판결이 사망자를 당사자로 한 판결은 아니므로 유효하다고 보게 된다.

　판례는 소송 중에 **당사자가 사망한 것을 모르고 판결을 선고**한 경우에 상속인이 당사자이므로 판결은 유효하지만 수계절차를 밟지 않은 잘못은 있으므로 이러한 경우에는 그 판결은 대리인에 의하여 적법하게 대리되지 않았던 경우와 마찬가지로 보아 대리권 흠결을 이유로 상소 또는 재심에 의하여 그 취소를 구할 수 있다고 한다.61) 소송계속 중 당사자에 대하여 회생절차 개시결정이 있었는데도 법원이 이를 모르고 관리인의 소송수계 없이 그대로 절차를 진행하여 판결을 선고한 경우와62) 부적법한 소송수계 신청을 받아들여 소송을 진행한 후 수계인을 당사자로 하여 판결을 선고한 경우에도63) 대리인에 의하여 적법하게 대리되지 않은 경우와 같은 위법이 있다고 한다. 그리고 소송이 계속

---

57) 大判 1981. 3. 10, 80다1895.
58) 강현중, 941.
59) 한충수, 786.
60) 大判 2010. 12. 23, 2007다22859와 大判 2011. 4. 28, 2010다103048은 당사자의 표시를 정정하지 않은 채 죽은 사람을 그대로 당사자로 표시하여 판결해도 마찬가지라고 한다.
61) 大判(全) 1995. 5. 23, 94다28444; 大判 2011. 4. 28, 2010다103048.
62) 大判 2012. 9. 27, 2012두11546; 大判 2015. 10. 15, 2015다1826 · 1833.
63) 大判 2023. 9. 21, 2023므10861.

중에 채무자에 대하여 파산선고나 회생절차개시결정이 있었는데 수소법원이 이를 알지 못하고 파산관재인이나 관리인이 소송을 수계하지 않은 상태에서 판결을 선고하였으면 여기에는 마치 대리인에 의하여 적법하게 대리되지 않은 경우와 마찬가지의 위법이 있다 고 한다.[64)]

그러나 근래에는 채권자취소소송에서 '대리인에 의하여 적법하게 대리되지 않은 경우와 마찬가지'라는 문구 대신에 '소송절차를 수계할 파산관재인이 법률상 소송 행위를 할 수 없는 상태에서 사건을 심리하고 선고한 것이므로'라고 근거를 설명한 판결도[65)] 나왔다. 이러한 경우들은 대리인과는 관계가 없으므로 대리권 흠결에 기 대어 설명하는 것은 적절하지 않고, 소송절차를 수계할 파산관재인이 법률상 소송 행위를 할 수 없는 상태에서 사건을 심리하고 선고한 것임을 바로 근거로 들어 설 명하는 것이 타당하다.

판례는 한 편으로는 채권자가 채무자를 상대로 한 소송이 계속하기 전에 채권자나 채무자에 대하여 파산선고가 이루어지면 당사자적격을 상실하므로 그 소는 부적법하여 각하되어야 하고, 파산선고 당시 소송계속이 있었음을 전제로 한 파산관재인의 수계신청 도 적법하지 않다고 판시하면서,[66)] 다른 한 편으로는 파산채권자가 파산선고 후에 제기 한 채권자취소의 소가 부적법하더라도 파산관재인이 이미 이 소송을 수계하였으면 관재 인이 청구를 채권자취소에서 부인권 행사로 변경할 수 있으며, 이 때 취소소송의 수소법 원이 파산사건 계속 법원이 아니면 수소법원은 파산사건 계속 법원으로 사건을 이송해야 한다고 본다.[67)]

그리고 당사자가 사망하더라도 소송대리인이 있으면 소송절차가 중단되지 않고 소송 수계의 문제는 발생하지 아니하며, 소송대리인은 상속인들 전원을 위하여 소송을 수행하 게 되는 것이며 그 사건의 판결의 당사자 표시가 사망자 명의로 되어 있다 하더라도 그 판결은 상속인들 전원에 대하여 효력이 있다고 한다.[68)]

(4) 이른바 당연승계의 문제점

《사례 6b》   〈사례 6a〉에서 甲과 戊가 乙의 상속인으로 丁이 있는 것을 몰라 丙만 이 수계신청을 하여 피고로 되었다. 청구인용판결이 선고되자 丙이 항소하였다. 이때 丁에 대한 소송은 어떤 상태가 되는가?

---

64) 손해배상소송: 大判 2018. 4. 24, 2017다287587. 채권자취소소송: 大判 2014. 1. 29, 2013다65222; 大判 2013. 10. 24, 2013다41714.

65) 大判 2015. 11. 12, 2014다228587; 大判 2022. 5. 26, 2022다209987.

66) 大判 2018. 6. 15, 2017다289828.

67) 大判 2018. 6. 15, 2017다265129.

68) 大判 1995. 9. 26, 94다54160; 大判 2011. 4. 28, 2010다103048.

《사례 6c》   〈사례 6b〉에서 乙이 戊에게 상소의 수권을 하였기 때문에 戊가 丙을 대리하여 항소를 제기하였다. 이때 丁에 대한 소송은 어떤 상태가 되는가?

통설은 위에서 본 포괄승계가 있으면 실체법적 법률관계뿐만 아니라 당사자의 지위까지 '법률상 당연히' 승계인에게 이전하여 승계인이 새로운 당사자가 된다고 하여 이를 '당연승계'라고 부른다. 그러므로 소송수계는 당사자를 변경하는 절차가 아니라 당사자의 표시를 이미 변경된 당사자와 합치시킨다는 의미를 가진다. 그러나 이러한 당연승계 이론에는 문제가 있다. 실체법상의 권리의무가 포괄적으로 이전하면 당사자가 될 실체법상의 지위, 즉 본안적격이 이전하는 것이다. 이때 소송상 당사자가 당연히 변경된다는 것은 당사자의 개념을 실체법적으로 파악할 때에만 가능하다.

그러나 오늘날은 이러한 실체적 당사자개념을 버리고 **형식적 당사자개념**을 채택하고 있다. 실체법상 권리자나 의무자가 당연히 당사자가 되는 것이 아니라, 당사자로 표시가 되어야 소송에서 당사자가 된다. 그러므로 당연승계 이론은 형식적 당사자 개념과 맞지 않다.

위에서 본 포괄승계의 여러 경우 중 법인 등의 합병이나 수탁자의 임무 종료, 파산의 선고나 해지 등의 경우에는 승계인이 누구인지가 이러한 사유 발생과 동시에 확정되므로 절차상 혼란이 적을 것이다. 그러나 당사자의 사망과 소송담당자의 자격상실의 경우에는 누가 승계인이 될지가 확정되는 것은 그 사유 발생 때와 시차가 있을 수밖에 없다. 그럼에도 불구하고 누군지는 아직 모르지만 사유 발생 시에 승계인이 당사자가 되었다고 보는 것은 여러 가지 부작용을 낳게 된다.

특히 **당사자 사망의 경우**에 실체법적으로도 상속인이 당연히 포괄적 승계인이 되는 것도 아니다. 사망으로 상속은 개시되지만 상속인이 상속을 포기할 수도 있다. 그러므로 당사자가 사망하여 상속이 개시되는 순간 상속인으로 당연히 당사자가 변경된다는 것은 실체법의 규율과도 맞지 않다. 소송에서 상속인등 승계인이 수계절차를 밟아서 당사자로 표시가 되어야 당사자가 변경된다고 보는 것이 체계상 맞다. 수계절차를 밟도록 하기 위하여 절차가 중단되도록 규율하는 것이다.

〈사례 6b〉에서 당연승계 이론에 의하면 丁도 피고가 되며, 소송대리인이 있으므로 丁에 대하여도 절차는 중단되지 않고 판결의 효과가 丁에게도 미친다. 이때 戊의 대리권은 판결정본의 송달로 소멸하므로(심급대리) 丁에 대하여는 그때 절차가 중단된다. 丁이 뒤늦게 자기에 대한 소송계속사실을 알게 되면 항소를 할 수 있을 뿐이다. 그러나 이는 丁에게 제1심을 박탈하는 문제가 있다. 〈사례 6c〉에서 당연승계 이론에 의하면 丁도 피고인데 乙이 한 상소의 특별수권으로 판결송달이 있어도 절차는 중단되지 않고 항소기간이 진행한다. 丁은 항소하지 않았으므로 丁에 대한 판결은 확정된다. 판례는 바로 이러한 경우에 **누락된 상속인**에 대하여는 판결이 확정되었으므로 수계신청이 허용되지 않는다고 하였다.69) 그러나 이는 누락된 상속인의 재판청구권을 침해하는 것이어서 극히 부당하다. 이러한 문제를 해결하기 위하여 상소의 특별수권을 예문이라고 새기자는 견해,70) 누락된 상속인에 대하여는 '사실상' 절차가 중단되어 절차가 분리된다고 보자는 견해,71) 소송대리인이 있는 경우 판결 선고시에 절차가 중단되는 것으로 보자는 견해,72) 누락된 상속인과 대리인에게 과실이 없다면 누락된 상속인을 추후보완의 상소로 구제하고, 그렇지 않으면 손해배상 등 실체법의 문제로 해결하는 수밖에 없다는 견해73) 등이 제시된다. 그러나 어느 견해도 근본적인 해결방법을 제시하는 데에는 미흡하다.

판례는 위 91마342 결정 사안에서는 수계한 상속인들이 직접 상소를 제기하였으므로 수계하지 않은 상속인이 상소하지 않는 것 때문에 그들에게 판결이 확정되었다고 보았지만, 나중에 **상소의 특별수권을 받은 소송대리인이 이미 수계한 당사자를 위하여 상소하면 그 효력은 수계하지 않은 당사자에게도 미쳐서** 이들에 대하여도 판결이 확정되지 않고 따라서 수계신청도 할 수 있다고 하여 이 문제를 해결하고자 한다.74) 그러나 이 판례는 수계하지 않은 상속인도 당연히 당사자가 되어 판결의 효력을 받는다고 하더라도 공동소송인 중 일부의 상소가 다른 공동소송인에게 효력을 미치는 것은 필수적공동소송인에 한하고, 통상공동소송에서는 상소하지 않은 다른 공동소송인에게 아무런 영향이 없다는 법리를 간과한 것으로, 타당성이 없다.

이 문제에서는 소송법상 누가 당사자인가를 확정하는 기준인 형식적 당사자개

---

69) 大決 1992. 11. 5, 91마342.

70) 崔忠根, "訴訟受繼申請과 特別授權", 民事裁判의 諸問題 제7권, 634면.

71) 康鳳洙, "訴訟代理人이 있는 경우 當事者의 死亡과 受繼", 民事裁判의 諸問題 제8권, 692면 이하. 한충수, 753도 결론적으로 같은 견해라고 생각된다.

72) 李宛洙, "民事訴訟에 있어서 當事者의 死亡이 訴訟節次에 미치는 影響", 법학연구(서울대학교 법과대학) 제5권, 213면.

73) 이시윤, 469.

74) 大判 2010. 12. 23, 2007다22859; 大判 2010. 12. 23, 2007다22866.

념과 맞지 않는 **당연승계를 부정하는 것이 타당**하다. 따라서 사망한 당사자는 당사자능력을 상실했으므로 소송요건 불비가 되어 법원은 본안판결을 할 수 없는 상태가 된다. 상속인이 특정되어 수계절차를 밟기 전에는 당사자가 특정되지 않은 상황이 계속되는 것이다. 그러므로 앞에서 본75) 당사자가 사망한 것을 모르고 한 판결은 당사자능력의 흠결을, 회생절차 개시결정을 모르고 한 판결은 당사자적격의 흠결을 간과한 것이므로 그 판결은 무효라고 볼 것이다. 이 점은 소송대리인이 있어서 절차가 중단되지 않더라도 마찬가지로 보아야 한다. 대리인이 있다고 해서 당사자능력과 당사자적격의 흠결이 치유되는 것이 아니기 때문이다.

그리고 누락된 상속인에 대해서는 당사자가 사망한 시점에 절차가 중단된 상태라고 보는 것이 타당하다. 위의 어느 경우에나 丁은 제1심 법원에 수계신청을 할수 있다고 보아야 한다. 소송대리인이 있을 때에는 절차가 중단되지 않는다고 보더라도(제238조) 그때 **소송대리인의 권한**은 부재자 재산관리인의 경우와 같이 **소송유지를 위한 최소한의 행위에 제한**된다고 보아야 할 것이다. 그렇게 새기는 것이 새로 당사자가 된 상속인의 의사에도 합치할 것이다.76) 특히 피상속인이 상소 등에 관하여 **특별수권**을 하였더라도 그 **부분에 대한 대리권은 소멸**하였다고 보는 것이 타당하다. 소송대리인에게 그 사항에 관하여 계속 대리권을 줄 것인지를 상속인이 수계한 뒤에 정하도록 하는 것이 특별수권사항으로 규정한 법의 취지에도 맞을 것이다. 이렇게 새기면 누락된 상속인이 재판받을 권리를 침해당하는 일도 생기지 않는다.

---

75) 앞의 94다28444 판결, 2010다103048 판결과 2012두11546 판결.
76) 이 점에 대한 상세한 논의는 胡文赫, "民事訴訟에서 當事者死亡으로 인한 當事者變更에 관한 연구", 21世紀 民事法學의 課題와 展望, 2002, 538면 이하.

제11편

判決의 欠缺과 再審節次

제 1 장 判決의 欠缺

제 1 절 序   說

법관의 판결에 잘못이 있을 수 있다. 법관이 법해석을 잘못하거나 법을 잘못 적용하여 그릇된 판결을 하는 수가 있다. 법해석이나 법적용은 법관의 전권에 속하는 것이고, 이는 법률전문가인 법관의 책임하에 이루어져야 한다. 법관의 법해석이나 법적용이 올바른지를 점검하는 여러 가지 장치가 마련되어 있는데, 최종적으로는 법률심인 상고심에서 판단하게 된다.

법관이 사실을 잘못 인정하여 오판을 할 가능성은 상당히 높다고 해도 지나친 말이 아니다. 법관은 담당한 사건을 원고의 소제기로 처음 접하게 되고, 당사자들의 주장과 입증을 통하여 비로소 일정 사실의 존부를 판단하게 된다. 법관의 사실인정은 당사자들의 주장, 입증에 좌우되고, 경우에 따라서는 증거의 위조나 변조, 증인의 위증 등 속임수에 넘어가 사실을 잘못 인정할 가능성도 있다. 이러한 가능성이 변론주의 때문에 생긴다고 판단하는 것은 잘못이다. 설사 직권탐지주의를 택하더라도 법관의 객관적 인식 능력에는 한계가 있기 때문이다. 변론주의에 의하여 객관적 사실이 왜곡되는 것은 사적 자치의 귀결이고, 민사소송이 '객관적' 진실의 발견을 추구하는 절차가 아니므로 전혀 나무랄 일이 아니다.

판결은 법률이 정한 일정한 절차에 따라 내려져야 하는데 그 절차를 위반한 경우도 흠이 있는 판결이 된다.

여하튼 판결이 법률적인 측면에서나 사실적인 측면에서, 또는 절차상 잘못된 것일 때 이를 어떻게 처리할 것인가는 그 잘못의 내용이나 성격이 어떤 것인가에 따라 달리 규율된다.

제 2 절 判決의 訴訟法上 흠과 그 效果

I. 사이비 판결

판결로서의 모습은 갖추었으나 전혀 판결이라고 할 수 없는 것을 말한다. 법관이 재판이라는 직무를 수행하여 선고라는 형식으로 발표한 것이어야 판결이라고할 수 있는데, 여기에 해당하지 않으면 사이비 판결이 된다. 법학전문대학원생이실무 수습 중에 쓴 판결 초안, 선고하지 않은 판결 초안 등이 여기에 해당한다. 그러므로 소송 중에 이러한 것들이 당사자에게 잘못 송달되어도 상소기간은 진행하지 않는다.

II. 판결법원 구성의 흠

판결법원의 구성이 법률에 어긋나거나 그 사건의 재판에 관여할 수 없는 법관이 관여한 때에는 재심사유가 된다. 예를 들면 대법원의 부에서 판례를 변경하는내용의 재판을 하든가, 항소심에서 재판한 법관이 파기환송 후의 항소심에서 다시재판을 한 경우(제436조 3항) 등이다.

III. 심판의 대상이 아닌 소송상청구에 대한 판결

소취하(일부취하 포함)를 간과하고 한 판결, 소송상청구와 다른 청구에 대한 판결, 소송상청구의 범위를 넘은 내용의 판결 등이 여기에 해당한다. 이러한 경우에는 처분권주의 위배가 되는데, 그 효과는 무효라고 할 것이다. 판례는 제1심에서주위적 청구를 기각하고 예비적 청구를 인용하였는데, 이에 대하여 피고만이 항소하였으면 항소심에서 주위적 청구는 심판의 대상이 아니라고 전제하고, 항소심에서주위적 청구를 기각하는 판결을 했어도 이는 무의미한 판결이므로 상고의 대상도되지 않는다고 하였다.[1]

---

1) 大判 1995. 1. 24, 94다29065.

Ⅳ. 판결의 누락

판결의 누락이란 원고의 소송상청구에 대하여 판결을 빠뜨린 경우를 말한다. 소송상청구 전체에 대하여 판결 자체를 하지 않은 경우는 누락이 아니다. 주로 청구병합의 경우에 일부의 청구에 대하여 판결을 빠뜨리는 경우가 여기에 해당한다. 예를 들어 단순병합에서 어느 청구에 대하여 판결하면서 다른 청구에 대하여는 판결하지 않는다든가, 예비적병합에서 주위적 청구를 기각하고 예비적 청구에 대하여 판결하지 않는 경우가 여기에 해당한다.

누락이란 특정 청구에 대하여 판결하지 않은 것인데, 그 **기준은 주문으로 판단하였는가**에 있다. 아무리 법원이 심리하여 이유에서 기각한다는 판단을 했어도 주문에 기재하지 않으면 판결을 누락한 것이다.[2]

판결이 누락되면 그 청구는 원심에 계속 중이므로 상소의 대상이 아니라 추가판결의 대상이 되는 것이 원칙이다.[3] 그러나 예비적병합에서와 같이 병합된 청구가 불가분의 관계에 있을 때는 누락된 부분이 분리될 수는 없고, 이런 경우에는 판결의 누락은 그 자체로 위법한 재판이므로 상소의 대상이 된다.[4]

판결의 누락에 준하는 것으로 불분명한 판결이 있다. 주로 판결주문이 불분명한 경우인데, 판결이유와 종합해서 보아도 그 내용이 특정되지 않으면 그 판결은 상소로써 취소를 구할 수 있고, 확정되어도 기판력이나 집행력 등의 효력이 없다. 상급심법원은 원판결의 주문이 불분명하면 직권으로 원판결을 취소하고 더 심리하여 변경하거나 파기환송하여야 한다.

Ⅴ. 소송요건 불비를 간과한 판결

원고의 소가 소송요건을 갖추지 못하여 부적법함에도 불구하고 이를 모르고 지나친 경우에는 그 소송요건이 무엇인가에 따라 효력이 달라진다.

---

2) 大判 2002. 5. 14, 2001다73572; 大判 2004. 8. 30, 2004다24083; 大判 2017. 12. 5, 2017다237339.

3) 大判 2005. 5. 27, 2004다43824(이 판결에서는 아래 98다22253 전원합의체 판결로 변경된 예비적병합에 관한 99다50422 판결을 참조하였다); 위 2017다237339 판결.

4) 大判(全) 2000. 11. 16, 98다22253; 大判 2002. 9. 4, 98다17145; 大判 2002. 10. 25, 2002다23598.

1. 관할권의 흠결

임의관할 위반을 간과하고 판결을 하는 일은 생각하기가 어렵다. 피고가 관할위반의 항변을 하지 않고 본안에 관하여 변론하거나 변론준비기일에서 진술하면 변론관할이 생겨서 더 이상 관할 위반이 아니기 때문이다. **전속관할**을 위반한 판결이 확정되더라도 재심사유는 되지 않고 그 판결은 효력이 있다. 그러나 **재판권**이 없는 사건에 대한 판결, 예컨대 외교면제자에 대한 판결은 무효이다.

2. 당사자능력의 흠결

당사자능력이 없는 이, 즉 사망자나 존재하지 않는 단체를 당사자로 한 판결은 확정되더라도 어차피 그 판결의 효력을 받을 당사자가 권리주체로서 존재하지 않으므로 그 판결은 **무효**이다.

판례는 재산관계 소송에서는 앞에서 설명한 바와 같이 당사자가 사망하면 상속인이 당연승계한다고 하여 당사자 사망을 모르고 한 판결도 무효는 아니고, **소송대리인**이 없으면 상소·재심사유가 되나,[5] 소송대리인이 있으면 당사자 표시를 그대로 둔 채 소송대리인이 소송을 수행할 수 있다고 본다.[6]

그러나 소송대리인이 없는 경우에는 절차가 중단된 상태이므로 이를 간과한 판결은 무효라고 보아야 한다. 소송대리인이 있어도 상속인이 수계해야 당사자가 변경된다고 보고, 수계 없이 사망자를 당사자로 한 판결은 무효라고 보는 것이 타당하다. 판례 중에는 사망자를 피고로 하여 소를 제기하고 당사자표시 정정절차를 밟지 않은 상태에서 선고한 판결은 무효이므로 사망자인 피고의 상속인들에 의한 상소나 소송수계 신청은 부적법하다고 한 것이[7] 있고, 소제기 후 소장부본 송달 전에 피고가 사망한 경우에도 마찬가지라고 한 것도[8] 있다.

이혼소송 중에 한 당사자가 사망한 경우도 이를 간과하고 선고한 판결은 무효가 됨은[9] 물론이다.

---

5) 大判(全) 1995. 5. 23, 94다28444.
6) 大判 1995. 9. 26, 94다54160.
7) 大判 1970. 3. 24, 69다929.
8) 大判 2015. 1. 29, 2014다34041.
9) 大判 1982. 10. 12, 81므53.

3. 당사자적격의 흠결

당사자적격이 없는 이를 적법한 당사자로 하여 선고한 판결은 당사자로 등장하지 않은 적격자에게 아무런 효력이 없음은 물론이다. 뿐만 아니라 적격이 없는 당사자에 대하여도 효력이 없는 경우가 많다. 예를 들어 파산선고를 받은 이를 피고로 하여 파산재단에 관한 소송을 한 경우에 피고가 파산선고를 받은 이임을 간과하고 선고한 판결이 파산선고를 받은 이에게 효력을 미칠 수는 없고, 고유필수적공동소송에서 일부 공동소송인을 누락한 것을 모르고 한 판결이 당사자가 된 공동소송인에게 효력이 있을 수는 없다.

4. 소송능력 또는 대리권의 흠결

소송무능력자를 능력자로 잘못 알고 선고한 판결은 확정되더라도 법정대리권의 흠결이 되어 재심사유가 된다(제451조 1항 3호). 대리권 없는 이의 소송대리를 허용하여 판결한 경우도 마찬가지이다.

5. 권리보호자격의 흠결

부제소특약이나 중재계약 등 **소송상 합의**에 위반하여 소를 제기한 경우는 피고가 항변하지 않았기 때문에 이러한 합의의 존재를 간과하고 판결한 것이므로 아무런 잘못이 없다.10)

중복소제기임을 간과하고 본안판결을 선고한 경우에11) 전후 어느 소송에서건 판결이 확정되면 더 이상 중복소제기는 문제되지 않고 아직 변론이 종결되지 않은 소는 기판력에 저촉되어 부적법해진다.

기판력에 저촉되는 제소임을 간과하고 선고한 판결이 확정되면 기판력 있는 두 개의 판결이 존재한다. 이 경우에 뒤의 판결이 무효라거나 뒤의 확정판결로 앞의 확정판결이 취소나 변경되는 것이 아니라 뒤의 확정판결이 기판력에 저촉되어 재심의 대상이 된다(제451조 1항 10호).

판결이 아닌 **재판상화해**의 경우는 문제가 다르다. 확정판결이 있은 뒤에 소송상화해를 하는 것은, 사전에 제소가 기판력에 저촉된다고 하여 각하되었을 것이지만

---

10) 다만 판례는 부제소특약을 직권조사사항이라고 하는데(大判 2013. 11. 28, 2011다80449) 이것이 부당함은 이미 설명하였다.

11) 大判 1995. 12. 5, 94다59028은 이러한 판결이 당연무효는 아니라고 한다.

그러한 일이 발생하지 않고 화해가 이루어진 경우일 것이다. 확정판결 뒤에 새로이 제소전화해를 하는 경우는 자주 발생할 수 있을 것이다. 어느 경우에나 당사자들이 확정판결이 있음에도 불구하고 그와 다른 내용의 재판상화해를 했다는 것은 화해의 창설적 효력으로 전소송 변론종결 후에 새로운 사정이 발생한 것이므로 아무런 하자가 없고 확정판결의 효력에도 영향이 없다. 그러므로 확정판결에 기하여 이행된 급부도 아무런 영향을 받지 않는다. 재판상화해를 하고 다시 재판상화해를 하는 경우는 나중의 화해가 기판력에 저촉되는지가 문제될 수 있으나, 이것도 나중의 화해 시점부터 새로운 법률관계가 창설되고 앞의 화해의 효력에는 영향이 없다고 볼 것이다.[12]

6. 권리보호이익의 흠결

확인의 이익이 없는 것을 간과하고 확인의 소에 대하여 본안판결을 하였거나, 미리 청구할 필요가 없음에도 이를 간과하고 장래이행의 소에 대하여 본안판결을 한 경우, 그 판결이 확정되면 효력이 어떻게 되는가? 권리보호이익에 관하여는 그 존부에 대한 판단이 서지 않은 경우에도 본안판결을 할 수 있다는 학설이 있을 정도로 **소송요건으로서의 성격**이 약하다. 그러므로 권리보호이익이 없음에도 본안판결을 하는 것이 그 판결의 효력을 좌우할 정도의 흠은 아니다.

제 3 절 實體法에 違反된 內容의 判決

Ⅰ. 실체법상 인정되지 않는 제도를 인정한 판결

부동산 질권, 부동산 선의취득 등과 같이 우리 법제도상 인정되지 않는 제도나 권리, 의무를 인정한 판결은 **무효**이다. 이러한 내용의 재판상화해나 포기, 인낙, 화해권고결정도 무효이다.

---

12) 大判 1994. 7. 29, 92다25137은 선행화해의 집행으로 이루어진 소유권이전등기에는 아무런 영향이 없다고 하였다.

Ⅱ. 실체법상 강행법규, 사회질서를 위반한 내용의 판결

판결의 내용에 따른 법률효과가 강행법규나 사회질서에 위반하는 것이면 그 판결은 무효이다. 중혼을 유효라고 하여 혼인취소청구를 기각하거나, 첩계약의 효력을 인정하여 동거를 명하거나 계약 불이행을 이유로 손해배상을 명한 판결, 도박채무의 이행을 명한 판결 등이 여기에 해당할 것이다. 이러한 내용의 재판상화해나 포기, 인낙, 화해권고결정도 무효이다. 그러나 판결의 결과에 영향이 없이 **이유 중의 판단**에 이러한 내용이 포함되어 있는 것으로는 판결의 효력에 영향이 없다.

Ⅲ. 불가능한 이행을 명한 판결

한강에 빠진 다이아몬드 반지를 건져내라거나, 견우성과 직녀성 사이에 오작교를 건설하라는 것과 같이 불능을 목적으로 하는 법률행위의 효력을 인정하여 이행을 명한 판결도 **무효**이다. 이행을 명한 내용 중의 일부가 무효이면 일부무효의 법리를 여기에 적용할 수 있을 것이다. 이러한 내용의 재판상화해나 인낙, 화해권고결정도 무효이다.

Ⅳ. 강제집행이 불가능한 판결

판결서에서 이행의 목적물을 특정하지 않았거나, 환지, 수용 등으로 목적물이 변경된 경우에는 그 물건에 대한 집행이 불가능하다. **목적물 불특정**의 경우는 판결이 무효라고 볼 것이나, **목적물이 변경**된 경우는 판결이 무효가 되는 것은 아니고, 기판력은 발생한다. 그 뒤 변경된 목적물을 대상으로 다시 제소할 수 있고,[1] 이때 전소송 확정판결은 후소송에서 선결적 법률관계에 대한 판결로 기판력이 미치거나, 그러한 관계가 아니라도 증명력이 인정될 것이다.

Ⅴ. 실체법상 부당한 내용의 판결

판결의 내용이 실체법상 부당한 경우가 있다. 당사자가 주장과 입증을 잘못하거

---

1) 大判 1986. 9. 9, 85다카1952.

나 법원이 당사자의 주장, 입증을 잘못 평가하여 사실 인정을 그르친 경우가 있고, 법원이 법률의 적용을 잘못한 경우도 있다. 이처럼 내용이 부당한 판결에 대하여는 상소로 구제받을 수 있으나 판결이 확정되면 그 **판결은 유효**하고, 기판력의 발생으로 더 이상 다툴 수가 없게 된다. 다만 그 잘못이 중대한 것이면 재심사유가 되어 (제451조 1항 5, 6, 7, 11호) 재심으로 구제받을 수 있다.

1. 판결의 편취

당사자가 **상대방이나 법원을 기망하여 부당한 확정판결을 얻어 내는 것**을 판결의 편취라고 한다. 편취한 판결에 대하여 상대방 당사자가 상소하면 판결이 확정되지 않으므로 편취에 성공했다고 할 수 없다. 그러므로 판결편취는 확정판결을 그 대상으로 한다. **판결편취의 수법**은 ① 피고의 주소를 허위로 기재하여 타인이 소장 부본을 송달받게 하여 피고 불출석으로 인한 자백간주가 되게 하는 방법, ② 피고 주소를 알면서도 소재불명이라고 하여 공시송달이 되도록 하는 방법, ③ 참칭대리인 내지 대표자를 내세워 당사자나 진정한 대리인, 대표자가 소송계속 사실을 모르게 하는 방법(자백간주를 노린 것이다), ④ 허위사실의 입증으로 인한 법원 기망(위증 교사, 입증방해, 증거의 위조나 변조) 등 매우 다양하다. 이들 중에서 ②부터의 사유는 재심사유에 해당하므로 재심으로 구제가 된다. 그러나 ①의 사유가 있을 때는 재심사유에 해당하지 않으므로 피해자를 어떤 방법으로 구제할지가 문제된다.[2] 소 취하의 합의를 하여 피고가 안심하고 결석하게 만들어놓고 소송을 계속하는 방법과 성명도용을 열거하는 수가 있으나,[3] 그것만으로는 '확정판결'의 편취라고 할 수는 없고, 허위주소 송달이나 공시송달의 방법을 사용할 것이므로 ①이나 ②에 속하게 된다.

2. 편취판결의 취소

판결의 편취는 대부분 제1심에서 이루어지고 그 제1심 판결이 확정된다. 이때 편취판결(사위판결)을 소송상 취소시키는 방법으로는 항소, 추후보완항소, 재심이 있다. 그 밖에 강제집행 중에 청구이의의 소로써 구제받거나 별소로써 손해배상청구나 부당이득반환청구를 할 수 있는지 여부가 논의된다.

---

2) 판결편취에 관한 상세한 연구는 金相一, 確定判決의 騙取와 不正利用에 관한 研究 ─ 不法行爲의 成立 與否를 中心으로 ─, 서울대학교 박사학위논문, 1998 참조.

3) 方順元, 599; 이시윤, 709.

(1) 항 소

확정판결에 대하여는 항소가 불가능하다. 그러므로 대부분의 편취판결에 대하여도 항소를 할 수는 없다. 다만 겉으로는 판결이 확정된 것으로 보이더라도 **판결정본이 타인에게 송달되고 당사자에게 송달되지 않은 경우**에는 항소기간이 진행하지 않는다. 따라서 그 판결은 확정되지 않았고, 패소 당사자는 항소를 제기할 수가 있다. 여기에 해당하는 것이 앞에서 본 ①이다. 이러한 경우에는 당사자가 아닌 타인에게 판결이 송달되었을 것이다. 판례도 ①의 경우에 확정판결이 아니고 기판력이 없으므로 재심은 허용되지 않고 항소가 허용된다고 한다(항소설).[4] 이에 대하여 항소를 허용할 것이 아니라 공시송달의 경우와 같이 제451조 제1항 11호를 적용하여 재심을 인정하자는 견해(재심설)가 있다.[5] 이 견해는 공시송달은 적법한 송달방법이고 따라서 그 사유야 어떻든 판결정본의 공시송달로 상소기간은 진행하고 판결이 확정되어 기판력이 생기지만, 허위주소 송달은 전혀 송달된 것이 아니라는 차이점을 간과한 것으로 타당하지 않다.

(2) 추후보완항소

편취판결이 항소기간의 도과로 확정되면 기판력이 생기는데, 이 기판력을 배제하는 방법 중의 하나가 추후보완항소이다. 판결이 확정되었더라도 편취 당사자의 상대방이 **책임질 수 없는 사유로 항소기간을 지키지 못하였음을 주장**하여 항소를 제기할 수 있다(제173조).[6] 이 방법을 쓸 수 있는 경우가 재심사유로 인정되는 여러 경우들이다. 특히 판례는 **공시송달**이 된 경우에 관하여 추후보완항소를 인정하고,[7] 허위주소로 송달한 경우에는 송달 자체가 없었으므로 추후보완의 문제는 생기지

---

4) 大判(全) 1978. 5. 9, 75다634 이후 일관된 판례이다.

5) 이시윤, 710.

6) 항소를 제기하면서 추후보완항소라는 문언을 쓰지 않았어도 그 전체적인 취지에 비추어 그러한 주장이 있는 것으로 볼 수 있는 경우에는 당연히 그 사유에 대하여 심리·판단하여야 하고, 증거에 의하여 그 항소기간의 경과가 그의 책임질 수 없는 사유로 말미암은 것으로 인정되는 이상, 그 항소는 처음부터 소송행위의 추후보완에 의하여 제기된 항소라고 보아야 한다(大判 1980. 10. 14, 80다1795; 大判 1990. 11. 27, 90다카28559; 大判 2008. 2. 28, 2007다41560).

7) 大判 1974. 6. 25, 73다1471은 허위주소 기재로 인한 공시송달이 된 경우에 추후보완항소와 재심이 각기 인정될 수 있음을 밝혔고, 大判 1965. 12. 28, 65다1667부터 大判 2011. 4. 28, 2010다98948에 이르기까지 일관하여 공시송달된 자체로 추후보완항소가 인정된다고 본다. 그러나 이는 한 심급의 시초부터 공시송달된 경우이고, 소송 도중에 당사자의 신고 불이행 등으로 공시송달된 경우에는 보완상소는 부적법하다고 본다(大判 1970. 7. 24, 70다1015; 大判 1987. 3. 10, 86다카2224; 大判 1994. 3. 22, 92다42934).

않는다고 본다.[8] 그리고 **무권대리인**이 소송을 수행하고 판결정본을 송달받았으면 당사자는 과실 없이 소송계속 사실 및 그 판결정본의 송달 사실을 몰랐던 것이므로 추후보완항소를 할 수 있다고 하였다.[9]

(3) 재 심

확정판결에 제451조 제1항의 사유가 있으면 재심으로 구제받을 수 있다. 특히 판결의 편취와 관련되는 사유로 위에서 말한 ② 이하의 것들을 들 수 있다. ③의 경우 판례는 법원이 **참칭대표자**에게 적법한 대표권이 있는 것으로 알고 그를 **송달받을 자로 지정**하여 한 소송서류의 송달은 유효하므로 항소기간이 지나면 판결이 확정된다고 하면서 이러한 경우에는 제451조 제1항 3호의 재심사유에 해당한다고 본다.[10] 이 판례는 참칭대표자라도 송달받을 자로 지정하면 송달수령권이 있다고 본 것이다. 참칭대표자에게 송달수령권을 인정한 것이 이론상 문제는 있으나, 재심으로 구제받도록 해도 재심제기 기간의 제한이 없으므로(제457조) 항소로 구제받는 것보다 당사자에게 불리할 것이 없고 오히려 심급의 이익을 박탈당하지 않는다는 점에서 유리한 면이 있다.

(4) 별 소

확정판결을 편취한 행위는 불법행위를 구성하고, 그로 인하여, 즉 그 판결에 기한 집행등으로 손해가 생긴 당사자는 손해배상청구권을 가진다. 그러나 재심으로 그 확정판결을 취소시키지 않고도 별개의 소로써 손해배상을 청구할 수 있는지에 관하여 논란의 여지가 있다. 만일 이를 허용하면 기판력이 유명무실하게 되기 때문이다.

우리의 학설로는 편취판결도 무효가 아니라는 점을 들어 재심으로 판결을 취소해야 손해배상청구의 소가 가능하다고 보는 견해(**재심필요설**)가 다수이고,[11] 재심사유 없는 편취도 가능하고 재심제기 기간 때문에 재심을 제기할 수 없는 경우도 있을 뿐만 아니라 명백히 부당한 판결의 경우는 법적 안정성이 실체적 정의를 위하여 후퇴해야 한다고 하여 재심 없이도 제소가 가능하다고 보는 견해(**재심불요설**)

---

8) 大判 1980. 11. 11, 80다1182; 大判 1997. 5. 30, 97다10345.

9) 大判 1996. 5. 31, 94다55774.

10) 大判 1994. 1. 11, 92다47632.

11) 方順元, 599; 宋·朴, 474; 이시윤, 711; 韓宗烈, 503. 金·姜, 637-638에서는 원칙적으로 상소의 추후보완이나 재심이 필요하나, 재심이 불가능한 경우에는 무효로 본다.

도[12] 주장된다.

판례는 초기에는 법원을 기망하는 등의 불법행위로써 확정판결을 얻은 자까지 기판력으로 보호한다는 것은 자연적 정의감에 반한다고 하여 공시송달로 판결을 편취하여 소유권이전등기를 한 경우에는 손해를 배상하여야 한다고 판시하여,[13] 일반적으로 불법행위가 성립할 수 있음을 밝혔다. 그 뒤에 불법행위가 성립할 요건을 "그 소송당사자가 상대방의 권리를 해할 의사로 상대방의 소송관여를 방해하거나 허위의 주장으로 법원을 기망하는 등 부정한 방법으로 실제와 다른 내용의 확정판결을 취득하고, 그 집행을 하는 것과 같은 특별한 사정이 있어야 하는 것"이라고 구체화하였다.[14] 판례는 그 뒤에 기판력이나 재심제도의 고려하에 불법행위 요건을 더 엄격히 하여, 편취한 판결로 집행을 하는 것이 앞의 판례의 기준에 따라 불법행위가 되는 경우에도 먼저 **재심으로 편취판결을 취소하는 것이 원칙적인 방법**이고, 확정판결에 기한 강제집행이 불법행위로 되는 것은 "당사자의 절차적 기본권이 근본적으로 침해된 상태에서 판결이 선고되었거나 확정판결에 재심사유가 존재하는 등 **확정판결의 효력을 존중하는 것이 정의에 반함이 명백하여 이를 묵과할 수 없는 경우로 한정**하여야 한다"라고 판시하였다.[15]

편취판결로 손해를 입은 당사자가 편취한 당사자에게 **부당이득반환청구**를 할 수 있는지에 관하여, 학설에서는 특별한 구별 없이 불법행위로 인한 손해배상청구와 같이 논의하면서 이를 긍정하는 것이 보통이다.[16] 그러나 판례는 일관하여 '법률상 원인 없이'라는 요건에 해당하지 않는다고 하여 이를 부정한다.[17]

불법행위에 관하여는 최근의 판례의 태도가 타당하다고 생각된다. 기판력 있는 확정판결을 그대로 둔 채로 별소로 손해배상을 청구하는 것은 예외적인 경우에만 인정할 수 있기 때문이다. 부당이득에 관한 판례는 지나치게 형식논리에 얽매어 있다. 불법행위와 달리 취급할 이유가 없다고 생각된다.

---

12) 鄭·庚·金, 879.

13) 大判 1960. 11. 3, 4292민상656.

14) 大判 1991. 2. 26, 90다6576.

15) 大判 1995. 12. 5, 95다21808; 大判 2001. 11. 13, 99다32899.

16) 이시윤, 711; 鄭·庚·金, 880 등.

17) 大判 1977. 12. 13, 77다1753은 어음을 위조하여 판결을 편취한 사례이고, 大判 1995. 6. 29, 94다41430은 대여금 일부를 변제받고도 채무자의 상속인들을 상대로 대여금 전액을 청구하는 소를 제기하여 다시 승소판결을 받아 집행을 한 사례이다.

제 2 장 再審節次

제 1 절 序 論

I. 재심의 의의와 성질

재심절차는 형식적으로 확정된 종국판결에 중대한 잘못이 있을 때에 그 소송을 부활시켜 다시 재판할 것을 구하여 이루어지는 비상 구제절차이다. 본래 종국판결에 대하여 인정된 불복방법이 남지 않으면 더 이상 그 판결을 취소 변경할 수가 없다는 효력인 형식적 확정력이 부여된다. 이 형식적 확정력은 법적 안정성을 위하여 인정된 것이고, 거기에서 다시 내용적으로 후소송 법원과 당사자를 구속하는 효력인 기판력이 생긴다. 그러나 확정판결에 법적 안정성을 후퇴시켜야 할 정도의 중대한 잘못이 있는 경우에도 이를 그대로 유지시킨다면 당사자들의 정의감 내지 법의식에 어긋나고 더 이상 법원의 재판을 신뢰하지 않을 것이다. 그리하여 확정판결이라도 중대한 잘못이 있을 때에는 이를 취소하고 심리를 더하여 다시 재판할 수 있는 길을 열어줄 필요가 있다. 이러한 필요에서 인정된 것이 재심절차이다.

이처럼 재심절차는 확정된 판결의 **형식적 확정력을 배제**하여[1] 새로 절차를 다시 열어 심리를 계속하여 진행하는 절차이다. 즉, 더 이상 불복할 가능성이 남아있지 않아서 형식적으로 확정된 종국판결을 예외적으로 취소하고 심리를 더하여 재판하려는 절차이다.[2]

일반적으로는 형식적 확정력을 배제하면 이를 전제로 하는 기판력도 배제된다. 그렇기 때문에 재심절차는 기판력을 배제한다고 표현하는 수도 있다. 그러나 기판력은 판결 확정 후에 새로 계속(係屬)하는 별개의 후소송에 대한 구속력이기 때문에 재심과는 직접 관계가 없다. 재심의 소는 이미 종결된 소송을 다시 열어 심리를

---

1) Jauernig/Hess[30] § 76 Rn. 2; Rosenberg-Schwab/Gottwald[18] § 160 Rn. 10; Stein-Jonas/Jacobs[23] vor § 578-591 Rn 26 등은 재심이 형식적 확정력을 배제하는 절차라는 점을 분명히 밝히고 있다.

2) MüKoZPO/Braun/Heiß[6] vor § 578 Rn. 1.

계속 진행하는 절차이기 때문이다. 따라서 형식적 확정력은 인정되지만 기판력이
인정되지 않는 확정판결인 대법원의 파기환송판결도 재심 대상이 될 수 있다. 이
부분은 뒤에서 설명한다.

　재심의 소는 선고된 판결의 취소와 그와 다른 내용의 재판을 구하는 소라는 점
에서 상소와 공통점이 있다.[3] 그러나 확정판결의 취소를 구한다는 점과 이심의 효
력이 없다는 점에서 상소와는 다르다.

　재심에 의하여 확정판결의 집행을 정지하는 효력은 없으나 그 판결을 취소시킴
으로써 집행력을 궁극적으로 배제할 수 있다. 이 점에서 청구이의의 소와 비슷하
다. 그러나 재심은 확정판결 이전의 흠을 이유로 하는 것이고, 청구이의의 소는 사
실심 변론 종결 후의 사유를 이유로 한다는 점에서 차이가 있다.

Ⅱ. 재심소송의 소송상청구

　재심소송에서 소송상청구, 즉 소송물의 내용은 확정판결을 취소하고 소송계속을
부활시켜 다시 재판해 달라는 것이다.[4] 그러므로 거기에는 확정판결의 취소청구와
본래의 소송상청구의 두 요소가 합쳐져 있다. 여기서 어느 것이 소송물을 이루는가
에 대하여 학설의 대립이 있다.

　형성소송설은 재심소송의 소송물은 확정판결의 취소신청과 구소송의 소송상청
구 두 가지로 구성되고, 그중 확정판결의 취소신청에 대한 심리에 큰 비중이 있고
그 부분이 독자적인 의미를 가진다고 본다.[5] **본안소송설**은 재심소송의 소송물은
바로 구소송의 소송물이라고 보는데, 그 근거로는 재심과 비슷한 성질을 가진 상소
에서도 원판결의 취소를 별도의 소송물로 보지 않는다는 점과 재심사유에 관하여
다툼이 있을 때는 중간판결을 하지 일부판결을 하는 것이 아니라는 점 및 소송능
력 흠결을 간과한 경우에 소송무능력자의 재심이 가능하다는 점을 내세운다.[6]

　생각건대 재심의 소의 상소와 다른 점은 별도의 소를 제기한다는 점과[7] 그에
따라 이심의 효력과 연기적 효력(확정차단의 효력)이 없다는 것이다.[8] 공통점은 종

---

　3) Rosenberg-Schwab/Gottwald[18] § 160 Rn. 8; Stein-Jonas/Jacobs[23] vor § 578-591 Rn. 24;
MüKoZPO/Braun/Heiß[6] vor § 578 Rn. 5 등은 재심을 특별한 상소라고 한다.
　4) 大判 1994. 12. 27, 92다22473 · 22480.
　5) 金 · 姜, 940-941; 宋 · 朴, 785; 이시윤, 974.
　6) 鄭 · 庚 · 金, 975-976.
　7) Lüke[11] § 39 Rn. 1.

전의 재심대상 재판에 대한 불복이 있어야 하고,[9] 종전의 당사자가 재심에서도 당사자가 되는 것이 원칙이며, 종전 소송의 보조참가인도 소를 제기할 수 있고,[10] 소장의 기재사항이 상소장과 거의 동일하여 재심사유 이외에 별도로 청구원인을 기재할 필요가 없다.[11] 그리고 재심사유, 즉 종전 판결의 흠결이 인정되면 이를 일부판결이 아닌 중간판결로 선고한 뒤에 본안에 관한 심리를 계속하고(제454조),[12] 소가 재심요건 불비로 각하되면 종전의 재판이 그대로 유지된다. 재심의 소는 별개의 소와 달리 재심절차에서의 새로운 구술변론은 종전 소송에서의 구술변론과 일체를 이룬다.[13] 자백, 흠결의 치유나 보정과 같이 종전 소송에서 이루어진 소송상태 중 재심사유에 해당하지 않는 것들은 그 효력이 유지된다.[14]

이처럼 재심의 소는 그 형태는 상소와 다르지만 그 실질에서 상소와 거의 같기 때문에 재심절차의 소송물은 이전 소송의 소송물과 같다고 보고,[15] 재심의 성격을 전 소송의 심리를 재개하여 계속하는 것이라고 보는 본안소송설이[16] 타당하다.[17]

이에 대하여 재심사유는 취소청구의 청구원인이 되어 취소청구가 별도의 소송물이 되고, 재심사유가 인정되지 않으면 본안판결에 해당하는 청구기각 판결을 하는 것은 취소청구가 독자적인 청구임을 나타낸다는 반론이 있을 수 있다. 그러나 재심사유는 취소청구라는 소송물의 청구원인을 구성하는 것이 아니라, 새로운 심리와 재판을 정당화하는 사유이다. 재심대상 재판의 취소는 그 과정의 일부라고 보는 것이 타당하다. 그리고 상소의 경우와 마찬가지로 재심사유가 인정되더라도 본래의 판결이 정당하다고 인정되는 경우에는 재심청구를 기각하여야 한다는(제460조) 점으로 보아도 이전 확정판결의 취소 청구가 별도의 소송물을 이룬다고 볼 수 없다.

본안소송설에서는 각 재심사유 별로 소송물이 별개가 되는지는 문제되지 않는

---

8) Lüke[11] § 39 Rn. 2.

9) Rosenberg-Schwab/Gottwald[18] § 160 Rn. 8.

10) Rosenberg-Schwab/Gottwald[18] § 160 Rn. 8.

11) Rosenberg-Schwab/Gottwald[18] § 160 Rn. 7.

12) 법문과는 달리 종국판결의 이유에서 설시하여도 무방할 것이다. 독일에서는 재심사유의 존재를 중간판결이나 종국판결 이유에서 인정할 수 있다고 한다(Rosenberg-Schwab/Gottwald[18] § 162 Rn. 24).

13) Rosenberg-Schwab/Gottwald[18] § 162 Rn. 29.

14) Thomas-Putzo/Reichold[24] § 590 Rn. 4.

15) Rosenberg-Schwab/Gottwald[18] § 160 Rn. 7; Stein-Jonas/Jacobs[23] vor § 578-591 Rn. 27. 다만 Schilken[6] Rn. 1049는 재심이 상소의 성격을 가진다면서도 재심대상 판결의 취소 신청이 추가된다고 설명한다.

16) Rosenberg-Schwab/Gottwald[18] § 160 Rn. 8; Schilken[6] Rn. 1049.

17) 전에는 형성소송설을 택하였으나 견해를 바꾼다.

다. 재심절차에서도 종전의 소송물이 유지되고, 개별 재심사유는 재심을 정당화하는 근거이기 때문이다. 그러나 형성소송설에 의하면 **각 재심사유의 주장에 따라서 별개의 소송물이 되는지**가 문제된다고 설명한다. 소송물이론에서 구실체법설을 취하면 각 재심사유의 주장이 각기 별개의 소송물을 구성하고,[18] 소송법설 중 일원설을 취하면 각 재심사유는 공격방법에 불과하므로 소송물이 달라지지 않으며, 이원설을 취하면 각기 다른 사실관계의 주장이 되므로 구실체법설과 같은 결론이 된다고 설명하는 것이 보통이다.[19]

그러나 이 문제는 소송물 이론으로 설명할 것은 아니다. 제451조 제1항이 열거한 재심사유들은 각기 형식적 확정력을 배제시켜서 심리를 다시 열어서라도 구체적 타당성을 살려야 할 정도의 중대한 흠에 해당하는 사유이다. 그러므로 하나의 확정판결에 대하여 재심청구를 하여 기각되었더라도 다른 재심사유가 존재하면 다시 재심청구를 하는 것이 허용되어야 한다. 예를 들어 서증이 위조되었다고(6호) 주장하여 제기한 재심청구가 기각되었어도 판결법원이 구성되지 않았다고(1호) 주장하여 다시 제소하면 이를 기판력에 저촉된다고 볼 일이 아니다.[20] 구체적 타당성을 위한 재심제도에서 소송물의 범위를 넓게 잡아 구체적 타당성을 덮어버리는 결과가 되어서는 안 된다.

제 2 절   再審의 訴의 適法要件

재심의 소가 적법하기 위하여는 일반적인 소송요건을 갖추어야 함은 물론이다. 재심의 소에 적용되는 특수 요건으로는 ① 재심의 대상적격, ② 재심의 당사자적격, ③ 재심 제소기간의 준수, ④ 재심의 보충성 등이 있다.

Ⅰ. 재심의 대상

재심의 소는 확정판결을 취소하고 그 형식적 확정력을 배제하기 위한 것이므로

---

18) 大判 2019. 10. 17, 2018다300470은 각각의 재심사유는 별개의 청구원인을 이루는 것이어서 각각의 유죄판결이 재심을 통하여 효력을 잃고 무죄판결이 확정된 경우에 어느 한 유죄판결이 효력을 잃고 무죄판결이 확정되었다는 사정은 별개의 독립된 재심사유가 된다고 한다.

19) 이시윤, 974; 鄭·庚·金, 974 등.

20) 결과적으로 같은 결론은 이시윤, 974.

확정된 종국판결이 대상이 되고, 그 종류는 묻지 않는다. 따라서 확정되지 않은 판결에 대한 재심의 소는 부적법하다. 송달이 되지 않은 판결은 확정되지 않았으므로 재심의 대상이 아니다. 판결 확정 전에 제기한 재심의 소가 각하되지 않고 있는 동안에 그 대상 판결이 확정되면 어떻게 되는가? 판례는 그러한 경우에 부적법한 재심의 소가 적법해지는 것이 아니라고 한다.[1] 그러나 재심에 특수한 소송요건이라고 해서 소송요건이 구비되었는지 여부의 기준시점을 별도로 소제기 때나 소송계속 발생 시점으로 앞당길 이유는 없으므로 각하하는 것은 부당하다. 사망자에 대한 판결은 무효이므로 재심의 대상이 아니다.[2]

상고심의 **파기환송판결**은 그 자체로는 확정되지만 재심의 대상이 되는지에 관하여는 논란이 있다. 과거에 판례는 이는 중간판결이라고 하여 재심 대상에 포함되지 않는다고 하였다가,[3] 뒤에 태도를 변경하여 종국판결이지만 기판력 있는 확정된 종국판결이라고는 볼 수 없어 재심 대상이 되지 않는다고 하였다.[4] 그러나 앞서 보았듯이 재심은 형식적 확정력을 배제하는 절차이다. 재심으로 실체적 확정력인 기판력도 소멸하는 것은 형식적 확정력이 배제된 결과이다.[5] 파기환송판결처럼 형식적 확정력만 있고 기판력은 없는 판결의 경우에도 형식적 확정력을 배제할 필요가 있고, 따라서 재심대상이 된다고 보는 것이 타당하다.[6] 만일 판례대로 한다면 재심사유 있는 파기환송판결이 있을 때 이를 다투려면 환송 후 원심판결을 기다려서 재심청구를 해야 하는데, 이때는 재심대상이 환송후 원심판결이 되고, 항소심법원이 관할한다. 이는 사실상 대법원 판결에 대한 재심을 하급법원이 관할한다는 문제가 생길 것이다.

하급심의 종국판결에 대하여 한 **상소를 배척한 판결**이 있으면 하급심의 판결과 상소심의 판결이 모두 확정된다. 이때는 각기 재심의 대상이 된다. 이들에 대한 재심청구를 병합하여 제기한 경우에는 상급법원이 관할하지만, 항소심 판결과 상고심 판결에 각기 다른 재심 사유가 있는 경우에는 각 심급에서 별도로 관할한다(제453조 2항). 항소심에서 본안판결을 하였을 때에는 제1심 판결은 별도로 확정되지 않으

---

1) 大判 1980. 7. 8, 80다1132; 大判 2016. 12. 27, 2016다35123; 鄭·庚·金, 977.
2) 大判 1982. 12. 28, 81사8. 鄭·庚·金, 977은 유효한 것으로 이용될 염려를 이유로 재심 대상이 된다고 본다.
3) 大判 1971. 6. 22, 71사43; 大判 1979. 11. 13, 78사20.
4) 大判(全) 1995. 2. 14, 93재다27·34.
5) 같은 취지는 Stein-Jonas/Jacobs^{23} vor §578-591 Rn. 26.
6) 한충수, 836.

므로 재심 대상이 아니다(제451조 3항). 이 경우 제1심 판결에 대하여 재심의 소를 제기하였으면 부적법하지만 그 구체적인 주장 내용과 재심원고의 의사를 참작하여 항소심 판결을 재심 대상으로 삼았다고 볼 수 있으면 제1심 법원은 이를 항소심으로 이송하는 것이 타당하고, 재심기간을 지켰는지 여부도 제1심 법원에 재심소장을 제출한 때를 기준으로 삼아야 할 것이다.[7]

확정판결에 대한 재심절차에서 확정된 종국판결도 재심 대상이 됨은 물론이다.[8] 그러므로 원래의 확정판결을 취소한 재심판결에 대한 재심의 소에서 원래의 확정판결에 대하여 재심사유를 인정한 종전 재심법원 판단에 재심사유가 있어 종전 재심청구에 대하여 다시 심리한 결과 원래의 확정판결에 재심사유가 인정되지 않을 경우에는 재심판결을 취소하고 종전 재심청구를 기각하여야 하며,[9] 그 경우 재심사유가 없는 원래의 확정판결 사건의 본안에 관하여 다시 심리와 재판을 할 수는 없다.[10]

II. 재심의 당사자

재심의 소에서는 **흠 있는 판결의 효력을 받는 사람들**이 당사자가 될 것이다. 그 판결로 불이익을 받는 이가 재심원고가 되고, 그 반대의 이해관계를 가지는 이가 재심피고가 될 것이다. 그러므로 확정판결을 한 소송에서의 당사자뿐만 아니라 기판력을 받는 제3자도 당사자적격을 가진다. 변론종결 후의 승계인과 소송담당에서 판결의 효력을 받는 타인, 즉 권리의무의 주체가 재심의 당사자가 될 수 있다. 다만 이때는 그 타인도 사건 자체의 당사자적격을 가져야 한다. 파산선고를 받은 이가 파산 상태에 있을 때는 재심청구를 할 수가 없을 것이다. 제3자가 확정판결의 효력을 받기 때문에 그 취소에 대하여 고유의 이익을 가지는 경우에도 당사자적격이 있다. 다만 이때는 제3자가 당사자참가의 형태로 개입할 수 있다.[11]

---

7) 大判(全) 1984. 2. 28, 83다카1981(이 판결은 전에 부적법 각하해야 한다고 하던 판결인 大判 1970. 5. 26, 70다252; 大判 1971. 7. 27, 71다1077; 大判 1980. 3. 11, 79다293 등을 변경한 것이다); 大判 1989. 10. 27, 88다카33442; 大決 1995. 6. 19, 94마2513; 大決 2007. 11. 15, 2007재마26.

8) 大判 2016. 1. 14, 2013다40070; 大判 2016. 1. 28, 2013다51933.

9) 大判 2015. 12. 23, 2013다17124; 위 2013다40070 판결; 위 2013다51933 판결.

10) 위 2013다40070 판결; 위 2013다51933 판결.

11) 그러므로 기존의 당사자 사이에서 재심소송이 계속 중이어야 한다. 이러한 참가에 관하여 독립당사자참가의 방식에 의하여, 본소의 당사자를 공동피고로 하여야 한다고 설명하는 것이 보통이다(宋·朴, 788; 이시윤, 975). 그러나 독립당사자참가의 형태에서 참가인의 상대방을 공동피고라고 하지는 않는다.

채무자와 제3채무자가 소송을 수행하여 받은 확정판결에 대하여 채권자가 **대위권을 행사하여 재심의 소를 제기하는 것은 허용되지 않는다.**[12] 채권자는 재심 대상 판결의 효력을 받는 이가 아니므로 재심 원고의 당사자적격이 없고, 채권자는 채무자의 '채권'을 대위행사하여 소를 제기할 뿐, 확정판결을 번복하려는 재심 청구는 채무자의 제3채무자에 대한 채권의 내용이 아니어서 대위권의 대상이 될 수가 없기 때문이다.[13]

필수적공동소송에서의 재심에도 필수적공동소송의 특칙(제67조)이 적용된다. 이 경우 공동소송인이 원고가 될 경우에는 한 사람의 공동소송인이 제소해도 전원이 제소한 효과가 생기며, 공동소송인을 상대로 재심의 소를 제기하려는 이는 그 공동소송인 전원을 피고로 지정해야 한다고 설명하는 수가 있다.[14] 그러나 원고측의 경우를 이렇게 설명하는 것은 상소와 혼동한 것으로 보인다.

주주의 대표소송(상 제406조)과 행정소송의 경우(행소 제31조)에는 재심사유와 제소권자가 다르다. 가사소송에서는 상대방이 될 이가 사망하였으면 검사가 당사자가 된다.

Ⅲ. 재심의 소제기 기간

재심의 소는 재심 대상 판결이 확정된 후 **재심사유를 안 날로부터 30일, 판결이 확정된 후 5년 내**에 제기하여야 한다(제456조 1항, 3항).[15] 다만 판결 확정 후에 재심사유가 발생했을 때는 5년의 기간은 사유가 발생한 날부터 기산한다(제456조 4항).

재심사유가 대리권의 흠결과 기판력 저촉인 경우에는 이러한 기간의 제한이 없다(제457조). 판례는 여기서 말하는 **대리권 흠결**은 재심사유에서 말하는 대리권의 흠결 전부를 뜻하는 것이 아니며 대리권은 있지만 특별수권이 없는 경우는 제457조가 적용되지 않는다고 한다.[16]

---

12) 大判 2012. 12. 27, 2012다75239.

13) 위 2012다75239 판결은 상소의 제기, 재심의 소 제기와 같은 채무자와 제3채무자 사이의 소송이 계속한 이후의 소송수행과 관련한 개개의 소송상 행위는 그 권리의 행사를 소송당사자인 채무자의 의사에 맡기는 것이 타당하므로 채권자대위가 허용될 수 없다고 한다.

14) 註釋民事訴訟法(Ⅴ)〈朴禹東·申暎澈〉, 1997, 658면.

15) 여기서 30일은 불변기간, 5년은 제척기간이다. 그러므로 5년이 지난 뒤에 추완은 허용되지 않는다.

16) 大判 1999. 10. 22, 98다46600(비법인사단의 대표자가 사원총회의 결의 없이 총유물의 처분에 관한 소송행위를 한 경우); 大判 1980. 12. 9, 80다584(주식회사의 대표이사가 주주총회 결의 없이 제소전

여기서 **재심사유를 알았다**는 것은 일반적으로는 재심대상 판결이 송달된 것을 의미한다. 그리고 법인이나 비법인사단, 재단의 경우에는 재심사유를 법인 등의 대표자가 안 것을 말한다.[17) 판례는 법인 등의 대표자가 특별수권 없이 자기나 제3자의 이익을 도모할 목적으로 법인 등과 이익이 상반되는 사항에 관하여 청구의 포기나 인낙, 화해를 하였고 상대방 당사자도 대표자의 그러한 진의를 알았거나 알 수 있었을 경우에는 그 대표자가 아니라 법인 등의 이익을 정당하게 보전할 권한을 가진 다른 임원 등이 그 준재심사유를 아는 것을 말한다고 한다.[18) 제451조 제1항 4호 내지 7호의 처벌받을 행위를 사유로 할 경우에는 유죄판결이나 과태료 재판이 확정되었음을 알거나 증거 흠결 이외의 이유로 유죄의 확정판결이나 과태료의 확정재판을 할 수 없음을 안 것(제451조 2항)을 말한다.

이 기간은 여러 개의 재심사유를 주장한 때에는 각 재심사유마다 이들을 안 때로부터 진행한다. 공시송달로 판결이 확정된 경우에는 추후보완상소를 할 수 있지만 그 상소기간이 지났더라도 재심기간 내이면 재심의 소를 제기할 수 있다.[19)

Ⅳ. 적법한 재심사유의 주장

재심원고가 제451조 제1항의 재심사유를 주장해야 한다. 재심원고가 재심사유를 주장하지 않거나 제451조 제1항에 규정된 것과는 명백히 다른 사유를 재심사유라고 주장하는 경우에 그 재심의 소는 **부적법**하고 따라서 법원은 재심의 소를 **각하한다**.[20)

다른 사람의 범죄행위로 말미암은 재심사유(제451조 1항 4호 내지 7호)의 경우에 유죄판결 등이 확정되어야 한다는 요건(제451조 2항)도 적법요건에 해당하므로 그 요건이 불비되어 있는 때에는 각하한다.[21)

화해를 한 경우); 大判 1993. 10. 12, 93다32354(특정 부동산에 관하여만 재판상화해를 할 대리권을 가진 변호사가 다른 권리까지 포함된 내용의 화해를 한 경우).

17) 大判 2016. 10. 13, 2014다12348.

18) 위 2014다12348 판결.

19) 大判 2011. 12. 22, 2011다73540.

20) 大判 1996. 10. 25, 96다31307. 구체적인 예로는 재심대상 판결에 사실오인 내지 법리오해 등의 위법이 있다고 주장한 경우(大判 1987. 12. 8, 87재다24); 재심피고의 성명의 한자기재가 잘못되었고, 위조된 약속어음에 기하여 청구가 인용되었다고만 주장한 경우(大判 1984. 3. 27, 83사22); 인감 등의 서류를 위조하여 이 사건 토지에 대한 이전등기를 경료한 사실이 없는데도 이를 인정하였다고 주장한 경우(大判 1982. 9. 14, 82사14) 등이 있다.

21) 大判 1989. 10. 24, 88다카29658.

V. 재심의 보충성

재심 대상이 된 확정판결을 받는 과정에서 당사자가 이미 상소로써 그 재심사유를 주장하였거나,[22] 주장할 수 있었음에도 주장하지 않은 경우에는 별도로 재심을 인정할 필요가 없다. 따라서 당사자가 재심의 소를 제기할 수 있는 것은 당사자가 판결의 잘못을 **상소로써 주장할 수 없었던 경우**에 한정된다(제451조 1항 단서). 이를 재심의 보충성이라고 한다.

재심사유의 주장이나 그 존재를 안 것은 당사자뿐만 아니라 대리인도 해당된다. 재심사유가 있음을 알고도 주장하지 않은 것에는 재심사유가 있음을 알고도 상소를 제기하지 않아서 판결이 확정된 경우도 포함한다.[23]

소액사건에서는 상고이유가 극히 제한되어 있으므로(소심 제3조) 보충성을 인정할 여지가 없을 것이다.[24]

제 3 절　再審事由

재심사유는 제451조 제1항에 열거되어 있다. 이는 예시적이 아니라 **한정적**이므로[1] 여기에 열거되지 않은 사항은 재심사유가 되지 않는다.

제4호 내지 제7호의 경우에는 처벌받을 행위를 규정하였는데, 이러한 행위를 한 경우에는 유죄판결이나 과태료의 재판이 확정된 때에 재심의 소를 제기할 수 있다. 나아가 증거의 흠결 이외의 이유로 유죄의 확정판결이나 과태료의 확정재판을 할 수 없을 때에도 재심의 소를 제기할 수 있다(제451조 2항). 즉 행위자의 사망, 심신장애,

---

22) 大判 1966. 1. 31, 65다2236; 大判 1977. 6. 28, 77다540; 大判 1988. 2. 9, 87다카1261; 大判 2006. 10. 12, 2005다72508 등은 타인의 유죄판결 확정을 요건으로 하는 재심사유의 경우에 당사자가 상소에 의하여 그 사유를 주장하였다고 하기 위하여서는 단지 증거인 문서가 위조되었다는 등 제451조 제1항 각 호의 사실만 주장하는 것으로는 부족하고 재심의 대상이 되는 상태, 즉 유죄판결이 확정되었다거나 증거부족 외의 이유로 유죄판결을 할 수 없다는 등의 사실도 아울러 주장하였어야 한다고 판시하였다. 이에 의하면 당사자가 상소하면서 유죄판결의 확정 등의 사유를 주장할 수 없었으면 나중에 재심청구가 가능하게 된다.

23) 大判 2011. 12. 22, 2011다73540: 추후보완상소의 방법을 택하지 않고 재심의 방법을 택한 경우에는 여기에 해당하지 않는다.

24) 宋·朴, 790; 이시윤, 979.

1) 大判 1990. 3. 13, 89누6464.

사면, 공소시효의 완성, 기소유예처분 등으로 유죄확정판결 등을 하지 못하였는데, 만일 이러한 사유가 없었으면 유죄의 판결 등을 받을 수 있었을 경우를 말한다.

이러한 사유가 있더라도 당사자가 상소에 의하여 이미 그 사유를 주장하였거나, 이를 알고도 주장하지 않은 때에는 재심의 소를 제기할 수 없다(제451조 1항 단서).[2]

여기서는 개별적 재심사유들을 중대한 절차 위반의 경우, 재판청구권이 침해된 경우 및 판결 기초에 중대한 흠이 있는 경우로 나누어 본다.

I. 중대한 절차 위반

여기에 열거하는 사유들은 이러한 흠이 있음에도 이를 다툴 수가 없다면 **민사 사법에 대한 신뢰**가 손상될 만한 것들이다.[3]

1. 판결법원 구성의 위법(1호)

판결법원은 법원조직법과 민사소송법에 따라 구성되어야 한다. 사실심에서 합의 부를 법관 2인으로 구성하거나, 변론에 관여하지 않은 법관을 판결에 관여시킨 경우, 대법원의 소부(小部)에서 종전의 판례를 변경하는 재판을 한 경우[4] 등이 여기에 해당한다. 판례의 변경인지를 판단하려면 각 판결의 추상적 법리에 관한 표현이 그 사건과의 관련에서 가지는 의미를 구체적으로 파악하여야 한다.[5] 추상적 법리에 관한 표현이 어긋난다고 해서 판례 위반이라거나 판례 변경이라고 속단해서는 안 된다. 하급심에서 유사한 사건에서 판례와 다른 견해를 취하여 재판한 것은 여기에 해당하지 않는다.[6]

---

2) 판단유탈과 같은 재심사유는 특별한 사정이 없는 한 당사자가 판결정본의 송달에 의하여 이를 알게 되었다고 볼 것이므로 재심대상판결에 대하여 상고를 제기하면서 상고이유에서 판단유탈을 주장한 바가 없었다면 판단유탈을 알고도 주장하지 않은 경우에 해당한다(大判 2010. 4. 29, 2010다1517).

3) Jauernig/Hess[30] § 76 Rn. 6.

4) 大判(全) 1982. 9. 28, 81사9; 大判 1982. 12. 28, 82사13; 大判(全) 1995. 4. 25, 94재다260; 大判(全) 2000. 5. 18, 95재다199.

5) 大判 2009. 7. 23, 2009재다516: 구체적인 대법원의 재판에서 법의 해석에 관한 일정한 견해가 설시되어 있다고 하더라도 그것이 어떠한 내용으로 또는 어떠한 범위에서 판례로서의 효력을 가져서 그 변경에 대법원 전원합의체의 판단이 요구되는가를 살피려면 그 설시의 문구에만 구애될 것이 아니라 당해 판결의 전체적인 법판단에서 그 설시가 갖는 위상과 다른 재판례들과의 관련을 고려하여 면밀하게 따져 보아야 한다. 특히 판결은 1차적으로 개별적인 사건에 법적인 해결을 부여하는 것이고, 대법원 판결에서의 추상적·일반적 법명제의 설시도 기본적으로 당해 사건의 해결을 염두에 두고 행하여지므로, 그 설시의 '의미'는 당해 사건의 사안과의 관련에서 이해되어야 한다.

6) 大判 1996. 10. 25, 96다31307.

2. 재판에 관여할 수 없는 법관의 관여(2호)

제척원인이 있는 법관(제41조), 기피의 재판이 있는 법관(제46조), 상고심에서 파기된 원심재판에 관여한 법관(제436조 3항) 등이 여기에 해당한다. 재심 대상이 된 재판은 재심재판의 전심재판이 아니므로, 재심 대상이 된 재판에 관여한 법관이 재심 재판에 관여하는 것은 여기에 해당하지 않는다.[7]

Ⅱ. 재판청구권의 침해

당사자나 그의 정당한 대리인이 소송에 관여할 기회를 박탈당하여 재판청구권을 침해당한 경우를 말한다.

1. 대리권의 흠결(3호)

법정대리인이나 소송대리인으로 소송을 수행한 이에게 대리권이 없는 경우, 특별수권사항에 관하여 대리인이나 대표자에게 특별수권이 없는 경우, 소송무능력자가 스스로 소송을 수행한 경우, 특별대리인을 선임해야 할 경우에 대리인의 선임 없이 소송을 수행한 경우 등이 여기에 해당한다. 그리고 여기에는 무권대리인이 대리인으로서 본인을 위하여 실질적인 소송행위를 하였을 경우뿐만 아니라 무권대리인으로 인하여 본인이나 그의 정당한 대리인이 실질적인 소송행위를 할 수 없었던 경우도 포함된다. 그리하여 판례는 참칭대표자를 대표자로 표시하여 소를 제기한 결과 그 앞으로 소장부본 및 변론기일소환장이 송달되어 변론기일에 참칭대표자의 불출석으로 자백간주에 기한 판결이 선고된 경우도 여기에 해당한다고 본다.[8]

나아가 이 규정은 당사자나 적법한 대리인이 **소송에 관여할 기회를 박탈당한 경우**를 구제하기 위한 것이라고 하여 재판청구권을 침해한 경우에 유추적용하는 것이 보통이다. 그리하여 판례는 우체국 집배원의 배달 착오로 상고인이 소송기록접수통지서를 송달받지 못하여 상고이유서 제출기간 내에 상고이유서를 제출하지 않았다는 이유로 상고를 기각당한 경우도 여기에 해당한다고 보고,[9] 소송계속 중 어느 일방 당사자의 사망에 의한 소송절차 중단을 간과하고 변론이 종결되어 판결

---

7) 大判 1971. 5. 11, 71사27; 大判 1986. 12. 23, 86누631.
8) 大判 1994. 1. 11, 92다47632; 大判 1999. 2. 26, 98다47290.
9) 大判 1998. 12. 11, 97재다445.

이 선고된 경우에는 대리인에 의하여 적법하게 대리되지 않았던 경우와 마찬가지로 보아 대리권 흠결을 이유로 재심에 의하여 그 취소를 구할 수 있다고 본다.[10) 그리고 성명도용소송에서 도용당한 당사자는 재심의 소를 제기할 수 있다고 하면서, 이는 적법하게 소송관여의 기회가 부여되지 아니한 것으로, 소송수행상 적법하게 대리되지 아니한 것에 해당한다고 본다.[11)

그러나 이처럼 소송에 관여할 기회를 박탈당한 경우를 대리권의 흠결과 같다고 보는 것은 문제가 있다. 당사자가 사망한 사실을 모르고 판결을 선고한 경우에 그 판결이 확정되었다고 볼 것이 아니라 절차가 여전히 중단된 상태에 있으므로 그 판결은 무효라고 보아야 할 것이다. 성명도용소송의 경우는 그 판결이 도용당한 당사자에게 송달되지 않았을 것이므로 판결이 확정된 것을 전제로 재심사유가 된다고 볼 일이 아니다.

이 규정은 당사자나 진정한 대리인이 소송을 수행할 기회를 박탈당한 경우를 구제하기 위한 것이므로[12) 무권대리인이 관여했어도 본인이나 그의 소송대리인이 그에 대응하여 공격·방어방법을 제출하는 등의 실질적인 소송행위를 할 기회가 박탈되지 아니하였으면 그 사유를 재심사유로 주장할 수 없다.[13)

판례는 단지 동종의 이해관계를 가졌을 뿐인 이를 **선정당사자**로 하였는데 그 당사자가 인낙을 한 사안에서 비록 선정당사자의 요건을 갖추지 못한 이를 선정하였지만, 선정자들이 스스로 선정행위를 한 이상 소송행위를 할 권한 수여에 흠이 있는 경우에 해당하지 않는다고 하였다.[14) 그러나 선정자들이 스스로 선정행위를 하였건 아니건 선정당사자의 요건을 갖추지 못한 이를 당사자로 선정한 것이므로 이 경우는 유효한 소송담당자가 아니어서 당사자적격이 없는 경우에 해당한다. 따라서 이러한 확정판결이나 조서 등은 당사자적격을 불비한 경우의 일반론에 따라 무효라고 보는 것이 옳다.[15)

10) 大判(全) 1995. 5. 23, 94다28444; 大判 1996. 2. 9, 94다24121; 大判 1997. 10. 10, 96다35484; 大決 1998. 5. 30, 98그7.
11) 大判 1964. 3. 31, 63다656; 大判 1964. 11. 17, 64다328.
12) 大判 2017. 9. 21, 2016재다1913: 소송대리인 소속의 담당 변호사가 아닌 다른 변호사에게 소송기록접수통지서가 송달되어 이를 알지 못한 담당 변호사가 상고이유서를 기한 내에 제출하지 못하였어도 위 통지서가 전자적 방법으로 적법하게 송달되었으면 대리권 흠결의 재심사유가 되지 않는다.
13) 大判 1992. 12. 22, 92재다259.
14) 大判 2007. 7. 12, 2005다10470.
15) 이 판결은 재심사유가 되지 않는다고 판단하고 파기환송하였기 때문에 그 인낙조서가 유효인지 여부에 관하여는 판시하지 않았다. 그리고 만일 공통의 이해관계 없는 이가 선정자들의 선정행위 없이 선정당사자가 되어 인낙한 경우에는 재심사유가 된다고 볼 것인지 여부는 분명하지 않으나 문맥으로 보

2. 허위주소로 인한 공시송달(11호)

제451조 제1항 11호는 당사자가 상대방의 주소나 거소를 알고 있음에도 불구하고 소재불명이라고 하거나 허위의 주소나 거소를 기재하여 소를 제기한 경우를 재심사유로 규정한다. 그 취지는 당사자가 전혀 그 소송을 수행하지 못한 상태에서 확정된 판결을 다툴 기회를 주려는 것이다. 이러한 판결은 재판청구권을 침해한 것이다. 이 규정은 그 표현이 분명하지 않기 때문에 두 가지 경우에 적용될 여지가 있다. 그 하나는 허위주소를 기재하여 타인이 송달받게 하고 피고가 송달받은 것처럼 법원을 속인 경우이고, 다른 하나는 허위주소 등으로 송달불능 상태를 만들어 공시송달이 되도록 하는 경우이다. 판례는 이 규정을 타인이 송달을 받아 법원을 속인 경우에는 적용하지 않고,16) **공시송달을 이용한 경우에만** 적용하고 있다. 학설 중에는 판례에 반대하여 타인에게 송달되도록 한 경우도 여기에 해당한다는 견해가 있다.17) 그러나 공시송달은 엄연히 법률상 적법한 송달의 방법으로 인정된 것이므로 일단 판결은 확정되었다고 보고 재심을 인정함에 반하여, 타인에게 송달한 경우는 당사자에게 송달된 것이 아니므로 판결은 확정되지 않았다. 따라서 이러한 판결에 대하여는 항소로써 다투어야 한다는 판례가 타당하다.18)

이 규정은 소송계속을 전혀 모르고 있었던 당사자를 구제하려는 것이므로 송달에 잘못이 있어도 당사자가 소송계속을 알고 있으면서 아무런 조치를 취하지 않은 경우에는 여기에 해당하지 않는다.19)

Ⅲ. 판결기초의 중대한 흠결

법원이 판결을 할 때에 기초로 한 소송자료의 수집, 제출 과정에 처벌받을 행위가 있거나, 판결의 기초가 되는 상황이 변경되거나, 판결의 내용 자체가 현저히 부당한 경우를 말한다. 여기의 사유 중에서 제451조 제1항 4호 내지 7호에 해당하는 사유는 그 행위에 대한 유죄판결이나 과태료의 재판이 확정된 때, 또는 증거흠결

아서는 이를 긍정할 가능성이 있는 것으로 보인다. 그러나 이를 긍정하는 것은 타당하지 않다. 당사자적격 불비를 재심사유로 삼는 결과가 되기 때문이다.

16) 大判(全) 1978. 5. 9, 75다634; 大判 1993. 12. 28, 93다48861.
17) 이시윤, 988.
18) 宋·朴, 800.
19) 大判 1992. 10. 9, 92다12131.

이외의 이유로 이러한 확정판결을 할 수 없을 때에 한하여 재심의 소를 제기할 수 있다(제451조 2항).

1. 법관의 직무상 범죄(4호)

재판에 관여한 법관이 그 사건에 관하여 직무에 관한 범죄를 저지른 때를 말한다. 예를 들면, 법관이 당사자나 대리인으로부터 뇌물을 받거나 문서를 위조한 경우가 여기에 해당할 것이다.

2. 타인의 처벌받을 행위에 의한 자백 또는 소송방해(5호)

상대방 당사자나 그의 대리인, 기타 제3자의 범죄행위로 인하여 재판상자백을 했거나 공격방법이나 방어방법을 제출하지 못한 것을 말한다. 타인의 범죄행위가 직접 원인이 된 경우에 한한다. 그리고 자백이나 제출방해와 불리한 판결 사이에 인과관계가 있어야 한다. 공격·방어방법에는 증거방법도 포함되므로 범죄가 되는 입증방해 행위도 여기에 해당한다. 허위주소 송달로 자백간주가 되게 한 판결편취도 그것이 사기죄로 처벌받았으면 여기에 해당한다는 견해가 있으나,[20] 이 경우는 판결이 확정되지 않았으므로 재심 대상이 되지 않는다. 상대방 당사자가 공시송달을 이용하여 소송사기로 처벌받은 경우에는 소송관여가 방해되었으므로 이 사유에 해당하고 제11호의 사유에도 해당한다.[21]

판례는 이 사유를 확대해석하여 타인의 범죄행위로 인하여 상소를 취하하여 원판결을 확정시킨 경우에도 재심사유가 된다고 한다. 다만 대리인이나 대표자가 배임죄를 저질러 상소를 취하한 경우에는 상대방과 통모하여 대리권이 흠결되었다고 볼 만한 사정이 있어야 한다고 본다.[22]

3. 증거의 위조 또는 변조(6호)

판결의 증거가 된 문서나 물건이 위조 또는 변조된 것인 경우이다. 여기서 판결의 증거가 되었다는 것은 그 문서나 물건이 증거로 채택되어 사실인정의 자료가된 경우로, 만일 증거로 채택되지 않았으면 **다른 판결을 하였을 개연성**이 있는 것

---

20) 이시윤, 983, 988. 大判 1970. 1. 27, 69다1888도 같은 취지이나 앞에서 본 75다634 판결로 판례가 변경되었다.
21) 大判 1997. 5. 28, 96다41649.
22) 大判 2012. 6. 14, 2010다86112.

을 말하고,23) 재심대상판결 이유에서 가정적 혹은 부가적으로 설시한 사실을 인정하기 위하여 인용된 것으로서 주요사실의 인정에 영향을 미치지 않는 사정에 관한 것인 경우에는 재심사유가 되지 않는다.24) 간접사실의 인정 자료가 된 것은 주요사실의 인정에 영향을 미치므로 여기에 해당한다.25) 문서에는 공문서, 사문서가 모두 포함되고, 물건에는 공인(公印), 사인(私印), 경계표 등이 해당한다.

위조나 변조 등의 행위에 대하여 유죄 확정판결이 없는 경우에는 증거부족 외의 사유인 공소시효의 완성 등으로 인하여 유죄의 확정판결을 할 수 없다는 사실과 그 사유만 없었다면 위조나 변조의 유죄 확정판결을 할 수 있었다는 점을 재심청구인이 증명하여야 한다.26)

4. 허위진술에 의한 증거(7호)

증인, 감정인, 통역인 또는 선서한 당사자나 법정대리인의 허위진술이 판결의 증거가 된 때를 말한다. 이러한 허위진술이 사실인정의 자료가 되어 판결에 영향을 미쳐서, 만일 허위진술이 없었으면 **판결주문이 달라졌을 개연성**이 있는 경우이다.27) 제6호의 경우와 마찬가지로 재심대상판결 이유에서 가정적 혹은 부가적으로 설시한 사실을 인정하기 위하여 인용된 것으로서 주요사실의 인정에 영향을 미치지 않는 사정에 관한 것이면 재심사유가 되지 않는다.28) 다른 사건에서의 허위증언을 기록한 증인신문조서가 증거로 채택된 것은 여기에 해당하지 않는다.29) 당사자나 법정대리인의 허위진술은 증거조사로서 한 당사자신문에 의한 것이지 소송주체로서의 진술을 말하는 것이 아니다.

---

23) 大判 1994. 9. 23, 93누20566; 大判 1997. 7. 25, 97다15470.

24) 大判 1988. 10. 11, 87다카1973 · 1974.

25) 大判 1982. 2. 23, 81누216에서는 간접사실과 부가적 사실의 인정 자료가 된 경우도 여기에 해당한다고 하였다.

26) 大判 2016. 1. 14, 2013다40070.

27) 大判 2016. 1. 14, 2013다53212 · 53229.

28) 大判 1988. 10. 11, 87다카1973 · 1974.

29) 大判 1966. 9. 20, 66다1203; 大判 1977. 7. 12, 77다484; 大判 1997. 3. 28, 97다3729. 大判(全) 1980. 11. 11, 80다642는 심지어 법원이 서로 관련된 두 사건을 병행심리하면서 그 두 사건에 대한 증인으로 한 사람을 채택하여 그 증인이 그 두 사건에 관하여 동시에 같은 내용의 증언을 하였으나, 그 두 사건 중의 하나의 사건에 관한 증언이 위증으로 확정된 경우에는 그 증인의 위증은 그 사건에 관하여서만 재심사유가 될 뿐이고 동시에 진행된 다른 사건에서는 재심사유가 될 수 없다고 한다.

5. 판결의 기초된 재판 등의 변경(8호)

판결의 기초가 된 민·형사판결, 기타 재판이나 행정처분이 다른 재판이나 행정처분으로써 변경된 경우이다.

여기서 **'기타 재판'**에는 가사소송에서의 재판, 가압류·가처분결정, 매각허가결정, 비송사건에서의 재판도 포함된다. 검사가 불기소처분을 했다가 공소를 제기한 것은 재심사유가 되지 않는다.30)

'판결의 기초'가 되었다는 것은 재심대상판결이 다른 재판이나 행정처분에 법적으로 구속되어 내려진 경우는 물론이고, 재심대상 판결이 다른 재판이나 행정처분 등을 증거자료로 채택하여 사실인정을 한 경우도 포함한다.31) 예를 들어, 제1심의 유죄판결이 재심대상판결에서 증거로 채택되었는데 그 뒤에 항소심에서 무죄로 변경된 때와32) 귀속대지를 불하받아 그 소유권을 취득하였음을 근거로 그 지상건물의 철거와 그 대지인도를 청구하는 소를 제기하여 그 승소의 확정판결이 있은 후 위 불하처분이 적법하게 취소된 경우가33) 여기에 해당한다. 특히 여기서 '판결의 기초가 된 행정처분'은 재심대상 판결의 심리·판단의 대상이 된 행정처분 자체를 말하는 것이 아니다.34)

'판결의 변경'은 판결이 다른 판결의 기초가 되는 것은 대부분 확정판결일 것이므로 재심이나 추후보완상소로 인한 변경이 보통일 것이다. 그러나 상소 등의 다른 방법으로 변경된 경우도 포함된다. **'재판 또는 행정처분의 변경'**이란 확정적이고 소급적 효력이 있는 것이어야 한다.35) 그러므로 판결의 전제로 된 행정처분의 적법여부에 관한 법원의 해석이나 판단이 그 후 다른 사건에서의 판례변경으로 그와 상반된 해석을 내렸다는 것은 여기에 해당하지 않는다.36)

판결의 기초가 된 재판 등의 변경으로 **확정판결의 사실인정에 영향을 미칠 수 있는 경우**라야 재심사유가 된다.37) 판례는 판결의 기초가 된 재판 내용이 재심대상

---

30) 大判 1998. 3. 27, 97다50855.

31) 大判 1996. 5. 31, 94다20570; 大判 2019. 10. 17, 2018다300470.

32) 大判 1993. 6. 8, 92다27003.

33) 大判 1966. 2. 28, 65다2452.

34) 大判(全) 2020. 1. 22, 2016후2522: 특허무효심판에 대한 심결취소소송의 사실심 변론종결 이후에 특허권자가 신청한 정정심판이 받아들여져서 특허발명의 명세서 등에 대하여 정정을 한다는 심결이 확정되더라도 정정 전 명세서 등으로 판단한 원심판결에 재심사유가 있다고 볼 수 없다.

35) 大判 1994. 11. 25, 94다33897; 大判 2007. 11. 30, 2005다53019; 大判 2019. 10. 17, 2018다300470.

36) 大判 1987. 12. 8, 87다카2088.

이 된 확정판결이 선고된 소송절차에서 증거방법으로 제출되어 그 기재내용이 증거자료로 채택된 경우에 한정되는 것은 아니라고 하여 그 내용이 변론의 전취지로 참작된 경우도 포함한다고 본다.38) 다만 이러한 사유는 사실심 판결에 해당하고 원칙적으로 법률심인 상고심 판결의 재심사유는 되지 않을 것이다.39) 재심 대상 판결의 증거로 채용된 형사판결 등이 재심대상판결 선고 후에 변경되었더라도 그 형사판결 등을 제외한 나머지 증거들만으로도 재심대상판결의 사실인정을 충분히 할 수 있는 경우에는 재심대상판결의 기초가 된 재판이 다른 재판에 의하여 변경된 때에 해당하지 않는다.40)

이 사유와 비슷한 것으로 재판에 적용된 법률에 대하여 소송 중에 위헌여부제청신청을 하였으나 기각되어 헌법소원을 냈는데, 그 사이에 판결이 확정되었으나 그 **법률에 대한 위헌결정**이 났으면 재심을 청구할 수 있다(헌재 제75조 7항). 그러나 법률 조항 자체가 아닌 법률에 대한 해석, 적용이 위헌이라고 하는 한정위헌 결정이 있음은 재심사유라고 볼 수 없다는 것이 판례이다.41)

재심대상 판결이 여러 개의 유죄판결에 기초해서 이루어졌는데, 그 후에 각 유죄판결이 재심을 통하여 효력을 잃고 무죄판결이 확정된 경우에는 각각의 유죄판결이 무죄판결로 변경된 것은 별개의 독립된 재심사유가 된다.42)

6. 중요사항의 판단 누락(9호)

판결에 영향을 미칠 중요한 사항에 관하여 판단을 빠뜨린 경우이다. 여기서 **중요한 사항**이란 그 판단 여하에 따라 판결의 결론에 영향을 미치는 사항을 말하고,43) **판단 누락**이란 당사자가 주장한 공격방법이나 방어방법에 대하여 판결이유에서 판단하지 않은 것을 말한다. 판단을 했지만 그 판단에 이르는 이유가 자세히 설시되어 있지 않거나 당사자의 주장을 배척하는 근거를 일일이 개별적으로 설명하지 않은 것은 판단누락이 아니다.44) 이 판단 누락으로 판결에 영향이 생겼으면 재

---

37) 위 94다20570 판결; 위 2018다300470 판결.
38) 위 94다20570 판결.
39) 大判 1983. 4. 26, 83사2; 大決 2007. 11. 15, 2007재마26.
40) 大判 1991. 7. 26, 91다13694; 大判 2007. 11. 30, 2005다53019.
41) 大判 2013. 3. 28, 2012재두299.
42) 위 94다20570 판결은 각 유죄판결에 대하여 형사재심에서 인정된 재심사유가 공통되거나 무죄판결의 이유가 동일하더라도 마찬가지라고 한다.
43) 大決 2004. 9. 13, 2004마660.
44) 大判 2008. 11. 27, 2007다69834 · 69841.

심사유가 된다. 직권조사사항에 대한 판단을 누락했어도 당사자가 그 조사를 촉구하지 않았으면 여기에 해당하지 않는다.[45] 소각하판결이나[46] 심리불속행 사유에 해당하여 상고를 기각한 경우는[47] 공격·방어방법에 대한 판단을 하지 않는 것이 당연하므로 판단 누락이 아니다. 상고인이 적법한 기간 내에 상고이유서를 제출하였음에도 불구하고 상고이유서가 제출되지 않았다고 하여 상고를 기각하였으면 판단누락에 해당한다. 그러나 이 경우에도 원심 소송대리인이 상고심에서도 대리권을 수여받았다는 점에 관하여 증명이 없으면 (상고심이 그 증명에 관하여 보정을 명하지 아니한 사정이 있다고 하더라도) 적법한 기간 내에 상고이유서가 제출된 것과 동일하게 평가할 수 없는 것이어서 재심사유로서의 판단누락에 해당하지 않는다.[48] 판례는 상고기록접수통지서를 송달장소의 같은 층에 있는 다른 회사 직원에게 송달하여 원고가 기간 내에 상고이유서를 제출하지 못하였음에도 불구하고, 상고이유서 미제출을 이유로 상고를 기각한 경우에도 판단누락에 해당한다고 본다.[49] 이 경우는 엄밀한 의미에서의 판단누락이라고 할 수는 없으나 상고인의 상고이유서제출 기회를 박탈한 경우이어서 판결 기초의 중대한 흠결에 해당함에는 틀림없으므로 가장 가까운 판단누락으로 취급하는 것으로 보인다. 청구의 일부에 대한 재판을 하지 않은 것은 재판의 누락이지 판단 누락이 아니므로 추가판결을 할 사유이지 재심사유가 아니다.

판단누락인지 여부는 판결이유의 전반적인 취지로 판단한다. 판례는 상고법원의 판결에 당사자가 상고이유로 주장한 사항에 대한 구체적·직접적인 판단이 표시되어 있지 않았더라도 판결이유의 전반적인 취지에 비추어 그 주장을 인용하거나 배척하였음을 알 수 있는 정도라면 판단누락이라고 할 수 없다고 한다.[50]

7. 기판력 저촉(10호)

재심대상판결이 전에 선고한 확정판결과 저촉되는, 즉 기판력에 저촉되는 경우

---

45) 大判 1983. 12. 29, 82사19; 大判 1994. 11. 8, 94재누32; 大決 2004. 9. 13, 2004마660.
46) 大判 1994. 11. 8, 94재누32; 大判 1997. 6. 27, 97후235.
47) 大判 1996. 2. 13, 95재누176; 大判 1997. 5. 7, 96재다479; 大判 2009. 2. 12, 2008재다502; 大判 2017. 7. 18, 2016재두5056 등.
48) 大判 2009. 2. 12, 2008재다564.
49) 大判 2017. 7. 18, 2015재두1538.
50) 大判 2008. 7. 10, 2006재다218. 이 판결은 실제로 판단을 하지 아니하였다고 하더라도 그 주장이 배척될 경우임이 분명한 때에는 판결 결과에 영향이 없어 판단누락의 위법이 없다고 한다.

이다. 그러므로 뒤에 확정된 판결이 전에 확정된 판결의 기판력에 저촉되어서 재심 대상이 된다. 기판력에 저촉되는지 여부는 **기판력의 주관적, 객관적, 시간적 범위를 기준**으로 판단한다. 그러므로 전에 선고한 확정판결의 효력이 재심대상판결의 당사자에게 미치는 경우로서 양 판결이 저촉되는 때를 말하고, 판례 위반을 뜻하는 것은 아니다.51) 반드시 국내판결의 기판력에 저촉되는 것에 한하지 않는다. 따라서 확정판결과 동일한 효력이 있는 각종 조서(제220조, 민조 제29조)나 외국판결(제217조), 중재판정(중 제35조)의 기판력에 저촉되는 경우도 포함한다.

제 4 절　再審節次

재심절차에는 그 성질에 반하지 않는 한 각 심급의 소송절차에 관한 규정이 준용된다(제455조). 그 밖에 특수한 사항은 다음과 같다.

I. 관할법원

재심의 소는 **재심대상판결을 한 법원**의 전속관할에 속한다(제453조 1항). 재심원고의 소제기가 관할위반이면 전속관할법원으로 이송해야 한다. 재심사유가 허위증거 등 사실인정에 관한 것이면 상고심 판결에 대한 재심의 소는 허용되지 않고, 사실심 법원의 판결에 대하여 재심의 소를 제기해야 한다.1)

심급을 달리 하는 법원이 동일한 사건에 대하여 한 판결에 대한 재심의 소는 상급법원이 관할한다. 그러므로 이러한 경우에는 하급심의 판결을 대심대상으로 한 재심의 소는 소송요건을 갖추지 못하여 부적법하다.2) 다만 판례는 재심 원고가 제1심 판결을 재심대상이라고 기재하였다 하더라도 주장하는 재심사유가 항소심 판결에 관한 것이라고 판단되면, 재심대상 판결을 잘못 기재한 것이 명백하므로 관할법원인 상급심 법원으로 이송해야 한다고 본다.3) 상고심 판결에 대하여 재심의 소를

---

51) 大判 1985. 4. 27, 85사9; 大判 1994. 8. 26, 94재다383; 大判 2001. 3. 9, 2000재다353; 大判(全) 2011. 7. 21, 2011재다199. 판례 중에는 당사자가 동일해야 한다고 명언한 것이 있는데(大判 1976. 10. 12, 76사12), 이 사안은 동일 교통사고로 인한 피해자들이 각기 제소한 경우이다. 그러므로 위 표현은 원칙적인 기준을 설시한 것뿐이고, 기판력이 미치는 제3자를 배제한다는 의미는 아니다.

1) 大判 1967. 11. 21, 67사74; 大判 2000. 4. 11, 99재다746 등.

2) 大判(全) 1984. 2. 28, 83다카1981.

제기한 경우도 재심의 이유에서 주장하는 재심사유가 항소심 판결에 관한 것임이 분명하면 이를 재심대상 판결의 표시를 잘못한 것으로 보아 항소심 법원으로 이송하는 것이 상당하다고 본다.4) 다만, 항소심과 상고심의 판결에 각기 재심사유가 있으면 각 법원이 관할한다(제453조 2항).

Ⅱ. 소 제 기

재심의 소도 소장을 제출하여 제기한다. 재심소장에는 재심대상판결, 재심청구취지, 재심이유, 당사자와 법정대리인 등을 기재해야 한다(제458조). 본안사건에 대한 신청, 즉 본래의 청구취지나 불복의 범위는 임의적 기재사항이다.

재심의 소는 당사자가 판결확정 후에 재심사유를 안 날로부터 30일의 불변기간 내에, 재심사유의 존재를 몰랐다 하더라도 판결 확정이나 재심사유 발생 후 5년 이내에 제기해야 한다(제456조). 제451조 제2항이 적용되는 경우, 예를 들어 고소에 대하여 검사가 공소시효가 완성하였으므로 공소권이 없다 하여 불기소처분을 한 경우에는 검사가 불기소처분을 한 것을 안 날이 제소기간의 기산점이 된다.5) 대리권의 흠결이나 기판력 저촉을 재심사유로 한 때에는 그 기간의 제한이 없다(제457조).

재심의 소 제기로 확정판결에 대한 집행정지의 효력이 당연히 생기지는 않으므로 당사자가 집행정지의 신청을 해야 한다.

Ⅲ. 재심의 심판

재심의 소에 대하여는 우선 재판장이 소장을 심사하고, 그것이 적식이면 다음에 세 단계를 거쳐서 심리한다. 우선 소의 적법성을 심리하는데, 여기서는 일반적인 소송요건과 재심소송에 특수한 소송요건을 심리한다. 소가 적법하다고 판단하면 재심사유의 존부를, 재심사유가 존재한다고 인정할 때에는 본안심리를 하게 된다. 재심의 소의 적법 여부와 재심사유의 존재 여부에 관한 심리는 본안심리와 분리하여 먼저 시행할 수 있고, 재심사유가 인정될 때에는 이를 중간판결로 선고하고 본안에 관하여 심리, 재판할 수 있다(제454조).

---

3) 위 83다카1981 판결.
4) 大判 1984. 4. 16, 84사4; 大決 1994. 10. 15, 94재다413.
5) 大判 2006. 10. 12, 2005다72508.

1. 소의 적법 여부

재심의 소의 적법 여부 심리는 일반적인 소송요건과 재심의 적법요건이 구비되었는지에 관하여 한다. 앞서 보았듯이 이 요건은 ① 재심의 대상이 되는 확정된 종국판결이어야 하고, ② 재심의 당사자적격이 있어야 하며, ③ 재심의 소제기 기간을 지켰어야 하고, ④ 이전의 소송에서 상소로써 재심사유를 주장하였거나 이를 알고도 주장하지 않은 사실이 없을 것(재심의 보충성) 등이다. 그 밖에 재심원고가 재심사유를 주장하였을 것도 적법요건이 된다.[6] 이러한 요건들은 법원이 직권으로 조사한다. 조사 결과 요건을 갖추지 못하였으면 판결로 소를 각하한다(제455조, 제219조, 제413조).

2. 재심사유의 존부

특정 재심사유가 존재한다는 주장은 재심원고가 해야 하고, 주장된 재심사유가 실제로 존재하는지, 명목상 법정 재심사유라고 주장한 실제 내용이 법정 재심사유와 일치하는지에[7] 관한 조사는 재심피고의 항변이 없어도 법원이 직권으로 한다. 이러한 점에서 재심사유는 법원의 **직권조사사항**이다.[8] 재심사유에 관하여 **자백이나 인낙**을 할 수 있는가에 관하여는 이를 부정하는 것이 통설이나, 구체적인 사정에 따라 달리 취급하는 것이 타당하다. 예를 들어 대리권의 흠결을 재심사유로 삼은 경우에 재심원고가 대리권에 흠결이 없었다고 자백하면, 설사 객관적으로는 무권대리였더라도 추인의 효과가 생겨서 재심사유는 소멸하게 된다.[9] 이러한 경우에 굳이 자백의 구속력을 배제할 필요는 없을 것이다. 다만 당사자가 불출석해도 자백간주의 효과를 인정할 수는 없을 것이다.[10] 재심사유의 존부를 판단하기 위하여는

---

6) Lüke[11] § 39 Rn. 8; Stein-Jonas/Jacobs[23] vor § 578-591 Rn. 31; MüKoZPO/Braun/Heiß[6] § 589 Rn. 1. 이시윤, 979는 재심사유에 해당하지 않는 것을 재심사유로 주장한 경우도 여기에 해당한다고 본다.

7) 그 예로는 재심사유로 제451조 제1항 9호의 판단누락을 주장하였으나, 실제로 그 내용은 소송판결에 대하여 본안판단이 누락되었다고 탓한 경우를 들 수 있다. 이 경우에 판례는 재심청구를 각하하지 않고 기각하였다(大判 1994. 11. 8, 94재누32).

8) Jauernig/Hess[30] § 76 Rn. 19; Schilken[6] Rn. 1062; MüKoZPO/Braun/Heiß[6] § 589 Rn. 1; Thomas-Putzo/Reichold[24] § 590 Rn. 2. Stein-Jonas/Jacobs[23] vor § 578-591 Rn. 34는 어느 범위에서 직권으로 조사할지에 관하여는 § 589 ZPO가 규정하지 않았다고 한다. 이시윤, 991; 鄭·庚·金, 994는 직권탐지주의가 적용된다고 한다.

9) Rosenberg-Schwab/Gottwald[18] § 162 Rn. 29.

10) 大判 1992. 7. 24, 91다45691은 재심사유 해당 사실의 존부에 관한 자료는 직권으로 탐지하는 것이라는 점을 이유로 자백간주를 부정할 뿐만 아니라, 재심사유에 관한 당사자의 처분권을 인정할 수 없

상고심에서도 사실심리를 할 수 있다. 처벌받을 행위에 의한 경우에는 유죄판결의 확정이 있어야 재심사유가 존재한다고 인정할 수 있다.

심리 결과 재심사유가 없다고 판단되면 종국판결로 청구를 기각한다.11) 이 경우에 재심절차에서 제기된 중간확인의 소에 대하여는 각하 판결을 한다.12) 재심사유가 인정되면 중간판결이나 종국판결의 이유에서 이를 판단한다.

3. 본안 심판

(1) 본안심리

재심사유가 인정되면 본안심리에 들어간다. 즉, 재심대상 사건이 확정판결 이전의 상태로 돌아가 **이전 소송의 변론을 재개하여 속행**한다. 사실심에서는 새로운 공격·방어방법을 제출할 수 있다. 당사자의 절차 관여가 배제된 경우에는 소장의 송달부터 다시 해야 할 것이다. 재심대상 판결이 원 확정판결에 재심사유가 있다고 하여 이를 취소한 재심판결이면 여기서 말하는 본안심리는 원 확정판결에 재심사유가 있는지 여부에 관한 것이 된다.13)

본안의 변론과 재판은 재심청구이유의 범위 내에서 한다(제459조 1항). 재심사유를 인정하기 위한 유죄확정판결은 본안에서는 구속력이 없다.14)

(2) 종국판결

본안심리 결과 재심 대상 판결이 **부당하다고 판단**하면 재심청구취지의 한도 안에서 이를 취소하고 이에 갈음하는 판결을 한다. 취소하는 부분은 재심대상 판결을 소급적으로 취소하는 형성판결이다.

재심사유가 있어도 재심대상판결이 **정당한 경우**에는 재심청구를 기각한다(제460조).

다 하여 자백도 허용되지 않는다고 하였다.

11) 大判 2015. 12. 23, 2013다17124: 확정판결에 대하여 재심을 하여 그 판결을 취소한 판결이 다시 재심 대상이 되었을 때, 두 번째 재심에서 대상 판결에 재심사유가 있어 이를 취소하고 원 확정판결의 재심사유 유무를 심리하여 재심사유가 없다고 판단되면 그 사건의 본안에 관하여 다시 심리와 재판을 할 것이 아니라 재심청구를 기각하여야 한다.

12) 大判 2008. 11. 27, 2007다69834·69841: 재심절차에서 중간확인의 소를 제기하는 것은 재심청구가 인용될 것을 전제로 하기 때문이다.

13) 大判 2015. 12. 23, 2013다17124: 확정판결에 대하여 재심을 하여 그 판결을 취소한 판결이 다시 재심 대상이 되었을 때, 두 번째 재심에서 대상 판결에 재심사유가 있어 이를 취소하고 원 확정판결의 재심사유 유무를 심리하여 재심사유가 없다고 판단되면 그 사건의 본안에 관하여 다시 심리와 재판을 할 것이 아니라 재심청구를 기각하여야 한다.

14) 大判 1965. 6. 15, 64다1885; 大判 1975. 2. 25, 73다933; 大判 1983. 12. 27, 82다146.

종국판결에 대하여는 다시 그 심급에 따라 항소나 상고를 할 수 있다.

제 5 절 準 再 審

I. 의 의

준재심은 확정판결과 동일한 효력을 가지는 화해, 포기 및 인낙조서(제220조)와 즉시항고로 불복을 신청할 수 있는 것으로서 확정된 결정이나 명령에 재심사유가 있으면 재심의 소에 준하여 그 취소를 구하는 절차를 말한다(제461조).

민사소송법 제정시에는 준재심의 대상에 조서가 포함되지 않았으나 1961. 9. 1. 개정시에 조서를 포함시켰다. 1990년 개정시 당초의 개정안에서는 특히 화해조서에 기판력을 인정하는 데에 따른 문제들을 해결하기 위하여 조서를 삭제하도록 하였으나, 국회의 심의 과정에서 이 부분은 개정하지 않는 것으로 바뀌었다. 제461조가 이러한 조서에 기판력을 인정하는 근거가 된다.

II. 조서에 대한 준재심의 소

준재심의 **대상이 되는 조서**에는 제220조의 화해조서, 포기조서 및 인낙조서가 포함됨은 물론이고, 재판상화해와 같은 효력을 가진 조정조서와, 조정에 갈음하는 결정조서도 포함된다.[1] 화해조서에는 소송상화해조서뿐만 아니라 제소전화해조서도 포함된다는 것이 통설, 판례이다.

조서에 대한 준재심의 절차에는 확정판결에 대한 재심절차에 관한 규정이 준용된다(제461조). 다만 **제소전화해**의 경우에는 소송계속이 없는 상태에서 이루어지는 절차이므로 제451조의 재심사유 중 소송계속을 전제로 한 사유들은 적용되지 않는다. 따라서 재판에 관여할 수 없는 법관의 관여(2호), 대리권의 흠결(3호), 법관의 직무상 범죄(4호), 타인의 처벌받을 행위에 의한 자백 또는 소송방해(5호) 등이 그 사유가 될 수 있다. 대부분은 대리권 흠결이 문제된다. 특히 일방 당사자가 상대방으로부터 제소전화해를 위한 대리인 선임권을 위임받아 雙方대리가 되게 하는 일

---

1) 大判 2005. 6. 24, 2003다55936.

이 많았는데, 이를 막기 위하여 제385조 제2항 이하에서 대리인 선임권을 상대방에게 위임하는 것을 금지하고 법원이 대리권을 조사하기 위하여 당사자 본인이나 법정대리인의 출석을 명할 수 있도록 하였다.

조서에 대한 준재심은 소로써 제기하고 판결절차에 의하여 심판한다. 조서를 취소하는 판결을 선고하면 **소송이 부활**하므로 법원은 본안에 대하여 심판해야 한다. 다만 제소전화해가 준재심에 의하여 취소되면 화해 불성립으로 처리되어 그 제소전화해에 의하여 생긴 법률관계가 처음부터 없었던 것과 같이 된다.[2) 그리고 부활할 소송이 없으므로 제460조는 준용될 여지가 없다.[3) 제소전화해를 취소하는 판결을 송달한 후 2주일 안에 당사자는 소제기신청을 할 수 있다(제388조 3항).

Ⅲ. 결정, 명령에 대한 준재심 신청

즉시항고할 수 있는 결정이나 명령이 확정된 경우에 재심사유가 있으면 준재심을 신청할 수 있다. 그 예로는 소장각하명령(제254조 3항), 상소장각하명령(제402조, 제399조, 제425조), 소송비용에 관한 결정(제110조, 제113조, 제114조), 과태료의 결정(제363조, 제370조 등), 매각허부결정(민집 제129조) 등이 있다.

즉시항고로 불복할 수 있는 결정이나 명령 이외에도 종국적 재판의 성질을 가진 결정이나 명령 또는 종국적 재판과 관계없이 독립하여 확정되는 결정이나 명령에 해당하는 경우라면 독립하여 준재심을 신청할 수 있다.[4)

이 경우는 소제기가 아니라 신청의 방식에 따라 제기하고, 결정이나 명령의 절차에 따르며, 재판도 결정으로 한다.

---

2) 大判 1996. 3. 22, 95다14275.
3) 大判 1998. 10. 9, 96다44051.
4) 大決 2004. 9. 13, 2004마660. 이 결정에서는 담보권 실행을 위한 경매개시결정은 여기에 해당하지 않는다고 하였다.

제**12**편

簡易한 審判節次

제1장 總 說

민사소송에서 간이하고 신속하게 권리를 구제하려는 목적으로 마련한 절차로 독촉절차와 소액사건심판절차가 있다. 이들 절차에는 간단하고 신속하게 권리를 보호하려는 목적에서 정규 민사소송절차와는 달리 규정된 여러 특칙이 적용된다.

독촉절차와 소액사건심판절차가 모두 일정 수량의 금전이나 그 밖의 대체물, 유가증권의 지급을 목적으로 하는 점에서는 공통된다. 두 절차는 다음의 점에서 차이가 난다: ① 독촉절차는 당사자 쌍방을 심문하지 않고 지급명령을 신청한 채권자의 신청에 따라 지급명령을 내는데 반하여, 소액절차에서는 당사자 쌍방을 심문한다. ② 독촉절차는 신청 금액의 상한이 없으나 소액절차에서는 당연히 청구금액의 제한이 있다. ③ 독촉절차에서 한 지급명령에 대하여 채무자가 이의신청을 하면 사건이 정규 소송절차로 넘어가므로 이행소송의 선행절차라는 의미를 가지지만, 소액절차에서는 판결에 불복이 있으면 정규 소송절차와 마찬가지로 상소를 제기한다. ④ 독촉절차에서 지급명령이 확정되면 집행력이 생길 뿐이지만, 소액절차에서는 확정판결에 기판력이 생긴다. ⑤ 독촉절차에서는 지급명령에 가집행선고를 붙일 수 없지만, 소액절차에서는 이행판결에 가집행선고를 붙일 수 있다.

제 2 장 督促節次

독촉절차는 금전이나 대체물, 유가증권의 일정 수량의 지급을 목적으로 하는 청구에 대하여 법원이 채권자의 신청에 따라 지급명령을 하는 절차이다. 간이한 절차로 신속하게 집행권원을 얻을 수 있도록 하는 절차이다.

이 절차에서는 신청인을 채권자, 상대방을 채무자라고 한다. 채권자로서는 정규 민사소송절차를 밟을 것인지, 독촉절차를 이용할 것인지를 임의로 선택할 수 있다. 다만, 채무자가 지급명령에 대하여 이의신청을 하면 소송절차로 넘어가므로, 주로 채무자가 채무의 존재를 다투지 않을 것으로 예상되는 경우에 의미 있는 절차이다.

지급명령의 신청은 채권자가 전자정보처리시스템에 사용자등록을 한 뒤에 전자문서로 할 수 있고, 법원도 전자문서로 지급명령을 발하며, 송달 역시 전자문서로 할 수 있다. 채무자가 다투지 않을 것으로 예상되는 경우이므로 전자문서로 처리하는 것이 효용성이 클 것이다.

Ⅰ. 지급명령의 신청

1. 신청의 요건
(1) 관할법원
독촉절차는 채무자의 보통재판적 소재지의 지방법원이나 근무지, 거소지, 의무이행지, 어음·수표의 지급지, 사무소나 영업소, 불법행위지의 관할법원의 전속관할이다(제463조). 이처럼 광범위한 전속관할을 인정한 것은 이용의 편의를 높이기 위함이다.

관할법원에서는 청구목적의 값의 고하를 불구하고 시·군법원판사나 사법보좌관이 그 업무를 담당한다(법조 제34조 1항 2호, 제54조 2항 1호).

(2) 청구에 관한 요건
일정한 수량의 금전이나 대체물, 유가증권의 지급을 목적으로 하는 청구이어야 한다(제462조). 청구의 발생원인에 제한이 없으므로, 국가에 대한 징발보상청구권이

나[1] 공법인에 대한 급여청구권을 주장하는 경우에도 독촉절차를 이용할 수 있다.[2]

청구는 현재 이행기가 도래하여 즉시 그 지급을 구할 수 있는 것이어야 한다. 그러므로 조건부나 기한부 청구는 허용되지 않는다. 반대급부의 이행과 동시에 금전 등의 지급을 명하는 지급명령은 즉시 지급을 구하는 것이므로 허용된다. 이 경우 반대급부는 지급명령 신청의 대상이 아니어서 금전 등의 지급 청구라는 제한이 없고, 반대급부 이행자도 지급명령 신청인에 한정되는 것도 아니다. 그러므로 채무자는 제3자로부터 부동산을 인도받음과 동시에 신청인에게 일정 금액을 지급하라는 내용의 지급명령 신청도 가능하다.[3]

(3) 송달에 관한 요건

(가) 원 칙

지급명령은 대한민국에서 공시송달 아닌 방법으로 송달할 수 있어야 한다(제462조 단서). 그러므로 외국으로 하는 송달이나 국내에서 공시송달에 의하여 송달해야 하는 경우는 독촉절차를 이용할 수 없다. 외국으로 하는 지급명령의 송달로는 신속하게 집행권원을 얻을 수가 없고, 공시송달은 실질적으로 채무자가 이의를 제기할 기회를 갖지 못하기 때문이다.[4]

채무자에게 직접 송달이 되지 않더라도 보충송달의 방법으로 송달하는 경우에는 지급명령을 할 수 있다. 지급명령이 송달 불능이 되어 공시송달을 할 상황이 되면 법원은 신청을 각하하는데, 이 경우 채권자가 새로 소를 제기하면 그만큼 권리실현이 늦어진다. 이를 막기 위하여 법원이 채권자에게 주소 보정을 명하였을 때 채권자는 불가능한 보정 대신에 소제기 신청을 함으로써 바로 소송절차로 넘어갈 수 있도록 하였다(제466조 1항). 뿐만 아니라 지급명령이 공시송달로만 송달할 수 있거나 외국으로 송달해야 할 때에는 법원이 직권으로 사건을 소송절차에 부치는

---

1) 이시윤, 1008과 鄭·庚·金, 1182에서 언급한 大判 1970. 3. 10, 69다1886은 징발보상청구권 사건은 민사사건이라고만 판시하였고, 지급명령에 관하여는 언급이 없다.

2) 이시윤, 1008; 鄭·庚·金, 1182.

3) 大決 2022. 6. 21, 2021그753(신청인이 "채무자는 제3자로부터 부동산을 인도받음과 동시에 신청인에게 금전을 지급하라."는 내용의 지급명령신청서를 제출한 것에 대하여 담당 사법보좌관이 각하결정을 하였고, 신청인의 이의신청에 대하여 제1심 단독판사도 각하 결정을 한 사안에서 신청인의 적법절차에 따른 재판받을 권리를 침해한 한 헌법 위반의 잘못이 있다고 판시).

4) 독일에서 EU 국가들과 이스라엘, 유럽자유무역협정 체결국인 아이슬란드, 노르웨이, 스위스로의 독촉절차에서의 송달이 허용되며, 덴마크를 제외한 EU 국가들 내에서는 유럽독촉절차가 시행되고 있다 (Rosenberg-Schwab/Gottwald[18] § 165 Rn. 71, 76 ff.). 이와는 달리 공시송달은 허용되지 않는다(§ 688 II iii ZPO).

결정을 할 수 있도록 하였다(제466조 2항). 이 결정에 대하여는 불복할 수 없다(제 466조 3항).

이처럼 채권자가 소제기신청을 하거나 법원이 결정으로 소송절차에 부친 경우에는 지급명령을 신청한 때에 소가 제기된 것으로 본다(제472조 1항).

(나) 예 외

은행법에 의한 은행과 특별법에 의한 각종 은행, 기타 금융기관(소촉 제20조의2 1항 각호 참조)이 그 업무나 사업으로 취득하여 행사하는 대여금, 구상금, 보증금 및 그 양수금 채권에 대하여 지급명령을 신청하는 경우에는 지급명령의 공시송달이 허용되고, 그에 따라 법원이 직권으로 사건을 소송절차에 부치는 결정도 할 필요가 없다(소촉 제20조의2 1항).

이 경우 은행 등 채권자는 지급명령을 공시송달에 의하지 않으면 송달할 수 없는 경우에 그 청구원인을 소명하여야 한다(소촉 제20조의2 2항). 소명이 없으면 지급명령 신청을 결정으로 각하하고, 이 결정에 대하여는 불복하지 못한다(소촉 제20조의2 3, 4항).

공시송달을 허용함에 따라 실제로 지급명령을 송달받지 못하여 이의신청을 하지 못한 채무자에게는 추후보완의 기회를 부여하였다(소촉 제20조의2 5항).

2. 신청의 절차와 그 효과

지급명령의 신청에는 원칙적으로 소제기에 관한 규정이 준용된다(제464조). 그러므로 신청은 신청서를 제출하는 방법으로 하고, 신청서에 당사자와 법정대리인, 청구의 취지와 원인을 기재하여야 한다. 여러 개의 청구를 병합하거나 여러 채무자에 대한 청구를 병합하는 것도 가능하다. 복수의 채무자를 상대로 하는 지급명령 신청의 청구취지에는 채무자들에 대하여 연대지급을 구하는지, 각자 지급을 구하는지를 기재하여야 한다.5)

소제기 절차와는 달리 신청서 부본은 제출할 필요가 없다. 채무자에게 송달하지 않기 때문이다. 신청서에 붙여야 할 인지액은 소장에 붙일 인지액의 10분의 1이면 된다(민인 제7조 2항).

---

5) 大決 1986. 11. 27, 86그141: 지급명령신청의 청구취지가 수인의 채무자들에 대하여 연대지급 또는 각자 지급을 구하는 것인지의 여부는 지급명령신청서의 청구취지 기재 자체에 의하여 결정되는 것이므로 설사 청구원인에 그 수인의 채무자들이 채권자에 대한 채무자와 그 연대보증인이라는 기재가 있더라도 청구취지에 그러한 기재가 없으면 연대 지급이나 각자 지급을 구하는 것이라고는 볼 수 없다.

지급명령의 신청도 재판상 청구에 포함되므로 시효중단의 효과가 있다, 신청이 각하되거나 취하되면 시효중단의 효력이 없어지지만, 6개월 안에 소를 제기하면 지급명령을 신청한 때에 시효가 중단된 것으로 보게 된다(민 제170조).6)

Ⅱ. 신청에 대한 재판

1. 신청의 심리

지급명령 신청에 대한 심리에서는 채무자를 심문하지 않는다(제467조). 신청 요건의 구비 여부와 신청의 취지를 심리한다.

2. 신청의 각하

신청의 요건이 불비되었거나 신청의 취지로 보아 청구에 정당한 이유가 없음이 명백한 경우에는 결정으로 신청을 각하하며,7) 청구의 일부에 대하여 지급명령을 할 수 없는 경우에는 그 일부를 각하한다(제465조 1항).

신청을 각하한 결정에 대하여는 불복이 허용되지 않는다(제465조 2항). 그러므로 이 결정은 고지하는 대로 확정된다. 그러나 이 결정에는 기판력이 없으므로 채권자는 지급명령을 다시 신청할 수 있고, 정규 민사소송절차를 밟기 위하여 소를 제기할 수도 있다.

3. 지급명령

지급명령 신청에 각하사유가 없으면 더 이상 청구가 이유 있는지를 심리함이 없이 지급명령을 발하고 양 당사자에게 직권으로 송달하여야 한다(제469조 1항). 그러므로 채무자를 심문하지 않고(제467조), 증거조사 등도 하지 않는다.

지급명령에는 당사자와 법정대리인, 청구취지, 청구원인을 적고 채무자가 지급명령을 송달받은 날로부터 2주일 이내에 이의신청을 할 수 있음을 덧붙여 적어야 한다(제468조).

---

6) 大判 2011. 11. 10, 2011다54686. 이 판례는 지급명령 신청의 시효중단효의 근거로 지급명령을 직접 언급한 민법 제172조가 아닌 민법 제170조를 들고 있다. 민법 제172조가 지급명령 신청에 시효중단의 효력이 있음을 전제로 하고 있으나 그 효력의 소멸사유로 규정한 가집행신청의 불이행이 민사소송법의 개정으로 무의미하게 되었음을 고려한 것으로 보인다.

7) 청구가 이유 없을 때에는 청구를 기각하는 일반 소송과는 달리 규율한다. 판결이 아닌 결정으로 재판하고, 기판력도 인정되지 않는 재판임을 감안한 것으로 보인다.

Ⅲ. 지급명령 확정의 효력

지급명령에 대하여 이의신청 기간 안에 이의신청이 없거나 이의신청이 취하되거나 각하결정이 확정되면 지급명령은 확정된다. 이처럼 확정된 지급명령은 확정판결과 같은 효력이 있다(제474조).

여기서 말하는 확정판결과 같은 효력은 집행력을 의미한다. 즉, 확정된 지급명령은 집행권원이 되어(민집 제56조 3호) 이로써 강제집행을 할 수 있다. 이 경우에는 집행문을 부여받을 필요 없이 지급명령 정본에 의하여 집행을 실시한다. 다만, ① 지급명령에서 집행에 조건을 붙였거나, ② 당사자의 승계인을 위하여 강제집행을 하거나, ③ 당사자의 승계인에 대하여 강제집행을 하는 경우에는 집행문을 부여받아야 한다(민집 제58조 1항).

그 밖의 확정판결과 같은 효력으로 단기소멸시효 기간을 10년으로 연장하는 효력을 들 수 있다(민 제165조 2항).

지급명령에 생기는 확정판결과 같은 효력에 기판력은 포함되지 않는다. 지급명령의 성립에 관한 흠결은 재심이 아닌 청구이의의 소로써 다툴 수 있고, 지급명령에 기한 강제집행에서는 변론이 종결된 뒤에 생긴 사유로만 청구이의의 소를 제기할 수 있다는 제한이 적용되지 않아서(민집 제58조 3항) 지급명령 이전에 발생한 청구권의 불성립이나 무효 사유로도 청구이의의 소를 제기할 수 있기 때문이다.[8] 그러므로 지급명령에 대한 청구이의의 소의 심리에서는 그 지급명령에 기재된 모든 청구원인 주장에 관하여 심리, 판단하여야 한다.[9]

Ⅳ. 채무자의 이의신청

독촉절차는 채무자가 채무의 존재를 굳이 다투지 않을 경우에 간편하고 신속하게 채권자에게 집행권원을 부여하기 위한 절차이므로 통상의 소송절차와 달리 채무자를 심문하지 않고 바로 지급명령을 내도록 한다. 그러나 채무자가 채무의 존재를 다툴 경우에는 불복절차인 상소가 아닌 이의신청으로써 통상의 소송절차로 옮

---

8) 大判 2009. 7. 9, 2006다73966.
9) 大判 2002. 2. 22, 2001다73480.

거가서 제1심부터 절차를 밟도록 하였다. 이렇게 하여 채무자는 재판받을 권리를 보장받게 된다.

1. 이의신청

채무자는 채권자의 청구를 다투려면 이의를 신청하여야 한다. 신청은 일반적인 신청 방법대로(제161조 1항) 관할법원에 서면이나 말(구술)로써 한다. 지급명령의 일부에 대한 이의신청도 가능하다.

신청 기간은 지급명령을 송달받은 날부터 2주이다(제470조 1항). 이 기간은 불변기간이므로(제470조 2항) 책임없는 사유로 기간을 지키지 못하면 추후보완 신청이 가능하다(제173조). 신청 기간 중에 절차의 중단사유가 생기면 기간 진행이 정지된다.

2. 이의에 대한 조사

독촉절차를 담당한 시·군법원 판사나 사법보좌관은 이의신청이 적법한지를 조사한다. 적법한 경우에는 사건이 소송으로 넘어가므로 재판을 할 필요가 없다. 부적법한 경우에는 결정으로 이의신청을 각하한다(제471조 1항).

판사가 한 각하결정에 대하여는 채무자가 즉시항고를 할 수 있다(제471조 2항).

사법보좌관이 한 각하결정에 대하여는 채무자가 법관에게 이의신청을 할 수 있다(법조 제54조 3항). 이 신청은 결정을 고지받은 날부터 7일 이내에 하여야 하고(사보규 제4조 3항), 이의신청을 받은 사법보좌관은 사건을 지체없이 소속 법원의 법관에게 송부하여야 한다(사보규 제4조 5항). 사건을 송부받은 법관은 다음과 같이 처리한다(사보규 제4조 6항): ① 이의신청의 방식이 잘못된 경우에는 상당한 기간을 정하여 그 기간 내에 흠을 보정하도록 명한다. ② 이의신청인이 흠을 보정하지 않거나 신청기간을 경과한 때에는 결정으로 이의신청을 각하한다. ③ 이의신청이 이유 있다고 인정하면 사법보좌관의 처분을 경정한다. ④ 이의신청이 이유 없다고 인정할 때에는 사법보좌관의 처분을 인가하고 사건을 항고법원에 송부한다. 이 경우, 이의신청은 민사소송법상의 즉시항고로 본다. 이러한 과정을 거쳐 채무자가 지급명령에 대한 이의신청을 각하한 결정에 대하여 즉시항고를 한 효과가 생긴다.

3. 이의신청의 효과

적법한 이의신청이 있으면 지급명령은 그 범위 안에서 효력을 상실한다(제470조 1항). 그리고 지급명령을 신청한 때에 이의신청된 청구목적의 값에 대한 소가 제기된 것으로 보므로(제472조 2항) 사건은 소송절차로 넘어간다.

V. 소송 등으로의 이행

채무자의 적법한 이의신청으로 독촉절차는 마무리되고 사건은 소송으로 넘어간다. 독촉절차는 이의신청 이외에도 채권자의 소제기신청이나 법원의 소송절차 회부 결정에 의하여 소송으로 넘어가기도 한다.

법원사무관등은 소송기록을 소송사건의 관할법원으로 보내는데(제473조 3항), 그 이전에 지급명령을 내린 법원이 소송사건에 붙일 본래의 인지 액수의 9/10를 추가로 보정하라고 명해야 하고(제473조 1항), 채권자가 인지를 보정하지 않으면 위 법원이 결정으로 지급명령신청을 각하한다(제473조 2항).

이미 지급한 독촉절차의 비용은 소송비용의 일부로 포함된다(제473조 4항).

독촉절차에서 채권자가 제출한 지급명령신청서나 채무자가 제출한 이의신청서에 기재된 주장 등은 당사자들이 변론기일에 진술하지 않으면 소송자료로서의 효력이 생기지 않는다.10)

채무자가 이의신청을 하여 인지보정명령을 받은 경우에 채권자는 보정 없이 조정으로의 이행신청을 할 수도 있다. 채권자의 이행신청이 부적법하면 법원이 결정으로 각하하고, 적법하면 지급명령 신청시에 조정신청을 한 것으로 본다(민조 제5조의2). 법원은 지급명령 신청시에 붙인 인지액을 초과하는 조정수수료를 지급할 것을 명하여야 한다. 신청자가 수수료를 보정하지 않으면 법원은 결정으로 지급명령 신청을 각하하고, 보정하였으면 법원사무관등은 조정사건 기록을 관할법원에 보내야 한다(민조 제5조의3).

---

10) 大判 1970. 12. 22, 70다2297(채무자가 이의신청서에 이의사유로 일부 변제를 기재하였으나, 소송으로 이행된 뒤 변론에서는 이를 주장하지 않고 무자력의 항변만 한 사안).

제 3 장 少額事件 審判節次

소액사건 심판절차는 제1심 민사사건 중에 소액에 해당하는 절차를 간이하고 신속하게 처리하기 위하여 민사소송법에 대한 특례로 인정된 절차이다. 간이한 절차이므로 일반 민사소송의 여러 규율이 적용되지 않고 간편한 방법으로 소송을 수행하거나 절차를 진행할 수 있도록 특별 규정들을 두었다.

본래 민사소송이 복잡하고 온갖 상세한 규율이 적용되는 것은 재판기관인 법원의 자의적인 소송진행과 심판을 막고 당사자들을 비롯한 여러 관계인의 이해관계를 적절히 조화시키기 위함이다. 이러한 필요성은 소송목적의 값이 소액이라고 해서 무시해도 되는 것은 아니다. 그러나 소송목적의 값이 이러한 일반 민사소송절차를 이용하기에 적절하지 않을 정도로 소액인 경우에는 예외를 인정하여 신속한 권리실현을 이루는 것이 더 중요할 수도 있다. 이러한 이유에서 제1심에 소액사건심판절차를 마련한 것이다.

I. 소액사건의 범위

소액사건심판법이 적용되는 사건은 소를 제기한 때의 소송목적의 값이 3,000만원을 초과하지 아니하는 금전 기타 대체물이나 유가증권의 일정한 수량의 지급을 목적으로 하는 제1심의 민사사건이다. 다만, 소제기 때에 여기에 해당한 사건이라도 ① 소의 변경으로 여기에 해당하지 아니하게 된 사건과 ② 당사자참가, 중간확인의 소 또는 반소의 제기 및 변론의 병합으로 인하여 소액사건에 해당하지 않는 사건과 병합심리하게 된 사건은 제외한다(소심규 제1조의2 1항).

그러므로 단순히 소액사건을 여러 개 병합하여 소송목적의 값이 소액사건의 범위를 넘은 경우라도 각각의 사건을 모두 소액사건심판 절차에 의하여 심판하게 된다.[1]

---

1) 大判 1986. 5. 27, 86다137 · 138; 大判 1991. 9. 10, 91다20579 · 20586; 大判 1992. 7. 24, 91다43176.

Ⅱ. 절 차

1. 소 제 기

(1) 소제기 방법

일반 절차에서는 소를 제기하려면 소장을 제출해야 하나, 소액사건의 경우에는 구술로 소를 제기할 수 있다(소심 제4조 1항). 이 경우 법원사무관등은 제소조서를 작성한다(소심 제3조 2항). 또 다른 소제기 방법으로 임의출석이 있다. 즉 당사자 쌍방이 법원에 출석하여 변론하면 구술에 의한 진술로 소를 제기한 것이 된다(소심 제5조).

(2) 관할법원

소액사건은 지방법원이나 지원, 시·군법원 단독판사의 사물관할에 속한다. 특히 시·군법원이 설치된 곳에서는 시·군법원의 단독판사의 관할에 속한다(법조 제34조).

단독판사는 재량에 의하여 같은 지방법원의 합의부로 이송할 수 있다(제34조 2항).

(3) 일부청구의 제한

금전이나 대체물, 유가증권의 일정 수량의 지급을 목적으로 하는 청구에서 채권자가 소액사건을 만들기 위하여 3천만 원 이하로 청구를 분할하여 일부청구를 하는 것은 금지된다. 이러한 내용의 소는 부적법하여 판결로 각하된다(소심 제52조의2).

2. 절차의 진행

(1) 소장 등의 송달과 기일 지정

소장부본이나 제소조서등본은 지체없이 피고에게 송달한다(소심 제6조). 판사는 소제기가 있으면 답변서 요구나 준비절차 없이 바로 변론기일을 정할 수 있다(소심 제7조 1항).

(2) 이행권고결정

법원은 소가 제기되면 소장부분이나 제소조서등본을 첨부하여 결정으로 피고에게 청구취지대로 이행할 것을 권고할 수 있다(소심 제5조의3 1항). 이 결정은 2016.

3.부터 사법보좌관의 업무가 되었다(법조 제54조 2항 1호, 사보규 제2조 1항 3호).

　이행권고결정에는 당사자, 법정대리인, 청구의 취지와 원인 및 이행조항을 적고, 피고가 이의신청을 할 수 있음과 이행권고결정의 효력의 취지를 덧붙여 적어야 한다(소심 제5조의3 2항). 이 결정서의 등본은 피고에게 송달해야 하나, 우편송달이나 공시송달은 허용되지 않는다(소심 제5조의3 3항). 피고는 이 등본을 송달받은 날부터 2주일 안에 서면으로 이의신청을 할 수 있다(소심 제5조의4 1항).[2] 이의신청이 있으면 법원은 지체 없이 변론기일을 지정하여야 한다(소심 제5조의4 3항). 이의신청으로 피고는 원고가 주장한 사실을 다툰 것으로 된다(소심 제5조의4 5항).

　이행권고결정에 대하여 ① 피고가 이의신청을 하지 않거나, ② 이의신청에 대한 각하결정이 확정된 때, ③ 이의신청이 취하된 때에는 이행권고결정은 확정판결과 같은 효력을 가진다(소심 제5조의7 1항). 이 경우에는 법원사무관등은 결정서의 정본을 원고에게 송달한다(소심 제5조의7 2항).

　위 ①~③의 사유가 없어 확정판결과 같은 효력이 생기지 않은 이행권고결정은 제1심법원의 판결의 선고로 효력을 상실한다(소심 제5조의7 3항).

　확정된 이행권고결정으로 하는 강제집행은 집행문 없이 결정서만으로 실시한다. 다만, 권고결정에서 조건을 붙였거나 승계집행문이 필요한 경우에는 그렇지 않다(소심 제5조의8 1항).

(3) 심 리

　신속, 간편한 심리를 위하여 공휴일이나 근무시간 이외에도 개정할 수 있도록 하고(소심 제7조의2), 직접주의에 대한 예외로 판사가 바뀌더라도 변론을 갱신하지 않고 판결할 수 있도록 하였다(소심 제9조 2항).

　변호사 아닌 이도 일정한 경우에는 소송대리인이 될 수 있다. 당사자의 배우자나 직계혈족, 형제자매는 법원의 허가 없이 소송대리인이 될 수 있다. 이 대리인은 당사자와의 신분관계와 수권관계를 서면을 증명하여야 한다. 다만 당사자가 판사의 면전에서 구술로 대리인을 선임하고 이를 조서에 기재한 때에는 서면증명이 필요 없다(소심 제8조).

　증거조사도 필요한 경우에는 판사가 직권으로 할 수 있고(이 경우 그 결과에 관하여 당사자의 의견을 들어야 한다), 증인신문에도 교호신문이 배제되어 판사가 직접

---

2) 이의신청을 위 기간 안에 하지 못한 경우에 추후보완도 가능하다(소심 제5조의6).

하도록 하고, 당사자는 판사에게 고하고 신문할 수 있도록 하였으며, 상당한 경우에는 증인이나 감정인 신문에 갈음하여 서면을 제출하게 할 수 있도록 하였다(소심 제10조).

조서는 판사의 허가가 있는 때에는 기재할 사항을 생략할 수 있다. 당사자가 이의한 경우와 변론의 방식에 관한 규정의 준수, 화해, 인낙, 포기, 취하, 자백에 관한 사항은 생략할 수 없다(소심 제11조).

(4) 판 결

판결의 선고도 신속한 재판을 위하여 변론종결 후 즉시 할 수 있다. 판결을 선고할 때에는 주문을 낭독하고 주문이 정당함을 인정할 수 있는 범위 안에서 이유의 요지를 구술로 설명해야 한다. 그리고 판결서에는 이유를 기재하지 않아도 된다(소심 제11조의2).

법원은 소장 등 소송기록에 의하여 청구가 이유 없음이 명백한 때에는 변론 없이 청구를 기각할 수 있다(소심 제9조 1항).

(5) 상 소

소액사건심판절차는 제1심에 한하므로 항소심의 심판에는 적용되지 않는다. 다만 제1심 소액사건에서 한 재판에 대한 상고와 재항고는 대폭 제한된다: 항소심법원, 즉 지방법원 합의부의 제2심 판결이나 결정, 명령에 대하여는 ① 법률이나 명령, 규칙, 처분의 헌법위반 여부와, 명령이나 규칙, 처분의 법률위반 여부에 대한 판단이 부당한 때, ② 대법원의 판례에 상반되는 판단을 한 때에 한하여 상고나 재항고를 할 수 있다(소심 제3조).

이처럼 상고와 재항고 사유를 제한하였기 때문에 소액사건이라도 대법원의 '판례가 없는' 경우에는 문제가 된다. 하급법원에서 법령의 해석이 엇갈리는 경우에 상고사유를 엄격하게 적용하면 이러한 경우에는 대법원이 법령해석을 통일하는 기능을 할 수가 없게 된다. 입법의 불비이나, 판례는 이러한 경우에는 법령해석의 통일이라는 대법원의 본질적 기능을 수행하는 차원에서 실체법 해석·적용의 잘못에 관하여 판단할 수 있다고 본다.[3]

---

3) 大判 2004. 8. 20, 2003다1878(자배법과 상법에 의하여 피해자에 대하여 직접 손해배상책임을 지는 책임보험자가 국민건강보험법 제53조 제1항의 제3자에 포함되는지 여부); 大判 2008. 12. 11, 2006다 50420; 大判 2018. 12. 27, 2015다50286; 大判 2019. 8. 14, 2017다217151; 大判 2021. 1. 14, 2020다

Ⅲ. 평　　가[4]

1. 적용기준

소액사건은 민사사건에서 차지하는 비중이 매우 높다. 통계에 의하면 2022년에 처리된 제1심 민사본안사건은 767,899건인데, 그중 합의사건은 37,595건, 단독사건이 215,273건인데 반하여 소액사건은 무려 515,031건이나 된다. 민사사건에서 소액사건이 차지하는 비율이 67%에 달한다. 본래 소액사건심판절차는 미미한 가액의 분쟁은 복잡한 정식 절차를 밟아 재판하는 것보다는 간략하고 신속한 절차를 거쳐 재판하는 것이 더 합리적이라는 취지로 마련한 예외적인 제도이다. 그런데 제1심 사건의 70% 정도가 이러한 예외적 제도를 이용하고 있다는 것은 어불성설이다. 민사소송상의 여러 법원칙들이 불과 30%에 해당하는 사건에만 적용된다는 것은 제도 설계를 잘못한 것이다. 예외는 어디까지나 예외이어야지 원칙을 뒤덮어서는 안 된다.

이처럼 원칙과 예외가 뒤바뀐 현상이 생긴 것은 소액사건의 기준 때문이다. 소액사건심판 제도를 처음 시행한 1973. 9.에는 20만 원이던 기준을 1976. 1.에 30만 원으로 올렸고, 종전에 법률로 규율하던 기준 금액을 대법원규칙에서 정하도록 하면서 1980. 2.에 50만 원, 1981. 3.에 100만 원, 1983. 9.에 200만 원, 1987. 9.에 500만 원, 1993. 10.에 1천만 원, 1998. 3.에 2천만 원으로 올리더니 2017. 1.에 3천만 원으로 올렸다.

이 금액이 소송법상의 원칙들을 배제하고 신속, 간략한 절차를 이용해야 하는 기준으로 적합한가? 종전 2천만원도 하위직 봉급생활자의 1년 소득에 해당하는 금액이다. 그런데 이를 3천만원으로 상향조정했다. 지구상의 문명국가 중에 이러한 고액에 소액사건심판절차를 적용하는 나라가 또 있는지 의문이다.[5] 3천만 원이라는 고액의 사건을 소액사건으로 처리하면서 우리 소송이 신속하게 해결되는 데에

207444(퇴직급여제도 중 확정기여형 퇴직연금제도가 설정된 사업 또는 사업장에서 퇴직한 가입자가 청구할 수 있는 금액); 大判 2022. 7. 28, 2021다293831(부제소합의를 간과하고 본안판결을 한 원심판결을 파기하고 자판하여 소를 각하한 사안).

　　4) 소액사건심판법의 여러 문제점에 관한 상세한 검토는 金常永, "少額事件審判法의 諸問題", 民事訴訟 제7권 제1호 (2003), 177면 이하 참조.

　　5) 3천만 원이면 독일에서는 21,000유로 정도 되는 액수인데, 우리의 단독사건과 소액사건의 중간적 성격을 지닌 독일의 간이법원(Amtsgericht)의 사물관할 한도가 5천 유로이고, 더 간단한 절차에 의할 수 있는 간이법원에서의 재량절차(§495a ZPO)의 한도액은 600 유로에 불과하다.

큰 기여를 한 제도라고 자랑해서는 안 된다. 법률 선진국의 기준으로 보면 부끄러워할 일이다. 이 기준을 대폭 낮추어야 한다.6)

물론 기준을 낮추면 소액사건 중 상당수가 일반 소송절차로 심판할 사건이 되어서 법원의 사건 심리 부담이 크게 늘어날 것이다. 이 문제는 비정상적으로 소규모인 재판 인력의 확대로 해결할 일이다. 사건 부담을 줄이려고 예외적 절차인 소액사건을 증가시키는 것은 마치 침대가 작아졌다고 해서 큰 침대를 들여놓는 대신 자라나는 아이의 다리를 자르는 것과 다름이 없다.

2. 이행권고결정제도

2001년에 신설된 이 제도는 신속, 간편한 권리실현을 위한 것으로 짐작되는데, 한 편으로는 독촉절차의 지급명령과 비슷하고, 다른 한 편으로는 화해권고결정제도와도 공통점이 있다. 화해권고결정에서 지적한 것처럼 법원이 당사자에게 권고하는 행위를 재판의 일종인 결정으로 한다는 것과 이 결정에 이의하지 않으면 '결정'으로 한 재판에 확정'판결'과 같은 효력을 부여한다는 점이 문제이다. 그보다 더 큰 문제는 이의를 하더라도 요건이 불비되어 이의신청이 각하된 때까지도 확정판결과 같은 효력을 가진다는 점이다. 법원의 재판에서 판결과 결정이 갖는 의미가 전혀 다른데, 이처럼 체계를 혼란시키는 입법을 남발하는 것은 옳지 않다.

어차피 소액사건은 신속, 간편하게 처리하는 제도이므로 굳이 설상가상으로 이러한 제도까지 만들 필요가 있는지 의문이다. 차라리 소액사건에서 독촉절차를 활용하도록 이끄는 것이 더 바람직하였을 것이다.

---

6) 구체적으로는 대략 500만 원 정도를 기준으로 삼는 것이 적당할 것이다.

조문색인

【민사소송법】

【기타 관계법】

판례색인

사항색인

ㄹ

ㅁ

ㅊ

ㅎ

기타